Yao Mienh

Plus

English Dictionary

Dimv Nzangc Sou

First Edition

Yao Mienh plus English Dictionary Dimv Nzangc Sou

ISBN: 978-0-692-83550-0

A complete revised edition of the Yao Mienh plus English Dictionary Dimv Nzangc Sou from 2002 by Smith Panh

Iu Mien/Yao language Southeast Asian minority people and Yao people of Southern China

Table of contents

Dorh longc dimv nzangc sou/guide to the used of the dictionary	IV
Laengz zingh waac/author notes and acknowledgements	VI
Bieqc nzemx waac/Introductions and a brief Mienh history	VIII
Mienh/Yao nangc-maac/Mienh alphabet and pronunciations	X
Mienh/Yao nzangc-aaux/combine vowels	XI
Mienh tiuv qiex nyei nzangc/the tone system	XII
Nzutv norz waac/an abbreviation used in the dictionary	XIII
Soqv nangv nyei waac/contraction words	XVII

The alphabetical/mbaih ei nzangc-maac

a	1
b	10
c	57
d	87
e	134
f	137
g	161
h	203
hl	234
hm	243
hn	246
hng	251
hny	252
i	256
j	263
k	298
l	315
m	353
mb	402
n	427
nd	445
ng	468
nj	476
nq	486
ny	495
nz	515
o	540
p	546
q	558
r	564
s	*564*
t	597
u	612
v	614
w	614
x	631
y	631
z	653

Jaapv-zaangv-neix, saauv ziangh hoc, 12 saeng-kuv	708
Yao-Mienh loz-hnoi daaih nyei ziepc nyeic fingx	710
Iu-Mienh fai Yao-Mienh nyei baan-buic mbuox	711
janx-kaeqv caux English nyei nzangc-maac	715
Iu-Mienh/Yao Mienh saauv nyei soux hoc/number	716

Guide to the used of the dictionary

Headwords/jiex gorn waac.

Headwords appear in bold type/jiex gorn waac jieqv hnangv ga'ndiev nor:

maaic

zouc

Headwords spelt the same but with different meanings are entered separately with a raised number after each/dongh joux waac mv baac maaih eix-leiz mv fi'hnangv, se hnangv ga'ndiev naaiv nor an number 1, 2, beiv hnangv.

daaix[1] daaix zei, daaix naanc. **daaix**[2] daaix laauh.

Compounds and derivatives

Compounds and derivatives appear under the headword which forms their first element/waac-guanh, i joux, fai buo joux daux jienv nyei waac.

buoz-ndoqv

buoz-ndoqv-nzaeng

Punctuations

1. **Apostrophe ' 1** indicates the omission letters in contractions: isn't, that's o'clock, couldn't, we've. **2** in Mienh also indicates in contractions, such as **da'aqv** daaih aqv, **mi'aqv** mingh aqv/yiem Mienh nyei waac se mv maaih mbuox heuc.
2. **Brackets [ ]** are used to show information about grammar, usage, forms, rhetorical devices, subject, etc/se longc gorqv njoh bun nqoi cuotv qiex nyei waac, beiv hnangv, 金 [jin]/yiem Mienh nyei waac mv maaih mbuox heuc.
3. **Colon :** introduces words, phrases, or clauses that explain, amplify, or summarize what has preceded: Suddenly I knew where we were: Boston. yiem Mienh nyei waac mv maaih mbuox heuc.
4. **Coma ,** separates the clause of a compound sentence connected by a coordinating conjunction: There is a difference between the musical works of **Mozart** and **Haydn**, and it is a difference worth discovering. yiem Mienh nyei waac heuc **hitv-kuonx dimv**.
5. **Dash —** indicates a sudden break or abrupt change in continuity: Well, you see, i—I've—I'm just not sure/yiem Mienh nyei waac se mv maaih mbuox heuc.
6. **Ellipse ...** indicates, by three spaced points, the omission of words or sentences within quoted matter: This ended, the power of the council … and the former regents were put on trail/Mienh waac mv maaih.

7. **Exclamation Point !** terminates an emphatic or exclamatory sentence: Go home immediately! You can't be serious!/gorngv waac beqv nyei qiex/yiem Mienh waac mv maaih mbuox heuc.

8. **Hyphen -** **1** in English used to indicates that part of a word of more than one syllable has been carried over from one line to the next. **2** in Mienh it used to change first word's tone to **-h** tone, when two or three syllables together and have the same or different meaning, such as **hnoi-hnoi** everyday, **muonz-muonz** every night, **buoz-ndoqv-nzaeng** a fingerring or ring for finger, **buoz-ndoqv** a finger/yiem Mienh waac mv maaih mbuox heuc.

9. **Parentheses ( )** are used to show spelling variants, extra information, clarification of a meaning, words that can be substituted or omitted, etc. yiem Mienh nyei waac mv maaih mbuox heuc.

10. **Period .** Mienh waac heuc **dingh zepv dimv** **1** terminates a complete declarative or mild imperative sentence: come home when you can. Would you please sign here. **2** follows some abbreviations: Jan. St. Inc. etc. Ave. Ltd. Rev. pp. cit.

11. **Question Mark ?** Mienh waac heuc **naaic waac dimv** **1** terminates a direct question: what are your editorial skills?. Who is here?. **2** indicates uncertainty.

12. **Quotation Mark " " ' '** **1** enclose direct quotations: "Ladies and Gentle men," the store manager said, "shoes are on sale today."/yiem Mienh nyei se mv maaih mbuox heuc.

13. **Semicolon ;** used in separates the clause of a compound sentence having no coordinating conjunction: The questions are provided by the analyst; the answers come from the data/yiem Mienh nyei waac se mv maaih mbuox heuc.

14. **Virgule /** **1** used to separates alternative structures: 1983/84. **2** represents the word per: 800 ft./sec. 4,000 gal./min/yiem Mienh waac se mv maaih mbuox heuc.

15. **Arrow →** Mienh waac heuc **ziangv forng** used as cross-refers the user to naother entry: sush as **racquet → racket**/se longc nuqv mbuox mienh fai tih fingv mienh nyei ziangv forng.

16 **equal sign =** used to indicate logical or mathematical equality/se beiv fi'mbuoqc, fai fi'hnangv nyei **jangx-hoc**.

Zinh Waac/Preface

In early 1979 while living in a refugee camp in Thailand, I studied English as a second language for the first time to prepare for my new homeland in America. I did not speak even one word of English; I knew some Thai, Chinese and Lao. In order to understand the meaning of English words, I often needed to use an English-Thai, English-Chinese or English-Lao dictionary, but I still found it very difficult to fully comprehend a word and its meaning, and I found myself still struggling during my studies. I was feeling sad that Iu-Mienh/Yao people did not have a dictionary. I thought about how useful it would be to me if I had one during my studies of learning English.

I was thinking to myself maybe, one day, I could learn more English and write a dictionary to help other Iu-Mienh/Yao who are just beginning to study English. Soon after the refugee camp I arrived to my new homeland in America in 1981. I enrolled into an Adult School and I was so excited to learn more English. When I wasn't working, I was always busy at school learning and improving my English language skills. The dream I had for the Iu-Mienh/Yao people to have our own dictionary was always on my mind but I needed to work and provide for my family, so it was just a dream that was lingering in the back of my mind.

My health took a turn for the worse in 1989, I had to have major surgery on my lower back and shortly after this in early 1990 I developed another serious bleeding ulcer that required urgent operations. My health conditions changed my life as I was no longer able to perform any heavy duties; this forced me to stop working, I found myself lost and depressed. It took some time but eventually I remembered my dream of writing a dictionary. Because of fate, I now had the time to devote to writing a dictionary and that is when my journey begun. I started working on both Iu-Mienh/Yao and English dictionary little by little. In 2002 I printed an edition of my dictionary for first time.

That dictionary was only for basic use, I felt it still needed to be rewritten to be more in depth. I was eager to have more Mienh people involved with me so I started sending my draft work out to many Mienh leaders and distinguished, highly educated, Mienh individuals asking them to join me and create a more precise English Mienh and Mienh English dictionary for the Mienh people. I was unable to find anyone interested or willing to join me to write a dictionary. I felt very disappointed, but I still could not give up on my desire to improve the dictionary and publish another updated version. I remained faithful to my project and firmly believed that the need was great and the cause worthy. I decided to continue and devote my life to write this dictionary for the Mienh people, to make it easier for those who want to learn English and Mienh. I also wanted something tangible to preserve our language that is gradually fading in America every day. I started this journey of writing a dictionary since 1991 and now I am very happy to announce that my updated version was completed in July, 2016.

The dictionary you are holding now, took me 25 long years of hard work and dedication.

I fully acknowledge that with my limited education, most of the highly educated Mienh people may think that I am not qualified to write a dictionary. However, the love that I have in my heart for the Mienh/Yao people and the passion I have felt towards this project compelled me to write this dictionary. I did my best with this dictionary but I know some definitions could have been better explained. I hope the readers understand I tried my best and that this dictionary will be read with a receptive heart knowing that I had only the best intentions. If you have any suggestions on improving this dictionary I welcome all of your comments and suggestions.

I feel proud to see my life's work completed in this Yao Mienh plus English Dictionary. From now on our people here in America and abroad can enjoy using our Yao Mienh language dictionary. I strongly believe this dictionary is a very important key for Iu-Mienh/Yao people who want to learn and study more about our Iu-Mienh languages and cultures. This will also be very helpful key for those who want to study our beautiful Mienh language.

I thank you so much for purchasing this book. I truly hope you will find it useful. I would like to take this opportunity to encourage all Mienh parents ought to speak to their children and grandchildren in Mienh. Teach them our beautiful language and our amazing culture. Let us hold onto our Mienh language and our culture for as long as we can!

Acknowledgements

I thank God for His wisdom and giving me the knowledge and patience to accomplish this dream. It was not an easy task and it was a very long journey.

I am very grateful for the kindness of Dr. Herbert C. Purnell who gave me not only his first an Iu Mienh English dictionary but also bought me a Longman Dictionary of American English, these two great dictionaries are very helpful to me. Without these two great books that I used to help me the English - Yao Mienh Dictionary would not have been possible. To Dr. Herbert C. Purnell goes well-deserved honor and recognition for being the first person to compile An Iu-Mienh/Yao to English Dictionary with the Cultural Notes. I like his dictionary very much and I use it every day to improve my English. I also used written materials provided from Dr. Purnell and Lombard's Yao - English dictionary that they compiled earlier in 1960, A New Practical English-Chinese and English-Lao dictionaries were also helpful guides to writing my English Mienh and Mienh English Dictionary that I originally published in 2002.

I would like to also thank my wonderful daughter Naifo Saephanh who offered emotional support and encouraged me over the years of this very long journey.

Bieqc Nzemx Waac/Introduction

This English - Yao Mienh Dictionary is intended for all Iu-Mienh/Yao Mienh/瑶族/เย้า, อิ้วเมี่ยน/Người Dao as an important key to those who want to pursue learning the English language. In the past our Iu-Mienh/Yao people always had to use other language dictionaries to help them learn English just because we did not have our own language dictionary. Now we have a Unified Script available for Iu-Mienh/Yao, thus this dictionary intentionally exists to assist you in learning English. Our Yao Mienh in the past traditionally used Chinese characters to write lyrics, ritual petition books and family records, this is still used by some Mienh elders around the Mienh communities. However, since 1950 a Romanized Script was created for the Mienh Christian groups to use in Thailand by OMF missionary, but it was not used very widely, because some Mienh felt it was only for the Christian groups, so the Iu-Mienh/Yao leaders had to struggle for over three decades prior to 1984.

The US Yao Mienh leaders led by Chao Sengfo, Chao Kao Chiem, Chua Meng, Dr. Herbert C. Purnell, Dr. Jeef MacDonald, and Dangc Yao Seng from Thailand to form a delegation and went to China to have a literacy conference with Chinese professors Pan Cheng Qian, Deng Fang Gui, Liu Pao Yuan, Su De Fu and Borngh Yauz-Mengh along with some Chinese officials to examine the Romanized Script that has been used in the Chinese Pin Yin system then combined them with a compromise and it become a Unified Script. The US Yao Mienh American delegation agreed to carry the finished work back to the US and called for the Yao Mienh Unified Script.

And today this Unified Script is used widely in the Iu-Mienh/Yao communities worldwide. Therefore I would like to thank them for all their efforts in uniting and establishing this Yao Mienh Unified Script. Their struggles and successes fully have led me to strongly believe that only a dictionary is the most significant key to enhance their efforts and to aid the Iu-Mienh/Yao and others who want to learn how to read and write in the Iu-Mienh/Yao language. I felt obligated to put my time, knowledge, and energy into this hard work in order to provide this English - Yao Mienh Dictionary.

But this dictionary was only compiled by me, and I personally believe that with collaboration, we might be able to create an even more insightful dictionary for the Yao Mienh people now and for the future generations. The only way to fully promote Yao Mienh literacy is for all Yao Mienh to become involved and show their pride in their native language and culture. I urge all the Mienh youth to participate in preserving our beautiful native language. For myself, I want to do more for the Mienh people, but to my age I am not able to do anything further than this. I hope maybe you have the same desire as me to improve the Yao Mienh Dictionary. I believe that all the Yao Mienh people are proud of their heritage and language. Please do not afraid to use your Mienh to talk to your parents or talk to your Mienh friends. If there is something you do not understand in our Mienh languages do not hesitate to ask your parents or ask any Mienh elders around you.

If we do not use our Mienh language regularly before long our language will fade day by day. Our future generations will no longer know how to speak Mienh anymore; we have to take the necessary actions needed today to preserve our language. Otherwise our grandchildren will lose a part of their language and culture. Today we are here and we can see that our language and culture have been easily devoured by American culture. We have to do all we can to preserve our language and culture to protect its survival after we are gone. I thank you so much for your support and interest in this English - Yao Mienh Dictionary. Now we can be very proud that the English - Yao Mienh Dictionary exists. I hope that all our Iu-Mienh/Yao Mienh people can finally have their own language dictionary and be literate in our own language and can help those who want to be literate in the Yao Mienh language.

A brief Mienh history

I would like to take this opportunity to share briefly about our Iu-Mienh or Yao Mienh history to our younger generations and to some Americans who might be wondering why the Mienh people are here in the United States, the Iu-Mienh or Yao known as Hill People, originally lived in the mountainous areas in eastern and southern China, from there we kept migrating to the south and entered the northern parts of Vietnam by the 17th century, and later reached northern Laos and also northern Thailand by the late 18th century just like many other Southeast Asians. However, the majority of the Iu-Mienh or Yao people still remain in the People's Republic of China. The Mienh or Yao called themselves "Iu-Mienh or Mienh" Chinese called them "Yaozu" Vietnamese called "Người Dao" and others such as Thai or Laotian called them "Yao or Jin Yao".

The Iu-Mienh or Mienh people in Laos sought refugee status because of our support to the American CIA during Vietnam War in Laos. There was a center for CIA activities in the Northern Province of Laos during the war. From 1956 on, the Mienh people who lived there led by Mr. Chaomai and his brother Chaola were recruited by the Loyal Laotian army and American CIA to fight for our territory in northern part of Laos until Laos fell into Communist Laos' hands in 1975. And those who survived from the war fled to the refugee camps in Thailand and later resettled in another countries such as the United States, Canada and some other western countries such as France and Denmark by the late 1970's and early 1980's. The majority of Iu-Mienh or Mienh refugees from Laos are resettled to the United States and the least to Canada and western countries.

Iu-Mienh/Yao alphabet and pronunciations

Mienh	Phonetic	English
a	/ɑ/	about (shorter)
aa	/ɑr/	car (longer)
ae	/æ/	fair
b	/p/	"p" as in s**pin**
c	/ts^h/	tsetse
d	/t/	"t" as in s**top**
e	/e/	say
f	/f/	fall
g	/k/	"k" as in s**kin**
h	/h/	how, home
hl	/l̥/	"hlo" as in **hell**o
hm	/m̥/	hmm
hn	/n̥/	??
hng	/ŋ̊/	??
hny	/ɲ̊/	??
i	/i/	see, bee
j	/c/	estuary
k	/k^h/	kite, kid
l	/l/	land
m	/m/	milk, meat
mb	/b/	beat,
n	/n/	near
nd	/d/	dawn
ng	/ŋ/	"ng" as in sa**nger**
nj	/ɟ/	judge
nq	/g/	get
ny	/ɲ/	"ny" as in ca**nyon**
nz	/dz/	"dz" as in adze
o	/o/	old, owe
or	/ŏr/	**or**ange
p	/p^h/	park
q	/c^h/	chew
r	/ɑr/	in Mienh as ri^motv
s	/s/	sun
t	/t^h/	"t" as in **tone**
u	/u/	too
v	/vi/	valve
w	/w/	wet
x	/x/	x-ray
Y	/y/	you
z	/ts/	"ts" as in what's

Iu-Mienh/Yao nzangc-aaux/combine vowels

Mienh	phonetic	English sound	Mienh		English
ai	/ī/	buy (shorter)	lai	=	vegetable
aai	/ī/	buy (longer)	ndaai	=	lie down
am	/ŭm/	come	cam zueiv	=	interrupt
aam	/ärm/	farm, harm	ndaam	=	carry on shoulder
an	/ŭn/	fun (shorter)	ban	=	scrape
aan	/ŭn/	fun (longer)	baan	=	shift or turn
ang	/ŭng/	hung (shorter)	dang	=	lamp
aang	/ŭng/	hung (longer)	zaang	=	chapter
au	/ou/	how (shorter)	dau	=	answer
aau	/ou/	how (longer)	hlaau	=	measure out
ae	/æ/	fair	dae	=	daddy
aekv	/ăk/	back	daekv	=	sound of cracking
aen	/ən/	can, sand	daen	=	sound made by horn
aeng	/æŋ/	hang	caeng	=	pot, kettle, pan
aepv	/ĕf/	**cap**ital	faepv	=	soap (from Thai)
aetv	/ăt/	at	naetv	=	stick to
ei	/ei/	say, pay	sei	=	body
em	/ĕm/	hem	gem	=	conceal
en	/ĕn/	end, send	ben	=	striped
eng	/əŋ/	**hen**ry	ceng	=	praise
eu	/ĕl/	yell	beu	=	wrap
ie	/îr/	year	cie	=	car, vehicle
im	/ĭm/	**im**agine	tim	=	adding up
in	/ĭn/	**in**come	cin	=	thousand
ing	/ĭŋ/	sing	cing	=	clear
oi	/oil/	toy	zoi	=	throw
om	/ōm/	home	lom	=	insert with hand
on	/ûrn/	turn	don	=	stool
ong	/ōn/	lone	long	=	dig with a spade
or	/ŏr/	as in **or**ange	cor	=	at the beginning
orm	/ûrm/	form, worm	ndorm	=	morning
orn	/ôn/	dawn	ndorn	=	wet
orng	/ông/	long	corng	=	stretch out
ou	/əu/	as in al**so**	sou	=	book

Tiuv qiex nzangc/the tone system

The Mienh orYao is a tonal language in which the tone associated with a word helps to determine the word's meaning, before the word or phrase can be understanding it must be speaks or say with the correct tone, there are six distinctive tones, five of the tones are indicated by placing a tone letter, at the end of each word, and one tone is left unmarked, thus **laai** last. **laaic** suspect. **laaih** lost. **laaiv** feel aching. **laaix** to depend on or rely on. **laaiz** lazy. And if words or phrases ending with any of the plosives (stopped consonants: **-k**, **-p**, **-q** and **-t**) occur on only two tones **-c** and **-v**. With the **-c** tone, the tone is the same with both stopped and non-stopped syllables. With **-v** tone, however, stopped syllables occur with a high level tone instead of the high-fall contour.

Letter used for tone

1. unmarked.	2. **-h**	3. **-v**
4. **-z**	5. **-x**	6. **-c**

e. g below

1 unmarked tone = **lai** vegetable. 2 **-h** med fall tone = **ngongh** cow. 3 **-v** high rise-fall tone = **gorngv** say or speak. 4 **-z** low rise-fall tone = **zueiz** sit. 5 **–x** low rise tone = **zeix** torture. 6 **-c** low level tone = **laic** sharp.

Zei ˧ zeic ˩ zeih ˧˩

zeiv ˥˧ zeix ˧˦ zeiz ˨˧˨

an abbreviations used in the dictionary

Ga'ndiev naaiv deix 102 norm nzutv norz fiev nyei waac se porv mengh taux haaix joux waac longc bieqc haaix nyungc eix-leiz, beiv hnangv **b** se **bouc**, hnangv **congh**, **taaih**, **mbenc** naaiv deix buo joux waac se bieqc zuqc **bouc** nyei eix-leiz, se aqc bieqc hnyouv deix, mv baac manc-manc hoqc duqv nyei, six gorngv meih mv oix hiuv yaac duqv nyei.

b. = **bouc**. **1** houc, piun, congh. **2 butv**. baengc, zungx. **3 beic**. diev, kouv, nyienz, naanc. **4 buonc**. houz, huov. **5 buonv**. sou. **5 baengx**. congx, hnaav. **6 baqv**. baqv bung. **7 bung**. dong, naamh, fai, mbaiv, hlen, maengx.

bc. = **bun cing**. **1** jaax, mengh, porv, paaiv, saauv, funx.

bj. = **bun-jaiv**. **1** dunx, mbenc, paaiv. **2 buangv jaax**. jaaix, gueix, nzueic, hlo dingc.

bl. = **bun lingc**. **1** iv congh, zunv lingc, nqoi nzuih/se bieqc bun lingc nyei eix-leiz. **2 baamz leiz**. nimc, luv, caangv, lou, qaa, ki/se bieqc baamz leiz nyei eix-leiz.

bm. = **biux mengh**. yauz, fux, gueix, saeng, wuonh, zoih, cun, zanx/naaiv deix baan buic mbuox se longc bieqc biux mengh nyei eix-leiz.

bq. = **beqv-qiex**. aih!, hev!, youh!/se bieqc beqv-qiex nyei eix-leiz.

bs. = **beic sih**. kouv, ndongh fuqv, zaau niec, siouc, diev, kouv, nyienz, zatv/se yietc zungv bieqc **beic sih** nyei eix-leiz.

bt. = **baengc tongx**. muangv, mau, kuonx, kouv, mun, naanc, haa-juangv, wuon, hnopv, lov/se longc bieqc baengc tongx nyei eix-leiz.

bz. = **buoqc zangc**. **1** guaax dang, douc dongh, sipv mienv. **2 butv zoih**. benx, maaih. **3 baamz zuiz**. ceux, cuoqv, ndanc, youx-huotv, qiex jiez.

cf. = **ceuv-faanh**. **1** nyienx, ndanc, hemx. **2 ceix fuqv**. camv, tim, leic.

cl. = **ceix liepc**. **2** cernx, zornc, zoux, zeix, zoc. **2 ceux lunc**. kuaangh, ndin, piauh, hienx, waaic, mborqv. **3 caeqv lunc**. betv, ciev.

cm. = **cong-mengh**. **1** guai, qaauv, uv. **2 civ mengh**. Gauv, Naix, Saan, Sux, Meix, Baac, Jouv, Juov/se bieqc cuotv mbuox bun nyei eix-leiz.

cnz. = **cing-nzengc**. **1** louc, nzaaux, saax, sinx. **2** gec, simv, zei.

cs. = **cuotv sic**. ceux, cuoqv, nzaeng, nouz. **2 ceux sic**. nyienx, ciouv, ndanc, qorqv, nyieh, hiuang, orqv. **3 cuotv siangc**. biaux ndutv, singx maengc.

cw. = **canh waac**. aix/se bieqc waac-zaanc nyei eix-leiz.

cz. = **corngh zingh**. **1** dungv, hnamv. **2 caux zoux**. juangc, horpc fim.

d. = **dangv**. **1** donv, horngh, laanh. **2 diuh**. biaav, naang, ndoqv. **3 dauh**. dungz, maaz, ngongh, zaangz. **4 dang**. ziux, njang. **5 dic**. zengx, laaic, nyeiv. **6 douc**. zunh, fungx. **7 dau**. ox, aeqc. **8 diev**. mun, nyienz. **9 dorngx**. ting, wuonc. **10 dong**. dong bung/east

db. = **douc buonv**. **1** borqv, cuotv, nzipc, zuangx, yungz, njiec dorn, ndauc jaux. **2 dong baqv**. mba'hnoi cuotv dongh baqv bung maengx/northeast.

df. = **douc fienx**. **1** juix, fungx, dorh, zunh, box, hiaauv. **2 dongh fim**. horpc, hnamv.

dgw.= **da'gangx waac**. maaih eix-leiz da'gangx nyei waac, beiv hnangv **daic** se **nangh** nyei da'gangx waac, **yuoqv** se **juangv** nyei da'gangx waac.

dj. = **dorh jauv**. **1** daaix, yienz, bieiv, dorh. **2 dorng jaa**. auv, nqox, huon-in.

dl. = **dorh leiz**. **1** biuv, gorx, nyaam, fin-saeng. **2 doz-leiz**. latc, lingc. **3 dongz-linh**. aengv, fangx, njoiz.

dn. = **dong naamh**. dong naamh wuov bung/southeast.

dz. = **dingh zepv**. **1** hitv, zepv, yiem, zuov. **2 douc zuangv**. njaah, saeng, faaux.

f. = **fai**. mba'hnoi muotv wuov bung/west.

fb. = **fai baqv**. fai baqv bung maengx/northwest or northwestern.

fn. = **fai naamh**. fai naamh wuov bung/southwest or southwestern.

g. = **gorng**. mbiungc, nziaaux/se hnangv yietc gorng mbiungc, yietc gorng nziaaux.

gg. = **gaeng-gueiv**. **1** mbienz, nziouv, sapv, naang, mungz, ga'nyorc. **2 guang-guonx**. njoux-huaax.

gj. = **ganh joux**. beiv hnangv i joux waac nyei eix-leiz fi'hnangv nyei, mv baac fiev ganh lengc deix mv fi'hnangv.

gm. = **gong-mengh**. zeqv, weic, jien, bieiv.

gn. = **ga'naaiv**. biaav, njimv, sim, zeih, zouc, nzuqc, bouv, ciu, porng, nyiu, guetv, nyuqv, ziqc, korqv, nziqv, jui, ndaan, mbaatc, congx, hnaav.

gny.= **gouv nyinh**. **1** ngaauh yih, lorngh loz, kongv longh. **2 ga'naaiv-nyanc**. fanh ziu, sung, biouv, hnaangx, lai, njuov, orv.

gw. = **gu'nguaaz waac**. amh, apc, div, gaux, mom, mongv, ndix, mbauz, nekv, ux, maauh gorngh/se yietc zungv benx gu'nguaaz nyei waac.

gq. = **guai-qaauv**. faauv, nzeu, cong, horqc wuonh, wuonh zaang, guai.

gz. = **gaeng-zuangx**. liangx, ndeic, lingh, hun, huingx, cun-gaeng, dinh deic.

hd. = **hoc-dauh**. **1** buo, biee, biaa, juqv, siec, hietc, nduoh, ziepc, baeqv, cin, waanc. **2 horpc dongh**. laengz, dongh eix, horh kix, horpc fim, hnamv, juangc.

hg. = **henh gong**. kungx, hliou, nziaauc, hitv.

hl. = **hatc lingc**. doz-leiz, m'lueih, mbu'ong, hiuang-hienv.

hnq.= **hoz nqaang**. nqa'haav, njiec hingv, fun, faqv, fu'jueiv, nzipc douh, douc cuotv.

hq. = **heuc qiex**. huiv, hueiv, oeih, wuiuv, guaauv. **2 henv qaqv**. lingh, henv.

hz. = **hieh zoih**. **1** mbing, zaangz, toux, jung, njaih. **2 hengx zoux**. oix, hanc, mueic jieqv. **3 haeqv zuqc**. heiv, nyanh, zinx. **4 hoic zuqc**. diev, kouv, mun.

j. = **joih**. **1** m'si biouv, m'laaih biouv, hmei-biouv, la'gorc biouv. **2 jieqv**. buoz, zaux. **3 jiemx**. zei, gec, simv.

jt. = **jiu tong**. heuc, lienh lorh, doic, caux, hiuv, fienx, mbuox, binv, zunh, box, hiaauv.

k. = **kuaaiv**. **1** ziqc, suangx, ndau. **2 kouv**. mun, diev, muangv. **3 kuangx**. kuaix, guaax. **4 kuv**. sim, diux, njiuv.

kf. = **kuonx fiem**. nzauh, jangx, yieqv, you, cau-fim.

l. = **laanh**. **1** m'jangc, m'sieqv, janx, mienh. **2 laengc**. heh, matc.

lf. = **leiz-fingx**. baaix, gec, guaax dang, jaa zeqv, sienx, gengx baaix.

ls. = **laengz suei**. muangx, ei, simv, biaux, mbuoqc gunv, nzun.

lz. = **laangh ziqc**. **1** mbiauh, maeqc, ndoih, houc, lai, hnaangx. **2 lomc zangc**. hieh, yiev, zing. **3 liouc zoux**. tong, mbiangc, siepv, haih.

m. = **mengh**. **1** mbuox, jien, hungh. **2 maengc**. seix, tauv qiex.

md. = **mueix doc**. **1** gaam, im, sui, kuv, zueix, ndaang, zaamv, nzaaih, ndieh, mbiaatc, qorqv. **2 muoz-doic**. zouv zangc, cien, ceqv.

mh. = **mengh hoc**. **1** jien, hungh, sing-wuonh. **2 mv houv**. kangh, jienv, mv bun, mv iv.

ml. = **muangx leiz**. mbuoqc, ei, ziouc, muangx, nyunc ziev, laengz.

mz. = **mou zeiv**. **1** mienx muc, faix, aiv, ngingv, mbornh, mokv, hlo, zorngh. **2 mueix zaamv**. mv kuv, lueic, hnyouv namx.

n. = **nauc**. **1** heuc, kaatv, ngaauh, yov. **2 norm**. jai, jaux, norqc, cie, mbong. **3 norpc**. jaauv, bun, jiu, fungx, juix. **4 naamh**. naamh bung maengx/south.

nd. = **ndoh**. **1** zeuv, kuonv, naeqc. **2 ndopv**. beih, minc. **3 ndeic**. liangx, nzong, nzopv. **4 ndorqc**. zamh, kou, qam, mbaengc, ndaau. **5 ndouv**. ki, cuoqv. **6 ndortv**. lorqc, zemh, saamx. **7 ndie** morphine. **8 ndunh**. nzauv, nie. **9 naamh dong**. naamh dong bung maengx/southeast or southeastern.

nf. = **naamh fai**. naamh fai bung maengx/southwest or southwestern.

ng. = **ngaqv**. ndie, bux, zaangh, ndiangx.

nj. = **njunh**. hmx, ngomz, nqaeh, nqaez. **2 njien-youh**. jorm hnyouv, nauc ngitc. **3 njoux-huaax**. ndioux, saau. **4 njunc**. ziqc, sou. **5 njang**. dang, ziu, nyutc.

njz. = **njiec zuangv**. haaz, zuangx, nzopc, cepv, yaang.

nq. = **nqanx**. **1** jaix, zaangh, ndiangx, biaav, ndie. **2 nernh qaqv**. lingh, lingc, hatc. **3 nqenx**. nqaeqv, torngv, zaeqv, laatc, dangv.

nw. = **naaic waac**. a'fai?, meih nyei?, zeiz nyei fai?.

nyc. = **nyiemc cien**. **1** dae, maa, dorc, nziez, gorx, youz, baeqv, juoh, ong, gux, nyaam, weiv, deih, bueiv. **2 nyunc congh**. eix, oix, hanc.

nyz. = **nyungc zeiv**. **1** saaix, mou, zorngh. **2 nyiemc zuiz**. laengz, tov, baaix tov.

nz. = **nzung**. **1** gaa, gor. **2 nzaeng**. doix-dekc, borngz. **3 nzauh**. you, yieqv, kix. **4 nzie**. bun, tengx, borng. **5 nzong**. ndeic, lingh. **6 nzitv**. forng, **7 nzauc**. nqaiv, yiez. **8 nzueic**. yaang, mbiaic. **9 nzengc**. njang. **10 nzunc**.

nzn. = **nzutv norz 1 D.N**. dong naamh. **2 F.B**. fai baqv. **3 G.J**. ganh joux. **4 HNV**. hnamv. **5 HNYX**. hnyangx. **6 NV**. naaiv, nanv. **7 MC**. maaic.

p. = **poux**. **1** hlan, njimh, njiuv, nzangv. **2 peng**. njongc, laatc. **3 paan**. hluotv, nzamc, suangx, ziqc. Gj. kuaaiv.

pb. = **porv-baeqc**. porx, eix-leiz, bun cing.

pm. = **porv mengh**. biux, gorngv mengh, porv muonc.

q. = **qiex**. **1** mbui, fuon, bangv, waauv, ngaqv, moih, liuv, born, daen, ngaauv. **2 qaqv**. henv, lingc, hatc maaz. **3 qongx**. gen, lingh, nzopv. **4 qui**. Buov, zieqc.

s. = **sung**. **1** zouc, doix, sorng, i, i hmuangv. **2 suei**. mau, ngaaiz, kuonx, mbuoqc, ziouc, ei. **3 siouc**. diev, mun.

sf. = **sienx fim**. hnyouv wuonv, hnyouv dingc.

sk. = **siouc kouv**. **1** diev, mun, naanc, baaic, waaic, qui. **2 siou korx**. nzou-zinh, jiex kaav zinh/se siou korx nyei eix-leiz.

sl. = **siou laangh**. gaatv, gaeqv, maeqv, japv, nzauz, paaix/naaiv se longc bieqc siou laangh nyei eix-leiz.

sm. = **setv mueiz**. **1** baac, liuz, ziangx, laai/se longc bieqc setv mueiz nyei eix-leiz. **2 seix mueix**. mbiec, ndiemv/se bieqc seix mueix nyei eix-leiz.

sn. = **soqv nangv**. ca'laangh, da'aqv, mi'aqv, ha'dauh, ha'zanc, ha'nyungc, ha'ndau, mv, ca'bouc/naaiv deix yietc zungv se soqv nangv nyei waac.

snq. = **simv nqoi**. biaux, hluotv, ciex nqoi, luonv mi'aqv, huon mi'aqv.

sq. = **sorngx qaqv**. tiux, nziouh, yangh jauv.

ss. = **siou-setv**. **1** jiemh, ja'waanh, limc, buoz-ndoqv-nzaeng. **2 saeng-sor**. nyaiv, zing, nyiemz.

t. = **tov**. **1** tov mienh bun mv zuqc maaiz nyei leix-leiz. **2 taaih**. gengx, doic, mbenc, baaix. **3 tutv**. jaiv, muonx, zorqv. **4 torqv**. ziu-biouv.

tn. = **tongx nipc**. bouc, gengx, juang, hnamv, taaih, bouh, fiqv/naaiv deix yietc zungv waac se longc bieqc tongx nipc nyei eix-leiz.

w. = **waac**. **1** nyinh, fioux, naaic, daav, yiem, longx, zoux, jiuv, nyienx/se yietc zungv benx waac. **2 weic**. dorngx, eiv, don, coux, gen, horngc.

wd. = **waac-daux**. **1** hnoi-hnoi, zanc-zanc, nyungc-nyungc, joux-joux, deng-deng, manc-manc. **2 waac-dauh**. jiex gorn waac, tih dauh waac.

wed. = **waac-eix dongh**. maaih eix-leiz doix dongh ganh joux waac nyei nzangc, beiv hnangv **njien-youh** caux **nauc ngitc** se eix-leiz doix.

wg. = **waac-gaav.** mong, morx, dorkv derh, korh fonh/se gaav janx nyei waac daaih.

wj. = **waac-jaa**. se beiv hnangv yietc joux waac ganh mv maaih eix-leiz, zuqc jaa joux bieqc mingh caux jienv cingx maaih eix-leiz nyei waac.

wl. = **waac-laaux**. aeh aeh, oeix oeix/se longc laaux gu'nguaaz nyei waac.

wm. = **waac-muonc**. **1** aeqc, oh. **2 waac-meiv**. mv gorngv mbiangx yaangh nyei waac, beiv hnangv **nzuonx aqv**, ziouc gorngv **mbienv nqo aqv**.

wn. = **waac-nauc**. **1** aih, aav, yuv, yov. **2 waac-naaic**. longc bieqc naaic nyei waac, beiv hnangv **saah**?, **fai**?

wo. = **waac-ormv**. gorngv bun mienh cai nyei waac, beiv hnangv yiem go mangc mingh **buatc lienh lienh** mingh taux **haih naqv mienh** se ormv gorngv biauv.

ws. = **waac-soqv**. **1** soqv nangv gorngv nyei waac, beiv hnangv **mi'aqv** mingh aqv. **da'aqv** daaih aqv. **ca'bouc** caqv-bouc. **2 wangc siangx** sin tiv wangc siangx.

wz. = **waac-zioux**. **1** cung, wuon, daic, zuangz, hmatv. **2 waac-zaanc**. jaix, dietv, aix. **3 wuonh zaang**. guai, qaauv, sou, wuonh uv, cong-mengh.

yd. = **yuoqc doic**. baeng, ceu, cingv, iu, diuc, guaan.

yw. = **yinh wuic**. saeng-nyietv-zipv, baaix hnyangx/se longc bieqc yinh wuic nyei jauv.

yz. = **yietc zungv**. **1** nzoih, nzomc, guanh. **2 yietc zuangx**. njaauh, njorqc.

z. = **zung**. nzuqc, bouv, porng. **2 zuoqv**. zaqc, zingx, baengh. **3 zoux**. gong. **4 zong**. duang, ziangx. **5 zungh**. miev, ndiangx. **6 zioux**. houv, zaaux. **7 zanx**. ziu, ziouc, jiez. **8 zouv**. zinx, wuonh. **9 ziangx**. ziangx mbu'ndongx.

zb. = **zorc baengc**. ei ndie, gorqv, caa sin, nanv buoz.

zc. = **zoux cuotv**. ceix, caaux, zoc, zeix, liepc. **2 zorqv cuotv**. guangc.

zd. = **ziu duqv**. ziouc, wangc, bung-zuoqc.

zg. = **zoux gong**. **1** dongz, luic, nyiex, ndaam. **2 zunh gorngv**. sing, douc. 3 **zouv guangv**. youh, mingh. **4 zing-guaix**. hieh zing.

zh. = **ziangh hoc**. **1** hlaax-nyieqc, hnoi, hnyangx, lauh. **2 zoux hoic**. zeix, mborqv, luv, daix, saeng-caa, naanc, kuonx.

zl. = **zorqv laangc**. **1** maux, ceng-hlo, saaix-liangz. **2 zornc leic**. maaic, saeng-eix. **3 zingh laatc**. njongc, laatc, nqenx.

zmb. = **zorng-mbenc**. dorng, zengx, dic, sing, borngz, doix-dekc.

zn. = **zei-naanc**. **1** baengc, baaic, zieqc, qui, waaic, daic, mun, kouv, ngorc, nqaai, nqaatv, jomc/se yietc zungv longc bieqc zei-naanc nyei eix-leiz.

zny. = **zingh nyeic**. **1** bun, fungx. **2 zorpc nyungc**. jau, caix, zorpc. 3 **zanv nyaanh**. nzepv, siou.

zw. = **zieh waac**. suox, sapc yietv, sapc nyic/zieh waac zoux-zorc mienh sipv mienv gorngv **zongc zioux** fai **gorngv ih ziev** nyei waac. Zza.

zz. = **zornc zinh**. **1** maaiz, maaic, saeng-eix, leic, ciou. **2 zoux zengx**. dic, nyeiv, laaic, nuqv, zengx. **3 zoux ziouv**. muih, bieiv. **4 zienh zoih**. ngongh, maaz, dungz.

soqv nangv fiev nyei waac/contraction words.

a'fai	aqv fai
a'hmuangx	apc hmuangx
a'hnoi	apc hnoi
a'lorqc	aqv lorqc
a'mangc	aqc mangc
a'muangx	aqc muangx
a'ndorm	apc ndorm
ba'baac	baac-baac
ba'hnoi	baac hnoi
ba'hnyangx	baac hnyangx
bu'hungx dauh	bung-hungx dauh
bu'juonh	buoz-juonh
bu'norz	bouh norz
bu'uiv	butv-uiv
ca'bouc	caqv-bouc
ca'laangh	caangh laangh
ca'lengc	cih lengc
ca'maaih	corc maaih
da'aqv	daaih aqv
da'betv	daaih betv
da'bouc	dopc bouc
da'cietv	daaih cietv
da'dauh	dauh dauh
da'deng	deng-deng
da'eix	doqc eix
da'faam	daaih faam
da'faanh	daanh faanh
da'feix	daaih feix
da'gangx	daaux gangx
da'goih	doix goih
da'hmz	daaih hmz
da'juih	daapc juih
da'juov	daaih juov
da'komv	daapc komv
da'luoqc	daaih luoqc
da'mueiz	dueiv-mueiz
da'mbienv	daaux mbienv
da'naix	dorn-naix
da'nyeic	daaih nyeic
da'nziaux	daaux nziaux
da'yietv	daaih yietv
da'ziepc	daaih ziepc
de'bung, da'bung	deic bung
fa'hlaax	faah hlaax
fa'mbuox	faqc, faatv-mbuox
fa'ziepc	faah ziepc
fi'hnangv	fih hnangv
fi'lomh	fih lomh
ga'doqc	guatc doqc
ga'nyorc	gaeng-nyorc
ga'nziev	gamh nziev
ga'nziex	gamh nziex
ga'sortv	gaqc sortv
ha'baah	haac-baah
ha'bung	haaix bung
ha'dauh	haaix dauh
ha'ndau	haaix ndau
ha'nyungc	haaix nyungc
ha'zanc	haaix zanc
hnv	hnamv
hnangv ha'nor	hnangv haaix nor
hnangv m'nor	hnangv naaic nor
hnangv mv nor	hnangv naaiv nor
hnyv	hnyouv
hnygx	hnyangx
ja'daic	janx-daic
ja'dorngx	jaa-dorngx
ja'fin	jaa-fin
ja'muotc	jaa-muotc
ja'nziouv	jaa nziouv
ja'waanh	jaang-waanh
ja'zeiz-auv	aav zeiz auv
ja'zinh	jaax zinh

ka'bang	kaux-bang
ka'bangc	kaux bangc
la'gauv,	laauv gauv
la'guaih, lu'guaih	lunc guaih
la'zaa	laauv-zaa
la'zaa janx	laauv-zaa janx
le'baaix	leiz-baaix
m'betv	muic-betv
m'cietv	muic-cietv
m'faam	muic-faam
m'feix	muic-feix
m'geh	hmz geh
m'jangc	mienh jangc
m'liuz	muic-liuz
m'lomh	miu lomh
m'manv	muic-manv
m'mbuo	meih mbuo
m'nziex	gamh nziex
m'sieqv	mienh sieqv
m'zing	mueic zing
m'ziu	normh ziu
mv	maiv
mv maaih	maiv maaih
mv nix	naaiv nix
mi'aqv	mingh aqv
mu'oix biouv	muoqc oix biouv
mu'ziux	mueic ziux
mba'mbui	mbopv-mbui
mba'ngakv	mbakc ngakv
mba'piatv	mbatc piatv
mba'pioux	mbatc pioux
mbu'ong	mbuo-ong
mbu'ziex	mbuoqc ziex
nc	**1** naaic. **2** naanc
nv	**1** naaiv. **2** nanv
nda'maauh	ndaauh maauh
ngc	ngaanc
ni'ganh	ninh ganh
ni'mbuo	ninh mbuo
nqa'haav	nqaang-haav
nqa'hnoi	nqaang-hnoi
nqa'qiex	nqaang-qiex
nqa'sie	nqaiv-sie
nyi'longh	nyieh longh
nza'hanc	nzaqc hanc
nza'hoh	nzaqv hoh
nzu'baengx	nzuih baengx
pa'gern	panh gern
pa'jaapv	paanx-jaapv
pa'jien-dauv	paan jien-dauv
pa'uiv	paan-uiv
qa'korngc	qaa-korngc
sa'dorngh	saaiv-dorngh
sa'eix	saeng-eix
sa'liangz	saaix-liangz
sa'lorh	saav-lorh
sa'lorngc	saau-lorngc
sa'nzung	sai-nzung
sa'ziou	saaiv-ziou
su'gouv mienv	suiv-gouv mienv
su'ngongh	suiv-ngongh
za'gengh	zien gengh
zu'zong	zouv-zong

A

a' /ə/ da'yietv norm nzangc-maac yiem Iu-Mienh/Yao nyei waac, se cuotv qiex hnangv **a'hnoi**, **a'fai**, **a'jang, a'loc**, a'fai **a'ndorm**/English waac se hnangv **about**.

a'cingx w. camv-norm ziangh hoc deix jiex da'aqv/several hour ago.
a'cingx jang lauh ndongc yietc i norm ziangh hoc mv bei/couple hours ago.
a'ciuv mba'zorng sietv qorqv ciuv nyei qiex/the sound of sneezing.

a'dangh w. zuov dangh hnangv mv lauh. Gj: aav dangh/later on please.
a'dangh maah aengx zuov dangh/wait a few minute please.

a'fai nw. naaic nyei waac-dueiv, beiv hnangv meih nyanc liuz hnaangx a'fai?. Meih zoux ziangx a'fai?.
a'gor hor longc nzaatv ndopv baqv ndie nyei diuv. *a'gor hor* se gaav English alcohol daaih. Gj: gor hor, hor diuv, hor ziouv/a rubbing alcohol.

a'haaz q. dau waac nyei qiex, se gaav congh English **aha** daaih.
a'haenv kaenv jaang aav haenv dangh nyei qiex/the sound of ahem.

a'hitv zh. a'hitv hmuangx; a'hitv deix dangh/later in this evening; later on.
a'hitv dangh oc aengx zuov deix hitv dangh/please wait a little bit.

a'hmuangx se dongh **apc hmuangx** nyei fiev nangv/last night.

a'hnaqh ih zanc mbuo haih mingh duqv a'hnaqh? OK, can we go now?.

a'hneiv w. 高兴 /gāoxìng/ haiz longx hnyouv haic. Dgw. nzauh/to be glad or happy.
a'hneiv gau gengh jorm hnyouv haic/to have excited feeling.
a'hneiv haic jorm hnyouv haic/be very please; glad; happy; satisfy with.
a'hneiv nyei hnyouv haiz gengh a'hneiv nyei/to satisfy with the outcome.

a'hnoi zh. nqaeqv a'hmuangx jiex daaih wuov norm hnoi. Gj: apc hnoi, aah hnoi, aqc hnoi/yesterday.
a'hnoi hmuangx nqaeqv a'hnoi caux a'hmuangx jiex daaih wuov muonz/the night before last night.
a'hnoi ndorm a'hnoi lungh ndorm wuov hitv. Gj: apc hnoi ndorm.

a'jang w. 刚才 /gāngcái/ coqv jang naaiv, fai coqv hoqc naaiv/just moment ago.
a'jang coqv nyanc liuz cor hoqc nyanc liuz/just ate few minute ago.

a'lamh w. oix lamh deix mi'aqv. Gj: aav lamh, ka'deix/almost; nearly.

a'lanh w. 讷涩 /nèsè/ gorngv waac ngamh ngutv, aqv gorngv mv cuotv. Gj: ipc zuangx/slow of speech; to stammer.

a'loc w. 常常 /chángcháng/ maiv lauh maiv lauh yoc aengx nzunc/frequently; often; always. Yie a'loc mingh ninh nyei biauv. I go to his house very often.

a'mangc pm. 难看 /nánkàn/ mv laqv mueic; mv nzueic. Gj: aqc mangc, aah mangc/to be ugly; bad looking.

a'muangx pm. 难听 /nántīng/ mv fungc muangx. Gj: aqc muangx, aah muangx unpleasant sound to hear.

a'ndorm zh. ih hnoi nziouv wuov hitv/this early morning; in the early today.

a'ngunc m. 葡萄 /pútáo/ a'ngunc se gaav congh janx-taiv-waac daaih, mienh waac heuc *hmei-biouv* janx-kaeqv-waac heuc *puz tauz*/grapes.
a'ngunc biouv mienh zuangx daaih nyei hmei-biouv; pu'tau biouv/grapes.
a'ngunc diuv longc hmei-biouv zoux daaih nyei diuv/a grape wine.
a'ngunc hmei 1 a'ngunc hmei-luangh grape vine. **2** a'ngunc biouv zoux daaih nyei hmei/a grape oil.
a'ngunc huingx zuangx a'ngunc wuov nzong huingx/a vineyard.
a'ngunc ndeic zuangx a'ngunc nyei ndeic/a grape field.
a'ngunc nqaai a'ngunc biouv pui nqaai daaih; a'ngunc biouv-nqaai/raisins.
a'ngunc wuom a'ngunc biouv zaax cuotv nyei wuom/grape juice.
a'ngunc youh longc a'ngunc biouv zoux daaih nyei youh/grape oil.

a'nziaauc w. zoux a'nziaauc; mingh saau a'nziaauc. Gj: aah nziaauc/to play joke; to do something for fun.

a'nziaauc baengc nziaauc dorn nziaauc sieqv benx nyei baengc/venereal disease.
a'nziaauc ciangv bun mienh nziaauc nyei ciangv/a play ground.
a'nziaauc doic caux nziaauc zuoqc nyei doic/a playmate; a friend.
a'nziaauc dorngx 1 biauv wuov qongx dorngx/a play room. **2** ka'ndau nziaauc nyei dorngx/a play ground.
a'nziaauc inv mingh saau nziaauc guenx nyei inv/a habit of playing around.
a'nziaauc mienh 1 nyienx a'nziaauc nyei mienh/a person who play. **2** mingh a'nziaauc nyei mienh/a traveler.
a'nziaauc mbuox heuc a'nziaauc nyei mbuox/a nickname; fun name.
a'nziaauc ting yiem nziaauc zipv kaeqv nyei ting/a living room or guests room.
a'nziaauc waac gorngv kuanv tien nyei waac/words of teasing.

a'yiz hq. heuc nuqv gamh nziex nyei qiex a sound indicating afraid. Gj: aah yiz.
a'yiz, fungc hnangv m'nor buatc maiv dongh nyungc nyei sic/oh, it's awful.
a'yoz se caux "a'yiz" wuov joux maaih eix-leiz fi'hnangv nyei.

aa[1] q. qiex ndaauv nyei aa, se longc yiem heuc hnamv nyei jiex gorn waac, beiv hnangv, **aa gorx**; **aa dorc**; **aa dorn**.
aa baac heuc hnamv dorn laauv baac nyei waac/nickname for eighth son.
aa baeqv heuc hnamv baeqv-diex nyei waac/nickname for uncle.
aa betv heuc hnamv da'betv sieqv nyei waac/a nickname for eighth girl.
aa cic heuc hnamv dorn laauv cic nyei waac/nickname for seventh son.
aa cietv heuc hnamv sieqv-m'cietv nyei waac/a nickname for seventh girl.
aa dae heuc hnamv dae nyei waac/my beloved daddy or father.
aa die 阿爹 /ādīe/ heuc hnamv die nyei waac/my beloved father.
aa dorc 阿姐 /ājíe/ heuc hnamv dorc nyei waac/my beloved older sister.
aa dorc deih fun doic heuc hnamv dorc maac nyei waac/aunty.
aa dorn heuc hnamv dorn nyei waac/a beloved son; dear son.
aa dutv heuc hnamv gu'nguaaz-mokv nyei waac/a lovely chubby child.
aa faam heuc hnamv sieqv-m'faam nyei waac/a nickname for third girl.
aa feix heuc hnamv sieqv-m'feix nyei waac/a nickname for fourth girl.
aa gauv heuc hnamv dorn-la'gauv nyei waac/a nickname for older son.
aa gorx heuc hnamv gorx nyei waac/my lovely older brother.
aa guv heuc hnamv gu'nguaaz-ngingv nyei waac/a lovely slim child.
aa gux heuc hnamv gux nyei waac/my dear grandmother.
aa jouv heuc hnamv dorn-laauv jouv nyei waac/a nickname for ninth son.
aa juov heuc hnamv sieqv-m'juov nyei waac/a lovely ninth daughter.
aa kaeqv heuc hnamv dorn-kaeqv fai sieqv-m'kaeqv nyei waac.
aa laai heuc hnamv sieqv-laai nyei waac a nickname for a last daughter.
aa liuz heuc hnamv sieqv liuz nyei waac/nickname for a very last daughter.
aa louc heuc hnamv sieqv-m'louc fai dorn-louc nyei waac.
aa luc heuc hnamv dorn-laauv luc nyei waac/a nickname for sixth son.
aa maa 阿妈 /āmā/ heuc hnamv maa nyei waac/my lovely mother.
aa manv heuc hnamv da'hmz sieqv nyei waac/nickname for fifth daughter.
aa meix heuc hnamv sieqv-gu'meix nyei waac/nickname for first daughter.
aa muoc heuc hnamv muoz-maac nyei waac/my lovely aunty.
aa naix heuc hnamv dorn-da'naix fai sieqv-m'naix nyei waac.
aa ngingv heuc hnamv sieqv-ngingv fai dorn-ngingv nyei waac.
aa nqu buo biei hlaax nyieqc gu'nguaaz nqu nyei qiex/uttered sound of three four month's baby.
aa nziez heuc hnamv nziez-maac nyei waac/my lovely aunty.
aa ong heuc hnamv ong nyei waac/my lovely grandfather.
aa saan heuc hnamv dorn laauv saan nyei waac/a nickname for third son.

aa sieqv heuc hnamv gu'nguaaz-sieqv nyei waac/nickname of a lovely daughter.

aa sux heuc hnamv dorn laauv sux nyei waac/a nickname for fourth son.

aa taenc heuc hnamv hmien taenc nyei sieqv-hnamv/a lovely girl.

aa uv heuc hnamv dorn-laauv uv nyei waac/a lovely fifth son.

aa youz heuc hnamv youz-diex nyei waac/my dear uncle.

aa zaih heuc hnamv dorn-zaih fai sieqv zaih/a lovely last son or daughter.

aa ziepc heuc hnamv dorn-ziepc fai sieqv-m'ziepc nyei waac.

aa[2] q. longc yiem ndaangc maengx, beiv hnangv *aa* meih maiv dungx hnangv naaic zoux maah; *aa* ih hnoi daaix haih duih mbiungc nyei; *aa* zoux haaix nyungc hnangv naaiv nix?. *aa* meih mv dungx nqemh caux yie mingh mbatc mbiauz maah; *aa* naaiv gengh haiz nzauh gau; *aa* feix duqv yie ndongc meih guai mv zei?.

aa men giduc mienh daux gaux setv gorngv nyei waac/a men.

aa zuqc hnyouv mv oix gau mv baac aa zuqc/fu'jueiv oix nziaauc aa zuqc zoux ziangx biauv gong/children must do their home work before go out to play.

aa zuqc taanx aa zuqc liuc leiz ziux goux mbenc bun/must take care.

aa zuqc zoux gengh guangc maiv njiec aa zuqc zoux nyei/must do.

aa[3] wj. longc yiem waac-dueiv, se hnangv ninh zoux sic *aa,* gorngv waac *aa,* yie gengh mv oix gau mv baac maiv haih fungc zoux, weic zuqc ninh m'daaih ziangh daaih hnangv naaic nyei mienh.

aa[4] wj. se longc yiem porv mengh nyei waac-gorn, beiv hnangv *aa mbuo nyei*; *aa nyei*/our or mine.

aa mbuo yietc zungv yie mbuo yietc zungv/all of us; we are all.

aa nyei dae maa yie nyei die maa; yie domh mienh/my parents.

aa nyei gorx yie nyei gorx/mine older brother.

aa nyei oc naaic se yie nyei ga'naaiv oc/it's mine; my belongings.

aa[5] bm. longc yiem ndaangc maengx mienh a'fai ga'naaiv nyei mbuox/sound used before name or title.

Aa Kaah yietc fingx yiem Asia nyei mbong zangc mienh, janx-taiv heuc *Ic Gor,* Janx-kaeqv heuc *Hanix Zux*.

Aa Lic Saan 阿里山 /ālǐsān/ yiem Taiwan deic-bung mbong nyei mbuox.

Aamotv 阿摩司书 /āmōsīsū/ yietc buonv zengx-ginx sou nyei mbuox/Amos, a book of Bible in the old Testament.

Aa Ndam 亚当 /yàdāng/ Tin-Hungh zeix cuotv nyei da'yietv weic m'jangc mienh nyei mbuox/Adam.

Aa Weix janx-kaeqv ndie, nyanc tengx ga'sie fiex nyei baengc longx.

aa[6] wj. longc yiem ndaangc maengx, beiv hnangv kuatv zuqc mun heuc. Gj: aa!/aa loh! aa lov! aa yaah! aa yaav! aa yoh! aa yov! aa yoz! aa youh! aa yuv! aa zuqc.

aa[7] aengx lorz mangc **norqc aa** wuov joux nyei eix-leiz.

aac wj. waac-dueiv, beiv hnangv dorn aac, sieqv aac, fu'jueiv aac.

aah q. waac-qangx waac, tengx jangx mv gaengh cuotv ganh joux nyei ziangh hoc nzipc borqv mingh *beiv hnangv* aah…

aah loc aengx lorz mangc *a'loc, a'hnoi* fai *a'jang* wuov deix nyei eix-leiz.

aah yiz aengx lorz mangc *a'yiz*, *a'yoz* wuov deix nyei eix-leiz.

aav[1] hq. liemh zeih a'hneiv ziouc gorngv aav. Aav! dongh meih orqc, yie laaic duqv janx norh aex. Aav! gengh a'hneiv gau, yie mv laaic meih haih daaih naaiv mv baac ih zanc duqv buatc meih gengh hnangv mbeix mbeix nor.

aav[2] pm. butv gau baengc nzuih baengx ngaengc butv *aav* mingh ziang naaic mv haih gorngv waac.

aav[3] zh. aav dangh, aav hitv deix, aav hitv dangh. Gj: a'dangh, a'hitv deix, a'hitv deix dangh.

aav[4] pm. aav, mangc jienv oix ndortv haic aqv gengh se fungc zoux mv bei?

aav liv fu'jueiv waac, eix-leiz se meih nyei mv ndongc yie nyei longx.

aav lov aav lov, gengh a'hneiv gau duqv meih/oh, I am very glad to see you.

aav luv caux "aav lov" wuov joux nyei eix-leiz fi'hnangv nyei.

aav niaa gorngv-hemx nyei waac, beiv hnangv lueic duqv kouv haic maiv zoux se baac *aav niaa.*

aav yaav aav yaav! yie la'kuqv yie nyei nyaanh mbuoqc mi'aqv/oh, my dear! I forget my wallet.

aav yoh muoqv zuqc mun heuc aav yoh nyei qiex/ouch.

aav yov za'gengh mun gau diev maiv hingh heuc nyei qiex.

aav youh caux *aav yoh* wuov joux nyei eix-leiz fi'hnangv nyei.

aav yuv beiv hnangv, aa yuv meih fungc haih duqv nyaanh ndongc naaic camv?.

aav[5] wj. aav dorn; aav guv; aav ngingv; aav taenc; aav ciuv.

aav[6] pm. aav lamh mingh, aav lamh deix taux biauv, aav lamh deix daic.

aav lamh deix kaav deix mi'aqv/almost or nearly; get close to.

aav lamh buangv hlaax mv lauh duqv yietc hlaax aqv/almost a full month.

aav lamh dangx qiex oix lamh deix daic aqv/almost stop breathing.

aav lov beiv hnangv, baac liauv aav lov let's forget about it.

aax[1] hq. dau nyei qiex, *beiv hnangv* ninh heuc yie *saan aac,* yie ziouc dau *aax haaix nyungc?.* a'fai muangx mv nangc mengh aengx nzunc, *aax,* meih gorngv haaix nyungc?.

aax[2] gn. nduqc *aax* hnangv zoqc gau mv faaux duqv gorngv/a small amount.

nyanc aax hnaangx nyanc yietc aax hnaangx/to eat just one bite.

aai sa'klim m. *aai sa'klim* se gaav congh English *ice cream* daaih, mienh waac heuc *wuom-mbouh.*

aamx zc. aamx fangx. Gj: nqaapv fangx, ziux fangx/to take picture.

aamx fangx zorngh ziux fangx zorngh. Gj: nqaapv fangx zorngh/a camera.

aamx sou aamx cuotv sou. Wed: yienz sou/to make copy of a document paper.

aanx[1] m. lungh aanx, ndaamv-hnoi/noon time; midday.

da'nyeic aanx lungh aanx jiex mingh wuov hitv ziangh hoc. Wed: njiec aanx, nqa'haav aanx/afternoon.

daauh aanx lungh ndorm mingh taux lungh aanx. Wed: faaux aanx/forenoon or late morning.

lungh aanx lungh ziangx aanx/midday or noon time.

nyanc lungh aanx lungh aanx wuov donx hnaangx/to eat lunch.

yietc aanx ndaamv-hnoi/a half day.

zoux aanx gong zoux ndaamv-hnoi gong hnangv/to work only a half day.

aanx[2] nyz. aanx-zaqv; jangx-hoc; nyungc zeiv/a marker, a sign.

zoux norm aanx-zaqv yie zoux norm jangx-hoc an jienv/make a remind sign.

aanx[3] pm. jiez sin aanx; mingh zoux aanx fai nyanc hnaangx aanx. Gj: zaih/to be late. Dgw: nziouv.

mingh duqv aanx mingh zoux gong zaih/to be late at work.

aapv[1] n. 鸭 /yā/ zienh aapv. **norqc aapv** lomc zangc nyei aapv/a duck.

aapv-biei aapv nyei biei/duck's feather.

aapv-dorn aapv nyei dorn/a duckling.

aapv-gong aapv-gorngx fai aapv-gouv a male duck; drake.

aapv-jaanx maiv gaengh ndauc jiex jaux nyei aapv-nyeiz.

aapv-jaux 鸭蛋 /yādàn/ aapv-jaux; aapv nyei jaux/duck egg.

aapv-mbienx yiem mbienx nyei aapv.

aapv-nyeiz 母鸭 /mǔyā/ ndauc liuz jaux nyei aapv/a mature female duck.

aapv-nyiuv aapv nyei nyiuv/duck feet.

aapv-wuom yiem wuom nyei aapv/a duck which requires water to swim.

aapv[2] cf. 压 /yā/ faang-aapv, aapv mienh maaiz ga'naaiv/to urge strongly.

aapv doqc sou aapv jienv mingh doqc to push urge someone go to school.

aapv eix oix fai maiv oix; jiez hnyouv fai maiv jiez hnyouv nyei sic.

aapv ganh zoux aapv jienv ganh zoux to force oneself to do something.

aapv hoic aapv hoic jienv fai qaa jienv to force someone to do something.

aapv jaax mv oix mv baac aapv taux oix nyei sic/to compel; to urge strongly.

aapv jienv zoux aapv hoic jienv zoux to force someone to work.

aapv mienh aapv hoic mienh fai zeix mienh/to force; to oppress the people.

aapv zoux aapv hoic jienv zoux gong/to force someone to work hard.

aapv[3] bm. **aapv biauv-dungz** njaapc ndipc biauv-ngorh/to cover up the roof.

aaqv nz. hngongx, mbanc, gangh, ngorkv, bernz/unskilled person.

aaqv kouv nzuih hngongx haic gorngv waac maiv mbiangc/a stupid mouth.

aaqv kouv zih nyienh nzuih hngongx haic nyei mienh/a dumb person.

aauv w. aauv nauv; aauv ndutv; aauv nquatv. Wed: wuotv nauv, wuotv ndutv; wuotv nquatv/to break by bending.

aauv gaam-ziex aauv gaam-ziex nauv dorh nzuonx/to break sugar cane stalk.

aaux[1] w. aaux waac goiv waac nyei qiex to twist and change word.

aaux benx nzung zorqv waac aaux benx nzung/to change lyrics to fit a song.

aaux mv nzuonx gorngv aaux qiex mv nzuonx/unable to pronounce.

aaux nzung aaux waac benx nzung nyei qiex, beiv hnangv *zinh ndaangc* aaux benx nzung se *dongh cor, zinh cor.*

aaux qiex mv nzuonx gorngv qiex maiv nzuonx/unable to pronounce.

aaux qiex nzangc se aaux qiex nyei nzangc/vowels.

aaux waac doqc cuotv waac nyei qiex to pronounce a word.

aaux waac mv nzuonx gorngv waac nyei qiex maiv nzuonx/to be unable to pronounce a word.

aaux[2] w. doqc eix aaux zien waac benx jaav/to twist true word into wrong word.

aaux[3] bt. **aaux lungh** lungh qiex oix tiuv sin mun nyei baengc/to be affected by weather change.

aaux lungh baengc lungh qiex oix tiuv sin mun nyei baengc/to feel discomfort when weather going to change.

aaux lungh hlorngx lungh oix hlorngx mun nyei baengc.

aaux lungh mun lungh qiex tiuv mun nyei baengc/to have pain due of the weather change.

aauz gw. caux gu'nguaaz gorngv yiemv oix zuqc gorngv aauz/cry; to cry.

mv dungx aauz mbuox gu'nguaaz mv dungx nyiemv/to tell baby to stop cry.

aauz-jaang doqc eix zoux siqv mienh nyei sic/to demand someone's attention.

ae m. yiem cie, yiem biauv bungx laangh nyei nziaaux, *ae* se gaav congh English air-condition daaih.

ae-jorm nziaaux-siouv; nziaaux-jorm/a heater; hot air.

ae-namx 空调 /kōngtiáo/ laangh nyei qiex; nziaaux-namx/an air-conditioner.

cie mv maaih ae maiv maaih nziaaux-namx nyei cie/car lack of air-condition.

aec q. dau nyei waac, beiv hnangv tov meih tengx dangh yie oc, *aec* duqv nyei lorqc, meih oix yie tengx haaix nyungc?

aeh[1] wl. laaux nyei waac, *beiv hnangv* gu'nguaaz nyiemv, yie ziouc hlorpv jienv gorngv *aeh aeh* njorngh guai aqv aav dangh maa nzuonx aqv lorqc.

aeh[2] q. ninh gorngv se *aeh* yie ziangh duqv aqc mangc haic, ninh mv oix longc yie.

aev gw. mbuox gu'nguaaz bungx yiez-nqaiv nyei waac/to excrete body waste.

aev div mbuox gu'nguaaz bungx nqaiv nyei waac/tell baby to defecate.

aev dor long heuc doqc m'normh lorx nyei mienh/name for a deaf person.

aev nzae mbuox gu'nguaaz bungx yiez nyei waac/tell baby to urinate.

aex q. setv waac nyei qiex, beiv hnangv naaic yie nyei aex/that is mine.

kuh mangc haic aex mangc duqv jiez inv haic/really good looking.

mv kuh gorngv aex gorngv mv duqv mv maaih leiz gorngv/forbidden to talk.

aenh pm. hlo nangv nyei aenh aenh wuov to be rounded and plump.

aeng[1] pm. ga'sie hlo aeng-aeng, duc-duc wuov, mv dorh leiz nyei waac.

aeng[2] gw. mbuox gu'nguaaz daix dungz nyei waac/to kill pig, a child language.

aeng aeng nuic aetv mbuox gu'nguaaz daix dungz nyei waac.

Aengh Doih m. 英台 /yīngtái/ loz-hnoi cuotv mengh yietc dauh m'sieqv mienh nyei mbuox, dongh gorngv ninh mingh doqc sou buangh zuqc Faam-Baeqv daaih, nqa'haav ninh nyei die maa mv bun longc Faam-Baeqv, Faam-Baeqv ziang naaic beqv-qiex daic mingh biopv jienv jauv-hlen, ninh mingh zoux auv taux wuov heuc Faam-Baeqv koi zouv ninh ziouc tiux bieqc zouv caux Faam-Faeqv benx doix sopc bang ndaix jienv faaux lungh mi'aqv.

Aengh Doih nzung sux aengh doih caux faam-baeqv nyei gouv nyinh nzung.

aengv pm. (sing-qiex, njang) aengv daaux nqaang nzuonx/reflected sound or light.

aengv fangx ziux fangx; nqaapv fangx to take picture; to take photo.

aengv-hornx zoux di'dien nduov hnangv/only the outward appearance.

aengv m'zing (dang njang) aengv zuqc m'zing/reflected light shine on eyes.

aengv-njoiz 影子 /yǐngzī/ aengv daaih nyei njoiz/a shadow; image; picture.

aengv qiex aengv mbui daaux nqaang nyei sing-qiex/a reflected sound.

aengv zuangx yuoqc mienh camv oix nyei sic/to attract to the public.

zoux doc aengv lunz beiv hnangv, maa heuc yie tengx nzaaux yienv, yie mingh taux bungx wuom nzunh liuz ziouc jiex daaih gorngv nzaaux ziangx mi'aqv, se beiv zoux doc aengv lunz.

aengx w. 再 /zài/ aengx nzunc, zoiz aengx; aengx zoiz/again; once more.

aengx buangh aengx zoiz duqv buangh nzunc/to meet again.

aengx bun deix yie tov aengx bun deix yie/give me some again.

aengx caux meih caux yie aengx caux ninh/together with you me and him.

aengx cuotv aengx cuotv nzunc/come out again; happen again.

aengx daaih aengx daaih nzunc aqv/to come again.

aengx daaih nziaauc oc dorh leiz waac mbuox mienh di'hnoi zoiz aengx daaih nziaauc oc/please come visit again.

aengx duqv nzunc duqv liuz aengx duqv nzunc/to get once more.

aengx faan 1 aengx faan daaux nqaang nzuonx gorn/back to original. **2** aengx faan gorngv nzunc/to re-interpretation.

aengx faan baengc aengx butv nzuonx loz-baengc/to recurrence an illness.

aengx maaih deix corc aengx maaih deix/to have some left over.

aengx nzunc 再次 /zàicì/ aengx paan gorn nzunc/to repeat again; once more.

aengx zoiz aengx nzunc/once again.

aengx zoiz buangh fiev fienx ziangx gorngv nyei waac/conclusion word at the end of a letter.

aepv n. **aepv boh** aepv boh biouv, se gaav congh English "apple" daaih.

aepv boh maeng ndopv maeng wuov nyungc aepv boh/green apple.

aepv boh ndiangx aepv boh biouv nyei ndiangx/an apple tree.

aepv boh njuov aepv boh zorpc zoux daaih nyei njuov/an apple cake.

aepv boh nqaai aepv boh fietv bieqc pui nqaai daaih/dried apple.

aepv boh siqv ndopv siqv wuov nyungc aepv boh/red apple.

aepv boh wuom aepv boh biouv zaax cuotv nyei wuom/apple juice.

aepv boh yangh ndopv yangh wuov nyungc aepv boh/a yellow apple.

aeqc[1] w. aeqc zeiz nyei, aeqc zeiz aqv, aeqc duqv nyei lorqc. Wed: aec/yes.

aeqc[2] gw. mbuox gu'nguaaz daic oix zuqc gorngv aeqc mi'aqv/already be dead.

aeqc gorngc mi'aqv daic mi'aqv/dead; already dead, a child language.

aeqv wj. yie fiev sou ninh *aeqv* tengx dimv sou. Meih zoux hnangv naaiv yaac duqv mv zei nor *aeqv* aengx ganh tiuv nyungc za'eix zoux yaac duqv.

aetv n. nzuqv zieqv daaih maaih nqaaix kapv jienv, se janx-laauv mienh longc dapv hnaangx-zaang nyei ga'naaiv.

aetv-nqaaix capv aetv nyei nqaaix/a lid for a small woven basket.

Afghanistan m. 阿富汗 /āfùhàn/ yietc norm guoqv, yiem N. Asia, hungh zingh mungv nyei mbuox heuc Kabul.

Africa m. 非洲 /fēizhōu/ fei ziou domh ziuh deic-bung/a continent of Africa.

aih hq. aih, haeqv dangh yie nor, gorngv laaic haaix dauh se dongh meih orqc.

aih, mv zeiz lorqc gorngv zorc ganh dauh nyei waac/oh, no, that's not right.

aiv[1] pm. 矮 /ǎi/ aiv nyei taetv-taetv wuov/to be short in height.

aiv baengh qiex *c* nyei qiex se heuc aiv baengh qiex/the low tone letter of ***c***.

aiv jiex jaax ba'laqc aiv haic/too short or too low to make use.

aiv jiex yietc buoqv gauh aiv jiex yietc zungv/the lowest; most inferior.

aiv jienv njiec soqv aiv jienv njiec/to decrease in height.

aiv njiec qiex se dongh **z** nyei qiex/the low rise-fall tone.

aiv nyei aiv nyei taetv-taetv wuov/to be low or short in height.

aiv wuov bung gauh aiv wuov bung/the lower side; the shorter side.

aiv wuov horngh yiem njiec aiv wuov horngh/the lower row.

aiv wuov wuonc ga'ndiev aiv nyei wuov wuonc/the lower section.

jaax-zinh aiv mv maaih jaax-zinh/the price is low.

aiv[2] pm. mangc aiv; mengh hoc aiv; cong-mengh aiv/low in status.

aiv jiex aiv jiex, zinc jiex wuov horngh mienh/inferior in status.

aix wz. m'jangc m'sieqv caux doic nyei waac-zaanc, dorh leiz wuov joux *caux doic, nitv doic; daapv zuangv*, a'fai *tiux zuangv*/to have sexual intercourse.

aix dietv 1 m'jangc m'sieqv caux doic nyei waac-zaanc. **2** hemx mienh zaanc jiex nyei waac/fuck you.

Aids bt. 艾滋病 /àizībìng/ Etc baengc se orqv haic mv maaih ndie haih zorc duqv longx nyei baengc, *Etc* se gaav congh English "Aids" daaih.

aiqc hq. aiqc yie mv maaih doic/oh, I am scared or I am afraid of.

Alabama m. 阿拉巴马州 /ālābámǎzhōu/ yietc norm ziou yiem Meiv Guoqv D.N bung maengx, ziou nyei domh mungv mbuox heuc Montgomery.

Alaska m. 阿拉斯加州 /ālāsījiāzhōu/ yietc norm ziou, yiem Meiv Guoqv F.B bung maengx, ziou nyei domh mungv mbuox heuc Juneau.

Albania m. 阿尔巴尼亚 /āérbāníyà/ yietc norm guoc jaa, yiem D.N bung maengx Europe, hungh zingh mungv nyei mbuox heuc Tiranë.

Algeria m. 阿尔及利亚 /āérjílìyà/ yietc norm guoc jaa yiem F.B bung maengx Fei Ziou, hungh zingh mungv heuc Algiers.

Allergy bt. 过敏症 /guòmǐnzhèng/ aa ler njih baengc, se m'zing sietv mba'zorng qorqv ciuv, cuotv mbiutc.

amh gw. gorngv mbuox gu'nguaaz nyanc nyei waac. Gj: amv/to eat.

amh amh oc gorngv mbuox gu'nguaaz nyanc hnaangx aqv/please eat.

amh mamz mbuox gu'nguaaz nyanc hnaangx nyei waac/to eat rice.

amh zix mbuox gu'nguaaz nyanc orv nyei waac/to eat meat.

America m. 美国 /měiguó/ Meiv Guoqv domh ziuh deic-bung.

an w. an jiez; an jienv; an wuov; an nitv jienv doic. Gj: hietv/to put; to lay on.

an biaa liouz don an biaa wuonc don/to set up five row of chairs.

an bieqc dapv bieqc an jienv. Gj: borqv bieqc/to install; to connect; to insert.

an cuqv m'jangc mienh nzopc kuotv m'sieqv mienh an cuqv.

an ga'hlen an njiec ga'hlen hnangv mv dapv gu'nyuoz/to place outside area.

an ga'ndiev an njiec ga'ndiev wuov bung/to place it underneath.

Angola m. 安哥拉 /āngēlā/ yietc norm guoc jaa, yiem F.N bung Africa, hungh zingh mungv heuc Luanda.

an gu'nguaaic an gu'nguaaic hlang nyei dorngx/to put on height.

an hlang an faaux hlang fu'jueiv zorqv mv taux nyei dorngx/out of reach area.

an hmei zorqv hmei an (caeng) zouv lai/to add cooking oil.

an hnyouv butv qiex; nouz. Gj: hietv hnyouv mi'aqv/to upset; angry.

an jiez siou an longx. Gj: siou jiez, hietv jiez/to put away; to keep away.

an jienv bungx njiec an jienv/put down or to place down.

an mbu'ndongx an i nyungc ga'naaiv nyei mbu'ndongx/to put into middle.
an ndie zorqv ndie an. Gj: hietv ndie/to apply medicine.
an njiec bungx njiec mingh an jienv/to to put down. Gj: hietv njiec.
an nyaah zorngh an jaav-nyaah bieqc nzuih/to insert a denture.
an nyaanh an nyaanh bieqc nyaanh lamz fai an maaiz ga'naaiv/to pay money.
an nyaanh daan fiev nyaanh an bieqc nyaanh lamz nyei daan.
an nyaanh faang dapv nyaanh nyei faang/a cash box.
an nzauv an jienv zouv lai/to add salt.
an ziepc gouv an njiec ziepc gouv/to put down ten percent down payment.
mv dungx an hnyouv tov guangc zuiz bun nyei waac/to apologize.

apc[1] gw. caux gu'nguaaz gorngv ngaatc oix zuqc gorngv apc/to bite.
apc wox mbuox gu'nguaaz naaic haih ngaatc nyei oc/it will bite.

apc[2] wj. apc hnoi; apc ndorm. Sn: a'hnoi, a'hmuangx, a'ndorm. Gj: aah hnoi, amh hnoi, aqc hnoi.
apc hmuangx apc hmuangx/last night.
apc hnoi nqaeqv apc hmuangx jiex daaih aqv/yesterday.
apc hnoi hmuangx nqaeqv a'hmuangx caux a'hnoi mi'aqv/the night before last night.
apc hnoi ndorm apc hnoi lungh ndorm nziouv wuov hitv/yesterday morning.
Apc Laa Ham m. 阿伯拉罕 /yàbōlāhǎn/ **1** loz-hnoi tengx Tin-Hungh douc waac nyei yietc laanh mienh. **2** lungh ndiev maanc mienh nyei ong-taaix-ngaeqv.

aqc[1] pm. aqc haic; aqc gau; aqc nyei; aqc duqv/to be difficult or hard.
aqc duqv 1 mv hec duqv/to be difficult or uneasy. **2** aqc zoux mv duqv; aqc hoqc mv duqv/to be challenge.
aqc duqv diev mun gau yietc zanc diev mv jiex aqv/be painful and unbearable.
aqc duqv dorng aqc zoux mv haih horpc mienh nyei eix/very hard to please.
aqc duqv fiev aqc duqv zorqv mv cuotv nzangc fiev/to be hard to write.
aqc duqv gorngv 1 aqc gorngv maiv muangx/difficult to say. **2** aqc gorngv mv mengh baeqc/uneasy to make clear.
aqc duqv goux naanh duqv goux haic to be hard to take care.
aqc duqv gunv aqc gunv maiv njiec/to be difficult to govern.
aqc duqv haic za'gengh aqc haic/to be difficulty; uneasy.
aqc lorz hec longc zinh nyaanh se aqc lorz mv baac hec longc/to be difficult to earn but easy to spend.
aqc mangc maiv nzueic yietc deix/ugly or to be unpleasant to the eye.
aqc muangx mv fungc bieqc m'normh nyei waac. Dgw. kuh muangx/to be unpleasant to listen.
aqc mbenc aqc duqv mbenc maiv haih sung/hard to manage.
aqc zoux aqc duqv zoux haic/not easy to do or to manage.

aqc[2] gw. mbuox gu'nguaaz laih hlopv oix zuqc gorngv aqc/dirty.
aqc div nyei mbuox gu'nguaaz laih hlopv oix zuqc aqc div nyei.

aqh q. heuc beqv deix nyei, aa maa aqh! aa dae aqh! aa dorn aqh!.

aqv[1] wm. ziouc zeiz dongh naaic aqv, yietc ziangx dongh naaic aqv.
aqv fai mbuo mingh aqv fai aengx zuov dangh?. Wed: a'fai.
aqv lorqc yie daaih aqv lorqc, yie haiz aqv lorqc, hiuv aqv lorqc/oz/I know.

aqv[2] aengx daaux nqaang lorz mangc *aaqv* wuov joux nyei eix-leiz.

Argentina m. 阿根廷 /āgēntíng/ yietc norm guoc jaa yiem N. bung maengx Meiv Ziou, hungh zingh mungv nyei mbuox heuc Buenos Aires.

Arizona m. 亚利疏那州 /yàlìshūnǎzhōu/ yietc norm ziou yiem Meiv Guoqv F.N bung maengx, ziou nyei domh mungv mbuox heuc Phoenix.

Arkansas m. 阿肯色州 /ākěnsèzhōu/ yietc norm ziou yiem Meiv Guoqv Z.N. bung maengx, ziou nyei domh mungv mbuox heuc Little Rock.

Asia m. 亚洲 /yàzhōu/ Asia domh ziou domh fouv/a continental of Asia.

Asian country yiem Asia nyei guoc jaa fai deic-bung/all Asian countries.
Asian yiem Asia guoqv nyei fingx-fingx mienh fai janx/all kind of Asian people.

atv[1] w. **1** wuonx qiex; atv nziaaux yiem gu'nyuoz/compress air. **2** atv waac nyei qiex/to record voice.
atv ga'saeqv gorngv waac juix njiec an siou waac hlaang, *ga'saeqv* se gaav congh English "cassette" daaih.
atv jienv hnyouv qiex jiez jienv yiem hnyouv/to repress the anger one feels.
atv qiex cui qiex bieqc mingh atv jienv yiem gu'nyuoz.
atv waac gorngv waac juix njiec siou waac hlaang/to make a tape recording.
atv waac ji atv waac nyei ji. Gj: siou waac faang/a tape recorder.

atv[2] pm. nyanc liuz orv ga'sie zungx butv atv daaih lueic gau/to feel tired after eat.
atv mbiungc lungh oix duih mbiungc yuoqv atv-atv nyei/to be very humid.

Australia m. 澳大利亚 /àodàlìyà/ yietc norm faix nyei **continent** yiem N.D bung maengx Asia, hungh zingh mungv nyei mbuox heuc Canberra.

Austria m. 奥地利 /àodìlì/ yietc norm guoqv yiem Z. nyei Europe mbu'ndongx hungh zingh mungv heuc Vienna.

auv m. 妻 /qī/ zoux jienv auv nyei m'sieqv mienh/wife, a married woman.
auv-benx butv zoih haic nyei auv/a rich or wealthy woman.
auv-biaux biaux nqox mingh nyei auv a run away wife.
auv-biqv maiv maaih saeng-yungz nyei auv, mv dorh leiz nyei waac.
auv-butv-zoih yietc dauh butv zoih haic nyei auv/a rich woman.
auv camv longc auv camv fai zoux auv nyei mienh camv.
auv-dorn da'nyeic dauh auv/the lesser wife in a polygamous household.
auv-faam longc taux da'faam teix wuov teix auv/third wife.
auv feix longc taux da'feix wuov teix wuov teix auv.
auv-gan caux doic yiem hnangv maiv caux gitv huon nyei auv.
auv-gox hnyangx-jeiv gox nyei auv, mv dorh leiz nyei waac/an elderly woman.
auv-guaav nqox daic mingh nyei auv/a widow.
auv-guaav-mienh guaav mingh nyei m'sieqv mienh/widowhood.
auv-hlo longc da'yietv wuov teix auv se funx benx auv-hlo.
auv-jaanx hnyangx-jeiv zong baan nyei auv/a middle age wife.
auv-jienh jienh haic wuov dauh auv fai auv-da'hnyapv.
auv-jieqv longc janx-jieqv auv a'fai ziangh ziouc jieqv nyei auv.
auv-jomc jomc nyei wuov dauh auv, mv dorh leiz nyei waac.
auv-jueiv 妻子 /qīzǐ/ auv caux yietc zungv fu'jueiv/wife and children.
auv-la'ngopv la'ngopv henv haic wuov dauh auv, mv dorh leiz nyei waac.
auv-leih guangc nqox nyei auv/divorce woman, divorcee.
auv-liaa maaih nqox mv baac oix liaa nqox nyei auv, mv dorh leiz nyei waac.
auv-lueic lueic haic nyei auv, mv dorh leiz nyei waac/a lazy wife.
auv-lunx hnyangx-jeiv corc lunx nyei zoux auv mienh/a young wife.
auv-maaih butv nzoih nyei auv/a rich or wealthy woman.
auv-mbu'ndongx longc mbu'ndongx wuov teix auv.
auv-ndin gorngv waac zoux sic ndin haic nyei auv/sexy married woman.
auv-nqaai mv maaih saeng-yungz nyei auv, mv dorh leiz nyei waac.
auv-nqox auv caux nqox; i hmuangv/a married couple.
auv-nqox doic auv caux nqox/a married couple or wife and husband.
auv-nqox-nqaai mv maaih saeng-yungz nyei i hmuangv, mv dorh leiz nyei waac/a childless couple.
auv-nzaeng-buang nzaeng nqox henv nyei auv/a woman who is jealous.
auv-nyeic longc da'nyeic wuov teix auv.
auv-nzueic nzueic haic nyei auv/the most beautiful wife.

auv-saeng liaa nyei auv, se mv dorh leiz nyei waac/a sexy married woman.
auv-teix longc nqox-guaav div mienh nyei auv-hlo nyei auv/a wife who take place of the first wife.
auv-zengc mv maaih jangc mienh oix nyei m'sieqv, mv dorh leiz nyei waac.

B

b[1] /bor/ da'nyeic norm nzangc-maac yiem Iu-Mienh/Yao nyei waac.
B[2] nzn. se dongh **baqv** bung nyei nzutv-norz waac/an abbreviation for north.
ba'baac ba'baac liepc hnyouv zoux bun/to do in purpose. Dgw: ca'bouc.
ba'baac gorngv jiez jienv hnyouv oix gorngv bun/to say in purpose.
ba'baac zoux liepc ziangx hnyouv zoux bun/intended to do; do in purpose.
ba'citv ba'citv (norqc dorn) tiux ba'citv ba'citv deix/quick jump as a little bird.
ba'daatc zoux lai nyanc nyei ba'daatc im/a bitter melon.
ba'daatc dueiv ba'daatc luangh nyei dueiv/a bitter melon's shoots.
ba'daatc im ba'daatc im nyei mueix/a bitter squash; bitter melon.
ba'daatc mbiaauz hlo nyei youc-youc wuov nyungc ba'daatc.
ba'daatc mbopv maiv im yaac ndopv baeqc nyei wuov nyungc ba'daatc.
ba'daatc nyaaiz ndopv nyaaiz-nyaaiz wuov nyungc ba'daatc.
Ba'ei janx-ba'ei/Tai or Dai people
ba'gen ndamv torng hopv nyei ba'gen. Gj: ba'gern, pa'gern, panh gern/spoon.
ba'gen-ndamv ndamv lai nyei domh ba'gen/a large spoon.
ba'gern-nyaapv nyaapv ga'naaiv nyanc gern. Gj: ba'gern-saeqv.
ba'gi yungh biei fomv-fomv wuov nyungc yungh. Gj: buic gi yungh/sheep.
ba'hnoi duqv camv-hlaax nyieqc jiex daaih aqv. Gj: baac-hnoi.
ba'hnyangx jiex daaih wuov hnyangx. Gj: baac-hnyangx/last year.
ba'ingv (jai, norqc) nyanc ga'naaiv njiec zaangh nyei ba'ingv/gizzard.
ba'jaauh yietc nyungc biouv nyei mbuox. Gj: baah jaauh biouv/a peach.
ba'jaauh baeqc hlo baeqc yaac gaam wuov nyungc ba'jaauh/white peach.
ba'jaauh ndiangx ba'jaauh biouv nyei ndiangx/a peach tree.
ba'jaauh njang ndopv njang mv maaih biei wuov nyungc ba'jaauh.
ba'jaauh siqv ndopv siqv yaac faix nyei wuov nyungc ba'jaauh biouv.
ba'jaauh suqv maaih biei suqv-suqv wuov nyungc ba'jaauh biouv.
ba'jaauh wuom ba'jaauh biouv zaax cuotv nyei wuom/peach juice.
ba'juonh nyuotv jienv buoz-ndoqv se heuc ba'juonh. Gj: buoz-juonh.
nzuei yietc ba'juonh nyuotv jienv buoz nzuei njiec yietc nzunc/to hit with fist.
ba'laqc camv jiex ndaangc fai zoqc jiex ndaangc. Gj: ba'laatc/too; very.
ba'laqc camv gauh camv qiemx zuqc nyei/more than the amount of required.
ba'laqc faix gauh faix qiemx zuqc nyei mi'aqv/too small or little.
ba'laqc waaic 1 waaic jiex ndaangc mi'aqv/damage too much. **2** maiv benx jiex ndaangc/too bad; too evil.
ba'laqc zoqc caa camv nyei mv gaux soux mouc/too little.
ba'likv ba'lorkv 1 ga'naaiv-muonc/small stuff. **2** mbui ba'likv ba'lorkv/the sound of click clang.
ba'litv citv (norqc dorn tiux) ba'litv citv, ba'litv citv deix/quicky jump as tiny bird.
ba'longh zeuz yietc nyungc Iu-Mienh nyei fingx mbuox/Mien/Yao surname.
ba'longh, **ba'longz** mbu'ong mbui nyei qiex/the sound madeby thungder.
ba'lorkc q. ga'naaiv ndortv mbui ba'lorkc dangh. Gj: ba'lorkv.
ba'lorngh guaengx zaangh njiec nqaux zuqc doic ba'lorngh dangh.
ba'naih nie ndau-ndiev nyouh haic nyei nie/sticky soil, dirt.
ba'norngz wj. lomc-mbiorqc ba'norngz dangh dongz/strong shaking movement.
ba'norngz dangh ndiangx-dueiv dongz ba'norngz dangh.
ba'ngaengv longc buoz-ndoqv ngaengv/to hit with upper fingers.

ba'nyaaic k. yietc kuaaiv ba'nyaaic. Gj: bux-nyaaic/a rag.
ba'nyaaic-gorng yietc diuh ba'nyaaic gorng ndaauv nyei.
ba'nyaaic-huv huv nyei bux-nyaaic/a raggedy clothes.
nyapc bux-nyaaic gu'nguaaz-sieqv hoqc nyapc bux-nyaaic.
nyapc bux-nyaaic gu'nguaaz-sieqv nyapc ba'nyaaic hoqc congx congx.

ba'qorngh wj. norqc zaux ndaauv yangh jauv ba'qorngh, ba'qorngh deix.
ba'lorngh qorngh ca'laauh porngc biu ba'lorngh qorngh dangh.
ba'zatv buic dapv daaih mokc mokc wuov dimc coux bueix.

ba'zi ba'ziaax pm. zoux deix mv ziangx mv lorqv nyei/unfinished; incomplete.

baa[1] gw. **baa baa** caux fu'jueiv gorngv njuov nyei waac/bread; cookie, pastry.
amh baa baa gorngv mbuox gu'nguaaz nyanc njuov aqv/to eat bread.

baa[2] bt. aux-ndiev butv baa; hlieqv naatv zuqc butv baa/to be calloused.
butv pokc baa baa wuov sin sietv butv pokc baa baa wuov/thickened skin.
Baa Maac Nquenc m. 巴马县 /bámǎxiàn/ Zong Guoqv Yao Mienh nquenc nyei mbuox/name of Yao autonomous county in Guangxi province, China.

baac[1] w. baac mi'aqv. Gj. ziangx mi'aqv; nzengc mi'aqv/done; finished.
baac corngh mi'aqv nzengc nzengc mv maaih aqv/all be gone.
baac-hnoi jiex daaih zengv lauh deix aqv. Gj: ba'hnoi/recently.
baac-hnyangx duqv yietc hnyangx jiex daaih aqv. Gj: ba'hnyangx/last year.
baac liauv cinh ninh aqv; maiv dungx gunv aqv/let it goes don't bother.
cun-ciou baac nzengc yietc torngx cun jiex liuz aqv/the season is gone.
gorngv baac waac gorngv ziangx waac mi'aqv/finished talking.
sueih binc baac bungx guangc mv gunv aqv/let it goes; let it pass.
zoux baac gong zoux ziangx gong, zoux setv gong/finishing one's work.

baac[2] lf. da'betv dauh dorn nyei jiex gorn mbuox, beiv hnangv Baac Fongc.
Baac Paix Yaux m. 八排瑶 /bāpáiyáo/ yietc fingx Zong Guoqv Guangxi saengv Lienh Naanh nquenc nyei Yao Mienh.
Baac Guaax Daan m. jorm nzuih laangh fai tengx hnyouv laangh nyei ndie.
Baac Jorc maaih hietc jieqv zaux nyei gaeng-gueiv/daddy long legs.

baac[3] pm. baac-baac liepc hnyouv zoux bun. Gj: ba'baac/intentionally.
baac ix ba'baac fai doqc eix zoux/to do on purpose; deliberately. Gj: duqv-eix.
baac ix cuoqv ba'baac zoux cuoqv nyei sic/to intended to provoke.
baac ix zoux baac-baac liepc hnyouv zoux/to do on purpose.

baah[1] w. baah an zunv, fai baah bun yuonh; longc ndiangx-baah baah nie/to scrape.
baah maah baengc hnyouv ngunc nyei baengc/nausea, dizziness symptoms.
baah nie baah bun nie nzaanx taan jangv mingh/to level the ground.
baah yuonh 1 baah bun yuonh mingh to smooth out. **2** baah nie yuonh/to level the dirt.
guaaih baah maah guaaih diqc daanz zorc hnyouv gunc baengc/to scrape on skin as treatment for nausea symptoms.

baah[2] aengx lorz mangc *haac-baah* caux *daanh baah* nyei eix-leiz.

baav[1] w. **1** longc buoz baav jienv/to hold on. **2** baav sic/to calm down an angry people. Gj: horh sic.
baav-gaengh ziang-jun zoux gong zuov gaengh ndaangc nyei mienh/a person guard at the door.
baav jienv mingh baav jienv baengc mienh mingh/to hold support with walk.
baav sic kuinx i qiex jiez nyei mienh sienc njiec/to calm down angry person.
baav sic mienh kuinx horh sic nyei mienh/a peace maker.

baav[2] gn. yietc baav; yietc baav biaaix fai yietc baav dopc lai/a bunch.
dauh baav dauh baav hnangv mv camv just a few or only some.
deix baav hnangv deix baav hnangv mv camv/just a little bit.

douz-baav diemv jienv douz nyei yietc baav biaaix/a torch.
nyungc baav nyungc baav hnangv mv camv/few kinds; few types.
yietc baav gaanv yietc baav puotv ndau nyei gaanv/a broom.
ziangh baav nyei ndoh jienv ziangh baav nyei/a bundle of something.

baav[3] zh. caamx baav; douc baav; dangh baav; hitv baav; hnoi baav/just a few.

baav[4] pm. **baav maengc mv loh** buv mv jienv maengc aqv/critical illness.
baav-bouc fin-saeng yiem-gen zuov gaengh ndaangc dimv mienh houz wuov dauh zienh/the keeper at the entrance at the spirit world. Gj: gaau-bouc fin-saeng.

baaic[1] m. zorpc mbiauh zuangx daaih uix saeng-kuv nyei ga'naaiv/kind of wheat.

baaic[2] pm. 败 /bài/ maengc maaih baaic, baaic zuqc biauv zong mienh/a jinx that bring bad lucky for the family.
baaic gemh dauh zaqv liangx goix waaic gemh dauh/to destroy the forest.
baaic jaa-dingh ndouv zinh se baaic jaa-dingh sic/to ruin one's property.
baaic jaa nouh gauv 败家子 /bàijiāzǐ/ nimc jaa-dingh nyei dorn-fu'jueiv/a prodigal; a spendthrift; a wastrel.
baaic jun mborqv jaax suei daaih nyei baeng/a defeated army.
baaic nzengc baaic zutc nzengc mi'aqv totally be destroyed.
baaic waaic nzengc haaix nyungc yaac baaic nzengc mi'aqv/to be corrupted.
baaic zuqc baaic zuqc mienh zoux haaix nyungc yaac mv ziouc/be unfortunate.
baaic zutc nzengc daic zutc nzengc mv zengc aqv/total be destroyed.

baaic[3] pm. 丢脸 /dīuliǎn/ baaic hmien; zoux baaic zutc/to lose face or defeated.
baaic hmien 败脸 /bàiliǎn/ zoux bun ndortv hmien/to cause to lose face.
baaic mengh dauh zoux bun mengh dauh ndortv/to ruin reputation.

baaih[1] m. jauv zangc mbuox jauv nyei baaih/a sign or placard.
baaih box domh zuangx dorngx box mbuox mienh nyei baaih/a surface on which made public announcements are posted.
dingh cie baaih jauv zangc dingh cie nyei baaih/a stop sign on street.
mienv-baaih buoqc zangc mienv nyei baaih/the ancestral altar.
sou-baaih lorngz an sou nyei baaih/a bookshelf.
torngv-baaih torngv yunh torngv faai nyei baaih/a shield.

baaih[2] mh. duqv zoux hlo faaux weic nyei baaih/a insignia rank.
baaih borngv zoux jien mienh cipv maux nyei baaih borngv/the insignia.
duqv faaux baaih duqv faaux kang/to receive insignia for one's rank.
jien-baaih zoux jien hlo ndongc haaix nyei baaih/a insignia for one's rank.

baaih[3] gn. la'kaux-baaih; yietc baaih limc; ziangh baaih nyei; zou-baaih.
yietc baaih mba'finx m'sieqv mienh ndiux di'daanz nyei yietc biongc fei.

baaiv w. 摆 /bǎi/ an nzaanx yuonh baaiv jienv nzueic nyei/to arrange; to display.
baaiv huox zorqv huox baaiv an jienv maaic/to display the goods.
baaiv huox mienh koi poux baaiv huox nyei mienh/a goods store owner.
baaiv jienv maaic baaiv jienv ga'naaiv maaic/to display goods and sell.
baaiv nzoih nzengc 1 baaiv an jienv nqaengc nyei/to display all over. **2** baaiv nzoih nzengc mv sung/messy up all over.
ziqc huv baaiv taan se beiv hienx nqox henv nyei sieqv/a female adulterer.

baaix[1] lf. 拜 /bài/ longc i jieqv buoz baaix/to perform a bow.
baaix dorngh 拜堂 /bàitáng/ siang-laangh baaix dorngh/the groom and bride kneel and bow to show respect to their parents and ancestor.
baaix hnyangx nanv jienv zeiv-gorngx baaix hnyangx/to greet the New Year.
baaix cipv mienv-dieh longz hlen longc baaix hnyangx nyei biangh/flowers used in greeting New Year.
Baaix Kuv Yaux 白裤瑶 /báikùyáo/ yietc fingx yiem Zong Guoqv nyei Yao Mienh m'jangc mienh zuqv houx-baeqc *baaix*

kuv se kaeqv-waac houx-baeqc, *yauz* se *yiuh*, se heuc ei janx-kaeqv waac, mienh waac oix zuqc heuc houx-baeqc mienh.

baaix mienh baaix tov mienh guangc zuiz bun/to bow at people as a form of begging for forgiveness.

baaix tov 拜托 /bàituó/ baaix tov mienh tengx fai tov guangc zuiz/to request.

baaix[2] bz. buoqc zangc baaix zienh singx nyei jauv/to bow and worship.

baaix jaa-fin baaix zangc jaa-fin nyei jauv-louc/to worship ancestors.

baaix mienv buoqc zangc baaix mienv nyei sic/to bow and worship spirit.

baaix miuc baaix yaac sienx kaux muic nyei mienv/to bow Buddha idol.

baaix Tin-Hungh baaix hlang jiex wuov weic Tin-Hungh/to bow down before a Heavenly King.

baaix zienh singx fiou zienh singx nyei sic/to bow before a god.

baaiz w. baengh baaiz nyei doix jiex wuov ngaanc bung/direct opposite side.

baamc w. **1** hnam ndorn deix/be slightly wet; damp. **2** ziangh duqv baamc/to be mentally dull. Gj: bamc.

wuom-baamc nie-ndorn njaiz nyei/to be covered with mud. Gj: wuom-bamc.

baamh[1] bm. baamh gen lungh ndiev/the world under the heaven.

baamh gen lungh zaaux njiec nyei yietc norm baamh gen lungh ndiev/the world.

baamh mienh yiem naaiv lungh ndiev nyei mienh/human being.

baamh[2] w. guenx mi'aqv; baamh mi'aqv be accustomed to; addicted to.

baamh[3] pm. nyanc gau orv baamh mingh mv haiz kuv aqv/to be over due.

baamz[1] bz. zoux sic, gorngv waac baamz to act or say against.

baamz leiz-latc 犯法 /fànfǎ/ zoux baamz leiz sic/to violate against law.

baamz leiz mienh baamz leiz cuoqv sic nyei mienh/a lawbreaker.

baamz zuiz 犯罪 /fànzuì/ baamz zuiz ceux sic/to violate; to commit crime.

baamz zuiz dingc aqv qiex jiez dingc gorngv nyei waac/so sinful.

baamz zuiz haic baamz zuiz ceux sic henv haic/one who commit crime often.

baamz zuiz horqc hoqc hiuv taux mienh baamz zuiz nyei horqc/criminology.

baamz zuiz mienh 犯罪人 /fànzuìrén/ baamz cuoqv ceux sic nyei mienh/a criminal; a person who break the law.

baamz[2] cf. baamz zuqc; dorngc zuqc/to do and offend against.

zuangx caa baamz zuqc zuangx caa baamz zuqc mun/offend against spirit by set a post into the ground.

baan[1] w. 班 /bān/ yietc baan liuz aengx taux da'nyeic baan/a shift; a turn.

baan-buic yietc torngx mienh heuc nyei jiex gorn mbuox/a generation name

baan-buic daan fiev baan-buic mbuox nyei sou-daan/a generation recorded.

baan-buic mbuox haaix baan mienh nzuonx zuqc haaix buic nyei sic/the list of generation name.

dongh baan leih mv go dongh wuov deix ziangh hoc/the same cohort.

lungh ndorm baan lungh ndorm zanc wuov baan/the morning shift.

baan[2] w. baan mv duqv meih butv zoih/I wish you will be rich.

baan meic mv duqv hnamv jienv oix bun hnangv naaic/wishful thought.

baanh w. baanh jienv/to look forward to the probable occurrence.

baanh jienv oix zoux hnamv jienv oix zoux nyei jauv/to have a plan to do.

baanh maiv taux hnamv mv taux wuov bouc ndau/not consideration.

baanv w. **nyanc gau orv baanv** nyanc orv youx nzengc mi'aqv/tired of; boring of.

baanx w. dor baanx mienh mv oix nyanc yungh orv/mostly; greater.

porx baanx paaiv bun fi'mbuoqc nyei to divide equally; -to equal share.

baanz w. mun diev mv hingh baanz tin baanz deic nyei/rolling around in pain.

baang aengx lorz mangc "jiu-bang, sopc bang" nyei eix-leiz.

baatc w. baatc mienh longc zinh nyaanh to punish someone with payment.

baatc diuv baatc mienh hopv liuz diuv cingx bun bieqc biauv/fine someone to drink wine before allow entering house.

baatc hniev dingc zuiz baatc nyaanh camv nyei/to have a heavy fine.

baatc mienh dingc zuiz baatc mienh cuotv zinh nyaanh.

baatc orv diuv baatc mienh mbenc orv diuv nyanc/to fine for food and drink.

baatc tong leiz-fingx baatc heng nyei to have a lightly fine.

baauh w. longc nzuqc baauh bun yuonh/to smooth out by scrape with a knife.

baauh mau deix baauh bun gauh mau deix/to scrape until it soft.

baauv cm. beiv hnangv Baauv Siouc se m'jangc nyei mbuox/a man's prefix name.

baauv wuc noic mv maaih za'eix cuotv aqv/to have no alternative choice.

baaux w. baaux nzung; cenv nzung, doqc nzung/to sing; to chant.

baaux nzung cangx heix. Gj: cangx gor, cangx gaa/to sing a song.

baaux nzung guanh baaux nzung nyei yietc guanh. Wed: bang/a choir; a band.

baaux nzung hleix baaux nzung zangc; baaux nzung mienh/a singer star.

baaux nzung mienh baaux nzung nyei mienh/a singer; vocalist.

baaux nzung-ndaauv **1** tor qiex ndaauv baaux nyei nzung/to sing Mien traditional song. **2** nyiemv waac-meiv/to cry.

baaux nzung sou longc baaux nzung nyei sou/a hymnbook.

baaux nzung zangc haih baaux nzung henv haic nyei mienh/a professional singer. Gj: mba'mborng-gaeqv.

bae q. biomv saauc mbui bae bae nyei qiex sound made by blowing mouth piece.

baez q. dox wuom baez-baez nyei cuotv the sound made by pouring water.

baen q. njaih heuc, biomv ndiangx-normh mbui nyei qiex. Gj: baenx.

baeng[1] w. 拔 /bá/ baeng njorngh; baeng cuotv/to pull. Gj: ciev, lanc, domh, tor.

baeng cuotv baeng tor ga'naaiv cuotv daaih/to pull out.

baeng dix sern baeng dix sern daaih/to pull out peanut from the ground.

baeng douh mienh camv baeng jienv douh mingh/to walk with a line.

baeng finx baeng hlieqv-finx, jiem finx fai nyaanh finx/to pull strand or wire.

baeng gong heuc mienh tengx zoux gong liuz aengx jaauv gong nzuonx/invite people work together and later pay back them with work.

baeng gorng dengv bieiv dorh mienh/to lead; to guide; to direct.

baeng jaax **1** sorngx qaqv baeng jaax/to test strength by pulling rope. **2** fu'jueiv hlo baeng jaax/to change appearance as a child growth into adult.

baeng jaang naqv ziang naaic naqv mv nziuc/to swallow without chewing.

baeng-kaeng leih go nyei maiv nitv doic. Gj: baengh kaeng/far away from.

baeng king 拔倒 /bádǎo/ baeng king njiec/to pull down

baeng m'normh muangx longx-longx nyei muangx/to listen carefully.

baeng mienh lorz mienh camv nyei daaih/to pull people together for purpose.

baeng njorngh (hlaang) ndanh haic baeng njorngh deix/to pull taut.

baeng nqoi 拔开 /bákāi/ baeng koi/to tear open; to pull open.

baeng nyaah zorc nyaah sai baeng cuotv nyaah/to pull out a tooth.

baeng nyaah dorngx baeng nyaah nyei biauv/a dental office.

baeng nyaah sai tengx baeng nyaah zorc nyei zangc mienh/a dentist.

baeng nyaanh zorqv nyaanh cuotv longc to withdraw money form bank account.

baeng nziaamv baeng nziaamv weic zaah baengc/to draw blood.

baeng suix hiou baeng suix/to pull and spin threads.

baeng wuom jaax wuom bieqc biauv fai bieqc ndeic/to draw water into house.

baeng zuqc baeng cie zuqc corng zuqc to pull against; to be pulled.

baeng[2] m. 士兵 /shìbīng/ yietc dauh dorng baeng nyei mienh/a soldier; army.

baeng-biaux mv oix dorng baeng biaux nyei baeng/a run away soldier.

baeng-bieiv dorh baeng caux gunv baeng nyei bieiv/a military commander.

baeng-ciangv dorng baeng mienh yiem nyei ciangv/a military camp.

baeng-maaz dorng baeng zaangv deic bung nyei mienh. Gj: baeng-maanh/the military force.

baeng nyei qaqv 1 baeng mborqv jaax nyei qaqv/military power. **2** nanv jienv baeng nyei qaqv/pulling strength.

baeng-wuom gan wuom gan koiv nyei baeng. Gj: koiv-jun/the navy.

baeng-zaamc dorng baeng mienh yiem caamx baav nyei zaamc/military camp.

lungh baeng gan cie-ndaix mborqv jaax nyei baeng. Gj: tin-jun/the air force.

yangh ndau baeng gan ndau mborqv jaax nyei baeng/land force.

baeng[3] pm. baeng zaqc mingh. Gj: gaatv zaqc mingh/to go straight forward.

baeng zaqc gorngv maiv bing gorngv zaqc/to say directly.

baeng zaqc jiex gaatv zaqc nyei jiex mv mingh/to cross straight forward.

baeng zaqc mingh gaanv jienv mingh mv ngaih ndaamv-jauv/go with speedy.

baengc[1] m. 病 /bìng/ baengc; baengc tongx nyei sic dauh/disease; illness; ailment.

baengc camv maaih baengc camv nyei sic/a lot of sickness going around.

baengc-ciou 癫痫症 /diānxiánzhèng/ butv ciou nyei baengc/epilepsy, seizures.

baengc coux butv baengc mienh bueix nyei coux/a sickbed.

baengc dangx gorn baengc longx dangx gorn mi'aqv/to recover from ill.

baengc-fei baengc nyei gorn/germ, virus or bacteria/the causes of an illness.

baengc-fouh 水肿 /shuǐzòng/ sin omx fouh nyei baengc/a dropsy.

baengc-gox butv daaih lauh haic nyei baengc/an old ailment; old disease.

baengc-gorn zoux bun sin tiv benx baengc nyei gorn/the cause of organism.

baengc heng butv deix baav haa nyei baengc/a minor sick; flu, cold.

baengc hoic baengc tongx hoic nyei naanc zingh/to be painful by an illness.

baengc hoic daic butv baengc hoic daic to die by an illness.

baengc-hlutv m'sieqv mienh qam-gorn hlutv nyei baengc/vaginal hemorrhage.

baengc hniev haih guangc maengc nyei baengc/a seriously ill.

baengc-hnopv jaang sietv hnopv nyei baengc. Gj: haa-cunv/tuberculosis.

baengc kouv butv baengc kouv nyei/to be critically ailment or ill.

baengc kuonx baengc morh kuonx hoic nyei sic/to be damage by an illness.

baengc longx butv baengc longx daaih to recover from an ill.

baengc longx nzengc baengc longx dangx gorn nzengc/recovered from an illness.

baengc-meih meih muangv nyei baengc an ill that cause to lose consciousness.

baengc mienh butv baengc nyei mienh a sick person; a patient.

baengc mienh gen baengc mienh bueix nyei gen/a patient's room.

baengc mienh sou fiev baengc mienh nyei sou/medical charge for a patient.

baengc morh linc zuqc baengc tongx hoic/a great burdened by an illness.

baengc-mbai 麻痹 /mábì/ mbiex caux mbai nyei baengc/a stroke; paralysis.

baengc-mbiex zoux bun mbiex nyei baengc the disease that cause numbness.

baengc ngaaiz butv lauh mv haih longx nyei baengc/a long term illness.

baengc-njortc tauv qiex jaang mbui njortc nyei baengc/an asthma.

baengc-omx sin fouh omx nyei baengc dropsy; edema.

baengc nyei jauv baengc tongx hoic nyei jauv-louc/sickness; disease.

baengc tongx baengc zingh baengc tongx nyei sic/a sickness.

baengc tongx hoic butv baengc hoic mienh nyei sic/an illness problem.

baengc tongx jauv butv baengc nyei sic general an illness problems.

baengc tuix baengc longx aqv/recover from an ill; get better from ill.

baengc zingh baengc tongx hoic mienh nyei sic/an illness.

baengc zingh camv maaih butv baengc nyei sic camv/so many sickness.

baengc zongc baengc hniev fai kouv/a seriously ill; severe disease.

baengc zorv maaih baengc zorv zuqc/to be hindered by an ailment.

baengc[2] pm. zoux deix mv ung mv baengc nyei guangc jienv. Gj: mv naan, mv miec nyei/to be incompletely done.

baengh[1] pm. baengh nyei mingh; yuonh nyei mingh/level; even.

baengh baaix doix ziangx nyei jiex wuov bung/directly opposite.

baengh deic nz. ndau-baengh; yuonh nyei ndau/level land; flat land.

baengh dinh lingh baengh deic/a paddy field; a piece land.

baengh[2] n. dapv ga'naaiv nyei baengh/a bottle; a container.

baengh dorn faix nyei baengh/a small bottle; a small container.

baengh nzuih baengh nyei nzuih/an opening of a bottle.

baengh zotv baengh nyei zotv/a cork.

ndie-baengh dapv ndie nyei baengh/a medicine bottle.

baengh[3] w. baengh fim; hnyouv baengh; gong-baengh/the principle of moral rightness; justice.

baengh bun paaiv bun fi'mbuoqc nyei to divide fairly or equally.

baengh dangv 1 baengh fim haic nyei dangv/scales of justice. **2** maaih leiz fih lomh fih ndongc nyei/to be equal rights.

baengh fim hnyouv baengh nyei sic/to be fair-minded.

baengh fim jauv zoux baengh fim nyei sic/the way of justice.

baengh fim waac gorngv baengh fim nyei waac/to speak in fair way.

baengh jaax zong horngh mv hlang mv aiv nyei jaax/fair price.

baengh jouh sipv mienv jaax baengh joux/ordinary ritual bridge ceremony.

baengh leiz baengh fim nyei leiz; maiv mienh nyei leiz/fair laws; justice.

baengh mienh muangx i bung nzaeng sic nyei baengh fim mienh/witness. Gj: mbu'ndongx-mienh.

baengh[4] pm. baengh baengh nyei jiex mv maaih sic la'nyauv hoic/to be normal.

baengh fienx pou-tong, mv guaax hoc nyei fienx/a regular mail.

baengh hnoi mouz norm hnoi. Dgw: gingc nyei hnoi/regular working day.

baengh juangh jomc kouv ga'naanh haic nyei sic/to be broke or destitute.

baengh maanh pou-tong baeqv-fingx mienh maanh/ordinary people.

baengh minc baengh nyei minc hnangv ndau-baengh nyei minc/a level surface.

baengh orn 1 njien-youh baengh orn nyei/be peaceful. **2** mv maaih la'nyauv sic/to be free from trouble.

baengh orn dorngx maiv maaih ceux lunc nyei dorngx/a peaceful place.

baengh orn guoqv maiv mborqv jaax ceux lunc nyei guoqv/a freedom nation.

baengh qiex mv hlang mv aiv nyei qiex the level unmarked tone.

baengh sipv bz. sipv maiv heuc lungh nyei mienv/a minor spirit ceremony.

baengh zanc pou-tong nyei zanc-zanc ordinary or standard time.

baengv q. mbaix mbui nyei sing-qiex/the sound made by slapping.

baengv-baengv nyei mbaix longc buoz mbaix mbui nyei qiex/slapping noise.

baengx[1] d. porng-baengx; bouv-baengx; ciu-baengx/a handle.

baengx[2] pm. naang yietv luih cuotv kuotv baengx dangh/suddenly appear.

baengx[3] aengx lorz mangc "gorn-baengx, nzuih baengx, yietc baengx congx, yietc baengx batv" nyei eix-leiz.

baepv sih m. wuom-sui nyei mbuox, se gaav congh english *Pepsi* daaih.

baeqc[1] w. baeqc nyei setv. Gj: mbouc/a white color; lightness.

baeqc baeqc sin gorngv mbuox nguaaz nzaaux sin nyei waac/to take a bath.

baeqc citv yietc nyungc ga'naaiv-ndaang nyei mbuox/mint.

baeqc daamx baeqc diuh jauv jiex saeng-kuv jiex nyei diqc daanz/a white band across the back of animals.

baeqc gong, baeqc zangc baeqc gong la'guaih mborqv mienh lo haaix/shove.

baeqc gopv norqc gopv fai baeqc gopv a pigeon.

baeqc horqc ndaix yiem koiv-hlen nyei norqc baeqc/a seagull.
baeqc horqc biangh yietc nyungc miev nyei biangh/a lily.
baeqc hmeiv kungx hmeiv hnangv mv zorpc haaix nyungc/plain rice.
baeqc hnaangx 1 mv zorpc hnyungv nyei hnaangx/plain rice. **2** baeqc duqv nyanc nyei hnaangx/free meal.
baeqc hnangv sorng hnangv sorng nor baeqc/as white as snow.
baeqc jaiv nyanc jaiv ga'naaiv laengc nyei ndie-zuangx/herb for antidote.
baeqc kuaa gu'nguaaz-dorn sipv mienv mienh gorngv nyei waac/a baby boy.
baeqc kuaa naamh zaangv gorngv mbuox mienv gu'nguaaz-dorn/baby boy.
baeqc matc fiev nzangc an ndiangx-benv nyei hui-matc baeqc/white chalk.
baeqc mienh janx-baeqc/caucasian.
baeqc mienh zuangv 白人种 /báirénzhǒng/ mienh baeqc zuangv/caucasian.
Baeqc Miuh 苗族 /miáozú/ yietc fingx mbong zangc mienh. Gj: Hmong, maaih yiem China, D.N Asia, U.S, France, Canada caux Australia.
baeqc mouc mbopv baeqc nyei mouc/a white cloud; foggy.
baeqc mbouc (hnangv sorng) nyei baeqc/snow white.
baeqc mbuonv nzaatv hmien fai nzaatv gu'nguaaz nyei mbuonv/talcum powder.
baeqc naih nie ndau-ndiev nyouh nyei nie/white and sticky soil.
baeqc nzengc sin mbuox gu'nguaaz nzaaux sin nyei waac/to take bath.
baeqc setv baeqc nyei setv/white color
baeqc waac ndorm zinh gorngv nyei waac/ordinary language.
baeqc wuom cing-wuom; wuom-baeqc; wuom-hopv/clear drinking water.
baeqc yangh baeqc caux yangh zorpc jienv/white and yellow. Gj: yangh baeqc.
baeqc yieqc yietc nyungc faix haic nyei gaeng/a small white moth.
biauv-baeqc gomv yangh tiec nyei biauv/a white house.

baeqc[2] pm. ziang naaic baeqc baeqc duqv daaih/free; get free without charge.
baeqc baeqc bun ziang naaic fungx bun mv maaic/to give for free.
baeqc baeqc duqv mv zuqc maaiz duqv daaih/get something for free.
baeqc baeqc feix baeqc ndortv nyaanh hnangv/to spend money for nothing.
baeqc baeqc fungx ziang naaic fungx bun/to give for free.
baeqc baeqc gorngv baeqv gorngv guangc waac hnangv/waste one's word.
baeqc gong baeqc zangc guaih hemx mienh lo haaix/to scold without reason.
baeqc ndortv qaqv baeqc baeqc ndortv qaqv hnangv/to waste one's energy.
baeqc nyaanh 1 zuotc duqv daaih nyei nyaanh/free money. **2** nyaanh mbienc money in cash.
baeqc nyanc mv zuqc maaiz ziang naaic duqv nyanc/to eat free meal.
baeqc wuonh longc waac liangv fiev nyei wuonh zaang/simple text.
baeqc zinh mv zuqc zornc ziang naaic duqv nyei nyaanh zinh/unearned money.
baeqc zinh zoih baeqc duqv daaih nyei zinh nyaanh/unearned income.
baeqc zoih baeqc duqv maiv zuqc bietv nyei zinh zoih/unearned income.
kungx-buoz baeqc zaux buoz mv nanv haaix nyungc/to be empty handed.
zoux baeqc ziangh zeiz zoux mingh fai guangc njiec yaac mv hiuv aqv/.

baeqc[3] mh. **baeqc nzangc hlo** maaih hatc maaz longx/to have authority power.
baeqc kor m. kauv hoqc maanc muotc cong-mengh nyei jauv/science.
baeqc kor horqc kauv hoqc baeqc kor nyei horqc dorngh/a science school.
baeqc kor zangc hiuv baeqc kor toux nyei zangc mienh/scientist.

baeqv[1] hd. 百 /bǎi/ yietc baeqv/hundred.
baeqv buonc baeqv yietc baeqv gouv nyei yietc baeqv/one hundred percent.
baeqv buonc hmz ziepc yietc baeqv nyei hmz ziepc/fifty percent; 50%.
baeqv-buonc-soux bun zoux yietc baeqv gouv nyei soux mouc/percentage.
baeqv buonc ziepc yietc baeqv gouv

baeqv-cietv yietc baeqv cietv ziepc/one hundred seventy.
baeqv cin ziepc waanc/one hundred thousand.
baeqv-fingx 老百姓 /láobǎixìng/ pou-tong mienh maanh/common people; ordinary people; civilians.
baeqv gouv buangv yietc baeqv gouv mi'aqv/to be hundred percent.
baeqv-luoqc yietc baeqv luoqc ziepc one hundred sixty.
baeqv hnyangx yietc seix jaax; yietc gitv lungh ndiev/a century.
baeqv waanc 百万 /bǎiwàn/ maaih nyaanh taux baeqv waanc/one million.
Baeqv waanc jaa 白玩家 /bǎiwànjīa/ butv zoih maaih nyaanh taux baeqv waanc nyei mienh/a millionaire.
baeqv-yietv yietc baeqv ziepc; yietc baeqv caux ziepc/one hundred ten.
hmz ziepc buonc baeqv hmz ziepc gouv nyei yietc baeqv gouv/fifty percent.
ziepc buonc baeqv yietc baeqv gouv nyei ziepc gouv/ten percent.
baeqv[2] nyc. nqox nyei cien gorx fai muoz-doic gorx yie heuc baeqv/term used to address one's husband's older brother.
baeqv-diex 伯父 /bófù/ dae nyei gorx fai auv nyei dae nyei gorx/uncle, father's older brother.
baeqv-muoc dorn i muoz mienh nyei dorn/two cousin boys.
baeqv-muoc fu'jueiv i muoz mienh nyei fu'jueiv/cousin.
baeqv-muoc sieqv i muoz mienh nyei sieqv/two cousin girls.
baeqv-ong ong nyei gorx fai auv nyei ong nyei gorx/great uncle.
baeqv-teix baeqv daic liuz juoh longc daaih nyei da'nyeic torngx nqox.
baeqv-youz fu'jueiv i muoz-dorn nyei fu'jueiv/cousins.
baetv[1] w. mbengx jienv baetv cuotv/to spurt out; to jump out.
baetv cuotv gaengh hepc mv baac juv mbengx jienv baetv cuotv mi'aqv.
baetv jiex ndaangc tiux mingh ciangv jiex ndaangc/to speed up into the head.
bih bungx baetv (hlauv-gorn cuotv mbiaic) bih bungx baetv/to spurt out.
baetv[2] pm. ziangh duqv nzueic gau baetv daax baetv wuov/look beautiful.
bih bungx baetv wuov nzueic haic bih bungx baetv wuov/so beautiful.
Bahrain m. yietc norm guoc jaa, se yiem Saudi Arabia caux Qatar mbu'ndongx, hungh zingh mungv heuc Doha.
bai d. **nyaanh bai** caux m'nqorngv-limc ndiux jienv wuov/a flat silver ornament.
baic n. yietc diuh baic; longc baic; baic mba'biei. Gj: zaqv/a comb.
baic mba'biei baic m'nqorngv. Gj: zaqv mba'biei/to comb hair.
baic nyaah baic nyei nyaah/the teeth of the comb.
baih gw. caux gu'nguaaz gorngv baaux nzung nyei waac.
oeix baih aqv gorngv mbuox gu'nguaaz baaux nzung aqv/to sing, child word.
baix w. longc zeih baix jienv lemh hnaangx-torng/to drain with a paddle.
baix yuonh longc zeih baix zietc zatv yuonh mingh/to smooth by press down.
baix zietc hnaangx longc zeih baix zatv zietc hnaangx/to press down firmly.
bakv q. zoi la'bieiv nqaux zuqc ndiangx-bakv dangh/the noise of throwing rock and hit against hard of object.
bakv bakv nyei nyanc nyanc duqv kuv gau nyei qiex/the sound of delicious.
bamc[1] m. **wuom-bamc** ndaetv njaiz nyei nie. Gj: wuom-baamc/mud.
wuom-bamc ndorngh dongx-dongx nyei nie/muddy; watery mud.
wuom-bamc huv wuom-bamc gaeng nyanc zaux sietv nyei baengc.
bamc[2] pm. ziangh daaih mv guai fangx zeiv. Dgw: nzeu/mentally appearance.
bamc-bamc wuov ziangh daaih mv sung sangv/not smooth surface.
mienh bamc mienh ziangh daaih maiv guai nyei mienh/unintelligent person.
mbui-bamc mbui daaih maiv nzeu nyei sing-qiex/the dull sound.
ban w. **ban guangc** longc biaav ban tiu guangc/to scrape away with a stick.
ban bieqc nzuih ban (hnaangx) bieqc nzuih nyanc/to scrape (food) into mouth.

ban la'fapv zunv ban la'fapv mingh an zunv/to rake scatter together.

ban zunv (longc zaux fai biaav) ban mingh ndui zunv/to push together.

banh wj. **banh zeic** maaih cong-mengh za'eix longx/capability. Gj: buonv-zeic.

banh zeic longx haic guai za'eix longx haic/to have good native ability.

banv bt. **banv linh baengc** yiez-jauv gunx nongc nyei baengc/gonorrhea.

banv youh dungz-ga'sie wuov kuaaiv orv-junc/fatty meat. Gj: bangv youh.

bang[1] n. corng ndopv-liuh yiem caamx baav nyei bang/a camp.

hitv kuonx bang bun mienh hitv kuonx nyei dorngx. Gj: hitv-zaamc/rest area.

bang[2] q. mbui bang dangh nyei sing-qiex a bang sound of hit metal.

bang[3] gw. tengx; borng/to assist; to help; to support or to aid.

bang siouv njiec buoz mingh tengx/to assist with one's hands.

bang siouv mienh tengx nyei mienh fai borng-buoz mienh/helper; an assistant.

naamh cernx niv bang m'jangc ceix m'sieqv tengx/man build and woman help.

bangc w. bangc mienh; bangc ninh nyei cie mingh hei/to relay on.

bangc duqv zuqc bangc kaux zuqc fai kaux duqv wuonv/can be relay on.

bangc ganh nyei qaqv kaux ganh nyei buonv-zeic/to depend on oneself.

bangc kaux mienh bangc kaux ganh laanh mienh/to relay on someone.

bangc la'bieiv caa mbiauz bangc jienv la'bieiv caa zorqv mbiauz.

bangc maiv zuqc bangc kaux mv zuqc unable to relay on someone.

bangc ndiangx ndoh caux ndiangx ndoh jienv/to tie against the tree.

bangc nzaengh dorx an jienv nzaengh dorx/to chop with chopping block.

bangc nzaengh nzapv bangc nzaengh hngaqv muonc.

bangc wuom-njoqc lorz nyanc se beiv mienh dorngc di'dien hnangv mv baac baatc hniev-hniev nyei.

bangc ziangh hoc bangc jienv horpc nyei ziangh hoc/to depend on proper time.

laanh bangc laanh meih tengx yie, yie tengx meih/to depend on each other.

bangh q. nqaux ga'naaiv mbui bangh nyei qiex/a bang sound.

bangv[1] q. (buonv congx mbui) bangv dangh nyei qiex/sound of firing a gun.

bangv[2] m. caux nqaiv-mbuoqc naetv jienv wuov kuaaiv bangv/the pancreas.

bangv hlo nyei baengc butv bangv hlo nyei baengc/to have a large pancreas.

bangv youh (dungz-ga'sie) wuov kuaaiv orv-junc/the fat inside abdominal tissue.

bangv[3] pm. bangv jienv; ndoh zeuv jienv to tie up; to fasten together.

bangv[4] z. yietc nyungc zoux duqv ndie nyei miev maaih njimv nyei/cactus.

bangx[1] pm. bangx jienv mbapv zietc nyei maiv haih cuotv/to clog up; blocked.

beqv bangx haic huaang-zaang jienv/to be in hurry; hurriedly.

bungx bangx mingh lomc mv tong/be constipated. Gj: bungx nqaiv-bangx.

nqa'qiex bangx qiex beqv duqv maiv longc/a short-tempered.

bangx[2] m. yietc nyungc ziangh geh zorng hlang nyei zong/a kind of palm tree.

bangx-ndiangx geh zorng hlaang nyei ndiangx/a palm tree.

bangz q. mbui duqv seix nyei bangz dangh a great loud sound.

Bangladesh m. 孟加拉国 /mèngjīalāgúo/ yietc norm guoc jaa, yiem N. bung maengx Asia, hungh zingh mungv nyei mbuox heuc Dhaka.

baqv[1] m. 北 /běi/ wuov jiez bung, fai baqv bung/the north; northern.

baqv bung 北部 /běibù/ wuov jiez bung/the north; northerly.

baqv bung mienh yiem wuov jiez bung nyei mienh/people at the northern side.

baqv-dauv nz. hleix; gu'nguaaic lungh nyei hleix/a star.

baqv dong bung 东北部 /dōngběibù/ B.D bung maengx/northeast.

baqv fai bung B.F bung maengx/the northwest.

Baqv-Ging 北京 /běijīng/ Zong Guoqv hungh zingh mungv nyei mbuox/Beijing or Peking a capital city of China.

Baqv Kalo Laai Naah yietc norm ziou yiem Meiv Guoqv D.N bung.

Baqv Meiv Ziou 北美洲 /běiměizhōu/ a continent of the North America.

baqv[2] pm. njimv baqv; baqv ndie; baqv bieqc. Gj: nziepv/prick; pierce; inject.

baqv dorngc ndie baqv ndie dorngc/to inject the wrong medicine.

baqv maav fei baqv tengx jaiv mun nyei ndie/to inject morphine.

baqv ndie 注射 /zhùshè/ baqv bungx ndie bieqc orv-hlangv. Gj: nziepv ndie/to inject medicine; injection.

baqv ndie mienh tengx baqv ndie wuov laanh mienh/a person who give inject.

baqv ndie ndongh topv ndie-sim wuov norm ndongh/a syringe.

baqv ndie-nqaeqv baqv ndie nqaeqv wuon-baengc/to get immunization shot.

baqv ndie sim longc baqv ndie nyei sim/a needle for inject medicine.

baqv sim ndie 1 tengx baqv sim ndie to give a shot. **2** duqv baqv sim ndie/to receive a shot.

baqv sim-nqaai baqv sim-nqaai zorc baengc/to have acupuncture treatment.

baqv tong baqv zuqc tong kuotv/to be pierced through.

baqv zuqc (njimv) baqv zuqc/to prick with sharp object.

baqv zuqc hnyouv gorngv waac baqv zuqc hnyouv/to touch one's heart.

batc d. (zaangz nyei) batc/the trunk (of an elephant or other animal).

sopc bang batc sopc bang nyei batc/the proboscis of a butterfly.

zaangz-batc zaangz nyei batc/the trunk of an elephant.

batv b. 笔 /bǐ/ batv; yietc baengx fiev nzangc nyei batv/a pen or pencil.

batv-biei 毛笔 /máobǐ/ waaz nzangc caux waaz fangx nyei batv. Gj: touh mouh batv/a brush pen.

batv-fietv longc fietv batv-ngaengc nyei nzuqc/a pencil sharpener.

batv-matc 1 batv caux matc/a pen and ink. **2** dapv batv nyei matc/an ink pen.

batv-mbuov matc wuom mbuov nyei batv/a blue ink pen.

batv-ndui ndui batv nyei dorngx/a pile of pen; a quantity of pen.

batv-ngaengc longc nzuqc fietv laic nyei batv/a pencil.

batv-nqaaix topv batv nyei nqaaix/the cap for a pen.

batv-setv waaz cuotv setv nyei batv/a crayon; colored pen.

batv-siqv matc wuom siqv nyei batv/a red pen or a red ink pen.

batv-topv batv-nqaaix fai batv-topv/the cap of a pen.

batv-waaz longc waaz fangx a'fai fiev nzangc nyei batv-biei/a brush pen.

batv-wuom dapv matc wuom heux nyei batv/a fountain pen.

batv-yangh matc wuom yangh fai batv yangh nyei batv/a yellow pen.

batv-yuonh batv-zueiv longc nganh guinh nyei batv/ball point pen.

batv-zueiv batv nyei fiev nzangc wuov bung da'mueiz/the point of a pen.

hlauv-batv longc hlauv topv biei zoux batv daaih/a bamboo tube brush pen.

bau[1] bt. omx bau-bau wuov; butv norm bau daaih/a mump; a swell out.

ziangh mbing-bau ziangh mbing-bau nyei baengc/to growth the mumps.

bau[2] pm. **bau taan** daanh; mangc piex/to criticize. Yie mv bau taan ninh nyei gong. I am not criticize about his work.

mbing-bau mbing nyei kamx-bui dapv biouv wuov norm bau/monkey cheek's food pouch.

bauc pm. bauc cuotv daaih/to be swollen out. Yie nyei nyaah mun kamx-bui omx bauc-bauc wuov/my cheek swell out.

bauc kamx-bui biomv zungx nziaaux kamx-bui bauc cuotv daaih/to blow and puff one's cheeks swell up.

bauv gw. 1. ganh joux gorngv biauv nyei waac/a house. 2. nzuonx biauv aqv/to go home; to return home.

bauv bauv aqv gorngv mbuox gu'nguaaz nzuonx biauv aqv/go home.

baux gw. gu'nguaaz gorngv biaux; biaux nqoi nyei waac.

baux nqoi mbuox gu'nguaaz biaux nqoi nyei waac/move back from the way.

Baulo m. loz-hnoi tengx Tin-Hungh waac nyei yietc laanh mienh/an apostle Paul.

B.D nzn. se dongh **baqv dong** bung nyei nzutv-norz fiev/an abbreviation for N.E or northeast.

bei w. hiuv duqv; mengh baeqc/to know; to understand; to know thorough.

bei duqv hiuv duqv mengh baeqc nyei to know; to understand.

bei leiz baamz leiz hiuv leiz corc aengx baamz leiz/to break law by knowingly.

bei nyinh bei nyouz guai-qaauv hiuv duqv waac nyei/knowing all the words.

bei yiem bei yaangh hiuv yiem-gen caux yaangh gen/to know spirit world and the living world.

bei zinh hoz nyei sic hiuv nqa'haav wuov ndaangc/to know before and after.

mv bei 1 mv hiuv; mv mengh baeqc/do not know. **2** m'nziex/maybe; perhaps.

mv bei daic se beiv saeng-kuv mv hiuv mienh daix ninh/unaware about to die.

mv bei duqv buotv zueix se beiv maiv hiuv you-nzauh/an easy going person.

njaaux bei meih mborqv njaaux bun meih hiuv/to teach you so you'll know.

yaamc bei maiv hiuv duqv/unknown.

zeiz nyei mv bei m'nziex zeiz nyei mv bei/it may be right or correct.

beic[1] w. **beic nzuih** nyienz waac nyaiv mv gorngv cuotv/to withhold comment.

beic[2] sk. 被 /bèi/ beic sih; zuqc diev mienh zoux doqc nyei sic/to suffered hardship.

beic hoic 被害 /bèihài/ zuqc mienh zoux hoic/to be murdered; the victim.

beic janx-zaqc luv zuqc janx-zaqc luv hoic/to be robbed.

beic mienh gox 被告 /bèigào/ zuqc mienh gox jaav-sic hoic/to be accused.

beic mienh hoic zuqc mienh zoux hoic to be prosecution.

beic naanc zuqc siouc kouv naanc nyei sic/to suffered the difficulty.

beic pienx zuqc mienh nduov pienx/to be cheated by someone.

beic sih zuqc diev mienh zoux doqc bun nyei sic/to be betrayed.

beic sih taux ndoqv zuqc diev taux dauh taux mueiz/to suffered the most.

beic[3] cs. beic ndiev; beic ndiev sic/secret; concealed; conspiracy.

beic ndiev ca'laangh bingx jienv njomc ca'laangh/to discuss privately.

beic ndiev sic 阴谋 /yīnmóu/ bingx jienv nyei sic/to act illegal; conspiracy.

beic ndiev tengx bingx jienv beic ndiev tengx mienh/to assist under cover.

beic[4] mh. **beic waanc jaa** baeqv waanc jaa; butv zoih mienh/a millionaire.

beih[1] pm. ga'nyiec beih; ndopv/the outer surface; outside; exterior.

beih zangc ga'nyiec maengx/appearance on the outer surface.

beih zaqc fim niouv beiv mienh gorngv waac longx mv baac hnyouv cunv nyei mienh/to be deceptive.

beih zaqc hnyouv njuotv se beiv beih zangc njang-laangc mv baac hnyouv mv zaqc nyei mienh/hypocrite.

butv-beih hnaangx-zuoqv butv beih/to develop outer layer of thick food.

hlauv-beih hlauv nyei ga'nyiec beih/the surface of the bamboo.

hmien-beih hoz se beiv mv hiuv duqv nyaiv nyei mienh/a shameless person.

jiex beih gu'nguaaic beih butv-ngaengc mingh/to became hard surface.

wuom-beih wuom-menc; wuom-minc the surface of water.

beih[2] zmb. hluo haiz beih beih wuov. Gj: baa-baa wuov/feel hard surface.

beiv w. 比 /bǐ/ zorqv i nyungc ga'naaiv beiv mangc/to compare with.

beiv hnangv eix-leiz se hnangv; nyungc zeiv hnangv/for example.

beiv jaax saaix jaax/to compare with.

beiv jaax-zinh beiv gaax haaix nyungc jaax-zinh gauh hlang/to compare price.

beiv jienv gorngv ei jienv ganh maaih nyei gorngv/to talk in parable.

beiv mangc beiv mangc gaax i nyungc fi'hnangv nyei fai/to match with.

beiv saaix 比赛 /bǐsài/ beiv saaix gaax haaix dauh duqv da'yietv/to compete in a contest.

beiv sih nyeic saaix gaax haaix dauh gauh liouc/to test a fighting skill.
ginx beiv deix gauh camv jiex ndaangc deix mi'aqv/to be greater. Gj: ginx biv.
mv lamh beiv mv maaih dorngx beiv aqv/to be incomparable.

beix[1] w. longc zeih beix jienv lemh wuom guangc/to filter out. Gj: louc cuotv.

beix[2] nz. diqc daanz; diqc daanz maengx bung. Gj: buix/the back side.
beix houx saan yiem nqa'haav nqaang nyei henv mienh/back powerful person.
beix yuc diqc daanz wuov deix i diuh orv-nziu/the loin meat.

beiz m. juv-beiz; dungz-beiz; mueiz-beiz immature female of some animals.

Belarus m. 白罗斯斯 /báiérlōsī/ yietc norm guoc jaa, yiem Europe caux Russia nyei mbu'ndongx-qangx, hungh zingh mungv heuc Minsk.

Belgium m. 比利时 /bĕilìshí/ yietc norm guoc jaa yiem F.B bung maengx Europe, hungh zingh mungv heuc Brussels.

Benin m. 贝宁 /bèiníng/ yietc norm guoc jaa yiem F. bung maengx Africa, hungh zingh mungv heuc Porto-Novo.

ben[1] w. 斑 /bān/ ben yietc ganc, yietc ganc nyei. Wed: bin/spot or stripe color.
hnyaauv ben nyei hnangv nda'maauh nyei ben/as tiger's color stripe.

ben[2] pm. **hnyouv ben** gorqc jaang; mengh baeqc/to aware of. Gj: hnyouv bin.

benc nz. 饭 /fàn/ hnaangx; lai hnaangx, fai laangh ziqc/cook or uncooked rice.
benc coix lai hnaangx/rice with dish or food in general.
benc doih hnaangx-dieh; nyanc hnaangx dieh/a dining table.
kiqv benc nyanc hnaangx. Gj: yiemv benc/to eat rice; to have meal.

benh m. 颜色 /yánsè/ nyomc ga'naaiv nyei setv. Wed: mbuonv/tinge, tint, hue.
benh mbuov nyomc setv mbuov nyei benh/blue tinge; blue color.
benh siqv nyomc setv siqv nyei benh. Gj: mbuonv-siqv/red color.
benh sui an zoux wuom nzang fai zoux dopc bouc nyei ga'naaiv/alum.

benv[1] m. 板 /băn/ ndiangx-benv/wooden board; a writing board; a black board.
benv-ping caaiv jienv ping mingh nyei benv/a skate board.
fiev nzangc benv 黑板 /hēibăn/ fiev nzangc an nyei ndiangx-benv/a black board.
finx-benv baeng finx nyei benv; dongh maaih kuotv faix nyei wuov.

benv[2] m. dapv janx-daic sei biopv nyei benv/a casket or coffin.
benv-jaaix dapv zangc horngh sei nyei benv/a first-class coffin or casket.
benv-nqaaix gomv benv wuov kuaaiv nqaaix. Wed: benv-imx/a casket's lid.
yietc benv sou yietc minc sou; yietc pin sou nyei yietc bung/one side of a page.

benv[3] bc. hniev-soux 32 lungz/unit weight about one and a quarter kilograms.

benv[4] aengx lorz mangc "loz-benv, janx-daic benv" wuov deix nyei eix-leiz.

benx[1] w. **1** benx longc; benx nyanc; benx gorngv/good to be. **2** tiuv benx; goiv yienc benx/to become or transform into.
benx auv-nqox zoux liuz cing-jaa aqv to become married couple.
benx cai-doix benx auv benx nqox/to became husband and wife.
benx cuotv benx cuotv daaih/compose.
benx domh mienh 1 hlo benx domh mienh/became adult. **2** benx die maa/to become the parents.
benx gouv benx cuotv gouv gorngv zunh lungh ndiev/to become a story.
benx hmien gorngv a'nziaauc nqa'haav benx hmien/become serious after joke.
benx m'sieqv dorn m'sieqv mienh benx sin-yienc/to undergo menstruation.
benx mienv mienh daic benx mienv/to become spirit after die.
benx norm jangx-hoc benx yietc norm jangx-hoc/to become a symbol.
benx norm nyungc zeiv zoux norm nyungc zeiv/to used as an example.
benx nyungc zeiv zoux norm nyungc zeiv/to be used for example.
benx nzengc ninh nyei yietc zungv benx ninh nyei aqv/all belongs to him.
benx nzoih nzengc benx ziangx nzengc aqv/to transformed completely.

benx sic gorngv benx sic; zoux benx sic/to become a seriously matter.

benx win daav benx win. Wed: benx win-wangv/to become an enemy.

benx Yesu mienh sienx liuz Yesu benx Yesu mienh/to become Christ believer.

benx yietc dauh i dauh dorng liuz benx yietc dauh mi'aqv/to became one.

benx yietc jauv caux jienv doic benx yietc guanh/to united into one group.

benx ziangh ziangh daaih yietc liuz hnangv wuov/to developed nature way.

benx ziangh zien zoux a'nziaauc zoux gau benx ziangh zien/to be seriously.

benx ziangx benx ziangx nzengc cuotv daaih/to be completely transformed.

benx zinh benx nyaanh haih maaic benx zinh nyaanh daaih/can be sell for cash.

benx zorng-zengx longc zoux zorng-zengx/to be evidence or witness.

benx[2] cf. butv zoih benx mienh; maaih zinh nyaanh camv/to become wealthy.

benx haic maaih zinh nyaanh camv benx haic/very rich or wealthy.

benx mienh 1 butv zoih haic/become rich. **2** janx benx mienh/to become the Iu Mien people.

benx mienh benx seix butv zoih butv zieqv benx mienh haic/a wealthy life.

benx mienh daaih ziangh benx mienh daaih/to form into human.

benx zuqc weic zuqc; laaix zuqc hnangv naaiv nor/there is; because.

benx[3] bc. maiv benx. Gj: maiv longx; mv yaauc. Cie loz haic mv benx aqv. The car is no longer good because too old.

benx longc haih longc duqv nyei/can be make use; usable; that can be used.

benx domh sic hlo benx domh sic/to become a major issue or matters.

mv benx waaic haic/not any good.

mv benx gorngv mv horpc zuqc gorngv nyei waac/not nice to say.

mv benx haaix nyungc mv nziex gunv bungx hnyouv/never mind; doesn't matter.

mv benx longc waaic nyei maiv fungc longc/unusable; cannot be used.

mv benx nyanc 1 mv kuv/taste bad. **2** haih laengc nyei/can not be eat.

mv benx nyei waac ciouv fai a'muangx nyei waac/harmful or bad words.

mv horpc benx hnangv naaiv mv horh kuv benx hnangv naaiv/not suppose to be this way or this situation.

benx[4] zc. benx cuotv. Gj: zeix cuotv, zoux cuotv daaih/to compose; to make up.

benx cuotv waac 1 benx cuotv waac daaih gorngv/to create a word. **2** benx cuotv waac-huv/to develop into gossip.

benx fioux-zoih 1 gaeng-junv benx fioux-zoih/develop into a pupa. **2** benx fioux-zoih mienh/be a rich person.

benx nzung benx cuotv diuh nzung daaih baaux/to compose a song.

benx wuonh zaang hnamv cuotv fiev benx wuonh zaang/to compose an essay.

benx waac 1 benx cuotv siang-waac/to create a new word. **2** benx waac-huv/to develops into gossip.

benx waac-puix benx gorngv puix nyei waac/to create a couplet.

Beng m. 丙 /bǐng/ da'faam weic tin-fing, fai jaapv-zaangv-neix/the third of the Ten Heavenly Stems.

beng-yienh hnyangx se 1986 caux 2046 wuov hnyangx, guinh jienv mingh luoqc ziepc hnyangx aengx paan gorn nzunc.

beqv[1] pm. gong beqv; yangh jauv beqv/to be urgently; pressingly; impulsive.

beqv-bangx ziex bung ziex louc beqv zoux mv hingh/to be in hurriedly.

beqv-beqv bangx-bangx beqv gau mv fungc aqv/to be greatly in hurry.

beqv jienv nyanc gaanv jienv nyanc siepv nyei/to eat in hurriedly.

beqv jienv zoux gaanv jienv zoux beqv nyei/to rush to get it done.

beqv mingh beqv heuc gaanv mingh aqv/pressing someone quickly to go.

wuom-laangc beqv wuom mingh beqv nyei. Gj: wuom seix/water pressure.

beqv[2] w. **qiex beqv** mv maaih noic; mv maaih suonc hnyouv/impatience.

beqv mv zuqc diuc ba'laqc beqv duqv mv zuqc longc/to be impatiently.

beqv-qiex daic qiex jiez nziaamv faaux m'nqorngv daic/die from anger stroke.

beqv zaeqv beqv mienh gaanv jaauv zaeqv/to press for payment of the debt.
qiex beqv maiv maaih suonc hnyouv/to be quick-tempered; impatience.

bernv w. hnyouv mv beqv. wed: wuonh, suonc/patience; even tempered.
bernv fernx mienh hnyouv suonc nyei mienh/a person with even tempered.

bernx w. hngongx. Wed: gangh, mbanc, bortv, mv dorh leiz nyei waac/a stupid.
ziangh duqv bernx haic ziangh daaih mv guai yietc deix/growth to be stupid.

betc[1] w. dapv ga'naaiv zungx mbuoqc betc/crack open. Gj: mbaaix, nzaeqv.
mbuoqc betc dapv ga'naaiv zietc zungx zuqc mbuoqc betc/crack open on a sack.

betc[2] pm. butv qiex zueiz jienv betc betc wuov. Gj: butv beuh/a mad face.

betv[1] w. betv bu'nyaaic. Gj: maeqv, bitv, ciev, ngaatc/to tear up; tear apart; bite.
betv fienx betv nqoi fienx; maeqv nqoi fienx/to tear open a letter.
betv jienv bieqc betv mbengx jienv bieqc/to push one's through.
betv longx nyei betv longx maiv dungx muoqv zuqc waaic/to tear carefuly.
betv muonc betv ciev muonc nzengc/to tear into small pieces.
betv nqoi maeqv koi nqoi/to tear open.
betv tong maeqv betv tong daaih/to tear and open through.
betv waaic betv ciev zuqc waaic/to ruin by tearing it; destruction by tearing.
betv zuqc lui tong betv ciev zuqc lui tong kuotv/to tear a hole in garment.

betv[2] hd. saauv taux da'betv, ziepc betv, betv baeqv. Gj: hieh/counting, eighteen, eighty and eight hundred.
betv fin hietc dauh jiem-dongh nyutc nyouz mienv/the eight Taoist Immortals.
betv gorqv hietc norm gorqv/the eight directions of the compass.
betv hlaax da'betv norm hlaax/the eight moon, month or August.
betv ziepc saauv taux betv ziepc/eighty.
betv ziepc gouv yietc baeqv gouv nyei betv ziepc gouv/eighty percent.
nin-gaeng betv nzangc cuotv seix nyei hnyangx, hlaax, hnoi caux ziangh hoc.

betv[3] pm. ngaatc jienv betv fai ciev/to bite and tearing or twisting.
nda'maauh betv mi'aqv nda'maauh ngaatc mi'aqv/tiger bite and tear.
ngaatc jienv betv hnangv juv ngaatc jienv ciev betv/bite and tearing.

betv[4] cm. da'betv dauh sieqv nyei heuc jiex gorn mbuox, beiv hnangv Betv Zoih.
m'betv heuc hnamv da'betv dauh sieqv nyei waac/a miss eight.

beu[1] w. beu lungh aanx hnaangx; beu njuov; beu zingh nyeic/to wrap; to enclose.
beu buoz-mun beu ga'naaiv-mun/wrap up a wound; to bandage injured.
beu ga'naaiv zeiv beu zingh nyeic, lo haaix nyei zeiv/wrapping paper.
beu hongh gouv hongh/to wrap head with red turban.
beu hnaangx beu (lungh aanx) hnaangx dorh mingh/to wrap food for lunch.
beu jienv (longc normh, zeiv) beu jienv ndipc nyei/to wrap up thing.
beu m'nqorngv-beu longc m'nqorngv-beu jienv/to wrap head with a turban.
beu njaamh longc njaamh beu buoz-zaux bun zorc doqc qiex baengc/to wrap foot or hand with leaves of indigos plant as to treatment for stroke symptoms.
beu zingh nyeic beu zoux zingh nyeic nyei ga'naaiv/to wrap up a present.

beu[2] pm. zoux ndaam-dauh beu mienh nyei zaeqv/to take responsibility for.
beu duqv zoux ndaam-dauh duqv/to guarantee; to assume responsibility for.
beu hungh baeng hungh diex sin-hlen nyei baeng/king's bodyguard.
beu hungh dinc baeng goux hungh dinc nyei baeng/the palace guard.
beu jaax duqv laengz beu duqv mv zuqc nzauh/to assume responsibility for.
beu mv duqv zoux ndaam-dauh maiv duqv/unable to guarantee.
beu maengc zoux ndaam-dauh beu mienh nyei maengc/to protect someone's life.
beu nyei mienh zoux ndaam-dauh beu mienh/to be a guarantor.
beu sengh beu sengh jienv/to protect; to provide insurance for.

beu sengh an an zoux ndaam-dauh nyei nyaanh/a security deposit.

beu sengh biauv beu jienv biauv nyei sic/to insure a home.

beu sengh daan beu sengh nyei zengx sou-daan/an insurance policy.

beu sengh maengc beu maengc nyei sou-daan/a life insurance policy.

beu sengh sou beu sengh nyei sou/an insurance policy.

beu zaeqv zoux ndaam-dauh beu mienh nyei zaeqv/to assume responsibility for the debt of someone.

beu[3] wj. beu gong; beu cie. Gj: gouv gong, gouv cie/to rent; to lease.

beu cie longc hnoi gouv cie niouv yietc hnoi/to lease for one day use.

beu gong zoux beu mienh nyei gong zoux/to contract a labor job.

beuh[1] m. butv beuh nyei baengc/goiter or thyroid gland.

beuh ndie nyanc zorc beuh haapv nyei ndie/medicine for treat goiter.

butv beuh 1 ziangh beuh; butv beuh/to have goiter. **2** butv qiex/to get mad.

beuh[2] pm. butv qiex beuh beuh wuov/to boil with anger. Gj: betc, mienv, bietv.

beuv[1] w. nyanc beuv; hopv beuv; uix beuv kaeqv mienh/to be full in the stomach.

beuv[2] pm. ziangh duqv beuv/to be full of developing body.

B.**F** nzn. se dongh **baqv fai** bung nyei nzutv-norz fiev/an abbreviation for northwest.

Bhutan m. 不丹 /bùdān/ yietc norm faix nyei guoc jaa yiem Z. Asia mbu'ndongx hungh zingh mungv heuc Thimphu.

bi'bungx biangh buatc fi'fungx faatv bih bungx biangh nyei/many color spots.

bic m. cie-ndaix bic; douz-cie bic/a ticket. Gj: piux, *bic* se gaav janx-taiv waac daaih.

bih wj. bih bungx biaapc; bih bungx baetv; bih bungx biangh; bih bungx biongc.

biv wj. meih gorngv yie lueic meih ganh zungv gauh gernx biv jiex yie/compare.

bix gw. gorngv mbuox gu'nguaaz bueix njormh nyei waac/to go to sleep.

bix-bix njormh aqv mbuox gu'nguaaz bueix njormh aqv/tell baby to go sleep.

biaa hd. saauv biaa, biaa nyei jangx-hoc se 5/five or a symbol of five is 5.

biaa bung-weic se dong, naamh, fai, baqv caux zong/five directions, east, south, west and north.

biaa cin-luoqc biaa cin aengx caux luoqc baeqv/five thousand and six hundred.

biaa diemv ziangh hoc biaa norm ziangh hoc/five o'clock; five hours.

biaa senh biaa buon Meiv Guoqv nyei nyaanh/five cents U.S money.

biaa waanc-hmz biaa waanc caux biaa cin/fifty five thousands.

biaah w. longc biaav biaah an zunv; biaah ndui zunv; biaah lorz/to scrape.

biaah lorz longc biaav biaah ga'ndiev to scrape while looking for things.

biaah nzangv guaaih nzangv; nzaeng nzangv; biaah nzangv/to row a boat.

jai biaah ndau jai ndau lorz gaeng nyanc chicken scratch ground look for bugs to eat.

biaav[1] d. biaav-mbiaac; biaav-bin; biaav-ngau/a pole; a stick or a whip.

biaav-bin longc fitv ngongh maaz diqc daanz nyei biaav/a whip.

biaav-daauh longc biaav lorngz jienv zoux daauh/a pole for hanging clothes.

biaav-junh junh nyei biaav/a rounded stick. Dgw: biaav-mbeih, biaav-lorngh.

biaav-mbiaac mbiaac yangh jauv tengx zaangv sin nyei biaav/a walking stick.

biaav-ndorqc ndorqc ga'naaiv nyei biaav/a measuring stick, ruler.

biaav-ngau da'mueiz ngau nyei wuov nyungc biaav/a curved walking stick.

biaav-saeqv da'mueiz saeqv-saeqv nyei biaav/a stick with twigs at the end.

biaav-sorqv longc sorqv wuom hopv nyei biaav-njongz/a drinking straw.

longc biaav mborqv nanv jienv biaav mborqv/to hit with a stick.

biaav[2] pm. faix jaic nyei biaav-biaav wuov small and thin; skinny and thin.

biaaix b. longc diemv douz nyei biaaix/a bunch of dried bamboo sticks.

biaapc pm. cietv mbiaapv zuqc hmien liuz biaapc biaapc wuov/spot marked all over.

biaapv[1] w. faix muonc gau biaapv-biaapv wuov/gaunt and bony or scrawny.

biaapv[2] q. caaiv zuqc miev-nqaai nauv biaapv dangh/the sound of a snapping.

biaapv[3] w. biaapv i ziex norm mbiungc nor/just few sprinkle drops of rain.

biaev[1] q. m'sieqv dorn hemx mienh qiex laic biaev-biaev nyei/shrilly voice.

biaev[2] n. nyaanh biaev, yietc buon Janx-taiv nyei nyaanh/one cent of Thai coin.

biaenz w. biaenz cuotv; njatc cuotv; baetv cuotv/to pop out; slip out.

m'zing-nganh biaenz cuotv m'zing-nganh njatc cuotv daaih/eyeball pop out.

biaengh pm. (juqv norm nzangv) biaengh jienv mingh/six airplanes fly in row.

biaengh jienv mingh mbiauz biaengh biaengh nyei mingh/fishes swim in row.

biakv m. faix jiex nyaanh zinh/a smallest coin as U.S ten cents.

biangh[1] d. miev-biangh, jaav-biangh; geu-biangh. Gj: kuaa/a flower.

biangh baeqc setv baeqc nyei biangh/a piece of white flower.

biangh cie cietv jienv biangh nyei cie/a car decorated with flower.

biangh dorv yietc dorv biangh; yietc nquaav biangh/a piece of flower.

biangh ei biangh ziangh huing benx biouv nyei dorngx/a petal of a flower.

biangh gorn biangh cuotv nyei gorn/the stem of the flowers.

biangh guaengv biangh nyei guaengv stalks or stems of the flower.

biangh hei kungx maaic biangh nyei hei/a flower market.

biangh huingx zuangx biangh nyei hun fai huingx/flower garden.

biangh liemh fu'jueiv corc yiem biangh mienv gunv nyei ziangh hoc/a child who still under the care of flower spirit.

biangh mienv ziux goux gunv fu'jueiv nyei mienv/a flower spirit.

biangh mienv daan sipv biangh mienv nyei sou-daan/the list of flower spirits.

biangh neix biangh nyei neix; biangh nyei gorn/the stem of a flower.

biangh ndongh cipv biangh don dieh nyei ndongh/a flower pot.

biangh ndor biangh nzai da'mueiz nyei ndor/a knob-like flower.

biangh nqaai pui nqaai nyei biangh/a dried flower.

biangh nqoi biangh nqoi; nqoi biangh. Gj: kuaa-nqoi/blossom of flowers.

biangh nyiemz cor hoqc gaeqv daaih nyei biangh/a fresh picked flower.

biangh nyueiz biangh nzutv jienv maiv gaengh nqoi nyei ziangh hoc/unopened bud of a flower. Gj: biangh nzai.

biangh poux maaic biangh nyei poux. Gj: biangh hei/a flower shop.

biangh siqv 1 setv siqv nyei biangh/red flower. **2** gu'nguaaz-m'sieqv/a girl.

biangh yangh setv yangh nyei biangh/a yellow flower.

biangh ziec biangh nyaux nqaai loz jienv mingh aqv/a withered flower.

biangh[2] pm. yietc diemv, yietc diemv nyei biangh biangh wuov/spot flowers.

biangh daax biangh diemv camv nyei biangh daax biangh wuov/many spots.

biangh[3] pm. m'zing biangh butv mueic hmuangx/to feel dizzy and black out.

biangz pm. biangz-biangz wuov mangc mv cing-cov/clouded unable to see clear.

biatc w. haeqv zuqc biatc dangh/be terrify and startled; cause to quick jump.

biatc dangh nyie daaih njormh mbeix buatc biatc dangh nyie daaih/to wake up by a terrify dream.

biatc duqv seix gau daah nyanh dangh biatc seix nyei/a quick strong jump.

biau n. dangh buoz nyei biau; *biau* se gaav kaeqv waac daaih. Gj: lorh gaeng/a watch.

biau-hlaang biau nyei hlaang, lorh gaeng hlaang/a watch band.

biau-sim biau nyei sim. Gj: lorh gaeng sim/the hands of a clock or watch.

domh biau kuangx njongz nyei domh biau/a wall clock. Gj: domh lorh gaeng.

biauh zd. zorqv dopc nganh biauh zorpc mbiauh mbiutc zaang/to mix with.

biauh zorpc doic biauh caix zorpc jienv doic/to mix together with.

biauv n. **1** yietc norm biauv/home; house. **2** yiem nyei dorngx/residence.

biauv-aiv mv hlang nyei biauv/regular house; home. Dgw: biauv-hlang.

biauv-caa caengx biauv nyei caa-dorn fai domh caa/an upright house post.
biauv-deic gomv yietc norm biauv taatv njiec nyei deic/the site for a house.
biauv-dungz biauv gu'nyuoz maengx bung biauv-ngorh/ridgepole of a house.
biauv-dungz ndiouh biauv nyei domh ndiouh/main pole of a house.
biauv-faang longc ndiangx-njoux zoux daaih ndipc nyei biauv/a wooden house.
biauv gong 1 biauv nyuoz nyei gong-bou/housework. **2** horqc dorngh dorh nzuonx biauv zoux nyei gong/a school home work.
biauv-gorqv biauv nyei gorqv/corner of a house or a building.
biauv-gorqv la'bieiv biauv-gorqv nyei la'bieiv/a corner stone.
biauv gu'nyuoz yiem biauv gu'nyuoz maengx/inside the house.
biauv-huaang maiv maaih mienh yiem nyei biauv-waaic/an abandoned house.
biauv-hlang maaih camv-nzangh hlang nyei biauv/tall house; tall building.
biauv-hlen biauv ga'hlen nyei dorngx outside the house area.
biauv-hlen mienh biauv-hlen huing nzuonx nyei mienh/neighboring people.
biauv-menc biauv-nqaang wuov bung. Dgw: biauv-ndiev/upper side house.
biauv mbaang ndapv biauv mbaang njiec ndapv zuqc/a house collapse .
biauv-naang biauv zungh gungh gangx jangv mingh i bung/a house measured from side to side.
biauv-naangx norm nitv norm naangx jienv mingh nyei biauv/a condominium.
biauv-namx an janx-daic sei nyei biauv a mortuary; a funeral parlor.
biauv-ndiev nqaiv-yingh ndiev wuov bung biauv/the lower side of a house.
biauv-ndiouh biauv nyei domh ndiouh the main posts of a house.
biauv-ndutv 1 haih suiv an ganh norm dorngx nyei biauv/mobile home. **2** yietc norm biauv ganh hnangv/a single house.
biauv-ngorh biauv gu'nguaaic maengx bung/the peck of a roof.
biauv-nqaang ziqc zuonx nqaang wuov bung biauv/area behind the house.
biauv nyuoz mienh biauv zong mienh members of a household.
biauv-nzangv yiem nzangv gu'nyuoz nyei biauv/a houseboat.
biauv-nzomz biauv zungh zaqc ndaauv wuov bung/up down side of a house.
biauv nzomz liangv biauv jangv nyei mv baac mv ndaauv. Gj: nzomx.
biauv-nzomz ndo biauv nyei zungh zaqc ndaauv faaux/a deep house.
biauv-pangh jaax-pangh faaux mv taatv ndau nyei biauv/a house that raised off from the ground.
biauv-qangx i norm biauv mbu'ndongx nyei qangx/space between the house.
biauv-qorng 1 biauv nyei qorng/frame house. **2** waaz biauv-mou nyei fangx/a frame picture for a house.
biauv-saa weih biauv nyei ndiangx-benv wooden board siding for a house.
biauv zangc biauv zong gu'nyuoz nyei sic/within the house.
biauv-zaengx congx kuotv caa zaengx daaih nyei biauv/a house constructed by fitting pieces together.
biauv-ziouv biauv gu'nyuoz nyei ziouv mienh/the owner of a house.
biauv zong mienh biauv gu'nyuoz nyei mienh/a family member.

biaux snq. **1** biaux cuotv guoqv/run away from one's country. **2** biaux jiex ganh norm biauv/to move another house.
biaux baeng biaux cuotv baeng yiem nyei dorngx/to flee out from military area.
biaux bieqc guoqv biaux mingh bieqc ganh norm guoqv/immigration matter.
biaux cuotv gong youx maiv oix zoux gong biaux/to quit one's job.
biaux cuotv guoqv biaux cuotv ganh nyei guoqv/to move out one's country.
biauv cuotv maengc biaux maengc cuotv daaih/to escape for one's life safe.
biaux deic bung biaux mingh ganh norm deic-bung/to move from place to place; move from one country to another.
biaux douz jauv biaux douz yangh cuotv nyei jauv/a fire escape exit way.

biaux guoqv mienh biaux cuotv guoqv nyei mienh/refugees.
biaux hingh biaux cuotv hingh mi'aqv be successful on the way escaping.
biaux janx-zaqc biaux bingx maiv bun janx-zaqc buatc/to run away from thief.
biaux maiv hingh biaux cuotv maiv hingh/unable to escape.
biaux maiv jiez jomc haic biaux maiv jiez/unable to move.
biaux maiv ndutv biaux taux haaix yaac zunc jienv/unable to run away from.
biaux maengc mv biaux nor zuqc daic aqv/to flee to save one's life.
biaux ndutv biaux hingh, biaux ndutv mi'aqv/to successfully run away.
biaux nqoi biaux simv nqoi/move out from the away; move back.
biaux nzaanx biaux mingh nzaanx ziex bung/move off in different directions.
biaux setv setv biaux mingh dapc zuqc to have colors run.
biaux sic dorngc sic biaux nyei mienh run away from trouble.
biaux sienh buangh mbeux biaux sic aengx buangh sic nyei waac-beiv/to flee lion and meet a leopard.
biaux taux mi'aqv biaux jienv mingh taux/to escape to.

Bide m. 彼得书 /bǐdéshū/ yietc buonv zengx-ginx sou nyei mbuox/the book of Peter, in the Bible.

bie[1] n. ngaatc mienh sorqv nziaamv nyei bie. Gj: gaeng-zueix/a bedbug.
doc bie ndie an doc bun bie daic nyei ndie/a bedbug killer.

bie[2] w. se dongh **bun yie** nyei fiev nangv daaih/an abbreviation for "bun yie".

biec[1] w. nzuqc ndorngv haic biec dangh laic deix/to sharpen lightly.
biec nzuqc biec dangh nzuqc laic deix to sharpen a knife.

biec[2] pm. nyomx i biec hmeiv. Gj: nyomx siang hmeiv/winnow a tray.

bieh[1] w. bieh nzuih ndaangc nqa'haav cingx nyiemv/to spread out mouth before cry.
bieh nzuih baengx bieh nzuih nyiemv to tighten lips about to cry.

bieh[2] aengx lorz mangc "mbienz-bieh" wuov joux nyei eix-leiz.

biex[1] pm. (gorngv) duqv biex haic/be very poor accent in speaking language.

biex[2] aengx lorz mangc "butv bungh biex" wuov joux nyei eix-leiz.

biee hd. biee/four. Biee diemv ziangh hoc. Four o'clock or four hours.
biee bung-weic dong, naamh, fai, baqv four directions, east, south, west, north.
biee gitv lungh ndie ziangh hoc lauh feix baeqv hnyangx/four centuries.
biee gueix yietc hnyangx se maaih biee gueix/four seasons in a year.
biee hlengx nzung yietc diuh mienh nzung maaih biee hlengx, yietc hlengx maaih siec joux waac.
biee muoz-dorn biee muoz yietc zungv dorn/four boys sibling.
biee muoz-sieqv biee muoz yietc zungv sieqv nzengc/four girls sibling.
biee norm gorqv maaih biee bung gorqv four corner; four equal square.

biei m. **1** mba'biei; sin-biei/hair or body hair. **2** saeng-kuv nyei biei/feathers.
baeng biei 1 baeng cun biei/to pull the feathers. **2** *baeng biei, nietv biei* gorngv daix dungz nyei waac-meiv/to kill a pig.
biei-maqc gorngv juv nyei waac-meiv thick fur, concealed word for a dog.
dimc biauv biei longc dimc biauv a'fai dimc cie nyei biei/carpet.
lui-biei longc saeng-kuv biei zoux nyei lui/garment made by animal furs.

bieiv[1] m. zoux bieiv mienh; bieiv zeiv/a leader; leadership; guider.
baeng-bieiv dorh baeng nyei bieiv zeiv a ranking military officer.
bieiv zeiv mienh zoux bieiv zeiv nyei mienh/a leader; headman.
ciev bieiv mingh ndaangc dorh jauv mingh ndaangc/to lead or guide the way.

bieiv[2] m. **1** hnaav-bieiv, dongh buoz nanv wuov. **2** buoz-ndoqv-bieiv; zaux-ndoqv bieiv/finger tip or tip toe.

bieiv[3] aengx mingh lorz mangc "la'bieiv" wuov joux nyei eix-leiz.

bien[1] w. bien ga'naaiv mingh ndui zunv. Gj: bienh/to transport; to move.
bien faaux bien njiec bien faaux aengx

bien njiec/to move stuff up and down.
bien huov bien ga'naaiv. Gj: bienh huov/to carry from one place to another.
bien jaa-dingh bien jienv jaa-dingh nyei ga'naaiv/to transport one's belongings.

bien[2] pm. gorngv duqv mienh yietc bien meih ganh fi'hangv nyei/to be the same.

bienh[1] w. 搬 /bān/ bienh ga'naaiv, fai bienh guangc. Gj: bien/remove; to take away.
Bienh biaux Bienh jienv ga'naaiv biaux Mingh siang-dorngx/to move.
Bienh fuix cuotv jauv longc nyei zinh nyaanh/travel expense.
bienh huov bienh jaa-dingh ga'naaiv/to transport a household belongings.
bienh huox bienh huox mingh an hei/to transport goods or merchandise.
bienh jaa 搬家 /bānjīa/ bien jaa-dingh suiv dorngx/transport one's belongings.
bienh maeqc bienh mingh dapv lamz to transfer dried corn to granary.

bienh[2] n. 盘子 /pánzī/ zaangh ga'naaiv nyei bienh/a plate; a tray.
bienh tiaav liangv nyei wuov nyungc bienh. Gj: nzormc-tiaav/a saucer.
muoc-bienh muoc-nquan; maaih jienv bienh nyei muoc/a cow boy hat.

Bienh[3] cm. 姓盘 /xìngpán/ yietc fingx Yao Mienh, fai Iu-Mienh nyei fingx/an Iu Mien/Yao surname or clan name.
Bienh Gouv Hungh loz-hnoi Iu-Mienh (Yao) doic zunh jiex doic gorngv bienh gouv zeix tin youc zeix deic, zeix liepc lungh ndiev qienh kuon nyei hungh.

Eric Cox tengx Bienh Gueix-cing jiex wuom nyei leiz yiem 1953 wuov norm hnyangx , se benx daauh buonc Iu-Mienh fai Yao Mienh sienx Yesu yiem Taiv-deic Thailand Mae Sa'lorng Mienh laangz.

Purnell se benx yietc laanh hnamv Iu-Mienh fingx nyei Baeqc Mienh, ninh longc ninh nyei hnamv caux ninh nyei ziangh hoc fiev An Iu Mienh - English Dictionary congh 1985-2012 fiev ziangx, ninh gengh mbuo Iu-Mienh zic duqv taaih nyei yietc laanh kuv mienh yiem mbuo Iu-Mienh nyei gouv-douh/history gu'nyuoz.
Bienh Hungh dongh gorngv ninh maaih juqv dauh dorn, juqv dauh sieqv bun njiec benx mbuo Iu-Mienh/Yao Mienh nyei 12 fingx, ninh se benx mbuo nyei ong-taaix-ngaeqv.
Bienh Hungh Dinc buoqc zangc bienh hungh nyei dinc/king pan worship temple.
Bienh Hungh zeiv-fun bienh hungh nyei fun-faqv/descendants of King Pan.
Bienh Hungh zipv zoux houc Bienh Hungh nyei zipv/a king panh festival.
loz-bienh mienh se dongh janx-taiv waac heuc "saephan" wuov.

bienh[4] pm. mbaengx-bienh; mouc-bienh; maux-bienh/over hang cliff; brim of a hat.

bienh[5] aengx lorz mangc "funx-bienh" wuov joux nyei eix-leiz.

bienv w. yie zoux dorngc liuz ziouc bienv bun ninh zoux/to make an excuse.
bienv gong bun zoux bienv gong bun ganh dauh zoux/to evade one's duty.
bienv leiz mbienv waengc leiz/to cheat

on someone's rightness.
bienv ndutv bienv ndutv mv zuqc zoux to evade one's duty to others.
bienv sic bun bienv ganh nyei sic bun mienh/to put one's fault on other person.
bienv zuiz bun bienv ganh nyei zuiz bun mienh ndaam/to put one's error on other person to blame.

bienx[1] bc. 半 /bàn/ yietc buonc. Diemv-bienx ziangh hoc. One and a half hour.
bienx buonc seix ziangh duqv ndaamv-buonc jaapv-zaangv aqv/half lifetime.
bienx jaax ndaamv-buonc jaax-zinh/only half price; to cut off half price.
bienx louc 半路 /bànlù/ taux ndaamv-jauv; yiem ndaamv-jauv/midway; half way.
bienx seix ziangh duqv ndaamv-buonc seix aqv/midlife; half lifetime.
bienx tin gu'laauh 半空中 /bànkōngzhōng/ gu'nguaaic ndaamv-lungh/in the midair.
bienx yiex 半夜 /bànyè/ lungh muonc zanc ndaamv muonz/midnight.
ndaamv muonz bienx seix 半夜三更 /bàn yèsāngēng/ ndaamv muonz bienx seix nyei ziangh hoc/in the depth night.

bienx[2] w. 擦 /cā/ bienx gu'kuotv; sortv gu'kuotv/to wipe clean after bathroom.
bienx mba'zorng longc biaav bienx mbiutc guangc/to wipe nose with stick.
bienx nqaiv longc biaav a'fai maeqc hlorng bienx gu'kuotv/to wipe oneself with a stick after bathroom.
bienx nqaiv mv nzengc se beiv mv zic g zinh nyei waac-beiv/to be valueless.

bieqc[1] w. bieqc gaengh; dapv bieqc; bieqc maengx; nzuiz bieqc; fongv bieqc/enter; to get in; to insert; entrance.
bieqc benx fingx bieqc caux benx yietc fingx/to become citizen of a country.
bieqc biauv bieqc biauv gu'nyuoz/get inside the house; enter a house.
bieqc biauv maah heuc kaeqv mienh bieqc biauv nyei dorh leiz waac/please come inside the house.
bieqc bieqc cuotv-cuotv bieqc mingh aengx cuotv daaih/to go in and out.
bieqc bouc 进步 /jìnbù/ bieqc hnyouv hiuv duqv taux/to make progress.
bieqc buoz cuotv buoz maaiz bieqc caux maaic cuotv nyei sic/sale hand to hand.
bieqc buonv-zinh an nyaanh bieqc caux zoux saeng-eix/to invest money into.
bieqc buoqv doqc duqv sou bieqc buoqv haic/to get acquainted with.
bieqc mingh caux jienv bieqc mingh caux zoux doic/to become member with.
bieqc cie bieqc cie; bieqc cie-ndaix/to get into a car or an airplane.
bieqc ciou gueix dapv bieqc ciou gueix hnoi/beginning of the fall season.
bieqc cun gueix dapv bieqc cun gueix beginning of the spring season.
bieqc cuotv 1. bieqc mingh yoc aengx cuotv daaih. 2. mingh daaih nyei sic/to travel back and forth.
bieqc deic-bung sou bieqc guoqv nyei sou/an immigration documents.
bieqc dong gueix jiu bieqc dong gueix the beginning of winter.
bieqc dorngc bieqc dorngc gaengh/enter wrong (door or gate).
bieqc eix haiz horpc eix duqv haic/to be interested in something.
bieqc gaengh yangh gan gaengh bieqc mingh/to get in through the door.
bieqc gaengh cuotv gaengh zanc-zanc bieqc cuotv/to keep going in and out.
bieqc gaengh piux bieqc gaengh nyei piux/a ticket pass door or gate.
bieqc gie bieqc cie nyei gie bun cie haih mingh/to put a vehicle into gear.
bieqc gong 1 bieqc siang-gong/to start a new job. **2** jiex gorn zoux gong/to start work; beginning to work.
bieqc gu'nyuoz bieqc gu'nyuoz maengx mingh/to get inside.
bieqc guoqv bieqc ganh norm guoqv nyei sic/an immigration matters.
bieqc guoqv sou bieqc guoqv nyei sou entry permit; immigration documents.
bieqc haac gueix ndapv bieqc haac gueix aqv/beginning of summer season.
bieqc horqc bieqc horqc jiex gorn doqc sou/to start school.
bieqc hnyouv hiuv duqv bieqc hnyouv aqv. Gj: mengh baeqc/to comprehend.
bieqc hnyouv dorngc bieqc hnyouv dorngc waac-eix/to misunderstand.

bieqc laangz bieqc gu'nyuoz laangz/to enter a village; go into a village.
bieqc loh zuqc dingc zuiz bieqc loh/to go to jail; be in prison.
bieqc loh mienh zuqc dingc zuiz bieqc loh nyei mienh/a prisoner.
bieqc lomc bieqc lomc orv/to entering the jungle for hunting.
bieqc m'normh 1 (gaeng ndaix) bieqc m'normh/to go into the ear. **2** haiz kuh muangx/pleasant sound to the ear.
bieqc m'zing 1 (la'fapv) bieqc m'zing (an object) enter the eye. **2** mangc duqv jiex inv haic/pleasant to the eye.
bieqc maah heuc (mienh) bieqc biauv nyei dorh leiz waac/please come in.
bieqc maengx bieqc maengx bung/the entrance door. Dgw: cuotv maengx.
bieqc maiv mingh (gaengh hepc) bieqc maiv mingh/too narrow to get in.
bieqc maiv njiec (dorngx hepc) bieqc maiv njiec/unable to fit down.
bieqc mingh yangh jienv bieqc mingh get inside; to walk in.
bieqc mbu'ndongx bieqc taux gu'nyuoz mbu'ndongx mingh/get into the middle.
bieqc mbuox fiev mbuox njiec an zuov jienv/write down one's name on the list.
bieqc noic guenx jienv mingh/to become gradually accustomed to.
bieqc ndau-ndiev 1 bieqc ndau ga'ndiev mingh/go underground. **2** hemx mienh doqc nyei waac/a word of curse.
bieqc ndie-biauv (butv baengc) mienh bieqc ndie-biauv/to be hospitalized.
bieqc nzangv laamx zaux mingh bieqc nzangv/to get into a boat.
bieqc nzemx lorz jauv bieqc nzemx/to find an opportunity to participate in.
bieqc nzemx sou fiev mbuox, deic zeqv caux jiex daaih nyei sic an nyei sou/any kind of an application form.
bieqc nzemx waac gorngv bieqc nzemx nyei waac/an introduction speech.
bieqc orv gu'nguaaz bieqc orv, mokv, dutv/to gain weight; plump or chubby.
bieqc orv deix aqv njang sin deix; junc deix aqv/to gain some weight.
bieqc-sic jiex gorn gorngv sic, nzaeng sic/to begin a lawsuit.
bieqc sic dorngh bieqc sic dorngh mingh gorngv ca'laangh sic/to go to court.
bieqc siang-biauv 1 suiv mingh bieqc siang-biauv/to move in a new house. **2** zoux nauc ngitc houc bieqc siang-biauv nyei sic/an open house party.
bieqc siex nz. mingh zoux laangh bietv auv/a come in son in-law.
bieqc sienv bieqc mbuox caux sienv siang-jien/to register to vote.
bieqc wuic bieqc mingh caux koi wuic to attend a meeting.
bieqc Yesu goiv hnyouv sienx Yesu/to become a Christian.
bieqc yiem sin-sei meih, lingh wuonh bieqc yiem-gen/to go into spirit world.
bieqc zunh 1 (mbopv) bieqc ninh nyei zunh/go inside a nest. **2** faaux coux bueix nyei waac-meiv/to go to bed.

bieqc[2] pm. zeiv bieqc; lui bieqc; sin bieqc; ndopv bieqc/to be thin. Dgw: hoz.
bieqc haic bieqc haic mv benx longc/too thin to make use.

bieqc[3] cz. bieqc caux zoux doic/to join or to become a member.
bieqc buonv-zinh gapv jienv nyaanh caux zoux aeng-eix lo haaix.
bieqc wuic bieqc wuic mingh caux zoux doic/joint an organization's as member.

bietv[1] zz. zoux gong bietv zinh nyaanh/to work and earn money.
bietv mv duqv tengx zoux gong bietv yaac mv duqv/unable to earn anything.
bietv nyaanh zoux gong zornc nyaanh to make money; to earn money.
zoux laangh bietv auv zoux gong bun ong-daa maa-diev bietv auv/to work to earn one's wife.

bietv[2] w. (butv qiex) hmien mienv-mienv bietv-bietv wuov/an angry or mad face.

bietv[3] pm. (gan sai-diex) bietv faatv hoqc zoux sai/learning to be a spirit priest.

bin[1] w. nyaauv bin, nyaauv guaaic nyei/a colorful stripe. Gj: ben.
bin-jouc loz bin-jouc deix aqv/medium old or secondhand. Gj: pinh jouc.

bin[2] m. longc fitv ngongh diqc daanz nyei bin; biaav-dorn/a whip.

ngongh ndopv bin longc ngongh ndopv zoux nyei biaa-bin/a leather whip.

bin[3] gn. hormh dieh ga'hlen wuov deix bin. Gj: laengh/an edge of table.

bin[4] pm. bin daaih yietc diepc, yietc diepc wuov/to be strips or spotted color.

hnyouv bin gorqc jaang jangx taux aqv. Gj: hnyouv ben/to recall; to aware about.

bin-zaangv congx congx daaih nyei mbuox/a name of embroider.

bin[5] nz. ga'hlen; ga'nyiec/along the side.

gorng-bin ndoqv-hlen; ndaaih hlen/side along the river; riverside.

louc bin jauv-hlen/along the roadside.

haaix bin haaix bung. Gj: zuangv bin/to which direction; which side.

binc[1] w. binc sung dorngx/to clear up the room; to make room for.

binc cuotv mbuoqc zorqv mbuoqc nyei ga'naaiv dox cuotv/to empty a sack.

binc sung dorngx siou nqoi ga'naaiv bun dorngx jangv/to clear up a room.

binc[2] wj. sueih binc; youh binc; gunv binc bungx hnyouv/free to do something.

gunv binc zoux gunv bungx hnyouv nyei zoux/free to do as (you) like.

sueih binc meih aqv sueih meih ganh nyei hnyouv nyunc aqv/it is up to you.

binc[3] pm. yietc binc gorngv yietc binc jatv to talk and laugh at the same time.

binc zeiz ziouc zeiz aqv; dongh naaic aqv/that's right; that's correct.

yietc binc baaux yietc binc nyiemv yoc baaux yoc nyiemv/to sing and cry.

binv nz. zunh mbuox duqv hiuv/to tell; to inform; to make an announcement.

binv mengh box mengh mbuox; gorngv cing mbuox/to tell in detail; to declare.

binv mbuox zuangx gorngv mbuox zuangx mienh hiuv/tell the public.

binv yaamc zienz aqc gorngv mv nzengc mbuox/unable to tell everything.

sux binv sux kouv-gong muonc nyei/to recount in detail.

binx nz. nzunc; luonh; kang; zuonv/a time or an occurrence.

binx-binx nzunc-nzunc; luonh luonh every time; each time.

liangc binx i nzunc; i luonh; i kang/two time; second time; couple time.

yietv binx nyeic binx yietc nzunc i nzunc/first time and second time.

bing m. **bing borng jouh** bangc jienv dieh mborqv saaix liouc nyei jouh/table tennis.

bing borng dieh nyienx mborqv bing borng nyei dieh/a ping-pong table.

mborqv bing borng nyienx mborqv bing borng/to play ping-pong.

bingv m. an njouv nyei bingv; zoux diuv nyei bingv/a yeast.

bingv-buonv liouh zoux bingv nyei bingv/yeast used in making new yeast.

bingv-gaam zoux diuv-gaam nyei bingv sweet yeast, used in making sweet rice.

bingv-mbiaatc zoux diuv nyei bingv/a spicy yeast, used in making wine.

bingv-mbuonv zoux bingv nyei hmeiv-mbuonv/flour, used in making yeast.

bingv-ndie an mbuonv zoux bingv butv nyei ndie/a lump of leaven.

bingv-ndie ndiangx yietc nyungc longc zoux bouv-baengx nyei ndiangx/a type of tree used in making ax's handle.

njuov-bingv an mbuonv zoux njuov nyei bingv/yeast used in making bread.

bingx w. bingx mbueiz mingh. Gj: gem, muangh/to hide; to conceal.

bingx-ciouv bingx ganh nyei qam-gorn nyei sic/to hide one's private parts.

bingx duqv jienv bingx duqv mbueiz mingh; gem duqv jienv/be able to hide.

bingx jienv gorngv bingx jienv gorngv mbuox/to speak in secretly.

bingx jienv mangc bingx jienv ciepv kuotv mangc/to steal looking.

bingx jienv tengx beic ndiev tengx nyei sic/to assist in secretly.

bingx laangh bingx yiem nyutc mv ziux nyei dorngx/to stay under the shade area.

bingx mv mbueiz mienh hiuv bingx mv mbueiz aqv/unable to keep in secret.

bingx mienh bingx jienv mv bun mienh hiuv/to keep secret from public.

bingx mienv zoux faatv zorngh sin bingx mienv/to hide from spirit by magic power.

bingx mbiungc bingx jienv yiem mbiungc liemh mv zuqc nyei dorngx/to take shelter from the rain.

bingx mbueiz mi'aqv bingx duqv jienv mi'aqv/to be able to hide or conceal.
bingx mbuox longc jaav-mbuox/to conceal one's true name; go incognitos.
bingx qam-gorn bingx mbueiz ganh nyei qam-gorn/to hide one's private part.
gorngv zaqc mv bingx gorngv cuotv nzengc mv bingx/to speak frankly.
maiv bingx haaix dauh koi nqoi maiv bingx mienh/not hiding public.
maiv haih bingx-ciouv mv haih bingx ganh qam-gorn/unable to keep genitals in privately.

bioh w. bioh ndortv njiec; bioh nzengc/to molt; to fall out; to drop off from.
ndiangx-normh bioh taux juangv nyei hnoi ndiangx-normh ziouc bioh/leaves fall when the winter come.

biom m. ngaatc mienh caux saeng-kuv sorqv nziaamv nyei biom/a leech.
biom-maeng naetv jienv miev-normh wuov nyungc biom/a green leech.
biom-naenx yiem ndoqv-hlen fai ndorn nyei dorngx nyei biom/leech, by stream.
biom-ndaix haih ndaix nyei biom-maeng a green flying leech.
biom-nie nie benx daaih nyei biom/a ground leech.
suiv-ngongh biom yiem wuom-njaangh nyei biom/a water buffalo leech.

biomh w. (jai-dorn) biomh gan jienv jai-maac mingh/crowded together as chick.
biomh douz-nzauc gorn zueiz biomh jienv douz-nzauc gorn nzaaux douz.

biomv w. longc nzuih nyei qiex biomv/to blow by breath through the mouth.
biomv cuotv biomv cuotv/to blow out.
biomv daic biomv (dang) daic/to blow out (a lamp or fire).
biomv douz biomv douz zieqc hiaangx to blow on a fire so it burn better.
biomv faatv biomv faatv zorc (douz buov fai wuom hluqv) mun nyei dorngx to blow magic to treat a burned wound.
biomv fanh diqc biomv nzatc/to blow or play a woodwind instrument.
biomv hieh mbeu biomv qiex bieqc hieh mbeu hlo daaih/to blow up a balloon.
biomv jorng zoux sai ong biomv jorng heuc lungh/to blow a buffalo horn.
biomv la'fapv ji 吹风机 /chūifēngjī/ biomv la'fapv nyei ji/blowing machine.
biomv mba'biei buonc mba'biei nqaai to dry hair by a hair dryer.
biomv mba'biei ji 吹风机 /cūifēngjī/buonc mba'biei nyei ji/a hair dryer.
biomv ndiangx-normh biomv normh baaux nzung/to blow leaf to sing.
biomv nzatc biomv fanh diqc; biomv nzatc; cui-diqc/to blow oboe or suona.
biomv nzatc mienh biomv fanh diqc wuov laanh mienh/a suona player.
biomv qiex bieqc biomv nziaaux bieqc mingh/to blow or pump air into.
biomv saaix zoux faatv haih setv mienh nyei saaix guangc/to blow away a jinx.
biomv saauc biomv topv nzatc biomv nyei saauc/to blow a mouthpiece of the wind instrument.
biomv zieqc douz biomv bun douz zieqc daaih/to blow fire burn into the flames.

biomx pm. mbueiz nyei dorngx/a shaded area. Gj: ndamx nyei dorngx.
biomx-biomx wuov ndiangx-lamh ndiev nyei dorngx/a shady area.
zuov norqc biomx gaeqv miev mbiorv daaih zuov norqc buonv nyei dorngx/a blind for shooting birds.

biongc gn. yietc biongc biouv; yietc joih biouv/bunches or clusters of fruit.
biongc-biongc wuov ndiux jienv ziangh biongc nyei/a bunch of hanging fruit.
hiun-biongc ziangh joih normh hiun/an earrings having several pieces together.
ziangh biongc nyei ndiux jienv ziangh biongc nyei/hanging down in a bunch.

biopc w. biopc njiec. Gj: mapv njiec/cave in; to sag down; sink into.
m'zing biopc m'zing-nganh mapv biopc bieqc mingh/blind with eyeball push in.
ndau biopc njiec ndau biopc njiec mingh cave in on the surface of land.

biopv[1] w. biopv njiec ndau-ndiev mingh. Gj: zangx, zaangx/to bury (a corpse).
biopv janx-daic biopv daic mingh nyei sei/to bury a corpse.
biopv mbueiz bingx mbueiz mingh/to conceal; to hide; to keep secret.

biopv njiec ndau biopv njiec ga'ndiev ndau mingh/to put into underground.

biopv nqaiv beiv hnangv (m'lomh waan nie) biopv nqaiv/to bury manure.

biopv nyaanh lf. dorh nyaanh diuh biopv njiec ndau/to bury silver bar.

biopv sei biopv daic nyei sei. Gj: zangx sei, biopv janx-daic sei/to bury a corpse.

biopv sei nzung biopv sei baaux nyei nzung/a funeral dirge or hymn.

biopv[2] pm. mangc mv jiez zoux sic biopv mienh/to insult by action.

biormh w. norqc biormh jienv gu'nguaaic ndiangx-dueiv/to perch on; to roost.

mueiz biormh jienv pengx mueiz biormh jienv pengx/bee swarms around the comb.

norqc faaux biormh norqc ndaix faaux biormh/the birds flew up to their roost.

biormx aengx lorz mangc "biomx" wuov joux nyei eix-leiz.

biornc pm. gu'nguaaz mbiutc biornc-biornc wuov/baby nose hanging with mucus.

biornc cuotv daaih buonv njaih ga'sie tong jaangh biornc-biornc cuotv daaih.

jaangh biornc jaangh njiec jaix-nduih nyei baengc/an inguinal hernias.

jaix-ndiuh biornc ngongh gouv nyei jaix-ndiuh biornc-biornc wuov.

biorngh m. mungx-maih menc wuov deix dorngx/forehead; upper eyebrow area.

biorngh ceiv i bung biorngh ceiv/the two upper corners of forehead.

biorngh ceiv hlang biorngh ceiv njang hlang nyei/a high hairless forehead.

biorngh njang biorngh njang hlang nyei mv maaih biei/forehead airless area.

biorngh nyaux maiv buangv hnyouv nyaux biorngh/frown to disapprove.

biortc w. biortc kuotv. Gj: tong kuotv/to crack open; break open through.

baqv biortc laic nyei ga'naaiv baqv zuqc biortc mingh/pierce through.

douz buov biortc douz buov zuqc biortc kuotv/burned through.

mbuoqc biortc kuotv mbuoqc biortc norm kuotv mi'aqv/a bag break open.

m'nqorngv biortc mborqv m'nqorngv tong mi'aqv/to be broken head.

biortv bt. mueiz danx m'zing omx daaih biortv-biortv wuov/swollen up badly.

biortv daax biortv omx daaih biortv daax biortv wuov/heavily swollen up.

biouv[1] lz. biouv-zuangx; lomc zangc nyei biouv/general term for fruit.

biouv-fei biouv nyei fei/stringy fibers in some fruit. Gj: biouv-jaan.

biouv-gapv hnangv lai-beu nor beu gapv jienv ziex hlengx nyei biouv/a kind of small and large yellow fruit.

biouv-gomh i nyungc biouv-gomh hlo caux faix/general tomato.

biouv-gomh sui biouv-gomh zuoqv sui deix nyei. Gj: dongx/ketchup; catsup.

biouv-gomh wuom biouv-gomh nyei wuom/tomato juice.

biouv-gomh yaang biouv-gomh nyim cuotv nyei yaang/tomato plants.

biouv-huv huv waaic mv fungc nyanc nyei biouv/an overripe fruit.

biouv hliangv yietc nyungc biouv nyei mbuox/jujube fruit.

biouv-jaan biouv nyei jaan; biouv nyei fei/stringy or fibers in the fruits.

biouv-jaauh ba'jaauh biouv/peach.

biouv-joih ziangh joih nyei biouv/a bunch of fruit

biouv-kuqv biouv nyei kuqv fai ndopv the skin or rind of the fruits.

biouv-lorngh 杨桃 /yángtáo/ maaih lorngh nyei biouv/a star fruit.

biouv-lorngh zong 椰子 /yēzǐ/ ninh nyei kuqv ngaengc nyei biouv/a coconut.

biouv-mbeux 手榴弹 /shǒuliúdàn/ zoi mbeux nyei zaax daanc/a hand grenade.

biouv-naa yietc nyungc lomc zangc ndiangx nyei biouv/a kind of fruit.

biouv-neix ziangh jienv biouv nyei neix the stem of the fruit.

biouv-ndiangx ziangh biouv nyei ndiangx a fruit tree.

biouv-ndom yietc nyungc domh gaam-zaiv biouv/pomelo.

biouv-nganh biouv gu'nyuoz hlo nyei nganh/a large seed in a fruit.

biouv njaiz biouv zuoqc jiex jaax njaiz nzengc/overripe fruit.

biouv-nqaai pui nqaai fai kangx nqaai daaih nyei biouv/a dried fruit.

biouv nyiemz maiv gaengh zuoqc nyei biouv/a fresh or unripe fruit.
biouv-orv biouv nyei orv. Dgw: biouv-nganh/the pulp of fruit.
biouv-paiv sui kuqv beu jienv hnangv paiv wuov nyungc biouv/tamarind.
biouv-sutv longc wuom zoux nzauv-suiv fai an lai zouv nyei biouv/lemon; lime.
biouv sutv-wuom biouv-sutv nanv cuotv nyei wuom/lemonade.
biouv-wuom zaax njaapc biouv cuotv daaih nyei wuom/fruit juice.
biouv-yaang biouv-nganh guqc nyaah cuotv daaih nyei yaang/fruit plants.
biouv-youh biouv-nganh maaih youh camv nyei biouv/a kind of wild fruit.
biouv-zaa zaax biouv cuotv wuom liuz nyei zaa/the pulp of fruit.
biouv-zuangx mienh zuangx daaih nyei biouv/a planted fruit.
biouv-zuei geh zorng ndiangx nyei biouv ndopv maaih njimv nyei/chestnut.
biouv-zuei-maeng hlo wuov nyungc biouv-zuei/bigger kind chestnut.
pu'tau biouv hmei-biouv, *pu'tau* se ei janx-kaeqv waac gorngv/grapes.

biouv[2] pm. ziangh daaih faix zietc nyei biouv-biouv wuov/a cute small shape.

bipv q. zatv cie-nzatc mbui bipv bipv nyei qiex/peep sound of a vehicle horn.

biqv[1] pm. mv haih maaih saeng-yungz/to be sterile or barren.
auv-biqv mv haih maaih saeng-yungz nyei auv/lady who has been sterilized.
lorh nyeiz-biqv mv maaih saeng-yungz yaac liaa se beiv lorh nyeiz-biqv, maiv dorh leiz nyei waac/slang, for a woman without an offspring.
paaix im biqv paaix zorqv saeng-dangh fai zorqv jaix-nduih guangc mi'aqv. Gj: im mi'aqv/to render sexually sterile.
nqox-biqv nyim mv zunx nyei nqox/a man who has been sterilized.
zoux bun biqv paaix im zoux bun biqv mingh/to render sexually sterile.

biqv[2] nz. maaih ga'naaiv torngv nqaeqv jienv/to be block by barrier or curtain.
ziqc biqv maaih la'bieiv nqaeqv jienv/to be block by stone barrier.

bitv[1] pm. yiem nzuih bitv cuotv fai bitv guangc. Gj: tuiv, liev/to spit out.
bitv in-ndongh biomv in-ndongh zungx in-nqaiv cuotv/blow out tobacco ashes.
bitv wuom-nzuih tuiv wuom-nzuih cuotv guangc/to spit saliva.

bitv[2] pm. bitv bux-nyaaic. Gj: betv/to tear up. Juv bitv. Dog bite and tear.
bitv tong daaih bitv maeqv tong daaih to tear and open through.
bitv zeiv bitv zeiv muonc guangc/to tear a piece paper into small piece.
saaiv juv bitv heuc juv mingh ngaatc/to sic a dog to bite.

biu[1] w. biu faaux; biu njiec/to jump; to leap; to spring off the ground.
biu cuotv biu tiux cuotv; biu tiux bieqc; biu jiex laatc/to jump out; jump over.
biu faaux hlang biu faaux gu'nguaaic hlang nyei/jump up high.
biu hlaang biu jiex hlaang gu'nguaaic to jump over the rope.
biu hlang biu faaux gu'nguaaic hlang nyei/to jump up high.
biu jiex biu yangh gu'nguaaic jiex/to jump over something.
biu jienv mingh tiux biu jienv mingh/to run by jumping.
biu koiv daic tiux njiec koiv bun wuom gunx daic/suicide by jump in the sea.
biu njiec kamx biu njiec ndau-kamx/to jump down a steep drop.
biu njiec ndau yiem hlang nyei dorngx biu njiec ndau/jump down to the ground.
biu njiec wuom biu njiec bieqc wuom mingh/to jump into water.
m'lomh biu caa jai m'lomh biu mingh caa jai/cat jump to catch a chicken.

biu[2] pm. biu cang nzopv mbiauz/to throw a spear through a fish.
biu guangc biu biaav ga'naaiv-ndaauv guangc/to throw long object away.
biu nzopv zuqc biu biaav mingh nzopv zuqc/to throw and pierce through.

biuh[1] w. longc nzuqc biuh yuonh/to slice off the outer surface with a knife.
biuh ndopv biuh ndopv guangc. Gj: fietv ndopv/to peel off the skin.
biuh nzuqv bieqc longc nzuqc biuh nzuqv bieqc/to smooth out bamboo strip with knife.

biuh[2] aengx lorz mangc "gu'biuh" wuov joux nyei eix-leiz.

biuv[1] w. biuv caeqv guangc fioux njang/to clear up (unburned branches).

biuv liangx biuv fioux njang ndeic/to clear up unburned branches on a field.

biuv lomc-mbiorqc zaqv caeqv njang lomc-mbiorqc/to clear up a bush.

biuv[2] cm. loz-biuv doic; a'nziaauc doic fai pongh youz doic/an old friend.

biuv daan nz. yie ganh. Gj: miuh daan. I; me, mostly used by male person.

biuv gorx dorh leiz waac heuc lamh go m'jangc kaeqv mienh/a distinguished male guest.

biuv mbuo dorh leiz waac, gorng meih mbuo yietc zungv/all of you.

biuv mbuox baan-buic nyei mbuox, se hnangv Ih Zoih/a generation name.

biuv nyaam fai **biuv nziez** dorh leiz waac, heuc biuv gorx fai biuv youz nyei auv/courtesy title used in address a married or widowed woman.

biuv youz dorh leiz nyei waac heuc lorqc zuqc youz nyei lamh go kaeqv/a term of address an honored male guest whoever younger than oneself.

biux[1] w. biux bun nqoi yietc dauh duqv deix/to divide up according to custom.

biux zinh nyaanh bun nqoi zinh nyaanh fi'mbuoqc/to divide treasure.

biux orv buonv duqv orv daaih biux orv bun nqoi doic/to divide up meat.

orv-biux biux bun mienh nyei orv/the meat for divide.

biux[2] pm. bun cing; gorngv cing/to make clear; to explain clearly.

biux mengh porv mengh bun haih bieqc hnyouv longx/to make clear.

biux mengh daan bun cing biux mengh nyei daan/diagram; an illustrative chart.

biux mengh waac 1 fiev gorngv mengh nyei waac/preface. **2** porv mengh nyei waac/an introduction comments.

biuz pm. hlauv zaqc gau biuz-biuz wuov be very straight; straightness.

biuih[1] w. wuom mbueix biuih cuotv/to bubble out; gush out.

biuih[2] pm. nziouv camv gau biuih biuih nyei/ants line up in great numbers.

louh biuih louh fongv cuotv daaih nyei nie-ndui/a dirt pile dug out by bamboo rat.

nziouv-biuih nziouv nyei biuih/an area concentration of ants.

yietc biuih nie yietc biuih nie ndui jienv camv nyei/a pile of dirt.

biuqc w. liuc leiz dorh uix hlo/to raise; to look after; to bring up.

biuqc dorn-jueiv dorh dorn-jueiv uix ninh mbuo hlo/to take care children.

biuqc naamh nyouz liuc leiz dorh dorn dorh fu'jueiv hlo/to care for children.

biuqv[1] w. jai-dorn camv biuqv-biuqv nyei crowded together of chicks.

biuqv[2] pm. an jienv saaiv-jorm biuqv bun zuoqc fai mbeux/to stir in hot ashes.

biuqv maeqc mbeux an saaiv-ning biuqv mbeux/to make pop corn in hot ashes.

blongh cm. **blongh zeuz** yietc norm Yao Mienh nyei fingx/an Iu Mien surname.

box w. box mbuox; zunh mbuox; hiaauv zuangx mienh/to make announcement.

box fienx zunh fienx cuotv mbuox bun duqv hiuv/to report the news.

box fienx mienh box fienx nyei mienh. Gj: douc fienx mienh/an announcer.

box fienx sou faatv cuotv mingh douc fienx nyei sou/flying note or leaflet.

box mengh gorngv mengh nyei mbuox mienh hiuv/to declare.

box mbeix singx lingh box mbeix bun mienh hiuv/to warn through a dream.

box mbuox mienh zunh mbuox mienh hiuv/to announce; to inform.

box zuangx mienh zunh hiaauv zuangx mienh/to make announcement to public.

bokc q. mbui bokc dangh nyei qiex/the sound of a soft thud.

bokc lokc (ga'naaiv njangx hlauv-nqunx) gu'nyuoz mbui) bokc lokc deix/the soft sound of falling inside a hole.

bokv[1] q. buonv forng zuqc mbaeqc bokv dangh/sound made an arrow hit a target.

bokv nui buov in-mbiaatc bungx cuotv nzuih bokv nui dangh/pop out of smoke.

bokv[2] pm. gu'nguaaz ziangh duqv zietc bokv-bokv nyei. Gj: bakv/to be chubby.

Bolivia m. 玻利维亚 /bōlìwéiyà/ yietc norm guoc jaa, yiem N. bung maengx Meiv Ziou, hungh zingh mungv nyei mbuox heuc Sucre.

bom gn. yietc bom zaah nqaan; yietc bom normh ziu/a clump of banana.
hlauv-bom ziangh bom nyei hlauv/a clump of bamboo.
miev-bom ziangh bom nyei miev nitv jienv doic/clump of grasses.
ziangh bom nyei ziangh nitv doic ziangh bom nyei/all in one clump.

bomh w. cuotv mbiaauz bomh bomh nyei to be cover with the bubbles.

bong[1] gn. yietc nyungc dapv duqv biaa jaa lorn nyei tongv/a five gallon container.

bong[2] q. mborqv zuqc nzoz mbui bong dangh/sound made by touching a drum.

bongh q. yiem go nyei buonv congx mbui bongh dangh/gun sound in the distant.
bongh gaex gu'nguaaz gorngv buonv norqc nyei waac/to shoot a bird.

bongv q. buov hlauv mbeux bongv nyei qiex/the sound made by firecracker pop.

bongx q. zoi la'bieiv-dorn bieqc wuom bongx dangh/sound of a rock throw into water.

bongz q. yiem go buonv congx mbui nyei qiex/the sound of gun fired in distance.
bih bungx bongz buonv congx camv mbui bih bungx bongz nyei.

borh w. **borh norz** laengz zingh/thanks; to thanks. Gj: bouh norz.

borz q. dox wuom cuotv borz-borz nyei the sound made by pouring water.

borkc q. m'nqorngv nziangc zuqc njongc borkc dangh/sound of head hit the wall.

borkv q. (jamv ndiangx mbui) borkv borkv deix/the sound of chopping noise.

born q. zatv cie-nzatc born dangh/sound made by a vehicle horn. Gj: baen, din.

borng w. borng jienv deix; tengx deix baav/to assist; to help; to aid.
borng-buoz mienh borng buoz tengx nyei mienh/an assistant person.
borng buoz-zaux njiec buoz-zaux tengx mienh/to assist with one's hand.
borng-mbiev tengx deix baav hnangv mv camv/to help some.
cietv borng betv mbiev nyei mbiev tin mbiev deic nyei/to have many mends.
ndie-sai borng-buoz mienh tengx ndie-sai nyei mienh/a doctor's assistant.
zouh borng zouh jien nyei borng-buoz mienh/an assistant cook.

borngh q. jamv ndiangx mbui borngh nyei qiex/the sound of wood being chop.
borngh lorngh dangh guaengx zaangh njiec borngh lorngh dangh.
borngh lorngh qorngh njaih ba'langh qangh, borngh lorngh qorngh deix tiux.

borngv mh. jiex sen borngv; jien-borngv; duqv zipv baaih borngv/official notice.
borngv wuonh hiaauv zuangx mienh nyei borngv/an official proclamation.
cuotv guoqv borngv cuotv guoqv nyei sou/a country exit permit or passport.
duqv baaih borngv duqv zipv faaux baaih nyei borngv/receive insignia rank.
fiev borngv fiev hiaauv zuangx mienh nyei borngv/to write a public notice.
jiex sen borngv jiex zorng jiex ndoqv nyei sou/crossing mountain's permit.

borngx w. nzauv yuqc borngx bieqc orv mingh. Gj: dapc/to penetrate; soak into.
nzauv borngx toux nzauv dapc bieqc toux mi'aqv/the salt penetrate through.

borngz w. borngz jaax/to fight against; to struggle with; wrestling with.
borngz bieqc borngz jienv bieqc/push through to get in.
borngz gorng nziaaux borngz yietc gorng domh nziaaux/a big heavy storm.
borngz hingh borngz hingh mi'aqv/to win over the fight.
borngz jaax i dauh juv borngz jaax/to fight against each other.
borngz jaax jai yungz daaih borngz jaax nyei jai/a gamecock.
borngz jienv mingh fongv borngz jienv mingh/to fight through.
borngz jienv mbiungc mingh liemh mbiungc mingh/go through the rain.
borngz lomc buonv orv saau lomc buonv orv/push through jungle to hunt.
borngz maiv hingh borngz maiv hingh ganh dauh/to defeated in fighting.
borngz mueiz longc biaav-saeqv faeqv mborqv mueiz/to fight off bees.

borngz mungz fengx mungz njiec wuom zaaux mbiauz/to cast a fishing net.
borngz mbiauz fengx mungz mingh zaaux mbiauz/to cast a fishing net.
borngz mbiauz mienh borngz mbiauz nyei mienh. Gj: zorqv/a fisherman.
borngz mbuo-lingc mbuo-lingc njapc dangh. Gj: borngz mba'lingc/lightning.
borngz mbuo-nziaaux borngz domh mbuo-nziaaux/to be thunder and storm.
borngz mbuo-ong mbuo-ong mbui/to thunder; thunder roaring.
borngz ndiangx longc ziem, ziem bun ndiangx nqoi/to force split wood.
borngz nziaaux nziaaux hlo nyei buonc daaih/to have strong winds.
borngz nziaaux-nqaai borngz nziaaux hnangv/to be wind without raining.
borngz sih nyeic hoqc buoz mborqv jaax liouc/to practice kung fu .
borngz wuom zoux faatv an wuom pyiuv zorc douz buov mun nyei dorngx/to treat a burning wound by magic power.
borngz wuom-zamh longc buoz zamh jienv ziouh wuom/a style of swim.

borqc[1] n. duih borqc njiec; duih borqc hlo nyei njiec/falling of hailstone.
borqc wuom borqc yuqc nyei daaih nyei wuom/water after hailstone melted.

borqc[2] pm. cou nyei borqc borqc wuov/an uneven chunk; big piece.
cou bih bungx borqc hluo haiz cou nyei bih bungx borqc wuov/small chunks.
nzauv-borqc nzauv cou borqc borqc wuov/rock salt; coarse salt.

borqc[3] aengx lorz mangc "ging-borqc" nyei eix-leiz.

borqv w. daux borqv jienv mingh maiv dangx/to connect to each other.
borqv cie mingh bieqc ganh norm cie borqv mingh/connect with another bus.
borqv finx borqv daux finx caux finx mingh/to splice wires to wires together.
borqv hlaang nyatv jienv hlaang borqv ndaauv cuotv/to extend a rope.
borqv jaangh se beiv m'jangc, m'sieqv caux doic nyei waac-zaanc/slang, for sexual intercourse.
borqv jienv mingh daux borqv jienv mingh/to connecting to each others.
borqv maengc caangv wuonh maaiz maengc borqv maengc/to extend the life (part of spirit ceremony).
borqv ndiangx-nquaah gaatv ndiangx nyei nquaah mingh borqv ganh diuh/to graft a branch into another tree.
borqv qien zengx borqv cuotv guoqv nyei sou/to extended a visa.
borqv waac dimv (-) **1** longc borqv waac. **2** longc tiuv qiex, beiv hnangv **zanc-zanc** tiuv daauh joux benx ngongh nyei qiex.
borqv ziangh hoc aengx borqv ziangh hoc ndaauv mingh/to extended the time.
borqv zoux mingh borqv gong zoux mingh/take over the duty and continue.

bortc[1] q. mbopv heuc bortc nyei qiex/the sound made by a tree squirrel.

bortc[2] aengx lorz mangc "lorqc bortc" wuov joux nyei eix-leiz.

bortv[1] pm. hngongx. Gj: ngangh, ngorkv, bernx, mv dorh leiz nyei waac/so stupid.
bortv duqv kouv haic hemx mienh hngongx haic nyei waac/so stupid (scold).
ga'naaiv bortv ga'naaiv hngongx, maiv dorh nyei waac/so stupid person.

bortv[2] q. mbopv heuc bortv fai bortc nyei qiex/the sound made by a tree squirrel.

bou m. zoux bou bun mienh zunc nzuih nyei mienh/servant; to be a servant.
bou-qiex bun zunc nzuih nyei mienh/a servant; an attendant.
fungx bou tengx nyiex ga'naaiv caux jauv mingh/to carry package and guide the way.
m'jangc bou zoux bou nyei m'jangc mienh/a man servant; a man attendant.
m'sieqv bou zoux bou m'sieqv dorn/a woman servant or attendant.
zoux bou tengx zoux bou nyei mienh/to be a service person; a servant.

bouc[1] w. 保护 /bǎohù/ ninh bouc auv yiem biauv ganh zoux gong/he support his wife stay home and he works by himself.
bouc cien-ceqv leiz bouc cien-ceqv nyei leiz/to defend the rights of relatives.
bouc fu'jueiv 保护孩子 /bǎohùháizǐ/ bouc fai congh fu'jueiv nyei leiz/to support children's rights.

bouc leiz tengx nzaeng leiz bouc leiz nyei sic/to advocate someone' rights.

bouc sengh leiz tengx nzaeng horpc zuqc duqv nyei leiz/to fight for the rightness.

bouc[2] m. nzangv-bouc; wuom-bouc fai jauv-bouc; ndaaih bouc/a stage; section.

bouc-bouc ndoqv jiex taux kang-kang ndoqv/every stage between river.

bouc soux zoqc a'fai camv nyei bouc soux/a specified amount.

bouh[1] w. bouh faaux; bouh njiec; longc cie bouh/to lift (by hand or machine).

bouh bun yie heuc mienh bouh ga'naaiv daaih bun/lift up and hand to me.

bouh faaux weic bun mengh hoc hlang faaux/raise someone to high position.

bouh jienv mingh bouh dorh gan jienv mingh/to carry along.

bouh mv dongz bouh mv faaux hniev haic/unable to lift-too heavy.

bouh mienh faaux bun mienh duqv gong-mengh faaux/to raise someone.

bouh[2] pm. taaih; bouh mienh faaux zoux jien. Gj: bun baaih/to raise; esteem.

bouh norz laengz zingh; laengz eix/to give thanks; to appreciate.

bouh norz meih oc laengz zingh meih oc/thank you.

bouh[3] lf. yietc nyungc kongv zuv njaaux muonh guai nyei njaaux muonh.

hopv bouh wuom fiev bouh daaih heuc liuz kongv zuv mienv buov benx douz-buonx ziemx wuom hopv bun mienh hnyouv nziaaux guai nyei sic.

bouv[1] m. 斧 /fǔ/ longc goix ndiangx caux jamv ndiangx yei bouv/hatchet; an axe.

bouv-baengx zaengx bouv wuov nqanx ndiangx/an ax handle.

bouv-dorn bouv faix nyei. Dgw: domh bouv/a small axe.

bouv-hmien laic wuov bung bouv/the cutting edge of an axe.

bouv-norz longc mborqv wuov bung bouv/non-cutting side of an axe.

bouv-nziem nziem zaengx bouv zietc nyei hlieqv-nziem/metal wedge for axe.

bouv-nzom longc nzom kuotv nyei bouv a small axe used in make hole.

bouv-paiv mborqv ding, baeng ding nyei bouv/axe for hitting and pulling nail.

bouv piqv zuqc bouv piqv zuqc; bouv hngaqv zuqc/to get cut by axe.

bouv-tongv bouv-baengx topv bieqc wuov norm kuotv/an axe's head hole where the handle is inserted.

bouv[2] gw. gu'nguaaz gorngv biouv nyei waac/fruit, child language.

amh bouv aqv mbuox gu'nguaaz nyanc biouv aqv/tell baby to eat fruit.

Brazil m. 巴西 /bāxī/ yietc norm guoc jaa yiem N. bung maengx Meiv Ziou, hungh zingh mungv heuc Brasília.

bu' wj. bu'longh, bu'dangv. Gj: mv ung mv baengc, mv naan mv miec nyei.

bu'gaan bu'gaaix zoux deix mv ung mv baengc, mv ziangx, mv lorqv nyei guangc jienv mingh mi'aqv.

bu'hungx dauh mingh haaix bung nyei sic. Gj: bung-hungx dauh/the directions.

bu'huon bu'dauv meih muangv mv nzang mv nziepv, mv yiem mv yaangh nyei sic/dizziness. Gj: mongh mongh longh longh nyei.

bu'tien bu'dix nyei gorngv waac mv ndin mv naatv; mv zien mv jaav nyei mienh/a foolish person.

buv[1] gn. 宝 /bǎo/ bun mienh duqv longx zornc zinh ziouc nyei buv/a special stone with supernatural power.

buv-koux siou jiem nyaanh nyei koux fai lamz/a treasure-house.

la'bieiv-buv longc zoux buv siou nyei la'bieiv-dorn/a precious stone.

sapv-zou buv yiem sapv m'nqorngv nyei buv/a lucky precious stone brought to a person by a centipede.

buv[2] w. 保 /bǎo/ zienh gong buv youc/to protect by god; protection from god.

buv-jaa qunv tengx zuov mangc biauv nyei juv/a house guard dog.

buv maengc beu sengh ziangh maengc to safeguard for life.

buv maengc sou buv maengc nyei sou a life insurance policy.

buv maengc mv loh oix lamh deix daic aqv/life in dangerous situation.

buv nuc waac yietc fingx Zong Guoqv Yao mienh gorngv nyei waac.

buv sengh 1 beu sengh/to guarantee. **2** beu jienv/to insure; to protect.
buv sengh baengc beu butv baengc nyei sou/health insurance coverage.
buv sengh biauv beu douz zieqc biauv nyei sou/an insurance coverage for a house.
buv sengh cie beu cie sou/an insurance coverage for a vehicle.
buv sengh gorn buv sengh nyei gorn/an insurance company.
buv sin tiv liuz leiz longx sin tiv nyei sic/health protection; health care.
buv sin tiv sou beu baengc zingh nyei sou/health insurance policy.
buv youc beu jienv liuz aengx ceix fuqv bun/to be bless and protect.
buv zengx sou beu nyei zengx sou/a pledge guarantee.

buv[3] cm. 名 /míng/ mienh nyei setv dueiv mbuox, beiv hnangv, Zoih Buv fai ninh nyei dorn Gauv Buv.
an i buv nyaanh dangc nyaanh i nzunc to bet twice on gamble.

bux m. 布 /bù/ lunh lui houx zuqv nyei bux a'fai youh bux. Gj: ndie-zuqv/cloth.
bux-nyaaic sortv dieh, sortv ga'naaiv nyei bu'nyaaic. Gj: ba'nyaaic/a rag.
youh bux jiu zoux nyei bux, janx-taiv waac heuc *pa'yang*/a plastic sheet.

buang[1] w. 遮盖 /zhegài/ buang ndipc; gomv ndipc/to cover up; to laminate.
buang diuv wuonh maeqc an bingv liuz opv daaih zaang diuv/to make wine.
buang eiv ndie buang eiv nyei ndie/a chair cover sheet.
buang hmien 1 buang jienv hmien/to cover up face. **2** zoux weic hmien-minc nyei sic/to preserve one's face.
buang hmien ndiev nyaiv zuqc diev nyaiv nyei sic/to endure embarrassment.
buang jaang ndie buang jaang siouv nyei ndie/a scarf.
buang jiem-nyaanh longc jiem buang nyaah/to cover a tooth with gold.
buang lui-houx mbenc lui-houx bun zuqv/to provide clothing for.
buang m'zing buang jienv ganh nyei m'zing/to cover the eyes.
buang ndipc buang ndipc nyei mv bun cuotv qiex/to completely cover.
buang nyaah longc dongh fai jiem buang nyaah/to cover a tooth.
buang nyorx lui 奶罩 /nǎizhào/ m'sieqv mienh zuqv buang nyorx lui/a brassiere.
buang nzuih buang jienv nzuih (hnopv) to cover mouth (when cough).
buang nzuih nyaanh bun mienh maiv douc waac nyei nyaanh/a bribe to keep someone from talking.

buang[2] pm. 祝 /zhù/ buang kuv waac bun mienh/to offer good wishes.
buang waac bun gorngv kuv waac bun mienh/to offer a good wish.
buang gitv kaah fiev kuv waac buang mienh nyei zeiv, *kaah* se gaav congh English card daaih/a greeting card.
buang gitv waac gorngv bun duqv longx kuv waac/a word of blessing.
buang waac gorngv weic bun mienh duqv longx nyei waac/word of blessing.

buang[3] m. ngongh fai lorh torh buang/the hump of an ox or camel.

buang[4] bt. **butv buang** buoz-zaux ham mbiex mbungv-daux fai orv soqv nyei baengc/a kind of an illness.
buov buang yietc nyungc zorc butv buang baengc nyei njaaux muonh, se longc dang-cov guoqv youh diemv douz dorh mingh heng-heng yietv zaax buov mbungv-daux mun nyei dorngx.

buang[5] nz. buang-cui; buang-sinx/wind or the wind blow; moving air.
buang-cui sinx borngz nziaaux buonc daaih nyei sic/the wind blow in.
buang-liouh auv hienx nqox henv nyei auv/an unfaithful wife.
buang-liouh heix m'jangc m'sieqv qam doic laqc heix nyei sic/a style of dance.
bung-liouh nqox hienx auv henv nyei nqox/an unfaithful husband.
buang-liouh nyei sic hienx liouh lunc nyei sic/matter of adultery; immorality.

buangc[1] w. zungh zaqc laih mingh buangc jienv/to lean against something.
buangc jienv eiv zueiz di'daanz buangc jienv eiv/to sit with back lean on chair.

buangc[2] m. lunh ga'naaiv nyei sui buangc a stitch in sewing.

lunh ziepc buangc lunh ziepc mbiec suix-buangc/sew with ten stitches.

niouv i buangc nzuqv longc nzuqv ndoh niouv i kang/to tie two knots.

buangh w. buangh doic; buangh zuqc/to meet with; to meet against.

buangh dauh i bung daaih gapv buangh zuqc nyei dorngx/meeting area.

buangh doic i bung daaih buangh zuqc doic/to meet each other.

buangh domh huaang buangh lungh haanx/to experience a severe famine.

buangh domh zei-naanc buangh zuqc seix haic nyei naanc/a severe disaster.

buangh ging-borqc buangh mienh zoux doqc bun/to be compelled or accused.

buangh heiv sic buangh hoic maengc nyei sic/to be emergency situation.

buangh henz-douc wuonc qiex maiv longx buangh sic/to be misfortune.

buangh jaax buangh nziangc zuqc jaax to bump into; to confront with.

buangh kouv naanc buangh zuqc kouv nyei zei-naanc hoic/to meet difficult.

buangh maiv zuqc maiv buangh zuqc haaix nyungc/failed to meet.

buangh mienh zoux hoic buangh zuqc orqv mienh zoux hoic/to be prosecuted by the people.

buangh naanc buangh zuqc kouv nyei zei-naanc/to be misfortune.

buangh ndie-sai mingh buangh ndie-sai zorc baengc/to see a doctor.

buangh orv mingh gemh buangh zuqc orv/to met game in hunting.

buangh sic mv maaih wuonc qiex zuqc sic/be in trouble; having problem.

buangh zei-naanc buangh zuqc hoic mienh nyei sic/to encounter disasters.

buangh zuqc 1 buangh zuqc doic/to meet someone. **2** nziangc zuqc/to crash with; to collide with.

buangh zuqc sic buangh zuqc kuonx hnyouv nyei sic/to encounter trouble.

buangh zuqc seix haic zong zuqc seix haic/heavy bump into.

buangv[1] w. dapv buangv nzengc; buangv ningx nzengc/to be filled or full.

buangv biauv zeiv-fun hiaangx buangv biauv nzengc/a house full of people.

buangv eix buangv hnyouv yaac hnyouv nqaai aqv/to be satisfied with.

buangv hlaax buangv yietc hlaax nyieqc mi'aqv/a full mongh.

buangv hnyangx buangv yietc hnyangx mi'aqv/a full one year.

buangv hnyouv a'hneiv hnyouv nqaai mi'aqv/to be satisfied with.

buangv lungh ndiev yiem buangv nzengc lungh ndiev/all over the world.

buangv mienx cuotv buangv liuz aengx mienx cuotv/to be full to over flowing.

buangv ningx mingh buangv ningx faaux gu'nguaaic/be filled up to the top.

buangv ndau gaeng-zuangx longx buangv ndau/cover the ground as healthy plant.

buangv soux mouc buangv gaux soux mouc/to be full amount.

buangv ziangh hoc (zoux gong buangv) ziangh hoc/a fulltime (job).

buangv[2] pm. ziangh zengv nyei; ziangh dauh nyei/to be whole or complete.

buangv soux mouc buangv dingc nyei soux mouc mi'aqv/full amount.

buatc w. mangc buatc; lorz buatc; duqv buatc; maiv buatc/to see; to find.

buatc da'aqv lorz buatc aqv. Gj: buatc daaih aqv/to have found.

buatc dangh hnangv buatc nduqc dangh hnangv/to see only few minutes.

buatc dangh nor duqv buatc dangh hnangv/to see just a moment.

buatc deix aengv-njoiz buatc hnangv deix nyei mv baac mangc mv cing cov to see image without clear.

buatc duqv longx mangc buatc duqv cing nyei/to see very clear.

buatc fatv mangc duqv buatc fatv nyei m'zing/nearsighted.

buatc guaix buatc mienv box mbuox nyei guaix/to see a bad omen.

buatc duqv go mangc buatc duqv go nyei m'zing/farsighted.

buatc haih daic mangc daaih daaix haih daic nyei/look like will die soon.

buatc horpc hnyouv buatc nyunc duqv horpc hnyouv nyei/be interested in.

buatc hmien-minc hmien doix hmien duqv buatc/to see face to face.

buatc hnangv jang buatc hnangv jang haih/it seem to be; look like.

buatc hnangv naaiv buatc nyungc zeiv hnangv naaiv/it look like this.

buatc hnyouv mangc cuotv mienh nyei hnyouv/see through someone's mind.

buatc jiex nyei duqv buatc jiex nyei/to have seen before.

buatc liuz aqv duqv buatc liuz, mangc liuz aqv/have seen.

buatc longx mangc buatc duqv longx nyei/can see clearly.

buatc mv cing mangc buatc nyei mv baac maiv cing/unable to see clearly.

buatc mienv m'zing tong mangc duqv buatc mienv/able to se spirit.

buatc mba'hnoi ndaangc se beiv zoux gorx zoux dorc, se cuotv seix ndaangc duqv buatc mba'hnoi ndaangc.

buatc ndaangc duqv buatc ndaangc/to see first; seen before.

buatc nzengc mangc buatc duqv nzengc nyungc-nyungc/can see everything.

buatc nziepc dangh buatc njapc dangh jiex/see something pass by quickly.

buatc yietc mueic 1 duqv buatc dangh hnangv/to see briefly. **2** mangc go nyei buatc yietc mueic hnangv/see in distant.

buatc zengx m'zing duqv buatc nyei zorng-zengx/an eyewitness.

mangc mv buatc mangc nyei mv baac maiv buatc/unable to see something.

bueic w. souv bueic jienv/to stand up and lean against the something.

zueiz bueic jienv zueiz jienv di'daanz bueic jienv/to sit with back leaning on.

bueiv nyc. auv nyei dorc nyei nqox, yie heuc bueiv/a term used to address the husband of one's wife's older sister.

bueiv-die dae nyei bueiv, se benx yie nyei bueiv-diex/the husband of one's mother's older sister's husband.

bueiv ong dae nyei bueiv-die se benx yie nyei bueiv ong.

bueix[1] w. bueix njiec coux; bueix njormh; bueix jienv/to sleep; lie down on bed.

bueix duqv guenx haiz hnangv ganh nyei biauv nor/sleep comfortable.

bueix duqv njormh haih bueix njormh nyei/be able to fall asleep.

bueix jienv coux bueix jienv yiem coux gu'nguaaic/lie down on the bed.

bueix m'njormh mingh bueix jienv coux m'njormh/go to sleep.

bueix mv njormh bueix mv haih njormh to be unable to fall asleep.

bueix-muonz dorngx bueix muonz baav nyei dorngx/place for stay over night.

bueix njiec coux bueix njiec coux/to lie down on a bed.

bueix njormh 睡觉 /shùijiào/ m'zing njipv jienv hitv kuonx/to sleep.

bueix njormh baengc bueix njormh camv benx nyei baengc/sleeping illness.

bueix njormh inv bueix m'njormh nyei inv/a sleeping habit.

bueix njormh lui zuqv bueix njormh nyei lui/a pajamas.

bueix njormh mbuoqc bieqc bueix njormh nyei mbuoqc/a sleeping bag.

bueix njormh ndie tengx haih bueix duqv njormh nyei ndie/a sleeping pill.

bueix njormh nyie bueix njormh nyie daaih/wake up from sleep.

bueix[2] pm. m'jangc m'sieqv nitv doic nyei dorh leiz waac/to date with.

bueix doic gouv nyeiz douc zuangv nyei dorh leiz waac/formal speech, to have sexual intercourse with.

bueix dorn caux houh saeng bueix/to sleep with a boyfriend.

bueix sieqv caux sieqv bueix/to sleep with a girlfriend; dating.

bueix sieqv biauv maaiz sieqv bueix nyei biauv/a brothel; a bordello.

bueix sieqv ndie tengx bueix sieqv henv nyei ndie/love potion; love-philter.

bui[1] pm. camv gau bui-bui wuov/a lot of something; a huge amount.

bui[2] nz. zaanv; longc hopv diuv nyei zaanv small cup used in serving wine.

yiemv bui diuv hopv yietc zaanv diuv to drink a cup of wine.

bui[3] zw. sipv mienv mienh gorngv nyei waac, beiv hnangv ninh guaengx jaaux njiec ndau. a) **sengx bui** se maaih bung jaaux nqopv njiec maaih bung nziaaux nzuonx. b) **yaangh bui** se i bung yietc zungv nziaaux nzuonx. c) **yiem bui** se i bung yietc zungv nqopv njiec.

bui[4] aengx lorz mangc "kamx-bui" wuov joux nyei eix-leiz.

buic[1] m. zuangx daaih hiou benx suix, aengx suix ndatv ndie lunh lui houx nyei zuqv. cotton or cotton cloth.

buic dorngh biouv zoux daaih hnangv buic nyei dorngh biouv/cotton candy.

buic-gi suix m'sieqv dorn longc guaan lui nyei suix-siqv. Gj: lui-guaan/soft red wool yarn used in making woman's traditional jackets.

buic-gi yungh biei ndaauv fomv-fomv wuov nyungc yungh. Gj: ba'gi yungh.

buic-gi yungh bou goux buic-gi yungh nyei mienh/sheepherder.

buic-gi yungh dorn buic-gi yungh nyei dorn; yungh lunx/a lamb.

buic-gi yungh gouv buic-gi yungh gouv/a ram.

buic-gi yungh nyeiz njiec liuz dorn nyei buic-gi yungh nyeiz.

buic-gi yungh orv buic-gi yungh nyei orv/lamb meat.

buic-gi yungh zeic maiv njiec jiex dorn nyei yungh/a young female sheep.

buic houx longc buic-ndie lunh daaih nyei houx/a jeans; a blue jeans.

buic lui houx longc buic-ndie lunh nyei lui caux houx/cotton clothes.

buic-miuh buic nyei miuh fai guaengv; buic ndiangx/stalks of cotton plants.

buic-ndeic zuangx buic nyei ndeic/a cotton field.

buic ndie buic-suix ndatv daaih nyei ndie/a cotton cloth.

buic ndunh hiou daaih yietc ndunh yietc nyei buic/cotton ball.

buic nyim buic nyei nyim/cotton seeds.

buic nyim youh buic-nyim zaax cuotv daaih nyei youh/cotton seed oil.

buic suangx longc buic-suix zoux ndatv suangx daaih/a cotton blanket.

buic suix buic hiou benx suix daaih/a cotton thread.

buic-zatv longc buic dapv daaih nyei suangx-dimc-hoz. Gj: ba'zatv/a thick quilt padded with cotton.

zuangx buic zoux ndeic zuangx buic nyei gong/to grow cotton.

buic[2] pm. mbopv baeqc nyei hnangv buic nor/cotton white.

mba'biei buic-buic wuov ziangh norm m'nqorngv baeqc nzengc/the hair really white like cotton.

buic[3] bm. yietc buic mienh; yietc torngx mienh/having to do with generations.

baan-buic guinh mingh yietc baan liuz aengx da'nyeic baan/cycle of generation.

baan-buic mbuox yietc baan mienh heuc nyei jiex gorn mbuox, beiv hnangv Yauz, Fux, Saeng, Wuonh, Gueix, Zoih naaiv se heuc baan-buic mbuox.

buic[4] pm. buic gong jaauv gong nyei sic to exchange work by work.

buic gong mingh zoux gong bun mienh ndaangc se heuc buic gong.

buic[5] pm. buic maaz, buic ngongh cie/to set-up a saddle on (a horse's back).

buic ziangx maaz buic maaz ziangx mi'aqv/finished setting saddle on horse.

buih[1] w. yietc gouv buih i gouv/to repay double; to repay twice.

buih leiz dorngc leiz se oix zuqc buih leiz/pay a fine according to the law.

buih mienh maengc daix mienh se oix zuqc jaauv mienh maengc nyaanh bun to pay for the loss of a human life.

buih zoih buoqc zangc mienv nyei leiz buonv duqv orv oix zuqc buov zeiv bun mienv se weih gan mienv maaiz wuov dauh saeng-kuv.

buih[2] pm. zueiz mbienx jienv caux gorngv waac zoux doic/to keep company with.

buih kaeqv mienh mbienx jienv caux kaeqv mienh gorngv waac nziaauc/to keep conversation with guests.

buih mv duqv mbienx mv duqv aqv/to be unable to keep company with.

buih[3] w. **buih sou** mv mangc nzangc yiem hnyouv buih doqc, dongh hoqc jiex nyei wuov deix waac/to recite from a book.

buih fiev mv mangc sou fiev gaax hoqc jiex nyei nzangc fiev duqv zuqc nyei fai mv zuqc/to dictate; dictation.

buih mv duqv buih mv mingh/unable to recite one's lesson.

buih sou mv mangc sou buih gorngv doqc jiex nyei sou/to recite from a lesson.

buix[1] w. kuangx mba'dauh buix jienv/to carry something on shoulder.

buix congx buix jienv congx mingh saau lomc buonv orv/to carry a gun.

buix jienv jung-ndopv yiem zoux zaqc liuz nzauh heix mienh hiuv se beiv buix jienv jung-ndopv yiem.

yangh in gueiv soux langh gangh buix mbuoqc huv homc suangx-yangh.

buix m'sieqv jorngx kuangx mba'dauh buix jorngx/carry a purse on shoulder.

buix suangx zorqv suangx buix jienv/to cover loosely with blanket.

buix suangx-buix m'sieqv mienh buix nzueic nyei suangx-buix.

buix[2] nz. di'daanz; nqa'haav nqaang/the back; behind one's back.

buix zangc di'daanz nqaang/the back or behind of one's back.

buix[3] aengx lorz mangc "pien buic" wuov joux nyei eix-leiz.

Bulgaria m. yietc norm guoc jaa, se yiem D.N. bung maengx Europe, hungh zingh mungv heuc Sofia.

bun[1] n. cunv bun; fungx bun; ziang naaic bun; jiu bun; ceix fuqv bun/to give.

bun biauv-jaax jaauv biauv-jaax bun/to pay monthly mortgage; house rental fee.

bun cing 1 porv mengh bun/to clarify or make clear. **2** bun maaih paaiv-mengh nyei/to make identify.

bun deic-jaaix paaiv gapv-jaaix bun nqoi/to divide or mark boundary.

bun-dunx paaiv mbenc sung sic bun/to clear the matter.

bun duqv nqoi maaih gaux bun nqoi nyei/have enough to share with everyone.

bun-jaiv sic bun-paaiv sic dauh/to solve a matter; to find a solution.

bun jaix-nongc cuotv fim sorqv ganh nyei jaix-nongc/to donate sperm.

bun-leih jaa bun camv jienv mingh nyei sic/to multiply.

bun-leih hoc jaa bun camv mingh nyei hoc se (X)/a multiply symbol (X).

bun-leih hnaangx fungx sei yinh mienh caux mienv bun nqoi wuov donx hnaangx.

bun-mengh gorngv mengh bun bieqc hnyouv/to make understandable.

bun nqoi 1 maeqv bun nqoi/to divide up. **2** bun nqoi doic/to separate from.

bun nqoi jauv juangc jauv mingh gau bun nqoi/to go separate ways.

bun nqoi wuic bun wuic cuotv mingh to extend an organization.

bun nyaanh 1 jaauv nyaanh bun/to pay money; to pay debt. **2** to donate money.

bun nzaanx doic maeqv nqoi mingh nzaanx/to disband; to dismiss a group.

bun nziaamv baeng ganh nyei nziaamv bun/to donate the blood.

bun-paaiv liuc leiz paaiv bun mengh baeqc mingh/to make arrangement for.

bun qiex cuotv zoux tong bun qiex haih cuotv/to make hole for wind.

bun sin mv daaih maiv duqv kungx se beiv bun sin mv daaih/to be busy.

bun sung zaeqv jaauv sung nzengc zaeqv mi'aqv/to pay debt in full.

bun waac mingh juix waac gan mienh mingh mbuox/send message by person.

bun ziangh hoc aengx sie ziangh hoc lauh deix/to give more time.

bun[2] pm. nyunc bun; iv congh bun; laengz bun/to give permit to; to allow.

bun iv congh sou hungh jaa bun nyei iv congh sou/permit or license issue from the government.

jiu bun cunv mingh bun jiex ganh dauh nyei buoz/to hand over to...

mbenc bun nyanc liuc leiz mbenc lai hnaangx bun nyanc/to serve food.

bun[3] m. maeqv bun nqoi fi'mbuoqc nyei sic/to divide up equally.

bun-gaatv gaatv muonc bun nqoi nyei sic/to divide; division.

bun gong-mengh paaiv gong-mengh bun zoux/to appoint someone to do a certain job position.

bun jaa bun cuotv benx i buonc mienh to divide up a family.

bun nzaanx horqc bun horqc saeng cuotv nzuonx/to dismiss a class.

bun-soux 1 maeqv bun nqoi nyei soux moux/multiple; fraction. **2** baeqv bun-soux/percentage. **3** bun camv, bun zoqc nyei sic/to grade or give score.

bun-zorng bun nqoi fi'mbuoqc mingh. Gj: biux bun/to divide equally.

bun-zorng mienh bun-zorng wuov dauh mienh/a person who divide.

bun[4] aengx lorz mangc "gingc cun-bun" wuov joux nyei eix-leiz.

bunh[1] m. zaangh wuom bunh; nzaaux hmien bunh; dongh bunh/a basin.

bunh dorn faix nyei bunh. Dgw: domh bunh/a small basin.

dongh bunh longc dongh zoux daaih nyei bunh/a bronze basin.

bunh[2] pm. ziangh daaih junh nyei bunh bunh wuov/to be broad and round.

hmien bunh hnangv nda'maauh hmien nor bunh bunh wuov/broad face.

bunh[3] aengx lorz mangc "horqc bunh sou caux fanh ziu-bunh" wuov joux.

bung[1] w. yiem haaix bung; hungx mingh haaix bung nyei sic/direction; side.

1 dong bung mba'hnoi cuotv bung/east side. **2 naamh bung** wuov ndiev aiv bung/south side. **3 fai bung** mba'hnoi ndortv bung/west side. **4 baqv bung** wuov jiez hlang wuov bung/north side.

bung-bung beiv hnangv *mbiaauc bung, zaaix bung, wuov jiez, wuov ndiev, gu'nguaaic, ga'ndiev/*all directions.

bung-hungx-dauh oix mingh nyei mouz deic fai bung-hungx/direction or goal.

bung[2] m. deic bung; hiaang-bung/country; nation; a place; an area; location.

bung-zuoqc 经济 /jīngjì/ gaeng-zuangx longx; zornc zinh nyaanh ziouc nyei sic. Gj: bungx-zuoqc/good economy.

bungh[1] n. mueiz nyei bungh; yietc bungh mueiz/a bee hive.

bungh biex ndopv butv pokc baa-baa ziangh kuaaiv nyei/ skin eruption.

bungh bungh wuov norqc nzopc jienv gu'nguaaic bungh bungh wuov.

nziouv-bungh nziouv nyei bungh a'fai lauz/ants colony; ants hive.

bungh[2] pm. bungh buonc cien-ceqv; cien-ceqv bungh buonc/relatives.

bungh bungh biaah biaah biaah nyei biaah ndamc nyei ndamc/shaking with hand scratch and foot kick.

bungh bungh biatc biatc zing gamh nziex biatc/shaking in fear.

bungh buonc cien dongh zouv cien fai zong-zouv cien/fellow-clansman.

bungh buonc dorc juangc zong-zouv nyei dorc/female cousin who is older than oneself.

bungh buonc gorx juangc zong juangc zouv nyei muoz-doic gorx/male cousin who is older than oneself.

bungh buonc mienh juangc zong-zouv nyei mienh/member of the same clan.

bungh buonc nziez juangc zong-zouv nyei nziez/female cousin who is younger than oneself.

bungh buonc youz juangc zong-zouv nyei youz/male cousin who is younger than oneself.

bungh youz zuoqc haic nyei loz-biuv doic; a'nziaauc doic. Gj: gorx-youz doic/a friend or friendship.

jiex bungh laangh zoux laangh mingh bieqc auv nyei fingx yietc liuz nyei mienh/a son in-law who will become a member of his wife's family.

bungh[3] m., n. lingh bungh. Gj: lingh liuh, lingh biauv/a field hut; farm house.

dungz-miev bungh ndui dungz-miev nyei dorngx/a room for pig's food.

kaeqv-bungh zipv kaeqv mienh bieqc daaih bueix nyei pangh/a guest quarter.

luoqc bungh mienh siang-laangh bung nyei mbenc nyanc hopv mienh/relatives and friends of groom side to serve food at a wedding party.

suiv-bungh 1 an wuom-zoh wuov qongx dorngx/water room. **2** mingh jaiv buoz nyei dorngx/a bathroom.

bungx[1] w. bungx cuotv; bungx ndutv; bungx guangc; bungx nqoi/to release.

bungx biaux bungx bun biaux/to let go; to set free; to release from a cage.

bungx buoz 1 bungx nqoi buoz maiv nanv/to release one's grasp. **2** bungx buoz bun mingh/to let go; allow to go.

bungx buoz mingh hluo cunv buoz hluo muangx gaax/to feel with hand.

bungx buotv bungx nqaiv-qiex cuotv gu'kuotv/to pass gas; be flatulent.

bungx buotv-maux 1 bungx buotv mv mbui. **2** se beiv gorngv maux/slang, to glorify oneself in speech.

bungx ciou dorh zeiv-gorngx kuangx ndeic bun mienv/to hang paper money in the fields for spirit.

bungx cuotv bungx cuotv (njoh fai loh mv wuonx aqv)/to set free from (jail).

bungx cuotv loh bungx (zuiz-mienh) cuotv loh/to release from jail.

bungx cuotv gaengh bungx sieqv cuotv gaengh/to send one's daughter to marry.

bungx daic dang waan dang daic. Gj: guon dang/to turn off a light.

bungx ding-jiemx bungx ding-jiemx hoic mienh maengc/to send a black magic.

bungx dingc daamv zoux daamv hlo nyei mv gamh nziex/to be brave.

bungx dingc hnyouv dingc hnyouv mv hlungx-hluotv/absolutely sure; surely.

bungx domh waac gorngv waac-maux haangh mienh/to have a big mouth.

bungx domh yunh cie-ndaix bungx domh yunh njiec/to drop bomb by warplane.

bungx douz buov tekv douz diemv jienv buov/to set fire on something.

bungx douz daic niouv bun douz daic mingh/to turn fire or light off.

bungx-douz nyei zunc mv dingh liouh nyei zunc/to pursuit without any pause.

bungx duqv hnyouv mv maaih kuonx hnyouv aqv/release weight from mind.

bungx faan maeqc bungx faan ziangh maeqc dorngc/to put out a tassel.

bungx faanx nqoi caengx faanx nqoi daaih/to open an umbrella.

bungx faatv bungx faatv mingh yuoqc mienh/to blow a magic.

bungx fangx-nangh ziux fangx-nangh bun mangc/to show movie. Gj: bungx fimh.

bungx fim bungx hnyouv mv nzauh/to release one's mind at ease.

bungx fong bungx bun gauh fong deix to loosen a bit.

bungx geh cie geh faaux mingh bungx jienv; bungx nqoi geh/to unfurl a flag.

bungx guangc bungx guangc mv nanv aqv/to release grasp; to abandon.

bungx hlo bungx qiex hlo; bungx mbui hlo deix/to turn it lauder.

bungx hnyouv bungx hnyouv mv zuqc nzauh aqv/to be confident with.

bungx in-ciou gaav in bun mienh aengx longc leic nzuonx.

bungx jiemx bungx ding-jiemx zoux hoic mienh/to send black magic.

bungx king waan king; fongv king/to knock over; to overturn.

bungx kung muoqv zuqc ga'naaiv kung mingh/to spill out something.

bungx laangc maiv gamh nziex bungx laangc nyei/without fear; be confident.

bungx laangc longc sueih eix longc mv zanv/to spend freely.

bungx laangc zoux zoux jienv mingh mv samx-soqv/to do with free mind.

bungx leic zinh bungx zaeqv longc leic zinh/to lend money with interest.

dungx leiz gorngv leiz daaih koi jienv bun mienh muangx/to point out the law.

bungx-leiz-baaih gorngv yietc baan yietc baan nyei leiz cuotv daaih.

bungx lorx bungx lorx maiv jangx/to be careless or neglect.

bungx lorqc mueic mangc gau bungx lorqc mueic/to lose track of view.

bungx m'zing-gungh gangc longc m'zing-gorqv mangc/to look with side eye.

bungx m'zing mangc hlioux m'zing mingh mangc/to look at.

bungx mv duqv laangc samx-soqv nyei hnyouv/to be doubtful.

bungx maaz bungx maaz cuotv mingh nyanc miev/to release a horse to graze.

bungx mienv zorqv waaz daaih nyei mienv-fangx koi nqoi laangc jien njongc to unrolled Taoism's picture and hang onto the wall.

bungx mingh bun mingh aqv; iv congh mingh aqv/allow to go; release.

bungx ndortv 1 bungx ndortv njiec/to let fall. **2** la'kuqv/failed to remember.

bungx ndortv waac gorngv waac maiv nzengc/failed to mention.

bungx ngaengc hnyouv zoux hnyouv ngaengc nyei/to show resistance.

bungx ngongh bungx ngongh mingh nyanc miev/to put cattle out to graze.

bungx njang bungx dang zieqc daaih ziux njang/to turn on light.

bungx njiec bungx njiec; an njiec/to put down; to lay down.
bungx njiec ndau bungx njiec ga'ndiev ndau mingh/to put down on the floor.
bungx nqaiv mv dorh leiz nyei waac "mingh lomc," fai "mienh jaiv buoz" se dorh leiz wuov joux/to move the bowels or to go to bathroom.
bungx nqaiv-bangx mingh lomc maiv tong/to be constipated.
bungx nqaiv-ndorngh ga'sie fiex bungx nqaiv-ndorngh/to have watery bowels.
bungx nqoi bungx nqoi mv zuqc gunv mv zuqc wuonx/to release or set free.
bungx nzauc nqaiv mingh lomc nyei mv dorh leiz waac/to pass stools.
bungx nzauv-wuom bungx nzauv-ndie bieqc mienh/to give IV saline solution.
bungx nziaamv 1 mingh lomc cuotv nziaamv/to pass blood in the urine or in the stool. **2** baqv bungx nziaamv bieqc baengc mienh/to give blood transfusion.
bung nzung waan zieqc siou-waac faang muangx nzung/to turn on music.
bungx saeng-kuv bungx saeng-kuv cuotv mingh nyanc miev/to release animals.
bungx-sing bungx-qiex bungx laangc nyei nauc/to shout; a loud cry.
bungx waac cuotv juix waac cuotv mbuox/to make announcement.
bungx waac gong-kor dienx taih bungx waac ziangh hoc/a broadcasting program.
bungx waac gorn bungx waac finx-gorn; dienx taih/a radio station.
bungx waac-maux gorngv jiex ndaangc ganh nyei zeic/boastful statement.
bungx wuom niouv wuom cuotv/to turn a faucet on; to let water flow.
bungx yangh ngongh buov liangx nyei waac-meiv/to burn a swidden field.
bungx yiez mingh bungx yiez/urinate.
bungx yiez-baeqc bungx yiez cuotv nongc nyei baengc/sexually transmitted disease causing urinary track infection.
bungx yiez coux m'njormh mingh yiez cuotv coux/to wet bed; urinate on bed.
bungx yiez jauv 1 bungx yiez cuotv nyei nqunz/the urethra. **2** bungx yiez an jauv/urine on the path.
bungx yiez-nqingx yiez-jauv taatv mun nyei baengc/a urinary tract infection.
bungx zaeqv gaav nyaanh bun mienh/to lend money with an interest.
bungx zaeqv mienh gaav nyaanh bun mienh nyei mienh/a lender; creditor.
bungx zieqc dang waan bun dang zieqc daaih/to turn the light on.
bungx zuiz-mienh bungx zuiz-mienh cuotv loh/to set a criminal free.
bungx-zuoqc cun-gaeng longx, zornc zinh ziouc/good economy; plentiful.
bungx-zuoqc hnyangx siou laangh ziqc jiez nyei hnyangx/a year of prosperity.

bungx[2] pm. **bungx sieqv** bun sieqv mingh dorng jaa/send daughter off to married.
bungx buo dieh diuv bungx nyanc buo hnoi buo muonc nyei cing-jaa diuv.

bungz bm. 姓冯 /xìngféng/ fingx bungz, se dongh Janx-taiv heuc **Saefong** wuov fingx/one of the Iu Mien/Yao surname.
loz-bungz biauv 老冯家 /láoféngjīa/ loz-bungz wuov buonc mienh.
loz-bungz mienh fingx bungz nyei mienh family name of Saefong.

buo hd. 三 /sān/ saauv buo nyei buo, ninh h oc-dauh se 3. Gj: saan, faam/three.
buo bung gorqv maaih buo norm gorqv nyei mou/a triangle shape.
buo buon wuonh yiem mienh sin nyei buo buon wuonh/three life souls.
buo cin fa'ziepc baeqv/three thousand.
buo diemv buo diemv ziangh hoc. Gj: buo norm ziangh hoc/three hours.
buo doic mienh ong, die, dorn buo doic mienh/three generations together.
buo doix juqv norm. Gj: buo sung; buo hmuangv/three pairs; three couples.
buo dorn-diex dae caux i dauh dorn/a father together with his two sons.
buo gaeng lungh ndorm znc buo gaeng. Gj: faam-gaeng/morning three o'clock.
buo gouv maaih buo gouv/three parts.
buo gouv nyei yietc gouv/one part out of three; one-third; 1/3.
buo horngh 1 buo wuonc; buo liouz; buo mbaih. **2** se zangc horngh, zong horngh caux haac horngh.
buo hlaax nyieqc buangv buo hlaax

nyieqc/three months period.

buo hnoi-muonz buo hnoi buo muonz three days and three nights.

buo muoz-dorn buo muoz yietc zungv dorn/three brothers together.

buo muoz-sieqv buo muoz yietc zungv sieqv/three sisters together.

buo norm gorqv maaih buo norm gorqv nyei mou. Gj: buo bung gorqv/triangle.

buo norm ziangh hoc njiec aanx buo diemv/three o'clock in the afternoon.

buo sieqv-maac maa caux i dauh sieqv mother and her two daughters.

buo sung zouc buo doix zouc/three pair chopsticks.

buo torngx cun linh jienv zoux buo torngx ndeic/three crops together.

buo waanc fa'ziepc cin/thirty thousand.

buo waeqc nzangc fiev buo waeqc nzangc/three stroke in writing character.

buo wuonc buo liouz; buo horngh/three row something.

buo zaang buo zaang sou; buo zaang wuonh zaang/three chapters.

buoc[1] w. norqc buoc jienv ninh nyei lauz gu'nguaaic/a bird set on a nest.

jai-nyeiz buoc jaux jai-nyeiz bouc jienv ninh nyei jaux/a hen set on the egg.

buoc[2] nyc. **1** maa-buoc/mother in-law of a woman. **2** ong-buoc/father in-law of a woman. **3** juv-coux buoc.

die-buoc nqox nyei die se benx yie nyei die-buoc/father of one's husband.

maa-buoc nqox nyei maa se benx yie nyei maa-buoc/mother of one's husband.

ong-buoc nqox nyei die se benx yie nyei ong-buoc/father in-law of a woman.

buov[1] w. **1** buov douz/to burn; to set fire on. **2** dapv douz-nzauc buov zuoqc/to cook something by burning.

buov biortc douz buov zuqc tong norm kuotv mi'aqv/to burn a hole in.

buov daic douz buov zuqc daic/to die by burning; burn to death.

buov dang buov zieqc dang. Gj: diemv zieqc dang/to light up a lamp.

buov douz tekv douz diemv jienv buov zieqc/to start fire; to light a fire.

buov duqv zieqc haih buov duqv douz zieqc/be able to get a fire started.

buov fanh ziu congx loz-hnoi nyei leiz buov fanh ziu congx dingc zuiz.

buov guangc dapv bieqc douz-nzauc buov guangc/to destroy by burning.

buov horpc jaa siex yietc biauv mienh nyei siex juangc jienv buov.

buov hung buov hung gengx zienh/to burn incense in worship.

buov-hung dorn buoqc zangc ong-taaix mienv doic jiex doic nyei dorn.

buov hung gengx zienh buov hung gengx baaix mienv nyei sic.

buov hlieqv buov hlieqv siqv mau daaih mborqv, daav/to heat metal.

buov janx-daic sei buov daic mingh nyei sei. Gj: huaax sei/to cremate dead body.

buov laapc zuoqv diemv zieqc laapc zuoqv buov jienv/to light a candle.

buov liangx nanv douz-baav zaax ndeic jieqv buov/to set fire on a hill field.

buov maiv ziepc buov douz maiv haih zieqc/unable to light a fire.

buov mienv tengx mienh sienx Yesu buov mienv/to burn spirits worshipping stuff as when become Christian.

buov orv dorx orv dapv hlauv-ndongh buov/to cook meat in bamboo container.

buov qaaux dorh qaaux buangv hlaax liuz heuc sai mienh tengx buov guangc to ritually burn a white mourning cloths after completed one month mourning.

buov qui douz buov zieqc qui nzengc to burn up completely.

buov sei buov janx-daic sei. Gj: huaax sei/to cremate a death body.

buov siex dorng-lungh buov siex zorc baengc/to burn written petition and send it to spirit world to ask spirit for saving a patent's life.

buov sou buov bun mienv nyei sou/to burn a written petition and sending it to the spirit world.

buov taanx gaeqv ndiangx ndui jienv buov daaih longc taanx/to burn charcoal

buov toi longc dang-cov buov m'normh nyei jaan zorc baengc nyei sic/to burn a bump behind the ear as treatment.??

buov wuom zouv bun wuom mbueix/to boil water in a kettle.

buov yuqc nzengc zuqc douz buov yuqc nzengc/completely melted by the fire.
buov zaangh zorqv zaangh dapv jienv douz-nzauc buov/to burn firewood.
buov ziec nyei saeng-kuv longc buov ziec zienh nyei saeng-kuv/animal offered as a burned sacrifice.
buov zieqc nzengc zieqc qui nzengc mi'aqv/to burn up completely.
sou-buov buov bun mienv douc fienx nyei sou/letter to be burn and send to spirit world.

buov[2] pm. buov sorqv sioux bieqc nzuih nyei sic/to smoke cigarette.
buov in buov yangh in sorqv in-sioux bieqc nzuih/to smoke opium
buov in biauv hungh jaa bun mienh buov in nyei biauv/opium smoking den.
buov in mienh buov in nyei mienh/an opium smoker.
buov in-mbiaatc buov sorqv in-mbiaatc sioux bieqc nzuih/to smoke tobacco.
buov ndongh in buov yietc ndongh in/to smoke a pipe of opium.

buoz[1] j. **1** zaaix buoz; mbiaauc buoz/the hands; arms. **2** zaah baengh buoz/the handle of a tea pot.
buoz-beu beu buoz nyei ga'naaiv/sling for protect arm injured.
buoz butv-hngongx buoz mbiex butv-hngongx nyei baengc/hand become stiff cause by numb.
buoz butv jai-ndaatv buoz-ndoqv butv ngaengc dangh baav/finger cramping.
buoz-dauh haih zoux zangc longx nyei buoz/good skill in handwork.
buoz-dauh fong siou nyaanh mv jienv nyei buoz/wasteful spends hand.
buoz-dauh hlang zoux zangc nzueic haic nyei buoz/very skillful with one's hand.
buoz-dauh jienv haih siou duqv nyaanh jienv nyei buoz/money saving hand.
buoz-guai buoz-mbiaauc; mbiaauc jieqv buoz. Dgw: buoz-hngongx/right hand.
buoz heng haih longc sim congx congx nyei buoz/to have a gently hand.
buoz-hluo ziou zoux gong donc nyei buoz/slang, slowly working hands.
buoz-hngongx buoz-zaaix; zaaix jieqv buoz. Wed: buoz-kuang/the left hand.
buoz-hnyouv buoz-zaangv-or; buoz-zaangv-aa/the palm hand.
buoz-jaan buoz nyei jaan/blood vessel or tendon around the hands.
buoz-jauv buoz-hnyouv nyei jauv/lines in the palm hand.
buoz-jiemh dangh buoz nyei nyaanh jiemh/a silver bracelet.
buoz-juonh nyuotv nzengc buoz-ndoqv daaih. Gj: bu'juonh, ba'juonh/a fist.
buoz-kaux longc kaux mienh nyei buoz nyei hlieqv-kaux/handcuffs.
buoz-kuang zaaix bung buoz; zaaix jieqv buoz. Gj: buoz-hngongx/the left hand.
buoz kuang nyei longc buoz-kuang nyei mienh/to be left handed.
buoz liouc zoux gong liouc siepv nyei buoz/quick moving hand.
buoz-maeqc dongz nokc nokc wuov diuh buoz-jaan/the pulse.
buoz-matc dangh buoz nyei matc. Gj: buoz-topv/gloves; hand gloves.
buoz-menc buoz-zaangv menc bung/the back side of the hand.
buoz-mueic buoz-mueic wuov norm mbauh/a knob bone of wrist.
buoz-mbiaauc mbiaauc jieqv buoz. Gj: buoz-guai/the right hand.
buoz nanv buoz buoz caux buoz nanv jienv/to hold hand; to shake hand.
buoz-ndiev baeqv-fingx yiem hungh jaa buoz-ndiev/under government's control.
buoz-ndoqv norm buoz-ndoqv/a finger.
buoz-ndoqv-bieiv buoz-ndoqv da'mueiz the fingertips.
buoz-ndoqv-caa buoz-ndoqv bun caax daaih/to have sixth finger.
buoz-ndoqv-dorn faix jiex wuov norm buoz-ndoqv/the little finger.
buoz-ndoqv-hlamx yietc hlamx buoz-ndoqv/finger between the knuckles.
buoz-ndoqv-jaan buoz-ndoqv nyei jaan tendon around the finger.
buoz-ndoqv-mbungv buoz-ndoqv nyei mbungv/the finger bones.
buoz-ndoqv-ndaauv ndaauv jiex wuov norm buoz-ndoqv/the middle finger.
buoz-ndoqv ngau beiv mienh haih nimc

ga'naaiv nyei buoz/a petty thief hand.
buoz-ndoqv-nquaiz buoz-ndoqv nyei nguaiz/a fingernail.
buoz-ndoqv-nquaiz njiuv longc japv buoz-ndoqv nquaiz nyei njiuv/fingernail cuter or clipper.
buoz-ndoqv-nyatv buoz-ndoqv nyei mbungv-daux nyatv/the knuckles.
buoz-ndoqv-nyeiz 1 hlo nangv wuov norm buoz-ndoqv/the thumb. **2** yaauc haic aqv/to be number one good.
buoz-ndoqv-nzaeng dangh buoz-ndoqv nyei kou/a ring for a finger.
buoz-ndopv-qangx i norm buoz-ndoqv mbu'ndongx/area between the fingers.
buoz-ndoqv-sieqv dangh nzaeng wuov norm buoz-ndoqv/the fourth finger.
buoz-ndoqv-yienx buoz-ndoqv zaax njiec nyei zunc/a fingerprint.
buoz-ndoqv-zeic dangh nzaeng wuov norm buoz-ndoqv/ring finger.
buoz-ndoqv-ziangv buoz-ndoqv nyeiz jiex mingh wuov norm/the forefinger.
buoz-ndoqv-zunc buoz-ndoqv nyei zunc fingerprint; finger circular.
buoz-ngaengv longc buoz-ndoqv ngaengv m'nqorngv/to clip head with knuckles
buoz-njiem mienh buoz zinx fai nyanh nanv ga'naaiv nyei mienh/butterfingers.
buoz nyuix sung buoz lauh buoz nyuix
buoz nyuotv-jaan buoz nyuotv-jaan mun/hand temporary paralysis.
buoz peux longc gau nzuqc buoz peux the hand has blistered.
buoz-sei-gorn mba'dauh ga'ndiev bung armpit; arm under shoulder.
buoz-sei-hlamx buoz-sei-quotv caux mba'dauh mbu'ndongx/upper arm.
buoz-sei-hnyouv buoz-sei-ndiev njiec wuov bung buoz/underside of the arm.
buoz-sei-jaang nitv buoz-zaangv wuov hlamx buoz/arm just above the wrist.
buoz-sei-jaang limc dangh buoz-sei-jaang nyei nyaanh limc fai jiem-limc/a silver or gold chain for the wrist.
buoz-sei-jaang mbungv buoz-sei-jaang nyei mbungv/bone of the arm.
buoz-sei-komv buoz-sei-quotv hnyouv wuov bung/the inside surface of elbow.
buoz-sei-ndiev mba'dauh nyei ga'ndiev maengx bung/the armpit.
buoz-sei-quotv i hlamx buoz-sei-jaang mbu'ndongx/the elbow.
buoz-sei-zungx mba'dauh njiec daaih wuov hlamx buoz/the upper arm.
buoz sei-zungx mbungv buoz-sei-zungx wuov hlamx mbungv/bone of forearm.
buoz-topv cunx buoz bieqc topv nyei matc. Gj: buoz-matc/gloves.
buoz-zaaix zaaix jieqv buoz; zaaix bung buoz. Gj: buoz-hngongx, buoz-kuang.
buoz-zaangv buoz-mueic njiec taux buoz-ndoqv wuov douc/the palm hand.
buoz-zaangv-aa buoz-ndoqv-nyeiz caux buoz-ndoqv-ziangv mbu'ndongx wuov norm ngaam/the area between thumb and the forefinger.
buoz-zaangv-jauv funx maengc wuov deix buoz-jauv/the palm lines.
buoz-zaangv mbungv buoz-zaangv nyei mbungv/the metacarpus.
buoz-zaangv or buoz-zaangv hnyouv wuov bung. Gj: buoz-zaangv-komv/the center palm area.
buoz-zamh longc i jieqv buoz sung zaqc ndorqc nyei ndaauv/a measuring lengh of arms stretch out.
buoz-zaux buoz caux zaux yietc zungv the limbs of the body.
buoz-zaux camv hemx mienh nyienx haic nyei waac/to scold a person who grabs every things.
buoz-zaux cou 1 zoux liangx-ndeic mienh nyei buoz-zaux/to have rough in one's limbs. **2** jienh muoqv nzormc yienv huv henv se beiv buoz-zaux cou.
buoz-zaux heng buoz-zaux heng fai sin heng nyei sic/to have lightly limbs.
buoz-zaux hlam buoz-zaux mun hlam nyei baengc/to have aching limbs.
buoz-zaux lorx henh buoz-zaux maiv zoux gong/idle without anything to do with one's limbs.
buoz-zaux mau haiz buoz-zaux maiv maaih yietc deix qaqv/to feel weak.
buoz-zaux miaauc zorqv guenx seix nyei buoz-zaux/to be habit with hand.
buoz-zaux mbai 1 buoz-zaux mv haih

dongz nyei baengc/paralyzed in one's arms and legs. **2** zoux gong hnyiev haiz buoz-zaux mbai/to feel great tired.

buoz-zaux mbiex haiz buoz-zaux mbiex nyei baengc/to have numbness in arms and legs.

buoz-zaux ngau beiv haih nimc ga'naaiv nyei buoz-zaux/thief hand.

buoz-zaux nyuix haiz mau buoz mau zaux nyei/aching in the limbs.

buoz-zaux nzaeqv (juangv) buoz-zaux nzaeqv/to have cracked and split skin.

buoz-zaux nzapv buoz-zaux ndopv hoz nyei dorngx nqorqv/skin on hands and legs peeling in layers.

buoz-zaux omx buoz-zaux fouh nyei baengc/edema or edemas.

buoz-zaux siepv zoux gong liouc siepv nyei buoz-zaux/dexterous.

buoz-zaux sietv mangc duqv qiex jiez haic nyei sic/to have a strong urge to do what others are doing.

buoz-zaux sui gamh nziex haih ndorpc nyei sic/to feel prickly limbs.

buoz-zaux waaic buoz-zaux waaic mv haih yangh jauv/a handicap person.

buoz-zaux zietc buoz-zaux ziangh duqv zietc/firm muscles in the arms and legs.

buoz-zaux zinx buoz-zaux zinx nyanh fai njuonv/tremble hands and legs.

buoz zinx buoz nyanh; buoz njuonv/to have a shaky hand.

buoz-zuih saeng-kuv nyei buoz nyei zuih/the leg of an animal.

buoz[2] ng. caeng-buoz; zaah baengh buoz; handle of a pot or tea pot.

buon[1] m. **1** yietc buon/one gram. **2** yietc buon ziangh hoc/one minute. **3** baeqv buon hmz ziepc/fifty percent.

buo buon wuonh mienh nyei buo buon wuonh/three parts of human soul.

ziepc buon oix guai hnyouv haiz oix guai gau yaac mv guai nyei sic/eager to be smart but couldn't.

faah ziepc buon faah ziepc buon ziangh hoc/thirty minutes.

mv maaih faam-buon maengc se beiv mv maaih fuqv nyei maengc/unfortunate.

buon[2] pm. nziang zoqc jiex nyei hniev-soux a measurement of weight equal one gram. **1 ziepc buon** se yietc zinh. **2 feix zinh** se yietv jaapv. **2 ziepc zinh** se yietc lungz. **3 ziepc lungz** se yietc kanx. **4 fa'ziepc nyeic lungz** se yietc benv. **5 feix ziepc lungz** se yietc joih. **6 yietc baeqv lungz** se yietc nziangx.

buon[3] aengx lorz mangc "mbiauz-buon" wuov joux nyei eix-leiz.

buonc[1] w. buonc cuqv-maux cuotv; buonc laangh. Gj: sinx/to blow; to fan.

buonc bieqc nziaaux buonc bieqc biauv daaih/to blow in.

buonc cuotv maux nyei buonc cuotv mv jauh wuov deix/blow out the empty one.

buonc cuqv buonc cuqv-maux cuotv mingh/blow to separate empty rice seed.

buonc dopc buonc dopc kuqv cuotv mingh/blow to separate beans and husks.

buonc douz zieqc buonc bun douz zieqc hiaangx/blow fire into flame.

buonc laangh zeiv longc buonc laangh nyei zeiv/a paper fan.

buonc mbaang nziaaux hlo buonc zuqc mbaang/to blow down.

buonc mbiauh buonc cuqv-maux cuotv guangc/to blow and empty rice grains.

buonc[2] pm. yietc buonc mienh; yietc huov mienh/a household; a family.

biaa buonc mienh biaa huov mienh fai biaa houz mienh/five household.

bungh buonc cien-ceqv juangc zong juangc zouv nyei mienh/people of the same clan.

buonc[3] pm. maaih buonc juangc fai caux jienv/to have a share with.

fuqv-buonc maengc ziu duqv daaih nyei buonc/prosperity.

mv maaih meih nyei ziepc nyei buonc mv maaih meih zoux nyei buonc/you do not have any part to share with.

meih nyei buonc bun meih nyei buonc ga'naaiv/it's your sharing.

yietc buonc paaix ziangx mbu'ndongx njiec nyei yietc buonc/a half of.

buonc[4] aengx lorz mangc "baeqv buonc-soux" wuov joux nyei eix-leiz.

buonv[1] w. buonv hnaav; buonv-mbaeqc; buonv orv/to shoot; to fire a weapon.

buonv congx longc congx buonv/to fire a gun; to shoot with a gun.
buonv domh congx buonv mborqv jaax nyei domh congx/to fire an artillery.
buonv fiu congx dapv fiu buonv nyei congx/a flintlock rifle.
buonv forng-ndung 1 longc mv maaih forng-nziaaux nyei forng buonv. **2** se gorngv-baeqc nyei waac-meiv.
buonv hnaav longc hnaav buonv/shoot with a crossbow.
buonv jaax dorng baeng mienh buonv jaax/to shoot at each other.
buonv jaax cie-ndaix mborqv jaax nyei cie-ndaix, nzangv-ndaix/a fighter plane.
buonv jaax daic dorng baeng mienh buonv jaax daic/to die in battle.
buonv jaax nzangv gan wuom mborqv jaax nyei nzangv/a warship.
buonv juang-zinx baeng juang-zinh daaih buonv/to shoot a long bow.
buonv ken buonv zuqc i bung ga'hlen to shoot and hit either right or left.
buonv mv mbeux ngaengv congx mv mbeux/to shoot trigger but failed to fire.
buonv mv zuqc buonv mv zuqc/to shoot but mishit.
buonv miaauc buonv zuqc mbaeqc nyei gu'nguaaic maengx/shoot above target.
buonv mbaeqc ziux ziangx nyei mbaeqc buonv/to shoot at a target.
buonv ndienh 1 ziux ziangx nyei ndienh buonv/to shoot a civet. **2** bungx nqaiv nyei waac-meiv/to have bowel movement.
buonv orv faaux lomc mingh buonv orv/hunting a game.
buonv orv ciangv buonv orv nyei dorngx/area for hunting game.
buonv orv congx longc buonv orv nyei congx/a hunting rifle.
buonv orv mienh faaux lomc buonv orv nyei mienh/a hunter.
buonv orv sou hungh jaa bun mienh buonv orv nyei sou/a hunting permit.
buonv orv zangc haih buonv orv henv haic nyei mienh/a hunter skill.
buonv setv buonv setv njiec ga'ndiev mingh/to shoot below the target.
buonv wuom congx dapv wuom buonv a'nziaauc nyei congx/a water toy gun.
buonv-zaangz congx longc buonv zaangz nyei congx/a big gun used for killing an elephant ancient time.
buonv ziangx haic buonv mingh zuqc ziangx haic/very accurate shoot.
buonv zuqc buonv zuqc mbaeqc a'fai zuqc orv mi'aqv/shoot and hit.
buonv zuqc daic congx buonv zuqc daic/shoot and killed.
buonv zuqc mbaeqc buonv mingh zuqc mbaeqc mi'aqv/to shoot and hit target.
buonv zutc nzengc buonv gau orv zutc nzengc mi'aqv/to overhunt.
ziux jienv buonv ziux jienv ziangx nyei buonv/to take aim at and shoot.

buonv[2] db. liouh zuangx cuotv buonv nyei nyim; jai-nyeiz-buonv; dungz nyeiz-buonv/seed grain set apart for planting.
buonv zangc longx buonv longx nor zuangx cuotv daaih yaac longx.
buonv zangc baengc doic jiex doic nyei baengc/a chronic disease problem.
buonv-zinh maaiz nyei buonv. Dgw: leic zinh/principal money; capital funds.
buonv-zinh faix an njiec nyei nyaanh buonv zoqc/a small investment.
buonv-zinh hlo maaih nyaanh an njiec camv zornc leic/a big capital.
congx-buonv mangc jienv aengx congx cuotv nyei congx-buonv/the sample of embroidery patterns.
cuotv buonv da'aqv douc cuotv buonv daaih aqv/to have reproduced.
gorn-buonv loz-ziangh nyei gorn; loz buonv/foundational principle.
jai-buonv liouh faaux jai-nyeiz ndauc jaux nyei jai-gorngx/a rooster used for reproduction.
janx-jieqv buonv janx-jieqv douc cuotv nyei buonv fai zuangv/a black lineage.
lorpc zorpc buonv zorpc daaih nyei buonv fai zuangv/mix seeds.
ndortv buonv maaic ndortv maaiz nyei buonv-zinh/to sell and lose profit.
nyaanh buonv liouh maaiz huox maaic zornc leiz nyei nyaanh/capital money.
tov deix zoux buonv tov bun deix nyim zuangx cuotv buonv/ask for seed.

buonv[3] pm. ganh nyei buonv-sin/personal or one's own body.

buonv-biauv-mienh ganh nyei biauv zong mienh/people of the same house.
buonv-deic ganh yiem nyei deic-bung/a native country; local area.
buonv-deic fienx ganh buonv-deic nyei fienx/local news; local report.
buonv-deic jien buonv-deic nyei jien. Gj: buonv-touv jien/a local official.
buonv-deic mienh juangc norm mungv yiem nyei mienh/local people.
buonv-fingx mienh juangc fingx nyei mienh/people of the same surname.
buonv-hiaang ganh nyei laangz zangc one's native village.
buonv-juang doix zuqc ganh cuotv seix nyei hnoi-nyieqc/to be match with one's own birthday.
buonv-laangz ganh yiem nyei laangz zong/one's native village.
buonv-maengc ganh nyei maengc daaix zuqc nyei sic/one's own fade.
buonv-mungv ganh yiem nyei mungv one's own native town.
buonv-nquenc ganh yiem nyei nquenc zangc/one's own county.
buonv-saengv ganh yiem nyei saengv zangc/one's own native province.
buonv-sin ganh nyei sin zangc/personal or oneself; one's body.
buonv-touv caaux ganh nyei deic-bung caaux cuotv daaih/a local productions.
buonv-touv jien buonv-mungv nyei jien. Gj: buonv-deic jien/a local official.
buonv-touv waac buonv-deic mienh gorngv nyei waac/local dialects.
buonv zangc yiem gorn m'daaih maaih jienv daaih/foundational character.
buonv zangc baengc doic jiex doic nyei baengc/a chronic health problem.
buonv-zeic ganh nyei cong-mengh fai za'eix. Gj: banh zeic/a native ability.
buonv-zeic longx maaih za'eix longx haic/a person who has a great ability.

buonv[4] pm. **buonv-suonc** hnyouv suonc waac zoqc nyei mienh/a humble person.
buonv-sounc mienh suonc yaac waac zoqc nyei mienh/even-tempered person.

buonv[5] bm. sou-buonv; guv yienh buonv; yietc buonv sou/copied of a book.
sou-buonv mangc jienv ceu cuotv nyei sou-buonv/an original copy book.

buonx[1] m. an ga'naaiv-zuangx longx nyei buonx. Gj: nqaiv/fertilizer.
an buonx dorh buonx mingh an jienv ga'naaiv-zuangx gorn/to put fertilizer.
gu'nguaaz zoux buonx gu'nguaaz bungx nqaiv nyei waac-meiv.
zoux buonx 1 zoux cuotv buonx daaih an ga'naaiv-zuangx/to make fertilizer. **2** bungx nqaiv/to defecate.

buonx[2] pm. hngongx. Gj: ngorkv, gangh, mbanc, bernx/to be so stupid.
buonx duqv kouv haic hemx fu'jueiv hngongx haic nyei waac/to be so stupid.

buoqc[1] w. **buoqc naamh buoqc nyouz** dorh dorn dorh jueiv. Gj: daaix naamh, daaix nyuoz/to take care children.
buoqc daaix liuc leiz dorh; ziux goux mangc longx/to give care to.

buoqc[2] bz. buoqc zangc mienv; buoqc zienh singx/to worship a god or spirit.
buoqc gengx buoqc zangc gengx zienh singx/to honor and venerate.
buoqc zangc buoqc zangc zong-zei nyei jauv-louc/to venerate; veneration.
buoqc zangc jaa-fin baaix sipv die maa ong-taaix mienv/to worship an ancestor.
buoqc zangc mienv buoqc zangc baaix mienv/to worship spirits.
buoqc zangc Tin-Hungh sienx kaux hlang jiex wuov weic zienh/to believe and honest a Heavenly King or God.
buoqc zangc zienh buoqc zangc zienh singx nyei sic/to worship the gods.

buoqc[3] nz. se beiv **dae**, **die**, **diex**/buoqc is stand for **dad** or **father**.
buoqc mouz die maa; diex maac/father and mother. Gj: yieh nyaangh.
buoqc mouz en zingh diex maac dorh caux hnamv fu'jueiv nyei en-zingh/the love and kindness of parents.
buoqc mouz guoqv cuotv seix nyei deic-bung/father and motherland.
buoqc mouz jien buonv-mungv jien/local government.
buoqc mouz minc zinh yiem diex maac nyei nza'hmien/be kind and respect when in front of one's parents.
buoqc mouz njaaux diex maac njaaux njiec nyei waac/the teaching of parents.
buoqc mouz waac gorngv dae maa nyei

waac/a mother tongue.

buoqc mouz zinh sieqv cuotv gaengh weiv fungx bun ong-daa maa-diev nyei zingh nyeic nyaanh.

buoqc mouz zingh en tongx nipc diex maac nyei zingh-en/to respect parents by meant repay the kindness of parents.

buoqc mouz zipv tongx nipc dae maa nyei hnoi/father or mother's day.

buoqv[1] pm. **wuov buoqv haangh** wuov deix dorngx/that entire area.

yietc buoqv dorngx yietc buoqv dorngx jangv nyei/the whole area.

buoqv[2] zl. **kamx-buoqv-mbietc** biauv-ndiev zaeqv nie wuov deix laatc dongc.

kamx-buoqv ndiev kamx-buoqv njiec wuov ndiev bung/lower side of a house.

buoqv[3] pm. yie nyei dorn se dorn-laai gauh guai jiex yietc buoqv/the most.

faix jiex yietc buoqv gauh faix jiex yietc zungv/smallest of all.

nzueic jiex yietc buoqv gauh nzueic jiex yietc zungv/most beautiful one.

buotv[1] n. nqaiv-qiex; yiem jaangh nyei nziaaux/intestinal gas; flatus.

bungx buotv bungx ga'sie nyei nziaaux cuotv/flatulent. Gj: langv buotv, luoqv buotv, buotv cuotv.

buotv-maux 1 bungx mv mbui nyei buotv/a noiseless flatus. **2** eix-leiz se bungx waac-maux/slang, big mouth.

buotv zueix bungx buotv zueix nyei qiex/smell flatus or gas.

buotv zungx buotv oix cuotv aqv/to feel bloated from flatus.

buotv[2] pm. maaz junc daaih buotv-buotv wuov/to be sturdy or chubby.

buotv-buotv wuov gu'nguaaz mokv buotv-buotv wuov. Gj: dutv/be chubby.

Burkina m. yietc norm guoc jaa, yiem F. bung maengx Africa, hungh zingh mungv heuc Ouagadougou.

Burma fai **Myanmar** m. 缅甸 /miǎndiàn/ se yietc norm guoc jaa yiem D.N. maengx Asia, hungh zingh mungv heuc Yangon.

Burundi m. 布隆迪 /bùlóngdí/ se yietc norm guoc jaa, yiem D.Z bung maengx Africa, hungh zingh mungv heuc Bujumbura.

butc[1] q. bungx buotv mbui butc dangh/the sound made by flatulent.

butc[2] pm. ninh butv qiex zueiz jienv butc butc mv kolo/a mad face.

butv[1] w. butv haa; butv wuon/contract an illness; to affect; to infect.

butv a'ler njih m'zing-ndopv sietv mba'zorng qorqv cuotv mbiutc ciuv nyei baengc, *a'ler njih* se gaav congh English allergy daaih/an allergic symptoms.

butv-aav 1 butv-aav gorngv waac mv cuotv/to be speechless. **2** butv ngaengc mingh/to be paralyzed.

butv aqv diuv-gaam butv aqv; diuv-zo butv aqv/beginning to affected.

butv atv (nyanc liuz orv) haiz ngunc youx nyei sic/feel uncomfortable after eating meat.

butv baa (mv daapc heh zaux-ndiev) butv baa/be calloused (under the foot).

butv baengc 生病 /shēngbìng/ butv baengc taux sin; mv longx/get sick; to be ill.

butv baengc daic baengc hoic daic/to die from an illness.

butv baeng-fouh sin omx buoz-zaux zungx hmien fouh nyei baengc/dropsy.

butv baengc kouv butv baengc kouv haih daic nyei/to be serious ill.

butv-baengc mienh butv baengc nyei mienh/patient; a sick person.

butv baengc-mbai buoz-zaux mbai mv haih dongz nyei baengc/paralyzed.

butv baengc-ngaaiz butv lauh mv haih longx nyei baengc/long term illness.

butv baengc siang butv baengc kouv siang haic/critically ill; life threaten ill.

butv bau butv benx norm bau; ziangh bau nyei baengc/mumps.

butv beih (hnaangx-zuoqv) butv beih mi'aqv/to become harden on surface.

butv beuh 1 jaang butv mbauh baengc to have a goiter. **2** butv qiex/get mad.

butv bie (coux butv ngaatc mienh nyei bie)/to have bedbugs.

butv buang baengc butv buang baengc se orv jaan soqv mv haih hlo/an illness that loss muscle and nerve sensation

butv bungh biex benx a'ler njih sin sietv nyei baengc/itching cause by an allergic reaction.

butv cancer orv-hangv butv gaeng nyei baengc, se gaav congh English daaih.

butv damv mv nzox lui houx hanc butv benx damv daaih/to have body lice.
butv diuv-mueic ziangh diuv-mueic/to have pimples or acne.
butv diuv-nzeux diuv nquin gorngv waac camv nyei sic/to become obnoxious.
butv dongh mienv gorngx mienh daaih sin zinx nyei sic. Gj: nzuonx dongh/the possessed by spirit and shake in human.
butv-doqc buoz nyei ndopv peux butv wuom-doqc/to be blistered.
butv doqc qiex baengc ganh zernz cuotv nyei baengc/to have tetanus.??
butv douz butv qiex; butv beuh; butv mbau/to get furious; to be frustrated.
butv dungz-ndin ciou nzuih cuotv mbiaauz yaac heuc hnangv dungz nyei baengc/a grand mal seizure.
butv duqv doqc haic gengh butv kuonx dangh kouv nyei/very severe illness.
butv duqv heng butv baengc mv nangc kouv/to have lightly ill.
butv duqv hnyiev butv daaih kouv haic nyei baengc/severe ill; severe disease.
butv duqv kouv butv mun kouv nyei baengc/a severe illness.
butv duqv siang butv domh kouv nyei baengc/to be critically ill.
butv faang ndopv butv pokc gunx nongc nyei baengc/callus or blemishes.
butv ga'sie-zungx ga'sie maaih nziaaux zungx nyei baengc/to have gas pain.
butv gaeng orv huv butv gaeng/become wormy or parasites.
butv haa 感冒 /gǎnmào/ hnopv sin jorm nyei baengc/to have fever or cold.
butv haa-cunv mv dingh liouh hnopv nyei baengc/to have tuberculosis.
butv haa ndie nyanc tengx maiv hnopv nyei ndie. Gj: haa-ndie/cold medicine.
butv inv butv buov in nyei inv/to crave from opium addiction.
butv jaang-ngaengc longc buoz-ndoqv lom jaang bun butv jaang-ngaengc haih lov/to gag something in the throat.
butv jai-ba'ingv juangv ndopv jiez jai nyei ba'ingv/to have goose bumps. Gj: sin jiez jai-ba'ingv.
butv jai-dorn-daic ndopv butv diepc daaih jieqv nyei/to have a mole.
butv jai-ndaatv buoz-ndoqv ngaengc fai nyuotv-jaan/fingers become stiff.
butv jai-nzei jai butv nzei, butv damv to have chicken lice.
butv juangv baengc sin jorm juangv nyei baengc/malaria disease.
butv juangv ndie nyanc tengx juangv longx nyei ndie/malaria medicine.
butv juangv-nzei haiz sin maah mbiex deix nyei juangv/to have light fever.
butv juangv-nyanh sin zinx nyanh nyanh nyei juangv/to have fever and chills.
butv kuaangh 1 butv hemx mienh nyei ndin/crazy; to go wild. **2** m'njormh jienv yangh jauv nyei sic. Gj: butv louh.
butv kuaangh a'hneiv a'hneiv gau mv nzang aqv/to be crazy happy.
butv kuaangh waac gorngv mv nzang nyei waac/crazy talk; wild talk.
butv laaix ndopv sietv huv jienv mingh nyei baengc/rash on skin; eczema.
butv lamh ganx nyanc gau orv youx butv lamh ganx aqv/to be boring of.
butv latv-douz normh butv mbiaapc nqaai jienv mingh/disease affecting the leaves of the plants.
butv loh zoux gong kouv butv loh/great tired; exhausted from physical.
butv louh bueix normh jienv jiez sin yangh jauv nyei sic/to sleepwalk.
butv m'njormh inv bueix guenx nyei inv/to crave from sleeping habit.
butv m'njormh nquin mv duqv bueix gaux nyei baengc/to be muddled because of lacking sleep.
butv m'njormh sui m'zing sui cuotv wuom-mueic weic mv haih njormh nyei baengc/irritable through lack of sleep.
butv m'zing hmuangx liemh zeih mongh longh m'zing hmuangx nyei baengc/to feel dizzy and black out.
butv mungz-nyaih juangv mungz-nyaih ngaatc mienh butv nyei juangv/malaria.
butv mbing-mbau m'normh gorn butv mbauh nyei baengc. Gj: ziangh m'normh caengx/to have at base mumps.
butv nongc ga'naaiv-mun butv nongc. Gj: gunx nongc/a sore filled with pus.
butv norm pokc ndopv butv pokc/to have a bumpy spots.

butv norm zeix ndopv butv pokc daaih jieqv nyei/to have a black mole.
butv ndin gorngv waac mv nzangc nyei baengc. Gj: butv naatv/crazy; insane.
butv ndin mienh gorngv waac maiv nzangc nyei mienh/a mental ill person.
butv-ndin mienv wakc mienh butv ndin nyei mienv/a spirit that cause people to become insane or crazy.
butv nqa'qiex qiex jiez nouz mienh/to get mad at; to become angry.
butv nyoi nziangc zuqc m'nqorngv butv nyoi/to have a bumpy.
butv-nyouh (dungz-biei) nyouh mingh guaih mv ndutv/to become sticky.
butv nyueix (mbiauz-jiex naetv zuqc) butv nyueix/to growth a wart.
butv nzeiv mv nzox m'nqorngv lauh butv nzeiv/to have head lice.
butv nziaamv-gaam baengc nziaamv gaam nyei baengc/diabete symptoms.
butv peux ndopv butv peux. Gj: butv wuom-doqc/to develop a blister.
butv pokc sin sietv butv pokc/to have skin rash or spots on the skin.
butv qiex fu'jueiv butv qiex. Gj: nouz, qiex jiez/to flare up in anger.
butv qox buoz-ndoqv-qangx caux zaux-ndoqv-qangx sietv nyei baengc/scabies.
butv sin jorm baengc butv sin jorm nyei baengc/to have fever.
butv-uiv kuatv zuqc mun nzuih aengx mun nzunc. Gj: paan-uiv/reinjured.
butv wuom diuv-gaam butv wuom nor nyanc duqv aqv/to become water.
butv wuom-doqc ndopv peux gu'nyuoz benx wuom daaih/blistered.
butv wuom-mbau wuom butv mbau daaih/to become water bubble.
butv wuon-baengc butv haa-wuon nyei baengc/to contract a virus; to have flu.
butv zienh fing m'zing faaux dauv nyei Baengc/to have cataract in the eye.
butv zo 1 sox butv zo mv fungc nyanc aqv/spoiled. **2** ga'naaiv-nyim siou lauh butv zo nzengc mi'aqv/to be rots.

butv[2] pm. diuv-gaam butv mbouh; diuv-zo butv nor zaang diuv duqv aqv.
bingv butv bingv jiex gorn butv aqv/to be affected and penetrate into.
butv hnaangx zaang hnaangx-ziqv daauh torngx daaih pietv wuom butv liuz aengx zaang nzunc/to increase rice amount.
butv toux butv mingh dapc bieqc toux aqv/to penetrate through.
hmeiv butv ziemx hmeiv butv buangv bunh mingh/soak rice and increase.
butv zoih 发财 /fācái/ butv zoih maaih zinh nyaanh camv. Gj: benx mienh/be rich.
butv zoih butv zieqv butv zoih zoiz jaa butv mingh/to become more wealthy.
butv zoih mienh butv zoih nyei mienh. Gj: mienh benx mienh/wealthy people.
butv zoih mbuov domh butv zoih nyei mienh/a billionaire.
hnaangx-butv hmeiv-ziqc zaang daaih ngaengc nyei/regular rice steamed.

butv[3] pm. butv-daic; butv-zietc; butv-uiv; butv nyatv caeqv mv nqoi/to be knotted.
butv gaeqv gu'nyuoz fim butv-ngaengc mingh/to become harden inside.
butv-gangh 1 (guaa-dorn) butv-gangh mv haih hlo/stop to growth. **2** yie haeqv zuqc butv-ganh/dumbfounded.
butv guqc in butv guqc mv lauh ziouc nqoi biangh/to bent downward at tip.
butv hornh sin zinx weic a'hneiv a'fai gamh nziex/to tremble with excitement pleasure or with fear.
butv-hngongx 1 haeqv zuqc ziang naaic butv-hngongx/to be speechless with fear. **2** bouz butv-hngongx nanv nzuqc maiv jienv bungx ndortv/to be stiff.
butv jai-gorngx dueiv mbiauh cuotv daaih normh nyomc njiec aqv/to droop down at the tip as plant.
butv-lien fuqv ndiangx mingh mv zaqc butv-kang/to plane without go smooth.
butv-mang haeqv zuqc butv-mang gorngv waac mv cuotv/to be dumb founded.
butv-mbau butv wuom-mbau; biomv wuom-mbau/to bubble.
butv mbauh ndiangx-zorng butv norm mbauh. Gj: butv nyoi/bumpy on a tree.
butv mbiuz biaav fitv zuqc cuotv daaih nyei mbiuz/welts after beaten.
butv-ngaengc ngaengc mingh wuotv mv zaqc aqv/to become harden.
butv-njuotc mingh gau njuotc mi'aqv to be stubby; shortage.

butv nyatv suix butv nyatv caeqv maiv nqoi/to become knots.
butv-six haiz nyaiv/feel disappointed.
butv-zietc mba'zorng butv-zietc tauv qiex mv cuotv/to be stuffy nose.

C

c /cor/ da'faam norm nzangc-maac yiem Iu-Mienh/Yao nyei waac.

ca'bouc mv zeiz ba'baac zoux dorngc se ca'bouc dorngc, se dongh "caqv-bouc" soqv nangv daaih/to be mistake.
ca'bouc dorngc caqv-bouc zoux dorngc sic/to get trouble by accident.

ca'laangh se dongh "caangh laangh" nyei soqv nangv daaih/to have a meeting.
ca'laangh baac ca'laangh ziangx/the meeting is over.
ca'laangh daav za'eix ca'laangh cuotv za'eix/to consult and make decision.
ca'laangh muonc ca'laangh gorngv muonc nyei/to discuses in detail.
ca'laangh nyei mienh bieqc wuic caux ca'laangh nyei mienh/a consultant.
ca'laangh wuic koi ca'laangh nyei wuic/a conference.

ca'laauh porngc yietc nyungc gaeng-gueiv nyei mbuox/a green grasshopper.

ca'lengc pm. 此外 /cǐwài/ ganh lengc maiv zorpc. Gj: caah lengc/separately; besides.

ca'litv q. norqc dorn heuc ca'litv ca'litv nyei qiex/the sound made by small bird.

ca'maaih beiv hnangv, ca'maaih se yie mingh meih nyei biauv hnangv, meih mv guaih daaih yie nyei biauv lorqc.

ca'maaiv pm. domh caengx-maaiv waaic-waaic wuov/to be rickety.

caa[1] m. 柱子 /zhùzǐ/ **1** biauv-caa; ndimv nyei caa. Gj: ndiouh, dongc/a pole or post. **2** ndiangx-caa/crotch of a tree.
caa-caa wuov da'mueiz bun caax daaih caa-caa wuov.
caa-dorn caengx tengx deix baav nyei caa-ndimv/a small support pole.
caa-gorn zuangx caa njiec ndau wuov norm gorn/bottom of a post.
caa-kuotv wetv njiec ndau zuangx caa nyei kuotv/hole for pole to go in.

caa[2] w. 抓 /zhuā/ caa zorqv/nda'maauh caa jienv dungz ngaatc/catch and press down.
caa mbiauz longc buoz caa zorqv mbiauz/to catch fish by hands.
sung-buoz caa sung gaengv hnyouv hlo mueic jieqv oix mauv i nyungc ga'naaiv nyei waac-beiv.

caa[3] w. 差 /chā/ caa maiv camv, fai corc caa camv nyei/to be lacking.
caa deix dien oix lamh deix mi'aqv/to be a little short.
caa duqv go caa camv haic, yietc aax mv nitv fatv/to be far apart.
caa maiv camv 差不多 /chābùduō/ caa mv camv aqv/nearly; not much different.
caa mbu'ziex aengx caa zuqc mbu'ziex cingx daaih gaux.

caa[4] bm. 按摩 /ànmó/ caa sin, fai buoz-zaux lo haaix/to massage.
caa di'daanz caa bun di'daanz haiz kuh yiem/to massage back.
caa jaaiv caa bun jaaiv kuh yiem/to massage low back.

caa[5] pm. 强奸 /qiángjiān/ saeng-caa bueix sieqv/to rape a woman; sexually attack.
jai-gorngx caa jai-nyeiz jai-gorngx caux jai-nyeiz saeng doic
caa sieqv maanh caa sieqv bueix/to rape a girl or a woman.

caax[1] w. bun zoux i caax cuotv mingh/to branch out, divide out.
caax cuotv i bung bun caax cunv cuotv i bung mingh/to branch out both sides.
jauv-caax jauv mingh gau bun zoux i caax/fork in a trail.
ndiangx bun caax ndiangx bun caax cuotv mingh/to branch out.

caax[2] pm. hnyouv-caax; jauv-caax; waac-caax; m'normh caax; m'zing-caax.
hnyouv-caax guai maaih hnyouv-caax, hnyouv henv/a quick mind.
m'normh caax haih muangx duqv ziex bung waac nyei m'normh/attentive ears.
m'zing-caax m'zing liouc haih caax mingh mangc duqv ziex bung, ziex louc m'zing/peripheral vision.
waac-caax guai haih gorngv haih caax waac haih waengc leiz.

caaiv[1] w. caaiv zuqc/step on; tread on.
caaiv cie-youh caaiv youh bun cie mingh siepv/step accelerator to speed up a car.
caaiv piatv caaiv maiv zuqc. Gj: caaiv pien, caaiv pioux/to miss the step.
caaiv zuqc daic caaiv zuqc faix nyei saeng-kuv daic/to step on and kill it.

caaiv[2] pm. bingx jienv mingh cienh nimc lorz fienx zaah mangc mienh.
caaiv juoqv bingx jienv cienh mangc lorz fienx/to make reconnaissance.
caaiv suiv bingv jienv cienh mangc lorz beic ndiev fienx/to spy on.
caaiv suiv mienh cienh mangc mienh nyei mienh/to obtain secret information.

caaiv[3] pm. zoux sic, gorngv waac caaiv mienh. Gj: ki mienh/to insults.
caaiv daic mienh zoux sic maux *se beiv* caaiv daic mienh nyei/boastful act.
zuqc mienh caaiv zuqc mienh mangc mv jiez zoux doqc bun/to be insulted.

caam pm. ih jaax fu'jueiv haih fux-sux domh mienh nor gengh caam mv go aqv.

caamv m. **houx-caamv** houx-norngc hlen wuov aax buo norm gorqv nyei ndie-cimx.

caamx w. maiv zeiz ciaangh sih se caamx baav hnangv/temporarily, short term.
caamx baav nyei dorngx yiem caamx baav nyei dorngx/a temporarily shelter.
caamx baav nyei gong zoux caamx baav hnangv mv maaih zoux lauh nyei gong/a temporarily employment.
maaic caamx gong gan mienh zoux caamx gong bietv nyaanh.
naaiv deix caamx naaiv deix maiv lauh jiex daaih nyei ziangh hoc/this short period of time.
yiem caamx ndeic mingh yiem ndeic yietc douc ziangh hoc

caan pm. zong baan mbu'ndongx-wuonc nyei hlo/a medium size of something.
dungz-caan zong baan maiv nangc hlo nyei dungz/a medium pig.

caanv gn. longc ndauv da'komv, ndauv hnaangx-zaangx nyei caanv/chisel use to carve wood.

caang aengx mingh lorz mangc "cang" wuov joux.

caangh w. caangh laangh. Gj: ca'laangh/a meeting or conference.
caangh laangh mv sung ca'laangh mv sung sic/discussing but no agreement.
caangh laangh wuic ca'laangh sic nyei wuic/a conference.
caangh laangh wuic ziouv zoux ziouv koi wuic wuov laanh mienh/a chairman at a conference.

caangv w. tiux mingh cutv fai caangv zorqv ndaangc. Gj: cangv/to take by force.
caangv congx caangv zorqv congx/to confiscate a firearm.
caangv cuotv tiux mingh caangv njoux cuotv/to make an emergency rescue.
caangv jiex ndaangc tiux mingh caangv jiex mienh nyei wuov ndaangc/to over take someone, to race ahead.
caangv jienv zoux mingh caangv zoux ndaangc/to try to get ahead.
caangv maaiz maaic caangv jienv zoux saeng-eix nyei sic/to butt an and force through a purchase.
caangv njoux cuotv tiux mingh caangv njoux cuotv zuqc hoic nyei mienh.
caangv nyaanh lamz zoux zaqc caangv luv nyaanh lamz/to rob a bank.
caangv wuonh sipv mienv butv dongh daaih mingh lorz caangv, dorngc jauv nyei wuonh nzuonx daaih/a ceremony to recover a person's lost soul.
caangv wuonh maaiz maengc longc zeiv-maaz camv nyei buov bun mienv maaiz butv baengc mienh nyei maengc caux wuonh nzuonx daaih.

caangx nz. baaux nzung, cenv nzung, doqc nzung. Gj: cangx/to sing, chant.

caauh[1] m. 朝鲜 /cháoxiǎn/ B. bung Caauh Sien guoqv, Gaau Lix/North Korea.

caauh[2] m. **caauh zeiv** nqaapv mbui puix lorh nzoz ga'naaiv/a cymbal.
Caauh Ziou Fouv zunh gorngv loz-hnoi yiem Zong Guoqv yietc norm Iu-Mienh nyei mungv nyei mbuox, mv baac ih jaax hnoi goiv heuc 韶关市 /zhāoguānsī/ se yiem Guangxi province, China.

Caauv[1] m. 丑 /chǒu/ da'nyeic weic deic sokv, jaapv-zaangv-neix/the second of the twelve Earthly Branches.

caauv hnyangx 丑年 /chǒunián/ zuoqc ngongh nyei hnyangx, se 2021 caux 2033 guinh mingh ziepc nyeic hnyangx aengx taux nzunc gorn/the year of ox.

caauv ziangh 丑时 /chǒushí/ ndaamv muonz jiex 1-3 diemv lungh ndorm zanc the hour between 1-3 AM.

caauv[2] w. an jienv hmei caeng caauv/to fry with cooking oil.

caauv hnaangx an jienv hmei caauv hnaangx/to fry rice.

caauv jaux an hmei caeng caauv jaux. Gj: zin jaux/to fry an egg.

caauv lai an jienv hmei wuov caeng caauv lai/fry vegetables with oil.

hnaangx-caaux hnaangx an hmei caauv daaih/fried rice.

caaux[1] zc. caaux cuotv; caaux cie; caaux congx. Gj: zoux cuotv, zoc cuotv/to create, produce.

caaux cuotv cie zoux cuotv cie; caaux cuotv cie/to make car.

caaux[2] cf. fu'jueiv nyienx caaux sic, cuoqv sic henv haic. Gj: ceux, cuoqv/to make or create trouble.

caaux sic mienh cuoqv sic, caaux sic nyei mienh/a trouble maker.

caev[1] q. hmei-caeng laauz bungx lai njiec caauv mbui nyei qiex/sizzling sound.

caev[2] gw. caux gu'nguaaz gorngv zouv hnaangx nyei waac/to cook.

caex q. buov hlieqv siqv nzuiz bieqc wuom ganx caex dangh/the sound of sizzling.

caen q. guaaih hlieqv mbui caen caen nyei qiex/sound of metal being scratch.

caenv q. nziev heuc caenv nyei qiex/the sound made by ground squirrel.

caenx q. nqaapv caauh zeiv mbui caenx caenx nyei qiex/the sound made by a cymbal being strike.

caeng gn. longc zouv nyanc, zouv hopv nyei caeng. Gj: mou/a pot, kettle.

caeng-baeqc jungz-caeng; yangh tiec caeng/an aluminum pot.

caeng-caauv longc caauv lai lo haaix nyei caeng-tiaav/a frying pan.

caeng-dangx siou caeng-yienv an nyei dorngx. Gj: yienv-zaanz/a cupboard or kitchen cabinets.

caeng-imx gomv caeng nyei imx/a lid for a pot. Gj: caeng-nqaaix.

caeng-jaax buo jieqv zaux jorkc jienv douz-nzauc taapv caeng zouv nyanc nyei ga'naaiv/a trivet.

caeng-lor zinh jaax lungh ndiev longc zouv hnaangx nyei caeng-junh.

caeng-matc caeng-ndoqv douz buov jieqv wuov deix douz-miec/the soot on a pot from being used on a wood fire.

caeng-mbeih zouv dungz-siaaux nyei domh caeng/a large and deep rounded pot for cooking pig swill.

caeng-nipv nipv caeng bouh nyei bux-nyaaic/a pot holder.

caeng-nqaaix gomv caeng nyei nqaaix. Gj: caeng-imx/a lid for pot.

caeng-taapv taapv caeng nyei dorngx/a hot pad for a pot.

caeng-tiaav longc caauv ga'naaiv nyei caeng-liangv/a frying pot.

caeng-yienv longc zouv caux longc nyanc nyei jaa-dorngx/the cooking tools.

caengx[1] w. caengx faaux; caengx faanx; caengx jienv bun maiv haih mbaang.

caengx-cie-ga'naaiv longc caengx nyei ga'naaiv/a car jack.

caengx faanx bungx faanx nqoi daaih caengx jienv/to open an umbrella.

caengx faaux caengx faaux mingh bun maiv biopc njiec/to spread upward.

caengx jiez sin souv caengx ganh jiez sin/to stand up.

caengx m'zing maeqv m'zing-ndopv nqoi daaih caengx/to glare into the eyes.

caengx-ngaengc yangh jauv zaux domh caengx-ngaengc wuov.

caengx nqoi caengx bun nqoi daaih/to prop open as an umbrella.

caengx-siouv biauv-ngorh njiec i bung biauv wuov deix ndiangx/a rafter.

caengx[2] w. caengx leiz/cingv *leiz-sai* tengx caengx leiz/to hire a defend lawyer.

caengx leiz-latc zaangv caengx jienv Iu-Mienh leiz-latc mv bungx ndortv/to stand up for the Mien laws.

caengx sic doix-dekv caux nzaeng/to debate or defend a lawsuit case.

caengx sic mienh tengx caengx sic nyei mienh/a lawyer for a defendant.

caeqv w. caeqv nqoi; caeqv muonc/to disassemble, take apart.
caeqv biauv caeqv guangc loz-biauv aengx gomv siang/to tear down a house.
caeqv buonv-zinh caeqv-buonv-zinh daaih zoux ganh nyungc saeng-eix/to pull capital out of a business venture.
caeqv cai-doix auv-nqox bun nqoi caeqv nzaanx. Gj: leih cai-doix/to cause a marriage to separate.
caeqv ciangv bun nqoi nzaanx ciangv aqv/to break camp.
caeqv cie caeqv cuotv daaih zaah mangc haaix ndau waaic nor zorc.
caeqv cung-mienv tengx mienv zoux doh dangh caeqv-jaiv fai zoux sin wuov norm yinh sai mienh oix zuqc caeqv *cung-mienv* cuotv nqoi, eix-leiz se caeqv cuotv mv aengx haih daaih la'nyauv zuqc biauv zong nyei jaa-fin-mienv.
caeqv cuotv caeqv deix cuotv mingh maiv zorpc zuqc doic/to take apart.
caeqv doic bun nqoi doic/to break up friendship, partnership.
caeqv guangc caeqv muonc dorh mingh guangc/to take apart and throw away.
caeqv-jaiv zoux doh dangv caeqv-jaiv wuov norm yinh wuic. Gj: zoux caeqv/a funeral ceremony.
caeqv liuh caeqv loz-liuh guangc liuz aengx zoux siang-liuh.
caeqv lunc caeqv bun lunc, jaiv lunc/to break loose or to take apart.
caeqv mv dongz 扯不动 /chěbùdòng/zietc haic caeqv maiv dongz/to be unable to take apart.
caeqv maaic caeqv maaic muonc. Dgw: domh maaic/to sell separately.
caeqv mienh caeqv nqoi i laanh borngz jaax nyei mienh/to separate people who are fighting.
caeqv mienv-kuv caeqv mienh kuv cuotv mienv gunv nyei ga'nyiec mingh.
caeqv muonc 扯破 /chěpò/ caeqv muonc nzangc mingh/to break into piece.
caeqv ndutv caeqv ndutv borngz jaax nyei ngongh/to break and separate.
caeqv nqoi caeqv nqoi, maeqv nqoi/to tear open or tear down.
caeqv nyunc houv nyunc daaih mienv tengx liuz nor oix zuqc aengx caeqv nyunc guangc.
caeqv nzaanx caeqv nzaanx nzengc dong deix fai deix wuov/to break apart and scatter.
caeqv nzaanx jaa-dingh hmuangv doic liouh lunc zuqc bun nqoi caeqv nzaanx. Wed: caeqv nzaanx hmuangv doic/to break up a family.
caeqv nzengc mingh caeqv nqoi nzengc mi'aqv/to take apart completely.
caeqv tong caeqv tong gu'nyuoz kuotv mingh/to break through the hole.
caeqv waaic caeqv lunc zoux waaic nzengc mingh/to demolish.

caetv q. njiuv japv zeiv caetv dangh nyei qiex/sound made by cutting paper by scissors.

cai[1] w. 猜 /cāi/ cai gaax/meih cai gaax yie duqv mbu'ziex hnyangx aqv. Wed: gouv gaax/to guess or estimate.
cai gaax cai mangc gaax cai duqv zuqc nyei fai maiv zuqc/to take a guess.
cai maiv zuqc cai dorngc, cai mv zuqc to guess wrong.
cai piux corngh wuonc qiex cai gaax nyei piux. Gj: hueix/a lottery ticket.

cai[2] nz. 妻 /qī/ auv, zoux auv nyei m'sieqv mienh/a wife, a woman.
cai-doix auv-nqox; i hmuangv; zoux auv zoux nqox mienh. Gj: fou-cai-doix/a married couple.
cai-doix horh norh i hmuangv horpc fim dongh eix/a harmony couple.
cai-nyienh 夫人 /fūrén/ yie nyei m'sieqv mienh/my lady; my wife.
leih cai-doix guangc auv, guangc nqox. Wed: leih huon/to divorce.
leih cai sou leih auv leih nqox nyei zengx sou/divorce papers.
zinh cai zinh ndaangc wuov torngx auv; daauh teix auv/one's former wife.

cai[3] w. 差 /chāi/ fungx mienh cuotv mingh zoux gong/to send a mission.
cai baeng faatv baeng cuotv/to dispatch army or troops.
cai baeng mborqv jaax faatv baeng mingh cuotv mborqv jaax/to send army

to battle field.

cai mienh zoux paaiv mienh cuotv mingh zoux/send someone out to do.

caix w. caix zorpc doic/to compound, to knead with hands.

caix njuov mbuonv longc caix nyouh daaih beu njuov nyei mbuonv/powder used to knead bread.

California m. 加利福尼亚州 /jīalīfǔníyàzhōu/ yietc norm ziou, yiem Meiv Guoqv nyei F. bung maengx, ziou nyei domh mungv mbuox heuc Sacramento.

cam w. cam bieqc/yie gorngv mv gaengh ziangx ninh ziouc cam bieqc caangv jienv gorngv aqv/to interrupt.

cam nzuih caangv gorngv ndaangc fai laanh zouh waac/to interrupt.

cam zueiv caangv jienv bieqc mingh gorngv. Gj: cam nzuih/to interrupt.

cam zueiv henv kungx oix caangv gorngv ndaangc hnangv.

camh wj. camh zuih; camh zuih gorn; camh zuih njiemc/the thigh.

camh zouh gaengv-camh zouh/a toad.

camh zuih gu'nguaaic maengx wuov hlamx zaux/the thigh; upper legs.

camh zuih gorn nitv qam-gorn wuov hlamx zaux/the groin.

camh zuih mbaiv camh zuih ga'hlen/a side thigh

camh zuih mbungv camh zuih nyei mbungv/the thigh bone.

camh zuih njaapc camh zuih qangx/a space in between the thigh.

camh zuih njiemc nitv cing-mborqc wuov hlamx camh zuih/lower thigh.

camh zuih orv camh zuih wuov hlamx zaux nyei orv/muscle of upper thigh.

camv w. gauh camv; camv cuotv/more; many; a lot. Dgw: zoqc.

camv-baeqv nyei ziex baeqv nyei/quite several hundred.

camv-camv nyei za'gengh camv haic nyei/very, very much, a lot.

camv cuotv camv jiex qiemx zuqc nyei soux mouc mi'aqv/more than enough.

camv-diuc jauv maaih jauv camv oix oix mingh haaix/many ways or options.

camv-doic duqv camv-doic mienh jiex daaih aqv/many generations.

camv-douc ziex douc nyei/many piece.

camv gau camv haic. Gj: camv dingc aqv/a whole lot, so many.

camv haic camv jiex jaax qiemx zuqc nyei soux mouc/very much.

camv-hlaax nyieqc duqv camv hlaax jiex daaih aqv/several months.

camv-hnoi duqv camv hnoi aqv/many days ago, several days ago.

camv jiex jaax ba'laqc camv haic. Gj: camv jiex ndaangc/too much, beyond the amount needed.

camv norm dorngx maaih ziex norm dorngx/many places.

camv ndongc haaix soux mouc camv ndongc haaix/how much, how many.

camv-nyungc camv nyei mv zeiz yietc nyungc hnangv/many kinds.

camv-nyungc setv maaih ziex nyungc setv zorpc daaih

camv-nzunc ziex nzunc nyei/many times, several time.

camx w. jauv-dorn mingh gau camx jienv domh jauv aqv. Gj: gapv/to adjoin, joint together with.

camx hnaangx fungx zong janx-daic yinh sipv wuov zorc wuih fuqv hnaangx biauv-zong jaa-fiuv naamh nyuoz oix mingh baeng lui-siaam zaeng jienv bun sai mienh faatv hmeiv njiec bun ninh mbuo/a set of ritual meals.

camx njaamh an dinc njiec qouv njaamh camx doic. Gj: daav njaamh/to add indigo dye and stirring it into the dyeing containers.

camx jienv doic i diuh hmei-luangh louc jienv mingh gau camx jienv doic aqv/joint together at the end.

camz aengx mingh lorz mangc "camx" wuov joux nyei eix-leiz.

Cambodia m. 柬埔寨 /jiánbùzhài/ yietc norm guoc jaa, yiem D.N bung maengx Asia, hungh zingh mungv heuc Phnom Penh.

Cameroon m. 客麦隆 /kèmàilóng/ se yietc norm guoc jaa yiem F. bung maengx Africa, hungh zingh mungv nyei mbuox heuc Yaoundé.

canh pm. canh haic, a'mangc haic/to be uncouth or ill-mannered.
gorngv waac canh haic gorngv waac aqc muangx haic, laih hlopv haic/word of nasty, nasty talk.
canh zouh yietc nyungc gaengv nyei mbuox. Wed: camh zouh/a toad.

Canada m. 加拿大 /jiānádà/ yietc norm hlo nyei guoc jaa, se yiem B. bung maengx Meiv Ziou, hungh zingh mungv nyei mbuox heuc Ottawa.

cang[1] d. biu cang mingh nzopv mbiauz/a spear, to throw a spear.
cang congx dorng baeng mienh longc mborqv jaax nyei wuoqc-ginc/weapon.
cang-da'mueix cang nyei dueiv-mueix laic wuov. Gj: cang-dueiv/a spearhead.
congx-cang congx-dueiv zaengx cang nyei congx/a rifle with a fixed bayonet.
cang nzopv zuqc biu cang mingh nzopv zuqc/throw a spear and pierced through.
laic cang-cang wuov hnangv cang nor laic nyei cang-cang wuov.

cang[2] w. maaz cang jiez sin daaih njaah maaz-nyeiz. Gj: caang/to rear up.
cang faaux juv cang faaux mingh mbiaa jienv laatc/to rear up.
cang jienv mingh cang jiez sin yangh jienv mingh/to walk on the hind legs
cang jiez sin cang jiez sin daaih yangh jauv/to rise up on the hind legs.

cangx nz. 唱 /chàng/ baaux nzung; tor qiex baaux nzung/to sing, to chant.
cangx gaa baaux nzung, cenv nzung, doqc nzung. Gj: cangx gor/to sing song
cangx heix 唱戏 /chàngxì/ yietc nyungc tor qiex ndaauv zoux sin puix baaux nyei nzung/to act in an opera.
cangx heix ji bungx nzung-pienx nyei gong sorv/a record player.
cangx heix mienh baaux nzung wuov laanh mienh/a singer; a musician.
cangx heix sim cangx heix wuov diuh sim/phonograph needle.
cangx heix wuic cangx heix nyei nauc ngitc wuic/music and dancing party.

capv w. capv qongx gen cuotv mingh/to add an extra bedroom.
capv biauv capv biauv jangv cuotv/to enlarge a house.
capv gong-dorngh capv zoux gong dorngx jangv/to extended an office.
capv jangv cuotv capv bun jangv cuotv mingh/to extend a building.

caqv w. zoux dorngc, zoux caqv sic, jiex caqv/a big mistaken.
caqv-bouc zoux dorngc deix baav faix fiuv sic. Wed ca'bouc/by mistake.
caqv-bouc dorngc maiv zeiz liepc hnyouv zoux dorngc/to do wrong by mistake.
caqv louc yangh dorngc jauv/to take the wrong road.
fih caqv zoux dorngc sic hniev nyei/to be accidentally, mistakenly.
jiex caqv nz. zoux dorngc mi'aqv/to have an accident.

catv[1] w. bingx jienv catv mangc fai cienh mangc mienh/to spy, note carefully.
catv mangc gaax bingx jienv cienh mangc gaax/to note carefully into.
catv suiv beic ndiev cienh mangc. Gj: caaiv suiv/to spy.
catv suiv mienh cienh mangc mienh nyei mienh. Gj: caaiv suiv mienh/to obtain secret information.

catv[2] m. yiem wuom zorqv mbiauz nyanc nyei catv/a river beaver.

cau w. jai-gorngx cau jiez m'nqorngv daaih nqaaix/to lift up, raise.
cau buoz janx-zaqc cau jiez buoz bun jun-zaah sou ninh/to raise hands.
cau dauh duqv ginx cau hmien mangc buatc/raise one's head and see.
cau diuv nanv jienv diuv-zaanv cau heuc doic hopv diuv. Gj: bouh diuv.
cau-fim nzauh heix taux. Gj: cau-fiemto worried or concerned about.
cau jiez m'nqorngv ngorngz jiez ganh nyei m'nqorngv/to lift one's head up.
cau hmien cau hmien mangc. Gj: cau m'nqorngv/to look upward.
cau jienv buoz sung buoz faaux/to raise one's hands.
cau zaux cau zaux laamx yangh jauv/to lift the foot; to take a foot step.

caux[1] w. caux doic mingh hei maaiz deix ga'naaiv/with, and.

caux doic 1 caux jienv doic/to be together with friend **2** caux doic douc zuangv/to have sex with.

caux duqv horpc caux duqv horpc nyei doic/to get along well with.

caux duqv njiec horpc doic caux duqv njiec/to be compatible, get along well.

caux jienv nzauh korh lienh caux jienv mienh nzauh/to sad with.

caux jienv yiem juangc dorngx caux yiem/to live together with.

caux maiv duqv caux maiv duqv doic ciouv haic/unable to get along.

caux maiv njiec caux mv duqv doic/to be unable to get along with.

caux yie maaih cien caux benx muoz-doic cien-ceqv/be related to me.

caux yiem caux jienv yiem/to live with or be together with.

caux yietc ndui zoux yietc ndui an/to pile together with.

caux zoux doic bieqc mingh caux jienv zoux doic/to associate with.

caux zoux sic caux mienh zoux sic/to file a lawsuit against each other.

caux[2] pm. m'jangc, m'sieqv caux doic. Gj: douc zuangv, daapv zuangv, nitv doic/to have sexual relations with.

caux doic gouv, nyeiz caux doic douc zuangv/to have sexual intercourse with.

caux ninh maaih jauv caux m'jangc fai m'sieqv maaih jauv/to have an affair with her or him.

cei w. ngorc cei oix nyanc, oix hopv/to crave or hunger for.

cei haic ngorc cei haic oix nyanc siepv haic aqv/very hunger for.

cei in ngorc oix buov in/to hungry for smoking opium.

cei ndongc mbienz hemx mienh cei ndongc mbienz nyei waac.

ga'naaiv cei nyanc duqv henv nyanc duqv cei haic nyei mienh/a glutton.

nyanc duqv cei haic nyanc liuz liemh buoz-ndoqv mbiec njang nzengc.

yoc lueic yoc cei lueic maiv zoux mv baac yoc cei oix nyanc/a lazy glutton.

ceiv[1] w. njimv, biaav laic gau cih cungx ceiv wuov/sharp pointed objects.

gorn cih cungx ceiv zaqv liangx cou haic zaqv liuz mv baac miev-gorn cih cungx ceiv wuov.

ceiv[2] w. ceiv ndortv, longc biaav ndaauv nyei ceiv ga'naaiv ndortv/to knock down with a pole, a stick.

ceiv zuqc mun ndiangx-jien ceiv zuqc fai biaav ceiv zuqc.

ceiv[3] m. nyaah ceiv, gauh camv se sipv mienv mienh gorngv, pou-tong mienh gorngv nyaah/a tooth, teeth.

dapc nyaah dapc ceiv qiex jiez ngaatc nyaah fai mun dapc nyaah dapc ceiv nyei diev/to gnash the teeth in anger.

faan nyaah ceiv sic jiex liuz mv baac aengx faan zoux zunc, se beiv faan nyaah ceiv.

ceix[1] m. ceix baqv jienv zaux. Gj: njimv/a sharp sliver; a thorn.

zaeng ceix baqv se hnangv janx-baeng zaeng ceix baqv win-jaa.

ceix[2] w. ceix guoqv zangc nzueic/to build up; to construct; to establish.

ceix duqv wuonv gengh ceix daaih wuonv haic/a stably construction.

ceix fanh taapv ceix liepc maaih fanh taapv faaux daaih/to construct a pagoda.

ceix jiez daaih ceix liepc jiez daaih/to build up; to establish.

ceix liepc ceix liepc zingh, ceix liepc jaa-dingh faaux daaih/to establish.

ceix nzox-lau longc buo norm la'bieiv don jienv taapv caeng zouv ga'naaiv.

ceix zingh laatc longc hui-zun ceix jiez benx zingh laatc/to build a city wall.

ceix zingh gong zoux ceix zingh liepc nquenc nyei gong/construction work.

ceix zingh mienh zoux ceix zingh nyei mienh/construction worker.

ceix zingh zangc ceix liepc zingh nyei zangc mienh/engineer for construction.

ceix zouv ceix bun zouv hlang faaux/to decorate over a grave.

ceix[3] w. ceix fuqv bun mienh butv zoih butv zieqv/to blessed with prosperity.

ceix baengh orn bun ceix orn lorqc bun/to bless with peace.

ceix bun lungh zangc ceix fuqv bun/to give to, bestow upon.

ceix bun butv zoih ong-taaix zouv ceix mienh butv zoih/to bless richly.

ceix en bun ceix en-zingh bun/to bless with gracious and favor.

ceix fuqv lungh zangc ceix fuqv njiec bun/to blessed with prosperity.

ceix fuqv ceix loqc ceix fuqv bun camv haic/to bless with abundant prosperity.

cekc q. biu cang njiec nzopv zuqc ndau cekc dangh nyei qiex.

cekv[1] lengx cekv, mienh biomv faatv baac gorngv *lengx cekv* nyei waac, maaih eix-leiz gorngv gengh lingh haic aqv.

cekv[2] m. fiev maaiz ga'naaiv liuz zorqv nyaanh congh nyaanh lamz cuotv nyei zeiv, cekv se gaav congh English *check* daaih/a check, cashier check.

cemx w. longc nzuqc dorn dueiv laic nyei cemx gan ndiangx-ndopv gu'nyuoz maengx mingh bun haih maeqv duqv nqoi. Gj: cimx.

zeiv-cemx longc cemx zeiv-linh maeqv zeiv nyei nzuqc bieqc. Gj: zeiv-cimx.

cenh pm. gaatv yuonh maiv fih ndongc maaih bung hlang maaih bun aiv cenh cenh wuov. Gj: fienv.

cenv[1] m. ga'naaiv-cenv; ba'gern-cenv fai ciu-cenv/a shovel.

cenv ndau cie longc zoux jauv cenv ndau nyei cie/a tractor.

cenv nie guangc longc cenv, cenv nie guangc/to shovel away.

cenv sorng cie cenv sorng guangc nyei cie/a snow truck??

cenv[2] nz. cing-jaa mienh caux luoqc bungh mienh cenv nzung mborqv doic.

cenv diuv nzung cenv mbuox mienh hopv diuv nyei nzung/a song proposing a toast at a wedding.

cenv nzung zangc haih cenv nzung henv haic nyei mienh.

nzung-cenv cenv hnangv mv zeiz baaux nyei nzung.

cenv[3] w. ciu cenv zuqc yie nyei zaux ndo gau/to scrape along at an angle.

ceng w. doqc sou hlang nyei mienh duqv mienh ceng ninh/to praise, encourage.

ceng ganh ceng ganh nyei haac-baah buang/to brag about oneself.

ceng haac-baah buang ganh ceng ganh nyei/to praise oneself.

ceng huox ceng huox longx, yaauc/to run a commercial for a product.

ceng-hlo ceng-guai, ceng-hlo, ceng ganh gauh longx mienh/to be proud of oneself; conceited.

ceng mienh taaih mienh ceng mienh/to encourage someone.

ceng ninh guai ceng ninh guai haic/to praise him for his cleverness.

ceng nyei waac longc ceng mienh nyei waac/a word of praise.

ceng Tin-Hungh ceng lungh zangc nyei hungh/to praise heavenly king.

cengx cm. gu'nguaaz cuotv seix wuov zanc neux nzenc zuqc ninh nyei jaang nor oix zuqc cuotv mbuox bun ninh heuc *cengx* beiv hnangv Yauz-seng nyei fu'jueiv oix zuqc heuc *cengx seng.*

cepv w. cepv mbiauh; cepv lingh/to stick into the mud as to plant.

ceqv[1] w. yietc zungv Iu-Mienh se benx muoz-doic cien-ceqv.

ceqv[2] w. ninh ceqv faatv an jienv ninh ganh nyei sin mienv ziouc mangc maiv buatc ninh aqv.

cernh w. mienh camv cernh cernh nyei nzamc biaux deic-bung/to cause to be uncontrolled or in turmoil.

cernx cl. cernx jaa-dingh; cernx ganh nyei mienh seix/to build one's life.

cernx jaa-dingh zoux bun ganh nyei jaa-dingh duqv kuh yiem.

cernx maiv jiez cernx jaa-dingh maiv haih jiez/unable to build family.

ceu[1] db. mangc jienv guv yienh ceu cuotv daaih/to transcribe; to copy.

ceu cuotv nzung mangc loz-nzung fiev cuotv daaih/to copy a song.

ceu cuotv sou mangc jienv loz-sou-guv ceu cuotv/to copy out a document.

ceu dorngc ceu dorngc nzangc/to make mistake in copying.

ceu[2] bz. sipv mienv ceu deic nyuoqc njoux mienv cuotv maiv zuqc wuonx loh/to grab a soul out of hell.

ceu[3] yd. ceu doic bieqc lomc buonv orv, njiec ndoqv mbatc mbiauz lorz gorngh goix. Gj: iu, yuoqc.

ceu jienv doic mingh lorz jienv doic camv nyei mingh.

ceuv[1] cf. fu'jueiv ceuv domh mienh nyei nyaanh. Gj: ngortc/to whine over or to bother, cause trouble.

dungz ceuv ga'naaiv nyanc dungz heuc nyanc ga'naaiv.

ceuv[2] cf. ceuv-ceuv nauc-nauc nyei nzaeng jaax/argue over and over.

ceuv duqv nyouh haic ceux taux duqv, mv duqv norziouc mv dingh aqv.

ceuv-faanh mienh zoux la'nyauv hoic mienh/to give people a lot troubles.

fu'jueiv-ceuv-zangz hemx ceux haic nyei fu'jueiv nyei waac.

ging-ceuv ceuv-faanh ndanc mienh mv duqv baengh orn nyei sic. Gj: ging-dongz, ging-ndanc, ging-borqc, ceux-faanh/to bother; troublesome.

ceux[1] w. ceux sic; ceux nyienx a'nziaauc cuoqv sic. Gj: jiuv, nyieh sic/naughty.

ceux a'nziaauc ceux sic a'nziaauc/to have fun playing with each others.

ceux-faanh ceux ndanc mienh mv duqv baengh orn/disturbance.

ceux lunc ceux mv gan leiz sic zoux lunc nzengc mv cing, mv cov nyei/to stir up.

ceux sic mienh nyieh sic, ceux sic nyei mienh/a trouble maker.

ceux-zangz ba'laqc ceux jiex ndaangc mi'aqv. Gj: ceuv-zangz/naughtiest.

ceux[2] pm. ceux sic zoux baamz latc nyei jauv/to stir up; provoke; annoy.

ceux auv ceux nqox hienx mienh nyei auv fai mienh nyei nqox.

ceux-daic ceux taux daic/to put one's life in danger.

ceux lunc guoc jaa ceux lunc guoc jaa mv duqv taaix-baengh/to disturb peace of the country, nation.

ceux lunc jaa-dingh hienx auv hienx nqox zoux jaa-dingh lunc nyei sic.

ceux sic mienh baamz leiz-latc ceux sic nyei mienh/the law breaker.

ceux sieqv gan sieqv mv dingc la'guaih bueix jienv mingh nyei sic.

Chad m. 查德 /chádé/ yietc norm guoc jaa yiem Z.B bung maengx Africa, hungh zingh mungv heuc N'Djamena.

Chaola
(Zeuz Ih Jien Zoih)

Chaola se Chaomai nyei youz, ninh mbuo i muoz maaih mengh hoc fi'hnangv benx mbuo Iu-Mienh nyei domh ziouv, zaangv laauv-guoqv div ninh nyei gorx Chaomai congh 1967-1975 laauv-guoqv mbaang liuz ninh zuqc biaux mingh yiem faac guoqv taux 2003 wuov hnyangx jiex seix mi'aqv ih zanc ninh nyei dorn-jueiv fun-faqv se maaih yiem faac guoqv yaac maaih yiem meiv guoqv.

Chaomai
(Zeuz Ih Fuqv Zoih)

Chaomai se yietc dauh mbuo Iu-Mienh nyei domh ziouv, fai henv zeiz/hero dorh Iu-Mienh baeng zaangv laauv-guoqv baqv bung maengx congh 1956-1967 yaac jiex seix yiem 1967 wuov hnyangx, weic ninh nyei gorn-baengx ih zanc ninh dorn-jueiv fun-faqv caux mbuo yietc zuangx Iu-Mienh cingx duqv daaih Meiv Guoqv duqv kuh yiem kuh yiem kuh nyanc.

Chile m. 智利 /zhìlì/ yietc norm guoc jaa se yiem N. bung maengx Meiv Ziou, hungh zingh mungv heuc Santiago.

China m. 中国 /zhōngguó/ yietc norm domh guoc jaa se yiem D. bung maengx Asia, hungh zingh mungv heuc 北京 /běijīng/ Peking, baeqv-fingx.

Chinese bm. janx-kaeqv fai janx kaeqv waac/Chinese people or language.

ci'jaa nyc. se dongh **cing-jaa** fiev nangv daaih/a short form for **cing-jaa**.

ci'cungx ceiv pm. njimv laic fai biaav laic gau ci'cungx ceiv wuov.

ci'cungx citv pm. naauz-dorn ci'cungx citv nyei tiux biaux/run fast as rat.

cic[1] w. zoux cic cuonh. Gj: sung, ziangx, nzengc, setv/all done.

maiv gengh cic cuonh zoux mv gengh ziangx/not completely done yet.

cic[2] cm. da'cietv dorn nyei mbuox, beiv hnangv, Fux-linh nyei dorn Cic Linh, sieqv nor heuc Cietv Linh.

Laauv Cic da'cietv dorn nyei heuc hnamv mbuox/a nickname for seventh son.

cih[1] w. cih cuotv maiv funx bieqc/to put aside not count.

cih cuotv cih cuotv sieqv mv funx dorn ganh maaih siec muoz-dorn.

cih njiec meih mbuo yietc zungv nzueic cih njiec yie aqc mangc hnangv/beside me and everyone of you are so pretty.

cih waix cih cuotv maiv funx bieqc/to put aside not counted

cih waix mi'aqv cih cuotv maiv funx bieqc aqv/to be minor from.

cih[2] gn. cih jienv bun maaih mbienc yiem wuov/to set apart for use later.

cih cie-ping cih mbungh nyei cie-ping. Gj: cih cie-yienh/a spare tire.

cih lai hnaangx cih jienv zouv camv deix buangh zuqc maaih kaeqv daaih.

ganh cih lengc ganh lengc maiv zorpc bieqc, mv funx bieqc. Gj: ca'lengc.

civ[1] w. civ cuotv daaih/hlauv-gorn cuotv mbiaec daaih *civ-civ* wuov.

civ jienv juv-jaix ndouv mienh maaih banh zeic nyei waac/challenge someone do something.??

njang sin civ liv 1 jomc gau mv fungc aqv/to be penniless. **2** laengh gaengv wuov mv zuqv lui houx/to be naked.

civ[2] q. ding baqv zuqc cie-ping tong cuotv qiex civ civ nyei mbui.

civ[3] pm. civ guangc. Gj: zunc guangc/to drive out; to drive away from.

civ cuotv mingh zunc cuotv mingh mv bun yiem/to drive out.

civ yien lueic mv doqc sou gorngv baengc civ yien/to make an excuse.

civ[4] dz. civ zuiz. Gj: dingc zuiz, zorqv zuiz; wuonc zuiz/a punishment.

civ zuiz nyaanh maaiz zuiz-nipc nyei nyaanh/money paid to satisfied a fine.

civ[5] cm. cuotv mbuox bun/to give a name. Yie civ norm mbuox bun ninh heuc Jiem-yaangh. I name him Jiem Yaangh.

civ mengh cuotv mbuox; civ mbuox/to give name or title.

cix[1] q. buov hlieqv siqv ziemx njiec wuom mbui cix dangh nyei qiex. Gj: cuz, caez.

cix[2] w. longc wuom cix bun douz daic/to extinguish fire with water.

cix douz ndie cix douz daic nyei ndie/a fire extinguisher; fire destroyer.

ciaangh w. 长 /cháng/ ndaauv mingh lauh nyei sic/to be long term.

ciaangh nin baengc butv ziangh hnyangx nyei baengc/long term illness.

ciaangh nin leic ziangh hnyangx nyei ndaauv-dauh/yearly interest.

ciaangh nin kaeqv maaiz ga'naaiv nyei ciaangh nin kaeqv/regular customers.

ciaangh nin wuic ziangh hnyangx nyei lux sux wuic/year round meeting.

ciaangh sih zanc-zanc; a'loc; mv lauh mv lauh yoc maaih/to be often.

ciaangh sih an sueih jienv ziangh hoc an lauh nyei/long term deposit.

ciaangh sih gong zanc-zanc maaih zoux nyei gong/long term employment.

ciakc gw. gorngv mbuox gu'nguaaz jiez sin oix zuqc gorngv *itv ciakc*.

ciakv pm. maaz m=normh *ciakv ciakv* nyei muangx/to prick up the ears.

ciang cm. mienh nyei setv dueiv mbuox beiv hnangv Zoih Ciang/suffix meaning name given person's name.

ciangv[1] m. yietc norm jangv nyei dorngx dauh/a wide gathering place.
cie-ciangv 1 cie-ndaix ciangv/airport. **2** dingh cie ciangv/vehicle parking lot.
jiem-ciangv maaih njoux-huaax jiem camv nyei dorngx yaac maaih tov nyanc mienh, nyei waac-beiv.
jiem nyaanh ciangv nyaanh lamz se beiv jiem nyaanh nyei ciangv.
mborqv jaax ciangv dorng baeng mienh buonv jaax nyei ciangv/a battle field.
ngongh ciangv bungx ngongh nyanc miev nyei ciangv/a pasture for cattle.
nziouv-muotc ciangv nziouv yiem nyei dorngx/a place that swarming with ants.
ciangv[2] aengx lorz mangc "gong-ciangv" caux "gongx ciangv" nyei eix-leiz.
ciangx pm. m'zing ciangx; mueic maih ciangx/to be slanted upward of eyes.
cie[1] n. 车 /chē/ cie-ndau; cie-ndaix; lunh ga'naaiv cie/vehicle; engine; machine.
cie-baaih naetv cie nyei baaih/license plate on a vehicle front and back.
cie-baaih hoc cie-baaih wuov deix hoc dauh/license plate number.
cie-biauv 1 dorngx biauv yiem duqv nyei cie/a mobile home. **2** dingh cie nyei biauv/a garage.
cie-bou yiem cie tengx mienh bieqc cie, cuotv cie, siou nyaanh nyei mienh. Gj: cie-nouh/a bus boy.
cie-buoz buoz nanv niouv cie wuov norm nyuang/a car steering.
cie-cenv cenv ndau cie/a tractor.
cie-ciangv 1 maaiz-maaic cie nyei ciangv/car dealer. **2** dingh cie dorngx/a vehicle parking lot. **3** cie-ndaix njiec nyei ciangv/an airport.
cie-ciangv siemv jien cie-ndaix ciangv zaah dimv mangc orn-zunh nyei jien/an airport check point official.
cie-cingv 出租车 /chūzūchē/ cingv tor mienh nyei cie/a taxi; taxi cap.
cie-dang cie m'nqorngv nyei dang/a vehicle's headlight.
cie-douz aengx lorz mangc "douz-cie, cie-ndongh" wuov deix nyei eix-leiz.
cie-gaengh cie nyei gaengh/a car door.
cie-gaengh gingx cie-gaengh wuov kuaaiv gingx/a car window.
cie-gie cie-nqamv/a gearshift to operate a manual vehicle.
cie-gingx cie-m'nqorngv wuov bung nyei gingx/the windshield of a vehicle.
cie-jaa-sic cie nyei jaa-sic/car engine.
cie-jauv niouv cie yangh nyei jauv/a motorway; roadway.
cie-jien niouv cie fai koi cie mienh/a driver; a chauffeur.
cie-laih laih ndau mbienv nie nyei cie. Gj: cie-cenv/a tractor.
cie-liuh 1 cie nyei liuh/a car camper. **2** dapv cie nyei liuh/a car garage.
cie-luic luic mbiauh, luic maeqc nyei cie-luic/a rice mill.
cie-m'zing cie-m'nqorngv nyei dang/a vehicle head light.
cie-mbasv domh zuangx cie, *mbasv* se gaav congh English bus daaih/a bus.
cie-nouh yiem cie siou nyaanh, tengx mienh bieqc cuotv nyei mienh.
cie-ndaix ndaix yangh lungh mingh nyei cie. Gj: nzangv-ndaix/an airplane.
cie-ndaix ciangv cie-ndaix njiec nyei ciangv. Gj: cie-ndaix zaamc/an airport.
cie-ndaix jien niouv cie-ndaix mienh/a pilot for an airplane.
cie-ndaix-mbietv ndaatv guinh mbietv wuov nyungc cie-ndaix/a helicopter.
cie ndaix ndaatv cie-ndaix nyei ndaatv. Gj: nzangv-ndaix ndaatv/airplane wing.
cie-ndaix ndortv cie-ndaix ndortv nyei zei-naanc/airplane crash.
cie ndaix nquin bieqc cie-ndaix gunc lov/to be sick airplane.
cie-ndaix piux maaiz bieqc cie-ndaix nyei piux/a ticket for travel by airplane.
cie-ndaix yunh mborqv jaax cie-ndaix buonv mienh nyei yunh.
cie-ndaix zaamc cie-ndaix, ndaix njiec dingh nyei zaamc/an airport.
cie-ndau gan ndau nyei cie/a land car or vehicle.
cie-ndoc zeiv wuonh ndiangx-ndoc torng daaih nyei zeiv-mau.
cie-ndongh yietc ndongh borqv jiex yietc ndongh nyei cie. Gj: douz-cie/a train.
cie-ndortc yietc laanh i laanh mienh geh nyei cie/a motorcycle.

cie nganx zuqc cie jiex gu'nguaaic nganx zuqc/run over by a car.
cie-nqamv zuqc nqamv gie nyei cie/a gearshift car.
cie-nqongv nqongv dox nie guangc nyei cie/a dump truck.
cie nquin bieqc cie hnyouv gunc lov/to be carsick; airplane sick.
cie nyei jaa-sic cie jun kix fai jaa-sic/a vehicle engine.
cie nziangc zuqc niouv cie nziangc zuqc/to be struck by a car.
cie-nzatc yiem cie zatv mbui born born nyei nzatc/a car horn.
cie-ping cie nyei ping. Gj: cie-yienh/a vehicle tire or wheel.
cie-ping huv cie-ping tong huv mapv/a flattened tire; tire with a hole.
cie-ping mapv cie nyei ping mapv/to have a flattened tire.
cie-ping mau nziaaux cuotv cie-ping mau/to have a soft tire, air leaking.
cie-ping tong (ding) baqv zuqc cie-ping tong/to have a puncture in a vehicle tire.
cie-piux maaiz cie bieqc nyei piux/a ticket for travel by bus, train or airplane.
cie-siepv mingh siepv wuov baan cie/an express train, bus.
cie-sin cie nyei sin/the body of a car.
cie-sou 1 koi cie nyei sou/a vehicle operate manual. **2** guaax hoc cie nyei sou/a vehicle registration.
cie-truck tor huox nyei cie ndaauv, *truck* se gaav congh English truck daaih/a cargo truck.
cie-waenh bieqc duqv siec hietc laanh mienh nyei cie, *waenh* se gaav congh English Van daaih.
cie-yienh cie nyei yietc zungv ping/an entire vehicle wheel.
cie-yienh saeqv cie-ping wuov deix saeqv/the spokes on a wheel.
cie-youh dapv nyungc-nyungc cie nyei youh/gasoline; petrol.
cie-zaamc cie dingh hitv kuonx nyei zaamc/bus or train station.
cie-zinh maaiz cie fai cingv cie bieqc nyei jaax-zinh/bus fare, carfare.
cie-ziouv cie nyei ziouv/the owner of a car, vehicle or a driver.
cie-zoh nqa'haav bung maaih zoh nyei cie/a pick up truck.
cie zong zuqc cie nziangc zuqc, zong zuqc/a car crash, collision.

cie[2] pm. cie mingh cie daaih. Gj: zieh mingh zieh daaih, laih mingh laih daaih to move back and forth.
cie faaux baeng cie jienv faaux/to pull up something by string.
cie geh faaux bungx geh cie jienv geh faaux/to raise a flag.
cie wuom cie longc baeng wuom nyei cie/a water pump.
cie youh baeng youh yiem ndau-ndiev cuotv/to pump gasoline, kerosene.
youh cie buov youh nyei cie/a vehicle or machine that used gasoline.

ciev[1] w. ciev njiec. Gj: tor njiec, baeng njiec daaih/to drag down, tear off.
ciev guangc ciev guangc nzengc/to rip off and throw it away.
ciev hmei-luangh baeng hmei-luangh an zungv. Gj: ciou, tor/to yank vines.
ciev lui houx nanv jienv lui houx baeng ciev njiec/to rip clothes off.
ciev ndutv 扯脱 /chětuō/ tor njiec ciev ndutv mingh/to tear apart.
ciev njiec daaih baeng ciev ndortv njiec daaih/to pull down.
ciev njiec maaz-dauh aaux benx nzung gorngv dingh njiec/to stay.

ciev[2] pm. **1** ciev bieiv mingh ndaangc/to lead the way. **2** ciev bieiv mienh/leader or to be leadership.

ciev[3] cf. ciev zuqc; zorv zuqc. Maaih jauv ciev jienv mv duqv mingh. To delay.
ciev maanc nz. 且慢 /qiěmàn/ liouh njiec manc-manc/to hold back don't rush. *mbuox fin maaih gaa ciev maanc cangx, jiex hoz wuic buangh zoiz saaix wuonh.*

ciev[4] pm. **ciev diuv** dox diuv njiec zaanv bun mienh hopv/to pour wine.
ciev mienv diuv sipv mienv mienh dox bun mienv hopv nyei diuv.

ciex[1] w. mv yuonh, duqv bung hlang duqv bung ciex aiv/to go at an angle.
ceix-do gaatv fietv ciex, gaatv ciex nyei/to cut on a slant, askew.

ciex mingh ciex daaih ndiangx-jauv mv zaqc ciex mingh ciex daaih.

ciex[2] pm. ciex nqoi. Gj: simv nqoi, biaux nqoi, leih nqoi/to avoid, escape from.

cien[1] md. 亲 /qīn/ cien muoz-doic; bungh buonc cien-ceqv/to be kin, intimate.

cien bungh buonc nitv fatv nyei bungh buonc cien-ceqv/people of the same clan, relatives.

cien bungh cien zouv juangc fingx fatv nyei cien/close relatives.

cien-ceqv 亲戚 /qīnqī/ nitv fatv nyei cien mienh; muoz-doic/close relatives.

cien dae maa yungz ganh nyei dae caux maa. Gj: cien diex, cien maac, cien domh mienh/birth parents.

cien dorc nziez juangc dae maa nyei dorc nziez/full sisters.

cien dorn ganh nyei dorn. Dgw: dorn-hlorpv/a natural born son.

cien fu'jueiv ganh yungz daaih nyei fu'jueiv. Gj: cien dorn-jueiv.

cien fun ganh nyei cien fun-faqv/one's own grand children.

cien gorx-youz juangc dae maa nyei gorx caux youz/one's full brothers.

cien i muoz-dorn juangc dae maa nyei i muoz-dorn/a true sibling.

cien i muoz-siqv juangc dae maa nyei wuov i dauh sieqv/a full sister.

cien maa yungz ganh nyei maa. Wed: cien maac. Dgw: maa-hlorpv.

cien mienh ganh nyei cien mienh/one's relatives.

cien muoz-doic juangc dae maa cuotv seix nyei muoz-doic/one's full brothers and sisters.

cien ong cien gux cien nyei ong caux m'gux/one's grandparents.

cien saeng buoqc mouz ganh nyei cien domh mienh diex maac.

cien saeng hiutv-maengc ganh yungz nyei cien fu'jueiv/one's children.

cien saeng naamh nyouz ganh yungz nyei dorn caux sieqv.

cien sieqv ganh nyei cien sieqv/one's blood daughter.

cien youz juangc dae maa cuotv seix nyei youz. Dgw: hlorpv daaih nyei youz, youz-hlorpv.

cien[2] w. cien hnamv/fiev fienx horpc longc nyei jiex gorn waac/dear.

cien hnamv nyei dae fiev fienx bun dae nyei jiex gorn waac/dear father.

cien hnamv nyei maa fiev fienx bun maa nyei jiex gorn waac/dear mother.

cien hnamv nyei maa fiev fienx bun maa nyei jiex gorn waac/dear mother.

cien[3] pm. cien gic yie ganh nyei m'normh duqv haiz jienv ninh gorngv/to hear from one's ears.

cien fienx cien gic ganh nyei m'zing duqv buatc liuz nyei fienx.

cien gic meih ganh meih oix hiuv nor cien gic meih ganh mingh taux wuov muangx. Gj: cin gic.

cien gic yie m'normh haiz yie ganh nyei m'normh duqv haiz.

cien kouv gorngv ganh nyei nzuih duqv caux gorngv liuz aqv.

cien siouv daaix batv ganh nyei buoz nanv batv fiev/to write by one's own hand.

cien zeic duqv buangh ganh duqv buatc buangh liuz/to meet face to face.

cien zeic yie ganh ganh nyei buonv-sin aqv/oneself, personal.

cien[4] zz. cien mbuox, fiev ganh nyei mbuox njiec. Gj: qien mbuox/to put signature.

cien jienv mbuox cien gic ganh nyei buoz fiev ganh nyei mbuox/sign your name, your signature.

cienh w. bingx jienv cienh mangc/to keep an eye on, watch carefully.

cienh mienh cienh zorqv mienh fai daix mienh/to observe closely to a person intent to kill or capture.

cienh mbopv buonv bingx jienv cienh mbopv buonv/to observe a squirrel in order to shoot.

cienh orv cienh orv buonv/to track a game one is hunting.

cienh sieqv cienh lorz sieqv bueix/to ogle the woman.

janx-zaqc cienh mienh janx-zaqc cienh oix nimc ga'naaiv/to watch carefully in order to steal.

ciepv w. ciepv kuotv mangc mienh/to look through a hole.

mingh ciepv dangh mingh mangc dangh to go and take a look at.
yietv ciepv buatc bungx m'zing yietv mangc mingh buatc/to take a quick look and see.

cietv[1] hd. **1** cietv baeqv; cietv hlaax; cietv ziepc. Gj: siec, cic/seven. **2** ei jienv Iu-Mienh nyei leiz yungz duqv siec dauh wuov dauh sieqv oix zuqc cuotv mbuox heuc cietv jiex gorn, beiv hnangv Fux-zoih nyei sieqv nor oix zuqc heuc Cietv Zoih.
cietv baeqv siec baeqv fai cietv baeqv seven hundred.
cietv-fing dang buoqc zangc mienv nyei mienh guaax cietv-fing dang nyei sic/a kind of spirit ceremony.
cietv hlaax da'cietv norm hlaax funx gan yiem-liqc/seventh lunar moon.
cietv hlaax ziepc feix yietc norm jiex zipv nyei hnoi yiem Iu-Mienh nyei leiz se weih jiex Mienv nyei hnyangx.
cietv kouv betv daic zoux gong kouv gau mv fungc aqv/to be exhausted and ready to die.
cietv lungz hniev-soux maaih cietv lungz/seven tael.
cietv nzauh betv yieqv nzauh nzauh yieqv-yieqv nyei yiem/to be all sorrows and misery.
cietv zei betv naanc cietv zei betv naanc bun ndiangx ndaam, buov toi liuz aengx buov ndiangx houv waac bun ndiangx zuqc ndaam naaiv deix zei-naanc.
cietv ziev loz-hnoi fin-mienh nyei siec dauh sieqv dongh da'cietv wuov dauh njiec baamh gen longc baamh mienh zoux nqox, naaiv dauh sieqv nyei mbuox heuc *cietv ziev* eix-leiz se siec dauh wuov dauh sieqv.
cietv ziepc saauv mingh taux cietv ziepc/seventy.
cietv ziepc cietv saauv mingh taux cietv ziepc cietv/seventy seven.
da'cietv da'cietv wuov hoc/seventh
faam-wuonh cietv mbaeqv yietc laanh mienh se maaih buo buon wuonh caux siec buon mbaeqv.
saeng-cietv hlaax-gorn da'yietv wuov hnoi/the seventh day of the lunar month.
yietv cietv yietc norm leiz-baaix/a week or seven day.

cietv[2] gn. ninh cietv jienv cietv ninh nyei mba'biei nzanc siqv nyei/she paint her hair in red color.
cietv-ndiangx yietc nyungc ndiangx zung siqv nyei, guoqv zuqc mienh nor haih buov ndopv siqv daaih butv pokc ziangh kuaaiv nyei.
cietv-setv doqc sou fu'jueiv longc waaz setv nyei cietv-setv, cietv jienv cietv wuov zeiv yangh/crayon.

cim lf. Iu-Mienh buoqc zangc mienv nyei njaaux muonh mangc jai nyei mbungv cuotv cim longx fai ciouv nyei sic.
cim dongh zoux mienv mborqv lorh mborqv nzoz cingv mienv daaih gorngx mienh mangc gaax haaix dauh m'jangc dorn maaih *dongh guotv* fai *yienz dongh ong* nor ziouc haih butv dongh daaih mingh koux douz aqv.
jouh cim mbouv guaax jouh cim nyei sic/to ask spirits for guidance.
mangc cim mangc jai-zuih mbungv nyei kuotv dingc sic nyei jauv-louc/to read the chicken bone.

cimx[1] w. longc nzuqc laic nyei cimx jienv mingh/to pierce deeply using a sharp pointed knife.
cimx fanh ziu yaang longc nzuqc cimx njiec fanh ziu-yaang nyei gorn baeng cuotv dorh mingh zuangx.
cimx gaeng-tiux longc biaav mbeih nyei cimx gaeng-tiux nyei kuotv dangv zorqv gaeng-tiux.
maeqc cimx longc cimx maeqc dorngc maeqv maeqc nyei biaav-cimx.
zeiv-cimx mbungv sunx bieqc daaih se loz-hnoi mienh longc cimx zeiv-linh maeqv zeiv nyei ga'naaiv.

cimx[2] m. japv lunh lui houx nzengc daaih nyei ndie-cimx/cloth left after cutting out the pieces for an article of clothing.

cin[1] hd. saauv taux yietc cin/one thousand
cin baav maaih cin baav hnangv maiv maaih camv/only few thousands.
cin horngh maanc muotc yiem lungh ndiev nyei nyungc-nyungc ga'naaiv/all things under the heaven.

cin lengh deix yietc cin lengh deix/a bit over one thousand.

cin waanc 十亿 /shíyì/ saauv mingh taux cin waanc/one billion.

ziepc cin waanc saauv mingh taux ziepc cin waanc/one trillion.

cin[2] pm. mouc-cin mouc-maanc nyei camv gau mv fungc aqv/innumerable.

cin gic cin gic duqv buangh. Gj: cien gic/to meet someone personally.

cin go louc winz mingh jauv go haic nyei dorngx/very far from.

cin jaa ndongc m. Iu-Mienh (Yao) nyei gouv-douh zunh gorngv loz-hnoi yiem Zong Guoqv Hu-naamh saengv (Hunan province, China) maaih laangz mienh maaih taux yietc cin buonc, cingx daaih ei naaiv heuc cin jaa ndongc.??

cin jiem nyutc nyouz butv zoih mienh nyei sieqv/a girl of wealthy family.

cin-maanc meih mv wuic ziouh wuom nor cin-maanc maiv dungx biu njiec wuom. Gj: cin-maanc cin/definitely; absolutely; surely.

cin ziangx an lai zouv nyei nzauv-suiv wuom/seasoning water.

cin zingh maanc eix maaih hnamv nyei hnyouv ndongc yietc cin, yietc waanc.

cinh w. **cinh ninh** cinh ninh guangc jienv naaiv maah/just leave it there.

cinh ninh aqv niaa mv dungx zoux aqv don't bother it; leave it alone.

Cinh Zeiv Mienh bm. yietc guanh yiem Zong Guoqv caux D.N Asia nyei Yao Mienh, ninh mbuo heuc ninh mbuo ganh se heuc Munh.

sern cinh ziangh daaih m'daaih hnangv naaic/born to be that way.

cinx pm. cinx haic gatc haic nyei mienh/a person who concerned with details.

hnyouv cinx hnyouv gatc njapv haic/to be precise and meticulous.

mienh cinx mienh njapv; gatc; qaqv jaaix nyei mienh.

nyanc duqv cinx haic cietv zanv betv zanv nyei nyanc/to eat every last crumb.

cing[1] w. **1** cing nyei; mengh nyei/to be clear; clearly. **2** cing-nzengc/clean; pure; holy. **3** mengh nyei/intelligible.

cing-diuv mv zorpc haaix nyungc nyei diuv/pure wine.

cing-lai zouv cing nyei lai/vegetable steamed or cooked without add any salt.

cing-nzengc nzengc nyei/clean; pure or holy. Dgw: uix, laih hlopv.

cing-nzengc mienh fioux buonv-sin mv longc auv longc nqox nyei mienh.

cing-suiv 1 nzang nyei wuom/clear water. **2** cing-jaa yinh tengx gapv huon wuov dauh sipv mienv ong.

cing-tin lungh nzang nyei maiv maaih mbuonx/clear or cloudless sky.

cing-wuom cing maiv qoqc nyei wuom a'fai wuom-baeqc/clear water.

cing-zouv baeqc zepc mv an hmei-nzauv zouv nyei cing-lai/to cook simple way without any seasoning.

cing[2] pm. **bun cing** gorngv mengh baeqc bun bieqc hnyouv/to make clear.

cing-baeqc 1 bun hiuv cing nyei mengh nyei/to clarify. **2** maaih paaiv-mengh nyei. Gj: cing-baeqc dorngx.

cing-cing baeqc baeqc porv mengh koi nqoi taan jienv cing nyei. Gj: cing-cing gitv-gitv/everything go smooth.

cing-cing cov-cov cing nyei mengh nyei hungx-heic bieqc hnyouv nyei/all clear and understandable.

cing cov nzengc zoux ziangx gong cing cov nzengc. Gj: sung nzengc.

cing-corng baengc nziaauc dorn nziaauc sieqv nyei baengc. Gj: houh nyaangh baengc/venereal disease.

cing-gitv buang waac bun fiou zienh gengx singx nyei mienh zoux sung jauv cing-gitv baengh orn aqv/well done and be trouble-free.

cing gorngv porv mengh gorngv muonc bun bieqc hnyouv. Gj: gorngv cing.

cing mienh zoux zorng-zengx nyei cing mienh/an honest person who to be a witness.

cing[3] nyc. **1** cing-jaa doic. **2** cing jaa yinh. 3. cing jaa mienh/zoux cing-jaa.

cing-jaa 1 auv-nqox nyei i bung domh mienh heuc doic se heuc cing-jaa/a term of address used for each other by the parents of the bride and groom. **2** zoux cing-jaa/a wedding party.

cing-jaa-bueiv mbuangz nyei maa nyei weiv yie heuc cing-jaa-bueiv.
cing-jaa-die fun-dorn fai fun-sieqv nyei ong-daa, ong-bouc yie caux yie nyei auv heuc cing-jaa-die.
cing-jaa-diex youz, gorx, dorc, mouc fai auv nyei gorx, nauz, dorc, nziez nyei ong-daa, ong-bouc yie caux yie nyei auv heuc *cing-jaa-diex. Gj*: jaa-diex.
cing jaa doic auv nqox i bung nyei die maa se benx cing jaa doic/both side parents of a couple
cing-jaa domh nauz auv nyei gorx nyei cing-jaa yie heuc cing-jaa-domh nauz yie nyei auv heuc *cing-jaa-gorx.*
cing-jaa-dorc auv nyei dorc nyei cing-jaa-nyeiz yie caux yie nyei auv heuc *cing-jaa-dorc* ninh nyei nqox yie heuc *cing-jaa-bueiv* yie nyei auv heuc *cing-jaa-weiv.*
cing-jaa-dorn 1 dorn nyei *cing-jaa* yie caux yie nyei auv heuc *cing-jaa dorn.* **2** zoux cing-jaa-dorn/a minor wedding.
cing-jaa-fun fun-dorn fai fun-sieqv nyei *cing-jaa* yie caux yie nyei auv heuc *cing-jaa-fun.*
cing-jaa-gorx gorx nyei cing-jaa-gouv yie heuc *cing-jaa-gorx* yie nyei auv heuc *cing-jaa-baeqv* ninh nyei auv yie heuc *cing-jaa-nyaam* yie nyei auv heuc *cing-jaa-juoh.*
cing-jaa-gou yie nyei nqox nyei dorc nyei cing-jaa-nyeiz yie heuc *cing-jaa-gou* yie nyei nqox heuc *cing-jaa-dorc* ninh nqox yie *cing-jaa-njiez* yie nyei nqox heuc *cing-jaa-weiv*
cing-jaa-gouv auv nyei dae caux nqox nyei dae se benx i dauh cing-jaa-gouv.
cing-jaa-gux dorn nyei maa-diev nyei gux fai sieqv nyei maa-bouc nyei gux yie caux yie nyei auv heuc *cing-jaa-gux*
cing-jaa hnaangx cing-jaa mienh nyei hnaangx/a wedding meal.
cing-jaa leiz zoux cing-jaa nyei guei-jei leiz-nyeic/a wedding customs.
cing-jaa-maa dorn nyei maa-diev nyei maa fai sieqv nyei maa-bouc nyei maa yie caux yie nyei auv oix zuqc heuc *cing-jaa-maa.*
cing-jaa-maac gorx, youz nyei maa-diev fai dorc, muoc nyei maa-bouc yie caux yie nyei auv heuc *cing-jaa-maac.*
cing-jaa-miangh auv nyei nauz nyei cing-jaa-nyeiz, yie caux yie nyei auv oix zuqc heuc *cien-jaa-miangh,* ninh nyei nqox yie caux yie nyei auv oix zuqc heuc *cing-jaa-nauz.*
cing-jaa mienh sieqv bung nyei die maa cingv mingh nyanc cing-jaa hnaangx nyei kaeqv mienh.
cing-jaa-mouc muoc nyei cing-jaa-nyeiz yie caux yie nyei auv heuc *cing-jaa-mouc* ninh nyei nqox yie caux yie nyei auv heuc *cing-jaa-njiez.*
cing-jaa-nauz auv nyei nauz nyei cing-jaa-gouv, yie caux yie nyei auv heuc *cing-jaa-nauz.*
cing-jaa-njiez mouc nyei cing-jaa-gouv yie caux yie nyei auv heuc *cing-jaa-njiez.*
cing-jaa-nyaam 1 nyaam nyei cing-jaa-nyeiz yie heuc *cing-jaa-nyaam* auv heuc cing-jaa-juoh **2** mbuangz nyei *cing-jaa-nyeiz* yie caux yie nyei auv yaac heuc *cing-jaa-nyaam.*
cing-jaa-nyeiz auv nyei maa caux nqox nyei maa se benx i dauh cing-jaa-nyeiz.
cing-jaa-nziez auv nyei nziez nyei *cing-jaa-nyeiz* yie caux yie nyei auv heuc *cing-jaa-nziez.*
cing-jaa-ong laangh fai mbuangz nyei ong yie caux yie nyei auv oix zuqc heuc *cing-jaa-ong.*
cing-jaa-sieqv sieqv nyei *cing-jaa-nyeiz* yie caux yie nyei auv heuc *cing-jaa-sieqv.*
cing-jaa-weiv 1 laangh nyei dorc nyei nqox yie caux yie nyei auv heuc *cing-jaa-weiv.* **2** dorc nyei cing-jaa-gouv, yie yaac heuc *cing-jaa-weiv*, yie nyei auv heuc *cing-jaa-njiez.*
cing-jaa-yinh mbenc hnaangx zoux cing-jaa nyei yinh/a wedding party.
cing-jaa-youz youz nyei cing-jaa fai auv nyei nziez nyei cing-jaa-gouv, yie caux yie nyei auv heuc *cing-jaa-youz.*
cing-suiv ong yiem zoux cing-jaa yinh tengx gapv huon wuov dauh sipv mienv ong/a spirit priest at a wedding.
domh cing-jaa zoux baaix dorngh buo hnoi buo muonz nyei cing-jaa.

gorngv cing-jaa gorngv horpc haaix zanc zoux cing-jaa. Wed: gorngv cien fai gorngv sieqv/to propose a marriage.

guaan cing-jaa sieqv bung nyei die maa yuoqc cingv daaih houc cing-jaa nyei kaeqv mienh.

houc cing-jaa mingh houc mienh zoux cing-jaa/to joint a wedding party.

i cing-jaa auv-nqox nyei i bung domh mienh se benx *i cing-jaa*. Gj: cing-jaa doic/parents in-law of either the bride or the groom.

zoux cing-jaa 1 mbenc hnaangx zoux cing-jaa/to hold a wedding celebration. **2** sieqv nyei die maa cingv mingh zoux cing-jaa nyanc hnaangx nyei mienh/the wedding guests from bride's side.

cing[4] cm. mienh nyei setv-mueiz mbuox, beiv hnangv, Zoih Cing nyei sieqv Naix Cing fai ninh nyei dorn Gauv Cing.

cing[5] gn. ga'naaiv nyei jiex gorn mbuox.

cing-corng baengc ndopv huv nyei baengc. Gj: gomh huv baengc/leprosy

cing-dui cing-hnui, cing-dui/calf leg.

cing-guonx zoux sai ong longc sipv mienv wuov diuh biaav/the sacred staff of a priest.

cing-jaang cing-mborqc caux zaux-mueic mbu'ndongx wuov douc zaux/leg between ankle and knee.

cing-jaang mbungv cing-jaang nyei mbungv/the bones of the lower leg.

cing-mengh zipv feix hlaax saeng-hmz se Iu-Mienh jiex baaix ong-taaix zouv nyei zipv/the Mien memorial day.

cing-mborqc cing-mborqc/the knee.

cing-mborqc njanz yangh jauv njiec jiez haiz cing-mborqc sui njanz.

cing-mborqc nqaaix cing-mborqc wuov norm nqaaix/a kneepad or knee cap.

cing-sen nz. lomc-ndiev; gemh maeng ndiev/jungle, green forest.

cing-sen juoqv ndiev zw. gemh maeng ndiev/under the green forest.

cing-sernv ndiev cing-mborqc ga'ndiev maengx/the area behind the knee.

cing-zorng nza'hmien maengx bung cing-jaang/the shin.

cing-zorng biei cing-zorng wuov deix biei/the hair of the shin.

cing-zorng mbungv cing-zorng nyei mbungv/shin bone.

cing[6] pm. hnyangx-jeiv cing; corc lunx/to be youthful; young age.

cingh nz. cingh zieh, naang fai haih benx naang nduov mienh nyei mienv.

cingh doih yiem wuom-ndoqv ziangh jienv-la'bieiv maeng nyei wuov nyungc ga'naaiv/lichen; pond scum.

cingh guonx mbiaic zoux lai nyanc nyei cing-guonx mbiaic/asparagus.

cingh guonx naang ben yietc ganc yietc ganc wuov nyungc naang/a banded krait snake.

Cingh Zieh m. **1** yietc zungv orqv haic nyei mienv. **2** naang/Serpents.

Cingh Zieh Faatv naang njaaux njiec bun mienh zoux orqv nyei faatv-douc/a back magic, evil magic or harmful magic. Dgw: loz-guon faatv.

cingv[1] w. cingv mienh daaih tengx zoux gong/to hire, to engage the service.

cingv gong cingv mienh daaih tengx zoux gong/to hire a worker.

cingv gong-hnoi cingv yietc hnoi nyei gong/to hire by day.

cingv gong nyei mienh gong-ziouv fai cingv gong nyei ziouv/an employer.

cingv leiz-sai cingv daaih tengx caengx sic nyei mienh/to hire a defend lawyer.

cingv mv dongz hemx zunc nzuih mv duqv nyei mienh lueic mienh/unable to get someone to move.

cingv mv jiez gong-zinh ba'laqc hlang haic cingv mv jiez/unable to afford to hire someone.

cingv mienh zoux cingv mienh tengx zoux/to hire someone to do the job.

cingv nyunc cingv mienv daaih houv jienv nyunc, se gorngv mienv cui liuz nor oix zuqc ziec nyunc.

cingv sai mienh cingv zoux sai mienh daaih sipv mienv/to hire a spirit priest.

cingv singx zuqv m'sieqv mienh lui laqc heix cingv mienv daaih yiem wuov mienv-fangx.

cingv[2] dl. dorh leiz waac heuc mienh, *beiv hnangv* cingv souv jiez; cingv zueiz njiec/please stand up; please sit down.

cingv kaeqv cingv yuoqc kaeqv mienh to invite guests.
cingv kaeqv ziouv zoux ziouv cingv kaeqv nyei mienh/to be a host.
cingv meih daaih oc meih ndongc haaix yaac daaih oc/please come.
cingv nyanc hnaangx yuoqc mienh caux hnaangx/to invite guest for a meal.
cingv nyei fienx fiev mingh cingv kaeqv nyei fienx/a written invitation
cingv nyei kaeqv cingv daaih wuov deix mienh/an invited guest.
cingv piux maaiz cingv kaeqv mienh nyei piux/a guest's ticket.
cingv souv jiez heuc mienh souv jiez nyei dorh leiz waac/please stand up.
cingv tipv 请帖 /qǐngtiě/ cingv kaeqv nyei fienx/invitation card.
cingv zueiz njiec heuc mienh zueiz njiec nyei dorh leiz waac/please be seated.

cingx w. ninh ndorm-ndorm mingh zoux gong aanx *cingx* gong-ziouv zunc ninh cuotv gong. Gj: ziouc/therefore; thus.
cingx jang lauh ndongc norm baav ziangh hoc jiex daaih/laaix longc nyaanh henv *cingx* mv maaih nyaanh/oix zuqc jienh fioux biauv *cingx* haih duqv biauv nzengc nyei yiem.

ciou[1] bt. 发作 /fāzuò/ ciou buoz-zaux nyuotv junh nzengc nyei baengc/to have seizure or convulsions.
baengc-ciou butv daaih ciou nyei baengc/to have epilepsy.
ciou ngaengc nzengc ciou buoz-zaux ngaengc/to have seizure and go rigid.
ciou ngau nzengc ndiangx nyiemz zoux bouv-baengx nqaai daaih ciou ngau.
ciou nyei baengc butv ciou nyei baengc to be epilepsy.

ciou[2] zh. 秋 /qīu/ ciou-gen hnoi/during an autumn season.
bungx ciou dorh zeiv-gorngx kuangx an ndeic bun goux ndeic nyei mienv.
ciou-buang ciou gueix borngz nyei nziaaux/breeze of autumn.
ciou-gen ciou gueix hnoi. Gj: ciou gen hnoi/during autumn.
ciou gueix 秋季 /qīujì/ gan yiem-liqc *cietv hlaax* lorz *juov hlaax* mbiungc camv nyei hnoi, gan yaangh liqc se *betv hlaax* lorz *ziepc hlaax*/autumn season.
ciou setv miev maeng nyiemz nyei ziangh hoc/autumn scenery.
ciou-sing gaeng-gueiv yangx cun heuc nyei ziangh hoc.
ciouv-zeiv dorh mingh kuangx ndeic bun ndeic-mienv nyei zeiv gorngx.
cun-ciou cun gueix njiec zuangv caux ciou gueix siou laangh ziqc nyei hnoi.

ciou[3] zz. ciou leic zinh/the interest on a cash loan in advance.
bungx in-ciou gaav in bun mienh aengx longc leic nzuonx yietc lungz ciou nyic lungz/opium loan with double interest.
ciou jienv mingh jaa jienv leiz zinh mingh/to add interest to the principal.
jaauv ciou-zinh kungx jaauv leic zinh hnangv/to pay only interest.
yietc baeqv ciou ziepc gaav $100 nyaanh bun mienh yietc hlaax ciou leic zinh $10 ndornh/to lend $100 for someone and earn interest $10 a month.

ciou[4] w. ciou hmei-luangh/hmei-luangh mbiorngz zuqc maeqc yie oix zuqc ciou guangc mingh. Gj: ciev/to pull the vine warped and twisted .

ciouh m. jaaix haic nyei *ciouh-dunc* lui houx/an expensive clothes.
ciouh ndie lunh lui-houx jaaix haic nyei *ciouh ndie*/silks cloth.
zuqv ciouh dunc zuqv jaaix haic lui houx/to dress in fine clothes.

ciouv[1] pm. hnyouv ciouv; maengc ciouv; ziangh duqv ciouv; nyanc duqv ciouv. Gj: orqv, doqc, uv. Dgw: suonc, wuonh bernv fernx/violent, contentious, mean, vicious, fierce, bad.
ciouv-ciouv nyei nauc gorngv waac hlo ciouv-ciouv nyei/to shout angrily.
ciouv fangx ziangh duqv fangx zeiv ciouv maiv nzueic yietc deix.
ciouv haic 1 kungx hemx mienh hnangv ciouv haic/so mean **2** haih ngaatc mienh nyei ciouv haic.
ciouv setv ziangh duqv fangx zeiv aqc mangc ciouv setv haic/an ill-fortune.
ciouv zaanh zengc maiv maaih mienh oix longc nyei buonc/to be nasty one.

gorngv ciouv qiex jiez gorngv waac ciouv bun/to use vicious words.

hemx ciouv njutc njutc nyei hemx ciouv/a rebuke severely.

hmien-mueic ciouv ziangh daaih maaih ciouv nyei fangx zeiv/a vicious face.

hnyouv ciouv maaih ciouv nyei hnyouv. Gj: doqc, cunv, orqv/mean or touchy minded.

maiv dungx zoux ciouv gorngv longx hnangv maiv zoux ciouv bun/don't be fierce to them.

zoux ciouv bun zoux hiuang-hienv haeqv/to act fierce toward.

ciouv[2] aengx lorz mangc "bingx-ciouv" wuov joux nyei eix-leiz.

cipv w. dorh zouc mingh cipv jienv wuov zouc-ndongh/to stick an object in something.

cipv biangh dorh biangh mingh cipv jienv biangh ndongh.

cipv ga'maeqc zorqv ga'maeqc cipv buangv nzengc jui mingh/to stand ears of corn upright in a back basket.

cipv geh zorqv geh nyatv jienv biaav cipv njiec ndau mingh/stick a flagpole with a flag on it in the ground.

cipv jienv congx jun-zaah cipv jienv congx mingh zoux gong.

cipv jienv paiv zorqv nzuqc cipv jienv nzuqc paiv/to stick a knife in the sheath.

cipv wuov njongc dorh ga'naaiv mingh cipv wuov njongc/to stick something into the wall.

ciqv[1] m. yietc ciqv/a measurement of one inch/12 ciqv se yietc cunx/12 inches or one foot.

ciqv[2] pm. ciqv norm lorqc, lorqc jienv hieh mbeu/to knit or braid.

ciqv baav gaanv ciqv gaanv daaih puotv ndau. Gj: nyatv, gitv/to make a broom.

ciqv buic-gi lui longc buic-gi suix ciqv lui/to knit a sweater.

ciqv jaux-lorqc ciqv lorqc, lorqc jienv jai-jaux/to knit net for holding an egg.

ciqv limc longc nyaanh finx ciqv limc/to make a silver chain.

ciqv mungz ciqv borngz mbiauz nyei mungz/to make a fishing net.

ciqv suqv longc mbiauh qaauv ciqv suqv zoux heh daapc.

ciqv[3] gn. ndiangx ciqv haic borngz maiv nqoi/to be cross-grained.

zong-biei ciqv jienv zong nyei biei ciqv gitv jienv doic/to be tangled.

citc[1] m. zoqc gau div dien citc hnangv/a very small amount of something.

citc[2] q. longc wuom-jaangh bungx jienv wuom fuqv miev mbui citc, citc deix.

citv[1] pm. da'mueiz laic citv-citv wuov/to be pointed at the end.

haac-baah citv haac-baah ndaauv nyei citv-citv wuov/a pointed chin.

citv[2] pm. ninh tiux siepv gau *citv-citv* nyei yie zunc maiv zaaic/running very quick.

toux citv-citv tiux toux tiux siepv citv citv nyei mingh/a rabbit run fast.

citv[3] aengx mingh lorz mangc "baeqc citv" wuov joux nyei eix-leiz.

ciu m. longc long ndau zuangx caa nyei ciu/a spade with a long handle and narrow blade, used for digging holes for posts.

ciu-baengx zaengx ciu wuov nqanx ndiangx/a handle for spade.

ciu-tongv ciu-baengx topv bieqc zaengx ciu wuov norm tongv.

ciuv w. caauv fanh ziu qorqv congx zuqc mba'zorng ciuv. Gj: a'ciuv, aav ciuv, hatv ciuv/to sneeze.

butv a'lerh njih ciuv benx a'lerh njih baengc ciuv/to affected by allergy and sneeze.

ciux m. nyatv heh hlaang ciux jienv bun ganh maiv aqc jaiv/to tie a shoelaces in a bow.

nyatv-ciux ciux jienv nyatv/to tie in a bow. Dgw: nyatv-daic.

coc pm. coc aengx; coc maiv gaengh; coc maiv hiuv. Gj: corc/still, even yet.

coc maaih deix aengx zengc deix/still have some more left.

coh q. mienh camv gorngv waac muangx maiv haiz waac-norm, kungx haiz coh coh nyei hnangv/the sound of a hubbub.

cov[1] pm. sung nzengc mv maaih haaix nyungc nyauv aqv/to be cleared.

ca'laangh cing cov gorngv horpc cing cov nzengc mi'aqv/everything clear.

maiv cing maiv cov mv cing mv cov nyei/to be distinguishable.

cov[2] nz. 草 /cǎo/ miev, benx nzung gorngv nyei waac/grass.

cov mienx deic duang ndau-beih maaih miev buangv nzengc/the ground is full of grass.

cov[3] m. dang-cov, dapv dang buov njang wuov/a wick for a lamp.

cov dang-cov longc sim cunx bieqc dang-cov liuz hlutv jienv mingh maeqv nqoi/to squeeze open.

dang-cov-ganx dang zieqc liuz daic mingh nyei dang-cov ganx.

ga'sie mun-cov ga'sie nziuv-nziuv nyei mun/to have stomach sharp pain.

cov[4] aengx lorz mangc "ngongh faan cov" wuov joux nyei eix-leiz.

cox w. cox lunc; cox lunc jaa-dingh; cox nyinh cox nyouz. Gj: ceux, caaux, cuoqv/to stir up through gossip and conflict each others.

cox lunc gorngv waac-huv ceux lunc nyei sic/to stir with gossip.

cox nyinh nyouz gorngv waac-huv lo haaix cox lunc/gossip.

cox nyinh nzaeng nyouz zorx waac bun mienh nzaeng jaax liouh lunc nyei sic/to create trouble through gossip.

coiv[1] w. dopc ndoih hlo zungx ndau nzaeqv daaih coiv-coiv wuov.

mbuoqc coiv-coiv nyei dapv ga'naaiv camv zungx mbuoqc doic cuotv daaih coiv-coiv wuov.

coiv[2] pm. liuc leiz/yie mbuox meih maiv dungx nzuqv mbiungc gorngv yaac mv muangx butv haa daaih nor yie mv coiv meih aqv. Gj: cortc.

coix[1] nz. lai; lai-coix, zoux camv-nyungc lai-coix don buangv nzengc dieh nzangh nzangh nyei.

coix[2] aengx mingh lorz mangc "jouv-coix" wuov joux nyei eix-leiz.

Colombia m. 哥伦比亚 /gēlúnbǐyà/ se yietc norm guoc jaa yiem D.B bung maengx naamh Meiv Ziou, hungh zingh mungv nyei mbuox heuc Bogotá.

Colorado m. 科罗拉多州 /kēlēlādūozhōu/ se yietc norm ziou, yiem Meiv Guoqv fai bung maengx, ziou nyei domh mungv heuc Denver.

com w. com zorpc doic. Gj: peux, zorpc, caux/to mix together with.

com bieqc yie gorngv mv gaengh ziangx ninh ziouc com bieqc daaih ciangv jienv gorngv aqv/to interrupt with.

com ndie camv-nyungc ndie com zorpc jienv/to compound medicine.

com ndie biauv maaic ndie caux peux ndie nyei biauv/a pharmacy.

com waac dongh dangh gorngv waac com zuqc doic/overlap with the talk of others, talk at the same time.

com zorpc jienv dox njiec zorpc jienv doic/to mix together.

longc auv-nqox com dorng jaa caux ganh fingx mienh/to intermarry.

comh w. nzauz naaiv nzauz wuov daaih gorngv comh/to spread rumors.

comh cuotv waac nzauz mienh gorngv cuotv la'nyauv nyei sic daaih/to spread rumors and became gossip.

comh waac-huv nzauz mienh gorngv nyei sic/gossip talk.

comv q. yie biu njiec wuom-domh comv dangh/the sound of water being splashed.

comv comv deix oc mbuox gu'nguaaz nzaaux sin nyei waac/to tell a baby to take a bath.

comx[1] q. yie haeqv zuqc gaengv biu bieqc wuom cih cungx comx nyei.

comx-comx nyei ninh yangh jauv jiex wuom comx-comx nyei.

comx[2] pm. daapc cuqv jiex daauh torngx liuz nqa'haav wuov torngx se heuc *comx, comx doix* fai *comx hmeiv*/to pound rice grains a second time.

comx[3] pm. zaux comx bieqc wuom-bamc ndorngh/to step into mud.

comx bieqc douz-nzauc zaux comx bieqc douz-nzauc mingh/to step one's foot into a fire.

comx wuom-baamc yangh jauv comx jiex wuom-baamc/to walk through the muddy area.

comx zuqc hlaang-hlopv zaux mingh comx zuqc zaeng nyei hlaang-hlopv ziouc hlopv jienv zaux aqv/step into a slip knot.

Comoros m. 科摩罗 /kēmōluó/ yietc norm koiv-nzou guoqv, se yiem D. N. bung maengx Africa caux India mbu'ndongx hungh zingh mungv Comoro Island.

conh aengx lorz mangc **cernh** wuov joux nyei eix-leiz.

cong[1] m. ga'naaiv ndaang nyei mbuox heuc *cong*/an onion.

cong-dorn cong-normh faix muonc wuov nyungc cong. Gj: cong-muonc/a small leaves onion.

cong-normh cong nyei normh. Dgw: cong-ndoih.

cong-ndoih cong nyei ndoih/the root of an onion.

domh cong normh cou ndoih yaac hlo wuov nyungc cong/a large union.

cong[2] gq. cong-mengh wuonh zaang/the wisdom, insight, understanding.

cong-mengh guai maaih cong-mengh mbienv-mbeux longx/wisdom.

cong-mengh aiv maiv guai/a low level of wisdom.

cong-mengh hlang guai mbienv-mbeux longx/a high degree of understanding.

cong-mengh jauv mangc mienh guai fai mv guai nyei buoz-zaangv-jauv/a palm line used to tell about a person's wisdom.

cong-mengh lienh lix hnyouv nziaaux guai-qaauv nyei sic/highly intelligent.

cong-mengh mienh guai-qaauv wuonh zaang nyei mienh/a wise person.

cong-mengh waac 箴言 /zhēnyán/ **1** guai-qaauv mienh gorngv nyei waac/a word of wisdom. **2** yietc buonv zengx-ginx sou nyei mbuox/a book of Proverbs in the Bible.

longc cong-mengh longc guai nyei jauv hoqc hiuv lungh ndiev/to use wisdom.

maaih cong-mengh hnyouv nziaaux, fai guai nyei jauv/to be wisdom.

cong[3] w. gorngv waac cong zuqc mienh qiex jiez. Gj: cuoqv, daux, baamz/to offend or cause to become angry.

gorngv waac cong zuqc gorngv cuoqv zuqc mienh qiex jiez/to say something against a person.

congh[1] w. 保护 /bǎohù/ dae mborqv fu'jueiv maa mingh congh. Gj: caengx, bouc, taaih/to advocate or voice one's support for someone.

congh cien-ceqv cuotv qiex tengx muoz doic nzaeng/to voice one's support for relatives.

congh fu'jueiv cuotv qiex fai cuotv qaqv mingh congh fu'jueiv/to support or to defense one's child.

congh maiv jiez bouc maiv jiez/to be ineffective defense.

congh qiex 倡导 /chàngdǎo/ cuotv qiex tengx nzaeng/to voice one's support.

congh qiex mienh tengx congh qiex nyei leiz-sai/a defense lawyer.

congh[2] wj. 发誓 /fāshì/ laengz ngaengc waac bun doic/to swore an oath.

nyanc congh 发言餐 /fāyáncān/ nyanc congh laengz waac bun doic wuov donx hnaangx/to eat an oath meal.

congh[3] w. 从 /cóng/ yie congh 1981 wuov hnyangx daaih Meiv Guoqv. I came to America since or from 1981.

congh daauh dangh congh cor hoqc jiex gorn wuov zanc/starting from original.

congh fiuv mv buatc jiex congh faix taux ih zanc mv buatc jiex/I have never seen since I was a little.

congh fiuv mv haiz jiex congh faix taux ih zanc mv haiz jiex/I never heard since I was a little until now.

congh gorn yietc nyeic congh gorn zueih yietv zueih nyeic daaih/to start from the beginning and detail.

congh Taiv-deic daaih congh janx-taiv deic daaih/to have came from Thailand.

congh[4] gg. gaeng-gueiv/general insects.

maauh congh gaeng-biei/a caterpillar.

congh[5] aengx lorz mangc "iv congh caux nyunc congh" nyei eix-leiz.

congx[1] b. 枪 /qiāng/ yietc baengx congx/a rifle; a gun; firearm.

buonv congx ziangx haih buonv duqv ziangx haic/to shoot accurately.

buonv orv congx longc buonv orv nyei congx/a hunting rifle.

congx-cang congx-dueiv zaengx jienv cang wuov nyei congx/a rifle with a fixed bayonet.

congx-faang dapv congx nyei faang/a gun case or box.

congx-gaepv buonv orv congx, dongh an gaepv nyorqv bun ninh mbeux wuov nyungc congx/a muzzle-loaded rifle.
congx-hlaang nyatv congx buix nyei hlaang/a gun strap
congx-korqv ndiangx zoux daaih buang congx nyei korqv/the gunstock.
congx-kou kou congx nyei hlieqv-kou
congx-lamz hungh baeng dapv congx nyei lamz/an arsenal, armory.
congx mbeux buonv congx mbeux cuotv/the gun go off.
congx-mbuoqc longc dapv congx nyei mbuoqc/a gun bag.
congx-nangv dorh gan sin nyei congx/a pistol; a handgun.
congx-ndaauv ndaauv nyei congx fai buonv orv congx/a rifle.
congx-nqunx congx nyei buonv yunh cuotv wuov norm nqunx. Gj: congx-kuotv/the muzzle of a gun.
congx-nyoi congx-dueiv ziux mingh doix mbaeqc wuov norm nyoi.
congx-paiv congx nyei dapv yunh wuov norm paiv. Gj: yunh paiv/a holster for a gun, a case for a gun.
congx-panh tiu waan congx mbeux nyei panh tiu/a trigger of a gun.

congx-qiex **1** buonv congx mbui nyei qiex/the sound of fired a gun. **2** longc qiex zungx buonv a'nziauc nyei congx an air rifle.
congx-tiux buonv liuz yunh ganh haih tiux faaux congx-nqunx wuov nyungc congx/an automatic gun.
congx ziangx ziux haaix buonv zuqc haaix nyei congx/very accurate gun.
domh congx buonv jaax nyei domh congx/a large artillery piece.
mborqv jaax congx dorng baeng mienh buonv jaax nyei congx/military weapon or a machine gun.
seix congx mbaeqc buonv seix congx mbaeqc/to shoot at a target.

congx[2] m. congx congx nyei gong/to do the embroidery work.
congx-beu njunc beu congx wuov kuaaiv ndie fai bux/a piece cloth for wrap up the embroidery.
congx-beu-ndaan dapv congx-beu nyei ndaan. Gj: cong-beu-jiuc/a small basket for keeping the embroider stuff.
congx biangh congx benx biangh daaih/to do embroider designs.
congx-buonv zoux buonv mangc nyei congx/a sample embroidery.
congx congx zoux congx congx nyei gong/to do embroidery.
congx mbaaix congx sieqv-yiem-biauv daauh hnoi congx mbaaix congx.
congx-ndapv-nyatv congx ndapv jienv nyatv mingh nyei congx.
congx-sieqv congx nyei mbuox/a name of embroidery.
congx-tiu congx tiu jienv mingh nyei congx/grid stitch embroidery.
congx ziangx **1** congx ziangx congx mi'aqv/finished doing embroider work. **2** buonv ziangx haic nyei congx/a gun that shoot very accurate.

congx[3] pm. douz-sioux congx/maiv buov in-mbiaatc mienh siouc maiv duqv ninh nyei sioux congx zuqc.

congx[4] wj. longc bouv-paiv nzom ndiangx congx norm kuotv/to make a hole.
congx caa-kuotv longc bouv nzom congx kuotv/to a hole through.
congx tong nzom tong norm kuotv/to a hole through something.

congx[5] w. ndaaih nyei wuom hlo congx bieqc ndoqv-dorn.

Congo m. 刚果 /gāngguǒ/ yietc norm guoc jaa yiem nzuonx deix fai bung Africa, hungh zingh mungv heuc Kinshasa.

Connecticut m. yietc norm ziou, yiem D.B bung maengx Meiv Guoqv, ziou nyei domh mungv heuc Hartford.

copc q. nziuc guaa mbui copc copc nyei qiex. Gj: qopc/the sound of crunchy between chewed.

copv q. biu nzuqc mingh nzopv zuqc guaa copv dangh/the soft thud sound of an object being pierced.

coqv[1] w. **1** coqv zuqc m'zing/to get poke in the eye. **2** coqv mienh zoux longx fai zoux waaic/to provoke.
coqv-huv gorngv waac-huv nduov mienh nzaeng jaax nyei sic/to incite.

coqv lunc nzengc gorngv haeqv nduov mienh lunc nzengc/to provoke and produce all confusion.

coqv mienh zoux waaic gorngv nduov mienh zoux waaic sic/to stir up people to make trouble.

coqv[2] wj. coqv jang; coqv hoqc; coqv hoqc taux. Wed: koqv hoqc, cor hoqc/just.

coqv jang mingh cor hoqc jiex gorn mingh/just beginning the journey.

coqv hoqc nyie daaih cor hoqc nyie daaih/just wake up.

cor w. daauh dangh; cor hoqc jiex gorn wuov zanc/at first, original.

cor faanz baamz leiz-latc da'yietv nzunc fai daauh nzunc/first offend.

cor zinh zinh ndaangc loz-hnoi wuov zanc/in ancient time.

dongh cor zinh ndaangc cor hoqc jiex gorn wuov zanc. Gj: loz-hnoi, zinh cor, zinh hingv/in ancient time.

corc pm. yie corc maiv hiuv naaiv joux waac nyei eix-leiz/ninh corc maaih dauh youz-laai. Gj: coc/still, yet.

corc buatc nyei corc mangc buatc jienv nyei/still can be see.

corc bueix jienv nyei bueix njormh jienv maiv gaengh nyie/still sleeping.

corc go nyei corc mingh maiv gaengh taux fatv/still be far away.

corc maaih qiex nyei corc tauv qiex nyei maiv daic/still breathing.

corc maiv hiuv corc maiv gaengh hiuv duqv/still don't know yet.

corc wuonx jienv hoh mv gaengh duqv cuotv loh/still be in jail.

corc ziangh jienv corc maaih maengc ziangh jienv nyei/still be alive.

corc zoux jienv gong nyei corc se zoux jienv gong nyei/still working on.

corc zuov jienv nyei corc yiem wuov zuov jienv/still waiting for.

corh w. longc ga'naaiv sopv nyei corh. Gj: nzaatv, sortv/to rub against; scrape.

corh caeng ga'naaiv corh caeng-dienh nyei ga'naaiv/a pot scrubber.

corh ga'maeqc zorqv maeqc an jienv maeqc fuoqv corh. Gj: fuoqv ga'maeqc.

corh guangc norqc nqaiv naetv zuqc yie nyei cie yie corh guangc

corh maiv ndutv nyouh haic corh maiv ndutv/to be unable to rub off.

corh ndau ga'naaiv longc corh nzaaux ndau nyei ga'naaiv/a scrub brush.

corh nyaah longc nyaah sortv corh nzaaux nyaah. Gj: nzaaux nyaah, sortv nyaah/to brush the teeth.

corh nyaah hlaang corh nyaah qangx nyei hlaang/dental floss.

corh nzangc ga'naaiv sortv nzangc guangc nyei ga'naaiv/an eraser.

corh yuonh corh bun yuonh mbiangc mingh/to smooth out.

corh zuqc taatv mingh nziangc corh zuqc taatv/to rub raw.

corv[1] w. ninh corv mv daaih aqv. Gj: daaix, m'nziex/he may not come.

corv horh yie gorngv meih mv muangx aav dangh nor *corv horh* zuqc mborqv aqv/I keep saying but you not listen and you will get hit.

corv zeiz nyei zeiz nyei mv bei, mv baac maiv yietc dingc/it may be right.

corv[2] q. zouv wuom jiex gorn mbueix haiz corv corv nyei/the sound of water is about to boil.

jaang corv butv haa-cunv jaang zietc tauv qiex mbui corv corv nyei.

corx[1] m. yietc diuh corx hlieqv nyei *corx* fai corx ndiangx nyei *corx*/a file.

corx hlieqv longc corx, corx hlieqv/to smooth out metal with a file.

corx maeqc njuov longc maeqc corx, corx maeqc zoux njuov/to use grater to make corn bread.

corx njoux-nyaah longc corx, corx njoux-nyaah laic/use a file to sharpen the teeth of a saw.

corx yuonh longc corx, corx yuonh/to smooth out by a file.

maeqc corx longc corx maeqc njuov nyei corx/a grater.

corx[2] pm. mbungv-daux corx. Gj: piatv/to be dislocated of the joint bone.

corx mi'aqv wuotv zuqc mbungv-daux corx/the joint is dislocated.

corn q. njoux ndiangx mbui corn corn nyei qiex/sound of something being sawed.

cornc w. longc nzuqc cornc fai longc limh ngau cornc. Gj: gaatv, lornc/to cut with a knife or sickle .

cornc maiv bieqc gaatv mv bieqc lornc mv bieqc/unable to cut into.

cornx cf. cornx sic. Wed: nyieh sic, cuoqv cic/to create trouble by habitually.

cornx sic henv jiex haaix yaac cornx cuotv sic/really create a lot trouble.

cornx sic nyei mienh cornx sic henv nyei mienh/a trouble maker.

corng[1] w. corng hlaang njorngh, corng bun jangv cuotv/to stretch out.

corng caeng 秋千 /qīuqiān/ mbuox nguaaz ndioux hnaeng nyei waac.

corng daauh corng hlaang daaih laangc ga'naaiv/to put a clothes line.

corng hlaang baeng hlaang corng jienv njorngh nyei/to put up a rope.

corng mungz-dangx bungx mungz-dangx nqoi daaih corng jienv/to put a mosquito net.

corng nzoz corng ziem nzoz njorngh daaih mborqv/to make a drum.

corng sin sung-lueic corng sin/to stretch out tiredness.

corng[2] nz. lamz, benx gorngv nzung nyei waac/a granary; a storage.

jiem-corng siou jiem nyei lamz. Wed: jiem-koux/a treasury house.

laangh corng siou laangh ziqc dapv nyei lamz/a provision granary.

nyaanh corng siou nyaanh nyei lamz/a bank, treasury house.

wuoh corng dapv mbiauh dapv hmeiv nyei lamz/a granary.

corng[3] pm. jun-zaah zorqv janx-zaqc corng ndoh jienv dorh mingh/a police man handcuff the bad guy.

corngh[1] w. corngh dangh mangc gaax. Gj: hnamv/to think carefully, consider.

corngh eix-leiz hnamv mangc gaax haaix nyungc eix-leiz/to try to figure out the meaning.

corngh zingh longx-longx nyei hnamv mangc gaax/to think it carefully.

tengx corngh zingh tengx hnamv mangc gaax/to help consider.

corngh[2] pm. zoux gau *baac corngh* nzengc mi'aqv/to be done without any profit.

corngv w. corngv sic. Wed: cuoqv, daux, ceux/to provoke, to harass.

corngv biaav nyanc hemx fu'jueiv nyienx nor oix duqv biaav mborqv nyei waac/to provoke for a stick.

corngv sic a'nziaauc doqc eix cuoqv sic nyienx a'nziaauc.

corngv-wuonc qiex sueih wuonc qiex zoux seix mangc gaax/give a try; to press one's luck.

corngv-ziangh hoc sueih ziangh hoc seix mangc gaax/to try one's luck.

corngx w. mbenc ziangx zuov jienv/to get ready for, to prepare.

corngx fiu longc congx-nzongh, nzongh congx-nqunx zong fiu zietc/to tamp gunpowder down the barrel of a musket before a slug.

corngx lorh nzoz mbenc ziangx lorh zuov jienv mborqv aqv.

corngx qaqv lioux linc sin zangc bun maaih qaqv. Gj: sorngx, lioux, linc/to work out, to exercise.

yunh corngx yietc nqanx corngx fiu nyei yunh, ndaau buoz-ndoqv/a weighted cylinder used to tamp gunpowder.

corpc q. nda'maauh liemx orv heng-heng caaiv jienv ndiangx-normh nqaai corpc corpc deix mingh. Gj: corpv.

corpv aengx mingh lorz mangc "corpc" wuov joux nyei eix-leiz.

cortc[1] pm. ndie cou haic hluo haiz cortc cortc wuov. Gj: cortv, sopv, nyortc/to feel rough to the touch.

cortc[2] pm. mbuox jienv mv dungx nyienx nzuqc yaac nyienx, aav dangh gaatv zuqc nor yie mv *cortc* mv coiv meih aqv. Gj: mangc, liuz leiz.

cortv aengx lorz mangc "cortc" wuov joux nyei eix-leiz.

Costa Rica m. 哥斯达黎加 /gēsīdálíjīa/ yietc norm guoc jaa yiem N. bung Meiv Ziou caux baqv bung mbu'ndongx, hungh zingh mungv heuc San José.

cou[1] pm. ndie hmuoqv cou; maeqc dorngc cou; mbiauh dorv cou kuh japv; la'bieiv cou lorkv daax lorkv wuov. Dgw: muonc, faix/to be coarse.

buoz-zaux cou 1 buoz-zaux nyei ndopv cou/the hands are chapped and raw **2** jienh muoqv zuqc caeng-yienv huv se beiv buoz-zaux cou/to be butterfingered.

diemv cou yietc diemv yietc diemv cou nyei/to be big spotted.

fiev cou 1 fiev nzangc hlo nyei/to write a big letter **2** la'guaih saau-lorngc fiev maiv hnamv muonc eix-leiz/to write briefly without giving details.

gorngv cou nyei gorngv deix hnangv maiv porv muonc/to speak in broad generalities.

mbiauz cou kungx hlo nyei mbiauz hnangv maiv maaih faix.

mbieqv-cou daapc daauh torngx cuqv nyei mbieqv. Gj: mbieqv-korng/the coarse outer husk of a kernel of grain.

ndie cou ndie cou nyei cortc cortc, cortv-cortv wuov/rough cloth which made from coares thread.

nyaanh cou yietc kuaaiv hmz ziepc fai yietc baeqv nyei nyaanh hnangv/money in large bills or denominations.

ziangh duqv cou janx-baeqc buonv se ziangh duqv hlo hlang cou nyei/bigger size of the people.

zoux cou nyei 1 zoux cou nyei mienh gorngv zaaix deix mbiaauc deix yaac maiv nouz. **2** saau-lorngc zoux jiex mingh hnangv/to work without details.

zoux gong cou zoux gong maiv zoux muonc/to work without paying attention to details.

cou[2] pm. eix cou; gorngv waac cou/ninh gorngv waac cou nyei kuh nziaauc haic. dgw: muonc.

cou-louz haic zoux gong cou-louz fai gorngv waac cou-louz maiv gunv haih ziqc zuiz mienh/not in details.

gorngv waac-cou gorngv bueix auv fai bueix nqox aqc muangx, mv baac oix kuh jatv nyei waac. Wed: kuanv tien, gorngv waac-zaanc/vulgar talk, to use offensive language.

gorngv waac cou haic gorngv waac cou mv gunv haih ziqc zuiz mienh/to speak ingenuous way not caring whether people are offended or not.

kuanv waac-cou gorngv aqc muangx nyei mv baac yoc oix kuh jatv haic nyei waac/vulgar talk.

waac-cou gorngv bueix nqox bueix auv aqc muangx nyei waac. Gj: waac-zaanc, waac-zinc.

coux[1] m. 床 /chuáng/ yietc zung coux; bueix jienv coux/a bed; a sleeping platform.

coux-daanc damc ga'ndiev sengh coux wuov deix ndiangx.

coux-dauh m'nqorngv nzomx mingh wuov bung coux/the head of a bed.

coux-dorn bun gu'nguaaz bueix nyei coux/a small bed, a cot.

coux-dueiv sung zaux mingh wuov bung coux/the foot of a bed.

coux-ndiev coux ga'ndiev maengx/the area underneath a bed.

coux-nzipv haih nzipv nangv nyei wuov nyungc coux/a folding cot

coux-qorng 床框架 /chuángkuàngjià/ an coux nyei qorng/a bed frame.

daan-mienh coux yietc laanh mienh bueix nyei coux/a single bed.

faaux coux bueix faaux coux mingh bueix njormh/to get onto a bed.

qiex-coux biomv qiex bieqc zungx nyei coux/an air bed.

sung-mienh coux i laanh mienh bueix nyei coux/a double bed.

wuom-coux dapv wuom zungx nyei coux/a waterbed.

coux[2] w. 冒犯 /màofàn/ gorngv waac coux mouc zuqc mienh. Gj: baamz zuqc; cong zuqc; dorngc zuqc; ziqc zuiz zuqc/to offend against by speech or by action.

coux[3] nz. 处 /chù/ dorngx dauh, yaamc hiuv fin-yaang zoix haaix *coux*.

coux mouc zuqc meih ziqc zuiz zuqc meih, fai dorngc zuqc meih.

feix coux norm-norm dorngx/everywhere or the whole area around.

ormx coux hmuangx nyei dorngx. Gj: mv nqaengc; mbueiz/a hidden place.

cqv.bc se *caqv-bouc* nzutv-norz fiev/an abbreviation of *caqv-bouc*.

Croatia m. 克罗地亚 /kèluódìyà/ yietc norm guoc jaa, yiem N. bung Europe.

cu pm. oix mingh haaix yaac maiv mbuox oux ziang naaic *mu mu cu cu* nyei mingh mi'aqv. Gj: sekv nzieqc, mv kolo quietly or silently.

cuc pm. gu'nguaaz guai nyei zueiz jienv *cuc-cuc* wuov maiv nyiemv.

cuc touh dengv bieiv mingh ndaangc nyei mienh, mv dorh leiz nyei waac.

cuv q. cie-ping tong cuotv qiex mbui *cuv cuv* nyei/the sound of air hissing.

bungx buotv cuv dangh bungx ga'sie nyei nqaiv-qiex cuotv cuv dangh.

cuz q. buov hlieqv siqv cix wuom cuz cuz nyei/the sound of steam sizzling.

cuz cutc cui hlieqv-louh mbui cuz cutc nyei qiex/the sound of a bellows being pumped.

cuang w. yie cuang zuqc norqc ndih ndungx ndaetc nyei ndaix. Gj: haeqv/to frighten unexpectedly.

cuangh m. Iu-Mienh biauv douz-siaam ndiev maengx bun kaeqv mienh bueix wuov norm pangh. Gj: laanv cuangh.

cuangx[1] m. ndaauv yietc cuangx se maaih buo ndorqc/a unit of measurement of three feet.

cuangx[2] pm. buoz-seih quotv cuangx zuqc mienh/to be hit by someone's elbow.

Cuba m. 古巴 /gŭbā/ koiv-nzou guoqv yiem Meiv Guoqv nyei D. bung maengx hungh zingh mungv heuc Havana.

cueix[1] pm. hlaang cueix cutv zuqc deix hnangv dangx mi'aqv/to be fragile.

nzormc-cueix mborqv zuqc deix huv nyei nzormc/a breakable plate.

cueix[2] pm. dimv jienv cueix njeiv-njeiv wuov/to apply colored enamel.

buoz-ndoqv-nzaeng-cueix dimv jienv cueix nyei buoz-ndoqv-nzaeng.

cui[1] w. 吹 /chuī/ cui; cui nziaaux bieqc; cui qiex bieqc cie-ping. Gj: biomv qiex/to pump air in.

cui cie-ping cui qiex bieqc cie-ping fai cui cie-yienh/to pump air into a tire.

cui cie-yienh cui qiex bieqc cie-yienh. Gj: cui cie-ping/to pump air into a tire.

cui-diqc biomv nzatc. Gj: biomv fanh diqc/to play an oboe.

cui-diqc sai biomv fanh diqc nyei mienh. Gj: cui-diqc ong/the oboe player.

cui jaax yietc nyungc nyienx a'nziaauc nyei jauv, i laanh mienh caux yietc nqanx ndiangx, yietc laanh nanv bung cui gaax haaix dauh gauh henv.

cui louh cui louh bun nziaaux cuotv buonc douz zieqc/to pump air through a bellows.

cui nziaaux ga'naaiv cui nziaaux nyei ga'naaiv. Gj: ga'naaiv-cui/an air pump or compressor.

cui wuom cie baeng wuom nyei cie/a water pumping machine.

cui wuom tongv cui wuom wuov norm tongv/a water pump.

cui[2] pm. zienh singx cui mienh butv zoih zoux saeng-eix wangc/to be blessed.

cui fuqv cui loqc zienh singx cui fuqv cui loqc bun mienh/to be bless.

ong-taaix zouv cui ong-taaix mienv cui mienh butv zoih butv zieqv/be blessed by the ancestor spirits.

cun[1] w. nanv jienv cun ndutv. Gj: baeng, lipc/to pluck out or pull out.

cun biei 1 cun biei ndutv/to pluck out the feathers **2** hliangv dauh dungz, gorngv bingx mienv nyei waac-meiv. Gj: nietv biei/to kill a pig, concealed speech.

cun jai hliangv jai cun jai nyei biei/to pluck a chicken feathers.

cun mba'biei nanv jienv mba'biei cun baeng/to pull out the hair.

cun siaam nipv jienv siaam cun/to pluck out whiskers.

cun siaam ga'naaiv siaam-nipv/a broad tweezers used to pluck out whiskers.

cun[2] 春 /chūn/ cun-gen ziangh hoc/a spring time or spring season.

bieqc cun bieqc njiec zuangv nyei hnoi fai njiec zuangv nyei cun-ciou aqv/to enter the planting season.

cun-bun Iu-Mienh yietc norm jienv nyei gingc. Gj: *gingc loc*, *gingc gueix-houx*, se ndortv zuqc nyeic hlaax ziepc yietv wuov hnoi/one of Iu Mien holiday.

cun-ciou njiec zuangv caux siou laangh nyei ziangh hoc/planting season and harvest season.

cun-ciou feix gueix yietc hnyangx biee gueix/all four seasons, year round.

cun-gaeng zoux liangx-ndeic zuangx mbiauh zuangx maeqc nyei sic.

cun-gaeng-mouc zoux liangx zoux ndeic nyei jauv-louc/the matter of cultivation.

cun-gaeng ndortv mv duqv zuangx yaac mv duqv siou/to lose on a crop because it could not planted.

cun-gen hnoi cun gueix gu'nyuoz nyei ziangh hoc/springtime.

cun-gen mbiungc cun-gen duih mbiungc nyei hnoi/the spring rains.

cun gueix 春季 /chūnjì/ gan yiem-liqc zih hlaax taux faah hlaax, gan yaangh liqc se faah hlaax taux hmz hlaax.

cun setv 春色 /chūnsè/ cun-gen hnoi nyei setv zeiv, a'fai lungh njiec nzauh nyei ziangh hoc/spring scenery.

cun-sing cun gueix mbuo-ong koi yienx mbui nyei ziangh hoc.

cun zipv bieqc cun gueix jiex hnyangx zipv/lunar new year celebration.

zoux cun zoux mouc zoux liangx zoux ndeic/to prepare the fields and plant.

cun[3] m. cun-ndiangx, yietc nyungc nyanc normh zoux lai nyei ndiangx.

cun[4] bm. mienh nyei baan-buic mbuox, beiv hnangv Cun-siouc, Cun-fuqv.

cun[5] m. hiaang-cun, hiaang-laangz/village or residential area.

cunv[1] w. gu'nguaaz cunv haic haaix zanc yaac nyiemv/a troublesome baby.

cunv haic hnyouv cunv haic kungx oix hoic mienh/really fussy and cranky.

gu'nguaaz-cunv haaix zanc yaac nyiemv jienv nyei gu'nguaaz. Gj: gu'nguaaz siqv/a fussy baby.

zoux cunv bun zoux doqc waaic laangh fim bun mienh/to act evil.

cunv[2] pm. cunv bun/tov meih zorqv batv cunv dangh yie/to hand over.

cunv cuotv cunv yangh kuotv cuotv/to hand over through a hole.

cunv faaux cunv faaux mingh bun/to pass up to.

cunv jiex cunv jiex mingh bun/to hand over to someone.

cunv[3] aengx lorz mangc "butv haa-cunv" wuov joux nyei eix-leiz.

cunx[1] w. 串 /chuàn/ **1** cunx jienv ziangh biongc nyei/to string together. **2** longc nzuqc cunx/to stab with knife.

cunx-fim jauv lomc nyei jauv-dorn/a small path through the jungle.

cunx heh dorh zaux cunx bieqc heh. Gj: daapc heh/to slip shoes on.

cunx heh hlaang cunx heh nyei hlaang ndoh zietc/to put shoelaces on.

cunx jiex kuotv cunx jiex kuotv/to run a string through a hole.

cunx jienv baqv bieqc cunx jienv benx yietc cunx/to string together.

cunx m'normh cunx m'normh tong weic haih dangh hiun/to pierce the ears.

cunx maiv bieqc maiv haih cunx maiv bieqc/unable to pierce through.

cunx matc zorqv matc cunx bieqc zaux daapc jienv/to put on socks.

cunx mbiuic cunx ngongh mba'zorng-nqaeqv tong/to pierce a hole through an ox's septum.

cunx nzuqv 1. cunx nzuqv jiex bangc jungc-laan njaapc jienv/to run a bamboo strip through. 2. bingx jienv nditv deix mbuox/to secretly give advice.

cunx sim-mbiuic zorqv suix cunx jiex sim-kuotv/to thread a needle.

cunx tong cunx tong kuotv. Gj: baqv tong, nzopv tong/to pierce through.

cunx zou cunx jienv zou ziangh daauh nyei/to string beads.

heh cunx longc zaux-ndoqv-qangx cunx daapc nyei heh. Gj: heh ndaetv/slippers that the feet can slip into.

cunx[2] m. ndorqc ndaauv yietc cunx/a unit measurement equal one foot.

yietc feix-cunx longc buoz-ndoqv-nyeiz caux buoz-ndoqv-ziangv naamx daaih nyei ndaauv/a measuring of a half foot.

cunx[3] pm. hlauv-cunx; ndiangx-cunx; lai-cunx/the new shoots of a plant.

cuotv cunx cuotv siang-cunx/to put out new leaves or new shoots.

cung[1] w. ba'laqc camv cung mi'aqv/too much, very great degree.

ba'laqc lueic cung mi'aqv gengh lueic gau mv fungc aqv/too lazy.

hopv diuv camv cung hopv diuv camv jiex ndaangc/heavy drink.

mbiungc hlo cung duih mbiungc hlo gau/a very heavy rains.

nzueic cung aqv gengh nzueic gau/to be absolutely beautiful.

cung[2] pm. hemx fai zioux doqc jiex nyei waac/a very strong word of curse when used in anger.

congx-buonv cung congx buonv zuqc daic nyei mienv/the spirit cause violent death by gun shot.

cung-mienv daaix cung daic mingh nyei mienv. Beiv hnangv, congx buonv, nzuqc nzopv, mborqv hoic daic/a spirit that cause accidental or violent death.

cung-mienv ga'naaiv hemx ga'naaiv doqc beiv cung-mienv. Gj: cung-zienh ga'naaiv/a thing of the evil.

cung-zienh daaix cung daic maiv maaih mienh zangc, muoqv mienh butv baengc nduov mienh buov zeiv bun nyei zienh gueiv/a hungry and evil spirit.

maaih cung daaix jienv yietc doic jiex yietc doic nyei cung.

cungh pm. cungh cie, cie zuqc laih mingh laih daaih/to sway back and forth.

cungh cungh cie-cie zaangv mv hingh cungh cie nyei mingh. Gj: lungh lungh laih laih/to stagger along.

cungx comx q. tiux bieqc wuom cungx comx nyei/the sound of something fall into water.

cuonh[1] w. nyungc-nyungc maaih cuonh nzengc/have all kinds.

cic cuonh ziangx nzengc cic cuonh nzengc/all done, finished.

haih zoux cuonh aqv nyungc-nyungc haih zoux nzengc aqv/can do all kinds.

laauh cuonh liemh maiv gaengh/to be impossible to believe.

laauh cuonh mv buatc jiex liemh maiv gaengh duqv buatc jiex yietc nzunc/to have never seen before.

maaih cuonh aqv nyungc-nyungc maaih duqv nzoih/to have all kinds.

nyanc cuonh nzengc haaix nyungc lai yaac nyanc seix mi'aqv/to have eaten all kind food.

cuonh[2] m. domh wuom-cie; domh nzangv a large ship or big boat.

Horv Cuonh maaih engine orn jienv nyei domh nzangv/a large ship.

cuoqv cf. cuoqv zuqc qiex jiez. Gj: daux, dou, corngv/to provoke, harass, cause trouble, to be rude to.

cuoqv mienh cuoqv zuqc mienh haiz qiex jiez/nagged at people.

cuoqv sic henv jiex naaiv jiex wuov cuoqv sic/go around and stir up trouble.

doqc eix cuoqv baac-baac zoux cuoqv mienh/to intent to cause trouble.

cuoqv sieqv gorngv waac daux sieqv a'nziaauc/to tease with the girls.

cuotv[1] w. **1** cuotv cie; cuotv jauv; cuotv sic/to exit, come out, go out. **2** cuotv mv caux aqv/to leave membership.

baeng cuotv nanv jienv baeng cuotv. Gj: domh cuotv/to pull out something.

bieqc cuotv yangh bieqc aengx yangh cuotv. Gj: mingh daaih/to go in and out; to travel back and forth.

bungx cuotv bungx nqoi bun cuotv/to let go, release.

cuotv baeng 1 bun baeng mingh tengx mborqv jaax/to issue troops. **2** cuotv mv zoux baeng aqv/to leave the army.

cuotv biangh liemh Iu-Mienh nyei leiz fu'jueiv buangv ziepc nyeic hnyangx oix zuqc cuotv biangh mienv aqv.

cuotv bung cuotv maengx bung/the way out, outlet, exit.

cuotv cie cuotv cie; njiec cie/to get out of a car, get off bus.

cuotv daaih cuotv ga'nyiec daaih; zoc cuotv daaih/to appear; to come out.

cuotv dopc yietc nyungc hnyiev haic nyei cuotv dopc baengc.

cuotv gaengh sieqv cuotv gaengh dorng jaa/to leave one's home to become a married woman.

cuotv gaengh mienh cuotv wuov naah mingh zoux saeng-eix youh deic-bung henv nyei mienh/a frequent traveler.

cuotv gaengh mbiaauz m'sieqv mienh bungx cuotv gaengh caux nqox yiem se beiv *cuotv gaengh mbiaauz*.

cuotv gong 1 guangc gong maiv zoux aqv/to quit one's job. **2** zoux baac gong cuotv nzuonx biauv/to leave for home after work.

cuotv guoqv cuotv nyiec guoqv mingh nziaauc/to travel outside the country.

cuotv guoqv baeng cuotv nyiec guoqv mborqv jaax nyei baeng.
cuotv guoqv borngv cuotv guoqv nyei sou/a visa, passport, exit permit.
cuotv guoqv huox fungx cuotv nyiec guoqv nyei huox/an exported goods.
cuotv guoqv leiz cuotv guoqv longc nyei pou-tong leiz/international laws.
cuotv guoqv mienh mingh nyiec guoqv nyei mienh/outside traveler.
cuotv guoqv saeng-eix zoux cuotv guoqv nyei saeng-eix/international trade.
cuotv hnyangx cuotv bieqc ganh norm hnyangx mingh/next year.
Cuotv I Yipv 出埃及记 /chūāijíjì/ se yietc buonv zengx-ginx sou nyei mbuox/Exodus, a book in the Bible.
cuotv jaax fungx (sieqv) cuotv jaax/to send a daughter to marry.
cuotv jaaix cuotv ziqc gapv-jaaix/to travel outside the country.
cuotv jaaix sou jiex ziqc jaaix mingh nyei sou/an exit permit.
cuotv jauv cuotv jauv mingh aqv/to depart, to start a journey.
cuotv jauv mingh jiex gorn cuotv jauv mingh aqv/to start a journey.
cuotv jauv nzuonx jiex gorn yangh jauv nzuonx aqv/to start return journal.
cuotv jauv zinh cuotv jauv longc nyei zinh nyaanh. Gj: bienh fuix/travel expenses.
cuotv leiz liepc jiez leiz daaih/to issue the laws; constitution.
cuotv loh bungx cuotv mv zuqc wuonx loh aqv/to get out of jail.
cuotv m'zing-mueic wuom-mueic cuotv. Gj: liouc m'zing-mueic/to shed tears.
cuotv mv duqv nzuih nyaiv haic gorngv maiv cuotv nzuih/too shy to talk.
cuotv mv mingh 1 gaengh hepc cuotv maiv mingh **2** cuotv maiv mingh weic maiv maaih gaux cuotv.
cuotv maaic oix maaic aqv, oix maaic nyei/something for sale.
cuotv maengc duqv maengc cuotv maiv daic/a life that is surviving.
cuotv maengx cuotv maengx bung/the exit side; the way out.
cuotv maengx gaengh cuotv maengx nyei gaengh. Dgw: bieqc maengx gaengh/an exit door.
cuotv mingh yangh jienv jauv cuotv mingh/to go out, to exit.
cuotv nyiec cuotv ga'nyiec maengx mingh/to go outside.
cuotv nyiec fingx ganh fingx mienh mv zeiz dongh fingx/outside clan.
cuotv nyiec guoqv cuotv mingh bieqc ganh norm guoqv mi'aqv.
cuotv sioux cuotv sioux cutv-cutv nyei zongc faaux/to be smoke.
cuotv sic gaengh maaih heiv sic yangh biaux cuotv nyei gaengh/an emergency exit door.

cuotv[2] pm. buatc muox dangh cuotv haeqv zuqc yie/appearance image.
cuotv biangh nqoi biangh/to grow or produce flowers.
cuotv biei (norqc dorn) cuotv biei/to growth feather, hair.
cuotv biouv nqoi biangh cuotv biouv aqv/growth fruit.
cuotv buoz 1. maaic cuotv buoz/to for sale. 2. ziangh cuotv buoz daaih.
cuotv buonv-zeic zoux duqv kuh yiem kuh nyanc/to have a great ability.
cuotv doqc cuotv ndopv butv pokc seix haic nyei baengc/to have smallpox.
cuotv duqv jiez maaih gaux cuotv bun nyei/be able to come up with.
cuotv fim longx hnyouv bun. Gj: cuotv fiem/to volunteer, to show generosity.
cuotv fim gong baeqc baeqc tengx zoux nyei gong/a volunteer job.
cuotv fim nyaanh longx hnyouv cuotv bun nyei nyaanh/to donate money.
cuotv ga'naaiv ndopv butv pokc nyei baengc. Gj: cuotv hman/chicken pox.
cuotv ga'naaiv hnyouv butv pokc yiem hnyouv/internal hemorrhoid.
cuotv gong-zinh cuotv zinh nyaanh bun Gong-mienh/ to pay out wages.
cuotv hanc yuoqv cuotv hanc/perspire or sweat.
cuotv hanh gaatv zuqc mun liuz longx daaih cuotv hanh/to produce scar.
cuotv huox duiv huox cuotv mingh bun mienh maaic/to issue goods.

cuotv hman sin jorm nqa'haav sin butv pokc, gauh camv se benx yiem fu'jueiv lunx nyei ziangh hoc/chicken pox.
cuotv hmien zoux bieiv cuotv hmien gorngv. Gj: cuotv nzuih/to assume responsibility for being a spokesperson.
cuotv jai-dorn-daic ndopv cuotv norm daaih/to have a black wart.
cuotv jangx-hoc cuotv norm jangx-hoc daaih/to produce a sign.
cuotv jiex dopc zinh ndaangc cuotv jiex dopc/to have had smallpox.
cuotv laangh nzou cuotv laangh ziqc nyei nzou-zinh/to pay crops tax.
cuotv liuz cuotv liuz ninh, yie zoux mv cuotv haaix nyungc. Gj: cih cuotv/beside him I am useless.
cuotv maiv jiez maiv maaih cuotv bun unable to afford.
cuotv mengh mengh dauh mingh duqv go nyei/to be popular or famous.
cuotv miuh cuotv siang-miuh/to produce a new shoots.
cuotv mbienx cuotv ndoqv-hlen maiv maaih wuom nyei dorngx/to get to shore.
cuotv mbienz cuotv mbienz-bieh daaih to produce a cockroach.
cuotv mbiuz biaav fitv liuz cuotv mbiuz daaih/to raise a welt.
cuotv normh lunx aengx ganh cuotv siang-normh/to grow young leaves.
cuotv nyaanh bun nyaanh cuotv mingh tengx mienh/to donate money.
cuotv nziaamv cuotv nziaamv, nziaamv cuotv/to bleed, hemorrhage.
cuotv nzou-zinh cuotv nzou-zinh bun. Gj: jaauv taetv, taetv se gaav congh English daaih/to pay taxes.
cuotv nzuih cuotv nzuih tengx gorngv waac/to utter, speak up.
cuotv nzuih nzaeng gengh cuotv nzuih tengx nzaeng/to speak up and argue the point or position.
cuotv pokc butv pokc daaih/to have a pox or skin eruption..
cuotv qangx 1 guai gorngv waac cuotv zuangx/out spoken. **2** mbu'ndongx nyei qangx/space between something.
cuotv qaqv 1 cuotv qaqv mingh tengx mienh/to assist with strength. **2** cuotv qaqv hoqc lioux sin/to put out effort or to work out.
cuotv qiex 1 cuotv qiex gorngv/speak up; utter; to voice. **2** doqc cuotv qiex/to pronounce. **3** cuotv qiex mbui cuv cuv nyei/air leaking.
cuotv saqv cuotv hman nyei baengc se nzengc-nzengc cuotv yiem fu'jueiv nyei ziangh hoc. Gj: cuotv ga'naaiv/to break
cuotv seix yungz cuotv seix/to be born.
cuotv seix dorngx cuotv seix nyei deic bung/a birthplace.
cuotv seix hnoi yungz cuotv seix nyei hnoi. Gj: saeng-nyietv-hnoi, saeng nyutc nyietv, sih nyietv-hnoi/a birthday.
cuotv seix njuov houc cuotv seix hnoi nyei njuov/a birthday cake.
cuotv seix sou cuotv seix hnyangx, hnoi caux ziangh hoc nyei zengx sou. Gj: nin saeng-benv/a birth certificate.
cuotv seix ziangh hoc cuotv seix wuov norm ziangh hoc/time of a person born.
cuotv seix zipv jiex houc cuotv seix nyei zipv/to celebrate a birthday.
cuotv sic zoux dorngc sic, cuotv sic/to start a trouble.
cuotv siaam cuotv siaam/to grow beard or mustache.
cuotv singx maengc duqv maengc cuotv maiv zuqc daic/to survive.
cuotv waac gorngv benx cuotv sic nyei waac/to become gossip.
cuotv waaic sic maaih waaic nyei sic cuotv/something evil happening.
cuotv wuic mv caux zoux guanh aqv/to leave an association.
cuotv wuom-mueic liouc m'zing-mueic cuotv/to shed tears.
cuotv za'eix daav cuotv za'eix daaih/to figure out an idea; provide ideas.
cuotv zieqv buov zaangh zieqc oix juotc cuotv wuov deix wuom-yangh se heuc *cuotv zieqv.*
cuotv zuangx gorngv waac horngh lorngc nyei maiv nyaiv/friendly talk; outgoing.
maiv cuotv zuangx nyaiv haic mienh/a shy person.

cuotv[3] zc. zoc cuotv; zoux cuotv; zeix cuotv/to create; to make.

cuotv duqv jaax jaaix yaac laengz maaiz nyei/willing to pay high price for

cuotv sou 1 cuotv sou bun mienh/to issue a document. **2** yienz cuotv sou/to puplish a book.

cuotv sou bun cuotv sou bun mienh/to issue a document.

cuotv sou mienh fiev cuotv sou nyei mienh/book publisher

zoc cuotv nzangc zeix cuotv nzangc daaih longc/to create an alphabet.

cuotv[4] cm. cuotv mbuox/tengx gu'nguaaz cuotv norm mbuox/to give name.

cuotv biuv mbuox tengx cuotv norm biuv bun mbuox heuc *Zoih fuqv.*

cuotv fu'jueiv mbuox civ norm mbuox bun gu'nguaaz heuc Saan Ziuh/to name a baby; to give name to a child.

cuotv[5] gn. ga'naaiv-nyim guqc nyaah cuotv/to produce shoots.

cuotv cunx (hlauv-gorn) cuotv cunx/to put out a new shoots.

cuotv miuh (ndoih guqc nyaah) cuotv miuh aqv/to grow new shoots.

cuotv naanx gaatv zuqc liuz longx daaih cuotv naanx/to produce a scar.

cuotv nyaah cuotv siang-nyaah/to grow a new tooth.

cuotv yaang guqc nyaah cuotv yaang/to produce young shoots.

cuotv yaangh bingx mv mbueiz cuotv yaangh/to be exposed.

cuqv m. mbiauh cuqv; mv luic benx hmeiv nyei *cuqv*/rice grains; unmilled rice.

cuqv-jauh beuv jauh nyei cuqv/husks which contain a fully developed grain.

cuqv-maux cuqv gu'nyuoz maiv maaih hmeiv/an empty husks.

cuqv-nyim liouh zuangx nyei cuqv. Gj: mbiauh nyim/seed rice for planting.

cutc q. zaah baengh wuom mbueix mbui cutc cutc nyei qiex.

cuz cutc cui louh mbui nyei qiex, *cuz* se oix zuqc gorngv qiex ndaauv mv baac *cutc* se gorngv qiex nangv/the sound made by pumping a forge.

cutv[1] w. cutv ndutv. Gj: baeng ndutv/to snap off by pulling it apart.

cutv dangx hlaang baeng cutv dangx hlaang/to snap off a rope.

maaz cutv ndutv hlaang maaz cutv hlaang ndutv mi'aqv/the horse snap off a rope and run away.

cutv[2] pm. douz-sioux zongc faaux cutv-cutv nyei/shoot up of smoke.

Cyprus m. 塞浦路斯 /sàipǔlùxī/ yietc norm faix nyei koiv-nzou guoc jaa, se yiem Europe wuov bung, hungh zingh mungv se heuc Nicosia.

Czech Republic m. 捷克共和国 /jiékègònghé guó/ yietc norm guoc jaa, se yiem ziangx Europe mbu'ndongx, hungh zingh mungv nyei mbuox heuc Prague.

D

d /dor/ **1** da'feix norm nzangc-maac yiem Iu-Mienh/Yao nyei waac. **2** se dongh *dong* bung nyei nzutv norz fiev/an abbreviation for east.

da'[1] hd. se hnangv da'yietv, first; da'nyeic, second; da'faam, third; da'feix, fourth; da'hmz, fifth; da'luoqc, sixth; da'cietv, seventh; da'betv, eighth; da'juov, ninth; da'ziepc, tenth.

da'[2] w. da'faanh; da'haaix; da'nyatc; da'aqv; da'hauv; da'leng; da'deng; da'eix; da'hnaav nzunc; da'nziaaux; da'dauh.

da'aqv se dongh **daaih aqv** naaiv joux soqv nangv fiev daaih/coming.

da'dauh se dongh **dauh dauh** soqv nangv daaih. Gj: mouz laanh, mouz dauh/each one; everyone; every body.

da'deng se dongh **deng-deng** soqv nangv daaih, beiv hnangv deng-deng nyanc hnaangx/be in the middle of eating meal.

da'dingx njiec laic wuov bung dingx njiec ndaangc/to fall with headfirst.

da'dingx nzungh njiec zaqc wuov diuh domh nzungh/taproot.

da'eix pm. baac-baac zoux. Gj: doqc eix zoux. Dgw: ca'bouc/purposefully.

da'eix naaic hiuv jienv nyei mv baac naaic. Gj: doqc eix/to ask intentionally.

da'eix zoux daic doqc eix zoux daic mv baac maiv daic/to pretend to die.

da'faam hd. saauv mingh taux da'faam. Wed: biee/third.

da'faanh wj. da'faanh duqv zoux hnangv haaix nyungc gong yie maiv nqemh. Gj: daanh faanh/da'faanh meih oix longc nor yie laengz maaiz bun/da'faanh ninh jienh doqc sou nor yie laengz bun nyaanh ninh/da'faanh meih a'hneiv nor yie yaac a'hneiv aqv/as well as you happy I am happy too.

da'feix hd. saauv mingh taux da'feix wuov hoc. Wed: biee/fourth.

da'gangx daaux gu'nguaaic wuov bung njiec ga'ndiev. Gj: daaux gangx/to turn upside down.

da'gangx waac maaih eix-leiz maiv fih hnangv nyei waac/a word of antonym.

da'goih hd. caux duqv horpc; puix duqv horpc. Gj: doix-goih/compatible.

ninh caux yie maiv da'goih ninh caux yie maiv nangc horpc doic/he and me won't get along.

da'haaix sgn. camv deix nyei mv baac maiv domh camv/quite a few.

da'haaix dauh juv camv-dauh juv deix nyei/quite a few dogs.

da'haaix norm camv-norm nyei/quite a few of round things.

da'hauv gorngv fiu-congx; fiu-nzaeng fai nzaeng fiuv-jaax/to argue lightly.

da'hauv waac gorngv fiu-congx nzaeng jaax nyei waac/a softly argument.

da'hluotv yangh hluotv nzuonx nqa'haav bung/to walk backward.

da'hmz hd. saauv taux da'hmz. Gj: daah hmz, daaih hmz/fifth.

da'hnaav hnoi hnangv yietc gau jiex daaih nyei hnoi/previous day.

da'hnaav ndorm hnangv apc hnoi jiex daaih wuov ndorm/previous morning.

da'hnaeng ndiux jienv da'hnaeng, da'hnaeng wuov. Gj: da'haeng/to dangle.

da'hngatv w. m'njormh da'hngatv, la'kuqv da'hngatv. Gj: nda'hngatv/to nod in sleepiness.

da'hnyamx pm. yangh jauv da'hnyamx, da'hnyamx deix. Gj: da'yaauh/walking unevenly.

da'hnyapv ninh nyei auv da'hnyapv haic haaix zanc yaac fioux jienv biauv njang nyei/diligent; hard working.

da'juov hoc nduoh hoc; da'juov wuov hoc/number ninth.

da'lang q. mbui da'lang, da'lang nyei qiex/the sound of da'lang.

da'leng faaux ndiangx da'leng nyei maiv gamh nziev, se "deng-leng" fiev nangv daaih/recklessly.

da'luiz q. da'luiz, da'luiz nyei nyiemv lauh lauh gauh/long bitter crying sound.

da'luoqc hd. da'luoqc hoc/number sixth.

da'luoqc yiemc da'luoqc wuov yiemc sou/verse 6th.

da'luonh zuonv huing-huing nzuonx-nzuonx nyei dorngx. Wed: daaux luonh zuonv. Gj: ta'luonh zuonv/whole area; surrounding area.

da'maanh pm. aapv hoic jienv, caa zatv njiec. Gj: qaa jienv/by force; forcefully.

da'maanh caa sieqv da'maanh caa sieqv zoux/to rape a woman.

da'maanh zorqv caa jienv zorqv/to grab by force; snatch from.

da'mueiz gu'nguaaic da'mueiz wuov bung, se **dueiv-mueiz** fiev nangv daaih/the tip end of a long object.

da'mbatv w. dungz nyanc siaaux mbatv jienv ninh dueiv, da'mbatv, da'mbatv wuov/to bob back and forth.

da'mbienv gu'nyuoz maengx cuotv ga'nyiec daaih, se *daaux mbienv* naaiv joux soqv nangv fiev/inside out.

da'mbienv zuqv da'mbienv zuqv lui houx/to wear clothes inside out.

da'norngz ndiangx-dueiv dongz da'norngz dangh. Gj: ba'norngz/to heavily bounce back and forth.

da'ngoih yangh jauv donc nyei da'ngoih da'ngoih nyei mingh. Gj: nda'ngoih/to walk with slow and heavily body.

da'nqaang guinh nqaang nzuonx bung, se dongh "daaux nqaang" soqv nangv fiev to turn around.

da'nqopv da'nqopv, nqopv jienv nzormc. Wed: daaux nqopv, nza'hnyouv. Dgw: da'nziaaux/to be upside down.

da'nqopv bueix ga'sie mbaapv njiec bueix coux/to lie on stomach.

da'nqopv orm ndorpc nza'hmien orpv njiec ndau/to fall with face down.

da'nyeic hd. da'nyeic hoc/second

da'nyeic aanx lungh aanx jiex mingh wuov douc. Gj: njiec aanx, nqa'haav aanx/afternoon.

da'nyeic buoz mienh longc jiex loz deix aqv. pinh jouc, bin-jouc/second hand.

da'nyeic hnoi da'nyeic wuov hnoi. Gj: nqa'hnoi/next day; following day.

da'nyeic hnyangx nqa'haav wuov hnyangx. Gj: nqa'hnyangx/second year or next year.

da'nyeic ndorm nqa'haav wuov ndorm the next morning.

da'nyeic seix daic mingh wuov seix. Gj: da'nyeih seix/next life.

da'nyeic diex mv zeiz nziaamv-fei diex. gj: da'nyeic die, da'nyeic dae, diex-faix, die-teix/a foster father; stepfather.

da'nyeic maac dae nyei da'nyeic auv Gj: da'nyeic maa, maa-teix, maa-faix/a stepmother.

da'nyeic mauv faanz da'nyeic nzunc baamz leiz-latc se maiv zeiz ca'bouc se baac-baac zoux aqv.

da'nyeic teix auv longc da'nyeic wuov teix auv. Gj: auv-nyeic/the second wife after the first death or divorce.

da'nyeic teix nqox longc da'nyeic torngx nqox. Gj: nqox-nyeic/the second husband after the first death or divorce.

da'nyeih hnoi dieh hnoi nqa'haav wuov hingv/unspecified time in the future.

da'nyeih hnyangx dieh hnoi nqa'haav nyei hnyangx/the year after.

da'nziaaux ga'ndiev bung mbienv faaux gu'nguaaic. Gj: daaux nziaaux/to be right side up.

da'nziaaux bueix bueix hmien huin faaux. Dgw: da'nqopv bueix/to lie on one's back.

da'nziaaux faan da'nziaaux king njiec nqa'haav/to flip over backwards.

da'nziaaux king njiec king nzuonx nqa'haav. Gj: da'nziaaux faan/to fall down backward. Dgw: nza'hnyouv king, da'nqopv king.

da'sih mv dov hnyouv maiv dingc maaih hlungh hluotv, mbungh mbienv nyei hnyouv. Gj: daav-sih mv dov/to have a doubtful minded.

da'yaauh da'yaauh faaux, da'yaauh njiec nyei/bouncing up and down.

da'yietv hd. da'yietv hoc; daauh horngh longx jiex wuov/first, number one brand.

da'yietv cor faanz zoux dorngc da'yietv nzunc sic se haih funx benx zoux dorngc mv zeiz baac-baac, baatc gauh heng deix/the first offensive can be meant mistake.

da'yietv nzangh 1 da'yietv longx jiex wuov nzangh ga'naaiv/number one brand. Gj: daauh horngh **2** daauh nzangh biauv/first floor in a building.

da'yietv yiemc da'yietv wuov yiemc sou/verse one in a chapter.

da'yietv zaang da'yietv wuov zaang sou/chapter one in a book.

da'[3] m. da'lueix; da'jungh; da'nzou; da'bouc; da'caanv; da'hepc; da'sorqv; da'maanz dorn; da'lueix mueic.

da'bouc dopc wuom zoux gitv daaih hnornv hnornv wuov/tofu, bean curd.

da'bouc biangh yietc nyungc gorngv cing-jaa nyei lai, se da'bouc zorng jienv biangh nzueic nyei mbenc daaih don sieqv-diex, sieqv-maac nyei nza'hmien.

da'bouc-dopc dopc yangh, longc zoux da'bouc nyei dopc/soybeans.

da'bouc ndapv ndapv daaih zietc nyei wuov nyungc da'bouc/firmly tofu.

da'bouc ndunh ziangh ndunh nyei da'bouc/a piece of tofu.

da'bouc sui da'bouc ipv sui daaih/the pickled bean curd.

da'bouc wuom da'bouc zoux daaih nyei wuom/bean curd juice.

da'caanv yietc nyungc zorpc mbiauh cuotv nyei miev, longc zouv dungz-siaaux uix dungz duqv nyei/a type of grass used as pig's food.

da'dengx ndiux jienv maaz-orn bun geh maaz mienh caaiv wuov norm nyuang. Gj: maaz-da'dengx/stirrups for a horse.

da'dingx dongh yiem zaangh jienv nyei wuom-laih hlopv benx mungz-nyaih nyei gaeng-junv/mosquito larvae.

da'gorc hz. maaih nduqc norm jorng nyei hieh zoih. Gj: doc gorc, duc gorc/a rhinoceros.

da'gorc jorng da'gorc nyei jorng/the horn of a rhinoceros

da'hepc normh gn. yietc nyungc longc beu njuov-ndaauv nyei lomc zangc normh/the leaves of the plant.

da'juih gn. daapc nyorqv njiec da'komv wuov diuh juih. Gj: doix-juih/the pestle for a rice pounder.

da'jungh ndiangx yietc nyungc Iu-Mienh longc ndauv corng nzoz mborqv nyei ndiangx/a type of tree.

da'komv gn. doix-juih daapc njiec wuov norm komv. Gj: daapc komv/the mortar of a rice pounder.

da'lueix nzenc jienv hlaang fengx mingh aengx baeng daaih bun ninh guinh nyei ga'naaiv/a pool toy.

da'lueix mueic gouv-waac zunh doic jiex doic gorngv, loz-hnoi maaih nyungc mienh faix nyei lomh jai hnangv, yiem ndoqv zorqv mbiauz nyanc, ninh mbuo nyei mbuox heuc *da'lueix mueic*.

da'maanz dorn cuotv seix nqa'haav laai wuov dauh dorn nyei mbuox, naaiv se zinh ndaangc loz-hnoi heuc hnangv, ih jaax hnoi maiv longc aqv.

da'maanx sieqv sieqv-laai jiex wuov dauh nyei mbuox/the last daughter.

da'naix da'nyeic dorn nyei heuc hnamv mbuox. beiv hnangv, Yunh Zoih nyei dorn Da'Naix Zoih. Gj: laauv loz/second in naming son.

da'normh wm. gorngv mienh fai gorngv janx nyei waac-meiv/to referred to a human, concealed speech.

da'normh nyiemv ndiangx yietc nyungc ziangh mbong hlang nyei ndiangx.

da'nung m. ngaatc saeng-kuv sorqv nziaamv nyei mungz. Gj: dungz-nung, da'lung/a large fly.

da'nzou ndiangx ziangh mbong zangc nyei yietc nyungc domh ndiangx.

da'sorqv ndiangx mbing nyanc ninh biouv nyei yietc ndiangx

daa nyc. nyiemc ngoih jaa bung nyei cien. se hnangv, auv nyei dae se yie nyei *ong-daa* mv baac yie maiv zuqc horpc heuc *ong-daa*, yie horpc heuc die.

daa gux maa nyei maa yie caux yie nyei auv heuc *daa gux*/grandmother, mother's mother.

daa gux leiz-nyeic doic jiex doic liepc daaih nyei leiz/cultural; custom.

daa gux ngaeqv maa nyei *gux taaix* yie caux yie nyei auv heuc *daa gux ngaeqv* Great, great grandmother.

daa gux taaix maa nyei gux yie caux yie nyei auv heuc *daa gux taaix*/the paternal grandmother of one's mother.

daa ong maa nyei dae yie caux yie nyei auv heuc daa ong/maternal grandfather; mother's father.

daa ong taaix maa nyei ong se yie caux yie nyei auv heuc *daa ong taaix*/mother's grandfathers.

daah dongh *da'* nyei fiev ndaauv, beiv hnangv *daah hnaeng, da'hnaeng, daah yaauh. da'yaauh.*

daav[1] w. mborqv hlieqv, daav zorc yuonh hlieqv/to beat metals.

daav cang buov hlieqv siqv daaih daav benx cang/to beat metal into a spear.

daav hlieqv mborqv hlieqv; daav hlieqv benx nzuqc bouv/to pound metal.

daav hlieqv liuh orn hlieqv-louh daav hlieqv nyei liuh/a small shelter for smithy.

daav hlieqv louh cui nziaaux buov siqv nyei louh. Gj: hlieqv-louh/a bellows used in forging iron.

daav hlieqv zangc daav hlieqv nyei zangc mienh. Gj: hlieqv-zangc/a blacksmith.

daav ja'waanh daav dangh jaang nyei waanh/to make a neck ring.

daav jiem daav jiem benx siou-setv/to beat gold into jewelry.

daav jiem zangc daav jiem nyei zangc mienh/a gold smith.

daav jiemh daav dangh buoz-seih jaang nyei jiemh/to make a bracelet.

daav nyaanh louh longc daav nyaanh nyei louh/a bellows for a silver smith.

daav nyaanh zangc daav nyaanh nyei zangc mienh/a silversmith.

daav nyaanh zueih longc daav nyaanh nyei zueih dorn.

daav nzuqc daav bouv daav benx nzuqc benx bouv daaih/to forge ax and knife.

daav[2] pm. daav za'eix; daav win-jaa; daav win-wangv/to become, to form.

daav cing-jaa i hmuangv gitv liuz huon i bung domh mienh ziouc daav benx cing-jaa mi'aqv/related between the two side of a married couple's parents.

daav dienv hnamv gaax oix zuqc hnangv haaix nor zoux. Gj: daav za'eix/to make plan; to scheme.

daav dingc za'eix daav ziangx za'eix dingc hnyouv mi'aqv/decided.

daav dueiv gaatv dueiv guangc bun cuotv cunx hiaangx/to prune, to trim off the ends of branches.

daav funx mv cing funx mv cing, daav mv cuotv za'eix/unable to figure out.

daav guv guaix za'eix daav mienh mv haih hiuv nyei za'eix/to come up with a cunning idea.

daav hlaang-hlopv nyatv hlaang-hlopv to tie a slip knot

daav hlaang-kuaai nyatv hlaang-kuaai to make a rope snare.

daav jeix daav za'eix mangc gaax oix hnangv haaix nor cingx haih noic duqv to scheme.

daav laanc-zinc ganh zoux laanc zinc mv maaih jaax-zinh. Gj: daav laanc zaanc/to cheapen.

daav loz-gaeng benx kuv pongh youz to become a best friends.

daav maax nz. hemx; zuox; ziouх/to scold; to curse.

daav njaamh qouv njaamh caux dinc zorpc doic longx/to make indigo dye.

daav nqoi dueiv gaatv da'mueiz guangc mingh . Gj: zuix/to prune, to trim.

daav sih 1 m'lomh daav sih nyaaiv ndiangx. **2** mienh longc in-orqv daav sih/to guess by a simple divination.

daav-sih mv dov hnyouv hlungx-hluotv nyei hnyouv/to cause doubtful.

daav touv bieqc deic bieqc siang-deic-bung zaqv liangx zoux zuoqc ndau-touv nyei gong/pioneer.

daav win daav wangv benx win laanh nzorng laanh/to become an enemy.

daav win-jaa nzaeng jaax cuotv win meih nzorng yie, yie nzorng meih nyei sic/to become enemy.

daav yorpv dangh nziaaux buonc zuqc m'ziu-normh dopv daav yorpv dangh.

daav za'eix hnamv gaax oix zuqc hnangv haaix nor zoux/to decide; make up mind

daav za'eix go jaa-ndaangc daav nyei za'eix/to plan ahead of time.

daav za'eix juotc daav dorngc za'eix kungx zoux juotc nyei sic/a stupid idea.

daav za'eix mv cuotv hnamv mv cuotv za'eix/unable to come up with a plan.

daav za'eix-ndaauv manc-manc zoux hnyouv ndaauv nyei daav jienv za'eix mingh

daav za'eix zoux hnamv gaax oix zuqc hnangv haaix nor zoux.

daav ziangx za'eix yiem hnyouv funx ziangx mi'aqv/to have plan already.

daav[3] pm. daav guonv njangx mbienv jiex mingh mbienv jiex daaih.

daav caangv nz. maanh caangv zorqv nyei sic/to commit robbery.

maaz daav guonv maaz daav guonv bueix njiec ndau guinh ninh nyei sin jiex mingh jiex daaih nyei.

daax[1] wj. ndui daax ndui; datc daax datc; guanh daax guanh; ndutc daax ndutc; njanz daax njanz nyei hemx; norqc sien daax sien nyei ndaix. Gj: daaqx.

daax div daax div naaiv fungc hnangv nor mv bei?

nziouv nyorpc daax nyorpc nziouv camv nyorpc daax nyorpc wuov

daax[2] pm. hlo; daaic, *daax* se benx janx-kaeqv nyei waac.

daax dux waangh ga'sie hlo haic, mv dorh leiz nyei waac

daaic pm. 大 /dà/ hlo; domh; daaic naamh fiuv nyouz/to be big, large or major.

daaic daamv zungx jienv daamv; zoux daamv hlo nyei/to be dare.

daaic haanz 1 heuc hlo nyei, heuc mbui nyei/to scream. **2** lungh haanz nyei zei-naanc/a major drought.

daaic houz domh biauv mienh

daaic houz fiuv houz domh biauv caux fiuv-biauv yietc zungv/large and small household.

daaic hlo fiuv faix hlo caux faix yietc zungv/all, great and small.
daaic jaa 1 domh biauv mienh/a large family **2** yietc zuangx mienh/everyone.
daaic louc domh jauv; hlo nyei jauv/the main road or freeway.
daaic muoqc domh ndiangx/large tree.
daaic nyienh 1 hlo benx domh mienh mi'aqv. **2** zoux hlo nyei mienh/leader
daaic zaamv mborqv domh jaax nyei sic/big fight; world war.
daaic zunh domh nzangv; domh wuom-cie/a ship, big boat.

daaih w. daaih maengx. Dgw: mingh/to come; the way coming.
daaih aqv daaih jienv aqv. Gj: da'aqv, daax aqv, daaqx/I come; coming.
daaih duqv hingh corc maaih ziangh hoc daaih duqv hingh nyei.
daaih duqv nziouv daaih ndaangc ziangh hoc.
daaih maah gunv daaih maah; njongh daaih maah; maiv dungx daaih maah. Gj: daaih maaqh.
daaih maiv duqv maaih jauv nyauv daaih maiv duqv.
daaih maiv hingh ziangh hoc fatv haic daaih mv hingh aqv.
daaih nyei mienh zoux mbuangz, zoux laangh mienh se benx daaih nyei mienh maiv yiem biauv zong cuotv seix nyei mienh/people who come in.
daaih nziaauc oc kaeqv mienh nziaauc liuz nzuonx, heuc kaeqv mienh aengx daaih nziaauc nyei dorh leiz waac/please come visit again.
daaih nzuonx maiv bueix, daaih hitv aengx nzuonx aqv/to make a round trip.
daaih nzuonx piux daaih caux nzuonx nyei piux/a round trip ticket.
daaih siepv deix daaih siepv nyei/to come quickly; come fast.
daaih taux daaih taux da'aqv. Gj: daaih taux dorng/to arrive at.
daaih tengx tov daaih gan meih tov/to come to ask for your help.
daaih tengx zoux daaih tengx zoux/to come and help.
daaih zipv mienh daaih zuov jienv zipv kaeqv mienh; zipv muoz cien-ceqv.
daaih zoux gong daaih zoux gong/to come to work.
daaih zueiz woc heuc kaeqv mienh zueiz, nyei dorh leiz waac.
daaih zunv daaih gapv zunv yiem yietc norm dorngx hnangv.

daaiv[1] w. nyanc gau orv lauh daaiv haic aqv. Gj: youx, lev/to be sick of.

daaiv[2] pm. mangc daaiv; samx daaiv nzengc. Gj: mangc youx, mangc zinc/to look at disapprovingly; despise.

daaix[1] w. m'nziex; mv bei; daaix sic/may be; perhaps; probably.
daaix haih cuotv 1 daaih haih cuotv nyei/will be come out. **2** probably happen, occurred.
daaix haih hnangv naaic perhaps it will be that way.
daaix maaih deix nyei m'nziex maaih deix nyei/probably have some.
daaix maiv siaau hnamv daaih maiv haih benx mingh duqv/probably not.
daaix sic m'nziex, mv bei, daaix sic maiv haih lorqc/maybe, it will be.

daaix[2] pm. liuc leiz dorh; ziux goux mangc longx/to look after, take care.
daaix laauh liuc leiz ziux goux mangc longx/to show and love.
daaix loz nyienh dorh mienh gox mienh/to give care to elderly people.
daaix louc dorh jauv mingh/to lead the way, to guide or direct.
daaix naamh daaix nyouz liuc leiz dorh fu'jueiv. Gj: dorh naamh daaix nyouz/to take care children.

daaix[3] df. tengx dorh mingh; tengx douc mingh/carried with; to taken with.
daaix fienx tengx dorh fienx mingh bun mienh/to take a message.
daaix qoux tengx dorh mingh/to carry along with, taken along with.
daaix taux 1 dorh taux, mbenc taux bun. **2** m'nziex oix taux aqv.
daaix taux nzuih mbenc ziangx dorh taux bun nyanc/to serve food to.
daaix waac tengx douc waac mingh/to take a message to.

daaix[4] bt. zuqc siouc kouv, zuqc diev/to suffer or endure.

daaix jienv baengc sin zangc maaih jienv baengc/to be taken ill.

daaix jienv zei-naanc zuqc zei-naanc hoic jienv yiem/to suffer troubles or continuing illness.

daaix maanc 怠慢 /dàimàn/ ziqc zuiz zuqc; daaix maanc zuqc/to ignore, snub.

daaix maanc zuqc meih ziqc zuiz zuqc meih, ki zuqc meih/to neglect, to pay no attention to.

daaix siang 1 zuqc sernv siang, zuqc mun siang/to endure a wound. **2** nziex siang nyei/probably still new.

daaix zei-naanc sin zangc maaih kouv naanc hoic jienv/to suffering hardship.

daaix zuiz haaix zanc yaac dorngc sic zoux jienv zuiz yiem/to live with sins.

daaix[5] db. tengx njiec buoz zoux/to stand for, to act for, take place.

daaix batv nanv batv tengx mienh fiev nzangc/to write on someone's behalf.

daaix batv zih nyienh nanv batv tengx fiev nyei mienh/ghostwriter.

daaix[6] bm. dengv bieiv, baeng gorng dorh mienh/to lead, to supervise.

daaix gong mienh mbenc gong bun zoux nyei mienh. Gj: gunv gong mienh a supervisor, foreman.

daaix gunv zoux bieiv zeiv gunv mienh dorh mienh/to lead the control.

daaix wuic mienh baeng gorng dorh wuic ca'laangh mienh/a chairman at a conference.

daaix[7] m. sen-dauh daaix, sipv mienv mienh longc nyei ga'naaiv.

dih dungx daaix wuov dopc lai-ndaauv ziangh daaih dih dungx daaix wuov.

daamv[1] m. dongh caux hlan ziangh jienv nyei daamv/the gall bladder.

daamv beuv daamv-wuom zungx beuv nyei/a full gall bladder.

daamv-wuom daamv nyei wuom dongh haic nyei wuov/bile.

jiepv-daamv jiepv nyei daamv longc zoux ndie zorc duqv ziex nyungc baengc, beiv hnangv *hnyouv jorm*, an ga'naaiv-mun ziangh longx siepv.

lov yangh daamv ga'sie kungx lov cuotv daamv-wuom/the bile vomited up on an empty stomach.

daamv[2] pm. maaih daamv daix jai/dare to kill a chicken. Dgw: maiv maaih daamv daix/dare not to kill.

daamv faix daamv faix haaix nyungc yaac kungx gamh nziex hnangv.

daamv hlo daamv hlo maiv gamh nziex haaix nyungc. Wed: daaic daamv/to be brave; impudent.

daamv mapv 1 mv maaih doic haaix yaac gamh nziex. **2** daamv-wuom cuotv daamv ziouc mapv mi'aqv. Gj: maiv maaih doic.

daamv-seix longx daamv hlo mv gamh nziex haaix nyungc/to be brash.

domh daamv daamv hlo jiex ndaangc mi'aqv/to be very brave.

zungx jienv daamv gamh nziex deix mv baac zungx jienv daamv.

daamx[1] pm. ndiangx nauv njiec daamx jienv jauv/to lie across.

daamx[2] aengx lorz mangc *baeqc daamx* wuov joux.

daan[1] m. sou-daan/a register list, official record of something.

faatv-daan fiev faatv nyei sou-daan/a magic record list.

huox-daan aamx camv-nyungc huox nyei fangx nyei daan.

lai hnaangx daan maaiz lai hnaangx nyei sou-daan/food menu.

daan[2] aengx lorz mangc "zaeqv-daan, lingh daan ndie, nyaanh daan, jaa-fin-daan, biangh mienv daan".

daan[3] pm. daan-sin; maiv gaengh dorng jaa/single, singular or alone.

daan-coux nduqc laanh mienh bueix nyei coux/a single bed.

daan-diuv domh cing-jaa yinh nyei daauh hnoi hopv diuv, heuc daan-diuv. Dgw: diuv-ndaamx/first day of drinks at a major wedding.

daan-mienh daan-sin mv gaengh dorng jaa nyei mienh/a single person.

daan-mienh coux nduqc laanh mienh bueix nyei coux/a single bed.

daan-mienh gen yietc laanh mienh bueix nyei gen/a single bedroom.

daan ping cie yietc bung maaih norm

yienh nyei cie. Gj: siang-ping cie, daan cie. cie-ping/a bicycle.

daan-sin coux nduqc laanh mienh bueix nyei coux/a single bed.

daan-sin mienh nduqc laanh mv maaih auv-nqox nyei mienh/a single person.

daan-sin yiem nduqc laanh ganh ndoqc ndoqc nyei yiem/to stay as single.

maiv daan maiv zeiz kungx nduqc hnangv/not only, not just.

maiv daan yie ganh maiv zeiz yie ganh hnangv/not only by myself.

miuh daan nz. yie, yie ganh, yie ganh nduqc laanh hnangv/I, me.

daan[4] w. ziangh daaih daan-daan wuov/to be slim, thin, slender.

mbiauh miuh daan nzopc mbiauh saa deix cuotv daaih daan-daan/simple.

daanc[1] w. mbeux daanc cuotv nyei sic/to exploded, explosive.

daanc gong nyatv jienv zung-nyienz baeng daanc nyei ga'naaiv/slingshot.

gorngv waac daanc gorngv waac ziqv mienh. Gj: gorngv doqc.

yunh mbeux daanc domh yunh mbeux daanc zuqc/to hit by exploded missile.

daanc[2] pm. meih naaic daanc dunx duqv ga'sie beuv hnangv haaix nyungc mv maaih meih yaac maiv gunv/only.

daanh[1] w. 批评 /pīpíng/ daanh gorngv doqc bun ndortv jaax-zinh/to criticize, to talk slightingly about.

daanh faanh daanh faanh meih mingh nor yie yaac mingh aqv. Gj: da'faanh/if you go I will go too.

daanh mienh gorngv doqc mienh/to criticize people.

daanh siux dorh mienh mingh gorngv jatv/to mock, disparage in jest.

mv lamh daanh haaix nyungc zungv longx nyei mv lamh daanh dorngx/to be blameless.

zuqc mienh daanh zuqc mien

daanh[2] m. daanh corng jienv finx nyei daanh baah. Gj: patv/to play or strum a stringed instrument.

daanh baah 1 yietc norm daanh baah a guitar. **2** daanh baah cangx heix nyei sic/music in general.

daanh baah finx corng daanh nyei finx, hlaang/string for a guitar.

daanh baah nauc ngitc patv daanh baah baaux nzung zoux nauc ngitc nyei jauv. Gj: zoux yuoqv nauc/to have a lively celebration with music.

daanh[3] bz. buoqc gengx zienh nyei daanh baaih/an altar.

koi daanh yietc zorc mienv zoux doh dangh caeqv-jaiv nyei yinh.??

singx daanh gengx baaix zienh singx nyei dorngx. Gj: ziec-daanh/an altar.

daanv[1] w. longc nzuqc daanv bun ninh mau, bieqc deix/to scrape.

daanv ndoc daanv nqoi ndoc nyei ndopv pui nqaai longc zoux hnaav-hlaang/to scrape the outer surface of a strip of the jute plant.

daanv[2] bz. janx-horh siangx yiem muic dorngh daanv miuc hungh/the monk worship the Buddha king.

daanv miuc mienv gengx baaix miuc mienh/to worship Buddha image.

daanz aengx lorz mangc "*di'daanz* caux *diqc daanz*" wuov joux nyei eix-leiz.

daapc[1] w. daapc heh, daapc matc, daapc suqv/to wear shoes.

daapc jienv heh zorqv daaih daapc jienv/to put shoes on.

daapc matc zorqv matc daapc topv jienv zaux/to put on socks.

daapc[2] bz. lorz deic gomv biauv, lorz deic biopv sei/to walk around looking for an auspicious house site.

daapc deic fin-saeng sipv mienv ong nanv norm jaux heuc jienv mienv lorz jienv mingh taux haaix oix wuov norm dorngx nor ziouc guaengx jaux njiec wuov se gorngv jaux maiv huv nor ziouc longc wuov dorngx aqv.

daapc deic sou longc daapc deic nyei yietc buonv sou/a geomancy book used in selecting a site.

daapc[3] zc. longc zaux caaiv ndamc njiec daapc/to tread on push down with foot.

daapc doix longc yietc jieqv zaux caaiv doix njiec/to pound with a foot-operated rice pounder.

daapc doix cuotv hmeiv 1 daapc doix nor m'daaih cuotv hmeiv. **2** la'guaih hemx mienh nor m'daaih cuotv sic aqv, nyei waac-beiv.

daapc fiu longc doix daapc dapv congx buonv nyei fiu/to pound gun powder in a rice pounder.

daapc juih zaengx doix daapc njiec da'komv wuov norm juih/the pestle of a treadle rice pounder.

daapc komv dapv cuqv daapc wuov norm komv. Wed: da'komv.

daapc njuov zorqv hnaangx-zaang dapv da'komv daapc. Gj: zong njuov/to knead dough by pounding it in a rice pounder.

daapc[4] gn. daapc lapv faaux gu'nguaaic/to stack up, pile up.

yietc daapc sou camv-buonv sou daapc jienv ziangh daapc nyei. Wed: yietc lapv sou/a stack of book.

daapc[5] zz. yie daapc ziec maiv jiez meih nyei en-zingh/I have nothing to give you in return your grace.

daapc ziec laengz zingh, zongc zingh haic/to show express appreciation.

daapc ziec waac gorngv laengz zingh waac bun/respond with thankful.

daapc[6] pm. mingh bieqc mienh nyei biauv daapc zuqc mienh yungz gu'nguaaz nor oix zuqc tengx wuov dauh gu'nguaaz zoux kaix-die aqv.

daapv w. zorqv siqc jaauv daapv jienv mba'dauh/to drape a towel over the shoulder.

daapv jaang longc siqc jaauv daapv jienv jaang/to hang something around on the neck.

daapv lui houx daauh laangc lui-huox nyei daauh/a clothes line.

daapv zuangv m'jangc mi'sieqv caux doic. Gj: douc zuangv, saeng doic/to mate with.

daapv zuqc doic mingh buangh zuqc doic/to meet together with.

daaq aengx mingh lorz mangc "*daax* caux *da'aq*v" wuov joux nyei eix-leiz.

daatc aengx lorz mangc "ba'daatc" wuov joux nyei eix-leiz.

daatv[1] m. hlauv deqv muonc koi nqoi benx daatv dimc coux, weih njongc/bamboo which have been cracked lengthwise at the joints.

daatv[2] w. sin sietv butv pokc daaih ziangh kuaaiv nyei daatv-daatv wuov/heavy rash appears to be a sheet of red skin.

daau[1] m. lomc nyei daau/sugar palm tree.

daau-biouv daau nyei biouv/the fruit of the palm tree

daau-fim daau gu'nyuoz nyanc zoux lai wuov deix fim/the core of the palm tree.

daau-gaeng goix nauv njiec daaih nyei daau-ndiangx butv gaeng-junv daaih haih jamv tong ndiangx zorqv daaih caaiv zuoqc nyanc zoux lai duqv nyei.

daau-nqoic daau cuotv nqoic ndaangc nqa'haav bun caax nqoi biangh ziangh biouv/the bud of a palm tree.

daau[2] aengx lorz mangc "panh daau" wuov joux nyei eix-leiz.

daauh[1] m. hlaang corng daaih laangc lui houx pui nqaai nyei daauh/a rope line for drying clothes.

daauh jienv mingh souv daauh jienv mingh/to stand in a line.

lui-houx daauh laangc lui houx pui nyei daauh/a clothesline, clothes pole.

daauh[2] hd. daauh baan; ndaangc jiex wuov baan/the first in time.

daauh aanx lungh ndorm mingh taux lungh aanx/forenoon.

daauh baan sou yienz cuotv daauh nzunc nyei sou/first edition.

daauh buoz maaiz siang-ga'naaiv longc daauh nzunc. Dgw: da'nyeic buoz/first hand buy, first hand use.

daauh dangh daauh dangh jiex gorn wuov zanc/in the first instance.

daauh dauh ndaangc jiex wuov dauh/a very first one.

daauh dauh dorn yungz duqv daauh dauh wuov dauh dorn/the first son.

daauh hoc dongh longc jiex wuov hoc ga'naaiv/number one brand.

daauh horngh da'yietv wuov horngh. Wed: zangc horngh/to be first class.

daauh hnoi gong bieqc gong daauh hnoi/the first day on a job.

daauh lai coqv zaangh daaih mv gaengh maaih haaix dauh nyanc jiex nyei daauh baan lai/first serve of the dish.

daauh mienh goux laangz nyei daauh mienh. Wed: laangz-ziouv, laangz-gox, mienh gox/a village headman.

daauh nzunc cor hoqc jiex gorn wuov nzunc/the very first time.

daauh teix auv longc ndaangc wuov teix auv/one's first legal wife.

daauh toi dorn saeng-kuv njiec daauh nzunc dorn/the first born of animals.

daauh torngx cun-gaeng zuangx ndaangc yaac siou ndaangc wuov torngx liangx-ndeic ga'naaiv/first crop.

daauh za'eix daauh kang za'eix; longx jiex nyei za'eix.

daauh[3] aengx mingh lorz mangc "dauh" wuov joux nyei eix-leiz.

daaux[1] w. daaux faaux fai njiec; daaux waac gorngv; daaux nzuonx; daaux nqaang/to turn around.

daaux cie guinh cie daaux nqaang/to turn a car around.

daaux div daaux div fungc haih hnangv naaiv nor. Wed: daax div/to be other than what one expected.

daaux div nix? zoux haaix nyungc hnangv naaiv nix/whatever happen like this, how it like this.

daaux gangx daaux gu'nguaaic njiec ga'ndiev. Gj: da'gangx, da'nqopv/to turn upside down.

daaux gangx waac maaih eix-leiz da'gangx nyei waac, beiv hnangv *nangh* caux *daic* se daaux gangx nyei waac.

daaux mbienv mbienv dorngc/turn to the wrong side. Gj: da'mbienv.

daaux nqaang 1 guinh daaux nqaang nzuonx/to turn around. **2** dau daaux nqaang/to reply, to answer.

daaux nziaaux faan king njiec nqa'haav maengx. Gj: da'nziaaux faan/to fall down backward.

daaux nzuonx 1 guinh daaux nqaang nzuonx/to turn around; to return. **2** yie ziqv orv mv baac yie maiv nyanc, daaux nzuonx meih nyanc ndaangc.

daaux sin guinh sin daaux nqaang/to turn around and go back.

daaux waac daaux waac an horpc. Gj: mbaih waac/to arrange words to be in grammatical order.

daaux[2] w. daaux borqv jienv mingh, dorh mingh daaux jienv. Gj: *daux*/fit together end to end.

waac-daaux *hnoi-hnoi* caux *zanc-zanc* se waac-daaux. Wed: waac-daux, waac-guanh/word that has two more syllables.

dae nyc. gu'nguaaz nyei dae/baby's dad, father. Gj: die, diex, aa dae.

dae maa dae caux maa, diex caux maac dad and mom, father and mother.

dae-teix da'nyeic dae. Gj: da'nyeic dae, die-teix, dae-hlorpv/a step dad.

daec w. ga'sie zungx daec-daec wuov. Gj: duc/to swell around the middle.

daev pm. ziangh daaih daev-daev wuov maiv hlo, mv baac nzueic nyei/to be petite and attractive.

jai-daev jai-gorngx ziangh daaih faix nzueic nyei/a decoy chicken.

daex q. jai-nyeiz oix ndauc jaux heuc lorz jai-gorngx *daex daex* nyei qiex.

daekv q. hnangv lorh gaeng guinh mbui dikv daekv nyei qiex/the tick tock sound of a clock with a pendulum.

daen q. zatv cie-nzatc mbui daen daen nyei qiex/the sound of a car horn.

daenz pm. ninh junc daaih ga'sie hlo gau daenz-daenz, duc-duc wuov, mv dorh leiz nyei waac.

daeng q. nqaux hlieqv mbui daeng daeng nyei qiex/the sound of hitting metal.

daengv kiuh oc laengz zingh oc; dor-ziec oc, se gaav congh English 'thank you' wuov joux daaih.

daetc q. bungx buotv daetc dangh/the sound of a person or animal pass wind

daetv q. longc biaav mbeih nyei mbaix *daetv* dangh nyei qiex/the soft sound of clicking, cracking, slapping.

daeu q. patv daanh baah mbui daeu daeu nyei qiex/the sound of a guitar.

daic[1] w. ndortv; feiv; guei seix; jiex seix; leih seix/to die, dead, deceased. Dgw: nangh, ziangh jienv.

bungx daic bungx daic cie, bungx daic douz, bungx wuom. Dgw: bungx zieqc.

coqv jang daic coqv daic maiv gaengh lauh/to have just died.

daic beu sengh beu maengc nyei sou/a life insurance.
daic biopv mi'aqv hemx daic zuangz biopv mi'aqv/be dead and buried.
daic caux nangh daic caux nangh, daic fai ziangh/between life and dead.
daic div laengz daic div/willing to die instead, to die for.
daic duqv ciouv mborqv daic, buonv daic, zong daic se funx daic ciouv/to die as a result of violence.
daic duqv jiex aqv hemx maiv zic duqv ziangh nyei waac/not worth to live.
daic duqv korh fiqv daic duqv lunx korh fiqv haic/to die early.
daic duqv longx daic duqv longx weic zuqc maaih mienh liuc leiz duqv longx nyei bun/worth to die.
daic duqv longx aqv hemx ceux haic nyei mienh, saeng-kuv daic duqv mv korh fiqv nyei waac.
daic duqv longc nyei daic duqv jaaix yaac mv kouv/to die peacefully without much pain and good care.
daic mv korh fiqv daic yaac mv maaih mienh korh fiqv/to die with no regrets.
daic mv maaih ndau zangx hemx doqc orqv mienh daic lorz maiv duqv ndau zangx/to die without place to buried.
daic mi'aqv 1 dangx qiex mi'aqv/it's already dead. **2** daic mv dongz aqv/it stopped moving.
daic nqanx mi'aqv hemx doqc mongh ndongv mienh nyei waac/to scold oneself or others who has forgetful memory.
daic nyei fienx maaih daic nyei fienx zunh daaih/an obituary; death notice.
daic nyei jauv mouz dauh mienh zungv biaux mv ndutv daic nyei jauv.
daic nyei qaqv bun mienh daic nyei qaqv/the power of death.
daic panh nangh daic mingh aengx panh nangh nzuonx daaih/to die and become alive again.
daic seix daic mingh wuov seix. Gj: feiv seix, yiem-seix. Dgw: ziangh seix, saeng seix, yaangh seix.
daic weic guoqv dorng baeng mienh mborqv jaax daic se weic guoqv/to die for one's country.
daic weic hnamv weic hnamv daic/to die for love.
daic zengx sou zengx daic nyei sou/a death certificate.
daic zuangz mi'aqv hemx daic zuangz nyei waac/to be dead and gone.
daic zutc nzengc daic zutc nzengc maiv maaih zengc aqv/to become extinct.
dingc zuiz daic zuqc dingc zuiz daix daic/to be death penalty.

daic[2] pm. daic nyei maiv dongz/a dead thing, unmoved thing.
ndiangx-gorn-daic beiv ndiangx nyei gorn daic nyei maiv dongz/unmoved.
wuom-domh daic maiv maaih wuom liouc bieqc, cuotv nyei wuom.

daih aengx lorz mangc "m'daih, m'daaih" wuov joux nyei eix-leiz.

daix bl. daix daic; daix guangc; daix zuiz-mienh/to execute, murder, kill.
daix dungz daix dungz daaih nyanc orv/slaughter a pig.
daix guangc daix zuiz-mienh guangc/to be murdered or killed.
daix jaax meih daix yie, yie daix meih to kill each other.
daix mienh bungx douz zoux waaic sic daix mienh/to murder.
daix mienh nyei mienh daix zuiz-mienh nyei mienh, daix mienh nyei janx-zaqc a murderer.
daix mienh nyei zuiz hniev jiex nyei zuiz se daix mienh nyei zuiz.
daix mienh win daix mienh nyei win
daix nyanc orv daix saeng-kuv daaih nyanc orv.
daix nzengc daix nzengc saeng-kuv mv maaih aqv/kill them all.
daix saeng-kuv daix saeng-kuv nyanc orv/to slaughter.
daix saeng-kuv biauv daix saeng-kuv nyei biauv/a slaughterhouse.
daix zuiz-mienh hungh jaa daix zuiz-mienh sic/to execute a criminal.
daix zutc nzengc daix nzengc maiv maaih aqv/kill them all.

dakv[1] q. sipv mienv mienh nqaapv jaaux mbui dakv dakv nyei qiex/*nditv mbietc dakv dangh*/the sound of clicking.

dakv dakv suox oc njaaux gu'nguaaz gorngv sipv mienv oix zuqc gorngv dakv dakv suox oc.

dakv[2] m. dakv gorh heuc, dakv gorh, dakv gorh deix. Gj: bakv gorh.

damc w. damc jauv; longc ndiangx-benv damc; longc daatv damc/to lay across.

damh w. nie-mbung damh; la'fapv damh; ndiangx-normh damh/to cover over.

damh ndipc ga'naaiv damh ndipc/to be completely covered.

damv gn. ngaatc mienh, ngaatc saeng-kuv nyei damv/body lice found on human or animals.

butv damv zuqv lui huox lauh mv nzox nor haih butv damv/to have body lice.

damv-jaux damv nyei jaux yiem lui houx nyei ngutv wuov/body lice's egg.

nyiez duqv damv caux doic bueix nyiez duqv damv/to get infected with lice.

damx m. zaeng damx ndapv naauz fai norqc/a falling trap for rat, bird.

danh wj. ninh heuc haeqv danh nyanh dangh biatc duqv seix gau/ninh jienh gau hnoi-hnoi *danh nyanh faaux, danh nyanh njiec* nyei yangh jauv.

danx w. mueiz danx; nziouv danx; ziepc nyeic ndaangh danx/to sting.

haih danx mienh haih danx mienh nyei ga'naaiv/be able to sting people.

ninh zuqc mueiz danx zuqc mueiz danx ninh gengh mun haic.

dang[1] m 灯 /dēng/ **1** yietc norm ziux njang nyei dang/a lamp. **2** mbui dang dang nyei sing-qiex.

bungx zieqc dang waan dang zieqc daaih/to turn on the light.

dang aengv m'zing dang njang ziux aengv zuqc, caengx zuqc m'zing.

dang-cov 1 dapv dang nyei dang-cov/a wick for a lamp. **2** longc buov m'normh nyei dang-cov/a spongy core of reeds.

dang-cov miev longc zoux dang-cov buov m'normh nyei miev.

dang-cov-ziqc longc dang-cov miev zieqv nyei ziqc/a mat woven from reeds.

dang-douz buov dang nyei douz/the light of the lamp.

dang-gunv nzuiz dapv dang-cov bieqv wuov norm dang-jaix/the tube on a small tin oil lamp.

dang-jaax don dang nyei ga'naaiv/a lamp stand.

dang-longh yietc nyungc njang haic nyei dang/dragon lamp, lantern.

dang-longh kuangx duqv hlang haic gorngv beiv mienh *m'zing-jaax hlang* haic nyei *waac-beiv*.

dang-m'zing 1 dang nyei m'zing/a light bulb. **2** dienx tongh m'zing/a small bulb for flashlinght.

dang-ndie longc dapv dienx tongh nyei ndie/a flashlight battery.

dang-ndiouh jauv dienx dang nyei ndiouh/a street lamppost.

dang-ndiux ndiux jienv nyei dang/the hanging lamp.

dang-pau dapv dienx tongh dang nyei dang-m'zing dorn. Gj: dienx pau/a small bulb for flashlight.

dang-qiev nz. dang nyei douz/the light of the lamp.

dang-siaam dang-douz aengv ziux daaih nyei siaam/the rays of a lamp.

dang-youh 灯油 /dēngyóu/ dapv dang buov njang nyei youh/fuel for a lamp.

dang-zou dang-m'zing gu'nyouz zieqc daaih njang wuov deix zou/the filament in a light bulb.

dang[2] pm. dang gorc ziangh hoc. Gj: zorv ziangh hoc/to delay the time.

dang gorc zorv ziangh hoc, zorv ziangh hoc. Gj: zorv-dorngx/to delay.

dang gorc hnoi-nyieqc dang gorc zuqc ziangh hoc. Gj: torngh nyutc zeiv, torngh ziangh hoc/to waste time.

dang gorc sih jien torngh zuqc ziangh hoc/to waste the time.

dang lang lingh guaeqv zuqc doic mbui dang-lang nyei qiex

dang[3] wj. lungh nzang nyutc cuotv daaih ziux jienv dang-dang wuov.

dangc[1] bm. 邓 /dèng/ Iu-Mienh/Yao nyei fingx mbuox/one of Mien surname.

fingx dangc 姓邓 /xìngdèng/ fingx dangc wuov fingx mienh/the surname of dangc.

loz-dangc biauv 老邓家 /láodèngjīa/ loz-dangc wuov buonc mienh/dangc's family.

loz-dangc mienh fingx dangc nyei mienh/the people with dangc surname.

dangc[2] w. nziang hniev doix-dangc/to make equal balance.

dangc ngorh ngaetv yietc laanh geh bung *ngorh ngaetv* dangc jienv mingh to ride a seesaw or teeter-totter.

dangc[3] pm. ndouv zinh mienh dangc jienv nyaanh cai gaax haaix nyei cai zuqc/to match a bet by throwing money down.

dangc jienv zoux ndouv jienv zoux/to challenge each others.

dangc nyaanh zorqv nyaanh an njiec dangc jienv ndouv.

dangh[1] w. dangh hiun; dangh mba'zorng hiun; dangh buoz-ndoqv-nzaeng/to put on a ring, to wear a ring.

dangh ja'waanh zorqv ja'waanh dangh jienv jaang/to wear a neck ring.

dangh jaang limc dangh jaang nyei limc. Gj: kuangx jaang limc/a necklace.

dangh lorh gaeng zorqv lorh gaeng dangh buoz. Gj: dangh biau, dangh mong/to wear a watch.

dangh m'normh hiun dangh jienv m'normh hiun/to wear an earrings.

dangh mueic ziux dangh jienv mueic ziux. Wed: dangh muoc-ziux/to to wear eyeglasses.

dangh[2] zh. nduqc dangh hnangv/a brief period of time, a moment.

aav dangh nduqc dangh hnangv maiv lauh/in a minute, few minutes.

dangh baav dangh baav hnangv maiv lauh/temporary, a short time.

dangh dangh zanc-zanc; mouz buon ziangh hoc/constantly; continually, time after time.

dangh[3] nz. **1** nzung nyei waac lauh/long time. **2** nzung nyei waac ndaauv/to be long of an object.

dangh liouh suiv ndoqv liouc mingh go ndaauv haic/a long river.

nin-dangh jouv hnoi lauh hnyangx haic nyei sic/a long year.

nyutc dangh jouv ziangh hoc lauh haic aqv/a long time ago.

dangh[4] gn. dangh sopc ndiangx; dangh horqc hmei, dangh horqc nganh.

dangh sopc biouv hieh zoih nyanc nyei ndiangx-biouv/a purple fruit.

dangv[1] m. nziang ga'naaiv nyei baengh fim dangv/a balance scale.

baengh dangv nziang nyaanh zinh caux jiem nyei dangv, dangv-baengx diu jienv diepc faix nyei njaauv-njaauv wuov taux haaix yoc mbu'ziex zinh, mbu'ziex lungz, gengh baengh fim nyei.

dangv-bienh dangv i bung wuov norm bienh an ga'naaiv nziang wuov/the pan used on a balance scale.

dangv-dorh ndiux jienv dangv caux doix-dangc nziang ga'naaiv wuov norm dorh/the weight on a balance scale.

tin-baengh dangv yietc bung ndiux norm bienh nziang ga'naaiv zoqc nyei dangv/a small balance scale.

dangv[2] w. dangv jienv, dangv gaengh mv bun bieqc/to block, obstruct.

dangv caa zorqv dangv jienv caa zorqv dungz, zorqv janx-zaqc.

dangv cie zaamc zuov cie bieqc nyei dorngx. Gj: cie-zaamc/a bus waiting spot or bus station.

dangv gorc zorv ziangh hoc. Gj: dang gorc/to waste one's time.

dangv jauv luv janx-zaqc dangv jauv luv mienh/robbers blocked the trail and robbed the people.

dangv jauv mienh dangv jauv uv cie nyei mienh/as police stops travelers on the intersection road.

dangv jauv zaqc dangv jauv luv mienh nyei janx-zaqc/a street robbers.

dangv nziaaux gingx torngv nziaaux wuov kuaaiv cie-gingx/a windshield.

dangv[3] pm. 等 /děng/ haaix dangv, haaix horngh nyei sic/a social class.

haac dangv 1 mengh hoc aiv jiex/very low in social rank. **2** mv benx jiex wuov horngh/low quality stuff.

haac six buv dangv aiv jiex zinc jiex wuov dangv/insignificant in status.

zangc dangv 1 maaih mengh hoc hlang wuov horngh mienh, fai ga'naaiv/upper class in social rank. **2** longx jiex wuov horngh/a good high quality brand.

zangc dangv jien hlang wuov nzangh jien-fouv/the most high official.

zangc dangv mienh domh houz fux-gueix mienh/a wealthy people.

zong dangv mbu'ndongx-wuonc mienh intermediate social level.

dangx[1] m. yietc zung ndiangx zaengx daaih zoux don zueiz nyei dangx/a bench.

caeng-dangx don caeng, nqopv yienv caux nzormc nyei dorngx. Gj: yienv-zaanv-longz/a cupboard.

dangx-benv zaengx dangx wuov kuaaiv ndiangx-benv/the surface of a bench.

dangx pongh bux corng jienv gu'nguaaic torngv laangh bun mienh haih mingh yiem wuov nyanc hnaangx lo haaix nyei dorngx, se heuc *dangx pongh.*

dangx[2] w. cutv dangx; baeng dangx; zoux dangx; gaatv dangx; jauv dangx/to snap apart, break off, cut off.

cutv dangx baeng cutv zuqc dangx/to snap apart.

dangx-cien nyaanh longc auv longc nqox ba'laqc cien haic nor oix zuqc cuotv dangx cien nyei nyaanh maaiz cien guangc.

dangx diuv 1 guangc maiv hopv diuv aqv/to give up drinking. **2** diuv nzengc maiv maaih diuv aqv/to be run out of wine or liquor.

dangx hnyouv mv longx hnyouv bun/to upset with someone.

dangx in guangc maiv buov in aqv. Gj: dunx in/to break addiction to opium.

dangx lai mv maaih lai aqv/to run out of vegetables.

dangx ndutv dangx ndutv nzengc maiv nengx aqv/to break free.

dangx qiex daic dangx qiex aqv/to stop breathing and die.

jouh dangx jouh nauv dangx/a bridge broken apart.

ndau nzaeqv dangx ndau nqaai nzaeqv dangx daaih ngorpc ngorpc wuov/a big cracked on the ground.

dangx[3] pm. dangx nzengc maiv maaih yietc deix aqv/to be completely run out.

dangx-donx dangx hnaangx mv maaih nyanc aqv/to run out of food.

dangx-donx nyei mienh jomc gau yietc donx nyanc liuz aengx nzauh jienv dieh donx hnangv haaix nor haih duqv nyanc nyei mienh/people without food.

dangx douh nzengc dangx nzengc yietc aax maiv maaih aqv. Gj: longc dangx gorn nzengc/to be completely run out.

dangx gorn 1 guangc in dangx ndutv gorn. **2** baeng miev dangx ndutv gorn.

dangx nyanc hopv maiv maaih nyanc caux hopv nyei ga'naaiv aqv.

dangx zinh nyaanh longc dangx nzengc nyaanh mi'aqv/to run out money.

maaic dangx maaic dangx bun/to sell permanently.

maaiz dangx maaiz ndutv bun nyaanh sung nzengc mi'aqv/to pay off.

dangx[4] aengx lorz mangc "mungz-dangx" wuov joux nyei eix-leiz.

dapc[1] w. dapc bieqc mingh, saamx bieqc mingh/to penetrate into; seep into.

dapc bieqc mi'aqv 感染 /gǎnrǎn/ nyiez duqv mi'aqv/be infected.

dapc toux dapc bieqc mingh toux/to penetrate throughout.

nzauv dapc orv nzauv nyei mueix dapc bieqc orv/the salt penetrate into meat.

dapc[2] pm. dapc nyaah dapc ceiv nyei/gnash one's teeth to show anger or in pain.

dapc[3] zc. **dapc zunh** (dungz) ngaatc miev daaih dapc zunh/to build a nest.

dapv w. dapv bieqc; dapv nzuih nyanc/to put into; to insert something.

dapv bieqc loh (zorqv zuiz) dapv bieqc loh wuonx/to put in the jail.

dapv buangv nyei dapv buangv nzengc mingh/to fill up, fill full.

dapv fienx faang dapv fungx fienx nyei faang/a mail box.

dapv jui nyiez dapv jienv jui nyiez/to put thing into back basket.

dapv lui-mbuoqc zorqv ga'naaiv dapv lui-mbuoqc/to put in a shirt pocket.

dapv maiv njiec camv haic dapv maiv njiec/to be unable to fit into.

dapv nyaanh lamz dapv nyaanh bieqc nyaanh lamz. Gj: an nyaanh lamz/to deposit in a bank.

dapv youh dapv youh cie. Gj: jaa youh, dinh youh/to put gas, fill gas.

dapv youh zaamc dapv cie-youh nyei

zaamc. Gj: jaa youh zaamc, dinh youh zaamc/a gas station.

daqc[1] w. longc zaux daqc. Wed: ndamc, neqv, caaiv, daapc.

daqc cie-ping daqc jienv siang-ping cie mingh. Gj: ndamc/to pedal a bicycle.

daqc heh dorh zaux topv bieqc heh daqc. Gj: daapc heh/to put shoe on your foot.

daqc jienv njongc zaux ndamc jienv njongc/pressing against wall with foot.

daqc wuom-tei zaux ndamc jienv yiem wuom mv zemh njiec/tread water.

daqc[2] w. **1 daaih aqv, da'aqv** naaiv deix i joux fiev nangv daaih. **2** daqc caanv miev; m'zai daqc caanv miev.

daqv[1] w. gong-daqv, fiou gong-daqv zoux longx bun mienh. Gj: zeqv/to do good in deep to win bless.

gong-daqv taux dauh fiou yiem-gong taux dauh duqv longx nyei sic.

mv maaih gong-daqv zoux maiv maaih laangh fim nyei sic/to do bad thing.

daqv[2] cm. civ norm biuv mbuox bun ninh heuc Daqv-wangc aengx civ norm bun ninh nyei youz heuc Daqv-mengh.

datc w. camv gau datc daax datc wuov. Gj: nzangh/gaam-zaiv biouv ndortv daaih camv gau datc daax datc nzangh daax nzangh wuov.

dau w. dau waac nzuonx. Gj: daapc ziec, wuih/to answer; reply; respond.

dau caux naaic dau aengx caux naaic nyei waac/answer and question.

dau dorngc dau dorngc waac/to give a wrong answer.

dau douc waac finx dau douc waac finx/to answer the phone.

dau duqv horpc lorz duqv waac dau horpc nyei/to give correct answer.

dau fienx dau fienx. Gj: wuih fienx/to reply to a letter.

dau jaax dau waac nzuonx/to answer back; to respond.

dau jaax nzung baaux dau jaax nyei nzung/a song sung antiphonally.

dau maiv duqv mv hiuv duqv hnangv haaix nor dau/not able to answer.

dau maiv jiez lorz maiv duqv waac dau nzuonx/unable to answer back.

dau maiv zuqc dau maiv zuqc mienh naaic nyei waac

dau waac-doqc dau nzuonx doqc nyei bun/to respond with an insult.

dauh[1] w. hoc-dauh; waac-dauh oix gorngv haaix bung/the topic sentence.

dauh[2] pm. ndeic-dauh; coux-dauh; dauh dauh; maaz-dauh; qiex-dauh waac; jauv-dauh louc mueiz; fim-dauh.

dauh[3] m. yietc dauh mienh. Gj: yietc weic, yietc laanh/a person/yietc dauh domh saeng-kuv/a large animal.

dauh baav i ziex dauh hnangv maiv camv/just a few, the occasional one.

dauh dauh mienh mouz dauh mienh. Gj: mouz laanh mienh/everyone.

dauh dauh saeng-kuv dauh dauh domh saeng-kuv/every large animals.

dauv[1] m. faaux dauv, m'zing faaux dauv. Gj: m'zing-mouc/a cataract of the eye.

in-dauv longc buov in-mbiaatc nyei in-dauv-ngau/a curved pipe for smoking the tobacco.

lorh dauv lorh ga'naaiv-muonc cuotv ga'ndiev bung nyei jei. Gj: siang-jei/a sieve of finely woven bamboo for shifting pounded rice.

dauv[2] pm. normh ziu-dorngc dauv njiec daaih/to droop to one side.

dauv njiec daaih mba'hnoi-biangh dauv nzengc njiec daaih/all sunflowers turn down to one side.

paan-jien-dauv zuangx norm paan-jien dauv/to turn a somersault.

dauv[3] m. hlaau yietc dauv hmeiv ziemx jienv aav dangh zouv/a unit of volume equal to a quarts.

daux[1] w. daux borqv jienv yietc daux yietc daux ndaauv nyei mingh.

daux gaux Giduc mienh daux gaux caux Tin-Hungh gorngv waac nyei sic/by the Christianity to pray to God.

daux jaax jiuv sic daux jatv a'nziaauc lo haaix/to play joke with each other.

daux gaux mienh daux gaux wuov deix mienh/people who pray, prayer.

daux gaux weic daux gaux weic taux ganh laanh mienh/to pray for someone.

daux[2] wj. gorngv daux mienh. Gj: gorngv cuoqv mienh/to tease, provoke.

daux mienh 1 daux zuqc mienh qiex jiez. **2** daux mienh cuoqv a'nziaauc/to provoke by teasing.

daux nzuih dau daaux nqaang cuoqv mienh nyei waac/to provoking anger.

daux nzuih henv gorngv cuoqv mienh henv/to be skillful in provoking.

daux qiex daux zuqc mienh qiex jiez/to provoke to anger by one's words.

daux sieqv gorngv waac daux sieqv cuoqv sieqv a'nziaauc/to talk back and forth with a girl in a joking way.

daux zuqc mienh daux zuqc mienh qiex jiez. Gj: cuoqv/to cause someone to become angry.

daux[3] pm. daux nyaanh bun mingh tengx ndortv naanc mienh. Gj: gapv nyaanh.

D.B se **dong baqv** bung nyei nzutv-norz fiev/an abbreviation for northeast.

de'bung m. se "deic bung" fiev nangv daaih/a country; a nation.

deic[1] m. ndau-deic/a tract of land; a site; a territory; an area.

deic baeng gan ndau mingh mborqv ja jaax nyei baeng/a military land force.

deic-bung yietc kuaaiv ndau; yietc norm guoc jaa/a place, country, nation.

deic-bung-baeqc mv maaih gemh lomc kungx mba'ndaauh, normh nziaaux lomc nyei deic bung/a treeless land, savanna.

deic-bung fienx deic bung guoqv zangc nyei fienx/local news report.

deic-bung-haanz lungh haaz maiv duih mbiungc nyei dorngx/an arid area.

deic-bung-huaang yietc kuaaiv maiv maaih mienh yiem nyei ndau/an empty land, desert.

deic-bung mienh yiem ganh norm deic bung nyei mienh/other people.

deic dongz ndau dongz fai deic dongz yaac duqv nyei/earth quake.

deic douh mangc lorz jauv, lorz dorngx nyei ndau-beih fangx/a map, atlas.

deic fouv lungh zaaux njiec nyei yietc lungh ndiev. Dgw: tin-zangc/the living planet, an earth.

deic huaanv deic horc maaih sic yaac mv guen zuqc ninh wuov nyungc mienh.

deic hungh baamh gen nyei hungh/a king; a ruler. Dgw: Tin-Hungh.

deic jaax ndau nyei jaax-zinh/the price of a piece land.

deic-jaaix gapv-jaaix. Gj: gapv-nqenx the border, border area.

deic-jei dorngx dauh longx, ciouv nyei sic *beiv hnangv* mienh ciouv se weic laaix wuov norm deic-bung nyei deic-jei cuotv/the qualities of a piece land.

deic jun gan ndau mborqv jaax nyei baeng. Gj: deic baeng/the military land force, an army.

deic leiz ndau-beih caux ndau-ndiev nyei sic/earth and under earth.

deic leiz hoqc hoqc hiuv taux ndau-beih nyei sic/physiography.

deic loh ndau-ndiev wuonx mienh nyei loh/a dungeon.

deic mengh yietc kuaaiv ndau fai yietc norm deic bung nyei mbuox.

deic minc ndau-beih nyei sic/the surface of the earth, land.

deic nyuoqc 地狱 /dìyù/ mienv nyei hungh wuonx mienv nyei loh/the hell.

deic nyuoqc hungh yiem-gen siemv zuiz nyei hungh/a king of under world.

deic sokv m. 地支 /dìzhī/ ziepc nyeic weic deic sokv longc caux ziepc weic tin-fing 天干 /tiāngān/ gapv benx luoqc ziepc hnyangx wuov/the Twelve Terrestrial Branches used in calculation with the Ten Celestial Stem.

deic wuonh deic guoqv mienh nyei nzangc caux waac/German=s alphabet

deic zepv 地址 /dìzhǐ/ dingh zepv yiem nyei dorngx/address, resident.

deic zepv dorngx yiem nyei dorngx/address or permanently resident.

deic zepv hoc biauv nyei hoc-dauh/the address number.

deic zepv sou fiev mienh nyei deic zepv caux douc waac finx nyei sou/an address book or a yellow page.

deic zernz 地震 /dìzhèn/ ndau dongz, deic zernz/an earthquake.

deic zienh baamh gen nyei mienv fai zienh. Dgw: tin-zienh, ndaamv-lungh nyei mienv/spirit of the land.

deic ziouv 1 ndau-ziouv/a landlord or

owner of a property. **2** deic-ziouv mienv the guardian spirit of a piece land.

deic[2] w. bingx jienv yietc nzunc dorh deix ga'naaiv cuotv. Gj: bienh/to remove stealthily bit by bit.

deic ga'naaiv cuotv bingx jienv deic ga'naaiv yietc nzunc dorh deix cuotv/to secretly remove things.

deic huox cuotv bingx jienv nimc bienh huox cuotv/to remove goods secretly.

deic[3] gn. zouv-deic; biauv-deic; lai-deic/a site, lot, place, territory.

lai-deic zuangx lai lo haaix nyanc nyei ndau-deic/a vegetable garden.

mouz deix hnamv jienv oix zoux nyei buonc/a goal, a plan.

deih[1] m. **1** dungz-deih, maaz-deih/a pig's hoof or horse. **2** saeng-kuv caaiv ndau nyei deih/a hoof print certain animals.

deih[2] nyc. auv nyei dorc yie heuc deih/the term of address one's wife's older sister.

deih gux maa caux auv nyei maa nyei dorc deih, yie caux auv heuc deih gux.

deih maac maa caux auv nyei maa nyei dorc, yie caux auv heuc dorc maa, a'fai heuc dorc deih yaac duqv.

deiv w. hiuv jienv cing-cing deiv-deiv yaac aengx naaic/to ask by knowingly.

deix[1] w. deix baav; deix dien; deix dorn. Gj: di'dorn/a few; a little; some.

aav lamh deix caa deix mv camv aqv; ka'deix mi'aqv/nearly; almost.

bun deix yie maah tov mienh bun deix ga'naaiv/give me some.

deix dien zoqc nyei, di'dien hnangv/a little bit, a small amount.

deix dien gaih di'dien hnangv zoqc gau mv fungc aqv/just a little bit.

lorz duqv deix lorz duqv deix mv maiv camv/to have found some.

maaih deix nyei maaih deix mv baac maiv camv/to have some, few.

nziaauc deix maah dorh leiz waac heuc nziaauc nyei mienh aengx nziaauc gauh lauh deix/stay and visit longer.

tengx duqv deix tengx duqv deix baav nyei mv baac maiv camv.

deix[2] gn. yietc deix nyaanh, yietc deix lui, yietc deix houx/a silver bar.

nyaanh deix yietc diuh nyaanh diuh/a silver bar. Dgw: nyaanh norm.

yietc deix lui yietc zuqv sin nyei deix lui/a shirt or blouse.

dekc[1] gw. gu'nguaaz waac hngaqv zuqc mun oix zuqc gorngv *dekc zuqc ux wox.*

dekc[2] pm. doix-dekc caux borngz a'fai doix-dekc caux nzaeng.

dekv q. caaiv miev-nqaai nauv di'dungx dekv nyei/the light sound of a snapping or breaking. Gj: qapv.

dekv dangh dangx cutv zuqc suix dangx dangh/a snapping noise.

Delaware m. yietc norm ziou, yiem Meiv Guoqv D. bung maengx, domh mungv heuc Dover.

deng[1] w. ih hnoi yie deng jienv nyanc duqv buo nzunc ndie aqv/to continuin

deng-deng corc maiv gaengh ziangx. Gj: da'deng/to be still or continuing.

deng-deng nyanc cor hoqc nyanc taux ndaamv-dingh hnangv/continue eating.

deng jienv zoux deng jienv zoux gong maiv nqaeqv yietc hnoi/to continuing working on something.

deng-leng faaux ndiangx deng-leng gau mv gamh nziex haih ndortv/reckless or fearless.

Deng[2] m. 丁 /dīng/ da'feix weic tin-fing fai jaapv-jaangv-neix/the fourth of the 10 Celestial Stems.

Deng-maauz 丁卯 /dīngmǎo/ zuoqc toux nyei hnyangx, dongh 1951 caux 2011, se guinh jienv mingh 60 hnyangx liuz aengx nzuonx taux nzunc *deng-maauz hnyangx* aqv/the year of rabbit.

dengv[1] w. dengv domh ziouv nyei mengh hoc hatc baeqv-fingx. Gj: deqv/to rule in the power of the authority.

dengv bieiv 主席 /zhǔxí/ dengv bieiv koi wuic, fai dengv bieiv gorngv waac nyei mienh/to lead; a chairman; leader.

dengv bieiv dorh gong liuc leiz gong bun mienh zoux/to lead the work.

dengv bieiv mienh 主席人 /zhǔxírén/ baeng gorng mienh/a chairman; a lead.

dengv horqc doqc sou buangv ziangh hoc nyei horqc saeng. Dgw: laaix horqc, a full time student.

dengv jienv mbuox heuc deqv jienv mbuox heuc mienh/to call someone by his or her name.

mv dengv mengh mv dengv fingx mv tih taux haaix dauh nyei mbuox yaac mv tih taux haaix fingx/not to mention to any name or surname.

dengv[2] pm. caengx dengv jienv deix maiv bun haih king/to support with a pole against something that will be collapse.

dengx w. wuom ndiux jienv dengx-dengx wuov oix lamh deix ndiepv njiec haic aqv/to begin to drip.

Denmark m. yietc norm guoc jaa, se yiem B. bung maengx Europe, hungh zingh mungv heuc Copenhagen.

deqv[1] w. deqv fanh nyiemv dorn daaih jiux jienv orv opv/to chop and slice.

deqv daatv deqv hlauv-nyatv liuz koi nqoi benx daatv weih njongc/to split bamboo in making flat wall.

deqv maeqc deqv maeqc fietv daaih caux mbiauh mbiutc hmeiv zaang.

deqv ndiangx-guaa deqv ndiangx-guaa daaih zong sui, dam somc.

deqv[2] pm. deqv jienv mienh nyei mbuox heuc/to address someone by name.

detc pm. nzuqc deqv zuqc cing-zorng ndo gau detc detc wuov/a deep cut wound.

di'betv hd. 第八 /dìbā/ caux *da'betv* wuov joux fi'hnangv nyei/eighth.

di'daanz nqa'haav maengx di'daanz/the back. Gj: diqc daanz.

di'dauh di'dauh mienh; di'dauh janx; di'dauh maaz; di'dauh yungh. Gj: dieh dauh, dih dauh/another one.

di'dien di'dien gaih hnangv. Gj: diex dien, dix dien, di'dorn/just a bit.

dic w. m'zing mv buatc mv baac dic jienv gorngv ninh nimc/to accuse directly.

dih[1] pm. dopc lai ziangh daaih ndiux jienv dih dungx daaix wuov/string bean is hanging and swinging.

dih do longc teix m'nqorngv nyei dih do. Gj: teix-do, tix-do.

dih dungx daaix dopc lai-ndaauv ndiux nzoih dih dungx daaix wuov/hanging down of as a string bean.

dih[2] q. ziex norm cie zatv cie-nzatc mbui dih dungx daen nyei.

dih dungx dutc haeqv dungz-dorn heuc dih dungx dutc nyei.

div[1] pm. bou zoux loz-benv nyei gong div loz-benv/to replace, to take place.

div dien zoqc div dien hnangv. Gj: deix dien, diqv dien, di'dien.

div dorng dorh dauh mingh div dorng wuov dauh/to take place.

div duqv jiex jaax-zinh fih ndongc haih div duqv jiez/can be replace.

div hungh diex hungh diex ga'ndiev maengx mienh/a vice president.

div maiv jiex jaax-zinh aiv haic div mv jiex/to be unable to replace.

div maengc daix mienh nor oix zuqc dingc zuiz dimc ndoqv maengc div maengc/to punish life for life.

div zaeqv zorqv huox bun div zaeqv/to repay debt with goods.

div zuiz nipc zuqc wuonx div ganh zoux nyei zuiz-nipc/to bear the punishment for committed the crime.

div[2] gw. caux gu'nguaaz gorngv nqaiv se oix zuqc gorngv *div*/feces.

nqaiv div mbuox gu'nguaaz naaic se nqaiv oc nyei waac/feces, excrements.

div[3] aengx mingh lorz mangc "daax div nix" wuov joux nyei eix-leiz.

dix[1] w. ndiangx-ding camv dih dungx dix wuov/to be pointed ahead.

dix-dungx diepc butv pokc jieqv yietc diepc yietc diepc wuov/black spots.

dix gaaix tien ga'ndiev bung nyaah ndeix gomv zuqc gu'nguaaic bung se heuc *dix gaaix tien*/to have protruding lower teeth.

dix sern yietc norm *dix sern biouv*, yietc zungh *dix sern*/a peanut.

dix sern youh longc dix sern biouv zaax cuotv nyei youh/peanut oil.

dix sern zuoqv dix sern mbuonv nyei zuoqv/a peanut butter.

dix[2] bt. 粉刺 /fěncì/ dix-mueic, cuotv hmien nyei pokc/pimple; acne.

diangz w. zing-gorqv buatc deix di'diangz di'diangz wuov buatc mv zien/to catch a quick glimpse.

die nyc. yie nyei die. Gj: dae, diex, aa die, aa dae/father, dad, daddy.

die-buoc yie nyei dae se benx yie auv nyei *die-bouc, ong-bouc*, mv baac ninh maiv horpc heuc *die-bouc*, *ong-bouc* ninh horpc heuc *die* hnangv.

die longx dorn hiaaux dorn hiaaux suonc die se weic die maaih longx nyei kuv nyungc zeiv.

die maa dae caux maa. Gj: diex caux maac/father and mother, parents.

die seix die nyei seix zeiv/generation of one's father.

die-teix maa nyei da'nyeic teix nqox se yie nyei *die-teix.* Gj: da'nyeic diex, die-faix; da'nyeic die/a step father.

zoux die zoux maa duqv zoux die zoux maa aqv/to be a father and mother.

diec[1] w. diec ndorm, diec hnoi. Gj: dieh ndorm, dieh hnoi, da'nyeic ndorm, da'nyeic hnoi/next day, another day.

diec[2] gn. diec-dauh ngongh. Gj: dieh dauh saeng-kuv/another one.

dieh[1] m. kaa fae dieh; mborqv bing borng dieh; nyanc hnaangx dieh/a table.

dieh dangx 1 dieh caux dangx/a table and bench, furniture. **2** dieh nzaeqv fai mbaaix dangx/a crack on table.

dieh dangx zangc zoux dieh zoux dangx nyei ndiangx-zangc/a furniture maker, carpenter.

dieh dauh dieh jiex maengx bung, dieh dauh wuov bung/the upper table.

dieh gorqv dieh nyei gorqv/a corner of the table.

dieh junh junh nyei wuov nyungc dieh mou/a round shape table.

dieh laengh dieh hlen nyei laengh/the rim or edge of a table.

dieh longz dapv ga'naaiv caux lorngz sou lo haaix nyei dieh/a book shelf.

dieh lorngh biee norm gorngv nyei dieh. Gj: feix-gorqv dieh/a square table.

dieh ndaauv domh dieh ndaauv nyei/a long table.

dieh ndiev dieh ga'ndiev maengx wuov bung/the underside of a table.

dieh nzipv haih nzipv nangv nyei wuov nyungc dieh/a folding table.

dieh zaux zaengx dieh wuov deix zaux the legs of a table.

dieh[2] pm. dieh dauh. Gj: da'nyeic dauh, da'nyeic hnoi/another, other than.

dieh dauh mienh ganh dauh mienh. Gj: da'nyeih dauh mienh/another people

dieh-hlaax dieh norm hlaax. Gj: da'nyeih norm hlaax/next month.

dieh-hnoi da'nyeih hnoi. Gj: nqa'hnoi another day in the near future.

dieh-hnyangx cuotv hnyangx mingh. Gj: da'nyeih hnyangx, nqa'hnyangx/next year, another year.

dieh jauv mienh ganh jauv mienh/the other group of people.

dieh-muonz da'nyeic muonz, njang hnoi Gj: da'nyeih muonz/another night.

dieh-nzunc da'nyeic nzunc/in another time, next time.

dieh-seix maengc baengc kouv ka'deix daic mv baac aengx longx daaih se beiv dieh seix maengc/another opportunity to live after serious ill.

diev[1] w. diev mun. diev kouv, diev ngorc, diev jienv/to endure, to patience with.

diev duqv 1 diev duqv jiex nyei/to be tolerable, bearable. **2** ngaih touh longx diev duqv/patiently with, endure with.

diev kouv naanc zuqc diev baengc tongx morh hoic nyei kouv naanc/to endure.

diev maiv duqv kouv qaqv muonc mv maaih buonv-zeic/unable to endure.

diev maiv duqv nyaiv nyaiv haic maiv cuotv zuangx/unable to endure being embarrassed.

diev maiv hingh mun jiex ndaangc diev maiv hingh/to be unbearable.

diev mun zuqc diev mun/to endure the pain, to surfer the pain.

diev-mun zinh diev mun duqv daaih nyei nyaanh/compensation for an injury.

diev ngorc zuqc diev ngorc, zuqc beic ngorc/to endure hunger.

diev nyaiv zuqc diev nyaiv nyei sic/to endure being embarrassed.

diev taux dauh mun yaac nyunc diev hnangv/to endure to the very utmost the suffering involved.

diev[2] pm. ziangh daaih youc faix nzuih meix youc jieqv diev-diev wuov.

diev[3] aengx lorz mangc "*maa-diev* caux *sung-diev*" wuov deix i joux.

diex[1] nyc. dae, die, zoux diex, da'nyeic diex. Dgw: maac/father, foster father.
diex caux dorn i dorn-diex/father and son together.
diex maac diex caux maac fai die caux maa/father and mother.
diex maac daic nzengc mv maaih diex maac nyei fu'jueiv. Gj: fu'jueiv-doh naanc, guh hanh fu'jueiv/an orphaned.
diex maac nyaanh bungx sieqv gorngv diex maac nyaanh ziepc nyeic lungz, se funx diex maac liuc leiz dorh sieqv hlo nyei en-zingh/the parents money, a payment made to the bride's parents on her wedding day to compensate them for raising her.
diex seix diex nyei ziangh maengc seix zeiv/the generation of one's father.

diex[2] mh. hungh diex; lungh zangc diex; sai-diex, jai-gorngx-diex.
hungh diex gunv deic-bung maaih hatc lingc nyei hungh/a king, emperor.
jai-gorngx diex hlo jiex gox jiex wuov norm jai-gorngx/a master rooster.
sai-diex 1 zoux domh sai maaih faatv-douc hlang wuov dauh ong/a high level priest or master. **2** domh fin-saeng/high level teacher or master.
Zangc Diex maanc hungh nyei hungh maanc ziouv nyei ziouv wuov weic zienh/a Heavenly Father.

diemh nz. ormv benx nzung nyei waac gorngv gaam/sweet.
gaam-diemh benx nzung nyei waac ormv gorngv gaam nyei mueix.

diemv[1] w. ndiepv i ziex diemv mbiungc nor/to have just couple drop of rain.
ndiepv i diemv mbiungc duih mbiungc ndiepv njiec i ziex diemv hnangv/just a sprinkle rain.

diemv[2] zh. yietc diemv ziangh hoc/hour. Ih zanc mbu'ziex diemv aqv?. What time is it now?
siec diemv siec diemv ziangh hoc, siec norm ziangh hoc/seven hours.

diemv[3] bc. yietc diepc, yietc diepc nyei biangh biangh wuov/a spot color.

diemv[4] dz. diemv zieqc. Gj: buov zieqc/to light a fire, lamp, etc.
diemv dang tekv douz mingh diemv ziepc dang/to light a lamp.
diemv douz dorh douz mingh diemv zieqc/to set fire on.
diemv zieqc dorh douz mingh diemv bun zieqc/to light a fire.

diemv[5] pm. butv gau baengc maaih diemv qiex hnangv ka'deix daic mi'aqv.

diemv[6] m. diemv jienv diemv. Gj: dimv jienv dimv/to put a dot, pockmark.
diemv cou yietc diemv yietc diemv hlo cou nyei. Dgw: muonc/a large spotted.
diemv jienv diemv gorngv setv yietc joux waac diemv norm diemv/to put a dot at the end of a sentence.
hitv-kuonx diemv diemv ndaamv-jauv nyei diemv. Gj: dimv/a comma.

dien w. diqv dien; mv dien; deix dien; zoqc deix dien/a little bit.

dienh m. sin cuotv hanc benx daaih nyei dienh/a scum, surface layer.
dienh hoz lauh maiv nzaaux sin dienh dienh hoz/thick scum on the skin.
hmeiv-dienh gitv hmeiv nzaatv cuotv wuom njoqc wuov deix dienh.
nomv nzengc dienh nzaaux sin nomv bun ganh nyei ndutv/to rub the scum.

dienv nz. daav dienv, benx nzung nyei waac gorngv daav za'eix/to make a plan or to come out with an idea.

dienx d. dienx dang; dienx douz; dienx nyei qaqv/an electricity or power.
dienx caeng longc dienx nyei qaqv zouv nyei caeng/an electric pot.
dienx cie longc dienx qaqv tor gan finx mingh nyei cie/electric tramcar.
dienx daic dienx gorn nyei qaqv daic/to be out of electric power.
dienx dang biauv gu'nyuoz ziux njang nyei dienx dang/an electric light.
dienx douz-nzauc 1 longc dienx qaqv nyei douz-nzauc/an electric stove. **2** ox ga'naaiv nyei douz-nzauc/a microwave.
dienx eiv buov zuiz-mienh daic nyei dienx eiv/the electric chair.
dienx jun kix dienx dongz nyei jun kix Jaa-sic/an electric motor.
dienx lingh dienx qaqv mborqv mbui nyei lingh/electric bell.

dienx m'nqorngv-famv longc fiev nzangc zoux gong ga'naaiv/a computer.
dienx mienh dienx zoux daaih nyei mienh/a robot, machine man.
dienx mbiaapc longc dienx nyei qaqv buonc laangh ga'naaiv/electric motor fan.
dienx nyei gong zoux zorc dienx nyei gong/a job to fix electricity.
dienx nyei gorn 1 dienx nyei gorn/the main power of electricity. **2** dienx nyei domh gorn/electric company.
dienx nyei qaqv dienx nyei qaqv-leqc/an electric power.
dienx pau dienx nyei dang-m'zing fai dapv dienh tongh nyei m'zing/electric light bulb or flash-light bulb.
dienx-poux maaic dienx nyei jaa-sic nyei poux-doih.
dienx qortv daic dienx nyei qaqv qortv zuqc daic/to die by electric power charge.
dienx siou fangx bungx fangx-nangh nyei dienx/television, T.V.
dienx taih 1 bungx waac gorn/a radio Station. **2** dienx siou taih/a T.V station.
dienx taih gong-kor dienx taih bungx waac, bungx nzung ziangh hoc/a radio broadcasting program.
dienx tei dienx bouh faaux nyei tei/an elevator, escalator.
dienx teix-do cuoqv dienx teix siaam ga'naaiv/an electric razor.
dienx tongh dapv ndiev nyei dang/a flash light.
dienx tongh ndie dapv dienx tongh nyei ndie/a battery for flashlight.
dienx tongh m'zing dapv dienx tongh nyei m'zing/light bulb for flashlight.
dienx waac douc waac finx. Gj: dinc waac/a telephone, phone.
dienx waac caax dienx waac caax mingh nyei hoc/a telephone extension.
dienx youh dapv dienx tongh dang nyei youh. Gj: dang-ndie/flashlight's battery.
dienx zaeqv-daan longc dienx nyei zaeqv-daan/electricity service bill.
dienx ziux fangx longc dienx nyei qaqv ziux fangx/X-ray

diepc pm. hmien butv da'mueic daaih dih dungx diepc wuov/spotted.

dietv k. m'sieqv mienh qam-gorn, mv dorh leiz nyei waac, dorh leiz wuov joux se gu'nguaaz jauv, doz-nyuonh jauv, lamh mbueix dorngx/vagina; female genitals.
dietv-biei m'sieqv mienh qam-gorn biei fai yiem-biei/a female pubic hair.
dietv-biorngh dauh dietv biei ziangh jiemc gu'nguaaic wuov deix dorngx/the female pubic area.
dietv-hlen i bung dietv-hlen/the labia.
dietv-kuing mbungv ziangh huing gormx dietv wuov diuh mbungv/??
dietv-njien dietv gu'nguaaic maengx wuov norm dix/the clitoris.
dietv-nqunx gu'nguaaz cuotv seix nyei daaih nyei jauv, se mv dorh leiz waac. Gj: dietv-kuotv/the opening of vagina.

dikv q. lorh gaeng sim mingh mbui dikv dikv nyei qiex/the sound of a clock or a watch ticking.
dikv daekv domh lorh gaengh sim yangh jauv mbui *dikv daekv* nyei qiex/ticktock sound of a clock. Wed: dikv dorkv.

dimc w. dimc coux; dimc suangx-dimc/to overlay, to spread out.
dimc biauv biei dimc biauv ga'zaan fai dimv biauv biei/a carpet.
dimc coux dimc jienv coux bun kaeqv mienh bueix/to make a bed.
dimc dorngx bueix dimc jienv dorngx bueix/to prepare a place to sleep.
dimc la'bieiv-dorn zoux jauv mienh longc la'bieiv-dorn dimc jauv.
dimc ndoqv loz-hnoi nyei leiz haaix dauh daix mienh se oix zuqc longc ninh ganh zoux dimc ndoqv ga'naaiv biopv dongh ninh daix daic wuov laanh mienh.
dimc suangx-dimc longc suangx-dimc, dimc coux/to spread out a blanket over the bed, to make bed.

dimv[1] w. dimv mangc; zaah mangc; zaah dimv mangc/to examine, to check.
dimv baengc zaah dimv mangc baengc mienh/to examine a patient.
dimv baengc sou dimv baengc fiev njiec buonv sou/a medical records.
dimv gaengh jien zuov gaengh ndaangc dimv mangc nyei jien/an official check at the gate.

dimv gong mienh dimv gong-mienh nyei mienh/a job inspector, supervisor.
dimv mangc dimv mangc. Gj: zaah mangc/to check, to inspect.
dimv nzangc dimv mangc gaax dorngc nzangc nyei fai/to check the spelling.
dimv nzangc sou zaah lorz nzangc lorz waac nyei sou. Gj: porv waac sou, zaah nzangc sou/a dictionary.
dimv zingx zaah cing zaah dimv mangc longx nyei/to inspect, check thoroughly.

dimv[2] wj. dimv jienv dimv siqv, baeqc fai yangh nzueic nyei/to apply enamel.
dimv cueix dimv jienv cueix hnangv buoz-ndoqv-nzaeng-cueix nor/to apply colored enamel on a ring.
dimv jei nz. benx nzung gorngv nyanc hnaangx nyei waac/to eat rice.

din q. zatv cie nyei nzatc mbui din nyei qiex. Gj: daen, baen, born.

dinc[1] m. hungh dinc; singx dinc; hitv-dinc
Bienh Hungh Dinc buoqc zangc gengx baaix bienh hungh nyei dinc/a palace for worship King Pan.
hungh dinc hungh diex yiem mbenc sic nyei dinc/a king's palace.
jiem-laanh dinc longc jiem zorng nyei hungh diex dinc/a royal palace.

dinc[2] m. longc caux njaamh qouv zorpc jienv nyiemc ndie nyei dinc.

dinc[3] pm. maeqc yaang nyiemz gau buangv ndau nzengc dinc-dinc wuov/healthy and green of the plant.

dinc[4] m. dinc qaqv. Gj: dienx/an electric power, electricity.
dinc fienx juix gan dinc m'nqorngv-famv nyei fienx/a letter send by email.
dinc gong-kor dinc m'nqorngv-famv nyei gong/a computer program
hitv-dinc dingh zepv muonz baav nyei dorngx. Gj: hitv-zaamc/Hotel, Motel.

dinh[1] w. dinh buangv; dinh ndipc kuotv; dinh bun. Gj: jaa, tipv/to replenish, fill in completely, fill up.
dinh lai ndamv lai dorh mingh dinh an wuov nzormc/to replenish food.
dinh ndipc kuotv wetv nie dinh ndipc ndau-kuotv/to fill in a hole.
dinh nzangc fiev nzangc an dongh mv maaih nzangc nyei dorngx/to fill up the application blank space.
dinh youh dinh cie-youh. Gj: jaa youh, dapv youh/to fill up the gas.
dinh youh zaamc dinh youh dorngx. Gj: youh zaamc, jaa youh zaamc, youh ciangv/gas station, gas filling station.
dinh yuonh dinh jienv liuz aengx huaax yuonh mingh/to fill to make even.

dinh[2] pm. dinh bun; jaauv nzuonx bun; tipv bun; buih bun/to repay, contribute.
dinh mienh maengc buonv zuqc mienh daic nor oix zuqc dinh nyaanh bun daic wuov dauh nyei maengc aqv. Gj: buih, tipv /to pay compensation for causing the loss of human life.

dinh[3] nd. lingh deic; lingh baengh ndau/a paddy field; a piece of flat land.
baengh dinh 1 lingh baengh/a paddy field. **2** ndau-baengh/a flat land.
dinh deic lingh deic; zoux liangx-ndeic nyei sic/a swidden field.
gaeng-dinh zuangx deic zoux liangx zoux ndeic nyei sic/agriculture matter.

ding[1] m. yietc norm hlieqv-ding; ndiangx-ding;/a metal nail, a wooden peg.
ding-dorn faix nyei ding/a small nail.
ding jienv longc ding bangc ding jienv to nail up, to be nailed to.
ding-kuanh ding nyei m'nqorngv wuov norm kuanh/the head of a nail.
ding-niouv niouv bieqc wuov nyungc ding/a screw nail.

ding[2] zw. ding-jiemx; tim ding; zanx ding; mienh ding. Gj: mienh kuv.
bungx ding-jiemx bungx ding bungx jiemx zoux hoic mienh nyei waaic sic/to do a black magic, cast a spell.

ding[3] q. lingh dorn mbui ding dangh nyei qiex/the ding sound of a small bell.
ding ning ndiux maaz nyei lingh mbui ding ning nyei qiex. Gj: ding ling.

dingc[1] w. cie hlo nor niouv jienv mingh haiz dingc nyei mv ndanc mienh.
m'zing dingc-dingc wuov m'zing maiv dongz nor se daic mi'aqv.
yiem dingc nyei souv dingc nyei maiv dungx dongz/to stay still, don't move.

dingc[2] pm. hnyouv dingc maiv mbungh mbienv/determined, decided.

dingc daan dingc maaiz ga'naaiv maaiz huox nyei daan/a catalog used to order goods, things or order form.

dingc gaeng dingc duqv ziangh hoc nyei lorh gaeng/a clock.

dingc hnoi dingc norm hnoi longc zoux yinh/to set a day for party.

dingc hnyouv maiv aengx zoux hnyouv camv aqv/to be decided; determined.

dingc jaax-zinh dingc maaiz maaic nyei jaax-zinh/to settle on a price.

dingc maaiz aqv dingc hnyouv maaiz aqv/decided to buy, purchase.

dingc yiem-yaangh sai mienh mbouv guaax dingc nyei sic/to use divination to find out something.

dingc ziangh hoc 1 dingc ziangx ziangh hoc/to set an appointment. **2** niouv ziangh hoc doix horpc/to set for the right time.

dingc ziangh hoc an dingc ziangx ziangh hoc an nyaanh bieqc nyaanh lamz/of a bank time deposited.

dingc ziangx aqv funx dingc aqv/to be definitely decided, all settled.

dingc-zinh an njiec dingc jienv nyei nyaanh/a deposited money.

dingc zingh m'jangc, m'sieqv dingc hnyouv caux doic dorng jaa aqv/decided to be husband and wife.

dingc zoux aqv dingc hnyouv za'gengh zoux aqv/decided to do.

funx dingc funx dingc maiv piatv aqv. Gj: funx ziangx/surely, certainly.

gorngv dingc gorngv dingc waac liuz aqv/to make verbal agreement.

dingc[3] dl. dingc zuiz. Gj: zorqv zuiz, civ zuiz, baatc, wuonx loh/a punishment.

dingc jienv zuiz zuqc zorqv zuiz yiem loh/to atone for one's crime.

dingc zuiz biee hnyangx dingc zuiz wuonx loh biee hnyangx.

dingc zuiz wuonx bieqc loh dingc zuiz to punish by jail.

dingc[4] mh. yietc dingc yietc ziangx maiv pioux aqv/exactly, certainly, surely.

butv zoih dingc gengh butv zoih maaih nyaanh camv haic/to be really wealthy.

gox dingc aqv gengh gox gau mv fungc aqv/to be really old, aged.

guai dingc aqv gengh guai haic, gengh guai gau/to be really smart.

nzueic dingc aqv gengh nzueic haic/to be really beautiful, handsome.

dingc[5] lf. dingc biauv-deic/to determine an auspicious house site.

dingc zouv-deic buoqc zangc mienv nyei mienh dingc zouv-deic se zorqv norm nanv jienv heuc jienv mienv mingh taux haaix guaengx jaux huv nor ziouc longc wuov norm dorngx aqv/to determine a burial site.

dingh[1] w. dingh njiec; dingh zepv; dingh. Gj: hitv njiec, zepv njiec/to stop, pause or to discontinue.

dingh cie caaiv (brake) bun cie dingh njiec/to stop a vehicle.

dingh cie baaih niouv cie taux a'zuqc dingh dangh nyei baaih/a stop sign.

dingh cie ciangv dingh cie nyei ciangv. Gj: dingh cie dorngx/a parking lot.

dingh cie zaamc dingh cie zipv mienh nyei zaamc/a bus stop.

dingh dangh dingh njiec hitv dangh kuonx/stop for a moment.

dingh gong dingh njiec maiv zoux gong aqv/stop working, a day off.

dingh gong hnoi luoqc cietv ziu se dingh gong nyei hnoi/a weekend.

dingh horqc hnoi bieqc haac gueix dingh maiv doqc sou nyei hnoi/a school summer break, summer vacation.

dingh jienv dingh njiec maiv dongz/to pause; to stop moving.

dingh mborqv jaax dingh njiec maiv mborqv jaax/stop war, stop fighting.

dingh njiec hitv njiec maiv zoux, maiv mingh aqv/to pause, to discontinue.

dingh torqv dorngx yiem njiec dingc nyei dorngx/a permanent resident.

dingh wuonv yiem dingc maiv dongz. Dgw: maiv dingh wuonv/not moving.

dingh zepv dorngx dingh njiec caamx baav nyei dorngx/a temporary place.

dingh zepv kix cie nyei dingh zepv kix a car brake, brake supplies.

maiv dingh liouh dongz jienv mv dingh yietc dangh/without stopping.

dingh[2] aengx lorz mangc "jaa-dingh, ziou-dingh, ndaamv-dingh" wuov deix i buo joux nyei eix-leiz.

dingx[1] gn. dingx naetv jienv doic/to attach to; to sew together with.

dingx la'kaux dingx jienv la'kaux lui fai houx/to sew a button on.

dingx lui-nzepv ndiev dingx m'sieqv mienh lui nyei buoz-seih ndiev wuov kuaaiv ndie-cimx/to attach a tassel on a woman's traditional coat.

dingx maaz-zaangv hlieqv-guingh dingx puix jienv maaz-deih, bun maaz yangh jauv henv/to shoe a horse.

dingx sou longc suix cunx jienv sou dingx benx yietc buonv/to bind a book with thread.

dingx[2] w. laic nyei wuov bung dingx njiec ndaangc/to fall with sharp side down.

dingx nzuqc zaux laic nyei ga'naaiv ndortv dingx zuqc zaux/sharp and long object fall and piece the foot.

dingx[3] pm. dingx laaih. Gj: laaih zitc, mv buatc mi'aqv/to lost, disappeared.

nyaanh dingx laaih lorz maiv nyaanh mi'aqv/lost money.

dingx[4] pm. an hmei caeng laauz dox wuom cix njiec zouv lai/to put oil and water.

dingx hmeiv-wuom zouv an hmei caux wuom zouv/to cook with water and oil.

dungz-dingx dungz la'saengx mbungv saeqv muonc daaih ndaauv nyei cunx jienv nzuqv biux bun laangz zangc mienh se Iu-Mienh leiz-fingx. Gj: orv-dingx.

diou nz. guaengx guangc, benx nzung nyei waac/to abandon, throw away.

mbeu-diou zoi guangc, guaengx guangc nzung nyei waac/to throw away.

dipc w. lu'guaih hngaqv naaiv hngaqv wuov dipc nzuqc ndorngv/to chop here and there play with knife.

diqc[1] m. fanh diqc. Gj: nzatc/a suona horn

cui-diqc ong biomv fanh diqc wuov dauh ong. Gj: biomv nzatc wuov dauh ong/a suona horn player.

diqc[2] wj. diqc do; diqc daanz; luoqc diqc; diqc daanz nqaang. Gj: di'daanz.

di'daanz mun di'daanz mun nyuix oix butv juangv mv bei.

di'daanz mbungv di'daanz wuov diuh mbungv/the backbone, spine.

di'daanz mbungv-fim di'daanz mbungv nyei fim/the spinal cord.

di'daanz nqaang di'daanz nqa'haav maengx/behind one's back.

di'daanz sietv di'daanz nyei sietv/to have itching the back.

diqv w. diqv dien. Gj: div dien, deix dien, di'dien/a bit, a small amount.

ditv q. cie-nzatc mbui ditv nyei qiex/beep sound of a vehicle horn.

diu w. longc nzuqc dorn diu biangh nzueic an ndiangx. Gj: ndingh biangh, zuqc biangh/to carve detailed designs in wood by using knife.

diu biangh zangc zoux diu biangh nyei zangc mienh/a carver.??

diu-do diu biangh nyei nzuqc/a knife for carving designs.

diuc[1] w. heuc doic daaih gapv zunv/call together to organize, to muster.

diuc baeng heuc nzoih baeng daaih gapv zunv/to muster one's forces.

diuc nzoih aqv heuc nzoih mbenc ziangx zuov jienv qaqv/all gather and get ready.

diuc[2] pm. weic haaix diuc. Gj: zoux haaix nyungc/for what reason.

diuc-diuc nyungc-nyungc nzengc maiv zengc yietc nyungc/everything.

doix-diuc nzengc nyungc-nyungc cuotv daaih doix nzengc mi'aqv/to be match up with, in accord with.

dongh diuc hnyouv horpc fim dongh eix juangc yietc diuc hnyouv/to united with one heart.

i diuc hnyouv maaih mbungh mbienv nyei hnyouv/to be double-minded.

diuh[1] gn. yietc diuh biaav-mbiaac; yietc diuh naang/a long narrow object.

diuh diuh biaav yietc zungv biaav/all stick, every single stick.

diuh diuh nzung yietc zungv nzung/all songs together, every songs.

diuh mueic hmien ziangh diuh mueic camv/a acne, pimple.

diuh mueic zueih ziangh domh diuh mueic/a big pimple.

diuh[2] pm. nzangv siepv gau diuh diuh nyei mingh. Gj: zungh zungh/the boat is going very fast.

diuh diuh nyei bueix sung zaqc buoz-zaux bueix jienv diuh diuh nyei. Gj: hiaau-hiaau, ndaai-ndaai/to lie on one's back and legs straight.

diuv m. nyungc-nyungc diuv/an alcohol beverage, wine.

diuv-baengh dapv diuv hnengx nyei baengh/a wine pot with a handle.

diuv-biauv bun mienh hopv diuv nyei biauv. Gj: hopv diuv biauv/a tavern.

diuv-biauv sieqv yiem hopv diuv biauv tengx mienh ciev diuv nyei sieqv/a bar girl who serve wine.

diuv-gaam hnaangx-mbiutc an bingv-gaam zoux daaih.

diuv-gorngc dapv diuv nyei gorngc/a wine bottle.

diuv-inv hopv guenx diuv nyei inv/the habit of addicted to the alcohol.

diuv jienv hungh jaa jienv maiv bun maaic diuv/prohibition sell of alcohol.

diuv-koux siou diuv nyei dorngx/wine cellar, wine storage.

diuv-kuv daauh horngh diuv/the best and strong wine, quality wine.

diuv laangc hmien hopv diuv laangc faaux hmien siqv/to have flushed face from drinking alcohol.

diuv-louc dox diuv louc mingh bieqc gorngc nyei ga'naaiv/a small funnel for pouring wine into bottles.

diuv-mueic hmien ziangh diuv-mueic Gj: diuh mueic, dix-mueic/a blackhead acne, pimple.

diuv-mbiaatc qorqv nyei diuv/a strong wine. Dgw: diuv-gaam.

diuv-ndaamx hopv cing-jaa-yinh nyei da'faam hnoi diuv/the rounds of drinks for the third day of a major wedding.

diuv-ngaeng dapv diuv nyei ongx-dorn jaang ngaeng-ngaeng wuov/a narrow neck jar for storing wine.

diuv nquin hopv diuv camv nquin/to be drunk, a drunkard.

diuv-nquin mienh hopv diuv nquin nyei mienh/a person who is drunk.

diuv nguin niouv cie diuv nquin niouv cie nyei mienh/a drunk driver.

diuv-nquin waac hopv diuv nquin gorngv nyei waac/utterances of a drunkard.

diuv-ongx dapv diuv nyei ongx/a large jar for storing wine.

diuv-poux maaic diuv nyei poux/a pub, saloon, liquor store.

diuv-sui 1 maaih mbiaauz nyei diuv/a beer. **2** zaamv sui nyei diuv/sour wine.

diuv-zaamv longc ciev mienv nyei diuv-zaamv/a poor quality wine.

diuv-zaanv hopv diuv nyei zaanv-dorn/a small cup for serving wine.

diuv-zaangx longc zaang diuv nyei domh ndiangx-zaangx/a large steamer for distilling liquor.

diuv-zinh zoux cing-jaa nyei maaiz diuv nyaanh/money for alcohol at a wedding.

diuv-zo zaang liuz diuv wuov deix maeqc zaa/the dregs of mash remaining after liquor has been distilled.

diux[1] m. yietc kuv mbatc kuangx mbiauz nyei diux/a fishhook.

bungx-diux lueic zorqv diux-gaan baqv jienv ndau, bungx jienv diux aeqv maiv zuov aqv, sueih jienx mbiauz nyanc mv nyanc yaac maiv gunv aqv, naaiv se heuc bungx diux-lueic.

diux-dorh ndiux bun diux haih zemh njiec wuov norm yunh/a sinker used on fishing lines.

diux-fou se dongh kuaix jienv mbiauz nor mv haih ndutv aqv wuov/the barb on a fishhook.

diux-gaan nanv fengx diux fengx mingh ndaauv wuov diuh gaan/a fishing pole.

diux-hlaang nyatv diux nyei hlaang/a fishing line.

diux-mbiouh nyatv caux diux mbiouh wuom-minc nyei ga'naaiv/a bobber for fishing to float.

diux[2] pm. norqc nyei nzuih baengx ndaauv yaac ngau diux-diux wuov.

hlauv-diux hlauv da'mueiz diux-diux nyei wuov/bent tip of a bamboo stalk.

norqc guv diux gan ndoqv-hlen zorqv mbiauz nyanc nyei norqc nzuih ndaauv nyei diux-diux wuov/a kingfisher bird.

Djibouti m. yietc norm guoc jaa, se yiem D. bung maengx Africa, hungh zingh mungv heuc Djibouti.

D.N se dongh **dong naamh** bung nyei nzutv norz fiev/an abbreviation for southeast.

do[1] nz. nzuqc, benx nzung nyei waac yaac gorngv duqv nyei/a knife.
laic do laic nyei nzuqc/a sharp knife.
yietc do liangc dunx bun nqoi hnangv yietc nzuqc pitv ndutv nyei *waac-beiv*/to abandon completely.

do[2] aengx lorz mangc "ciex-do" wuov joux nyei eix-leiz.

doc[1] m. norm "doc mbienz, doc wuom, doc nyaaix". Gj: oqv-guei/a turtle.
doc-gorc hz. yietc nyungc domh hieh zoih, maaih yietc norm jorng zaqc nyei hnangv. Gj: duc gorc/a rhinoceros.
doc jaux doc nyei jaux/a turtle egg
doc kuqv doc nyei kuqv/a turtle's shell.
doc-nyaaix faix nyei wuov nyungc doc a type of small tortoise.
doc nyueix doc nyei nziaamv guoqv zuqc mienh nyei ndopv butv nyueix daaih/a skin tumor, a wart or mole.
doc qiex dongh **c** se doc nyei qiex, yaac heuc *aiv baengh qiex*/the **c** tone.
doc-taanh bieqc ndiangx-njongz yiem nyei doc-taanh/a crocodile.
doc-taanh wuom yiem wuom nyei doc taanh/a large water lizard.

doc[2] bt. 毒 /dú/ doc daic. Gj: laengc daic poison to death, a poisonous.
doc baengc doc bun baengc-fei daic/to kill germs or cells.
doc daic 毒死 /dúsǐ/ nyanc ndie, fai nyanc laengc zuqc daic/to die by poison.
doc gaeng longc ndie doc gaeng-gueiv daic/to kill insects by insecticide.
doc gaeng jaa-sic doc gaeng-gueiv nyei jaa-sic/equipment for an insecticide.
doc gaeng ndie longc doc gaeng-gueiv daic nyei ndie/an insecticide.
doc mienh daic bun ndie nyanc doc mienh daic/to poison someone.
doc mbiauz longc doc mbiauz ndie doc mbiauz daic/to poison fish.
doc miev ndie longc doc miev daic nyei ndie/a herbicide.
doc naauz ndie longc doc naauz daic nyei ndie/a rat poison.
ndie-doc 毒药 /dúyào/ haih laengc fai doc daic nyei ndie/a poisonous drug.

doc[3] aengx lorz mangc "mueix doc" wuov joux nyei eix-leiz.

doh[1] sk. doh naanc. Gj: ndortv naanc, lorqc naanc/a difficulty circumstance.
doh dangh zoux doh dangh fungx daic nyei sei/a funeral ceremony.
doh-dangh caeqv-jaiv zoux doh dangh fungx sei caux caeqv-jaiv fioux lingh wuonh cing-nzengc nyei i nyungc yinh juangc jienv yietc njiec zoux.
doh doh naanc-naanc nyei zuqc siouc kouv siouc naanc jienv yiem nyei sic/to be poverty-stricken and great distress.
doh duqv jiex nyei jomc kouv nyei mv baac jiex duqv mingh nyei/to be in dire straits but manage to get through.
doh naanc 受苦 /shòukǔ/ zuqc siouc kouv siouc naanc, fai beic mienh ki fux nyei mienh/to suffered hardship.
doh naanc fu'jueiv mv maaih die maa nzie yaac jomc nyei fu'jueiv/children without parents, an orphan.
doh naanc huingx bun biaux deic bung ndortv naanc mienh yiem nyei huingx/a refugee camp.
doh naanc mienh jomc kouv mv maaih gaux nyanc gaux hopv yaac zuqc mienh ki nyei mienh/a person who suffering hardships, very poor people.
doh naanc nzung sux naanc zingh nyei nzung/a tragedy song, sad song about all the hardship or troubles.
doh singx maengc louz jienv maengc maiv daic hnangv/to manage to survive.

doh[2] w. doh jienv lai-torng nyanc/to pour soup over one's rice.
doh hnaangx-torng lemh hnaangx nyei torng daaih aengx doh hnaangx nyanc/to pour rice water over one's bowl.
doh orv-torng ndamv zouv orv nyei torng doh hnaangx nyanc/to pour meat soup over one's bowl.

dov[1] w. zoux bun baaic, suei, waaic/do to cause someone to lose power.
dov gemh dauh zaqv liangx caux goix ndiangx se dov gemh dauh/to destroy forest by chopping down the trees.

dov luangh wetv geh zorng dov luangh mienv suei/to destroy spirit of mountain controlling spirit by digging channel through the mountain.

dov ndiangx pai ndiangx-gorn ndopv guangc bun ndiangx maiv haih baeng wuom liuz ziouc manc-manc daic nqaai jienv mingh.

haeqv dov haeqv dov mingh yietc liuz gamh nziex/to be terrify forever.

dov[2] pm. im jai dov nor, ninh ziouc maiv haih faaux jai-nyeiz aqv, se gorngv im maiv dov nor ninh corc haih faaux nyei.

janx-zaqc haeqv dov janx-zaqc haeqv dov mingh haaix zanc mienh gorngv taux janx-zaqc ziouc haeqv sin zinx aqv.

dov[3] aengx lorz mangc "daav-sih mv dov" wuov joux nyei eix-leiz.

dox w. dox cuotv; dox guangc; dox wuom; dox dapv; dox bun. Gj: binc.

dox diuv dox diuv njiec zaanv. Gj: ciev diuv/to pour a cup of wine.

dox njiec dox ga'naaiv njiec ga'ndiev dapv mbuoqc/to pour down.

dox nyaanh diuh buoz nyaanh yuqc daaih dox njiec zorngh benx nyaanh diuh/to silver into mold to form bar.

dox wuom dox wuom dapv wuom-gorkv to pour a cup of water.

doz[1]m. doz se hnangv fin-mienh haih tiuv benx maaih maengc nyei mienh yaac tiuv benx zienh/a power, supernatural.

doz-leiz liepc daaih nyei leiz/a doctrine, law, legislation/constitution.

doz-leiz ngaengc gengh ngaengc haic nyei doz-leiz/a firmly doctrine.

doz-leiz sai tengx caengx sic nyei mienh. Gj: caengx leiz mienh /a lawyer.

doz-leiz zingx longc leiz zingx maiv waengc haaix dauh/a justice law.

doz[2] zw. jauv (sipv mienv mienh gorngv jauv nyei waac).

doz-daqv da'faam wuov dauh faam cing mienv nyei mbuox/name of the third Taoist spirit.??

doz-deic mienv doz-deic mienv. Gj: deic ziouv mienv/a local land spirit.

doz-njaaux zu'zong faam-cing njaaux njiec nyei faatv-douc/Taoism religion.

doz-nyuonh m'sieqv maaih sin nyei jauv se beiv *doz-nyuonh*/the vagina (the shaded road, the subordinate ways-the ways of subjects the king, of children to parents and of wife to husband poetic).

doic[1] m. zoux doic; a'nziaauc doic; buo dauh doic/a friend; a companion.

doic camv maaih doic camv/to have many friends or companions.

mv maaih doic 1 gamh nziex daamv mapv/to be fear, afraid. **2** maiv maaih doic caux/without any companion.

doic[2] m. yietc doic jiex liuz, aengx taux yietc doic/a generation.

doic douh zuangv zangc douh zong nyei sic/the generations in a genealogy.

doic-doic mienh doic jiex doic linh jienv daaih/every generations.

doic jiex doic yietc doic jiex liuz aengx taux yietc doic/from one generation to the next generation.

doic nzipc doic nzipc jienv mingh doic jiex doic/to pass from one generation to the next generation.

nzipc doic douh doic jiex doic nyei mbaih daan/a generation record.

doic[3] w. doic kaeqv. Gj: buih/to serve or to respect, provide hospitality.

doic kaeqv buih kaeqv mienh gorngv waac caux nziaauc/to care for a guest.

doic kaeqv dieh zipv kaeqv wuov norm dieh/a reception desk.

doic kaeqv mienh yiem wuov zuov zipv kaeqv mienh nyei mienh/a receptionist.

doic zingh doic kaeqv mienh nyei zingh nyeic/to serve with kindhearted.

doic[4] pm. jorngx doic daax doic wuov/to hang outward and droop down.

doic-doic wuov houx-mbuoqc doic-doic wuov/to bulge out of pocket.

doih[1] nz. faaux doih gorngv waac/to step up to a podium to deliver a speech.

doih dauh dieh dauh wuov bung, dieh gu'nguaaic bung/a desktop, tabletop.

doih zangc yiem wuov dieh zangc nyei ziangh hoc/at the present time.

doih[2] aengx lorz cing-doih, wuom-doih, aengh doih wuov deix nyei eix-leiz.

doix[1] w. **1** doix ziangx nyei jiex wuov ngaanc bung/opposite side. **2** fi'hnangv nyei, doix nyei/matching with, correct.

doix-dangc ziang doix-dangc/to match exactly, equal balance.

doix-dekc doix-dekc caux borngz, caux nzaeng/to against each others.

doix-diuc doix nzengc cuotv daaih/to be matching an agreement, etc.

doix-dongh fih hnangv nyei/to be same.

doix duqv njiec mienh caux mienh dongh yietc horngh nyei/to compatible with everyone.

doix-gaengh i bung gaengh caux gaengh doic jienv/to be opposite a door.

doix gorngv caux gorngv, doix hmien doix minc gorngv/to speak with.

doix hmien caux doix-hmien/to face to face, to confront.

doix hmien doix minc buangh zuqc doic minc doix minc/to be face to face with.

doix hnyangx jang-jang buangv yietc hnyangx/to reached one full year.

doix kouv gorngv dorng hmien dorng minc caux gorngv/to talk to in person.

doix maiv jiez tov zuiz nyei waac/to apologize or ask for forgiveness.

doix maiv njiec haiz mv puix caux meih aqv/to feel that one is not match with.

doix mangc doix beiv mangc/to compare to see if matches up with.

doix-mborqv 1 yietc dauh doix yietc dauh mborqv/to fight one to one **2** doix dekc caux mborqv/to fight against.

doix-ngaanc doix ziangx nyei i horqc ngaanc/across on the opposite side.

doix nzengc waac doix nzengc gorngv laengz jiex nyei waac/to be match what one have had promise.

doix sou-nzangc m'jangc, m'sieqv doix nin-gaeng betv nyei sic/to up match a woman's horoscope with a man's.

doix-tiuv doix-dangc tiuv/to exchange with something equal value.

doix waac gorngv waac caux; caux nzaeng sic/to have conversation with or to have argument with.

doix waac-huv doix gorngv gaax haaix dauh gorngv henh waac/to compare to find out who have been gossiping about each other.

doix zaamc i bung meih buonv yie, yie buonv meih daix jaax/a battlefield.

doix-zaamv nzung nyei waac gorngv daix jaax/to kill each others, a battlefield.

doix zengx tengx zoux zengx/to witness against, to give an eye-witness.

doix zengx mienh zoux zengx wuov laanh mienh/to be an eye-witness.

doix ziangh hoc 1 niouv ziangh hoc doix horpc/to fix the time. **2** doix zuqc wuov norm ziangh hoc/to match with the time.

doix ziangx nyei zorqv i bung doix ziangx nyei. Gj: dueix ziangx/to match exactly end to end.

doix zuqc mingh doix zuqc. Gj: buangh zuqc/to match up with.

doix zuqc gong beqv doix jienv gong beqv nyei ziangh hoc/just at one's busy time or during busy time.

doix[2] cf. 对联 /duìlián/ buang kuv waac bun mienh nyei doix/a poetic couplet.

fiev doix fiev kuv buang bun mienh duqv longx nyei doix.

doix[3] m. yietc zung doix; daapc doix; comx doix; wetv doix; jaax doix; zoux doix; wuom-doix/a treadle rice pounder.

doix-dongc lorngz doix-iu wuov deix i norm dongc.

doix-gaan doix-sin/a long piece wood of a rice pounder.

doix-juih daapc njiec doix-komv wuov norm juih. Gj: da'juih/the pestle of a treadle rice pounder.

doix[4] pm. i se benx yietc doix/two, a pair, a couple, twosome.

fou-cai-doix i hmuangv; i gox; i morqv, i m'gux-ong/married couple.

dokc q. maaz yangh jauv mbui dokc, mienh yangh jauv mbiaac biaav mbui dokc/the sound made by a horse walking, person walking with a stick.

dokv q. nyaah ngaatc zuqc ngaengc nyei mbui dokv dangh nyei qiex/the sound of teeth biting something hard.

domh[1] pm. hlo haic *beiv hnangv* domh cie, domh wuom, domh nziaaux. Dgw: faix-fiuv/very large, big; greatly, extremely.

domh baeng hungh jaa nyei domh baeng-maanh/government troops.
domh baeng-bieiv zoux hlo jiex wuov dauh baeng-bieiv/a military commander.
domh baengc butv kouv haih daic nyei baengc/a very serious illness.
domh baengh yietc norm baengh jangv nyei/a large flat land.
domh baeqv nqox nyei domh gorx se yie nyei domh baeqv/brother in-law, the older brother of one's husband.
domh biauv yietc norm biauv hlo nyei/a big house, a big family.
domh butv-mang haeqv zuqc seix butv mang/to be dumbfounded.
domh caeng-mbeih zouv dungz-siaaux nyei caeng-mbeih/a large round pot for cooking pig's food.
domh cie tor huox, tor laangh ziqc nyei domh cie/a big cargo truck.
domh cie-jauv niouv mingh go yangh nyei domh jauv/freeway, main road.
domh cing-jaa zoux buo hnoi-muonz nyei cing-jaa/a major wedding which last for three days.
domh congx dorng baeng mienh buonv jaax nyei congx/a large artillery piece.
domh congx yunh cie-ndaix buonv njiec mbeux daanc mienh nyei yunh/an artillery shell, bomb.
domh coux bueix duqv camv-dauh mienh nyei coux/a king size bed.
domh daamv 1 daamv hlo haic maiv gamh nziex/very brave, daring. **2** hlo haic nyei daamv/a big gall bladder.
domh dang dang-longh, mu'songh dang a lantern.
domh dieh don jienv mienv-baaih hlen wuov norm dieh ndaauv/a long table kept next to the spirit altar.
domh diuv hopv zoux domh cing-jaa nyei domh diuv/the round of drinks at the major wedding.
domh doz-leiz pou-tin njiec nyei domh leiz/the importance laws.
domh dorc 1 cuotv seix ndaangc jiex wuov dauh dorc/the eldest sister. **2** heuc lamh go kaeqv m'sieqv mienh nyei dorh leiz waac/a polite term of address for a stranger woman.
domh dorngc zoux dorngc domh sic/to committed a serious crime.
domh dorngh mienv doz-njaaux nyei mienv-fangx/a set of painted ceremonial pictures of the Taoist gods.
domh douz zieqc jienv hiaangx haic nyei/a huge fire, big fire.
domh eiv hlo ndaauv zueiz duqv camv-laanh mienh nyei eiv/a sofa.
domh eix cou nyei eix, mv longx-langx hnamv toux nyei eix/main idea.
domh en maaih en-zingh hlo haic/great mercy, kindness, grace.
domh faanv mienh maanh biaux nzaanx lunc nzengc nyei sic/a great turmoil or political upheaval.
domh fangx kuangx njongc nyei domh fangx/a large photograph.
domh fiev fiev domh nzangc hlo nyei/to write a big letter, capital letter.
domh fin-saeng horqc dorngh nyei domh fin-saeng/a head teacher.
domh ga'sie congh la'kuotv njiec taux ga'sie-nutv se heuc ga'sie/the upper part of the abdomen. Gj. nqa'sie.
domh gaengh njiec kamx-buoqv wuov dauh gaengh. dgw: ngorh gaengh.
domh gingc longc jienv nyei gingc/an important holiday.
domh gitv domh leic maaih domh gitv caux maaih leic/to be great prosperity.
domh gorx 1 gorx-hlo wuov dauh/one's eldest brother. **2** heuc lamh go m'jangc kaeqv mienh nyei dorh leiz waac/polite term of address stranger man who older than oneself.
domh gorn hlo longc jienv nyei gorn/an important main resource.
domh gou nqox nyei domh dorc se yie nyei domh gou/the eldest sister of one's husband's eldest sister.
domh hanc-sing haiz korv-fiqv yaac maiv noic duqv/to regret forever.
domh hei maaic nyungc-nyungc ga'naaiv-nyanc nyei hei/a supermarket.
domh heiv sic liemh zeih cuotv daaih nyei domh sic/a major crisis.
domh henz-douc buangh zuqc seix haic nyei zei-naanc/a great disaster.

domh horqc dorngh doqc sou hlang nyei horqc dorngh/a university.
domh horqc saeng domh horqc dorngh nyei horqc saeng/a university student.
domh houx hoc-dauh hlo jiex wuov nyungc nyei houx/an extra large pants.
domh houz domh biauv mienh/a large family, household.
domh houz fuqv-gueix domh butv zoih mienh/a super wealthy family.
domh huaang domh ngorc mv maaih zuangx yaac mv maaih siou nyei domh nqaai-nqaatv hnoi/a severe famine.
domh hungh jaa leiz hungh jaa gunv guoqv caux liepc leiz nyei sic/federal regulations.
domh huox-koux siou huox nyei domh biauv/a goods warehouse.
domh huox-poux maaic nyungc-nyungc huox nyei domh poux-doic/a shopping mall, a department store.
domh hnyangx hnoi zih hlaax saeng-yietv. Wed: domh hnyangx ndorm/a New Year's Day.
domh hnyangx muonz se ziepc nyeic hlaax faah ziepc wuov muonz/New Year Eve, the night before New Year.
domh jaan sin zangc nyei jiex wuov deix/a main ligament.
domh jaai-horngc domh poux-doih nyei jaai-horngc/the shopping mall area.
domh jaangh ga'sie nyuoz nyei domh jaangh/the large intestine.
domh jauv hlo jangv nyei jauv/a main road; the freeway.
domh jien zoux dauh jien hlo nyei/a high-ranking official.
domh jien 士师记 /shìshījì/ **1** zengx-ginx sou nyei mbuox/the book of Judges in the Bible. **2** zangc horngh zoux jien mienh/a high-ranking official.
domh laangh weiv-hlo, laangh hlo/the oldest son in-law.
domh leiz lungh ndiev maanc mienh longc nyei leiz/the international laws.
domh leiz mbuox tong lu'guaih mbuox tong hnangv/just to mention.
domh liqc maaih luoqc ziepc hnyangx nyei liqc. Wed: tong-sou, waanx nienh liqc/a Chinese calendar-almanac which also gives horoscope. ??
domh luangc jaan zaux wuov diuh domh zaux-luangc jaan/the hamstring.
domh lui hoz hnyiev zuqv jienv siouv nyei lui. Gj: lui-siouv, lui-nqomz/an over coat.
domh lui-ndaauv hoz ndaauv nyei wuov nyungc lui-siouv/a long coat.
domh maaic ziangh zengv nyei maaic maiv caeqv muonc/wholesale.
domh maaic nyei jaax maaic ziangh zengv nyei jaax-zinh/wholesale price.
domh maaic jaax 批发价格 /pīfājiàgé/ se ziangh zengv maaic nyei jaax-zinh/the wholesale price.
domh maengc sou mangc maengc nyei domh sou. Gj: tong-sou/an important horoscope book.
domh miangh auv nyei gorx nyei auv se yie nyei domh miangh/a man's wife's older brother's wife.
domh miangh gux dae caux maa nyei domh miangh maac, se benx yie caux yie nyei auv nyei domh miangh gux.
domh miangh maac yie nyei maa caux auv nyei maa nyei gorx nyei auv, yie caux auv a'zuqc heuc domh miangh maac/the wife of the brother of one's mother or mother in-law.
domh mienh 1 die maa/parents. **2** hlo benx domh mienh mi'aqv/an adult.
domh mienh horqc njaaux domh mienh nyei horqc/an adult school.
domh mienh mbuox baan-buic mbuox an adult name for male person.
domh mienh zingh en domh mienh hnamv dorn-fu'jueiv nyei zingh en/the devotion of a parents to their children.
domh mueiz zoux ninh nyei pengx diux ndiangx-nquaah ndiev wuov nyungc mueiz/a kind of honey bee, which make it's comb hang under the branches.
domh mungv domh mungv dorngx/a big city, an important town.
domh muonc-daic
domh mbiungc duih domh mbiungc/a heavy rain, rain cat.
domh mborqv mborqv domh jaax/a big fighting, a major conflict.

domh mbouv butv dongh mbouv nyei domh guaax/divination ceremony.
domh nauz auv nyei gorx se benx yie nyei domh nauz/a man's wife's older brother.
domh nauz-diex yie nyei maa caux auv nyei maa nyei gorx, se benx yie caux yie nyei auv nyei domh nauz-diex/the older brother of one's mother or mother in-law.
domh nauz-njiez yie caux yie nyei auv nyei gorx se domh nauz-njiez doic.
domh nauz-ong dae maa caux auv nyei dae maa nyei domh nauz-diex se benx yie caux yie nyei auv nyei domh nauz-ong.
domh nauz zuih muoc cing-jaa bun gorx nyei dungz-zuih/pig's thigh given to bride's older brother.
domh norqc yietc nyungc hlo haic nyei norqc/a large white bird.
domh norqc m'zing ga'naaiv ngaengc nyei yaac lorz mv buatc, se beiv domh norqc m'zing.
domh norqc yungh norqc mou ziangh daaih hnangv yungh yaac mueiz wuov nyungc norqc/a bee-eater bird.
domh ndie-sai zoux hlo jiex wuov dauh ndie-sai/a head doctor, chief physician.
domh ndiouh biauv nyei domh ndiouh the main pole of a house.
domh ndoqv yietc diuh ndoqv hlo nyei a big river, large river.
domh ngorc domh huaang, domh ngorc nyei zei-naanc/a severe famine.
domh njaangh yietc norm njaangh hlo nyei/a lake, pond, a swamp pool.
domh njoux longc njoux ndiangx domh njoux-ndaauv/a large saw.
domh nyaam 1 gorx nyei auv-hlo se benx yie benx domh nyaam. **2** dorh leiz waac heuc lamh go kaeqv nyei auv.
domh nzangv gan koiv nyei nzangv. Gj: huov-cuonh/a big boat, large ship.
domh nzangv-ndaix domh cie-ndaix hlo nyei/a big airplane.
domh nziaamv jaan congh mba'nziu fungx nziaamv cuotv bieqc sin wuov diuh jaan/major arteries.
domh nziaaux borngz domh nziaaux/a big storm, hurricane.
domh nziaaux-jieqv buonc zuqc biauv ndiangx mbaang nzengc nyei nziaauc/a violent typhoon or hurricane.
domh nziaaux-zunc niouv guinh jienv mingh nyei nziaaux/a violent tornado.
domh nzox zouv dungz-siaaux nyei nzox/a big stove for cooking pig's food.
domh nzox zaangh buov domh nzox zouv dungz-siaaux nzox nyei zaangh/a big piece firewood for big a stove.
domh nzoih yietc zungv juangc jienv/to everyone can have a share.
domh nzungh ndiangx-gorn zungh zaqc njiec wuov diuh da'dingx nzungh/the main roots of a tree or plants.
domh orv biei jieqv zaux njiec ndau nyei hieh zoih/a big game, large game.
domh orv domh diuv bungx sieqv oix gorngv *domh orv domh diuv*, eix-leiz se nyanc orv hopv diuv buo hnoi caux buo muonz nyei cing-jaa/a three days and three nights wedding ceremony.
domh paax siang-mbuangz mbiorngz m'nqorngv wuov kuaaiv congx jienv congx nyei paax/a bridal head cloth.
domh poux maaic nyungc-nyungc huox nyei domh poux-doih/a shopping mall, department store.
domh qaqv henv dingc aqv/great power.
domh qaqv lov henv haic wuov dauh lov/a strong guy, powerful man.
domh qaqv ndie bun sin tiv longx henv nyei ndie/a vitamins, tonic.
domh qiex hnyouv mv baengh orn tauv domh qiex/big sigh, deep breath.
domh sai-diex zoux domh sai heuc lungh dauh ong/a senior spirit priest, a qualified Taoist master.
domh sai mienh zoux domh sai wuov dauh ong/a high spirit priest.
domh sic hlo nyei sic, jienv nyei sic/a major event, serious matter.
domh sic dorngh domh sic dorngh/the supreme court.
domh sienh 狮子 /shīzi/ nda'maauh fomv. Wed: sih ziev/a hairy tiger, lion.
domh sietv-daic nyiepc nyaux nyiepc nyaux nyei sietv/very deep itching.

domh sim longc lunh ga'sortc mbuoqc nyei sim/an awl.
domh suang yaac hoz yaac siouv nyei suangx. Gj: suangx-nqomz.
domh ting biauv nyuoz jangv wuov qongx ting/the living room of a house.
domh tongv zaangh wuom nyei domh tongv/a large water storing container.
domh waac gorngv haeqv mienh nyei domh waac/a big mouth talk.
domh wuic koi zuangx mienh nyei wuic/a conference, a meeting.
domh wuon-baengc butv kouv haic nyei baengc/a pandemic disease.
domh yinh zoux yinh wuic hlo nyei/a major ceremony.
domh yunh nzangv-ndaix bungx daanc mienh nyei yunh/an artillery shell, bomb.
domh yuoqv-daic gengh yuoqv gau mv fungc aqv/a super hot weather.
domh zaangx ziang naaic ziangh dauh sei zaangx/to bury without cremate.
domh zei-naanc maaih zei-naanc hoic kouv ziex nyungc nyei/a great disaster.
domh zaangh longc buov domh nzox nyei zaangh/firewood for big stove.
domh zinh hlo wuov nyungc nyaanh zinh. Gj: nyaanh man/large silver coin.
domh zingh saengv nyei domh zingh/a provincial capital, large city.
domh zingh nyeic maaih zingh nyeic camv haic/a great mercy; great award.
domh ziuh domh ziuh deic-bung/a big country; big land.
domh ziuh hungh domh ziuh deic-bung nyei hungh/a king, an emperor.
domh zuangx yietc zuangx mienh/the public, the whole community.
domh zuangx cie zuangx mienh bieqc nyei cie/a public transportation.
domh zuangx dorngx zuangx mienh nyei dorngx/a public center, place.
domh zuangx gong zoux bun zuangx mienh nyei gong/a public service.
domh zuangx horqc zuangx mienh nyei horqc dorngh/a public school.
domh zuangx sic yietc zungv mienh nyei sic/a public matter.
domh zuangx suiv-bungh zuangx mienh jaiv buoz dorngx/public toilet, restroom.
domh zuiz maaih zuiz hlo haic/a capital crime, capital offense.

domh[2] wj. longc qaqv nyei domh cuotv. Gj: baeng cuotv, lanc cuotv/to pull with forceful movement; to yank.
domh aiv ba'laqc aiv jiex ndaangc/to be too low or too short.
domh camv gengh camv gau mv fungc aqv/very much; huge much.
domh ciouv gengh ciouv gau mv fungc aqv/so mean; unfriendly.
domh cou gengh hlo cou nyei lorkv daax lorkv wuov/to be coarse, big size.
domh cuotv daaih baeng cuotv daaih, lanc cuotv daaih/to pull out.
domh faix gengh faix gau maiv fungc aqv/a tiny; extremely small.
domh gaam-namc gaam jiex ndaangc mingh/overly sweet, too sweet.
domh hlang-daic gengh hlang haic/to be very tall or high.
domh hlo za'gengh hlo haic/very large; extremely large.
domh im gengh im dingc aqv/to be very bitter taste.
domh jorm za'gengh jorm haic. Dgw: juangv/so hot; very warm.
domh lauh gengh zuov lauh nyei/to be unreasonably long.
domh sietv-mun wuov mun caux sietv zorpc jienv/itching and pain.
domh sui-liqv sui jiex jaax nyei mueix doc/super sour; very sour.

domh[3] m. **wuom domh** zaangh jienv wuom camv nyei domh/a water pool.
domh jaangv caa zorqv jai nyanc nyei domh jaangv/a large eagle.
domh jaangv ngongh nyanc ga'naaiv orv nyei norqc/a condor, vulture.
domh jaangv ngorv domh jaangv heuc ngorv nyei qiex/an eagle call.
domh jaangv njiuv yietc nyungc nyanc fai nzaatv jaiv ga'naaiv laengc nyei ndie-miev, se gorngv naang nyorqv zuqc mienh nor zorqv naaiv nyungc nyei miev nyei normh mborqv muonc daaih beu naang ngaatc nyei nzuih jaiv naang-doqc nyei ndie zaamv.

domh jaangv-yuc faix nyei wuov nyungc domh jaangv/a hawk.

domx[1] wg. ga'sie, caux gu'nguaaz gorngv nyei waac/a stomach.

domx ux caux gu'nguaaz gorngv ga'sie mun nyei waac/a stomach hurt.

domx[2] aengx lorz mangc "guaa-domx" wuov joux nyei eix-leiz.

Dominican Republic m. yietc norm faix nyei koiv-nzou guoqv, yiem Z. D. bung Meiv Ziou, hungh zingh mungv nyei mbuox heuc Domingo.

don[1] m. ndiangx-don, ndaangh don, m'gux don, hlieqv-don/a bench, chair.

don-geqc buo jieqv zaux jorkc njiec nyei don. Gj: don-jorkc/a rectangular wooden stool.

don-nzipv haih nzipv nyei wuov nyungc don/a foldable chair.

don-zaux zaengx don nyei zaux/the legs of a table.

don[2] w. don njiec; hietv njiec; an njiec; bungx njiec/to place on, to set down.

don dang zorqv dang don jienv/to place a lamp on, set a lamp on.

yietc don qaauv ndui jienv qaauv yietc don nor/a stack of straw.

don[3] pm. norqc guv long nzopc jienv wuov ndiangx don-don wuov/to be sat down and not moving.

donc w. zoux sic donc; yangh jauv donc. Dgw: siepv/to be slow.

donc deix donc njiec deix dien/a little slow down, a bit slow.

donc haic ba'laqc donc haic/very slow.

donc njiec donc njiec deix/slow down.

donv w. mienh nzaeng jaax yie donv njiec ninh mbuo mv bun nzaeng/to warn.

donv dingh donv duqv hingh mi'aqv/to overcome of warning.

donv dangh ninh donv njiec dangh mv bun ninh zoux/to give him a warning.

donv ga'sie fiex ndie nyanc donv ga'sie fiex nyei ndie/antidiarrheal medicine.

donv hnopv ndie nyanc donv hnopv nyei ndie/a cough medicine.

donv maiv hingh zaih mi'aqv donv mv hingh aqv/to be unable to stop.

donv mun ndie donv mun sienc njiec nyei ndie/a pain medication *morphine*.

donv njiec daaih haih donv duqv dingh njiec daaih/to stop by warning.

donv nziaamv zoux bun nziaamv dingh maiv cuotv/to stop the bleeding.

donv nziaamv mbuoqc longc donv nziaamv nyei mbuoqc/a tourniquet.

donv nziaamv ndie donv nziaamv nyei ndie/medicine to stop bleeding, styptic.

donx[1] w. yietc donx hnaangx; nyanc donx orv beuv nyei/a regular meal.

donx-donx hnaangx nyanc donx-donx hnaangx/every meal.

donx-donx nyanc orv mbu'ziex donx yaac nyanc orv/to eat meat very meal.

donx[2] pm. hlauv jungh njiec donx zuqc zaux/to slice down and hit.

dong[1] wj. 东 /dōng/ dong bung; mba'hnoi cuotv maengx bung/east, easterly.

dong baqv bung 东北部 /dōngběibù/ dong caux baqv bung mbu'ndongx/northeastern.

dong bung 东部 /dōngbù/ hungx ziangx mingh mba'hnoi cuotv/east; easterly

dong deix fai deix nzaanx nzengc dong deix fai deix wuov/to be scatter around.

dong fei ziou 东非洲 /dōngfēizhōu/ dong bung fei ziou/eastern Africa.

Dong-ging 东京 /dōngjīng/ **1** Ic bernv guoqv nyei hungh zingh mungv/Tokyo, the capital city of Japan. **2** Tonkin, the former state in N. French Indochina.

dong joux fai joux gorngv waac maiv tong-daapc/a non-sense talk.

dong koiv dong bung koiv/eastern sea.

dong naamh bung dong caux naamh mbu'ndongx/southeast.

dong naamh Esie dong naamh bung Esie/southeast Asia.

dong naamh fai baqv yietc zungv biei bung-weic/in all directions.

dong naamh zong guoqv dong naamh Zong Guoqv/southeast China.

dong ou ziou ou ziou nyei dong bung maengx/eastern Europe.

dong[2] m. dong-gen, dong-gen nyei hnoi/a winter time, during winter.

dong-gen hnoi lungh juangv wuov gorng hnoi/the cold season.

dong gueix 冬季 /dōngjì/ gan yiem-liqc ziepc taux ziepc nyeic hlaax, gan yangh liqc se ziepc nyeic hlaax taux nyeic hlaax/the winter season.

dong-hlaax hnoi juangv wuov gorng hnoi/the cold season, during winter.

dong[3] q. zatv gaengh lingh mbui dong dangh nyei qiex/the sound of a door bell.

dongc[1] m. yietc norm ndongc. Gj: ndiouh, caa/a post, pole.

dongc laih mingh dongc laih mingh yietc bung/a post leaning to one side.

dongc[2] pm. longc biaav dongc faaux/to stick upward by a stick. Gj: nzongh.

dongc[3] m. yietc dongc lingh, yietc qongx lingh/a paddy field.

dongc-dongc wuov souv jienv dongc-dongc wuov/to stand still.

dongc duang nz. ndau-baengh dorngx/a plain land, flatted land.

dongc zangc yietc kuaaiv jangv nyei ndau-beih dorngx/the lowland area.

dongc zangc mienh yiem ndau-baengh dorngx nyei mienh/a lowland people.

dongh[1] w. dongh yietc nyungc fi'hnangv nyei/to be alike, similar, same.

dongh baan 1 dongh baan mienh/people of the same age. **2** dongh baan horqc/to be the same shift at school.

dongh bung dongh yietc bung/the same directions or same side.

dongh bung mienh juangc hiaang-bung nyei mienh/people from the same area.

dongh cie juangc norm cie bieqc/travel on the same train, airplane.

dongh cor zinh ndaangc cor hoqc jiex gorn wuov zanc/from the ancient time.

dongh dangh dongh zanc, dongh dangh/at the same time, simultaneously.

dongh diuc eix dongh diuc hnyouv/to be the mind or same idea.

dongh diuc qiex dongh yietc nyungc qiex/with one voice, same tone.

dongh faaux dongh njiec juangc jauv faaux njiec nyei mienh/a good friends.

dongh fim horpc eix dongh yietc diuc hnyouv. Wed: dongh fiem horpc eix/to united and agreeable.

dongh haengh nz. juangc diuh jauv mingh/to travel together.

dongh horqc juangc norm horqc doqc sou nyei mienh/a schoolmate.

dongh hmien-minc hmien-mueic ziangh duqv fi'hnangv haic/to look alike.

dongh hnamv 1 dongh yietc diuc jauv hnamv. **2** juangc jienv hnamv

dongh hnyouv lomh nzoih juangc yietc diuc hnyouv/to united in one heart.

dongh hnyouv juangc diuc hnyouv/in harmony; to be unity;

dongh jauv juangc yietc diuh jauv yangh mingh/to travel the same road.

dongh kiqv dongh zueic juangc nyanc yaac juangc dorngx bueix/to eat and sleep together.

dongh kouv dongh siouc maaih naanc dongh kouv, maaih fuqv dongh siouc.

dongh loz wuov m'daaih hnangv loz wuov nor/to be the same as before.

dongh louc nz. juangc diuh jauv mingh to travel the same road.

dongh mengh dongh fingx juangc mbuox yaac juangc fingx/to have exactly the same name and surname.

dongh mbuox juangc yietc norm mbuox heuc/having the same name.

dongh nyungc dongh nyungc ga'naaiv same kind, make no different.

dongh ting biauv gu'nyuoz nyei ting/a central room of a house.

dongh wuov dongh naaic aqv/the same as that or the same kind as.

dongh wuov norm njuov yietc liuz mv goiv yienc/always be the same.

dongh yiem juangc dorngx yiem/to live together in the same place.

dongh yietc fingx juangc yietc norm fingx/having the same clan.

dongh zanc dongh ziangh hoc/having the same movement; same time.

dongh zouv 1 juangc fingx yaac juangc jaa-fin buoqc zangc/members of the same surname and ancestry. **2** i laanh juangc norm zouv zaangx/same grave.

dongh zouv cien juangc yietc fingx nyei cien. Gj: zong-zouv cien. Dgw: ngoih jaa cien, zeiv-muic cien/the relatives who having the same surname.

dongh zueic nz. caux bueix, juangc coux bueix/to sleep together.

dongh zueiz caux zueiz mbaih jienv/to sit together or sit next to.

dongh[2] pm. dongh haaix dauh/who; which person; people.

dongh jiex daaih wuov hnoi jiex liuz nyei hnoi/in the day before.

dongh ninh aqv zeiz aqv, dongh ninh aqv/yes, he is, it's him.

dongh njaaux yie wuov dauh njaaux yie sou wuov dauh fin-saeng/the one who teaching me.

dongh wuov laanh mienh dongh wuov huaav wuov laanh mienh/that person over there.

dongh zaangv zw. dorn, yie wuov dauh dongh zaangv, eix-leiz se yie nyei wuov dauh dorn.

dongh[3] gn. dongh caeng; dongh siqv; dongh yangh/copper.

dongh bunh longc dongh zoux daaih nyei bunh/a copper plate, bowl.

dongh caeng longc dongh zoux nyei caeng/a copper pot, kettle.

dongh finx longc dongh baeng finx daaih/a copper wire.

dongh kou kou nzuqc nyei dongh kou.

dongh lingh ndiux maaz nyei dongh lingh/a copper bell.

dongh siqv gauh siqv wuov nyungc dongh/bronze.

dongh siqv caeng longc zouv in wuov nyungc dongh caeng/a bronze pot used for refine opium.

dongh yangh 1 gauh yangh deix wuov nyungc dongh/brass. **2** lomh nzoih yangh jauv/walking together.

dongh zinh dongh dox daaih longc zoux nyaanh/a copper coin.

dongh[4] bz. mienv gorngx mienh butv dongh sin zinx ndamc ndau nyei sic/to move and shake by spirits.

butv dongh mienv gorngx mienh sin zinx nyanh nyanh nyei sic. Gj: nzuonx dongh/to shake as when possessed by a spirit.

cim dongh sipv mienv cim dongh mangc gaax haaix dauh maaih dongh guotv nor ziouc butv dongh aqv/to determine to see who is to be possessed by a spirit.

dongh guotv haih gorngx mienh butv nyei mienv. Wed: yienh dongh ong/the spirit who can possessed a person.

douc dongh douc dongh bun butv dongh mienh gauh haih butv dongh.??

dongv w. dongv mangc gaax se haaix nyungc eix-leiz. wed: corngh, hnamv, baanh/to try to understand the meaning.

dongx m. maeqc dongx; hmeiv-dongx; qouv dongx/mush, porridge.

biouv gomh dongx biouv-gomh sui dongx/tomato sour, ketchup.

dongz[1] w. nziaaux buonc dongz; mv dungx dongz. Dgw: dingc/to move, to sway.

dongz buoz dongz buoz zoux. Gj: njiec buoz zoux/to start do something.

dongz cang congx jiex gorn mborqv jaax/to start a war.

dongz duqv seix za'gengh dongz duqv seix haic/to be shaken strongly

dongz gong jiex gorn zoux gong/start working, beginning to work.

dongz-linh 影子 /yǐngzi/ ganh torngv zuqc njang aengv daaih nyei njoiz/a shadow.

dongz maiv duqv sin mun, buoz-zaux mun dongz maiv duqv/to be unable to move one's own physical.

dongz nzuih jiex gorn gorngv waac fai jiex gorn nyanc/start talk or eat.

dongz sin dongz sin, jiez sin lorz gong zoux/to stand up and moving.

dongz zuqc hnyouv dongz ndanc taux hnyouv oix, nzauh, mun/to touch one's heart or to show interest.

dongz[2] pm. bouh maiv dongz weic zuqc hneiv haic/to be unable to carry.

dongz maiv duqv weic sin mun dongz maiv duqv. Gj: maiv haih dongz/to be unmovable, unable to move.

dongz taux nzengc dongz mingh ndanc taux nzengc/to severely jolt.

dopc[1] m. dopc lai; dopc lai-ndaauv; dopc nganh; dopc nyim; dopc qaauv/bean.

dopc ben ben wuov nyungc dopc/bean which has colored stripes.

dopc bouc longc dopc yangh zoux dopc bouc daaih. Gj: da'bouc/tofu, bean curd.

dopc bouc ndapv zietc wuov nyungc da'bouc/a firmly tofu.
dopc gaam nyanc gaam nyei wuov nyungc dopc/sugar pea, snow pea.
dopc gueix dopc nangv/green beans or short string beans.
dopc huv dopc butv gaeng huv/a bad beans, decay beans.
dopc hnaangx dopc nganh siqv faix nyei wuov nyungc/small red beans.
dopc jaiv longc zoux ndie jaiv ga'naaiv laengc nyei dopc/small flat yellow beans which used as a remedy to counteract poisons that have been ingested.
dopc lai ndaauv nyei wuov nyungc dopc/a string beans, long beans.
dopc lorngh maaih lorngh yaac nyanc nyiemz nyei wuov nyungc dopc/beans with shape ridges down the pods.
dopc maeng caux dopc gueix fi'hnangv nyei/green beans.
dopc mbeih nzing mbeih yaac nangv nyei dopc/a type of flat beans.
dopc neix ginv guangc mv longc nyei dopc neix/the stem of a bean.
dopc ndoih zuangx njiec ndau hlo yaac nyanc nyiemz nyei ndoih/a sweet crisp root vegetable eaten raw.
dopc nganh dopc nyei nganh/a kidney beans; bean seeds.
dopc nqaauv dopc luangh nqaai se heuc dopc qaauv/dried bean stalks.
dopc nyaah nyanc zoux lai nyei dopc nyaah/a bean sprouts.
dopc nyim liouh zoux nyim zuangx nyei dopc/bean seeds for plant.
dopc siqv ndopv siqv wuov nyungc dopc/a long red beans.
dopc yangh longc zoux dopc bouc nyei dopc/soybeans.
dopc youh dopc yangh zoux daaih nyei youh/soybean oil.
dopc zeic dopc yangh zoux daaih zueix nyei yoc kuv nyei/fermented bean curd.

dopc[2] w. butv qiex nzauz ga'naaiv dopc. Gj: zong/to get mad and start throwing thing around.
dopc daic longc ga'naaiv dopc daic/to kill by throwing thing on.
dopc huv ndortv njiec dopc zuqc huv broken by dropping down.
dopc zuqc zaux ga'naaiv ndortv njiec dopc zuqc zaux.

dopc[3] bt. orqv nyei *cuotv dopc baengc*, se yietc sin but pokc, se gorngv naaiv nyungc baengc taux nor ziangh laangz mienh haih daic duqv nzengc nyei/a smallpox.
cuotv dopc daic butv cuotv dopc nyei baengc daic/to be killed by smallpox.

dopv pm. m'ziu-norm normh dopv njiec daaih/to be bent and folded over.

doqc[1] w. 读 /dú/ doqc sou, fai fienx; yiem hnyouv doqc nzangc/to read.
doqc a'nziaauc sou doqc bun hnyouv maaih orn-lorqc nyei sou/a book to be read for fun.
doqc baac sou doqc ziangx sou mi'aqv finished school or reading.
doqc baaih doqc baaih nyei zangc/to read what a sign says.
doqc cuotv qiex hnangv haaix nor doqc cuotv nzangc nyei qiex/try to pronounce the alphobet; pronunciation.
doqc dorngc doqc dorngc nzangc/to make mistake in reading.
doqc fienx doqc fienx/to read a letter.
doqc maiv mingh zieqv nzangc maiv nzengc doqc mv mingh/unable to read.
doqc mbui nyei doqc cuotv qiex mbui nyei/to read aloud.
doqc nzangc mangc jienv nzangc doqc to read letters or characters.
doqc nzung mangc jienv nzung-sou tor qiex doqc jienv mingh/to sing a song in the reading style.
doqc siepv doqc jienv mingh siepv nyei to read fast, speed reading.
doqc sou 读书 /dúshū/ **1** bieqc horqc doqc sou/to attend school. **2** nanv jienv doqc/to read a book.
doqc sou hlang 读书高 /dúshūgāo/ guai sou-nzangc hlang/well-educated.
doqc sou horngc doqc sou wuov qongx horngc/a classroom.
doqc sou mv faaux kauv maiv duqv faaux kang/failed to pass on next level.
doqc sou mienh **1** doqc sou guai nyei mienh/educated person. **2** bieqc horqc doqc sou nyei mienh/a student.

doqc sou qongx doqc sou wuov qongx horngc/a classroom.

doqc sou zieqv nzangc doqc sou hoqc guai nyei sic/to pursue an education.

doqc sou zingh nyeic doqc sou henv duqv nyei zingh nyeic/a scholarship.

doqc sou zuangv doqc sou guai nyei zuangv/an educated resemble.

doqc[2] cf. 恶 /è/ orqv; hnyouv doqc; laangh fim orqv/to be evil; ruthless; merciless.

doqc eix 1 doqc nyei eix/heartless or merciless. **2** doqc eix naaic; doqc eix zoux/on purpose, intentionally. **3** doqc nzangc eix-leiz/the meaning of a letter.

doqc eix hoqc zoux doqc hoqc mienh gorngv waac.

doqc faanz baac-baac baamz zuiz zoux doqc bun/to act evil.

doqc fim haic hnyouv doqc haic/an evil minded, heartless.

doqc haic hnyouv doqc haic mv maaih korh lienh mienh/heartless.

doqc qiex 1 ciouv nyei qiex/an angry voice, sound. **2** haih congx mienh daic nyei qiex/smell deadly poison.

doqc qiex baengc doqc qiex congx zuqc nyei baengc/to have tetanus.

doqc qiex yunh maaih doqc qiex congx mienh daic nyei yunh/a poison bomb.

dor[1] w. 多 /duō/ dor baanx mienh mv nyanc yungh orv/many people are not eating goat meat. Gj: dor buonc.

dor feix hnyouv 多费心 /duōfèixīn/ zuqc feix hnyouv, feix m'nqorngv-famv camv. Gj: dor feix fiem-jei/to over concerned with.

dor laengz zingh 很感谢 /hénggǎnxiè/ laengz zingh camv haic/very thankful.

dor nyinh-nyouz waac camv liouh lunc nzaeng jaax nyei sic/to spreading rumors.

dor-nzauh zuqc nzauh camv/depressed, distressed, sorrowful.

dor-ziec 多谢 /duōxiè/ laengz zingh camv. Gj: zongc zingh, longx hnyouv; kouv meih oc/thank you, many thanks.

dor-ziec haic 很感谢 /hénggǎnxiè/ gengh laengz zingh camv haic/thank you very much, many thanks.

dor[2] lz. dor nor nih 菠萝蜜 /bóluōmì/ Gj: nor nih biouv/Jackfruit.

dorc[1] nyc. 姐姐 /jiějie/ **1** dorc doic/an older sister. **2** dorh leiz waac, heuc m'sieqv mienh/a term of address for older woman in general. **3** maaih deix fu'jueiv yaac heuc ganh nyei maa zoux dorc/term of address sometimes used for one's mother.

dorc deih fu'jueiv heuc maa nyei dorc se *dorc deih* fai *dorc maa*/aunty, one's mother's older sister.

dorc doic yietc zungv se heuc dorc doic all older sisters.

dorc gux gux nyei dorc fai auv bung nyei gux nyei dorc, yie caux yie nyei auv oix zuqc heuc *dorc gux*/term of address older sister of one's or spouse grandmother's older sister.

dorc maac 阿姨 /āyí/ maa nyei dorc caux auv nyei maa nyei dorc, yie caux yie nyei auv nyei heuc *dorc maa*, *dorc maac*/the older sister of one's own or one's spouse's mother.

dorc nziez 姐妹 /jiěmèi/ dorc caux nziez, i muoz-sieqv, fai ziev muic/the older and younger sisters of a woman.

dorc nziez dorn i muoz-sieqv nyei dorn

dorc nziez fu'jueiv i muoz-sieqv nyei fu'jueiv/cousin.

dorc nziez sieqv i muoz-sieqv nyei sieqv/cousin.

dorc-teix weiv nyei da'nyeic teix auv/a second wife of one's brother in-law who remarried after one's older sister pass away.

dorc ziev nz. dorc, se aaux benx nzung nyei waac/a sisterhood.

dorc[2] dl. dorh leiz waac heuc lamh go nyei m'sieqv dorn kaeqv mienh/a polite term for a woman that one do not know.

dorh[1] w. **1** dorh mingh/to bring or to carry with **2** dorh mienh/to lead people.

dorh baeng dengv bieiv zoux hlo dorh baeng/to lead a military force.

dorh ca'laangh dengv bieiv dorh mienh ca'laangh/to lead a discussion.

dorh caux mingh dorh jienv mingh/to bring something with.

dorh cuotv dorh jienv cuotv/to carry something out.

dorh daaih dorh caux daaih/to bring to.

dorh doqc dorh jienv doqc sou/to lead a student to read.
dorh fienx dorh jienv fienx mingh/to carry a letter, to bring news.
dorh gong mienh mbenc gong bun zoux zoux nyei mienh/a supervisor, a lead.
dorh jatv maaih jatv nyei hmien. Wed: siaaux lienv/to have a smiling face.
dorh jauv mingh ndaangc dorh jauv/to lead the way, guide the way.
dorh jauv mienh dorh jauv wuov dauh mienh/a guider, leader, director.
dorh jienv mingh dorh caux jienv mingh to take along with.
dorh jiu-bang mienh leiz-baaix dorngh nyei mienh gox/a church leader.
dorh koi wuic dengv bieiv koi wuic/to lead a conference, meeting.
dorh leiz gorngv waac dorh leiz/to be polite, courteous, respect.
dorh leiz-baaix dorh zoux leiz-baaix/to lead a church worship service.
dorh leiz waac gorngv waac zuoqc mv ki mienh/to peak with respectful.
dorh maiv hingh camv haic dorh maiv nzengc/too much to carry all.
dorh mienh dorngc jauv dorh mienh mingh dorngc jauv, dorngc sic/to lead people go wrong or astray.
dorh mingh dorh caux jienv mingh/to bring or carry something with.
dorh mingh buangh dorh mienh mingh buangh/to take someone to meet.
dorh mingh mbungh dorh gan mingh mbungh/to take along as a precaution.
dorh nyaanh bun zorqv nyaanh dorh mingh bun/to money to pay.
dorh nzung mienh jiex gorn dorh mienh baaux nzung/to lead a song.
dorh nzuonx dorh nzuonx biauv/to bring home something.
dorh qaaux domh mienh daic gouv ndie-baeqv m'nqorngv nyei sic/to wear a piece white mourning cloth on head..
dorh zoux gong dorh mienh zoux gong to lead to work.

dorh[2] pm. liuc leiz dorh ziux goux mangc longx/to take care, to give care.
dorh baengc mienh ziux goux mangc baengc mienh/to give patient a care.
dorh bieqc sic dorngh dorh sic bieqc sic dorngh/to bring someone to court.
dorh fu'jueiv goux mangc fu'jueiv/to take care children.
dorh fu'jueiv dorngx tengx goux mangc fu'jueiv dorngx/a childcare facilities.
dorh gu'nguaaz liuc leiz dorh mangc gu'nguaaz/to baby sit.
dorh gu'nguaaz mienh dorh gu'nguaaz nyei mienh/a baby sitter.
dorh hlo daaih dorh uix hlo daaih/to bring up, to raise to maturity.
dorh maiv hlo dorh gu'nguaaz mv hlo to be unable to raise to maturity.

dorh[3] gn. ga'naaiv diux jienv dorh dorh wuov/to be hanging still.

dorh[4] aengx lorz mangc *diux-dorh, dangv-dorh* wuov deic nyei eix-leiz.

dorv[1] m. yietc dorv hlauv-nquaah; mbiauh dorv/a cluster, a piece of flower.
biee dorv biangh biee nquaav biangh four pieces flower.
cuotv dorv nquaah ndiangx cuotv dorv nquaah daaih aqv/to put out new shoots.
mbuonx-dorv lungh faaux yietc dorv mbuonx daaih/a piece of cloud.

dorv[2] pm. lueic maiv zoux gong lorz jauv mingh dorv laanv. Wed: bingx/to hide one's laziness, one's duty.

dorx[1] w. dorx orv; dorx lai; dorx muonc; dorx sern/chop into pieces.
dorx orv zorqv orv bangc nzaengh dorx muonc/to chop meat, mince meat.
dorx orv nzaengh longc dorx orv nyei nzaengh/a meat chopping block.
dorx orv-sern dorx orv muonc nyei an jienv laapc liuc nyanc nyiemz.

dorx[2] m. bun maaz nyiez nyei dorx/a pack framework for horse back.
bouh maaz-dorx bouh dorx faaux maaz nyei diqc daanz bun maaz tor/to put a package on a horse back.
tutv maaz-dorx bouh maaz nyei dorx njiec/to remove a package from a horse.
zeuv maaz-dorx ndoh zeuv zietc maaz nyei dorx/to packs on a pack frame.

dorkc q. wuom ndiepv zuqc normh mbui dorkc dorkc nyei qiex/a south of water dripping on the leaves.

dorkv[1] q. bangc nzaengh dorx orv mbui dorkv dorkv nyei qiex/the sound of meat being chopped finely.

dorkv[2] aengx lorz mangc "hlauv-dorkv" wuov joux nyei eix-leiz.

dorn[1] m. gu'nguaaz-dorn, m'jangc dorn/a boy, a son, a male human.

dorn caux sieqv maaih dauh dorn maaih dauh sieqv/a boy and a girl.

dorn-da'naix da'nyeic dauh dorn nyei heuc hnamv mbuox/a second on.

dorn-diex doic dae caux dorn se benx dorn-diex doic/son and father together.

dorn-faix faix jiex wuov dauh dorn/the youngest son.

dorn-hlo daauh dauh wuov dauh dorn se dorn-hlo/the eldest son, first son.

dorn-hlorpv hlorpv daaih nyei dorn. Gj: dorn-maaiz, se maiv dorh leiz nyei waac/an adopted son.

dorn-hnamv hnamv haic nyei dorn/a dearly son, beloved son.

dorn-jueiv dorn, sieqv yietc zungv fu'jueiv/children, an offspring.

dorn-la'gauv daauh dauh dorn nyei heuc hnamv mbuox/the first born son.

dorn-laai nqa'haav laai yungz wuov dauh dorn. Gj: dorn-zaih/the last son.

dorn-laangh yietc liuz uix ong-daa caux maa-diev nyei laangh. Gj: jiex bungh laangh/a son in-law who permanently living with his wife's family.

dorn-laauv baac da'betv wuov dauh wuov dauh dorn/eighth son.

dorn-laauv cic da'cietv dauh wuov dauh dorn/seventh son.

dorn-laauv juov da'juov dauh wuov dauh dorn/ninth son.

dorn-laauv luc da'luoqc dauh wuov dauh dorn/sixth son.

dorn-laauv saan da'faam dauh wuov dauh dorn/the third son.

dorn-laauv sux da'feix dauh wuov dauh dorn/fourth son.

dorn-laauv uv da'hmz dauh wuov dauh dorn/the fifth son.

dorn-maac doic maa caux yietc zungv dorn se benx dorn-maac doic/mother and all her sons.

dorn-maaiz maaiz daaih wuov dauh dorn. Gj: dorn-hlorpv/mv dorh leiz nyei waac/an adopted son.

dorn-mbu'ndongx yungz mbu'ndongx wuov dauh dorn/the middle son.

dorn-ndoqc nduqc dauh dorn hnangv/an only son.

dorn-nzueic yietc dauh nzueic nyei dorn/a handsome young man.

dorn-nzuonx auv yungz ndaangc zoux cing-jaa wuov dauh dorn/a stepson.

dorn-teix dorn daic liuz mbuangz longc daaih nyei da'nyeic teix nqox.

dorn wuov bung dorn wuov bung nyei cing-jaa kaeqv mienh/the groom side's guest at a wedding.

dorn-zaih nqa'haav laai yungz wuov dauh dorn/last son, late son.

dorn[2] pm. ziangh daaih faix biouv-biouv, dorn-dorn fai guv-guv wuov/to be small and short but cute.

auv-dorn nqa'haav longc daaih wuov dauh auv/the lesser or second wife.

biauv-dorn biauv faix nyei/small house.

cing-jaa-dorn mbenc donx hnaangx hnangv/a minor wedding.

gaengh dorn faix wuov dauh gaengh, fong muonh/a small door, window.

lungh aanx-dorn lungh oix lamh deix aanx aqv/a shortly before noon.

dorn[3] cm. mienh nyei jiex gorn fai setv mueiz mbuox, *beiv hnangv* Dorn Fuqv, Dorn Zoih, Naix Dorn, Gauv Dorn.

dorn[4] sk. saeng-kuv nyei dorn, *se hnangv* norqc dorn, mbopv-dorn/the offspring of non-humans.

njaih dorn njaih nyei dorn faix nyei/a fawn, small deer, young deer.

dornz pm. ga'sie yaac junc yaac hlo dornz daax dornz wuov/his big flabby belly really hangs down.

mbiaic-gaeng-dornz mbiaic butv daaih nyei gaeng hlo gau dornz-dornz wuov/a large fat bamboo worm.

dorng[1] w. jiemc jauv mi'aqv; liuz nzengc mi'aqv; ziangx mi'aqv/the end or final.

baaux dorng nzung yietc diuh baaux dorng mi'aqv/finish singing a song.

dorng dauh dorng mueiz congh gorn taux dueiv/from beginning to the end.

dorng dueiv yiem gorn mingh taux dueiv mi'aqv/reach to the conclusion.
dorng mi'aqv ziangx nzengc mi'aqv/to come to the end; ended.
dorng nzengc dorng dueiv nzengc/to be complete; finish.

dorng[2] pm. dorng zuangx; dorng mienh camv/to present to the public.
dorng baeng dorng baeng zaangv deic-bung/to serve in the military force.
dorng baeng mienh zoux baeng nyei mienh/a person in the military service.
dorng duqv jiez jaa longc duqv jiez auv-nqox/be able to afford to get marry.
dorng i torngx jaa longc i torngx auv, longc i torngx nqox/to married twice.
dorng jaa longc auv, longc nqox nyei sic/to get marry and have children.
dorng jaa jauv longc auv longc nqox nyei sic/the concept of marriage.
dorng jaax leiz zoux auv zoux nqox nyei leiz/marriage regulations.
dorng jaa mienh 1 maaih auv nqox nyei mienh/a married person. **2** ziux goux hmuangv doic nyei mienh/person who manage a household.
dorng jaa wuic njaaux taux dorng jaa mienh nyei wuic/a marry lesson.
dorng jaa zoux mienh seix longc auv nqox yungz fu'jueiv zornc zinh ceix jaa-dingh/the matter of getting marry and to have children.
dorng jien 1 dorng jienv jien jaa nyei nza'hmien/to present a matter to the authority. **2** zoux jien/to serve the duty of the government.
dorng jien-fouv 1 zoux hungh jaa gong to hold a government post. **2** dorh sic taux jien-fouv nyei nza'hmien ca'laangh to bring a matter to the authority.
dorng jienv gorngv dorng hmien dorng minc gorngv/to talk face to face.
dorng jienv jaa longc jienv auv, longc jienv nqox/to have married.
dorng jienv jaa longc jienv auv longc jienv nqox/to be currently married.
dorng kaeqv biauv kaeqv mienh maaiz bueix muonz baav nyei biauv/a guest house, an inn.
dorng kaeqv ting zipv kaeqv mienh bieqc wuov qongx ting/guests receiving room.
dorng maiv jiez jaa jomc maiv maaih zinh nyaanh dorng maiv jiez jaa/can not afford to get marry.
dorng-nin ziepc betv lorz nyic ziepc hnyangx nyei hnyangx-jeiv/youth, older teenager or young adult.
dorng-nin jaax deng-deng dorng-nin nzueic nyei ziangh hoc.
dorng zuangx dorng jienv mienh camv nyei nza'hmien/in the presence of all.
dorng zuangx gorngv dorng mienh camv gorngv/to speak in the presence of all.
dorng zuangx maeqv dorng mienh camv saauc yaev/to mock someone in public.
dorng zuangx nyiemc yiem mienh camv dorngx nyiemc/to confess in the public.
dorng zuangx zuqc nyaiv zuqc nyaiv yiem mienh camv dorngx/to be disgraced in the public.

dorng[3] zmb. laengz tengx ndaam-dorng sic dauh lo haaix/to serve as.
div dorng 1 div ganh dauh mienh/take place of someone. **2** div dorng bun/to replace something that has equal value.
dorng horngh kuh zoux hnangv naaic yoc zoux/suppose to; should be.
dorng hmien dorng hmien dorng minc buangh/to meet face to face.
dorng hmien gorngv doix hmien doix minc gorngv/to talk in person.
dorng hmien naaic buangh jienv mienh naaic/to ask in presence of someone.
dorng jienv mienh camv dorng jienv zuangx mienh/in the public.
dorng lungh dorng ndau dorng jienv lungh ndau/swear before Heaven and Earth.
dorng-lungh sipv sipv heuc lungh nyei mienv/to perform spirit ceremony.
dorng mienh camv yiem mienh camv nyei nza'hmien/in presence of public.

dorng[4] dl. dorng horngh fai maiv dorng horngh/to be appropriate.
dorng leiz dorng leiz zoux dangh yoc mv zoux. Gj: horpc zuqc/ought to.

dorngc[1] w. zoux dorngc; gorngv dorngc; cai dorngc; mangc dorngc/to be wrong.

dorngc doz-leiz zoux dorngc doz-leiz nyei jauv/unlawful act.

dorngc gu'nguaaz maaih sin ndaangc dorng jaa. Gj: toi gu'nguaaz/to have a child out of wed-lock.

dorngc jauv mingh dorngc jauv/to get lose; to go wrong way.

dorngc jauv haic niaa oh, mv dorngc lorqc, ba'baac hungx jienv daaih.

dorngc leiz zoux dorngc doz-leiz/to be against the law, break the law.

dorngc leiz ga'naaiv dorngc doz-leiz nyei ga'naaiv/an illegal substance.

dorngc mienh zoux dorngc mienh/do something wrong people.

dorngc nzangc fiev dorngc, doqc dorngc nzangc/misspell or misread.

dorngc sic zoux dorngc sic, cuotv sic/to be in trouble, difficult circumstance.

dorngc zuiz dorngc zuiz zuqc wuonx loh nyei sic/to commit felony.

laengz dorngc aqv nyiemc duqv zoux dorngc aqv/to admit one's wrong doing.

maiv laengz dorngc maiv zoux nyiemc dorngc/not guilty.

nyanc dorngc nyanc maiv horpc nyanc nyei ga'naaiv/to eat by mistake.

dorngc[2] aengx lorz mangc "maeqc dorngc, lai-dorngc, normh ziu-dorngc" wuov deix nyei eix-leiz.

dorngh[1] m. nyungc-nyungc gaam nyei ga'naaiv se dorngh/sugar, sweets.

dorngh biouv njorm nzuih gaam nyei dorngh/candies.

dorngh biouv-mbiaatc njorm tengx jaang fong nyei dorngh/a cough drop.

dorngh ndunh ziangh ndunh hlo nyei wuov nyungc dorngh/a lump sugar.

dorngh nziuc nziuc bun nzuih ndaang nyei dorngh/a chewing gum.

dorngh[2] m. douz-nzauc dorngh; miuc dorngh; leiz-baaix dorngh/a site, place or a room for meeting.

domh horqc dorngh doqc sou hlang nyei horqc/a college or university.

horqc dorngh doqc sou nyei dorngx/a school building.

tin-dorngh gu'nguaaic doz-mienh yiem nyei dorngx. Gj: tin-guoqv, tin-zangc/in the heaven or paradise.

dorngh[3] bm. Yao Mienh nyei fingx mbuox one of the Yao's surname.

Dorngh Hungh gouv-nyinh zunh daaih nyei waac, loz-hnoi maaih weic Yao Mienh nyei hungh, hungh mbuox heuc *dorngh hungh*/the founder of the second dynasty of the Yao Mienh emperors in antiquity.

loz-dorngh biauv 老唐家 /láotángjīa/ fingx dorngh wuov buonc mienh.

loz-dorngh mienh yietc zungv fingx dorngh nyei mienh/a dorngh surname.

dorngh[4] gn. yietc dorngh zeiv-maaz; yietc dorngh mienv-fangx.

dorngh[5] pm. dorngh norngz; da'norngz/to be strong shaking movement.

dorngv[1] m. yietc nyungc an orv-sern fai an mbiauz-sern nyanc ndaang nyei ndiangx-nyim/a fragrant seeds of a tree used as a flavoring in meat dishes.

dorngv[2] pm. dorngv-dorngv wuov maiv maaih haaix nyungc gomv gu'nguaaic/a wide open area.

dorngv-yaangh huaanv-huaanv nqaengc nyei dorngx/high and unshaded area.

dorngx[1] m. yiem nyei dorngx; nziaauc nyei dorngx; haaix norm dorngx; mingh lomc dorngx/a place; location.

dorngx hepc dorngx dauh hepc/narrow room; small area.

dorngx jangv maaih dorngx jangv/to have plenty of room; roomy.

dorngx juiz ndau juiz nyei dorngx/steep area, hillside; mountain side.

dorngx mv benx yiem dorngx dauh mv kuh yiem/not a good place to live.

dorngx-siex longx kuh liemx orv buonv nyei dorngx/a good hunting place.

dorngx[2] zmb. dorh jiem mingh dorngx nyaanh longc/used gold to lieu the cash.

dorngx-dauh an njiec dingc jienv zoux ndaam-dauh/a security deposit.

dorngx jienv an njiec zoux ndaam-dauh dorngx jienv/a security pawned.

dorngx nyaanh poux 当铺 /dāngpū/ bun mienh dorh siou-setv lo haaix mingh dorngx nyaanh nyei dorngx/a pawnshop; a pawnbroker's shop.

dorngx[3] zh. buo hlaax nyei dorngx/about three months period.
i hnoi nyei dorngx lauh ndongc i hnoi about two days period of time.

dorngx[4] pm. yie longc i jieqv buoz zungv maiv *dorngx* ninh nyei yietc jieqv/he used one hand instead I used two hands.
dorngx daic nqanx mi'aqv mv maaih jangx-fingx se beiv dorngx hnangv daic nqanx mi'aqv/a forgetfulness.

dorngz wj. dienx dang ziux jienv dorngz njang nyei/light is completely bright.

dorpv pm. zaangz m'normh dorpv-dorpv wuov/folded over as an ears.
juv-m'normh dorpv juv nyei m'normh dorpv njiec daaih/dog ears droop down.

dortc q. gaengv heuc fai bungx buotv mbui dortc nyei qiex/the sound made by a toad or frog croaking.

dortv q. zoi ga'naaiv njiec wuom-bamc mbui dortv nyei qiex/the sound made by throwing mud.

dou[1] w. zorqv longh tou mingh dou jienv maaz nyei m'nqorngv/to put a muzzle on a horse's head.
dou ngongh zorqv ngongh nyei longh tou mingh dou ndoh jienv ngongh.
dou nzuih mbuoqc dou saeng-kuv nzuih uix liuc nyei mbuoqc.

dou[2] cf. dou zuqc mienh qiex jiez. Gj: daux, cuoqv/to incite to anger.
dou mienh dingc aqv cuoqv gau mienh mv fungc aqv/it's really incite people.

douc[1] w. douc waac; douc fienx cuotv dienx taih/to report, to carry message.
douc duqv jaav douc jaav-waac nduov mienh/to make a false statement.
douc fienx mienh tengx douc fienx nyei mienh/a reporter, messenger.
douc waac tengx douc waac mingh bun/to convey a message.
douc waac faang bungx muangx fienx nyei faang/a tape recorder, a radio.
douc waac finx douc waac nyei finx/a telephone or telephone line.
douc waac finx-caax bun caax cuotv nyei finx-caax/a telephone extension.
douc waac finx-gorn douc waac finx nyei gorn/a telephone company.
douc waac hoc-maaz douc waac finx nyei hoc-dauh/a telephone numbers.
douc waac hlaang siou waac an nyei hlaang/a cassette tape.
douc waac mienh tengx douc waac nyei mienh/a prophet.
douc waac zien douc gorngv mingh maiv jaav/to give true message.

douc[2] bz. douc dongh bietv faatv fai douc sai jaa zeqv nyei sic/the matter of merit making ceremony.
douc sai se da'faam jaaix, beiv hnangv diex douc sai liuz, dorn yaac douc sai liuz diex ziouc duqv zeqv heuc lorngh mbuox, beiv hnangv Dangc-Ziang Yietv Lorngh yaac maaih 120 dauh yiem-gen nyei baeng, ninh nyei auv yaac duqv 60 dauh yiem-gen baeng. Se gorngv fun yaac douc sai liuz nor ong ziouc duqv zeqv heuc Taaix wuov norm mbuox, beiv hnangv Taaix-Ziang Yietv Lorngh yaac maaih 160 dauh yiem-gen nyei baeng, ninh nyei auv ziouc maaih 120 dauh yiem-gen baeng, naaiv deix jauv-louc yietc zungv juangc jienv se heuc **douc sai jaa zeqv**/a high degree merit making ceremony.
douc sai yinh zoux douc sai nyei yinh/a third merit making ceremony hall.

douc[3] zh. yietc douc hnoi; yietc douc ziangh hoc/a period of time.
dong douc fai douc dangx, nauv daaih dong douc fai douc wuov/broken into many pieces.
douc baav jauv douc baav nangv nyei jauv/a short section of the road.
douc baav ziangh hoc caamx baav ziangh hoc/a short period of time.
douc-douc douc-douc ga'naaiv fai ziangh hoc/each long objects or each period of times.

douc[4] db. douc cuotv buonv/to carry on to another generation, to reproduce.
douc duqv jiex yiem duqv jiex nyei/to be able to continue to live.
douc jiex doic congh yietc doic douc douc jiex da'nyeic doic/to carried from one generation to another.
douc jiex hnoi yietc hnoi douc jiex yietc hnoi/just to surviving day by day.

douc maengc douc jienv maengc maiv daic hnangv/just to keep life surviving.

douc singx maengc nyanc deix haamv hnyouv bun maiv daic hnangv/to eat just for surviving.

douc zuangv douc cuotv zuangv bun maaih mingh maiv zutc/to carry on line or to reproduce.

douh[1] w. maaih jienv daaih nyei sic/to be continue existing.

douh sou lamz haih gaav sou longc nyei dorngx/a library.

douh[2] pm. kungx douh ganh duqv hnangv maiv gunv mienh/selfish, greedy for.

douh ganh duqv longx kungx hnamv ganh duqv longx hnangv/to concerned only for one's own welfare.

douh mengh dauh zoux deix haaix nyungc kungx hnamv oix duqv mienh ceng hnangv.

douh nyaanh hnangv da'faanh duqv nyaanh nor haaix nyungc yaac mv gunv aqv/to only greedy for the money.

douh nyanc kungx hnamv jienv oix duqv nyanc beuv hnangv/to greedy for for food as one's main concern.

douh[3] pm. baeng douh mingh bieqc cie/to line up as boarding.

dangx douh dangx nzengc maiv maaih yietc aax aqv/to be great need, needy.

douh jienv mingh douh jienv laanh nitv laanh nyei mingh/to walk by line.

douh[4] dz. doic jiex doic nyei douh zong buonv zangc/a linage, line.

douh zong cuotv zuangv zangc maaih jienv daaih nyei sic/passed down from generation to the next.

douh zong mienh juangc nziaamv-fei bun njiec daaih mienh/people from the same clan, a genealogy.

douh zong mienv doic jiex doic buoqc zangc nyei mienv. Gj: ei-douh, heih douh/traditional practice, ancestor.

douh[5] m. douh taanh; douh taanh wuom; douh taanh fun/all kinds of lizard, large and small.

jauv-douh go cuotv jauv mingh go nyei sic/to travel a long distant.

douv[1] nz. hnyouv, ga'sie, benx nzung nyei waac/a stomach, mind.

douv duang gu'nyuoz hnyouv, ga'sie central abdomen, central mind.

douv leiz ga'sie fai hnyouv gu'nyuoz inside the stomach.

douv[2] aengx lorz mangc "in-ba'douv" wuov joux nyei eix-leiz.

douz[1] m. yietc guaax douz; buov zieqc douz; buonc douz; m'zing cuotv douz; douz zieqc; douz-mbietc; domh douz/a fire, flames, an electricity.

douz-baav yietc baav diemv jienv douz nyei biaav/a torch.

douz-mbiuh longc dienx douz nyei zaeqv-daan "mbiuh" se gaav congh English bill daaih/electric service bill.

douz-bunh longc buov douz an nyei bunh/a fire pan, brazier.

douz buov douz buov zuqc. Gj: zuqc douz buov/to be burn by fire.

douz buov yuqc douz buov zuqc yuqc nzengc/to be melted by a fire.

douz-buonx douz zongc faaux mingh nyei douz-muih/a floating ash.

douz-cie 火车 /huǒchē/ borqv jienv ziex ziepc nqanx ndaauv nyei wuov nyungc cie. Gj: cie-douz, cie-ndongh/a train.

douz-cie jauv douz-cie yangh nyei jauv/a railroad track.

douz-cie piux maaiz bieqc douz-cie nyei piux/a train ticket.

douz-cie zaamc douz-cie dingh zorqv mienh nyei zaamc/a train station.

douz-cie ziangh hoc douz-cie mingh daaih nyei ziangh hoc/train schedule.

douz daic douz daic mi'aqv/the fire are discontinue to burn.

douz-fing douz zongc faaux wuov deix fing/a flying charcoal, spark from a fire.

douz-ganx douz zieqc maiv nzengc nyei zaangh neix/an unburned stub of firewood.

douz-gaengh dapv zaangh bieqc buov douz wuov norm gaengh/a window for firewood to go in.

douz-goiv goiv cie mingh mbiaauc fai zaaix nyei douz-siqv/a directional signal on a vehicle, truck.

douz-gorn longc dienx douz nyei gorn zangc/the main an electrical power.

douz hiaangx douz zieqc hiaangx/a big fire, large flame.
douz-hlaang borqv douz jiex ganh norm dorngx nyei hlaang/an electrical cord.
douz-hnganx douz hnganx jienv njiec daic aqv/the fire discontinue to burn.
douz-hnyuotv buo nqanx ndiangx hlo nyei daux jienv douz-nzauc buov/large logs for a guests fireplace.
douz jatv douz siz siz nyei douz-mbietc nzenc jienv faaux, se heuc *douz jatv*.
douz-jouh nziaaux buonc ndaix mingh zieqc ganh norm dorngx nyei douz-fing se heuc *douz-jouh*/an airborne.
douz-koiv maaih douz zieqc jienv nyei ndau-ndiev/volcanoes or volcanos.
douz-kuotv **1** douz congx cuotv nyei kuotv/a fire hole. **2** buov douz nyei kuotv/a fire burning hole.
douz lanh lomc douz zieqc lanh jienv lomc mingh. Gj: lanh mboux/the fire sweep through the grassland.
douz-lau **1** tekv cuotv douz-fing nyei la'bieiv-baeqc/a flintstone. **2** tekv cie zieqc douz nyei douz-lau/an ignition on a vehicle.
douz-limh patv douz buov in-mbiaatc nyei douz-limh/a cigarette lighter.
douz-liuh lengc jeiv buov douz zouv nyanc nyei liuh dorn.
douz-louh **1** buov douz zouv nyanc hopv nyei nie-douz-louh/a bucket stove or a regular stove. **2** cui douz buov hlieqv nyei louh/a bellows forge.
douz-miec douz congx zuqc jieqv wuov deix ga'naaiv/the soot.
douz-muih douz zieqc qui daaih nyei muih fai douz-buonx/an ash.
douz mbeux douz zieqc mbeux pikv pokv nyei sic/fire explosion.
douz mbietc zieqc mbiang-mbiang faaux gu'nguaaic nyei douz/a flame of fire.
douz-nung hleix-nqaiv fai lungh zangc nyei douz-fing/a comet.
douz ndaangx douz hiaangx ziqv daaih nyei jorm/the heat of a fire.
douz-ndiouh buov douz gu'nguaaic da'mueiz nyei ndiouh/a fire pole.
douz njopc douz zieqc njopc benx douz-mbietc daaih/fire burn into flame.
douz-nzauc buov douz nzaaux nyei dorngx fai buov zouv nyanc hopv nyei dorngx/a fireplace, cooking stove.
douz-nziaam lu-Mienh biauv zipv kaeqv wuov qongx dorngx nyei douz-nzauc/a fireplace in Mien house which guests receiving room.
douz-peux an congx-gaepv ngaengv mbeux nyei ga'naaiv/a cap of explosive enclosed.
douz-qiex zueix douz zieqc ga'naaiv nyei qiex/the smell of fire burning.
douz-sioux douz zieqc cuotv sioux/the smoke from a fire.
douz-sioux don buov liangx cuotv nyei douz-sioux don/the cloudy of smoke.
douz-sioux om maaih douz-sioux om jienv/to be covered with the smoke.
douz-sioux opv caux douz-sioux om wuov joux fi'hnangv nyei.
douz-siqv cie-jauv nyei douz-siqv/a red light for traffic signal.
douz-taanx douz zieqc liuz daic mingh nyei taanx/a charcoal.
douz-taanx-naangh corc zieqc jienv nyei douz-taanx/alive coal from a fire.
douz-tekv **1** tekv douz nyei biaav fai yaangh horv/a match. **2** congx nyei douz-tekv/the hammer of a gun.
waan douz-tekv waan jiez douz-tekv daaih buonv. Gj: ndaangx/to pull back the hammer of a gun.
douz-yienx an jienv fiu nyei hlaang, se longc diemv douz bun douz manc-manc zieqc mingh nyei ga'naaiv/a fire line.
douz-zangc zoux dienx fai zorc dienx nyei zangc mienh/an electrician.
douz zieqc douz zieqc jienv mingh/the fire burning.
douz zieqc biauv douz zieqc biauv/a house caught fire.
douz zieqc daic biaux maiv hingh douz zieqc zuqc daic/to die by fire burning.
douz zieqc qui douz buov zieqc qui nzengc/to destroy by the fire.

douz^2 pm. m'zing douz-douz nyei mangc jienv/to glare at without blinking.

m'zing cuotv douz qiex jiez gau m'zing siangx cuotv douz nyei/to have flash eyes with anger.

du wm. heuc hnamv fu'jueiv nyei waac
aa du biauv zong mienh heuc hnamv gu'nguaaz-dutv nyei waac.
du'nung ngaatc ngongh maaz sorqv nziaamv nyei mungz/a horsefly.
du'nung-nqaaih hlo jiex wuov nyungc du'nung. Gj: dungz-nung.

duc pm. mbiauh bau daaih duc daax duc wuov/to swell up in the middle.
duc aan nquenc 都安县 /dūānxiàn/ Zong Guoqv Yao Mienh nyei nquenc/the Yao autonomous county in Guangxi, China.
duc cuotv daaih beiv hnangv maaih sin nyei m'sieqv nor/to be distended.
duc gorc m. nduqc norm jorng nyei hieh zoih. Gj: doc-gorc/a rhinoceros.
duc yien faang-namx/a refrigerator, *duc yien* se gaav congh janx-taiv waac daaih.

duv w. ndioux hnaeng duv duv nyei mingh daaih/to swing out far.
duv zienh zaiv baaic jaa muonh doqc kaeqv-sou gorngv beiv ndouv zinh mienh se beiv baaic jaa-dingh nyei sic.
duv zoux maah se dongh "maiv dungx zoux maah" fiev nangv daaih/don't do it.
piauh piauh duv duv hienx auv hienx nqox ceux lunc jaa-dingh nyei sic.

dux q. bungx buotv mbui dux dangh nyei qiex/the sound of passing wind.

duang nz. mbu'ndongx, benx nzung nyei waac yaac duqv nyei/within a center.
fiem-duang hnyouv gu'nyuoz; fim-dauh mbu'ndongx-fim/heart, central area.
saa-duang saaiv-ziou-lomc nyei dorngx in the area of sand land.

dueih w. dueih jaax. Wed: mborqv/to fight with, to punch each others.

dueiv[1] m. yietc diuh dueiv; maaz-dueiv; ba'daatc dueiv; fanh mbouh dueix/a tail, tip, the ends part of a shoots.
daav dueiv gaatv deix ga'naaiv-zuangx nyei dueiv guangc bun haih ziangh biouv gauh gitv/to prune; to trim off branches.
dueiv-mueiz gu'nguaaic dueiv-mueiz the top end, the tip.
dueiv-ndaauv dueiv ndaauv nyei wuov nyungc mbing/a long tailed monkey.
dueiv-njiux dueiv ngau njiux faaux/a curled up tail.
dueiv-njuotc dueiv nangv njuotc njuotc wuov/a short tailed.
zaeqv-dueiv jaauv zaeqv maiv gaengh sung mv baac maiv camv aqv/the small remaining balance on a debt.

dueiv[2] w. gu'nguaaz zunc dueiv gan jienv maa nyei nqa'haav mingh/to chase after.
dueiv-dueiv nyei gu'nguaaz dueiv nyei zunc jienv maa mingh/quickly tail after.

dueix w. zorqv douz-hnyuotv dueix jienv douz-nzauc buov.

dui[1] m. korqv-dui; ha'louh dui; siou nyim dapv nyei dui/a dried gourd.

dui[2] aengx lorz mangc "cing-dui" wuov joux nyei eix-leiz.

duih w. duih hlo; duih camv; duih ziangh hnoi; duih di'dien/to rain.
duih borqc duih borqc/to hailstones.
duih mbiungc mbiungc yiem mbuonx ndiepv njiec/to rain.
duih mbiungc-gorng duih yietc gorng, yietc gorng nyei mbiungc.
duih mbiungc hnoi duih mbiungc camv nyei wuov gorng hnoi. Gj: iv suiv hnoi/a rainy season.
duih mbiungc ndaauc duih mbiungc hlo ndaauc njiec/a pouring rain.
duih mbiungc nzaeh ziangh hnoi ziangh muonz duih mv dingh nyei mbiungc/to be raining all day and night.
duih mbiungc-puon mbiungc muonc nyei puon puon hnangv/a sprinkle rain.
duih sorng njiec sorng/to snow.
duih sorng hoz njiec sorng hoz nyei/to be a heavy snow.

duiv w. duiv ga'naaiv. Gj: bienh ga'naaiv to transport, export or import.
duiv huox bieqc duiv nyiec guoqv nyei huox bieqc/to import goods.
luiv luiv duiv duiv baeng douh mingh ziangh guanh nyei/to move in long lines and crowded.

dun q. biomv jorng mbui dun nyei qiex/the sound of blowing an animal's horn.

dunc m. lunh lui houx zuqv jaaix nyei dunc ndie/an expensive silk cloth.

dunc lui houx dunc ndie lui houx/the clothes made by an expensive materials.
zuqv dunc lui houx zuqv jaaix nyei lui houx/to dressed up in silks and satins.

dunh pm. dunh yunh nzoih nzengc/to be perfect or fully complete.
dunh yunh dimv gorngv setv yietc joux waac nyei *dingh zepv dimv*. Gj: dingh zepv diemv/a period, full stop.
dunh yunh maengc nyungc-nyungc ziu duqv nzoih nyei maengc/a perfect life.
dunh yunh nzengc 完全的 /wánquánde/ se nyungc-nyungc nzoih zunh nyei nyungc zeiv/to be absolutely perfect.
dunh ziangv 团长 /tuánzhǎg/ dorh yietc guanh nyei bieiv zeiv/a delegation leader.
maiv dunh yunh baamh mienh se maiv maaih haaix dauh dunh yunh/as human being no one is perfect.

dunx[1] w. dunx buangh ndie-sai/to make an appointment to see doctor.
dunx buangh doic dunx jienv buangh doic/to set up time to meet someone.
dunx hnoi dunx ziangx mouz hnoi/to set a time for a particular day.
dunx mienh daaih heuc mienh daaih gapv doic/to gather up people.
dunx nyei ziangh hoc dunx ziangx nyei ziangh hoc/the time that one have had set up for.
dunx ziangh hoc gorngv ziangx haaix norm ziangh hoc/to set an appointment.

dunx[2] zz. dunx fungx taux biauv bun nyei ga'naaiv/to order goods that someone will delivery to home.
dunx huox dunx huox daaih ganh longc fai aengx maaic zornc leic zinh/to order goods and to resale it for the profit.

dunx[3] pm. bun-dunx sic. Gj: bun-jaiv sic to solve problem, to give a judgment.
dunx sic baengh longc baengh fim nyei leiz dunx sic/a fairly judgments.
dunx sic jien yiem sic dorngh dunx sic wuov dauh jien/a judge official.

dunx[4] w. dunx mv buov in-mbiaatc, mv buov in aqv/to break off completely.
dunx mv zoux laengz mv zoux aqv/to break off a habit bad.

dungc w. longc biaav dungc faaux bun ga'naaiv ndortv/to push up with a stick.

dungh wj. dungh dungh daqc daqc nyei. Gj: ndungh ndungh ndamc-ndamc.

dungv[1] pm. caeng mapv cuotv ga'nyiec daaih dungv-dungv wuov/be convex or dome-shaped.

dungv[2] w. dungv mangc gaax waac nyei eix-leiz se haaix nyungc. Gj: corngh/to try figure out the meaning the words.
dungv mv cuotv hnamv maiv cuotv/to be unable to figure out.

dungx[1] w. dungx gorngv; dungx muoqv; dungx njiuv/dungx nyienx. Gj: dungz, dungv, duqv, nungx/do not, don't.
dungx gorngv gaax donv njiec maiv bun gorngv/don't say, stop talking.
dungx zoux maah donv njiec maiv bun zoux nyei waac. Gj: maiv dungx zoux maah/don't do it, stop doing.

dungx[2] aengx lorz mangc "nzuih dungx, biauv-dungx" wuov joux nyei eix-leiz.

dungz[1] m. yietc dauh dungz; zienh dungz; hieh dungz; yungz dungz/a pig.
dungz-beiz maiv gaengh njiec jiex dorn nyei dungz-nyeiz/a young female pig, an immature female pig.
dungz-biei dungz nyei biei/pig bristles.
dungz-deih 1 dungz nyei deih/hoof of a pig. **2** dungz caaiv ndau nyei deih/hoof print of a pig.
dungz-dingx dungz-la'saengx mbungv saeqv muonc daaih/a rib cut of pork.
dungz-dorn dungz nyei dorn/a piglet.
dungz-dorn gaeng domh gaeng-junv/a smooth skinned caterpillar.
dungz-gong im daaih uix junc nyanc orv nyei dungz/a castrated male pig
dungz-hmei dungz nyei hmei/a pork fat.
dungz-hmeiv an dungz-siaaux zouv nyei hmeiv-huv/a grain for pig's food.
dungz-jaangh dungz nyei jaangh/the pig's intestines.
dungz-jaangh nyaangc dungz-jaangh dapv hmeiv caux orv zaang daaih/pig's intestine sausage.
dungz-jaangh nzaaih dapv orv-nzaaih nyei dungz-jaangh/a salty pig's intestine sausage.

dungz-junh i hmuangv nzuonx ngoih jaa daix bun ong-daa maa-diev nyanc weic tov fuqv tov luoqc wuov dauh dungz.

dungz-laangh liouh saeng dungz-nyeiz nyei dungz/a boar used for breeding purposes.

dungz-miev zouv dungz-siaaux nyei miev/grasses used for pig's food.

dungz-miev bungh ndui dungz-miev wuov qongx pangh/a platform inside a house for storing pig's fodder.

dungz-miev nouh zoux gong-bou-daic gaeqv dungz-miev nyei mienh/a person who taking care pig's food.

dungz-miev ndui yietc ndui dungz-miev ndui/a pile of pig's fodder.

dungz-mbuoqc dungz nyei ga'sie mbuoqc/pig stomach.

dungz-ndin butv dungz-ndin ciou nzuih cuotv mbiaauz, yaac heuc qiex hnangv dungz nor waetv waetv deix wuov nyungc baengc/a seizure, convulsion.

dungz-ndopv dungz nyei ndopv; dungz ndopv zin daaih/a pig's skin.

dungz-njaangh dungz guoqv njaangh wuom-bamc dongx/a pig wallow.

dungz-njoh wuonx dungz nyei njoh/a pigpen or pigsties.

dungz-nqaiv dungz nyei nqaiv/the pig manure.

dungz-nqaiv-zatc yietc nyungc ziangh naetv ndau-beih nyei miev/a spidery weed similar grass.

dungz nqaiv zongh nyanc dungz-nqaiv nyei gaeng-kuqv-ngaengc/a dung beetle.

dungz-nyeiz njiec liuz dorn nyei dungz se heuc dungz-nyeiz/a sow.

dungz-nzuih baengx-fuiv dungz nyei nzuih dongh ninh longc jiuc ndau wuov flat part of a pig's snout.

dungz-orv dungz nyei orv/pork

dungz-siaaux uix dungz nyanc nyei siaaux/pig swill.

dungz-siaaux-caeng zouv dungz-siaaux nyei domh caeng-mbeih.

dungz siaaux-zeih longc qouv dungz-siaaux nyei domh zeih/a large paddle used for stirring pig swill.

dungz-zoh uix dungz nyei zoh/a trough used for feeding the pig.

dungz zoih sipv mienv mienh gorngv mbuox mienv nyei waac/a pig.

dungz-zuih dungz nyei zaux-zuih a'fai buoz-zuih/a pig thigh.

dungz-zunh dungz-nyeiz ngaatc miev nduih daaih bieqc mingh njiec dorn nyei zunh/a sow's nest for her young.

dungz[2] m. biauv-ngorh ga'ndiev maengx bung se heuc *biauv-dungz*/area under the ridgepole of a house.

dungz-caa domh caa, domh ndiouh/the main pole of a house or building.

dungz-haengh lorngz jiex gu'nguaaic biauv-ngorh nyei haengh/a cross-piece on the ridgepole of a house.

dungz-ndiouh biauv nyei domh ndiouh. Gj: dungx-ndiouh/the main posts of the house or building.

dungz[3] aengx lorz mangc "nzuih dungz, mueiz-dungz, hieh dungz" wuov joux nyei eix-leiz.

duoqv[1] gn. **1** hlauv, benx nzung gorngv nyei waac/bamboo. **2** zuqv lui houx/to dress up with clothes.

duoqv muoqc hlauv caux ndiangx/trees and bamboos.

duoqv[2] nz. zuqv lui, zuqv houx/to put on to wear clothes.

duoqv kiqv ei-siaam zuqv jienv lui houx to dress up, to wear clothes.

duqv[1] w. duqv taux buoz; lorz duqv gong; bietv duqv nyaanh/to get or get to.

duqv auv da'aqv lorz duqv daaih longc jienv aqv/get married, get a wife.

duqv baengc butv baengc taux sin/get sick, to contract an illness.

duqv buangh duqv buangh mienh/to have met someone.

duqv buatc duqv buatc mienh muoz/to saw someone or something.

duqv buoz henh buoz maiv zoux gong not be busy with hand, have free time.

duqv da'aqv duqv taux buoz daaih nanv jienv aqv/receiving in the hand.

duqv daaih duqv daaih aqv/get to come or allow to come.

duqv dorngc laengz duqv zoux dorngc nyei/to admitted wrong do, guilty.

duqv douc baengh orn duqv njien-youh baengh orn douc/to have peace for a while.

duqv douc kuh yiem butv zoih kuh yiem douc/to have comfortable for a while.

duqv gaux duqv gaux soux-mouc maiv caa aqv/to get enough.

duqv ginx nz. duqv buatc, nzung nyei waac/get to see, saw.

duqv gong lorz duqv gong zoux aqv/to get a job, find an employment.

duqv haiz duqv haiz jiex fai duqv haiz fienx gorngv/got to hear.

duqv henh duqv yiem biauv nziaauc maiv zoux gong/to have free time.

duqv hingh jiex haih hingh duqv jiex mi'aqv/to be victorious.

duqv jiex duqv seix jiex mueix, duqv hiuv jiex aqv/to be experienced.

duqv leic zoux saeng-eix zornc duqv leic zinh/to get profit.

duqv longx duqv njien-youh kuh yiem nyei sic/to be comfortable life.

duqv maengc cuotv duqv cuotv daaih maiv zuqc daic/to survived.

duqv ningv dorng baeng mborqv jaax hingh nor ziouc duqv norm ningv cipv jienv lui aqv/to win a promotion, to win the top prize.

duqv njoux 1 duqv maengc cuotv mv zuqc daic aqv/to get rescued. **2** Giduc mienh duqv njoux cuotv zuiz daaih/to be saved from sin.

duqv nyaanh zornc duqv nyaanh/to get money, earned money.

duqv qaqv zoux gong longx ziangh horngh duqv qaqv haic/to be a helpful person, strong, energy.

duqv saaix bouc janx-zaqc maiv zorqv nor ninh ziouc jaa *duqv saaix* zoux zaqc camv jienv mingh aqv.

duqv siouc jaa-dingh duqv nzipc domh mienh nyei jaa-dingh/to inherited a household possessions.

duqv taux buoz duqv taux buoz daaih aqv/to get into one's possession.

duqv tingx nz. duqv muangx, duqv haiz get to listen, get to hear.

duqv zeqv duqv zeqv-buonc zoux jien, zoux hungh gong/to get an official post.

duqv zeqv-buonc duqv ganh horpc duqv nyei fuqv-buonc.

duqv zornc maaiz maaic duqv zornc leic zinh nyei sic/to make profit.

duqv zuiz zoux dorngc sic nor ziouc duqv zuqc aqv/to sin by doing wrong.

duqv[2] pm. duqv nyei fai maiv duqv/can or cannot, able or unable.

duqv nyei saah daaix sic haih duqv nyei/it's possible, perhaps.

duqv[3] aengx lorz mangc *doqc eix* wuov joux nyei eix-leiz.

dutc q. dungz-dorn heuc dutc dutc mbui nyei qiex/the sound made by piglet.

dutv pm. heuc hnamv gu'nguaaz-mokv nyei waac. Gj: mbornh, taenc/chubby.

dutv aac heuc gu'nguaaz-dutv nyei waac/to call a chubby baby.

E

e /ei/ da'hmz norm nzangc-maac yiem Yao Mienh/Iu-Mienh nyei waac.

E Fe So m. 以弗所书 /yǐfúsuōshū/ yietc buonv zengx-ginx sou nyei mbuox/a book of Ephesians, in the Bible.

E Saa Laa m. 以西拉记 /yǐxīlājì/ yietc buonv zengx-ginx sou nyei mbuox/a book of Ezra in the Bible.

E Se Te m. 以斯帖记 /yǐsītīejì/ yietc buonv zengx-ginx sou nyei mbuox/the book of Esther, in the Bible.

E Sex Ken m. 以西结书 /yǐxījīeshū/ yietc buonv zengx-ginx sou nyei mbuox/the book of Ezekiel, in the Bible.

ev hq. ev, naaiv fungc hnangv naaiv nix?. Hey, how could it be like this?

ex gw. nyiex gu'nguaaz nyei gu'nguaaz waac/to carry baby on back.

ex ex maa taux aqv gu'nguaaz a'hneiv maa taux biauv nyei waac.

Ebola virus bt. 埃博拉病 /āibōlābìng/ se yietc nyungc hiuang orqv nyei baengc.

Ecuador m. 厄瓜多尔 /èguāduōé/ se yietc norm guoc jaa yiem F.B bung naamh Meiv Ziou, hungh zingh mungv Quito.

Egypt m. 埃及 /āijí/ yietc norm guoqv yiem D.B bung maengx Africa, hungh zingh mungv heuc Cairo.

ei[1] w. ei jienv zoux/to follow instruction in order to do something.
ei beih zangc mangc beih zangc nyei eix-leiz/an appearance to external.
ei cun-ciou zuangx ga'naaiv ei cun-ciou mingh/to plant according to the seasons.
ei ganh nyei hnyouv ei ganh nyei hnyouv nyunc/to follow whatever one like.
ei ganh nyei za'eix ei jienv ganh hnamv cuotv nyei za'eix/to follow one's ideas.
ei jienv zoux ei jienv njaaux nyei yietc nyeic zoux/to do by follow instructions.
ei laengz nyei zoux ei ganh laengz jiex nyei zoux/do whatever one have promise.
ei leiz-fingx muangx leiz, mbuoqc leiz gunv/to obey whatever the laws.
ei ndie-sai ei jienv ndie-sai bun-paaiv nyei waac/to follow doctor's ordered.
ei nyungc zeiv zoux gan nyungc zeiv zoux/to do by example or diagram.
ei yietc nyeic zueih yietv zueih nyeic zoux ei jienv mingh/to do in orderly.

ei[2] zb. ei baengc. Gj: zorc baengc/to treat an illness; to cure a disease.
ei baengc jaa-sic ndie-sai longc zorc baengc nyei jaa-sic/medical supplies.
ei-dorngh zorc baengc caux ei ndie nyei dorngx. Gj: yuoqc dorngh, ndie-biauv/a clinic or hospital.
ei duqv horpc ndie longc duqv horpc ndie/to use correct medication.
ei duqv longx 1 ei duqv baengc mienh longx/to get well by treating. **2** ei duqv longx haic ninh/to follow exactly.
ei kor hoqc hiuv taux zorc baengc nyei kor/a medical science.
ei kor horqc hoqc ndie; hoqc ndie-sai nyei horqc/a medical science school.
ei ndie longc ndie ei baengc/to cure a disease by using medicines.
ei ndie horqc hoqc longc ndie ei zorc baengc nyei horqc dorngh.
ei ndie-miev longc ndie-miev zorc/to cure disease with herbal medicines.
ei nquenc 医院 /yīyuàn/ ndie-biauv, a'fai yuoqc dorngh/hospital; clinic.
ei nquenc feix bieqc ndie-biauv longc nyei nyaanh/hospital administration fee.
ei nquenc jaa-sic ndie-biauv longc nyei jaa-sic/a hospital equipments.
ei nquenc lui ndie-biauv bun baengc mienh buang sin nyei lui/hospital gown.
ei nquenc suangx ndie-biauv baengc mienh homc nyei suangx/a hospital blanket.
ei saeng 医生 /yīshēng/ ndie-sai/medical doctor; physician .
ei sai m. 医师 /yīshī/ zaah pou-tong baengc nyei ndie-sai/general practice doctor.
ei yuoqc longc ndie ei baengc/to treat a disease with medicines.
ei yuoqc dorngh ndie-biauv. Gj: yuoqc nquenc/a hospital building.
ei zorc longc ndie ei zorc baengc nyei sic/to cure, to treat and heal.

ei[3] nz. 衣服 /yīfú/ benx nzung nyei waac gorngv lui houx/clothes.
duoqv kiqv ei-siaam zuqv jienv lui houx/to dress up with clothes.
ei-luoqc cuotv seix maengc dorh daaih nyei fuqv-buonc/a life of blessing.
ei-siaam 衣衫 /yīshān/ lui-houx, gorngv benx nzung nyei waac/clothes.
mouc ei duoqv mv maaih lui houxzuqv have no clothes to wear.

ei[4] lf. doic nzipc doic nyei ei-douh/custom or the practice of family lineage.
ei-douh sou fiev doic nzipc doic nyei douh zong daan/a book listing ancestors from generation to generation.
ei douh zong ei jienv ganh nyei buonv zangc daaih/to follow family lineage.

eih q. dau waac nyei qiex/a sound used to reply someone's call.

eiv w. haih lorngx buoz nyei eiv. Gj: don, dangx/an arm chair.
eiv-coux haih baeng cuotv benx coux bueix nyei eiv/a sofa bed.
eiv-dienx zueiz buov zuiz-mienh daic nyei dienx eiv/an electric chair.
eiv-dorn gaux yietc laanh mienh zueiz nyei eiv/a small chair.
eiv-fongv fongv laaux gu'nguaaz njormh nyei eiv/a baby stroller.
eiv-hnaeng haih hnaeng mingh hnaeng daaih nyei eiv/a swing chair.
eiv-ndaauv zueiz camv-laanh mienh nyei eiv/a sofa, large chair.

eiv-nzipv haih nzipv nangv nyei eiv/a foldable chair.

eiv-ping haih fongv ping jienv mingh nyei eiv/a wheel chair.

eiv-laaux haih laaux mienh yaauh faaux njiec nyei eiv/a rocking chair.

eiv hq. eiv, naaiv fungc hnangv nor?./hey, how could it be like this?.

eix[1] w. hnyouv nyunc duqv; eix duqv nyei sic/the will; the mind.

domh eix mv longx-longx hnamv toux nyei eix/a careless idea.

eix buatc 意见 /yìjiàn/ **1** buatc horpc zuqc nyei eix/idea; opinion. **2** eix duqv oix buatc/interest to see.

eix buatc sou fiev tov hungh jaa nyaanh wuonh zaang/a proposal document.

eix cou gorngv waac cou hnyouv maiv muonc/uneasy to offended.

eix duqv eix duqv; nyunc duqv; horpc hnyouv/be interesting.

eix duqv longc hnyouv nyunc duqv oix longc/very interest to purchase.

eix hniev mv jiez hnyouv; mv buangv hnyouv/uncertainty; reluctance.

eix-luoqc maaih fuqv fai yuoqc mienh nyei fangx zeiv. Gj: ei-luoqc/a person with physical attraction.

eix nqoi jiex gorn bieqc hnyouv hnamv duqv nqoi/to be happy with; convinced.

eix nyienx jouh oix nyienx mborqv jouh nyei jauv/to like sports.

eix zeiv mienh nyei eix zeiv a'fai juoqc setv/an attitude of a person.

eix zuqc hnyouv oix nyei jauv/to enjoy what one is doing.

dongh eix dongh fiem horpc eix; dongh diuc hnyouv/to be one mind; agreeable.

fiem-eix hnyouv nyunc oix zuqc nyei eix/one's mind or will.

maaih fiem mouc eix nyei oix deix mv oix deix nyei/unwilling to but have to.

zienh eix zienh singx nyei eix/the will of the god or the spirits.

eix[2] pm. 意思 /yìsi/ eix-leiz; kouv-gong/the meaning of a word or song.

eix-leiz cou gorngv eix leiz cou nyei mv gorngv muonc/the rough ideas.

eix-leiz longx maaih eix-leiz longx nyei waac/meaningful word, significance.

eix-leiz mv benx 1 mv yaauc mv benx nyei juoqv-setv/a bad attitude. **2** maaih eix-leiz mv benx/not a good meaning.

eix leiz muonc 1 fiem-fingx muonc/to have oversensitive mind. **2** maaih eix-leiz muonc nyei/very detailed meaning.

doqc eix zoux doqc nduov mienh nyei eix. Gj: duqv-eix/to do in purpose.

liangc bin nzoih liouh fiem eix guaax i bung liouh hnyouv jangx jienv.

eix[3] cm. **1** da'nyeic dorn nyei jiex gorn mbuox, beiv hnangv Ih Fuqv nyei dorn Eix Fuqv. Gj: Naix, Lox. **2** Ih Fuqv auv yungz gu'nguaaz wuov zanc saeng-eix mienh daaih daapv zuqc nor yaac oix zuqc heuc Eix Fuqv.

ekc w. ekc nzuonx nqa'haav bung/to bend over to the back' to bend backward.

ekc jienv yangh jauv ekc jienv jaaiv yangh jauv. Gj: engh, ingv/to walk with one's chest out and back arched.

ekv sa'le m. dienx ziux fangx nyei sic, se gaav congh English x-ray daaih.

El Salvador m. 萨尔瓦多 /sàérwǎduō/ yietc norm guoc jaa yiem Z.N bung maengx Miev Ziou, hungh zingh mungv nyei mbuox heuc San Salvador.

en lz. 恩 /ēn/ hnamv nyei en; njoux maengc nyei en/grace; kindness.

ceix en ceix fuqv lungh zangc ceix bun nyei fuqv/to be blessed from god.

en ceix duqv zipv duqv siouc zienh ceix bun nyei en/to be blessing from god.

en mienh 恩人 /ēnrén/ duqv kaux jiex daaih nyei mienh/a great grace person.

en oix 恩爱 /ēnài/ gengh ziepc zuoqv nyei hnamv/true love; grace love.

en oix fou-cai 恩爱夫妻 /ēnàifūqi/ zien hnyouv hnamv nyei fou-cai/a true love couple; devoted couple.

en-zingh diex maac en-zingh; muoz-doic en-zingh; pongz youz en-zingh/a favor.

en-zingh ndaauv maaih en-zingh camv jienv mingh/a continue favor.

en-zingh ndo maaih en-zingh daaih lauh haic aqv/a deeply gratitude.

en-zingh ndongc koiv beiv ndongc koiv jangv nyei en-zingh/a kindness never be

forgotten; an eternal gratitude.
hongh en giduc mienh duqv nyei hongh en/used by Christians for God's grace.
hungh en hungh bun baeqv-fingx nyei hnamv/the king's mercy or love.
njoux en njoux lingh wuonh nyei njoux en/saving grace; salvation.
winh diex maac en-zingh tongx nipc diex maac se jaauv en-zingh nzuonx bun ninh mbuo. Gj: zingh nyeic/to repay the kindness of one's parents.
zingh en maaih en-zingh ndaauv nyei sic/generosity; kindness.

engh w. engh nzuonx nqa'haav bung. Gj: ekc, ingv/to bend over backward.

engx cekv zw. zoux faatv baac yietv piuv wuom gorngv nyei waac, maaih eix-leiz gorngv gengh lingh aqv. Gj: lengx cekv.
engx houc zw. zoux yinh hlo nyei houc lengc jeiv mienh/to have a celebration with many people gathering in honor of someone special.

Equatorial Guinea m. 赤道几内亚 /chìdào é Nèiyà/ yietc norm guoqv yiem Z.F bung maengx Africa, hungh zingh mungv nyei mbuox heuc Malabo.

Eritrea m. 厄立特里亚 /èlìtèlǐyà/ yietc norm faix nyei guoc jaa, yiem D.B bung maengx Africa, hungh zingh mungv nyei mbuox heuc Asmara.

Estonia m. 爱沙尼亚 /àishāníyà/ yietc norm guoc jaa, yiem Z.B bung maengx Europe, hungh zingh mungv heuc Tallinn.

etc baengc 艾滋病 /àizībìng/ orqv haic nyei baengc, haih jiex mienh gan nziaamv-fei, *etc* se gaav congh English Aids daaih/Aids disease/HIV.

Ethiopia m. 埃塞俄比亚 /āisāiébǐyǎ/ yietc norm guoc jaa, yiem D.B bung maengx Africa, hungh zingh mungv nyei mbuox Addis Ababa.

Europe m. 欧洲 /ōuzhōu/ F. bung maengx nyei guoc jaa/a continent of Europe.

F

f[1] /for/ da'luoqc norm nzangc-maac yiem Iu-Mienh/Yao nyei waac.

F[2] se dongh "fai" bung nyei nzutv-norz fiev/an abbreviation for west.

fa'hlaax se "faam-hlaax, faah-hlaax" fiev nangv daaih/the third lunar month.

fa'jueiv aengx mingh lorz mangc "fu'jueiv, fuqv-jueiv" wuov deix nyei eix-leiz.

fa'langx setc m. janx-fa'langx setc, se heuc ei janx-laauv waac/french people.
fa'langx setc waac janx-fa'langx nyei waac/french language.

fa'mbuox se dongh "faatv-mbuox, faqc mbuox" nyei fiev nangv/a man's first level ritual name.

fa'ziepc saauv taux fa'ziepc. Gj: faa-ziepc, faah ziepc; faam-ziepc/thirty.

faa[1] hd. faa-ziepc. Wed: faah ziepc; faam, saan, buo; faam-baeqv/three hundred.
faa-hlaax da'faam norm hlaax/the third lunar moon; March.

faa[2] nz. baaux mienh nzung-ei se oix zuqc maaih faa cingx daaih baaux duqv njiec ndongh/repeat line of Mien song.
faa zeih baaux da'yietv hlengx nzung zuqc an *zeih*, da'nyeic hlengx an *faa* da'faam hlengx an *zeih* da'feix hlengx an *faa* liuz dorng yietc diuh nzung aqv.

faac w. **1** gengh guaix faac aqv, jangx jienv an naaiv yoc haih mv buatc mi'aqv. **2** ziangh duqv gorx faac longx gau.
Faac Guoqv m. 法国 /fǎguó/ yietc norm fai bung maengx nyei guoc jaa/France. Gj: fa'langx setc/
faac horv qiex jiez nyei sic/to be cause to angry; incensed.

faah hd. buo, se longc saauv buo ziepc fai da'faam norm hlaax nyei jiex gorn waac.
faah hlaax da'faam norm hlaax/a third lunar moon or month.
faah ziepc buo ziepc. Gj: fa'ziepc/thirty.
faah ziepc luoqc nyaah ceiv yietc sung nzuih se fa'ziepc luoqc norm nyaah.

faai[1] pm. ziangh ziouc maiv hlo faai-faai wuov/full developed but small size.
dungz-faai ziangh ziouc maiv hlo nyei dungz/a small kind pig.
jai-faai ziangh ziouc mv hlo nyei jai/a small size of chicken.
mienh faai mienh ziangh ziouc mv hlo nyei mienh/people smaller than others.

faai[2] m. longc dapv congx buonv norqc nyei faai. Gj: yunh muonc/small pellet.
faai-cou gauh hlo deix wuov setv faai/a small coarse pellet.
faai-muonc faix muonc longc buonv norqc nyei faai/a small fine pellet.

faam[1] hd. da'faam; ziepc faam Gj: saan, buo, faa/third; three.
faam-baeqv buo baeqv/three hundred.
faam-bung feix louc ziex bung ziex louc nyei/in all directions.
faam-buon maengc maaih faam-buon maengc cingx funx longx/lucky life.
faam cietv buo norm leiz-baaix/three weeks, during three weeks.
faam-cing buo muoz buo muoz mienv se dongh gorngv heuc "lengh sic, lengh buv, doh daqv" wuov.
faam-dauv hmeiv hlaau buo dauv nyei hmeiv/three measures of rice.
faam-gaeng lungh ndorm buo dimv ziangh hoc/three o'clock in the morning.
faam-gorqv buo norm gorqv nyei mou zeiv/a triangle shape.
faam-lungz buo lungz/three lungz.
faam mingh feix nzuonx dongh wuov deix waac gorngv paan ziex nzunc nyei to return to a topic again and again.
faam-toi dang guaax faam-toi dang nyei sic/three stemmed ritual candelabra.
faam-wuonh cietv mbaeqv mienh nyei buo buon wuonh caux siec buon mbaeqv/the three souls and seven life spirits which lives in a person.
faam-zinh hnyiev-soux buo zinh/unit weight about three ounce.
faam-zinh bienx nyei mienh m'nqorngv mv buangv, se beiv faam-zinh bienx nyei mienh/person that is not very smart.
faam-ziu 1 yietc cietv gu'nyuoz nyei da'faam hnoi/Wednesday. **2** da'faam ndorm; buo ndorm/three day.

faam[2] cm. da'faam sieqv nyei jiex gorn mbuox, beiv hnangv Zoih Daqv nyei sieqv Faam Daqv.
faam-baeqv yietc dauh cuotv mengh mienh nyei mbuox yiem hnamv nyei gouv/the name of the male character in a famous love story.
faam bueiv yie nyei auv nyei dorc faam nyei nqox, yie heuc "faam bueiv".
faam-cing-hleix dongh lungh muonz cuotv daaih daauh jienv njang nyei wuov deix buo norm hleix. Gj: faam-cing buo muoz/the three bright stars which form the Belt in the constellation Orion.
faam-cing-mienv Iu-Mienh zangc nyei domh mienv se faam-cing buo muoz mienv, dongh heuc *lengh sic, lengh buv, doz-daqv*. Gj: zu'zong faam-cing/the title of the three siblings Taoism spirits.
faam-cing nqun 1 norqc faam-cing nyei nqun. **2** m'sieqv mienh heuc congx daaih nyei mbuox.
faam dorc dorh leiz waac heuc da'bung mienh nyei sieqv-m'faam.
faam-gorx, faam-dorc 1 se i muoz fin-mienh nyei mbuox, dongh Iu-Mienh zunh jiex doic gorngv Faam-Gorx zeix lungh Faam-Dorc zeix ndau nyei gorngv gouv waac. **2** mienh mbouv jui-saa guaax nor ziouc cingv "faam-gorx caux faam-dorc" njiec baamh gen gorngx jui-saa tengx zaah sic.
faam muoc nqox nyei da'faam muoc yie heuc "faam muoc"/a term of address one's husband's third younger sister.
faam-muic gorngv gouv waac gorngv "faam-muic" se m'sieqv fin-mienh.
faam njiez yie nyei muoc-faam nyei nqox yie caux yie nyei auv caux yietc zungv fu'jueiv heuc faam njiez.
faam-tiux yuoqc yietc nyungc miev ziangh naetv jienv ndau, guaengv maaih njimv nyei, yietv dongz zuqc nor normh ziouc liemh zeih nyaux dangh nzipv jienv aqv.
faam weiv 1 dorc faam nyei nqox yie heuc faam weiv. **2** sieqv-m'faam nyei nqox yie caux yie nyei auv yaac heuc faam weiv.
faam youz auv nyei nziez-faam nyei nqox yie caux yie nyei auv caux yietc zungv fu'jueiv heuc faam youz.
faam ziev gouv-waac gorngv loz-hnoi nyutc daaix hungh nyei sieqv-m'faam njiec baamh gen longc baamh mienh nqox ninh nyei mbuox heuc faam ziev.

m'faam heuc hnamv sieqv m'faam nyei waac/nickname for third daughter.

faan[1] w. faan waac. Gj: mbienv waac/to translate a word or to interpret.

faan benx mienh waac mbienv benx Iu-Mienh waac/to translate a language into Iu Mien language.

faan dorngc waac mbienv dorngc waac mi'aqv/to mistranslate.

faan maiv duqv maiv haih faan/unable to translate or interpret.

faan nyaah ceiv aengx faan sic zoux nzunc se beiv faan nyaah ceiv/to discuss an issue again; reexamination.

faan sou mbienv sou benx ganh nyungc waac/to translate a document.

faan waac mbienv benx ganh fingx nyei waac/to translate from one language to another.

faan waac gong zoux mbienv waac nyei gong/employment as an interpretation.

faan waac mienh tengx faan waac nyei mienh/an interpreter.

faan zaqc faan gorngv zaqc nyei mv pioux/to translate word to word.

faan[2] w. faan sic zoux; faan waac daaux nqaang nzuonx bun/to return; repeat.

faan baengc butv aengx faan nzuonx loz-baengc/go back to an old illness.

faan cov congh ga'sie liev cuotv daaih aengx nziuc nzunc/to ruminate, rechew.

faan gong zoux dongh wuov deix gong aengx zoux nzunc/to redo a piece work.

faan gorngv nzunc aengx daaux nqaang gorngv nzunc/to repeat a saying.

faan sic zoux aengx faan loz-sic zoux nzunc/to reopen an unsatisfied case.

faan-uiv kuatv zuqc ga'naih mun aengx faan-uiv mun nzunc. Gj: paan-uiv, butv-uiv/to reinjured a wound.

faan zoux aengx faan zoux nzunc/to redo, do again.

haih faan waac haih faan duqv waac nyei/be able to interpret.

faan[3] m. maeqc faan; mba'ndaauh; bungx faan; cuotv faan/the tassel, flowering.

faan cuotv da'mueiz cuotv faan/to put out a tassel at the end top of a plant.

normh nziaaux faan longc ciqv gaan puotv ndau nyei faan.

faan[4] pm. faan mienh zoux nyei sic daaux nqaang nzuonx bun mienh/to revenge or to do in return for.

da'nziaaux faan diqc daan bung king njiec ndaangc/to fall over backward.

faanh w. 烦 /fán/ ceuv-faanh mienh, fai haiz maiv noic faanh aqv/to be bother; to be impatience with.

faanh luic 烦累 /fánlèi/ zoux ceux-faanh la'nyauv bun mienh/annoy; bothersome.

faanv w. mienh maanh liouh lunc nzengc nyei sic/to be upheaval.

deic-bung faanv mborqv jaax faanv lunc nyei deic-bung/to be upheaval and widespread of the country.

faanv eix mbienv hnyouv ganh laengz nyei waac. Gj: tiuv hnyouv/to change one's mind or promise.

faanv-fei lunc 1 lunc nzengc mv cing mv cov nyei/to be disorderly. **2** mienh faanv lunc nzengc/to be unsetled, cause to be confusion.

faanv fiem mbienv hnyouv, tiuv eix/to change one's mind.

faanv-huiv laengz liuz mv baac aengx tiuv hnyouv/to change one's mind.

faanv hnyouv 1 tiuv hnyouv/to back up one's promise. **2** mbienv hnyouv bun to stirred up in rebellion against.

faanv lunc zoux bun liouh lunc nzengc nyei sic/to be turmoil or upheaval.

faanv ziuh lungh ndiev deic-bung lungh ndiev lunc nzengc nyei sic/to cause unsettled all over the world.

faanv[2] pm. naauz faanv; jopv-nyeic faanv nyanc nzengc mbiauh/to increase large amount of rats and hopper.

faanx[1] m, b. caengx torngv laangh, a'fai torngv mbiungc nyei faanx/an umbrella.

bungx faanx nqoi bungx nqoi faanx daaih/to open an umbrella.

caengx faanx bungx nqoi faanx daaih caengx jienv/to hold an umbrella.

faanx-bux caengx ka'ndau zueiz torngv laangh nyei faanx/a large umbrella.

faanx-guaengv buoz nanv wuov diuh guaengv/an umbrella handle.

faanx-liuh caengx torngv laangh nyei domh faanx/a large umbrella.

faanx-saeqv faanx-mbungv/ribs of an umbrella.

faanx-tiux yietc bungx ninh njopc daaih wuov nyungc faanx/automatic umbrella.

faanx[2] pm. hiaangx faanx cuotv i bung/to spread out as a healthy tree, plant.

faanx-faanx wuov m'ziu-bom hiaangx gau faanx daax faanx wuov.

faanx waac gorngv huaangv nyei waac fai saeng-kuaa-lorh.

faanz cf. baamz leiz-latc nyei ga'naaiv/an illegal drugs, unlawful.

faanz faac zoux baamz leiz-latc nyei sic/to against the law; insurgent.

faanz faac ga'naaiv leiz maiv iv congh nyei ga'naaiv/an illegal things.

faanz faac mienh ceux baamz leiz-latc nyei mienh/criminal act.

faanz faac ndie dorngc leiz-latc nyei ndie/an illegal drugs.

faang[1] m. faang-hnengx; zeiv-faang fai ndopv-faang/a case, box, suitcase.

biauv-faang longc ndiangx-njoux weih daaih ndipc nyei biauv/a wooden house that well constructed.

faang gu'nyuoz faang nyei gu'nyuoz maengx/the inside part of a box.

faang-hnengx haih hnengx nyei faang/a small suitcase to carry by hand.

faang mueiz-ongx gapv daaih bun mueiz bieqc yiem ongx.

faang-namx dapv orv, dapv lai hnaangx nyei faang/a refrigerator.

faang-nqaaix gomv faang nyei nqaaix the cover of a trunk or box.

ndiangx-faang ndiangx zoux daaih nyei faang/a wooden trunk.

ndopv-faang ndopv zoux daaih nyei faang/a leather suitcase or box.

sou-faang dapv sou hnengx fai dapv sou siou nyei faang/a bookcase.

zeiv-faang zeiv-longz/a large cardboard.

faang[2] bt. zaux orv yiex butv faang nyei baengc/a sore, callus, blemished.

faang-haqc 1 ziangh orv-qangx nyei ga'naaiv, hnangv lipc zeiv nor mv baac faix nyei. **2** zaux mun laengc faang-haqc faaux camh ziuh gorn zoux bun aengx gauh mun.

faang-haqc zueih ziangh daaih hnangv zueih nor wuov nyungc faang-haqc.

faang-imv buang ga'naaiv-mun wuov deix ndopv/a scab on a sore.

faang[3] w. gorqv faang jienv. **faang mueiz-ongx** gorqv jienv bun mueiz bieqc zoux dorngh nyei dorngx.

faangh w. faangh mbienc, mbienc nyei mv naanh/to be convenient.

faangh buangh 1 buangh zuqc doic/to meet. **2** nziangc zuqc doic/bump into.

faangh buangh fienx fiev buangh doic nyei zeiv/a greeting card, post card.

faangh buangh waac bieqc nzemx nyei waac. Gj: wuic buangh waac/introduce speech, a word of greeting.

faangh mbienc haaix zanc yaac maaih mbienc nyei/to have available for.

faangh tiuv doix-tiuv; henc doix henc tiuv/to trade or even exchange.

faatv[1] m. zoux faatv bun longx a'fai bun waaic. Gj: cingh zieh faatv, loz-guon faatv, huaax-nginx/a magic, magical.

faatv-daan fiev faatv nyei sou/a written magical hand book.

faatv-douc haih zoux ziex nyungc faatv nyei sic/a supernatural power possessed in communication with the spirits.

faatv-douc longx maaih faatv henv haic mienh hngaqv maiv bieqc nyei sic/an effective powers of magic and spells.

faatv lingh gengh lingh haic nyei faatv a powerful magic.

faatv-mbuox m'jangc mienh longc caux mienv jiu tong nyei mbuox. Gj: faqc mbuox, beiv hnangv, dauh dorn buangv ziepc nyeic hnyangx cuotv liuz biangh liemh ziouc oix zuqc cuotv norm faqc mbuox bun ninh heuc, ninh ziouc maaih ziepc dauh yiem-baeng/the designation for a man's first level ritual name.

faatv-njaaux sai-diex njaaux njiec bun nyei faatv-douc.

faatv-sou fiev faatv nyei sou/a book containing magical.

faatv[2] w. zorqv hmeiv faatv njiec bun jai nyanc/to disperse, scatter.

faatv baeng cai baeng cuotv mingh mborqv jaax/to dispatch the troops.

faatv cuotv fungx cuotv haaix ndau yaac taux nzengc.

faatv daan fungx ga'naaiv cuotv fiev njiec nyei sou-daan/a recorded list.

faatv-faatv cuotv camv gau faatv daax faatv sien daax sien nyei cuotv.

faatv faaux nyau ga'naaiv faatv faaux gu'nguaaic/to throw into the air.

faatv huox cuotv faatv huox cuotv bun maaiz nyei mienh/to send out goods.

faatv mingh bun faatv cuotv bun taux nzengc norm-norm dorngx/to issue or send out the supplies.

faatv nzaanx deix faatv nzaanx mingh jangv nyei/to scatter far and wide.

hongh suiv faatv wuom yiemx lungh ndiev nyei sic. Gj: hongh suiv yiemx, jiez mbiungc-suiv imx/the worldwide flood water rose.

faatv[3] m. miev nyei mbuox, dongh haih longc caux saaiv zorpc jienv doc duqv mbiauz daic wuov/a type of grass.

faauv[1] pm. nqaai faauv; ndiangx-normh faauv; orv-faauv; orv-faauv-jouz/crisp pig skin, browned skin.

nqaai faauv nzengc nyutc pui nqaai faauv nyei/very crunches.

faauv[2] gq. gu'nguaaz ziangh duqv faauv nyei. Gj: nzeu/a smart baby.

faauv haic **1** nqaai faauv piorv-piorv wuov/very well dried. **2** ziangh duqv nzeu haic/to be intellectually.

faaux[1] w. **1** faaux gu'nguaaic/to ascend or to go up. **2** jaax faaux/to increase. **3** faaux youh/to lubricated.

camv faaux camv jienv faaux/to expand or increase amount or number.

faaux aanx daauh aanx/forenoon.

faaux biormh norqc faaux biormh/to fly up to a roost.

faaux bung faaux maengx/side up.

faaux cie cau zaux faaux cie/to get in a car, plane, bus.

faaux cie-ndaix yangh mingh bieqc cie-ndaix/to board an airplane.

faaux cie piux faaux cie nyei piux/a boarding pass, ticket.

faaux coux faaux coux mingh bueix njormh. Gj: faaux zunh/to go to bed.

faaux daaih faaux gu'nguaaic daaih/to go up, walking upward.

faaux dauv m'zing faauv dauv/to have an eye cataracts.

faaux dieh mingh zueiz jienv nyanc hnaangx aqv/to go to table for meal.

faaux dinc hungh diex faaux dinc/to ascend the throne.

faaux doih faaux doih mingh gorngv waac/to step up to a podium.

faaux dorng jiez faaux yietc diuh jiez dorng aqv/to reached the top of hill.

faaux dorngx aqv gengh fungc zoux mv bei/to be no way out.

faaux duqv corngh zic duqv dorh mingh hnamv corngh mangc gaax nyei it worth to be consider.

faaux duqv zoux zic duqv zoux nyei/to be worth effort.

faaux-faaux njiec-njiec yangh faaux yangh njiec nyei/to travel by frequently.

faaux fiu dox fiu dapv congx/to put gunpowder into a gun.

faaux gemh buonv orv mingh gemh lorz orv buonv/to go hunting.

faaux gong aengx faaux kang gong-ginc gauh hlang nyei gong/got raise to higher level of work position.

faaux horqc aengx faaux kang gauh hlang nyei horqc/to move to higher level of education.

faaux hlang faaux gu'nguaaic hlang nyei dorngx/to go up high.

faaux hlang nyei weic faaux gu'nguaaic kan weic/ascend to high rank position.

faaux hlorngv zoux ziangx biauv-qorng maiv gaengh gomv/to up the rafters for a house.

faaux hlungv aqv gengh se fungc zoux mv bei aqv/to have no alternative.

faaux hmien hopv diuv faaux hmien siqv nyei sic/to have a flushed face as result of drinking.

faaux jaax bieqc noic, bieqc bouc jienv faaux/to rise in prestige.

faaux jaax-zinh jaa ga'naaiv nyei jaax faaux/to raise the price of goods.

faaux jauv cuotv jauv mingh aqv/to start a journey, departure.

faaux jiez yangh jauv faaux ndau-juiz to go up the hill.
faaux jienv sou njiec jienv sou-nzangc to record by write down.
faaux lomc mingh saau lomc buonv nyei sic/to go hunting game.
faaux lungh faaux gu'nguaaic lungh mingh/to walk in space as an astronaut.
faaux lungh mienh faaux lungh nyei mienh, janx. Gj: haengh tin yunh/an astronaut.
faaux mv duqv 1 faaux mv duqv/to be unable to climb. **2** zoqc haic mv faaux duqv/worthless to be consider.
faaux maaz mbie faaux geh maaz/to mount a horse.
faaux maengx faaux wuov jiez bung/on the way going up.
faaux mienh houz 1 tim mbuox bieqc hmuangv doic. **2** hungh jaa faaux sou dimv mienh houz/register for a census.
faaux mingh faaux gu'nguaaic mingh to go up, climb.
faaux mbaengx nyorng faaux la'bieiv-mbaengx/to climb rocky area.
faaux mbienx yiem ndoqv cuotv faaux mbienx/to go up the bank.
faaux mbong yangh jauv faaux mbong to climb up a mountain.
faaux mbong heh daapc faaux mbong nyei heh/hiking boots.
faaux mbuox fiev mbuox njiec an sou to write down the name; to register.
faaux mbuonx lungh faaux mbuonx/to cloud over, to become cloudy.
faaux ndiangx qam jienv ndiangx faaux to climb a tree.
faaux njiec 1 faaux-faaux njiec-njiec nyei sic/to go up and come down. **2** faaux deix njiec deix/up and down.
faaux nzangc fiev nzangc njiec an/to write down something.
faaux nziaamv mborqv zuqc faaux nziaamv/to develop a bruise.
faaux pangh faaux gu'nguaaic pangh.
faaux qaav maengc bung faaux wuov jiez wuov bung/the higher side.
faaux qiex zongc faaux gu'nguaaic nyei qiex/rise of the hot steam.
faaux setv nzaatv setv, faaux setv/to make colored.
faaux sou fiev njiec an sou/to register by hand writing.
faaux sou mienh fiev sou nyei mienh. Gj: sou-biuv/a secretary.
faaux tei yangh jienv jauv faaux tei/to climb stairs, to step up a ladder.
faaux tei-naangh gan tei-naangh faaux to go up on and escalator.
faaux tin-dorngh faaux gu'nguaaic lungh/to ascend to heaven.
faaux toi 1 m'normh faaux toi oix zuqc buov aqv/to have a lump behind the ear. **2** maaih gu'nguaaz nyei waac-meiv.
faaux weic faaux weic zueiz jienv zoux hungh/to ascend to the throne.
faaux zunh 1 faaux coux bueix njormh nyei waac-ormv/to go to bed. **2** mingh bieqc nzangv/to get in the boat.

faaux[2] dz. jai-gorngx faaux jai-nyeiz a'fai maaz -gouv faaux maaz-nyeiz; dungz-laangh faaux dungz-nyeiz. Wed: saeng doic, njaah doic/to mate or reproduce of an animals.

faaux[3] w. faaux youh. Gj: nzaatv youh/to lubricate, to apply oil.
faaux liuc faaux fai nzaatv liuc/to paint the high gloss colored.
faaux youh nzaatv youh bun mbiangc nyei/to lubricate, apply oil.

fae w. meih nyanc hnaangx a'fae maiv gaengh nyanc. Wed: a'fai.

faev pm. faev mbiutc; faev mba'zorng/to blow out nasal mucus.

faez q. caaiv zuqc naang faez dangh haeqv yie/the hissing sound of a snake.

Faen^daah m. wuom-sui nyei mbuox, se gaav congh English *Fanta* daaih.

faenv pm. m'ziu-dorngc koqv baetv cuotv di'dien daaih faenv-faenv wuov.

faenz q. ngongh zoux ciouv faenz dangh. Gj: fornz/the sound of animal snorting.

faepv m. nzox ga'naaiv faepv, *faepv* se gaav congh English daaih. Wed: Janx-Taiv waac heuc *sa'mbu*/detergent.
faepv-mbiaauz nzox ga'naaiv cuotv nyei mbiaauz/suds from detergent.
faepv-mbuonv faepv muonc mbuonv. Wed: sa'mbu-mbuonv/detergent powdered.

faeqv[1] w. faeqv mbiauh/thresh to remove rice grain from straw.

faeqv guangc zoi guangc, faeqv guangc maiv longc/to trash away.

faeqv[2] pm. mbiungc faeqv bieqc biauv/the rain splashed in by force of wind.

faeqv ndorn nzengc wuom faeqv zuqc ndorn nzengc/wet by splashed in water.

faeqv buangv nzengc maaz ga'sie mun luoqv nqaiv faeqv buangv laanh/the horse has diarrhea, and there were feces all over the horse stable.

faeqv[3] cf. faeqv gu'kuotv. Gj: mborqv gu'kuotv/to spank the bottom.

faetc q. mba'zorng cuotv mbiutc zanc-zanc zuqc faetc jienv yiem/to keep sniffing.

faetv w. faetv hnaangx, mv dorh leiz nyei waac/slang, to eat rice.

faetv i ziex aax nyanc i ziex aax/to eat by several bites.

faetv njang nzengc nyanc njang nzengc mv zengc yietc aax. Wed: naqv njang nzengc/to eat up everything.

fai[1] m. 西 /xī/ fai bung, mba'hnoi ndortv maengx bung/westerly, west direction.

fai baqv bung 西北部 /xīběibù/ fai caux baqv bung mbu'ndongx/northwest.

fai bung mingh ziangx nyei fai bung maengx/directly west.

fai bung leiz fai bung mienh nyei leiz/a western cultures.

fai bung maengx 西部 /xībù/ yiem fai bung maengx/western part

fai naamh bung 南西部 /nánxībù/ fai caux naamh mbu'ndongx/southwest

fai[2] nw. naaiv meih nyei fai?. It's this your?. Meih caux yie mingh nyei fai? are you going to go with me?.

gouv fai nyeiz naaic gaax gouv a'fai nyeiz/male or female.

ziangh fai daic ziangh caux daic/to be life or death, whether alive or death.

fai-ngongh m. gouv nyinh waac zunh daaih gorngv se maaih fai-ngongh yiem-ndiev sengh ndau se gorngv ninh mbienv sin nor ndau ziouc dongz aqv.

faix pm. faix nyei. Wed: fiuv, fiakv/to be little, small, lesser.

bungx faix waan bungx faix njiec/to make smaller or lower.

faix cangx longx-longx nyei baaux diuh nzung/to sing a song.

faix deix aengx gauh faix deix/little too small, smaller, lesser.

faix faix fim fim maiv dungx maengh ndaengv/be very careful.

faix fei fangv longx-longx nyei hnamv dangh mangc gaax/to think careful into a matter.

faix fiakv zoqc gau mv fungc aqv diqv dien gaih hnangv/a tiny amount.

faix fiem nz. faix fim mbungh jienv. Gj: faix fim/be careful, precautions.

faix fim ndaangc mbungh longx jienv ndaangc/to prevent ahead, precautions.

faix fitv za'gengh faix gau maiv fungc aqv/a tiny amount.

faix fiuv deix baav mv longc jienv nyei sic/less important matter.

faix-fiuv saeng-eix zoux saeng-eix-dorn deix baav/to run a small business.

faix-fiuv sic maiv jienv nyei sic/a less important matter.

faix haic ba'laqc faix jiex ndaangc/too small to make use.

faix hnyouv gamh nziex mv gaamv/to be discourage; fearful; overly cautious.

faix jiex gauh faix yietc jiex/smaller.

faix jiex yietc buoqv gauh faix jiex yietc zungv/the smallest of all.

faix jienv njiec soqv faix jienv njiec/to be decrease in size, shrink.

faix kanx mangc longx muonc nyei/to watch carefully into, observe.

faix muonc 1 naaic gaax/to question. **2** faix muonc nyei/a finely small.

faix mbuox oix gorngv mbuox/to notify or to inform, advise.

faix ndongc naaiv ndongc naaiv faix about this small.

faix nyei gengh faix nyei/a small size of something.

faix nyei gaeng za'gengh faix haic nyei gaeng/germ, bacteria, virus.

fam w. fapv bieqc mbu'ndongx mv maaih nyei dorngx/to fill in the empty area.

fam maeqc aengx fam zuangx nzunc maeqc dongh zuangx ndaangc mv baac maiv cuotv wuov deix.

famv w. famv bieqc mbu'ndongx. Gj: zotv, fapv/to insert into middle space.
famv bieqc mingh zotv bieqc mingh fai fapv bieqc/to insert into.
famx bm. gaatv daaih cou nyei/to be rough cut of leaves.
in-mbiaatc famx gaatv daaih cou nyei In-mbiaatc/coarsely cut tobacco.
fanh[1] m. fanh diqc. Wed: nzatc, fan-diqc a trumpet; clarinet, suona horn.
fanh diqc hngoi nzatc da'mueiz nyei hngoi/the funnel of a trumpet.
fanh diqc nzung biomv fanh diqc nyei nzung/music of blowing a trumpet.
fan-diqc sai haih biomv fanh diqc wuov laanh mienh/a professional oboist.
fanh guaa fanh mbouh; fanh nyomv/a pumpkin.
fanh mbouh fanh guaa; fanh mbouh/a pumpkin.
fanh mbouh buoz fanh mbouh dueiv nyei siaam/a pumpkin tendrils.
fanh mbouh dueiv fanh mbouh luangh nyei dueiv/pumpkin shoots.
fanh mbouh norngh caux fanh mbouh nyim ziangh wuov deix norngh.
fanh mbouh nyim fanh mbouh nyei nyim/pumpkin heart, seed.
fanh ndoih 地瓜 /dìguā/ mbung yaac gaam nyei ndoih/a sweet potato.
fanh ndoih baeqc ndoih orv baeqc wuov nyungc fanh ndoih/a white sweet potato.
fanh ndoih siqv ndoih orv siqv wuov nyungc fanh ndoih/red sweet potato.
fanh nyomv fanh mbouh; fanh guaa/a pumpkin.
fanh nyomv dueiv aengx lorz mangc fanh mbouh dueiv wuov joux.
fanh nyomv norngh aengx lorz mangc fanh mbouh norngh wuov joux.
fanh nyomv nyim aengx lorz mangc fanh mbouh nyim wuov joux.
fanh tiux yuoqc aengx lorz mangc faam-tiux yuoqc wuov joux nyei eix-leiz.
fanh ziu mbiaatc haic nyei fanh ziu/a hot chili peppers.
fanh ziu-bunh zong fanh ziu nyei bunh a mortar for pounding chili.
fanh ziu congx zuqc fanh ziu nyei qiex congx zuqc mienh/to smell hot chili.
fanh ziu-deic zuangx fanh ziu nyei ndeic a chili garden, chili farm.
fanh ziu-dongx zoux daaih ndorn nyei zuoqv zuoqv wuov nyungc fanh ziu/a chili ketch-up.
fanh ziu-dorn yaac faix yaac mbiaatc jiex wuov nyungc fanh ziu. Gj: mungv long fanh ziu.
fanh ziu-gaam zoux lai nyanc nyei domh fanh/a bell peppers, sweet peppers.
fanh ziu-juih zong fanh ziu wuov nqanx juih/a pestle, chili pounding piece.
fanh ziu-maeng corc maiv gaengh siqv nyei fanh ziu/a green chili.
fanh ziu-ndeic zuangx fanh ziu ndeic/a chili garden, chili field.
fanh ziu-nqaai pui nqaai daaih nyei fanh ziu/dried chili peppers.
fanh ziu-nyiemz gaatv daaih siang nyei fanh ziu/a fresh chili, raw chili.
fanh ziu-nyim fanh ziu nyei nyim/the seed of a chili peppers.
fanh ziu-siqv zuoqc siqv longx nyei fanh/a red chili peppers.
fanh ziu-sui fanh ziu ipv sui daaih/chili pickled, pickled peppers.
fanh ziu-yaang baengx dorh mingh nyei fanh ziu-yaang/a chili plants.
fanh ziu-ziangv gauh hlo gauh ndaauv deix fanh ziu-dorn wuov nyungc fanh ziu/a type of chili peppers.
fanh[2] m. fanh guaiv ga'naaiv/an ugly and scary fun mask, false face.
fanh guaiv hmien zorng daaih fanh aqc nyei hmien/a mask face, fun face.
fanh guaiv korqv aqc mangc haic nyei jaav-hmien/a mask or false face.
fanh mbiaah zueix haic nyei *ndienh siex, ndienh nyaic*/a skunk, civet cat.
fanh taapv yietc norm fanh taapv hlang nyei/a pagoda; tall pointed building.
fanh[3] w. njien-you nauc ngitc, *fanh* se gaav congh English *fun* daaih.
zoux fanh zoux nauc ngitc nyei sic/to do for fun, merry making.
fangv 想 / xiǎng/ hnamv, corngh, dongv, baanh, fei/to consider, to think.

fangv fei 思想 /sīxiǎng/ yiem hnyouv hnamv nyei sic/to meditate on.

fangv kiqv 想起 /xiǎngqǐ/ hnamv jienv oix/to desire for, long for.

fangv nipc hnamv jienv yiem hnyouv maiv la'kuqv/to miss, thinking of.

fangv taux hnamv taux; jangx taux/to miss, thinking back the old day.

fangv toux hnamv toux nzengc aqv/to think through or careful.

fangv zienz hnamv toux nzengc/to think thoroughly into a matter.

fangv zuqc hnamv zuqc haiz nzauh nyei sic/to think and worried about.

fangx dl. aengv-njoiz fai fangx/a picture; photograph; an image.

aamx fangx nqaapv fangx, aengv fangx, ziux fangx/to take picture, photograph.

domh fangx nqaapv daaih yietc kuaaiv hlo nyei fangx/a large photograph.

fangx-daan jangv box huox nyei fangx-daan/an advertising literature.

fangx faac mangc jienv fangx-zeiv hoqc zoux nyei/the picture of instruction.

fangx-linh ziux cuotv fangx taanx jienv nyei sic/a PowerPoint presentation.??

fangx-nangh haih dongz nyei fangx/a motion picture film, movie.

fangx-nangh nquenc ziux fangx-nangh nyei dorngx. Wed: fangx-nangh biauv/a movie theater, cinema.

fangx-nangh pienx bungx mangc fangx nangh nyei pienx/a video.

fangx zeiv mou zeiv hnangv haaix nor nyei sic/an appearance image.

maiv maaih fangx mv maaih yietc aax mou zeiv/to be shapeless.

fapv[1] w. nyanc orv fapv zuqc nyaah qangx mun/to tuck into a space.

fapv gangx 1 bouv nzonz haic, mbaih bouv zangc fapv deix gangx bouv-hmien bieqc deix cingx laic. **2** gorngv nyanc hnaangx nyei *waac-meiv.*

fapv maiv bieqc gaengx hepc fapv mv bieqc/to be unable to tuck into.

fapv njongc-kuotv fapv jienv njongc tong kuotv wuov/to place into the hole.

fapv nqaiv gorngv duqv mienh ganh nyei gu'kuotv fapv jienv nqaiv.

fapv[2] aengx lorz mangc "la'fapv" wuov joux nyei eix-leiz.

faqc m. faqc mbuox, aengx beiv mangc "faatv-mbuox" nyei eix-leiz.

faqv[1] m. fun njiec mingh wuov baan se faqv/a great-grandchild.

faqv-dorn fun-dorn nyei dorn/a great grandson.

faqv-jueiv fun-jueiv njiec mingh se taux faqv-jueiv/a great grand-children.

faqv-laangh faqv-sieqv nyei nqox se faqv-laangh aqv/great grandson in-law.

faqv-mbuangz faqv-nyaam, faqv-dorn nyei auv/a great granddaughter in-law.

faqv nyaam faqv-dorn nyei auv. Wed: faqv mbuangz.

faqv-sieqv fun-dorn fai fun-sieqv nyei sieqv/a great granddaughter.

faqv weiv faqv-sieqv nyei nqox. Wed: faqv-laangh/a great grandson in-law.

faqv[2] wj. yiem ziouх nyei waac-gorn, beiv hnangv *faqv forng dungz.*

faqv forng ga'naaiv zioux ga'naaiv nyei waac/word of curse.

faqv forng mienv nduov mienh zoux baamz-zuiz sic nyei mienv.

fatv pm. nitv fatv; taux fatv; daaih fatv deix/to be close to, nearby.

fatv deix maah heuc aengx mingh fatv deix/a little bit closer, come closer.

fatv haic ba'laqc fatv haic/too close to.

fatv jiex yietc buoqv nitv fatv jiex wuov kang/the closest one.

fatv jienv daaih taux fatv jienv daaih aqv/to get closer and closer.

fatv nyei mienh yiem nit jienv fatv nyei mienh/people living close to each other.

gauh fatv aengx gauh fatv deix/closer.

gauh yietc fatv gauh fatv longx fai gauh fatv waaic/more better or more worse.

maiv yiem fatv yiem leih go nyei/to be far away from.

yietc fatv aengx gauh yietc fatv aqv/to be even closer, nearer.

zueiz nitv fatv deix mingh zueiz nitv jienv fatv nyei/to sit closer to.

F.B se dongh **fai baqv** bung nyei nzutv norz fiev/an abbreviation for northwest.

fei[1] m. fei-biouv, fei-suix/a silk thread ball or silky thread.

baauh fei baauh fei yuonh/to scrape as to smooth the thread.

fei-biouv-yangh setv yangh wuov nyungc fei-biouv/a yellow thread ball.

fei-gaeng yungz longc baeng fei nyei fei-gaeng/a silkworm.

fei-gaeng ndiangx bungx fei-gaeng nyanc normh nyei ndiangx.

fei-lui houx fei-ndie lunh lui houx daaih/a silk clothes.

fei-maeng setv maeng wuov nyungc fei/a green thread.

fei-mbuov fei setv mbuov nyei wuov nyungc fei/a blue thread.

fei-ndie longc fei ndatv ndie daaih nyei ndie/a silk cloth, material.

fei-nzaaux sa'mbu. Gj: faepv/detergent in liquid or in powder.

fei suix nyungc-nyungc fei-suix/general name for thread.

fei[2] bt. baeng cuotv fei; normh ziu-fei; fei daax fei wuov. Gj: gorng, daaix/a tiny line, fringy.

baengc-fei faix muonc haic nyei gaeng a bacteria, virus.

fei-neic 1 hluo zuqc haiz mau fei-fei neic-neic wuov/softest. **2** zoux duqv fei-neic haic/to be very detailed.

ga'nyorc fei ga'nyorc zoux mbiorngz nyei fei/silk spun by a spider.

in-fei gaatv muonc nyei fei-fei wuov nyungc in-mbiaatc/a finely cut tobacco.

nziaamv-fei fu'jueiv se beiv ganh nyei nziaamv-fei/one's bloodline.

fei[3] nz. hnamv; fangv; corngh, jangx/to consider, to think about.

fei cien hnamv taux muoz-doic, cien-ceqv thinking about one's relatives.

fei fangv hnamv taux ziex nyungc/to think about or concentrate on.

fei fangv jouc zingh hnamv taux zinh ndaangc nyei gorngv-waac mienh.

fei hiaang baengc cuotv wuov naah go nzauh taux wuov biauv nyei baengc/to be homesick, home-sickness.

fei jouc hnamv taux jiex daaih nyei sic to remembered the old time.

fei-laangh hnyouv hlungx-hluotv nyei sic/a doubtful minded.

fei nipc hnamv jangx yiem hnyouv/to remembered the old time.

fei zuqc hnamv taux haiz nzauh heix nyei sic/a sorrowful thought.

juov fei ziepc fangv nduoh congh ziepc hnamv liuz aqv/to carefully think.

yuoqc fei fangx maaih yuoqc mienh nyei fangx zeiv, nzueic/to be desirable in appearance.

fei[4] wo. fei se gorngv benx kaeqv-waac nyei yietc nyungc mienh nzung/a poem song which to sing in mandarin.

gorngv fei se yietc nyungc tor qiex gorngv benx kaeqv-waac nyei nzung, ga'ndiev naaiv se benx norm nyungc zeiv bun meih mangc.

诉 诗， 千 般 努 为 由 人 考
sux yaev, cien baan nuc weix youh yinh kauv
富 贵 容 华 只 靠 勤
fux gueix yongh waah zic kaux qin
朝 庭 广 山 靠 笔 字
caauh tingz guangv saan kaux bic zuz
万 般 职 字 值 千 金
waanx baan zic zuz zic cien jin. ih zanc naaiv diuh fei se yiem Chaola nyei nzung zorqv daaih fiev an naaiv benx norm nyungc zeiv bun hoz baan mienh hiuv hnangv.

fei[5] cm. Cun-Fei; Yauz-Fei/suffix meaning of a person's generation name.

fei[6] m. fei ziou deic-bung nyei jiex gorn mbuox/a prefix name of Africa.

Fei Ziou yietc kuaaiv domh ndau, domh deic-bung/continent of Africa.

fei ziou janx yiem fei ziou deic-bung nyei fingx-fingx janx/an African people.

feih wj. feih nyungc. Gj: feix-nyungc/to be unusual, amaze, surprise.

feih nyungc fei nyungc hnangv naaiv nor laeh?. How could it be like this.

feiv nz. daic; guei seix; jiex seix; nzuonx seix/to die, death.

feiv qoux daic mi'aqv/death, pass away.

feiv seix daic mingh wuov seix. Wed: yiem-seix/death. Dgw: ziangh seix, saeng seix, yaangh seix.

juov feiv yietv saeng butv baengc kouv gau oix daic aqv/ninety percent die and ten percent alive.

feix[1] hd. biee; feix ziepc; da'feix hoc/four, forty, fourth.

feix baeqv biee baeqv/four hundred.

feix-bung gorqv biee bung gorqv yietc zungv fi'hnangv/a four equal square.

feix coux norm-norm dorngx/through out the area, everywhere.

feix-gorqv maaih biee norm gorqv nyei ga'naaiv/to be equal four square.

feix-gorqv dieh maaih biee norm gorqv nyei dieh/a square table.

feix-gorqv fangx biee norm gorqv nyei fangx zeiv/a square shape.

feix gueix 1 yietc hnyangx nyei biee gueix/the four seasons. **2** m'sieqv mienh nyei mbuox/a woman's given name.

feix gueix siex buov yietc hnyangx biee gueix nyei siex/a petition for protection throughout four seasons.

feix hlaax da'feix norm hlaax/a fourth lunar moon or April.

feix juoqv biee jieqv zaux (njiec ndau nyei saeng-kuv)/four legs.

feix juoqv saeng-dauh maaih biee jieqv zaux nyei domh saeng-kuv/large animal with four limbs.

feix louc biee bung jauv; biee diuh jauv four roads; four intersection roads.

feix lungz hniev-soux maaih feix lungz four/equal 152 grams.

feix lungz maengc maaih feix lungz maengc nyei mienh se funx maengc longx jiex aqv/a very lucky life.

feix ziev zunh gorngv loz-hnoi nyutc daaix hungh nyei sieqv-m'feix, *feix ziev* njiec baamh gen longc baamh mienh nqox nyei gouv.

feix ziepc saauv taux feix ziepc/forty.

feix ziepc feix saauv taux feix ziepc aengx caux biee/forty four.

Feix Ziu leiz-baaix feix/Thursday.

feix[2] pm. 费 /fèi/ feix zinh nyaanh maaiz cingx duqv daaih/to cost money.

feix gong 费工 /fèigōng/ qiemx zuqc njiec gong camv nyei/require a lot of labor.

feix gong-bou 费工夫 /fèigōngfū/ oix zuqc njiec gong-bou camv cingx daaih haih zoux duqv cuotv/to need a lot work before can be done.

feix hnyouv 费心 /fèixīn/ qiemx zuqc longc cong-mengh camv mbenc sic/to involve with a lot of thinking.

feix hnyouv-zoih feix m'nqorngv-famv feix hnyouv/to involve with knowledge.

feix-laauh zuqc meih ceuv-faanh zuqc meih. Gj: feix luic zuqc/bothersome.

feix nzuih maaz aqc duqv feix nzuih gorngv maiv doix-dongh/to expand much effort trying to say.

feix qaqv 费力 /fèilì/ qiemx zuqc njiec qaqv-leqc camv cingx zoux duqv/to be require great effort.

feix-sic zuqc la'nyauv camv nyei cingx haih noic duqv sung/to need a lot effort to overcome a trouble.

feix youh feix cov aqc duqv njaaux mv fingv nyei sic/need a lot knowledge or effort to teach.

feix ziangh hoc zuqc guangc ziangh hoc camv nyei sic/to waste a lot time.

feix zinh nyaanh 费钱 /fèiqián/ zuqc saaiv zinh nyaanh camv cingx maaiz duqv costly, expensive.

mienz feix mv zuqc longc zinh nyaanh maaiz/free, free gift, etc.

feix[3] pm. longc duqv feix haic, longc duqv qiemx haic/baeng duqv ngongh jorng zaqc feix sin qaqv nyei sic.

feix duqv feix duqv yie haih ndaix nor gengh longc haic/a wishing thought.

feix-nyungc hnangv naaic zoux haaix nyungc hnangv naaic/why, how.

feix[4] cm. da'feix dauh sieqv nyei jiex gorn mbuox *beiv hnangv* Fux-wangc nyei sieqv se oix zuqc heuc Feix Wangc/fourth, in naming a daughter.

m'feix heuc hnamv da'feix sieqv nyei waac/a fourth lovely daughter.

fen q. biomv hlauv-ndongh dorn mbui fen nyei qiex/the sound made by blowing a small bamboo tube.

fengx pm. 大秋 /dǎqīu/ **1** fengx buoz/to swing arm. **2** fengx ndortv/to shake off something that is sticking.

fengx biaav fengx biaav mingh guaeqv to throw a stick with spin motion.

fengx buoz yangh jauv fengx jienv buoz mingh/swing one's arms while walking.

fengx guangc fengx mingh guangc/to toss away with spin.

fengx ndutv fengx bun ndutv mingh/to shake off something.

fengx njiec yiem gu'nguaaic fengx njiec ga'ndiev. Gj: guaengx njiec.

fengx nqaai fengx bun nqaai/to shake as to dry something.

fengx sin nzueic laqc heix fengx zoux sin nzueic/to spin while dancing.

fungh fengx fungh fungh fengx-fengx nyei/to swing back and forth.

feqv pm. lui-houx huv feqv-feqv wuov/to be tattered and torn.

feqv nzengc huv feqv nzengc/be ragged or badly torn.

leqc feqv huv daaih dih dungx daaix wuov/to be tattered and hanging out.

fern-sen nz. 坟山 /fénshān/ zouv-gemh/a cemetery, graveyard.

F.Hlx se dongh **faah hlaax** fiev nangv daaih/an abbreviation for March.

Fi Le Mon 腓利门书 /fēilīménshū/ se yietc buonv gengx-ginx sou nyei mbuox, yiem siang-ngaengc waac Ging-sou/the book of Philemon, in new Testament Bible.

Fi Lipv Poi 腓立比书 /fēilìbǐshū/ se yietc buonv zengx-ginx sou nyei mbuox/the book of Philippians, in the Bible.

fi' wj. fi'hnangv; fi'nzaeng; fi'ndongc; fi'lomh, se *fih* soqv nangv daaih.

fi'buangh faang-buangh doic/to meet someone or something.

fi'congx gorngv fi'congx doic. Gj: fih congx, fih nzaeng.

fi'hnangv dongh yietc nyungc fangx zeiv/to be alike, resemble.

fi'nzaeng gorngv mv doix-diuc nzaeng benx jaax. Wed: fih nzaeng/to squabble over, lightly argument.

fih wj. fih hnangv; fih lomh; fih ndongc; fih ndaau. Gj: fi'ndaau/to be equal.

fih lomh hlo fih lomh/to be equal size.

fih mbaengc hlang fih mbaengc/to be equal height, same tall.

fih mbuoqc maiv gauh camv yaac maiv gauh zoqc/same amount.

fih ndaau fih ndongc ndaauv/to be the same length, equal length.

fih ndongc fih ndongc nyei/to be equal.

fih ndongc hniev fih ndongc hniev nyei equal balance, weight.

fih nqetv fih ndongc jangv/to be the same width as the other.

fiakv wj. faix fiakv haic nyei ga'naaiv/an extremely small or tiny objects.

jaiv-dorn-fiakv faix haic jai-dorn/a very small chick.

fiangv w. an siang fiangv maux nyei cuotv jauh nyei lorqc njiec ga'ndiev/sift with a round tray to separate empty grain.

fiangv cuqv fiangv bun cuqv-maux cuotv nqoi/to sift to separate empty rice grain from full hulls before pounded.

fiangv hmeiv fiangv hmeiv-longx caux hmeiv-huv bun nqoi/sift rice to separate full from broken one.

fiau w. mueiz fiau biangh; mungz fiau lai hnaangx; gaeng fiau m'zing/to swarm by fly or other insects.

fieh gn. ga'ndiev nqoi fieh jangv cuotv mingh/to flared out as a skirt.

fiev w. 写 /xiě/ fiev fienx; fiev sou; fiev nzangc/to write.

fiev borngv fiev box fienx nyei borngv to write a warning notice.

fiev bun fiev mingh bun/to write to.

fiev cuotv daaih fiev cuotv sou daaih/to have a book written.

fiev doix 写对 /xiědui/ fiev buang waac nyei doix/to write a poetic couplet.

fiev domh nzangc fiev nzangc hlo nyei to write with capital letters.

fiev dorngc nzangc fiev maiv zuqc nzangc/to write incorrectly.

fiev duqv qaauv fiev nzangc daaih qaauv haic/to write in scribble way.

fiev duqv nzueic haih fiev duqv nzangc nzueic nyei/a beautiful handwriting.

fiev duqv uv lu'guaih qou fiev daaih nyei nzangc/to scribble.

fiev fam fiev fam dongh maiv maaih nzangc nyei dorngx/to write to fill the blank space.

fiev fienx fiev zeiv fienx/to write letter.

fiev fienx zeiv longc fiev fienx nyei zeiv/letter writing paper.

fiev gouv fiev gorngv gouv nyei sou/to write a story book.

fiev hlo fiev domh nzangc/to write a capital letters.

fiev jienv fiev njiec sou/to write down to record something.
fiev mbuox fiev mbuox an. Gj: faaux mbuox/to write down one's name.
fiev njiec sou fiev njiec an sou jangx/to record things in a book.
fiev nzangc 写字 /xiězì/ fiev nzangc/to write letters or characters.
fiev nzangc benv fiev nzangc an wuov kuaaiv benv/a chalkboard, blackboard.
fiev nzangc dieh zueiz fiev nzangc nyei dieh/a desk.
fiev nzangc siouv ngix haih fiev nzangc nzueic nyei buoz/a writing skilled.
fiev nzangc sou fiev nzangc nyei sou/a notebook, a book for writing on.
fiev nzangc zangc fiev nzangc liouc nyei mienh/a professional writing skill.
fiev nzangc zeiv fiev nzangc nyei zeiv a writing paper, notebook.
fiev nzung fiev nzung/to write lyrics of a song, to compose song.
fiev nzung mienh fiev nzung wuov laanh mienh/an author of a song.
fiev sou fiev buonv sou/to write a book.
fiev sou mienh fiev sou nyei mienh/an author of a book.
fiev wuonh dipc fiev sipv mienv buov faaux lungh nyei *wuonh dipc* sou.
fiev wuonh mienh fiev wuonh zaang nyei mienh/an essayist.
fiev zongc fiev gox mienh nyei sou/to write an accused letter.
sou-fiev 1 longc buoz fiev nyei sou/a book written by hand. **2** fiev nzangc nyei sou/a notebook.

fiex w. 腹泻 /fùxiè/ ga'sie mun fiex nyei baengc/to have diarrhea.
fiex nziaamv ga'sie mun fiex nziaamv nyei baengc/to have dysentery.

fiem[1] m. hnyouv; mbu'ndongx-fim/mind, core or the heart.
fiem-duang mbu'ndongx-fim nyei dorngx fai hnyouv gu'nyuoz/the heart center.
fiem-eix hnyouv hnamv cuotv nyei eix ideas, opinions or decisions.
fiem-faanh hnyouv hnamv liouh lunc nyei sic/to be fretful, worrisome.
fiem-faanh eix lunc hnyouv nzauh lunc nyei sic/to be fretful and confused.
fiem-faanh lunc hnyouv nzauh lunc nyei sic/to be unrest thinking.
fiem-fangv yiem hnyouv hnamv/to mull over, concentrate of thought.
fiem-fei fangv hnyouv hnamv liouh lunc nyei sic/worrisome thought.
fiem-fingx hnyouv muonc fai cou nyei sic/the inner nature, attitude.
fiem-fingx cou eix cou nyei/to be easy going and not easily upset.
fiem-fingx muonc qiex jiez siepv nyei hnyouv/to be touchy, temperamental.
fiem ging hnyouv ging jienv yiem nyei sic/to aware of or hyper-alert.
fiem-jei hnyouv gu'nyuoz/the heart, the mind, the will of a person.
goiv fiem-fingx goiv yienc fiem-fingx fai tiuv eix-leiz/to change one's attitude.
maaih sic fiem ging dorngc liuz sic nor se hnyouv ging jienv yiem aqv.
tongx fiem-jei hnyouv mun nyei sic/to be heartbroken.

Fiem[2] m. 辛 /xīn/ da'betv wuov norm jaapc zaangv nyei neix/the eighth of the Ten Heavenly Stem.
Fiem-Meic Hnyangx 辛未年 /xīnwèinián/ se 1991 caux 2051 guinh jienv mingh luoqc ziepc hnyangx liuz aengx paan gorn taux nzunc *fiem-meic hnyangx*.

fienv pm. yietc bung ciex faaux yietc bung ciex njiec fienv-fienv wuov.
jaix njanc fienv-fienv wuov jaix njanc daaih maiv zaqc fienv daax fienv wuov.

fienx[1] df. yietc zeiv fienx/a letter, notice.
ciouv nyei fienx maiv longx nyei fienx a bad news, bad report.
douc fienx tengx douc fienx mbuox/to pass on a message to.
fienx-cai fungx fienx mienh/a mail man or postman.
fienx-dueiv fiev dorng fienx nyei setv mueiz waac/the closing of a letter.
fienx faang dapv fienx fungx fai zipv fienx daaih nyei faang/a mailbox.
fienx-gorn waac gorngv yiem fiev fienx jiex gorn nyei waac/the salutation of a letter.
fienx jienv oix zuqc gic sin nyei fienx an important news, notice.

fienx-kuqv fienx-mbuoqc/an envelope.
fienx-mbuoqc dapv fienx nyei kuqv/an envelope.
fienx-nziaaux zunh gan nziaaux mingh nyei fienx/a radio report.
fienx-piux naetv fienx nyei piux/a stamp.
fienx-waaic ciouv nyei fienx, mv yaauc nyei fienx/a bad news.
fienx-yienx mborqv an fienx nyei sic/a postmark, postal frank.
fienx-zaamc mingh fungx fienx cuotv nyei zaamc/a post office.
fienx-zeiv lengc jeiv longc fiev fienx nyei zeiv/paper used for writing a letter.
fienx[2] w. sing-wuonh fienx/information area or an announcement.
haiz fienx gorngv haiz sing gorngv daaih nyei fienx/to hear the news about.
kuv fienx longx nyei fienx/good news.
tong fienx mbuox fungx fienx cuotv bun hiuv/to spread the news.
zeiv-fienx zunh lungh ndiev fienx nyei zeiv/a news paper.
fietv[1] w. longc nzuqc fietv/to peel or slice with a knife, to pare.
fietv guaa fietv guangc guaa nyei ndopv to peel the skin of a cucumber.
fietv guangc fietv mv benx longc wuov deix guangc/to slice and throw away.
fietv lai-nzeix fietv lai-nzeix daaih opv.
fietv nqoi ndopv fietv ndopv guangc/to peel away the skin.
fietv[2] w. fietv guangc, fietv nqoi/to do away by killing.
fietv guangc nqoi fietv guangc nqoi se eix-leiz daix guangc mingh.
fietv[3] aengx lorz mangc "batv-fietv" wuov joux nyei eix-leiz.
fim[1] m. gu'nyuoz fim; mbu'ndongx-fim. Gj: fiem, hnyouv/a core; heart; middle; central part of plants.
fim-dauh ziangh maengc nyei gorn/the source of life, the heart.
gu'nyuoz fim mbu'ndongx nyei dorngx the central part of plants.
fim[2] w. cuotv fim bun; cuotv fim tengx; fiou laangh fim; sueih meih nyei gong fim/to donate; to volunteer.
fim hlo fim faix jaa-ndaangc mbungh jienv/to be careful with, precaution.
nqoi fim nqoi eix hnyouv hnamv duqv nqoi a'hneiv aqv. Wed: nqoi hnyouv/to be happy with; to start understanding.
fimh m. bungx fangx-nangh nyei fimh, se gaav congh English *film* daaih.
fimh baeqc jieqv zorpc jienv baeqc nyei fimh/black and white film.
fimh setv siqv caux baeqc nyei fimh/a color film.
fin[1] m. **1** fin-mienh/an immortal being, an angel; celestial creature. **2** benx nzung nyei waac gorngv *sieqv-dorn*/a beautiful girl, young woman.
Betv Fin bz. hietc dauh jiem-dongh nyutc nyouz fin-mienh/the Eight Taoist Immortal being.
fin jaa maaih doz nyei mienh/an angel or a godliness being.
fin jaa dongc gorngv gouv nyei waac gorngv doz-mienh yiem nyei dorngx se heuc *fin jaa ndongc*.
fin jaa njaangh gorngv gouv nyei waac gorngv haaix dauh yiem *fin jaa njaangh* nzaaux liuz sin nor yietc liuz maiv zuqc butv baengc aqv.
fin jaa wuom gorngv gouv nyei waac haaix dauh duqv *fin jaa wuom* hopv liuz nor yietc liuz jaang mv nqaatv yaac mv haih gox.
fin-kouv qaqv-leic zinh/labor fee. Gj: finh kouv, fing-kouv.
fin-mienh maaih doz nyei singx mienh an angel, celestial being.
fin-nyienh aaux benx nzung nyei waac gorngv fin-mienh/being angel.
fin-nyouz beiv fin-mienh nzueic nyei m'sieqv-dorn/a beautiful girl.
mbouv fin bz. yietc nyungc Iu-Mienh mbouv guaax nyei jauv, se cingv lungh nyei fin-mienh njiec daaih tengx zaah sic. Gj: wuonc fin, gaanv hei/to seek the guidance from celestial being.
fin[2] m. fin-saeng; zoux fin-saeng/to be a teacher, an instructor.
domh fin-saeng 大师傅 /dàshīfù/ domh sai mienh, domh sai-diex/a master.
fin-saeng 先生 /xiānshēng/ **1** dorh leiz waac heuc m'jangc mienh, beiv hnangv *leiz fin-saeng*/mister lee. **2** njaaux sou

fin-saeng/a teacher. **3** zunh doz nyei fin-saeng/a pastor.

fin-saeng die dorh leiz waac heuc domh fin-saeng/a term of respect for an older male preacher, pastor, teacher.

fin-saeng maa dorh leiz waac heuc domh fin-saeng nyei auv/a term of respect for an older female preacher, teacher.

fin-saeng muangz njaaux sou m'sieqv fin-saeng/a female teacher.

fin-yaang sieqv-dorn yaang/a beautiful woman, pretty girl.

fin[3] w. fin-kouv meih oc. Wed: bouh norz meih oc. Gj: fing/thanks for your effort.

fin-kouv zinh longc qaqv zoux bietv daaih nyei zinh nyaanh/a labor fee.

fin-kouv zoux fin-kouv nyanc ganh zoux kouv bun ganh duqv nyanc/to work hard for one's life.

finh aengx lorz mangc "fin-kouv caux fing-kouv" nyei eix-leiz.

finx[1] m. hlieqv-finx; nyaanh finx; dongh finx/a wire; cable; strand.

baeng finx baeng cuotv benx finx daaih to pull a strand.

finx-dongc jauv-hlen corng finx mingh nyei ndongc/a power pole.

finx-gorn 1 dienx douz nyei finx-gorn an electric company. **2** douc waac finx nyei finx-gorn/a telephone company.

finx-hlaang borqv douz fai borqv douc waac finx nyei hlaang/a telephone cord or an extension cord.

finx-nangh haih yietv nzitv tiux faaux siepv nyei finx/a spring.

finx-ndiouh corng finx faaux hlang nyei ndiouh/a relay antenna.

hlaang-finx nzenc jienv nyaanh finx nyei hlaang.

mborqv finx fungx waac gan finx/to send a telegram, to make a phone call.

finx[2] pm. hnangv diuh mba'biei ndaauv finx-finx wuov. Gj: fei-fei/tassels.

finx-finx nyei nziaaux buonc jienv diuh hlaang finx-finx nyei mingh.

fing[1] w. fing-kouv. Wed: fin-kouv, finh kouv/to be tiresome, toilsome.

fing-kouv maengc zuqc siouc kouv mv nyei maengc/a toilsome life.

fing-kouv zinh zoux gong bietv duqv daaih nyei nyaanh/a labor fee.

fing[2] m. 星 /xīng/ yiem lungh zangc nyei hleix/a star, celestial body.

fing-dauv 星斗 /xīngdǒu/ lungh muonz yiem lungh njang nyei hleix.

fing-mienv hleix ziux mienh longx fai ciouv nyei mienv/the spirit of a star.

fing-sokv ziux mienh longx fai waaic nyei fing/a particular star that affects people's luck whether bad or good.

fing-sokv aiv hiuang fing ziux zuqc bun mienh wuonc qiex aiv nyei ic/a bad luck star over a person.

fing-sokv hlang wangc siangx nyei fing ziux zuqc/a lucky star over a person.

fing-sokv nzie-weih wangc siangx fing ziux zuqc/a healthy star is over.

gidu fing ziux m'jangc mienh nyei fing fai hleix/a star that affects male.

hiuang fing se gorngv hiuang fing ziux zuqc mienh se butv baengc/an evil star.

lorqc houh fing ziux m'sieqv mienh nyei fing/a star that affects female.

suonc fing bun mienh duqv longx nyei fing/a beneficial star.

zaaux fing dorng-lungh sipv fing-mienv nyei sic/to restore the power of a star.

fing[3] m. douz-fingx faatv-faatv nyei/a spark from a fire.

zienh fing m'zing-nganh butv zienh fing nor m'zing haih mbuov nyei. Gj: m'zing faaux dauv/to develop a white area in the eye which could lead to blind.

m'zing fing-fing wuov m'zing faix gau fing-fing wuov/a small round eye.

ndiangx-fing ndiangx butv daaih yietc diepc, yietc diepc nyei fing/a wood eye.

fingv[1] m. 醒 /xǐng/ meih gau fingv daaih/to recover from unconscious.

fingv daaih 醒来 /xǐnglái/ muangv gau fingv daaih/to wake up from unconcious.

ndie-fingv bun hnomv liuz fingv nyei ndie/a smelling salts.

fingv[2] pm. hnyouv gorqc jaang fingv jiez sin daaih/to awaken or to alert.

fingv jiez daaih gorqc jaang fingv jiez daaih/to aware or be alert.

nditv fingv daaih longc buoz-ndoqv nditv bun mengh baeqc/to give someone advise so he, she will be aware.

fingx[1] m. 姓 /xìng/ fingx mbuox/an ethnic group, clan name, surname.

fingx Bienh 姓盘 /xìngpán/ loz-bienh mienh/the Bienh (Pan or Panh) clan.

fingx Bungz 姓冯 /xìngféng/ loz-bungz mienh/the Bungz (Feng, Fong) clan or surname.

fingx-fingx mienh lungh fingx-fingx mienh caux fingx-fingx janx/all people on earth, all nationalities.

fingx Iu-Mienh Yiu-Mienh, Iuh Mienh, Mienh, Munh. Wed: fingx Iu, Yiu/an ethnic of Mien, Yao, Man, Dao, Mun.

fingx Janx yietc zungv fingx-fingx janx to referred to all non-Mien tribes.

fingx zorngc yietc zungv janx/all non Iu-Mien person, tribes.

meih gueix fingx 您贵姓 /nínguìxìng/ dorh leiz waac naaic mienh fingx *beiv hnangv,* meih gueix fingx?. Yie maiv maaih haaix nyungc gueix fingx lorqc, zinc fingx hnangv, se *fingx bienh, fingx dangc, fingx zeuz,* fai *fingx yaangh.*

fingx[2] pm. nyutc fingx aqv/the sunlight is going down and disappearing.

fingx[3] m. 性别 /xìngbié/ fingx gouv fai nyeiz nyei sic/a sex gender.

fingx gouv saeng-kuv gouv/a male sex used for animals only.

fingx m'jangc 男性 /nánxìng/ naamh fingx, fingx m'jangc/a male sex, used for human only.

fingx m'sieqv 女性 /nǚxìng/ m'sieqv dorn; nyouz fingx; nyuoz nyienh/a female sex used for human only.

fingx naamh m'jangc fingx/a male sex used for human only.

fingx nyeiz saeng-kuv nyeiz/female sex used for animal only.

fingx nyouz m'sieqv fingx/a female sex used for human only.

fingx[4] aengx lorz mangc "fiem-fingx" wuov joux nyei eix-leiz.

Finland m. yietc norm guoc jaa, yiem B. bung maengx Europe, hungh zingh mungv heuc Helsinki.

fiou[1] w. longc nzuqc fiou yuonh/to smooth off a rough objects with a knife.

fiou njang fiou njang maaih njimv nyei dorngx/to smooth off thorns, etc.

fiou yuonh fiou zorc yuonh mingh/to smooth off uneven area.

fiou[2] pm. fiou fim; fiou gong-daqv/to do good in order to win bless.

fiou doz zoux longx bun mienh, gec mv nyanc orv mv daix saeng-kuv weic oix maaih doz nyei sic/to abide by ethical.

fiou doz mienh fiou suonc weic bietv zeqv-buonc nyei mienh/a person gains merit by closely following religious.

fiou fim zoux hnyouv longx tengx doh mienh nyei sic/to do something good in order to win blessing.

fiou gong-daqv cuotv fim tengx ndortv naanc mienh lo haaix. Dgw: waaic gong daqv/to help others to earn merit.

fiou jouh baaix sipv fiou zienh baaix mienv nyei sic/to worship spirits.

fiou laangh fim kuv laangh fim tengx doh naanc mienh nyei sic. Dgw: waaic laangh fim/do good to earn merit.

fiou mienv daix jai dungz gaatv zeiv buov bun mienv nyei sic/to venerate ancestor spirits.

fiou sin-seix zoux doh dangh caeqv-jaiv nyei yinh/a cleansing ceremony.

fiou suonc hiaaux suonc die maa zoux longx bun mienh/to be humble.

fiou yiem-gong zoux kuv sic tengx mienh nyei jauv/to do good deeds.

fiou yiem-zeqv zoux weic bun mienh duqv longx nyei jauv/to do to others.

fiou zeqv-buonc zoux longx bun mienh weic ganh maaih fuqv-buonc nyei sic.

fiou zienh singx buoqc zangc fiou mienv nyei sic/to worship the spirits.

fiouv w. an jienv buoz-zaangv fiouv/to roll between the hands.

fiouv da'lueix longc I jieqv buoz fiouv bun da'lueix guinh/to spin a toy top.

fiouv laapc zuoqv zorqv mueiz-nzing an buoz fiouv benx laapc zuoqv/to mold a candle with the hands.

fiouv nqaiv congh fiouv nqaiv daaih ndaam bieqc ninh nyei kuotv nyei gaeng-kuqv-ngaengc/a dung beetle.

fioux[1] w. fioux biauv; fioux ndau; fioux gu'nguaaz/to clean up.

fioux biauv puotv njang biauv/to clean up around the house.

fioux biauv mienh tengx fioux biauv nyei mienh/a house keeper.

fioux-buonv-sin nzaaux nzengc ganh nyei sin/to washed oneself, hygiene.

fioux cie zaamc nzaaux cie caux sortv cie nyei dorngx/a car wash station.

fioux cun-gaeng hnyaapv miev fioux njang liangx-ndeic nyei sic/to work on the farm or fields.

fioux gu'nguaaz fioux gu'nguaaz nyei yiez-nqaiv/to clean up a baby.

fioux hnyouv maiv hnamv zoux waaic bun mienh/to discipline one's mind.

fioux miuc yiem muic dorngh baaix zangc miuc mienv nyei sic/to believe in Buddha.

fioux ndau puotv ndau; sortv ndau lo haaix/to mop the floor.

fioux njang nzengc fioux bun njang nzengc/to clean up and make neat.

fioux nzengc haaix nyungc yaac fioux cing-nzengc aqv/all has been cleaned.

fioux[2] m. bieqc mbuoqc benx cuotv ndaatv nyei gaeng-junv.

fioux-zoih gaeng-junv benx fioux-zoih daaih/a pupa which still inside cocoon.

fioux-zoih auv butv zoih mienh nyei auv/a wealthy man's wife.

fioux zoih mienh zueiz poux-doih maaiz maaic nyei mienh/a proprietor.

fiouv-zoih mbuoqc gaeng-junv bieqc nyei mbuoqc/a cocoon.

fioux-zoih sieqv butv zoih mienh nyei sieqv/a wealthy family's daughter.

fiqv[1] bz. tov mienv guangc zuiz/to make sacrifice apologize to a spirit.

fiqv biangh mienv sipv tov zuiz biangh mienv/sacrifice to apologize flower spirit.

fiqv gorqv fiqv zu'zong mienv zoux yinh buo hnoi-muonz yaac gec jienv mv nziaauc auv-nqox.??

fiqv mienv tov zuiz mienv/to apologize to spirit for a offense committed.

fiqv sai-diex beiv hnangv, zoux sai ong nyanc uix nyei ga'naaiv nor ninh ziouc dorngc ninh nyei sai-diex oix zuqc daix jai daaih sipv fiqv aqv/to make sacrifice apologizing to one's ritual master.

fiqv sung zoux sung fiqv sai-diex wuov zorc mienv/to atone for.

fiqv[2] zmb. fiqv jienv longc mv muoqv zuqc waaic/to use with very good care.

fiqv jienv simv longx maiv muoqv zuqc laih hlopv/to take very good care for.

fiqv jienv longc simv jienv longc maiv zoux zuqc waaic/to use with good care.

fiqv[3] tg. taaih ginx; tongx nipc/to respect; to honor; to avoid offense.

fiqv zuiz dorh nyaanh bun weic mv zuqc dingc zuiz/to pay a fine removing one's wrong do from recorded.

fiqv[4] aengx lorz mangc "korv-fiqv, korh fiqv" wuov joux nyei eix-leiz.

fitv[1] w. longc biaav faix nyei fitv. Gj: liuc, mborqv/to whip with a small stick.

fitv gu'kuotv longc biaav fitv gu'kuotv to whip buttock with a stick.

fitv[2] pm. **1** (siaam) fitv-fitv wuov/to have long mustache. **2** faix fitv/to be tiny.

fiu[1] m. dapv congx buonv nyei fiu/a gun powder; an explosive powders.

fiu-corngx dapv congx-nqunx zong fiu zietc nyei yunh ndaauv.

fiu-huaax ndie-miev longc caux jai zouv nyanc zoux gaanv nziaamv ndie.

fiu-nyaah longc zorpc douz-taanx zong benx fiu dapv congx buonv/potassium nitrate used in making gunpowder.

fiu[2] pm. nqa'qiex fiu/to calm down after angry or incensed.

fiu nqa'qiex nzauz ga'naaiv dopc zoux fiu nqa'qiex nyei sic/to show anger by throw things around.

fiu[3] pm. yie nyei zaux omx mv baac ih zanc fiu haapv mi'aqv/to decrease of a swelling wounded.

fiuv[1] pm. faix-fiuv sic. Wed: di'dien, faix, zoqc. Dgw: domh, hlo, camv/a small unimportant matter.

fiuv-baengc butv baav haa nyei baengc a minor ailment, ill.

fiuv-buonv-zinh buonv-zinh faix/small investment in doing business.

fiuv-butv butv deix baav haa heng nyei baengc/a slight illness.
fiuv-dorngc dorngc deix baav fiuv-sic/a minor wrong doing.
fiuv-dorngx fiuv-mungv, fiuv-dorngx/a small city, town.
fiuv-fiev fiev nzangc faix/to write low case letter.
fiuv-fingx mienh zoqc nyei wuov fingx mienh/a minority ethnic group.
fiuv-gong deix baav mv buangv ziangh hoc nyei gong/a part time job.
fiuv-horngc koi fiuv-poux nyei horngc. zangc. Dgw: domh jaai-horngc/a small shopping area, alley.
fiuv-horqc faix nyei horqc dorngh/low level school, elementary school.
fiuv-houz mienh hmuangv zoqc nyei biauv/a small family.
fiuv-jaa-dingh mienh zoqc yaac jomc nyei jaa-dingh/low income family.
fiuv-jauv jauv-dorn, cunx-fim jauv/a small path; a narrow road.
fiuv-jien mengh hoc gauh aiv wuov nzangh jienv/a minor official.
fiuv-kauv kauv deix baav ndaangc nyei kauv/a small test.
fiuv-laangz laangz-dorn faix nyei/a small town or village.
fiuv-maaiz maaic zoux saeng-eix-dorn deix baav/to run a small business.
fiuv-mungv mungv-dorn/a small town.
fiuv-mbouv mbouv, mbouv-guaax-dorn a minor divination.
fiuv-poux fiuv-maaiz maaic nyei poux a small store, shop, market.
fiuv-saeng-eix zoux deix baav saeng-eix faix/to run a small business.
fiuv-sic deix baav faix nyei sic/a small or a minor accident.
fiuv-zaqc nimc deix faix-fiuv ga'naaiv nyei janx-zaqc/petty thievery.
fiuv ziuh deic-bung-dorn. Dgw: domh ziuh deic-bung/a small nation.
fiuv-zornc zornc duqv leic zoqc nyei/a small profit, low interest.
fiuv-zuangv mienh mienh soux gauh zoqc wuov zuangv mienh/a minority ethnic group.

fiuv[2] w. biomv qiex yangh nyaah qangx cuotv mbui nyei sic/to whistle.
fiuv lorz doic fiuv bun doic hiuv duqv to signal each other by whistle.
fiuv[3] q. buonv congx yunh jiex gu'nguaaic mbui fiuv dangh/the sound made by a flying bullet.
fiuv[4] wj. gorngv fiuv-congx doic. Gj: fih congx. Wed: da'hauv/slightly argument.
fiuv-nzaeng **1** benx nzaeng jaax nyei sic mi'aqv/to quarrel sharply. **2** nzaeng fiuv-jaax/a slightly argue.
fiuv-saaix zoux saaix doic/to complete with each other.
fiux pm. gu'nguaaz fiux-fiux nyei jatv duqv kuh hnamv gau/a cute smiling of a baby, lovely smile.
fiux-fiux nyei jatv a'hneiv jatv nyei hmien. Gj: njeic/a pleased smiling.
Florida n. yietc norm ziou nyei mbuox, se yiem Meiv Guoqv D.N bung maengx, ziou nyei domh mungv heuc Tallahassee.
F.N se **fai naamh** bung nyei nzutv-norz fiev/an abbreviation for southwest.
foi[1] w. biouv zuoqc jiex jaax foi nzengc maiv fungc nyanc aqv/to split open of over ripe fruit.
foi daax foi wuov nzaeqv daaih foi daax foi wuov. Gj: mbuang/to puffed open.
foi[2] m. mbiauz-foi, mbiauz nyei foi/the gill of a fish.
foiv[1] pm. hnyouv sie daaih foiv-foiv nyei maiv gunv nyaiv aqv/to stuff with food.
foiv hnaangx nyanc hnaangx mv dorh leiz nyei waac/to eat impolitely.
foiv[2] pm. dopc ndoih zungx ndau nzaeqv daaih foiv-foiv wuov/to be puff open.
fom m. **1** yietc kuaaiv jiu-mau/a plastic sheet. **2** haih zungx hlo nyei giu-mau mbuoqc/a rubbery foam.??
fomv pm. biei ndaauv fomv-fomv wuov/to be full of hair, hairy.
ndiangx-fomv ndiangx-dueiv hiaangx fomv-fomv wuov/a bushy tree.
fon m. yietc fon ziangh hoc. Gj: buon/one minute, sixty second.
fonh m. douc waac finx; dinc waac, fonh se gaav congh English phone daaih.
gorngv fonh gorngv waac yiem fonh/to talk on the telephone.

korh fonh zatv fonh hoc-dauh mingh caux mienh gorngv waac/to make a telephone call.

fong[1] w. bungx fong; jaiv fong. Dgw: zietc/to be loose; loosened.

fong nyei dapv bieqc fong nyei/to be loose fit in.

fong qiex 1 biomv nzatc mienh fong qiex gan nzuih/to breath through mouth when playing wind instrument. **2** fong qiex ga'naaiv/an air valve.

fong[2] pm. hnyouv fong/easier up of mind.

baengc fong baengc longx deix aqv/to have feel better from an ill.

fong yongh bungx hnyouv manc-manc mv zuqc huaang/to take it easy.

fong[3] m. bun nziaaux bieqc fai cuotv nyei gaengh/a small door.

fong muonh bun njang caux nziaaux bieqc nyei gaengh dorn/a window.

fong muonh gingx buang gaengh dorn wuov kuaaiv gingx/a window glass.

fong muonh ndie laangc fong muonh wuov kuaaiv ndie/a window shade.

fong muonh nqaeqv torngv gaeng fai mungz wuov kuaaiv gaengh dorn nyei ga'naaiv-saa/a window screen.

fongc[1] cf. 奉 /fèng/ fongc horc bun/to give with respect; to offer.

fongc horc nyaanh 奉献 /fèngxiàn/ cuotv fim bun nyaanh/to give offering money with respect.

fongc2 cm. mienh nyei setv-mueiz mbuox beiv hnangv Naix Fongc, Yauz-fongc/a person's suffix name.

fongc[3] nz. lorngh fongc se beiv dauh houh saeng. Gj: luangh fongc/a young man.

fongc binv 奉告 /fènggào/ sux gorngv mbuox/have honor to inform.

fongc waangh 凤凰 /fènghuáng/ gorngv gouv nyei norqc waangh/a phoenix.

fongh pm. mbopv-dueiv biei fongh fongh wuov/feathery as animal's tail.

fongv w. fongv bieqc hei nyei lorh/push; to push a cart. Dgw: baeng, tor.

fongv faaux fongv jienv faaux/to push something to go up.

fongv ga'naaiv lorh bieqc hei maaiz ga'naaiv dapv fongv nyei lorh/a market shopping cart.

fongv guangc fongv guangc/push away.

fongv maiv njangx 1 hniev haic fongv maiv njangx. **2** bungx sieqv mv cuotv gaengh se beiv fongv maiv njangx.

fongv mienh ndorpc zoux doqc fongv mienh ndorpc/push someone to fall.

fongv nqoi 1 fongv biaux nqoi/to push away. **2** fongv koi nqoi/push to open.

fopc w. fopc njiec/to faint, to collapse as being unconscious.

for q. tauv qiex kuonx for-for nyei/the sound of rough breathing.

forv n. yietc norm forv/a padlock; a lock.

forv gaengh forv jienv gaengh; sorn gaengh. Gj: lorkv gaengh, *lorkv* se gaav congh English lock daaih/to lock a door.

forv jienv longc forv, forv jienv/to lock by using a padlock.

forv-limc 拉链 /lāliàn/ baeng forv nyei houx-forv, fai lui-forv/a zipper.

forv-zeih koi forv nyei zeih/a key.

forv-zeih benv mborqv nzangc nyei forv-zeih/a keyboard.

forv-zangc zoux forv nyei zangc mienh a locksmith.

mborqv nzangc forv-zeih zatv mborqv nzangc nyei forv-zeih/a typing key.

forz q. zaangz tauv qiex forz dangh/sound made by an elephant breath.

formh m. bieqc nzemx sou, *formh* se gaav congh English form daaih/a document form to be filled in.

formv w. bangc hlieqv-zaam mborqv gau formv-formv wuov. Gj: fornh/to spread out.

formx w. hnyouv sie haic formx i ziex aax ndaangc zuov zouv zuoqc lai manc-manc aengx nyanc longx deix/to eat urgently.

forn q. biomv hlauv-ndongh mbui forn nyei qiex/the sound made by blowing air into opening tube.

fornh[1] w. sin zinx fornh daax fornh nyei. Gj: nyornh, nyanh/to be tremble.

da'fornh dangh la'bieiv njangx nziangc zuqc ndiangx-fomv da'fornh dangh/to be shaking all over.

fornh[2] pm. zuqv lui houx maiv sung fornh fornh wuov/to dress up in awful way.

fornh[3] pm. mba'mborng mborqv gau ziem fornh nzengc mi'aqv/to spread outward.

fornz w. fornz mba'zorng. Gj: faev, fornv to blow out through the nose.

forng[1] m. daapv hnaav buonv nyei forng an arrow for a crossbow.

buonv-forng-ndung **1** daapv maiv an forng-nziaaux nyei forng buonv. **2** gorngv nduov nyei waac-meiv/to tell a lie.

forng-cang forng-da'mueiz zaengx jienv cang nyei forng/arrow with spear at the end.

forng-ceix cang yietc nyungc cuotv njimv ndaauv yietc ciqv nyei miev/a type of weed having one inch thorns.

forng-ndung mv an forng-nziaux nyei forng/an unfeathered arrow.

forng-nziaaux fapv forng-gorn bun forng haih guinh jienv mingh forng-nziaaux/a feathered arrow.

forng-ziangv jauv zangc ziangv fai nuqv mbuox jauv nyei forng/an arrow which on street sign.

forng[2] bt. orqv nyei forng-muonh mienv six gorngv ndortv zuqc biauv nor mv lauh wuov buonc mienh haih maaih butv baengc nyei sic cuotv.

forngv w. nanv jienv forngv. Gj: nqamv/to shake up, to make shaking.

forngv ndiangx nqamv ndiangx bun ndiangx nyei biouv ndortv njiec/to shake the tree to make fruit fall.

forngv ndie-baengh nanv jienv baengh forngv liuz hopv/to shake medicine bottle before drink.

forngx pm. la'guaih longc maiv zanv/to wasteful spend.

forngx nzengc nyaanh forngx nzengc nyaanh yaac maaiz duqv haaix nyungc to wasteful spend money.

forqv pm. biauv forqv, dorngx forqv, ndau forqv. Gj: nzangh, zunh. Dgw: sung/to be scatter; messy; unkempt.

forqv-forqv nyei forqv gau maiv fungc aqv/to be messy up every where.

mba'biei forqv mba'biei mv sung yietc deix/a messy hair, unkempt hair.

fortc[1] q. fortc fortc nyiemv nyei qiex/the sound of whimpering and snuffing.

fortc[2] pm. ziangh daaih hngongx nyei fortc fortc wuov/ugly and mentally face.

fortv q. hieh dungz haiz mienh nyei nziaau ziouc fortv-fortv nyei tiux biaux/the sound of pig squealing in fear.

fou[1] m. 夫 /fū/ nqox; fou-nyienh/a husband; to be a husband.

fou-cai 夫妻 /fūqī/ auv-nqox; nqox caux auv/husband and wife; married couple.

fou-cai-doix i hmuangv/husband and wife; a married couple.

fou-nyienh 丈夫 /zhàngfū/ yie nyei nqox my husband, my man.

fou[2] aengx lorz mangc "mbiauz-fou" caux "diux-fou" wuov deix nyei eix-leiz.

fouh bt. fouh nyei baengc. Gj: sin-omx baengc/to swollen with fluid.

baengc-fouh sin fouh nyei baengc fai sin-omx baengc/a dropsy; edema.

zaux fouh zaux butv wuom fouh/feet swollen with fluid.

fouv[1] m. yietc norm fouv. Gj: zingh, ziou, saengv/a state; a province.

domh fouv deic-bung nyei domh fouv/a capitol city of a country.

domh ziou-fouv yietc kuaaiv domh ndau-beih/a large continent.

fouv-zingh domh fouv nyei zingh/a large city with many tall buildings.

fouv[2] cm. mienh nyei setv-mueiz mbuox *beiv hnangv* Yauz-fouv; Naix Fouv/a suffix meaning of person's given name

foux[1] w. fu'jueiv laaix die maa beu maengc sou foux butv zoih/children became rich because of their parents life insurance.

foux[2] w. zorqv gaanv-nyongh foux jienv miev-gorn/to put straw around a plant.

foux jai-lauz zorqv gaanv-nyongh an jienv lauz bun jai ndauc jaux.

norqc foux lauz norqc ndaam qaauv an foux lauz/a bird to build it's nest.

foux[3] cm. mienh setv-mueiz mbuox, beiv hnangv Yauz-foux/a suffix meaning of a person's given name.

France m. yietc norm guoc jaa, se yiem F. bung maengx Europe, hungh zingh mungv heuc Paris.

FTV.**DC** se dongh **faatv-douc** naaiv joux nyei nzutv-norz waac.

fu'jueiv m. fu'jueiv-faix; domh fu'jueiv a child; children. Gj: fuqv-jueiv, fuqc jueiv, faqv-jueiv.
fu'jueiv-caan ziepc lengh hnyangx nyei nyei fu'jueiv/an adolescent; teenager.
fu'jueiv camv maaih fu'jueiv camv/to have many children.
fu'jueiv-ceux ceux sic henv haic nyei fu'jueiv/a disobedient child.
fu'jueiv-cunv nyiemv haic cunv haic nyei fu'jueiv/a cried baby.
fu'jueiv-doh naanc mv maaih dae maa nyei fu'jueiv/an orphaned.
fu'jueiv-doic fu'jueiv caux nziaauc nyei doic/children's playmate.
fu'jueiv-faix corc faix nyei fu'jueiv/a small child.
fu'juiev-hlorpv maiv zeiz yungz daaih nyei fu'jueiv/an adopted child.
fu'jueiv loh wuonx fu'jueiv-ceux nyei loh/a juvenile hall.
fu'jueiv-lunx hnyangx-jeiv corc lunx nyei fu'jueiv/a young child.
fu'jueiv-maaiz jiex zinh nyaanh daaih nyei fu'jueiv/an adopted child.
fu'jueiv mbuox cuotv bun fu'jueiv nyei mbuox/a childhood name.
fu'jueiv-naatv hemx fu'jueiv nyei maiv dorh leiz waac/a naughty child.
fu'jueiv ndie fu'jueiv nyanc nyei ndie medication for children.
fu'jueiv ndie-sai goux zorc fu'jueiv hlo nyei ndie-sai/a pediatrician.
fu'jueiv-ndortv naanc maiv maaih dae maa ziux goux nzie nyei fu'jueiv/a child without parents.
fu'jueiv-nyienx ceux sic henv haic nyei fu'jueiv/a naughty child.
fu'jueiv-nzing hemx fu'jueiv nyei mv dorh leiz waac/a naughty child.
fu'jueiv waac fu'jueiv gorngv nyei waac/children's language.

fu-sux liuc leiz ziux. Gj: fuh sux, fiqv/to serve, to minister, to support, respect.
fu-sux die maa liuc leiz goux longx/to serve or respect one's parents.
fux-sux duqv longx liuc leiz ziux goux longx nyei/to serve with the respected.
fu-sux kaeqv mienh mbenc kaeqv; liuc leiz kaeqv mienh/to serve guest.

fuc[1] m. buoqc zangc miuc zienh nyei sic to believe in Buddhism.
fuc faac miuc zienh nyei njaaux muonh The teaching of Buddhism.
fuc njaaux sienx miuc nyei njaaux/the Buddha religion.
Fuc Yieh domh horh siangx ong/a master monk.
Fuc Zou 福州 /fǔzhōu/ yiem D.N bung Zong Guoqv nyei yietc norm saengv.

fuc[2] aengx lorz mangc **peix fuc** wuov joux nyei eix-leiz.

fuv q. nziaaux buonc daaih mbui fuv-fuv nyei qiex/the sound of wind blow.

fux cm. jiex gorn baan-buic mbuox/prefix meaning of a generation given name.
Fux-buv m'jangc mienh nyei baan-buic mbuox/a man's generation name.
Fux-Hei m. (Fohi) loz-hnoi zunh gorngv daaih nyei gouv Fux-Hei se daauh dauh Iu-Mienh (Yao) yiem kaeqv-deic/the legendary of Iu-Mienh ancestor, which said he was the first dynasty in China during the century of 2000-2300 B.C or after chronology flood.
Fux-Hei Zeiv Muic Fux-Hei caux ninh nyei muoc Zeiv Muic.

fuz[1] q. cui cie-ping fuz fuz nyei qiex/the sound of pumping air in a vehicle tire.

fuz[2] gw. gorngv mbuox gu'nguaaz biomv oix zuqc gorngv fuz fuz deix.

fuz[3] pm. cuotv siaam fuz-fuz wuov/to be full of mustache.

fuiv pm. dungz nyei nzuih baengx-fuiv jiuc ndau wuov/a snout of a pig.

fuix[1] nz. hnyangx; nin, aaux benx nzung nyei waac/a year.
fuix jiex fuix hnyangx jiex hnyangx fai nin jiex nin/year after year.

fuix[2] pm. fuix mbiungc; mbiungc-wuom congh biauv-ngorh ndiepv njiec/the rain cause leaking from the roof.

fun[1] nyc. fun-sieqv; fun-dorn; gu'nguaaz-fun/grandchild, descendant.
fun-dorn dorn nyei dorn fai sieqv nyei dorn/a grandson.
fun-faqv fun caux faqv/grandchildren and great grandchildren.

fun-laangh fun-sieqv nyei nqox se yie nyei fun-laangh/a grandson in-law.

fun-mbuangz fun-dorn nyei auv se yie nyei fun-mbuangz/a granddaughter in-law.

fun[2] nyc. gorx, youz, dorc, muoc fai dorc, nziez nyei fu'jueiv se benx yie nyei fun doic/a niece, a nephew.

dorn-fun gorx youz fai dorc nziez nyei nyei dorn se yie nyei dorn-fun/nephew.

fun-nyaam dorn-fun nyei auv se benx yie nyei fun-nyaam.

fun-weiv sieqv-fun nyei nqox se benx yie nyei fun-weiv/a niece's husband.

sieqv-fun muoz-doic nyei sieqv/a niece.

fun[3] hz. norqc jieh fun; norqc waangh fun; nda'maauh fun/to be smaller than.

funv pm. nzuih baengx funv. Gj: nzuih baengx fuiv/a snout.

funx[1] sgn. 算 /suanv/ funx gaax mbu'ziex. Gj: saauv/to calculate, to count.

funx benx meih nyei funx benx meih nyei buonc ga'naaiv/to be your.

funx benx win-jaa funx caux maaih win nyei mienh/to reckon as an enemy.

funx-bienh funx-soux; saauv nyei sic/to count; calculation.

funx-bienh biouv janx-kaeqv longc funx ga'naaiv mborqv nyei biouv/an abacus.

funx-bienh horqc hoqc hoc-maaz nyei nyei horqc/a math class.

funx daaih se yie funx daaih se duqv luoqc ziepc hnyangx aqv/I'm consider myself as sixty year now.

funx dingc dingc hnyouv mi'aqv/to be settled one's mind, decided.

funx horpc nyei funx horpc nyei maiv weih jaaix/to be fair price.

funx hlaax sou yiem-liqc/a lunar calendar.

funx hnoi sou yaangh liqc/a solar calendar.

funx jaaix nyei funx daaih gengh jaaix nyei/to be expensive.

funx jienv ninh liemh ninh funx jienv to count on him too.

funx maengc 算命 /suànmìng/ funx gaax maengc longx fai ciouv. Gj: mangc maengc/to tell the fortune.

funx maengc fin-saeng 算命先生 /suàn mìngxiānshēng/ mangc maengc fai funx maengc nyei fin-saeng/a fortune teller.

funx maiv cing funx mv mengh baeqc/to be unable to calculate.

funx maiv cuotv camv haic funx maiv cuotv/to be unable to figure out.

funx maiv duqv saauv maiv duqv nyei ga'naaiv/to be unable to count.

funx maiv guai funx hngongx nyei/to consider to be a stupid.

funx maiv zic zinh funx maiv jaax-zinh nyei ga'naaiv/consider to be priceless.

funx nyaanh ga'naaiv longc tengx funx nyaanh nyei ga'naaiv/a cash register.

funx nyaanh mienh zipv nyaanh daaih saauv nyei mienh/a cashier.

funx sou mienh dimv sou-nzangc zueih yietc nyeic an nyei mienh/person to be a book keeper.

funx-soux 算数 /suànshù/ funx-bienh nyei jauv/arithmetic, mathematics.

funx zaanc nyei funx daaih se mv jaaix ndongc haaix/to be good price.

funx zaeqv 算帐 /suànzhàng/ funx gaax zaeqv mbu'ziex/to reckon account; to do accounting.

funx ziangx zoux funx cing liuz cingx zoux/to plan careful before do.

maiv funx maengc mv gunv ganh nyei maengc. Gj: maiv longc maengc/to careless for one's life.

funx[2] lz. 大蒜 /dàsuàn/ an orv, an lai nyanc ndaang nyei funx/a garlic.

funx-mbuonv morc benx mbuonv daaih nyei funx/a garlic powder.

funx-ndie-biouv funx zoux daaih tengx mba'ziu nyei ndie/a garlic capsule.

fungc wn. fungc haih hnangv naaic mv bei?. How could it be like that?.

fungc zoux aqv yie dorngc sic mi'aqv fungc zoux aqv? I'm in trouble now what can I do?

maiv buatc fungc buatc hnangv haaix nor/seems nothing unusual.

maiv fungc beiv caa go haic mv fungc beiv taux/to be incomparable.

maiv fungc gorngv maiv puix gorngv taux/to be unmentionable.

maiv fungc mangc maiv kuh mangc yietc deix/to be awful to see.

maiv fungc zoux maiv noic horh nyei sic/to have no choice.

fungh wj. tauv qiex fungh fungh for-for nyei/the sound of loudly breathing.

fungh fungh fengx-fengx hnungx-hnungx hnaeng-hnaeng nyei/to swing back and forth; dangle along.

fungx[1] pm. fungx cuotv jauv/to send off; to escort; dispatch; delivery.

fungx baeng fungx baeng cuotv mingh mborqv jaax/to send troops.

fungx bieqc congh nyiec guoqv fungx bieqc/to import, to send in.

fungx bou aapv jienv dorh jauv mingh to press to lead the way.

fungx cien fungx siang-mbuangz mingh bun siang-laangh nyei biauv/to escort a bride to groom's house.

fungx cuotv fungx cuotv mingh/to send out; to export or to issue.

fungx cuotv jauv fungx kaeqv mienh cuotv jauv/to escort a guest.

fungx faaux yiem ga'ndiev fungx faaux gu'nguaaic/to send up.

fungx fienx dorh fienx cuotv mingh bun to deliver a mail or to send mail.

fungx fienx cie niouv fungx fienx nyei cie/a mail truck.

fungx fienx mienh dorh fienx fungx bun mienh nyei mienh. Gj: fienx-cai/a post-man, mailman.

fungx fienx zaamc fungx fienx nyei biauv/a post office.

fungx fienx zinh fungx fienx longc nyei zinh nyaanh/a postage fee.

fungx guaix sipv mienv fungx guaix guangc/to send harmful influences away.

fungx huox fungx huox cuotv mingh bun/to deliver goods.

fungx huox cie fungx huox cie-ndaix fai cie-ndau/a delivery truck, cargo.

fungx hnaangx dorh hnaangx mingh bun nyanc/to send food for someone.

fungx gan koiv fungx gan domh nzangv mingh/to send goods by ship.

fungx jaax fungx sieqv cuotv gaengh mingh zoux auv/to escort bride.

fungx janx-daic fungx daic nyei sei mingh zouv-gemh biopv/to send dead body to cemetery, buried.

fungx jien-fouv zorqv janx-zaqc fungx bun jien-fouv/to submit to authority.

fungx kaeqv fungx kaeqv mienh cuotv jauv/escort visitor on their way out.

fungx maiv taux fungx gau maiv taux fiev dorngc deic zepv/to be unable to deliver, wrong address, etc.

fungx mienh cuotv jauv fungx dangh mienh cuotv jauv/to send someone off.

fungx mingh fungx mingh bun/to send something.

fungx nzuonx aengx dorh nzuonx bun ziouv/to return to original owner.

fungx sei fungx sei mingh biopv/to send a body out to buried.

fungx sei nzung fungx sei baaux nyei nzung/a funeral song, hymn.

fungx sieqv fungx sieqv cuotv gaengh mingh zoux auv/to escort a bride to groom's house.

fungx taux dorh taux mingh bun/to send to, to deliver to.

fungx zienh fungx mienv/to send away a harmful spirit.

fungx zong yinh zoux fungx sei nyei yinh/a funeral ceremony.

fungx[2] zny. ziang naaic fungx bun/to give without charge.

fungx bun ziang naaic bun hnangv mv longc nyaanh/to give for free.

fungx mienh ziang naaic fungx hnangv maiv maaic/to donate something.

fungx nyaanh fungx bun mienh nyei nyaanh/to give a tip or to send money.

fungx-sutv zinh fungx bun nyei zingh nyeic nyaanh/the money given as tip.

fungx zingh nyeic bun fungx ga'naaiv bun/to give someone a gift.

fungx zoux zingh nyeic fungx bun zoux zingh nyeic/to give something as a gift.

fungx[3] w. nyanc caux hnaangx bun nzuih haiz kuv/to be eat with rice.

fungx hnaangx ga'naaiv nyanc caux hnaangx nyei ga'naaiv, lai/food that to be eat with rice.

hopv diuv fungx nyanc orv hopv diuv fungx jienv/to eat meat and drink.

nyanc lai fungx hnaangx nyanc lai caux jienv hnaangx/eat vegetable with rice.

fuon q. biomv hlauv-ndongh mbui fuon dangh nyei qiex/the sound by blowing a bamboo tube.

fuoqv[1] m. longc fuoqv ndiangx nyei fuoqv/a plane used by carpenter.

fuoqv ndiangx longc fuoqv, fuoqv bun ndiangx-benv yuonh/to used a plane to plane a wood board.

fuoqv ndopv mau longc fuoqv ndopv ga'naaiv fuoqv mau/used scrape hides until they are soft.

fuoqv[2] pm. fuoqv mingh an zunv/to push scattered items together.

fuoqv congx fuoqv yunh faaux congx-nqunx mbenc ziangx buonv/to get ready a gun before fire.

fuoqv ga'naaiv m'jangc m'sieqv caux doic nyei waac-zaanc/a slang, for sexual intercourse.

fuqc wj. fuqc jueiv. Wed: fu'jueiv, fuqv-jueiv, faqv-jueiv/a child; children.

fuqv[1] fb. 福 /fú/ ziangh duqv maaih fuqv nyei mienh/a blessing person.

ceix fuqv lungh zangc ceix fuqv bun/to be blessed with good fortune.

fuqv-buonc 福分 /fúfēn/ maengc ziu duqv nyei buonc/a blessing.

fuqv-deic 福地 /fúdì/ fin-mienh yiem nyei dorngx/a paradise.

fuqv-gueix butv zoih maaih mengh hoc nyei mienh/a wealthy family.

fuqv-gueix dorn-jueiv butv zoih mienh nyei fu'jueiv/children of the wealthy.

fuqv-gueix jaa-hauh domh butv-zoih mienh nyei jaa-dingh/a billionaire.

fuqv-gueix kuaa dorh leiz waac heuc butv zoih mienh nyei sieqv/a girl of a wealthy family.

fuqv-gueix mienh zangc horngh butv zoih mienh/a wealthy people.

fuqv-gueix nyouz cuotv mengh nyei sieqv/a beautiful woman.

fuqv-gueix ong domh butv-zoih ong/a wealthy old man.

fuqv-gueix sieqv dorh leiz nyei waac heuc lamh go daaih nyei sieqv.

fuqv-loqc 福禄 /fúlù/ maengc dorh daaih nyei fuqv-buonc/lucky, good fortune; happiness.

siouc fuqv 享福 /xiǎngfú/ njien-youh duqv nyanc mv zuqc nyei maengc/to enjoy blessing or happiness, benefit.

fuqv[2] pm. longc wuom fuqv lai bun lai haih hlo/to spray or sprinkle water.

fuqv douz longc wuom fuqv douz to spray water on a fire.

fuqv douz cie fuqv douz nyei cie/a fire truck or fire engine.

fuqv douz mienh njoux douz, mborqv douz mienh/a fire fighter; fireman.

fuqv douz ndie fuqv bun douz daic nyei ndie. Gj: mietc douz ndie/the contents of a fire extinguisher.

fuqv douz wuom jauv-hlen longc fuqv douz nyei wuom/a fire hydrant.

fuqv gaeng ndie fuqv gaeng daic nyei ndie/an insecticide.

fuqv miev ndie fuqv bun miev daic nyei ndie/to spray a weed killer.

fuqv mba'zorng ndie fuqv mba'zorng nyei ndie/a nasal spray liquid medicine.

fuqv ndie longc ndie fuqv gaeng daic fai miev daic/to spray liquid medicine.

fuqv wuom longc wuom-hlaang fuqv wuom/to spray water on.

fuqv wuom cie zaangh wuom fuqv jauv fai fuqv douz nyei cie/a spray truck.

fuqv wuom jaa-sic fuqv wuom nyei jaa-sic/a spraying equipment.

fuqv wuom tongv tongv-jaix da'mueiz zuei jienv kuotv muonc nyei se longc dapv wuom fuqv ga'naaiv nyei tongv/a watering bucket.

fuqv[3] cm. mienh nyei setv-mueiz mbuox, beiv hnangv Yauz-fuqv, Yauz-en/suffix meaning of a man's generation name.

futc w. futc ndopv. Gj: maeqv ndopv/to peel skin by dragging down.

futc jieh nziaauc hnangv mv zoux gong, mv dorh leiz nyei waac/slang. to foolish around with doing nothing.

futc ndiangx-ndopv maeqv ndiangx nyei ndopv futc njiec/to peel by pull down.

futc njiec nanv jienv baeng futc njiec/to peel by pulling down.

futv[1] pm. niouv cie siepv futv-futv nyei mingh/to speed up a car and go smoothly without any delay.

Futv[2] m. 戌 /shù/ ziepc yietv weic deic sokv fai jaapv-zaangv-neix/the eleventh of the Twelve Earthly Branches.
futv hnyangx zuoqc juv nyei hnyangx se dongh 2006 caux 2018 guinh jienv mingh ziepc nyeic hnyangx aengx taux nzunc futv hnyangx.
futv ziangh 戌时 /shùshí/ zuoqc juv nyei ziangh hoc siec taux nduoh diemv/hour between 7-9 PM, time of the dog.

G

g /gor/da'cietv norm nzangc-maac yiem Iu-Mienh/Yao nyei waac.
ga'borngx dapv mbie ndongh, se gaav congh janx-taiv-waac daaih/a tin can.
ga'cekc w. ga'cekc dangh biu njiec mingh. to jump down in the short high.
ga'dangh hmei longc zoux hlaang ndoh ga'naaiv nyei hmei/a string vine.
ga'donx tortc m. naetv jienv miev-normh nyei fioux-zoih mbuoqc/a cocoon.
ga'ganh m. ganh nyei nza'hmien-buonc se dongh **ganh ganh** soqv nangv fiev oneself, one's personality.
ga'ganh hoic ga'ganh ganh zoux hoic zuqc ganh/to harm oneself.
ga'hlen zmb. **1** yiem i bung ga'hlen/be at either side. **2** ga'hlen huing nzuonx nyei dorngx/a surrounding area.
ga'hlen mienh nyiec nyei mienh/other people; neighboring people.
ga'hlen sic nyiec nyei sic. Gj: henh sic an outside matter.
yiem-hlen mienh zueiz muangx i bung nzaeng sic nyei mienh/the people to be witness, a judge official.
ga'lam w. haiz gamh nziex deix, se dongh **gamh lam** nyei fiev nangv/to feel fear.
ga'lam haic haiz zengv gamh nziex deix nyei/to be very fearful.
ga'lanv m. 橄榄 /gánlán/ jieqv, fai yangh nyei ga'lanv biouv/an olive.
ga'lanv ndiangx ziangh ga'lanv biouv. nyei ndiangx/an olive tree.
ga'lanv youh 橄榄油 /gánlányóu/ ga'lanv biouv zoux nyei youh/an olive oil.
ga'ling q. lingh dorn mbui ga'ling dangh nyei qiex/the sound of a small bell.
ga'ling ning lingh mbui ga'ling ning nyei qiex/the sound made by small bell.
ga'lingc m. ga'lingc ndiangx , se yietc nyungc ndiangx nyei mbuox.
ga'lorkv m. longc buov in nyei ga'naaiv an opium smoking pipe.
Janx-Ga'lorkv baqv bung Taiv-deic nyei janx. Gj: janx-ka'lormx/a northern Thai people.
ga'maeqc 玉米 /yìmǐ/ uix saeng-kuv nyei laangh ziqc fai mienh nyanc yaac duqv. Gj: maeqc, gu'maeqc/a corn.
ga'maeqc lunx maeqc corc lunx wuov zanc/a tender corn.
ga'maeqc njuov maeqc mbuonv zoux njuov daaih/a corn bread.
ga'naaiv m. **1** nyungc-nyungc ga'naaiv an object; things; supplies. **2** jaa-dingh ga'naaiv/household belongings. **3** sin zangc nyei leic jeiv ga'naaiv/personal things; privite things.
ga'naaiv-beu ga'naih beuc; yietc beu ga'naaiv/a bundle; parcel; package.
ga'naaiv-buoz-njom buoz zinx nanv ga'naaiv maiv jienv/a shaky hand.
ga'naaiv butv-ndin maiv nzang nyei mienh/a crazy man, lady.
ga'naaiv cei ngorc nyei mienh, mv dorh leiz nyei waac/a glutton, hungry man.
ga'naaiv-cenv longc cenv nie fai cenv caeng ga'naaiv/a shovel.
ga'naaiv-cui longc cui nziaaux, qiex ga'naaiv/an air pump or air compressor.
ga'naaiv-daic maiv maaih qiex nyei ga'naaiv/a dead thing.
ga'naaiv-dienh gitv ga'nyiec ndopv nyei dienh/scum.
ga'naaiv-diuv-nquin ziangh diuh hopv diuv nquin nyei mienh. Gj: diuv-nquin lov/a drunkard or an alcoholic.
ga'naaiv-faang 1 butv faang mun/a scabs on skin. **2** zeiv faang/a box.
ga'naaiv-gan gan daaih nyei mienh/a person living with other.
ga'naaiv-gangh zoux sic hngongx nyei mienh/a foolish person.
ga'naaiv-gapc 1 gapc sou ga'naaiv/a

stapler. **2** gapc finx ga'naaiv/a pliers that lock.
ga'naaiv-gapc sim dapv ga'naaiv-gapc nyei sim/a staple.
ga'naaiv-giv faix nyei giv-giv wuov/a small underdeveloped person or thing.
ga'naaiv-gorng ba'nyaaic gorng/a long strip of cloth used as a strap.
ga'naaiv-gouv mv dorh leiz waac beiv m'jangc mienh/a guy, a male thing.
ga'naaiv-guv-guaix hnyouv guv guaix uv nyei mienh/a cunning person.
ga'naaiv-guai maaih cong-mengh guai nyei mienh/a smart, wise guy.
ga'naaiv-guangc longc mv zuqc nyei ga'naaiv/refuse or trash.
ga'naaiv huv gaeng-zinh naetv zuqc ndopv huv/a blemish, rash skin.
ga'naaiv-huv huv waaic nyei ga'naaiv a broken stuff; a spoiled thing.
ga'naaiv-huaac pih haih gorngv-baeqc nyei mienh. Gj: huaac zueiv/a smooth-talk liar, smooth-tongued liar.
ga'naaiv-hlorx longc dapv ga'naaiv nyei hlorx/a basket for keeping things.
ga'naaiv-hngongx hngongx nyei mienh a mute and deaf person; stupid.
ga'naaiv hngongx horqc njaaux mienh hngongx mienh nyei horqc/a school for mute and deaf people.
ga'naaiv-hngongx sic mienh guai mienh zoux hngongx nyei sic/a stupidity act.
ga'naaiv-hngongx waac mienh guai mienh gorngv hngongx nyei waac/none sense talk; foolish talk.
ga'naaiv-jaic ziangh ziouc jaic nyei mienh/a skinny person; a thin thing.
ga'naaiv jieqv 1 gorngv *congx* nyei waac-meiv/a gun. **2** gorngv *janx-daic sei* nyei waac-meiv/a death body. **3** in nyei waac-meiv/an opium.
ga'naaiv-junh 1 junh nyei ga'naaiv/a round thing. **2** beiv, m'jangc mienh nyei waac-beiv/a male thing.
ga'naaiv-kuing junh kuing-kuing nyei ga'naaiv. Wed: ga'naaiv-guingh/a circular object.
ga'naaiv-kuangx kuangx lui houx nyei ga'naaiv/a hanger.
ga'naaiv-la'nyauv 1 mv cing mv cov nyei ga'naaiv/a tangle stuff. **2** la'nyauv henv nyei mienh/a trouble maker.
ga'naaiv-laih hlopv maiv cing-nzengc nyei ga'naaiv/a dirty thing.
ga'naaiv-longc jaa-dorngx ndorm zinh nziouv hmuangx longc nyei ga'naaiv/a daily needs tools or equipment.
ga'naaiv-longx mv waaic nyei ga'naaiv a good stuff, good things.
ga'naaiv-louc louc hmei louc youh nyei ga'naaiv. Gj: liouc/a filter, a strainer.
ga'naaiv-louz ganh cuotv nyei ga'naaiv a volunteer plant.
ga'naaiv-lueic lueic haic nyei mienh/a lazy bone, a loafer.
ga'naaiv-maux 1 maux mv jauh nyei ga'naaiv/an empty grain. **2** gorngv waac maux nyei mienh/a braggart, a boaster.
ga'naaiv mokc mau mokc-mokc nyei ga'naaiv/a cushion, spongy thing.
ga'naaiv-mun mun nyei dorngx, mun nyei nzuih/a wound, a sore.
ga'naaiv mun nzuih mun wuov norm dorngx/an opening wound.
ga'naaiv-mbam heuc doqc ga'naaiv-hngongx nyei waac/a stupid person.
ga'naaiv-mbanc heuc doqc hngongx nyei mienh fai heuc doqc zoux sic maiv guai nyei mienh/a dumb person.
ga'naaiv-mbau haih biomv mbau nyei ga'naaiv/an inflatable object, a balloon.
ga'naaiv-mbeih 1 mbeih nyei ga'naaiv a flat thing. **2** gorngv m'sieqv mienh nyei waac-meiv/a female thing.
ga'naaiv-mbeux haih mbeux nyei ga'naaiv/a hand grenade, firecracker.
ga'naaiv-mbung faix haic mangc mv buatc nyei ga'naaiv/a dust.
ga'naaiv-naetv nyouh haih naetv nyei ga'naaiv/a sticker.
ga'naaiv-nangh maaih maengc nangh nyei ga'naaiv/a living things.
ga'naaiv-nienv nienv nyei ga'naaiv se beiv nyaanh/a paper money
ga'naaiv-nipv longc nipv jienv bouh nyei ga'naaiv/a holder.
ga'naaiv-ndaang 1 nyungc-nyungc an lai ndaang nyei miev/general name

for onion. **2** nyungc-nyungc fuqv bun sin ndaang nyei ga'naaiv/a perfume.

ga'naaiv-ndaang ndoih nyungc-nyungc ga'naaiv-ndaang nyei ndoih/onion root.

ga'naaiv-ndioux 1 ndioux da'hnaeng da'hnaeng nyei ga'naaiv. **2** jiex naaiv jiex wuov gorngv-baeqc nduov nyanc nyei mienh/a hooligan.

ga'naaiv-ndui yietc ndui ga'naaiv fai ndui ga'naaiv nyei dorngx/a pile.

ga'naaiv-ngorkv hngongx haic, mv dorh leiz nyei waac/a stupid person.

ga'naaiv-njaiz zuoqv-zuoqv dongx-dongx wuov/an overcooked stuff.

ga'naaiv-njapv 1 mienh njapv mienh a stingy guy. **2** njapv lui-houx pui nyei ga'naaiv/a clothespin. **3** njapv ga'naaiv nyei njapv/a tweezers.

ga'naaiv-nyaapv nyaapv la'fapv zunv nyei ga'naaiv/a rake.

ga'naaiv-nyaic heuc doqc mienh jaic mienh nyei waac/a skinny person.

ga'naaiv nyanc nyungc-nyungc nyanc nyei ga'naaiv/a general food.

ga'naaiv-nyanv maiv hlo giv-giv wuov nyungc mienh/underdeveloped person

ga'naaiv-nyang ndiangx-nquaah nyang lo haaix/a twiggy.

ga'naaiv-nyauv forqv maiv sung nyei ga'naaiv/a messy thing.

ga'naaiv-nyeiz heuc doqc m'sieqv dorn nyei waac/a female stuff.

ga'naaiv nyim liouh zoux nyim zuangx nyei ga'naaiv/seeds for plant.

ga'naaiv-nyouh 1 nyouh haih naetv nyei ga'naaiv/a sticky thing. **2** gorngv yangh in nyei waac-meiv/an opium.

ga'naaiv paan-daau paan-puotv maiv dingc hnyouv nyei mienh/someone who unable to decide one's mind.

ga'naaiv piex maiv jiem nyei ga'naaiv a low in quality thing, weak thing.

ga'naaiv-ping haih ping jienv mingh nyei ga'naaiv/a wheel, hoop, tire.

ga'naaiv-sengh sengh ga'ndiev nyei ga'naaiv/a cushion, shim.

ga'naaiv-sox 1 sox mv fungc nyanc nyei lai hnaangx/a spoiled food. **2** heuc doqc mienh suonc mienh/a slow person.

ga'naaiv-sui nyanc sui nyei ga'naaiv/a sour food, stuff.

ga'naaiv-waaic 1 heuc waaic fangx mienh nyei mv dorh leiz waac/a mentally challenge person. **2** waaic mv benx longc nyei ga'naaiv/a broken stuff.

ga'naaiv-zuangx mienh zuangx daaih nyei ga'naaiv/plant in general.

ga'naaiv zueix mba'zorng siouc maiv duqv nyei ga'naaiv/stinking thing.

ga'naaiv-zuic longc zuic nzangv nyei ga'naaiv-hniev/a weight for boat.

ga'naaiv zung yiem hmei-luangh, yiem ndiangx cuotv nyei zung/sap from a tree.

ga'naaiv-zuoqv heux nyei zuoqv-zuoqv wuov/soupy stuff, sloppy thing.

ga'naanh w. maiv maaih faang-mbienc, jomc kouv ga'naanh. Gj: gaan-naanh/to be poor; difficult; challenge.

ga'naanh nyaanh maiv maaih nyaanh longc/lacking money, poor.

ga'naanh nyanc hopv mv maaih laangh ziqc gaux/lacking food provision.

ga'nekv bt. ga'nekv/hiccup; hiccough or to hiccup.

ga'nitv-nyouh haih naetv lui houx nyei yietc nyungc miev-nyim/a sticky stuff.

ga'nortv m. lengh yaac sekv haic nyei dorngx/a shade and quiet place.

ga'nortv dorngx leih mienh camv go nyei dorngx/undeveloped area.

ga'nortv mienh yiem ga'nortv dorngx nyei mienh/people from country side.

ga'nortv sieqv yiem ga'nortv dorngx nyei sieqv/a country girl.

ga'ndiev pm. njiec ga'ndiev bung. Dgw: gu'nguaaic/below; underneath.

ga'ndiev bung njiec ga'ndiev wuov bung/bottom side; underside.

ga'ndiev gorn ga'ndiev njiec nzungh wuov bung/the bottom base, root.

ga'ndiev maengx ga'ndiev ndoqv wuov bung/underside; bottom side.

ga'ndiev ndau-ndiev njiec ga'ndiev ziqc ndau mingh/under the ground.

ga'ndiev ndoqv ga'ndiev ndo jiemc nyei dorngx/the bottom bed.

ga'nyiec w. cuotv ga'nyiec bung. Gj: beih zangc/outside; outlet; outer; external.

ga'nyiec caux gu'nyuoz both outside and inside.

ga'nyiec maengx cuotv ga'nyiec ziqc gapv-nqenx mi'aqv/to be outside.

ga'nyiec mienh yiem nyiec nyei mienh fai janx. Gj: nza'maengx/an outsider.

ga'nyiec sic maiv taux mbuo nzauh nyei sic/matters out; external affairs.

ga'nyiec waac 1 mv zingx dorng nyei waac/inappropriate language. **2** ganh fingx nyei waac/a foreign language.

ga'nyiec ziqc biauv ga'nyiec maengx bung biauv/area outside a house.

ga'nyongh nyueih cuqv ndutv liuz nyei nyongh, se dongh "gaanv-nyongh" fiev nangv daaih/a rice straws.

ga'nyorc m. **1** maaih fei caux hietc norm njiuv nyei gaeng, se "gaeng-nyorc" fiev nangv daaih/a spider. **2** m'sieqv mienh congx congx nyei mbuox/a name for an embroidery designed.

ga'nyorc caengx m'sieqv mienh heuc congx nyei mbuox/the name or title of an embroider design.

ga'nyorc fei gu'nyorc zoux mbiorngz nyei fei/the thread of a spider.

ga'nyorc joih yietc joih ga'nyorc congx nyei mbuox/a name of embroider.

ga'nyorc mbam domh ga'nyorc jieqv biei suqv-suqv wuov nyungc/a big black and hairy spider.

ga'nyorc mbiorngz ga'nyorc zoux nyei mbiorngz/a spider web.

ga'nyorc yangh domh ga'nyorc yangh nyei/a yellow spider.

ga'nyorc zing haih benx ga'nyorc mou nyei zing-guaix/an evil spirit that can transform into a spider shape.

ga'nziev, gamh nziev w. muoqv zuqc deix bungh bungh biatc biatc nyei/ticklish.

ga'nziex, gamh nziex w. haiz sin zinx gamh nziex/afraid, feeling nervous.

ga'ongv bt. ga'sie fongv cuotv nzuih nyei qiex/to burp (gastro reflux disease).

ga'pien biouv lz. yietc nyungc ziangh yiem ndiangx-gorn nyei biouv. Gj: suiv-gouv biouv, gorng-pien biouv/a type of fig which grow at the base of a fig tree.

ga'qiex w. aengx lorz mangc *nqaang-qiex* fai *nqa'qiex* wuov joux nyei eix-leiz.

ga'qiex baetv cuotv qiex jiez dingc aqv to lose one's temper, very angry.

ga'saeqv gn. siou waac hlaang, *ga'saeqv* se gaav congh English cassette daaih.

ga'seih jorngx hz. domh ga'seih jorngx/a large brown lizard.

ga'seih ndaix haih ndaix ndiangx-zorng nyei ga'seih jorngx/a flying lizard.

ga'sern biu hz. biee jieqv zaux mv baac i jieqv taux ndau biu jienv mingh nyei hieh zoih/a kangaroo.

ga'six wj. a'jang yie heuc meih yoc maiv zorqv fonh?. Ga'six yie nyanc jienv hnaangx nyei niaa/but; yet; however.

ga'six mv zeiz weic zuqc mv zeiz/just because it's incorrect.

ga'six mv maaih weic zuqc mv maaih because do not have any.

ga'sie m. congh la'kuotv-jiemc njiec taux qam-gorn se ga'sie. Wed: nqa'sie/an abdomen; stomach.

ga'sie-dorn congh ga'sie-nutv njiec se heuc ga'sie-dorn. Dgw: domh ga'sie/a lower abdomen.

ga'sie faix ga'sie faix nyaapv-nyaapv wuov/to have a small stomach.

ga'sie fiex ga'sie mun fiex bungx nqaiv ndorngh nyei baengc/to have diarrhea or diarrheic.

ga'sie fiex ndie tengx ga'sie fiex dingh nyei ndie/antidiarrheal medicine.

ga'sie fiex nziaamv ga'sie fiex bungx cuotv nziaamv/to be dysentery.

ga'sie hlo ga'sie hlo duc-duc wuov/to have a big stomach.

ga'sie hnornv ga'sie junc daaih ndopv hnornv-hnornv wuov/a fat abdomen.

ga'sie mun ga'sie mun nyei baengc/a stomach ache; indigested pain.

ga'sie-mun-cov ga'sie mun daaih niouv nziuv-nziuv nyei baengc/a colic pain in the stomach.

ga'sie mun-namx yungz liuz gu'nguaaz ga'sie mun-namx nyei baengc/to have a stomach pain after childbirth.

ga'sie mun ndie tengx ga'sie maiv mun nyei ndie/medicine for a stomach ache.

ga'sie mun-nqaai ga'sie mun nqingx nyei baengc/to have a sting pain in the stomach

ga'sie-mbuoqc nyanc hnaangx njiec zaangh nyei mbuoqc/a stomach.

ga'sie mbuoqc baengx mbuoqc baengx nyanc ga'naaiv njiec wuov/the cardia.

ga'sie mbuoqc kuv cuotv maengx wuov bung mbuoqc/the pylorus.

ga'sie-mbuoqc mun ga'sie nziuc maiv muonc mun nyei baengc/ulcer pain or indigested pain.

ga'sie-mbuoqc taatv mbuoqc gu'nyuoz taatv nyei baengc/an ulceration.

ga'sie-nutv/the bellybutton; navel.

ga'sie-ndopv ga'sie wuov wuonc ndopv skin around the stomach.

ga'sie nqingx ga'sie mun ngingx/sting pain in the stomach.

ga'sie nyaapv ga'sie faix nyaapv-nyaapv wuov/a flat stomach; concave.

ga'sie zungx ga'sie maaih nziaaux nyei baengc. Gj: butv ga'sie-zungx/gas pain.

ga'sortc ndie m. cou nyei ndie *ga'sortc* se gaav congh Taiv-waac/burlap sackcloth.

ga'sortc mbuoqc dapv maeqc, dapv cuqv nyei ndie-cortc mbuoqc/a burlap sack.

ga'sortv dl. dorh leiz waac gorngv gengh ceuv-faanh zuqc meih aqv/troublesome.

ga'sortv haic lorqc gengh la'nyauv haic bun meih lorqc/it's really trouble you.

ga'zaan m. dimc coux bueix nyei suangx-biei/a wool blanket.

ga'zeiz wm. meih buatc naaic se ga'zeiz hnangv naaic zoux?.

gaa[1] nz. 歌 /gē/ benx gorngv nzung nyei waac. Gj: gor/cangx gaa/sing song.

cangx gaa 唱歌 /chànggē/ nzung nyei waac, gorngv baaux nzung/to sing song.

gaa in wuonc qiex, gaa in oix maaih naaiv deix sic cuotv yie cingx daaih m'zing ndongc naaiv nyei ndiuc weqv to be bad luck, unlucky.

gaa-nyinh nzung nyei waac fai nzung nyei eix/lyrics of a song.

gaa[2] m. hlaau yietc gaa nyei soux-mouc/a unit measurement of one quart.

gaa fae dorngx zaah hopv nyei gaa fae. Gj: kaa fae/coffee.

Gaa laa tie 加拉太书 /jiālātàishū/ se yietc buonv zengx-ginx sou/Galatians, the book in the New Testament Bible.

gaav w. 借 /jiè/ gaav zaeqv; gaav nyaanh; gaav bun/to apply for loan; to borrow.

gaav bun gaav nyaanh, gaav ga'naaiv bun/to lend to; to let borrow.

gaav douz gaav dangh douz-limh buov in-mbiaatc/borrow a cigarette lighter.

gaav duqv laengz gaav bun aqv/to get loan approved.

gaav huox gaav loz-benv nyei huox dorh mingh maaic zornc leic/to borrow goods.

gaav longc gaav mingh longc douc baav hnangv/to borrow for temporary use.

gaav nyaanh 借钱 /jièqián/ zoux sou gaav nyaanh/to apply for loan.

gaav nyei leic gaav nyaanh nyei leic zinh/the interest on a loan.

gaav nzuqc daix mienh se beiv cingv mienh daix ganh nyei win-wangv/to kill one's enemy by other hand.

gaav sou zengx 库书卡 /kùshūkǎ/ gaav sou longc nyei zengx/a library card.

gaav waac gaav ganh fingx nyei waac longc/to borrow a word.

gaav zaeqv gaav mienh nyei nyaanh longc/to apply for a loan.

gaav zaeqv mienh gaav nyaanh nyei mienh/a borrower.

gaav zinh gaav zaangz kungx qiemx jienv zaeqv mingh hnangv/to depend on the loan for living.

gaav ziouv 债权人 /zhàiquǎnrén/ gaav nyaanh bun mienh nyei ziouv/lender; banker; creditor.

gaax wj. seix gaax; naaic gaax; muangx gaax; nyanc gaax/sense of let's try and see or let's taste it.

doqc mangc gaax doqc fienx mangc gaax gorngv haaix nyungc/to read letter to see what it said.

oix seix gaax oix seix mangc gaax se hnangv haaix nor/want to try.

gaaz[1] m. 轭 /è/ gaaz gongh jaang laih lingh nyei ndiangx-gaaz/a yoke for ox's neck.

gaaz[2] q. norqc aa heuc gaaz gaaz nyei qiex the sound made by a crow.

gaaih pm. ziangh duqv hlang haic gaaih gaaih wuov/to be very tall.

gaaih daax gaaih gengh hlang gau gaaih gaaih nyei/a really tall guy.

gaaix[1] w. gomv jiez gu'nguaaic nyei sic/to be cover over/meih bingx yie zoux deix haaix nyungc sic-gaaix laeh?

gaaix[2] w. fiev njiec, ceu jienv, *gaaix* se gaav congh janx-laauv waac/to write down; to copy.

gaaix jienv meih gaaix jienv ninh nyei deic zepv daaih bun yie/please write down his address down for me.

gaam m. gaam nyei mueix/to be sweet; having the taste of sugar.

gaam-namc gaam jiex jaax nyei mueix to be over sweet

gaam nyei mueix se gaam nyei mueix doc/sweet taste.

gaam-zaiv m. gaam-zaiv biouv. Gj: gamh zaiv biouv/an orange.

gaam-zaiv biouv gaam-zaiv ndiangx nyei biouv/an orange fruit.

gaam-zaiv gong maiv ziangh biouv nyei gaam-zaiv ndiangx/orange tree that not produce fruit.

gaam-zaiv juangc beih gorqv-zeic hlengx, jouv coix juangc gorn gorqv-zeic yaang. cai-doix juangc zorngh gorqv-zeic fingx, ziepc buon dongh fingx gorqv-yieh nyaangh.

gaam-zaiv ndeic zuangx gaam-zaiv nyei ndeic/an orange field.

gaam-zaiv ndiangx gaam-zaiv biouv nyei ndiangx/an orange tree.

gaam-zaiv ndopv gaam-zaiv biouv nyei ndopv/skin of an orange.

gaam-zaiv wuom gaam-zaiv biouv nyei wuom/an orange juice.

gaam-ziex gaam-ziex-ndiangx. Gj: gamh ziex/sugar cane.

gaam-ziex-dorngh gaam-ziex-wuom zinx benx dorngh/cane sugar.

gaam-ziex-zaa zaax gaam-ziex wuom cuotv liuz wuov deix zaa/pulp of sugar cane after crushed.

gaamv w. 敢 /gǎn/ gaamv; gaamv laengz; gaamv gorngv/dare to.

gaamv cingv maaih buonv-zeic cingv duqv/dare to invite; dare to hire.

gaamv daaih daamv hlo mv gamh nziex daaih duqv/dare to come.

gaamv daic mv nziex daic/dare to die.

gaamv dorng 敢当 /gǎndāng/ gaamv ndaam-dorng/dare to undertake.

gaamv gorngv gaamv cuotv nzuih mingh gorngv/dare to speak out.

gaamv naaic 敢问 /gǎnwèn/ gaamv nqoi nzuih naaic/dare to ask.

gaamv zoux 敢做 /gǎnzuò/ daamv hlo nyei mingh zoux/dare to do.

gaan[1] pm. nda'maauh nyei dueiv gaan daax gaan wuov/long tail of a tiger.

gaan[2] w. nqaai-nqaatv nyei sic/to be long for or to be difficulty.

gaan caauv gn. yietc nyungc hmei dopv nziuc gaam nyei se zoux duqv hnyouv laangh ndie/a type of vine it has sweet taste used as heartburn medicine.

gaan-naanh njang nzengc maiv maaih aqv/difficult or poor thing.

gaan[3] aengx lorz mangc *buv gaan, buv gaaix* nyei eix-leiz.

gaanv[1] pm. gaanv jienv maiv gaih/to be hurry or speed up.

gaanv daaih gaanv jienv daaih/hurry and come quickly.

gaanv duqv hingh mv gaengh zaih corc gaanv duqv hingh nyei/still be able to catch up with.

gaanv gong gaanv jienv zoux gong mv ngaih/hurry up to get a job done.

gaanv hei mingh hei maaiz lai/to go shopping; to do shopping.

gaanv hei mienh bieqc hei maaiz lai nyei mienh/a shopper.

gaanv hingh gaanv hingh mi'aqv/be able to catch up with.

gaanv jauv yangh jauv beqv nyei gaanv jienv mingh/to walk fast.

gaanv jienv zoux maiv hitv kuonx nyei zoux/to hurry and working on.

gaanv maiv hingh gaanv maiv zaaic/to be unable to catch up with.

gaanv maiv zaaic zunc maiv zaaic/to be unable to catch up with.

gaanv mingh gaanv daaih gaanv mingh gaanv nzuonx/go and return in a hurry.

gaanv nziouv gaanv ndaangc ziangh hoc/to act before the time.

gaanv siepv deix gaanv mingh fai zoux siepv deix/hurry and quickly.

gaanv ziangh hoc gaanv taux ndaangc ziangh hoc/hurry to act before time.

gaanv zoux gaanv zoux gong/hurry and do to get the job done.

gaanv[2] m. puotv ndau ga'naaiv/a broom; straws used for cleaning.

gaanv-nyongh nyueih cuqv ndutv liuz wuov deix nqaauv. Gj: ga'nyongh/rice straws after grain removed

gaanv-saeqv longc puotv ndiangx-normh nyei gaanv-saeqv.

gaanv[3] pm. gaanv nziaamv/having to do with circulation of blood.

gaanv nziaamv ndie tengx nziaamv mingh duqv yuonh nyei ndie/medicine for blood circulation.

gaanv[4] bz. gaanv hei, butv dongh wuonh mbaeqv bieqc yiem caux mienv nziaauc nyei sic/to be possessed and travel to the spirit world.

gaatv[1] w. longc limh ngau fai longc nzuqc gaatv. Gj: lornc, cornc/to cut with knife.

gaatv dangx gaatv dangx ndutv mingh to cut off; completely cut apart.

gaatv gingx mienh zoux gong gaatv gingx nyei mienh.

gaatv guangc 1 gaatv deix guangc/to cut off a part and throw away. **2** daix guangc nqoi/to kill, do away.

gaatv jaang daix gaatv jaang daic/to kill by cutting the neck.

gaatv jaix-zueiv janx-baeqc jiex gaatv nyei leiz, se gaatv deix gu'nguaaz-dorn jaix-zueiv ndopv guangc/to circumcise.

gaatv maaz-miev gaatv uix maaz nyei miev/to cut weeds for a horse.

gaatv miev gaatv biauv-hlen nyei miev. Gj: japv/to cut grass; to mow a lawn.

gaatv miev cie gaatv miev nyei cie. Gj: japv miev cie/a lawn mower.

gaatv miev uix Iu-Mienh loz-hnoi nyei leiz, muoz-doic yaac hienx doic nor oix zuqc dingc zuiz gaatv miev uix/to feed with grass, a formerly punishment for who have sex with close relatives.

gaatv mbiauh longc nzuqc limh gaatv mbiauh/to harvest rice by a sickle.

gaatv nangv gaatv bun nangv deix/to cut a bit shorter.

gaatv ndutv gaatv dangx ndutv mingh to completely sever.

gaatv nqaan gaatv ngaan daaih gomv biauv/to cut thatch grass.

gaatv nqoi 1 gaatv nqoi daaih/to cut open. **2** daix guangc nqoi/to kill.

gaatv orv gaatv orv muonc daaih/to cut a piece of meat.

gaatv sic gaatv bun sic sung mingh/to bring a matter to conclude.

gaatv zaux ndie-sai gaatv, jamv nqanx mienh mun mienh nyei zaux guangc/to amputate a foot.

gaatv zeiv gaatv buov bun mienv nyei zeiv/to cut ceremonies paper.

gaatv zeiv nzuqc longc gaatv zeiv nyei nzuqc-dorn/a knife for cutting paper.

gaatv zuqc buoz longc nzuqc gaatv zuqc ganh nyei buoz/to cut one's hand.

gaatv[2] sgn. bun-gaatv; gaatv bun nqoi/to divide; to cut and separate.

gaatv deic-jaaix paaiv deic-jaaix bun nqoi/to divide a border.

gaau[1] m. gitv ga'naaiv fai gitv nzuqc jouv nyei gaau/a glue or to glue.

Gaau Lix 韩国 /hánguó/ N. bung gaau lix guoqv/south Korea.

Gaau Lix janx yiem gaau lix deic-bung nyei janx/Korean people.

Gaau Lix Sern yietc nyungc zuangx daaih zouv ndie nyanc nyei miev nyei mbuox, se tengx maaih qaqv.

Gaau Mienx 柬埔寨 /jiánbùzhài/ gaau mienx deic-bung fai janx/Cambodia or Cambodian people.

yaac gaau nanv baetv nzaaux nyaah nyei ndie. Gj: nyaah ndie/a toothpaste.

gaau[2] bt. mienv gaau mienh daic/cause people die by evil spirit.

gaau-bouc fin-saeng dimv mienh cuotv seix aengx dimv taux haaix zanc daic nyei yiem-lorqc hungh.

jaiv gaau caeqv nqoi haih gaau mienh nyei orqv mienv guangc/to break apart surviving members of a deceased

person's family from the snaring spirit.
maaih njoux-gaau haih njoux duqv nangh nyei/the opportunity to survive a perilous situation.
mienv gaau mienv gaau duqv mienh nyei wuonh nor maiv lauh wuov laanh mienh haih butv baengc daic aqv.

Gabon m. 加蓬 /jīapéng/ yietc norm guoc jaa yiem Z.F bung maengx Africa, hungh zingh mungv heuc Libreville.

gaeh pm. cing-mborqc gaeh jienv ndoqv jienv deix/to stand with knee bent.

gaex q. norqc heuc mbui gaex gaex nyei qiex/the sound of a bird cry.
bongh gaex gw. gu'nguaaz gorngv buonv norqc nyei waac/to shoot a bird.
norqc gaex gw. caux gu'nguaaz gorngv norqc oix zuqc gorngv norqc gaex.
pa'laetv gaex zaeng nduov norqc nyorqv hlopv norqc jaang nyei ga'naaiv/a trap to catch small bird.

gaeng[1] w. i laanh a'fai biee laanh mienh gaeng/to carry with two or four people.
gaeng-hniev mienh gaeng sei mingh biopv nyei mienh/the people who carry dead body to the burial site.
gaeng mienh eiv longc gaeng mienh nyei eiv/sedan chair.
gaeng mienh jiuc gic njoux cie longc gaeng butv baengc mienh ga'naaiv.

gaeng[2] m. nyungc-nyungc gaeng-gueiv nyei jiex gorn mbuox/a prefix name of all kinds of insects.
gaeng-biei maaih biei suqv-suqv nyei gaeng/a hairy caterpillar.
gaeng-biei-ndatc ndie biei maaih ndie danx zuqc mienh mun haic nyei gaeng-biei/a poison caterpillar.
gaeng-gueiv lungh ndiev nyungc-nyungc gaeng/all kinds of insects.
gaeng-gueiv yangx cun cun gueix gaeng-gueiv heuc nyei sing/insects chirp in the spring season.
gaeng-jaaix nyiuv camv saiv-saiv nyei gaeng/a millipedes.
gaeng-juv hmei-mbauh butv nyei gaeng haih benx gaeng-bungx-buotv wuov.
gaeng-junv mv maaih nyiuv nyei gaeng-mau/legless worm.
gaeng-kaengh yiez qorqv bieqc m'zing nor haih mbuov nyei gaeng/bugger.
gaeng-kuqv-ngaengc kuqv ngaengc haih ndaix nyei gaeng/a hard shell bugs.
gaeng-mbung faix muonc ngaatc mienh nyei gaeng. Gj: gaeng-mbieqv/a gnat.
gaeng naamx-naamx naamx jienv mingh nyei gaeng/an inchworm.
gaeng ngaatc gaeng ngaatc sorqv mienh nyei nziaamv/to be bite by an insect.
gaeng-njiemv kuqv maeng-siqv deix njiemv-njiemv wuov nyungc gaeng/a golden buprestid.
gaeng-njimh dueiv maaih njimh nyei gaeng/a beetle with pincers at tail.
gaeng-nqungv 蜻蜓 /qīngtíng/ yietc nyungc haih ndaix nyei gaeng/a dragonfly.
gaeng-nyakv maaih jorng nyei gaeng/a horned fighting beetle.
gaeng nyanc gaeng nyanc ga'naaiv-zuangx/crop eaten by insects.
gaeng nyanc nyaah nyaah butv gaeng maaih kuotv/a decayed teeth.
gaeng-nyorc nyungc-nyungc ga'nyorc nyei mbuox/all kinds of spider.
gaeng-qiev lungh muonz gu'kuotv njang nyei gaeng/a firefly.
gaeng-qorngh ngaatc mienh haih butv baengc nyei gaeng. Gj: mungz-nyaih, gaeng-nyaih/a mosquito.
gaeng-tiux yiem biauv fai yiem ndeic nyei gaeng-tiux/a field or house cricket.
gaeng-tiux nqi gaeng-tiux heuc nqi nqi nyei qiex/cricket chirpping.
gaeng-tiux-pa'lorkc biauv gu'nyuoz nyei gaeng-tiux/a house cricket.
gaeng-waen heuc qiex waen waen nyei gaeng/a cicada.
gaeng-zinh naetv zuqc haih huv mienh nyei gaeng-zinh/ringworm.
gaeng-zinh ndoih longc zoux ndie fai zorpc in nyei ndoih/a type of wild tuber.
gaeng-zueix congx butv daaih ngaatc mienh nyei gaeng. Gj: bie/a bedbug.

gaeng[3] w. juangc jienv lomh nzoih yietc laanh duqv deix/to share; to partake.
gaeng jienv longc bun nqoi juangc jienv longc/to use by sharing with other.
gaeng jienv zoux juangc yietc nyungc gong zoux/to work together.

Gaeng[4] m. 庚 /gēng/ da'cietv weic tin-fing fai jaapv-zaangv-neix/the seventh of the ten Celestial Stems.

gaeng-hmz hnyangx 庚午年 /gēngwǔnián/ zuoqc maaz nyei hnyangx, dongh 1955 caux 2015 wuov hnyangx, se guinh jienv mingh luoqc ziepc hnyangx liuz aengx nzuonx taux gorn gaeng-hmz hnyangx.

gaeng[5] gz. cun-gaeng; cun-gaeng-mouc; cun-gaeng longx/an agriculture.

gaeng-dinh zuangx deic zoux liangx zoux ndeic nyei sic/a cultivation.

gaeng-zuangx zoux liangx-ndeic nyei sic/an agricultural matter.

gaeng[6] zh. hmz gaeng/five o'clock AM; faam-gaeng/three o'clock AM; feix gaeng/four o'clock AM.

dingc gaeng dingc ziangh hoc nyei lorh gaeng/an alarm clock.

siouv gaeng mienh lungh muonz zuov orn-zunh mienh/a night watchman.

gaengc m. mv dorh leiz nyei waac gorngv zaux/a leg, limb, foot.

i jieqv gaengc i jieqv zaux. Gj: zuih/two legs, limbs, foot.

nyuotv jienv gaengc nyuotv jienv zaux to fold the legs.

gaengh[1] m. bieqc fai cuotv nyei gaengh/a door; gate; an opening.

baav-gaengh ziang-jun zuov gaengh nyei mienh/a guard at the gate.

cuotv gaengh cuotv youh deic-bung nyei sic/to travel around.

domh gaengh mienh camv bieqc cuotv nyei gaengh/a main door or gate.

gaengh baaih fiev biauv nyei deic zeqv wuov norm baaih/door plate (which to indicating exactly address of a house)

gaengh baaih hoc naetv gaengh nyei hoc-maaz/an address number.

gaengh doix naetv gaengh buang waac nyei doix/a door couplet.

gaengh dorn faix wuov dauh gaengh/a small door or gate.

gaengh fongv haih fongv an zunv nyei gaengh/a sliding door.

gaengh forv longc forv gaengh nyei forv; gaengh lorkv, *lorkv* se gaav congh English lock daaih/a lock, padlock for the door.

gaengh ka'ndau ga'nyiec ziqc biauv wuov buoqv ndau/an outside door area.

gaengh lingh zatv gaengh mbui nyei lingh/a door bell.

gaengh mbaeqv mbaeqc gaengh ga'ndiev wuov kuaaiv ndiangx/a door threshold.

gaengh mbor nanv niouv gaengh nqoi wuov norm mbor/a door knob.

gaengh mbungv gaengh mbungv fai gaengh zouc/the frame of a door.

gaengh nangh dienx qaqv ganh koi nyei gaengh/an electric sliding door.

gaengh naapc ding naapc gaengh wuov kuaaiv hlieqv/a door hinge.

gaengh ndaangc nitv gaengh ndaangc wuov buoqv ndau/the front door area.

gaengh ndie laangc torngv laangh a'fai torngv gaeng wuov kuaaiv ndie/a door drapes.

gaengh ngaanz doix ziangx bieqc cuotv nyei gaengh/area in the doorway.

gaengh nqoi nyei maiv lorkv gaengh/a door remain unlocked.

gaengh nyoi nanv koi gaengh wuov norm nyoi/a door knob.

gaengh nzipv waan nzipv jienv mingh nyei gaengh/a folding door.

gaengh piux maaiz bieqc gaengh nyei piux/a gate pass ticket.

gaengh qorng gaengh nyei qorng. Gj: zouc/a door frame; door case.

gaengh sorn cunx jiex sorn gaengh nyei ga'naaiv/a door latch.

gaengh tei yiem biauv-hlang biaux douz njiec nyei tei/a fire escape stairway.

gaengh zouc zaengx gaengh wuov diuh ndiangx. Gj: gaengh mbungv/a door frame; door case;door post.

gaengh[2] pm. mv gaengh nyanc; mv gaengh mingh; lungh mv gaengh njang; mv gaengh dorng jaa/not yet.

maiv dungx gaengh aengx zuov jienv continue to wait for.

maiv gaengh hlo corc faix nyei/still not growth up yet.

maiv gaengh yungz corc yiem jienv nqa'sie nyei/still not be born yet.

zoux mv gaengh ziangx corc zoux mv gaengh ziangx/not finished yet.

gaengv[1] m. nyungc-nyungc yiem wuom, yiem mbienz nyei gaengv/general frog.
gaengv-camh zouh maaih zung wuov nyungc gaengv/a toad.
gaengv-laih yiem lingh heuc daetc daetc nyei gaengv/a field frog.
gaengv-maeng lungh muonz cuotv nyau ndiangx-normh nyei gaengv/a tree frog.
gaengv-mbiangc haih nyanc duqv wuov nyungc gaengv/a bullfrog.
gaengv-nou yiem wuom-domh daic benx gaengv-dorn/a tadpole.
gaengv-ndiangx nyau ndiangx-zorng nyei gaengv-yangh/a brown tree frog.

gaengv[2] pm. maiv zuqv lui houx laengh gaengv wuov/to be naked; undress.
gaengv-gaengv wuov yietc nyungc mv zuqv. Gj: njang sin civ liv nyei, laengh laengh gaengv-gaengv/a naked body.
gih gungx gaengv wuov maiv maaih yietc dauh zuqv lui houx/all be naked.
gu'nguaaz-gaengv maiv zuqv lui houx nyei gu'nguaaz-njang/a naked baby.

gaengx pm. la'bieiv-gaengx/narrow space between rocky area.
gaengx hepc gaengx hepc aqc duqv jiex maiv mingh/narrow space.

gaepv m. an congx ngaengv cuotv douz nyei douz-peux, *gaepv* se gaav congh janx-laauv waac daaih.

gaeqc w. gaeqc cing-mborqc njiec/to low down with the knee bent.
gaeqc ndaangh sieqv zoux ndaangh yinh laqc heix houc Bienh Hungh nyei sieqv/a ceremony dancing girl.
siang-mbuangz gaeqc siang-laangh baaix biee nzunc siang-mbuangz gaeqc yietc nzunc.??

gaeqv[1] w. gaeqv biouv; gaeqv lai; gaeqv biangh; gaeqv zaangh/to cut and gather up of firewood, to pick fruit, etc.
gaeqv biangh aauv biangh ndutv daaih to pick a piece flower.
gaeqv biouv 采水果 /cǎishuíguǒ/ gaeqv ndiangx nyei biouv/to pick fruit.
gaeqv dungz-miev gaeqv zouv bun dungz nyanc nyei miev/to gather grasses for pig food.
gaeqv lai gaeqv zoux lai nyei miev/to pick or gather vegetable.
gaeqv ndie-miev gaeqv zoux ndie nyei miev/to gather grass for medicine.
gaeqv zaah gaeqv zaah nyei normh lunx/to pick tea leaves.
gaeqv zaangh gaeqv buov douz nyei ndiangx/to cut branches for firewood.

gaeqv[2] pm. butv-gaeqv; butv-ngaengc mingh. Gj: diev/to become harder and stop to growth.
gaeqv-aeqv ndiangx yietc nyungc ndiangx-dorn/a kind of tree.
gih gaeqv-gaeqv nyanv maiv haih hlo gaeqv-gaeqv wuov/to be under growth.
mba'mborng-gaeqv **1** ngaengc haic nyei mba'mborng/a hard mallet. **2** benx nzung baaux henv nyei mienh se beiv *mba'mborng-gaeqv*/skilled in a literary language and singing.
ndiangx-gaeqv ndiangx-fim ngaengc jiex wuov/harder part inside a wood.

gaetc q. louh ngaatc hlauv-gorn mbui gaetc gaetc nyei/the sound of a gopher biting the bamboo root.

gaetv q. ngaatc nyaah mbui gaetv daax gaetv nyei/the sound of teeth grinding.

gaic w. gaic jienv buonv. Gj: bueic/to lean on something in order to shoot.

gaih wj. deix dien gaih hnangv/just a little bit or a tiny amount.

gamh wj. gamh nziex; gamh nziex haic/to be fearful; scare; afraid of.
gamh nziev **1** muoqv zuqc deix bungh bungh biatc biatc nyei diev maiv duqv gamh nziev/to be ticklish. **2** ga'nziev mv nyanc/to be repulsive.
gamh nziev mv mangc laih hlopv haic mangc maiv duqv/awful dirty to look.
gamh nziex **1** horpc zuqc gamh nziex nyei/fear; scare. **2** gamh nziex ninh mv daaih/perhaps he not come.
gamh nziex auv gamh nziex auv nyei mienh/a hen-picked.
gamh nziex daic **1** gamh nziex zuqc daic/scare to die. **2** gamh nziex gau mv fungc aqv/to be deathly fearful of.
gamh nziex baengc nzauh heix butv baengc/to be afraid of sick.
gamh nziex haic haiz gamh nziex haic/fearful or dreadful

gamh nziex haih gamh nziex haih cuotv sic/something likely to be happen.

gamh nziex mienh 1 m'nziex mienh mv bei/perhaps someone. **2** saeng-kuv gamh nziex mienh nyei sic.

gamh nziex nyaiv nzauh heix haih zuqc nyaiv/to afraid of being embarrassed.

gamh nziex nyei? naaic gaax haiz gamh nziex nyei fai/to ask someone will you be scare.

gamh nziex sic daamv faix kungx gamh nziex sic nyei mienh/to be of fearful what might be happen.

gamh nziex sin zinx sin zinx weic gamh nziex/to shake with fear.

gamh nziex zinh hoz fim faix mbungh ndaangc/to prevent ahead of time.

gamh nziex zoux dorngc nzauh jienv haih zoux dorngc/to fear of being make mistake or offense.

gan[1] w. gan doic mingh. Gj: caux doic mingh/to follow; accompany.

gan auv yiem caux auv yiem auv wuov bung/to live with one's wife.

gan diex nyei zaux-mbiec zuotc jienv diex nyei nyungc mingh/to follow one's father's example.

gan deic-bung mienh zoux ei jienv mienh camv/to follow a society.

gan doic caux jienv doic mingh/to go along with friends.

gan dorn 1 sieqv gan zuqc dorn/a girl with boyfriend. **2** die maa gan dorn yiem/to live with son.

gan hlaax sou saauv gan hlaax mingh nyei sou/a lunar calendar.

gan jauv mingh yangh gan jienv jauv mingh/to walk along the trail.

gan jienv mingh gan jienv nqa'haav mingh/to follow after.

gan koiv mingh bieqc nzangv mingh/to travel by sea; travel by boat.

gan leiz muangx fai mbuoqc leiz/follow the custom or obey the law.

gan lungh mingh bieqc cie-ndaix mingh to travel by air; airplane.

gan maiv zaaic zunc maiv zaaic/to be unable to catch up with.

gan mienh 1 gan mienh nqa'haav fai gan nyungc zeiv/to follow someone. **2** caux mienh yiem/to live with someone.

gan nqaang zunc gan nqa'haav nqaang mingh/to follow behind someone.

gan nzangv mingh bieqc nzangv mingh to travel by boat.

gan nziaamv-fei zuangv zangc maaih daaih nyei baengc fai sic.

gan nziaaux buonc gan nziaaux mingh to flew away by air.

gan sieqv 1 dorn gan zuqc sieqv/a boy with his girlfriend. **2** die maa gan sieqv yiem/to live with one's daughter.

gan sieqv nyanc caux sieqv yiem nyanc sieqv nyei hnaangx.

gan sin fonh dorh gan sin mingh nyei fonh, *fonh* se gaav congh English phone daaih/a cell phone.

gan zaux-mienv zimh gan zaux-caaiv mingh. Gj: zaux-mbiec, juoqv yienx/to follow a footprint.

gan[2] pm. ei jienv; mbuoqc gunv/to obey; obedience; heed; to comply.

gan leiz zoux ei leiz mingh. Gj: mbuoqc leiz gunv, muangx leiz/to obey the law or follow the rule.

ganc pm. ben yietc ganc, yietc laeqc nyei mingh/to be striped.

ganh[1] m. yie ganh; meih ganh; ninh ganh fai ninh mbuo ganh/self; alone; own.

ganh aapv ganh haiz eix hniev deix mv baac aapv jienv ganh/to push oneself to do something.

ganh buonv-sin ganh nyei sin zangc one's physical body, personal.

ganh ceix jiez ganh aengx ceix liepc jiex/to rebuild something.

ganh daix ganh hoic ganh nyei maengc daic/to committed suicide.

ganh ganh ganh nyei nza'hmien-buonc. Gj: ga'ganh/oneself; personal; alone.

ganh gunv ganh gunv ganh nyei buonv-mungv/to self governing; autonomous; prefecture;

ganh norm gorn ganh tiuv norm gorn/a different option.

ganh oix daaih ganh nyunc ziev oix daaih/willing to volunteer

gapv huon gapv sieqv caux dorn benx auv-nqox. Gj: gitv huon/a marriage ceremony

gapv huon mienh tengx gapv huon nyei mienh, cing-suiv ong.

gapv huon sou i hmuangv gapv huon nyei zengx sou/a marry license.

gapv hnyouv gapv hnyouv horpc fim dongh eix/to united a heart.

gapv jaax horpc doic, gapv jaax horpc nyei/to fit together well.

gapv-jaaix i norm deic-bung gapv nyei dorngx/a border of two countries.

gapv ndiangx-dieh ndiangx-benv gapv benx dieh/to assemble a wood table.

gapv-nqenx i nzong ndeic gapv-nqenx a borderline of two fields.

gapv nyaanh siou nyaanh gapv jienv weic bun mingh tengx mienh/to collect contributions of money.

gapv nzangc fiev nzangc gapv jienv benx waac/to spell a word.

gapv nzangv gapv benx yietc poux nzangv daaih/to build a boat.

gapv qaqv gapv jienv qaqv bouh hniev nyei ga'naaiv/to join strength.

gapv sou gapv benx yietc buonv sou/to bind a book together.

gapv wuonh zoux-zorc mienh zuoqc wuonh nzuonx daaih aengx nanv jienv gimx ceqv faatv gapv wuonh/to reunite in a person's body a wandering soul.

gapv za'eix juangc jienv ca'laangh daav za'eix/to bring together everyone's idea.

gapv zunv gapv zunv yiem yietc norm dorngx/to congregate.

gapv zunv ca'laangh gapv zunv koi wuic ca'laangh/to join a conference.

nzangc-gapv aaux qiex nzangc gapv daaih benx waac wuov/a vowel.

waac-gapv beiv hnangv *a'hnoi, a'jang, a'cingx,* se heuc waac-gapv fai soqv nangv nyei waac/a contractions words.

gaqc[1] w. haiz jaang gaqc gaqc wuov maiv kuh yiem yietc deix/to feel uncomforted inside the throat.

gaqc[2] pm. **gaqc zeiz** eix-leiz se maiv zeiz lorqc/to be incorrectly.

maiv gaqc zeiz maiv zeiz hnangv naaic lorqc/definitely incorrect.

gatc[1] w. **1** oix zuqc gatc cingx haih butv zoih. Gj: zanv/to saved, economize. **2** njapv siev mv duqv bun/to be stingy.

gatc jiex jaax njapv gau, gatc haic/so stingy; miserly.

gatc jaax-zinh tov njiec jaax-zinh/to bargain the price.

mienh gatc mienh gatc haic, njapv haic nyei mienh/a stingy person.

gatc[2] pm. dorh congx gatc jienv ndiangx buonv mbaeqc/to lean on.

gau[1] wj. camv gau; zoqc gau; yaauc gau; kuv gau; mingh gau; zoux gau; nyanc gau. Wed: gor/as well as; as usual.

gau[2] zh. yie zuov gau zuov maiv duqv yie ziouc maiv zuov aqv. Gj: haic.

gauh w. 更 /gèng/ gauh camv; gauh hlo; gauh zoqc; gauh nzueic/to be greater degree.

gauh aiv 更矮 /gèng ǎi/ gauh aiv deix/to be lower; shorter.

gauh aqc gauh aqc deix/more difficult.

gauh camv 更多 /gèngduō/ aengx gauh camv deix/majority part; greater part.

gauh faix 更小 /gèngxiǎo/ gauh faix deix dien/smaller.

gauh fatv 更近 /gèngjìn/ **1** gauh nitv fatv deix/closer; nearer. **2** gauh fatv zoqc, fai gauh fatv mv benx/to be even more.

gauh fatv deix aengx gauh fatv deix/a little bit closer; nearer.

gauh go deix aengx gauh go deix/to be a little bit farther.

gauh guai aengx gauh guai/be smarter.

gauh henv maaih qaqv gauh henv/to be stronger than.

gauh hlo ziex jaax hlo cuotv camv ziex gouv nyei/incredible size.

gauh ndo ziex jaax koiv ndo njiec jiex ndaangc koiv mingh/deeper than sea.

gauh zoux duqv henv zoux gong gauh henv/to do with greater strength.

gauh hungx-hec aengx gauh mv aqc/to be more easier.

gauh hlang aengx gauh hlang/taller.

gauh hlo aengx gauh hlo/bigger; larger.

gauh hlo jiex gauh hlo jiex yietc zungv biggest or largest.

gauh hnangv gauh fi'hnangv deix/more similar or more likely.

gauh longx gauh longx deix/better than; even more nicer.

gauh longx jiex gauh longx jiex/the best or best quality.

gauh lunx gauh lunx/younger than

gauh oix gauh nyunc duqv/to like more.

gauh nqaengc gauh dorngx-yaangh deix nyei deix dorngx/more bright spot.

gauh waaic aengx gauh waaic/worse.

gauh yaauc aengx gauh longx/nicer or better than.

gauh zoqc aengx gauh zoqc. Dgw: gauh camv/lesser; fewer.

gauv cm. da'yietc dorn nyei jiex gorn mbuox, beiv hnangv, Zoih Fuqv nyei dorn *Gauv Fuqv*.

dorn-la'gauv da'yietv dauh dorn/a first born son; older son.

gauv nyaam 1 dorn-la'gauv nyei auv yie caux yie nyei auv heuc *gauv nyaam* bun cing se la'gauv nyei auv/a term of address for wife of one's older son. **2** gorx-gauv nyei auv yie caux yie nyei youz fai muoc mbuo yietc zungv yaac heuc *gauv nyaam*.

la'gauv dorn duqv zoux dorn-hlo nyei mengh hoc/a title for a first born son.

gaux[1] 够 /gòu/ gaux nyanc; gaux longc; gaux yiem; gaux zoux/to be enough for.

gaux aqv 够了 /gòulē/ gaux aqv lorqc/to be enough; it's enough.

gaux buonv 1 gaux buonv hnangv mv funx leic. **2** maaih orv gaux buonv.

gaux diev nyei gengh mun haic gaux diev nyei/to be very painful.

gaux duqv nyei maaih gaux duqv nyei to have enough for

gaux fai mv gaux naaic gaax gaux nyei fai maiv gaux.

gaux haic aqv gaux nzengc mi'aqv/to have enough; more enough.

gaux longc maaih gaux longc nyei/to have enough for one's use.

gaux nyanc maaih gaux nyanc nyei/to have enough food for everyone to eat.

gaux nyanc gaux hopv maaih laangh ziqc gaux/to have plenty of food.

gaux soux mouc gaux dingc daaih nyei soux mouc/to have the full amount.

gaux zoux maaih gong gaux zoux nyei to have enough job to do.

nyanc gaux nzengc nyanc beuv gaux nzengc aqv/to eat full.

nziaauc gaux aqv mingh nziaauc gaux mi'aqv/to have enough play with.

gaux[2] gw. caux gu'nguaaz gorngv jai-jaux oix zuqc gorngv *gorkc gaux*/an egg.

gauz w. longc korqv gauz ndamv wuom dapv tongv/to bail out water.

gc.j se dongh *guoc jaa* nyei nzutv norz fiev/an abbreviation for *guoc jaa*.

gc.njx se dongh *gic njoux* nyei nzutv norz fiev/an abbreviation for *gic njoux*.

gec[1] j. 禁 /jìn/ Iu-Mienh gec maiv nyanc juv, weic zuqc juv se benx mbuo nyei ong-taaix-ngaeqv Bienh Hungh/to avoid or abstain from. Gj. jiemx.

gec biauv 1 Mienh nyei leiz-fingx se yungz duqv siang-gu'nguaaz nor oix zuqc gec biauv mv bun ga'hlen mienh daaih bieqc, zuov tim liuz gu'nguaaz nyei mienh kuv cingx bun mienh bieqc biauv duqv. **2** a'fai sipv liuz nyungc baav mienv yaac aa zuqc gec buo ndorm maiv bun ga'hlen mienh daaih biauv.

gec biauv saah? Iu-Mienh dorh leiz waac, ndaangc maengx bieqc mienh nyei biauv oix zuqc naaic gaax biauv-ziouv biauv gec nyei saah?.

gec mv hopv diuv gec diuv maiv hopv to abstain from drink alcohol.

gec in-mbiaatc simv in-mbiaatc maiv buov/to avoid smoke cigarette.

gec yiem-hlaax m'sieqv mienh yungz liuz gu'nguaaz oix zuqc simv maiv caux nqox bueix aengx zoqc se yietc hlaax nyei dorngx/to avoid from having sex after childbirth at lease for one month.

oix zuqc gec gec dongh horpc gec nyei dorngx/must abstain as tradition require.

gec[2] m. mbiauz nyei gec/spinouts dorsal fin of a fish.

geh[1] m. 旗 /qí/ guoc jaa nyei geh/the flag of a nation, a country.

bungx geh cie geh faaux mingh bungx jienv/to unfurl the flag.

geh[2] w. geh maaz; geh cie; geh cie-ndaix; geh zaangz; geh lorh torh/to ride on; to unt and ride on.

geh cie ping ndamc siang-ping cie/to ride on a bicycle.
geh maaz geh jienv maaz nyei diqc daanz/to ride on a horse back.
geh maaz baeng geh jienv maaz mingh mborqv jaax nyei baeng/mounted troops.
geh maaz liouc geh guenx maaz liouc nyei mienh/a horsemanship.
geh nyei maaz mienh geh nyei maaz. Gj: maaz-geh/a riding horse.

geh[3] m. geh zorng; mbong/a mountain range; ridge.
dungz-laangh jiex geh se beiv jiex naaiv jiex wuov ceux sieqv henv nyei mienh.
geh dueiv wuov ndiev zorng-dueiv wuov bung. Gj: geh juoqv, zorng-juoqv/the lower end of a mountain.
geh gorn wuov jiez zorng-gorn wuov bung/the upper end of a mountain.
geh normh ziangh yiem geh zorng-jaic normh jangv nyei ndiangx/a fan-shaped leaves palm tree.
geh zorng-jaic maaih nqaan-lomc caux diuh baav ndiangx nyei zorng.
geh zorng-ningv mbong gu'nguaaic/on the mountain top or hill top.
geh zorng-nqaai maiv maaih ndiangx nyei zorng/a treeless mountain.
hmz geh baeng dorng baeng mienh nyei mborqv jaax mienv. Gj: m'geh mienv/a five spirit troops.

gem[1] w. beu gem jienv. Gj: nzutv jienv/to wrap around with cloth or leaves.

gem[2] pm. gem jienv. Gj: bingx jienv/to conceal; to keep in secret.
baeng suangx gem baeng suangx mingh gem jienv. Gj: nzepv suangx/to pull the blanket so they overlap.
gem jienv nyei sic bingx jienv mv bun hiuv nyei sic/to keep in secret.
gem maiv jienv 1 bingx mv mbueiz aqv/to reveal. **2** beu maiv jienv/unable to wrap something.

gem[3] aengx lorz mangc "lui-gem" wuov joux nyei eix-leiz.

gemh m. lomc maaih domh ndiangx camv haic dorngx/a forest; forestry.
gemh dauh domh gemh lomc dorngx/a forestry area.
gemh hlang mienh yiem mbong zangc hlang nyei mienh/mountain people.
gemh lomc maaih domh ndiangx camv nyei lomc/a forest with large trees.
gemh ndau domh ndiangx lomc nyei ndau/a forest land; a virgin land.
gemh zangc lai bieqc lomc laapv daaih nyei lai/vegetable gather from jungle.
gemh zangc orv lomc zangc buonv daaih nyei orv/meat of wild animal; wild game.
gemh zong mienh yiem mbong nyei mienh. Gj: gemh zuang mienh, mbong zangc mienh/hill tribe; mountain people.
koi gemh bieqc siang-deic-bung sipv mienv koi gemh nyei sic/to open forest by a ceremony.

gen[1] m. 卧室 /wòshì/ mienh bueix njormh nyei gen/a bedroom.
gen-dang don coux-hlen nyei dang fai dienx dang/a bedroom lamp, light.
gen-gaengh bieqc gen nyei gaengh/a bedroom door.
wuov biauv gen yiem wuov gen/in the bedroom; in the family quarters.
yietc qongx gen yietc norm bueix nyei gen/a bedroom; one bedroom.

gen[2] m. lungh zaaux njiec nyei yietc norm ndau/an earth; the physical world.
baamh gen 世界 /shìjiè/ lungh ndiev/ the whole world under the heaven.

gen[3] m. 调羹 /tiáogēng/ damv hnaangx nyanc nyei gen. Gj: gern/a spoon.
gen-dorn faix nyei gen/a small spoon.
gen-jiu jiu zoux daaih longc liuz guangc nyei gen/a plastic spoon.
gen-ndamv ndamv lai nyei domh gen. Gj: domh gern/a big spoon.
gen-nyaapv saeqv-saeqv wuov nyungc ba'gern/a fork.

gen[4] zh. dong-gen hnoi. Gj: dong-hlaax hnoi/a winter season, time.
yietc sih gen nduqc dangh hnangv/just a few minutes; just a movement.

genv[1] m. wuom-genv, jaax wuom daaih bieqc biauv nyei hlauv.

genv[2] w. genv guangc; genv longc; genv

gengh w. **1** gengh zien nyei mv jaav/to be real or true. **2** gengh jienv nzioux a'fai taapv jienv nzioux nzuqc.
gengh se gengh se fungc zoux mv bei/to be amaze at; to be wonder.??
gengh zien nyei gengh zien maaih nyei mv jaav/to be true; without doubt.
gengh zien gouv gengh zien maaih nyei gouv/a true story, real story.
meih gengh?. naaic gaax gengh zien fai nyei waac/are you sure?.

gengv pm. jai-dorn-gengv, daic yiem jaux mv zunx nyei jai-dorn/a chick that died before hatched from the sell.

gengx[1] bz. gengx baaix mienv; gengx baaix jaa-fin/to respect and worship ancestor spirit or demon.
gengx baaix buoqc zangc baaix zienh nyei sic/to respect and worship.
gengx muic fangx gengx baaix miuc zienh nyei fangx/to worship Buddha idol.
gengx zienh singx buoqc zangc zienh sipv mienv nyei sic/to worship ancestor.

gengx[2] dl. taaih ginx, fu-sux, liuc leiz longx nyei bun/to respect; to serve.
gengx cingv taaih ginx yuoqc cingv/to invite with respect; formal invite.
gengx domh mienh liuc leiz ziux goux die maa longx/to serve one's parents with love and respectful.
gengx kaeqv mienh liuc leiz taaih ginx kaeqv mienh/show respect and provide for guests.
gengx leiz 敬礼 /jìnglǐ/ **1** gengx leiz zorqv yieqv bun/to give a salute. **2** fiqv leiz mv zoux dorngc/to respect the law.

Georgia m. 乔治亚 /qiáozhìyà/ se yietc norm ziou, yiem Meiv Guoqv nyei D.N bung maengx, ziou nyei domh mungv mbuox heuc Atlanta.

geqc[1] pm. geqc jienv janx-daic sei wuov mienv-dieh longx hlen/to laid a corpse next to the spirit altar.

geqc[2] aengx lorz mangc "maaz-geqc" wuov joux nyei eix-leiz.

Germany m. 德国 /déguó/ yietc norm guoc jaa yiem Z. B bung maengx Europe, hungh zingh mungv heuc Berlin.

gernx pm. gernx biv. Wed: gauh yietc fatv aqv; gauh yietc zei/even more; greater.
gernx biv deix gorngv yie lueic meih ganh zungv gauh *gernx biv deix* yie.

geu aengx lorz mangc "giu, jiu" wuov joux nyei eix-leiz.

geux aengx lorz mangc "jiux" wuov joux nyei eix-leiz.

Ghana m. 迦纳 /jīanà/ yietc norm guoc jaa yiem F. bung maengx Africa, hungh zingh mungv heuc Accra.

gi[1] wj. gi fei gouv zouv. Gj: gic fei gouv zouv/haeqv zuqc huaang-zaang biaux lunc nzengc nyei sic/great hurried and social disorderly, turmoil.

gi[2] aengx lorz mangc *buic-gi suix* caux *buic gi yungh* nyei eix-leiz.

gic w. 急 /jí/ gaanv jienv; gic jienv zoux gong/hurry up to work on.
gic baengc 急病 /jíbìng/ kouv haih guangc maengc nyei baengc/acute disease.
gic cie mingh siepv nyei cie/an express train, bus, airplane.
gic fienx 1 gaanv siepv nyei fienx/an express mail. **2** heiv sic nyei sing-wuonh fienx/a breaking news.
gic finx mborqv gic finx/an urgent cable or urgent phone call.
gic jienv 急忙 /jímáng/ gaanv siepv nyei maiv ngaih/to be urgent.
gic jienv zoux gaanv jienv zoux maiv dungx ngaih/to do in a hurry.
gic kaeqv liemh zeih daaih taux nyei kaeqv/an unexpected visitor.
gic longc qiemx zuqc longc siepv/to be an urgently need.
gic naanc liemh zeih cuotv daaih nyei zei-naanc/an emergency disaster.
gic njoux oix zuqc gaanv njoux siepv aqv/an emergency rescue case.
gic njoux cie 急救车 /jíjiùchē/ gaanv mingh njoux maengc nyei cie/an ambulance.
gic njoux sou jieqv zeih zuqc longc njoux naanc nyei sou.
gic nyei baengc hniev nyei baengc/a severe illness, critical ill.
gic nzauh liemh zeih zuqc nzauh nyei sic/extremely worried but helpless.
gic qiemx qiemx zuqc longc siepv nyei ga'naaiv/urgently requirement.

gic sic beqv nyei sic/an urgent matter.
gic sin oix zuqc jienh gic jienv zoux gong/to pay attention to; aware of.
hmz cunx gic-bouc liemh zeih qiemx lorz duqv nyei sic/to be unprepared.
hnyouv gic hnyouv beqv maiv maaih noic nyei mienh/to be impatient.

gih[1] w. lui guoqv jienv wuom-baamc "gih gungx" guatc wuov/the dirt spot around on the face.
gih daah m. daanh baanh, "gih daah" se gaav congh English guitar daaih.
gih gungx gaengv maiv zuqv lui houx gih gungx gaengv wuov/to be naked.

Gih[2] m. 己 /jǐ/ da'luoqc weic tin-fing, a'fai jaapv-zaangv neix/the sixth of the Ten Heavenly Stems.
Giv-zeiz 己乙 /jǐyǐ/ zuoqc naang nyei hnyangx, dongh 2051caux 3009 se guinh jienv mingh luoqc ziepc hnyangx taux nzunc giv-zeiz hnyangx.

giv[2] pm. ziangh daaih faix nyei giv-giv wuov/stunted, small but cute.

giv[3] w. dae la'kuqv nyaanh an wuov dieh dorn *giv henc* nyei dorh mingh longc nzengc mi'aqv.

Giduc m. 基督 /jīdū/ Giduc, fai Yesu se heuc ei kaeqv-waac daaih/Christ the Messiah.
Giduc Mienh sienx Giduc nyei mienh, Yesu mienh/Christ believer.
Giduc njaaux 基督教 /jīdūjiào/ Giduc Yesu nyei njaaux muonh.

gie m. cie nyei gie, *gie* se gaav congh English waac "gear" daaih.
bieqc gie waan gie dapv bieqc niouv mingh nyei gie/to shift into a drive gear.
cie-gie zuqc nqamv bieqc gie mingh nyei cie/a car stick shift.
gie nyaah gie gapc doic guinh wuov deix nyaah/a cogwheel.
tiuv gie tiuv bieqc mingh siepv fai donc wuov norm gie/to change gears.

gilo bc. **1** hniev-soux yietc gilo, gilo se gaav congh English *kilogram* daaih. **2** ndorqc ndaauv yietc gilo/a kilometer.

gimx m. sipv mienv mienh longc ceqv faatv nyei nzuqc/a sacred knife used by a spirit priest to perform a spirit ceremony.

gin[1] w. **zorqv laanv gin**, yietc nyungc zorc baengc jauv se longc buoz-ndoqv nipv jienv di'daanz wuov diuh jaan baeng cutv.

gin[2] m. n. 房间 /fángjiān/ bueix njormh nyei gin. Gj. gen/a bedroom.
Gin Gorc Laauv Longh jung-hungh nyei mbuox/a title of dragon.

ginc[1] pm. sou-ginc; buo ginc; doqc nzengc biaa ginc sou/to read and finished five lesson in the book.
gong-ginc dongh haaix nzangh gong aiv fai hlang/a job level; job position.

ginc[2] aengx lorz mangc "wuoqc ginc" wuov joux nyei eix-leiz.

ginh pm. ginh la'baeng/to wrap around the leg with the legging clothes.

ginv w. ginv waaic nyei guangc. Gj: genv to select the bad out; to pick over.
ginv auv-nqox ginv ganh nyunc duqv nyei auv fai nqox/to select one's spouse.
ginv cuotv ginv cuotv longx nyei wuov deix/to select out the good one.
ginv hungh diex ginv zoux hungh nyei mienh/to select a president.
ginv lai zouv aauv mv benx wuov deix lai-neix guangc/to prepare vegetable.
ginv mienh zoux bieiv ginv dauh mienh zoux bieiv/to choose a person to be leader.
ginv ziangx genv ziangx mi'aqv/to have finished one's selection.

ginx[1] nz. buatc; mangc buatc, aaux benx nzung nyei waac/to see.
duqv ginx duqv buatc/get to see.
kanx ginx mangc buatc/watch and see.

ginx[2] dl. taaih ginx; tongx nipc; fu-sux. Gj: taaih gengx/to respect or to honor.
ginx zingh doic kaeqv taaih ginx kaeqv mienh nyei zingh nyeic.

ginx[3] m. ginx biv deix. Gj: gernx biv, ginx beiv/even more; to be greater degree.

ginx[4] hd. ginx jaa, ginx houz/each family or every household.
ginx buonc buonc-buonc mienh/each household; every family.
ginx laanh laanh laanh mienh/everyone.
ginx norm cie norm-norm cie/each car.

ging[1] pm. ging jienv hnyouv/to prepare in advance; to stay with alert.
ging box zunh box mienh camv nyei fienx/to warn; to report.

ging box jangx-hoc box mbuox mienh nyei jangx-hoc/a warning sign.

ging-fingv hnyouv gorqc jaang fingv daaih aqv/to awaken, rouse.

ging haic hnyouv ging haaix zanc yaac mbungh jienv/precaution.

ging hiaang box loz mbuox laangz zangc mienh hiuv/to alert people of the whole village, surrounding area.

ging hnyouv ging hnyouv mbungh jienv yiem/to be alert; watchful.

ging jien mbuox taux jien-fouv mingh nyei sic/to report to government.

ging jienv hnyouv ging hnyouv mbungh jienv/to watchful or alert.

ging laangz zangc zunh mbuox laangz zangc mienh lomh nzoih hiuv/to inform everyone, public warning.

ging lingh box mbuox mienh nyei lingh a warning bell, an alarm bell.

ging zuangx mienh ging bun zuangx mienh duqv hiuv/to inform everyone; to make announcement.

ging[2] m. nimc ging daux gaux caux Tin-Hungh fai caux zienh/to pray to heavenly God; to chant to the spirit.

ging-sou 神经 /shénjīng/ njaaux Giduc mienh nyei sou/a Bible, scriptures.

ging-sou horqc njaaux ging-sou nyei horqc dorngh/a Bible school.

mingh ciev ging mingh hoqc baaix miuc zienh nyei njaaux muonh/to go and study about Buddha.

ging[3] mh. ging-zingh/the capital city of a country, nation.

Baqv-Ging Zong Guoqv nyei hungh zingh/Beijing, Peking.

Washington DC se Meiv Guoqv nyei hungh zingh/the U.S capital.

ging[4] pm. **1** ging duqv mv nangc haih gox/keeping young longer. **2** jiem longc duqv lauh/to be durable, lasting longer.

ging duqv gorngv aqc duqv gorngv mv muangx/to be disobedience.

ging duqv hemx mienh lueic mienh ging duqv hemx haic.

ging duqv longc **1** nyaanh zoqc mv baac ging duqv longc/usable. **2** jiem longc duqv lauh/long lasting used.

ging[5] cf. gu'nguaaz ging bueix njormh mv baac muoqc zuqc mbui di'dien nor nyie da'aqv/a very awake baby.

ging-borqc buangh zuqc kuonx-naanc nyei sic/to get a trouble.

ging-borqc sic kuonx hnyouv nyei sic a troublesome situation.

ging-dongz ceuv-faanh ndanc zuqc mienh/to be disturbing someone.

siou ging gu'nguaaz bueix mv njormh nor oix zuqc tengx ninh siou ging bun haih bueix duqv njormh.

gingc[1] lf. gingc maiv zoux gong nyei hnoi to respect a holiday.

gingc cing-mengh tongx nipc ong-taaix zouv nyei gingc/a memorial day, holiday to respect ancestral graves.

gingc ciou bungx ciou liuz nqa'haav hnoi, gingc mv mingh ndeic bun ndeic nyei mienv daaih siou bungx ciou nyei nyaanh se hnyangx-hnyangx luoqc, cietv hlaax nyei ziangh hoc.

gingc gaeng-biei gingc liuz se hnyangx dongh zaqv liangx mv nanv zuqc gaeng-biei, se gan yiem-liqc hmz hlaax saeng-yietv wuov hnoi.

gingc gong-bou gingc gong-bou nyei hnoi/a labor holiday in U.S.

gingc gueix-houz gingc mbiungc, caux gingc loc nyei eix-leiz fi'hnangv nyei.

gingc laangz sipv liuz deic-bung mienv gingc mv bun nyiec nyei mienh daaih bieqc laangz/to taboo the village.

gingc loc gingc liuz loc se duih mbiungc yaac maiv cuotv loc yiemx liangx-ndeic se gan yiemx-liqc nyeic hlaax nyic ziepc wuov hnoi.

gingc longh kouv gingc buo hnoi nyei gingc se gan yiem-liqc zih hlaax saeng-yietv lorz ziepc nyeic da'faanh haaix hnoi yienh hnoi ziouc jiex gorn gingc aqv, daauh hnoi gingc longh kouv-yiem, eix-leiz se gingc nda'maauh bueix njormh, da'nyeic hnoi gingc longh kouv-yaangh, eix-leiz se gingc nda'maauh lorz nyanc, da'faam hnoi se gingc nzuqc bouv.

gingc mienv pui mbuoqc gingc domh dorngh mienv pui ninh mbuo nyei mbuoqc, se gan yiem-liqc luoqc hlaax saeng-luoqc wuov hnoi.

gingc mbuo-gouv eix-leiz se gingc liuz mbuo-ong nor, ninh mbui maiv nangc seix, se gan yiem-liqc faah hlaax saeng-yietv wuov hnoi.

gingc naang eix-leiz se gingc liuz nor hnyangx-dong hnyaapv miev maiv nanv zuqc naang, se gan yiem-liqc hmz hlaax saeng-hmz wuov hnoi.

gingc norqc meix eix-leiz se gingc liuz ninh mbuo mv nangc nyanc waaic mbiauh, se saauv gan yiem-liqc nyeic hlaax saeng-yietv *gingc norqc meix*, saeng-nyeic wuov hnoi *gingc naauz*, naaiv norm gingc mienh beu njuov heuc norqc meix njuov a holiday to respect sparrow and rat.

gingc nyei hnoi da'faanh yietc zungv gingc nyei hnoi/a general holiday.

gingc nziaaux gingc liuz nziaaux nor maiv nangc borngz nziaaux hlo wuotv waaic gaeng-zuangx, se gan yiem-liqc zih hlaax nyic ziepc wuov hnoi.

gingc nzuqc bouv eix-leiz se gingc liuz zaqv liangx lo haaix mv nangc hngaqv zuqc mun, gingc wuov hnoi yaac mv bun haaix dauh longc nzuqc bouv, naaiv se dongh gingc longh kouv nyei nqa'haav laai wuov hnoi.

gingc[2] pm. gingc jienv mbaeqc buonv/to set a target in order to shoot.

gingx[1] m. mangc ganh hmien-fangx nyei gingx/a mirror.

gingx[2] m. njang, mangc duqv tong nyei gingx/glass.

gingx-baengh gingx zoux baengh daaih a glass bottle.

gingx-biangh waaz jienv biangh nyei gingx/a glass decoration with flower.

gingx-dieh longc gingx zoux nyei dieh a glass table

gingx gaengh mangc duqv tong nyei gingx-gaengh/a glass window.

gingx-gorngc longc dapv diuv lo haaix nyei gorngc/a glass bottle.

gingx-huv huv muonc nzengc nyei gingx/a broken glass.

gingx-jorkv longc hopv wuom nyei gingx-jorkv/a drinking glass.

gingx-nzormc zaangh biouv lo haaix nyei nzormc/a glass bowl for fruit.

gingx-qorng hormh gingx nyei qorng/a frame for a mirror or a stand.

gingx-yienv longc gingx zoux nyei yienv a small glass bowl.

gingx-zaanv longc gingx zoux daaih nyei zaanv/a glass cup.

gipc m. zaeng gapc naauz fai gapc mbopv nyei gipc/a small trap used to catch rats and squirrels.

mba'biei-gipc m'sieqv mienh njapv mba'biei ga'naaiv/a hair pin.

gitv[1] w. gitv benx yietc ndunh yietc ndunh mingh/to clot or freeze into ice.

gitv mbouh gitv benx wuom-mbouh daaih/to become ice-cream.

gitv nzuqc qaa zaengx nzuqc longc gaau gitv jienv nzuqc qaa.

gitv sorng lungh juangv nyei hnoi lungh ndorm gitv sorng/to form into ice, snow.

gitv[2] w. nzenc gitv jienv mingh/to braid or intertwine together.

gitv gaanv gitv baav puotv ndau nyei gaanv/to make a broom.

gitv hlaang 1 longc camv diuh hlaang gitv benx yietc diuh/to braid a rope. **2** m'sieqv mienh gitv jiex lui houx nyei hlaang-mbeih fai hlaang-junh.

gitv mba'biei-mbinz m'sieqv dorn gitv mba'biei nyei mbinz/to braid the hair.

gitv mbaih longc hlauv gitv poux mbaih nzaeng jiex ndaaih/to make a raft.

gitv nqaan gitv benx nqaan-simv daaih gomv biauv/to braid roofing thatch grass.

gitv[3] pm. ndiangx ziangh biouv gitv haic a tree produce fruit in abundance.

biouv gitv gau ziangh biouv gitv dingc aqv/bearing abundance fruit.

gitv[4] bz. buatc guaix liuz mv baac mangc sou maaih gitv nor mv zuqc gamh nziex haaix nyungc sic/a positive sign.

buang gitv waac buang mienh duqv longx nyei waac/a blessing word.

cing-cing gitv-gitv sung nyei mingh mv nyauv/smoothly without interference.

gitv[5] pm. gitv jienv doic mv haih ndutv/to stick together in one.

gitv huon zoux cing-jaa gitv huon liuz benx auv-nqox aqv/to become husband and wife after wedding ceremony.

gitv huon mienh tengx gitv huon wuov dauh cing-suiv ong.??
gitv huon nzung Giduc mienh baaux gitv huon nyei nzung.
gitv huon sou gapv huon nyei zengx sou/a marriage certificate, license.
gitv zingh gitv eix laanh nyunc laanh gitv zingh hnamv doic nyei sic/to united and love each other.
gitv zingh nzung m'jangc caux m'sieqv baaux hnamv nyei nzung. Gj: zingh youh nzung/a love song; a song about love.
gitv zingh waac m'jangc caux m'sieqv gorngv hnamv nyei waac/to talk about love between man and woman.

gitv[6] zh. yietc gitv lungh ndiev, se yietc baeqv hnyangx. Gj: yietc seix jaax/a period of 100 years; a century.
muoqc gitv nin gen ih jaax hnoi fai ih jaax lungh ndiev/this century.
zinh gitv lungh ndiev jiex daaih wuov jaax lungh ndiev/a century before.

giu aengx lorz mangc "jiu" wuov joux nyei eix-leiz.

go w. leih go; yiem go; jauv go; mingh go deix. Dgw: fatv/far; remote; distant.
caa go nyei maiv nitv fatv yietc aax/to be very different, far from.
caa maiv go caa deix mv baac mv camv aqv/almost; nearly; probably.
go dong 远东 /yuǎndōng/ dong bung go wuov deix guoc jaa/the countries and regions of Far Eastern Asia, especially China, Japan, N. Korea, S. Korea, and Mongolia.
go fatv yiem go caux yiem fatv/far and near; remote and close.
go-go nyei mingh biaux mingh go nyei dorngx/to go far away.
go haic gengh zengv go haic nyei/to be very far; the remote area.
go nyei cien-ceqv leih duqv camv-doic nyei cien/a distant relatives.
go nyei dorngx yiem go nyei dorngx/a far-off place; remote place.
leih duqv go yiem leih go nyei/to be far away from; remote area.
leih maiv go 1 mv nangc go/to be not far from. **2** caa mv go/approximately.
maiv leih go yiem nitv fatv nyei/to be not far from; nearby.
sing duqv go sing-mengh mingh duqv go jangv nyei/to spread far and wide.
yiem go daaih yiem go nyei mienh/to come from far away.

goh[1] w. longc buoz-ndoqv goh/to squeeze between thumb and fingers.
goh bun hiuv goh bun mengh baeqc/to advice someone by a pinch.
goh jaang daic nanv jaang goh taux daic/to choke to death with one's hands.
goh maeqv biouv goh jienv biouv maeqv nqoi daaih/to squeeze open.

goh[2] pm. ninh nyei jaaiv mun souv maiv zaqc goh goh wuov/he/she cannot stand up straight because back ache.
gaam-goh deix nyanc haiz sui caux gaam zorpc nyei mueix/sweet and sour mixed.

gox[1] pm. hnyangx-jeiv gox; ziangh duqv gox; gauh gox; mienh gox; ong-gox; lai gox/to be elderly; very old, aged.
gox daaih gox aqv; ziangh lauh aqv/to be mature; to grow old.
gox haic 太老 /tàilǎo/ ziangh lauh gox haic aqv/too old; very aged.
gox jienv mingh kungx gox jienv mingh hnangv/getting older and older.
gox lunx gox caux lunx/younger and older; older and tender.

gox[2] cf. gox sic; gox zongc; lorz sic gox mienh/to accuse someone.
gox jaav-sic lorz jaav nyei sic gox hoic mienh/to accused falsely.
gox jaav-zongc lorz henh sic gox hoic mienh/to accused falsely.
gox mienh jaa zuiz hniev bun zuiz-mienh to press charge against.
gox nyei mienh 1 ziangh lauh gox nyei mienh/an elderly person. **2** gox sic nyei mienh/an accuser.
gox sic ndouv sic zoux; oix caux borngz sic/to file a lawsuit; charge against.
gox zongc lorz sic jaa hniev bun; lorz sic caux zoux/a file complaint against.
gox zongc mienh gox sic fai gox zongc nyei mienh/an accuser.
gox zongc sou fiev daaih gox sic nyei sou/a prosecution document.

lorz sic gox baac ix lorz sic gox hoic mienh/to create reason to accuse.

zuqc mienh gox zuqc ga'hlen mienh gox sic hoic/to be accused by someone.

gox[3] hq. **gox goh gox goh** longc ziaaux jai nyei qiex/a sound used to call chicken.

goi pm. goi mv duih mbiungc; goi mv haih lorqc/maybe not; probably not.

goi maiv maaih hnamv daaih daaix mv maaih/probably don't have.

goi maiv zeiz saah hnamv daaih daaix maiv zeiz/it will be incorrect.

goih w. i bung gorngv waac mv doix-goih ziouc zaeng benx jaax/to against.

maiv doix-goih maiv horpc coiv; maiv jiux doic/to against each other.

goiv[1] w. goiv ganh norm mbuox heuc/to change; to make change. Gj: tiuv.

goiv benx goiv benx ganh nyungc/to transform into. Gj: tiuv benx.

goiv fiem-fingx goiv yienc fiem-fingx liuz mv hnangv loz wuov aqv/to change one's attitude, mind.

goiv fiem yienc eix tiuv hnyouv caux eix-leiz/completely change one's attitude.

goiv fingx tiuv longc ganh norm fingx to change one's surname.

goiv hnyouv tiux hnyouv maiv zoux ei loz aqv/to repent; to change one's mind.

goiv mv nzuonx dorngc liuz goiv maiv nzuonx aqv/to be unable to change.

goiv mengh fingx tiuv mbuox caux fingx to change one's name and surname.

goiv mbuox tiuv heuc ganh norm mbuox to change one's name.

goiv nyungc zeiv ganh tiuv norm nyungc zeiv/to change example or style.

goiv nzangc goiv fiev dorngc wuov deix nzangc/to correct a spelling.

goiv qiex goiv benx ganh nyungc qiex to change sound or tone.

goiv qiex nzangc longc tiuv qiex nyei nzangc/a symbol that indicates tone.

goiv waac tiuv ganh gorngv dorngc nyei waac/to correct one's word.

goiv yienc ganh tiuv siang goiv yienc jiex/to replace or transform

goiv yienc guoqv tiuv guoqv nyei loz-leiz guangc, longc siang-leiz/to reform a nation's policy.

goiv yienc ziouv ganh tiuv dauh ziouv/to change an ownership.

goiv za'eix ganh tiuv norm za'eix/to revise an idea, change plan.

goiv zaqc mingh gaatv zaqc nyei mingh to make a straight short cut.

goiv zueix ndie fuqv bun ga'naaiv maiv zueix nyei ndie/an odorous killer.

goiv[2] pm. goiv mingh zaaix; goiv mingh mbiaauc/to change or turn.

goiv jauv 1 wingc jauv yangh ganh bung mingh/to detour. **2** tiuv jauv/to change lane on a high way.

goiv mbiaauc goiv mingh mbiaauc bung to make a right turn.

goiv mbiaauc dang-njapc goiv cie mingh mbiaauc nyei dang/a right turn signal on a vehicle.

goiv nzuonx goiv nzuonx mbiaauc fai zaaix/to turn to either left, right.

goiv zaaix goiv mingh zaaix bung/to make a left turn.

goiv zaaix dang-njapc goiv zaaix bung nyei dang/a left turn signal on a vehicle.

goiv[3] cm. m'sieqv nyei jiex gorn mbuox *beiv hnangv* Zoih Daqv nyei sieqv Goiv Daqv, se weic ninh auv kungx yungz sieqv hnangv cingx zuqc oix zuqc zorqv dauh sieqv nyei mbuox heuc *goiv, yienc* fai *nqenx* hnangv naaiv zoux m'nziex haih yungz duqv dorn mv bei/a prefix girl's given name.

goix[1] w. longc bouv goix. Gj: nzom, jamv, nganx/to chop down a tree.

goix gemh zaqv liangx goix domh gemh lomc/to chop down a heavy forest for a swidden fields.

goix guangc goix mv longc nyei ndiangx guangc/to chop down unwanted tree.

goix normh ziu-biouv goix m'ziu nauv daaih gaeqv biouv/to cut down banana tree.

goix ndiangx goiv ndiangx nauv njiec daaih/to chop down a tree.

goix[2] pm. (mv haih bueix sieqv se weic hauh guang aiv) goix mv jiex sieqv/to be unable to win over.

goix duqv jiex haih hingh duqv jiex/be able to overcome with.

goix maiv jiex hauh guang aiv goix mv jiex/not able to overcome.

gom w. janx-zaqc bieqc biauv gom jienv biauv-ziouv luv nyaanh, *gom* se gaav congh janx-laauv-waac daaih.

gomh[1] pm. junh nyei gomh gomh wuov. Gj: mbunh/to be round shape.

gomh huv baengc ndopv huv nyei baengc/leprosy; a skin disease.

gomh[2] aengx lorz mangc "biouv-gomh" wuov joux nyei eix-leiz.

gomv w. 盖 /gài/ gomv jienv caeng zouv hnaangx/to cover up something.

gomv biauv ceix biauv; zoux biauv/to build a house; to construct a house.

gomv biauv mienh zoux biauv mienh/a house building worker.

gomv biauv gong zoux gomv biauv nyei gong/house constructive.

gomv biauv zangc hoqc daaih gomv biauv nyei mienh/a house builder.

gomv eiv ndie buang eiv nyei ndie/a chair covering cloth.

gomv hmien gomv janx-daic sei nyei hmien/to cover a dead person's face.

gomv jienv nqaaix zorqv nqaaix gomv jienv/to cover with a lid.

gomv m'nqorngv ndongx muoc fai homc suangx gomv/to cover head with a hat.

gomv nie-zun nguaaz longc nie-zun nguaaz gomv/to roof with earth tiles.

gomv norm liuh gomv norm ndeic nyei liuh/to build a field hut.

gomv nqaan longc nqaan gomv biauv to roof with thatch grass.

gomv nzie jiex gomv nzie deix cuotv ga'nyiec/to cover with overlapping.

gong[1] m. 工 /gōng/ nyungc-nyungc zoux nyei gong/occupation; job; work; labor.

gong beqv gong camv zoux mv hingh beqv haic/to be pressing with work.

gong-bou 工夫 /gōngfū/ gong-bou nzaic zingh nyei jauv/matter of work.

gong-bou-bieiv 头工 /tóugōng/ dorh gong nyei mienh/a head worker.

gong-bou-heng maiv hniev nyei gong/a light work, light duty.

gong-bou-hniev longc qaqv camv zoux nyei gong/a labor job, heavy duty.

gong-bou jauv gong-bou luoqc louc/an employment matters

gong-bou nzaic gong la'nyauv nyei sic

gong-bou-qangx dingh hitv kuonx nyei zoux gong qangx/a break in one's work.

gong-bou sic lorz gong, zoux gong nyei sic/an employment matters.

gong-bou sic dorngh lorz gong nyei dorngx/an employment office, agency.

gong-bouc 1 dongh haaix wuonc gong nyei sic/a work level. **2** sipv mienv mienh cangv wuonh yangh gong-bouc nyei sic to perform walk in spirit ceremony hall.

gong-buonc hoqc daaih nyei gong-buonc an occupation; skilled worker.

gong-ciangv zoux gong nyei dorngx/a work site; a factory.

gong-dorngh zoux gong nyei dorngh/a site of factory; work site.

gong-ginc zoux haaix ginc gong, hlang fai aiv nyei sic/a job position, level.

gong heng maiv zuqc longc qaqv zoux nyei gong/a light work, duty.

gong-hnoi zoux yietc hnoi hmuangx nyei gong/a one day work.

gong-jaax zoux gong bietv duqv nyei nyaanh/wages of a piece work.

gong-kinv gong-muonc; gong-la'nyauv nyei sic/a matter of work.

gong-kor 1 mbenc oix hnangv haaix nor bun maaih gong cuotv daaih nyei sic/to create a program. **2** bungx waac cuotv dienx taih nyei gong-kor/a radio broadcasting program.

gong kouv zuqc zoux kouv nyei gong fai gong-bou-hniev/a labor work.

gong-mengh hoqc duqv nyei gong/an occupation; a career; job position.

gong-mienh zoux gong nyei mienh/an employee; worker; laborer.

gong-mienh beu sengh beu gong-mienh muoqv zuqc mun fai butv baengc nyei sou/an insurance coverage for employee.

gong-mienh diev mun zinh bun gong-mienh diev mun nyei nyaanh/a worker's compensation.

gong muonc mangc mv buatc gong-la'nyauv/a minor tasks.

gong-nangv zoux caamx baav nyei gong a short term job; a temporary work.

gong nyauv gong camv zoux mv hingh nyauv jienv/to be busy with work.
gong nzengc maiv maaih gong zoux aqv to be laid off; unemployed.
gong-sai hoqc duqv hlang nyei gong/to be engineer position.
gong su domh poux-ziouv nyei gorn/a company; congregation of business.
gong su leiz gong su gu'nyuoz nyei leiz/a policy of a company.
gong-wuic zoux bun gong-mienh duqv longx nyei gorn/a labor union.
gong-zinh 工资 /gōngzī/ zoux gong duqv nyei zinh nyaanh/salary; wages.
gong-zinh aiv duqv nyaanh zoqc nyei gong/low wages.
gong-zinh hlang duqv nyaanh camv nyei gong/high salary; high wages.
gong-ziouv cingv mienh zoux gong nyei ziouv/an employer; business owner.
m'jangc gong m'jangc mienh zoux nyei gong/a job for man only.
m'sieqv gong m'sieqv mienh zoux nyei gong-bou-heng/a job for lady.
muoqc gong zoux ndiangx-zangc nyei gong/to work with wood as a carpenter.

gong[2] pm. gong-baengh; gong-fim; sueih gong fim/a justice; unbiased; fairly.
gong-daqv 公德 /gōngdé/ zoux longx tengx mienh nyei kuv sic/to be meritorious and beneficent deeds.
gong-daqv hnyouv 公德心 /gōngdéxīn/ se korv-lienh nzie mienh nyei hnyouv/a helpful hearted; a kind hearted.
gong-daqv jouh weic fiou gong-daqv jaax jouh bun mienh yangh/ritual bridge build to make merit.
gong-daqv longx hnyouv longx tengx mienh nyei mienh/a helpful person.
gong-daqv waaic hnyouv orqv, waaic laangh fim nyei mienh/a violate person.
gong fim sueih hnyouv oix fongc horc bun mbu'ziex yaac duqv nyei/to donate.
gong-laauh 功劳 /gōngláo/ fiou suonc duqv nyei zeqv-buonc/credit, contribution.

gong[3] m. ndorqc ndaauv ndongc haaix nyei gong leiz/a kilometer or kilogram.
juqv gong leiz jauv ndaauv juqv gong leiz nyei jauv/a six kilometers road.
hniev ziepc gong leiz maaih ziepc gong nyei hniev-soux/ten kilogram.

gong[4] m. ndiangx-guaa-gong; maeqc gong fai gaam-zaiv-gong/a tree, a plant that does not bear the fruit.
dungz-gong im zorqv jaix-nduih guangc mingh nyei dungz. Dgw: dungz-laangh/a castrated male pig.
jou-gong yietc nyungc cuotv ndau-beih nyei jou. Gj: jou-jong/a type of the wild mushroom that grows in soil.

gong[5] pm. gong mienh, pienx mienh, *gong* se gaav congh Janx-taiv waac/to cheat.
waan gong zaeng baqv lomc zangc orv nyei yietc nyungc za'eix/a spring trap with bamboo spears used to kill a large game, large animals.

gong[6] bm. *beiv hnangv* gong-zoh mienh. Gj: haengh douh/a prefix noun.
gong sorv bungx pienx-junh (disc) nyei ji (machine).
Gong Tepv Taiv-deic nyei hungh zingh mungv. Gj: Sien Lorh/Bangkok.
gong-zoh 大使 /dàshǐ/ tengx douc waac nyei gong. Gj: haengh douh/Ambassador; a messenger.
gong-zoh jien 大使馆 /dàshǐguǎn/ douc waac jien/Embassy official.
gong-zoh mienh tengx douc waac nyei mienh. Gj: haengh douh/a messenger.
Gong-Zoh Sou yietc buonv douc fienx nyei zengx-ginx sou nyei mbuox/the Acts of the Apostles.
gong-zoh wuic haengh douh nyei wuic an embassy legation.
sai-gong zoux-zorc mienh sipv mienv nyei fin-kouv zinh. Gj: sai-zinh/the wages pay to a priest.

gongh w. yangh jauv jiex mingh jiex daaih nyei/to walk here and there.
gongh bieqc gongh cuotv zanc-zanc bieqc mingh aengx cuotv/to keep going in and coming out.
nziouv gungx gongh nyei nziouv gungx gongh nyei bienh nie cuotv/a busy ants working by moving fast.

gongv pm. zong zuqc mapv cuotv daaih gongv-gongv wuov/to curve out.

gongx[1] w. louh gongx kuotv bieqc ndau a gopher digging a hole into ground.
gongx jienv bieqc wetv ndo jienv bieqc gu'nyuoz/to keep digging in.
gongx kuotv wetv kuotv bieqc ndau/to drill a hole into the ground.

gongx[2] m. juangc/to be collectively; share with. 共乡一块土, 共在一家人 gongx hiaang ic kuaaiv tuv, gongx zaix ic jaa yinh. naaiv se zinh baan mienh gorngv nyei waac-beiv, beiv juangc hiaang-bung se yietc kuaaiv ndau, juangc yiem se benx yietc biauv mienh.
gongx caanv juangc jienv nzipc nyei sic. Gj: gongx ciangv/communist.
gongx caanv dang 共产党 /gòngchǎndǎng/ communist party.
gongx caanv ei-douh 共产主义 /gong chǎnzhǔyì/ juangc diuh doz-leiz longc nyei sic/a communism.
gongx caanv guoc jaa gongx caanv gunv nyei deic-bung/a communist nation.
gongx caanv leiz gongx caanv nyei leiz the rule of communism.

gopc pm. **1** porng gopc haic maiv benx wetv ndau. Gj: ngamc. Dgw: ngorngz/to bent inward. **2** gaengv heuc gopc gopc nyei sing-qiex.

gopv[1] pm. longc buoz-zaangv mbaix gopv qiex-mbeu njiec/to push a ball down with palm hand.

gopv[2] aengx lorz mangc "nyaanh gopv" wuov joux nyei eix-leiz.

gor[1] nz. 歌 /gē/ nzung. Gj. gaa/a song.
cangx gor baaux nzung/to sing song.
gor gae yietc nyungc biomv cangx heix nyei ga'naaiv/a harmonica.
gor pienx yietc kuaaiv nyaanh ngaengc.

gor[2] wj. nzueic gor; yaauc gor; hnyouv sie gor; jaang nqaatv gor. Gj: gau/until.
zuov gor taux i diemv zuov taux i norm ziangh hoc/waiting until two o'clock.
zuov lauh gor zuov zuqc lauh gor/to be waiting for so long.

gor[3] nyc. 哥 /gē/ ninh se yie nyei gor/he is my older brother. Gj: gorx.

gorc[1] w. yie gorc oix mingh nyei se gorngv meih longc mingh nor/too, either.
gorc niec ninh caux yie maaih jiex gorc niec nyei. Gj: win-jaa/he and me once were enemy.
hlauv-gorc yietc nyungc gauh hlang mienh nyei miev. Wed: la'gorc/a type of tall grass.
hlauv-gorc biouv la'gorc gorn ziangh daaih nyei biouv, nyanc kuv nyei.

gorc[2] aengx lorz mangc "doc-gorc, duc gorc" wuov joux nyei eix-leiz.

gorv laaic nziex laaic duqv/aengx lorz mangc "gorngv laaic" wuov joux nyei eix-leiz.

gorx[1] nyc. 哥 /gē/ ninh se yie nyei gorx/he is my older brother.
gorx doic zoux gorx nyei mienh/to be an older brother.
gorx-muoc gorx caux muoc yietc zungv muoz-doic/all brothers and sisters.
gorx-muoc fu'jueiv i muoz dorn caux sieqv nyei fu'jueiv/cousin.
gorx-teix nyaam nyei da'nyeic teix nqox/ the second husband of one's sister in-law who remarried after one's older brother pass away.
gorx-youz zoux doic nyei m'jangc dorn doic/friendship; brotherhood.
gorx-youz doic zuoqc nyei m'jangc dorn a'nziaauc doic/brotherhood; friendship.
gorx-youz dorc nziez muoz-dorn doic caux muoz-sieqv doic/brothers and sisters.
gorx-youz fu'jueiv i muoz-dorn nyei fu'jueiv/a cousin.

gorx[2] dl. dorh leiz waac heuc lamh go gauh gox nyei m'jangc kaeqv mienh/a polite term to address a stranger man who is older than oneself.

gorx[3] nz. benx nzung nyei waac gorngv yietc laanh fai yietc dauh.
gorx-gorx dauh dauh; laanh laanh/each other; each one; everyone.
haaix gorx baaux nzung naaic gaax dauh/who is it; whom.
yietc gorx yietc dauh; yietc laanh; yietc norm/one person.

gorz[1] pm. ziangh duqv gorz faac longx gau gorz-gorz wuov/to be big and tall.

gorz[2] w. caaiv mba'piatv gorz lorz nzorz dangh ka'deix ndorpc mi'aqv/stumbled.

gorkc q. jai buatc nda'maauh jaaux haeqv ninh heuc gorkc nyei qiex/a croaking sound made by a terrified chicken.
gorkc gaux gu'nguaaz gorngv jai-jaux nyei waac/an egg.
gorkc nyipv gu'nguaaz waac gorngv jai-dorn caux jai/a chicken.

gorkv[1] m. longc hopv wuom nyei gorkv. Gj: jorkv, *gorkv* se gaav congh Janx-taiv waac daaih/cup for drink water.

gorkv[2] q. ngaengv gaengh mbui gorkv gorkv nyei qiex/the sound made by knocking on the door.

gormx zmb. gormx nzengc yietc norm deic bung/throughout the whole country.
huing gormx huing jienv mingh gormx nzengc/to be completely surrounding.
gormx lungh ndiev mingh gormx yietc norm lungh ndiev/completely through the whole world.
saau gormx yangh jienv jauv mingh gormx/to talk through the whole area.
weih gormx weih huing jienv mingh gormx mi'aqv/completely surrounding.
zaqv gormx liangx zaqv gormx nzengc yietc nzong liangx mi'aqv/to completely cleared a swidden field.

gorn[1] pm. 根 /gēn/ caa-gorn; miev-gorn; zoux norm gorn; gorn-buonv/a root; base; foundation.
gorn-baengx cuotv nyei gorn/the main reason; the base reason.
gorn-buonv gorn zangc maaih daaih nyei buonv/the base or principle.
gorn hoc jiex gorn nyei hoc-dauh/a root symbol or number.
gorn-ndoqv waac gorngv jiex gorn nyei waac/the foundation of speech.
gorn-ndoqv wuonv maaih gorn longx haic/a strong foundation.
gorn-nyuonh cuotv daaih nyei gorn/the source; base; foundation.
gorn-youh 原因 /yuányīn/ weic ha'norm gorn-youh fai gorn-baengx/reason caused of a matter.
gorn zangc congh gorn zangc daaih nyei wuov/the original source.

gorn[2] m. zoux gorn; zoux ndoqv; domh gorn; fiuv-gorn; nyaanh gorn; maaih gorn/the source.
ninh zoux gorn ninh dengv bieiv zoux gorn dorh mienh/he leads people.

gorn[3] w. jiex gorn zoux; jiex gorn gorngv waac/to start work; start talk.

gorn[4] wj. baengc longx dangx gorn; maiv ndutv gorn/to be completely healed.

gornx[1] wj. haiz nyaiv gau mv maaih deix sic gornx nyei/to feel so embarrassing or disappointed.

gornx[2] pm. gornx aax diuv; gornx donx orv longx nyei; gornx congx hieh dungz king mi'aqv, mv dorh leiz nyei waac.

gorng[1] gn. 带子 /dàizi/ sai jaaiv nyei gorng/a strap used to support low back.
gih gungx gorng ndiux nzoih nzengc gungx gorng wuov/a hanging strip.
gorng gaaix biouv yietc nyungc lomc zangc nyei biouv.
gorng-houc zuangx zoux lai nyanc nyei zienh houc-haapv/broad leaf weed used as vegetable.
gorng-pien biouv aengx lorz mangc *ga'pien biouv* fai *suiv-gouv biouv* wuov joux nyei eix-leiz.
mbuoqc jorngx-gorng mbuoqc jorngx nyei kuangx mba'dauh buix wuov diuh gorng/a shoulder bag strip.

gorng[2] nz. 江 /jiāng/ aaux benx nzung nyei waac gorngv ndoqv/a river.
gorng-bin 江边 /jiāngbiān/ ndoqv-hlen dorngx/a river-side; a side stream.
gorng-horh 江河 /jiānghé/ yietc diuh ndoqv; yietc diuh suang-suiv/a river.
gorng-suiv 江水 /jiāngshǔi/ nzung nyei waac gorngv ndoqv/a river.

gorng[3] pm. naaiv gorng hoc/this period of time or season.
borngz gorng nziaaux borngz yietc gorng nziaaux/a blow up wind.
duih mbiungc-gorng duih yietc gorng liuz mv duih aqv. Dgw: duih mbiungc-zaeh/a rain shower.
iv suiv gorng duih mbiungc camv nyei ziangh hoc/a rainy season.
lungh juangv gorng 寒冷时 /hánlěngshí/ lungh juangv nyei ziangh hoc/winter time; cold season.

lungh yuoqv gorng 温暖时 /wēnnuǎnshí/ lungh yuoqv nyei ziangh hoc/a summer time; warm season.

nqaai gorng maiv duih mbiungc nyei ziangh hoc/a dry season; summer time.

gorng[4] aengx lorz mangc "gorngc" wuov joux nyei eix-leiz.

gorngc[1] m. longc gingx zoux daaih nyei gorngc. Gj: gorng, liangx huh/a glass bottle or glass jar.

gorngc-nzuih gorngc nyei nzuih/an opening of a bottle.

gorng-zotv zotv gorngc-nzuih nyei ga'naaiv/a plug for a bottle.

ndie-gorngc dapv ndie nyei ga'naaiv. Gj: ndie-baengh/a medicine bottle.

gorngc[2] aengx lorz mangc "gu'kuotv gorngc" wuov joux nyei eix-leiz.

gorngh m. gu'nguaaz gorngv nda'maauh nyei waac/a tiger.

gorngh apc mbuox gu'nguaaz nda'maauh ngaatc nyei waac. Gj: maauh gorngh/tiger bite.

gorngh gemh domh gemh lomc/heavy woodland or forest.

gorngv w. gorngv cuotv nzuih mbui nyei waac/to say; to speak; to talk; to have converse with.

bungx laangc gorngv maiv samx-soqv nyei gorngv/to be outspoken.

gorngv a=nziaauc gorngv jatv a'nziaauc lo haaix/to talk for fun; to play joke.

gorngv auv ca'laangh gorngv horpc bun dorn caux sieqv dorng jaa nyei jauv/to propose a marriage.

gorngv baengc gorngv baengc mbuox ndie-sai/to talk about one's illness.

gorngv-baeqc gorngv nduov mienh/to tell a lie; to lie.

gorngv-baeqc hungh gorngv-baeqc henv nyei mienh. Gj: saeng-kuaa lorh/a liar or falsehood.

gorngv-baeqc mienv hemx gorngv-baeqc mienh beiv mienv/a liar demon.

gorngv-baeqv nduov gorngv maiv zien nduov mienh/to lie and deceive.

gorngv-baeqc waac gorngv nduov nyei waac/a word of lie.

gorngv cien ca'laangh dorn sieqv dorng jaa nyei jauv. Gj: gorngv sieqv/to enter into marriage negotiations.

gorngv cing gorngv bun mengh baeqc mingh/speak up to make clear.

gorngv cing-jaa ca'laangh mbenc zoux cing-jaa bun dorn caux sieqv dorng jaa nyei jauv/to enter a marriage propose.

gorngv ciouv gorngv hemx ciouv nyei bun/to speak harshly.

gorngv cou nyei maiv gorngv muonc/to speak in generalities.

gorngv cuoqv ba'baac gorngv cuoqv mienh/to provoke someone.

gorngv cuotv gorngv cuotv nzuih daaih to speak out; to make announcement.

gorngv cuotv waac nyapv nzuih gorngv waac/to speak out; utter a word.

gorngv dinc waac gorngv waac yiem fonh/to talk on telephone; a telephone conversation.

gorngv dingc waac gorngv dingc maiv tiuv waac/to make a verbal agreement.

gorngv domh waac gorngv maux nyei waac. Gj: ceng-hlo/to boastful talk.

gorngv donc deix tov mienh gorngv donc deix/to ask someone speak slowly.

gorngv doqc gorngv waac-doqc bun mienh/to slander, insult, defame.

gorngv dorngc 1 gorngv dorngc waac to say something wrong. **2** gorngv ziqc zuiz mienh/to talk against someone.

gorngv douc waac finx gorngv waac yiem fonh/to talk on the telephone.

gorngv duqv benx waac ca'laangh duqv jiez nyei waac/to concluded with an agreement.

gorngv duqv daaih gorngv duqv mienh nqoi eix bun daaih/to discuss and come to an agreement.

gorngv duqv henv gorngv duqv maaih qaqv henv haic/a powerful mouth.

gorngv duqv horc hlienx haic a'hneiv nyei gorngv/to talk in an excited way.

gorngv duqv hiuang haic gorngv duqv ciouv nyei/to speak with angrily voice.

gorngv duqv kuh muangx haih gorngv duqv kuh muangx nyei waac/to speak with a fine-sounding words.

gorngv duqv njiec gorngv duqv horpc daaih/to reach an agreement.

gorngv duqv longx gorngv waac longx nyei bun/to speak very nice way.

gorngv duqv mau gorngv mau nyei waac/to speak in a weak voice.

gorngv duqv mengh gorngv daaih bun mienh hec duqv bieqc hnyouv/to speak very clear and made understanding.

gorngv duqv ngaengc gorngv ngaengc haeqv mienh nyei waac/to speak harshly.

gorngv duqv njiec ndongh ca'laangh duqv horpc/to come with an agreement.

gorngv duqv nzuonx gorngv duqv waac nzuonx. Gj: gorngv duqv junh/to pronounce exactly the accent.

gorngv duqv tong gorngv mingh duqv tong nyei/talk smoothly through.

gorngv faix deix gorngv sienc nyei/to talk in a low voice; talk softly.

gorngv fei yietc nyungc tor qiex gorngv kaeqv-waac nyei mienh nzung, se jiex gorn hnangv naaiv gorngv *sux yaev, ??*

gorngv fonh gorngv dinc waac/to talk on the telephone.

gorngv longh gorngv fongc gorngv biangh gorngv biouv nyei.

gorngv ganh fingx waac gorngv ganh fingx mienh nyei waac/to speak another language.

gorngv ganh nyungc waac gorngv singx lingh dorh mienh gorngv nyei waac/to speak in tongues.

gorngv gauh mbiangc gauh haih gorngv waac. Gj: gorngv gauh liouc/to be able to speak more fluency than others.

gorngv gouv gorngv loz-hnoi nyei gouv bun mienh muangx/to tell a story.

gorngv gouv mienh gorngv gouv wuov laanh mienh/a story teller.

gorngv guai-qaauv waac meiv jienv fai beiv jienv gorngv nyei waac/to speak intelligently.

gorngv haeqv gorngv haeqv mienh nyei waac/to say something frighten others.

gorngv hatc gorngv maaih hatc maaz nyei waac/to put pressure on by words.

gorngv-hemx gorngv hemx caux njaaux nyei waac/to teach and scold.

gorngv henh waac nzauz mienh gorngv nyei waac/a gossip talk; a rumor.

gorngv hingh gorngv fai nzaeng hingh mi'aqv/to overwhelm by discussion.

gorngv hoqc hoqc jienv mienh gorngv nyei waac gorngv/to copy what is said.

gorngv horh kix waac gorngv horpc fim nyei waac/to pleasant everyone.

gorngv horpc i bung ca'laangh gorngv horpc dongh waac/to speak well.

gorngv huaangv gorngv jiex ndaangc zien waac/an exaggeration talk.

gorngv hlo deix tov mienh gorngv hlo deix/please speak a little louder.

gorngv hnangv gorngv hnangv maiv jaaix nor yie oix nyei. Gj: se gorngv, six gorngv, lorqc beiv/suppose, if.

gorngv hniev bun gorngv waac seix nyei bun/to speak severely to someone.

gorngv ih ziev sipv mienv mienh biomv jorng heuc lungh gorngv ih ziev.

gorngv jaav gorngv maiv zien nduov nyei waac/to make a false statement.

gorngv jaax-zinh gorngv tov jaax-zinh njiec/to bargain the price.

gorngv jatv gorngv jatv a'nziaauc/to make joke; to talk and laugh.

gorngv jiex gorngv mbuox jiex/to have mentioned.

gorngv jiex leiz ba'laqc gorngv doqc jiex ndaangc mi'aqv/to speak beyond what one shouldn't talk.

gorngv jiex gorn waac gorngv tih dauh waac/to give introduction speak.

gorngv jiex ndaangc gorngv jaav jiex ndaangc mi'aqv/to make over statement.

gorngv kec gorngv laanh zouh mienh fai daanh mienh/to make a criticizes statement.

gorngv ki mienh gorngv mangc mienh mv jiez fai ndouv mienh nyei waac/to insult; to prejudiced.

gorngv kuv waac gorngv longx kuinx mienh nyei waac/to speak well.

gorngv kuinx gorngv orn hnyouv nyei waac/to counsel; to encourage.

gorngv la'nyauv lorz la'nyauv nyei sic gorngv hoic mienh/to complain, stir up trouble.

gorngv laaic hnyouv hnamv laaic zeiz aqv, mv baac laaic dorngc. Gj: gouv laaic, gorv laaic/to suspect mistakenly.

gorngv laengz gorngv laengz jienv nyei waac/to make a promise.
gorngv leih hiaang waac gorngv leih doic nyei waac/to say goodbye to visitor or to one's hosts.
gorngv leiz gorngv nzaeng luonx leiz/to reason with; to explain the laws.
gorngv leiz mienh leiz-sai, tengx caengx sic nyei mienh/a lawyer.
gorngv longx nyei suonc zingh suonc eix nyei gorngv/to speak nicely.
gorngv lorqc doih ca'laangh gorngv horpc mi'aqv/to reached an agreement.
gorngv lorqc doih waac gorngv setv mueiz waac/to concluded an agreement.
gorngv maiv cing aqc duqv gorngv mv mengh baeqc/unable to make clearly.
gorngv maiv cuotv hnyouv mun gorngv mv cuotv waac/to be inexpressible.
gorngv maiv cuotv nzuih haiz nyaiv gorngv maiv cuotv/too shy to speak out.
gorngv maiv duqv maiv horpc gorngv nyei waac/to be improper to say.
gorngv maiv mingh deic ngamh ngutv deix gorngv maiv tong-daapc/unable to talk smoothly.
gorngv maiv nzengc aqc duqv gorngv maiv haih nzengc/difficult to mentioned everything.
gorngv mengh gorngv cing bun bieqc hnyouv longx nyei/to make clear.
gorngv miaauc gorngv gau kouv daic wuov joux waac miaauc mingh haaix zanc yaac kungx oix gorngv hnangv. Gj: guenx/to get used to, to addicted to.
gorngv muonc gorngv porv muonc bun bieqc hnyouv/to describe in detail.
gorngv mbeix gorngv ganh nyei mbeix mbuox mienh/to tell one's dream.
gorngv mbiangx yaangh gorngv bingx nyei waac mbiangx yaangh daaih/make reveal from concealed.
gorngv mbui deix gorngv hlo deix/to speak a bit louder.
gorngv mbuox 1 gorngv mbuox mienh to tell something. **2** gorngv mbuox bun to tell one's name or someone's name.
gorngv mbuox tong tih taux di'dien hnangv, mv zeiz zien maaih hnyouv oix heuc fai cingv daaih/just a mentioned.
gorngv ndaauv gorngv zuqc lauh nyei a long conversation; to speak at length.
gorngv nduov gorngv-baeqc nduov nyei waac/to tell a lie.
gorngv ngaengc gorngv henv haic nyei waac/to insist; to take a firm stand.
gorngv ngaengc waac laengz ngaengc waac/to swear an oak.
gorngv njaaux gorngv njaaux mienh nyei waac/to teach or encourage.
gorngv nqaeqv-sen waac gorngv caeqv nqoi nyei waac/to talk avoid tension.
gorngv nyauv lorz sic gorngv nyauv bun/to make up trouble for someone.
gorngv nzaaux hmien waac gorngv buang hmien nyei waac/to make excuse to cover one's embarrassment
gorngv nziex laaic hnamv laaic dorngc mi'aqv. Gj: gouv nziex laaic, gorv nziex laaic/to assume wrongly.
gorngv pien deix maiv dungx ba'laqc gorngv zaqc/to tell not totally true.
gorngv porv mienh gorngv muonc bun hiuv toux/to explain, an explanation.
Gorngv Seix Zangc 传到书 /chuándàoshū/ yietc buonv zunh gorngv seix zangc nyei zengx-ginx sou nyei mbuox/a book of Ecclesiastes in the Bible.
gorngv setv mueiz waac gorngv nqa'haav laai nyei waac/to conclude one's speak.
gorngv sic dorh bieqc sic dorngh gorngv sic/to bring a lawsuit to court.
gorngv siepv beqv mienh gorngv siepv deix/to speed up one's talking.
gorngv sieqv ca'laangh dorng jaa nyei sic/to propose a marriage
gorngv sung gorngv horpc sung mi'aqv to settle on a discussion.
gorngv taux gorngv tih taux di'dien/to mention to; to refer to.
gorngv tong leiz gorngv di'dien hnangv maiv gorngv muonc bun hiuv.
gorngv tui-zeih gorngv tui bun ganh dauh zoux/to make an excuse.
gorngv waac nyapv nzuih gorngv waac to speak; to converse; to talk.
gorngv waac a'lanh gorngv waac maiv cuotv ngamh ngutv deix/to stutter.

gorngv waac-beiv 比喻 /bǐyù/ gorngv beiv eix-leiz bun haih bieqc hnyouv/to speak figuratively; analogy; metaphor.

gorngv waac-biangh gorngv beiv biangh beiv biouv nyei waac/to talk in different and with comparison.

gorngv waac biauv gorngv ca'laangh sic yiem nyei biauv/a convention center.

gorngv waac-cou gorngv aqc muangx mv baac kuh jatv nyei waac. Gj: kuanv tien, waac-zaanc/vulgar talk.

gorngv waac cou haic guaih gorngv mv samx longx nyei waac/to speak in careless way.

gorngv waac-doqc gorngv mun mienh nyei waac/to abuse by saying bad.

gorngv waac dorh leiz gorngv dorh leiz nyei waac/to talk politely.

gorngv waac dorngx ca'laangh koi wuic nyei dorngx/a conference room.

gorngv waac faix gorngv faix muangx mv haiz nyei waac/to speak very softly.

gorngv waac gaam haih gorngv gaam nyei waac/a sweet talk.

gorngv waac henv gorngv waac maiv youx nyei mienh/a talker; talkative.

gorngv waac-huv nzauz mienh gorngv nyei waac/a gossip talk.

gorngv waac-huaangv gorngv jiex ndaangc zien waac/an exaggeration talk.

gorngv waac hlo gorngv waac mbui haic/to speak very loud voice.

gorngv waac-hnamv gorngv hnamv nyei waac/to talk about love.

gorngv waac hngoi topv nzuih gorngv waac nyei ga'naaiv/a loudspeaker.

gorngv waac jietc gorngv aauv-jietc nyei waac/to talk against.

gorngv waac jiex duqv hlauv-gaan dueiv, jiex duqv hlauv-nzunv qangx beiv mienh gorngv waac guai mbiangc haic nyei waac-beiv.

gorngv waac junh gorngv duqv waac junh/to speak with clear pronunciation.

gorngv waac lapv-dapv gorngv paan puoqv haic/to speak in the jumbled way.

gorngv waac-liaa gorngv maiv zingx dorng nyei waac/to speak in improper way or use sexually provocative.

gorngv waac liouc haih gorngv waac mbiangc nyei/be able to talk fluently.

gorngv waac mv ki mienh gorngv mv zatv zuqc haaix dauh nyei waac.

gorngv waac mv mbiangc gorngv waac mv liouc/unable to talk smoothly.

gorngv waac mv mbui jaang sormv gorngv mv mbui/to talk with voiceless.

gorngv waac maaih mueix haih gorngv duqv kuh jatv nyei waac/a funny talker.

gorngv waac maiv nzang gorngv butv ndin mienh nyei waac/crazy talk.

gorngv waac-maux gorngv ceng-hlo nyei waac/a boastful talk.

gorngv waac-meiv meiv jienv gorngv nyei waac/to concealed speech.

gorngv waac mienh 1. tengx gorngv waac nyei mienh/a speaker. 2. gorngv waac camv nyei mienh/a talker. 3. caux gorngv waac nziaauc nyei mienh.

gorngv-waac mienh jaav-zeih auv fai jaav-zeih nqox/a girlfriend or boyfriend.

gorngv waac mbiangc gorngv waac liouc/a smoothly talker.

gorngv waac ndaauv gorngv duqv lauh haic/to talk very long.

gorngv waac-ndoqc caux ganh gorngv waac/to talk to oneself.

gorngv waac-ngomc mv morngx nzuih gorngv waac nyei qiex/the sound made by talking without open mouth.

gorngv waac-njomc gorngv faix njomc njomc nyei waac/to talk in soft voice.

gorngv waac nzaaih gorngv waac kuh muangx yuoqc mienh haic/to speak in an interesting way.

gorngv paan-lanv gorngv waac maiv tong-daapc. Gj: pa'lanv/to speak with some difficulty situation.

gorngv waac paan-puoqv gorngv paan mingh puoqv nzuonx nyei/to repeat a saying over and over.

gorngv waac pien gorngv pien mingh douc maiv zien waac/to speak deviate from the facts.

gorngv waac pioux gorngv maiv doix gorngv nyei waac/to speak deviate from the facts.

gorngv waac-qaauv gorngv waac guai qaauv haic/to speak intelligently.

gorngv waac qiex zinx gorngv waac fai baaux nzung qiex njuonv/to speak with a shaky voice.

gorngv waac sai hoqc daaih gorngv waac liouc nyei mienh/a smoothly talker.

gorngv waac-sapv topv jienv m'normh gorn gorngv nyei waac/to whisper.

gorngv waac taaih gorngv taaih gengx nyei waac/to speak respectfully.

gorngv waac-zaanc gorngv aqc muangx nyei waac/to talk in nasty way.

gorngv waac-zinc gorngv mienh mangc zinc nyei waac/to talk in embarrass way.

gorngv waac zipv gorngv yuoqc zipv kaeqv mienh nyei waac/to welcome a guest by speech.

gorngv waac ziqv gorngv congx ziqv mienh nyei waac/to speak against.

gorngv waac zuoqc gorngv waac nitv mienh/to speak in a friendly way.

gorngv wuic buangh waac naaic yiem yiem fai nyei waac/to say hello, greet.

gorngv wuov gorngv nzamc bun hnamv cuotv ganh joux waac mbu'ndongx nyei waac. Gj: ndau wuov, wuov ndau wuov well, uh, oh.??

gorngv yangh ngormc waac bueix m'njormh jienv gorngv nyei waac/to talk in one's sleep.

gorngv yuoqc mienh gorngv nitv yuoqc mienh nyei waac/to incite people.

gorngv zaqc gorngv zien mbuox maiv bingx/to talk straight.

gorngv ziangh cien gorngv ziangh sieqv zuov jienv zoux cing-jaa aqv/to settle negotiations for a marriage.

gorngv ziangh zien gorngv benx zaeng nyei waac mi'aqv/to become seriously after joking.

gorngv zieh waac sipv mienv sipv mienv gorngv nyei waac/to speak ritual language by a priest during ceremony.

gorngv zien gengh gorngv zien nyei/to tell the true, speak the true.

gorngv zien waac gorngv zien waac hnangv/to speak only the true.

gorngv zienz haaix nyungc yaac gorngv liuz aqv/to speak without reserve.

gorngv ziepc zuoqv waac gorngv zien nyei waac hnangv/to speak true and just.

gorngv zinc ganh gorngv baaic zuqc ganh nyei hmien/say something cause oneself embarrassing.

gorngv zinh hoz waac gorngv cuotv jiex daaih fai cuotv yiem nqa'haav hingv nyei waac/to prophesy the past and the future.

gorngv zingx dorng waac gorngv gan leiz nyei waac/to speak properly.

gorngv zingx waac gorngv zingx dorng dorh leiz nyei waac/to talk respectfully.

gorngv zipv kaeqv waac gorngv waac zipv kaeqv mienh/to welcome a guest.

gorngv ziqv mienh 讽刺 /fěngcì/ gorngv huotv mienh, fai ziqv mienh nyei waac/to satirize or sarcastically.

gorngv zunh gorngv zunh cuotv mbuox mienh/to preach a gospel, etc.

gorngv zuqc 1 gorngv duqv zuqc nyei to speak correctly. **2** gorngv ziqv zuqc mienh/to tave speak against someone.

gorngv zuqc mienh gorngv ziqv zuqc mienh, fai speak against someone.

gorngx[1] w. juv zunc yie qiex jiez ziouc gorngx ndonx ninh. Gj: mborqv ndonx, liuc biaav/to hit, beat.

gorngx zeiv-liuc mborqv zeiv-liuc pei ziemx jienv torng zeiv.

gorngx[2] w. gorngx ndie ndaangc nqa'haav nyomc ndie setv cingx maiv biaux/to emboss a piece cloth.

gorngx[3] bz. mienv gorngx mienh butv dongh sin zinx nyanh nyanh nyei sic/to possess by spirit and shaking

gorngx[4] aengx lorz mangc "jai-gorngx, zeiv-gorngx, norqc gorngx" wuov joux nyei eix-leiz.

gorqc w. gorqc jaang jangx zuqc la'kuqv ga'naaiv/to recall mind.

maiv gorqc jaang mv jangx taux yietc dangh/to be lacking of awareness.

gorqv[1] gz. mouz mienh; mouz laanh mienh each person, people; each one.

gorqv-mienh 各人 /gèrén/ mouz dauh mienh/each people, person.

gorqv-weic 各位 /gèwèi/ mouz laanh m'jangc fai m'sieqv mienh/each one.

gorqv-zeic ganh lengc maiv juangc/to be separate, individual, private.

gorqv-zeic ga'naaiv gorqv-mienh ganh nyei ga'naaiv. Gj: siqc jeiv ga'naaiv/a personal belongings.

gorqv-zeic horqc lengc jeiv nyei horqc dorngh/a private school.

gorqv[2] m. njongc-gorqv; dieh gorqv, nzuih gorqv; biauv-gorqv/a corner.

gorqv-gorqv wuov hnangv yietc norm gorqv nyei mou zeiv/a corner shape.

gorqv nyei dorngx yiem wuov gorqv nyei dorngx/at the corner area.

gorqv[3] pm. zaux comx zuqc wuom-bamc gorqv jienv/to sick, stuck.

gorqv dungz-njoh gorqv njoh wuonx dungz/to build a pigpen.

gorqv jienv gorqv jienv mbapv zietc nyei/to be stuck into firmly.

gorqv maaz-laanh gorqv norm laanh wuonx maaz/to build a horse stable.

gorqv wuom-domh ceix zingh laatc weih jienv bun wuom buangv faaux/to dam up a large pool.

gorqv[4] zb. yietc nyungc zorc baengc gorqv di'daanz nyei njaaux-muonh/a type of treatment to draw fluid from a person's back by suction.

gortc q. ga'ongv mbui gortc dangh nyei qiex/the sound made by burping.

gortv q. zaux gorqv jienv wuom-bamc yietv baeng cuotv gortv dangh/the sound of a sucking release.

gou nyc. 姑 /gū/ nqox nyei dorc yie heuc gou/older sister of one's husband.

gou-gux dae maa nyei gou-maac yie caux yie auv nyei gou-gux/a great aunt.

gou-maac 姑妈 /gūmā/ dae nyei dorc fai auv nyei dae nyei dorc se benx yie caux yie nyei auv nyei gou-maac/aunty, father's or wife's father's older sister.

gou-miangh doic yie nyei dorc caux yie nyei auv se *gou-miangh doic*/two sisters in-law together.

goux-teix gou nyei da'nyeic teix nqox.

gouc pm. mbopv gouc jienv ndiangx gengh kuh buonv gau/back arched.

gouv[1] w. zunh gorngv doic jiex doic nyei gouv/a story, legend, folktale.

gouv-douh jiex daaih nyei sic/a past recorded; history, historical.

gouv-laic haiz gorngv jienv daaih doic jiex doic gouv/a story, myth.

gouv-mienh loz-hnoi cuotv mengh nyei mienh/famous ancient people.

gouv nyinh gorngv gouv nyei waac/a story passed by oral.

gouv-sou fiev gorngv gouv nyei sou/an ancient story book.

gouv-waac gorngv gouv zunh jiex doic nyei waac/a legend; ancient story.

gouv-waaz gorngv gouv waaz fangx caux jienv nyei sou/a picture story.

gouv zien gengh zien maaih jiex daaih nyei gouv/a true story.

zoux gouv gorngv zoux benx gouv zunh gorngv jienv mingh/to become a story.

gouv[2] m. maaz-gouv; ngongh gouv, longc heuc saeng-kuv gouv, mv baac maaih deix yaac gorngv janx-gouv.

ga'naaiv-gouv fingx gouv wuov/a male sex; to refer male. Gj: ga'naaiv nyeiz.

gouv[3] w. **1** gouv biauv/rent a house. **2** gouv bun longc/to lease. **3** hungh jaa gouv cuotv nyic baeqv waanc tengx zoux ndeic nyei mienh/the government give budget 2,000,000 to assist the farmers.

gouv biauv gouv biauv yietc hlaax hmz baeqv ndornh/to rent a house cost five hundred dollar a month.

gouv cie gouv cie longc i hnoi/to rent a car for couple day.

gouv gong 估工 /gūgōng/ gouv nzangc yietc nzong ndeic nyei gong zoux/to contract a piece labor.

gouv ndau gouv ndau longc zoux ndeic hnyangx baav/to lease a piece land.

gouv[4] hd. meih gouv gaax yie mbu'ziex hnyangx aqv? Yie gouv daaih nor meih duqv luoqc ziepc aqv. Gj: cai/to guess, to estimate, to figure out.

gouv daaih cai, gouv nyei sic/to guess, to estimate, to assume.

gouv jaax daan gouv jaax-zinh nyei sou-daan/an estimate record note.

gouv jaax-zinh gouv gaax zic duqv mbu'ziex nyei jaax-zinh/to estimate the value or price.

gouv jienv gouv jienv maiv lauh taux aqv/to expecting someone.

gouv jienv gorngv cai jienv gorngv gaax/to say by guess.
gouv laaic gouv laaic duqv zeiz nyei/to assume; to suspect.
gouv-mueic longc m'zing samx mangc gouv nyei sic/to estimate by looking.
gouv nziex laaic gorv laaic duqv zeiz nyei/to assume to be real.
maiv gouv nyeih maiv gouv nyeih haih duqv buatc/to unexpected, surprise.

gouv[5] zh. mv bei duqv gouv-ziangh doic jiex da'aqv/to remain unclear how long.
gouv-ziangh doic gouv daaih daaix lauh haic aqv/probably long time ago.
maanc gouv cun-ciou lauh taux yietc liuz yietc seix. Gj: maanc gouv maanc doic/forever and ever.

gouv[6] pm. In Ndienh janx m'jangc mienh gouv m'nqorngv; Iu-Mienh m'sieqv dorn gouv m'nqorngv/to wrap on head.
gouv hongh ei Iu-Mienh leiz-fingx se m'jangc dorn gouv hongh/to wrap with red cloth of Iu-Mien man's custom.
gouv m'nqorngv-beu Iu-Mienh m'sieqv dorn gouv jienv m'nqorngv beu/to wrap a turban.

gouv[7] pm. biaa gouv hlaang gitv jienv benx diuh/five strand braid into one.
sung-gouv duqv sung-gouv domh mienh nyei jaa-dingh/to get a double share.
ziepc gouv yietc gouv ziepc gouv nyei yietc gouv/one part out of ten.

goux w. 顾 /gù/ ziux goux mangc; liuc leiz dorh/to take care; to look after.
goux ba'gi yungh mienh goux mangc ba'gi yungh nyei mienh/a shepherd.
goux baengc mienh ziux goux baengc mienh/take care a patient.
goux baengc muic yiem ndie-biauv ziux goux baengc mienh nyei m'sieqv dorn/a nurse at a hospital.
goux baeqv-fingx hungh jaa ziux goux mienh maanh/to look after citizens.
goux biaux mienh goux mangc biauv nyei mienh/to look after a house.
goux fu'jueiv ziux goux dorh fu'jueiv to baby sit; to take care children.
goux huingx mienh zuov goux mangc huingx nyei mienh/a garden keeper.
goux hungh dinc baeng zuov hungh dinc nyei baeng/a palace guard.
goux hungh mienh hungh nyei sin-hlen mienh/a royalist.
goux hmuangv doic ziux goux ganh nyei hmuangv doic/to take one's family.
goux jienv aqv mangc jienv goux jienv aqv/to be in custody.
goux jiu-bang mienh leiz-baaix dorngh dorh jiu-bang nyei bieiv/a Church elder.
goux jorm-namx goux ndorm zinh nziouv hmuangx nyei nzaic/to take care a family matter.
goux kaeqv mienh liuc leiz mbenc kaeqv mienh/to serve a customer.
goux loh jien zuov goux mangc loh nyei jun-zaah/a prison official.
goux maiv duqv goux maiv duqv weic zuqc ceux haic/unable to take care.
goux maiv taux ziux goux mangc maiv hingh/too many to take care.
goux ngongh mienh dorh ngongh bungx nyanc miev nyei mienh/a cowboy.
goux nyaanh mienh ziux goux zinh nyaanh nyei mienh/a treasurer.
goux saeng-kuv goux mangc uix saeng-kuv/to care for livestock, a zoo keeper.
goux sic mienh zoux bieiv nyei mienh to be a leader; leadership.
goux zinh zoih mienh hungh jaa nyei goux zinh nyaanh mienh/a treasurer.

Greece m. 希腊 /xīlà/ yietc norm guoc jaa yiem D.N bung maengx Europe, hungh zingh mungv heuc Athens.

gu' wj. gu'nguaaic; gu'nguaaz; gu'nyuoz; gu'hanh gu'fai, se *guh* soqv nangv daaih/contraction of *guh*.
gu'biuh yietc nyungc ziangh wuom-minc nyei miev/a lotus.
gu'donx tortc 1 heuc doqc mienh aiv mienh nyei waac. **2** yietc nyungc gaeng-gueiv nyei mbuox.
gu'gangc gu'gangc an, se *gungh gangc* fiev nangv daaih. Dgw: zungh zaqc/to lay across on top.
gu'guaix mv buatc jiex yaac mv haiz jiex nyei ga'naaiv, se *guv guaix* soqv nangv daaih/strange; unusual; peculiar; unfamiliar.

gu'guaix mou guv guaix nyei mou zeiv to be queer appearance.
gu'hanh siouc kouv beic mienh ki fux nyei mienh/an orphaned.
gu'hanh biauv goux fu'juiev doh naanc nyei biauv/an orphanage; an institution for care of orphaned.
gu'hanh dorn maiv maaih domh mienh nyei dorn/a boy without parents.
gu'hanh fu'jueiv mv maaih diex maac nyei fu'jueiv/an orphaned.
gu'hanh gu'fai doh doh naanc-naanc nyei yiem/to suffered many difficulty.
gu'hanh sieqv doh naanc nyei sieqv/an orphan girl.
gu'hornh ndortv naanc mv maaih hmuangv doic nyei mienh/people without family.
gu'hornh jaa-fin mv maaih dorn-jueiv zangc nyei mienv/an orphan ancestor.
gu'hornh mienv mv maaih dorn-jueiv zangc nyei mienv/a spirit without a heir.
gu'hornh naamh nyouz mv maaih dae maa nzie nyei fu'jueiv/an orphaned.
gu'kuotv m. se dongh "nqaiv-kuotv" nyei fiev nangv daaih/the buttocks area.
gu'kuotv gorngc gu'kuotv-muon-hlen wuov deix dorngx/side buttocks area.
gu'kuotv-gorngc mbungv saan caax guc mbungv/the pelvis.
gu'kuotv kuv jaangh kuv bungx nqaiv cuotv wuov/the rectum.
gu'kuotv-norm ziangh norm gu'kuotv the whole buttock.
gu'kuotv-njien di'daanz mbungv njiec jiemc taux gu'kuotv wuov norm dix/the tailbone, coccyx bone.
gu'kuotv-nyapc gu'kuotv nyapc zuo wuov norm dorngx/the anus, anal area.
gu'meix da'yietv sieqv nyei heuc hnamv mbuox/first daughter's common name.
gu'nguaaz fu'jueiv-lunx; gu'nguaaz-lunx an infant, baby; young child.
gu'nguaaz baeqc mbuonv longc nzaatv gu'nguaaz sin ndaang nyei mbuonv/a baby powder.
gu'nguaaz-cunv nyiemv cunv haic nyei gu'nguaaz/a fussy baby, crybaby.
gu'nguaaz cuotv zaanh gu'nguaaz nzuih cuotv zaanh/the baby is drooling.
gu'nguaaz dae gu'nguaaz nyei dae/a baby's father
gu'nguaaz-daic daic maa ga'sie nyei gu'nguaaz/baby die before born.
gu'nguaaz-doix sung-gu'nguaaz fai gu'nguaaz ndaam-ndaamx/twins babies.
gu'nguaaz-dorn 1 yungz duqv dorn/a baby boy. **2** cor hoqc yungz daaih nyei gu'nguaaz/a newborn baby.
gu'nguaaz-dorngc maiv gaengh dorng jaa yungz duqv gu'nguaaz se heuc gu'nguaaz-dorngc. Gj: gu'nguaaz-toi/a baby born out of wedlock.
gu'nguaaz dutv heuc hnamv gu'nguaaz mokv nyei waac/a chubby child.
gu'nguaaz eiv gu'nguaaz bieqc cie zueiz nyei eiv, zueiz nziaauc nyei eiv, zueiz fongv nyei eiv/a baby seat.
gu'nguaaz faaux sin jiex gorn maaih sin/to begin of the pregnancy.
gu'nguaaz-faix gu'nguaaz faix nyei ziangh hoc/an infant; a small baby.
gu'nguaaz-fun yietc zungv gu'nguaaz-fun/a grandchild, grandchildren.
gu'nguaaz gaa gu'nguaaz nyei nzung se gu'nguaaz yiem ga'sie nyei ziangh hoc ninh nyei wuonh yiem haaix nyei waac-beiv.
gu'nguaaz guangc nyorx gu'nguaaz guangc mv hopv nyorx aqv/a baby stop nursing.
gu'nguaaz-hopv-nyorx corc hopv jienv nyorx nyei gu'nguaaz/a nursing infant.
gu'nguaaz-hlorpv hlorpv daaih nyei gu'nguaaz/an adopted baby.
gu'nguaaz jauv dorh leiz waac, heuc m'sieqv mienh nyei yiem-jauv a'fai qam-gorn/the vagina, birth canal.
gu'nguaaz-lunx cor hoqc yungz daaih nyei gu'nguaaz/an infant.
gu'nguaaz maa gu'nguaaz nyei maa. Gj: maac/baby's mother.
gu'nguaaz maaih mv gaux maaih maiv taux ziangh hoc nyei gu'nguaaz/a child born prematurely.
gu'nguaaz-mei maiv cuotv zuangx nyei gu'nguaaz/a shy baby.
gu'nguaaz mokv gu'nguaaz mokv nyei a chubby baby, child.

gu'nguaaz muih gu'nguaaz nyei muih fai mbuoqc/baby womb, placenta.

gu'nguaaz muoc gu'nguaaz ndongx nyei muoc/a baby's cap, hat.

gu'nguaaz mbaang waaic gu'nguaaz fai mbaang gu'nguaaz/to miscarriage a baby, abortion.

gu'nguaaz mbuox civ bun gu'nguaaz nyei mbuox/a baby's name.

gu'nguaaz mbuoqc gu'nguaaz nyei mbuoqc/baby womb or uterus.

gu'nguaaz mbuoqc nzuih gu'nguaaz mbuoqc baengx/the cervix.

gu'nguaaz neuz gu'nguaaz nyei neuz se dongh borqv ga'sie-nutv wuov/the umbilical cord.

gu'nguaaz ndaam-ndaamx gu'nguaaz-doix; sung gu'nguaaz/twins baby.

gu'nguaaz ndortv ndau gu'nguaaz cuotv seix ndortv ndau/baby being born.

gu'nguaaz njouv nzuih gu'nguaaz hoqc gorngv waac/baby trying to talk.

gu'nguaaz nqaengc maaih gu'nguaaz nqaengc oix yungz aqv/to be advanced of the pregnancy.

gu'nguaaz-nyiemv nyiemv cunv haic nyei gu'nguaaz/a cry baby.

gu'nguaaz nyorng gu'nguaaz hoqc nyorng/the baby is learning how to crawl.

gu'nguaaz-nzuonx yungz ndaangc zoux auv nyei gu'nguaaz. Gj: dorn-nzuonx, sieqv-nzuonx, gu'nguaaz-toi/a child born before his/her mother's marriage.

gu'nguaaz-sieqv yungz duqv sieqv/a baby girl/a daughter.

gu'nguaaz suangx bun gu'nguaaz homc nyei suangx-dorn/a baby blanket.

gu'nguaaz suangx-beu zormx gu'nguaaz gu'kuotv nyei suangx/a baby diaper.

gu'nguaaz-toi maiv gaengh dorng jaa yungz nyei gu'nguaaz se funx toi daaih.

gu'nguaaz-waaic maaih mv gaux waaic nyei gu'nguaaz/to miscarriage baby.

gu'nguaaz-yiex haaix zanc nyiemv yiex haic nyei gu'nguaaz/a cry baby.

gu'nguaaz yiez gu'nguaaz bungx nyei yiez/baby urine.

gu'nguaaz zaanh gu'nguaaz nzuih cuotv zaanh/the baby drool, slobber.

gu'nguaaz zaanh doic diux gu'nguaaz jaang-ndiev zaeng zaanh wuov kuaaiv ndie/a baby's bib.

gu'nguaaic hlang faaux gu'nguaaic wuov bung. Dgw: ga'ndiev/higher; above or overhead.

gu'nguaaic bung yiem hlang wuov bung/higher side, topside.

gu'nguaaic maengx gu'nguaaic wuov bung/on the upper side.

gu'nguaaic taux ga'ndiev gu'nguaaic njiec taux ga'ndiev/from top to bottom.

gu'nguaaic yiemc gu'nguaaic maengx wuov yiemc/the upper layer.

gu'nyuoz yiem gu'nyuoz maengx bung the interior; inside; inner.

gu'nyuoz maengx bieqc gu'nyuoz bung on the inner side; interior.

guc m. ziangh duqv guc gin longx; ziangh duqv mbungv-liuc longx/bone.

saan caax guc gu'kuotv-gorngc nyei mbungv/the pelvis

guh bm. ga'naaiv nyei jiex gorn mbuox jiex gorn waac/a prefix name??.

guh biuh ziangh mbiouh wuom-menc nyei miev/a lotus.

guh sern biu yietc nyungc gauh hlo deix nda'maauh jaaux nyei nda'maauh.

guh ziang ndiangx yietc nyungc ndiangx nyei mbuox/a sedan tree.

maiv zieqv guh daa mv zieqv leiz, mv hiuv hlang-aiv/to disrespectful; to treat impolitely.

guv[1] pm. ziangh daaih faix nyei guv-guv wuov/slim but cute, attractive.

aa guv heuc hnamv gu'nguaaz-guv nyei waac/a beloved son or daughter.

m'zing guv-guv wuov m'zing faix junh nyei/a small round cute eye.

guv[2] pm. guv yienh sou, sou-guv/original written characters book.

mangc guv yienh ceu mangc sou-guv fiev cuotv/to copy from original book.

guv[3] wj. hmatv guv jieqv; nzanc guv siqv; niangv guv sui; paetv guv zaamv/really, absolutely.

guv[4] cf. guv guaix/queer; unconventional, strange; unusual;

guv guaix baengc guv guaix haic nyei baengc/a rare disease.

guv guaix ga'naaiv mv buatc jiex hieh guaiv ga'naaiv/a strange object.
guv guaix hnyouv maaih guv guaix nyei fiem-fingx/a deceitful heart.
guv guaix mienh hnyouv guv guaix nyei mienh/a cunning person.
guv guaix sic cuotv guv guaix haic nyei sic/a inexplicable happening.
guv guaix za'eix daav maiv benx nyei za'eix/a tricky idea, cunning idea.
guv touh, **guv nauv** mv dingh mv hitv nyei zoux gong/to work hard without taking any break.
hmatv guv jieqv za'gengh jieqv duqv longx haic/absolutely black.

guv[5] bm. **guv cong** yietc fingx yiem mbong zangc nyei mienh/a hill tribe name.

guv[6] aengx lorz mangc "norqc guv long" wuov joux nyei eix-leiz.

gux[1] nyc. dae caux maa nyei maa yie caux yie nyei auv heuc gux/grandmother.
gux taaix dae maa nyei gux yie caux yie nyei auv heuc gux taaix
gux taaix ngaeqv dae caux maa nyei gux taaix, yie caux yie nyei auv heuc gux taaix ngaeqv/a great great grandmother.
gux jorngh 1 zunh gorngv gouv gorngv loz-hnoi maaih nyungc haih nyanc mienh nyei mienh, heuc *gux jorngh.* **2** gaeng-gueiv nyei mbuox/a praying mantis.
gux-teix ong nyei da'nyeic teix auv.

gux[2] dl. dorh leiz waac heuc m'sieqv dorn mienh gox mienh/polite term of address an elderly women.

gux[3] gn. gux don, se longc ndaangh nzuqv zieqv daaih nyei don/a round stool woven from rattan.

guaa m. 瓜 /guā/ nyungc-nyungc guaa nyei mbuox/a general for melon.
guaa-ben ben nyei guaa/a striped melon.
guaa-ben-ndaang ndopv nyortc wuov nyungc guaa-ben/a cantaloupe.
guaa-domx 西瓜 /xīguā/ guaa-orv siqv wuom camv nyei guaa/a watermelon.
guaa-gangh butv-gangh maiv hlo nyei guaa/a stunted cucumber.
guaa-luangh guaa nyei luangh/vine of the cucumber.
guaa-neix guaa nyei neix/the stem of a melon, cucumber.
guaa-norngh guaa-nyim ziangh wuov deix ga'naaiv-hnyauv.
guaa ndaam-ndaamx yietc norm neix i norm guaa/twins cucumber.
guaa-nzauh guaa gox yangh nyei wuov nyungc guaa/a fully ripened cucumber.
guaa-sui ipv sui daaih nyei guaa/a small pickle cucumber.
guaa-wuom nziuc mbui qopc qopc wuov nyungc guaa/a regular cucumber.

guaav w. mv maaih doix nduqc dauh ganh guaav-guaav wuov/to be missing.
auv-guaav nqox daic maiv maaih nqox nyei auv/a widow.
guaav fou nz. nqox-guaav/a man who surviving the spouse.
guaav nyaangh auv-guaav-mienh/a widowhood.
nqox-guaav auv daic maiv maaih auv nyei nqox/a widower.
ong-guaav nduqc dauh ong ganh hnangv mv maaih auv/an old widower.

guaax[1] w. nzox lui houx daaih guaax jienv laatc dueiv pui nqaai/to hang up.
guaax mv taux 1 hlang haic guaax mv Taux. **2** mv maaih hnyouv guaax taux.
guaax njongc lorh gaeng kuangx wuov njongc nyei domh lorh gaeng/a wall clock.
lui-guaax yietc bung mba'dauh guaax diuh gorng wuov nyungc lui-nqenx/an under shirt.

guaax[2] wj. guaax hoc/to registered with one's name or put name on listed.
guaax bouc/listed; marked or symbol.
guaax-bouc fin-saeng yiem-gen dimv mienh houz nyei fin-saeng/the register of life in the spirit world.
guaax dang guaax dang nyei eix-leiz se hnangv naaiv, guaax da'yietv jaaix dang se heuc **faam-toi dang** guaax liuz ziouc maaih 36 dauh yiem-baeng, ninh nyei auv yaac duqv 24 dauh yiem-baeng. aengx guaax da'nyeic wuov jaaix dang se heuc **cietv-fing dang** eix-leiz se siec norm hleix nyei dang, guaax liuz ziouc maaih 72 dauh yiem-baeng, ninh nyei auv yaac duqv 36 dauh yiem-baeng/to perform a hanging lamps ceremony.

guaax dang don guaax dang wuov dauh mienh zueiz fai souv nyei don.
guaax hoc guaax hoc fienx fai guaax hoc mbuox doqc sou/to register.
guaax hoc dieh zueiz tengx guaax hoc wuov norm dieh/a register desk.
guaax hoc feix guaax hoc qiemx zuqc longc nyei nyaanh/a register fees.
guaax hoc fienx guaax hoc nyei fienx/a register mail.
guaax hoc mbuox fiev mbuox bieqc an jienv/to registered one's name.
guaax hongh 1 guaax hongh gaengh weic a'hneiv bieqc (siang-biauv)/to hang a red cloth on the door for congratulations on the opening of a new (house). **2** ei Iu-Mienh nyei leiz-fingx, beiv hnangv, i muoz-sieqv, se gorngv nziez dorng jaa ndaangc nor oix zuqc guaax hongh dorc weic dorc zuqc diev nyaiv dorc cuotv seix ndaangc mv baac mv duqv dorng jaa/to apologize to an older sister for marrying before her.
guaax mbuox fiev mbuox njiec; faaux mbuox/to write or sign one's name.
guaax[3] pm. guaax hnyouv taux fu'jueiv nyei sic, cien-ceqv nyei sic/to worried about someone or something.
guaax hnyouv nzauh heix taux, kuonx hnyouv taux/to be worried, anxious.
guaax nipc hnamv jienv jangx jienv mv la'kuqv/to missed, to think about.
guaax paanx guen zuqc caux jienv/to worried with, to sad with.
guaax taux tengx jienv nzauh guaax hnyouv taux muoz-doic cien-ceqv nyei sic/to worried about.

guaax[4] cf. se gorngv yie gorngv mv horpc mv baac tov guangc nqoi maiv dungx *guaax hnyouv* oc/to apologize, to ask for forgiveness.

guaax[5] bz. mbouv guaax; jouh dongh zinh guaax; mbouv jui-saa guaax/to perform a divination.

guaax[6] m. yietc guaax douz; buov guaax douz; biee guaax douz/a burning fire.

guaaz[1] m. se dongh *gu'nguaaz* naaiv joux soqv nangv fiev/a baby, infant.
guaaz-dorn 1 gu'nguaaz-dorn/a baby boy. **2** gu'nguaaz-faix/a newborn baby.
guaaz-sieqv gu'nguaaz-sieqv/baby girl or a baby daughter.

guaaz[2] q. gu'nguaaz nyiemv mbui nyei qiex/the sound made by a baby cry.

guaaic pm. ben daaih yietc guaaic yietc guaaic wuov/a different stripe colors.
guaaic daax guaaic nda'maauh ndopv hnyaauv ben hnyaauv guaaic. Gj: nyaauv ben nyaauv guaaic/a colorful striped on a tiger skin.
lui-guaaic dong diepc fai diepc nyei ben nyei lui/a shirt with splashes color.

guaaih 1 guaaih ndutv/to scrape off. **2** guaaih dungz-biei/to scrape a pig bristles **3** guaaih ziouh wuom/to swim.
guaaih ba'maah guaaih di'daanz caux nyorx-gorn lo haaix bun hnyouv gunc nyei doqc qiex baengc cuotv/to scrape out a nausea symptoms.
guaaih guangc guaaih mingh guangc/to scrape up and throw it away.
guaaih hmien guaaih teix hmien-siaam to shave hairs of a face.
guaaih la'fapv longc nyaapv guaaih la'fapv an zunv/to scrape scattered up with a rake.
guaaih nzangv guaaih jienv nzangv mingh. Gj: nzaeng nzangv/to steer a boat by using oars.
guaaih saa guaaih di'daanz, mba'dauh bun *zuqc saa* nyei doqc qiex baengc cuotv/to scrape back by using a bowl as treatment of heatstroke symptoms.
guaaih siaam teix hmien nyei siaam/to shave the beard.
guaaih yuonh guaaih bun yuonh/to smooth out by scraping.
guaaih zunv guaaih mingh an zunv/to rake together.

guaaiv w. nimc jienv mingh fai dorh jienv biaux/to kidnap or to abduct.
guaaiv biaux nimc dorh jienv biaux/to kidnap; to swindled and left.
guaaiv fu'jueiv nimc fu'jueiv biaux/to kidnap a child.
guaaiv zeiv mienh nimc sieqv fai nimc auv-nqox biaux nyei mienh/a kidnapper.

guaan[1] w. cingv daaih; guaan daaih; heuc daaih/to invite; to welcome.

guaan cing-jaa dorh in-mbiaatc bun cingv mienh daaih houc zoux cing-jaa nyei yinh/to invite guests to a wedding.
guaan laangh cuotv hiaang-laangz mingh yietc buonc tov deix hmeiv, weic longc sipv mienv cangv wuonh/to collect uncooked rice from neighbors to use in a spirit ceremony.
guaan mienv se hnangv domh hnyangx muonz cingv mienv daaih juangx jienv zuov cuotv hnyangx liuz cingx aengx tuix juangx/to invite the spirit to come onto altar in a New Year Day.

guaan[2] pm. longc buic-gi suix guaan jienv lui/to put a red yarn on a woman's coat.
jiemh guaan liuc leiz buonv-sin bingx-ciouv nyei sic/to keep genitals covered.
lui-guaan cou nyei buic-gi suix-siqv/a red yarn thread.
muoc-guaan gu'nguaaz muoc-guaan/a red yarn baby hat.

guaatv w. wuom guaatv la'fapv njiec zunv wuom-domh gorqv/to sweep away.
guaatv heh longc biaav guaatv heh nyei nie guangc/to wipe dirt off a shoe.
guaatv mienh hungh baeng guaatv mienh yiem zungv mborqv jaax/force people together before a war.
guaatv mingh zunv guaatv mingh an zunv/to push scattered together.
wuom guaatv mietc wuom guaatv miev mbeih mietc nzengc/to be pushed down by water power.

guaauv q. nda'maauh jaaux zomz haeqv zuqc jai guaauv-guaauv nyei ndaix/the sound made by chicken cry.

guaauz q. m'lomh saeng guaauz bieqc guaauz cuotv nyei heuc/yowling sound of a cat fighting with each others.

guaeh pm. zueiz guaeh jienv cing-mborqc nzipv nzuonx daaih/to sit on with one's knee bent to one side.

guaengv m. maeqc guaengv, gaam-ziex-guaengv/a stalk of corn, etc.
faanx-guaengv caengx faanx wuov diuh guaengv/an umbrella handle.
normh guaengv normh mbu'ndongx wuov diuh guaengv/a leafstalk.
normh ziu-normh guaengv ziu-normh nyei guaengv/the midrib of a banana leaf; banana leafstalk.

guaengx pm. guaengx daaih bun yie/throw it to me. Gj: zoi daaih.
guaengx douz-nzauc guaengx dapv bieqc douz-nzauc buov/to throw into fireplace.
guaengx guangc zoi guaengx guangc aqv/to throw away.
guaengx njiec yiem gu'nguaaic guaengx njiec ga'ndiev/to cast it down.

guaeqv pm. fengx biaav mingh guaeqv fai mbietv/to throw a stick with a spinning motion.

guaetv q. **1** jai wuonx jienv longh zietc haic gungx guaetv nyei heuc/the sound of chicken low squawking. **2** nzuih henv guaetv-guaetv nyei hemx mienh/to use lowered threatening tone.

guai[1] cm. doqc sou hlang maaih cong-mengh wuonh zaang/to be smart, intelligent.
guai-gorqv fin-saeng cong-mengh hlang nyei fin-saeng/a wise man, prophecy.
guai haic guai hiuv duqv lungh ndiev sic camv/be very smart or intelligent.
guai mbiangx-nziaaux guai jiex ndaangc mingh, se beiv ba'laqc hngongx haic bun ganh/be too smart for one's own good.
guai nyei mienh cong-mengh haic nyei mienh/a smart person.
guai-qaauv 乖巧 /guāiqiáo/ guai maaih mbienv-mbeux longx haic/to be clever or intelligently.
guai yietc seix hngongx yietc sih yietc seix guai mv baac huin sin zuqc mienh nduov zuqc *nyei waac-meiv*/a lifetime of smart can be interrupted by moments of stupidity.
hoqc guai hoqc cong-mengh nyei jauv to learn a wisdom.
hoqc duqv guai haih hoqc duqv guai nyei/to be able to learned wisdom.
mienh guai mienh yietc dauh guai nyei mienh/a wise man.

guai[2] w. 乖 /guāi/ gu'nguaaz nyiemv yie nduov piun guai mi'aqv/stop crying and good behave.
gu'nguaaz-guai **1** gu'nguaaz ziangh duqv nzeu guai/a smart baby. **2** ziangh horngh guai/a well behave child.

guai[3] hz. norqc nqo guai haic mingh maiv noic duqv taux fatv/to be skittish.

guaih pm. guaih zouv guaih nyanc hnangv maiv kuv lorqc. Gj: la'guaih, lu'guaih/to cook without good preparing.

guaih jatv maiv nangc oix jatv mv baac guaih jatv/to laugh without funny.

guaih longc 1 maiv nangc jiez hnyouv mv baac se guaih longc/to buy without giving though. **2** guaih forngz mv zanv jienv/to spend recklessly.

guaih nyanc hnyouv mv sie guaih nyanc hnangv/to eat without hungry.

guaih zoux maiv za'gengh liepc hnyouv zoux/to do without pay attention.

guaiv m. hieh guaiv ga'naaiv/a monster, monstrous; a queer.

guaiv-zing-nyatv maiv buatc jiex nyei hieh guaiv ga'naaiv/a monster thing.

hieh guaiv mienv lomc-ndiev nyei hieh guaiv mienv/a wild spirit; devil.

guaix[1] w. 怪 /guài/ ninh guaix yie nzuic nyaanh camv bun kaeqv mienh/to blame or not satisfy with.

guaix-dauh hnyouv maiv nqaai guaix hemx/to condemning attitude.

guaix ganh guaix ganh zoux maiv zuqc to blame one's own mistaken.

guaix mv duqv 怪不得 /guàibùdé/ guaix mv duqv weic zuqc ganh yaac caux jienv zoux/can not blame anybody.

guaix mienh guaix ganh dauh mienh/to blame other people.

guaix sienx weqv guaix sienx hnangv naaic weqv. Gj: guaix sux weqv/reason to be taken in by.

guaix tin guaix deic guaix lungh guaix ndau nyei/to blame heaven and earth.

mv lamh guaix dorngx maiv maaih dorngx guaix/to be blameless.

guaix[2] pm. fiem-fingx guaix; hnyouv guv guaix/a cunning heart.

guv-guaix gengh guv guaix dingc aqv. Gj: mbuoqc horngh/to be strange.

guv guaix mienh hnyouv guv guaix haic nyei mienh/a cunning person.

guaix faac gengh se guaix faac aqv yie jang-jang an njiec naaiv hnangv yoc mv buatc mi'aqv/so amazing situation.

zorqv-guaix nyanc ndie zorqv-guaix zuqc sin sietv/to have an allergic reaction from taking medication.

guaix[3] bz. beiv hnangv, mienh mingh gorngv sieqv jauv zangc buangh mienh gaeng janx-daic nor, naaiv se funx guaix aqv/to see a bad omen.

fungx guaix se gorngv buatc guaix nor oix zuqc lorz sai mienh tengx fungx guaix aqv. Gj: fongv lomc-mbiorqc/to send a harmful omen away.

guaix-zing-nyatv yau zin guv guaix nyei ga'naaiv. Gj: zing-guaix/a monster demon, cunning devil.

zing-guaix hieh guaiv mienv nyei njoiz a cunning monster, evil demon.

guanc w. longc qaqv guanc. Gj: nyaaiv/to strongly scratch itching area.

guanh[1] pm. ziangh guanh nyei borqv jienv mingh/a herds or a crowd.

guanh guanh nyei baeng jienv douh mingh ziangh guanh nyei/a long crowded line of people or animals.

nyueix-guanh ziangh nzopv nyei kungx nyueix hnangv/a group of warts.

guanh[2] df. caux zoux guanh/to associate with or to become a membership.

benx i guanh zoux benx i guanh mi'aqv to become two groups.

dongh yietc guanh fi'hnangv nyei dongh yietc guanh/the same group.

meih nyei guanh caux meih nyei yietc zungv mienh/to be your group.

yietc guanh mienh yietc guanh juangc norm gorn nyei mienh/an association or a group of organization.

zoux yietc guanh caux jienv benx yietc guanh/to become a membership.

guang pm. m'nqorngv hliouv njang *guang guv-lu* nyei/a hairless head.

guang-guonx biaav, benx nzung nyei waac/a stick/taanx zingh beiv hnangv jiex gorng guonx, jiex liuz gorng-horh guang-guonx diou.

guangc[1] w. guangc nqoi; guaengx guangc nqoi/to discard; to cast away, get rid of.

guangc auv leih auv guangc. Gj: leih cai, leih huon/to divorce one's wife.

guangc bun 1 guangc zuiz bun. Gj: mienz zuiz, nyaangc njiec/to forgive. **2** guangc jaax-zinh bun/to discount for.

guangc duqv njiec 1 guangc duqv njiec jaax-zinh bun. **2** guangc duqv njiec mv longc zuiz/be able to forgive.

guangc duqv nqoi 1 haih guangc duqv nqoi/be able to leave. **2** haih guangc nqoi mv longc sic/be able to forgive.

guangc eix haih jiex duqv mienh nyei eix mingh mv korh lienh.

guangc hmien zuqc ndortv hmien-minc diev nyaiv nyei sic/to lose one's face.

guangc in faeqv guangc maiv buov in aqv/to break opium smoking habit.

guangc-in-mbiaatc guangc maiv buov in-mbiaatc/to stop smoking cigarette.

guangc jienv mingh guangc jienv biaux mi'aqv/to flee away from.

guangc m'njormh jaax mv duqv bueix njormh gaux/to go sleepless.

guangc maengc zuqc daic mingh; zuqc hoic maengc/to lose human life.

guangc mingh dorh mingh guangc nqoi to throw away, abandon.

guangc nqoi dingh njiec maiv nzaeng jaax fai maiv zoux aqv/to ignore.

guangc nqox leih nqox guangc/to leave one's husband, divorce.

guangc nyorx gu'nguaaz guangc maiv hopv nyorx. Gj: leih nyorx/to wean.

guangc nzengc guangc njang nzengc mv maaih aqv/throw away completely.

guangc zaeqv guangc zaeqv bun maiv zuqc jaauv/to avoid a debt obligation.

guangc ziangh hoc zorv-zaix ziangh hoc/to waste the time.

guangc zinh nyaanh ndortv zinh ndortv nyaanh/to waste money.

guangc zingh nyeic guangc maiv laengz mienh nyei en-zingh/fail to show respect or appreciation.

guangc zuiz bun guangc mv longc zuiz fai mv civ zuiz/to forgive sin.

sortv guangc longc sopv nyei ga'naaiv sortv guangc/to wipe away, wipe off.

zorqv guangc zorqv guaengx guangc mingh/to take and throw it away.

zoi guangc zoi mingh guaengx guangc aqv/to throw it away.

guangc[2] pm. guangc njiec; bungx guangc njiec maiv zoux aqv/to stop; to close.

guangc gong guangc maiv zoux gong aqv/to leave a job; stop working.

guangv[1] cm. mienh nyei setv-mueiz mbuox *beiv hnangv* Fux-Guangv, S*aan Guangv* a person's suffix name.

guangv[2] aengx lorz mangc "zouv-guangv" wuov joux nyei eix-leiz.

guangx[1] pm. mbiauz nyanc diux tor jienv diux-gaan guangx-guangx nyei njiec/to pull and bending down.

guangx[2] w. mingh guangx hiaang-laangz jiex nyutc zeiv. Gj: saau/to wander around with doing nothing.

guangx-guonx youh hiaang jienv jiex naaiv jiex wuov nyei/to be hoodlum.

guangx-guonx mienh youh hiaang jiex naaiv jiex wuov nyei mienh/a gangster.

guatc[1] pm. yie nziangc ndiangx-jien guatc zuqc yie mun gau/to be badly scratch.

guatc doqc gorngv 1 lorz waac-doqc nyei gorngv mienh/to slander. **2** guatc doqc gorngv huotv mienh/to mock.

guatc doqc hemx longc waac doqc nyei hemx/to scold with bad word.

guatc doqc jatv guatc doqc jatv bun mienh nyaiv/to mock, sneer at.

guatc doqc zioux longc doqc jiex nyei waac zioux mienh/to strongly curse.

guatc[2] pm. wuom-bamc guoqv jienv hmien guatc daax guatc wuov/dirty with spots.

saeng-guatc yietc nyungc hlo haic nyei norqc guv long/a bigger kind of an owl.

Guatemala m. 瓜地马拉 /guādìmǎlā/ yietc norm guoc jaa yiem Z. Meiv Ziou nyei mbu'ndongx, hungh zingh mungv heuc Guatemala.

guei[1] nz. 归 /guī/ nzuonx, benx nzung nyei waac/to return.

guei gorn 归根 /guīgēn/ aengx nzuonx taux gorn/to return to origin, final.

guei guoqv nzuonx taux ganh nyei cuotv seix guoqv/return to one's motherland.

guei jaa nzuonx biauv/to back to home.

guei loz aengx nzuonx taux loz wuov/to return to the original.

guei nzengc ninh hlo faix nyei sic yietc zungv guei nzengc ninh/everything are under his/her control.

guei nzuonx daaux nqaang nzuonx/to return; to go back.

guei seix nzuonx seix fai daic mi'aqv. Gj: jiex seix, daic/to die; pass away.

guei zangx dorh sei nzuonx cuotv seix dorngx biopv/to bring back a human remain home for bury.

guei ziouv aengx daaux nqaang nzuonx taux ziouv wuov/to return to original.

guei[2] lf. guei-jei leiz-nyeic/a tradition; a culture; custom; regulation.

guei-jei nzipc doic jiex doic daaih nyei leiz-fingx/a tradition; customs.

guei-jei leiz-nyeic doic jiex doic maaih jienv daaih nyei leiz/a customs.

guei-laic loz-hnoi nyei guei-laic. Gj: gouv-laic/an ancient traditions.

guei[3] m. nzuqv zieqv daaih longc zaang hnaangx nyei ga'naaiv/a cone-shaped basket used for steaming rice.

guei mbietc gu'nguaaz guei jienv ninh mbietc hopv nyorx/to curl the tongue, as a nursing child.

njuov-guei longc normh guei jienv beu daaih nyei njuov/a type of bread made from glutinous rice.

guei[4] m. doc, benx nzung gorngv nyei waac/a turtle, tortoise.

guei-korng yiem miev-gorn cuotv zaanh nyei guei-korng. Gj: korng gueiv/a snail.

oqv-guei nz. benx nzung nyei waac gorngv doc/a turtle, tortoise.

wuom-guei yiem wuom nyei guei, haih nyanc duqv nyei/a freshwater snail.

gueic[1] w. 跪 /guì/ cing-mborqc gueic njiec ndau/to kneel.

gueic baaix 跪拜 /guìbài/ gueic njiec baaix/to worship with knees bended.

gueic jienv mingh cing-mborqc gueic jienv ndau mingh/to go on one's knees.

gueic njiec 跪下 /guìxià/ gueic njiec taux ndau mingh/to kneel down.

gueic njiec baaix **1** gueic njiec baaix tov guangc zuiz/to kneel down and beg for forgiveness. **2** gueic njiec baaix zienh singx/kneel down to bow as to honor.

gueic njiec ndau gueic njiec taux ndau to kneel on the ground.

gueic[2] nd. ndorqc ndaauv *i ciqv* se heuc yietc gueic/a length equal two inches.

gueiv[1] m. 鬼 /guǐ/ mienv; mangc mv buatc nyei ga'naaiv/a demon; spirit.

gueiv-zing nyatv aengx mingh lorz mangc *guaix-zing-nyatv* wuov joux.

morh gueiv 魔鬼 /móguǐ/ morh mienh butv baengc nyei mienv/a devil, demon.

gueiv[2] pm. buov gau yangh in korng jaic gueiv-gueiv wuov/a skinny and sickly opium smoking guy.

nyieh sic gueiv hemx doqc mienh ceux mienh nyei waac/a wicked devil person.

yangh in gueiv heuc doqc buov in mienh nyei waac/an opium addicted guy.

gueix[1] m. 癸 /guǐ/ nqa'haav laai wuov norm jaapv-zaangv nyei neix/the last of Ten Celestial Stems.

gueix-hoiz hnyangx 癸亥年 /guǐhàinián/ zuoqc dungz nyei hnyangx, se dongh 1983 caux 2043 guinh jienv mingh luoqc ziepc hnyangx taux yietc nzunc gueix-hoiz hnyangx/the year of a pig.

gueix[2] tg. gueix mienh; gueix kaeqv; gueix hoc. Gj: kuv, jaaix/valuable; honorable.

gueix fangx maaih fuqv-buonc nzueic nyei fangx/to be physically attractive.

gueix fingx 贵姓 /guìxìng/ **1** maaih mengh hoc nyei fingx/a distinguished clan or surname. **2** naaic mienh fingx nyei dorh leiz waac, beiv hnangv "gorx meih gueix fingx"?. dau: Yie mv maaih ha'nyungc gueix fingx lorqc, zinc fingx hnangv, se fingx loz-bienh.

gueix hoc maaih mengh hoc longx nyei mbuox/a famous name.

gueix huox zangc horngh jaaix wuov nzangh huox/an expensive merchandise.

gueix kaeqv kuv kaeqv; taaih ginx nyei kaeqv mienh/a distinguished guest.

gueix kaeqv weic liouh bun kuv kaeqv zueiz nyei weic/a reserve seat for guest.

gueix mienh zangc horngh fux-gueix mienh/a high-ranking person.

gueix[3] cm. domh houz fuqv-gueix mienh/to be high ranking or super rich man.

fuqv-gueix maengc butv zoih maengc/a life of wealthy and ease.

gueix-houz duih mbiungc nyei ziangh hoc. Gj: cun-bun/a rainy season.

gueix[4] m. yietc hnyangx "biee gueix" se ciou gueix, cun gueix, dong gueix, haac gueix/four seasons in a year.

maiv daaix gueix maiv zic duqv mienh taaih. Gj: maiv tov jaaix/not worth for someone to respect.

gueix[5] cm. mienh nyei setv-mueiz mbuox beiv hnangv Naix Gueix, Cengx Gueix a person's suffix name.

gueix-linh 1 m'jangc mienh nyei biuv mbuox/a man's generation name. **2** Zong Guoqv Jangv-Fai saengv nyei domh zingh mungv/a capital city of Guang-xi province, China.

Gueix Yaangh Zong Guoqv gueix zou saengv nyei domh zingh mungv/a capital city of Kweichow province, China.

gueix[6] pm. gueix kuotv bieqc. Gj: joux kuotv bieqc/to carve in, to dig in.

gueix bieqc gueix jienv kuotv bieqc/to carve in, bore in with a chisel.

gueix cuotv yiem gu'nyuoz bung gueix jienv cuotv/to bore inside out.

gueix kuotv gueix cuotv kuotv daaih/to drill out a hole, to bore into.

gueix m'normh gueix m'normh nqaiv cuotv guangc. Gj: joux/to clean ear.

gueix m'normh biaav gueix m'normh nyei biaav-ndor/a cotton swabs.

gueix m'zing-nqaiv gueix m'zing-gorqv nyei nqaiv guangc/to clean eye's mucus.

gueix mba'zorng gueix mba'zorng-nqaiv guangc/to pick the nose.

guekv pm. zungx daaih guekv daax guekv wuov/to be bloated.

guen[1] w. yie caux ganh dauh nzaeng jaax mv baac guen zuqc ninh yaac qiex jiez caux yie nzaeng/to cause, affect.

guen maiv zuqc mv ndanc dongz taux hnyouv/to pay no attention.

guen zuqc cuoqv zuqc, baamz zuqc/to cause or affected.

guen zuqc meih? Hemx maiv zeiz ninh nyei sic yaac mingh la'nyauv nyei mienh/nothing for your business.

muonh guen mienv zuov gaengh nyei mienv/a guardian spirit at the door.

guen[2] m. guen jaa; guen-fouv. Gj: jien jaa, jien-fouv/an official.

guenx w. yiem guenx nyei dorngx. Gj: bung-zuoqc/inhabited to the area, place.

caux guenx doic caux nziaauc guenx nyei doic/used to be with a friend, etc.

gorngv guenx gorngv gau kouv daic wuov joux waac guenx mi'aqv/a habit of saying something.

guenx longc haiz longc duqv guenx/to used being with; accustomed to.

guenx nyanc nzauv nyanc gau nzauv guenx/habit of eating salt.

guenx seix zoux guenx seix/a habit.

guenx zoux haiz zoux duqv guenx/get used to or experience to.

guengx wj. wuom guengx nzang nyei/very clear water or clear liquid.

m'zing guengx nzang bueix maiv haih njormh/to be unable to sleep.

guetv[1] m. longc zuangx ga'maeqc fai jun miev nyei nyiu-dorn.

guetv[2] m. longc guetv guaa nyei ga'naaiv a tool used to scrape out cucumber.

guetv huing jienv guetv diuh jauv huing jienv mingh/to draw a cycle line.

guetv zuqc ndiangx-jien guetv zuqc lui huv/to scratch and broken.

gueuv q. jai heuc gueuv-gueuv nyei qiex the sound of chicken cried.

gueuz q. m'lomh miu saeng doic heuc gueuz nyei qiex/the sound made be cat.

guix q. norqc heuc nyei qiex/the sound made by a bird.

guinh w. guinh sin; guinh nqaang; guinh jienv mingh/to spin; to rotate; whirl.

guinh cie guinh cie daaux nqaang/to turn a car back.

guinh guinh biee bung guinh nzengc biee bung hnangv cie-ndaix-mbietv nor to whirl in all directions.

guinh mingh daaih guinh mingh aengx guinh daaih/to spin back and forth.

guinh mongh longh guinh forngv zuqc mongh longh/to feel nausea by spin.

guinh nqaang guinh nqaang nzuonx/to turn back, turn around.

guinh nzuonx mbiaauc guinh mingh mbiaauc bung/to rotate to the right.
guinh nzuonx zaaix guinh mingh zaaix bung/to rotate to the left.
guinh siepv nyei guinh mingh siepv nyei/to spin very quick.
guinh sin guinh sin daaux nqaang/to turn back; to turn around.
niouv guinh niouv bun guinh/to turn and spin, rotation.

Guinea m. 几内亚 /jīnèiyà/ yietc norm guoc jaa yiem F. bung maengx Africa, hungh zingh mungv heuc Conakry.

guingh m. gorqv liuz di'daanz cuotv norm guingh daaih/a print; the socket.
m'zing-guingh m'zing nyei guingh/an eye cycle.

guiuv q. fu'jueiv guiuv-guiuv nyei nyiemv qiex gau/sound of piercing scream.

gunc w. lom mbiauz la'bieiv gunc zuqc buoz taatv/to rub against.
gunc zuqc zaux ndorpc njiec gunc zuqc zaux mun/hit and rub against one's leg.

gunv[1] w. gunv gong; gunv njiec; gunv mv njiec. Gj: zaangv/to control; to rule.
gunv baeqc fingx hungh jaa ziux goux baeqv-fingx/to govern the people.
gunv deic bung hungh jaa zaangv deic bung nyei sic/to rule a country.
gunv douc waac finx finx-gorn gunv douc waac finx nyei mienh/a telephone operator.
gunv duqv ganh haih gunv duqv ganh nyei nqa'qiex/be able to self-disciplined or self-controlled.
gunv duqv mbuoqc muangx leiz gunv nyei/to obey the laws.
gunv duqv njiec baeqv-fingx muangx leiz gunv nyei/be able to govern people.
gunv ganh gunv ganh nyei nza'hmien.
gunv gong mienh liuc leiz dimv gong bun gong-mienh zoux nyei mienh/head worker; a supervisor.
gunv guoqv baeng zaangv deic-bung nyei baeng-maanh/a national guard.
gunv hungh baeng gan hungh sin-hlen nyei baeng/a royal guard.
gunv jaa-dingh liuc leiz goux ganh nyei jaa-dingh/to manage a household.
gunv jienv nzuih zoux nzuih jaaix mv lu'guaih gorngv henh waac/to control one's tongue.
gunv loh jien goux mangc loh nyei jien a prison warden or jailer.
gunv njiec yietc dauh jien gunv njiec nyei horngc zangc/area of govern.
gunv nzengc nyungc-nyungc duqv gunv nzengc/to control everything.
gunv qiex zorc gunv sing-qiex/system that control the sound; tuning fork.
gunv sic liuc leiz bun-jaiv sic dauh/to be in charge of a matter.
gunv sic mienh zoux ziouv goux sic nyei mienh/a matter controller; administer; a person in charge
gunv sic wuic gunv sic nyei yietc guanh mienh/a governing body; assembly.

gunv[2] pm. meih gunv bungx hnyouv oc/go head put your mind at ease.
gunv binc zoux mv zuqc faix hnyouv gunv zoux aqv/go head and do.
gunv gorngv cuotv bungx hnyouv nyei gorngv cuotv/go head say out.
gunv nyanc gunv hopv maiv zuqc zanv maiv zuqc liouh, gunv nyanc/go head eat all you can.
gunv zipv jienv maah dorh leiz waac bun ga'naaiv mienh mv kangv zipv nor oix zuqc gorngv hnangv naaiv/please accept my gift or my offer.

gunv[3] wj. maiv dungx gunv ninh/do not care about her/him.
gunv mangc gunv oix yietc zei mangc yietc zei nzueic/the more I look the more beautifulness I found.
gunv zoux gunv benx jaa butv zoih jienv mingh/to become more and more rich.
gunv zoux gunv henv haiz henv jienv mingh/to feel stronger and stronger.
gunv zoux gunv waaic zoux bun manc-manc waaic jienv mingh/to get worse more and more.
maiv gunv zinh hoz maiv hnamv zoux buonv-zeic nyei mienh/to despite what future might be.
yie gunv meih nyei yie gunv jienv meih nyei/I care about you.

gunv[4] aengx lorz mangc "dang-gunv" wuov joux nyei eix-leiz.

gunx[1] w. nyanc, mv dorh leiz nyei waac/to eat, to fill with food.

gunx[2] pm. dapv jienv zotv bieqc mingh/to force into; to push into.

gunx dungz-jaangh dapv orv fai hmeiv bieqc dungz-jaangh/to put food or rice into pork intestine.

gunx[3] bt. wuom gunx zuqc daic/to die by drowned. Gj: ndortv wuom daic.

gunx nongc ga'naaiv-mun butv nongc daaih/be infected and fill with pus.

gunx ndie zorqv ndie-wuom dox nzuih aapv hopv njiec/to force medicine into someone's mouth.

gungh wj. gu'gangc an njiec. Dgw: zungh zaqc/to lay across on the other.

gungh gangc jauv gungh gangc gaatv jiex nyei jauv/a horizontal road.

gungh gangc doqc jiex doqc nzangc gu'gangc jiex/to read horizontal.

gungv wj. nda'maauh zunc haeqv zuqc yie mau gungv-guoqc, gungv-guoqc wuov maiv haih tiux/to be terrify scare.

gungv-gouc mbopv nyau jienv ndiangx gungv-gouc, gungv-gouc nyei faaux.

guoc m. yietc norm guoc jaa. Gj: guoqv jaa, deic-bung/a country; nation.

guoc jaa leiz guoqv zangc liepc daaih nyei doz-leiz/a national laws.

guoc jaa sic guoqv zangc nyei nzaic zingh/the nation affairs.

guoc jaa zei-naanc guoqv zangc nyei zei-naanc/a nation crisis, disaster.

guoc jaa ziouv guoqv zangc nyei ziouv se dongh hungh diex/a president, king.

guon w. 关闭 /guānbì/ guon gaengh; guon ndipc; guon jienv. Dgw: koi/to close or to shut down.

guon daic niouv guon daic mingh/to shut off; to close; turn off.

guon dang bungx daic dang; niouv daic dang/to turn off a light.

guon gaengh 关闭们 /guānbìmén/ guon jienv gaengh/to close the door.

guon jienv gaengh waan gaengh guon jienv/to keep the door close.

guon maiv ndipc guon gaengh maiv ndipc benx/not completely close.

guon ndipc guon zietc ndipc nyei/to be closed up tight.

guonv[1] pm. njangx jienv guonv-guonv nyei mingh/to roll over and over.

guonv[2] aengx lorz mangc "maaz daav guonv" wuov joux nyei eix-leiz.

guonx[1] m. biaav, nzung nyei waac/a stick.

cing-guonx sipv mienv mienh mbiaac zoux in-orqv nyei biaav/a sacred stick.

muoqc guonx ndiangx-ndonx; biaav/a heavy wooden stick.

guonx[2] w. guonx jaa-zinh, tov jaa-zinh fai gorngv jaax-zinh/to bargain the price.

guonx taux duqv tov taux duqv, gorngv taux duqv/to beg over and over.

guoqc pm. hlaang lunc nzengc guoqc jienv wuov ndau/a rope loosely coiling.

guoqc daax guoqc ndaauv gau guoqc daax guoqc wuov/coiling all over.

guoqc njiec hlaang ndortv guoqc njiec ndau daaih/loosely coiling on the floor.

guoqv[1] m. 国 /guó/ yietc norm guoqv, yietc norm guoc jaa/a country, nation.

guoqv baeng guoc jaa zaangv deic-bung nyei baeng/a national guard.

guoqv buv guoqv zangc nyei zinh zoih caux wuoqc ginc/a nation's treasure.

guoqv fingx guoqv zangc mienh maanh baeqv-fingx/citizens of the country.

guoqv geh 国旗 /guóqí/ guoqv nyei geh/a nation's flag.

guoqv jun guoqv nyei hungh diex caux baeng-maanh/a national guard.

guoqv kaeqv guoqv zangc cingv daaih nyei kaeqv mienh/a state guest.

guoqv koux guoqv zangc nyei nyaanh koux/a national treasury.

guoqv maanh guoqv zangc nyei mienh maanh baeqv-fingx/the people opposite government.

guoqv maanh wuic hungh jaa gapv zunv ca'laangh sic nyei dorngx/a member of the nation assembly.

guoqv maanh zingx fouv goux mienh maanh baeqv-fingx wuov caax jien/a national government.

guoqv naanc guoc jaa zuqc siouc nyei zei-naanc/a national crisis.

guoqv nzung 国歌 /guógē/ guoc jaa bungx geh baaux nyei nzung/a national anthem.

guoqv waac guoc jaa nyei pou-tong waac/a nation's common language.
guoqv wuic 1 guoqv zangc jien gapv ca'laangh nyei wuic/congress. **2** domh zuangx baeqv-fingx ca'laangh nyei wuic/a convention center.
guoqv zangc guoqv zangc gu'nyuoz/in side the country.
guoqv zangc fienx guoqv zangc nyei fienx/a national news.
guoqv zangc koux guoqv zangc nyei zinh zoih koux/a national bank.
guoqv zangc gong guoqv zangc nyei nyungc-nyungc gong/national affair.
guoqv zangc gouv-douh hnangv haaix nor benx nyei gouv-douh/historical of a country or nation.
guoqv zangc huox guoqv zangc ganh caaux nyei huox/a national goods.
guoqv zangc leiz guoqv zangc liepc nyei doz-leiz/national policies, laws.
guoqv zangc mienh guoqv gu'nyuoz nyei mienh/people of the country.
guoqv zangc mbungh guoc jaa mbenc daaih mbungh nyei hmeiv-laangh, wuoqc ginc/a national protection.
guoqv zangc nzou guoqv zangc siou nyei nzou-zinh/a national tax.
guoqv zangc saeng-eix guoqv zangc zoux nyei saeng-eix/a national trade.
guoqv zangc sic guoqv gu'nyuoz nyei nzaic zingh/a nation's matter.
guoqv zangc zaangx guoqv zaangx zoux hlo mienh nyei sic/a state bury.
guoqv zoc guoqv zangc zoux cuotv nyei huox fai ga'naaiv/a nation's production.
hnamv guoqv hnamv ganh nyei guoqv. Gj: oix guoqv/to love one's country.

guoqv[2] w. **1** dungz guoqv njaangh. Gj: zaix/a pig wallow in a mud pool. **2** zorqv lai guoqv jienv nzauv nyanc/to dip on.
guoqv dorngh dorh mingh coqv guoqv dorngh/to dip (bread) into honey.
guoqv fanh ziu zorqv orv guoqv fanh ziu nyanc/to dip meat into chili.
guoqv-nzauv-suiv zorqv lai guoqv jienv nzauv-suiv nyanc/to dip vegetable into chili and salt mixture water.
guoqv youh dorh mingh ziemx youh/to dip into oil.
guoqv zuqc ga'naaiv guoqv zuqc/to be stained with dirty stuff.
guoqv zuqc lui ga'naaiv guoqv zuqc lui laih hlopv/spotted stained on clothe.

guotv[1] pm. zueix-douz zieqc mba'biei fai norqc biei ho haaix/smell burning hair or bird's feather.
zueix-guotv zueix-douz buov mba'biei nyei nziaau/the smell of burned hair.

guotv[2] m. buov qui daaih nyei mbungv/a human remain after cremate.
guotv-ziqc mienh nyei mbungv/remain of the human bone.
hungh guotv hungh buonv fai hungh douh/a line of kings; dynasty.

guotv[3] w. guotv-guotv nyei bueix/to curl up and sleep soundly.

guotv[4] aengx lorz mangc "dongh guotv" wuov joux nyei eix-leiz.

guqc pm. **1** nzuqc da'mueiz nyei guqc/a hooked end of a sickle, knife. **2** mbing zueiz jienv guqc guqc wuov/to sit with a head bending down.
guqc nyaah zuangx jienv maeqc guqc nyaah cuotv aqv/to sprout (of plants).
in butv guqc aqv in butv guqc nor mv lauh ziouc cuotv in-biouv aqv.
nzuqc guqc nzuqc da'mueiz ngau wuov norm guqc/the hooked end part of knife.

guqv gz. maeqc guqv, maeqv daaih wuonh nyanc duqv aqv. Gj: jauh/the corn is ready to be cook and eat.
maiv gaengh guqv maeqc maiv gaengh maeqc biouv corc faix nyei/the corn are not fully formed yet.

gutc q. naqv njiec jaang mbui gutc nyei qiex/the sound of swallowing gulp.

gutv[1] gw. mbuox gu'nguaaz hopv wuom oix zuqc gorngv gutv dutv deix oc/to drink water, baby language.

gutv[2] q. hopv wuom mbui gutv gutv nyei qiex/the sound made by drinking water.

Guyana m. 改亚那 /gàiyǎnà/ yietc norm guoc jaa yiem D.B bung maengx naamh Meiv Ziou, hungh zingh mungv nyei mbuox heuc Georgetown.

H

H, h /hor/ da'betv norm nzangc-maac yiem

Iu-mienh/Yao nyei waac.

ha'baah → haac-baah ga'ndiev maengx bung nzuih/chin.

ha'baah cenh ha'baah ndaauv nyei cenh cenh wuov/a long chin.

ha'baah citv ha'baah laic nyei citv-citv wuov/a pointed chin.

ha'baah mbungv nyaah ziangh nyei mbungv/a jaw bone, chin.

ha'baah ndortv ha'baah ndortv nyei baengc/tetanus.

ha'baah nyuang ha'baah nyei mbungv nyuang/a jaw bone, chin bone.

ha'baah nzoih ha'baah junh nyei muon muon wuov/a round chin.

ha'cunv → haa-cunv mv dingh liouh hnopv nyei baengc/a tuberculosis.

ha'dauh → haaix dauh soqv nangv daaih/who, whose, whom.

ha'lorqc fu'jueiv maiv hiuv ha'lorqc gorngv waac zi'zuiz mienh/children are discourteous, just because they did not know the rules yet.

ha'louh zaangh wuom nyei la'louh/a gourd for keeping water.

ha'ndau → haaix ndau yiem haaix/to be where; anywhere.

ha'nyungc w. **ha'nyungv → haaix nyungc** dongh haaix nyungc/what is it.

ha'setv → haaix setv dongh haaix setv. what style, what kind.

ha'zanc → haaix zanc ziangh haaix/to be what time or when.

haa[1] m. yiem jaang kaakc cuotv daaih nyei mbiunz/phlegm or sputum.

tuiv haa kaakc haa tuiv guangc/to clear phlegm out from throat.

haa[2] bt. sin jorm mba'zorng cuotv mbiutc hnopv nyei baengc/flu, cold disease.

haa-baengc sin jorm, hnopv, mba'zorng cuotv mbiutc nyei wuon-baengc/a cold and cough disease.

haa-cunv tauv qiex njortc hnopv maiv dingh liouh nyei baengc/tuberculosis.

haa-cunv baengc butv benx haa-cunv nyei baengc/to have tuberculosis.

haa-hnopv baengc butv daaih hnopv nyei baengc/a cough disease.

haa-hnopv ndie tengx hnopv dingh nyei ndie/a cough medicine.

haa-juangv sin jorm nyei haa-juangv baengc/the flu, fever.

haa-juangv ndie tengx sin laangh nyei ndie/medicine for reduce fever.

haa[3] gw. mbuox gu'nguaaz mbiaatc, oix zuqc gorngv *haa* nyei/to be hot, spicy.

mbiaatc haa nyei mbuox gu'nguaaz fanh ziu mbiaatc nyei waac/to be spicy.

Haa Mbaa Gukc 哈巴谷书 /hābāgǔshū/ se yietc buonv zengx-ginx sou nyei mbuox the book of *Habakkuk* in the Bible.

Haa Waa Tin-Hungh zeix nyei da'yietv weic m'sieqv mienh nyei mbuox/Eve.

haa[4] wj. mv dungx zoux haa; hnangv wuov nor haa. Gj: hnaa, saa/a particle use to approve or disapprove of action.

haa-ndie-suoh yietc nyungc *ndie-miev* longc caux jai zouv nyanc zoux haa-cunv baengc nyei ndie.

hnangv nor oix zuqc hnangv naaiv nor zoux nyei waac.

haac[1] d. haac dangv; haac horngh; haac wuonc/to be low in position or status.

haac-baah 下巴 /xiàbā/ nzuih ga'ndiev maengx bung. Wed: ha'baah/chin.

haac daanh baeng zu'zong mienv nyei mborqv jaax baeng.??.

haac dangv 1 jomc maaic gong nyanc wuov nzangh mienh. **2** mv zic zinh nyei ga'naaiv/to be insignificant in status or low quality of goods.

haac dangv ga'naaiv mv benx mv jiem nyei ga'naaiv/a poor quality goods.

haac dangv mienh haac horngh jiex nyei mienh/inferior.

haac horngh 1 jomc nyei wuov nzangh mienh/poor people. **2** mv benx nyei ga'naaiv/a low quality stuff.

haac horngh huox maiv jiem nyei huox/a poor quality goods.

haac horngh maengc fuqv-buonc zoqc nyei maengc/a low status of life.

haac horngh mienh maaic gong bietv nyanc nyei mienh/people of the lower class of society.

haac horngh nyouz mv ziangh horngh nyei sieqv/a left over woman.

haac houz mienh jomc nyei biauv zong hmuangv doic/a low class household.

haac jaaix 下界 /xiàjiè/ lungh ndiev baamh gen. Dgw: zangc jaaix/on human world; the world of mortals.

haac jaapv la'nyaapv-mau wuov wuonc nqa'sie/the soft part of side stomach.

haac six buv dangv maiv maaih biauv kungx nzauz ga'naaiv zengc nyanc wuov nzangh mienh/the inferior one.

haac wuonc ga'ndiev aiv nyei wuov wuonc/the lower row, part.

haac yunh jaapv-zaangv se mienh haih ziangh duqv taux 120 hnyangx wuov gitv lungh ndiev/the third era of life span which, people may lived for 120 years.

haac[2] w. haac jienv oix longc/to preserve; to claim or pre-emption.

haac jienv cie haac norm cie maiv bun haaix dauh maaiz/to pre-emption a car.

haac jienv ndau haac ndau oix longc zoux ndeic/to reserve a piece land.

haac jienv sieqv haac jienv sieqv oix longc zoux auv/to pre-emption a girl to be marry.

haac[3] zh. saauv cun-ciou nyei jiex gorn mbuox, beiv hnangv "haac gueix".

haac gueix 夏季 /xiàjì/ gan yiem-liqc se feix hlaax taux luoqc hlaax, gan yaangh liqc luoqc hlaax taux betv hlaax summer season.

haac zunh norm-norm hlaax nyic ziepc lorz faah ziepc, se haac zunh/the last ten-day period of a month.

liouh haac se feix hlaax nyic-ziepc-cietv ndapv bieqc haac gueix wuov hnoi/the beginning of summer.

haac[4] aengx lorz mangc "hnaac" wuov joux nyei eix-leiz

haah[1] w. zeiz nyei haah; maaih nyei haah; duqv nyei haah; mingh aqv haah; cinh ninh aqv haah. Gj: hnaah/suppose.

haah baah aengx lorz mangc *haac-baah wuov joux nyei eix-leiz.*

haah nziaauc aengx lorz mangc *a'nziaauc* wuov nyei eix-leiz

haah ziu aengx lorz mangc *huh ziu* wuov joux nyei eix-leiz.

haah[2] pm. hiuv haah lorqc; mv hiuv haah lorqc. Gj: ha'lorqc/suitable or unsuitable; appropriate or inappropriate.

fu'jueiv mv hiuv haah lorqc fu'jueiv gorngv waac ziqc zuiz mienh weic ninh mv hiuv *haah lorqc, mv hiuv leiz, mv hiuv hlang-aiv*/to be inappropriate.

haah[3] aengx lorz mangc "haagh, hnaqh, saah" wuov joux nyei eix-leiz.

haav q. jatv mbui haav haav nyei qiex/the sound of loudly laughing.

haax hq. naaic nyei qiex, *beiv hnangv* haax meih gorngv haaix nyungc. Gj: hnaax, hngaax, aax/what is it.

haaz pm. haaz nyim zuangx ga'naaiv/to sow or diffuse seeds.

haaz nyim zorqv nyim faatv haaz jienv ndau/to scatter seeds, sow seed.

haaix[1] wj. haaix ndau; haaix coux; haaix bung/to be where, place.

haaix aah naaic gaax yiem haaix/to ask a question, such as where is it.

haaix coux nz. haaix ndau, benx nzung nyei waac/where.

haaix guoqv haaix norm deic-bung/in what country, nation.

haaix laeh naaic gaax yiem haaix weic zuqc mangc mv buatc/where I can't see.

haaix norm dorngx naaic gaax yiem haaix/to ask where, what place.

haaix ndau 1 yiem haaix ndau/where is it. **2** haaix ndau yaac/wherever.

haaix ndau mun naaic gaax butv baengc mienh mun haaix/where is it pain.

haaix ndau waaic naaic gaax waaic haaix ndau/where is damage.

haaix ndau yaac buangv nzengc haaix ndau yaac maaih/wherever.

haaix wuonc 1 dongh haaix wuonc eiv fai horngh/which row. **2** dongh haaix wuonc dorngx dauh/what area of place.

haaix zaang sou haaix zaang sou/which chapter in the book.

jiex haaix mi'aqv lorz mv buatc naaic nyei waac/where has it goes.

mingh haaix naaic mienh mingh haaix nyei waac/to ask someone where are they going to go.

taux haaix mi'aqv naaic gaax mingh taux haaix/to reach what area, point.

yiem haaix naaic gaax yiem haaix nyei waac/to ask the location.

haaix[2] nw. naaic gaax haaix dauh; haaix dauh nyei/who is it; who belongs to.

haaix dauh haaix dauh mienh fai haaix dauh saeng-kuv/who or which one.

haaix dauh hiuv maaih haaix dauh hiuv nyei fai/anybody know about.

haaix dauh laeh 1 naaic gaax haaix dauh mienh laeh/who is it. **2** se haaix dauh nyiemv/who is crying.

haaix dauh nyei naaic haaix dauh nyei ga'naaiv/who is this belong to.

haaix gorx haaix dauh/which person or who; whose; whom.

haaix hinx baaux nzung naaic gaax haaix dauh/who is it.

haaix laanh dongh haaix laanh mienh which person, whom.

haaix nyienh haaix dauh mienh, benx nzung nyei waac/who is it.

haaix weic haaix weic naamh fingx fai nyouz fingx/which gentleman or lady.

haaix[3] zh. haaix zanc; haaix norm ziangh hoc/when; what time.

haaix fuix nz. baaux nzung naaic gaax haaix hnyangx. Gj: haaix nin/what year.

haaix hlaax naaic gaax dongh haaix norm hlaax/to ask what month.

haaix hnoi naaic gaax dongh haaix hnoi to ask someone what day, date.

haaix nin baaux nzung naaic gaax haaix hnyangx/what year.

haaix nyietv haaix hnoi, haaix zanc/to ask what day and time.

haaix zanc 1 naaic gaax haaix zanc/to ask the time. **2** ziangh haaix/when was.

haaix zeih naaic gaax haaix zanc, benx nzung nyei waac/when.

ziangh haaix naaic jiex daaih nyei ziangh hoc/what time (past).

haaix[4] w. hnangv haaix yaac duqv nyei da'faanh meih oix hnangv/whatever you like will be okay.

haaix[5] gn. haaix norm, diuh, deix, nyungc ga'naaiv/use to refer things.

haaix deix dongh haaix deix lui fai houx. Gj: yiemc/which one.

haaix nyungc naaic gaax haaix nyungc ga'naaiv/to ask what kind.

haaix nyungc ga'naaiv naaic gaax se haaix nyungc ga'naaiv/to ask what kind of thing is.

haaix nyungc nziaamv se nziaamv jieqv, siqv fai yangh/what kinds of blood.

lo haaix mingh saau lomc buonv orv fai ngaeqv lai lo haaix/etcetera.

lomh haaix naaic gaax ndongc haaix hlo/to ask the size.

ndongc haaix camv naaic gaax camv ndongc haaix/to ask the amount.

ndongc haaix nzueic naaic gaax nzueic ndongc haaix/to ask how beautiful is.

haamv w. nyanc haamv hnyouv hnangv maiv duqv nyanc beuv/to eat very little just for surviving.

nyanc haamv jienv hnyouv nyanc zoqc nyei bun mv hnangv/to eat very little just for survive.

haanx zouv m. 汉族 /hànzú/ janx-kaeqv heuc ninh mbuo ganh se heuc **haanv zux**/the majority Han Chinese.

haanz pm. lungh nqaai mv duih mbiungc drought; dry weather.

haanz lingh mv longc wuom nyei lingh nqaai/a dried farm.

haanz lungh haanz maiv diuh mbiungc nyei lungh/to be drought.

haanz zei-naanc lungh haanz hoic nyei zei-naanc/a drought disaster.

haangh[1] w. maaih hatc maaz nyei haangh dauh waac/to prohibit; sanction; threat; to forbid someone do something.

haangh[2] d. yietc buoqv haangh dorngx fai wuov buoqv haangh/a surrounding area.

haangx aengx lorz mangc "hlaangx" wuov nyei eix-leiz.

haapc w. bangc camh zuih qangx haapc mbeih, zietc. Gj: njaapc/to squeeze in between the thigh.

haapc jienv bieqc i bung haapc jienv bieqc mbu'ndongx/to squeeze into.

haapv w. wuom haapv; hieh mbeu tong cuotv qiex haapv mi'aqv/to recede.

hae q. yangh jauv kuonx tauv qiex hae-hae nyei/the sound of deep breathing.

haeh q. jatv haeh haeh nyei qiex/the sound of light laughing.

haev q. maaz heuc have-haev nyei qiex/the sound made by a horse.

jatv hih hungx haev jatv qiex laic hih hungx haev nyei/loud laughing sound.

haen q. la'bieiv-dorn njangc yangh tiec mbui haen haen nyei qiex/the sound of hard object rolling on metal sheet.

haengc w. dorh mingh an fatv douz haengc nqaai/to dry out near fire.

haengh[1] m. biauv nyei zungh zaqc lorngz faaux wuov diuh haengh/a crossbeam.

haengh ndiangx yietc diuh zoux haengh nyei ndiangx/a beam.

haengh[2] nz. haengh youh tin-ndiev; haengh qoux. Gj: mingh/to travel.

dongh haengh juangc jauv mingh saau nziaauc/to travel together.

Haengh Douh 使徒行传 /shǐtúxíngchuán/ Yesu Giduc ginv daaih zunh Tin-Hungh kuv fienx nyei yietc guanh mienh/the disciples chosen by Jesus to preach the gospel.

haengh louc yangh jauv; yangh jienv jauv mingh/to travel along the way.

haengh mingh cuotv jauv youh jienv mingh/to wander.

haengh orqv yangh zoux orqv waaic laangh fim wuov diuh jauv/to walk an evil way.

haengh qoux youh jienv mingh/to go on a trip; to travel; wander.

haengh suonc zoux hnyouv longx fiou suonc nyei kuv sic/to do good in order to win blessing.

haengh tin yunh 航天员 /hángtiānyuán/ se faaux lungh nyei mienh/an astronaut.

haengh youh saau youh lungh ndiev/to travel around world.

haengh youh feix saau youh deic-bung longc nyei zinh/a travel expensed.

haengh youh mienh youh deic-bung nyei mienh/a traveler.

haengh youh wuic dorh mienh saau youh deic-bung nyei wuic/a travel club.

haengh zuiz zoux baamz leiz-latc nyei sic/a criminal acts; sinful acts.

haengh[3] m. yiem hlen tengx liuc leiz bun-paaiv sic/to perform the duties.

haengh muih cing-jaa yinh gu'nyuoz tengx liuc leiz gapv huon nyei mienh/a person who preside over the wedding ceremony.

haengh douh tengx douc waac bun i bung mienh nyei mienh. Gj: gong-zoh jien/a messenger; envoy; ambassador.

haengh wangc sin tiv longc henv maiv butv baengc nyei sic. Gj: heng-wangc/to be healthy, well being.

haeqv w. haeqv zuqc mienh gamh nziex nyei sic/to frighten or scare. terrified.

haeqv daic mienh haeqv gau mienh mv fungc aqv/it's terrified people.

haeqv daic yie gengh haeqv gau yie/it terrified scare me.

haeqv dov haeqv zuqc dov mingh, yietc liuz gamh nziex/to be terrified.

haeqv mv zuqc haeqv maiv zuqc mienh failed to frighten someone.

haeqv mienh haeqv zuqc mienh gamh nziex nyei sic/to horrible the people.

haeqv paax 害怕 /hàipà/ gengh haeqv haic mienh nyei sic/scare the people.

haeqv waaic mienh haeqv zuqc mienh haiz hnyouv waaic nzengc/to terrify the people.

haeqv yie wuonh ndaix haeqv zuqc yie nyei wuonh ndaix biaux mi'aqv/scare me out of my wits.

haeqv zuqc heiv gamh nziex gau siangx butv baengc nyei/to sick by terrified.

haetc q. zic zuqc gamh nziev jatv haetc haetc nyei qiex/a rapid laughing sound.

haetv q. dox nyaanh zinh mbui haetv haetv nyei qiex/the sound made by pouring or counting coins.

haic pm. camv haic; zoqc haic; kouv haic; qiex jiez haic. gj: dingc aqv/very; much.

a'hneiv haic gengh a'hneiv haic/very happy; very please; very glad.

benx haic butv zoih maaih nyaanh camv haic/be very rich; wealthy.

camv haic camv jiex ndaangc/too much.

gamh nziex haic gengh gamh nziex haic/to be very scare; fearful.

henv haic qaqv longx henv haic/to be very strong; more energy.

lauh haic ziangh hoc ndaauv/long time.

haih[1] w. 会 /huì/ haih gorngv; haih zoux/to be able to; skillful; capability; expert.

haih bun maaih lingc nqoi nzuih bun duqv/to have authority to allow.
haih cuotv haih cuotv duqv mingh/be able to exit; go out.
haih daic 会死 /huìsǐ/ baengc kouv haih daic nyei/can be die.
haih faaux duqv zic duqv nyei/to have enough value to act.
haih gorngv guai mbienv-mbeux longx haih gorngv/be able to talk smoothly.
haih gorngv haic mbienv-mbeux longx haic/to be skillful in talking.
haih gorngv waac haih lorz duqv buatc waac gorngv/a smooth talker.
haih gunv duqv ganh haih gunv duqv njiec ganh nyei nqa'qiex/to be able to self-controlled.
haih gunv duqv njiec maaih lingc gunv duqv mienh njiec/be able to control.
haih hoic maengc haih hoic maengc daic nyei sic/to be danger to life.
haih huv nyei 1 cueix haih huv nyei ga'naaiv/to be breakable thing. **2** maaih maengc nyei sin-sei daic mingh nor yaac haih huv/to be rot; spoil or decompose.
haih huaac nzuih gorngv waac mbiangc haih nduov/a smooth talk liar.
haih jiex nzengc maaih ziangh maengc nyei ga'naaiv zungv haih jiex nzengc/all living thing will gone some day.
haih laengc mienh haih laengc mienh fai saeng-kuv daic nyei ga'naaiv/to be poisonous to people, animal.
haih lorz nyaanh za'eix longx haih lorz zinh nyaanh/to be able make money.
haih maiv haih haih nyei fai maiv haih able or unable.
haih maiv toux haih deix mv baac haih mv toux/not thoroughly knowledge.
haih maaih nyei m'nziex haih maaih nyei mv bei/it may have.
haih mangc cuotv haih samx mangc duqv cuotv/be able to tell by observe.
haih mbenc sic haih mbenc duqv sic sung/be able to solve the problem.
haih mbiouh haih mbiouh jienv yiem wuom-minc/can be float on water.
haih njaaux maaih buonv-zeic njaaux duqv mienh/to be able to teach.
haih soqv haih soqv nangv; haih soqv faix/can be shrink; shrunken up.
haih tengx duqv haih tengx duqv nyei to be able to help, to give hand.
haih waaic haih huv waaic nyei/can be break; breakable thing.
haih yuqc haih yuqc benx wuom nyei ga'naaiv/can be melt.
haih zanv nyaanh haih longc haih zanv nyaanh nyei/be able to save money.
haih ziouh wuom haih wuom nyei/be able to swim; know how to swim.
haih zitc nyei ga'naaiv haih zoqc jienv njiec nyei ga'naaiv/to decrease in weight.
haih zoux duqv longx buoz-dauh longx haih zoux/a skillful hand.
haih zoux duqv siepv haih zoux duqv gong siepv/be able to work fast.
haih zoux gong haih zoux gong, weic zoux jiex/experienced in work.
haih zoux mienh 会做人 /huìzuòrén/ gengh ziangh horngh haih zoux mienh/a good behavior.
haih zoux zangc haih zoux zangc nyei mienh/a skillful person.

haih[2] pm. haih mingh; haih daaih/may; will; l ikely; perhaps.
haih huv nyei ga'naaiv haih huv waaic ga'naaiv/to be breakable; perishable.
haih maiv haih haih nyei fai maiv haih may or may not.
haih cuotv 1 haih cuotv nqaengc/may It reveal. **2** haih cuotv duqv mingh/may exit or may occurred.
haih duqv m'nziex haih duqv nyei/may get; likely to get; will get.
haih fungc zoux mouc noic horh aqv/to have no other choice.
haih la'kuqv zoux bun haih la'kuqv/may forget; perhaps will forget.
haih maaih m'nziex haih maaih nyei may have; will have.
haih zoux duqv cuotv daaix haih zoux duqv cuotv nyei/it can be work out.

Hainan 海南省 /hǎinánshěng/ yietc norm Zong Guoqv naamh bung nyei koiv-nzou saengv/Hainan province, China.

Haiti m. 海地 /hǎidì/ yietc norm guoc jaa se yiem D.N bung maengx Cuba, hungh zingh mungv heuc Port-au-Prince.

haiv w. haiv dauh, aengx lorz mangc haaix dauh wuov joux nyei eix-leiz.

haiz[1] w. muangx haiz; duqv haiz; haiz mv benx; haiz douc daaih/to hear about.

haiz dorngc muangx dorngc waac/to hear by mistake.

haiz fienx gorngv haiz fienx zunh daaih gorngv/to hear the report.

haiz gorngv haiz douc daaih gorngv/to hear someone said.

haiz guenx muangx gau guenx mi'aqv to get used to hear, listen.

haiz jiex nyei duqv haiz mienh gorngv jiex nyei/to have heard before.

haiz liuz aqv muangx haiz liuz aqv/to have already heard.

haiz maiv cing muangx haiz mv baac maiv cing cov/to hear but not clear.

haiz maiv duqv haiz mv duqv haiz nor ziouc qiex jiez aqv/cannot hear.

haiz mienh gorngv duqv haiz mienh gorngv zunh daaih/heard someone said.

haiz mbui haic haiz ba'laqc mbui haic too loud to listen.

haiz qiex haiz mbui nyei sing-qiex/to hear noisy sound.

haiz sing-wuonh duqv haiz sing daaih nyei fienx/to hear from the report.

haiz waac haiz mienh zunh nyei waac to hear message

haiz youx nzengc haiz gau haiz youx nzengc/so boring to hear.

maiv haiz kolo maiv haiz gorngv waac mbui/no talking sound.

muangx haiz m'normh zaeng zuqc haiz daaih/to hear something.

haiz[2] pm. hluo haiz; hluo duqv haiz/to feel by touching; sense of feel.

haiz gamh nziex haiz mv maaih doic/to feel afraid of.

haiz hnamv haic hnyouv haic hnamv haic/to feel love for.

haiz hnyouv mun haiz nzauh hnyouv mun/to feel pain in one's heart.

haiz korv-fiqv 1 korv-fiqv siev maiv duqv/to covet. **2** korv-fiqv hnamv maiv nzuonx daaih aqv/to regret; to envious of or to feel sorry for.

haiz korv-lienh maaih korv-lienh mienh nyei hnyouv/to feel sorry for.

haiz kouv haic haiz sin zangc kouv fai hnyouv kouv/to feel tired.

haiz longx deix aqv haiz baengc longx deix aqv/to feel better from ill.

haiz longx hnyouv gau longx hnyouv a'hneiv gau/to feel very happy.

haiz maiv puix haiz ganh maiv maaih jaax-zinh/to feel unworthiness or unfit.

haiz mau haic haiz mv maaih qaqv mau haic/to feel very weak.

haiz mun haiz mun nyei sic/feel pain.

haiz mun-nqingx haiz hnangv njimv baqv nyei mun/to feel sting pain.

haiz mbiex haiz sin, buoz-zaux mbiex to feel numb.

haiz ndoqc maiv maaih doic caux haiz ndoqc haic/to feel lonely, sad.

haiz njien-youh hnyouv maaih baengh orn haiz njien-youh/to feel pleasant.

haiz nqingx njimv baqv zuqc nyei mun fai nqingx/feel sting pain.

haiz nqingz 1 mv maaih sing-qiex sekv nzieqc nyei/very quiet still. **2** haiz yiev nqingz haic/to feel unfamiliar; fearful.

haiz nyaiv haiz mv faang-mbienc nyaiv haic/feel embarrassing.

haiz nzauh haic haiz maaih dorngx kuonx hnyouv nzauh/worrisome feeling.

haiz oix hnyouv nyunc duqv haiz oix/to feel like; to want.

haiz oix njormh haiz m'zing nyuix oix m'njormh/feeling sleepy.

haiz oix nyanc hnyouv sie haiz oix nyanc aqv/feeling hungry like to eat.

haiz qiex jiez haiz qiex jiez aqv/feeling angry with someone.

haiz saeng-sor haiz maiv zuoqc mienh saeng-sor haic. Gj: nyiemz haic/to feel unfamiliar with people.

haiz sienx mv duqv haiz mv oix sienx to feel that one can not trust.

haiz zinc haic haiz ganh maiv zic zinh yietc deix/to feel disappointed.

haiz zuoqc nyei haiz mv nyiemz mienh yietc deix/to feel familiar with.

haiz[3] m. haiz zueix-nziaau/to pick up a scent; smell odorous.
haiz ndaang hnomv zuqc haiz ndaang nyei nziaau/to smell fragrant.
haiz nziaau haiz zueix-nziaau/to pick up scent of certain animals.
haiz qiex haiz zueix-nziaau nyei qiex/to pick up bad odorous.
hnomv haiz nziaau juv hnomv haiz nziaau zunc jienv mingh/the dog chase after by sniff the scent of animal.

haiz[4] pm. haiz kuv nyei mueix doc/sense of taste; delicious.
haiz gaam nyanc haiz gaam nyei mueix taste sweet; taste sugar.
haiz im haic nyanc haiz im nyei mueix taste very bitter; unpleasant taste.
haiz kuv haic nyanc haiz kuv haic/taste very delicious.
haiz maiv kuv nyanc haiz maiv maaih mueix/tasteless, no favorite.
haiz maiv zuoqc nyanc haiz nyiemz nyei maiv zuoqc/taste uncooked.
haiz sui nyanc haiz sui nyei mueix doc to taste sour.
haiz youx lai hnaangx siouc maiv duqv lai hnaangx nyei nziaau/to allergic food.
haiz zueix-nziaau zueix-saeng-kuv nyei nziaau/to pick up the scent of animal.
haiz zueix-nzing haiz zueix-mbiauz nyei nziaau/to smell fish.

Hakv Gai 哈该书 /hāgāishū/ yietc buonv zengx-ginx sou nyei mbuox/a book of Bible in the Old Testament.

han m. han sieh, domh naang nyei mbuox a type of large snake, a python.

hanc[1] pm. mueic jieqv fai korv-fiqv mienh nyei ga'naaiv/to jealous; lust after.
hanc haic haiz korv-fiqv gau mv fungc aqv/to be filled with jealousy.
hanc mienh mueic jieqv mienh; nzorng mienh; qiex jiez mienh/to jealous.
hanc mienh maengc mueic jieqv oix mauv mienh nyei maengc/jealous and want to destroy someone's life.
hanc mienh nyei auv mueiz jieqv mienh nyei auv/to lust after a married woman.
hanc mienh nyei zinh nyaanh mauv mienh nyei maengc weic zinh nyaanh/to jealous someone's money.
hanc sieqv hanc oix caux sieqv bueix/to lust a girl or an unmarried woman.
hanc zoux buatc mienh zoux yaac haiz hanc oix zoux/eager to do.

hanc[2] m. yuoqv cuotv hanc; tiux bun hanc cuotv/to sweat or perspiration.
hanc cuotv hanc cuotv ndorn nzengc/to sweat or perspiration.
hanc-namx cuotv hanc-nyouh/a sticky cold sweat.
hanc yiemh hanc liouc yietc sin cuotv hanc ndorn nzengc/to sweat all over.
hanc-zouv cuotv hanc dapc zuqc zoux bun sietv butv baa ziangh kuaaiv nyei sic/a sweat rash.
zueix-hanc hanc guoqv lui houx zueix nyei nziaau/to smell sweat.

hanh[1] m. maaih hanh fai maaih naanx/a scar; a wounded after healed.
nzuqc hanh nzuqc hngaqv jiex nyei hanh/a scar of cut by a knife.
siang hanh ga'naaiv-mun nyei nzuih/an unhealed wound; a fresh wound.

hanh[2] m. gu'hanh fu'jueiv; gu'hanh mienh. Gj: gu'hornh fu'jueiv/an orphan.

hanh[3] cm. mienh nyei jiex gorn mbuox beiv hnangv, *Hanh Zoih, Hanh Zanx.*

hanx aengx lorz mangc "*hnganx*" wuov joux nyei eix-leiz.

hangv aengx lorz mangc "*hnangv*" wuov joux nyei eix-leiz.

hapc q. juv hapc hapc nyei zunc yie kaav deix ngaatc mi'aqv/snarl of a dog.

haqc[1] pm. haqc haqc naaiv nix, meih mingh haaix lorz?. It's here.

haqc[2] m. jaang-gorn wuov deix faang-haqc fai faang-haqc zueih/a gland grow in the neck area.

hatc[1] w. gorngv waac hatc fai njiec lingc hatc/to command or pressure on.
hatc duqv mbuoqc gorngv hatc duqv muangx/to obey by command.
hatc lingc hungh jaa nyei haangh dauh hatc maaz/an authority or authoritative command.
hatc maaz hungh jaa nyei hatc maaz fai hatc lingc/an authority.
hatc mienh nyei lingc hungh jaa hatc mienh nyei leiz/an enforce laws.

hatc waac gorngv waac hatc/a word of command; to give a command.

hatc[2] pm. hatc dingc; hatc ziangx/limited. Hatc dingc ziangh hoc. Within the time.

hatc dingc nyanc haih nyanc hnangv mv haih zouv/only know how to eat.

hatv ciuv q. ciuv mbui nyei qiex/the sound made by sneezing.

hauh w. fuqv-gueix jaa-hauh/wealthy and powerful people.

hauh guang maaih hauh guang hlang/a powerful life, good fortune.

hauh guang aiv mienh hauh guang aiv se haih benx baengc/an ill-fortune, bad luck.

hauh guang hlang hauh guang hlang se haih hingh jiex henz-douz lo haaix/to overcome or victory the disaster.

hauv pm. hauv-hornx, kuv mienh, hornx zeiv dorn/a brave, true man; hero.

haux[1] w. oix haic; hengx haic/to desire or to interesting doing something.

haux buonv orv hengx faaux lomc buonv orv nyei jauv/interest in hunting game.

haux hopv diuv oix hopv diuv haic/like to drink alcohol.

haux[2] cf. nyanc gaeng-zuangx waaic nyei norqc, naauz, gaeng-gueiv/rat, bird or insects that damage a crop.

haux-hoz hieh zoih, norqc, mbopv fai naauz nyanc waaic gaeng-zuangx nyei sic/animals destroy crop.

haux-hoz hiuang naauz, norqc hiuang nyanc liangx-ndeic ga'naaiv waaic nyei sic/a lot of pests severely damage a crop.

haux[3] hd. *saan haux,* se da'faam wuov hoc in-baeqc. Gj: maav fei/morphine/*sux haux* da'feix hoc in-baeqc/heroin.

hauz pm. yiem jienv nqaengc nyei hauz-hauz wuov/to be uncover; unhide.

Hawaii m. 夏威夷 /xiàwēiyí/ yietc norm Meiv Guoqv nyei koiv-nzou ziou, ziou nyei domh mungv mbuox heuc Honolulu.

hec[1] w. hec nyei; hec zoux; hec gunv; hec gorngv. Gj: hungh hec, hungh heic/to be easy; accomplished.

ba'laqc hec haic yiem mba'zorng mbiutc njiec daaih nyanc, mv zuqc kouv yietc deix/too easy, easier.

hec duqv hoqc mv aqc hoqc yietc deix to be easy learning.

hec haic maiv aqc yietc deix/very easy.

hec[2] pm. hmuatv jieqv hec-hec wuov/very dark color or black.

Lor Hec m. yietc fingx mbong zangc janx nyei mbuox/Lahu tribe.

heh m. yietc laengc heh/shoe.

daapc heh zorqv heh cunx bieqc zaux daapc jienv/to put on a shoe.

heh cunx zaux-ndoqv-qangx cunx bieqc daapc nyei heh. Gj: heh ndaetv/a sandal.

heh hoc heh hlo, faix nyei hoc-dauh/the size of the shoes.

heh hlaang cunx heh naeqc zietc nyei hlaang/a shoe laces, string.

heh mba'ndaetv daapc jienv yangh jauv mbui mba'ndaetv, mba'ndaetv nyei heh.

heh ndaetv zaux-ndoqv-qangx cunx nyei heh. Gj: heh cunx/shoe sandal.

heh ndoqv ga'ndiev caaiv wuov bung heh/the sole of a shoe.

heh nqo zaux-nqo topv njiec wuov bung heh/the heel of a shoe.

heh ningx heh nqo hlang wuov nyungc heh/a high heel shoes.

heh ping daapc zaux ping jienv mingh nyei heh/a roller skate.

heh siouv daapc zaux siouv nyei heh/a warm shoe, a slippers.

heh tongv topv taux cing-mborqc wuov nyungc heh/a boot.

jaiv heh hlaang jaiv heh nyei hlaang fong/to untie shoelace.

lunh heh lunh jienv benx heh daaih/to sew or stitch up shoes.

lunh heh ciangv lunh heh fai zoux heh nyei ciangv/a shoes factory.

ndie-heh longc ndie lunh daaih nyei heh/a sneakers; canvas shoes.

ndopv-heh longc ndopv zoux daaih nyei heh/a leather shoes.

nzaatv heh ndie nzaatv heh siang youc nyei ndie/shoe polish.

tutv heh tutv heh cuotv zaux/to take off shoe, to remove shoe.

hev hq. hev, mv dungx zoux, *hev* se gaav congh English *hey* daaih/hey, don't do it.

hev, mangc yie maah heuc mienh huin nzuonx mangc/hey, look at me.

hei[1] m. maaic ga'naaiv-nyanc caux maaic huox nyei dorngx/a market place, area.
domh hei maaic nyungc-nyungc ga'naaiv nyei hei/a supermarket.
hei-ciangv maaic ga'naaiv nyanc nyei hei-ciangv/a market place.
hei-dorn maaiz fiuv-ga'naaiv nyei poux a small goods store or market.
hei-horngc i bung baaiv nzoih huox nyei horngc zangc/a shopping hall.
hei-horngc jauv hei-horngc gu'nyuoz nyei jauv/hall way in market area.
hei-jaax yiem hei maaic nyei jaax-zinh a market price.
koi norm hei koi hei maaic ga'naaiv/to open a market.
mingh gaanv hei mingh hei maaiz maaic ga'naaiv lo haaix/to go shopping.
mingh hei mingh hei maaiz ga'naaiv lo haaix/to go market, to do shopping.
yiem hei nyei mienh yiem hei zoux gong nyei mienh/people work at the market.

hei[2] bt. butv gau baengc hei maiv maaih qaqv/to be delicate; weak; feeble.
hei haic mau maiv maaih qaqv fai cueix haic/so weak or breakable.
hei jienv njiec jaic mau jienv njiec/to get weaker and weaker.
hei nyei mienh mau maiv maaih qaqv nyei mienh/a weak person.
hei-weih hei gau maiv fungc aqv/to be enfeeble; so weak.
ziangh duqv hei faix jaic nqaan-nqaan wuov/growth to be slim and small.

hei[3] pm. suiv jienv dorngx mingh/to move from one place to another; to migrate.
hei-jei tuix bouc suiv mingh bouc jiex bouc nyei/an immigration matter.
Hei Lo In in-baeqc. Gj: saan haux, sux haux, *hei lo in* se gaav congh English heroin daaih/heroin.

heic w. heic nyei. Gj: hec/easy; capable of being accomplished.
heic duqv zoux maiv aqc zoux/easy to do or to work on.
heic jiex jaax ba'laqc heic haic/so easy, very simple.
mv heic hoqc aqc hoqc haic/difficulty to learn; uneasy to learn.

heih zz. doic nzipc doic nyei heih douh/an inheritance or tradition passed by.
heih douh sou zunh doic jiex doic nyei sou/ancestor recorded book.

heiv[1] w. njien-heiv. Gj: njien-youh/joyful; pleasant; happiness; gladdest.
kuv njien heiv njien-youh haic; nauc ngitc haic/very pleasant.
njien heiv jei hnyouv haiz njien-youh a'hneiv haic/joyfulness; gladdest.
njien-heiv sic njien-youh nauc ngitc nyei sic/a joyful cerebration.
njien-heiv wuic zoux njien-youh nauc ngitc nyei wuic/a night club with music and dancing going on.

heiv[2] cf. janx-daic njoiz haeqv ninh zuqc heiv butv baengc/to be frighten.
heiv-baengc haeqv zuqc gamh nziex butv nyei baengc/to be sick by a fright.
heiv-gaau janx-daic haeqv butv daaih nyei baengc-ngaaiz/a sickness by fright.
heiv-jorm haeqv zuqc liuz ziouc liemh zeih butv nyei baengc/to become sick immediately after frighten.
heiv-juangv zuqc heiv butv benx juangv nyei baengc/fever brought by a fright.
heiv-kuangh butv daaih gamh nziex m'zing kungh kuakv mangc naaiv mangc wuov nyei baengc.
heiv-namx butv baengc-ngaaiz lauh mv longx weic zuqc heiv/long term frighten illness, sickness.
jaiv heiv sipv fungx haeqv mienh butv baengc nyei mienv guangc/to send a frighten spirit away.
zuqc heiv haeqv zuqc gamh nziex butv benx baengc/to be terrified by.
zuqc heiv daic zuqc heiv butv baengc daic nyei sic/to die because of terrified.

heiv[3] cs. liemh zeih cuotv daaih nyei heiv sic/an emergency situation.
buangh heiv sic buangh zuqc hiuang orqv nyei sic/to face a dangerous.
cuotv heiv sic liemh zeih cuotv haeqv mienh nyei sic/a dangerous occurred.
domh heiv sic cuotv domh heiv sic/an emergency disaster.
heiv sic hiuang orqv nyei sic/a suddenly disaster; a fearful matter.

heix[1] nz. laqc heix; cangx heix; tiux heix; buang-liouh heix/music and dance.

heix-nquenc laqc heix dorngx; cangx heix biauv/a dancing club, night club, bar.

mv huaang mv heix manc-manc sueih sih sueih nyietv nyei/to take a easy.

heix[2] aengx lorz mangc "*nzauh heix* caux *mv nzauh heix*" wuov deix nyei eix-leiz.

hekv aengx lorz mangc "hnekv" wuov joux nyei eix-leiz.

hemx w. 诃 /hē/ gorngv ciouv nyei hemx; nauc hemx/to scold, rebuke.

gorngv-hemx binc hemx binc njaaux/to scold and teach at the same time.

hemx doic laanh hemx laanh/to scold at each others.

hemx duqv nyouh mv dingh liouh nyei hemx/to continue scolding.

hemx tin hemx deic hemx lungh hemx ndau nyei/to scold here and there.

hemx waac-doqc lorz waac doqc nyei hemx/to scold and criticize.

hemx yietc donx zuox yietc donx. Gj: siangx donx/to have a reprimand.

hemx ziang leiz ei doz-leiz hemx/to reprimand someone.

henc w. doix-tiuv; doix-maaiz; henc doix henc maaic/a cash sale.

nyaanh henc longc nyei nyaanh mbienc money in cash, cash on hand.

henh[1] pm. **1** henh gong-bou/relaxation or leisure time. **2** kungx mi'aqv/to be empty or vacant; vacancy.

henh biauv mv maaih mienh yiem nyei biauv/an unoccupied house, vacant.

henh bien ga'nyiec maiv longc jienv nyei sic/insignificant matter.

henh dorngx longc mv zuqc nyei dorngx unimportant issue; an empty room, etc.

henh gau hnangv jiex daaih nyei ziangh hoc/as usual time.

henh gong-bou maiv zoux gong nyei ziangh hoc/unemployed; leisure.

henh henh wuov guangc jienv henh henh wuov/to be unused or unoccupied.

henh hlaax 1 mv zoux cun-gaeng nyei hlaax/a slack month for farmer. **2** maiv leic hlaax *zoux yinh* fai *biaux deic-bung* not a lucky month for Iu Mien moving or doing any ceremony.

henh hnoi 1 da'hnaav hnoi/as a usual day. **2** kungx-morngh hnoi/unlucky or meaningless day. **3** henh gong-bouc nyei hnoi/a day off work.

henh hnyouv maaih orn-lorqc hnyouv a peaceful mental.

henh lauh aqv maiv zoux gong lauh aqv/to leisure for long.

henh mienh maiv zoux gong nyei henh mienh/unemployed person.

henh mbienx maiv longc jienv nyei sic unimportant, insignificant.

henh mbienx sic maiv longc jienv nyei sic/unimportant matter.

henh mbienx waac gorngv daaih maiv lamh longc nyei waac/non-sense talk.

henh ndau maiv zuangx ga'naaiv nyei ndau/a leisure land.

henh nyaanh mv zuqc zornc kouv duqv nyei zinh nyaanh/unearned income.

henh nyinh henh waac; mv lamh longc nyei waac/leisure or non-sense talk.

henh sic mv jienv nyei sic/unimportant matter, insignificant.

henh sou longc maiv zuqc guangc nyei sou/a killed book.

henh waac nzauz mienh gorngv nyei waac/a gossip talk.

henh yiem henh yiem hnangv mv zuqc zoux gong/to be jobless; without work.

henh zeih 1 henh nyei ziangh hoc/free time, spare time. **2** henh gau/as usual.

hnyouv mv henh maaih sic nyauv yiem hnyouv/to have a bad mood.

henv w. maaih qaqv fai maaih lingc henv nyei. Gj: hatc lingc; hiuang, qangv/to be strong; energetic; powerful.

henv daaih henv jiez daaih, henv faaux daaih/to become strong.

henv faaux jaa maaih qaqv henv faaux to increase strength, energy.

henv haic gengh henv haic/to be very strong or powerful.

henv jiez daaih aengx henv jiez daaih to recover one's strength.

henv jienv faaux haih henv jienv faaux to gain more strength.

henv nyei mienh maaih qaqv henv nyei mienh/a strong man; powerful people.

henv zeiv gauh henv jiex nyei mienh/a hero; strong man; champion man.

henz[1] m. wuonc qiex mv longx nyei sic/to have a bad luck or ill-fortune.

fungx henz fiou jouh baaix sipv fungx henz-douc guangc/to send jinx away by appropriate ceremony.

henz-douc wuonc qiex aiv buangh zei-naanc lo haaix/a stroke of ill-fortune.

henz-hnoi buangh zuqc henz-douc nyei hnoi/a misfortune day, bad day.

tiux henz-douc buangh sic seix nyei mv baac maiv zuqc daic fai mv ndortv zinh nyaanh se funx *tiux henz-douc*/to have passed through all misfortune.

tiux henz wuonh cangv wuonh zorqv gaeng-tiux, jopv-nyeic bungx tiux cuotv se beiv tengx tiux henz-douc.

henz[2] lf. buonv duqv orv wuov hnoi se funx *orv-henz hnoi*/game killed on the day given by the game spirits.??

heng pm. 轻 /qīng/ heng nyei. Gj: naetv heng, nitv heng/to be light; weightless.

buoz heng m'sieqv mienh nyei buoz se heng nyei/a light hand.

heng buoz-zaux zoux sic buoz-zaux heng/to act with nimbly hands and legs.

heng haic naetv-naetv heng wuov/to be lightly; weightless.

heng-heng mingh heng-heng laamx zaux yangh jauv/to walk lightly.

heng-heng mbaix longc buoz-zaangv heng-heng mbaix/to pat.

heng-heng naaic bingx jienv taamv deix muangx/to ask secretly or discreetly.

heng nyei 轻的 /qīngde/ maiv hniev/to be light or weightless.

heng-wangc 兴旺 /xìngwàng/ sin tiv longx henv zornc zinh yaac ziouc nyei sic/being healthy and prosperity.

jouh heng baaix tov guangc zuiz heng bun/to plead for a lighter punishment.

hengx nyz. hengx hopv diuv; hengx mbatc mbiauz/habit of desire; aggressive to.

hengx buonv orv hengx mingh gemh buonv orv/a hunting habit.

hengx dauh nyunc duqv oix nyei jauv; eix zuqc nyei jauv/habit or enthusiasm.

hengx hopv diuv oix caux doic hopv diuv nyei mienh/to enjoy drinking.

hengx ndouv zinh oix ndouv zinh nyei jauv/love to gamble, love casino.

hengx yangh jauv oix mingh yangh jauv sorngx qaqv/like to walking.

hepc pm. gaengx hepc; jauv hepc; hnyouv hepc/to be narrow; constricted

hepc haic gengh hepc nyei. Dgw: jangv haic/to be very narrow space.

hepc nzepv dorngx hepc haic/a narrow room; small room; narrow space.

hepc nzepv dorngx gengh hepc haic nyei dorngx/a very narrow room.

hepc nzepv hnyouv zorngh maiv duqv mienh nyei hnyouv/a narrow-minded.

heuc[1] n. heuc mbui nyei; nauc hlo nyei/to call out loud; to shout; to scream.

heuc duqv maengz kaatv kaatv nyei nauc/to scream loudly.

heuc haeqv kaatv haeqv fai nauc haeqv mienh/to terrified by yell at.

heuc hlo nyei longc qaqv heuc mbui nyei/to shout; to scream loudly.

heuc lungh heuc ndau heuc lungh heuc heuc ndau zaaux/to curse by call heaven and earth for punishment.

nauc-nauc nyei heuc kaatv-kaatv nyei heuc/to scream or shout.

heuc[2] w. heuc daaih dangh/call someone to come for a minute; to invite.

heuc buo jaax lungh sipv mienv heuc buo nzunc lungh/to call on Heaven three times.

heuc daaih nzoih heuc mouz dauh daaih zunv/to call everyone come together.

heuc daaih tengx heuc mienh nqongh daaih tengx/to call someone to come help.

heuc dienx waac heuc douc waac finx fai mborqv finx/to make a telephone call.

heuc jun-zaah heuc jun-zaah daaih tengx bun-jaiv sic/to call the police.

heuc lungh 1 zioux mienh heuc lungh zaaux/to curse by call heaven to witness **2** sipv mienv ong biomv jorng heuc lungh/to perform a spirit ceremony by call to heaven.

heuc mienv buov zeiv heuc mienv daaih tengx/to call on the spirits.

heuc mienv tengx jiemx heuc mienv tengx nqaeqv janx-zaqc/to call on spirits to protect from a thief.
heuc mbuox heuc mienh nyei mbuox/to call someone by their name.
heuc njoux maengc heuc mienh tengx njoux maengc/to call someone for help.
heuc nzuonx daaih heuc daaux nqaang nzuonx daaih/to call someone to come back or to return.
heuc taux hingh heuc taux saaix jaax nyei mienh duqv hingh/shout to support someone in their competing.
heuc tong leiz eix-leiz se maiv za'gengh maaih hnyouv heuc.
heuc wuonh yie haeqv zuqc ninh biatc dangh, ninh ziouc heuc wuonh nzuonx wov nzuonx/to call back a terrify soul.
heuc wuonh ndoh suix buang waac bun caux heuc wuonh nzuonx yaac longc suix ndoh buoz-seih jaang nyei sic/to call back a person's soul and tie string around his or her wrist for good luck.
heuc mingh zoux heuc mienh mingh zoux gong/to call someone to do.

heuc[3] w. cuotv mbuox heuc Naix Gueix/to give a name call Naix Gueix.
heuc nitv diex ei Iu-Mienh nyei leiz-fingx fu'jueiv aa zuqc cuotv mbuox heuc nitv diex, beiv hnangv Ih Zoih nyei da'yietv dorn heuc Gauv Zoih, sieqv nor heuc Meix Zoih, Muic Zoih, Muangz Zoih.
heuc nitv maac ei Iu-Mienh leiz-fingx, se gorngv fu'jueiv maiv maaih diex se aa zuqc heuc nitv maac, beiv hnangv Meix Zoih nyei da'yietv dorn nor heuc Gauv Meix, sieqv se nor Muangz-Meix.
meih mbuox fungc heuc dorh leiz waac naaic mienh nyei mbuox/how do you call your name.

heux pm. heux haic torng-torng wuov. Dgw: njietc/to be watery of liquid food.
dongx heux haic qouv dongx daaih mv njietc/watery of thick food.

hi' wj. **hi'hungx haetc** camv-laanh mienh dongh zanc nyei qiex/the sound made by many people laughing at the same time. Gj: hih.
hi'hungx hix ziex laanh mienh dongh zanc jatv nyei qiex/laughing sound.
hi'hungx ham sin mun hi'hungx ham nyei/nagging pain around the body.

hih q. jatv hih hih nyei qiex/the sound of light laughing.

hiv q. kuanv tien hiv hiv haav haav nyei jatv/the sound talk and laugh together.

hix q. jatv duqv maaih mueix hix daax hix nyei/the sound made by laughing.

hiaac pm. m'zing hiaac; m'zing njouc; m'zing maengh/to be slanted or blind.
hiaac yienv hemx doqc m'zing ndorngv mienh nyei waac/are you a blind.

hiaamx w. hiaamx maeqc bun jai nyanc; uix jai/to diffuse chicken food.
hiaamx jai dorh ga'naaiv hiaamx uix jai/to scatter food to feed chicken.
hiaamx mbuonv

hiaang[1] nz. 乡 /xiāng/ laangz, fai yietc norm laangz. Gj: fiuv-laangz/a village.
hiaang-bung mienh juangc hiaang-bung nyei mienh/people of the same area.
hiaang-bung waac ganh bung mienh gorngv lengc di'dien nyei waac/dialect of a different location.
hiaang-cien juangc deic-bung daaih nyei mienh/people from the same country.
hiaang-cun hiaang-laangz; liangx-ndeic dorngx nyei laangz/the village area.
hiaang-cun horqc ganh fiuv-laangz nyei horqc dorngh/a village school.
hiaang-cun sieqv mv zeiz yiem mungv nyei sieqv/a country girl, country girl.
Hiaang Gangv 香港 /xiānggǎng/ Zong Guoqv N.D bung mungv nyei mbuox Hong Kong, a city in S.E China.
hiaang-laangz 乡村 /xiāngcūn/ yietc norm laangz/throughout the village.
hiaang-laangz mienh ganh nyei buonv-laangz mienh/people of one's village.
hiaang-loz 乡老 /xiānglǎo/ laangz-gox, fai laangz-ziouv. Gj. daauh mienh/a village chief; village's headman.
hiaang ziangv 乡长 /xiāngzhǎng/ laangz-gox; laangz-ziouv/a village elder.
juangc hiaang-bung juangc norm deic bung nyei mienh/people from the same location or same town.

hiaang[2] cm. mienh nyei setv-mueiz mbuox beiv hnangv, Fux-Hiaang, Cic Hiaang/a person's suffix name.

hiaangv nz. mbui haic nyei sing-qiex/to be great noisy sound.

hiaangv daaic sing mbui hlo haic nyei sing-qiex/a great loud sound.

hu hu hiaangv hiaangv nyei gorngv douc buangv nzengc nyei sic/to spread news or gossip throughout whole area.

paux hiaangv zaax-daanc mbeux mbui nyei qiex/a great noise of blast.

hiaangx[1] nz. 向 /xiàng/ bung-hungx dauh; hungx mingh nyei bung/a direction.

hiaangx dong 向东 /xiàngdōng/ hungx mingh dong bung/eastside.

hiaangx nyiec qoux cuotv jauv hungx jienv mingh/to start outlet journey.

hiaangx[2] pm. miev hiaangx haic/flourish of grass, luxuriantly of plants.

baeqv-fingx hiaangx baeqv-fingx mienh maanh camv/numerous of population.

dopc luangh hiaangx dopc nyei miuh hiaangx haic/abundance of bean stalks.

hiaangx duqv siepv ga'naaiv-zuangx hiaangx siepv/to grow fast of a plant.

hiaangx faaux camv ziangh hiaangx faaux camv/to increase greatly.

maiv haih hiaangx maiv haih hiaangx faaux/to be unable to flourish.

mienh ding hiaangx fun-faqv hiaangx haic/to have family grow abundantly.

mueiz hiaangx haic mueiz-bungh hlo mueiz camv haic/wealthy of bee family.

hiaangx[3] pm. douz hiaangx gau lanh jienv lomc mingh/a big fire.

buonc douz hiaangx buonc bun douz zieqc hiaangx/to blow a fire into flames.

hiaau pm. sung zaqc buoz-zaux bueix jienv hiaau-hiaau wuov/to lie down perfectly.

hiaauv w. hiaauv dangh bun laangz zangc duqv hiuv/to make an announcement.

hiaauv deix-bung juix fienx cuotv bun zuangx mienh lomh nzoih hiuv/to make announcement to public.

hiaauv zuangx mienh zunh cuotv bun zuangx mienh lomh nzoih hiuv/to make announcement to the public.

hiaaux dl. 孝 /xiào/ hiaaux suonc muangx die maa nyei waac/do with filial piety.

hiaaux laauh tongx nipc domh mienh nyei kuv sic/to show filial respect to one's parents.

hiaaux naamh nyouz tongx nipc diex maac nyei kuv dorn, kuv sieqv/son and daughter who show respect to parents.

hiaaux suonc 孝顺 /xiàoshùn/ tongx nipc muangx die maa nyei waac/to show respect or love to one's parents.

hiaaux suonc domh mienh taaih ginx yaac muangx domh mienh nyei waac/to revere and respect one's parents.

hieh[1] lz. 野生 /yěshēng/ lomc zangc hieh ga'naaiv/to be wild or uncivilized.

hieh biangh lomc zangc miev cuotv nyei biangh/a wild flower.

hieh dungz lomc zangc nyei dungz/a wild pig, wild boar.

hieh guaiv guv guaix ga'naaiv/weird unaccountable thing.

hieh guaiv mienv lomc-ndiev mienv/a weird spirits.

hieh guaiv mbing guv guaix haic nyei mbing-zing/a monster monkey.

hieh hnaangx cuotv nyiec nyanc nyei hnaangx/a picnic.

hieh hnyouv maaih hienx auv, hienx nqox nyei hnyouv/an adulterer.

hieh jai lomc zangc nyei jai. Gj: norqc jai/wild chicken or fowl.

hieh janx hemx doqc fu'jueiv-hlorpv nyei waac/outsider, used in abusive to an adopted person.

hieh juv lomc zangc ngaatc saeng-kuv nyanc nyei juv/a fox, wolf.

hieh lai lomc zangc laapv daaih nyei lai/vegetables gather from jungle.

hieh mienh gouv-waac gorngv loz-hnoi maaih hieh mienh/a barbarians.

hieh mienv mv maaih mienh zangc nyei lomc-ndiev mienv/a wild spirit.

hieh ndoih lomc zangc wetv daaih nyei ndoih/a wild edible tuber.

hieh ngongh lomc nyei ngongh/a wild ox or wild buffalo.

hieh saeng-kuv 野生动物 /yěshēngdòng wù/ nyungc-nyungc lomc zangc nyei hieh zoih/any type of wild animals.

hieh youx mv fungc mangc nyei njoiz/an awful image; monster.
hieh yungh lomc nyei yungh/a wild goat.
hieh zaangz yiem lomc nyei zaangz/a wild elephant.
hieh zienh lomc zangc mv maaih mienh buoqc zangc nyei mienv/a wild spirit.
hieh zing ziangh daaih aqc duqv mangc haic nyei ga'naaiv/a monster thing.
hieh zoih nyungc-nyungc lomc zangc nyei saeng-kuv. Dgw. zien-zoih/any type of wild animals.
hieh zoih huingx 动物园 /dòngwùyuán/ wuonx nyungc-nyungc lomc zangc hieh zoih nyei huingx/a zoo.
hieh zuangv heuc doqc fu'jueiv-hlorpv nyei maiv dorh leiz waac.

hieh[2] bt. **hieh baengc** saeng-hienx nyiez duqv nyei baengc, se gan nziaamv, gan nongc jiex mienh nyei baengc. Gj: houh nyaangh, etc/HIV disease, Aids.
hieh baengc ndie-biauv zorc butv hieh baengc nyei ndie-biauv/a VD hospital.

hieh[3] aengx lorz mangc "*qiex mbeu* caux *yiez-mbeu"* wuov joux nyei eix-leiz.

hiem zw. sipv mienv mienh gorngv nyei waac *beiv hnangv*, hiem-hiem ziouc huaax benx ziangh jiem, hongh hongh ziouc benx ziangh dongh.

hienv pm. seix haic orqv haic nyei hiuang hienv/to be harmful, dangerous.
hienv sic hiuang orqv nyei sic/a harmful occurrence; emergency situation.

hienx[1] w. hienx mienh nyei auv fai mienh nyei nqox/to have sexual relations with someone other than one's spouse.
hienx auv hienx nqox bueix mienh nyei auv, mienh nyei nqox/to commit adultery with married woman or man.
hienx auv nyei nqox hieh hnyouv nyei nqox/unfaithful husband to his wife.
hienx dorn ceux dorn nyei auv/to commit adultery with unmarried man.
hienx nqox nyei auv hieh hnyouv nyei auv/unfaithful wife to her husband.
hienx sieqv ceux sieqv nyei nqox/to commit adultery with unmarried woman.
m'jangc hienx m'jangc m'jangc caux m'jangc hienx doic nyei sic/homosexual sex; to have gay.
m'sieqv hienx m'sieqv m'sieqv dorn caux m'sieqv dorn hienx doic nyei sic to have lesbian sex.
maaiz sieqv hienx maaiz maaic qam-gorn nyei sieqv bueix/to hire a prostitute.

hienx[2] w. longc zaux hienx nziouv daic. Gj: hlienx/to crush under the foot.

hietc hd. saauv taux hietc, hietc cin, hietc waanc/number eight.
hietc dimv hietc dimv ziangh hoc, hietc norm ziangh hoc/eight o'clock.
hietc laanh hietc laanh mienh. Gj: hietc dauh mienh/eight people.
hietc waanc betv ziepc cin/eighty thousand.
hietc ziuc betv baeqv waanc/eighty millions.

hietv[1] w. hietv njiec; hietv jiez; hietv fatv; hietv go; hietv jienv; hietv haaix/to put.
hietv cuqv m'jangc mienh nzopc kuotv m'sieqv mienh hietv cuqv/to plant rice.
hietv cuqv jorng dapv cuqv buix jienv hietv cuqv nyei jorngx.
hietv jiez nzuqc dorh nzuqc mingh hietv jiez/to keep away a knife..
hietv ndie hietv ndie mun wuov norm dorngx/to apply medicine.
hietv njiec ga'hlen an njiec ga'hlen/to put down alongside.
hietv njiec ndau bungx njiec an ndau/to put down on the floor.
hietv nyaanh 1 hietv nyaanh bieqc nyaanh lamz/to deposit money into bank account. **2** hietv zuqc dingc zuiz nyei nyaanh/to pay a fine.
hietv pioux hietv maiv zaqc pioux pien mingh. Gj: hietv piatv/to put down but out of place.

hietv[2], **hlietv** pm. mbiauz hietv jienv dueiv mingh/a fish flap it's fin back and forth.
juv hietv dueiv juv buatc biauv-ziouv a'hneiv ziouc hietv dueiv/a dong happy and wave its tail.

hietv[3] cf. ninh hietv hnyouv yie mi'aqv/he or she get mad at me.
hietv hnyouv hietv hnyouv doqc sou fai zoux gong/to study hard or work hard.
hietv jienv hnyouv hietv hnyouv nouz jienv/to keep anger in the mind.

hin cm. mienh nyei setv-mueix mbuox, *beiv hnangv Fux-hin*, *Naix hin.*

hinc[1] w. jung hinc faaux lungh/a rainbow appear on the sky.
hinc cuotv daaih njoiz hinc cuotv daaih to have appeared of an image.
hinc haic nqaengc mangc duqv buatc longx nyei/very clear; bright.
hinc yaangh hinc cuotv bun buatc dangh aengx mbueiz mi'aqv/to be appear for a moment and disappeared.
hinc yaangh nyei sic buatc hinc yaangh nyei sic/to see a vision.
nzangc mv hinc weic zuqc batv-wuom oix nzengc aqv/the letter is fade.

hinc[2] nz. **tingx hinc** muangx haiz/to listen and hear the sound.
tingx hinc sing-wuonh haiz gorngv daaih nyei fienx/to hear in the news.

hinh pm. mv dungx lu'guaih hinh gorngv don't just talk without good-sense.
hinh hiong pongh youz doic/friendship or brotherhood.
hinh zoux lu'guaih zoux mv lamh longc nyei sic/to do without good-sense.

hinv cm. mienh nyei setv mueiz mbuox, beiv hnangv Fux-Hinv, Naix Hinv.

hinx[1] m. mba'hinx, norqc mba'hinx. Gj: hinx zaiv/a swallow bird.
hinx zaiv ndaam-naih daaih buoqc dinc benx nzung baaux gorngv, norqc mba'hinx ndaam nie daaih foux lauz.

hinx[2] nz. dauh; weic; laanh/a person; lady or gentlemen.
liangc hinx i laanh mienh; i dauh mienh two people, two person.
ndoqc hinx nduqc laanh ganh hnangv/a single person; a lone; sole.

hing aengx lorz mangc "hling" wuov joux nyei eix-leiz.

hingh w. 赢 /yíng/ duqv hingh; saaix hingh; zoux hingh/to win; champion; overwhelm.
biaux hingh biaux duqv hingh mi'aqv to successful run away.
borngz hingh borngz hingh mi'aqv/to win a fight or a battle.
hingh jiex haih hingh duqv jiex/to be victorious; to overcome; to win.
hingh leiz nzaeng hingh doz-leiz/to win a lawsuit.
hingh nyei mienh duqv hingh nyei mienh/people on the champion side.
mborqv jaax hingh mborqv hingh jaax mi'aqv/to win in a battle.

hingv[1] pm. nqa'haav hingv; zinh ndaangc wuov hingv/time before or after.

hingv[2] gn. gorn wuov hingv; dueiv wuov hingv. Gj: bung/either end side.

hingx pm. hmuatv jieqv hingx-hingx nyei; jieqv-hingx. Gj: hlingx/very black color.

hiong[1] nz. 兄 /xiōng/ aaux benx nzung nyei waac gorngv *gorx*/older brother.

hiong[2] m. 胸 /xiōng/ la'kuotv. Gj: lorqc hiuang/the thorax or chest.

hiou[1] w. biu cang nzopv mbiauz mv baac wuom ndungc cang hiou mingh nzopv maiv zuqc/to wind away from.
hiou-zingh nz. caux gorngv-waac mienh leih doic/to separate from one's love.

hiou[2] pm. hiou-hiou yiem yietc nyungc maiv zoux/to be leisure.

hiou[3] zmb. hiou buic benx suix/to spin thread from cotton.
hiou buic ciangv longc (machine) hiou buic nyei ciangv/a cotton spin mill.
hiou hlaang baeng hlaang nzenc an zunv/to wind rope.
hiou mingh hiou daaih nziaaux buonc nzangv hiou mingh hiou daaih nyei/to wind back and forth.
hiou suix baeng suix nzenc an hiou suix nyei qorng/to wind thread from skeins to crossed sticks.

hiouc aengx lorz mangc "heuc" wuov joux nyei eix-leiz.

Hipv Lu 希伯来书 /xībōláishū/ yietc buonv zengx-ginx sou nyei mbuox/the book of Hebrews, in the Bible.

Hipv Boh wuom-dungz, *hipv boh* se gaav congh English hippopotamus daaih.

hiqc q. jatv hiqc hiqc nyei qiex. Gj: hiqv hiqv/the sound of light laugher.

hiqv q. jatv hiqv hiqv nyei qiex, aengx lorz mangc "hiqc" wuov joux nyei eix-leiz.

hitv[1] dz. hitv kuonx; hitv njiec; hitv deix; hitv dangh/to rest; to take break.
hitv dangh kuonx hitv dangh kuonx/to rest, take a break; to pause.
hitv-dinc bun mienh maaiz dingh zepv muonz baav nyei dinc/a Hotel; Motel.

hitv gong dingh njiec maiv zoux gong aqv/to retired from work.

hitv kuonx dingh njiec hitv dangh/to take a break; to rest.

hitv kuonx dorngx ndaamv-jauv dingh hitv kuonx dorngx/a resting area.

hitv kuonx hnoi dingh maiv zoux gong nyei hnoi/a day off; vacation time.

hitv njiec dingh njiec maiv zoux, maiv yangh jauv/to pause; to rest

hitv njiec maaih norm dongc, kuangx njiec maaih norm ngau gorngv beiv seix zangc mienh yiem haaix se oix zuqc maaih norm dorngx, gan mienh se oix zuqc maaih dauh ziouv laengz, nyei waac-beiv.

hitv-zaamc hitv kuonx zaamc. Gj: hitv kuonx dorngx/rest area.

hitv[2] zh. hitv baav ziangh hoc/the space between short time.

aav hitv dangh deix dangh maiv nangc lauh/in a short time; in a little while.

aav hitv hmuangx zuov aav hitv deix hmuangx/later on in the evening.

aengx nziaauc hitv dangh aengx yiem nziaauc lauh deix/stay and visit longer.

daauh hitv jiex gorn wuov hitv ziangh hoc/the first period of time.

hitv deix dangh zuov hitv deix dangh maiv nangc lauh/to be later on.

hitv gong dingh njiec hitv douc maiv zoux gong/to stop of work.

mingh nziaauc hitv saau jienv mingh nziaauc hitv/to go fun a little while.

naaiv hitv naaiv hitv ziangh hoc/in this short period of time.

nqa'haav wuov hitv setv-mueiz wuov hitv ziangh hoc/the last period of time.

yiem hitv biauv yiem deix dangh biauv to stay home for a little while.

yietc hitv yietc hitv baav ziangh hoc/a short period of time.

hiuv w. 知道 /zhīdào/ hiuv duqv, fai mengh baeqc; bieqc hnyouv/to know; to alert; to understand; to recognize.

hiuv camv hiuv duqv camv nyei. Dgw: maiv hiuv camv/know a lot.

hiuv cing hiuv duqv longx nyei mengh nyei/to know very clear.

hiuv deix hiuv duqv deix baav hnangv to understand some.

hiuv dingc hiuv duqv dingc/to know for sure; know definitely.

hiuv doic buatc jiex hiuv duqv nyei doic/knowing each others.

hiuv duqv hiuv nyei; bieqc hnyouv nyei to understand about; aware of.

hiuv eix-leiz hiuv eix-leiz gorngv haaix nyungc nyei/to understand the meaning.

hiuv gorn-ndoqv hiuv duqv sic-gorn nyei/to know what reason cause.

hiuv hnyouv mienh zuoqc hnyouv nyei mienh/an intimate friend.

hiuv leiz 1 hiuv duqv luoqc leiz longx nyei/know the law. **2** dorh leiz nyei/to be polite; to act with respect.

hiuv maiv tong hiuv mv tong-daapc/to have incompletely knowledge

hiuv maiv toux maiv hiuv nzengc/to not know thoroughly.

hiuv mengh hiuv duqv longx nyei cing nyei/very well know.

hiuv mienh hiuv mienh fai zieqv duqv mienh/to understand, recognize people.

hiuv nyaiv fu'jueiv nyaiv nor oix longc lui houx aqv/to feel embarrass.

hiuv nzauh hiuv duqv nzauh taux ganh nyei maengc/to feel responsibility.

hiuv nzengc hiuv duqv toux nzengc/to know thoroughly, everything.

hiuv nziouv hiuv duqv nziouv/to know earlier; know in advance.

hiuv tong hiuv duqv tong-daapc nyei/to know very well; know thorough.

hiuv toux hiuv duqv nzengc mi'aqv/to understand everything, well know.

hiuv waac hiuv duqv ganh fingx mienh nyei waac/understand the language.

hiuv waac toux hiuv duqv waac toux nyei/a masterly of a language.

hiuv zaih zaih maanx liuz cingx daaih hiuv/to know too late.

hiuz w. longc zeih hiuz. Gj: cenv, tiu/to dip out with a paddle.

hiuz hnaangx hiuz hnaangx dapv yienv nyanc/to dip out rice with a paddle.

hiuz hnaangx zeih longc hiuz hnaangx nyei zeih/a rice dipping paddle.

hiuang[1] pm. 凶 /xiōng/ ciouv; orqv; qiex beqv/to be forceful; fierce or dangerous.
hiuang faanz zoux orqv haic nyei sic/to felony; a seriously crime.
hiuang fing se gorngv hiuang fing ziux zuqc mienh haih maaih baengc lo haaix a star which brings calamity on.
hiuang haic ciouv haic; henv haic; orqv haic/not a friendly guy.
hiuang-hienv seix haic henv haic nyei sic/very harmful; dangerous.
hiuang-orqv 凶恶 /xiōngè/ seix haic nyei sic; hiuang orqv sic/very dangerous situation; powerful.
hiuang sic seix haic nyei sic; cuotv heiv sic/an emergency matter.
hiuang siouv 凶手 /xiōngshǒu/ daix mienh zoux waaic sic nyei buoz/the hand of a murderer; assassin.
njiec hiuang siouv njiec buoz caa zorqv fai njiec buoz daix guangc aqv/to start doing something evil.
zoux duqv hiuang haic zoux duqv henv haic hiuang haic/to challenge, to show a powerful strength.

hiuang[2] m. 胸 /xiōng/ la'kuotv; nyorx-gorn; lorqc hiuang/chest; bosom.
hiuang-zinh nza'hmien maengx; liemh zeih duqv buangh hmien/in front of.
lorqc hiuang la'kuotv wuov wuonc dorngx/chest area; bosom area.
lorqc hiuang mbungv la'kuotv nyei mbungv/a chest bone.

hiuang[3] pm. 雄 /xióng/ henv dingc aqv/to be powerful; a lot of strength.
nyanc duqv hiuang haic gengh nyanc henv gau mv fungc aqv/a great eater.
zoux gong hiuang haic zoux gong henv dingc aqv/a very hard worker.

hiun m. 耳环 /ěrhuán/ m'normh hiun/an earring; ring for ear.
dangh hiun zorqv hiun topv m'normh dangh jienv/to put on an earrings.
hiun-biongc ziangh biongc fai ziangh joih nyei/a bunches of earring.
hiun-dung maiv dimv cueix nyei hiun/a plain loop earring.
hiun-joih ziex norm ndiux jienv benx yietc norm wuov nyungc hiun.
hiun-zeic dimv jienv cueix maeng fai mbuov nyei hiun/a Mien traditional earring with fist and color.

hiutv nz. 血 /xiě/ nziaamv, aaux benx nzung nyei waac/blood.
hiutv-buv kuaa-zou nziaamv-benx zou benx biangh. se beiv ganh nyei fu'jueiv.
hongh hiutv siqv-nziaamv/red blood.
hongh hiutv liouc nziaamv cuotv liouc njiec/flowing of blood, bleeding.

Ho Se Yaa m. 何西阿书 /héxīāshū/ se yietc buonv zengx-ginx sou nyei mbuox, yiem loz-ngaengc waac Ging-sou/the book of Hosea, in old Testament Bible.

hoc[1] m. hoc-dauh; zoux norm jangx-hoc/a symbol; a sign; indication.
daaic hoc hlo nyei wuov hoc/large size of clothe. Yie zuqv daaih hoc houx/I wear large size pants.
domh hoc hlo jiex yietc buoqv wuov hoc/an extra large size.
fiuv-hoc faix nyei wuov hoc/small size.
lui houx hoc lui houx hlo, faix nyei hoc/the size of clothe. Meih zuqv haaix hoc houx?. What size of pants do you wear?. Oh, yie zuqv 34 wuov hoc/oh, I wear size 34.
mbu'ndongx-hoc zong baan wuov hoc a medium size.
tim bieqc hoc tim bieqc nyei jangx-hoc a plus sign or symbol "+".
zorqv cuotv hoc zorqv cuotv jangx-hoc a minor sign or symbol "-".
zoux norm jangx-hoc liouh zoux jangx-hoc mangc/to keep for a memory.

hoc[2] zh. ziangh hoc/a non-specific period of time/ih zanc mbu'ziex diemv ziangh hoc aqv?/what time is it now?.
naaiv gorng hoc naaiv norm cun-ciou nyei ziangh hoc/this season of time.
njiec zuangv ziangh hoc zuangx nyei ziangh hoc/a time for plant.
nyic ziepc-feix norm ziangh hoc yietc hnoi yietc muonz/twenty four hour.
siou laangh ziangh hoc siou cun-gaeng nyei ziangh/time for harvest.
taux ziangh hoc dingc daaih nyei ziangh hoc taux aqv/to reach the time.

ziepc nyeic norm ziangh hoc yietc hnoi hmuangx/twelve hour.

hoc[3] mh. mengh hoc; aengx duqv faaux kang zoux jien nyei mengh hoc/to get raise up for an official post.??

cuotv mengh wuov hoc gauh longx jiex wuov hoc/a famous brand.

hungh hoc hungh baeng saaix-liangx jiex laangc nyei hoc/sovereign power.??

meih gueix hoc dorh leiz waac naaic mienh nyei mbuox, *beiv hnangv* meih gueix hoc?. Yie maiv maaih haaix nyungc gueix hoc lorqc, se guaih heuc Gueix-cing.

mengh hoc sing cuotv deic-bung jangv nyei mengh hoc/reputation.

hoc[4] wd. oix zoux, oix gorngv mingh haaix nyei hoc-dauh/a topic, subject, atheme of discussion.

hoh[1] m. 喉咙 /hóulóng/ jaang-hoh/the throat; larynx; esophagus.

hoh[2] q. jiepv yiem wuov ndiev horngz heuc hoh hoh nyei sing-qiex/the sound of bears roaring.

hoh[3] aengx lorz mangc *houh saeng* caux *houh saa* nyei eix-leiz.

hoz[1] pm. 厚 /hòu/ hoz nyei. Dgw: bieqc/to be thick; thickness.

hoz haic 太厚 /tàihòu/ ba'laqc hoz jiex ndaangc/to be too thick to make use.

hoz jienv hmien se beiv oix zuqc diev jienv nyaiv gorngv/to put on brave face to overcome one's reticence.

hmien-ndopv hoz se beiv mv hiuv duqv nyaiv nyei mienh/shameless; brazen.

suangx-dimc-hoz bueix njormh nyei coux/a mattress.

hoz[2] w. 后 /hòu/ hoz doic; hoz hingv; hoz mienh; hoz nqaang/future; hereafter.

cai zinh hoz cai nqa'haav hingv nyei sic/to predict the future.

hoz baan 1 nqa'haav baan/after shift or future shift. **2** nqa'haav wuov baan mienh/a future generation.

hoz bouc nqa'haav hingv nyei sic/a certain step in the future.

hoz daaih 后来 /hòulái/ **1** nqa'haav wuov hingv/afterwards. **2** gan jienv nqa'haav daaih/to follow behind.

hoz doic nqa'haav hingv fun-faqv wuov seix fai wuov doic/the descendant.

hoz hnoi nqa'haav hingv mouz hnoi fai mouz zanc/future unspecific date.

hoz louc 1 nqa'haav hingv nyei jauv/a matter of future. **2** bun baeng biaux cuotv nyei nqa'haav bung jauv/a back road for army.

hoz mienh nqa'haav hingv fun-faqv nyei seix/a future generation.

hoz minc 后面 /hòumiàn/ nqa'haav wuov minc (sou). Dgw: zinh minc/back page or last page.

hoz nqaang nqa'haav hingv haaix zanc mv hiuv aqv/a future prospect.

hoz nqaang waac maaih en-zingh liouh njiec hoz nqaang nyei waac.

hoz nyietv njiec nqaang nqa'haav hingv nyei hnoi/future date.

hoz seix 1 nqa'haav aengx torqv saeng daaih wuov seix/future life. **2** nqa'haav cuotv seix nyei mienh.

maiv gunv zinh hoz guaih yiem guaih ziangh nyei mienh/to despite what the future might hold.

zinh hoz ih zanc minc zinh fai nqa'haav hingv/now and future.

zinh hoz nyei sic ih zanc fai nqa'haav hingv nyei sic/the matter from now or in the future.

hoi aengx lorz mangc "hnoi" wuov joux nyei eix-leiz.

hoic w. hoic mienh; zoux hoic; aapv hoic; hoic maengc/to harm; torture.

aapv hoic longc maanh leiz aapv hoic nyei sic/to use force intent to harm.

hoic daic zoux hoic taux daic/to torture to death; assassinate.

hoic daic mienh hoic mienh zuqc diev kouv/bring great trouble for people.

hoic duqv kouv zoux hoic duqv kouv haic/to torture so badly.

hoic ganh daic hoic ganh nyei maengc daic/to commit suicide.

hoic kouv nzengc zoux bun zuqc diev kouv naanc/to bring great tired.

hoic maengc zorqv maengc; mauv mienh nyei maengc/to commit murder.

hoic mienh zoux bun mienh zuqc diev kouv/to oppress people; abuse.

hoic mienh nzauh hoic mienh caux jienv nzauh/to cause other to distress.

zoux doqc hoic ba'baac zoux cunv hoic nyei sic/to intent to harm someone.

hoih pm. ga'sie hlo hoih hoih wuov, mv dorh leiz nyei waac/to be distended.

hoih jienv gu'nguaaz heuc doqc maaih sin nyei m'sieqv mienh/to pregnant.

hoiv zw. 海 /hǎi/ sipv mienv mienh gorngv koiv nyei waac/a sea, ritual language.

hoiv-faan zu'zong-mienv nyei mbuox the name of a Taoism spirit.

hoiv yaangh taan jangv haic nyei domh koiv/sea and ocean.

hoiz m. 亥 /hài/ ziepc nyeic norm, wuov norm jaapv-zaangv neix/the last of the Twelve Terrestrial branches.

hoiz hnyangx 亥年 /hàinián/ zuoqc dungz wuov norm hnyangx, se dongh 2019, 2031, 2043 se guinh jienv mingh ziepc nyeic hnyangx liuz aengx taux nzunc hoiz hnyangx/the year of pig.

hoiz ziangh lungh humangx nduoh taux ziepc yietv diemv nyei ziangh hoc/the hour between 9-11 P.M.

homc[1] w. homc jienv. Gj: mbiorngz jienv, buang jienv/to cover up with something.

homc suangx homc jienv suangx bueix njormh/to cover with blanket.

homc zaux homc jienv zaux bun zaux siouv/to cover the feet.

homc[2] w. miev siex homc jiex mbiauh nyei gu'nguaaic nzengc/to cover up all over with thick grass.

homh pm. gu'nguaaz sin homh jorm nyei. Gj: hluqv jorm/to feel heated.

homz w. lungh ndorm mienh homz-homz nyei mingh bieqc hei/people crowded around the morning market.

Honduras m. yietc norm guoc jaa, yiem Z. B bung maengx Meiv Ziou, hungh zingh mungv heuc Tegucigalpa.

hongc pm. hongc siqv. Gj: nzanc siqv/to be completely red color.

siqv-hongc siqv-nziaamv nyei siqv, fai hnangv hongh siqv nor/bright red color.

hongh m. longc leix lui nyei hongh baeqc, hongh siqv, fai hongh jieqv. Gj: hongc/a red, white or black linen cloth.

gouv hongh ei Iu-Mienh nyei leiz-fingx se m'jangc mienh gouv hongh/custom for man to wear a red turban.

hongh dong dong nyei siqv caux yangh zorpc nyei setv/the golden red color.

hongh hec 1 siqv caux jieqv/red and black. **2** hungx-hec; hongh hec/be easy.

hongh-hiutv nziaamv siqv nzengc/the blood color; a pour of blood.

hongh-hiutv liouc nziaamv liouc cuotv to shed the blood.

hongh kuaa zw. biangh siqv, se beiv gu'nguaaz-sieqv/a baby girl.

hongh saa hnoi maiv benx longc biopv sei nyei hnoi/a bad day for bury a body.

hongh suiv wuom buangv faaux yiemx nyei sic/to flood all over.

hongh suiv yiemx mbiungc-suiv-imx yiemx lungh ndiev/chronology flood.

Hongh Uv Hungh a Ming dynasty of China during 13th century, started from 1368-1399 was particularly cruel to ancestors of the Iu-Mien.??

Hong Kong m. yietc norm saengv nyei mbuox, se yiem N.D bung maengx zong guoqv, China.

hopc q. juv cuang zuqc hieh dungz hopc hopc nyei tiux biaux/the sound of a loud growl by a wild pig.

hopv w. hopv ndie; hopv diuv; hopv zaah; hopv wuom/to drink; drank.

hopv bouh se *hopv cong-mengh bouh* nyei njaaux muonh, tengx mienh hnyouv nziaaux doqc sou guai, se kongv zuv njaaux njiec nyei kongv njaaux, sai-diex fiev kaeqv-nzangc an zeiv dorh mingh sipv liuz kongv zuv mienv buov benx douz-buonx ziemx wuom daaih hopv.

hopv camv hopv duqv camv nyei/drink a lot; drinking very much.

hopv diuv to drink alcohol beverages.

hopv diuv dorngx yiem wuov maaiz diuv yaac yiem wuov hopv diuv nyei dorngx/a bar, tavern.

hopv diuv faaux hmien hopv liuz diuv faaux hmien siqv/to have flushed face as of drinking result.

hopv diuv fungx nyanc orv hopv diuv fungx jienv/to eat and drink wine.
hopv diuv henv hopv diuv henv nyei mienh/a heavy drinker.
hopv diuv hungh hopv diuv henv haic nor, se beiv hopv diuv hungh/a heavily alcohol drinker.
hopv diuv inv hopv guenx diuv nyei inv/to be addicted to alcohol.
hopv diuv mienh hengx hopv diuv nyei mienh/alcohol drinker.
hopv diuv nquin hopv diuv camv nquin mi'aqv/to get drunk.
hopv diuv ong hopv diuv henv wuov dauh ong/an old drinker.
hopv diuv poux maaiz diuv yaac hopv diuv yiem wuov nyei poux/a bar.
hopv diuv wuic mienh camv hopv diuv nauc ngitc nyei wuic/a cocktail party.
hopv diuv zaanv longc hopv diuv nyei zaanv-dorn/a cup for drink wine.
hopv domh diuv hopv domh cing-jaa yinh nyei diuv/to drink the round of drinks at a major wedding.
hopv in-torng hopv in ziemx daaih nyei torng/to drink opium juice.
hopv kaa fae hopv kaa fae/drink coffee.
hopv maa nyei nyorx gu'nguaaz hopv maaz nyei nyorx/a baby nurse breast from her/his mother.
hopv mbie hopv diuv-mbiaauz, *mbie* se gaav congh English *beer* daaih/to drink beer.
hopv ndie hopv ndie-wuom/to drink liquid medicine.
hopv nquin hopv diuv nquin/to drink and get drunk.
hopv nyorx 1 gu'nguaaz hopv nyorx to nurse at the breast. **2** hopv ngongh nyorx/to drink milk.
hopv wuom hopv wuom/to drink water.
hopv zaah hopv zaah/to drink tea.
hopv zaah inv ngorc oix hopv zaah nyei inv/habit of drinking tea.
hopv zaah zaanv longc hopv zaah nyei zaanv, jorkv/a tea cup.
hopv ziouc diuv hopv guenx diuv nyei ngorc/to get used to drink wine.

hoqc[1] w. hoqc sou; hoqc zoux gong; hoqc ndie-sai/to learn; to practice; to study.
hoqc a'nziaauc jiex gorng nziaauc dorn fai nziaauc sieqv/learning how to go out with boy or girl.
hoqc buoz-zaux hoqc bun ganh nyei buoz-zaux liouc. Gj: hoqc sih nyeic/to train in physical dexterity
hoqc cong-mengh doqc sou hoqc guai nyei jauv/to study; pursued wisdom.
hoqc dorngh doqc sou hoqc guai nyei dorngx. Gj: horqc dorngh/a school or a learning center.
hoqc duqv haih maiv aqc hoqc/to have learned; able to learn.
hoqc duqv hnangv haih hoqc duqv hnangv nyei/to imitate; to follow as a model.
hoqc duqv siepv haih hoqc duqv siepv nyei/very quick learner.
hoqc gemh dauh hoqc taux gemh zangc nyei jauv/to study forestry.
hoqc gong hoqc hiuv yaac njiec buoz zoux gong/to practice on a job training.
hoqc gong horqc hoqc zoux gong nyei horqc dorngh/a school for engineering or for a job training.
hoqc gorngv hoqc gorngv waac liouc/to practice to talk influence way.
hoqc gouv-douh hoqc taux jiex daaih nyei gouv/to study history.
hoqc hiuv hoqc oix hiuv; hoqc hiuv taux/to learn to understand.
hoqc hiuv mienh hoqc hiuv taux mienh nyei fiem-fingx fai eix-leiz nyei jauv/to study psychologies.
hoqc hiuv ndau-beih hoqc hiuv taux ndau-beih nyei sic/to study geography.
hoqc hiuv ndau dongz hoqc hiuv taux ndau dongz/seismograph; seismogram.
hoqc hlang doqc sou hlang wuov deix horqc saeng/a high level class.
hoqc hlang nyei mienh doqc sou hlang nyei mienh/a high educated person.
hoqc leiz hoqc hiuv taux doz-leiz nyei jauv/to study law; a law school.
hoqc liaa hoqc nziaauc sieqv nziaauc dorn nyei mv dorh leiz waac.
hoqc linc sin hoqc lioux sin; hoqc linc sin/to train one's physical body.

hoqc liuz nyei mienh hoqc jiex daaih nyei mienh/a person who has been learned or trained.

hoqc maiv toux hoqc hiuv maiv gaengh toux/not thoroughly learned.

hoqc niouv cie hoqc koi cie/to learn to drive a car.

hoqc nzangc hoqc doqc zieqv fai hoqc fiev nzangc/learning how to write and recognize a letter.

hoqc saeng jiex gorn hoqc nziaauc dorn nziaauc sieqv, mv dorh leiz nyei waac.

hoqc sih nyeic hoqc buoz-zaux liouc nyei sic/to practice kung fu.

hoqc siouv ngix hoqc zoux nzueic, fiev nzueic nyei gong/to practice a skill.

hoqc sou mienh 1 doqc sou mienh/a Student. **2** haih sou-nzangc hlang nyei mienh/an educated person.

hoqc waac hoqc gorngv waac/to study or learn a language.

hoqc waac gorngv gu'nguaaz jiex gorn hoqc waac gorngv/to practice to talk.

hoqc wuic waac hoqc caux wuic buangh gorngv nyei waac/to practice a conversation.

hoqc yangh yinh waac hoqc In-wuonh waac/to study English language.

hoqc zoux sai hoqc sipv mienv zoux domh sai bietv dungz-zuih/to learn to be a spirit priest.

hoqc[2] cf. guatc doqc hoqc mienh gorngv waac fai zoux gong/to jeer at; to mock; to make fun or to abuse.

hoqc[3] pm. cor hoqc; coqv hoqc; koqv hoqc/just start, just begin.

cor hoqc buatc cor hoqc buatc daauh nzunc/to be first time to see.

cor hoqc jiex gorn coqv hoqc jiex gorn zoux/beginning; starting.

hor w. 呵 /hē/ congh nzuih hor qiex cuotv to breathe; to exhale.

hor ziouv nzaatv ndopv baqv ndie nyei diuv/a rubbing alcohol.

horc[1] w. cuotv fim fongc horc nyaanh/to offer money; to donate money.

horc heix cangx heix; horc heix; laqc heix. Gj: baaux nzung/to sing a song.

horc hnyangx sipv mienv zoux horc hnyangx yinh/a special spirit ceremony.

horc[2] pm. gorngv duqv horc hienz gau mv baac maiv maaih buonv-zeic zoux.

horh[1] zmb. horh sic; horh i bung nzaeng jaax nyei mienh dingh njiec/to make peace; to mediate between.

horh baengh zoux horpc mv bun maaih Sic/peace; safeguard world peace.

horh buv bic zuqc bieqc loh nor *horh buv bic* daic gauh longx/rather to die if have to go to jail.

horh kix 和气 /héqì/ suonc hnyouv horpc fim nyei eix/affable; agreeable; harmonious.

Horh Kouv Nquenc 河口县 /hékǒuxiàn/ Zong Guoqv Yao Mienh zeic gunv nyei nquenc/Yao autonomous county in Yunnan province, China.

horh kuinx gorngv kuinx, gorngv orn hnyouv/to encourage, exhort.

horh kuinx sai kuinx i bung horpc fim nyei mienh/a counselor; peace maker.

horh naanh zoux duqv horh naanh haic to be so difficult manner situation.

horh norh maaih horh norh, horh kix nor hmuangv doic gengh njien-youh kuh yiem haic/an agreeable family.

horh sic horh i bung nzaeng jaax fai ndouv sic nyei mienh horpc daaih

horh sic mienh horh i bung nzaeng jaax nyei mienh/a mediator; a peacemaker go between two conflict parties.

Horh Siangx 和尚 /héshàng/ janx-horh siangx/a Buddhist monk.

horh taanx gorngv horpc/peace talks.

horh yuoqc horh i bung horpc doic nyei sic/a peace treaty.

maiv horh kuv zoux maiv dorng leiz zoux/not suppose to do.

horh[2] nz. ndoqv; ndaaih/a river or stream.

horh bin ndoqv-hlen; ndaaih hlen/the riverside; by the side of the river.

horh gong zoux yiem ndoqv nyei gong river engineering; river works.

horh kuv ndoqv-kuv wuov bung/the outlet of a river.

horh ngaanc i bung horh ngaanc/the riverbank; riverside.

horh zienh yiem ndoqv nyei zienh fai mienv/a river-god.

horh[3] pm. weic horh hnangv naaiv. Gj: weic haaix diuc/for what reason; why.

horh yangc haaix nyungc; haaix nzangh ga'naaiv/what the thing is.

horh[4] aengx lorz mangc "yangh horh" w wuov joux nyei eix-leiz.

horv aengx lorz mangc "yaangh horv fai yangh horv" wuov joux nyei eix-leiz.

horz hq. horz-horz nyei jatv mbui duqv hlo gau/loud sound of a person laugh.

horz haeqv mienh bingx jienv nqa'haav horz haeqv mienh/to utter a loud sound behind someone.

hormh pm. zoux laatc huing jienv mingh hormh jienv gormx nzengc. Gj: weih/to put fence completely surrounding.

hormh dieh laengh longc hlieqv hormh jienv dieh laengh nor nziangc zuqc yaac maiv waaic aqv/to cover the edge of a table so it won't get scratch.

hornc w. **1** hornc nzuqc tongv; hornc nyiu-tongv/to solder; to weld. **2** hornc ndie-ngutv/to sew trim on.

hornc-dauh longc hornc hlieqv nyei ga'naaiv/solder.

hornc zangc hornc hlieqv nyei zangc mienh/a welder.

ndie-hornc longc hornc fai leix lui-juoqv nyei hongh siqv, hongh baeqc fai hongh mbuov/the red, blue or white cloth used for make strip color on the edges of a garment.

hornh[1] nz. hornh miuh; hornh daan; lorqc hornh/I, me, myself; poor am I.

hornh daan yie doh naanc nyei mienh me a misfortune person.

hornh zou yie doh naanc nyei m'jangc mienh/how pitiful am I.

lorqc hornh hmuangv doic ndortv nyei naanc zingh/a survivor from family.

hornh[2] pm. a'hneiv butv hornh; sin zinx butv hornh/to tremble or shake, as from excitement or fearful.

hornx nz. jun-zeiv mienh, jun-zeiv dorn, hornx zeiv dorn/a hero, s capable man.

gorngv duqv hornx gorngv duqv maaih buonv-zeic haic/a real gentleman.

horngc[1] m. **1** yietc weic jien gunv nyei horngc zangc/a mayor governing area. **2** doqc sou horngc/a class room.

horngc jangv horngc hlo jangv nyei/a large room, roomy.

horngc zangc yietc norm horngc zangc through out the whole area.

horngc zangc mienh wuov buoqv horngc nyei mienh/people living in the same area

laangz-horngc laangz-qangx dorngx/a space throughout village area.

horngc[2] aengx lorz mangc "hei-horngc, jaai-horngc, luonx horngc" nyei eix-leiz.

horngh[1] d. zangc horngh; zong horngh fai haac horngh/high class; middle class or low class.

daauh horngh huox longx jiex wuov horngh ga'naaiv/a top quality goods.

horngh lorngc mienh cuotv zuangx gorngv waac zuoqc mienh/a person in familiar and outspoken way.

nyungc horngh nyungc-nyungc ga'naaiv fai maanc muotc/all kinds; everything.

zangc horngh gong gong-sai mienh zoux nyei gong/an engineer position.

zangc horngh jien mengh hoc hlang wuov nzangh jien/a high rank official.

zangc horngh mienh domh fuqv-gueix mienh/high ranking or wealthy people.

zangc horngh sieqv cuotv mengh ziangh horngh nyei sieqv-nzueic/the most beautiful woman.

horngh[2] pm. an yietc horngh eiv. Gj: yietc wuonc, yietc liouz/a row; a line.

mbaih horngh zueiz jienv yietc liouz nyei mingh/to sit in row.

ndau-horngh wetv jienv ndau yietc horngh yietc horngh nyei faaux/a level of the ground.

ziepc horngh don an jienv ziepc horngh don/to place ten rows bench.

zuangx yietc horngh zuangx yietc horngh fai yietc liouz zaqc nyei mingh.

horngh[3] sk. horngh saeng-kuv mingh bieqc njoh fai bieqc laanh/to gather animals.

horngh dungz zorqv dangv dungz oix

zorqv/to catch a pig by surrounding it.

horngh jienv mingh horngh jienv yietc guanh saeng-kuv/to drive animals.

horngh[4] aengx lorz mangc "maanc horngh caux mbuoqc horngh" nyei eix-leiz.

horngx pm. zouv hnaangx lemh wuom guangc liuz aengx horngx nqaai nyei cingx daaih kuv/to parch; to dry out.

horngx faauv an caeng horngx faauv deix/to slowly dry out in a warm pot.

horngx fanh ziu fanh ziu hnam haic an caeng caauv lorngx dangh faauv deix/to make dry by the heat.

horngz m. i norm zorng mbu'ndongx nyei horngz/canyon or valley area.

horngz-nqaai maaih ndoqv-zuonx nqaai nyei horngz/a valley with a dry stream.

ndoqv-horngz ndoqv-hlen juiz nyei horngz/a steep valley with stream.

horpc df. horpc fim horpc eix/agreeable or to be harmonious.

horpc baaux ziangh guanh juangc diuh nzung baaux/chorus; choir.

horpc bunh sou janx-kaeqv sou longc doix nin-gaeng betv nzangc mangc gaax dorng jaa zoux i hmuangv se horpc fai maiv horpc nyei sou. Gj: horqc bunh sou/a horoscope book written in Chinese used to determine of compatibility of those who want to get married.

horpc coiv gengh puix duqv horpc/to get along well with.

horpc doic caux duqv horpc doic/to be friendly with; get along well with.

horpc dongh guanh juangc diuc hnyouv zoux gong nyei guanh/as republican party or democratic party.

horpc dongh sou i bung gorngv horpc fiev njiec nyei sou/a contract treaty.

horpc dongh waac gorngv ca'laangh horpc nyei waac/an agreement.

horpc dongh wuic juangc norm horpc dongh wuic/a union association.

horpc eix haiz horpc haic hnyouv/to be suitable to one's mind.

horpc fiem dongh hnyouv/to harmony with; agreeable with each other.

horpc fim laanh ei laanh maiv nzaeng jaax/agreeable with each others.

horpc fim dongh eix yietc zungv juangc yietc diuc hnyouv. Gj: horpc fim horpc eix/to be agreeable with each others; to be one mind and heart.

horpc fim horpc eix laanh caux laanh horpc hnyouv nyei yiem/to agreeable to each others.

horpc haic gengh horpc haic/suitable or well fit into; well matched.

horpc huon gapv jienv huon horpc fim nyei i hmuangv/to be united in wedlock.

horpc hnyouv haiz horpc hnyouv haic aqv/to be happy with; satisfied.

horpc hnyouv haic horpc haic ganh nyei hnyouv/to satisfied with.

horpc jaa yietc biauv mienh/the whole family members.

horpc jaa mienh kuv yietc biauv mienh nyei mbuox/list of a family members.

horpc jaa siex fiev siex-sou buov bun mienv tov mienv siex yietc biauv mienh nyei maengc/a written petition to burn and send to spirit world to asking for protection for the family members.

horpc jaa wuic zuangx mienh juangc nyei buonc/a public center.

horpc jaax caux duqv horpc mv nzaeng jaax/to get along well with.

horpc jienv i bung gapv daaih horpc jienv/to fit into properly.

horpc leiz horpc doz-leiz nyei/lawful or to be legal; reasonable.

horpc leiz-fingx horpc guei-jei leiz-nyeic nyei/to be reasonable.

horpc nyanc jang-jang kuh nyanc/to be suitable for food.

horpc nyei meih zoux naaic horpc nyei the way you do is correct.

horpc nzuih haiz kuv horpc nzuih nyei to be palatable or tasty.

horpc zangx juangc norm zouv biopv to bury two in one tomb.

horpc ziangh hoc maiv zaih yaac maiv nziouv jang-jang horpc ziangh hoc/to be at the right time.

horpc zuqc za'gengh horpc zuqc nyei ought to; should be.

horpc zuqc hiuv gengh horpc zuqc hiuv duqv nyei/ought to know about.

horpc zuqc zoux gengh horpc zuqc zoux nyei/ought do something.

puix duqv horpc puix duqv horpc nyei to be compatible; suitable.

topv duqv horpc topv njiec horpc nyei to fit down very well.

horpv aengx lorz mangc "hlorpv" wuov joux nyei eix-leiz.

horqc[1] m. yietc norm horqc dorngh; dangh horqc hmei; i horqc ngaanc.

bieqc horqc dorngh faaux mbuox bieqc horqc doqc sou/to enroll in school.

domh horqc dorngh doqc sou hlang nyei horqc/a college; university.

horqc dorngh doqc sou nyei dorngx/a school or school campus.

horqc dorngh gong zoux yiem horqc dorngh nyei gong/a job at school.

horqc feix hoqc sou longc nyei nyaanh a school fees; education fees.

horqc ging zinh cingv horqc dorngh njaaux sou nyei zinh nyaanh. Gj: horqc feix/a school fees; a semester fees.

horqc saeng doqc sou fu'jueiv, doqc sou nyei domh mienh/a student.

horqc saeng wuic horqc saeng zueiz fai doqc sou nyei dorngx/a student center.

horqc zengx sou zengx horqc nyei sou/a diploma; certificate to prove a person's education degree.

horqc[2] cm. mienh nyei setv-mueiz mbuox beiv hnangv, Gauv Horqc; Fux-Horqc/a person's suffix name.

hortc[1] q. dungz-nyeiz hortc dungz-dorn hopv nyorx nyei qiex/the sound made by a sow to round up her piglets.

hortc[2] pm. jiepv-dungz nyei jaang-ndiev ben baeqc nyei wuov diuh hortc/color strip under a bear's neck.

houc[1] zmb. houc jaax; houc horqc saeng doqc ziangx sou/to entertain or support.

houc bieqc siang-biauv houc mienh bieqc siang-biauv nyei yinh/to joins a new house warming celebration.

houc cing-jaa-yinh mingh houc zoux cing-jaa nyei yinh/to entertain, cerebrate a wedding party.

houc horqc saeng houc doqc ziangx sou nyei horqc saeng/celebrate to support student graduation.

houc jaax 支持 /zhīchí/ caux jienv jorm hnyouv houc jaax bun/to joins celebrate to support.

houc kaeqv mienh mingh zipv houc jaax kaeqv mienh/to welcome guest by crowded of people.

houc maiv jiez mingh houc maiv jiez mienh/unable to join or support.

yuangv houc mienh camv nyei mingh houc jaax/a large crowded people joins the celebrations.

houc[2] gn. zuangx ndau njiec ndoih nyei houc/taro, edible tuber.

gorngh-houc zouv guaengv nyanc zoux lai nyei houc/a type broad leaves and used it stalks to cook as vegetable.

houc-dorn liouh zoux nyim zuangx nyei houc/small taro for plant next crop.

houc-haapv longc zouv dungz-siaaux nyei lomc zangc houc/a wild taro used for pig's food.

houc-maeng gauh hlo wuov nyungc houc/a bigger kind taro.

houc-ndaang ndoih orv siqv deix dien nyei houc/a smaller kind taro.

houh[1] w. maaih qaqv henv/to be strong and energetic.

houh gong-bou jauv maaih qaqv zoux gong henv nyei/to work energetically.

houh[2] m. henv saeng-hienx nyei jauv/have a very strong sexual desire.

houh saeng mv gaengh longc auv nyei m'jangc mienh lunx mienh/adolescent boy or stripling.

houh saeng-caan ziepc hmz ziepc luoqc hnyangx houh saeng/a teenager boy.

houh saeng-doic houh saeng nyei doic adolescent male friends.

houh saeng-lunx deng-deng hlo jienv faaux nyei houh saeng/young boy or an adolescent boy.

houh-saeng-mienh corc houh saeng mv gaengh maaih auv/unmarried man.

houh saeng sieqv-dorn houh saeng caux sieqv-dorn/an adolescent boys and girls together.

houh saeng-yaang coqv jang hlo nyei houh saeng/an adolescent boy.

houh[3] pm. waan nie houh normh ziu gorn bun cuotv mbiaic camv. Gj: yuang/to pile soil at base of banana plants.

houh[4] bt. houh nyaangh baengc/a sexually transmitted disease or syphilis.

houh nyaangh njaiz huv njaiz-njaiz wuov nyungc houh nyaangh/a venereal disease with ulceration and discharge.

houh nyaangh nqaai but pokc sietv wuov nyungc houh nyaangh/a venereal disease accompanied by an itchy rash.

houh saa baengc saeng-hienx baengc se bungx yiez mv cuotv mun/a venereal disease caused urination painful.

nzieh houh buoz-seih ndiev nyei nziaau body odor from the armpits.

nzieh houh ndie nzaatv buoz-seih ndiev bun nzieh houh maiv zueix nyei ndie/a deodorant.

houv[1] w. 承诺 /chéngnuò/ laengz waac; nyunc congh/to promise to undertake.

houv Bienh Hungh nyunc houv jienv se gorngv bienh hungh cui nor oix zoux ndaangh houc bienh hungh/to petition and make a vow to king pan

houv bun laengz bun/promise to give or to permit; permission.

houv bun mi'aqv laengz bun mi'aqv/to have promised.

houv bun mienv houv saeng-kuv a'fai houv mienh bun mienv/promise to give animal or human to spirit.

houv-cietv-fingx nyunc cingv siec norm hleix zoux zorng-zengx nyei nyunc.

houv horpc jaa nyunc houv mienv buv youc yietc biauv mienh nyei nyunc/to ask spirit to protect whole family.

houv jienv bun benx buang waac bun mienh butv zoih/to promise someone to become rich or wealthy.

houv mienv laengz waac bun mienv, se gorngv mienv cui nor daix dungz ziec bun mienv nyanc.

houv nyunc houv jienv nyunc zorc baengc, zorc duqv baengc mienh longx nor aengx ziec nyunc/to petition the spirits for protection and healing.

houv nyunc sou fiev buov bun mienv laengz waac nyei sou/a written contract with spirits and make vow.

houv sieqv bun laengz bun sieqv caux dorng jaa/to promise daughter to marry someone.

maiv houv bun mv iv congh. Gj: maiv yuangh/to forbid or prohibit.

houv[2] cf. 恐吓 /kǒnghè/ houv waac; gorngv haeqv. Gj: sie waac/to put a curse on; to put a threat on someone.

houv jienv bun mv lauh daic zioux bun mienh mv lauh zuqc daic aqv/to put a curse on someone will die soon.

houv hopv wuom-zueix ndouv zioux hopv heuc mienv tengx siemv zuiz nyei wuom-zueix/to drink water foul smell used as a trial ordeal to determine guilt or innocence.

houv waac oix daix houv waac oix daix mienh/threaten to kill someone.

houv[3] nz. 虎 /hǔ/ nda'maauh; daaic houv; luangh houv/a tiger.

houx m. 裤子 /kùzi/ zuqv congh jaaiv njiec taux zaux-benv nyei houx/the lower garment or trousers.

houx-biangh m'sieqv dorn congx jienv congx nyei houx/a woman's embroidered trousers.

houx-caamv lunh houx-norngc wuov kuaaiv buo norm gorqv ndie/a triangle piece cloth that attach to pants.

houx-forv houx nyei forv-limc/a zipper.

houx-hlaang cunx houx sai jaaiv nyei hlaang/a belt; band of flexible for pants.

houx-hlaang-biangh m'jangc mienh houx-hlaang, congx jienv congx nyei wuov/a man's embroidered sash.

houx-hlaang hnengx paanx mba'dauh tengx houx mv piutc njiec wuov nyungc hlaang/a suspenders belt.

houx-japv japv daaih nyei houx/a pants made by tailor.

houx-njinh mbuov buic-ndie lunh nyei houx-mbuov/a blue jean.

houx-mbuoqc i bung houx-mbuoqc/a pants pocket.

houx-nangv zuqv gu'nyuoz maengx nyei houx/a short pants.

houx-nangv nqenx zuqv gu'nyuoz ziqc houx-nangv wuov yiemc houx/an under pants or underwear.
houx-norngc buang qam-gorn caux gu'kuotv wuov wuonc houx/central area in a pair of traditional baggy trousers.
houx-ndaauv zuqv taux zaux-mueic wuov nyungc houx/a long trousers.
houx-qaamv zuqv jienv qaamv-qaamv wuov nyungc houx/a modern trousers.
houx-seix-dauh sai jaaiv wuov wuonc houx/upper edge of traditional trousers.
houx-yienc dorh mingh mbungh yienc nyei houx/a spare pants.
houx-zaux topv njiec zaux wuov douc houx/the bottom of a trousers leg.
houx zaux-kuv ga'ndiev juoqv wuov bung houx/the opening at the bottom of a trouser leg.
houx-zaux-mbinz jiex m'sieqv mienh houx-zaux-kuv wuov diuh hlaang-mbeih the braided edging on the bottom of a woman's trousers.
houx-ziangx lunh ziangx maaic nyei houx/ready-made trousers.
m'jangc houx m'jangc zuqv nyei houx a man's trousers, pants.
m'sieqv houx m'sieqv mienh zuqv nyei houx/a woman's trousers.

houz[1] zmb. mienh houz fai mienh buonc/a household; family unit.
domh houz mienh hmuangv-doic camv nyei domh biauv mienh/a large family.
faaux mienh houz hungh jaa faaux sou saauv mienh/to register for a census.
fiuv-houz mienh hmuangv doic zoqc nyei biauv/a small household.
jaa-jaa houz-houz buonc-buonc mienh every household; every family.
mienh houz saauv mienh buonc nyei sic/a household registry.
mienh houz daan saauv maaih mbu'ziex mienh nyei daan/a census recorded.

houz[2] gn. zaeng i ziex houz ndaangx huing ndeic-hlen/to set up a spring trap around the edge of a field.
zaeng ziepc houz koux zaengx jienv ziepc houz koux hlopv norqc jieh/to set up ten snare trap to catch quail.

houz[3] aengx lorz mangc "gueix-houz" wuov joux nyei eix-leiz.

hu nz. mbui hu-hiaangv nyei sing-qiex/the noisy sound of wave.
hu hu hiaangv hiaangv gorngv huaangv gau hu hu hiaangv hiaangv nyei buangv laangz nzengc/the loud sound of a false statement; noisy of over statement.

huh m. **1** huh ziu/black pepper. **2** liangx huh/a glass bottle.
huh louh zaangh wuom nyei huh louh. Gj: ha'louh/a gourd for storing water.
Huh Naamh saengv 湖南省 /húnánshěng/ Zong Guoqv yietc norm saengv/Hunan province, China.
huh ziu baeqc baeqc wuov nyungc huh ziu/white pepper.
huh ziu-jieqv jieqv wuov nyungc huh ziu/black pepper.
huh ziu-mbuonv huh ziu morc benx mbuonv daaih/pepper powdered.
huh ziu-norm mv gaengh zong muonc nyei huh ziu/a rock pepper.

huv[1] w. mborqv zuqc huv; huv muonc nzengc; ndortv huv/to be broken.
ga'naaiv-huv ndui guangc gingx-huv dorngx/place for keeping broken glass.
huv-huv wuov huv feqv-feqv wuov/to be badly torn in disrepair.
huv waaic nzengc nauv fai huv muonc nzengc/to be damage by broken apart.
hmeiv huv haic hmeiv-huv camv haic so many broken rice.
mborqv huv mborqv huv muonc/to smash; to break into piece.

huv[2] bt. huv ndorngh nzengc/to spoiled; to decompose; weakened; rot.
huv butv gaeng orv huv butv gaeng nzengc/to spoil with worm.
huv njaiz biouv huv njaiz nzengc mv fungc nyanc aqv/rotten or cripple fruit.
huv nzengc huv ndorngh nzengc mi'aqv to completely rotten.
ndopv huv baengc ndopv sietv huv nyei baengc/eczema disease.

huv[3] pm. zoux la'nyauv gorngv huv nyei waac/to complain or make trouble.
coqv-huv gorngv waac-huv nduov mienh nzaeng jaax/to incite, make trouble.

huv haic gorngv la'nyauv hoic mienh camv haic/to complain a lot.

lom-huv lorz sic gorngv la'nyauv bun mienh/try to bring up trouble for others.

mienh huv mienh la'nyauv haic nyei mienh/a difficulty person.

waac-huv nzauz mienh gorngv nyei waac/gossip talk.

huaa[1] bt. m'zing huaa, mangc buatc biangh biangh wuov/to have blurred vision.

huaa-nyouz huaa-nyuoz puix daaih nyei fou-cai-doix se horpc fim nyei.

m'zuv huaa congx congx nyei mbuox the name of embroider.

zoux muih huaa mingh lorz auv nyei houh saeng. Gj: muih huaa dorn/a young man who is going another village to look for a suitable girl.

huaa[2] zw. biangh, sipv mienv mienh longc nyei waac/a ritual language.

huaa-hungh buoqc mouz biangh mienv hungh, dae maa/the king and parents of the flower spirits.

huaac w. gorngv-baeqc nduov mienh nyei waac/a false statement; falsehood.

huaac nzuih baengx gorngv huaangv nduov mienh nduov mienh nyei waac/to overstate; exaggeration.

huaac pih gorngv-baeqc nduov mienh nyei waac/a great liar.

huaac zueiv haih gorngv-baeqc nyei nzuih/a smooth talk but untrue.

huaac zueiv mienh haih wuotc nduov mienh nyei mienh/a smooth tongue liar.

huaah w. corngh mangc gaax; seix hnamv dangh mangc gaax/to consider about.

huaah daaih hnamv daaih daaix/to think it likely that way.

huaah daaih mv lauh taux aqv hnamv daaih maiv lauh haih taux aqv/probably arrive soon; may arrive sooner.

huaah duqv hiuv corngh duqv eix-leiz bieqc hnyouv nyei/to be able to figure out or able to understand.

huaah houz baeqc fingx mienh maanh baeqv-fingx/the populations.

huaah maiv zuqc cai maiv zuqc; laaic dorngc/guess wrong.

huaav d. huaav maengx; wuov huaav nix over there or there.

huaav maengx jiex wuov huaav doix-ngaanc wuov bung. Dgw: qaav maengx, ndiaav maengx/to be at across side.

huaax[1] w. huaax lorz; huaax jienv mingh; huaax muangx/to grope; to feel.

huaax jienv mingh mangc maiv buatc hluo huaax jienv mingh hnangv/to feel one's way along.

huaax kouv maaic gong bietv hnaangx nyanc/to make living by hiring oneself out for food.

huaax lorz zeuh lorz jienv mingh/to search for; to investigate.

huaax[2] gq. 化 /hà/ longc faatv huaax biaav benx naang. Gj: tiuv benx, goiv yienc benx/to change or transform by magical power.

huaax benx naang longc huaax-nginz huaax biaav naang daaih/to transform a stick into snake by a magic power.

huaax-nginz zoux huaax-nginx bun mienh benx nda'maauh daaih/to transform by magic power. Gj: huaax-nyinz.

huaax-nginz mienh zoux huaax-nginz nyei mienh/to be a magician.

huaax[3] pm. 火化 /huóhuà/ longc douz buov qui nyei sic/to cremate a corpse.

huaax sei 火化尸 /huóhuàshī/ buov sei liuz nzauz mbungv mingh zangx hnangv/to cremate a dead body.

huaax sei dorngx buov sei nyei dorngx a place to cremate the dead body.

huaan yinx 欢迎 /huānyíng/ a'hneiv zipv bieqc/welcome; to welcome.

huaanv pm. huaanv jienv gaengh/to open the door widely.

huaanv gaengh koi gaengh jangv nyei huaanv jienv/to widely open the door.

huaanv nqoi koi nqoi daaih jangv nyei to leave the door widely open.

huaang[1] pm. guangc huaang nzengc; lomc huaang/to be great loss; empty.

baaic huaang nzengc daic zutc huaang nzengc/to be perished.

biauv-huaang maiv maaih mienh yiem nyei biauv/an unoccupied house.

deic bung-huaang maiv maaih ndiangx yaac maiv maaih mienh yiem nyei ndau-huaang/desert land; wilderness area.
domh huaang domh ngorc nqaai-gaatv nyei domh zei-naanc/a great famine.
huaang-maanx bouc huaang haic nyei dorngx/undeveloped area.
lingh baengh huaang loz-lingh baengh huaang/uncultivated old field area.
lomc-huaang maaih diuh baav ndiangx-dorn gaeqv nyei lomc/uncultivated land or wasteland.

huaang[2] w. 慌 /huāng/ huaang jienv; beqv jienv. Gj: gaanv/to be in hurry.
huaang buoz-zaux hnyouv maiv henh yiem yaac maiv orn nyei sic/to be in great hurry; nervous and worrisome.
huaang haic oix zuqc gaanv aqv/to be in hurry; great pressing.
huaang mv zuqc diuc ba'laqc huaang jiex ndaangc/to hurry for nothing.
huaang-zaang 慌张 /huāngzhāng/ haeqv zuqc huaang-zaang nyei sic/to nervous and confused.

huaang[3] bt. hnyouv huaang, hnyouv nzauh nyei baengc/to be depress; depression.
hnyouv-huaang baengc hnyouv nzauh hnyouv huaang baengc/the depression symptom.
nzauh huaang hnamv liouh lunc nzauh nyei sic/a sorrowful thought.

huaangv w. 谎 /huǎng/ gorngv jiex ndaangc zien waac/over statement; falsehood.
huaangv eix gorngv nduov nyei eix/by meant to lie.
huaangv kouv gorngv-baeqc nduov mienh jiex nyutc zeiv hnangv.
huaangv nyinh gorngv-baeqc nduov nyei waac/a lie.
kungx-huaangv kungx gorngv nduov hnangv/to tell untrue; a lie.
waac-huaangv 谎言 /huǎngyán/ gorngv duqv huaangv haic nyei waac/exaggerate talk; overstatement.

huaeng w. hnaeng jienv zoux. Gj: kaeng/to spread one's leg outward.
zaux huaeng yangh jauv zaux huaeng leg spread outward while walking.

huaeqv w. waan nqoi, fongv cuotv i bung mingh/to push to either side.
huaeqv jauv jauv siex, zuqc huaeqv jienv mingh/to push through overgrown path.
huaeqv-huaeqv wuov koi nqoi jangv nyei huaeqv-huaeqv wuov/open widely.
huaeqv nzuih baengx fu'jueiv bieh nzuih baengx nyiemv.

huangx[1] w. huangx guinh jienv mingh/to spin in a circle motion.
huangx buoz eix-leix se maiv dungx zoux oc/to shake hand from side to side to disapprove.
huangx lingh nanv jienv lingh huangx mbui/to ring a hand bell.
huangx m'nqorngv huangx m'nqorngv weic maiv caux dongh eix/to shake the head as in disapproval.
huangx mongh longh huangx zuqc mongh longh/be dizzy because shaking.

huangx[2] cf. gorngv nduov; daav za'eix nduov/to deceive.
huangx bieqc houx-norngc eix-leiz se zuqc mienh nduov zuqc mi'aqv/to be lied; to be trapped.
huangx-nginz aengx lorz mangc gaax "huaax-nginz" wuov joux nyei eix-leiz.
muangx mienh huangx muangx mienh nduov zuqc/to believe a smooth liar.

huatv w. i dauh mienh gitv hlaang maaih dauh gitv maaih dauh huatv zietc.

huei aengx lorz mangc "hluei" wuov joux nyei eix-leiz.

hueiv q. hueiv-hueiv nyei nauc bun mienh haiz/shout to get attention of people.
heuc hueiv dangh heuc yietc nzunc mbui nyei hueiv dangh/to give a shout.
hih hungx hueiv mienh camv heuc hih hungx hueiv nyei/the sound of several people shouting.

hueix m. maaiz cai hueix, *hueix* se gaav congh Janx-taiv waac daaih, Mienh waac heuc *cai piux*/a lottery ticket.
hueix-zuv janx yiem Zong Guoqv nyei fiuv-fingx janx nyei mbuox/a Moslem people in China.
maaic hueix maaic bun mienh cai nyei hueix/to sell a lottery ticket.
maaiz hueix maaiz cai nyei hueix/to buy a lottery ticket.

hueux aengx lorz mangc "heux" wuov joux nyei eix-leiz.

hui m. janx longc nziuc lou, mienh longc wuonh zeiv nyei hui/limestone.

hui-baeqc baeqc nyei hui-mbuonv/a lime powdered.

hui-matc longc fiev nzangc an ndiangx-benv nyei ga'naaiv/chalk.

hui-setv baeqc mbouc setv/gray color.

hui-wuom zoux kauc liangc fonv nyei wuom/limestone mixed in water.

hui-zun hui-zun-ndunh/a cement tile or concrete block.

hui-zun biauv longc hui-zun ceix zoux daaih nyei biauv/a house built with concrete blocks.

hui-zun nguaaz longc hui-zun nguaaz gomv nyei biauv/a house built with a tiled roof.

huiv[1] hq. huiv, yie nanv zuqc naang mv bei. Gj: hnuiv/oh, my goodness I might have grasp a snake.

huiv[2] w. zanc-zanc faanv-huiv hnyouv/to keep changing one's mind.

faanv-huiv henv tiuv hnyouv henv haic to change one's frequently.

huiz hq. huiz, seix gaax gorngv meih mv muangx zoux hnangv naaic la'maah.

huiev pm. butv baengc ciou nzuih baengx huiev pien mi'aqv/to be twisted and drooping of the mouth.

huin w. huin nqaang. Gj: guinh nqaang/to turn one's head, to face to.

huin bieqc huin bieqc gu'nyuoz bung to turn inward; to face inward.

huin-bung horpc huin duqv horpc bung nyei/to face right direction.

huin faaux huin faaux lungh wuov bung to face upward; to turn upward.

huin gu'kuotv mbunh niouv gu'kuotv mbunh jienv/to back on someone.

huin mbiaauc huin mingh mbiaauc wuov bung/to turn right direction.

huin njiec huin ga'ndiev bung/to turn and face downward.

huin nqaang guinh nqaang nzuonx/to turn the head and look back.

huin nzuonx mangc huin hmien nzuonx mangc/to turn around to look.

huin zaaix huin mingh zaaix wuov bung/to turn to left direction.

huing pm. huing jienv; huing gormx/to make circle around; to encircle.

huing cing-jaa luoqc bungh mienh mborqv lorh nzoz biomv nzatc yangh jauv huing jienv cing-jaa mienh mingh to perform a wedding customs by walking around the bride and her party.

huing gormx huing jienv mingh gormx to completely encircle.

huing-huing nzuonx-nzuonx dongh wuov yietc buoqv dorngx huing mingh huing nzuonx nyei ndau/a surrounding area; an environment.

zueiz huing gormx dieh zueiz jienv mingh huing gormx yietc norm dieh/to sit around a table.

huingx m. weih jienv laatc zuangx lai lo haaix nyei huingx/a garden enclosed with a fence.

goux huingx mienh fioux huingx nyei mienh/a garden keeper.

huingx-ziouv huingx nyei ziouv mienh the owner of a garden.

hmei-biouv huingx zuangx hmei-biouv nyei huingx. Gj: a'ngunc huingx, puh tau huingx/a vineyard.

hun m. zuangx lai caux ga'naaiv-ndaang nyei hun/a small garden with fence for planting onion and vegetable.

hung m. longc buov ndaang bun mienv fai zienh hnomv nyei ga'naaiv/joss sticks or incense.

buov hung gengx buov hung gengx zienh/to worship spirit by burn incense.

hung-dorngh zoux cing-jaa baaix dorngh nyei sic. Gj: liepc hung-dorngh the custom of bowing ceremony at a wedding.

hung-in ei Iu-Mienh buoqc zangc nyei leiz yungz duqv dauh dorn se beiv hnangv yungz duqv *hung-in* aqv/a heir.

hung-louh maaih buo norm zaux nyei buov hung korqv/a triple leg dish used for burning the incense.

hung-ndiangx longc ndopv zoux hung nyei ndiangx/a tree that having fragrant bark which used as incense.

hung-sioux buov hung nyei sioux/the smoke of burning incense.

hungh[1] m. 王 /wáng/ gunv dic-bung nyei hungh/a king; a sovereign; a ruler.

hungh auv zoux hungh mienh nyei auv a king's consort; a queen.

hungh baeng hungh jaa zangv deic bung nyei baeng/government troops or national guard.

hungh biauv hungh dinc; hungh yiem nyei biauv/a king's palace.

hungh buonv hungh nyei dorn. Gj: hungh guotv, hungh zuangv, hungh douh/heir of a king; royal descent.

hungh diex gunv deic-bung nyei hungh a king; emperor; president.

hungh diex douc waac mienh tengx hungh douc waac wuov laanh mienh/a royal messenger.

hungh diex ndau-beih hungh gunv nyei ndau/the territory of a king.

hungh dinc hungh diex mbenc sic yiem nyei dinc/a ruling house, palace.

hungh dorn hungh nyei dorn/a prince.

hungh douh nzipc jiex doic nyei hungh zuangv/a royal linage; a dynasty.

hungh douh sou 1 hungh nyei nzipc doic sou/the royal chronicles. **2** da'yietv caux da'nyeic buonv nzipc hungh douh nyei ging-sou mbuox/either first and second Chronicles in the Bible.

hungh eiv hungh zueiz nyei eiv. Wed: hungh weic/a royal seat.

hungh en hungh nyei korv-lienh caux hnamv nyei en. Gj: hongh en/the great mercy from the king.

hungh fun hungh nyei fu'jueiv-fun/the grandchildren of a king.

hungh guoqv hungh gunv njiec nyei guoqv, beiv hnangv Taiv-deic se hungh guoqv/the kingdom of Thailand.

hungh jaa gunv deic-bung nyei hungh jaa/government or authority.

hungh jaa biauv hungh jaa tengx jomc mienh nyei biauv/government housing.

hungh jaa cie hungh jaa tor mienh nyei cie/a government's transportation.

hungh jaa gong hungh jaa nyei gong-mengh/government post

hungh jaa gong-dorngh hungh jaa nyei zoux gong dorngh/a government office.

hungh jaa mienh hungh jaa zaangv gong nyei mienh/a government official.

hungh jaa nyaanh hungh jaa tengx nyei nyaanh/government welfare.

hungh jaa sic paanx taux hungh jaa nyei sic/government matters.

hungh jaa waac hungh jaa gorngv nyei waac. Gj: pou-tong waac/the official language.

zungh juang hungh nzueic haic nyei dinc/the imperial palace.

hungh lingc hungh jaa gunv deic-bung lingc/the imperial power.

hungh liqc mangc maengc caux luonx hnoi nyei kaeqv-nzangc sou. Gj: domh maengc sou, domh liqc sou, tong-sou/a Chinese calendar-almanac also contain with horoscope information.

hungh lui hungh zuqv nyei lui/a king's clothes or royal robes.

hungh maac hungh nyei auv/a queen.

hungh muoc 1 hungh ndongx m'nqorngv nyei muoc/a royal crown. **2** hungh nyei muoc/the younger sister of the king.

hungh ningv hungh ndongx nyei ningv fai muoc/a royal crown.

hungh sic hungh nyei sic; hungh nyei nzaic/the royal affairs.

hungh sieqv hungh nyei sieqv/princess.

hungh weic hungh nyei zeqv-weic fai eiv/a royal seat; a throne.

hungh zuangv hungh nyei fu'jueiv caux fun-faqv/a king's lineage; dynasty.

hungh[2] m. longc peux fiu daapc daaih dapv congx buonv nyei ga'naaiv/sulfur, use for making black gun powder.

hungh[3] aengx lorz mangc "jung-hungh, miuc hungh, zoux hungh" nyei eix-leiz.

hungx w. gorngv duqv hnangv hungx gau mv baac zoux mv cuotv/easy to say but hard to do or to perform.

bung-hungx dauh 1 oix mingh nyei jauv/the direction. **2** mouz deic/the goal or the purpose.

hungx-hec maiv aqc/easy; to be easy.

hungx-hec hoqc maiv aqc hoqc/to be easy learning something.

hungx huon nyei cuotv sioux hungx huon nyei/to rise of smoke.

hungx jienv mingh hungx zaqc nyei mingh/to head straight forward.

hungx zuqc mienh longc congx nyei doz-leiz se mv dungx hungx ziangv zuqc mienh/the law prohibit to point a gun to anybody.

maiv hnangv hungx yietc deix zungv maiv hnangv/not resembled at all.

hungx zaqc yietc zaqc nyei hungx jienv mingh/to straight forward.

Hungary m. yietc norm guoc jaa yiem Z. nyei Europe mbu'ndongx, hungh zingh mungv heuc Budapest.

huov[1] m. yietc jaa yietc huov ga'naaiv/a household belongings.

bienh huov bienh ga'naaiv suiv dorngx biaux/to transport one's belongings.

feix ziepc huov feix ziepc buonc mienh forty households, families.

huov-huov mienh buonc-buonc mienh every households.

huov[2] zw. sipv mienv mienh gorngv douz nyei waac/fire, ritual language.

huov-cie borqv jienv ndaauv nyei wuov nyungc cie. Gj: douz-cie/a train.

huov cuonh tor mienh fai tor huox nyei domh nzangv/a motor boat.

huox m. nyungc-nyungc huox/all kind of goods or merchandise.

huox-cie tor huox nyei cie/a cargo truck.

huox-daan faaux huox nyei sou/the list of goods shipped to store.

huox-jaax naetv huox nyei jaax-zinh/a price set for goods.

huox-koux dapv huox nyei domh biauv a warehouse

huox-nzangv tor huox nyei nzangv/a cargo boat or ship.

huox-poux maaic huox nyei poux/a department store; hardware store.

huox-zengc maaic nzengc nyei huox-dueiv/goods left after sale.

huox-ziouv maaic huox nyei ziouv/the store owner; freight owner.

huon[1] bt. huon mi'aqv; muangv mi'aqv/to faint; to lose consciousness.

huon-huaa haiz mongh longh nyei sic swoon about blackout

huon[2] gn. cuotv sioux huon-huon nyei. Gj: nui/to rise as vapor or smoke.

huon[3] w. bingx jienv biaux mi'aqv a'fai luonv mi'aqv/to secretly run away.

huon norm kaatv nauc heuc mbui nyei to shout; scream out loud.

huon[4] pm. gitv huon benx i hmuangv/wed; marry; marriage.

huon-in 婚姻 /hūnyīn/ yiem-yunh fai puix i zoux hmuangv/marriage; matrimony.

yuoqc huon ca'laangh dorn caux sieqv dorng jaa nyei jauv/marriage contact; an engagement.

huonh pm. huonh huonh nyei zueix gau mv fungc aqv/to have strong odor.

huonh daax huonh nyei gengh zueix gau huonh daax huonh/smell very bad.

huonh gorngv mv hnamv longx la'guaih gorngv/to utter without giving thought.

huonh sux mv kangv ngaengc jienv mv muangx gorngv/to resist.

huonx w. zaang jorm. Gj: ox jorm/to warm up; to reheat food.

huonx hnaangx huonx dangh hnaangx jorm deix/to warm up rice.

huoqv w. buatc jauv huoqv jiex nyei daaix maaih mienh mingh ndaangc mi'aqv/to pushed aside.

huotv[1] w. gorngv huotv mienh fai saauc yaev mienh/to mock; jeer; to embarrass someone in public.

huotv buoz-juonh huotv norm buoz-juonh nzuei/to give a punch.

huotv mienh saauc yaev mienh/to mock or to insult someone.

huotv zueix huotv zueix nyei/very bad odorous; stinky.

huotv[2] pm. youx-huotv/to rise impatient because disturbing noise.

huqv w. wuom-jorm huqv zuqc yie nyei buoz. Gj: hluqv/to be scald.

hutv aengx lorz mangc "hlutv" wuov joux nyei eix-leiz.

Hl

HL, hl /hlor/ da'juov norm nzangc-maac yiem Iu-Mienh/Yao nyei waac.

Hlx se dongh **hlaax** fiev nangv daaih/an abbreviation for **hlaax**.

hlaax m. 月 /yuè/ yietc norm hlaax/the moon or month.

buangv hlaax duqv yietc hlaax mi'aqv to reached a full month.

hlaax-buonc m'sieqv mienh nyei sin-yienc taux/menses of women's health.

hlaax-dueiv hlaax oix jiemc aqv/the end of a month.

hlaax-faaux yietc hlaax saeng-yietv taux ziepc hmz/the first half of a month.

hlaax faix maaih nyic-ziepc juov hnoi nyei hlaax/a minor lunar month with twenty nine days.

hlaax-gorn coqv bieqc siang-hlaax/the beginning of a month.

hlaax-hlaax norm-norm hlaax/monthly.

hlaax hlo maaih faah ziepc hnoi nyei hlaax/a lunar month with thirty days.

hlaax-jiemc hlaax oix jiemc aqv/end of a month; waning moon.

hlaax junh hlaax mbu'ndongx ziepc hmz wuov muonz/a full moon.

hlaax-mungz-hlorngx waaic nyei hnoi yiem buoqc zangc mienv nyei leiz.??

hlaax-mungz-juoqv kuv hnoi yiem buoqc zangc mienv nyei leiz.??

hlaax-mbu'ndongx saeng-ziepc mingh taux nyic ziepc/the middle of a month.

hlaax ndaamv ziepc hmz wuov muonz jiex liuz se funx hlaax ndaamv aqv/after fifteen of a month.

hlaax njang 月亮 /yuèliàng/ hlaax njang; hlaax-nyutc njang/the moon light.

hlaax-njiec jiex liuz ziepc hmz se heuc hlaax-njiec/the second half of a month.

hlaax-nqaeqv m'sieqv mienh baengc/a menstrual period.

hlaax-nyieqc gan hlaax nyei ziangh hoc a time goes by month.

hlaax-nyutc 月亮 /yuèliàng/ hlaax nyei nyutc njang/the moonlight.

hlaax-piux hlaax-hlaax zuqc jaauv nyei zaeqv-daan/a monthly bill.

hlaax saeng gouv-waac gorngv hlaax caux mba'hnoi buangh zuqc doic/the waxing moon.

hlaax-sou yiem-liqc, se saauv gan hlaax sou/a lunar calendar.

hlaax-soux lauh mbu'ziex hlaax nyieqc nyei ziangh hoc/time count by month.

hlaax-soux gaux saeng-kuv maaih jienv dorn hlaax-soux gaux ziouc njiec dorn.

hlaai pm. sung zaqc buoz-zaux bueix jienv. Gj: ndaai/to flopped down with arms and feet out stretched.

hlaaix aengx lorz mangc "haaix" wuov joux nyei eix-leiz.

hlaang m. **1** ndoh ga'naaiv, corng daauh nyei hlaang/string; rope. **2** siou waac hlaang/recording tape. **3** hlaang-gitv fai hlaang-sietv/a braided rope.

hlaang-bin longc zoux biaav-bin nyei hlaang/a rope whip.

hlaang cueix maiv jiem nyei hlaang/a low quality rope, string.

hlaang-finx nzenc jienv finx jiex lui-mueiz-kuv nyei hlaang.

hlaang-hlongv nyatv ziangx kuaai ndoh ga'naaiv nyei hlaang/a rope snare.

hlaang-hlopv zaeng hlopv lomc zangc orv nyei hlaang/a rope trap with snare.

hlaang-junh gitv daaih junh nyei wuov nyungc hlaang/a round string.

hlaang-kouv bun maaz-ciouv ngaatc nzuih nyei limc.

hlaang-koux zaeng hlopv norqc jaang nyei hlaang/a snare trap to catch bird.

hlaang-kuaai longc fengx kuaai maaz fai kuaai gongh jaang nyei hlaang/a rope snare.

hlaang lunc hlaang ndoh jienv mv baac lunc nzengc/to loose a rope knotted.

hlaang-mbeih gitv daaih mbeih wuov nyungc hlaang/a flat braided rope.

hlaang-mbinz caux hlaang-mbeih fih hnangv nyei.

hlaang-ndorqc longc ndorqc ga'naaiv nyei hlaang/a measuring tape.

hlaang-nyatv hlaang nyatv daaih wuov norm mborqc/a string knotted.

hlaang-nzorqv zaeng bun norqc nyorqv hlopv norqc jaang nyei hlaang/a snare rope trap to catch ground birds.

hlaang-sai bieqc cie fai bieqc cie-ndaix sai nyei hlaang/a fasten belt.

hlaang-sietv longc buoz sietv gitv daaih nyei hlaang/a twine rope.
hlaang-waanz kaux la'kaux wuov norm waanz/a button loop.
hlaang-zingv zaeng ndau bun hieh zoih caaiv hlopv zaux hlaang-kuotv/a kind of rope trap on the ground.

hlaangv pm. ziangh nengx doic wuov deix orv-hlaangv, orv-mbiorngz/connective tissue of meat.

hlaangx m. laangc mbiauh nyei hlaangx/a rack for hanging rice.
dopc hlaangx laangc bun dopc haih nqaai nyei hlaangx/a beans drying rack.
mbiauh hlaangx laangc mbiauh lorqc wuom nqaai nyei hlaangx/a rack for drying rice.

hlaatv pm. hlaatv gan jienv ndau mingh/to move by dragging oneself along the ground.
hlaatv dangh zaux hlaatv nqoi zaux nyei nie bieqc biauv/to wipe one's feet off before entering the house.
hlaatv gan jauv mingh taanx hlaatv gan jienv jauv mingh/to drag oneself along the way.
hlaatv guangc hlaatv guoqv zaux nyei ga'naaiv guangc/to wipe off something.
zaux-hlaatv dimc gaengh hlen hlaatv zaux nyei ga'naaiv/a mat for wipe one's feet on.

hlaau[1] pm. hlaau i morqv hmeiv ziemx jienv zouv/to measure with scoop out.
hlaau hmeiv korqv hlaau hmeiv nyei korqv/a gourd used for measuring rice.
hlaau maaic hlaau ga'naaiv maaic bun mienh/to sell by measuring out.
hlaau maiv nzengc camv haic hlaau mv noic duqv nzengc/too much to measure.
hlaau mangc hlaau mangc gaax camv ndongc haaix/to measure out to see.
hlaau ningx deix hlaau faaux gu'nguaaic ningx nyei/to measure up to the peak.

hlaau[2] w. baeng faaux gu'nguaaic/to pull up or lift up something
hlaau houx 1 mingh liuz lomc hlaau houx faaux/to pull one's pants up after using bathroom. **2** hlaau jienv houx jiex ndoqv/to pull one's pants up as crossing the river.

hlaev m. laangc jienv horngz fai ndaamh nyei dorngx nduov norqc ndaix jiex ziouc hlangx norqc nyei jaang/long net used to catch birds.

hlaex pm. jiepv daic mingh mbietc cuotv daaih hlaex-hlaex wuov/to stick out the tongue as dead animals.

hlaen q. la'bieiv-dorn njangx yangh tiec mbui nyei qiex/the sound of hard object rolling on metal sheet.

hlaetv q. tor limc mbui nyei qiex/sound made by dragging chains.

hlaix[1] w. juv hlaix jienv mbietc/a dog stick out it's tongue.
hlaix mbietc hlaix mbietc bun ndie-sai mangc/to stick out tongue to show doctor.
hlaix mbietc hoqc butv qiex hlaix mbietc bun mienh/to stick out the tongue at someone in anger.

hlaix[2] pm. nanv jienv mbungv hlaix orv nyanc/to bite off with the front teeth.
hlaix guaa hlaix nyanc guaa/to bite and eat a piece of cucumber.
hlaix maeqc ziangh norm maeqc nanv jienv hlaix nyanc/to bite corn off a cob.

hlam bt. buoz-zaux hlam, sin hlam mun. Gj: nziqv/to have cramping and tingling in the muscle.

hlamx m. i norm nyatv mbu'ndongx/the sections between two knuckles.
hlauv-hlamx i bung hlauv-nyatv nyei mbu'ndongx/the section of bamboo that between two joints.

hlan[1] m, p. 肝 /gān/ yietc poux hlan, yietc biongc hlan/liver; an entire liver.
hlan butv cancer 肝癌 /gānái/ cancer butv yiem hlan/liver cancer.
dungz-hlan dungz nyei hlan/pig's liver.
hlan mbienv fu'jueiv nyei hlan mbienv nor zoux bun mv haih hlo siepv/the liver turn over.
hlan yangh baengc 肝炎 /gānyán/ ndopv yangh nyei baengc/a hepatitis disease.
jai-hlan jai nyei hlan/a chicken liver.
ngongh hlan ngongh nyei hlan/cow liver.
yietc poux hlan ziangh biongc nyei hlan/an entire liver.

hlan[2] pm. hnangv ndiangx cuotv jou daaih nor hlan daax hlan wuov. Gj: nyortc/to be uneven of surface.

hlih hlungx hlan hnangv ngongh ziepc nyeic pin nor hlih hlungx hlan wuov/to be uneven as tripe.

hlang pm. gauh hlang; hlang jiex wuov nzangh biauv/to be tall; high.

gauh hlang deix aengx ganh hlang deix somehow taller; higher.

hlang-aiv 1 hlang caux aiv/high and low. **2** hiuv hlang-aiv/know how to behave properly.

hlang-aiv jauv dorh leiz fai mv dorh leiz nyei sic/the way on behave.

hlang baengh qiex se beiv hnangv "cau, laai, luei, maa, nqaai". Gj: mbu'ndongx qiex/unmarked tone.

hlang faaux camv hlang faaux gauh camv aqv/growing a lot taller.

hlang jiex gauh hlang jiex yietc zungv the highest; the tallest.

hlang nyei dorngx yiem faaux hlang nyei dorngx/a higher area.

hlang nyei weic mengh hoc hlang wuov nzangh weic/a high ranking position.

hlang qiex hlang nyei qiex, yaac heuc juv nyei qiex se **v**/a raising tone or high tone (indicated with letter **v**).

wuom hlang faaux wuom buangv hlang jienv faaux/the water is rise up.

hlangv w. orv-hlangv, orv gu'nyuoz nyei qangx/inside muscle meat.

hlangx pm. juv saeng doic ziouc hlangx jienv/to stuck after sex as a dog style.

hlapv[1] m. dapv ga'naaiv-muonc nyei hlapv/a mall box used for keeping small stuff such as needle, etc.

in-hlapv dapv in-ton caux in-mbiaatc lo haaix nyei hlapv/small flat box with a lid used for keeping opium and tobacco.

hlapv-nqaaix hlapv nyei nqaaix/lid for small flat box.

zeiv-hlapv maaih nqaaix nyei zeiv-hlapv dorn/a small paper box with a lid.

hlapv[2] pm. ga'sie junc daaih ndopv hlapv-hlapv wuov/rolling of fat abdomen.

ndopv butv jou-hlapv yie nziangc zuqc ndiangx-gorn guatc yie ndopv butv jou-hlapv nzengc mi'aqv.

hlatv w. an nyaah heng-heng ngaatc hlatv ga'naaiv-nyim longc mbietc ndeiv nyim nyei gu'nyuoz cuotv nyanc/to bite open the seeds in between the teeth.

hlatv buic jaa-sic longc hlatv buic nyei ga'naaiv/a cotton roller.??

hlatv nyomv nyim hlatv fanh nyomv nyim cuotv nyanc/to bite open a pumpkin seeds and eat inside.

hlauv m. nyungc-nyungc hlauv nyei mbuox/general name for the bamboo.

hlauv-batv 1 yietc nyungc faix muonc nyei hlauv, ninh nyei mbiaic kuv haic/a kind of small bamboo. **2** hlauv zoux daaih nyei batv-biei/a brush pen, which made from a fine bamboo.

hlauv-bieqc longc paaix nzuqv zieqv ziqc nyei hlauv/a thin bamboo.

hlauv-bom ziangh bom nyei hlauv/a clump of bamboo.

hlauv-cunx hlauv-gorn cuotv nyei cunx small fine bamboo shoots.

hlauv-dang hlauv-hlamx ndaauv longc paaix nzuqv nyei hlauv. Gj: hlauv-louc/a type of long bamboo.

hlauv-daauh hlauv lorngz daaih laangc ga'naaiv pui nyei daauh/a bamboo pole used for drying clothes.

hlauv-diux hlauv-dueiv faix ngau njiec daaih wuov/the bent tip of bamboo.

hlauv-dorkv yietc nyungc domh hlauv a bigger kind of bamboo.

hlauv-dorn faix nyei wuov nyungc hlauv/a small bamboo stalk.

hlauv-fienv gu'nyuoz maaih mbiaengz longc buov hlauv-ndongh hnaangx wuov nyungc hlauv/a type of small bamboo.

hlauv-gaam mbiaic gaam wuov nyungc hlauv/a sweet bamboo.

hlauv-gaan dueiv gu'nguaaic hlauv nyei da'mueiz/the tip of a bamboo.

hlauv-gox longc zoux hnaav-daan nyei hlauv/a mature bamboo.

hlauv-gorn dongh haih cuotv mbiaic nyei hlauv-gorn/the base bamboo stalk.

hlauv-hlamx i bung hlauv-nyatv nyei mbu'ndongx/the section of bamboo in between the two joints.

hlauv hnyouv hlauv gu'nyuoz maengx bung/inner surface of bamboo.
hlauv-im mbiaic im nyei wuov nyungc hlauv/a type of bitter bamboo.
hlauv-kuqv hlauv-lunx nyei kuqv/the husk of the young bamboo.
hlauv-laai longc paaix nzuqv nyei ndau-baengh hlauv. Gj: hlauv-louc, hlauv-dang/a type of lowland bamboo that is used to make thin strips.
hlauv-linh yietc nyungc lamh hlang ndau nyei hlauv/type of bamboo that is grow in high mountain area.
hlauv-lomc hlauv camv nyei lomc/area that has heavy bamboo.
hlauv-louc aengx lorz mangc "hlauv-laai" wuov joux.
hlauv-lueih hlauv cuotv nyim liuz daic nqaai jienv mingh nyei sic/the bamboo flower and seeds before dies.
hlauv-lunx longc wuonh torng zeiv nyei hlauv-lunx/young bamboo.
hlauv-mueic hlauv nyei cuotv nquaah caux normh wuov norm nyatv/a bud at a bamboo joints.
hlauv-mbiangc ziangh geh zorng hlang nyei hlauv, hlauv-sin mbiangc youc-youc wuov/a type of bamboo having a shiny surface.
hlauv-ndongh longc ziangh wuom fai ipv lai-sui nyei hlauv-ndongh/a bamboo container for storing water.
hlauv-ndongh hnaangx dapv hlauv-ndongh buov hnaangx daaih/rice which roasted in a bamboo tube.
hlauv-ndongh nux hlauv zoux daaih biomv nzung kuv-muangx nyei ndongh a bamboo flute.
hlauv-ndongh saengv longc hlauv zoux daaih hlaau fiu dapv congx buonv nyei ndongh/a bamboo tube used to measure out gun powdered.
hlauv-nguaaz hlauv paaix daaih gomv biauv nyei nguaaz/section of bamboo split in half and used for roofing.
hlauv-nqorngv longc zaangh nzaaux lo haaix nyei hlauv-zoh/a bamboo trough.
hlauv-nyatv i hlamx hlauv mbu'ndongx wuov norm nyatv/knuckles of bamboo.
hlauv-nyongh sunx hlauv cuotv daaih nyei nyongh/a finely bamboo strips.
hlauv-nzai faix muonc nyei wuov deix hlauv-nquaah/a small bamboo branches.
hlauv-nzunv qangx hlauv-cunx maqc nyei gorn/thick base of bamboo clump.
hlauv-nzuqv hlauv paaix daaih nyei nzuqv thin strip of bamboo used for twist tie.
hlauv-porngv hlauv zoux daaih corng jienv hlaang baeng nqaapv mbui porngv porngv deix haeqv norqc/a bamboo clapper to frighten bird.
hlauv-saeqv longc puotv ndiangx-normh lo haax nyei hlauv-saeqv.
hlauv-sopv yietc nyungc aengx gauh faix di'dien hlauv-yangh wuov nyungc hlauv/a type of bamboo.
hlauv-yangh hlo jiex yietc buoqv wuov nyungc hlauv/the bigger type bamboo.
hlauv-youh aengx lorz mangc "hlauv-laai" wuov joux.
hlauv-ziqc hlauv paaix nzuqv zieqv ziqc daaih/a bamboo strips mat.

hleix m. lungh zangc nyei hleix/all star in the heavenly body.
hleix njang hleix ziux njiec baamh gen nyei njang/star light.
hleix-nqaiv lungh muonz hnangv guaax douz nor yiem lungh ndortv njiec nyei hleix-nqaiv/the tail of a comet.

hlen w. ga'hlen; ndoqv-hlen; ndaaih hlen; koiv-hlen; jauv-hlen/the side; the edge.
hlen-mbienx ga'hlen maiv jienv nyei henh sic/an unimportant matter.
hlen-mbienx sic maiv zeiz jienv nyei sic/a matter out of one's business.

hlengx gn. yietc hlengx guaa; yietc hlengx fanh mbouh/a slice (of fruit).
nza'hlengx bueix yietc bung buoz nitv coux hnangv/to lie on one's side.
nza'hlengx mingh hlengx jienv sin mingh/to walk by side.

hleux cf. ngongh longc jorng hleux jaax/to gore or pierce with a horn.

hliangv w. hliangv jai; hliangv dungz fai hliangv norqc/to clean animal for meat.
hliangv mbiauz guaaih mbiauz-jiex caux paaix ga'sie zorqv nqaiv guangc/to clean a fish.

hliangv orv guaaih biei paaix ga'sie wetv jaangh guangc nzaaux nzengc orv to clean a slaughtered animal for meat.

hlienx pm. hlienx nziouv daic/to grind or crush under the foot.

hlienx douz daic daapc jienv heh hlienx bun douz daic/to squash fire until it die.

hlienx muonc longc zaux-nqo hlienx muonc/to crush finely under heel.

hliepv nz. nziepv m'zing; nyapc m'zing/to blink; to close and open eyes.

hliepv nginz kanx nungx nqoi m'zing mangc/to take a quick look.

leiz-nyouh hliepv lingc mbiauz mbienv lingc/the fish turn about.??

hlieqv[1] m. nyungc-nyungc hlieqv/metal in general; iron.

hlieqv-baeqc longc zoux caeng-baeqc wuov nyungc hlieqv/aluminum.

hlieqv-benv longc daav nzuqc lo haaix nyei hlieqv-benv/a flat piece metal.

hlieqv-bunh longc hlieqv dox daav bunh daaih/a metal plate, bowl.

hlieqv-caa longc nzopv mbiauz nyei hlieqv-caa.

hlieqv-caeng longc hlieqv zoux nyei caeng/a metal pot; an iron kettle.

hlieqv-cang longc hlieqv daav cang daaih/a metal spear.

hlieqv-ding longc ding ndiangx nyei ding/metal nail.

hlieqv-don longc hlieqv zoux don zueiz a metal chair.

hlieqv-dongc longc hlieqv zoux dongc a metal pole

hlieqv-faang longc hlieqv zoux daaih nyei faang/metal trunk; metal chest.

hlieqv-finx hlieqv baeng finx daaih/a metal strand or wire.

hlieqv-forv longc hlieqv zoux nyei forv a metal locker; metal padlock.

hlieqv-gaengh longc hlieqv zoux nyei gaengh/a metal gate or door.

hlieqv-jaa guaaz zuiz-mienh jaang nyei hlieqv/a metal yoke for serious criminal in the ancient time.

hlieqv-jaa-sic (nzuqc bouv, porng, nyiu fai ding) lo haaix/a metal implement.

hlieqv-jouh longc hlieqv jaax nyei jouh a metal bridge.

hlieqv-kou longc kou nzuqc jouv nyei hlieqv-kuing/a metal knife sleeve.

hlieqv-limc hlieqv-finx ciqv limc daaih a metal chains.

hlieqv-loh longc hlieqv zoux loh/the prison of iron.

hlieqv-louh cui nziaaux biomv douz buov hlieqv nyei louh/the bellows used in forging iron.

hlieqv-maac hlieqv-nyiemz fai hlieqv-nyouh/a magnet; magnetism.

hlieqv-muoc dorng baeng mienh ndongx nyei muoc/a helmet.

hlieqv-ndongh ziangh ndongh hlieqv/a piece metal; metal container.

hlieqv ngaengc daav nzuqc daav bouv laic nyei hlieqv. Gj: gangx-benv.

hlieqv-ngau ngau kuangx ga'naaiv nyei hlieqv/a crowbar or metal hook.

hlieqv-njapv longc njapv hlieqv nyei hlieqv-njapv. Gj: hlieqv-njimh/a pliers.

hlieqv-njimh yietc poux njapv hlieqv nyei njimh. Gj: hlieqv-nqimh, hlieqv-njapv/pliers; pincers.

hlieqv-njimv hlieqv-finx an laatc dueiv wuov deix njimv/metal barbed wire.

hlieqv-nqaiv buov hlieqv yuqc daaih wuov deix hlieqv-dienh fai nqaiv/slag left over from metal working.

hlieqv-nyiemz haih baeng hlieqv naetv doic nyei hlieqv/magnetism.

hlieqv-nziqv-ndorqc ndorqc ga'naaiv nyei nziqv/a metal ruler.

hlieqv-saeng ngaengc jiex wuov nyungc hlieqv/steel.

hlieqv-sim longc hlieqv daav sim daaih awl or metal needle.

hlieqv-zam bangc mborqv hlieqv nyei hlieqv-don/metal pounding block.

hlieqv-zangc daav hlieqv nyei zangc mienh/a blacksmith.

hlieqv-zuei buov siqv zuei ndiangx nyei zuei/a metal drill.

hlieqv-zueih longc mborqv hlieqv nyei zueih/a metal pounding hammer.

hlieqv-zuoqc nyungc-nyungc hlieqv daav daaih nyei jaa-dorngx/wrought iron.

hlieqv[2] w. hlieqv namx. Gj: hnieqv namx, hnyieqv namx/ice cold.

hlietv pm. juv, fai mbiauz hlietv dueiv/a dog or fish wagging its tail.

hling q. dingc gaeng mbui hling nyei qiex long ringing sound of alarm clock.

hlingx pm. beiv hnangv *jieqv-hlingx* se hmatv jieqv youc-youc wuov nyungc jieqv/deep shiny black.

hliou wj. **hliou-hliou yiem** henh yiem mv zoux yietc nyungc gong/to be leisure.

hliouv pm. ninh nyei m'nqorngv hliouv njang nyei/he has a hairless head.

hliouv njang 1 njang nzengc yietc aax mv maaih aqv/to be completely run out or empty. **2** nzengc hliouv njang nyei maiv maaih ga'naaiv guoqv zuqc laih hlopv/to be clear, clean, smoothly.

hlioux w. ninh longc la'bieiv zoi yie, mv baac yie hlioux hingh ziouc zoi mv zuqc yie/to shift quickly; to dodge.

hlioux m'normh muangx hlioux ganh nyei m'normh mingh zaeng muangx/to turn one's ear toward to listen.

hlioux m'zing mangc bungx m'zing gungh gangc mingh mangc/to turn one's eyes to look; to gaze.

hlioux pien hlioux cuotv i bung ga'hlen to shift aside; to avoid.

hliqv w. hliqv ndopv; hliqv orv; hliqv jienv mingh/to skin or to slice with a knife.

hliqv cuotv orv-junc gaatv orv-junc cuotv/to cut to separate meat from fatty.

hliqv dungz-dingx ei jienv dungz nyei la'saengx mbungv gaatv yietc diuh yietc diuh nyei/to slice between ribs of a pig.

hliqv ndopv longc nzuqc gaatv hliqv ndopv cuotv/to skin with a knife.

hliqv orv gaatv ziangh jienv mbungv nyei orv cuotv/to cut meat off the bone.

hliqv orv mienh zoux gong gaatv orv fai hliqv orv nyei mienh/a butcher.

hliuv w. hliuv jienv ndaangc, nqa'haav manc aengx lunh longx/to sew up with jumping stitches.

hliuv mbuoqc biortc longc sim hliuv jienv biortc/to sew up a broken bag with jumping stitches.

hlo[1] pm. houx hlo; lui hlo/to be big in size.

hlo faix hlo caux faix yietc zungv/all big size and small size.

hlo haic hlo jiex ndaangc qiemx zuqc nyei mi'aqv/too big; very large.

hlo jiex yietc buoqv gauh hlo jiex yietc zungv wuov/biggest.

hlo lomh haaix ndongc haaix hlo/about how big or how large.

hlo[2] zmb. fu'jueiv haih hlo domh mienh haih gox/growing up.

deng-deng siepv-hlo fu'jueiv hlo siepv nyei ziangh hoc/a time of rapid growth.

hlo faaux jaa hlo jienv faaux/to keep growing bigger and bigger.

dorh hlo daaih liuz leiz dorh uix hlo daaih/to raised to grow up.

hlo duqv donc sueih jienv manc-manc hlo/to grow up slowly.

hlo hlang 高大 /gāodà/ yaac hlo yaac hlang/to be big and tall.

hlo-hlo faix-faix hlo caux faix yietc zungv/big ones and little ones.

hlo siepv hlo duqv siepv nyei/to grow up fast or quickly.

hlo yiem laauv yiem laauv-zaa guoqv hlo daaih/to have grown up in Laos.

hlo yiem meiv guoqv yiem meiv guoqv hlo daaih/to grown up in America.

hlo[3] mh. zoux hlo; lorqc hlo; duqv hlo; hlo wuov weic jien/to be high in ranking.

lorqc hlo mienh nyiemc cien benx lorqc hlo mienh/a person who higher kinship relationship.

nzaeng-hlo dorh leiz waac gorngv yie zoux lorqc hlo mi'aqv/be important one.

nzaeng hlo zoux nzaeng jien zoux/to be ambitious; eager to be important.

zoux hlo duqv zoux longc jienv wuov laanh mienh/to be official.

zoux hlo mienh zoux jien nyei mienh/a person who in official rank

hlo[4] hq. heuc hlo nauc-nauc nyei/to shout; to call out loudly voice.

gorngv hlo deix gorngv hlo weic zuqc muangx mv haiz/to speak louder.

nauc hlo-hlo nyei nauc kaatv mbui hlo nyei/to scream loudly.

hloiv w. longc mbietc qou hloiv hnaangx yiem nzuih/to move food around in the mouth by one's tongue.

hloiv naqv hloiv liuz ziang naaic naqv mv nziuc/to move around and swallow it without chewing.

hlongv pm. **1 hlaang-hlongv**/a rope snail. **2 hlongv wongh waa** gorngv nduov fu'jueiv nyei waac.

hlongx pm. louh hlongx kuotv gan jienv ndau-ndiev mingh. Gj: wetv/a gopher to tunnel through underground.

butv biom-hlongx biom ngaatc sietv omx gan ziqc ndopv nyei baengc.

hlopv[1] w. baeng hlopv naeqc zietc, ndoh zietc/to pull tight; ensnare.

doc hlopv bieqc doc hlopv m'nqorngv bieqc/a turtle draw its head in.

hlopv bieqc hlopv bieqc gu'nyuoz/to draw inside.

hlaang-hlopv daav ziangx hlaang-hlopv yietv baeng daaih ziouc hlopv jienv/a slip knot.

hlaang-hlopv-kuaai kuaai maaz nyei jaang zorqv maaz nyei hlaang/a rope snare used to catch a horse or cow.

hlopv faix baeng daaih hlopv faix nyei ga'naaiv/to drawstring to close.

houx-hlopv houx-seix dauh corng jienv yaang fai hlaang haih baeng hlopv zietc wuov nyungc houx/a trousers that has drawstring or rubber band at the waist.

hlopv jaang daic hlopv jienv jaang naeqc zietc daic. Gj: ndiux jaang daic/to hang or ensnare the neck and choke to die.

hlopv mba'dauh hlopv mba'dauh faaux bun cing gorngv yie maiv hiuv lorqc/to shrink one's shoulder to show that one did not know.

lui-hlopv jaang dangh njiec mingh hlopv buang jienv wuov nyungc lui/a turtle neck T-shirt.

mbuoqc hlopv congx jienv congx yaac baeng hlopv nyei mbuoqc dorn/a purse with drawstring on it.

hlopv[2] aengx lorz mangc "laih hlopv" wuov joux nyei eix-leiz.

hlorv pm. sung-buoz qam hlorv jienv/to gather up with hands and arms.

hlorv an zunv hlorv mingh an zunv/to gather up together.

hlorv mingh nzox hlorv jienv lui-houx dorh mingh nzox/to hold clothes to go wash at the laundry.

hlorv zunv hmuangv doic goux jienv hmuangv doic mv bun mingh nzaanx/to hold family members together.

hlorz m. nzuqv zieqv daaih dapv ga'naaiv nyei hlorz/a small woven basket.

hlorm w. dorh mingh nitv fatv douz hlorm jorm/to warm up near a fire.

hlorm buoz hlorm bun buoz jorm deix to warm up one's hand near a fire.

hlorm normh hlorm bun normh mau deix beu hnaangx/to warm the leaves before using them.

hlorng m. maeqc biouv ziangh fai nyaah ziangh njiec wuov se heuc hlorng.

maeqc hlorng mueiv liuz maeqc biouv nyei hlorng/a corncob.

nyaah hlorng nyaah nzungh njiec wuov diuh haac-baah mbungv/jar bone which the teeth are set.

hlorngv[1] w. hlorngv nzengc gu'nguaaz nyei nyorx-baengh/to clean or to rinse a baby's milk bottle.

hlorngv nzuih njorm wuom hlorngv nzuih/to rinse one's mouth.

hlorngv nzuih ndie hlorngv bun nzuih ndaang nyei ndie-wuom/a mouth wash liquid or Listerine.

hlorngv[2] m. zoux norm liuh faaux jienv hlorngv hnangv maiv gaengh gomv/a framework for the roof.

hlorngx[1] pm. lungh hlorngx aqv. Gj: lungh mv duih mbiungc aqv/the weather is clear up now.

hlorngx hnaangx lemh hnaangx-torng liuz aengx taapv jienv bungx douz sienc nyei hlorngx dangh nqaai deix/to dry out rice water by low heat.

lungh mv hlorngx corc diuh mbiungc nyei/continue raining or cloudy sky.

hlorngx[2] cz. gorngv waac hlorngx-lorngc haic. Gj: horngh lorngc, horngx-lorngc to be friendly and outgoing person.

hlorpv[1] w. longc i jieqv buoz hlorpv qam jienv/to hold or carry in the arms.

hlorpv gu'nguaaz i jieqv buoz hlorpv jienv gu'nguaaz/to hold a baby in arms.

hlorpv gu'nguaaz hopv nyorx horpc jienv bun gu'nguaaz hopv nyorx/to hold an infant in one's arms and nurse it.

hlorpv jiez daaih tiux mingh hlorpv faaux daaih/to quickly pick up in arms.

hlorpv juv-dorn hlorpv jienv juv-dorn longc a'nziaauc/to hold a puppy.

hlorpv qam hnamv doic qam hlorpv jienv/to embrace; to hug.

hlorpv[2] pm. hlorpv gu'nguaaz fai hlorpv fu'jueiv/to adopt a child.

fu'jueiv-hlorpv dorh nyiec nyei fu'jueiv daaih benx ganh nyei/an adopted child.

hlorpv gu'nguaaz hlorpv mienh nyei gu'nguaaz daaih dorh hlo benx ganh nyei/to adopt a baby.

hloux hl. zaeng buo hloux ndaangx/to set up three spear traps to kill large animal.

hluei w. hluei cuotv; hluei muonc. Gj: gaatv muonc/to slice; to cut into piece.

hluei cuotv orv hluei cuotv orv guangc mbungv/to slice meat off a bone.

hluei ndopv hliqv gaatv cuotv ndopv/to slice off the skin.

hluei orv gaatv orv muonc; huei orv muonc/to cut or slice meat.

hluei orv mienh yiem daix saeng-kuv dorngx hluei orv nyei mienh/a butcher.

hluix w. yiem gu'nguaaic ndiangx hluix njiec/to slide down from a tree.

fu'jueiv hluix njiec fu'jueiv hluix njiec ga'naaiv-hluix/the children slide down from a slide.

hluix njiec yiem gu'nguaaic hluix njiec to slide down.

hluix sorng geh hluix sorng ga'naaiv njiec sorng/to slide on snow; ski on ice.

hluiz aengx lorz mangc **huiz** wuov joux nyei eix-leiz.

hlungh w. hlungh hlungh hluotv-hluotv nyei hnyouv mv dingc/to be doubtful.

hlungh hluotv hnyouv maaih mbungh mbienv nyei hnyouv/to be undecided.

hlungv pm. ndeic-hlungv/an uncultivated old field; a former field.

hlungv-gemh ndiangx hlo oix lamh benx gemh nyei hlungv/re-grown field.

hlungv-gox duqv camv-hnyangx nyei ndeic-hlungv/several year's old field.

hluo w. longc buoz hluo, piun muangx/to feel with hand touch.

hluo mv haiz hluo mv haiz maaih haaix nyungc/to feel nothing.

hluo maiv taux buoz se beiv maiv noic duqv muoqv taux yietc dangh/unable to get close to.

hluo muangx gaax hluo muangx gaax hnangv haaix nor/to touch and feel.

hluo zuqc buoz mingh hluo muoqv zuqc

hluo zuqc sieqv se beiv nziaauc zuqc sieqv/to have a girlfriend.

maiv duqv hluo jiex maiv duqv muoqv jiex/never touch and feel before.

hluon w. ninh mbuo ziangh haaix zungv hluon mi'aqv. Gj: biaux mi'aqv/to run away secretly; fugitive.

hluotv w. hluotv nzuonx nqaang/to draw back/to step backward.

da'hluotv yangh diqc daanz wuov bung mingh ndaangc/to walk backward.

hluotv cie tuix cie fai hluotv cie nzuonx nqaang/to back up a car.

hluotv nqaang hluotv nzuonx nqa'haav bung; nzenc nzuonx nqaang/to back up from; to rewind or reverse.

hluotv nzuonx hluotv nzuonx nqa'haav bung/to pull back; to withdraw from.

hluotv nzuonx nqa'haav hluotv jienv nzuonx nqa'haav bung/to back up from.

hluqv[1] wj. wuom-jorm hluqv zuqc ninh nyei buoz. Gj: huqv/the hot water scalded her/his hand.

hluqv dungz hluqv dungz liuz guaaih biei ndutv hliangv.

hluqv jai bungx jai njiec wuom-mbueix hluqv liuz cun biei/to scald a chicken.

hluqv jorm nyei butv haa sin hlutv jorm nyei/to have a fever.

hluqv lai bungx lai njiec wuom-mbueix yietv mbienv liuz ziouc zorqv cuotv/to scald vegetable by dropping them briefly into boiling water.

hluqv lai-nqungc bungx lai-nqungc njiec wuom-mbueix caeng yietv mbienv liuz ziouc zorqv cuotv aqv.

hluqv miv sienx bungx miv sienx njiec wuom-mbueix hluqv mau daaih/to scald noodle before serving.

hluqv[2] pm. longc buoz-ndoqv saauh hluqv faaux daaih/to scoop up with fingers.

hluqv mbiauz longc jaauv ndamv hluqv mbiauz faaux/to scoop up fish with net.
hluqv mbuonv-diuh longc buoz-ndoqv saauh hluqv faaux/to scoop up noodle with one's fingers.

hluqv[3] aengx lorz mangc "maeqc hluqv" wuov joux nyei eix-leiz.

hlutv[1] w. **1** hlutv dungz-jaangh bun nqaiv cuotv mingh/to squeeze out. **2** cuotv nziaamv/bleeding; to discharge blood.
hlutv finx zaqc baeng finx jiex kuotv hlutv zaqc/to straight wire by pulling it through a small hole.
hlutv jienv hmei njiec congh gu'nguaaic ndiangx-dueiv hlutv jienv hmei njiec.
hlutv mba'biei hlutv sung mba'biei/to smooth out a long hair.
hlutv mbiauh dorngc saau lorz mbiauh dorngc hlutv/to strip the rice grains.
hlutv nyei jaa-sic longc hlutv ga'naaiv nyei ga'naaiv-hlutv/a squeezer.
hlutv yienh si nyim hlutv yienh si nyei nyim pui nqaai liouh zuangx.
hlutv zaah normh gaeqv zaah longc buoz hlutv zaah normh dapv jorngx/to strip off the tea leaves.

hlutv[2] pm. jauv siex haic mienh jiex liuz nor buatc hlutv-hlutv wuov/be pushed forward of an overgrown path.
naauz-jauv hlutv naauz-jauv mbopc haic hlutv-hlutv nyei mingh/a well worn of a rat's path.

hlutv[3] aengx lorz mangc **baengc-hlutv** wuov joux nyei eix-leiz.

Hm

HM, **hm** /hmor/ da'ziepc norm nzangc-maac yiem Iu-Mienh/Yao nyei waac.

hmv hq. mba'zorng zoux nyei qiex, beiv hnangv *hmv! zueix gau*; *hmv! kuv gau*; *hmv! meih za'gengh fai?*/humph sound to express good, bad or angry.
hmv zueix gau hnomv zuqc zueix haic nyei siaau ziouc gorngv *hmv! zueix gau* nyei waac/oh, it really stinks.

hmx hq. hmx! seix gaax maah, yie gorngv meih mv muangx gaatv zuqc aqv nix.

hmz[1] hd. da'hmz; hmz ziepc; hmz baeqv; hmz bung luoqc louc/fifth; five.
hmz baeqv biaa baeqv/five hundred.
hmz cunx-gic-bouc maiv zorng-mbenc ziangx liemh zeih cuotv beqv-bangx nyei sic/to be an emergency situation.
hmz gaeng biaa norm ziangh hoc; biaa diemv ziangh hoc/five o'clock.
hmz geh biaa norm mienv mborqv jaax baeng nyei geh/the five banners of spirit under soldiers are organized.
hmz-geh baeng-maaz biaa weic mborqv jaax mienv nyei baeng-maanh/soldiers of five spirits military commander.
hmz-geh mienv biaa weic mienv nyei mborqv jaax hungh.
hmz hlaax da'hmz norm hlaax/the fifth moon of the lunar calendar.
hmz yiem luoqc junx gouv-nyinh zunh gorngv loz-hnoi Bienh Hungh maaih biaa dauh dorn caux juqv dauh sieqv se benx *hmz yiem luoqc junx* nqa'haav aengx hlorpv dauh janx-kaeqv dorn bieqc daaih caux jienv se benx juqv dauh dorn juqv dauh sieqv cingx cuotv *ziepc nyeic fingx Iu-Mienh daaih.*
hmz-ziang mh. gunv biaa dauh baeng nyei baeng-bieiv/military unit of five soldiers.
hmz ziepc saauv taux hmz ziepc/fifty.
hmz ziepc cenh baeqv bun hmz ziepc buon nyei nyaanh/fifty cents money.
hmz zinh hniev-soux maaih hmz zinh se maaih hmz ziepc buon/a unit of weight of approximately twenty grams.

hmz[2] m. 午 /wǔ/ da'cietv weic deic sokv nyei mbuox/the seventh of the twelve Early Branches.
jaapv-hmz hnyangx se zuoqc maaz nyei hnyangx, dongh 2014 caux 2074 guinh jienv mingh luoqc ziepc hnyangx daaux nqaang nzuonx taux gorn/year of horse.
hmz ziangh 午时 /wǔshí/ 11 diemv mingh taux 1 diemv njiec aanx/the time between 11:00 AM-1:00 PM.

hmz[3] nj. hmz! Gengh haiz qiex jiez dingc aqv/a humph sound of angry.??
hmz paengz dangh mbuo-mbui muangx jienv Ninh gorngv *hm! paengz norh.*

hman bt. sin jorm ndopv butv pokc nyei baengc. Gj: saqv, dopc/chicken pox.
cuotv hman sin jorm baac ndopv cuotv pokc/to break out with chicken pox.
hmatv[1] pm. hmatv jieqv; hmatv hec; hmatv guv jieqv; hmatv guv hec; hmatv jieqv tiec-tiec nyei/very dark color; black.
hmatv jieqv hmatv hec za'gengh jieqv hmatv guv jieqv nyei/absolutely black.
hmatv[2] aengx lorz mangc "zuangz hmatv" wuov joux eix-leiz.
hmei[1] m. longc zouv lai caux zin ga'naaiv nyei hmei. Gj: youh/fat; lard or oil for cooking, frying.
hmei-gern ndamv hmei nyei domh gern a big spoon used for dipping oil.
hmei-gorngc dapv hmei nyei gorngc/a bottle used for storing oil.
hmei-liouc louc hmei nyei ga'naaiv/a funnel used for pouring oil into bottle.
hmei-mbiorngz naetv jaangh wuov deix hmei-mbiorngz/the fat that attached to the internal organs.
hmei nongh haic an hmei camv zouv daaih nongh haic/too much oil.
hmei-ndongh zaangh hmei nyei ndongh an oil container.
hmei-nzauv longc zouv nyanc zouv hopv nyei ga'naaiv/oil and salt.
hmei-ongx longc dapv hmei nyei domh ongx/a large jar for storing oil.
hmei-tongv zaangh hmei nyei tongv/an oil container.
hmei[2] m. hmei-luangh; hmei louc luangh; hmei-louc jienv faaux/all kind of vines.
hmei-biouv hmei-zuangx nyei biouv fai a'ngunc biouv, *a'ngunc* se gaav congh janx-taiv waac daaih/grapes.
hmei louc ndiangx hmei louc jienv faaux ndiangx/the vine is climbing the tree.
hmei luangh louc jienv mingh ndaauv nyei hmei/a climbing vines.
hmei-mbauh hmei butv mbauh daaih/a lump or swelling on a vine.
hmei-mbauh zing hmei-mbauh cuotv daaih nyei zing-guaix, se gorngv gouv waac/monster from a swelling vine.
hmei mbiorngz biauv hmei-luangh louc mbiorngz faaux biauv/the vines are spreading up to the roof.
hmeiv 粮 /liáng/ cuqv luic benx hmeiv daaih uncooked rice.
hmeiv-baeqc baeqc nyei hmeiv/white rice or plain rice.
hmeiv-huv nauv zoux i nqanx fai buo nqanx nyei hmeiv/broken rice grains.
hmeiv-laangh uix saeng-kuv fai mienh nyanc nyei laangh ziqc/the provisions.
hmeiv-lamz 粮仓 /liángcāng/ dapv hmeiv fai mbiauh nyei lamz/a rice granary.
hmeiv-longx maiv nauv waaic nyei hmeiv/unbroken rice grains.
hmeiv-luic 1 luic ziangx nyei hmeiv/a milled rice. **2** luic mbiauh cuotv hmeiv nyei jaa-sic/a rice mill.
hmeiv-mbeih siang-mbiauh daapc mbeih cuotv hmeiv daaih.
hmeiv-mbeux hnaangx-zaang pui nqaai an youh caeng zin daaih.
hmeiv-mbuonv hmeiv morc mbuonv daaih/rice flour; rice powder.
hmeiv-nangv nangv nyei wuov nyungc hmeiv/a short grain rice.
hmeiv-ndaan longc dapv hmeiv nyei ndaan/basket for storing uncooked rice.
hmeiv-ndaang zouv daaih ndaang nyei wuov nyungc hmeiv.
hmeiv-ndaauv ndaauv nyei wuov nyungc hmeiv/long grain rice.
hmeiv-wuom ziemx liuz hmeiv nyei wuom/rice soaked water.
hmeiv-yangh yangh nyei wuov nyungc hmeiv/brown rice.
hmeiv-zo hmeiv huv muonc daaih zo zo wuov/small broken rice.
hmien n. 脸 /liǎn/ yietc norm hmien a'fai nza'hmien/the face; the front side.
hmien-beih hmien-minc; hmien-ndopv the outward of the face.
hmien-beih bieqc diev mv duqv nyaiv nyei hmien/too shy; shameful.
hmien-beih hoz mv hiuv nyaiv se beiv hmien-beih hoz/brazen skin of face.
hmien bunh hmien hlo jangv bunh bunh wuov/a broad face.
hmien butv aapv-nziaamv hmien-ndopv butv nziaamv-diepc/red spotted on face.

hmien daaix biei i bung hmien nyei biei fai siaam/side-beard or full beard.
hmien doix hmien hmien caux hmien buatc jienv/to meet face to face.
hmien-fangx hmien-mueic; hmien-setv nyei sic/an appearance face.
hmien-fangx sou longc jienv nyei sou/a picture identification card.
hmien huin cuotv bungx cuotv gaengh nyei mienh, se beiv hmien huin cuotv.
hmien hlo hmien-mueic hlo nyei bunh bunh wuov/a broad face.
hmien hmuangx gamh nziex, qiex jiez hmien hmuangx/fear or angry face.
hmien-houh siaam i bung hmien cuotv nyei siaam/sideburns.
hmien jieqv haeqv zuqc hmien jieqv/to be dark face because of fearful.
hmien jorm weic nyaiv fai weic douz ziqv zuqc jorm/a flushed face.
hmien junh hmien nangv nyei junh nyei/a round face.
hmien langz hopv diuv laangc faaux hmien langz-langz wuov/reddish face.
hmien mv njang butv qiex nouz mienh hmien maiv njang/unhappy face.
hmien maeng hmien mbienc fai hmien maeng/a pale face.
hmien-minc 脸面 /liǎnmiàn/ **1** hmien nyei setv zeiv/facial features. **2** mengh dauh; mengh hoc/reputation.
hmien-mueic hmien-fangx nyei sic/an appearance face; facial features.
hmien nzueic hnyouv ciouv hmien nzueic mv baac hnyouv ciouv/beautiful surface but inwardly crooked.
hmien mbienc hmien tuix setv mbienc nzengc/to have a pale face.
hmien ndamx hmien ngau ndamx-ndamx wuov/to have a depressed face.
hmien-ndopv hmien nyei ndopv; hmien beih/skin of the face.
hmien-ndopv bieqc se beiv diev maiv duqv nyaiv/a person who easily to shy.
hmien-ndopv hoz se beiv maiv hiuv nyei hmien/a shameless person.
hmien njang njien-youh a'hneiv ziouc hmien njang/a happy face.
hmien nyauc weic gox daaih hmien-ndopv nyauc/wrinkle on the face.
hmien nyortc cuotv liuz dopc longx daaih hmien nyortc/to be a tufted face.
hmien nzang ziangh duqv guai hmien nzang nyei/to have bright and smart face.
hmien nzauh buatc hmien nzauh nzauh wuov/to wear a sad or unhappy face.
hmien nziemx (butv baengc lauh) yangh hmien nziemx/a sickly face; pale face.
hmien nzueic ziangh duqv nzueic haic nyei hmien/beautiful or handsome face.
hmien nzueic hnyouv ciouv hmien ziangh duqv nzueic mv baac hnyouv ciouv/to have pleasant face but a vicious heart.
hmien paengv siqv (nyaiv) hmien siqv a red face with embarrassment.
hmien-setv hmien nyei juoqc setv hnangv haaix nor/facial expression.
hmien-siaam i bung hmien cuotv daaih nyei siaam/a sideburns.
hmien sietv eix-leiz se beiv nyaiv haic nyei sic/to be shameful; embarrassment.
hmien siqv (hopv diuv faaux) hmien siqv/to have red face result of drinking.
hmien waaic waaic fangx nyei hmien to be disfigured in one's face.

hmietv w. **hmietv zueix** huon-huon nyei zueix/a strong odor. **Liemh mv zueix-hmietv** nowhere near.

hmuangv m. **1** mienh hmuangv/a family member. **2** i muangv/a married couple.
hmuangv doic hlo faix nyei yietc biauv mienh/all family members.
hmuangv doic camv domh biauv nyei mienh/large family members.
hmuangv doic dongh eix horpc fim nyei mienh hmuangv/a happy family.
hmuangv doic fangx yietc biauv mienh nyei fangx/a family picture.
hmuangv doic muonc fu'jueiv muonc nyei hmuangv doic/a family with many young children.
hmuangv doic nzaanx hmuangv doic bun nqoi ziex bung/family that living apart from each others.
hmuangv doic sic biauv zong hmuangv nyei la'nyauv sic/family problems.
hmuangv doic zoqc mienh hmuangv mv camv/a small family size.

zoux i hmuangv m'jangc m'sieqv gapc benx auv-nqox/to be husband and wife.

hmuangx pm. hmuangx mangc mv buatc. Dgw: njang/to be dark; darkness.

hmuangx aqv lungh hmuangx aqv/to become night already.

hmuangx lauh aqv hmuangx daaih lauh aqv/to be late at night.

hmuangx nziemx aav lamh deix mangc mv buatc/between dusk and darkness.

hmuangx zong 1 hmuangx haic nyei dorngx/in the dark. **2** zoux beic ndiev nyei sic/to be secretly or conspiracy.

hungh hmuangx lungh coqv hmuangx wuov hitv ziangh hoc/in the evening.

hmuatv[1] cf. hemx caux ziouх mienh daic zuangz hmuatv nyei waac/to curse.

oix zuangz oix hmuatv aqv zioux mienh fai saeng-kuv/to curse very strong.

hmuatv[2] aengx lorz mangc "hmatv" wuov joux nyei eix-leiz.

hmuoqv w. ndie-hmuoqv cou; ndie-hmuoqv muonc/the weave of cloth.

Hn

HN, hn /hnor/ ziepc yietv norm nzangc-maac yiem Iu-Mienh/Yao nyei waac.

hnv nzn. se dongh **hnamv** nyei nzutv norz fiev/abbreviation of *hnangv*.

hnaa w. maiv dungx hnangv naaic zoux hnaa. Gj: haa/please don't do that.

hnaac w. la'guaih an jienv naaic ndau hnaac mv duqv. Gj: haac/why don't you just put it down there.

hnaah wn. zeiz nyei hnaah; maiv zeiz hnaah; longx nyei hnaah; mv fungc aqv hnaah; mv benx aqv hnaah. Gj: zeiz nyei haaqh/a particle indicating such as are you okay?; how are you?.

hnaav b. 弩 /nǔ/ yietc baengx hnaav/a crossbow.

buonv hnaav ndaangx hnaav daaih daapv jienv forng buonv/to shoot a crossbow.

hnaav-bieiv buoz nanv wuov bung hnaav. Gj: hnaav-jouv/the handle of a crossbow.

hnaav-daan zaengx jienv hnaav wuov diuh hlauv/bendable piece of a crossbow.

hnaav-hlaang corng hnaav-daan nyei hlaang/the string of a crossbow.

hnaav-hlaang mv njorngh 1 corng hnaav-daan nyei hlaang mv njorngh. **2** se beiv orv-mienv waaic mi'aqv.

hnaav-jouv hnaav-bieiv dongh buoz wuov bung/the stock of a crossbow.

hnaav-juang longc buonv naauz nyei nyei hnaav-juang/a small curved bow.

hnaav-m'nqorngv hnaav nyei m'nqorngv/the head of a crossbow.

hnaav-panh tiu hnaav nyei panh tiu/a crossbow trigger.

hnaav ziangx buonv zuqc nzunc-nzunc maiv pioux/a crossbow very accurate.

ndaangx hnaav ndaangx hnaav daaih mbenc jienv buonv/to pull the crossbow string get ready to shoot.

zaix hnaav buonv duqv norqc nor zorqv deix nziaamv nzaatv hnaav-m'nqorngv eix-leiz se uix hnaav liuz hnaav aengx gauh ziangx aqv.

hnaax nq. hnaax, meih gorngv haaix nyungc. Gj: haax/yes, what did you say?

hnaaiv pm. ninh m'njormh nda'hngatv m'nqorngv hnaaiv-hnaaiv nyei njiec/to droop down head of sleepiness.

hnaang aengx lorz mangc "hnang hnoi" wuov nyei eix-leiz.

hnaangx lz. zouv zuoqc liuz nyei hnaangx. Gj: haangx/cooked rice; general food.

hieh hnaangx cuotv nyiec ziqv orv nyanc a'nziaauc nyei hnaangx/a picnic.

hlauv-ndongh hnaangx dapv hlauv-ndongh buov nyei hnaangx-zaang/sticky rice roasted in a bamboo tube.

hnaangx-baeqc mv zorpc haaix nyungc nyei hnaangx/plain cooked rice.

hnaangx-beu beu jienv nyei lungh aanx hnaangx/a lunch packet, box.

hnaangx-butv ziemx mbiauh ziqv hmeiv zaang daaih/steamed rice.

hnaangx-caauv an hmei caauv hnaangx daaih/fried rice.

hnaangx-caeng longc zouv hnaangx nyei caeng/rice pot or electric rice cooker.

hnaangx-dieh longc nyanc hnaangx nyei dieh/a dining table.

hnaangx-donx nyanc zingx-donc nyei hnaangx/regular meal.
hnaangx-hmeiv zouv zuoqc daaih nyei hnaangx/cooked rice.
hnaangx-hmeiv-ndortv nyanc muoqv zuqc ndortv nyei hnaangx/scraps of food that fall from a table during meal.
hnaangx-jorm cor hoqc zouv daaih nyei hnaangx/fresh cooked rice.
hnaangx-laauz nitv caeng-ndoqv buov zuqc wuov deix hnaangx/burned rice.
hnaangx-lengh ganh leic nyanc lengh nyei lai hnaangx/to on a diet meal.
hnaangx lorqc wuom hlorngx hnaangx nqaai duqv longx nyei.
hnaangx mau zouv mau nyei hnaangx soft rice; over cooked rice.
hnaangx-mbiutc mbiauh mbiutc hnaangx/sticky rice; glutinous rice.
hnaangx-mbuonv maeqc mbuonv zorpc hnaangx-mbiutc zaang daaih/corn flour and sticky rice mix steamed together.
hnaangx-namx zouv daaih lauh namx nyei hnaangx/cold cooked rice.
hnaangx-njaiz zouv lauh mau jiex jaax nyei hnaangx/over cooked rice.
hnaangx-nqaai 1 hnaangx pui nqaai daaih/dry rice. **2** nyanc hnaangx ganh hnangv mv maaih lai fungx/to eat rice without any vegetables.
hnaangx nqaengx nyanc hnaangx nqaengx zuqc jaang-hoh/to choked with rice or food.
hnaangx-piux maaiz duqv lai hnaangx nyanc nyei piux/a food stamp.
hnaangx-poux maaiz hnaangx nyanc nyei dorngx/a restaurant; food store.
hnaangx-poux daan fiev hnaangx nyei mbuox nyei daan/a restaurant menu.
hnaangx-sox zouv daaih lauh sox maiv fungc nyanc nyei hnaangx/spoiled rice.
hnaangx-ting nyanc hnaangx wuov norm ting/a dining room, hall.
hnaangx-torng zouv hnaangx lemh cuotv daaih nyei wuom. Gj: hnaangx-wuom/rice water.
hnaangx-yienv longc nyanc hnaangx nyei yienv/bowl for serving rice.
hnaangx-zaamv maiv kuv maiv maaih mueix nyei hnaangx, se luoqc bungh mienh gorngv bun cing-jaa mienh nyei dorh leiz waac.
hnaangx-zaanh nyanc mv nzengc zengc yiem yienv wuov deix hnaangx/rice left over in the bowls after meal.
hnaangx-zaang 1 zaang daaih nyei hnaangx/steamed rice. **2** mbiauh mbiutc hnaangx/steamed sticky rice.
hnaangx-zaang-siqv nyomc hmeiv siqv zaang hnaangx daaih/red steamed rice.
hnaangx-zaangx longc zaang hnaangx nyei zaangx/a rice steamer or container.
hnaangx-zeih longc hiuz hnaangx nyei zeih/a paddle used for dipping rice out.
hnaangx-zengc nyanc liuz zengc njiec yiem caeng nyei hnaangx/rice left over in pot after eat.
hnaangx-ziqv mbiauh ziqv hnaangx fai zouv nyei hnaangx/regular rice.
hnaangx-zouv zouv hnangv mv zaang nyei hnaangx/cooked rice.
hnaangx-zuoqc zouv zuoqc liuz nyei hnaangx/cooked rice.
hnaangx-zuoqv njaiz nyei dongx-dongx wuov nyungc hnaangx/congee.

hnaeng w. ndiux jienv hnaeng-hnaeng wuov/dangle; hanging down.
da'hnaeng, **da'hnaeng wuov** ndiux jienv hnaeng mingh hnaeng daaih nyei/to swing back and forth.
da'hnaeng dangh yietv ndortv njiec da'hnaeng dangh/to swing loosely.
hnaeng-hnaeng nyei domh jaangv nyau jienv naang hnaeng-hnaeng nyei ndaix jienv mingh/to be dangle along.
hnaeng-hnaeng wuov ndiux jienv maiv taux ndau/to hang still.
hnaeng-laaux bueix laaux mienh kuh njormh nyei hnaeng/a hammock.

hnam[1] pm. hnam nyei; ndiangx-normh hnam/to be damp; humid; moist.
hnam-hnam nor haiz hnamv deix nyei feel damp or clammy.
ndorn hnam mbiungc-suiv njiec pinx zuqc hnam/to be moist by the dew.

hnam[2] pm. mv guai hngongx-hngongx wuov/to be mentally dull.

mienh hnam mienh maiv nangc guai nyei mienh/a person lacking wisdom.
ziangh duqv hnam haic ziangh daaih hngongx haic/growth to be mental dull.

hnamv[1] tn. 喜, 爱 /xǐ, ài/ hnamv die maa; hnamv cien-ceqv; hnamv muoc-doic fai hnamv gorx-youz/love; beloved.
hnamv camv gengh hnamv haic; gengh hnamv camv nyei/love so much.
hnamv diex maac hnamv ganh nyei domh mienh/to love one's parents.
hnamv doic 1 hnamv ganh doic/to love each other. **2** caux doic hnamv jaax/to make love with.
hnamv fu'jueiv korv-lienh hnamv ganh nyei fu'jueiv/to love one's children.
hnamv guoqv mienh hnamv deic-bung hnamv guoqv nyei mienh/to love one's country; a patriot; nationalist.
hnamv haic za'gengh hnamv camv haic loving so much; beloved; dear.
hnamv jaax 1 laanh hnamv laanh/love one another; mutual love. **2** caux doic, hnamv doic/to make love with.
hnamv mienh hnamv mienh korv-lienh mienh/to love people.
hnamv nyei hnyouv hnamv mienh nyei hnyouv/a kind-heart.
hnamv nyei mienh hnamv haic nyei mienh/a sweetheart.
hnamv taux dauh yietc liuz hnamv mv zaamv/eternal love, forever love.
hnamv yietc liuz hnamv taux dauh taux mueiz/unconditional love; love forever.

hnamv[2] w. 思, 想 /sī, xiǎng/ yiem hnyouv hnamv; hnamv mangc gaax; hnamv cuotv daaih; hnamv duqv jiex eix. Gj: baanh, dungv, fangv, fei/to consider; to think; to contemplate.
hnamv buangh hnamv oix duqv buangh mienh/expected to meet someone.
hnamv buatc hnamv oix duqv buatc/to expected to see someone.
hnamv camv hnamv ziex nyungc daaih kuonx hnyouv/to over concerned.
hnamv cuotv hnamv cuotv, jangx cuotv daaih/to think and get an idea.
hnamv dangh gaax aengx hnamv dangh mangc gaax/to think it over.
hnamv dorngc 弄错 /nòngcuò/ bieqc hnyouv dorngc/to misunderstand, made a wrong decision; to miscalculate.
hnamv duqv cuotv haih hnamv duqv cuotv/thinkable; skillful thinking
hnamv duqv go hnamv mingh wuov ndaangc/to plan or think ahead of time.
hnamv duqv jiex eix haih jiex duqv eix mingh/be able to neglect someone.
hnamv duqv mengh corngh duqv hiuv nyei/to think and understandable.
hnamv duqv nangv haic hnamv maiv zaaic/to lack of think detail.
hnamv duqv taux hnamv mingh duqv taux/to think through.
hnamv duqv tong hnamv duqv tong fai hnamv duqv nqoi/to fully understand.
hnamv duqv toux hnamv taux nzengc mi'aqv/to think thoroughly through.
hnamv jienv hnyouv hnamv jienv oix zoux fai oix duqv/to expecting; miss.
hnamv jienv gorngv hnamv ndaangc liuz manc gorngv/to think before say.
hnamv longx deix aengx hnamv mingh gauh ndo deix/to think more careful into.
hnamv lunc fiem-faanh lunc/anxious or unsettled thinking
hnamv maiv cuotv hnamv maiv cuotv fai hnamv maiv tong/unable to think about something.
hnamv maiv cuotv fiev jangx mv duqv nzangc fai hnamv mv cuotv waac daaih fiev/unable to spell the word.
hnamv maiv cuotv gorngv hnamv mv waac gorngv/unable to think and say.
hnamv maiv hiuv hnamv maiv hiuv/to be confused; to be dumbfounded.
hnamv maiv jiex eix yie hnamv maiv jiex eix ninh, weic zuqc ninh tengx yie camv haic/to feel sorry for.
hnamv maiv mengh baeqc hnamv mv hiuv/unable to figure out what it is.
hnamv maiv nqoi hnamv maiv gaengh tong/difficult to make decision.
hnamv maiv taux zungv maiv hnamv taux mv baac cuotv daaih/to surprise; unexpected.
hnamv maiv tong hnyouv mbapc zietc hnamv mv cuotv/unable to figure out.

hnamv maiv toux maiv hnamv muonc deix/not careful think.

hnamv maiv zaaic liemh zungv maiv hnamv taux/beyond one's thinking.

hnamv mangc dangh hnamv dangh mangc gaax/to think about.

hnamv minc zinh maiv hnamv ndaauv taux nqa'haav hingv/to be impatience.

hnamv nangv guai yietc seix hngongx yietc sih/to lack of good thinking.

hnamv nungx hnamv mingh longx nyei jauv/to think in a positive way.

hnamv ndaangc jaa-ndaangc hnamv ziangx/to plan ahead of time.

hnamv ndaauv yie zoux dorngc mv baac ninh hnamv ndaauv guangc zuiz bun yie/to over look and forgive.

hnamv-nzuonx zoux dorngc liuz ziouc hnamv-nzuonx aqv/to repent; to regret.

hnamv oix hnyouv hnamv oix/to want.

hnamv taux hnamv taux fai jangx taux to think about someone.

hnamv taux biauv jangx zuqc wuov biauv; hnamv biauv/to be homesick.

hnamv tong liuz hnyouv hnamv nqoi liuz mv nzauh aqv/be happy with.

hnamv wuov biauv jangx taux wuov biauv/to be homesick.

hnamv yiem hnyouv hnyouv hnamv hnangv mv gorngv cuotv/to consider in one's mind; thinking in one's mind.

hnamv zuqc hnamv taux haiz/to call to mind; remember; recall.

hnyouv hnamv lunx hnyouv hnamv mv zuqc jauv/a bad idea.

maaih lamh hnamv maaih wangx kaux nyei dorngx/to have hope.

maiv lamh hnamv maiv maaih dorngx hnamv aqv; mv maaih wangx/hopeless.

hnang pm. hnang hnoi; hnang hnoi ndorm; hnang hnoi hmuangx/the day or the night after tomorrow.

hnangv[1] w. 像 /xiàng/ fi'hnangv; dongh nyungc fangx zeiv/to be same; similar; resemble; a like.

fih fih hnangv hnangv dongh nyungc fangx zeiv/exactly the same.

gorngv hnangv gorngv hnangv meih oix nor caux yie mingh/if; suppose.

hnangv biangh biouv sieqv-yaang se beiv hnangv biangh biouv/as flower.

hnangv deix hnangv deix nyei mv baac hnangv maiv nzengc/somehow similar.

hnangv deix nor hnangv haaix nor mv bei/to wonder how it look like.

hnangv deix nyei hnangv deix mv baac hnangv mv nzengc/quite similar to.

hnangv fu'jueiv zoux sic fai gorngv waac hnangv fu'jueiv/childlike.

hnangv gorx-youz hnangv gorx hnangv youz nor/friendly like brothers.

hnangv ha'nor beiv hnangv, nzueic fai aqc mangc/how would it be like.

hnangv haaix yaac baac hnangv haaix yaac sueih binc/whatever, however.

hnangv hungx nyei hnangv wuov bung ndau nyei/similar to; likely to.

hnangv jangx hnangv jangx haih/likely to be that way; seems that.

hnangv naaic 1 hnangv naaic zoux fai zoux hnangv naaic/like that. **2** hnangv naaic la'maah/thus; therefore.

hnangv naaiv hnangv naaiv nor/to be like this way.

hnangv wuov nor zoux hnangv wuov nor/do it like that way.

zoux hnangv daic nor doqc eix zoux hnangv daic mi'aqv/to pretend to die.

hnangv[2] pm. yie ganh hnangv; ninh ganh hnangv; nduqc norm hnangv/only; just.

di'dien hnangv deix baav hnangv zoqc nyei/only a little bit; very few.

maaih deix hnangv maaih deix maiv camv/to have only some.

nduqc ndornh hnangv maaih yietc ndornh nyaanh/to have only one dollar.

nyanc gu'nyuoz hnangv kungx nyanc gu'nyuoz hnangv/to eat only inside.

hnapv w. mbiauz hnapv diux ziouc kuangx jienv ninh/to snap up.

dungz hnapv nyanc dungz hnapv nyanc siaaux/a pig snap up it swill.

hnapv naqv yietv hnapv ziouc naqv njiec aqv/to snap and swallow.

hnaqh wj. longc yiem naaic nyei waac da'mueiz *beiv hnangv* meih se longx nyei hnaqh? How are you?. Naaiv meih nyei hnaqh? Is this yours?

hnaqv w. ninh hnaqv m'nqorngv weic zuqc haiz horpc hnyouv/to nod the head to give approval.

hnekv pm. fu'jueiv nyiemv liuz aengx haiz hnyouv mun *hnekv-hnekv* nyei/inhale sound of a child after bitterly cried.

hnengx w. hnengx jienv/to carry by hand or by a machine.

faang-hnengx longc buoz hnengx nyei faang/a suitcase to be carry by hand.

hnengx faaux hnengx jienv faaux/to carry something and lift up.

hnengx mv dongz hniev haic hnengx maiv dongz/too heavy for one to carry.

mbuoqc hnengx dapv ga'naaiv hnengx nyei mbuoqc/a carrying bag.

hniev[1] pm. hniev nyei; hniev haic; zengv hniev nyei. Gj: hnyiev/heavy; weighty.

dingc zuiz hniev dingc zuiz wuonx loh lauh nyei/a capital punishment.

eix hniev nyei hnyouv haiz maiv oix yietc deix/reluctance; unwillingness.

hniev-dauh dingc ziangx hniev ndongx haaix nyei sic/weight; weight unit.

hniev doix-dangc i bung zungv hniev fi'ndongc nyei/to have equal weight.

hniev fi'ndongc nziang i bung hniev fih ndongc nyei/to have equal weight.

hniev jiex jaax hniev jiex ndaangc mi'aqv/too heavy; weighty.

hniev-soux hniev ndongc haaix nyei soux mouc/unit of weight.

jaa hniev-hniev nyei aengx jaa gauh hniev bun/to put more pressure on.

ndapv hniev nyei longc ga'naaiv hniev nyei ndapv/to put heavy pressure on.

nzou-zinh hniev siou nzou-zinh hniev nyei/to pay a capital tax.

waac hniev gorngv hniev nyei fai doqc nyei bun/to speak strongly to.

hniev[2] bt. baengc hniev. Gj: kouv, zongc, siem/a critical ill; severe illness.

butv haa hniev naaiv torngx haa gengh hniev haic/a severe flu disease.

hnieqv w. hnieqv namx nyei. Gj: hnyieqv namx, hlieqv namx/to be ice cold or coldness.

hnoi m. yietc hnoi; ih hnoi; dieh hnoi; yietc hnoi yietc muonz/a day; a period of twenty four hours.

hnoi baav hnoi baav hnangv maiv zeiz hnoi-hnoi/on occasional day; odd day.

hnoi caux muonz lungh hnoi zanc caux lungh muonz zanc/day and night.

hnoi-hnoi linh jienv hnoi jiex hnoi mv nqaeqv/everyday; daily.

hnoi-hnoi fienx hnoi-hnoi nyei fienx/a daily news; everyday news.

hnoi-hnoi qiemx nyei hnoi-hnoi zuqc longc nyei ga'naaiv/daily needs.

hnoi-hnoi zeiv-fienx hnoi-hnoi nyei zeiv-fienx/daily news paper.

hnoi jiex hnoi yietc hnoi jiex yietc hnoi day after day; day by day.

hnoi-leic 1 saauv gan hnoi mingh nyei leic zinh/daily interest. **2** leic nyei hnoi an auspicious day; a good day.

hnoi longx mangc sou longx nyei hnoi a good day; an auspicious day.

hnoi nangv hnoi nangv muonz ndaauv nyei ziangh hoc/short day in winter time.

hnoi ndaauv hnoi ndaauv muonz nangv nyei ziangh hoc/a long day and short night in summer time.

hnoi-nyieqc saauv gan hnoi nyei ziangh hoc/a time goes by day.

hnoi-nyieqc fatv oix taux dingc ziangx nyei hnoi fatv aqv/the time is come close to; the time is near.

hnoi-nyieqc lauh sueih jienv lauh nyei sic/in the long term period.

hnoi-soux saauv gan hnoi mingh nyei ziangh hoc/the time counting by day.

hnomh pm. hnomh jorm nyei. Gj: homh jorm/very warm; very hot.

sin hnomh jorm nyei sin hnomh jorm nyei/fever; hot temperature.

wuom hnomh jorm wuom hnomh jorm nyei/warm water.

hnomv w. hnomv gaax zueix fai ndaang. Gj: zom/to smell; to sniff; to kiss.

hnomv gu'nguaaz zom hnomv hnamv gu'nguaaz/to nozzle the baby.

hnomv hmien zom hnomv hmien/to kiss the face; to nozzle face.

hnomv mv cuotv hnomv mv haiz zueix ha'nyungv/to inhale but smell nothing.

hnomv muangx hnomv gaax ndaang fai zueix/to smell.

hnomv nziaau juv hnomv nziaau zunc jienv mingh/a dog pick up scent and following.

hnopv bt. butv haa hnopv; hnopv nyei baengc/cough, coughed, coughing.

hnopv duqv ndo hnopv mbui tormz tormz deix/deep cough.

hnopv mv tong hnopv maiv cuotv fai hnopv maiv tong/coughing still.

hnornv pm. orv-junc hnornv daax hnornv wuov/rolling of the fatty

hnornv daax hnornv ga'sie-ndopv junc daaih hnornv daax hnornv wuov/rolling fat of an abdomen.

hnui w. tauv qiex maqc nyei hnungh hnui hnungh hnui wuov/to be short of breath.

hnungh pm. ndiux jienv hnungh hnaeng hnungh hnaeng wuov/dangle along.

hnungx wj. tauv qiex hnungx hnui hnungx hnui deix/to breath normally.

hnungx-hnungx hnaeng-hnaeng ndiux jienv hnaeng mingh hnaeng daaih nyei to be dangle along.

hnuoqv aengx lorz "hmuoqv" wuov joux nyei eix-leiz.

Hng

hng /hngor/ ziepc nyeic norm nzangc-maac yiem Iu-Mienh/Yao nyei waac.

hnganx[1] pm. douz hnganx jienv njiec oix daic aqv/the fire is weak and die.

baeng douz hnganx baeng zaangh cuotv bun douz hnganx/to pull firewood out to let fire discontinue to burn.

hnganx[2] w. hnganx-hnganx sox-sox wuov feeling sick and weak.

hnganx gu'nguaaz maaih gu'nguaaz faaux sin lungh ndorm hnyouv gunc nyei baengc/to have morning nausea because of being pregnant; conceive.

hngangx[1] w. dungx muoqv oc, muoqv nor yie hngangx meih nyei buoz aqv/to hit with the edge of one's hand.

hngangx[2] wj. hngangx ndaamv-jauv bieqc mingh/to jump into the middle.

hngangx waac gorngv mienh gorngv mv gaengh ziangx ziouc caangv gorngv ndaangc/to interrupted someone.

hngaqv w. longc nzuqc hngaqv; hngaqv maiv zuqc. Gj: nqen, jamv/to cut, chop.

hngaqv dungz-miev hngaqv miev zouv uix dungz/to chop greens for pig food.

hngaqv jaang hngaqv gaatv jaang ndutv mingh/to cut the neck.

hngaqv maaz-miev hngaqv miev bun maaz nyanc/chop grass to feed horse.

hngaqv mbungv hngaqv mbungv muonc daaih wuonh/to chop bone into piece.

hngaqv normh ziu hngaqv normh ziu zouv uix dungz/to chop banana stalk and for cook for pig food.

hngaqv ndutv hngaqv zuqc ndutv/to cut off; to chop apart.

hngaqv ndutv jaang gaatv jaang ndutv mingh/to beheaded.

hngaqv zuqc mienh jamv zaangh hngaqv zuqc mienh/to cut someone while chopping firewood.

hngaqv zuqc zaux hngaqv zuqc ganh nyei zaux/to cut one's leg.

hngatv w. m'jormh nda'hngatv; m'jormh da'hngatv/sleepy; sleepiness.

hngoi pm. nzatc hngoi; gorngv waac hngoi/a funnel of a clarinet or a speaker.

diuv-louc hngoi dox louc diuv wuov norm ga'naaiv nyei hngoi/a funnel for pouring wine into another bottle.

nzatc hngoi nzatc da'mueiz wuov norm hngoi/the flared end of a wood wind instrument.

hngongx pm. ga'naaiv-hngongx; hngongx haic. Gj: bortv, gangh, mbanc, bernx, ngorkv. Dgw: guai/dumb; stupid.

butv baengc hngongx butv gau baengc lauh hngongx/to become dumb.

domh butv hngongx liemh zeih haeqv zuqc butv-hngongx/to be dumbfounded.

ga'naaiv-hngongx-nguakv uv nguakv nguakv nyei mienh hngongx mienh.

hngongx haic za'gengh hngongx haic dgw: guai haic/dumb; stupid; ignorant.

hngongx mi'aqv ziang naaic hngongx mv haih gorngv waac/to speechless.

hnyouv hngongx mi'aqv hnyouv butv hngongx hnamv haaix nyungc yaac mv cuotv/to be dumbfounded.

maiv hngongx guai nyei maiv hngongx not a stupid.

mienh hngongx mienh hngongx nyei mienh. Gj: ga'naaiv-hngongx/a dumb or deaf and mute person.

nzuih butv-hngongx nzuih hngongx mv haih gorngv waac/unable to move one's mouth because of paralysis.

zoux sic hngongx haic zoux sic hnangv mienh nyei mienh nor/to act like stupid.

hngungx aengx lorz "hngongx" wuov joux nyei eix-leiz.

Hny

hny /hnyor/ ziepc faam norm nzangc-maac yiem Iu-mienh/Yao nyei waac.

hnyv se dongh **hnyouv** naaiv joux nyei norz fiev/an abbreviation of hnyouv.

hnygx se dongh **hnyangx** nyei nzutv norz fiev daaih/an abbreviation for **hnyangx**.

hnyaa w. hnyaa buoz zorqv ga'naaiv/to reach out one's hand to grasp.

hnyaapv w. baeng ga'naaiv-zuangx gorn nyei miev guangc/to pull weeds.

hnyaapv in-miev baeng in-gorn nyei miev guangc/to pull the weeds out from opium field.

hnyaapv mbiauh miev baeng mbiauh gorn nyei miev guangc/to pull weeds.

hnyaau w. buoz hnyih hnyungx hnyaau nyei mingh ciangv zorqv ga'naaiv/many hands reach out to grasp things.

hnyaauv pm. nda'maauh ndopv hnyaauv ben hnyaauv guaaic nyei/colorful strip.

hnyamx w. faaux gu'nguaaic mingh caaiv jienv hnyamx/to swagger on.

cie hnyamx haic cie ndanc haic, mbeu haic, hnyamx haic/a car is very bounce.

hnyamx biouv ndortv hnyamx ndanc biouv ndortv/to bounce on branch to make fruit fall down.

hnyan pm. juv-nyeiz nyang hnyan-hnyan nyei tiux jienv mingh/running as a dog.

hnyangx m. 年 /nián/ yietc hnyangx/year, during a year.

cuotv seix hnyangx yungz cuotv seix wuov norm hnyangx/year born.

da'haav hnyangx jiex daaih wuov deix hnyangx/previous year.

hnyangx baav hnyangx baav hnangv/an odd year; occasional year.

hnyangx-dauh cor hoqc bieqc siang-hnyangx daaih. Gj: hnyangx-gorn/in the beginning year.

hnyangx-dauh leic 1 zoux liangx-ndeic bungx-zuoqc nyei hnyangx/a prosperity year. **2** leic hnyangx biaux deic-bung fai zoux yinh wuic/a good year.

hnyangx dauh taux hnyangx-mueiz congh hnyangx-gorn taux hnyangx-dueiv/from the beginning of the year to the end.

hnyangx dong hnyangx-hnyangx taux dongh gen nyei ziangh hoc/the harvest time in the year.

hnyangx-dueiv 年底 /niándǐ/hnyangx oix jiemc aqv; hnyangx-ndiev/last quarter of the year.

hnyangx-gaeng cuotv seix hnyangx, hlaax, hnoi cau ziangh hoc/birth date.

hnyangx-gorn 年头 /niántóu/ cor jang bieqc siang-hnyangx daaih/the beginning of the year; new year.

hnyangx-hlen aa lamh deix taux jiex hnyangx aqv/shortly before new year.

hnyangx-hnyangx 每年 /měinián/ linh jienv mv nqaeqv yietc hnyangx/yearly or every year.

hnyangx-jeiv gox ndongc haaix caux lunx ndongc haaix nyei sic/the age.

hnyangx-jeiv cing corc se lunx nyei/still be youthful; teen aged.

hnyangx-jeiv gox hnyangx-jeiv hlang gox aqv/to be advanced in age.

hnyangx-jeiv horqc gan hnyangx-jeiv nyei horqc/school grade.

hnyangx-jeiv hlang ziangh duqv lauh gox aqv/to be advanced in years.

hnyangx-jeiv lunx corc lunx nyei maiv gaengh gox/to be young in age.

hnyangx jiex hnyangx yietc hnyangx jiex yietc hnyangx/year after year.

hnyangx-leic yietc hnyangx funx bun nzunc nyei leic zinh/annual interest rate.

hnyangx-ndiev oix lamh deix taux hnyangx nyei ziangh hoc/at year's end.

hnyangx-soux funx gan hnyangx nyei ziangh hoc/time count by year.

hnyangx-zingh ciouv liangx-ndeic mv benx fai sic camv nyei hnyangx/a year misfortune; a bad year.

hnyangx-zingh huaang liangx-ndeic maiv benx nyei hnyangx/a bad year for farmer; a year of disaster.

hnyangx-zingh longx cun-gaeng longx zornc zinh ziouc nyei hnyangx/a year of prosperity; lucky year.

hnyapv w. **1** hnyapv houx; hnyapv lui-siaam/to wrap around and tuck in. **2** hnyapv nanv/to snatch; grab quickly.

hnyapv dungz-zaux tiux mingh hnyapv nanv jienv dungz nyei zaux/to quickly grabbed and hold pig's leg.

hnyapv jienv houx baeng houx faaux daaih hnyapv jienv/to pull trousers tight and tuck them in at the waist.

hnyapv mv jienv hnyapv nanv gau mv jienv/to grab but failed to.

hnyapv mv zuqc hnyapv gau nanv mv zuqc/to snatch but failed catch.

hnyapv maaz-nzong tiux mingh hnyapv jienv maaz-nzong/to quickly grab the horse's mane.

hnyatv pm. laqc heix nyei mienh gu'kuotv hnyatv tin hnyatv deic nyei/to vigorous mid body while dancing/juv-gouv njaah jienv juv-nyeiz hnyatv-hnyatv nyei.

hnyauv pm. suix hnyauv nzengc caeqv mv sung. Gj: hnyuoqv, nyauv/the thread be tangled together/ga'nyorc mbiorngz hnyih hnyungx hnyauv wuov/like spider web tangled up.

hnyeiv pm. yuoqv daaih cuotv hanc hnyih hnyungx hnyeiv wuov. Gj: hnyueiv/to form into drops of sweat.

hnyih wj. hnyih hnyungx hnyong; hnyih hnyungx hnyaa nyei/many many.

hnyiev pm. hnyiev haic; hnyiev gau. Wed: hniev/to be heavy, weighty.

hnyieqv w. hnyieqv namx nyei. Gj: hlieqv namx nyei/very cold; ice-cold.

hnyietv w. hnyietv zueic nyei/strongly smell bad.

hnyong pm. biei hiaangx hnyong-hnyong wuov/to be hairy.

hnyopc pm. lai nyim faix hnyopc hnyopc muonc wuov aqc nyopv mv zuqc/small as mustard green seeds.

hnyopv aengx lorz mangc "hnyopc" wuov joux nyei eix-leiz.

hnyorpv[1] w. miev-nyim guoqv zuqc zoux bun hnyorpv sin sietv/to irritate skin by the dried grass seeds.

hnyorpv haic haiz hnyorpv haic maiv kuh yietc deix/feel very irritate the skin.

hnyorpv[2] pm. hnyouv cunv; hnyouv doqc; hnyouv ciouv/fierce; unfriendly.

hnyorpv haic hnyouv ciouv haic orqv haic/to be unfriendly; fiercely.

mienh hnyorpv mienh hnyouv ciouv orqv nyei mienh/vicious, mean person.

hnyouv[1] gu'nyuoz hnyouv/a heart; mind; soul; spiritual; core; inner; central.

hnyouv baengh maaih baengh fim nyei hnyouv/to be fair; just.

hnyouv baengh orn maaih njien-youh orn-lorqc/to have peace in one's heart.

hnyouv ben hnyouv mengh baeqc taux. Gj: hnyouv bin/to be aware of.

hnyouv beqv hnyouv gic a'fai nqa'qiex beqv/to have a quick temper; impatient.

hnyouv-caax guai maaih hnyouv-caax jangx duqv henv mingh ziex bung/have a quick mind; nimble mind.

hnyouv camv maaih camv-diuc hnyouv to be unable to make up one's mind.

hnyouv cinx qaqv jaaix, njapv, gatc fai muonc/to be precise and meticulous.

hnyouv cing 1 bieqc hnyouv duqv longx cing nyei/to thoroughly aware. **2** camv-hnoi mv nyanc ga'naaiv/clear stomach.

hnyouv ciouv fiem-fingx muonc ciouv nyei hnyouv/touchy; fierce; mean.

hnyouv cunv hnyouv doqc a'fai orqv nyei hnyouv/ruthless; heartless; callous.

hnyouv cuotv nziaamv cuotv nziaamv congh hnyouv/internal bleeding.

hnyouv dingc hnyouv maiv mbungh mbienv/to be determined; composed.

hnyouv donc hnamv cuotv duqv donc nyei hnyouv/slow mental.

hnyouv doqc maaih doqc oix zoux hoic mienh nyei hnyouv/an evil mind.

hnyouv faan-fei lunc maaih liouh lunc nyei hnyouv/to have unsettled minded.

hnyouv faix gamh nziex; daamv mapv mv gaamv zoux/fearful; not dare to.

hnyouv fong haiz a'hneiv hnyouv fong nzengc/to feel relieved and happy.

hnyouv gaqc haiz maaih nyungc jangx jienv yiem hnyouv/to have something weighing on mind.

hnyouv gic hnyouv beqv; hnyouv gic/to be impatient; impetuous.

hnyouv ging bueix njormh mv baac haiz mbui di'dien ziouc nyie aqv/to be easily awakened.

hnyouv gorqc jaang gorqc jaang jangx zuqc/to recall mind; to aware of.

hnyouv guai maaih hnyouv-zoih longx nyei hnyouv/to be clever in mind.

hnyouv hanc maaih hnyouv hanc mienh mueic jieqv mienh/to jealous.

hnyouv hanc zoux mueic jieqv oix zoux/eager to do something.

hnyouv henh maaih baengh orn hnyouv nyei/to have a peaceful mind.

hnyouv henv hnyouv maaih jangx-fingx longx/to have a good memory.

hnyouv hepc njapv, hnyouv hepc maiv kangv juangc/selfish; stingy; unwilling.

hnyouv horh oix horh sic zoux horpc nyei hnyouv/to have a peaceable nature.

hnyouv huaang hnamv lunc hnyouv nzauh nyei sic/to be depressed or stress.

hnyouv huaang baengc hnyouv nzauh huaang nyei baengc/depression symptom.

hnyouv hlo oix mauv longc ga'naaiv camv-camv nyei/to greedy for.

hnyouv hnamv yiem hnyouv hnamv taux/to think about in one's mind.

hnyouv hnamv lunc hnamv camv liouh lunc/to be confused oneself.

hnyouv hnamv nangv hnyouv beqv hnamv maiv zaaic/to lack of foresight.

hnyouv hngongx hnamv mv tong haaix nyungc/to lack of sophistication.

hnyouv im hnyouv doqc hnyouv cunv to be resentful; bitter heart, evil.

hnyouv jangv maaih nzie mienh nyei hnyouv/big-hearted; kind heart.

hnyouv jieqv mueic jieqv mauv mienh nyei hnyouv. Gj: jieqv hnyouv/wicked; ill-intentioned; evil.

hnyouv jorm 1 haiz hnyouv-jorm nyei baengc/heartburn symptom. **2** a'hneiv jorm hnyouv/feel warmly in one's heart.

hnyouv-jorm baengc hnyouv jorm bungx yiez nqingx nyei baengc/to have a bladder infection symptoms.

hnyouv-jorm ndie tengx hnyouv jorm, bungx yiez-nqingx nyei ndie/medicine for bladder infection or heartburn.

hnyouv kungx lauh mv nyanc ga'naaiv zoux bun hnyouv kungx/to feel stomach empty; to feel hungry and weak.

hnyouv laangh a'hneiv weic; hnyouv laangh bun/to be unsympathetic toward someone who commit evil.

hnyouv laangh ndie nyanc bun hnyouv kuh yiem nyei ndie/medicine to help cooling internal.

hnyouv laengc haiz hnyouv laengc oix lov nyei baengc/a nauseated symptoms.

hnyouv laaic hnyouv nyeiv laaic nyei sic/to suspect someone.

hnyouv laic hnyouv laic; hnyouv cinx fai njapv kungx oix duqv mienh nyei hnangv/stingy; greedy; unfriendly.

hnyouv lengc hnamv caux mienh maiv fih hnangv/to have a different view.

hnyouv-lengh maaih hienx auv hienx nqox nyei hnyouv/to have mind out of one's spouse; adultery.

hnyouv liangv hnyouv hnamv taux haaix nzuih yaac gorngv taux wuov nyei mienh/as a person who be easily share feeling and thoughts.

hnyouv liou 1 haeqv zuqc hnyouv liou dangh/to be terrified; startled. **2** liemh zeih a'hneiv hnyouv liou/to be surprised.

hnyouv longx 1 hnyouv ndaauv nzie mienh/kind-hearted. **2** a'hneiv longx hnyouv/happy; gladness.

hnyouv lorx hnyouv lorx jienh la'kuqv ga'naaiv/absent-minded.

hnyouv lunc hnyouv lunc maiv wuonv to be confused and without sense.

hnyouv lunx hnamv nangv zoux dorngc to be inexperienced; immature.

hnyouv mv henv hnyouv mv guai nyei sic/lacking of good memory.
hnyouv maaih sic hnyouv maiv henh weic zuqc maaih sic/to have something weigh on one's mind.
hnyouv maiv benx maaih doqc mauv mienh nyei hnyouv/a bad character.
hnyouv maiv benx yiem 1 haiz hnyouv ngunc haih lov/to feel nauseated. **2** haiz kuonx hnyouv/to feel unhappy.
hnyouv maiv dingc hnyouv mbungh mbienv/to be doubtful.
hnyouv maiv gic zoux sic ndanh maiv gic sin/inattentive; idleness.
hnyouv maiv henh haiz hnyouv maiv henh/to be in bad mood; fretful.
hnyouv maiv jangx hnyouv mv maaih jangx-fingx/to have a bad memory.
hnyouv maiv nqaai mv longx hnyouv bun/to be dissatisfied.
hnyouv maiv yiem mienh yiem yietc bung hnyouv ganh mingh hnamv bung an absent-minded.
hnyouv maiv siouc hnyouv ngunc siouc maiv duqv/unable to taste because of nauseated symptoms.
hnyouv maiv zingx maaih zoux zaqc nyei hnyouv/dishonest; crooked minded.
hnyouv maiv zorngh hnyouv mv siouc lai-hnaangx/cannot smell food because of nauseated.
hnyouv mau hnyouv mau yiex nyei mienh/pitiful heart; fainthearted.
hnyouv maux maaih maux nyei hnyouv to be proud of oneself.
hnyouv morngz hnyouv mv haih jangx duqv/absent minded; bad memory.
hnyouv mun 1 gu'nyuoz hnyouv mun nyei baengc/an internal injury. **2** haiz korh lienh hnyouv mun/to grieved and sorrow heart.
hnyouv-mun dingx cing-jaa-yinh bun sieqv-diex sieqv-maac longx hnyouv bun sieqv mingh dorng jaa wuov deix dungz-dingx.
hnyouv-mun nyaanh bungx sieqv nyei nyaanh fai leiz-ging zinh.
hnyouv muonc 1 hnyouv muonc nyei mienh/a picky heart. **2** eix-leiz muonc nyei hnyouv/a touchy minded.
hnyouv mbiangz guai hnyouv henv/to have a quick clever mind.
hnyouv mbiouh hnyouv liouh lunc mv dingc/to be uncertain or settled mind.
hnyouv mbungh mbienv maiv dingc maaih mbungh mbienv nyei hnyouv/to doubtful minded.
hnyouv namx haiz maiv jiez hnyouv aqv/uninterested or discouraged.
hnyouv nangv hnyouv hnamv mv gaux longc/to be shortsighted.
hnyouv nungx aengx lorz beiv mangc "hnyouv longx" wuov joux.
hnyouv ndaauv hnyouv longx nzie doh naanc mienh/to be patient and tolerant.
hnyouv ndo waac zoqc hnyouv ndo nyei mienh/quiet and thoughtful person.
hnyouv ndonc hnyouv ndonc haic aqc njaaux mv bieqc hnyouv/to be slow in thinking or learning thing.
hnyouv ngaengc hnyouv ngaengc maiv muangx waac/disobedience; stubborn.
hnyouv ngau hnyouv maiv zaqc nyei mienh/crooked-hearted.
hnyouv ngunc hnyouv ngunc haiz oix lov/feel nauseated about to vomit.
hnyouv njapv gatc matc nyei hnyouv to be selfish; miserly.
hnyouv njuotv haih pienx mienh nyei hnyouv/dishonest.
hnyouv nqaai buangv hnyouv buangv eix aqv/to satisfied with the outcome.
hnyouv nqoi hnamv duqv nqoi aqv/to start to understanding.
hnyouv nyei baengc 1 you-nzauh nyei baengc/mental illness. **2** kuonx hnyouv mv baac maiv haih tengx/problem that one cannot help.
hnyouv nyeiv maaih hnyouv laaic taux aqv/to have a suspicious.
hnyouv nyunc ganh nyei hnyouv nyunc duqv/be willing to; one's own desire.
hnyouv nzauh 1 hnyouv nzauh nyei baengc/sorrow; despair. **2** nzauh heix/to worried about something.
hnyouv nzauh baengc nzauh cuotv nyei baengc/depression.

hnyouv nziaaux guai maaih jangx-fingx longx haic/intelligent; clever.
hnyouv nziouh 1 hnyouv nziouh oix nyanc. Gj: hnyouv sie. **2** hnyouv nziouh oix lov/to have nauseated symptom.
hnyouv nzomh waac zoqc maiv kolo nyei mienh/a quiet person.
hnyouv nzotv hnyouv donc hnamv mv nqoi nyei mienh/a person who mentally dull, sometime considerate to be stupid.
hnyouv nzuonx wuonh hnyouv gorqc jaang nzuonx wuonh daaih aqv/to aware of something; to stay alert.
hnyouv orn-lorqc njien-youh orn-lorqc nyei hnyouv/to feel cheerful.
hnyouv orqv maaih oix zoux doqc hoic mienh nyei hnyouv/evil heart; heartless.
hnyouv paan-puoqv maiv wuonv nyei hnyouv/unsettled minded.
hnyouv pien doqc fim nyei hnyouv/to be morally crooked.
hnyouv-pien mienh maiv maaih korh lienh nyei hnyouv/to be heartless.
hnyouv sie oix nyanc hnaangx/hungry or feel long for food.
hnyouv sie haic haiz hnyouv sie haic aqv/feeling so hungry.
hnyouv sie jaang nqaatv zoux-zorc mienh gorngv caux mienv nyei waac/a ritual language.
hnyouv sie mienh mv maaih nyanc beuv nyei mienh/a hunger.
hnyouv siouc hnyouv zorngh duqv yaac oix nyanc/to be delicious.
hnyouv suonc buonv-suonc hnyouv nyei mienh/to have an even-tempered.
hnyouv uv maaih guv guaix hnyouv nyei mienh/to have a cunning mind.
hnyouv waaic 1 haiz hnyouv waaic nzengc/heart-broken. **2** hnyouv doqc fai orqv/an evil-minded. **3** liemh zeih haiz a'hneiv/great surprise.
hnyouv wai-wangv wai wangv laangh fim nyei hnyouv/an evil; wickedness.
hnyouv wuonh maiv la'guaih qiex jiez nyei hnyouv/an even temper.
hnyouv wuonv hnyouv maiv mbungh mbienv/dependable minded.
hnyouv yuonh paaiv sic baengh fim nyei hnyouv/fair-minded; justice minded.
hnyouv zaqc maiv maaih pienx nyei hnyouv/an honest person.
hnyouv zietc hnyouv zietc tauv qiex maiv cuotv/tight chest unable to breath.
hnyouv zinx haiz gamh nziex la'kuotv mbokc nyei sic/to feel nervous.
hnyouv zing hnyouv zing nyiemz maiv zuoqc mienh/a fainthearted.
hnyouv zingx mv maaih pienx fai mauv nyei hnyouv/honest minded.
hnyouv-zoih guai, hnyouv nziaaux/to be full of knowledge; enlightened.

hnyouv[2] m. hnamv longx; hnamv waaic nyei sic/conscience; spiritual and soul.

hnyouv[3] pm. haiz jiez hnyouv fai mv jiez hnyouv/intention or designed.
hnyouv oix haiz jiez hnyouv oix haiz haic/eager to hear or to listen.

hnyouv[4] gn. mbu'ndongx-fim; gu'nyuoz fim/the center; in the middle area.

hnyueiv[1] w. sin sietv butv pokc faix nyei hnyih hnyungx hnyueiv wuov.

hnyueiv[2] pm. cuotv hanc hnyungx hnyueiv wuov/to form into a drop (as sweat).

hnyungh nw. hnyungh laeh?. What is it?. zoux hnyungh?. What's matter?.

hnyungv nw. hnyungv laeh. Gj: hnyungh, ha'nyungc/what is it. Gorngv hnyungv laeh?. What (did you) say?.

hnyungx w. hnyih hnyungx hnyaau nyei hnyaa buoz mingh zorqv/so greedy for.

hnyuoqv pm. suix hnyuoqv nzengc caeqv maiv nqoi/entangle; trampled together.

hnyuotv m. yietc nqanx dueix douz-nzauc buov nyei douz-hnyuotv/a wood log for fireplace in Mien traditional house.

hnyutv w. hnyutv ndie-wuom nzaaux sin to boil water; to heat up water.

I

I, i /i/ **1** ziepc feix norm nzangc-maac yiem Iu-Mienh/Yao nyei waac. **2** saauv i nyei hoc-dauh/number two. **3** i gox; i hmuangv a pair; a couple.
i baav i baav biaaix; i baav dopc lai/two bunches of something.

i baengh i baengh wuom; i baengh ndie two bottle of water or liquid.
i baengx i baengx congx; i baengx hnaav/two gun; two cross-bow.
i baeqv-fun baeqv-diex caux fun-dorn fai fun-sieqv/uncle and his nephew, niece.
i benv 1 hniev-soux 64 lungz. **2** yietc pin sou nyei i bung/two side of a single page.
i buangc suix lunh i buangc suix/to sew up with two stitches.
i bung i bung zeiv; i bung mienh; i bung jauv-hlen. Gj: i maengx/two side.
i bung m'zing sung-m'zing/both eyes.
i buonv i buonv sou/two copies of book.
i cietv i norm leiz-baaix/two weeks.
i cin nyic ziepc baeqv/two thousand.
i cuangx ndorqc ndaauv i cuangx/unit length equal two yards
i cun i torngx cun-gaeng/two cultivates.
i cun-ciou i torngx cun-ciou/two crops.
i daa-laangh ong-daa caux weiv; die caux weiv/father and son in-law.
i daapc i daapc zeiv; i daapc sou/two stack of papers, books.
i dan hniev-soux se maaih biee cin pauh two ton, equal to 4000 pounds.
i dauh i dauh mienh; i dauh saeng-kuv two people or animals.
i dauh doic maaih i dauh doic/to have two companions.
i deih fun dorc deih caux sieqv-fun fai dorn-fun/aunty and her niece, nephew.
i diemv 1 i diemv ziangh hoc/two hour or two o'clock. **2** ndiepv i diemv/couple drop of liquid or rain.
i diuc i diuc hnyouv; i diuc jauv/double mind; two ways.
i diuh i diuh biaav; i diuh ndoqv; i diuh houx-hlaang/two long objects.
i diuh nyaanh i diuh nyaanh diuh. Gj: i deix nyaanh/two silver bars.
i doic i doic mienh/two generations.
i dorn-diex dae caux dorn, se heuc i dorn-diex/son and father together.
i dorn-maac dorn caux maa se heuc i dorn-maac/son and mother.
i douc 1 i douc ndaauv nyei ga'naaiv two long objects. **2** i douc ziangh hoc two period of time.
i fingx 1 i fingx mienh/two nationalities or tribes. **2** m'jangc, m'sieqv fingx/two sexes, male and female.
i fun-weiv sieqv-fun nyei nqox caux nziez-maac, gou-maac, youz-diex, deih maac, baeqv-diex fai njiez-diex.
i gox i hmuangv, maiv dorh leiz nyei waac/a married couple.
i gox-nqaai maiv maaih fu'jueiv wuov deix i hmuangv, mv dorh leiz nyei waac a childless couple, impolite.
i gou-fun sieqv-fun fai dorn-fun caux gou-maac/niece or nephew with their aunty, the older sister of their father.
i gou-miangh dorc caux ninh nauz nyei auv i dauh/a woman with her younger brother's wife.
i gouv yie gauh hniev ninh i gouv/I am heavy than him two time.
i guanh i guanh mienh; i guanh norqc; i guanh saeng-kuv/two herds, crowded.
i horh ngaanc i bung ndaaih hlen a'fai ndoqv-hlen/two opposite side.
i horngh 1 i horngh eiv. Gj: liouz/two rows. **2** zangc horngh caux haac horngh two brands name.
i houh jeix auv-hlo caux auv-dorn se heuc i houh jeix/two wives of the same husband.
i hlaax i hlaax nyieqc/period times for two months.
i hlengx paaix zoux i hlengx/slice into two sides of splitter.
i hlengx nzung yietc nqanx nzung, yietc diuh nzung se maaih biee hlengx.
i hmuangv nqox caux auv/husband and wife; a married couple.
i hmuangv-gox die caux maa fai ong caux gux/an old married couple.
i hmuangv-lunx cor hoqc dorng jienv wuov deix i hmuangv/young couple.
i hmuangv-nqaai mv maaih fu'jueiv wuov deix i hmuangv, mv dorh leiz nyei waac/a childless married couple.
i hnoi i norm hnoi/two days.
i hnyangx nyic ziepc feix hlaax nyieqc two years; twenty four months.

i jaav-zeih dorn caux sieqv i jaav-zeih boyfriend and girlfriend together.

i jaax i jaax cie-ndaix; i jaax nzangv. Gj: poux/two boat or airplane.

i jieqv buoz zaaix buoz caux mbiaauc buoz; sung-buoz/both hands.

i jieqv zaux zaaix zaux mbiaauc zaux; sung-zaux/both legs.

i joux i joux waac/two sentences.

i juoh nziez gorx caux youz nyei auv se i juoh nziez/two brother's wife together.

i kanx hniev-sou *i kanx* se maaih betv lungz/a unit of weight equal to 0.154 of a kilogram.??

i kang i kang tei; i kang biauv; i kang sic; i kang gapc/two section.

i kang sic maaih i kang sic/two events.

i kang njongc i peng njongc nqaeqv jienv/two sections of wall.

i laanh i laanh mienh. Gj: i dauh mienh; i weic mienh/two people.

i laengc i laengc heh; i laengc matc/two pair of shoes or socks.

i lapv sou i lapv sou. Gj: i daapc sou two stack of papers, books.

i luonh mingh i luonh hei. Gj: mingh i nzunc hei/two round trip to market.

i maa-diev-laangh weic caux maa-diev se heuc i maa-diev-laangh/mother and son-law together.

i maengx 1 i maengx ndoqv-hlen/two sides. **2** paaix zoux i maengx/to sliceinto two pieces.

i maengx-forv i bung zungv haih koi duqv nqoi nyei forv/a two side padlock.

i maengx-hmien i maengx-hnyouv nyei mienh. Gj: i maengx-nzuqc/mediator; traitor; betrays.

i maengx-jauv mingh caux daaih nyei cie-jauv/have two way traffic.

i maengx mienh i bung nyei mienh/the people from the surrounding area.

i maengx-nzoz 1 Iu-Mienh nyei nzoz se i maengx-nzoz, weic zuqc i bung zungv haih mborqv duqv nyei/two side drum. **2** se beiv maaih i bung hnyouv nyei mienh/a traitor.

i maengx-nzuqc i bung nzuqc hmien nyei nzuqc/two edge knife.

i mbuangz-maac maa-bouc caux nyaam mother and daughter in-law.

i minc yietc pin sou nyei i bung/the two sides of a single page.

i morqv heuc doqc i hmuangv nyei mv dorh leiz waac/a married couple.

i morqv hmeiv hlaau i morqv hmeiv ziemx/two quarts of uncooked rice.

i muoc-nyaam muoc caux gorx nyei auv/a woman and the younger sister of her husband.

i muoz juangc dae maa nyei i muoz, mv gunv dorn fai sieqv/two siblings.

i muoz-dorn 两兄弟 /liǎngxiōngdì/ i muoz zungv dorn/two brothers.

i muoz-sieqv 两姐妹 /liǎngjiěmèi/ i muoz zungv sieqv/two sisters.

i muonz i lungh muonz/two nights

i nauz-fun nauz-diex caux fun-dorn fai fun-sieqv/a boy or girl and their uncle the younger brother of their mother.

i nauz-weiv yie caux yie nyei auv nyei nauz/me and my wife's younger brother.

i norm i norm (junh nyei ga'naaiv, beiv jaux, hieh mbeu/two round objects).

i norm biauv/two houses.

i norm cie/two cars.

i norm ziangh hoc i diemv ziangh hoc fai i norm ziangh hoc/two o'clock.

i ndiepv i ndiepv wuom, youh, hmei/two drops water or liquid medicine.

i ngaqv i ngaqv zaangh, ndiangx/two pieces firewood.

i nqanx i nqanx douz-hnyuotv. Gj: i douc/two fire logs.

i nyungc i nyungc ga'naaiv/two brands.

i nzangh longx caux mv benx i nzangh two brands; two sections; two layers.

i nzangh biauv i kang biauv/two story house.

i nziez-fun nziez-maac caux fun-dorn fai fun-sieqv/nephew and niece with aunty the younger sister of their mother or the wife of their uncle.

i nzong i nzong ndeic; i nzong lingh/two swidden fields or farms.

i nzunc i nzunc; mingh nziaauc i nzunc to go visit two times; visit twice.

i nzuonx yangh mingh i nzunc daaih i nzunc/to travel two round trip.
i ong-fun gu'nguaaz-fun caux ninh nyei ong/a grandfather and his grandchild.
i poux i poux njiuv; i poux nzangv; i poux dungz-hlan/two pairs.
i poux njimh i poux njapv hlieqv nyei njimh/two pairs of pliers.
i qongx i qongx gen; i qongx doqc sou nyei horngc/two rooms.
i qongx gen i qongx bueix nyei gen/two bedrooms.
I saa yaa 以赛亚书 /yǐsàiyàshū/ yietc buonv zengx-ginx sou nyei mbuox, se yiem loz-ngaengc waac ging-sou/a book of Isaiah, in the Bible.
i sieqv-diex dae caux ninh nyei sieqv/a father and his daughter.
i sieqv-maac maa caux ninh nyei sieqv a mother and her daughter.
i sung se hnangv i sung zouc/two pairs of a chopsticks.
i topv i topv (yaangh horv, maaih nyic ziepc-feix gapv/two dozen matches).
i torngx cun zoux i torngx cun-gaeng to planted two crops.
i torngx dorn saeng-kuv njiec i torngx dorn aqv/animal give birth twice.
i torngx zei-naanc buangh i nzunc sic hoic mienh/two disasters.
i torqv i torqv (ziu-biouv fai daau-biouv two bunches as banana).
i waaz waaz i (waeqc nzangc/two strokes of drawing or writing).
i waanc nyic ziepc cin/twenty thousand.
i wuonc i wuonc eiv; i wuonc tei/two row (chairs, step of a ladder).
i yiemc zuqv i yiemc lui; homc i yiemc suangx/two layers (of clothes).
I Yipv yietc norm guoc jaa, yiem D.B Fei Ziou, hungh zingh se Cairo/Egypt, a country in N.E Africa.
i youz-bueiv dorc nyei nqox caux nziez nyei nqox/two sister's husband.
i youz-fun youz-diex caux ninh fu'jueiv uncle and his nephew or niece.
i youz-nyaam youz caux gorx nyei auv a man and his older brother's wife.
i ziex i ziex norm; i ziex dauh; i ziex ndornh nyaanh/a few or several.
i ziex hnoi i ziex hnoi hnangv mv lauh just a few days or several days.
i ziex hnyangx i ziex hnyangx hnangv few years or several years.
i ziex muonz i ziex muonz hnangv maiv lauh/just few nights.
i ziex mbiec 1 yangh i ziex mbiec jauv to walk several steps. **2** congx i ziex mbiec congx/to do few embroider work.
i ziex nyungc i ziex nyungc ga'naaiv/a few kinds or types.
i ziex nzunc mingh i ziex nzunc hei/to go shopping few times.
i zorngh i zorngh yienv; i zorngh zaanv two dozen of bowls or cups.
i zung i zung nzuqc; i zung bouv; i zung porng/two knives; two axes.

ic wj. ic faa; ic gernx; ic gin/to be greater than or more than.
ic faa waaic gauh waaic jiex ih zanc naaiv/getting worse than what is now.
ic gin jiex liuz sic jiex liuz mi'aqv/to be passed by or be gone.
ic gin lauh aqv jiex daaih lauh aqv/has been long time.
ic kaix yietc njiec caux jienv/together with; to take in as a part.
ic sic jouv bienx haih guv guaix benx duqv ziex nyungc cuotv daaih/to be amaze and changeable.
ic sux ic sux mv dungx gorngv zungv gauh longx/better not to say.

ih[1] w. ih zanc; ih hnoi, ih hnyangx/ih jaax lungh ndiev/now, today, this year.
ih feix zoux liuz zaqc mienh hiuv ziouc haiz mv maaih deix ih feix nyei/to feel disappointed after committed crime.
ih hnoi ih hnoi nyei hnoi/today; during today/ih hnoi nor yie mv nyaangc meih aqv/I'm not going to forgive you today.
ih hnyangx naaiv norm hnyangx; naaiv hnyangx/this year.
ih jaax hnoi ih zanc naaiv jaax lungh ndiev/nowadays; the present time.
ih jaax lungh ndiev ih jaax nyei lungh ndiev/the world of the present time.
ih jaax mienh ih jaax hnoi nyei mienh people of nowadays; people of present generation.
ih mounz ih muonz; aav hitv hmuangx

tonight or during tonight.
ih ndorm a'ndorm/this morning; during this morning.
ih ungx opv buov douz cuotv douz-sioux ih ungx opv nyei/rising of smoke.
ih zanc ih zanc aqv/now or present.
ih ziev sipv mienv mienh heuc lungh jiex gorn gorngv ih ziev.
maaih ih feix hiuv ganh mv dorngc mv zuqc nyaiv/to feel one is innocent.
maiv maaih ih feix haiz ganh duqv zoux dorngc liuz nyaiv/to feel embarrassed.

ih[2] cm. Iu-Mienh nyei jiex gorn baan-buic mbuox, *beiv hnangv* Ih Fuqv, Ih Zoih/a person's prefix name.

iv[1] w. iv congh zoux/allow to do or permit someone to do something.
iv congh gorngv ninh iv congh yie gorngv div ninh/he allow me to speak for him.
iv congh longc iv congh m'jangc caux m'jangc longc doic.
iv congh maaic nqoi nzuih bun maaic; iv congh bun maaic/to permit to sell.
iv congh sou bun lingc nyei sou. Gj: zunv lingc sou/a permit; a license.
iv huon sou zunv lingc benx auv benx nqox nyei sou/a marriage license.
maiv iv congh maiv bun lingc/prohibit; to forbid by authority.

iv[2] nz. mbiungc; duih mbiungc/rain or to be rain; raining.
iv suiv gorng duih mbiungc camv wuov gorng hoc/the rainy season.
iv suiv hnoi duih mbiungc camv jiex nyei hnoi/the most rainy day, season.
iv suiv linh tin maiv dingh liouh nyei duih mbiungc/to be continue rainy.
lorqc iv duih mbiungc ndortv njiec/the fall of rain.

iv[3] pm. iv, aqc mangc gau; iv, laih hlopv gau, se fu'jueiv gorngv nyei waac.

ix[1] hq. fu'jueiv a'hneiv dae maa taux heuc nyei waac/ix, ix dae maa taux aqv.

ix[2] nz. maiv dungx, nzung nyei waac/don't or prohibition.
ix duqv dor-nzauh benx nzung baaux gorngv mv dungx nzauh/don't worry.
ix guaix mv dungx guaix/don't blame.
ix gunv maiv dungx gunv/don't care or don't worry about it.
ix suotv mv dungx gorngv/don't speak or don't say.
ix tingx mv dungx muangx/don't listen.

Iceland m. 冰岛 /bīngdǎo/ yietc norm maaih sorng weih gormx nyei deic-bung, se yiem nitv baqv bung lungh ndiouh, hungh zingh mungv heuc Reykjavík.

Idaho m. yietc norm ziou, yiem F.B bung maengx Meiv Guoqv, ziou nyei domh mungv heuc Boise.

Illinois m. yietc norm ziou, yiem Z.B bung maengx Meiv Guoqv, ziou nyei domh mungv heuc Springfield.

im[1] md. haiz im; niangv im; ba'daatc im/to be bitter; taste bitter.
im haic nyanc haiz im haic/taste very bitter; so bitter.
im jiex jaax ba'laqc im jiex ndaangc mi'aqv/too bitter; over bitter.
im nyei mueix haiz im nyei mueix doc bitter favorite; bitter taste.

im[2] w. im saeng-kuv; im mienh/to castrate or to surgically castrate sterilize.
im dov im dov duqv longx/to be well perform on castration.
im jai paaix zorqv jai nyei jaix-nduih guangc/to castrate on a rooster.
im mienh im m'jangc fai m'sieqv mienh weic mv oix bun maaih saeng-yungz/to sterilize a person.
im jaix-nduih paaix zorqv jaix-nduih guangc/to castrate animals.
paaix im longc nzuqc paaix jaix-nduih guangc; to surgically sterilize.

imv[1] w. zoux faatv imv bun butv-hngongx gorngv waac mv cuotv/to put magic on someone so he or she will speechless.
imv juv faatv longc imv juv bun juv maiv haih njungx nyei faatv/a magical to made a dog unable to bark.

imv[2] bt. faang-imv, ga'naaiv-mun nzuih wuov deix mbiaengz/a scab on a sore.

imx[1] m. yietc norm imx; gomv caeng nyei imx. Gj: nqaaix/a lid or cover for a pot.
caeng-imx gomv caeng nyei imx. Gj: caeng-nqaaix/a lid for kettle or a pot.

imx[2] aengx lorz mangc "mbiungc-suiv-imx" wuov joux nyei eix-leiz.

in[1] gn. yangh in; buov in; dunx in; nyanc in; paaix in; caix in/opium or tobacco.
in-baeqc longc in zouv benx in-baeqc daaih/heroin; white opium.
in-biangh in nyei biangh/opium flower.
in-bienh buov in mienh longc an buov in jaa-sic nyei bienh/a big plate used by opium smoker.
in-biouv dongh paaix cuotv zung benx in wuov/an opium poppy pod.
in-ciang da'yietv horngh longc buov in nyei ga'lorkv/best opium smoking pipe.
in-ciou gaav in bun mienh aengx longc leic nzuonx nyei sic/an opium loan by yearly interest.
in-dang longc buov in nyei dang-dorn/a tiny lamp used by opium smoker.
in-dauv longc buov in-mbiaatc nyei in-dauv-ngau/a curved pipe used for smoking tobacco.
India m. 印度 /yìndù/ yietc norm domh guoc jaa yiem N. bung maengx Asia, hungh zingh mungv heuc New Delhi.
Indiana m. yietc norm ziou yiem Z.B bung maengx Meiv Guoqv, ziou nyei domh mungv mbuox heuc Indianapolis.
in doc zuqc in-mueix doc zuqc nor jaic jienv njiec/the poison of opium.
Indochina m. se dongh ga'ndiev naaiv deix buo norm deic-bung nyei loz-mbuox/the countries in S.E Asia, including Laos, Vietnam and Cambodia.
Indonesia m. 印度尼西亚 /yìndùnixīyà/ yietc norm guoc jaa yiem D.N. bung maengx Asia, hungh zingh mungv Jakarta.
in-fei in-mbiaatc gaatv daaih muonc nyei fei-fei wuov/a finely cut tobacco.
in-ga'lorkv longc buov in nyei ga'lorkv an opium smoking pipe.
in-guqc in butv guqc nqoi biangh cuotv biouv/an opium start flower.
in-jieqv in zouv zuoqc daaih jieqv nyei wuov/black refined opium.
in-korx cuotv bun hungh jaa nyei in-nzou/a tax on opium.
in-korqv hlauv zoux daaih siou in dapv nyei korqv/opium harvest's tray.
in-mbiaatc nyungc-nyungc in-mbiaatc tobacco or cigarette.
in-mbiaatc diuh njunc ziangx nyei in-mbiaatc diuh/a cigarette.
in-mbiaatc famx gaatv daaih cou nyei in-mbiaatc/a coarsely cut tobacco.
in-mbiaatc gaatv pui nqaai in-mbiaatc normh gaatv daaih/finely cut tobacco.
in-mbiaatc gapv yietc gapv in-mbiaatc a pack of cigarette.
in-mbiaatc inv ngorc in-mbiaatc nyei inv/tobacco smoking habit.
in-mbiaatc korqv zaax in-mbiaatc ganx guangc nyei korqv/a cigarette ashtray.
in-mbiaatc normh in-mbiaatc nyei normh/tobacco leaves.
in-mbiaatc ndeic zuangx in-mbiaatc nyei ndeic/a tobacco field.
in-mbiaatc njunc njunc ziangx dapv jienv gapv in-mbiaatc/a cigarette.
in-mbiaatc nqaiv zaax in-mbiaatc ganx wuov deix nqaiv/cigarette ashes.
in-mbiaatc nzou cuotv bun hungh jaa in-mbiaatc nzou-zinh/tobacco tax.
in-mbiaatc sioux sorqv in-mbiaatc cuotv nyei sioux/smoke from the smoking a cigarette or tobacco.
in-ndeic zuangx in ndeic/an opium field.
in-ndongh dapv jienv wuom buov in-mbiaatc nyei ndongh/a bamboo water pipe used for smoking tobacco.
in-ndongh m'nqorngv zaengx jienv ndongh an in-mbiaatc buov wuov diuh jaix/the small stem of tobacco smoking water pipe.
in-nqaai in-zuoqc nqaai/dried opium or dried cooked opium.
in-nqaauv in nyei nqaauv/opium stalks.
in-nyiemz maiv zouv zuoqc nyei in/raw or fresh opium; uncooked opium.
in-nyim in-biouv gu'nyuoz nyei nyim opium poppy seeds.
in-nyim youh in-nyim zaax cuotv daaih nyei youh/opium poppy seeds oil.
in-nziouv zuangx nziouv yaac duqv paaix nziouv nyei in/early harvest opium.
in-nzou cuotv in nyei nzou-zinh/a tax on opium. Gj: in-korx.
in-nzuqc longc leqv in-biouv nyei i caax nzuqc/a two-pronged knife used for scoring opium poppies.

in-orqv zoux in-orqv *beiv hnangv* sipv mienv mienh tengx gu'nguaaz siou ging dorh gu'nguaaz nyei muoc hlorm douz se zoux norm in-orqv buov daic haeqv gu'nguaaz bueix mv njormh nyei gaeng daic mi'aqv.

Iowa m. yietc norm ziou, yiem Z. Meiv Guoqv B bung maengx, ziou nyei domh mungv heuc Des Moines.

in-qiex zueix-in nyei qiex/smell opium.

Iran m. 伊朗 /yīlǎng/ yietc norm guoc jaa yiem F.N. bung maengx Asia, hungh zingh heuc Tehran.

Iraq m. 伊拉克 /yīlākè/ yietc norm guoc jaa yiem F.N bung maengx Asia, hungh zingh mungv heuc Baghdad.

Ireland m. 爱尔兰 /àiérlǎn/ se yietc norm koiv-nzou guoc jaa, yiem Europe wuov bung, hungh zingh mungv nyei mbuox heuc Dublin.

in-saeng-eix zoux maaiz maaic in nyei saeng-eix/to run an opium business.

in-sim longc daav in buov nyei sim/a needle used by opium smoker.

in-sioux buov in nyei sioux/the smoke from smoking an opium.

in-ton dapv nzuih nyanc nyei in/opium for eat by mouth.

in-yaang 1 in-dorn/young opium plants. **2** nzung nyei waac gorngv sieqv-nzueic a beautiful girl. **3** sopc bang/a butterfly.

in-zaa zouv in-mueix cuotv liuz wuov deix zaa/opium dust left after boiled.

in-zeih guaaih in-biouv siou in nyei zeih/tiny paddle used for opium harvest.

in zin nouz/to be upset or mad.

in-zung in-nyiemz/raw or fresh opium.

in-zuoqc zouv zuoqc liuz nyei in/cooked opium. Dgw: in-nyiemz.

in-zuoqc nqaai zouv zuoqc pui nqaai daaih nyei in/dried cooked opium.

in[2] nz. qiev in, benx nzung gorngv douz-sioux/smoke from fire.

hung-in 1 buov-hung dorn; nzipc zong zei mienh/a heir. **2** buov hungh nyei sioux/smoke from burning incense.

inv m. buov in nyei inv; buov in-mbiaatc nyei inv/to be addicted to.

inv butv butv buov in nyei inv fai hopv diuv nyei inv/craving from addiction.

jiex inv mi'aqv hopv gau diuv jiex inv mi'aqv/to become addicted to.

m'njormh inv hnoi-hnoi bueix guenx nyei inv/a sleeping habit.

ingv w. ingv m'nqorngv nzuonx nqa'haav bung/to bend backward from waist.

ingx gw. caux gu'nguaaz gorngv an, oix zuqc gorngv ingx jienv/to place on.

ingx jiez mbuox gu'nguaaz dorh ga'naaiv hietv jiez, oix zuqc gorngv *ingx jiez*/to put it away, child language.

ipc zeiv aengx lorz mangc "nyutc zeiv" caux "lipc zeiv" wuov joux.

ipv[1] w. ipv lai-sui; ipv mbiauz-sui fai ipv orv-sui/to pickle.

ipv lai-jaax sui longc lai-jaaix normh gox wuov deix gaatv daaih an deix hnaangx-torng ipv/to pickle vegetable.

ipv mbiaic-sui fietv mbiaic dapv ongx ipv sui/to pickle bamboo shoots.

ipv orv-mbuonv sui zorqv orv caux hmeiv-mbuonv ipv sui/to pickle meat with rice flour and salt.

njuov-ipv mbiauh ziqv zorpc mbiauh mbiutc mbuonv caux deix saa-dorngh beu njuov daaih/a steamed bread made from rice flour.

ipv[2] snq. ipv qiex; ipv jienv qiex; ipv jienv mv taux qiex/to hold one's breath.

ipv nqa'qiex ipv jienv nqa'qiex fai zatv jienv nqa'qiex/to hold back one's anger.

ipv-zuangx a'lanh gorngv waac maiv cuotv/to stammer when talking

Israel m. 以色列 /yīsèliè/ Yiu-taaix guoqv, se yiem F.N bung maengx Asia, hungh zingh mungv heuc Jerusalem.

itv gw. zorqv, mbuox gu'nguaaz zorqv oix zuqc gorngv itv/to pick up.

itv ciakv mbuox gu'nguaaz jiez sin nyei waac/to stand up.

itv daaih mbuox gu'nguaaz zorqv daaih nyei waac/to tell a baby to pick up and bring it here.

Italy m. 意大利 /yīdàlì/ yietc norm guoc jaa, yiem N. bung maengx Europe, hungh zingh mungv heuc Rome.

iu[1] yd. iu doic mingh gemh/urge someone to go hunting game. Gj: yuoqc, ceu.
iu doic ca'laangh yuoqc doic ca'laangh zoux longx fai waaic/to urge someone to do good or evil.

Iu[2] bm. Iu-Mienh 瑶人 /yáorén/. Gj: Iuh, Yiu, Yiuh, Yao, Dao, Man, Mienh, Munh (Cinh Zeiv Mienh)/the Iu Mien known as mentioned at the above.
Iu-fingx se congh Yao bun njiec nyei fingx-fingx Iu-Mienh/an Iu Mien which subgroup from the Yao nationalities.
Iu-fun congh Bienh Hungh bun njiec nyei Iu-Mienh fun-faqv/the descendant of the King Pan.
Iu-Mienh dorn Mienh dorn/Mien boy.
Iu-Mienh lai hnaangx Iu-Mienh zouv nyei lai hnaangx/Iu Mien food or dish.
Iu-Mienh leiz Iu-Mienh nyei leiz-fingx the Iu Mien culture or customs.
Iu-Mienh mbuox beiv hnangv, Gauv Mengh fai Fux-Zoih se Iu-Mienh nyei mbuox/the Iu Mien name.
Iu-Mienh nzangc Iu-Mienh nyei nzangc an Iu Mien alphabet.
Iu-Mienh sieqv Iu-Mienh nyei sieqv/a Mien girl; Mien woman.
Iu-Mienh waac Iu-Mienh gorngv nyei waac/the Iu Mien spoken language.
Iu-Zouv 瑶族 /yáozǔ/ Bienh Hungh nyei zeiv-fun/the Iu Mien (Yao) tribe.

Ivory Coast m. 象牙海岸 /xiàngyáhǎiàn/ se yietc norm guoc jaa, yiem F. bung maengx Africa, hungh zingh mungv nyei mbuox heuc Yamoussoukro.

J

J, j /jor/ ziepc hmz norm nzangc-maac yiem Iu-Mienh/Yao nyei waac.

ja'biau lai yietc nyungc im nyei lai-miev bitter grass and eaten as vegetables.
ja'daic se dongh "janx-daic" naaiv joux fiev nangv daaih/a dead body.
ja'dingh se dongh "jaa-dingh" fiev nangv daaih/a household possessions.
ja'dingh gong. **1** biauv gu'nyuoz nyei Gong. **2** biauv gong/home work.
ja'dingh nzaic biauv zong hmuangv doic nyei sic/family matters or affairs.
ja'dorn-daic se dongh **jai-dorn daic** soqv nangv daaih, ja'dorn-daic se caux **zeix** benx muoz-doic/a black wart which related to mole.
ja'dorngx biauv zong longc nyei nzuqc bouv lo haaix, se dongh **jaa-dorngx** fiev nangv daaih/a household tools.
ja'fin Iu-Mienh buoqc zangc nyei ja'fin, se dongh **jaa-fin** soqv nangv fiev/a household ancestor spirits.
ja'gorngx ndiangx gaeng ja'daic sei wuov deix i nqanx ndiangx, se "jai-gorngx ndiangx" fiev nangv daaih.
ja'muangz janx-sieqv dorn/a non-Mien woman/se dongh "janx-muangz" fiev nangv daaih.
ja'muangx hor yietc nyungc ga'naaiv-ndaang/spearmint.
ja'muotc nyungc horngh longc nyei ga'naaiv, se dongh "jaa-muotc" fiev nangv daaih/general equipments.
ja'ndaangc jaa ndaangc ziangh hoc, se dongh "jaa-ndaangc" fiev nangv daaih to act before the time is come.
ja'ndaangc gorngv jaa ndaangc ziangh hoc gorngv/to say before the time.
ja'ndaangc mbuox jaa ndaangc ziangh hoc gorngv mbuox/foretell, foretold.
ja'nziouv gaanv nziouv ziangh hoc, se dongh "jaa nziouv" fiev nangv daaih/to act before the is come.
ja'sic nyungc horngh ga'naaiv-longc, se dongh "jaa-sic" soqv nangv daaih/all kind of tools; supplies; equipment.
ja'waanh yietc norm nyaanh daav daaih dangh jaang zorng nzueic nyei ga'naaiv *se dongh* "jaang-waanh" fiev nangv daaih/a silver neck ring.
ja'waanh baav buo taux biaa norm lapv jienv nyei ja'waanh/a set of neck ring, usually three-five pieces together.
ja'waanh ndoqc nduqc norm ja'waanh hnangv/a single neck ring.
ja'zeih-auv se dongh "jaav-zeih auv" soqv nangv daaih/a girlfriend.
ja'zinh se dongh "jaax-zinh" nyei soqv nangv daaih/price; value.

jaa[1] w. jaa tipv bieqc; jaa camv/to add in; to increase; to become more and more.
jaa bieqc jaa camv bieqc/increase the amount; to become greater.
jaa bun aengx jaa gauh camv deix bun to multiplication.
jaa bun hoc jaa bun nyei jangx-hoc/a multiplication symbol as **X**.
jaa camv faaux jaa tipv bieqc camv jienv faaux/to increase greatly.
jaa faac jaa bieqc camv nyei sic/to add or an addition
jaa faac hoc jaa bun camv jienv faaux nyei jangx-hoc/a plus sign as +.
jaa faix njiec jaa zoqc faix jienv njiec to decrease in size.
jaa gong-zinh jaa deix zoux gong nyei nyaanh faaux bun/to increase salary.
jaa hniev aengx gauh hniev loz-wuov to become more heavy; increase burden.
jaa jaax-zinh aengx jaa jaax-zinh faaux to increase the price.
jaa jaic aengx gauh jaic njiec/to lose more weight; to become more slim.
jaa-jamv maaih yietc nyeic a'fai maiv maaih yietc nyeic/to be limited.
jaa jienv deix jaa-ndaangc jaa camv deix/to keep in reserve; to make spare.
jaa junc aengx jaa junc faaux/to gain more weight.
jaa kouv jaa jomc kouv fai baengc jaa kouv/to increase suffering.
jaa laaih aengx jaa laaih njiec aiv, oix zuqc pingv faaux deix/to droop down.
jaa laaih zitc jaa dingx laaih zitc jienv njiec/to lose value.
jaa lai ndamv lai mingh jaa nzormc/to add more to a food dish.
jaa mun jaa gauh mun camv faaux/to become more painful.
jaa-ndaangc jaa ndaangc ziangh hoc/to act before the time is come.
jaa-ndaangc mbuox jaa-nziouv mbuox bun hiuv/to notify ahead of time.
jaa-nziouv gaanv ndaangc ziangh hoc to act ahead of time, in advance.
jaa nzou-zinh 1 jaa nzou-zinh faaux/to raise taxes. **2** jaa jienv nzou-zinh/to add tax to the amount of.
jaa qaqv tipv qaqv camv faaux/to add more power, strength.
jaa sic jaa zongc hniev bun zuiz-mienh to add more crime to.
jaa sienx fim jaa sienx gauh camv/to have increase one's faith.
jaa siepv jaa gauh siepv/be more faster.
jaa tim camv jaa tim bieqc camv/to add more; to increase the amount.
jaa tipv camv jaa tipv camv jienv mingh/to increase number.
jaa waac nzauh heix la'kuqv ziouc jaa waac/to remind a message.
jaa youh jaa cie-youh fai dang-youh/to refuel; to add more gasoline.
jaa youh zaamc jaa youh nyei dorngx. Gj: youh zaamc/a gas station.
jaa zaanc njiec bungx jaax-zinh njiec aiv/to lower the price.
jaa zeqv sipv mienv *douc sai* liuz aengx *jaa zeqv* faaux kang weic/a third merit making ceremony.
a) *douc sai* liuz se duqv lorngh mbuox, beiv hnangv "bienh laangh faam lorngh" se gorngv ninh nyei auv yaac fingx bienh se heuc *bienh sic yietv nyaangh*, hnangv gorngv aengx maaih da'nyeic auv fingx zeuz se heuc *zeuz-sic nyeic nyaangh*.
b) jaa zeqv liuz se duqv heuc taux *taaix* wuov norm mbuox, beiv hnangv *taaix-waic yietv lorngh* mv baac ninh nyei auv m'daaih heuc *nyaangh* hnangv.
jaa zongc jaa zuiz hniev bun zuqc bieqc loh gauh lauh/to add more crime to.
jaa zoux camv aengx zoux gauh camv faaux/to produce more.
jaa zuiz jaa zuiz bun gauh zuqc wuonx loh lauh/to add more crime to.

jaa[2] m. biauv, biauv zong. Gj: winh, winh leiz/a family; a household, home.
jaa-dingh yietc biauv nyei zinh zoih fai jaa-dorngx/a household possessions.
jaa-dingh fin-saeng cingv daaih biauv njaaux sou nyei fin-saeng/teacher hired by a family to teach their children.
jaa-dingh ga'naaiv biauv zong nyungc horngh ga'naaiv/family belongings.

jaa-dingh hoz maaih jaa-dingh ga'naaiv camv haic/a wealthy family with a lot of possessions.

jaa-dingh gong biauv nyei gong-bou luoqc louc/a household work.

jaa-dorngx biauv zong ga'naaiv/home tools and furniture, belongings.

jaa-duang biauv gu'nyuoz nyei sic/a household articles.

jaa-fin biauv zong buoqc zangc nyei diex maac mienv/ancestor spirits.

jaa-fin-daan fiev mienv nyei mbuox nyei sou/ancestor spirits recorded book.

jaa-fin-gouv m'jangc mienv/a male ancestor spirit.

jaa-fin-lunx mienh daic benx mienv mv gaengh se heuc "jaa-fin-lunx/recently decreased ancestor.

jaa-fin-mienv Iu-Mienh buoqc zangc nyei diex maac mienv/ancestor spirits.

jaa-fin-nyeiz m'sieqv mienv/ancestress.

jaa-fin-ong gox jiex wuov weic jaa-fin ong/an old male ancestors.

jaa-fin-ziouv gauh gox jiex wuov dauh mienv/the head of ancestor spirit.

jaa-fiuv naamh nyuoz yietc biauv nyei fu'jueiv hmuangv doic/a whole family.

jaa-jaa houz-houz buonc-buonc mienh every household; each family.

jaa-junx dorng jaa benx auv-nqox nyei sic/to have a family.

jaa kouv 1 biauv zong yietc zungv/a household possessions. **2** yiem-laamz nyei sic/a living condition. **3** jaa kouv camv/to be more severe.

jaa leiz 1 biauv nyuoz yietc zungv/a matter of family. **2** biauv zong hmuangv doic nyei leiz/family law.

jaa leiz nzaic biauv zong gu'nyuoz nyei gong-bou luoqc louc fai hmuangv doic la'nyauv nyei sic/a family matter.

jaa-ndiev yietc buonc mienh gunv nyei jaa-dingh/under a family's belongings.

jaa-ndiev nzaic biauv zong nyei sic/the matters of a family.

jaa-ndiev sic biauv zong hmuangv doic nyei nzaic zingh/a family problems.

jaa-ziouv biauv-ziouv ong, biauv-ziouv m'gux/a person in charge of the house.

jaa zoih 1 biauv zong maaih nyei zinh zoih/a family assets. **2** biauv zong yungz nyei saeng-kuv/all kinds of livestock.

jaa[3] gn. douz-nzauc gu'nguaaic kangx ga'naaiv wuov norm jaa/a wood rack suspended over fireplace.

jaa lorn hlaau yietc jaa lorn nyei sic/a one gallon; a container for measuring for one gallon.

jaa-muotc jaa-dorngx; wuoqc ginc/an equipment tools.

mborqv jaax jaa-muotc dorng baeng mienh longc mborqv jaax daix jaax nyei ga'naaiv/military equipments, weapons.

jaa-sic jun kix; cie/engine, machine, motor, vehicle engine.

jaa-sic faang dapv jaa-sic nyei faang/a toolbox; a case for storing tools.

jaa-sic longx 1 jaa-dorngx longx/good quality tools. **2** good engine.

jaa-sic poux maaic jaa-sic nyei poux/a hardware store.

jaa[4] nyc. *beiv hnangv* dorn nyei cing-jaa yie caux yie nyei auv heuc jaa-dorn.

dorng jaa longc auv longc nqox nyei sic/to get marry and establish a family.

jaa-baeqv se dongh "cing-jaa-baeqv" nyei soqv nangv daaih.

jaa-dorc se dongh "cing-jaa-dorc" nyei soqv nangv daaih.

jaa-diex se dongh "cing-jaa-diex" nyei nyei soqv nangv daaih.

jaa-fun se dongh "cing-jaa-fun" nyei soqv nangv daaih.

jaa-gorx se dongh "cing-jaa-gorx" nyei soqv nangv daaih.

jaa-gux se dongh "cing-jaa-gux" nyei nyei soqv nangv daaih.

jaa-maac se dongh "cing-jaa-maac" nyei soqv nangv daaih.

jaa-muoc se dongh "cing-jaa-muoc" nyei soqv nangv daaih.

jaa-nauz se dongh "cing-jaa-nauz" nyei soqv nangv daaih.

jaa-njiez se dongh "cing-jaa-njiez" nyei soqv nangv daaih.

jaa-nyaam se dongh "cing-jaa-nyaam" nyei soqv nangv daaih.

jaa-ong se dongh "cing-jaa-ong" nyei soqv nangv daaih.
jaa-weiv se dongh "cing-jaa-weiv" nyei soqv nangv daaih.
jaa-youz se dongh "cing-jaa-youz" nyei soqv nangv daaih.

jaa[5] aengx lorz mangc "i cing-jaa, daav cing-jaa, jui-jaa" nyei eix-leiz.

jaac pm. caix zorpc doic/to compound or mix with; mixture.
jaa in caix ga'naaiv zorpc in/compound something with an opium.
jaac ndie caix ndie zorpc. Gj: qouv zorpc doic/to mix, compound medicine.

jaav pm. miv zien/false; untrue; traitorous.
jaav-biangh giu zoux daaih nyei biangh a artificial or plastic flower.
jaav dingc aqv gorngv duqv jaav dingc aqv/absolutely false.
jaav-eix zaax laaic; doqc eix zoux nyei sic/false intent; pretend to be true.
jaav-fienx jaav nyei fienx/false news.
jaav-gu'nguaaz giu-gu'nguaaz. Gj: gu'nguaaz-daic/a doll or a plastic baby.
jaav-hmien fanh guaiv hmien; zorng jaav nyei hmien/a mask; a false face.
jaav jaax-zinh maiv zien jaax-zinh/an incorrect or false price.
jaav leiz pienx mienh, waengc mienh nyei leiz; mv zien leiz/a false charge; false doctrine.
jaav-mienh ndiangx-mienh fangx fai giu-mienh fangx/a plastic man.
jaav-mba'biei mv zien mba'biei/a wig.
jaav-mbuox maiv zien mbuox/a false name or fun name.
jaav nyaah mv zeiz zien nyaah/a false teeth or dentures.
jaav-nyaanh maiv zien nyaanh/a fake money or fake coin.
jaav-sic laaic dorngc nyei jaav-sic/false charge; wrong suspicious.
jaav-sin longc giu fai ndiangx zoux daaih nyei sin/a dummy.
jaav sing gorngv zunh jaav nyei sic/a false report; false news.
jaav-waac gorngv jaav nyei waac/false statement; a lie.
jaav-zeih auv gorngv-waac mienh hnangv mv zeiz zien auv/a girlfriend; a man's sexual partner.
jaav-zeih-mbienz juangc dorngx yiem nyei gorngv-waac mienh/a sexual partner living together without married.
jaav-zeih-muonh louc nziaauc sieqv nziaauc dorn nyei sic/boyfriend and girlfriend.
jaav-zeih-nqox caux gorngv waac nziaauc nyei nqox hnangv, mv zeiz zien nqox/an unfaithful husband.
jaav ziangh zien zoux a'nziaauc zoux gau benx ziangh zien/to become serious after teasing with each other.
jaav-zinh jaav nyei nyaanh zinh/fake silver coin; a counterfeit coin.
jaav-zengx jaav zorng-zengx/a false witness or false testimony.
jaav-zongc gox jaav-zongc hoic mienh a false charge; wrongful accusation.
jaav zorng 1 zorng jaav hnangv mv zeiz zien/to made believed. **2** gorngv huaangv jaav zorng waac/to state over the true; over statement.
jaav-zorng-zengx pienx hoic mienh nyei zorng-zengx/a false witness
jaav zoux zaax laaic zoux jaav nduov mienh/to pretend to be.

jaax[1] w. 价 /jià/ zic duqv mbu'ziex nyei jaax; jaax-zinh/the price; the value.
cuotv duqv jaax jaaix yaac nyunc ziev maaiz nyei/be able to pay for high price.
faaux jaax jaax-zinh faaux/rising the price; the price is going up.
jaax buangv maaic buangv jaax-zinh/to sell in full price.
jaax waaic jaax-zinh ndortv aiv/to lose the value, price.
jaax-zinh 价钱 /jiàqián/ maaiz maaic nyei jaax-zinh/the price.
jaax-zinh aiv zaanc nyei/low price or cheap price.
jaax-zinh daan gouv jaax-zinh nyei daan/a price quote list.
jaax-zinh hlang maaiz maaic hlang nyei jaax/a high price or high value.
jaax-zinh longx maaih jaax-zinh longx haic/to be very good price.

jaax-zinh zaanc maaiz maaic zaanc nyei/low price; inexpensive.

ndortv jaax jaax-zinh zaanc njiec/the price is falling; to lose value.

njiec jaax-zinh bungx jaax-zinh aiv njiec/to lower the price; discount price.

jaax[2] gn. zorqv ga'naaiv jaax jienv/to lay across on top of one another.

jaax buangv biaav jaamx jienv doic jaax buangv nzengc/to lay cross on top one another all over.

jaax coux jaax zung coux/to build bed.

jaax doix jaax zung doix/to make a rice pounder.

jaax jienv zorqv ga'naaiv jaax jienv faaux/put something in order to climb.

jaax jiuh nz. benx nzung gorngv jaax jouh/to build a bridge.

jaax jouh 1 jaax jouh jiex koiv/to build a sea bridge. **2** sipv mienv jaax jouh yienz wuonh nzuonx/to build bridge to spirit world as treatment for sick person.

jaax jouh mienh zoux gong jaax jouh mienh/a bridge construction worker.

jaax laauh jaax jienv laauh gu'nguaaic ndiangx-dueiv zuov orv buonv/to build a watch tower on the tree.

jaax lorng jaax jienv lorng hnangv mv gaengh gomv/to put up a framework.

jaax long jai gorngv cien nyei daauh norm jai. Dgw: njiec dingc jai.

jaax pan-gan jouh jaax fungx mienv mingh guangc nyei jouh/to build bridge to send spirit away.

jaax pangh jaax pui cuqv nyei pangh/to build a platform.

jaax tei jaax jienv tei faaux/to put up a ladder; to build a ladder.

jaax wuom longc hlauv jaax ndoqv nyei wuom daaih bieqc biauv/to set up water line from stream into the house.

jaax yiem-jouh jaax bun mienv mingh yiem-gen jiex wuom nyei jouh.

ndiangx-jaax longc nyiex zaangh nyei ga'naaiv/a rack for carrying firewood on one's back.

jaax[3] pm. mborqv jaax/to fight against; to fight a war, warfare.

borngz jaax i laanh mienh fai i dauh saeng-kuv borngz doic/to fight against each others.

nziangc jaax yangh jauv nziangc zuqc mienh/to bump against someone.

zong jaax 1 zong zuqc doic/to have an accident; hit against. **2** (ngongh) zong jaax/ox strike against each other.

jaax[4] bc. jaax zeiv. Gj: fangx zeiv hnangv haaix nor/profile ; outlook; an attitude.

jaax liangv maiv maaih fuqv nyei jaax zeiv/temporary beautiful.

jaax ndo maaih fuqv nyei jaax zeiv/to be deep beautiful.

jaax zeiv jaax zeiv ziangh duqv longx fai mv longx/an appearance shape.

jaax zeiv longx fangx zeiv ziangh duqv longx haic, nzueic/to be good shape or beautiful outlook.

ndortv jaax ndortv nzueic nyei fangx zeiv *beiv hnangv*, mienh gox jienv mingh jaax zeiv ndortv jienv mingh/to lose the beautiful of outlook.

jaax[5] dj. 嫁 /jià/ bungx sieqv cuotv gaengh nyei sic/to send a daughter to marry.

naamh huon nyouz jaax m'jangc lorz auv nzuonx, m'sieqv bungx cuotv gaengh longc nqox nyei sic/a man should take a wife and a woman should take a husband.

cuotv jaax 出家 /chūjià/ bungx sieqv cuotv gaengh longc nqox/to send a woman or daughter to marry.

fungx jaax fungx sieqv mingh dorng jaa nyei sic. Gj: fungx cien, fungx sieqv/to escort the bride to the groom's house.

zoix jaax aengx bungx cuotv gaengh nzunc, *beiv hnangv* longc gau nqox daic mingh nqox nyei die maa aengx bungx cuotv gaengh nzunc/(of a woman) to remarried.

jaax[6] aengx lorz mangc "caeng-jaax" fai "ziepc nzangc jaax" nyei eix-leiz.

jaai[1] m. mbaengx-jaai; la'bieiv-jaai/rocky cliffs area; steep rocky land.

jaai-daax jaai la'bieiv-mbaengc jaai daax jaai faaux gu'nguaaic mingh.

jaai[2] nz. jauv; jaai-dauh-horngc/street in the city or downtown area.

jaai-dauh horngc mueiz jauv-hlen koi nzoih poux nyei horngc zangc/the area throughout shopping street.
jaai-horngc i bung maaih baaiv huox nyei horngc/in the shopping area.
jaai horngc hei mungv gu'nyuoz nyei jauv-hlen hei/shopping streets in the downtown area.
jaai-horngc mienh 1 yiem jaai-horngc koi poux nyei mienh/business people of the shopping area. **2** jaai-horngc maaiz ga'naaiv nyei mienh/a shopper.
jaai zangc hei-horngc nyei dorngx/in the market or shopping area.

jaaiv m. 腰 /yāo/ gu'kuotv-norm faaux daaih deix wuov wuonc di'daanz/waist or low back.
jaaiv mun 腰痛 /yāotòng/ jaaiv mun nyei baengc/low back pain.
jaaiv mun ndie tengx jaaiv mun nyei ndie/back pain medicine.
jaaiv mbouv jaaiv jutv-jutv wuov souv mv zaqc/severely bent at low back.
jaaiv-mbungv jaaiv nyei mbungv; diqc daanz mbungv/the lower back bone.
jaaiv nauv jaaiv nyei mbungv nauv/the lower back broken.
jaaiv ngaeng jaaiv faix ngaeng-ngaeng wuov/a small waist.

jaaix[1] pm. 贵 /guì/ jaaix; maaic ga'naaiv jaaix. Dgw: zaanc/expensive; costly.
jaaix haic jaax-zinh hlang haic/to be too expensive; very high price.
jaaix jiex ndaangc gauh jaaix jiex zic duqv nyei jaax-zinh/to be over price.
maaic jaaix maaic jaax-zinh hlang nyei bun/to sell for high price.

jaaix[2] tg. zic zinh haic; ga'naaiv-jaaix/to be worthy; valuable; precious.
jaaix ndongc jiem maaih jaax-zinh caux jiem fih ndongc/precious as gold.
longc duqv jaaix fiqv jienv longc liuz aengx fioux nzengc/to used with care.
maiv tov jaaix maiv oix mienh zoux longx bun nyei mienh/to refuse or reject good treatment.

jaaix[3] aengx lorz mangc "gaeng-jaaix, lai-jaaix, deic-jaaix" nyei eix-leiz.

jaamh w. an douz-mbietc jaamh bun biei njuotc/to burn quickly; to singe feather.
jaamh biei an douz gu'nguaaic jaamh biei hliangv orv/to singe feather.
jaamh guangc longc congx buonv daic guangc. Gj: fietv, daix/to kill or do away by gun; to shot dead.
jaamh laauz nzengc douz-mbietc jaamh zuqc laauz nzengc/to be burned.

jaamx pm. hlauv nauv njiec daaih jaamx nzoih jaux nzengc/to be obstruct with the long objects.
jaamx buangv nzengc biaav jaamx nzoih jauv buangv nzengc/long objects lying all over.
jaamx-maaz zungh zaqc an liuz aengx gungh gangx an jaamx jienv/to lay cross on top of one another.
jaamx-maaz jauv hnangv ziepc nzangc nyei jauv. Gj: jauv-jaamx-maaz/four way intersection crossroads.
jaamx-maaz nzangc waaz jaamx-maaz nzangc an/to write an x on something.

jaan[1] m. ziangh sin nyei jaan/all nerve or tendon in one's physical body.
baqv ndie jaan dongh baqv bungx ndie caux baeng nziaamv fai bungx nziaamv bieqc nyei jaan/a blood vessel.
domh jaan tengx sin zangc haih henv wuov deix jaan. Gj: domh luangc jaan/a tendon or hamstring.
jaan luangc nziaamv-jaan nqaengc nyei luangc-luangc wuov/to have a blood vessel noticeably enlarged veins.
jaan-maac yiem mba'ziu fungx nziaamv mingh gormx ziangh sin wuov deix jaan/the aorta or arteries.
jaan mun jaan mun nyei baengc/nerve ache; neuralgia.
jaan nyuotv jaan nyuotv mun nyei yietc nyungc baengc/to have a cramp, twisted of the tendon.
jaan ngaengc jaan butv-ngaengc mbai nyei baengc/to paralyze of the tendon.
jaan nqaengc nziaamv-jaan nqaengc hlo nyei luangc-luangc wuov/to have noticeably large veins.
nziaamv-jaan nziaamv mingh daaih nyei jaan fai nziepv sim baeng nziaamv caux bungx ndie bieqc nyei jaan/blood vessel for inject medicine or draw the blood.

zaux-luangc jaan yiem zaux-nqo faaux taux cing-sernv-ndiev wuov diuh jaan/a hamstring or tendon.

jaan[2] m. hniev-soux yietc jaan, se maaih 16 lungz/a weight equal 0.6 kilograms.
i jaan hniev-soux i jaan se maaih faah ziepc nyeic lungz.

jaanx aengx lorz mangc "jai-jaanx, norqc jaanx, auv-jaanx" nyei eix-leiz.

jaang m. m'nqorngv caux mba'dauh nyei mbu'ndongx/the throat or neck.
gaatv jaang longc nzuqc gaatv jaang daix daic/to kill by cutting neck.
hngaqv ndutv jaang longc nzuqc hngaqv jaang ndutv/to cut off the neck.
jaang-ben jaang-ndiev wuov wuonc ndopv ben. Gj: jaang-bin/discoloration of human skin or ringworm.
jaang beqv se beiv cei haic nyanc maiv nziuc ziang naaic naqv/eat and swallow hungrily motion.
jaang-beuh jaang-ndiev butv mbauh nyei baengc. Gj: jaang-beu/to have goiter or thyroid gland.
jaang-daaix m'jangc dorn nyatv jaang nzueic nyei daaix/a tie; a neck tie.
jaang faaux haa jaang maaih haa zaeqv zuqc/the throat filled with phlegm.
jaang-hoh naqv ga'naaiv njiec ga'sie-mbuoqc nyei nqunz/a throat.
jaang-hoh ding m'jangc jaang-ndiev wuov norm mbauh/the Adam's apple.
jaang-hoh mau naqv lai hnaangx njiec ga'sie wuov diuh jauv/esophagus, gullet.
jaang-hoh ngaengc tauv qiex wuov diuh jaang-hoh/the windpipe.
jaang hortc jiepv-dungz jaang-ndiev wuov diuh ben/a white stripe at lower neck of a bear.
jaang-hlen i bung jaang ga'hlen/either side of the neck.
jaang juiz heuc doqc mienh cei mienh nyei waac/gulp down food.
jaang-limc dangh jaang nyei limc/neck chain or necklace.
jaang mun wuotv zuqc jaang mun a'fai jaang-hoh mun/neck pain or sore throat.
jaang mbiaatc butv haa jaang mbiaatc haic/to feel irritated in the throat.
jaang-mbungv jaang wuov hamx diqc daanz mbungv/the neck bone.
jaang nengc jaang faix ndaauv nengc-nengc wuov/a long and small neck.
jaang ndaauv jaang ndaauv nyei/to have a long neck.
jaang-ndiev haac-baah ndiev bung nyei jaang/the lower front neck.
jaang-ndiev morqv jaang-gorn wuov norm morqv/the depression at the base of the front neck.
jaang-ngunz jaang nqa'haav maengx bung/the nape of the neck.
jaang nqaai haiz jaang nqaai oix hopv wuom/to have a dried throat.
jaang nqaatv ngorc oix hopv wuom/to be thirsty; long for water.
jaang nzaqv-hoh naqv ga'naaiv njiec dorngc nzaqv/to choked with food.
jaang-nzungh jaang-hlen wuov deix jaan/veins show around the neck.
jaang qorqv butv haa jaang sopv qorqv to have deep itching in the throat.
jaang sormv jaang sormv gorngv waac qiex njorv/to have a hoarse voice.
jaang-waanh nyaanh baeqc daav daaih dangh jaang ga'naaiv/a silver neck ring.
jaang-waanh baav buo taux biaa norm jaang-waanh lapv jienv doic/a set of neck ring, usually from three-five rings in one set.
jaang-waanh mbungv jaang-hlen wuov deix i diuh mbungv/collar bone.

jaangh m. gu'nyuoz hnyouv nyei yietc zungv jaangh/intestine; internal organs.
jaangh biornc doic njiec jaix-ndiuh nyei jaangh/an inguinal hernia.
jaangh biortc jaangh tong kuotv/to be broken hole an intestine.
jaangh caax jaang cuotv caax mun haic nyei baengc/the appendix.
jaangh dorn faix wuov diuh jaangh/the small intestine.
jaangh jienz gu'nyuoz ga'sie-mbuoqc nyei sic/the internal organs
jaangh kuv gu'kuotv kuv wuov douc jaangh/the rectum.
jaangh mbuoqc jaang caux mbuoqc yietc zungv/intestine and stomach or the internal organs.

jaangv aengx mingh lorz mangc "domh jaangv, ndiangx-jaangv" nyei eix-leiz.

jaapc w. gaanv jienv njapv lai nyanc zoux hnangv cei haic nor/to pick food to eat impolitely.

jaapv[1] m. 甲 /jiǎ/ da'yietv weic tin-fing, fai jaapv-zaangv nyei neix/the first of the Ten Heavenly Stems.

jaapv-hmz hnyangx zuoqc maaz nyei hnyangx, se dongh 2014 caux 2074, se guinh jienv mingh luoqc ziepc hnyangx aengx nzuonx taux gorn.

jaapv-zaangv 甲子 /jiǎzī/ mienh ziangh duqv yietc jaapv-zaangv se 60 hnyangx/a life span or sexagenarian cycle.

jaapv-zaangv buangv mienh ziangh luoqc ziepc hnyangx se jaapv-zaangv buangv mi'aqv/years of age.

jaapv-zaangv-gorn beiv hnangv, Muh Futv, Gih-Hoiz "Muh Futv" se heuc jaapv-zaangv-gorn "Gih-Hoiz" se heuc jaapv-zaangv-dueiv.

jaapv-zaangv jiex juang mienh ziangh luoqc ziepc hnyangx liuz se jaapv-zaangv jiex juang mi'aqv.

jaapv-zaangv-neix beiv hnangv, *muh zeiv gih-caauv* baeqc liepc qiev. **Muh Zeiv** se da'yietv norm neix, **Gih-Caauv** se da'nyeic norm neix.

jaapv-zaangv nzung jaapv-zaangv-neix fiev benx nzung beiv taux cuotv seix yiem zuqc haaix kang jaapv-neix yoc maengc longc fai mv ciouv nyei sic.

jaapv[2] m. la'kuotv ga'hlen wuov wuonc sin/torso; side chest.

jaapv-zeih mba'dauh nqa'haav maengx bung/back shoulder.

jaapv-zeih baaih jaapv-zeih njiec taux la'saengx mbungv jiemc nyei dorngx from shoulder blades to the bottom of the rib cage.

jaapv-zeih mbungv jaapv-zeih nyei mbungv-zeih/a shoulder blade.

maaz-jaapv maaz nyei la'kuotv dongh hlaang paanx jiex wuov/a horse chest.

jaapv[3] m. hniev-soux feix zinh/a unit of weight equal to four "zinh".

yietc jaapv in feix zinh in/the weight of one "jaapv" opium.

jaapv[4] q. norqc heuc jaapv nyei qiex/the sound made by bird.

jaau m. gitv nzuqc qaa zaengx nzuqc jouv nyei jaau/a type of glue.

jaauh aengx lorz mangc "ba'jaauh" wuov joux nyei eix-leiz.

jaauv[1] w. jaauv zaeqv; jaauv nzuonx bun; jaauv ziangx; jaauv liuz/to pay money; to repay; to pay the debt.

jaauv biauv jaauv maaiz fai gouv biauv yiem nyei zaeqv/payment on a house.

jaauv cie jaauv gaav cie nyei zaeqv/to make payment on a car.

jaauv en-zingh jaauv mienh nyei zingh nyeic nzuonx/to repay the kindness.

jaauv gong mienh tengx zoux gong liuz aengx mingh zoux jaauv nzuonx. Gj: buic gong, jaauv gong/to repay work by work obligation.

jaauv leic jaauv leic zinh hnangv/to pay interest only on a debt.

jaauv mv jiez mv maaih nyaanh jaauv zaeqv/unable to pay debt obligation.

jaauv mv sung corc jaauv zaeqv maiv gaengh sung/still not pay debt in full.

jaauv nyaanh bun nyaanh; jiu nyaanh bun/to pay money.

jaauv nyaanh dorngx maaiz ga'naaiv bun nyaanh dorngx/a checkout counter.

jaauv nyaanh hlaax 1 jaauv gong-mienh nyei hlaax/to pay out a monthly salary. **2** jaauv hlaax-hlaax nyei zaeqv/to pay monthly debt obligation.

jaauv nyunc jaauv houv mienv daaih nyei nyunc/to pay one's vow to the spirit.

jaauv nzou-zinh jaauv bun hungh jaa siou nzou nyei nyaanh/to pay tax.

jaauv nzung baaux nzung dau nzuonx bun/to respond in a song.

jaauv siouh jaauv win nzuonx/to take avenge; to revenge.

jaauv sung jaauv sung zaeqv. Gj: bun sung/to pay the debt in full.

jaauv win jaauv siouh nzuonx bun/to take revenge; to avenge or reprisal.

jaauv zaeqv jaauv ganh gaav nyei zaeqv. Gj: tipv zaeqv/to pay a loan or debt.

jaauv ziangx jaauv sung zaeqv; jaauv ziangx zaeqv/to pay debt in full.

jaauv[2] m. longc ndamv fai hluqv mbiauz nyei jaauv/a hand fishnet.
  ciqv jaauv ciqv norm ndamv mbiauz nyei jaauv/to weave a fish net.
jaauv[3] aengx lorz mangc "siqc jaauv" wuov joux.
jaaux m. zoux-zorc mienh longc nqaapv sipv mienv nyei jaaux/paired pieces of bamboo used by a spirit priest.
  mborqv jaaux sai mienh mborqv jaaux naaic mienv hnangv naaiv zeiz fai maiv zeiz, se gorngv zeiz nor bun jaaux nqopv njiec fai nziaaux nzuonx, beiv hnangv.
  a) sengx jaaux, se maaih bung nqopv njiec maaih bung nziaaux nzuonx.
  b) yaangh aaux, se i bung yietc zungv nziaaux nzuonx daaih.
  c) yiem jaaux, se i bung yietc zungv mbienv nqopv njiec.
  nqaapv jaaux sai mienh nqaapv jaaux jiex gorn sipv mienv/to strike paired pieces to beginning a spirit ceremony.
jaauz q. duih borqc hlo gau jaauz-jaauz nyei/a lot of hailstone fall down.
jae aengx lorz mangc "jai" wuov joux.
jaec aengx lorz mangc "jaic" wuov joux.
jaev aengx lorz mangc "jaiv" wuov joux.
jaex aengx lorz mangc "jaix" wuov joux.
jaenx aengx lorz mangc "janx" wuov joux nyei eix-leiz.
jaetv aengx lorz mangc "jatv" wuov joux nyei eix-leiz.
jai sk., n. 鸡 /jī/ zienh jai; yungz nyei jai. Dgw: hieh jai, norqc jai/domestic chicken.
  jai-ba'ingv jai nyei jaang-ndiev wuov mbuoqc/food pouch of a chicken.
  jai-biei 鸡毛 /jīmáo/ jai nyei biei/the feather of chicken.
  jai bouc jaux jai-nyeiz bouc jaux zunx dorn/the hen is setting on her eggs.
  jai-daev jai-faai longc zoux muih nduov norqc jai nyei jai/a decoy chicken.
  jai-dorn jai nyei dorn/a chick.
  jai-dorn-butv-gengv daic jaux gu'nyuoz nyei jai-dorn/a chick died before hatched.
  jai-dorn-daic 1 daic nyei jai-dorn/a dead chick. **2** nyueix-jieqv/a black wart.
  jai-dorn-nyipv faix gau lomh norm jai-dorn hnangv/as small as a chick.
jai-dorn nyipv jai-dorn nyiemv nyipv nyei qiex/the sound of a chick cry.
jai-faai faix wuov zuangv jai/small full developed chicken.
jai-gorngx 公鸡 /gōngjī/ saeng jai-nyeiz nyei jai-gorngx/a rooster.
jai-gorngx-diex 老雄鸡 /láoxióngjī/ hlo gox nyei jai-gorngx/an old rooster.
jai-gorngx-im paaix jai-nduih guangc mingh nyei jai-gorngx/a capon.
jai-gorngx-nqaaix 公鸡 /gǒngjī/ nqaaix henv nyei jai-gorngx/a cock; a crows rooster.
jai-gorngx nqun 1 jai m'nqorngv nyei nqun/a rooster's comb. **2** hnangv, jai-gorngx nqun nyei biangh siqv, se longc zorpc ndie-miev zouv nyanc zoux gaanv nziaamv ndie/a red cockscomb flower used as blood circular medicine.
jai-gorngx-saeng haih saeng jai-nyeiz nyei jai-gorngx/a breeding rooster.
jai-guaauv jai gamh nziex heuc nyei qiex/the sound of a chicken squawked.
jai guaeuv jai oix lamh daic heuc nyei qiex/screeches sound of a chicken.
jai-hmei jai nyei hmei/chicken fat.
jai-hmeiv liouh uix jai nyei hmeiv-huv broken rice used to feed chicken.
jai-hlan jai nyei lan/chicken liver.
jai-jaanx mv gaengh ndauc jaux nyei jai. Dgw: jai-nyeiz/a hen that has not been lay egg yet.
jai-jaux 鸡蛋 /jīdàn/ jai ndauc daaih nyei jaux/a chicken egg.
jai-jaux-kuqv dongh ngaengc wuov deix jaux-kuqv/an eggshell.
jai-jaux-mangh gu'nyuoz yangh wuov deix jaux-torng/an yolk egg.
jai-jaux-orv gu'nyuoz baeqc wuov deix jaux/white part of an egg.
jai-jienz jai nyei ga'sie-mbuoqc/a chicken gizzard.
jai-jouz jai-zaux cuotv daaih nyei jouz laic nyei wuov/chicken's talon or spur.
jai kokv dorn jai-nyeiz heuc ninh nyei dorn/the hen chucks for her chicks.
jai-la'kuotv orv jai nyei la'kuotv wuov deix i ndunh orv/chicken breast.

jai-lauz foux daaih bun jai ndauc jaux nyei ndaan-dorn/a chicken nest.
jai-longh nzuqv zieqv daaih wuonx jai nyei longh/a woven cage for carrying chicken or for them to sleep at night.
jai-mbunh mv maaih dueiv nyei jai/the chicken that has no tail.
jai mbuonc gaeng jai biaah ndau lorz gaeng nyanc/chicken scratches ground looking for bugs to eat.
jai-ndaatv jai nyei ndaatv fai ndaatv nyei biei/a chicken's wing.
jai ndauc jaux jai-nyeiz bouc jienv lauz ndauc jaux/the hen lays an egg.
jai-nduei jai nyei gu'kuotv wuov norm nduei/base part of chicken tail.
jai nqaaix jai-gorngx nqaaix fai heuc/a rooster crows.
jai-nqaaix-dauh lungh ndorm zanc jai nqaaix daauh baan/the first cockcrow, in the early morning.
jai-nqaiv jai bungx daaih nyei nqaiv/the chicken manure; chicken feces .
jai-nqaiv-cietv hmuatv jieqv ndorngh ndorngh wuov nyungc nyei jai-nqaiv black color chicken manure.
jai-nqun jai nyei nqun/crest of chicken.
jai-nyeiz 母鸡 /mǔjī/ ndauc jiex jaux nyei jai-nyeiz/a mature female chicken.
jai-nyeiz-buonv liouh ndauc jaux cuotv buonv nyei jai-nyeiz/a breeding hen.
jai-nyeiz-ndauc jaux ndauc jienv jaux yiem nyei jai-nyeiz/a laying egg hen.
jai-nyeiz ndorkv jai ndauc baac jaux ndaix njiec ndau ndorkv jienv mingh mi'aqv/the hen chucks.
jai-nyeiz nqaaix Iu-Mienh buoqc zangc zienh nyei leiz, se gorngv haiz jai-nyeiz nqaaix nor se benx guaix aqv/if the hen crows is bad omen in Iu Mien tradition.
jai-nyiuv jai nyei nyiuv/chicken feet.
jai nyorqv jai nyorqv ga'naaiv nyanc chicken pecks at something.
jai-nyuoqc orv jieqv nyei wuov nyungc jai/chicken with dark meat.
jai-nzei jai nyei nzei/chicken lice.
jai-orv jai nyei orv/chicken meat.
jai-orv miev zuangx daaih zoux ndie nyei miev, normh siqv-luoqc fai maeng haih guoqv sern nyanc nyiemz fai caux jai nyei orv zouv ndie nyanc zoux sin tiv wangc siangx henv nyei ndie.
jai-orv torng jai-orv zouv daaih nyei torng/chicken broth; chicken soup.
jai-saaiv jai baeqc hnangv saaiv wuov nyungc jai/a chicken the color of ashes.
jai-zaangz lungh ndiev hlo jiex wuov nyungc jai/turkey.
jai-zaux-nauv zuangx daaih zoux ndie nyei miev, se caux jai zouv ndie nyanc zoux henv maaih qaqv nyei ndie.
jai-zeih-auv caux gorngv waac nziaauc nyei auv. Gj: jaav-zeih auv/a girlfriend or unfaithful wife.
jai-zeix wuonx jai nyei liuh/a chicken house; hen coop.
jai zoih sipv mienv mienh gorngv mbuox mienv jai, se oix zuqc gorngv jai zoih.
jai-zou maaih yietc diepc yietc diepc wuov nyungc jai/a spot color chicken.
jai-zuih jai nyei zuih/chicken thigh.
jai-zuih guaax mangc dingc sic jai-zuih mbungv kuotv/chicken bone divination.
jai-zuih ngau i hamx jai nyei zuih/the chicken drumstick.

jaic pm. jaic nyei; korng jaic; kangx jaic nyei. Gj: jaec, jeic. Dgw: bieqc orv, junc, njang/to be thin; slim; skinny.
jaic daic 1 jaic gau daic aqv/die from skinny. **2** gengh jaic haic/be very thin.
jaic gau mv fungc aqv la'korng la'kaix nyei/to be extreamely skinny.
jaic haic gengh jaic haic/to be very thin or skinny, to lose a lot weight.
jaic jienv njiec kungx jaic jienv njiec hnangv/to lose more and more weight.
jaic zaqv-zaqv wuov jaic hnangv dungz nor zaqv-zaqv wuov/skinny as rail.
ndie-jaic nyanc tengx haih jaic njiec nyei ndie/a medicine for losing weight.
zoux bun jaic sorng qaqv zoux bun jaic njiec/do something to lose weight.

jaiv w. jaiv ndutv; jaiv nqoi; jaiv sin; jaiv lui; jaiv buoz. Gj: jaev/to untie.
jaiv buoz 1 jaiv ndutv mv ndoh buoz/to untie the hands. **2** mingh lomc nyei dorh leiz waac/to go to bathroom.

jaiv buoz dorngx bungx yiez, bungx nqaiv dorngx nyei dorh leiz waac/a bathroom or restroom.
jaiv fong jaiv lunc fong deix/to made loose, to untie.
jaiv gaau buoqc zangc mienv nyei leiz se gorngv mienh daic oix zuqc sipv jaiv gaau guangc naaiv zorc mienv, bun cing maiv maaih gaau aengx haih daaih gaau zuqc yiem njiec nyei hmuangv doic/to break away the deadly spirit from the surviving family members.
jaiv guangc jaiv ndutv guangc mingh/to take off and throw away.
jaiv heiv sipv fungx haeqv mienh gamh nziex nyei mienv guangc/to send spirit away from a terrified person.
jaiv-houx jaiv nqoi houx mv zuqv/to take off one's trousers.
jaiv la'kaux jaiv ndutv la'kaux maiv kaux/to unbutton.
jaiv lui houx jaiv nqoi lui caux houx/to undress; to take off clothes.
jaiv lui yienc lui bungx sieqv cuotv liuz aengx lorz mbuangz bieqc daaih nyei waac-beiv/to send a daughter off to get married and take daughter in-law in to replace her.
jaiv lunc jaiv hlaang lunc maiv nyatv/to loose up or to untie.
jaiv maiv ndutv mv maaih jauv gorngv aqv/unable to defense oneself.
jaiv mun ndie tengx mun sienc njiec nyei ndie/a narcotics; a pain pill.
jaiv ndutv jaiv ndutv mi'aqv/to untie completely.
jaiv njiec daaih jaiv ndutv bungx njiec daaih/to untie and bring it down.
jaiv nqoi jaiv ndutv bungx nqoi maiv ndoh/to release from; to undo; to untie.
jaiv nzauh muangx mienh gorngv jatv jaiv nzauh/to comfort over sorrow.
jaiv setv sipv jaiv setv-mienv guangc/to break away a jinx by priest.
jaiv sin gorngv jaiv sin nyei waac/to make an excuse; to defense oneself.
jaiv zuiz gorngv jaiv bun zuiz heng/to defense oneself as possible.

jaix[1] nq. 阴茎 /yīnjīng/ fingx m'jangc mienh douc zuangv nyei ga'naaiv. Gj: yuangh jaan, fai yiem-jaan/penis.
jaix-biei m'jangc mienh qam-gorn nyei biei/male pubic hair.
jaix-biorngh dauh jaix biei ziangh jiemc wuov deix dorngx/the male pubis.
jaix butv douz-wuotv fu'jueiv jaix-zueiv nyei ndopv omx mun nyei baengc.
jaix-gaan jaix-gorn taux jaix-m'nqorngv
jaix-gapc jaix-m'nqorngv njiec daaih wuov deix gapc/notch below the tip of the penis.
jaix-haac-baah ga'ndiev maengx bung jaix-m'nqorngv/the opening of foreskin area of the penis.
jaix-m'nqorngv yangh jaix-gapc jiex gu'nguaaic wuov nqanx. Gj: jaix-zueiv the tip of the penis.
jaix-nongc 精子 /jīngzǐ/ m'jangc mienh fai saeng-kuv gouv nyei **nongc-nyim**, mv dorh leiz nyei waac/**sperm**; **semen**.
jaix-nongc lamz siou jaix-nongc nyei koux/a sperm bank.
jaix-ndix caux gu'nguaaz gorngv jaix oix zuqc gorngv jaix-ndix.
jaix-ndiangx jaix nyei sin/whole penis.
jaix-ndopv buang jienv jaix wuov deix ndopv/skin of penis.
jaix-nduih jaix ga'ndiev wuov deix ndopv caux i norm nganh/the testicles together with the scrotum.
jaix-nduih dorngc maaih nduqc bung jaix-nduih hnangv/an inguinal hernia.
jaix-nduih nganh jaix-nganh/testicle.
jaix-nduih omx jaix-nduih mun omx nyei baengc/to swallow at the scrotum.
jaix ngaengc oix caux sieqv bueix ziouc jaix ngaengc/to be sexually aroused.
jaix-ngaengc ndie tengx jaix ngaengc duqv lauh nyei ndie/love philter or love potion for man.
jaix njanc jaix-m'nqorngv nyei ndopv njanc njiec/the circumcised of penis.
jaix-nqunx 男性尿道 /nánxìngniàodào/ bungx yiez cuotv nyei nqunx/an orifice of penis; the male urethra.
jaix-sin jaix-ndiangx/penis between the base and the head.

jaix-zueiv jaix-m'nqorngv nyei da'mueix the tip of the penis.

jaix[2] pm. zaux nauv mbungv cuotv daaih jaix-jaix wuov/to be pointed out.

jakv[1] q. norqc jieh heuc nyei qiex/sound made by female quail.

jakv[2] m. lunh ga'naaiv jakv, *jakv* se gaav congh janx-taiv waac daaih/a motor.

jamv[1] w. jamv ndiangx, jamv zaangh; jamv douz-hnyuotv/to chop up.

jamv douz-hnyuotv jamv ndiangx zoux douz-hnyuotv buov.

jamv ndutv jamv bun ndutv mingh/to chop apart.

jamv zaangh jamv ndiangx zoux zaangh buov douz/to chop firewood.

jamv[2] pm. jamv fiem-fingx. Gj: goiv yienc fiem-fingx/to repent from.

jaa-jamv haih gouv duqv horpc ganh qiemx nyei buonc/a limitation

jamv hnyouv goiv hnyouv yienc eix/to change one's attitude; to repent.

jamv[3] zc. jamv fai zorqv cuotv/to minor or to subtract.

jamv cuotv hoc jamv cuotv nyei jangx-hoc/a subtract sign as -.

jamv jaax-zinh gaatv deix jaax-zinh guangc/to cut or lower the price.

jamv njiec jaax-zinh gorngv tov njiec jaax-zinh/to bargain over the price.

jamx q. fu'jueiv nyienx jamx faaux jamx njiec/disturbing noise made by children.

jamz q. mbu'ong mbui jamz dangh ndanc m'normh ndung nzengc/the great noise of thunder roaring.

janc w. longc biaav janc gaengh. Gj: sorn gaengh/to hatch door; to block the gate.

janx[1] m. fingx janx/used in referring to all none Iu Mien person; foreigner.

Janx-Aa Kaah yietc fingx yiem mbong zangc nyei janx/Akha people.

Janx Aa Mi Gaa janx-baeqc; yangh yinh janx/American people.

Janx-Ba'ei janx-leih/Tai Lue, Shan.

janx-baeng dorng baeng nyei janx/a non-Mien soldier.

janx-baeqc 白种人 /báizhǒngrén/ ndopv baeqc wuov fingx janx/caucasian.

janx-bieqc gemh heuc doqc janx bieqc mienh lomc nyei waac/an outsider adopted into Mien family.

Janx-Cinh Zeiv 蓝靛瑶 /lándiànyáo/ yietc fingx Zong Guoqv Yao Mienh, ninh mbuo heuc ninh mbuo ganh se Munh.

janx-doic caux nziaauc nyei janx-doic/a non-Mien friend.

janx-dorc heuc janx-muangz-dorc nyei dorh leiz waac/a non-Mien older lady.

janx-dorn janx nyei dorn/a non-Mien boy; non-Mien teenage boy.

janx-ei gorngv mbuox gu'nguaaz janx se oix zuqc gorngv janx-ei.

Janx-Faac Lang yietc zungv mba'zorng hlang nyei janx/all of caucasian.

Janx-Faac Lang Setc/a french people.

janx-fingx fingx-fingx janx; janx wuov fingx/a non-Mien tribe.

Janx-Ga'Lorkv baqv bung Taiv-deic nyei janx/a northern Thai people.

Janx-Gaau Mienx 高棉人 /gāomiánrén/ Cambodian; Khmer; Kampuchea.

Janx-Gekv yietc fingx janx-kaeqv nyei mbuox/Hokkien; Taiwanese.

janx-gouv yietc zungv janx m'jangc dorn/non-Mien general man.

janx-horh siangx muic dorngh baaix zangc mienv, buix-suangx-daan yangh nyei janx. Gj: janx-da'long/monk.

janx-houx mv maaih houx-norngc nyei janx-houx/western style trousers.

Janx-Jau 越南人 /yuènánrén/ Yiec naamh janx/Vietnamese people.

janx-jieqv ndopv jieqv wuov zuangv janx/black people; African.

Janx-Kaeqv 中国人 /zhōngguórén/ Zong Guoqv nyei mienh/Chinese people.

janx-kaeqv nzangc kaeqv-nzangc/a Chinese characters.

janx-laangz kungx maaih janx yiem nyei laangz/a non-Mien village.

Janx-Laauv 老挝人 /láozhuàrén/. Gj: janx-laauv-zaa/Laotian people.

Janx-Leih yietc fingx janx-ba'ei/Tai lue.

Janx-Li-Sorv yietc fingx mbong zangc nyei janx. Gj: janx-nih sorv/Lisu people.

Janx Lor Hec 拉祜族 /lāhǔzú/ yietc fingx mbong zangc janx/Lahu tribe.

Janx-Luh Siev 尔罗斯人 /érluōsīrén/ yiem Luh Sie guoqv nyei janx/Russian people.
Janx-Maan 缅甸人 /miǎndiànrén/ yiem pa'maah deic-bung nyei janx/a Burmese people.
Janx-Maekv yiem Mexico nyei janx/a Mexican people.
Janx-Morx zorc baengc nyei janx; janx ndie-sai, *morx* se gaav congh janx-taiv waac daaih/none Mien doctor or nurse.
janx-muangz janx-m'sieqv mienh/the general non-Mien woman.
janx-muangz-dorc dorh leiz waac heuc gauh gox nyei janx-muangz/a non-Mien older woman.
janx-muangz-guaav nqox daic mingh nyei janx-muangz/a non-Mien widow.
janx-muangz-lunx janx-muangz lunx nyei/a non-Mien young lady.
janx muangz-m'gux janx-muangz gox nyei/a non-Mien old lady.
janx-muangz-sieqv janx-sieqv/a non Mien young girl.
janx-ong janx-gouv-gox/a non-Mien old man.
Janx-Pa'Maah yiem pa'maah da'bung nyei janx. Gj: janx-maan/Burmese.
janx-sieqv janx nyei sieqv/a non-Mien girl, young woman.
Janx-Taiv 泰国人 /tàiguórén/ Taiv-deic nyei janx/Thai people.
Janx-Taiv Deic 泰国 /tàiguó/ taiv-deic, fai taiv-guoqv/Thailand.
Janx-Taiv waac janx-taiv gorngv nyei waac/Thai spoken language.
janx-waac yietc zungv janx nyei waac non-Mien language; foreign language.
Janx-Yangh Yinh yietc zungv janx-baeqc/all Caucasian people; westerner.
Janx-Yaangv yiem Pa'maah deic caux Taiv-deic nyei fiux-fingx janx/a Karen tribe or a minority group of Myanmar and northern Thailand.
Janx-Zei yiem Jau-Zei Guoqv nyei janx Vietnamese people.
Janx-Zei Guoqv yietc norm guoqv yiem D.N Asia. Gj: Jau-Zei guoqv/Vietnam, a country in S.E Asia.
Janx-Zei Mienh yiem Jau-Zei guoqv nyei Iu-Mienh/Mien people in Vietnam.
janx-ziouv zoux ziouv nyei janx/a non-Mien ownership.

janx[2] pm. **1** mienh daic mingh nyei sin-sei se heuc janx-daic/a corpse; a dead body. **2** mienv nyei njoiz/a ghost.
janx-daic benv dapv janx-daic sei nyei benv. Gj: janx-daic zoh/a coffin; casket.
janx-daic ciangv biopv janx-daic nyei ciangv/a cremation center.
janx-daic cung daaix cung daic nyei mienv/the ghost of someone who met a violent dead.
janx-daic ndui zouv-gemh nyei dorngx a cemetery; graveyard area.
janx-daic njoiz janx-daic hinc yaangh nyei njoiz/image of dead person; ghost.
janx-daic opv hemx nyei waac-doqc/a verbal attack used when very angry.
janx-daic sei daic mingh nyei sin-sei/a corpse; a dead body.
janx-daic yiem-yaangv lomc-ndiev nyei hieh guaiv mienv/wilderness spirit.
janx-daic yinh zoux fungx zong janx-daic nyei yinh/a funeral ceremony.
janx-daic zouv biopv janx-daic nyei zouv/a tomb; a grave.
janx-daic zueix 1 daic nyei sin-sei huv zueix/odor from a dead person. **2** qiex jiez hemx doqc nyei waac/verbal attack used when very angry.

janx[3] cf. janx-zaqc 强盗 /qiángdào/ nimc ga'naaiv fai luv mienh nyei janx-zaqc/a burglar or robber.
janx-zaqc bieiv janx-zaqc nyei bieiv zeiv/the leader of thieves.
janx-zaqc ciangv maaih zoux-zaqc mienh camv nyei dorngx/an area with the thieves.
janx-zaqc hungh kungx zoux zaqc huv mienh se beiv janx-zaqc-hungh/a thieve king or leader.
janx-zaqc luv zuqc janx-zaqc huv/to be robbed; has been robbed.
janx-zaqc mienh zoux zaqc luv mienh nyei mienh/a robber.
janx-zaqc ndui janx-zaqc camv bingx Yiem nyei dorngx/a den of thieves.

janx-zaqc ziouv fungx mienh mingh zoux zaqc nyei ziouv/a leader thieve.

janx[4] gn. **janx-biau lai** im nyei lai-miev edible bitter wild green leaf.

Janx-muangz heh biouv heuc "mong biouv" nyei ganh norm mbuox/another name for mongo.

jang pm. a'jang; cingx jang; a'cingx jang a momentary ago; few minutes ago.

coqv jang jiez sin coqv hoqc jiez sin daaih/just get up from sleeping.

jang-jang henv cor hoqc jiex gorn henv hnangv/just start having strength.

jang-jang kuh longc horpc buoz-zaux fai ziangh hoc longc/to be fit the use of; just right time for use.

jang-jang nzueic cor hoqc jiex gorn nzueic. Gj: deng-deng nzueic.

jang-jang taux koqv hoqc taux. Gj: deng-deng nyei taux/to have just arrive.

jangc m. m'jangc mienh; m'jangc dorn fai Fingx m'jangc/a man; a male sex.

jangc dorn 1 m'jangc mienh/a human man. **2** yie nyei nqox/my husband; my man. **3** jun-zeiv mienh/a gentleman.

jangc dorn doic caux nziaauc nyei m'jangc dorn doic/human male friends.

jangc mienh 1 benx m'jangc mienh/a man. **2** yie nyei nqox/my husband.

jangc mienh houx m'jangc mienh zuqv nyei houx/a man's trousers.

Jangc mienh jaiv buoz dorngx a man's restroom.

Jangc mienh lui m'jangc mienh zuqv nyei lui/a man's jacket or shirt.

jangv[1] pm. 广 /guǎng/ deic-bung jangv; ndeic jangv; hnyouv jangv; gen jangv; zeiv jangv/to be roomy, wide or broad.

jangv box zunh bun mienh camv hiuv nyei sic/to make public announcement.

jangv box gorn tengx fungx fienx cuotv bun mienh camv hiuv nyei gorn/an advertising company.

jangv haic za'gengh hnangv koiv nor jangv haic/to be very wide.

jangv jienv cuotv kungx jangv jienv mingh hnangv/getting wide and wide.

jangv njietv baaux nzung gorngv jangv nyei waac/to be broad or wide.

jangv nqetv haaix naaic gaax ndongc haaix jangv/to ask how wide.

jangv ziou jangv nyei deic-bung; yietc kuaaiv ndau jangv nyei/a big country or big land.

ndeic jangv haic zaqv liangx zoux ndeic jangv haic/to manage a large field.

jangv[2] m. **jangv-dong saengv** 广东省 se kaeqv-deic nyei yietc norm saengv, yiem D.N bung Zong Guoqv/Guangdong province, China.

jangv-zou mungv 广州市 /guǎngzhōushì/ jangv dong saengv nyei domh zingh mungv/the capital city of Guangdong province, China.

jangv-fai saengv 广西省 /guǎngxīshěng/ se Kaeqv-deic nyei Guangxi province, China.

jangx w. jangx duqv; jangx zuqc; jangx taux/to remember.

jangx dorngc jangx dorngc mingh/to remember wrongly or incorrectly.

jangx duqv corc jangx duqv nyei/to be able to remembered.

jangx duqv longx nyei corc jangx duqv cing nyei/to remember exactly.

jangx-fingx haih jangx duqv fai maiv duqv nyei sic/memory; remembering; recollection.

jangx-fingx longx jangx duqv haic mv la'guaih la'kuqv/to be good memory.

jangx fingx mv benx la'kuqv ga'naaiv henv haic/a poor memory.

jangx gaax jangx dangh mangc gaax/to try to recall one's mind.

jangx haic haaix zanc yaac jangx jienv yiem hnyouv/long for or thinking of.

jangx-hoc orn-zaqv fai jangx-hoc baaih a sign; a marking; a symbol.

jangx-hoc sou fiev jangx ga'naaiv nyei sou/a notebook.

jangx jienv jangx jienv yiem hnyouv mv la'kuqv/to try to remember.

jangx maiv cing jangx maiv duqv benx aqv/to remember incorrectly.

jangx maiv cuotv la'kuqv mi'aqv jangx maiv cuotv aqv/unable to recall mind.

jangx maiv duqv la'kuqv mi'aqv maiv jangx aqv/unable to remember.

jangx maiv zaaic mv hnamv taux; maiv jangx taux/to be unexpected.

jangx nipc 记念 /jìniàn/ jangx jienv yiem hnyouv mv la'kuqv/to remember; to think about someone.

jangx taux hnamv taux; jangx taux/to think about someone.

jangx waac jangx mangc gaax gorngv jiex daaih nyei waac/to recall a word.

jangx zinh ndaangc hnamv taux zinh ndaangc loz-hnoi/to remembered one's life in the past.

jangx zuqc gorqc jaang jangx zuqc. Gj: hnamv zuqc/to recall one's mind.

jangx zuqc biauv jangx zuqc taux wuov biauv. Gj: hnamv biauv/to be homesick.

japc w. (ngongh saeng daaih) japc faaux japc njiec nyei tiux/the sound made by large animals running.

japc daax japc nyei (janx-baeng yangh jauv) japc daax japc nyei mbui.

jih jungx japc fuoqv congx jih jungx japc nyei mbui fai ngongh maaz yangh jauv jih jungx japc nyei mbui.

japv w. japv cuotv; japv dangx; japv ndie; japv ndutv/to cut, shear (with scissors).

japv biangh japv zeiv benx biangh/to cut paper into flowers.

japv buoz-ndoqv-nquaiz japv buoz-ndopv nyei nquaiz/to cut fingernails.

japv buoz-ndoqv-nquaiz njiuv longc japv buoz-ndoqv-nquaiz nyei njiuv/to cut fingernail by fingernail cutter.

japv cuotv japv deix cuotv guangc fai longc/to cut out.

japv dang-cov japv deix dang-cov-jaix guangc bun dang gauh njang/to trim the wick of the oil lamp.

japv finx japv nyungc-nyungc finx/to cut wire or cable.

japv finx njiuv longc japv finx nyei njiuv/a wire cutting scissors.

japv maaz-nzong japv zorc nzueic maaz nyei nzong/to the mane of a horse.

japv miev japv fai gaatv miev/to mow a lawn; to cut grass.

japv miev cie longc japv miev nyei cie a lawnmower.

japv mba'biei japv bun mba'biei nangv mingh/to get a haircut.

japv mba'biei dorngx tengx mienh japv mba'biei nyei dorngx/a barbershop or hair salon.

japv mba'biei sieqv tengx mienh japv mba'biei nyei sieqv/a woman barber.

japv mba'biei zangc hoqc daaih japv mba'biei nyei mienh/a hairdresser.

japv mbiauh longc nzipv japv mbiauh. Gj: zuotc mbiauh/to harvest the rice.

japv ndie japv ndie daaih lunh houx fai lunh lui/to cut clothing materials.

japv ndutv japv ndutv benx i nqanx/to cut off; to cut apart.

japv saeng-kuv biei tengx saeng-kuv japv biei/to cut animal's hair.

Japan m. 日本 /rìběn/ ic bernv guoc jaa, se yiem D. bung maengx Asia, hungh zingh mungv heuc Tokyo. **Japanese** adj.

jatc[1] w. ndiangx ngatv jienv maaz oix zuqc longc hlieqv jatc nqoi zorqv maaz cuotv/to pry out.

jatc faaux jatc jienv faaux gu'nguaaic. Gj: jiuc faaux/to pry upward.

jatc jienv waan haiz zietc nyei nor zungv maaih ga'naaiv jatc jienv nyei.

jatc la'bieiv njangx jiuc bun la'bieiv njangx/to pry a rock to roll.

jatc maiv dongz hnyiev haic jatc maiv dongz/to heavy to pry up.

jatc nqoi yie la'kuqv forv-zeih yiem cie gu'nyuoz oix zuqc longc ga'naaiv jatc cie-gaengh nqoi.

jatc[2] nz. gorngv waac jatc doic/to against or oppose each other.

aauv-jatc janx gorngv mienh waac mv nzuonx domh aauv-jietc wuov.

domh aauv-jatc wuotv jatc jienv/to pry against each other.

jatv w. kuv-jatv; kuh jatv haic. Gj: jietv, jaetv/to laugh; laughing.

douz jatv douz zieqc siz ziz douz-mbietc nzenc-nzenc nyei faaux/the hissing of fire burning material.

gorngv jatv gorngv kuh jatv nyei waac. gorngv-waac-cou, kuanv tien/to tell a joke; talk and laugh.

jatv deix njeic jatv jienv deix/to smile or happy expression

jatv-doqc guatc doqc jatv bun mienh nyaiv/to mock by laugh.

jatv duqv nzaaih za'gengh king-king njangx-njangx nyei jatv/to laugh heartily.

jatv-hmien ziangh ziouc dorh jatv nyei hmien. Gj: siaaux lienv/a smiling face.

jatv jienv gorngv binc gorngv binc jatv to laugh while talking.

jatv-ndoqc nduqc laanh mienh ganh jatv hnangv/to laugh all by oneself.

jatv-nqaai maiv maaih mueix yaac jatv to laugh for no reason.

kuh jatv haic gengh kuh jatv haic/very laughable; so funny.

zoux kuh jatv zoux bun mienh oix kuh jatv/to do something for fun and laugh.

zuqc mienh jatv zoux nyaiv haic nyei sic zuqc mienh jatv/to be laughed at.

jau[1] zny. zorqv hlo caux faix jau jienv/to mix with different size.

jau deix faix bun aengx zorqv deix faix caux jienv bun/to give in different size.

jau[2] n. yie jau gong bun ninh mbuo tengx yie zoux/I handover my duty for them to take care for me.

jau ziec 1 norpc bun; cunv bun/to hand over to. **2** lienh lorh lorz doic jienv/to make connection with.

jau ziec waac juix njiec waac bun mienh tengx douc mbuox/to leave a message for someone.

jau[3] w. ndorpc jau njiec wuotv zuqc zaux mun/to fall down; to fell.

ndorpc buo jau ndorpc buo nzunc/to fell three times.

jau[4] m. Jau-zei; Janx-jau. Gj: Janx-gaeu the Vietnamese people.

Jau-Zei Guoqv yietc norm guoqv yiem D.N. Asia, hungh zingh se heuc Hanoi.

Jau-Zei Janx yiem jau-zei deic-bung nyei janx/Vietnamese people.

Jau-Zei Mienh yiem jau-zei deic-bung nyei Iu-Mienh (Dao)/an Iu Mienh people who living in Vietnam.

jauh pm. cuqv jauh; nyim jauh/full rice grain; full developed seeds.

gorngv waac jauh gorngv duqv waac junh nyei/to speak with well accent.

nyim maiv jauh nyim-maux maiv jauh an empty seed; undeveloped seeds.

jauv[1] m. 街 /jiē/ mienh yangh fai cie yangh nyei jauv/a road; a path; a walk way.

jauv-baaih jauv zangc mbuox jauv nyei baaih/road sign.

jauv beqv 1 faaux jiez beqv nyei jauv/a steep road. **2** maaih jauv beqv/to have urgent matter with.

jauv-bouc jauv mingh taux nyei sic/a section or stage of a journey.

jauv-caax jauv bun zoux i caax/divided road; intersection street.

jauv-dauh 1 jauv go ndongc haaix nyei sic/on the road travel. **2** sic dauh hnangv haaix nor cuotv/the reason caused.

jauv-dauh go mingh go nyei jauv/a long distance journey.

jauv-dingh go cuotv jauv mingh go nyei dorngx/to travel long distant way.

jauv-dorn cunx-fim jauv/a small walk way; small path.

jauv dorng 1 jauv jiemc mi'aqv/end of the road. **2** zoux sic sung mi'aqv/to come to the conclusion.

jauv-douh jauv go fai fatv nyei sic/road condition between the place.

jauv-douh sou mangc lorz jauv nyei sou/a road maps.

jauv faix jauv-dorn/small road.

jauv-feix cuotv zangc longc nyei zinh nyaanh. Gj: bienh fuix/travel expense.

jauv-gorn cor hoqc jiex gorn cuotv jauv mingh/the beginning of journey.

jauv-gorqv jaamx-maaz jauv nyei gorqv/the corner of intersection road.

jauv hepc jauv hepc nyei/narrow road.

jauv-hlen jauv ga'hlen/roadside.

jauv-hlen dang jauv-hlen nyei dienx dang/a streetlight.

jauv-hlen mienh jauv-hlen yangh jauv nyei mienh/people on the roadside.

jauv-jaamx-maaz ziepc nzangc jaax jauv/cross-road.

jauv-jiex gungh gangx gaatv jiex nyei jauv/cross-way street.

jauv mbienh pien gaatv jiex mbaiv nyei jauv/a slope hillside road.

jauv jiemc jauv mingh gau jiemc/the end of a road.

jauv juiz faaux jiez juiz nyei jauv/steep road; uphill road.
jauv-jung lomc zangc miev siex nyei jauv-dorn/a jungle overgrown path.
jauv-kuv 1 cuotv maengx fai bieqc maengx jauv-kuv/an entrance or an exit road. **2** mbenc zoux kang jauv-kuv/to prepare for a spirit ceremony.
jauv-kuv mangc nqaai yie hnamv gau meih jauv-kuv mangc nqaai yaac maiv buatc meih daaih.
jauv longx niouv cie mingh duqv siepv nyei jauv/a better road condition.
jauv-louc sic dauh jauv/an event; story about someone.
jauv-luei miev homc nzengc buatc deix jauv-luei hnangv/an overgrown path.
jauv-maeng wuotc jienv "cement" nyei jauv/a blacktop road.
jauv maiv benx jauv waaic mv benx/a bad road condition.
jauv maiv tong mv gaengh maaih jauv mingh taux/no road go through yet.
jauv maiv zaqc jauv ngau mingh maiv zaqc/a crooked road.
jauv-mbienh gaatv jiex mbaiv nyei jauv a hillside road.
jauv-mbienh menc qaav maengx bung jauv/the upper-side of a hillside road.
jauv-mbienh ndiev ndiev maengx bung jauv/the lower-side of a hillside road.
jauv-mbienh pien gaatv jiex mbaiv nyei jauv/road with onside is slopes down.
jauv mbopc yangh gau jauv mbopc/a well worn road.
jauv mbung nie-mbung jauv/dusty road.
jauv nangv 1 mv go nyei jauv/a short way. **2** sic dauh nangv/a short story.
jauv-ndaauv 1 mingh go nyei jauv/a long distant travel. **2** sic dauh ndaauv/a long story.
jauv ndorngh weic duih mbiungc jauv ndorngh/a muddy road.
jauv ngau jauv mingh mv zaqc/twisted or crooked road.
jauv-njapv la'bieiv-qaqv-qangx nyei jauv/a narrow road in the rocky area.
jauv-njiec njiec wuov ndiev bung nyei jauv/downgrade road.
jauv njuotv jauv ngau haic mv zaqc/a crooked road.
jauv-siepv mingh siepv wuov diuh jauv an express lane.
jauv to naauz-jauv to-to nyei mingh/a well worn rat's path.
jauv tong maaih jauv mingh taux/to have a road go through.
jauv waaic jauv kamx mv yuonh nyei jauv/a bad road condition.
jauv-wingc jauv-zaqc mv tong oix zuqc wingc yangh ganh bung/a detour road.
jauv zangc mingh nyei jauv zangc/on the way of traveling
jauv-zangc dang gan jauv-hlen mingh nyei dienx dang/a streetlight.
jauv zangc leiz niouv cie yangh jauv nyei leiz/a traffic rules
jauv zangc mienh jauv zangc mingh daaih nyei mienh/a traveler.
jauv zangc nyei zaqc dangv jauv caangv mienh nyei zaqc/a street robbery.
jauv zaqc jauv ndengh zaqc nyei mingh a straight road.

jauv[2] cs. sic dauh nyei jauv/matter; affair or story about something.
jauv-dauh louc mueiz yiem gorn taux dueiv nyei sic/journey story from the beginning through the end.
jauv jienv 1 maaih sic jienv nyei/to be with significant matter. **2** mv bun yangh dongz/prohibit of traveling.

jaux[1] n. 蛋 /dàn/ nyungc-nyungc jaux/an egg in general name.
jaux-caauv jaux caauv daaih/fried egg.
jaux-kuqv jaux nyei kuqv/an eggshell.
jaux-doic jai caux norqc ga'sie zaangh jaux nyei mbuoqc.
jaux-lorqc suix ciqv daaih dapv jaux nyei ga'naaiv/net for hold an egg.
jaux-mangh jaux-yangh/an egg yolk.
jaux-ndonc mv haih benx jai-dorn nyei jaux/an egg failed to develop a chick.
jaux-ndonc dueiv yietc nyungc lomc nyei hmei-luangh dueiv zoux lai nyanc.
jaux-njunc lai caux jaux zorpc jienv njunc zin daaih/an egg roll.
jaux-orv gu'nyuoz baeqc wuov deix jaux/the white of an egg.

jaux-siqv nyomc jaux siqv, se Iu-Mienh jiex hnyangx saeng-yietv ndorm longc jauv-siqv nyei leiz/an egg dyed in red color for a New Year custom.
jaux-torng jaux zouv torng daaih/an egg soup.
jaux-wuonh jaux wuonh zuoqc daaih/a boiled egg.
jaux-yangh jaux-mangh/an egg yolk.
jaux-zai jai nyei ga'sie gu'nyuoz benx jaux wuov deix zai/eggs.
jaux-zin an hmei zin nyei jaux/fried egg.

jaux[2] bj. hmeiv nzueic jaux daax jaux wuov/a full rice grain.

jei[1] gn. la'fapv jei; siang-jei; dungz-miev jei/a woven dust pan.

jei[2] m. 机 /jī/ lunh ga'naaiv jei/a sewing. machine. Gj: ji/a motor.
dienx jei 电机 /diànjī/ longc dienx qaqv nyei jei/an electric motor.

jei[3] dj. 居 /jū/ yietc buoqv haangh ndau/the whole area of piece land.
deic-jei longx dorngx dauh longx yaauc the qualities of a piece land
jei maanh 居民 /jūmín/ yiem wuov buoqv haangh dorngx nyei mienh maanh/the inhabitants of an area.

jeiv aengx lorz mangc "siqc jeiv, lengc jeiv, hnyangx-jeiv" nyei eix-leiz.

jeix w. daav za'eix jeix/to scheme or to persist one's plan.
daav jeix daav za'eix/to plan how one will get something.
jeix taux duqv gorngv taux mienh suei ziouc bun/to persist until one gets what is desired.

jem aengx lorz mangc **jiem** wuov joux nyei eix-leiz.

jen aengx lorz mangc **jien** wuov joux nyei eix-leiz.

jenv aengx lorz mangc **jienv** wuov joux nyei eix-leiz.

ji[1] m. 机 /jī/ nzox ga'naaiv ji; sorqv la'fapv ji; buonc mba'biei ji/an electric motor.
cangx heix ji bungx nzung muangx nyei ji. Gj: siou yin ji/a radio.

ji[2] w. naauz ji'jungx jung nyei tiux/run fast as a mouse or rat.

jic w. jic sin; hnyouv jic; jic sic; jic njoux cie. Gj: gic/urgently or emergency case.
jic njoux cie njoux mienh maengc nyei cie/an emergency rescue truck.
jic sic jieqv zeih nyei sic/an emergency matter; an urgently case.

jih wj. **1** jih jungx japc. **2** jih jungx jamz. **3** jih jungx jaauz. **4** jih jungx jung. **5** jih jungx joih.

jie[1] pm. (porng wetv gau ndau) jie nzengc aqv. Gj: gie/a hoe being worn out.
heh ndoqv jie daapc heh lauh heh ndoqv jie nzengc/a worn out shoe.
jie ngaam longc gau (nyiu) jie ngaam nzengc mi'aqv/to be worn down.

jie[2] md. orv-sui ipv daaih lauh nyanc haiz jie nzuih baengx nyei/to be irritate.

jieh[1] m. nyungc-nyungc jieh. Gj: lai-mau general name for eggplant.
jieh junh ziangh daaih junh nyei wuov nyungc jieh/round eggplant.
jieh ndaauv ziangh daaih ndaauv nyei wuov nyungc jieh/long eggplant.
jieh ndeic zuangx jieh nyei ndeic/an eggplant garden, field.
jieh nyim jieh nyei nyim fai liouh zoux nyim nyei jieh/seed of an eggplant.
jieh orv torng jieh caux orv zouv nyei torng/eggplant and meat soup.
jieh yaang jieh nyim zunx cuotv daaih nyei yaang/an eggplant plants.

jieh[2] m. **jieh zorng-jaic** maaih zungh baav ndiangx-nyai nyei mbong-jaic.
jieh zorng-lorngh hlang nyei piqv-piqv wuov nyungc mbong/high mountain peck.

jieh[2] aengx lorz mangc "norqc jieh" wuov joux nyei eix-leiz.

jiex[1] w. jiex jauv/to cross road/jiex jouh/to cross a bridge/jiex ndoqv/to cross a river/bieqc nzangv jiex ndaaih/to cross a river by boat.
jiex caqv ca'bouc zoux dorngc sic/to do wrong by accident, mistake.
jiex bungh laangh zoux laangh bietv auv caux auv juangc norm fingx/a son in-law who adopted his wife's surname permanently.
jiex da'aqv 1 zinh ndaangc. Gj: jiex daaih aqv/past; former; previous. **2** yiem wuov bung jiex daaih/to have crossed over from the other side.

jiex daaih deix aengx taanx jiex mingh deix/to move over a bit.
jiex daaih wuov hlaax zinh ndaangc maengx wuov hlaax/last month.
jiex dangv nziang longc dangv nziang bun-baengh fih ndongc/to weigh with a balance scale.
jiex doic jiex seix; mingh seix; daic seix; daic mi'aqv/pass away; decease.
jiex dong jiex dong-gen nyei hnoi/to pass the winter.
jiex douz buov longc douz buov jiex liuz aqv/after fire burn.
jiex douz sinx longc douz buov sinx jiex/to clarify or separate by fire.
jiex duqv eix mingh maiv dongz zuqc hnyouv/careless, no concerned.
jiex duqv hnoi mv jomc yaac mv butv zoih mv baac yiem duqv jiex nyei/not rich but can be surviving.
jiex duqv mingh 1 haih jiex duqv mingh nyei/be passable. **2** maaih gaux longc jiex duqv mingh nyei.
jiex duqv tong maaih jauv jiex mingh duqv tong nyei/to get through.
jiex eix mv mingh jiex mienh nyei eix mv mingh/to feel sorry for.
jiex gaav kungx oix zuqc gaav longc hnangv/to survived on the loan.
jiex gaatv nyei leiz 包皮环切 [bau piz huanz qie] janx-baeqc gaatv jaix-zueiv ndopv nyei leiz, se gu'nguaaz-dorn cuotv seix buangv hietc hnoi oix zuqc gaatv aqv/circumcision, surgery.
jiex guaan zaih maanx liuz aqv/too late or time has been gone.
jiex hoz nqa'haav hingv nyei sic/to be in the future; afterward.
jiex hlaang lunh hlaang gan ndie-hlen mingh/to sew braid on edging.
jiex hnyangx 1 zoux yinh wuic jorm siang-hnyangx/to greet or to celebrate a New Year. **2** jiex liuz yietc hnyangx aqv.
jiex hnyangx njuov jiex hnyangx nyei njuov-zong, njuov-guei, njuov-ndaauv/a New Year cake.
jiex i hnoi jiex mingh i ziex hnoi/in the next few days, near future.
jiex i hnyangx jiex mingh i hnyangx/in the next couple years.
jiex i ziex hnoi aengx jiex mingh i ziex hnoi/in the next few days.
jiex in jiex zaah siang-laangh bun in-mbiaatc, siang-mbuangz dox zaah bun hopv weic tengx ninh mbuo i hmuangv zoux zorng-zengx benx i auv benx nqox nyei leiz.
jiex jaax jiex ndaangc mi'aqv; jiex jaax mi'aqv/to be over due or beyond one's expectations.
jiex-jaaiv gaeng yietc nyungc ndopv butv pokc sietv nyei baengc/skin disease related to chicken pox.
jiex jaaiv ndie zoux sai ong sai jaaiv sipv mienv nyei la'sin.
jiex jaaix jiex ziqc gapv-jaaix/to cross over a border line.
jiex jaaix kaeqv yiem ganh norm deic bung daaih nyei kaeqv mienh.
jiex jaaix mienh ganh norm deic-bung nyei mienh/a foreigner.
jiex jaaix sou mingh bieqc ganh norm deic-bung nyei iv congh sou/a passport; visa or a transit permit.
jiex jauv jiex jauv dangh baav/to pass by a place or a town.
jiex jauv kaeqv jiex jauv hitv kuonx dangh baav nyei kaeqv/a passerby.
jiex jauv mienh gan jauv mingh daaih nyei mienh/the people pass by.
jiex jieqv zaqv jiex ziangx jieqv bun mienh zaqv wuonc jienv faaux.
jiex jouh yangh jouh gu'nguaaic jiex/to cross over a bridge.
jiex jouh ndiev yangh jauv a'fai niouv cie jiex jouh ga'ndiev/to walk or drive cross under the bridge.
jiex juoqv jiex ga'ndiev juoqv hnangv mv faaux gu'nguaaic.
jiex kaav jiex hungh jaa zaah mienh nyei kaav/to pass a security checkpoint.
jiex kaav zinh maaiz jiex kaav nyei nyaanh/to pay a check point fees.
jiex koiv bieqc jienv domh nzangv jiex wuov ngaanc bung koiv/to cross the sea.
jiex leiz 1 Giduc Mienh ziemx wuom nyei leiz/baptism custom. **2** jiex jaax mi'aqv/to go beyond the normal law.

jiex leiz dorngx yiem leiz-baaix dorngh gu'nyuoz fai ndoqv lengc jeiv jiex leiz nyei dorngx/a place for baptism.
jiex liuz jiex liuz maiv dungx hnangv naaic zoux aqv/don't do it afterward.
jiex louc nyienh jiex jauv mienh, baaux nzung gorngv nyei waac.
jiex louh douz sinx longc louh cui douz buov sinx jiex/to refine by fire.
jiex maiv mingh 1 gaengh hepc jiex maiv mingh/too narrow space to be pass by. **2** jiex maiv mingh weic zuqc maiv maaih aqv/cannot be continue because of lacking resources.
jiex mienh baengc haih jiex mienh nyei baengc/communicable disease.
jiex mingh deix yangh jienv jauv jiex mingh deix fai taanx jiex mingh deix/to move over a bit further.
jiex muonz yiem wuov yietc muonz/to spent the night; stay overnight.
jiex muonz mi'aqv yietc muonz jiex liuz aqv/passed overnight.
jiex mbuov sox jiex mbuov maiv fungc nyanc aqv/to become mildewed.
jiex naaiv jiex wuov yiem dorngx mv dingc jiex naaiv jiex wuov nyei/to keep moving from place to place.
jiex ndaaih jiex koiv nyei Iu-Mienh biaux deic-bung se congh Zong Guoqv jiex ndaaih jiex koiv nyei biaux jienv mingh taux Meiv Guoqv.
jiex ndaangc caangv jiex mienh nyei wuov ndaangc/to pass someone in front.
jiex ndoqv yangh jauv jiex ndoqv/to walk cross the river.
jiex nzingx hlieqv jiex nzingx. Gj: jiex sioux/rust on the metal.
jiex nyutc zeiv 1 hnoi jiex hnoi jienv mingh nyei sic/to go by time to time. **2** ziangh hoc jiex mi'aqv/to be overdue.
jiex saeng-nyietc mbenc nyanc hopv jiex cuotv seix hnoi/to have a birthday celebration.
jiex seix zutc qiex daic aqv; daic mi'aqv mv yiem aqv/to die; pass away; decease.
jiex sen borngv 过山榜 /guòshānbǎng/ se Yao Mienh cuotv mengh nyei gouv douh sou, se fiev benx janx-kaeqv nzangc/an Iu Mien's famous crossing mountain long passport, which written in Chinese characters also contain Iu Mien history.
jiex sen mienh jiex jauv dangh baav nyei mienh/a tourist or travler.
jiex sen nzung jiex jauv mienh baaux nyei nzung. Dgw: zueiz deic nzung.
jiex sih jiex loz jiex daaih zungv lauh haic aqv/to be outdated; to outdate.
jiex siouc siouc nyuonh buangv liuz daic mi'aqv/decease; pass away.
jiex sioux nyaanh jiex sioux/smoke spot or rust on silver.
jiex wuom nyei leiz Giduc Mienh ziemx wuom nyei leiz/the custom of baptism.
jiex yietc buonc camv yietc buonc fai zoqc yietc buonc/to be more or less than a half of something.
jiex ziangh hoc dingc daaih nyei ziangh hoc jiex mi'aqv/out of date; overdue.
jiex ziangx gorn zoux deix dien nyungc zeiv jiex gorn/to mark for start.
jiex zinh jiex ndaangc dongh horpc leiz nyei mi'aqv/beyond one's expectations.
jiex zipv 过节 /guòjié/ jiex zipv, jiex wuic nyei sic/to pass a festival.
jiex zipv jiex wuic zoux yinh wuic jiex hnyangx lo haaix/to pass a festival or a celebration.

jiex[2] pm. aiv jiex; buatc jiex; duqv jiex; haiz jiex; hlang jiex; longx jiex; yaauc jiex; seix jiex mueix; nzueic jiex/to be experienced before.

jiex[3] aengx lorz mangc "mbiauz-jiex, haih jiex mienh nyei baengc, hingh jiex, wuov jiex, ga'ndiev ndoqv jiex" wuov deix nyei eix-leiz.

jiez[1] w. haiz jiez hnyouv haic/to be eager to or to be very interested in.
ceix jiez daaih ceix liepc jiex daaih/to build up something.
jiez daaih 1 hlang faaux daaih/to rise up. **2** souv jiez daaih/to stand up.
jiez diuv-inv hopv diuv lauh jiez diuv nyei inv/to addicted to alcohol.
jiex eix haiz eix duqv nyunc duqv oix longc haic. Gj: jiez hnyouv.
jiez gorn jiez gorn gorngv fai zoux/to start or to begin.

jiez gorn dorngx zoux jiez gorn wuov norm dorngx/at the beginning point.
jiez gorn waac gorngv bieqc nzemx nyei waac/introduction words.
jiez gorn zoux njiec buoz jiez gorn zoux aqv/to start working.
jiez hnyouv jiez hnyouv mingh buonv orv/eager to go hunting.
jiez in-mbiaatc inv buov in-mbiaatc a'nziaauc buov gau ziang naaic jiez inv mi'aqv/addicted to smoking tobacco.
jiez jai-ba'ingv butv juangv sin jiez jai-ba'ingv daaih/to have goose bumps.
jiez laangc nziaaux buonc wuom jiez laangc/to form into waves.
jiez sic jiez gorn zoux sipv mienv nyei yinh wuic/to begin spirit ceremony.
nyanc maiv jiez jaaix haic maaiz maiv jiez nyanc/too expensive to eat.

jiez[2] pm. faaux jiez; njiec jiez/to go up the steep hill. Lungh ndorm zanc yie jiez sin nziouv nyei. I get up very early in the morning.
jiez jienv mingh faaux hlang jienv mingh/rising up.
jiez mv duqv sin jiez sin maiv duqv/to be unable to stand up.
jiez maengx bung wuov jiez maengx wuov bung. Dgw: ndiev maengx bung to be at the upper side.
jiez mbiungc-suiv-imx wuom yiemx lungh ndiev nyei sic/chronology flood.
jiez sin 1 souv jiez sin/to stand up; to get up. **2** bueix jiez sin daaih/to get up from sleeping.
wuov jiez bung yiem faaux hlang wuov bung/be at the upper side.

jiez[3] gz. siou duqv jiez; siou maiv jiez. Ih hnyangx nyei hnyangx-zingh longx mv bei mbiauh hmeiv gengh siou duqv jiez haic/prosperity year for farmers.

jiem[1] m. 金 /jīn/ **1** nyungc-nyungc jiem nyei mbuox/gold in general. **2** jiem ging duqv longc/to be durable.
jiem-buoz-ndoqv-nzaeng jiem daav daaih dangh buoz-ndoqv nyei kou/a gold finger ring.
jiem-ciangv maaih jiem camv haic nyei dorngx/area with alot gold; gold store.
jiem-ciangv maaih njoux huaax maaih jiem camv nyei dorngx yaac maaih mienh jomc mienh, nyei waac-beiv.
jiem-corng jiem-koux, nyaanh koux/a place where treasury are kept.
jiem-cueix longc jiem dimv cueix daaih a gold color spotted.
jiem-diuh yietc diuh jiem/a gold bar.
jiem-finx longc jiem baeng daaih ciqv limc nyei finx/gold wire.
jiem-jaax 金价 /jīnjà/ jaaix ndongc jiem nyei jaax-zinh/gold price.
jiem-koux siou jiem nyaanh an nyei dorngx/a bank for treasury.
jiem-laanh dinc longc jiem ceix liepc nyei hungh dinc/a beautiful, expensive royal palace.
jiem-limc dangh jaang nyei jiem-limc/a gold necklace or gold chain.
jiem-m'normh hiun dangh m'normh nyei jiem-hiun/gold earrings.
jiem maengc mienh maengc buangh zuqc hlieqv wuov juang mienh.
jiem-ningv jiem zoux daaih jaaix haic nyei ningv/a gold crown.
jiem-njeiv 金刚石 /jīngāngshí/ njang-njeiv nyei jiem/diamond.
jiem-njeiv buoz-ndoqv-nzaeng an jienv jiem-njeiv nyei buoz-ndoqv-nzaeng/a diamond ring.
jiem-njeiv hiun dimv jienv jiem-njeiv nyei hiun/diamond earrings.
jiem-nyaah longc jiem buang nyaah daaih/a gold teeth.
jiem nyaanh jiem caux nyaanh/gold and silver; gold and money.
jiem nyaanh jaax 1 jiem nyaanh nyei jaax/price of gold and silver. **2** jaaix ndongc jiem nyaanh nyei jaax.
jiem-nyiemz maiv buov daav jiex nyei jiem/raw gold
jiem-poux maaiz maaic jiem nyei poux a store sell and buy gold, jeweler.
jiem siou-setv jiem-buoz-ndoqv-nzaeng caux limc, hiun lo haaix/gold jewelry.
jiem-siqv hnangv dongh siqv nor wuov nyungc jiem/reddish yellow gold.
jiem-yangh gauh yangh deix wuov nyungc jiem/yellow gold.

jiem-zangc daav jiem-siou-setv nyei zangc mienh/a goldsmith.

jiem-zeiv longc buov buoqc zangc zienh wuov nyungc jiem-yangh zeiv/golden paper used in spirit ceremonies.

jiem[2] cm. mienh nyei jiex gorn a'fai setv mueiz mbuox, beiv hnangv Jiem-Zoih fai Naix Jiem.

jem-kuon 1 mienh nyei biuv mbuox/a man's generation. **2** lungh ndiev maanc muotc jiem-kuon/all creatures under the heaven. **3** leiz-fingx/custom.

Jiem-Sioux Nquenc 金秀县 /jīnxiùxiàn/ se yietc norm Zong Guoqv nyei Yao Mienh nquenc/a Yao autonomous county in Guangxi province, China.

Jiem-Yaangh yietc nyungc hieh ndoih six gorngv ngorc hnaangx nor haih nyanc duqv nyei/an edible wild tuber.

jiem-yaangh ndoih juv jaax se beiv jiem-yaangh caux ndoih juv aqc mangc jiex nyei jaax/an ugly appearance.

Jiem-Yiem Mienv 菩萨 /púsà/ jiem-yiem mienv/Bodhisattva/ih jaax hnoi yaac maaih Iu Mienh zangc jiem-yiem mienv.

jiem[3] nz. aaux nzung nyei waac gorngv hlieqv, se gorngv cuotv seix buangh zuqc jiem wuov hnyangx se funx "jiem maengc mienh" aqv.

jiem[4] zh. jiem-nin, ih hnyangx; jiem zeih, ih zanc/this year; right now.

jiem-nyietv ih hnoi, benx nzung baaux nyei waac/today.

jiem seix ih zanc ziangh jienv naaiv seix mienh/this lifetime.

jiem-yiex ih muonz, benx nzung baaux gorngv nyei waac/tonight.

jiem-zeih ih zanc/now or immediately.

jiem[5] pm. ging duqv longc lauh nyei yaac maiv waaic/to be durable.

hlaang jiem maiv la'guaih haih dangx nyei hlaang/strong durable rope.

jiemc pm. jiemc mi'aqv, mv maaih borqv mingh aqv/to be end, ending.

congx-jiemc m'sieqv mienh congx biangh nyei mbuox/name of embroider.

jiemc jauv mingh gau jauv jiemc/the road is ending.

mangc jiemc yietc mueic mangc jiemc nyei dorngx/as distant as one's eye can see or view.

jiemh[1] m. nyaanh daav daaih dangh buoz nyei jiemh/a bracelet.

zaux-jiemh dangh zaux nyei jiemh/a foot ring.

jiemh[2] pm. beiv hnangv "jiemh guaan" se bingx-ciouv nyei sic/to keep privacy.

maiv haih jiemh guaan mv haih bingx-ciouv nyei sic/to be unable to keep one's privacy.

jiemv aengx lorz mangc "muonc jiemv" wuov joux nyei eix-leiz.

jiemx[1] w. heuc mienv jiemx jienv/call on spirit to safeguard the family.

jiemx jienv dangv nqaeqv jienv/prevent or protect; to safeguard.

jiemx-zingh yietc diuc dingc zuiz bun houh saeng-mienh haaix dauh nziaauc sieqv maaih gu'nguaaz oix zuqc baatc mbenc *jiem-zingh* liuz nor mv gunv longc zoux auv fai maiv longc mv baac wuov dauh gu'nguaaz haih heuc ninh zoux dae duqv aqv.

jiemx zouc dangv nqaeqv jienv/prevent harmful things to be happen.

jiemx[2] pm. Iu-Mienh se jiemx-gec maiv nyanc juv-orv/to prohibit.

jiemx-gec diuv gec maiv hopv diuv/to taboo from drinking wine.

jiemx-gec yiem-hlaax m'sieqv mienh yungz liuz gu'nguaaz jiemx-gec maiv caux nqox bueix.

jiemx[3] aengx lorz mangc "bungx jiemx" wuov joux nyei eix-leiz.

jien[1] mh. dorng jien; domh jien; zoux jien; jien jaa/the government; an official.

jien-baaih zoux jien taux haaix nzangh nyei baaih/an official rank.

jien-borngv jien jaa box mbuox mienh nyei fienx/an official notice.

jien-douh zoux jien doic jiex doic nyei douh zong/an official line.

jien-fei jien jaa nyei sic/official matter or government affairs

jien-fouv hungh jaa goux sic mienh/a government administrator.

jien-fouv gong hungh jaa nyei gong/the duties of government.

jien-fouv nzaic hungh jaa nyei sic/the government affairs.
jien-fouv sic caux jien-fouv nzaic wuov joux fih hnangv nyei.
jien jaa hungh jaa/the government; the authority
jien jaa sic hungh jaa nyei sic/a matter of government.
jien jaa sic dorngh hungh jaa zoux gong dorngx/government headquarters.
jien-mengh zoux jien nyei mbuox/an official name or title.
jien-muonh hungh jaa mbenc sic nyei dorngx/a government headquarter.
jien-nzaic jien-fouv nzaic; jien-fouv sic an official matter.
jien-waac jien-fouv gorngv nyei waac an official language.
jien-zaah cuotv mingh zaah sic nyei jien. Gj: jun-zaah/a police officer.
jien-zeqv zoux jien zaangv deic-bung nyei sic/government position.

jien[2] w. jien sin zoux; jien sin liuc leiz. Gj: gic sin/to pay attention to.
jien sin zoux oix zuqc jienh liuc leiz zoux/to show diligently.

jien[3] pm. jien faaux daaih, a'fai jien jiez daaih/one side rise up from the ground.
juv jien dueiv juv a'hneiv biauv-ziouv ziouc jien jienv ninh nyei dueiv.

jienh pm. jienh zoux gong; jienh mingh mbatc mbiauz/to be diligently.
jienh doqc sou jienh oix doqc sou/to study diligently.
jienh gorngv waac gorngv waac maiv youx nyei mienh/a talkative.
jienh nyei maiv lueic/to be diligent.
jienh zoux gong zoux gong maiv lueic maiv youx/to work diligently.

jienv[1] w. miev-gorn jienv haic baeng mv cuotv. Dgw: njien/to be firmly or stable.
gorn-jienv yietc nyungc gorn jienv aqc baeng mv cuotv nyei miev.
jienv haic mbapc zietc nyei jienv haic nqamv mv dongz/to be very tight.
mbiauh jienv aqc faeqv mv ndutv wuov nyungc mbiauh.
ziangh jienv njiec nzungh ndo ziangh jienv nyei/a firmly grown root.

jienv[2] zmb. hungh jaa *jienv* mv bun maaic diuv caux in/the government prohibit of selling drug and alcohol.
jienv haic za'gengh jienv haic/to keep or confine within limits.
jauv jienv maaih sic nyauv maiv bun mienh yangh dongz/the road is restrict because an important matters.

jienv[3] pm. longc jienv fai mv longc jienv/to be important or unimportant.
gauh jienv gauh longc jienv/to be more important, significant.
jienv dorngx jienv wuov norm dorngx the important point.
jienv duqv haic haaix zanc yaac liuc leiz jienv/be very attentive.
jienv jienv zoux gic sin liuc leiz mangc jienv zoux/to pay close attention to.
jienv nyei jauv jienv haic nyei sic/to be more importance matter.

jienv[4] sk. caux mbing benx muoz-doic nyei hieh zoih/a gibbon monkey.
jienv-nzing gouv-waac gorngv dauh baav jienv maaih nzing yiem ninh nyei buoz-seih ndiev, se longc zoux buv naetv yuoqc dorn, yuoqc sieqv lingh haic norh.

jienv[5] m. m'sieqv mienh congx congx nyei mbuox, beiv hnangv "jienv-dorn, jienv-tiu, jienv-jiemc, jienv-saa, jienv-ngau"/a name for embroider.

jienv[6] aengx lorz mangc "gan jienv, buix jienv, dorh jienv, caux jienv, doix jienv, zueiz jienv" wuov deix nyei eix-leiz.

jienx aengx lorz mangc "jienz" wuov joux nyei eix-leiz.

jienz[1] m. jai-jienz; norqc jienz/the gizzard of a chicken or fowl.
jaangh jienz gu'nyuoz hnyouv nyei jienz caux jaangh/all internal organs of animals. Meih nyei jaangh jienz yie zungv hiuv nzengc aqv. I know all what your inside thinking.

jienz[2] w. nyienz haic jienz-jienz wuov wuonh yaac mv mau/to be leathery.

jiepv[1] m. yietc dauh jiepv se lomh ngongh hlo/a bear.
jiepv-baeqc koiv-hlen zorqv mbiauz nyanc nyei jiepv/a white bear.

jiepv caux nda'maauh caux maiv duqv doic nyei mienh, se beiv jiepv caux nda'maauh buangh zuqc doic nor ziouc borngz jaax aqv.

jiepv-daamv jiepv nyei daamv longc zoux ndie longx haic/the gall of a bear.

jiepv-dorn jiepv nyei dorn/bear cub.

jiepv-dungz maiv nangc hlo wuov setv jiepv/a small kind bear.

jiepv juv faix jiex wuov nyungc jiepv lomh juv hnangv/a dog bear.

jiepv-ngongh hlo jiex wuov nyungc jiepv/the most bigger black bear.

jiepv-nyeiz she-bear; female bear.

jiepv-tei zaeng bun jiepv faaux nzitv ndortv njiec baqv jiepv nyei tei/a kind of stair trap to kill bear.

jiepv[2] gn. mba'biei hmatv jieqv jiepv-jiepv wuov/very dark and shiny color.

jiepv[3] zh. jiepv zeih nyei sic/an urgent matter; an emergency case.

jiepv zeih liemh zeih beqv-bangx cuotv nyei sic/to be urgently need or care.

jiepv zeih baengc liemh zeih butv baengc daaih/a life threatening illness.

jiepv zeih jauv liemh zeih beqv-bangx biaux sic cuotv nyei jauv/an emergency exit way, door, stairway.

jiepv zeih sic liemh zeih cuotv sic/an urgently matter.

jieqv[1] bc. 黑色 /hēisè/ jieqv nyei setv. Gj: gieqv/black, dark color.

hmatv guv jieqv gengh jieqv gau/to be very, very deep black color.

jieqv-baeqc jieqv caux baeqc zorpc nyei setv/black and white mix together.

jieqv-hingx gengh jieqv dingc aqv/a deep black color.

jieqv hnyouv maaih oix zoux waaic nyei hnyouv/a vengeful heart.

jieqv hnyouv bun zoux hoic mienh nyei hnyouv/evil-intentioned.

jieqv lungh jieqv ndau oix duih domh mbiungc lungh jieqv nyei sic/to be very dark sky because of rain.

jieqv-maeng jieqv caux maeng zorpc nyei setv/to be dark green.

jieqv-mbuov jieqv caux mbuov zorpc nyei setv/to be dark blue.

jieqv-siqv jieqv caux siqv zorpc nyei setv/reddish black.

jieqv-yangh yangh caux jieqv zorpc daaih/to be dark yellow.

jieqv[2] w. yietc jieqv buoz; yietc jieqv zaux; maaih biei jieqv buoz-zaux njiec ndau nyei saeng-kuv.

biee jieqv buoz-zaux maaih biee jieqv buoz-zaux nyei saeng-kuv/large animal with four limbs.

i jieqv buoz i jieqv buoz/the two hands of a person or animal.

jieqv[3] pm. ndeic-jieqv/the lower side of a swidden field. Dgw: ndeic-dauh.

jietc aengx lorz mangc "jatc" wuov joux nyei eix-leiz

jietv aengx lorz mangc "jatv" wuov joux nyei eix-leiz.

jiou aengx lorz mangc "jou" wuov joux nyei eix-leiz.

jiouv aengx lorz mangc "jouv" wuov joux nyei eix-leiz.

jiu[1] w. jiu bun. Gj: jau bun, norpc bun/to hand over; to give.

jiu baan jiu bun da'nyeic baan/hand over to the next shift.

jiu bun ninh cunv mingh bun ninh/to hand over to him.

jiu gong bun jiu ganh nyei gong bun ganh dauh/hand over one's duty to.

jiu huox tor huox mingh jiu bun poux-ziouv/to delivery goods to store.

jiu norpc dorh mingh jiu norpc hungh jaa/to submit to the authority.

jiu nyaanh cunv nyaanh mingh bun/to pay; to hand over money.

jiu ziec waac jiu waac bun ninh dorh mingh tengx mbuox.

jiu zingh nyeic bun zingh nyeic/hand over gift; gift exchange.

jiu zipv jiu bun yaac zipv laengz/hand over and take over.

jiu[2] pm. gapv-camx nyei dorngx/associate with; connecting with.

jiu-bang juangc norm leiz-baaix dorngh nyei mienh/a church's congregation.

jiu-bang doic juangc sienx fim nyei doic/fellow church members.

jiu-bang mienh gox jiu-bang nyei zoux ziouv mienh/a church elder.

jiu ciou gueix ndapv bieqc ciou gueix nyei ziangh hoc/beginning of autumn.

jiu deic-jaaix i bung gapv-jaaix gapv nyei dorngx/area between two borders.

jiu doic gorngv waac jiu tong doic nyei sic/associate or communication with.

jiu dong ndapv bieqc dong-gen hnoi nyei ziangh hoc/beginning of winter.

jiu dong gueix ndapv bieqc dong gueix hnoi/the beginning of winter season.

jiu eix i bung lomh nzoih horpc eix/to agree with each other.

jiu fingx m'jangc caux m'sieqv bueix doic/to have sexual intercourse.

jiu haac gueix ndapv bieqc haac gueix hnoi/the beginning of summer season.

jiu pongh youz jiu zuoqc benx pongh youz doic/friendly relations.

jiu saeng-eix i bung gorngv horpc zoux saeng-eix/to do business with.

jiu taanx caux gorngv waac a'nziaauc laanh zuoqc laanh/communicate with..

jiu tong lienh lorh doic; gorngv waac jiu tong doic/to communication with

jiu tong doic a'loc maaih fienx mbuox taux nyei/to communicate with; to keep in touch with someone.

jiu tong fienx fungx fienx mingh daaih jiu tong doic/to communicate by letter.

jiu tong wuic buangh lorz doic nyei wuic/to get together with a group.

jiu-zingh waac m'jangc caux m'sieqv gorngv hnamv nyei waac/intimate talk.

jiu zuoqc zanc-zanc jiu tong lorz doic nyei zuoqc mienh/to be friendly with.

jiu[3] gn. nyienz mv haih huv waaic nyei jiu. Gj: geu/rubber; plastic.

jiu-biangh jaav-biangh; jiu zoux nyei biangh/a plastic flower.

jiu-daaix longc naetv nyei jiu-hlaang nyouh/an adhesive tape.

jiu-heh longc jiu zoux nyei heh/rubber shoes; galoshes.

jiu-mbuoqc longc jiu zoux daaih nyei mbuoqc/a plastic bag.

jiu-ndie longc jiu zoux nyei ndie/rubber cloth or plastic cloth.

jiu-nyienz haih baeng ndaauv soqv nangv nyei jiu/rubber band; gum band.

jiu-nziqv longc jiu zoux daaih nyei nziqv-ndorqc/a plastic ruler.

jiu-nzormc longc jiu zoux daaih nyei nzormc/a plastic bowl.

jiu-nyouh longc gitv ga'naaiv nyei jiu-nyouh/liquid glue; size.

jiu-zaanv longc jiu zoux daaih mv haih huv nyei zaanv/a plastic cup.

jiuc[1] w. jiuc la'bieiv njangx. Gj: giuc/to pry up a rock so it can roll.

jiuc mv njangx bungx sieqv mv cuotv se beiv "jiuc mv njangx".

jiuc ndau (dungz) jiuc ndau/to root up dirt (as a pig does).

jiuc[2] m. mi'sieqv mienh dapv fei suix nyei jiuc. Gj: congx-beu ndaan/small woven basket with four legs, used for keeping embroidery stuff.

jiuc[3] m. 轿车 /jiàochē/ gaeng mienh nyei jiuc/a sedan chair.

jiuh nz. **jaax jiuh**/a bridge; an overpass.

jaax jiuh jaax jouh jiex/to construct a bridge across over.

jiuv[1] w. muoqv naaiv muoqv wuov nyei jiuv. Gj: nyienx/to play with.

jiuv a'nziaauc caux zoux a'nziaauc/to play joke with; to do for amusement.

jiuv douz nyienx douz/to play with fire.

jiuv ga'naaiv 1 muoqv jiuv ga'naaiv lunc forqv/to mess up thing. **2** m'jangc m'sieqv caux doic nyei waac/slang, for sexual intercourse with.

jiuv-jaa bueix m'njormh njangx duqv henv. Gj: jui-jaa/to move around while sleeping.

jiuv lunc nzengc muoqv gau lunc nzengc mi'aqv/to cause all to mess up.

jiuv maiv duqv a'nziaauc 1 maiv zeiz jiuv a'nziaauc ga'naaiv/things forbidden to play. **2** muonc haic jiuv a'nziaauc mv duqv/too touchy to play joke with.

jiuv maiv mien zoux maiv njiec daaih to be unable to do something.

jiuv maiv njiec dieh zoux maiv noic duqv ziangx/to be unable to finish.

jiuv sic caux nyienx ceux sic/to tease with others; to fool around.

jiuv tin jiuv deic jiuv naaiv jiuv wuov nyei nyienx ga'naaiv lunc nzengc/to mess up things around.
jiuv waaic nzengc muoqv gau waaic nzengc/to play and cause all damage.
jiuv wuom nyienx caux wuom/to play and have fun with water.

jiuv[2] pm. suix jiuv zuqc jaax caeqv maiv nqoi/to be tangled up of thread, string.
jiuv buoz siang-laangh siang-mbuangz jiuv buoz hopv diuv gapv huon benx auv benx nqox nyei leiz.
jiuv jaax 1 caux doic jaax a'nziaauc. Gj: jiuv jienv/to play with. **2** jiuv zuqc jaax/tangled up all over.
jiuv nzoih nzengc kaux nzoih doic nzengc/to be all tangled up.

jiux[1] w. zorqv orv caux lai jiux jienv zouv torng fai caauv/to mix in with.
jiux doic mv njiec caux doic mv duqv nyei mienh/unable to get along with.
jiux jienv doic zouv caux jienv yietc njiec zouv/to mix and cook.
jiux orv zouv zorqv ga'naaiv jiux jienv orv zouv/cook something with meat.
jiux zorpc doic caux jienv qouv zorpc doic/to compound; to mix.

jiux[2] m. yietc nyungc ga'naaiv-ndaang normh muonc nyei/small fine leaves onion

joc w. nzaeng joc nzaeng; zoux joc zoux; nyanc joc nyanc. Gj: ziouc/go head do.
joc mingh liemh zeih joc jiez sin mingh aqv/to act immediately.

joih[1] gn. hniev-soux yietc joih, se maaih feix ziepc lungz/a unit of weight, equal to 3.5 lbs.

joih[2] pm. yietc joih hmei-biouv, yienh si biouv, normh ziu-biouv/a bunch of fruit.
joih daax joih biouv ziangh duqv gitv gau joih daax joih wuov/bunches and bunches of fruit.

joiv pm. forqv haic maiv sung-sangv yietc deix/to be messy or cluttered.
joiv tin joiv deic haaix ndau yaac ndui buangv nzengc/to be messy up all over.

joix w. zuqc yie joix ba'ngaengv ninh nyei m'nqorngv/to hit with the knuckles.
joix norm ba'ngaengv longc buoz ngaengv yietc buoz-ngaengv.

jomc[1] pm. jomc zinh nyaanh maiv maaih longc/to be poor without resources.
jomc caux benx butv zoih caux jomc between the rich and poor.
jomc congh mengh hngongx haic/to be lacking wisdom.
jomc haic maiv maaih gaux longc zuqc ngorc jienv yiem/to be very poor.
jomc jauv maiv maaih jauv mingh aqv.
jomc kouv ga'naanh maiv maaih zinh nyaanh longc/difficulty to live on.
jomc mienh mv maaih zinh nyaanh nyei mienh/poor people; destitute family.
jomc njiec jomc jienv njiec/to become more poor; getting poor.
jomc nyei mienh lorz wuov hnoi nyanc wuov nyei mienh/a poor person.
jomc qaqv maiv maaih qaqv/to be poor energy; lacking of strength.
jomc qiex 1 maiv tauv qiex aqv/to stop breathing. **2** maiv noic duqv mienh, se beiv jomc qiex mi'aqv.
jomc taux ndoqv jomc gau mv maaih yietc nyungc aqv/to be penniless or extremely poor.
jomc za'eix daav maiv cuotv za'eix aqv to be run out of ideas.

jomc[2] m. mingh gau jauv jomc mi'aqv. Gj: jiemc/the road is ending.
jomc jauv mingh jomc jauv mi'aqv/the end of a road or story.
mangc jomc yietc mueic mangc jomc nyei dorngx/as far as one's eye can see.

jong gn. jou-jong. Gj: jou-gong/a type of ground mushroom.

jongh zc. bangc ndiangx nyatv jienv faaux nyei tei/a pole ladder.
nyatv jongh hlauv nqen kuotv daaih cunx jienv ndiangx yietc kang, yietc kang wuov liepc faaux daaih bangc ndiangx ndoh jienv faaux.

jopv gg. ndiangx-normh benx jopv-nyeic; jopv-maeng/locust or grasshopper.
jopv-faanv jopv-nyeic, jopv-maeng camv nyanc waaic gaeng-zuangx nyei sic/a plague of grasshoppers.

jor[1] pm. yangh jauv mv zaqc la'jor la'jor wuov/to walk with unevenly leg.

jor[2] m. jor ndaen, yietc norm guoc jaa, se yiem F.N maengx Asia/Jordan, a country of southwest Asia.

jorc[1] w. mangc mv buatc jorc jienv mingh caaiv zuqc njimv/to walk over the thorn without seeing them.

jorc zuqc douz-nzauc mv jangx mangc mingh jorc douz-nzauc/walk over a fire place without seeing.

jorc zuqc mienh yangh jauv mingh jorc zuqc mienh/to walk over someone.

jorc[2] m. jorc se janx-kaeqv waac gorngv zaux/the leg; the limb.

saan jorc gorngv beiv caeng-jaax buo jieqv zaux nyei waac/a trivet.

Jordan m. yietc norm guoc jaa, yiem F.N bung maengx Asia, hungh zingh mungv heuc Amman.

jorkc[1] q. maaz yangh jauv mbui jorkc jorkc nyei qiex/sound made by a horse walking on hard surface.

jorkc[2] pm. bouh tei jorkc jienv faaux/to put a ladder up.

jorkv[1] w. ngaengv gaengh mbui jorkv jorkv nyei qiex. Gj: gorkv/sound made by knocking the door.

jorkv dangh ngaengv m'nqorngv mbui jorkv dangh/a raping noise.

jorkv[2] m. longc hopv zaah fai hopv wuom nyei jorkv/a cup for serve water.

gingx-jorkv gingx zoux daaih nyei jorkv/a glass drinking cup.

jiu-jorkv longc jiu zoux daaih nyei jorkv/a plastic cup.

jorkv-juang buoz-ndoqv cunx bieqc nanv jorkv nyei juang/a cup's handle.

nie-jorkv ba'naih nie zoux daaih nyei jorkv/a cup made from clay.

zeiv-jorkv zeiv zoux daaih nyei jorkv/a paper cup.

jorm[1] pm. jorm nyei/to be hot/lai hnaangx jorm/warm food/lungh jorm-yuoqv/to be hot weather or hot temperature.

jorm haic 1 corc jorm haic/very warm or hot. **2** a'hneiv jorm hnyouv haic/very fun with; pleasant with.

jorm louh zoux bun biauv siouv jorm nyei louh/heater for keeping room warm in winter time.

jorm-namx jorm caux namx; la'nyauv nyei sic/either hot and cool.

jorm-yuoqv jorm yuoqv haic/to be hot or warm weather.

nyutc jorm haic nyutc douz jorm haic very hot sunlight

jorm[2] nj. njien-youh a'hneiv jorm hnyouv nyei jauv/enjoyment; merriment.

jorm biauv zoux nauc ngitc jorm biauv nyei sic/to warm up a house.

jorm hnyouv haiz a'hneiv haic/feeling warm in one's heart; happy with.

jorm hnyouv longc jorm hnyouv nyei longc/to enjoy using something.

ndeic-liuh jorm camv-buonc mienh zoux ndeic yaac maaih liuh camv nyei dorngx/area with many field house.

jorm[3] aengx lorz mangc "hnomh jorm, sin jorm; hnyouv jorm, hlorm jorm a'fai wuom-jorm" nyei eix-leiz.

jorng m. nyungc-nyungc saeng-kuv nyei jorng/general horn, antler.

fiu-jorng dapv fiu nyei jorng/horn used for storing gunpowder.

jorngh[1] pm. ziangh daaih hlang jaic nyei jorngh jorngh wuov/to be slim and tall.

jorngh[2] aengx lorz mangc "gux jorngh" wuov joux nyei eix-leiz.

jorngx[1] m. hnengx nyei jorngx a'fai buix mba'dauh nyei jorngx/a shoulder bag; a handbag; a purse.

jorngx-gorng paanx mba'dauh buix wuov diuh gorng/strap of a bag.

jorngx-guaan guaan jienv lui-guaan nyei jorngx/a special shoulder bag.

jorngx[2] pm. korng jaic nyei jorngx-jorngx wuov/to be bony; full of bones.

jou[1] m. zuangx nyei jou fai lomc nyei jou. mushroom in general.

jou-bieh ziangh jienv ndiangx hlo jangv nyei jou-nqaai/a broad dried mushroom that grows on the tree.

jou-gong cuotv ndau-njang nyei jou/a wild mushroom that grows in soil.

jou-hlapv cuotv ndiangx-jangv nyei jou-muonc/a type of small mushroom that grows on logs.

jou-jieqv setv jieqv nyei wuov nyungc jou/black mushroom.

jou-loc cuotv ndiangx-jangv-latv nyei jou/a type of mushroom.

jou-mbiungc iv suiv gorng cuotv ndiangx-jangv-latv nyei jou/a type of mushroom grows on logs during a rainy season.

jou-ngaengc ziangh ndiangx-zorng nyei jou-ngaengc/dried hard mushroom.

jou-nqaai pui nqaai daaih nyei jou/a dried mushroom.

jou-piornv cuotv ndiangx-jangv-latv nyei jou-mau/a wood ear mushroom.

jou-zomz cuotv ndau nyei yietc nyungc jou-yangh/an orange mushroom.

jou-zuangx zuangx daaih nyei jou/a cultivated mushroom.

jou[2] aengx mingh lorz mangc "m'normh jou" wuov joux nyei eix-leiz.

jouc[1] nz. **1** loz-ziangh/to be old. **2** zinh ndaangc/before; previous.

jouc nin loz-hnyangx; jiex daaih nyei hnyangx/the old year; previous year.

jouc nyietv loz-hnoi/the old day.

jouc zingh 1 loz-gorngv-waac mienh ex-boyfriend, girlfriend. **2** maaih en-zingh jiex daaih nyei loz-doic/old friendship.

jouc zingh youh loz-hnoi nyei gorngv-waac mienh/previous lover.

jouc[2] pm. beiv hnangv, longc duqv jiex jouc/a long term use or service.

caux maiv jiex jouc caux maiv duqv lauh/can not get along for long.

jiex jouc lauh haic aqv, jiex sing jiex loz aqv/to be long time ago.

nyanc mv jiex jouc mv haih nyanc mv duqv lauh/cannot eat for long.

yiem duqv jiex jouc haih yiem duqv yietv liuz nyei/can live permanently.

jouc[3] aengx lorz mangc "binh jouc, norqc cing-jouc, joc, ziouc" wuov deix i ziex joux nyei eix-leiz.

jouh[1] d. yietc diuh jouh; jouh dauh; jouh ndiev; jouh gorn/a bridge; passage over.

hlieqv-jouh longc hlieqv jaax nyei jouh a metal bridge.

jaax jouh jaax diuh jouh/to construct or build a bridge.

jiex jouh yangh jauv jiex jouh/to walk cross the bridge.

jouh mbaang jouh mbaang njiec; jouh biopc njiec/a collapsed bridge.

jouh ndaauv jaax mingh ndaauv nyei jouh/a long bridge.

jouh ndaamc jouh mbu'ndongx ndaamc njiec/a sagging bridge.

jouh ndiev jouh ga'ndiev maengx wuov bung/under the bridge.

jouh ndiux corng jienv finx ndiux jienv wuov nyungc jouh/a suspension bridge.

jouh ndoqc longc nduqc diuh ndiangx jaax nyei jouh/a single wood bridge.

jouh[2] bz. sipv mienv jaax jouh/to build a ritual bridge.

gong-daqv jouh jaax bun mienh camv yangh fiou gong-daqv nyei jouh/a merit making bridge.

jouh cim yietc nyungc mbuov guaax nyei sic/a divination ceremony.

jouh guaax longc dongh zinh mbuov guaax nyei sic/to perform a divination by using copper coins.

jouh ndie dimc jouh nyei ndie-baeqc/a white cloth bridge.

lienh pien jouh yiem-gen caux yaangh gen mbu'ndongx nyei jouh/a bridge between living world and underworld.

ndaam baengc jouh jaax zorc baengc nyei jouh/ritual bridge which to treat a person's illness.

pan-gan jouh fungx mv maaih mienh buoqc zangc nyei zienh jiex wuom mingh guangc jouh/ritual bridge which to send a spirit away.

jouh[3] pm. mingh lorz bieqc daaih benx ganh nyei/to claim, to petition.

jouh fuqv nimc ging caux zienh tov fuqv to loqc nyei sic/to pray for blessing and happiness.

jouh horqc lorz horqc dorngh doqc sou kauv wuonh zaang/to seek education; to pursue one's studied.

jouh huon lorz auv fai lorz nqox longc nyei sic/to propose for a marriage.

jouh jien jouh zeqv jouh lorz oix duqv zoux jien/to seek for official post.

jouh mienh lorz mienh tengx; bangc mienh tengx/to ask for help.

jouh mienh mv yih jouh ganh bangc mienh mv yih bangc ganh/to rely upon oneself is better than to rely on others.
jouh mbiungc tov zienh bun lungh haih duih mbiungc/to claim for rain.
jouh mbuoqc dorngx (cie-ciangv) lorz zorqv mbuoqc dorngx/luggage claim area at the airport.
jouh naamh nyouz tov zienh ceix fuqv jueiv bun/to pray for blessing children.
jouh nyei waac tov mienh tengx nyei waac/a petition; spoke out in a plea.
jouh zienh baaix singx tov zienh singx ceix fuqv bun/to petition the gods.

jouh[4] cm. jouh daaih nyei fu'jueiv cingx heuc jouh, beiv hnangv Jouh Zou.

jouh[5] sq. **1** ndiqv jouh. Gj: ndiqv hieh mbeu/to kick a ball. **2** longc jai-ndaatv zoux daaih nyei jouh/a shuttle cock.
jouh bang yietc guanh ndiqv jouh fai mborqv jouh mienh/a football team; a soccer team.
jouh benv longc mborqv jouh, mborqv hieh mbeu wuov kuaaiv benv. Gj: jouh nqorngv/a paddle used for hitting ball or shuttle cock.
oix nyienx jouh oix nyienx mborqv jouh nyei mienh/to like or love sports.

jouh[6] aengx lorz mangc "douz-jouh" wuov joux nyei eix-leiz.

jouv[1] nz. lauh, ziangh hoc lauh/to be long time. **Jouv jouv wuic buangh** lauh lauh duqv buangh nzunc doic/to meet each other occasionally.
nin-dangh jouv lauh camv-hnyangx haic aqv/many years ago.

jouv[2] cm. da'juov dauh dorn nyei jiex gorn mbuox, beiv hnangv Zoih Daqv nyei da'juov dorn se oix zuqc heuc Jouv Daqv/ninth in naming a son.
jouv-coix yietc nyungc normh muonc nyei ga'naaiv-ndaang/ small leaves onion.
laauv jouv da'juov dauh dorn nyei heuc hnamv mbuox/nickname for ninth son.

jouv[3] d. nzuqc jouv; porng-jouv; nyiu-jouv; hnaav-jouv/handle of a knife or a hoe.

joux[1] w. yietc joux waac; gorngv i ziex joux waac/a word; a sentence.
gorngv i joux gorngv-hemx i ziex joux to scold few words.
joux-joux waac gorngv cuotv nzuih nyei joux-joux waac/every word.
waac-joux gorngv waac-joux. Dgw: waac-guanh/monosyllable word.
ziex joux nyei gorngv ninh gorngv ciouv bun ziex joux nyei.

joux[2] pm. kuotv faix haic aengx joux bun ninh hlo deix/to make a hole bigger.
joux kuotv longc nzuqc dorn dueiv laic nyei joux kuotv/to drill a hole.
joux tong joux jienv mingh gau joux tong mi'aqv/to bore a hole through.

jouz[1] d. jai nyei jouz; norqc nyei jouz/the spur of a rooster or fowl.

jouz[2] gn. biouv-ndiangx ziangh biouv gitv gau jouz daax jouz wuov. Gj: mbienv daax mbienv wuov/a fruit tree produce heavily fruit.
orv-faauv-jouz orv-faaux muonc daaih yietc ndunh, yietc ndunh wuov.

ju'hungh se dongh "jung-hungh" wuov joux fiev nangv daaih/a dragon king.

ju'muo se dongh "juv-muo" wuov joux fiev nangv daaih/a dog flea.

juv[1] d. yietc zungv nyungc-nyungc juv/a dog in general.
hieh juv lomc zangc ngaatc orv nyanc nyei juv/wild dog; related to fox, wolf.
juv-baeqc juv-biei baeqc nyei wuov nyungc juv/a white dog.
juv-baeqc daamx juv-di'daanz ben diuh jauv baeqc nyei/a dog with mixed banded coloration.
juv-beiz mv njiec jiex dorn nyei juv/a young female dog.
juv-biei juv nyei biei/dog hair.
juv-biauv gomv bun juv yiem nyei biauv-dorn/a dog house.
juv-butv-ndin juv butv ndin la'guaih ngaatc mienh nyei baengc/a rabid dog.
juv-ciouv haih ngaatc mienh nyei juv/a fierce dog; a violent dog.
juv-daic 1 daic mingh nyei juv/a dead dog. **2** heuc doqc nyei waac/a term used to abuse someone.
juv-dorn juv nyei dorn/a puppy dog.
juv-dorn maengc ndongc juv-dorn nyei maengc hnangv/life worth only a puppy.

juv-dorn njungx maaz-deih lorqc faix zunc lorqc hlo mienh nyei waac-beiv.
juv-fomv juv-biei ndaauv fomv fomv wuov nyungc juv/a bushy dog.
juv-gouv saeng juv-nyeiz nyei juv/a male dog.
juv-hnaangx uix juv nyei hnaangx fai juv nyei laangh ziqc/dog food.
juv-jaic juv jaic nyei/emaciated dog.
juv-jorm yaangh yinh zoux nyei yietc nyungc orv/hot dog (food).
juv-laangh ziqc yietc zungv uix juv nyei ga'naaiv/provision for dog.
juv lungv juv nyiemv; juv heuc/howled or plaintive sound of a dog.
juv-m'normh dorpv m'normh nzipv njiec daaih wuov nyungc juv/a dog with drooping ears.
juv-mangc-zaqc zoux sic maengh ndaengv jiex kaeqv mienh nza'hmien se beiv mangc zaqc tiux jienv mingh nyei juv/a look straight dog as describe who walk impolitely in front of guests.
juv-muo ngaatc juv sorqv nziaamv nyei muo/dog flea or lice.
juv-muo biouv yietc nyungc biouv nyei mbuox/a sapodilla.
juv ngaatc juv ngaatc zuqc/dog bite.
juv ngaengx fu'jueiv waac gorngv juv.
juv ngangx juv mun heuc nyei qiex/the sound made a dog cry.
juv ngix juv a'hneiv biauv-ziouv ngix nyei qiex/sound made by a happy dog.
juv njeic nyaah juv oix ngaatc nor ninh ziouc njeic nyaah/dog bare the teeth.
juv njungx juv njungx nqorngv nqorngv nyei qiex/the dog barking.
juv nyei qiex "v" se juv nyei qiex yaac heuc *hlang qiex*/high tone.
juv-nyeiz njiec liuz dorn nyei juv/a mature female dog.
juv-nyeiz nyang se heuc korng jaic nyei juv-nyeiz/a emaciated female dog.
juv nyiemv juv lungv/howled sound of dog/mourning sound of dog.
juv-ziemv ngaatc juv nyei domh ngaatc dangh/a large dog tick
juv zunc juv zunc saeng-kuv fai zunc mienh/chasing of the dog.
juv-zunc orv 1 njaaux daaih zunc orv nyei juv/a hunting dog. **2** gan mienh zoux nouh muangx mienh gunv, se beiv zunc orv juv/Idiom: service person.
juv-zunh 1 juv bueic njormh nyei zunh/a dog's den. **2** jomc ga'naanh nyei biauv, se beiv juv-zunh/Idiom: for a poor family.

juv[2] pm. juv juv nyei tiux jienv mingh/to run very quick as possible.

juang[1] w. juang lai hnaangx/to provide food for; to serve food.
juang kaeqv mbenc nyanc hopv bun kaeqv mienh/to provide food for guests.
juang maiv jiez uix maiv jiez kaeqv mienh/unable to feed someone.

juang[2] m. **1** juang-zinx/an archer. **2** hnaav-juang/a toy crossbow.
baeng juang-zinx baeng jiez juang-zinx buonv/to draw an archer.
juang-zinx forng an juang-zinx baeng buonv nyei forng/an archer's arrow.

juang[3] pm. beiv hnangv, muoqc maengc wuov *juangc* mienh se maengc ndaauv.
doix zuqc buonv-juang doix zuqc ganh nyei cuotv seix hnyangx fai hlaax.
hungh juang hungh nyei dinc/an area of imperial palace.
jiex juang jiex ziangh hoc mi'aqv; zaih jiex ndaangc aqv/to be over due.
juang-nyouz hungh dinc nyei m'sieqv dorn/woman of the palace.

juang[4] aengx lorz mangc "mba'dauh juang" nyei eix-leiz.

juangc w. juangc jienv/to participate; to share with; partake; jointly.
juangc a'hneiv juangc jienv a'hneiv ceng/to share congratulations.
juangc biauv gorqv-zeic caeng juangc biauv hnangv mv juangc nyanc/to share a house but separate food.
juangc biauv yiem juangc yietc norm biauv yiem/to live in the same house.
juangc ca'laangh juangc jienv koi wuic ca'laangh/to joint a discussion together.
juangc dae maa juangc dauh dae maa cuotv seix nyei muoz-doic/of children born to the same parents.

juangc deic-bung juangc yietc norm deic-bung yiem/living the same country.
juangc die maa aengx lorz "juangc dae maa" wuov joux.
juangc dieh nyanc hnaangx juangc norm dieh zueiz nyanc hnaangx/to eat together at the same table.
juangc doih kiqv benc caux juangc dieh nyanc hnaangx wuov jouh nyei eix-leiz fih hnangv nyei.
juangc dorngx yiem juangc biauv a'fai juangc wuov buoqv dorngx yiem/to live in the same house or same area.
juangc fingx dongh yietc fingx/to have the same surname.
juangc gong zoux juangc jienv yietc nyungc gong zoux/to work together on the same project.
juangc gorn juangc yietc norm gorn bun cuotv daaih/share root.
juangc gunv juangc jienv gunv sic/to be under joint control.
juangc horpc dongh dongh hnyouv juangc gong zoux wuov guanh hungh jaa/the republican form of government.
juangc horqc juangc norm horqc doqc sou/to attend the same school.
juangc jaa-dingh nzipc lomh nzoih juangc norm jaa-dingh nzipc/to share an inheritance with.
juangc jaauv zaeqv hmuangv doic dongh fiem juangc jienv jaauv zaeqv/to repay debt together.
juangc jauv juangc diuh jauv mingh/to be fellow traveler.
juangc jienv longc juangc jienv lomh nzoih longc/to share the use together.
juangc kuaaiv ndau juangc buoqv dorngx yiem/to live in the same area.
juangc laangz juangc norm laangz/to live in the same village.
juangc laangz mienh juangc norm laangz yiem nyei mienh/neighborhood.
juangc maengc ziangh i hmuangv se beiv juangc maengc ziangh aqv/to share life together with.
juangc mienv zangc fatv nyei cien-ceqv se juangc mienv zangc se/to worship the same ancestor spirit as close relative.
juangc mbuox juangc heuc yietc norm mbuox/having the same name.
juangc nyanc juangc jienv nyanc/to eat the same food; to share food.
juangc nyanc hlo juangc hnaangx nyanc hlo daaih/to growth up together.
juangc nyanc juangc hopv juangc jienv nyanc hopv/to share meal and drink.
juangc nziaamv-fei juangc dae maa nyei mienh/relatives of the same blood.
juangc nzomz-dauh nzomz gorngv beiv auv-nqox waac/husband and wife.
juangc ong gux corc juangc jienv ong gux nyei fun-faqv/relatives the sharing grandfather and grandmother.
juangc ong-taaix corc juangc jienv ong-taaix nyei cien/the third generation of a family members.
juangc wuic mienh 1 juangc koi wuic nyei mienh/people attend a conference together. **2** juangc wuic bieqc nyei mienh/same member of an organization.
juangc yiem juangc jienv dorngx yiem to share the room; live together.
juangc zong juangc zouv dongh yietc zouv mienh/member of the same clan.
juangc zunv juangc jienv yiem zunv/to held family members correctively.

juangh[1] nz. jomc; ga'naanh/having no possessions; poor.
baengh juangh jomc kouv ga'naanh haic/to be broke or destitute.
baengh juangh zih nyienh jomc kouv ga'naanh nyei mienh/poor people.

juangh[2] pm. nyanc juangh nzengc aqv/has been eat all kinds of edible food.
daav juangh za'eix longc nzengc za'eix mi'aqv/to be out of ideas.
nin-juangh fuix zienz yietc hnyangx dorng dauh dorng mueiz aqv/the year has been gone.

juangv[1] pm. juangv haic oix zuqc zuqv jienv lui-siouv. Gj: namx/cold or to be low temperature.
juangv daic 1 gengh juangv haic/to be very cold. **2** juangv gau daic/to die by cold weather.
juangv haic za'gengh juangv haic/very cold; very lom temperature.

juangv nyei ziangh hoc dongh gueix hnoi se juangv nyei ziangh hoc/winter time is cold season.

juangv wuov gorng hnoi dongh gen juangv nyei hnoi/cold season.

juangv[2] bt. sin maah mbiex juangv, juangv baac liuz yoc yuoqv cuotv hanc nyei baengc/to have flu; fever; chills.

gaeng-qorngh juangv gaeng-qorngh ngaatc liuz butv juangv. Gj: mungz-nyaih juangv/to have a malaria chills.

juangv-nyanh butv daaih juangv ndatc ndatc nyei/to have fever and chills.

juangv-nzei butv heng nyei juangv/to have a light chills.

juangx bz. beiv hnangv, Iu-Mienh jiex hnyangx nyei leiz, ziepc nyeic hlaax faah ziepc domh hnyangx muonz guaan ong-taaix mienv daaih juangx jienv yiem mienv-dieh longz, caux biaa norm njuov-zong, biaa norm zaanv ciev jienv diuv buov jienv hung taux ih hlaax saeng-faam jiex liuz hnyangx cingx daaih tuix juangx.

juangx jaa-fin-lunx an lai hnaangx wuov baaih cingv daic mv gaengh nyei mienv daaih nyanc.

juangx mienv an jienv lai hnaangx mienv-baaih cingv mienv daaih nyanc nyei sic/invite spirit to eat food.

tuix juangx fuoqv mienv nzuonx mienv nyei weic/to withdraw spirit from spirit altar and go back to where they from.

jueiv m. fu'jueiv; auv-jueiv; dorn-jueiv; jueiv camv/family or an offspring.

fu'jueiv nyei maa dorh leiz waac gorngv mbuox mienh yie nyei auv, se oix zuqc gorngv fu'jueiv nyei maa/children's mother often used as refer to another person my wife.

jui m. nyiex di'daanz nyei jui/basket for carrying thing on the back.

jui-hlaang cunx jui nyiex paanx jiex mba'dauh wuov diuh hlaang/a strap for a back basket.

jui-jaa 1 ndiux jui mbungh se gorngv jui buangv ningx nor longc ndoh zeuv jui nyei hlaang. **2** lungh muonz bueix njormh njangx henv nyei sic. Gj: jiuv-jaa/to move all around while sleeping.

jui-jaa henv bueix njormh mingh mv baac njangx henv haic/really move around while sleeping.

jui-maqc zieqv ndipc nyei wuov nyungc jui/a tightly woven back basket.

jui-saa zieqv saa nyei maaih kuotv lih lungx lorngz wuov nyungc jui/loosely woven back basket.

jui-saa guaax yietc nyungc Iu-Mienh longc jui-saa mbouv guaax nyei sic/a type of divination by using basket.

juih m. fanh ziu-juih, ziu-juih; doix-juih, daapc juih, da'juih/the pestle.

juix w. juix cuotv; juix bun; juix fienx; juix waac/to send; to transmit.

juix eix juix tov zuiz eix fai naaic yiem longx nyei eix/to send one's regards.

juix fienx juix fienx mingh bun/to send a letter for someone.

juix fienx gan finx juix nzangc gan finx mingh/to send message by telegram.

juix fienx zaamc tengx juix fienx nyei dorngx/a post office.

juix fienx zinh juix fienx longc nyei zinh nyaanh/postage; mail fee.

juix gan koiv juix yangh koiv mingh/to send by sea, boat.

juix gan lungh juix gan cie-ndaix mingh/to send by air.

juix njiec yie juix njiec ga'naaiv bun tengx siou/to leave in care of.

juix njiec fu'jueiv juix fu'jueiv an goux fu'jueiv dorngx/to leave a child in care of another.

juix njiec waac juix njiec waac bun mienh douc mbuox/to leave a message for someone.

juix nyei mienh juix cuotv nyei mienh the sender. Dgw: zipv nyei mienh.

juix nzuonx juix nzuonx bun/to send back, to return mail.

juix waac juix waac bun tengx douc/to send word; to convey a message.

juix waac hlaang juix waac njiec an nyei hlaang/cassette tape.

juix zingh nyeic fungx zingh nyeic bun doic/to send a gift.

juiz pm. ndau juiz; jauv juiz/steep ground or steep hill; uphill.

juiz haic gengh juiz nyei faaux/to be very steep, slope, uphill.

jun[1] mh. 君 /jūn/ jun-zaah; jun-baeng/the police or military officer.

jun-baeng sic dorng baeng mienh nyei sic/the military affairs.

jun-baeng ndie-sai gan dorng baeng mienh nyei ndie-sai/a military surgeon.

jun-cie-ndaix jun-baeng mborqv jaax cie-ndaix/a military warplane.

jun-hungh 君王 /jūnwáng/ gunv deic bung nyei hungh/monarch; sovereign.

jun kiqv jun maanh kiqv maanh baeng-maanh nyanc doic, baeqv-fingx nyanc doic nyei sic/military and people eating each others.

jun-zaah 警察 /jǐngchá/ zaah sic nyei jun-baeng/a police officer, cop.

jun-zaah cie jun-zaah niouv zaah sic nyei cie/a police car.

jun zaah jauv gan jauv zangc nyei jun-zaah/a highway patrol officer

jun-zaah juv dorh gan jun-zaah nyei juv/a police dog.

jun-zaah zaamc jun-zaah nyei zoux gong zaamc/a police station.

jun-zeiv m'jangc dorn se beiv jun-zeiv a man; a gentleman.

jun-zeiv dorn nernh m'jangc dorn. Gj: hornx zeiv/a real gentleman; true man.

jun-zeiv mienh daamv-seix longx nyei m'jangc mienh/a real or brave man.

jun-zeiv tih nyinh ziouc bei hiuv jun-zeiv mienh gorngv di'dien bieiv hnangv ninh ziouc hiuv aqv/a real man need only top mentioned he'll understands.

jun-zeiv waac yietc dauh gorngv duqv cuotv zoux duqv muotv nyei m'jangc mienh/a true man.

jun-ziouv gunv deic-bung nyei ziouv/a government authority.

jun[2] m. 机 /jī/ cang congx; wuoqc ginc/a weapon, gun, missile, or sword.

jun kix 机器 /jīqì/ jaa-muotc; longc zoux jun kix/machine or equipment.

jun kix mienh dienx zoux daaih hnangv mienh nyei mienh/robot, machine man.

jun[3] pm. jun miev; jun jauv; jun ndau; jun ndiangx/to scrape with a hoe.

jun mbiauh miev jun mbiauh ndeic nyei miev/to scrape the rice field grass.

jun njang jauv jun njang jauv-hlen nyei miev/to scrape roadside grass.

jun siaam longc teix-do jun siaam/to shave with razor, blade.

junc pm. orv maaih hmei camv. Dgw: jaic, gaan/to be fat; fatty.

junc dutv-dutv wuov junc dutv-dutv wuov. Gj: muon-muon, buotv-buotv/to be chubby; very fat.

junc jiex jaax ba'laqc junc haic/to be very fat; overweight.

oix nyanc orv-junc nyanc orv-junc mv youx/like to eat fat meat.

orv-junc ngunc nyanc orv-junc ngunc ga'sie/to upset stomach by fat meat.

junh[1] w. hnangv jaux nor junh/round or round shape; circular.

ga'naaiv-junh 1 junh nyei ga'naaiv/a round-shape object. **2** se beiv m'jangc mienh nyei waac-beiv/a male thing.

jangx junh nyei hnangv hieh mbeu nor junh. Gj: jangv-junh/to be completely round; a real round-shape.

junh bienh junh nyei bienh/a compact disc; circular object; round plate.

junh nyei junh nyei mou/a completely round shape.

junh[2] m. m'sieqv nzaaux sin cuotv daaih pongx nyei junh/a dress wear by woman after taking bath.

junh fieh junh juoqv fieh fieh wuov nyungc junh/a skirt; pleated skirt.

junh nzipv nzipv daaih lapv lapv wuov nyungc junh/a plaited skirt.

ninh ganh zoux junh ninh nduqc laanh ganh zoux junh/he did complete by his own or by himself.

junh[3] pm. gorngv waac junh/to speak with well pronunciation; clear accent.

junv m. gaengv-junv/soft bodied insect or legless insects.

junx[1] m. bun nqoi sieqv bungh caux dorn bungh mv zorpc doic/division between woman and man in ancient.

hmz yiem luoqc junx se Bienh Hungh nyei biaa dauh dorn se *hmz yiem* juqv dauh sieqv se *luoqc junx*, nqa'haav aengx hlorpv duqv dauh dorn bieqc daaih ziouc benx juqv dauh dorn juqv dauh sieqv cingx bun njiec Iu-Mienh (Yao) ziepc nyeic fingx daaih.

nzung-junx porv mengh mienh fingx nyei nzung/song tell about the clans.

junx[2] aengx lorz mangc "jaa-junx" wuov joux nyei eix-leiz.

jung[1] m. **1** njaih fun, se gauh hlo di'dien juv-mou/a barking deer. **2** hinc faaux lungh nyei jung/a rainbow.

buix jienv jung-ndopv yiem dorngc liuz sic gamh nziex jienv hungh jaa zorqv, se beiv buix jienv jung-ndopv yiem/living with fear, because one had committed crime.

jung-giv lomh toux hnangv wuov nyungc jung/a mouse deer.

jung-giv luangh yietc nyungc ziangh duqv henv nyei ga'naaiv-luangh.

jung kormv jung heuc fai kormv/the barking deer is calling.

jung-orv jung nyei orv/the meat of a barking deer.

jung[2] m. **1** yiem koiv-ndoqv nyei jung. Gj: hung-hungh, longh, luangh/dragon king. **2** hinc lungh nyei jung/a rainbow.

jung hinc lungh hinc gu'nguaaic lungh nyei jung/rainbow appeared in the sky.

jung-hungh guaatv ndoqv-dorn cuotv domh loc guaatv ndau mbaang, ndiangx nauv nzengc nor se jung-hungh guaatv aqv/the dragon king push flood water through a small river.

jung[3] pm. naauz camv gau tiux jung jiex mingh jung jiex daaih nyei/many rats running quickly back and forth.

jung[4] m. jauv-jung; maaih deix jauv-jung hnangv/an overgrown path.

ndaamv-jauv bienx jung yiem jienv mbu'ndongx yietc bung maiv taux. Gj: ndaamv-jauv ndaamv-jung/right in the middle; half way of.

jungh w. jungh njiec daaih/slide down; to slide down of a long object.

da'jungh ndiangx ndauv daaih corng nzoz nyei ndiangx/a type of tree.

jungh jungh jaangh jaangh nyei baeng jienv ga'naaiv-gorng ndaauv nyei jungh jungh jaangh jaangh nyei mingh.

jungh jungh japc japc fu'jueiv nyienx ceux sic jungh jungh japc japc nyei.

jungh ndorpc njiec caaiv piatv jungh ndorpc njiec/to slide and fall down.

jungz m. hlieqv-baeqc, yaac heng mau nyei mv ndongc hlieqv ngaengc/lead, aluminum, metallic.

jungz-bunh longc jungz zoux bunh daaih/aluminum bowl.

jungz-caeng longc jungz zoux nyei caeng/aluminum pot.

juoh nyc. yie nyei nyaam se yie nyei auv heuc juoh/sister in-law, husband's older brother's wife.

juoh gux baeqv-ong nyei auv yie caux yie nyei auv heuc juoh gux/a great aunt.

juoh maac baeqv-diex nyei auv, se yie caux yie nyei auv nyei juoh maac/the wife of the older brother of one's father or father in-law.

juoh nziez doic i muoz-dorn nyei auv se benx juoh nziez doic. Gj: i juoh nziez/two sisters in-law together.

juov[1] hd. Nduoh; hietc jaa yietc se benx nduoh/nine.

juov baeqv nduoh baeqv/nine hundred.

juov bienx ziepc huaax haih benx duqv nduoh ziepc nyungc mou nyei sic/able to change and transform into different images.

juov doic aqv lauh haic aqv, se beiv nduoh doic aqv/nine generations ago.

juov doic zeiv-fun doic jiex doic nyei zeiv-fun njiec taux nduoh doic/nine generations of descendants.

juov dong ziepc nyutc juov ziepc hlaax hnoi nyei ziangh hoc/during winter.

juov fei ziepc fangv corngh zingh taux nduoh ziepc nzunc aqv/to consider over and over nine or ten times.

juov feiv yietv saeng butv baengc kouv haic, se beiv daic nduoh buon maengc mi'aqv aengx maaih yietc buon maengc ziangh hnangv.

juov hlaax da'juov wuov norm hlaax ninth lunar month; September.

juov hlaax cun-yaangh se juov hlaax saeng-juov mienh jiex gorn biomv fanh diqc houc jaax bieqc Dong Gueix/the nine day of the nine lunar month, first day of winter.

juov morh ziepc linc hoqc linc zuoqc bieqc hnyouv fai guenx nzengc nyei sic to learn and practices seriously.

juov ndongh maanc doic jiex daaih lauh haic aqv/very long time.

juov ziepc saauv taux juov ziepc; nduoh nzunc ziepc/ninety.

saeng-juov norm-norm hlaax da'juov hnoi/the nine day of a lunar month.

ziepc juov ziepc caux nduoh/nineteen.

juov[2] cm. da'juov dauh sieqv nyei jiex gorn mbuox, beiv hnangv Ih Luangh nyei sieqv se oix zuqc cuotv mbuox heuc Juov Luangh.

juonh[1] w. i jieqv buoz nanv juonh jienv mbapc zietc nyei/to grasp and hold it in very tight.

juonh[2] pm. ndorqc ndaauv ndongc biee cunx/unit of length equal four inches.

juonh[3] aengx lorz mangc "buoz-juonh, kamx-bui-juonh" nyei eix-leiz.

juoqc pm. beiv hnangv, mienh nyei juoqc setv/an attitude of a person.

juoqc setv longx zoux sic gorngv waac dorh leiz/a graceful attitude.

juoqc setv waaic zoux sic gorngv waac mv benx/a bad attitude.

juoqv[1] nz. juoqv yienx; juoqv-mbiec fai juoqv-mbiec zinh/leg or foot.

juoqv-daqc setv maaih juoqv-daqc setv nyei mienh se kungx oix muoqv zuqc zaux mun hnangv/a foot injury jinx.

juoqv-mbiec cau zaux yangh mingh nyei zaux-mbiec/a footstep.

juoqv-mbiec zinh 1 cuotv jauv longc nyei nyaanh/travel expense. **2** cingv mienh tengx yangh jauv nyei nyaanh zinh/stipend or stipendiary.

juoqv ndiev zaux-ndiev/under the foot.

juoqv yienx zaux-mienv/a footprint. *juoqv yienx yaamc muangh ziouc taux hiaang, zaux-mienv maiv gaengh mitc aeqv aengx nzunc aqv.*

juoqv[2] pm. ga'ndiev juoqv wuov bung/the bottom edge or bottom part.

wuom-juoqv ga'ndiev juoqv zengc nyei wuom/water left at the bottom.

juoqv[3] aengx lorz mangc "caaiv juoqv, mbong-juoqv, jiex juoqv, junh juoqv, lui-juoqv" nyei eix-leiz.

juotc[1] pm. gaatv juotc fai ziangh ziouc juotc/to be stubby or amputated.

juv-dueiv-juotc juv dueiv nangv juotc juotc wuov/a dog with stubby tail.

juotc ning juotc neix njang nzengc maiv maaih aqv/to be completely run out of supplies.

juotc nqanx mi'aqv maaih bung nauv juotc mi'aqv/to be broken one side.

mba'biei-juotc mba'biei nangv nyei juotc juotc wuov/to have short hair.

juotc[2] pm. mienh jienh mienh zanc-zanc juotc faaux juotc njiec nyei zoux gong mv youx/to be very active.

juotc bieqc juotc cuotv yangh jauv bieqc mingh aengx cuotv daaih/to walk in and come out often.

juotv[1] w. juotv wuom. Gj: ndamv wuom cuotv guangc/to bail out the water.

juotv caeng ndamv nzengc gu'nyuoz caengx nyei ga'naaiv cuotv.

juotv nqaai ndamv nzengc wuom cuotv nqaai mingh/to scoop all water out.

juotv[2] aengx lorz mangc "nyaaix-juotv" wuov joux nyei eix-leiz.

juqv hd. saauv mingh taux juqv/six in counting.

juqv cin saauv taux juqv cin/to count up to six thousand.

juqv diemv juqv norm ziangh hoc/six hour or six o'clock.

juqv hlaax juqv norm hlaax/period in six months.

juqv waanc luoqc ziepc cin/sixty thousand.

jutc aengx lorz mangc "yangh jutc" wuov Joux nyei eix-leiz.

jutv pm. ndoqv njiec jutv jaaiv/to bend one's head down and the back up.

jutv jaaiv jutv jaaiv zoux gong/to bend one's low back up to work.

jutv juv-yangh jaaiv jutv juv-yangh jaaiv zoux gong mv dingh mv hitv nyei to work hard all one can.

jutv-jutv wuov ndoqv jienv m'nqorngv jutv-jutv wuov/to be bent down.

K

k /kor/ ziepc luoqc norm nzangc-maac yiem Iu-Mienh/Yao nyei waac.

ka'bangc se dongh "kaux bangc" nyei fiev nangv daaih/to be fortunately.

ka'deix oix lamh deix; caa deix dien hnangv. Gj: kaiv deix/slightly short of, nearly, almost.

ka'likv q. nyaanh zinh nqaapv doic mbui nyei qiex/the clicking sound made by small coins hitting each other.

ka'ling q. douc waac finx mbui nyei qiex/sound made by a telephone ring.

Ka'loqv w. ninh ka'loqv cuotv mingh hnangv meih ziouc taux aqv/just now or just few minutes ago.

ka'loqv daic mi'aqv m'daaih zungv daic mi'aqv/already be dead.

Ka'lormx m. Janx-Ka'lormx/people of northern Thailand.

ka'ndau m. cuotv ziqc biauv nyei dorngx an area just outside the house.

ka'ngux pm. fu'jueiv maiv nungx njunh nyei qiex/roar sound of a sick child.

kaa fae 咖啡 /kāfēi/ dorngx zaah hopv nyei ga'naaiv/coffee.

kaa fae bui longc hopv kaa fae nyei zaanv/a coffee cup.

kaa fae caeng longc dienx qaqv zouv kaa fae nyei caeng/a coffee pot.

kaa fae mbuonv morc benx mbuonv nyei kaa fae/coffee in powder.

kaa fae ndeic 咖啡农场 /kāfēinóngchǎng/ zuangx kaa fae nyei ndeic/coffee farm; coffee cultivation land.

kaa fae-nyiemz maiv zaang zuoqc nyei kaa fae/fresh or raw coffee.

kaa fae poux 咖啡店 /kāfēidiàn/ maaic kaa fae nyei poux/coffee shop.

kaah aengx mingh lorz mangc "Aa kaah" wuov joux nyei eix-leiz.

kaav[1] w. kuonx hnyouv mv maaih baengh orn/weight on the mind; worrisome.

kaav fiem-jei kuonx jienv hnyouv/to be sad and worrisome.

kaav hnyouv maiv maaih baengh orn hnyouv/to be worrisome.

kaav[2] pm. maengc maaih kaav, kaav zuqc auv-nqox daic/to have power of jinx and cause one's spouse to die.

kaav domh mienh fu'jueiv cuotv seix maengc ngaengc kaav zuqc ninh nyei domh mienh daic nziouv.

kaav[3] sk. jiex kaav/to cross a border.

kaav-zinh maaiz jiex kaav nyei zinh/a custom fee at a border point.

siou kaav-zinh siou mienh maaiz jiex kaav nyei zinh/to collect a fee at the border crossing.

kaav[4] wj. kaav deix mi'aqv; oix lamh deix mi'aqv/almost but not quite.

kaav deix ndorpc caa di'dien hnangv ndorpc mi'aqv/almost fall.

kaav deix zunc zaaic caa dien hnangv zunc zaaic aqv/nearly catch up with.

kaakc pm. kaakc haa cuotv jaang/to expel phlegm from the throat.

kaakc haa korqv kaakc haa dapv nyei korqv/a phlegm tray.

kaakc maiv cuotv kaakc mv noic duqv haa cuotv/unable to clear the throat.

kaanx aengx lorz mangc "kanx" wuov joux nyei eix-leiz.

kaangx aengx lorz mangc "kangx" wuov joux nyei eix-leiz.

kaatv[1] hq. 大喊 /dàhǎn/ i hmuangv nzaeng jaax meih kaatv yie, yie kaatv meih/to scream at each other.

kaatv haeqv mienh ba'baac fai zoux a'nziaauc kaatv haeqv mienh/to shout and startle someone.

kaatv-kaatv nyei nauc hlo-hlo nyei/to scream; to wail; to shout.

kaatv mienh nauc kaatv mienh/to call out to someone.

kaatv[2] pm. kaatv sopv; hluo zuqc haiz kaatv sopv dangh/touch rough.

hnaangx kaatv sopv haiz hnaangx kaatv sopv nyei naqv mv njiec/unable to swallow rice because it rough.

kaauc m. sing-wuonh fienx, *kaauc* se gaav congh Janx-taiv waac daaih/news.

kaex pm. cau zaux kaex jiex gu'nguaaic/to step over something.

kaex zuqc meih oc kaex zuqc mienh nyei dorh leiz waac/excuse me I need to step over you.

kaen[1] q. guaaih hlieqv mbui nyei qiex/the sound made by metal being scrape.

kaen[2] bt. kaen serh baengc, *kaen serh* se gaav congh English "cancer" daaih.

kaen serh baengc butv kaen serh nyei baengc/to have cancer illness.

kaen serh yiem nyorx butv yiem nyorx nyei kaen serh/breast cancer.

kaen serh yiem nziaamv nyei baengc cancer/leukemia.

kaenv w. hnopv kaenv jaang/to ahem or to expel air out from throat.

kaeng w. kaeng zaux cuotv i bung/to spread one's legs outward.

kaeng jienv zaux kaeng zaux cuotv i bung/to spread one's leg outward.

yangh jauv zaux kaeng yangh jauv zaux huaeng cuotv i bung/legs spread outward while walking.

kaengh m. yietc nyungc gaeng-gueiv, six gorngv ninh nyei yiez bieqc zuqc mienh nyei m'zing nor haih mbuov nyei.

kaengv w. gox haic aqv/very old, which in bad condition. **loz-cie-kaengv** a very old car that is in bad condition.

kaepv suh m. ndie-biouv-daux, *kaepv suh* se gaav congh English "capsule" daaih.

kaeqv[1] m. kaeqv mienh; kaeqv-jou; zoux kaeqv nyei mienh/guest; tourist; visitor.

kaeqv biauv kaeqv mienh maaiz yiem muonz baav nyei biauv/a guesthouse; a hotel or motel; inn.

kaeqv-bungh Iu-Mienh biauv bun kaeqv mienh bueix nyei dorngx/a guest room in the Mien house.

kaeqv-cie zipv kaeqv mienh bieqc nyei cie/a passenger bus, train airplane.

kaeqv-cingv cingv daaih nyei kaeqv mienh/an invited guest.

kaeqv-coux bun kaeqv mienh bueix nyei coux/a guest bed.

kaeqv-daic cuotv deic-bung mingh daic nyei mienh/to die away from home.

kaeqv-dinc kaeqv mienh hitv muonz baav nyei dinc/a hotel.

kaeqv-gaengh bun kaeqv mienh bieqc wuov bung gaengh/a guest door.

kaeqv-gen bun kaeqv mienh bueix nyei gen/a guest bedroom.

kaeqv-hnaangx juang kaeqv mienh nyei hnaangx/a guest meal.

kaeqv jaa yiem baqv bung biaux njiec naamh bung nyei janx-kaeqv.

kaeqv-jouh mingh jouh mienh tengx nyei mienh/a client or customer.

kaeqv-lorngh mbienx siang-laangh wuov dauh dorn/the groomsman.

kaeqv mienh zoux kaeqv nyei mienh/a visitor, guest, company.

kaeqv mienh gen kaeqv mienh dingh bueix nyei gen/a guest bedroom.

kaeqv-pangh Iu-Mienh biauv zoux bun kaeqv mienh bueix wuov norm pangh/a platform in a house for guests to sleep.

kaeqv-piux maaiz bun kaeqv mienh nyei piux/free ticket for guest.

kaeqv-ting biauv gu'nyuoz zipv kaeqv wuov qongx ting/an area for receiving guests; guests room.

kaeqv-weic kaeqv mienh zueiz nyei eiv fai weic/a seat reserved for guests.

kaeqv-zaamc kaeqv mienh jiex jauv hitv nyei dorngx/a hotel; motel.

kaeqv-zingh zipv kaeqv fai doic kaeqv mienh nyei en-zingh.

kaeqv-ziouv cingv kaeqv nyei ziouv fai biauv-ziouv/a host; an inn or hotel.

kaeqv-zunh tor mienh nyei nzangv/a passenger ship.

zipv kaeqv-biauv laangz-gox biauv se funx zipv kaeqv nyei biauv aqv/a house of receiving guests.

kaeqv[2] m. janx-kaeqv/Chinese people.

kaeqv-deic Zong Guoqv; janx-kaeqv deic-bung/China.

kaeqv jaa mienh fingx janx-kaeqv nyei mienh/Chinese in general.

kaeqv-nzangc janx-kaeqv nzangc/the Chinese characters.

kaeqv-waac janx-kaeqv gorngv nyei waac/Chinese spoken language.

kaeqv-ziuh kaeqv-deic; janx-kaeqv deic-bung/china.

Yaangh Geh kaeqv yiem Guang-dong saengv nyei janx-kaeqv/the Cantonese people or their language.

Zong Yaang kaeqv gorngv pou-tong waac nyei kaeqv/the Mandarin Chinese.

kaeqv[3] cm. beiv hnangv Zoih Zanx auv yungz gu'nguaaz wuov zanc maaih kaeqv mienh yiem ninh nyei biauv nor wuov dauh gu'nguaaz nyei mbuox oix zuqc heuc Kaeqv Zanx, se Iu-Mienh doic jiex doic nyei leiz-fingx.

kaetc q. kaetc kaetc nyei hnopv mv tong to cough with hoarse sound.

kaetc mv kaetc nyei butv haa-cunv kaetc daax kaetc nyei hnopv/to cough with a hacking sound.

kaetv q. teix siaam kaetv kaetv mbui nyei qiex/the sound made by shaving beard.

kaiv w. kaiv deix mi'aqv. Gj: kaav deix mi'aqv/almost; nearly.

kaix pm. dorh gu'nguaaz tim hlaax fai tim mba'hnoi, se heuc kaix/to dedicated a baby to the moon or sun.

kaix-die kaix-maa dorh gu'nguaaz mingh kaix wuov deix i hmuangv gu'nguaaz oix zuqc heuc zoux "kaix-die caux kaix-maa"/God father and mother.

kaix-diex kaix-maac yie nyei gorx, youz, dorc, muoc heuc yie nyei kaix-die caux kaix-maa se oix zuqc heuc zoux kaix-diex, kaix-maac.

kaix-dorn gu'nguaaz-dorn kaix wuov dauh mienh heuc gu'nguaaz zoux ninh nyei kaix-dorn.

kaix hlaax dorh gu'nguaaz mingh kaix hlaax/dedicate infant to the moon.

kaix-jueiv dorh gu'nguaaz mingh kaix wuov dauh mienh heuc gu'nguaaz zoux ninh nyei kaix-jueiv.

kaix-maac yie nyei gorx, youz, dorc, mouc, heuc yie nyei kaix-maa se oix zuqc heuc kaix-maac.

kaix mba'hnoi dorh gu'nguaaz mingh kaix mba'hnoi/to dedicate infant to sun.

kaix-sieqv dorh gu'nguaaz-sieqv mingh kaix wuov dauh mienh heuc gu'nguaaz zoux ninh nyei kaix-sieqv.

qiemx kaix beiv hnangv, gu'nguaaz cuotv seix daaih hlo nzengc yaac maiv haih gorngv waac nor, domh mienh oix zuqc mbouv mangc gaax gamh nziex qiemx kaix fai.

kakc aengx lorz mangc "kaakc" wuov joux nyei eix-leiz.

kamx pm. ndau-kamx/to be sharp drop from a flat surface; depressed surface.

kamx-bui i bung hmien/the cheek.

kamx-bui-juonh kamx-bui mbungv/the cheekbone.

kamx-bui mbungv i bung kamx-bui nyei mbungv/the cheekbone.

kamx-bui-norm ziangh norm kamx-bui nyei orv/muscle of the cheek.

kamx-buoqv njiec biauv-ndiev wuov bung/the lower side of a house.

kamx-buoqv-mbietc kamx-buoqv ndiev sengh nie wuov deix ndiangx-benv fai ndiangx-ndongh/the shored up section at the lower side of a house site.

kamx-buoqv ndiev kamx-buoqv njiec wuov ndiev bung/lower side of a house.

kamx-dauh ndau-kamx menc bung/the upper side of a depressed surface.

kamx hlang ndau-kamx hlang nyei/a high vertical drop.

kamx-mbaang ndau-juiz, ndau-mbaang nyei dorngx/the area of a cliff.

kamx-mbaang ndiev ga'ndiev kamx-mbaang juoqv/the lower side of a cliff.

kamx-ndiev kamx ga'ndiev maengx/the bottom side of a vertical drop.

ndau-kamx ndau yuonh nyei mingh gau kamx njiec/a sharp drop of a level ground surface.

kanv w. kanv jaang. Gj: kaenv jaang/to clear the throat slightly.

kanx[1] nz. 看 /kàn/ mangc; longc m'zing mangc/to see; to view; to watch.

kanx ginx 看见 /kànjiàn/ mangc buatc/to look at and see.

kanx zienz mangc toux nzengc aqv/to view thoroughly through.

kanx[2] m. hniev-soux yietc kanx, se maaih feix lungz/unit of weight approximately 0.154 of a kilogram.

kang[1] pm. yietc kang/one section or stages of journey. Taux yietc kang youh zaamc yie jaa yietc nzunc youh. I refuel my car once as I get to the gas station.

biee kang laatc bieqc hungh diex nyei dinc oix zuqc jiex biee kang laatc cingx daaih taux/to enter an imperial palace must pass four sections of fence before get there.

kang jiex kang jiex liuz yietc kang yoc aengx da'nyeic kang/stage after stage; section after section.

maaih kang sic maaih sic nyauv jienv mv gaengh sung/to be with matter.

siec kang tei siec kang zaux-kaqv caaiv faaux nyei tei/a stair with seven steps.

kang[2] aengx lorz mangc "mbang kang ngaengc" wuov joux.

kangh w. kangh jienv. Gj: laanh, dangv, zorv/to withhold; resist.

kangh buonv-zinh maaic huox mv cuotv kangh zuqc buonv-zinh/business slow and stuck one's cash flow.

kangh eix 抗议 /kàngyì/ laanh dangv mienh nyei eix/to protest; to against.

kangh hnoi-nyieqc kangh zuqc dingc ziangx longc nyei hnoi.

kangh jienv mienh kangh jienv mv bun mienh zoux fai mingh/to stop someone from doing or going somewhere.

kangh njiec daaih kangh njiec mv bun dorh mingh/to block off.

kangh nzou-zinh ngaengc jienv maiv jaaiv-nzou-zinh/to delay pay tax.

kangh saeng-eix maaic ga'naaiv maiv cuotv kangh zuqc saeng-eix.

kangh sic kangh jienv mv bun sic sung siepv/to delay a lawsuit case.

kangh ziangh hoc zorv zuqc ziangh hoc to delayed one's time.

kangh zuqc yunh ndongh kangh yiem congx-nqunx mv cuotv/the bullet stuck in the gun muzzle.

kangh zuqc meih aqv gorngv jaiv sin nyei dorh leiz waac.

kangv w. kangv fai maiv kangv/having to do with "willing or unwilling.

kangv bun nqoi hnyouv bun nyei/to be willing to give out something.

kangv nyei a'hneiv oix nyei/be willing to; to agree with.

kangv zoux buangv hnyouv oix zoux nyei/to agree to do something.

maiv kangv laengz maiv laengz nzuih to be unwilling to accept.

maiv kangv zoux mv buangv hnyouv zoux/to be unwilling to do.

kangx w. an jienv douz gu'nguaaic kangx bun nqaai/to dry over fire.

dienx kangx orv jaa longc dienx kangx orv nyei jaa/an electric oven.

douz-kangx ngaaic douz-nzauc gu'nguaaic maengx/area over fireplace.

kangx nqaai an douz-kangx gu'nguaaic kangx nqaai/to dry something over fire.

kangx orv zorqv orv an douz-nzauc gu'nguaaic kangx/to dry meat over fire.

kangx orv jaa an orv kangx nyei jaa/a frame for drying meat.

Kansas m. 肯萨斯 /kěnsàsī/ yietc norm ziou, yiem Z. Meiv Guoqv mbu'ndongx, ziou nyei domh mungv heuc Topeka.

Kao Chiem & Chua Meng, Chao

Kao Chiem zeuz mbuo i hmuangv se benx da'yietv doix Iu-Mienh/Yao bieqc Meiv Guoqv/U.S congh 4/23/1976 wuov hnyangx, ninh mbuo se longc jienv nyei yietc doix baeng gorng dorh jauv mbuo zuangx mienh daaih Meiv Guoqv, yiem mbuo Iu-Mienh nyei gouv-douh/history.

kapc pm. maiv yuonh kih kungx kapc wuov. Gj: gapc, ngaam/to be depression in a surface; dented.

mbing-ong-kapc mbing-gouv hmien kapc kapc wuov/a depress monkey face.

kapv[1] pm. koi ndie-baengh zorqv liuz ndie aengx kapv jienv/to cover up with a lid.

kapv zietc nyei kapv jienv niouv zietc nyei/to cover tightly.

kapv[2] m. ndaangh nzuqv zieqv daaih kapv jienv nqaaix dapv siou-setv nyei kapv/a woven basket with lid used for keeping a family asset.

kaqv[1] pm. ndorpc njiec mingh tauv qiex mv cuotv haiz kaqv-ngutv, kaqv-ngutv deix. Gj: ka'ngutv/the sound of grunting during physical hurt.

kaqv-ngaengx juv nyiemv nyei qiex/a yip or yap sound by a dog cry.

kaqv[2] aengx lorz mangc "zaux-kaqv" wuov joux nyei eix-leiz.

Mayor of San Pablo City in year 2015. Elected Nov. 2012 and served on the Council from 2012 to 2016, was Vice Mayor in 2014. The first Asian American City Council member in San Pablo City and the first elected official of Mien American descent. Congh 1976 Iu-Mienh biaaux naanc daaih yiem Meiv Guoqv, Chaosarn nyei sieqv Chao Kathy Rothberg se da'yietv laanh Iu-Mienh/Yao duqv zoux Nquenc Ziouv (Mayor) gunv njiec yiem naaiv San Pablo nquenc nyei horngc zangc. Laengz zingh Kathy, weic meih nyei kuv gong yie mbuo zuangx mienh yaac haiz caux jienv maaih mengh nzengc aqv.

kau w. ndouv zinh cai "kau, ndam" nyei waac, eix-leiz se baeqc fai jieqv.

kauc pm. mbam jienv ndau zorqv zaux kauc jienv/to sit with legs fold crossed.

kauv[1] w. **1** hoqc guai nyei sic/to pursued wisdom. **2** kauv sou/to take an examine.

kauv cong-mengh hoqc lorz guai nyei jauv/to pursuit knowledge; to study.

kauv faaux horqc aengx kauv faaux kang horqc/to take an entrance examine.

kauv gouv hoqc hiuv taux loz-hnoi nyei gouv/to study history.

kauv kor hoqc hiuv taux baeqc kor nyei jauv-louc/to study about science.

kauv maiv duqv aqc haic kauv maiv duqv/to failed on an examination.

kauv sou doqc sou zieqv nzangc lorz cong-mengh nyei sic/to study.

kauv sou nzangc hoqc doqc sou zieqv nzangc nyei jauv/to study alphabet.

kauv wuonh kauv uv hoqc cong-mengh hlang jienv mingh nyei sic/to pursuit a high level education.

kauv wuonh zaang doqc sou hoqc guai nyei jauv/to pursuit the wisdom.

kauv zoux jien hoqc daaih zoux jien/to study to become a civil service.

kauv[2] nz. zaah lorz; zimh lorz/to search or investigate into a matter.

kauv naaic zaah naaic lorz sic-gorn/to inquire into in detail.

kauv[3] pm. kauv jienv zaux/to cross one's legs while sitting.

kauv jienv zaux zueiz kauv jienv zaux to sit with legs cross.

kauv lorqc nyeic zaux beiv fux-gueix mienh mv zuqc zoux kouv yaac duqv nyanc nyei/to sit with one's legs cross.

kauv[4] aengx lorz mangc "kouv-lueic" wuov joux nyei eix-leiz.

kaux[1] w. kaux la'kaux; buoz-kaux; kaux jienv limc/to button.

kaux jienv buoz longc buoz-kaux, kaux jienv buoz/to put a handcuffs on.

kaux jienv doic hnangv (limc) nor kaux

jienv doic/to link together.

kaux jienv limc longc limc kaux ndoh jienv/to chain up.

kaux la'kaux kaux jienv lui-houx nyei la'kaux/to button a garment.

kaux sim-forv longc sim-forv kaux jienv/to pin with a safety pin.

zaux kaux-bang zaux ngau yangh jauv kaux zuqc doic/to walk with knee close together and the feet barely lifted.

kaux[2] nz. bangc kaux; bangc kaux duqv zuqc haic/to depend on; to trust.

kaux bangc kaux bangc yie nanv zuqc meih hnangv, mv zei nor yie ndortv mi'aqv/to be lucky or fortunately.

kaux duqv wuonv sienx duqv hnyouv nyei mienh/can be trust; dependable.

kaux duqv zuqc bangc duqv zuqc nyei mienh/a reliable or dependable person.

kaux ganh bangc kaux ganh nyei qaqv fai buonv-zeic/to be independent.

kaux haaix mv zeiz maiv lamh dorngx bangc/to have no one to rely on.

kaux loz-mienh kaux yiem ndaangc nyei mienh/to depend on old resident.

kaux maiv zuqc bangc kaux maiv zuqc nyei mienh/unable to depend on.

kaux mongc baaux nzung gorngv kaux bangc/to rely on.

kaux wangx hnamv jienv oix bangc fai oix kaux/hope to rely on someone.

maiv bangc kaux maiv zuqc bangc/not to rely on someone.

maiv lamh kaux dorngx maiv maaih dorngx kaux aqv/no one to rely on.

maiv wangx kaux mv hnamv taux oix bangc kaux/not to depend on someone.

kaux[3] aengx lorz mangc "ndaauh kaux fai sienx kaux" nyei eix-leiz.

Kazakhstan m. yietc norm guoc jaa, yiem Z.F bung maengx Asia, hungh zingh mungv heuc Astana.

kec w. **gorngv kec** gorngv jaiv/to resist. Ninh oix yie zoux zorng-zengx mv baac yie kec ndutv mv zuqc zoux. He wants me to be a witness for him but resist.

kec saeng-eix gorngv daanh doqc mienh nyei saeng-eix/to criticize someone's business opportunity.

kev pm. kev zangc maaih nziaamv-gaam nyei mienh/a person who has diabetes passed from generation.

kev zangc lueic kev zangc ziangh ziouc lueic/to be lazy passed by generation.

kex w. juv zunc yie, yie ziouc kex biaav ninh. Gj: mborqv, sungv, kingv/to strike at; to hit with a stick.

kex m'nqorngv mborqv m'nqorngv/to strike head with a stick.

kex sung mborqv sung; kingv sung/to lightly hit a piece of ginger root.

kekv w. kekv jienv yangh jauv weic zaux mun/to walk with difficulty limp.

kekv jienv mingh yangh jauv kekv jienv mingh/to walk with one leg.

kekv jienv tiux hlaang yietc nyungc kekv jienv zaux nyienx tiux hlaang a'nziaauc nyei jauv-louc/one of the Yao Mien sport to jump rope with one foot.

la'kekv jor longc yietc bung zaux kekv jienv mingh/to walk with unevenly legs.

mbiaac jienv biaav kekv mbiaac biaav tengx jienv yietc bung zaux yangh jauv kekv jienv mingh/to walk with one foot and support by walking stick.

ken[1] w. ken gu'nguaaz yangh jauv/to lead a baby to walk by one's hand.

ken faaux daaih bun buoz nanv jienv ken faaux daaih/to give someone a hand to get up from floor.

ken jiez sin nanv jienv buoz ken jiez sin/to pull someone up by one's hand.

ken juv longc hlaang ndoh jienv juv ken/to lead a dog by a rope.

ken maaz ndoh jienv maaz nanv jienv hlaang ken/to lead a horse by rope.

ken siang-mbuangz mbienz-nyaangh caux siang-mbuangz yietc laanh nanv bung siqc jaauv ken jienv mingh bieqc siang-laangh nyei biauv/to lead a bride to groom's house by a bridesmaid each holding one end of a small tower.

ken[2] pm. buonv ken mingh zuqc i bung ga'hlen/to shoot off to the aside.

ken mbiaauc bung buonv ken mingh zuqc mbiaauc bung/shoot off to the right side.

kengx pm. kengx m'nqorngv mangc/to tilt or slope one's head to look.

kengx ciepv mangc kengx m'nqorngv mingh ciepv mangc/to tilt one's head and glance at.

kengx m'normh muangx kengx m'normh mingh zaeng muangx/to listen with one's head tilt.

kengx mangc laih m'nqorngv mingh mangc/to tilt one's head to look at.

Kentucky m. 肯塔基州 /kěntájīzhōu/ se yietc ziou, yiem Z. Meiv Guoqv D. bung maengx ziou nyei domh mungv heuc Frankfort.

Kenya m. 肯尼亚 /kěnníyǎ/ yietc norm guoc jaa, yiem Z.D bung maengx Africa, hungh zingh mungv heuc Nairobi.

ki[1] w. 欺 /qī/ ki mienh; gorngv ki mienh/to insult; to look down upon; to prejudice.

ki fux 欺负 /qīfù/ ki mienh; mangc maiv jiez mienh/to bully; to oppress.

ki haic mienh gengh ki haic mienh/it's really challenge the people.

ki jun ki hungh jaa/to withhold truth from the authority.

ki doz-leiz maiv muangx leiz gunv/to disobey the law or tradition.

ki mienh ki ndouv mienh/to insult the people; to take advantage of people.

ki pienx daav za'eix pienx mienh fai waengc mienh//to cheat; to swindle; to deceive or prejudiced.

ki zuqc mienh gorngv waac fai zoux sic ki zuqc mienh/to speak or act bully against someone.

ki[2] nd. haiz aqc haic. Janx-Kaeqv waac za'gengh ki haic yie/Chinese language is really challenge me.

kih[1] w. muoqv congx nor haih jiuv zuqc mbeux nyei, weic kih hnangv naaiv yie cingx mbuox meih mv dungx muoqv.

kih[2] wj. beiv hnangv "kih dutc" se ndopv orv huv nyei baengc, *kih dutc* se gaav congh janx-ba'ei waac daaih/a leprosy or skin ulcers.

kih dutc baengc butv gomh huv baengc to have leprosy disease.

kih dutc mienh butv gomh huv baengc nyei mienh/a person with leprosy.

kih kungx kaatv nzaeng jaax nauc kih kungx kaatv nyei/to shout at each other.

kih kungx kamx wuov mv yuon kungx wuov/uneven surface.

kih kungx kongx ngongh butv wuon daic daaih kih kungx wuov ndau/to be many and huge large.

kih[3] aengx lorz mangc **zunv kih** wuov joux nyei eix-leiz.

kix pm. ninh nyei hmien buatc kix kix nzauh nzauh wuov m'nziex ninh maaih sic mv bei/he look's trouble on his face.

kix nzauh nzauh nzauh kix-kix wuov/to be very sad or depressed.

kinv wj. gong-kinv/a work program; work listing or work order.

mbenc gong-kinv zorng-mbenc gong-kinv/to setup a work program, order.

king w. king njiec; king nauv njiec; king nzengc/to fall down; to collapse.

bungx king waan bun king njiec daaih to make something fall down.

buonv king buonv orv king daaih/to shoot and bring down an animal.

fongv king fongv bun king mingh/push something to fall.

king-king njangx-njangx (nda'maauh) zunc haeqv yie king-king njangx-njangx nyei biaux/to run away for one's life.

king njiec king njiec daaih ndapv jienv jauv/to fall down.

mborqv king mborqv king njiec ndau mingh/to hit and knock down.

kingv w. kingv cuotv; kingv ndutv; kingv nzuqc jouv/to knock apart; to unfit.

kiqv[1] nz. 吃 /chī/ benx nzung nyei waac gorngv nyanc. Gj: yiemv/to eat.

kiqv benc nyanc hnaangx. Gj: yiemv benc/to eat rice; to have meal.

kiqv diuv hopv diuv. Gj: yiemv diuv/to drink wine or alcohol.

kiqv in buov in; nyanc in; ton in/to eat or smoke opium.

kiqv in zih nyienh buov in nyei mienh an opium smoker; opium eater.

kiqv liuz nyanc liuz aqv/after eat; ate.

kiqv nyuoqc nyanc orv. Gj: Yiemv nyuoqc/to eat meat.

kiqv yuoqc nyanc ndie fai hopv ndie/to take medicine.

kiqv[2] nz. 起 /qǐ/ jiez/to rise up; to get up.

kiqv daaih jiez sin daaih/to stand up.

ziepv kiqv zipv jienv; zorqv jienv/to take; to accept; to receive.

koi w. 开 /kāi/ koi nqoi; koi gaengh; koi jauv; koi gong/to open or uncover.

koi baeng jiex gorn liepc baeng-maanh nyei sic/to start a military operation.

koi-buonv-zinh zorqv buonv-zinh koi daaih zoux saeng-eix/to open principal money to do business.

koi cie niouv cie/to drive a vehicle; to start a car, machine.

koi cie mbiangc koi cie lauh liouc haic aqv/skillful in driving a vehicle.

koi cie-ndaix niouv cie-ndaix/to pilot an airplane.

koi cie sou niouv cie nyei sou/a driving permit or driver license.

koi congx jiex gorn buonv congx/open fire; to start shoot.

koi daanh sipv mienv koi daanh nyei sic/a ritual ceremony. ??

koi dang waan zieqc dang. Gj: bungx zieqc dang/to turn on a light.

koi douz buonv congx/to open fire.

koi faanx bungx faanx nqoi daaih/to open up an umbrella.

koi fienx betv fienx tong daaih doqc mangc/to open a letter.

koi fong muonh koi nqoi fong muonh nyei gingx/to open a window.

koi gaengh 开门 /kāimén/ koi gaengh nqoi daaih/to open a door or gate.

koi gemh bieqc siang-dorngx sipv deic-bung mienv bun zoux liangx-ndeic bungx-zuoqc nyei sic/to open forest by ceremony and ask local spirits to bring a good economy.

koi gong koi zoux gong dorngx bun mienh bieqc zoux/to open a business.

koi gong-zinh jaauv nyaanh bun zoux gong nyei mienh/to pay a salary.

koi gorn koi bingx jienv zoux nyei sic nyei gorn-ndoqv. Gj: wetv nzengc gorn-baengx/to confide; to uncover an under cover or conspiracy.

koi gorngv jiex gorn gorngv waac/to start talk or speech.

koi guen hungh jaa koi guen baeqv-fingx zuangx gan qaa/the government permit people to grow marijuana.

koi hei koi hei daaih maaic ga'naaiv/to open a store; to start business.

koi horqc koi horqc bun horqc saeng bieqc doqc sou/to open a school.

koi hnaangx-poux koi maaic lai hnaangx nyei poux/to run a restaurant.

koi hnyouv nqoi hnyouv zipv muangx mienh gorngv nyei waac/to open mind.

koi jaa-fin-ziouv gorngv jaa-fin-ziouv nyei lorngh mbuox fai faatv-mbuox/to call on chief ancestor.

koi jaax-zinh 1 koi maaic ga'naaiv nyei jaax-zinh/to setup a price. **2** cuotv duqv jaax bun/willing to pay whatever the price is.

koi jauv zoux jauv bun cie yangh fai mienh yangh/to construct road; to open up a road.

koi leiz-baaix daux gaux jiex gorn zoux leiz-baaix/to start worship service.

koi maiv dongz zietc haic koi maiv dongz/unable to open too tight.

koi maiv nqoi koi maiv noic duqv nqoi to be unable to open something.

koi mangc gaax koi nqoi daaih mangc gaax/open up to see.

koi muangx koi siou waac faang muangx fienx, muangx nzung/to turn on a radio and listen.

koi njang 1. koi bun njang ziux bieqc to turn on light. 2. zoux koi njang nyei sipv mienv yinh/special spirit ceremony.

koi njang horc hnyangx houc siang-waaz nyei mienv-fangx nyei yinh/to held a special spirit ceremony.

koi nqoi koi bun nqoi daaih/to open up or to unfold.

koi nyaanh jiu nyaanh bun/to pay or to hand over the money.

koi nzuih koi nzuih gorngv waac. Gj: nqoi nzuih/to open mouth and start talk.

koi piux koi sienv hungh nyei piux/to count or unfold a ballot.

koi poux koi poux zoux saeng-eix maaiz maaic/to open a business.

koi poux mienh poux-ziouv; koi poux nyei mienh/a business man; shop owner.

koi siang-jauv 1 ganh koi diuh siang nyei jauv/to open new road. **2** caux mv nziaauc jiex dorn nyei sieqv bueix se beiv koi siang-jauv/to have sexual intercourse with a virgin.

koi sou mangc hnoi koi mangc sou lorz hnoi zoux yinh/to open book and search for an auspicious day.

koi-tin liepc deic Tin-Hungh zeix lungh zeix ndau nyei sic/the creation of God.

koi-tin liepc deic douh zengx-ginx sou da'yietv buonv se koi-tin liepc deic nyei douh sou/the book of Genesis, is about creation story of the God.

koi tong jauv koi diuh siang-jauv tong da'aqv/to opened through a new road.

koi wuic 开会 /kāihuì/ gapv zunv koi wuic ca'laangh sic/to hold a conference.

koi wuic dorngx koi wuic nyei dorngx a convention center.

koi wuic guanh juangc jienv koi wuic nyei yietc guanh mienh/all those who attend a meeting.

koi wuic mienh mingh koi wuic nyei mienh/people who join a conference.

koi wuic ziouv dengv bieiv koi wuic nyei ziouv/the chairman of a meeting.

koi wuom niouv bun wuom cuotv. Gj: bungx wuom/to turn water on.

koi wuonh koi cong-mengh wuonh zaang cuotv daaih caux mienh gorngv waac-paux saan a'fai baaux nzung/to start composition.

koi zei jiex gorn nyanc mbaaix/to start as when breaking a fast.

koi zei lai lengc jeiv koi zei nyanc nyei lai/diet food for breaking a fast.

maiv koi-jiu wuov deix i muoz nzaeng gau jaax mv koi-jiu aqv/to confused.

koiv m. 海 /hǎi/ yietc lungh ndiev nyei domh wuom/the sea; the ocean.

koiv-baeqc horqc 海鸟 /hǎiniǎo/ ndaix yiem koiv-hlen nyei norqc baeqc/a seagull.

koiv-bouc koi-hlen dingh nzangv nyei dorngx/a seaport or harbor.

koiv-caax bun zoux i caax nyei koiv/a branch of a sea.

koiv-congx koiv-wuom congx bieqc daaih/sea gulf; bay area.

koiv-daic 死海 /sǐhǎi/ maaih nzauv nzaaih wuom-daic koiv/a dead sea.

koiv-dungz yietc nyungc yiem koiv nyei mbiauz, ziangh daaih hnangv dungz nyei mou nor/a hippocampus.

koiv-hlen gan jienv koiv ga'hlen mingh nyei dorngx/the seaside; seashore.

koiv jiez laangc koiv-wuom jiez laangc nyei sic/the sea waves.

koiv-juv yietc nyungc koiv nyei mbiauz ninh nyei nzuih ziangh daaih hnangv juv nor. Gj: koiv-m'lomh/a seal.

koiv-jun 海军 /hǎijūn/ gan koiv mborqv jaax nyei baeng-maanh/the submarine.

koiv-jun beu sengh beu koiv-jun nyei insurance policy.

koiv-jun sou-biuv koiv-jun nyei gunv sou-nzangc wuov dauh/a secretary of a marine.

koiv-jun zaamc koiv-jun dingh zepv nyei zaamc/the department of navy.

koiv-laangc 海浪 /hǎilàng/ koiv nyei domh wuom-nqomz/sea waves.

koiv-laangh ziqc nyungc-nyungc yiem koiv zorqv daaih nyei lai/all seafood.

koiv leiz koiv-ndoqv ndo jangv ndongc haaix nyei sic/mutual mile of the sea.??

koiv longh muonh yiem koiv-ndoqv nyei jung-hungh gaengh, nv se gorngv gouv nyei waac hnangv/a great dragon door in the sea bed.

koiv-m'lomh yietc nyungc koiv nyei mbiauz nzuih hnangv m'lomh/a seal.

koiv-maaz yietc nyungc koiv-mbiauz hnangv maaz nyei mou/a sea horse.

koiv-minc koiv nyei wuom-menc/the surface of a sea, ocean.

koiv-mbu'ndongx yiem ziangx koiv nyei mbu'ndongx/in the midst of a sea.

koiv-norqc koiv nyei norqc/a penguin.

koiv-ndiev koiv nyei ga'ndiev ndoqv under the sea water.

koiv-ndiev-finx koiv-jun nyei finx/a submarine cable.

koiv-ndiev nzangv gan koiv-ndiev nyei mborqv jaax nzangv/a submarine.
koiv-ndoqv ga'ndiev koiv-ndoqv/the sea bed; the bottom of the ocean.
koiv ngaanc 海岸 /hǎiàn/ koiv nyei i horc ngaanc/the seacoast.
koiv nyei ga'naaiv nyungc-nyungc yiem koiv nyei ga'naaiv/marine life.
koiv nyei mbiauz yiem koiv-wuom nyei nyungc-nyungc mbiauz/salt water fish.
koiv-nzaic yiem koiv nyei sic dauh/the marine affairs.
koiv-nzangv niouv gan koiv nyei domh nzangv/an ocean liner.
koiv-nzauv koiv-wuom zinx daaih nyei nzauv/sea salt.
koiv-nziaaux koiv nyei wuom-nziaaux a sea wind; sea breeze
koiv-nzou koiv gu'nyuoz nyei yietc kuaaiv ndau/an island in the sea.
koiv qaa-korngc koiv nyei qaa-korngc a salt water shrimp.
koiv suiv koiv nyei wuom/sea water.
koiv suiv nguen-nguen koiv nyei wuom miou-miou wuov/wave of the sea.
koiv suiv siem ndo haic nyei koiv/the depths of the sea water.
koiv-wuom koiv nyei wuom/sea water.
koiv-wuom-nqomz dongh koiv-wuom jiez laangc nqomz junc jienv mingh wuov/billows; high rolling sea waves.
koiv-zaangz yietc nyungc koiv nyei mbiauz hnangv zaangz nyei mou/a sea elephant.
koiv-zaqc koiv zangc luv zoux saeng-eix nzangv nyei janx-zaqc/a pirate.
koiv-zei-naanc nzangv mbienv lo haaix nyei zei-naanc/a disaster at the sea.
wuov ngaanc bung koiv wuov bung ziqc koiv/the other side of the sea.

kokv q. jai-nyeiz kokv ninh nyei dorn/the sound of a hen clucking her chicks.

Ko Lin To 哥林多 /gēlínduō/ zengx-ginx sou nyei mbuox, maaih da'yietv caux da'nyeic buonv/Corinthians, either two books of the Bible in New Testament.

Kolo w. gorngv waac mbui fai muoqv mbui nyei sic/have to do with noisy.
maiv dungx kolo maiv dungx gorngv waac fai muoqv mbui/don't make noise.

Ko Lo Si 格罗西 /gēluóxī/ yietc buonv zengx-ginx sou nyei mbuox/a book of Bible in the New Testament.

komv pm. komv fai ndomc njiec ga'ndiev mingh. Gj: morqv, mapv, biopc/a dented on the surface of land.
komv-komv wuov morqv njiec mingh komv-komv wuov/dented; push down; a depression in a surface.
ndau-komv ndau butv komv daaih/a dented on the ground.

komx[1] w. komx maeqc nyanc; komx guaa nyanc. Gj: hlaix nyanc/to bite or gnaw.
komx aax ndau da'nqopv ndorpc njiec nyaah komx aax ndau/to fall down flat on face and bite the soil.

komx[2] w. komx ndau. Gj: wetv ndau/to dig the ground with a hoe.

kongv m. kongv zuv fin-saeng, se yietc weic njaaux kaeqv-nzangc nyei cong-mengh mienh yiem 551-479 B.C wuov gitv lungh ndiev/the Confucius.
kongv corc 孔雀 /kǒngquè/ yietc nyungc domh norqc biei maaih biangh nzueic nyei/a peacock.
kongv doz kongv zuv nyei njaaux muonh/the teachings of Confucianism.
kongv longh 恐龙 /kǒnglóng/ loz-hnoi ziex baeqv waanc hnyangx jiex daaih nyei jung-hungh/a Dinosaur that lived millions of years ago.
kongv miuc baaix zangc kongv zuv nyei miuc dorngh/the Confucian temple.
kongv njaaux kongv zuv njaaux njiec nyei jauv/the teaching of Confucianism.
kongv zuv se kongv zuv nyei mengh hoc/Confucius.
kongv zuv fin-saeng loz-hnoi jiex gorn zeix cuotv kaeqv-nzangc nyei yietc dauh fin-saeng/the originator teaching of Chinese characters.

kongx pm. hlo gau kongx-kongx wuov/to be extremely big, large.

kopc pm. nyaah nquaqv nzengc mv maaih nyaah kopc kopc wuov/to be toothless.

kopv pm. ong-gox yangh jauv la'kopv la'kopv wuov/to walk with one's back bent as an elderly person.

koqv w. koqv hoqc; koqv jang. Gj: coqv hoqc; cor hoqc/just moment ago.

koqv cuotv seix cor hoqc yungz cuotv seix/just being born.

koqv hoqc nyanc cor hoqc jiex gorn nyanc/just start eating.

koqv jang koqv jang naaiv. Gj: coqv jang naaiv/just now.

kor m. **mingh kauv kor** mingh kauv hoqc baeqc kor nyei gong/search by science.

baeqc kor horqc kauv hoqc baeqc kor nyei horqc dorngh/a science school.

baeqc kor horqc saeng hoqc baeqc kor nyei horqc saeng/a science student

baeqc kor jei longc hoqc baeqc kor nyei jei-muotc/science and technological.

baeqc kor zangc mienh hiuv baeqc kor longx nyei zangc mienh/a scientist.

kor ndec Meiv Guoqv nyei nyic ziepc hmz buon nyaanh/a US twenty five cents money; a US quarter coin.

korc[1] w. korc touh baaix mienx nyei tov guangc zuiz bun/to beg for forgiveness.

korc[2] m. yietc korc; i korc. Gj: yietc ginc, i ginc/a lesson or a course.

korh pm. korh lienh. Gj: korv-lienh/to be pity, pitiful or merciful.

korh fiqv 可惜 /kěxī/ korh fiqv nyaanh siev mv duqv longc/to covet, envious.

korh fiqv haic gengh korh fiqv haic yie mv duqv caux meih mingh/to jealous.

korh fonh heuc dinc waac, *korh fonh* se gaav congh English call phone daaih.

korh lienh 可怜 /kělián/ hnyouv mun korh lienh haic/to show compassion toward; to feel sorry for.

korh lienh mv liuz gengh korh lienh gau mv fungc aqv/to feel pitiful.

korv w. korv iv; korv nernh/may; can; to be allowed or permitted to.

korv iv meih mingh aqv eix-leiz se meih mingh duqv aqv/you may go now. Korv iv meih zoux nyei, mv baac oix zuqc faix fim oc. You may do but ought to be careful.

korv nernh m'nziex haih/possible or probable; it's entirely possible.

korv yienh se gorngv; hnangv gorngv. Korv yienh meih maiv oix mv baac maiv dungx daanh. Even you don't like but don't criticize.

korv zeiz m'nziex zeiz nor, benx nzung nyei waac. *Korv zeiz yiem-yunh zongc duqv linh,* se gorngv zeiz yiem-yunh nor corc aengx haih duqv longc doic nyei.

korx[1] m. leiz-fingx; leiz-nyeic. Gj: siou nzou/the custom duty.

korx-zinh cuotv korx nyei zinh nyaanh the contribution fee.

siou korx siou nyaanh fai laangh ziqc bun hungh jaa nyei sic/to collect the custom fee or duty.

korx[2] pm. kuonx jienv; kaav jienv; zorv njiec/to detain; to postponement.

korx buonv kangh zuqc buonv-zinh/to stuck with the principal money.

korx jienv zorv jienv mv noic duqv mingh/to be delay or stuck with.

korx jienv buonv-zinh maaic mv cuotv korx jienv maaiz nyei nyaanh/to stuck with principal money.

korkc gw. mbuox gu'nguaaz hnopv oix zuqc gorngv korkc korkc deix.

korkc korkc nqaiv mbuox gu'nguaaz lov oix zuqc gorngv korkc nqaiv.

korkv[1] q. jai-nyeiz korkv ninh nyei dorn the sound of a hen clucking her chicks.

korkv[2] q. ngaengv gaengh mbui korkv korkv nyei qiex.

kormv q. jung heuc kormv nyei qiex/the sound made by barking deer calls.

kormz q. hnopv duqv ndo kormz kormz nyei qiex/sound made by deep cough.

Korn Nekv Ditv Kaatv Meiv Guoqv nyei yietc norm ziou/Connecticut, a state in the N.E United States.

korng pm. beiv hnangv, korng jaic nyei la'korng, la'kaix/to be skinny or bony.

korng gueiv cuotv zaanh nyei korng gueiv. Gj: gueiv-korng/a snail.

korng gueiv longz korng gueiv nyei longz/the shell of a snail.

korng gueiv-naenx korng gueiv-mau yaac mbeih nyei/a slug.

korng gueiv ndie doc korng gueiv daic nyei ndie/a snail killer.

korng gueiv nyei zaanh korng gueiv nyei lenc/the slime of a slug.

korqv[1] m. norm korqv-nqaai fai nyiemz/a dried gourd or fresh one.

korqv-dueiv korqv-luangh nyei dueiv lunx wuov/a gourd plant shoots.

korqv-dui siouc ga'naaiv-nyim dapv korqv-nqaai/a dried hollow gourd used for keeping seed.

korqv-gaam zuangx daaih nyanc zoux lai nyei korqv/a sweet gourd which eat as vegetable.

korqv-huv bangc korqv-huv eix-leiz se mienh jomc mienh oix zuqc bangc jomc/a poor to rely on a poor.

korqv-luangh korqv louc mingh nyei miuh/the gourd's plants.

korqv-lunx korqv lunx wuov zanc/a young or tender gourd.

ndamv wuom korqv longc ndamv wuom nyei korqv/a water dipper.

korqv[2] aengx lorz mangc "congx-korqv, muoc-korqv, m'nqorngv-korqv" wuov deix nyei eix-leiz.

kou[1] w. kou gaax hlo ndongc haaix/to measure how big by string wrap around.

kou dungz longc hlaang kou dungz nyei sin daaih juonh mangc gaax hlo ndongc haaix.

kou[2] m. hlieqv-kou; dongh kou; jiu-kou/a metal, copper or plastic band.

buoz-kou m'sieqv mienh dangh buoz nzueic nyei kou/an arm band.

kou jaang dorh houx-seix-dauh kou jaang mangc gaax se zuqv duqv horpc nyei fai.

nzuqc kou kou nzuqc jouv wuov norm kou/a band go around a knife handle.

zaux-kou dangh gu'nguaaz zaux nzueic nyei kou/a band for baby's foot.

kou[3] pm. ndiangx kou; miev kou; maeqc kou nqaai nzengc/to wither and dead.

kou muoqc ndiangx-kou/a dead tree.

kou-ndoqc setv maaih kou-ndoqc setv nyei mienh se setv zuqc maengc maiv maaih hmuangv doic/a lonely jinx.

kou nqaai normh nyaux kou nqaai daic jienv mingh/to dry up and dead.

ndiangx-kou-ndoqc heuc doqc mienh ndoqc mienh nyei waac/single dead tree.

kouh w. longc buoz-ndoqv kouh cuotv/to scoop or dig out with one's hand.

kouv[1] pm. 苦 /kǔ/ **1** haiz kouv/to be tired or distressed. **2** butv baengc kouv/to be serious of an illness.

kouv cung mi'aqv ba'laqc kouv jiex jaax mi'aqv/to be in agony.

kouv gau 1 gengh zengv kouv nyei/to be great tired. **2** baengc kouv gau/a very serious ill.

kouv-gong 1 fingx-sokv nzie-weih wuov joux waac nyei "kouv-gong" se haaix nyungc nix?. **2** siouc kouv naanc nyei kouv-gong/the taste of a hardship.

kouv haic 1 haiz kouv haic/to be tired or exhaust. **2** (baengc) kouv haic/a very serious ill. **3** jomc kouv haic/difficulty.

kouv jienv mingh (baengc) jaa kouv jienv mingh/to be more serious.

kouv-kouv lorqv-lorqv ndongc haaix kouv yaac diev jienv zoux.

kouv-lueic 打哈欠 /dăhāqiàn/ morngx nzuih kouv-lueic/to yawn; to exhalation of boredom.

kouv meih oc gorngv laengz zingh nyei dorh leiz waac/thankful; grateful.

kouv mueix doc siouc kouv nyei mueix doc/the taste of toilsome.

kouv naanc zuqc siouc kouv nyei jauv to suffering and distress.

kouv taux ndoqv za'gengh siouc kouv haic/to be extremely difficult or painful.

kouv yietc seix zuqc siouc kouv yietc seix/to suffer for whole life.

kouv-zingh kouv nyei mueix doc/the taste of the suffering.

kouv-zingh siem gengh zuqc diev kouv camv haic/to be extremely painful.

kouv[2] nz. 口 /kǒu/ nzuih baengx, mienh nyei nzuih baengx/the mouth.

huaax kouv bietv wuov donx nyanc wuov donx/to live from meal to meal.

kouv-gong 口供 /kōugōng/ sux waac nyei eix-leiz/verbal report; a statement.

kouv kinh njorm nzuih meix patv mbui kuh muangx nyei ga'naaiv.

kouv nqorm baeqc benc nzuih jorm jienv hnaangx/to hold rice in the mouth.

kouv nqorm nginx lueic nzuih baengx njorm jienv m'zing mueic/to hold tear in the mouth.

kouv[3] aengx lorz mangc "fing-kouv caux hlaang-kouv" nyei eix-leiz.

koux[1] w. longc buoz koux wuom/to scoop up water with hand or dipper.

koux dangh sin longc buoz koux wuom nzaaux dangh sin/to take a bath.

koux hnaangx longc zouc koux hnaangx dapv ganh nyei nzuih/to scrape rice from bowl to mouth with chopsticks.

koux wuom sung-buoz koux wuom

koux[2] m. zaeng hlopv norqc nyei koux/a snare to catch ground bird.

hlaang-koux zaeng hlopv domh norqc fai norqc jai nyei koux/a rope snare to catch big bird or wild chicken.

koux hlopv jienv nziangc zuqc koux nzitv ziouc hlopv jienv/to be ensnared.

mangc koux mingh mangc gaax koux hlopv norqc fai/to check a snare.

zaeng koux dorh koux zaeng an jienv norqc yangh nyei jauv, norqc jiex nor ziouc hlopv aqv/to setup a rope snare.

koux[3] m. huox-koux/a goods warehouse; goods storing house.

koux-biauv 仓库 /cāngkú/ siou huox an nyei biauv/a storehouse; a warehouse.

koux[4] zc. gong-ziouv koux cuotv nzou-zinh liuz cingx bun yie nyei nyaanh hlaax yie the employer subtract the tax before give me my salary.

kuh[1] pm. gong kuh zoux; kuh nyanc; kuh gorngv waac; kuh jatv/suitable for.

kuh bangc mienh nyei qaqv zaanc kuh bangc/to be dependable; reliable.

kuh bueix njormh kuh bueix njormh nyei coux/a comfortable bed.

kuh faan gorngv waac daaih kuh faan haic/to be good to revenge.

kuh gorngv kuh gorngv waac haic/to feel comfortable to speak.

kuh gorngv mv kuh corngh kuh gorngv nyei, mv baac eix-leiz ciouv nyei/to sound good but upon reflect is harmful.

kuh hnamv 1 ziangh duqv kuh hnamv haic/lovable. **2** hnyouv fong a'hneiv/to be good impression.

kuh jatv haic gengh kuh jatv haic nyei sic/laughable; so funny; amusement.

kuh longc nyei yaauc kuh longc nyei/to convenient for use; usable.

kuh mangc haic za'gengh mangc duqv faaux jaax haic/to enjoy watching.

kuh mingh daaih jauv longx kuh mingh daaih/to be good for commuting.

kuh muangx gengh muangx maiv haih youx/to be pleasant to listen.

kuh naaic haiz kuh naaic gau/to be questionable.

kuh niouv cie jauv longx kuh niouv cie haic/convenient for driving a vehicle.

kuh nziaauc gengh kuh nziaauc haic/to be good to have fun with.

kuh yangh jauv nyutc laangh nyei kuh yangh jauv haic/to be nice for walking.

kuh yiem 1 sin tiv wangc kuh yiem/to feel healthy. **2** dorngx kuh yiem/a nice place to live. **3** butv zoih kuh yiem/be wealthy and comfortable life.

kuh yiem kuh nyanc butv zoih butv zieqv haic/prosperous and comfort life.

kuh yiem nyei dorngx dorngh dauh kuh yiem nyei/a nice place to live.

kuh yungz saeng-kuv dorngx yaauc kuh yungz saeng-kuv haic/suitable area for raising animals.

kuh zoux gong haic gong kuh zoux haic/to have a good working condition.

kuh[2] lf. maaih jiemx-gec maiv kuh zoux; maiv kuh gorngv/prohibit to say or do.

mv kuh gorngv mv maaih leiz gorngv to be improper to say

mv kuh muoqv jiemx-gec nyei muoqv mv duqv/prohibit to touch.

mv kuh nyanc jiemx-gec nyei nyanc maiv duqv/prohibit to eat.

mv kuh nziaauc sieqv maaih nyungc baav Iu-Mienh sipv mienv yinh se gec mv nziaauc sieqv/prohibit to have sex during a special spirit ceremony.

mv kuh yiem sin maaih baengc mv kuh yiem/to feel sick; not feeling well.

kuv[1] w. 好 /hǎo/ kuv waac; kuv mienh; kuv sic/to be kind; generous. Kuv deic zangx sei ceix fun faqv, kuv kuaa linh liuz dorngx yangh jiem.

kuv a'nziaauc doic caux nziaauc duqv horpc nyei doic/a best friend.

kuv beiv haih beiv duqv nyei/can be compared to; comparable.

kuv bieiv zeiv longx nyei ziouv mienh a good leader; a big-hearted leader.

kuv buoz-dauh haih zoux zangc nyei buoz-dauh/a skillful hand; an expert.

kuv deic mv cuotv fangx guai nyei mv baac ziangh mv cuotv haaix nyungc fangx se beiv kuv deic mv cuotv fangx.

kuv dorn-jueiv muangx waac taih diex maac nyei fu'jueiv/a well behaved child.

kuv eix maaih longx nyei eix-leiz/good intention; kindness.

kuv eix-leiz longx haic nyei eix-leiz/a meaningful saying, word.

kuv fangx zeiv ziangh duqv fangx zeiv nzueic nyei/good appearance.

kuv fienx 福音 /fúyīn/ zunh mbuox mienh nyei kuv fienx/a gospel or news.

kuv gong zoux daaih longx haic nyei kuv gong-bou/good piece of work.

kuv gong-daqv 好功德 /hǎigōngdé/ fiou laangh fim longx/beneficent deeds.

kuv hnoi longx yaauc nyei hnoi/a good day or auspicious day.

kuv jauv zoux longx nyei jauv fai sic/a good course of action.

kuv-jatv maaih mueix kuv-jatv haic. Gj: kuh jatv/laughable; so funny.

kuv jun-zeiv buonv-zeic longx nyei jun-zeiv mienh/brave man; true man.

kuv kaeqv horpc taih ginx longx nyei kaeqv mienh/an honored guest.

kuv kanx nzung nyei waac gorngv nzueic haic/to be pleasant to the eyes.

kuv kiqv benx nzung nyei waac gorngv kuv nyei/tasty or delicious.

kuv kuaa sieqv-nzueic/a beautiful girl.

kuv lai hnaangx kuv nyei lai hnaangx/a delicious meal.

kuv laangh fim tengx mienh nyei kuv hnyouv/a kind-hearted; helpful person.

kuv m'zing-suiv haih genv ga'naaiv longx nyei m'zing/a good quality eyes.

kuv maaz mv nyanc nzuonx nqaang miev naaiv se waac-beiv.??

kuv-mangc mangc duqv bieqc m'zing haic/to be pleasant to the eyes.

kuv mengh dauh maaih mengh dauh longx haic/very good reputation.

kuv mienh hnyouv longx nyei mienh/a kind person; helpful person.

kuv mienh kuv muoz longx nyei muoz doic cien-ceqv/good friendly people.

kuv-muangx muangx duqv bieqc m'normh haic/to be pleasant to the ear.

kuv muonz longx haic nyei lungh muonz zanc/good night.

kuv mbuox kuh muangx nyei mbuox/a good name; famous name.

kuv naamh nyouz ziangh horngh hiuv leiz nyei fu'jueiv/well behaved children.

kuv ndau longx nyei ndau-touv/a good piece of land; rich soil area.

kuv ndorm longx nyei lungh ndorm zanc/good morning.

kuv njiec aanx njiec aanx gorngv nyei wuic buangh waac/good afternoon.

kuv nyungc zeiv longx nyei nyungc zeiv/a good example.

kuv nzuqc mv cuotv nzingx, kuv sieqv mv cuotv gaengh naaiv se beiv laic nyei nzuqc mv cuotv nzingx, ziangh horngh nyei sieqv mv mingh saau laangz.

kuv saa-lorh dorn sieqv nin-dorng ziepc betv njien-youh nyei ziangh hoc/girls and boys have fun together.

kuv sic zoux longx nyei jauv-louc/to do or acts goodness.

kuv-sing-qiex kuh muangx haic nyei sing-qiex/pleasant voice or sound.

kuv sing-wuonh 1 sing daaih gorngv longx nyei fienx/good news. **2** mengh hoc longx/good reputation.

kuv siux nz. kuh jatv haic/laughable or very funny.

kuv waac gorngv longx bun mienh nyei waac/blessing word; well-chosen word.

kuv waac mbuox gorngv longx nyei waac mbuox/comfort words.

kuv-yiem butv zoih maaih zinh nyaanh camv kuv-yiem/having comfortable life.

kuv yiem-gong fiou gong-daqv zoux longx nyei jauv/a good deed.
kuv-yiem kuv-nyanc butv zoih maaih nyanc maaih hopv/wealthy.
kuv za'eix longx haic nyei za'eix/good idea; well plan for.
kuv ziangh hoc wuonc qiex longx haic aqv/to have good opportunity.
kuv zingh kuv nyeic gorngv sienc nyei longx nyei mbuox/to softly speak or tell in the respectful way.
kuv ziouv longx nyei ziouv mienh/a nice landlord; a good leader.

kuv[2] md. 好味 /hǎowèi/ nyanc haiz kuv nyei mueix/tasty; delicious; taste.
kuv gau 美味 /měiwèi/ za'gengh haiz kuv haic/very tasty; so delicious.
kuv haic haiz gengh kuv haic/delicious.
kuv nyei gengh kuv nyei lorqc/it taste good or delicious.

kuv[3] pm. **1** laangz-kuv; ndoqv-kuv; wuov kuv/south side. **2** jauv-kuv/an entrance of road/ndoqv-kuv/an outlet of river.

kuv[4] gn. i kuv sim; i kuv diux; yietc kuv nzipv; yietc kuv njiuv/a needle.
kuv zu 豪猪 /háozhū/ yiem mbaengx-kuotv nyei ndienh nzeic. Gj: guv zu/a small kind porcupine.

kuaa[1] nz. **1** benx nzung gorngv biangh/a flower. **2** sieqv-dorn/a girl.
kuaa-dorv biangh dorv/a piece flower.
kuaa-naamh gu'nguaaz-dorn/a son.
kuaa-nqoi biangh nqoi; nqoi biangh/the blossom of flowers.
kuaa-nyeih fu'jueiv/children; offspring.
kuaa-nyouz gu'nguaaz-sieqv/daughter.
kuaa-yaang sieqv-dorn-yaang/beautiful girl; beautiful woman.
kuaa-ziec 1 biangh nyaux aqv/a faded flower. **2** se beiv sieqv-gox a'fai houh saeng-gox/unmarried women and men who over thirty years.
kuaa-zou houh saeng-yaang/a young handsome man.

kuaa[2] aengx lorz mangc "saeng-kuaa" wuov joux nyei eix-leiz.

kuaai[1] w. dorh hlaang-kuaai mingh kuaai jienv maaz nyei jaang/to lariat a horse.
hlaang-kuaai fengx kuaai ngongh maaz jaang nyei hlaang-hlopv-kuaai/a lariat; snare rope or noose.
kuaai ngongh jaang fengx hlaang mingh kuaai ngongh nyei jaang ndoh ninh/to capture an ox by a lasso.

kuaai[2] pm. houx lunc njiec kungh kungh kuaai-kuaai nyei/loose and drop down.
kuaai dangh njiec hlaang lunc ndortv njiec kuaai dangh/to loosely drop.

kuaaiv gn. yietc kuaaiv zeiv; yietc kuaaiv suangx/a sheet; a flat object.
kuaaiv-kuaaiv yaauc mbu'ziex kuaaiv yaac longx nyei/every sheet is nice.
mbu'ziex kuaaiv naaic maaih mbu'ziex kuaaiv/to ask how many sheets.
ziangh kuaaiv nyei yietc kuaaiv jangv nyei/the whole sheet.

kuaaix m. wuov kuaaix ga'naaiv, eix-leiz se wuov dauh mienh, mv dorh leiz nyei waac/junh wuov kuaaix/a guy/mbeih wuov kuaaix/a lady/wuov deix i kuaaix ga'naaiv/those two guys or ladies.

kuaangh[1] cl. 狂 /kuáng/ butv kuaangh daaih zoux mv ndin mv naatv nyei sic to fool around and do crazy thing.
butv diuv-kuaangh hopv diuv nquin butv nyei kuaangh/a crazy drunker.
butv kuaangh mienh butv kuaangh mv nzang nyei mienh/a madman; maniac.
butv kuaangh waac gorngv mv nzang nyei waac/wild language; ravings.

kuaangh[2] pm. suiv-ngongh jorng ngau daaih kuaangh daax kuaangh nyei/curve and circle as a buffalo's horn.

kuaekv, kuaakc q. aapv heuc kuaekv kuaekv, kuaakc kuaakc nyei sing-qiex.

kuaix w. fengx diux njiec mbiauz ziouc nyanc kuaix jienv aqv/to get caught on; to hook up with.
kuaix jienv ngau dorh mingh kuaix jienv wuov ngau/to hang on a hook.
kuaix nzoih nzengc yie nziangc zuqc njimv-mbiorqc kuaix nzoih nzengc/to stick and hook on all over.

kuakv pm. njien nyei la'kuakv la'kuakv wuov/to be loosely; unsteadily.

kuanh pm. maaz-jaix cuotv daaih kuanh kuanh wuov/a circular shape.

ding-kuanh mborqv wuov bung ding. Gj: ding-bienh/the head of a nail.

jaix-kuanh jaix-m'nqorngv wuov deix kuanh/the head of the penis.

kuanv w. gorngv doqc, gorngv a'muangx nyei mv baac oix kuh jatv nyei waac/to expose to ridicule; make fun of.

kuanv ninh gorngv jatv doqc bun ninh nyaiv/to mock or make fun about him.

kuanv tien gorngv waac-cou/to loose vulgar; to coarse. to talk disparaging.

kuanv waac-cou gorngv aqc muangx nyei waac mv baac kuh jatv nyei/to talk and laugh for fun.

kuang[1] bz. buoz kuang nyei; longc buoz-kuang mienh/to be left-handed.

buoz-kuang mienh longc buoz-kuang nyei mienh/a left-handed person.

kuang[2] pm. maiv fih mbaengc duqv bung hlang duqv bung aiv/to be uneven at the edge or being an odd.

kuangx[1] w. buonv norqc ndortv mv taux ndau kuangx jienv ndiangx-dueiv. Gj: kuaix/to hang on or hook on.

kuangx jaang limc dangh kuangx jaang nyei limc/a necklace or neck chains.

kuangx jienv dorh mingh kuangx jienv ngau/to hang onto a hook.

kuangx jienv diux zorqv gaeng kuangx jienv diux mbatc mbiauz/to put a bait on a fish kook.

kuangx lui-loux ngau kuangx lui-houx nyei ngau/a clothes hanger.

kuangx panh tiu 扣扳机 /kòubānjī/ kouh fai kuangx (congx) nyei panh tiu bun ninh mbeux cuotv/to pull the trigger.

kuangx sung-porng kuangx tim waac bieqc nyei dimv/quotation marks.

kuangx ziem m'sieqv mienh congx congx nyei mbuox/a name of embroider.

kuangx zuqc ga'naaiv kuangx zuqc/to be caught on something.

kuangx[2] kf. kuangx hnyouv; kuangx jienv hnyouv. Gj: guaax hnyouv/to weigh on one's mind; sad or worrisome.

kuatv w. yie kuatv zuqc setv guoqv jienv yie. Gj: corh/to smash on; to touch.

kuatv hnaangx nyanc hnaangx, maiv dorh leiz nyei waac/to eat impolite.

kuatv maiv duqv muoqv zuqc nor mv duqv aqv/cannot be touch to.

kuatv zuqc gu'nguaaz nyie muoqv zuqc gu'nguaaz nyie daaih/to awaken a baby by touching.

kuatv zuqc mun ganh muoqv zuqc ganh mun/to hurt oneself.

kuei[1] w. kuei mv bun hnaangx nyanc/to treat unfairly; to abuse or hurt.

kuei diex maac kuei lai hnaangx maiv bun diex maac nyanc/to treat one's parents unfairly.

kuei fu'jueiv zoux doqc fu'jueiv mv bun nyanc, mv buang lui houx/to abuse or treat a child unfairly.

kuei-kuei kec-kec zoux doqc mborqv caux mv bun nyanc/to badly abuse.

kuei nyanc hopv zoux doqc mv bun lai hnaangx nyanc/to abuse someone by not allow he or she to eat.

kuei[2] pm. yie mv maaic se weic jaax-zinh kuei haic/I'm not sell because unfair price.

kuei haic yie mv baengh fim bun yie/to be unfairly to me.

kuei-weih nyei maengc mv njien-youh nyei maengc/a life lacking of happiness.

kuei zinh nyaanh maengc ziu fu'jueiv camv nyei mv baac kuei zuqc mv maaih zinh nyaanh/a life induce many children but very poor.

mv kuei haaix dauh bun duqv baengh nyei mv kuei yietc dauh/to divide fairly for everyone.

mv kuei yietc diuc maengc ziu duqv nzoih mv kuei yietc nyungc/not lacking anything in one's life.

zoux kuei ganh zoux daaih kuei zuqc ganh/to cheat oneself.

kuengc pm. hnangv (naang) nor kungh kungh kuengc-kuengc nyei luih jienv mingh/to be slightly out of line.

kuiv w. dungz kuiv siaaux hnangv maiv kangv nyanc/to root round as pig does.

dungz-kuiv-zoh nyanc hopv muonc nyei mienh se beiv dungz kuiv zoh.

kuinx w. gorngv kuinx mienh orn mienh nyei hnyouv/to encourage someone.

horh kuinx kuinx qiex jiez nyei mienh hnyouv sienc njiec/to calm down.

kuinx diuv aapv mienh hopv diuv nyei sic/to push someone to drink wine.

kuinx doqc sou gorngv-njaaux mbuox mienh oix zuqc doqc sou/to encourage someone to study hard

kuinx i bung horpc daaih horh kuinx i bung nzaeng sic mienh horpc hnyouv daaih/to be a peacemaker.

kuinx maiv muangx gorngv kuinx mv muangx/to exhort but failed to success.

kuinx nyei waac orn hnyouv nyei waac a comfort word.

kuing[1] w. naang kuing jienv ndau bueix njormh/a snake coil around to sleep.

kuing[2] pm. longc batv waaz kuing jienv/to draw or make a cycle.

kuing-kuing wuov kuing jienv junh nyei mou/a cycle shape.

kung w. wuom kung; ga'naaiv kung/spill over; overflow.

bungx kung waan king bun kung cuotv nzengc mingh/to spill out.

kung nzengc mi'aqv kung cuotv nzengc mi'aqv/spilled out everything.

muoqv zuqc kung nziangc zuqc kung to touch and spill; cause to spill.

kungh wj. haeqv zuqc gamh nziex m'zing kungh kungh kuakv-kuakv mangc naaiv mangc wuov nyei.

kungh kaai mbungh longx zuov jienv mangc/to be careful with.

kungh kaai muangx longx-longx nyei muangx/to listen careful into.

kungh kaai oc oix zuqc mbungh longx nyei oc/please be very careful.

kungh kaai zoux mbungh jienv mangc longx nyei zoux/to do with precaution.

kungh kuaai baeng jienv houx kungh kungh kuaai-kuaai nyei tiux biaux.

kungh-kuakv njien nyei kungh kuakv kungh kuakv wuov/to be badly wobble.

kungx[1] pm. kungx mi'aqv; njang nzengc mi'aqv/to be empty or vacant.

kungx-biauv maiv maaih mienh yiem nyei biauv/an empty house.

kungx-buoz baeqc zaux mv dorh haaix nyungc gan sin/to be empty-handed.

kungx-hnyouv hanc korh fiqv yaac mv noic duqv/to jealous.

kungx-jauv gan lungh mingh nyei jauv an airway; an airline.

kungx-kungx wuov gu'nyuoz mv maaih haaix nyungc ga'naaiv/to be empty.

kungx-morngh guangc henh longc mv zuqc nyei ga'naaiv/useless.

kungx-mueic mangc kungx mangc hnangv oix longc gau yaac maiv duqv.

kungx-waac gorngv maiv lamh longc nyei waac/idle talk; non-sense talk.

kungx-weic mv maaih haaix dauh zueiz nyei weic/an empty seat.

kungx[2] hg. duqv kungx; maiv zoux haaix nyungc gong/to be leisure or relaxation.

duqv kungx henh buoz-zaux mv zoux haaix nyungc/to have a free time.

kungx nyei henh gong-bou nyei maiv zoux haaix nyungc/a free time.

maiv duqv kungx zoux jienv gong nyei be busy with something.

kungx[3] wj. kungx yie ganh hnangv/alone; only; being the only one.

kungx gorngv hnangv kungx gorngv hnangv mv zoux/only say but do thing.

kungx haih nyanc hnangv haih nyanc nyei yoc maiv haih zoux/only know how to eat but not to do.

kungx[4] nz. kungx nziaaux hnangv maiv maaih haaix nyungc/an empty air space.

kungx-jun niouv cie-ndaix gan lungh mborqv jaax nyei baeng/air force.

kungx-qiex maaih nziaaux hnangv maiv maaih haaix nyungc/an air space.

kuon[1] gn. maanc muotc qienh kuon/the universal; all things under the heaven.

kuon[2] cm. mienh nyei setv-mueiz mbuox beiv hnangv, Naix Kuon, Ih Kuon.

kuonh wj. kuonh yiem hnangv mv zoux haaix nyungc. Gj: henh, hliou/be leisure without anything to do.

kuonh yiem kuonh nyanc yiem caux nyanc hnangv maiv zuqc zoux haaix nyungc/to eat without working.

kuonv[1] w. suix kuonv zuqc doic caeqv mv nqoi/to be knotted or tangle up.

kuonv jienv zeuv ndoh jienv. Gj: bangv jienv/to be tied together; tie up.

yietc kuonv hlaang nzenc jienv nyei yietc kuonv hlaang/a coil of rope.

kuonv[2] cz. zorpc caux jienv; yietc njiec caux jienv/to include; put together with.
kuonv longv yietc njiec caux jienv aqv to put together; to be included.
kuonv longv yietc zungv yietc zungv juangc jienv funx/to include everything.
kuonx[1] w. tiux gau kuonx/to be exhausted; overtired or great tired.
kuonx haic yangh gau jauv kuonx haic aqv/to be exhausted.
kuonx nzengc tiux gau kuonx nzengc tiux mv duqv aqv/to be tired out; to be out of strength or power.
tauv qiex kuonx tauv qiex zietc kuonx to have a shortened breath.
kuonx[2] pm. kuonx jienv fai kangh jienv yiem wuov/to suspended or restrain.
kounx hoic maaih zei-naanc kuonx hoic jienv yiem sin/to be torture.
kuonx hnyouv maaih you-nzauh kuonx hnyouv/to be worrisome.
kuonx hnyouv sic zuqc nzauh kuonx hnyouv nyei sic/a problem; worrisome.
kuonx jienv kuonx jienv wuov hnyouv mv noic duqv sung/to weight in mind.
kuonx jienv yiem loh wuonx jienv wuov loh/to be in jail.
kuonx kouv kuonx hnyouv kouv nyei sic/to suffered great distress.
kuonx mienh dorngx jun-zaah kuonx mienh nyei dorngx/a detention house to keep suspects pending court decision.
kuonx naanh maaih you-nzauh kuonx hnyouv nyei sic/to have a trouble.
kuonx naanh sic la'nyauv kuonx hoic mienh nyei sic/a disaster.
zei-naanc kuonx naanc zingh ziex diuc nyei kuonx jienv/to have a major illness problem.
kuonx[3] aengx lorz mangc "hitv kuonx" wuov joux nyei eix-leiz.
kuotv[1] m. njongz maaih kuotv nyei/a hole; cavity or cave.
kuotv hepc kuotv faix hepc nyei/small narrow hole.
kuotv-ndaangc bieqc kuotv wuov norm gaengh/an entrance to a cave or hole.
kuotv ndo njiec ga'ndiev ndo haic nyei kuotv/a deep hole or deep cave.
kuotv-ndoqv ga'ndiev kuotv jiemc nyei dorngx/the bottom of a cave.
kuotv-nzuih caux kuotv-ndaangc wuov joux fih hnangv nyei.
tong kuotv maaih kuotv mingh tong/a through hole.
nyaah kuotv gaeng nyanc nyaah nyei kuotv/a tooth cavity.
kuotv[2] aengx lorz mangc "wuom-kuotv, wetv kuotv, mbaengx-kuotv fai long kuotv " nyei eix-leiz.
kuqv m. biouv-kuqv; maeqc kuqv; hlauv-kuqv. Gj: ndopv, beih/husk; shell.
kuqv-kuqv wuov maaih kuqv ngaengc buang jienv nyei/a smooth hard shell.
kuqv mau buang ga'nyiec wuov deix kuqv mau nyei/a soft shell.
kuqv ngaengc buang ga'nyiec wuov deix kuqv ngaengc nyei/a hard shell.
Kuwait m. yietc norm faix nyei guoc jaa yiem F. bung maengx Asia, hungh zingh mungv heuc Kuwait City.
Kyrgyzstan m. yietc norm guoc jaa yiem Z.F bung maengx Asia, hungh zingh mungv heuc Bishkek.

L

L, l /lor/ ziepc cietv norm nzangc-maac yiem Iu-Mienh/Yao nyei waac.
la'aiv se dongh "lamx-aiv" fiev nangv daaih/the lower area.
la'aiv baengc lamx-aiv dorngx nyei butv juangv baengc/a lowlands disease.
la'aiv dorngx ndau-baengh dorngx/the lowland or foothill area.
la'aiv mienh yiem ndau-baengh nyei mienh/lowland people.
la'aiv ndau ndau-baengh nyei ndau/the low-lying land.
la'aiv ndeic njiec lamx-aiv dorngx zoux nyei ndeic/field on lowlands area.
la'baeng m'sieqv, m'jangc ginh cing-jaang nyei ndie/leggings clothes.
la'bieiv 石头 /shítóu/ ziqc/rock; stone.
la'bieiv-benv la'bieiv-kuaaiv/flagstone.
la'bieiv-buv siou jienv zoux buv nyei la'bieiv/a precious stone.

la'bieiv-dongc la'bieiv ceix zoux daaih nyei dongc/a stone column.

la'bieiv-dorn faix muonc nyei la'bieiv a small stone.

la'bieiv-gaengx haih jiex mingh daaih duqv nyei la'bieiv-qangx/narrow space in between the rocks.

la'bieiv-gemh kungx maaih la'bieiv nyei lomc/a rocky area.

la'bieiv-hui la'bieiv zoux daaih nyei mbuonv/lime or limestone

la'bieiv-jaai la'bieiv camv jaai-jaai nyei dorngx/a rockiest area.

la'bieiv-jaaix la'bieiv-buv; siou zoux buv nyei la'bieiv/a precious stone.

la'bieiv-kuaaiv yietc kuaaiv mbeih nyei la'bieiv/a flat piece rock.

la'bieiv-kuotv la'bieiv-qangx nyei kuotv/cave in the rocky area

la'bieiv-laatc longc la'bieiv zoux laatc daaih/a stone wall.

la'bieiv-lomc la'bieiv camv nyei lomc a rocky land or rocky area.

la'bieiv-lorkv la'bieiv camv lorkv-lorkv nyei dorngx/the rocky area.

la'bieiv-maeng longc zoux siou-setv nyei nyutc ziqc/jade; green stone.

la'bieiv-mbaengx ziangh faaux hlang nyei la'bieiv/a rocky cliff.

la'bieiv-ndau la'bieiv zorpc jienv nie nyei ndau/stone soil.

la'bieiv-ndiouh la'bieiv ceix daaih zoux ndiouh/a stone column.

la'bieiv-ndueih domh la'bieiv hlo gau ndueih ndueih wuov/a large rock.

la'bieiv-ndui yietc ndui la'bieiv camv nyei/a pile of rocks.

la'bieiv-ngaamh la'bieiv ga'ndiev nyei kuotv/a cave under the rock.

la'bieiv-njongc la'bieiv weih njongc daaih/a stone wall.

la'bieiv-nzioux longc corh nzuqc laic nyei la'bieiv/a whetstone.

la'bieiv-nzorngh la'bieiv cou camv nyei dorngx/many large rocks area.

la'bieiv-satv la'bieiv muonc mbeih nyei satv-satv wuov/a stony.

la'bieiv-sui longc an wuom youh wuom nzang nyei la'bieiv/alum.

la'bieiv yiem nyutc zeiv la'bieiv yiem nyutc nyei baengc/a kidney stone.

la'bieiv-zangc mborqv morc diu la'bieiv nyei mienh/stonecutter; sculptor.

la'bieiv-ziqc tekv cuotv douz-fing nyei la'bieiv-baeqc/a white flintstone.

la'bieiv-zorng yietc norm domh la'bieiv hlo nyei/a large piece of rock.

la'bieiv-zou nzang mangc duqv tong nyei la'bieiv/a marble.

la'fapv m. nie-mbung ga'naaiv-muonc lo haaix/dust or scattered.

la'fapv-jei puotv la'fapv dapv dorh mingh guangc nyei jei/a dustpan.

la'fapv-mbung nziaaux buonc daaih nyei ga'naaiv-mbung/a dusty stuff.

la'fapv-mbuoqc siou la'fapv dapv nyei mbuoqc/a trash bag.

la'fapv-ndaan an la'fapv nyei ndaan/a wastebasket.

la'fapv-ndui ndui la'fapv guangc nyei nyei dorngx/a place for waste.

la'fapv-njapv longc njapv la'fapv nyei biaav-njapv/a pincers used to pick litter.

la'fapv-tongv dapv la'fapv nyei tongv a waste container.

la'fapv-zaa njoux ndiangx, jamv zaangh cuotv daaih nyei zaa/a mixed wood chip scattered.

la'fei pm. lui houx huv la'fei wuov mbiev mv duqv longc aqv/a badly torn clothe.

la'fei la'fangv huv nzengc dong deix fai deix wuov/to be badly torn apart.

la'feqv pm. tiux njimv nyaaiv zuqc houx huv nzengc la'fei la'feqv wuov.

la'gauv cm. se dongh "laauv gauv" fiev nangv daaih/a nickname for eldest son.

la'gauv dorn zoux dorn-hlo nyei mengh hoc/a title of being an eldest son.

la'gauv nyaam 1 dorn-la'gauv nyei auv. **2** gorx-gauv nyei auv.

la'gorc yietc nyungc hlang nyei miev/a type of tall grass.

la'gorc biouv la'gorc nzungh cuotv nyei biouv, zuoqc longx daaih nor nyanc gengh kuv nyei.

la'gorc lomc la'gorc miev-lomc/a tall grassland, wild plant.

la'gorc yangh zuangx longc ndoih zoux ndie nyei la'gorc. Gj: yangh jaang.

la'guaih pm. la'guaih gorngv; la'guaih zoux; la'guaih yiem. Gj: lu'guaih/to do or to say without carefully thought.

la'guaih gorngv mv hnamv longx sueih binc nzuih gorngv cuotv/to talk without any good sense.

la'guaih seix gaax mv za'gengh longc hnyouv seix/to try without careful.

la'guaih zaaux zinh guaih longc zinh nyaanh mv zanv/to spend one's money without spare.

la'guaih zoux guaih zoux hnangv maiv zoux longx/to do with carelessly.

la'haux m. 小豆蔻 /xiǎodóukòu/ yietc nyungc zuangx daaih zoux ndie nyei la'gorc biouv/cardamom.

la'hlopv w. se dongh "laih hlopv" fiev nangv daaih/to be contaminated.

la'kaux m. 扣子 /kòuzī/ lui a'fai houx nyei la'kaux/a button.

la'kaux-baaih biaa lorz siec norm dingx m'sieqv mienh lui nza'hmien maengx nyei la'kaux-mbeih/a set of flat silver button for a woman's traditional jacket.

la'kaux-junh dingx m'jangc mienh lui nyei nyaanh la'kaux/round shape silver button for a man's jacket.

la'kaux-kuotv cunx la'kaux bieqc wuov norm kuotv/a button hole

la'kaux-lingh dingx m'jangc mienh lui nyei nyaanh lingh la'kaux/a round silver bell used as button for man's jacket.

la'kaux-mbeih mbitv mbeih wuov nyungc la'kaux/a flat button.

la'kaux-nekv suix lunh daaih da'mueiz mbor-mbor wuov se longc zoux la'kaux a thread ball button.

la'kaux-waanz dapv la'kaux bieqc kaux wuov norm waanz/a buttonhole.

la'kekv bt. la'kekv jienv zaux yangh jauv to walk with uneven leg.

la'kekv jor kekv jienv zaux yangh jauv to walk with a limp

la'kopv pm. yangh jauv la'kopv, la'kopv wuov/walking slow as an old person.

la'korng pm. jaic gau la'korng, la'kaix nyei/very thin; bony.

la'kuakv pm. njien la'kuakv, la'kuakv wuov oix ndutv aqv/to be loosely.

la'kuotv m. 胸部 /xiōngbù/ nyorx-gorn wuov wuonc dorngx/chest.

la'kuotv biei la'kuotv nyei biei/hair on the chest.

la'kuotv-jomc la'kuotv caux ga'sie nyei mbu'ndongx/lower area of chest.

la'kuotv mun la'kuotv mun/chest pain.

la'kuotv mbokc mba'ziu nditv seix nyei/to have palpitations of the heart.

la'kuotv mbungv lorqc hiuang mbungv chest bone; breastbone.

la'kuotv orv (jai) nyei la'kuotv wuov deix i ndunh orv/a chicken breast.

la'kuotv zietc hnyouv zietc tauv qiex maiv cuotv/have trouble breathing.

la'kuqv w. jangx-fingx mv benx la'kuqv ga'naaiv/forget; failed to remember.

la'kuqv henv mv maaih jangx-fingx/so forgetful; to have a bad memory.

la'kuqv mi'aqv maiv jangx taux; maiv gorqv-jaang taux/forgot.

la'kuqv nqoi maiv dungx jangx taux aqv/to forget about it.

la'maah[1] wj. mbuox meih mv dungx nyienx nzuqc hnangv naaic la'maah! Gaatv zuqc buoz aqv nix.

la'maah[2] m. la'maah doc nyei fei longc gitv hlaang fai ndatv ndie lunh mbuoqc lo haaix/a type of plant having useful fibers.

la'maah hlaang la'maah fei gitv daaih nyei hlaang/a rope made of hemp.

la'maah ndie la'maah fei ndatv daaih nyei ndie-muonc/lien cloth.

la'maah suix la'maah fei suix, jiem haic nyei suix/lien thread.

la'mbai pm. yangh jauv la'mbai, la'mbai deix/to limp; to go limping off.

la'mbertc m. zaax daanc, *la'mbertc* se gaav laauv-waac daaih/a hand grenade.

la'ngopv w. lorz jauv gorngv nyauv bun mienh/to complain, to find fault.

la'ngopv hlo la'ngopv henv/complain about everything.

mienh la'ngopv mienh la'ngopv henv nyei mienh/a complainer.

la'nyaapv m. buoz-seih ndiev njiec wuov deix dorngx/area low the armpit.

la'nyaapv-mau la'saengx mbungv jiemc wuov deix dorngx/side stomach.

la'nyauv w. gorngv la'nyauv hoic mienh kuonx hnyouv/to interfere with trouble.

la'nyauv gueiv hemx mienh la'nyauv mienh nyei waac/a complaint devil.

la'nyauv mienh zoux nyauv bun mienh to make trouble for others.

la'nyauv sic kuonx hnyouv nyei sic/a problem; to cause a trouble.

la'nzaatc se dongh "laatc nzaatc" fiev nangv daaih/stumbled.

la'nzapv pm. mv cing mv cov nyei sic, se dongh "lapv-nzapv" fiev nangv daaih/to be confused; to cause to be confused.

la'nzapv waac douc waac-huv lo haaix nyei sic/gossip talk.

la'saan se dongh "laauv saan" fiev nangv daaih/nickname for a third son.

la'saengx baaih i bung sin nyei la'saengx mbungv/the rib cage.

la'saengx mbungv di'daanz hlen nyei mbungv/ribs bone.

la'saengx mbungv orv caux la'saengx mbungv ziangh nyei orv/rib meat.

la'sin m. m'sieqv mienh sai jaaiv nyei ndie/waist sash used by Mien woman.

la'sin-baeqc ndie-baeqc congx daaih nyei la'sin/a white slash.

la'sux se dongh "laauv sux" fiev nangv daaih/nickname for fourth son.

la'zaa m. se dongh "laauv-zaa" fiev nangv daaih/Laos, Laotian people.

la'zaa deic janx-laauv deic-bung/Laos.

la'zaav w. laih hlopv; mv cing-nzengc/to be unhygiene; dirty.

mienh la'zaav mienh mv fioux buonv-sin nyei mienh/unhygiene person.

laa nz. laa kekv jor. Gj: la'kekv jor/to drag and pull along with.

laa faatv nzaanx bun nqoi nzaanx mingh nziex bung/to scatter all around.

laa fei, laa fangv huv nzengc dong deix fai deix wuov/to be badly torn apart.

laa fei, laa feqv huv muonc daaih feqv-feqv wuov/very badly torn.

laa-kekv aengx lorz mangc la'kekv jor wuov joux nyei eix-leiz.

laa korng, laa kaix jaic gau maaih qaa mbungv hnangv/to be bony.

laa laa ciev ciev tor nyei tor betv nyei betv/to drag and pull along.

laah aengx lorz mangc "liouh laah" wuov joux nyei eix-leiz.

laai[1] pm. nqa'haav laai; lamh liuz-laai/the last or the final one.

biouv-laai nqa'haav laai ziangh daaih nyei biouv/the last fruit.

laai[2] cm. mienh nyei jiex gorn mbuox, se hnangv Ih Zanx nyei sieqv Laai Zanx.

m'laai heuc hnamv sieqv-laai nyei waac a nickname for a last born girl.

laaic[1] w. nyeiv; nziex laaic; gorngv laaic; dic/to suspect or questionable.

laaic dorngc dic dorngc; nyeiv dorngc mienh/to be wrong suspicious.

laaic duqv mienh yie laaic zoux mienh mv baac maiv zeiz/I thought someone but I was wrong.

laaic zoux hnyouv dic jienv zeiz aqv/to to have suspicious.

laaic-zuangx hlo laaic naaiv dauh laaic wuov dauh nyei/to suspicious everyone until the facts are out.

laaic[2] aengx lorz mangc "zaax laaic" wuov joux nyei eix-leiz.

laaih[1] w. laaih zitc; dingx laaih/to be lost; disappear; missing.

laaih mi'aqv 1 dingx laaih mi'aqv/to be lost **2** laaih njiec mi'aqv/to be drop down or sagging.

laaih zitc laaih zitc jienv mingh/lost or decrease little by little.

laaih[2] pm. nyiex ga'naaiv laaih haic aengx pingv faaux deix/to drop down.

m'laaih biouv yietc nyungc ziangh yiem ndiangx-nquaah gorn nyei biouv.

laaiv bt. zoux gong kouv buoz-zaux laaiv nzengc/to be stiff and aching.

laaiv haic buoz-zaux mun laaiv haic

laaix[1] bk. 赖 /lài/ laaix jienv mienh nyei fuqv cingx duqv nyanc/to depend on or rely on someone's fortunate.

laaix fuqv laaix mienh nyei fuqv duqv longx/to share good fortune with other.

laaix horqc doqc sou maiv buangv ziangh hoc nyei horqc saeng/a part time student.

laaix jienv doic laanh bangc jienv laanh to rely on each others.

laaix maiv zuqc bangc kaux mv zuqc/to be unreliable; helpless person.

laaix mienh nyanc laaix jienv mienh ganh cingx haih duqv nyanc/to rely on someone for one's food.

laaix[2] bz. 原因 /yuányīn/ weic laaix/reason because; because of.

laaix ganh weic laaix ganh nyei zoux dorngc/because of one's own fault.

laaix mienh zuqc hluqv laaix mienh zuqc sic hoic/to get trouble involved by another party.

laaix zuqc weic laaix zuqc/because; for the reason of.

laaiz bt. 癞皮 /làipí/ ndopv butv laaiz sietv nyei baengc. Gj: njoz/a leprosy or scabies; skin rash.

butv laaiz baengc 癞皮病 /làipíbìng/ butv laaiz ndopv sietv nyei baengc.

juv-ndopv laaiz hnangv juv butv nyei laaiz/mangy dog; eczema.

laam w. zorqv orv dapv hlauv-ndongh buov fai beu jienv normh ziqv, se heuc laam/to roast food by wrapping with leaves or in a bamboo container.

laamc w. hlauv-dueiv laamc njiec daaih torngv jienv jauv/to sag.

laamh w. aengx nyiemc nzunc bun gauh jieqv longx deix/to dye more color.

laamx w. cau zaux laamx mingh; laamx zaux yangh jauv/to step; a footstep.

laamx duqv go cau zaux-mbiec ndaauv laamx zaux go nyei/a long step.

laamx-go kaeqv laamx zaux yiem go daaih nyei kaeqv/a distant visitor.

laamx jiex gu'nguaaic laamx zaux jiex gu'nguaaic/to step over.

laamz pm. haih yiem-laamz nyei mienh se caux haaix dauh yaac maaih longx nyei jauv hnangv/a good behavior. Ih zanc meih nyei yiem-laamz jauv se hnangv haaix nor?. How is your living situation now?. 现在您的生活条件如何?.

laan pm. guaih laatc saa nyei laan torngv jienv deix ndaangc hnangv/to make a loosely fence off.

njongc-laan njongc wuov deix gungh gangx ndiangx/a wall frame.

laanc pm. laanc-zaanc maaic guangc/to be out of business sale.

laanh[1] n. wuonx saeng-kuv nyei laanh/a stable; an animals shelter.

maaz-laanh wuonx maaz nyei laanh/a stable for horse.

ngongh laanh wuonx ngongh nyei laanh/a stable for cattle.

laanh[2] d. 栏 /lán/ laanh dangv; laanh zouh; sung buoz laanh jienv/to block.

laanh dangv laanh torngv jienv jauv mv bun jiex/to block the way.

laanh hingh laanh dangv hingh mi'aqv to be successful block off.

laanh jauv dangv jienv jauv/to block the road to prevent people passing.

laanh louc dangv jienv jauv; laanh jauv to block the way.

laanh mienh 1 laanh maiv bun mienh zoux waaic/stop someone from doing bad **2** yietc laanh mienh/a person.

laanh zouh caangv gorngv ndaangc fai zoux ndaangc/to interfere with.

laanh zouh waac caangv gorngv ndaangc mienh oix gorngv nyei waac/to interrupt someone's speech.

laanh zuqc torngv zuqc; dangv zuqc fai nqaeqv zuqc/to be blocked.

laanh[3] m, n. bun saeng-kuv tor ga'naaiv nyei laanh/a pack basket for animals.

laanh jouh zoi hieh mbeu dapv laanh nyei jouh/a basketball game.

laanh[4] w. yietc laanh m'jangc fai m'sieqv mienh. Gj: dauh, weic/a man or lady.

laanh bangc laanh nzie doic fai tengx doic/to depend on each others.

laanh hnamv laanh korh lienh hnamv doic/to love one another.

laanh laanh mouz laanh mienh maiv gunv m'jangc m'sieqv/each person.

laanh taaih laanh taaih ginx doic maiv mangc faix haaix dauh/to respect one another; to show deferential regard for.

laanh ziouc laanh ei doic; laanh ziouc deix laanh/to share opinion together.

laanh[5] pm. laanh zinc. Gj: laanc-zinc/to be wasteful; extravagant.

laanh laanh zaanc-zaanc nyei zoux hnangv mv jaaix nor.

laanh zaanc maaic gengh maaic zaanc nyei/out of business sale.

laanh zinc zoux bun hnangv mv maaih jaax-zinh nor/to wasteful use.

laanh zinc fu'jueiv zoux doqc bun fu'jueiv/a child abusive.

laanh zinc ganh zoux bun ganh maiv maaih jaax-zinh/do something to low down oneself.

laanh zinc guangc la'guaih guangc mv korh fiqv/very wasteful use.

laanh zinc huox maaiz zaanc yaac mv benx nyei huox/a low quality goods.

zoux laanh zinc zoux hnangv mv zuqc maaiz nor/to treat without any value.

laanh[6] aengx lorz mangc **jiem-laanh dinc** wuov joux nyei eix-leiz.

laanv[1] pm. ga'naaiv-lueic, ga'naaiv-laanv a lazy slug; laziness; lazy bone.

dorv laanv lueic mv zoux gong lenx jiex naaiv lenx jiex wuov bingx/to hide away from one's duties.

laanv cuangh 1 sung-lueic bueix nyei pangh **2** bun kaeqv mienh bueix nyei pangh/a platform for guests.

laanv sin laanv ix zoux lueic gau maiv fungc nyei eix-leix/to show a laziness.

laauv laanv gueiv gengh lueic gau mv fungc aqv/a lazy devil.

laanv[2] wm. wuom-mueic laanv laanv wuov oix nyiemv aqv/a tearful eyes.

laanv gin diqc daanz wuov deix i diuh orv-nziu/the two spine muscles.

laangc[1] w. nzox lui houx daaih laangc jienv pui/to hang over on a rope.

laangc mbiauh japv mbiauh sai daaih laangc jienv hlaangx/to hang rice on a drying rack.

laangc lui houx daauh hlaang corng daaih laangc lui houx/a clothesline.

laangc mungz dangx zorqv mungz dangx corng laangc jienv/to hang over a mosquito net.

laangc torngv laangh baeng ndie laangc jienv torngv laangh.

laangc[2] bt. mueiz danx liuz zaux-benv mun laangc taux m'nqorngv mingh.

laangc faang-haqc zaux mun laangc norm faang-haqc faaux camh zuih gorn mingh caux jienv mun.

laangc faaux hmien hopv diuv laangc faaux hmien/flushed from drinking.

laangc[3] pm. wuom jiez laangc yietc paan, yietc paan nyei mingh/a sea waves.

laangc[4] zl. zoux maux zorqv laangc bun mienh mangc/to boastful act.

laangc[5] aengx lorz mangc "njang-laangc" caux "bungx laangc" nyei eix-leiz.

laangh[1] w. 凉 /liáng/ nziaaux buonc daaih haiz laangh nyei/fresh air; cool air.

bingx laangh dorngx gomv daaih bingx laangh nyei dorngx/a shade area.

laangh nyei qiex namx laangh nyei qiex fai nziaux/fresh air or cool air.

nziaaux-laangh laangh nyei nziaaux/a cool air; fresh air.

ndiangx-laangh ndiev ndiangx ga'ndiev laangh nyei dorngx/shade under a tree.

laangh[2] lz. 粮 /liáng/ hmeiv-laangh; siou liouh nyei nyanc hopv/provisions food for human or animals.

laangh corng dapv laangh ziqc nyei lamz/a provision granary.

laangh liuc longc uix saeng-kuv nyei liuc/grain for feed horse.

laangh liuc buangv nimc mienh nyei ga'naaiv nyanc gau, mienh buatc zorqv duqv se beiv laangh liuc buangv aqv.

laangh ndongh dapv jienv ndongh nyei laangh ziqc nyanc hopv/can food.

zaangh zinh cuotv laangh ziqc nzou bun jien-fouv nyei sic/a tax on crops.

laangh ziqc 粮食 /liángshí/ liangx-ndeic cuotv nyei ga'naaiv/food provisions for the human or animals.

laangh ziqc nqaai pui nqaai siou nyei laangh ziqc/dried food supplies.

laangh[3] nyc. sieqv nyei nqox se benx dae maa nyei laangh; weiv/a son in-law.

dorn-laangh zoux laangh div ong-daa maa-diev nyei dorn/a son in-law who will be a part of his wife's family and carry her family name.

jiex bungh laangh zoux laangh bieqc ong-daa nyei houz zangc ong-daa nyei mienv. Gj: yungz-loz laangh.

laangh faix sieqv-faix nyei nqox/the youngest son in-law.

laangh hlo sieqv-hlo nyei nqox/the older son in-law

ziu laangh nyei sieqv lorz laangh bieqc daaih caux sieqv yiem hnangv, maiv bungx cuotv gaengh nyei sieqv.

zoux laangh nzuonx zoux gong bietv ndutv auv dorh nzuonx nyei laangh.

laangh[4] pm. 良 /liáng/ laangh fim; laangh fim longx; laangh fim waaic/the will of heart or conscience.

kuv laangh fim tengx doh naanc mienh nyei laangh fim/a helpful person.

laangh fim 良心 /liángxīn/ fiou fim fai mv fiou fim nyei sic/conscience; moral.

laangh fim doqc hnyouv cunv oix hoic mienh nyei hnyouv/an evil minded.

laangh fim longx korh lienh oix tengx mienh nyei hnyouv/a kind-hearted.

laangh fim mv zingx maaih wai wangv nyei hnyouv/a cheat minded.

laangh fim mienh hnyouv longx nyei mienh/a kind-hearted person.

laangh fim niouv kungx oix zoux doqc bun mienh nyei hnyouv/crooked-hearted.

laangh fim pien mangc mienh mv jiez hnyouv-doqc/a crooked deviant.

laangh fim waaic oix hoic mienh nyei laangh fim/an evil hearted.

laangh fim wai orqv haic im haic nyei hnyouv/a depraved conscience.

laangh fim zingx mv maaih pienx nyei hnyouv/to honest or unbiased.

waaic laangh fim bun mbienv hnyouv zoux waaic bun/to turn evil to a friend.

zuoqv laangh fim zingx nyei hnyouv/to have a clear conscience.

laangh[5] m. laangh maanh baeqv-fingx/the people or populations.

laangz m. 乡 /xiāng/ Iu-Mienh laangz/an Iu Mien village; small town.

laangz-dauh wuov jiez laangz-dauh wuov bung/the upper village.

laangz-dorn laangz faix nyei. Gj: fiuv-laangz/a small village.

laangz-dorngh zoux laangz wuov norm dorngh/a site of the village.

laangz-dueiv wuov ndiev laangz-kuv wuov bung/the lower side of a village.

laangz-gox goux laangz nyei ziouv mienh/a village chief.

laangz-horngc laangz-qangx gu'nyuoz through out a village area.

laangz-horngc jauv laangz-qangx nyei jauv/street in residential area.

laangz-horngc mienh 1 laangz-horngc mingh daaih nyei mienh **2** guang-guonx mienh/villainous.

laangz-horqc laangz gu'nyuoz nyei horqc dorngh/a village school.

laangz-hlen laangz ga'hlen/side village.

laangz-kuv wuov ndiev juoqv wuov bung laangz/the lower side of a village.

laangz-qangx laangz gu'nyuoz/space between the village.

laangz zangc yietc zungv laangz zangc mienh/neighborhood

laangz zangc mienh juangc laangz nyei mienh/neighborhood.

laangz-ziouv 乡长 /xiāngzhǎng/ laangz-gox fai laangz-ziouv/village chief; head man.

laapc[1] md. laapc jienv nzauv/to add salt and chili into something.

laapc liuc fanh ziu-nzauv-ndaang/the seasonings salt.

laapc nzauv an nzauv njiec qouv jienv to add large amount salt into.

laapc orv an nzauv camv laapc jienv orv/to salt meat to preserve it.

orv-laapc laapc jienv fanh ziu-nzauv nyei orv/dried salted meat.

laapc[2] gn. 蜡烛 /làzhú/ buov ziux njang nyei laapc zuoqv/a candle; wax.

buov laapc zuoqv diemv zietc laapc zuoqv daaih/to light a candle.

laapc[3] w. laapc buoz-zaangv/to slap; to hit with the palm hand.

laapv nz. saau lomc laapv lai-miev/gather grass for vegetables from jungle.

laapv ndie-miev gaeqv lomc nyei miev zoux ndie wuonh hopv/to gather variety grass for herbal medicine.

laatc[1] m. 栅栏 zhàlān/ maaih laatc, laatc jienv nyei/a fence; to fence off.
hlieqv-laatc longc hlieqv zoux laatc, laatc daaih/a metal fence.
laatc dongc laatc nyei dongc/fence pole.
laatc gaengh laatc nyei gaengh/the gate in between the fence.
laatc jienv laatc maaih laatc, laatc jienv nyei/to block off with a fence.
laatc laatc zoux laatc, laatc jienv/make fence to fence off.
laatc njimv an laatc dueiv wuov deix hlieqv-njimv/a metal thorn on the fence.
laatc nzaatc laatc nzaatc kaav deix ndorpc mi'aqv/to stumble.
zingh laatc zingh nyei laatc/a city wall.
laatc[2] lf. laatc mienv. Gj: leqc mienv/to dance in the spirit ceremony hall.
laatc sai-nzung baaux houc mienv nyei nzung/to sing a ritual song.
laauc pm. laauc yaangh cuotv nqaengc nyei daaih bun mienh haih samx mangc zieqv duqv aqv. Gj: mbiangx yaangh/to revealed a confidence.
Laauc Yaangh sou 启示录 /qǐshìlù/ se dongh nqa'haav laai jiex wuov buonv zengx-ginx sou nyei mbuox/the book of Revelation, the last book in the Bible.
laauh[1] n. zuov orv buonv nyei laauh/an observing platform.
laauh tei d. **1** biaux douz njiec nyei tei a fire escape stair. **2** bangc ndiangx nyatv faaux nyei tei. Gj: jongh/a ladder tie along with a tree.
laauh[2] pm. tiux mingh sung-buoz laauh nanv jienv/to grasp and hold it tight.
laauh mv zuqc hnyapv nanv maiv zuqc to failed to grasp or catch.
laauh[3] cf. ging-dongz taux; ndanc zuqc/to be bother or disturbances.
laauh faanh ceuv-faanh tov taux mienh to bother; to ask for service.
laauh gong longc qaqv zoux kouv nyei gong/a piece of hard work.
laauh longh jeix longx jiex wuov kang za'eix/to make a smart plan.
laauh luic zoux gong kouv/to work hard for life; overworked.
laauh luoqc zimh lorz; yuoqc zunv doic daaih; baeng mienh/to seek.
laauh luoqc zuangx cien guaan mienh muoz doic daaih/to gather up relatives into service.
laauh saau henv mingh saau nziaauc henv haic/to travel around frequently.
laauh[4] w. feix laauh, feix luic/to requires a lot of work.
laauh cuonh mv nitv fatv zungv maiv nitv fatv yietc aax/not even close.
laauv[1] bm. laauv-deic fai janx-laauv/Laos or Laotian people.
laauv-guoqv janx-Laauv-Guoqv/Laos.
laauv huv gueiv bieqc hnyouv nyanc mienh daic nyei nda'maauh mienv/an evil tiger spirit which eat people.
laauv-waac janx-laauv gorngv nyei waac/Laotian spoken language.
laauv-zaa janx 老挝人 /láozhuàrén/ janx-laauv-zaa/Laotian people.
laauv[2] cm. beiv hnangv, dorn-Laauv Saan fai dorn-Laauv Luc.
laauv eix da'nyeic dorn nyei heuc hnamv mbuox/a nickname for second son.
laauv luc da'luoqc dorn nyei heuc hnamv mbuox/a nickname for sixth son.
laauv zuang longx jiex wuov horngh ga'naaiv/old good quality brand.
laauv[3] w. wuov dauh maaz gengh ziangh duqv laauv horv dingc aqv.
laauv horv gau gengh longx zic zinh haic/to be excellent or terrific.
laauv jaax loz-jaax-zinh fai haaix zanc yaac haiz nyei jaax/common price.
laauv laanv gueiv hemx mienh lueic mienh nyei waac/an old lazy devil.
laauv zuang loz jiex wuov horngh/the old brand name.
laaux nz. baaux nzung laaux gu'nguaaz bueix njormh/to lull a baby to sleep.
laauz pm. ziqv gau orv laauz nzengc maiv fungc nyanc aqv/to be burn.
laauz! dangh mueiz danx yie haiz laauz dangh mun gau mv fungc aqv/suddenly sting pain.
lae[1] wj. haiz jangx-jangx wuov m'nziex yie la'kuqv ga'naaiv mbaa lae.
lae[2] aengx lorz mangc "lor lae" wuov joux nyei eix-leiz.

laeh[1] nw. haaix laeh, yie mangc mv buatc niaa/where, I can't see it. Meih gorngv hnyungv laeh?. What did you say?.

laeh[2] w. gu'nguaaz laeh zorv jienv maiv haih zoux haaix nyungc/to cry.

zanc-zanc laeh haaix zanc yaac nyiemv henv haic/to cry very often.

laev w. gorngv waac siepv qiex laic laev laev nyei/talk rapidly with sharp voice.

laen q. yie nziangc zuqc hlauv-nzai pih pungx pa'laen nyei mbui.

laenv pm. mbietc cuotv daaih laenv-laenv wuov/stick out as a tongue.

laengc[1] bt. ndie laengc zuqc mienh/poison to the people/to harm with poison.

laengc daic 毒死 /dúsǐ/ nyanc ndie-doc laengc zuqc daic/to be kill by poison.

laengc mienh ga'naaiv haih laengc zuqc mienh daic nyei ga'naaiv/a poisonous substance.

ndie-laengc haih doc, a'fai haih laengc mienh daic nyei ndie/a poisonous drug.

laengc[2] pm. yietc laengc heh caux yietc laengc matc/a pair of shoes and socks.

laengh[1] gn. dieh laengh; ga'hlen-laengh the rim or edge of a table.

laengh[2] pm. maiv zuqv lui-houx laengh gaengv wuov/to be naked.

laengv[1] pm. mbing tiux zipv jienv laengv mingh/to leap from one place to another.

laengv[2] w. ih hnoi mbatc mbiauz maaih laengv gau/to benefit from.

laengz[1] w. laengz nzuih; zipv laengz/to verbal accept; to acknowledge.

laengz-baaix nyaanh bun siang-laangh siang-mbuangz baaix dorngh nyei zingh nyeic nyaanh/a gift money for the bride and groom.

laengz bun nyei laengz nzuih bun nyei promise to give or allow.

laengz dorngc aqv laengz duqv zoux dorngc aqv/to admit guilty.

laengz dorngc nyei to admitted one's wrong do; to confess.

laengz ei meih aqv yie laengz ei meih gorngv nyei waac aqv/I promise to obey what you told me.

laengz jiez waac duqv laengz jiex waac liuz aqv/to have promise something.

laengz maaiz laengz jienv maaiz nyei agree to purchase.

laengz ngaengc waac sung jienv buoz laengz waac/to swear God; to promise.

laengz nzuih laengz nzuih fai laengz waac/to verbal agree; to promise.

laengz suei laengz nyiemc suei bun/to admit surrender or defeat.

laengz waac 1 laengz jienv waac/make a promise. **2** laengz duqv dorngc nyei to accept punish or admit one's fault.

laengz ziangx waac laengz liuz waac aqv/already have promised.

laengz zingh 感谢 /gǎnxiè/ laengz zingh; dor-ziec/thank you; appreciated.

laengz zingh haic gengh laengz zingh haic/thank you very much. thankful.

laengz zingh laengz eix laengz zingh yoc laengz eix/very grateful.

laengz zingh meih bouh norz meih fai laengz zingh meih/thank you.

laengz[2] aengx lorz mangc "lui-laengz" wuov joux nyei eix-leiz.

laeqc m. hnangv ndienh mba'zorng laeqc nor/a stripe on animal's nose.

laetc q. gorngv waac siepv laetc laetc nyei muangx mv cing cov/on and on.

laetc ndaetv dui heuc doqc waac camv nyei mienh/a title for a talkative.

mienh laetc daetv mienh gorngv zuqc waac maiv kangv dingh nyei mienh.

laetv aengx lorz mangc "pa'laetv zaamv" caux "pa'laetv gaex" wuov joux.

lai lz. 菜 /cài/ lai-miev; lai-coix/vegetable or vegetarian.

cing-lai zepc nyei lai fai zouv cing nyei lai/boiled or steamed vegetable.

lai-baeqc lai-beu baeqc/white rape.

lai-baqc biouv lai-baqc nyim lunx nyei ziangh hoc/the seed pods of turnip.

lai-batc ndoih lai-baqc nzungh hlo benx ndoih daaih/a radish or turnip.

lai-beu lai-mbuov normh beu/cabbage.

lai-biangh lai nyei biangh/cauliflower.

lai-caauv an hmei caauv daaih nyei lai a stir-fried vegetable dish.

lai-caeng longc zouv lai nyei caeng/a pot for cooking vegetable only.

lai-coix yietc zungv nyungc-nyungc lai se heuc lai-coix/vegetable in general.
lai-dorngc lai-dorngc-beu/a cabbage.
lai-hun weih jienv laatc zuangx lai nyei hun/a vegetable garden.
lai-huingx zuangx lai nyei huingx. Gj: hun/a vegetable garden.
lai-hluqv lai-nqungc hluqv yopv daaih hnangv mv gaengh zuoqc.
lai hnaangx 饭菜 /fàncài/ nyanc yungz maengc nyei ga'naaiv/a general food supplies for human.
lai hnaangx daan fiev hnaangx-nyungc mbuox nyei sou-daan/a restaurant menu or food menu.
lai hnaangx poux maaic lai hnaangx nyei poux/a restaurant or grocery store.
lai hnaangx-nqaai zoux nqaai daaih nyei lai-hnaangx/dried food.
lai hnaangx sox lai-hnaangx zouv daaih lauh sox mi'aqv.
lai-jaaix 1 lai-jaaix-maeng/a mustard greens. **2** jaaix nyei lai/expensive dish.
lai-jaaix maengc m'sieqv dorn mv caux diex maac yiem lauh zuqc bungx cuotv gaengh mingh caux nqox yiem, se beiv lai-jaaix nyei maengc.
lai-jaaix ndeic zuangx lai-jaaix nyei ndeic/a vegetable field.
lai-jaaix sui lai-jaaix-maeng ipv sui daaih/pickled vegetables.
lai-jienh yietc nyungc nyanc guaengv nyanc nyiemz nyei lai/celery.
lai-lenc yietc nyungc lomc nyei miev nyanc zoux lai/a type wild green leaf.
lai-lorpc zorpc ziex nyungc lai zorpc jienv zoux daaih/mixed vegetable.
lai-louz lai nyei loz-gorn cuotv daaih nyei lai/vegetable without cultivated.
lai-maeng 1 lai-jaaix maeng/mustard greens. **2** lai ganh hnangv mv zorpc orv/a vegetarian
lai-mau jieh/eggplant.
lai-miev zuangx daaih fai lomc zangc gaeqv daaih zoux lai nyanc nyei miev.
lai-mbuov biangh lai-jaaix mbuov nyei biangh/a broccoli.
lai-ndeic zuangx lai caux fanh ziu lo haaix nyei ndeic/a vegetable field.
lai-nqaai lai-jaaix-maeng zepc pui nqaai daaih/dried vegetable.
lai-nqungc lai-jaaix dueiv nyei nqungc a vegetable shoots.
lai-nyaamh normh muonc nyei ga'naaiv ndaang/a type of fine leaves onion.
lai-nyiemz maiv zouv zuoqc nyei lai/a fresh or uncooked vegetables.
lai-nyim lai nyei nyim/vegetable seeds.
lai-nzeix yietc nyungc lai-guaa gauh hlo deix maeqc/a type of squash.
lai-nzeix-lorngh ndopv lorngh lorngh wuov nyungc lai-guaa/Chinese okra.
lai-nzeix-sortv lai-nzeix nyei gu'nyuoz wuov deix ga'naaiv-mokc.
lai-nzormc zaangh lai nyei nzormc/a vegetable serving bowl.
lai-opv zouv an wuom zoqc nyei opv nyei lai/to cook vegetable with oil and just very little water.
lai-sui lai-maeng ipv sui daaih/pickled vegetable.
lai-sui ndongh dapv jienv lai ipv sui nyei ndongh/container used for making vegetable pickle.
lai-sui-nqaai lai-sui pui nqaai daaih/a dried pickled vegetables.
lai-torng zouv lai-maeng nyei torng/a soup prepared from vegetable.
lai-yaang lai-jaaix-lunx/young tender vegetable; vegetable seedling.
lai-youh lai nyei youh/vegetable oil.
lai-zaanh nyanc liuz zengc yiem wuov nzormc nyei lai/vegetable left in the bowl after ate.
lai-zengc nyanc liuz zengc nyei lai/food left after ate.
lai-zepc longc wuom-jorm hluqv normh yopv daaih nyei lai/parboil vegetable.
lai-zuoqc zouv zuoqc nyei lai/cooked vegetable.

laic[1] pm. 利 /lì/ bouv laic; nzuqc laic; porng laic/sharp; a sharp knife.
laic haic gengh laic nyei/very sharp.
laic-njoux biouv yietc nyungc biouv-zuangx/a pineable.
laic-njoux wuom lai-njoux biouv nyei wuom/pineapple juice.

nzimh laic wuov da'mueiz laic nzimh nzimh wuov/sharp and pointed.

laic[2] d. yietc nyungc hieh zoih, gauh hlo deix toux, ninh nyei biei hnangv mbungv-mbeih kuqv nor yietc kuaaiv yietc kuaaiv wuov/a pangolin.

laic[3] cs. ciouv; qorqv; hiuang; njapv; cinx; qaqv jaaix/unfriendly or belligerent.

hnyouv laic hnyouv ciouv yaac cinx haic nyei mienh/a selfish person.

mienh laic mienh hnyouv ciouv, cinx gatc nyei mienh/a stingy person.

laic[4] aengx lorz mangc "guei-laic" caux "gouv-laic" nyei eix-leiz.

laih[1] zmb. laih ndau; laih lingh/to plow; to turn the soil over.

laih bieiv longc cenv mbienv ndau nyei ciu/a cutting blade of a plow.

laih lingh cenv lingh nyei ndau mbienv nzuonx/to plow a paddy.

laih lingh cie laih ndau cie/a tractor.

laih ndau cenv ndau mbienv nzuonx/to plow the ground by tractor.

laih lingh ngongh longc laih lingh nyei ngongh/a plowing buffalo.

laih[2] pm. laih laih wuov/to be ill-lifting.

laih mingh laih daaih laih mingh youc laih daaih/to lean back and forth.

laih[3] w. laih hlopv; canh/contaminated or dirty; impure or unclean.

laih hlopv maiv cing-nzengc/unclean; impure or contaminate.

laih hlopv haic za'gengh laih hlopv haic/ to be very dirty; filthy.

laih[4] aengx lorz mangc "gaeng-laih" wuov joux nyei eix-leiz.

Lakc Jaa Yiuh 拉架瑶 /lājiāyáo/ Zong Guoqv nyei yietc fingx Yao Mienh/a brand Yao Mienh people living in China.

lakc jaa waac 拉架语 /lājiāyú/ lakc jaa Yao mienh nyei waac.

lam w. haiz ga'lam nyei mv baac zungx jienv daamv/to feel fearful or unusual.

lamh[1] w. buatc lamh lamh deix hnangv mangc mv cing/see something but not clear. Buatc lamh lamh jiex mingh lamh lamh jiex daaih nyei.

lamh lengh dorngx leih mienh camv go nyei dorngx/place afar from the city.

lamh[2] zz. lamh longc zic zinh/to be useful or a helpful person or thing.

lamh aiv dorngx dongc zangc aiv nyei dorngx; ndau-baengh/lowlands area.

lamh hlang mienh yiem gemh hlang nyei mienh/hill or highland people.

lamh hlang ndau faaux mbong hlang nyei ndau/highland ground, area.

lamh liuz-laai nqa'haav laai jiex yietc buoqv/the last or final.

lamh longc maaih dorngx longc bangc duqv zuqc haic/to be very useful.

lamh lunz biouv-ndiangx lamh lamh lunz-lunz nyei ziangh biouv/a fruit tree repeatedly producing fruit.

maaih lamh mun haic haaix zanc butv baengc/be frequently sick.

maaih lamh nyaaiv haic butv baengc camv se beiv maaih lamh nyaaiv haic.

maiv lamh gorngv horpc hnyouv nzengc mv lamh gorngv aqv/to find no reason to complain about.

maiv lamh guaix maiv maaih dorngx guaix aqv/to be blameless.

maiv lamh hnamv maiv lamh dorngx hnamv aqv/to be lose or hopeless.

maiv lamh kaux maiv maaih dorngx kaux aqv/have no one to depend on.

maiv lamh yiem maiv maaih dorngx yiem/there is no place to live.

lamh[3] pm. lamh go kaeqv; lamh go mienh. lamh go dorngx/long distant.

lamx pm. miev siex lamx. Gj: homc/to be overgrown; covered over.

lamx jienv ga'naaiv torngv gu'nguaaic lamx jienv/under the shade area.

lamx-mbueiz dorngx qam-gorn mbueiz nyei dorngx/the private part.

lamx waaic nzengc miev siex lamx zuqc ga'naaiv waaic nzengc/to damage by heavy growth.

lamx zuqc lamx torngv zuqc nzengc/to overhanging; to covered over.

lamz[1] m. 仓 /cāng/ **1** dapv laangh ziqc nyei lamz/a granary. **2** nyaanh lamz/a bank.

lamz-don zaengx don jienv hnangv, mv zuangx caa njiec ndau nyei lamz.

lamz-muoc gu'nguaaic bung lamz/the ceiling of a granary.

maeqc lamz dapv maeqc nyei lamz/a granary for corn.

lamz[2] aengx mingh lorz mangc **yiem-lamz** wuov joux nyei eix-leiz.

lan w. hngaqv maiv ziangx lan faaux lan njiec. Gj: lien/to chop up and down.

lanc w. longc qaqv lanc tor daaih/to drag or pull with forceful.

lanc cuotv baeng tor cuotv daaih/to pull out by forceful.

maiv tor lanc qiex jiez hemx mienh mv mingh nyei waac/why (you) not go.

lanh[1] w. douz lanh lomc/the fire swept cross grassland.

lanh waaic douz lanh lomc zieqc waaic nzengc/damaged by burning.

lanh[2] aengx lorz mangc **a'lanh** wuov joux nyei eix-leiz.

lanv aengx mingh lorz mangc **ga'lanv biouv** wuov joux nyei eix-leiz.

lanx w. **1** nyanc maiv zingx-donx/to take snack. **2** manc-manc zoux lanx jienv mingh/to work on little by little.

lanx hnaangx lanx deix ndaangc zuov zouv zuoqc lai manc aengx nyanc/to have snack between meals.

lang pm. ziangh daaih sin lang-lang, nqaan-nqaan wuov/to be slim; slender.

langv w. longc qaqv nyei langv/to strain or pull forcibly; to draw.

langv gu'nguaaz yungz gu'nguaaz, mv dorh leiz nyei waac/to give birth.

langv nqaiv mingh lomc, mv dorh leiz nyei waac/to remove bowel.

langz pm. hopv diuv faaux hmien siqv langz-langz wuov/to have flushed face because of drinking alcohol.

Laos m. 老挝 /láowō/ laauv-guoqv deic-bung se yiem D.N. bung maengx Asia, hungh zingh mungv heuc Vientiane.

lapc m. nzuqv zieqv daaih ndongx torngv laangh nyei muoc/a Vietnamese hat.

ndongx lapc ndongx jienv lapc torngv laangh/to wear a woven hat.

lapv w. zorqv sou an lapv jienv faaux/to stack books together; to pile up.

lapv-dapv gorngv waac lapv-dapv mv tong-daapc/to talk here and there in the confusing way.

lapv jienv lapv jienv faaux/to stack on one another; stack up together.

lapv-nzapv sic deix baav la'nyauv nyei sic/a trouble cause by gossip.

lapv-nzapv waac douc benx waac-huv nyei waac/talk and become gossip.

njuov-lapv njuov-mokc; njuov-mau fai njuov-lapv/a bread.

laqc w. laqc heix; tiux heix. Gj: laatc/to dance; to move physical with music.

laqc heix mienh tiux heix nyei mienh; laqc heix nyei mienh/a dancer.

laqc heix ting laqc heix biauv/dancing hall or house.

laqc mienv yiem sipv mienv yinh laqc heix. Gj: laatc mienv/ceremony dance.

laqc mienv lui zuqv jienv laqc mienv nyei lui/a ceremony dancing dress.

laqv w. la'fapv bieqc m'zing haiz laqv-laqv wuov/to feel discomfort in the eye.

laqv m'zing 1 la'fapv bieqc m'zing haiz laqv/discomfort in the eye. **2** buatc nzueic korh fiqv/desirable to the eye.

laqv mueic mbiauh yaang nzueic laqv mueic gau/look pleasant to the eye.

latc[1] dl. latc diuc; latc leiz; latc lingc/the law or the constitutional.

latc diuc lungh ndiev maanc horngh ga'naaiv/all creation under heaven.

latc leiz pou-tin njiec nyei doz-leiz/the supreme law; the rule.

latc lingc hungh jaa nyei lingc/the power of the authority.

latc[2] pm. se hnangv maeqc yaang butv latc douz normh butv diepc nqaai daic jienv mingh/rust fungus (a plant disease).

kouv-zingh kouv-latc kouv nyei mueix doc/the taste of toilsome or hardship.

latv pm. latv huv nzengc. Gj: mauv/to be fragile or frail; easily destroyed.

ndiangx-latv ndiangx-orv huv latv nyei ndiangx/rotted or weakened wood.

Latvia m. yietc norm guoc jaa, yiem Z.B. bung Europe mbu'ndongx, hungh zingh mungv heuc Riga.

lau[1] pm. **1** lau-lau wuov mv maaih haaix nyungc torngv zuqc/able to see clearly with nothing covering. **2** yie zoi lau juv ngangx-ngangx nyei tiux jienv biaux mi'aqv/I throw a stone hit a dog.

lau-lau lengc wuov mv maaih ga'naaiv torngv nqaengc nyei/to be clearly seen.

lau[2] aengx lorz mangc "douz-lau" caux "nzox-lau" nyei eix-leiz.

lauc[1] w. lauc jienv deix dien hnangv maiv ndoh longx/to loosely tie.

lauc[2] pm. lauc yaangh. Gj: laauc yaangh to be reveal; to bring to view.

lauh pm. 久 /jiǔ/ lauh; ziangh hoc ndaauv haic aqv/long time. Lauh mv buatc meih aqv. Long time haven't seen you.

lauh deix aqv lauh camv hnoi fai camv-hnyangx aqv/quite some time ago.

lauh duqv taux i hnoi ndongc haaix lauh yaac taux duqv i hnoi hnangv.

lauh ndongc haaix ndongc haaix nyei lauh/how long will be.

ziex laaic lauh yietc nzunc liuz aengx nqaeqv lauh nyei/a very long between occurrences.

lauv aengx lorz mangc "laauv" wuov joux nyei eix-leiz.

lauz n. norqc-lauz; jai-lauz; foux lauz/a nest of birds or fowls.

foux jai-lauz zorqv ga'nyongh foux jienv ndaan bun jai ndauc jaux/to make a nest for a hen to lay egg.

le wj. da'bung sieqv mbuo gengh nzueic haic le/hey, girl you are so beautiful.

le ndaah m. haih baeng yiem go fangx bieqc daaih nyei ga'naaiv, *le ndaah* se gaav congh English radar daaih.

Le Wi m. 利未记 /lìwèijì/ yietc buonv zengx-ginx sou nyei mbuox/a book of Leviticus, in the Bible.

lec wj. se hnangv, fu'jueiv butv qiex bun doic nor ziouc gorngv yie yaac mv caux meih aqv lec/I'm not going be with you.

leh bq. yie mbuox jienv maiv dungx longc nzuqc gorngv yaac mv muangx, seix gaax maah gaatv zuqc aqv leh!.

lev pm. youx; gaux; nyanc gau orv lev haic aqv/boring to eat meat; boredom.

Lebanon m. 黎巴嫩 /líbānèn/ yietc norm faix nyei guoc jaa, yiem F.N bung maengx Asia, hungh zingh mungv nyei mbuox heuc Beirut.

leic[1] zz. 利 /lì/ leic zinh; duqv leic; maaih leic. Gj: ndaauv-dauh/interest; profit; benefit; earnings.

domh gitv domh leic buang waac bun domh duqv domh zornc/to wishes for a great prosperity.

duqv leic camv zornc duqv leic camv nyei/to get a lot of benefit.

gaav nyei leic aiv gaav duqv nyaanh leic aiv nyei/a loan with low interest.

hlaax-leic yietc hlaax duqv nzunc nyei leic zinh/an interest by monthly.

hnoi-leic ciou leic gan hnoi mingh/an interest pay by day.

hnyangx-leic yietc hnyangx bun nzunc nyei leic zinh/an interest pay by yearly.

jaauv leic hnangv kungx jaauv leic zinh hnangv/to make payment on a loan for interest only.

leic hlang gaav nyaanh nyei leic hlang a loan with high interest.

leic zinh 利钱 /lìqián/ zornc duqv nyei leic. Gj: ndaauv-dauh/the interests of earning; the profit.

maaih leic duqv leic; duqv zornc; duqv hingh/to make benefit from.

leic[2] bt. 痢 /lì/ fiex leic fiex nziaamv, maiv dorh leiz nyei waac/a severe diarrhea.

leic nziaamv yiem nqa'sie zorpc jienv nqaiv cuotv nyei nziaamv, mv dorh leiz nyei waac/dysentery.

yie wuov dauh leic nziaamv qiex jiez hemx doqc ganh nyei fu'jueiv-ceux dorh mingh beiv leic nziaamv.

zoux deix mv leic mv qiex wuov hemx mienh zoux gong mv benx nyei waac/to do without finishing.

leic[3] lf. leic hlaax; leic hnoi/to be good or auspicious. Dgw: baaic, zutc.

leic hnoi zuoqc wuonh sipv wuonh longx nyei hnoi/a good day for restoring soul ceremony.??

leic hnyangx biaux deic-bung biaux deic-bung maaih leic nyei hnyangx/a auspicious year for moving.

maiv leic hnyangx buangh zuqc baaic fai zutc nyei hnyangx/not a lucky year.

leic[4] aengx lorz mangc "suangh leic" wuov joux nyei eix-leiz.

leih[1] w. **1** leih doic; leih nqoi/to separate

from each other. **2** bun nqoi mv longc doic aqv/to divorce.

leih auv leih nqox guangc auv guangc nqox/to leave or divorce one's spouse.

leih cai dorng sic dorngh leih auv leih nqox nyei sic/legal divorce.

leih cai sou guangc auv guangc nqox nyei zengx sou/divorce documents.

leih cai zinh guangc auv-nqox zuqc longc nyei nyaanh/the cost of divorce.

leih cien-ceqv leih nqoi muoz-doic cien mienh/to apart from one's relatives.

leih doic pongh youz doic bun nqoi/to apart from one's company.

leih duqv lauh leih doic lauh haic maiv buangh aqv/be separate for long time.

leih guangc leih guangc mv longc aqv to leave or abandon.

leih hiaang waac gorngv leih nqoi doic nyei waac/say goodbye to each others.

leih huon guangc auv guangc nqox nyei sic/to divorce.

leih huon zengx guangc auv guangc nqox nyei zengx sou/a divorce papers.

leih maiv nqoi siev mv duqv mingh fai siev mv duqv bun nqoi/to be unable to separate each others.

leih ndutv nyorx guangc nyorx maiv hopv aqv/to wean.

leih nqoi 离开 /líkāi/ bun nqoi doic gorqv-mienh mingh gorqv-mienh nyei jauv/to separate from each others.

leih nqoi doic caux doic bun nqoi/to separate a friend.

leih[2] pm. leih duqv go; leih mv go. Gj: caa, lengc/to be different from.

leih duqv go 离远 /líyuǎn/ **1** go nyei mv nitv fatv/be far away from. **2** caa duqv go nyei/very different from.

leih go deix leih doic go deix mv bun nitv zuqc/to keep space in between.

leih jauv go maiv nitv jauv fatv/to be far away from the road.

leih seix leih yaangh seix aengx nzuonx yiem-seix/to depart from life to dead.

leih tin zangc touv leih ndongc lungh caux ndau go/as far as heaven and earth.

leih winx nz. nzung nyei waac gorngv yiem go nyei/to be far.

leih zingh 1 sieqv-dorn houh saeng leih doic nyei sic/to part from one's lover. **2** leih zingh laatc go/to be separate from the city wall.

leih zingh waac gorngv hnamv liuz bun nqoi doic nyei waac/words of separate.

leih[3] aengx lorz mangc "janx-leih" wuov joux nyei eix-leiz.

leiv aengx mingh lorz mangc **lev** wuov joux nyei eix-leiz.

leix[1] pm. leix lui-juoqv/to make the stripe along the edge of garment.

lui-leix m'jangc mienh nyei lui-nzueic a man's best traditional jacket.

leix[2] cm. Laauv Leix. Gj: Laauv Eix; Naix a'fai Da'Naix/second son.

leiz[1] dl. cuotv leiz; doz-leiz; dorh leiz; eix-leiz; liuc leiz; /a law; a custom; a rule; a regulation; a constitutional.

leiz-dorngh nyaanh muonh; sic dorngh a court house or building.

leiz-latc liepc daaih nyei leiz-latc/the constitutions; the law.

leiz-lingc liepc daaih ngaengc nyei leiz the supreme law.

leiz mau leiz mv ngaengc/a lenient law.

leiz ngaengc doz-leiz ngaengc haic/the powerful law.

leiz-sai tengx caengx leiz nyei mienh/an attorney; a lawyer.

leiz[2] lf. leiz-fingx; leiz-nyeic/the custom or culture; the practice of region.

leiz-baaix 礼拜 /lǐbài/ buoqc zangc baaix nyei leiz/religious service.

leiz-baaix dorngh 礼拜堂 /lǐbàitáng/ baaix ceng Tin-Hungh nyei biauv/ Church house or Church building.

leiz-baaix faam 礼拜三 /lǐbàisān/ Faam Ziu/Wednesday.

leiz-baaix feix 礼拜四 /lǐbàisì/ Feix Ziu Thursday.

leiz-baaix hmz 礼拜五 /lǐbàiwǔ/ Hmz Ziu Friday.

leiz-baaix hnoi 礼拜日 /lǐbàiri/ Cietv Ziu Sunday.

leiz-baaix luoqc 礼拜六 /lǐbàiliù/ Luoqc Ziu/Saturday.

leiz-baaix nyeic 礼拜二 /lǐbàièr/ Nyeic Ziu/Tuesday.

leiz-baaix yietv 礼拜一 //ǐbàiyī/ Yietv Ziu Monday.

yietc leiz-baaix 一周 /yīzhōu/ yietc cietv gu'nyuoz/during a week.

leiz[3] hz. leiz dorng; horpc zuqc; oix zuqc ought to; obligated to.

leiz dorng zoux horpc zuqc zoux/ought to do; an obligation.

leiz-dorngh ca'laangh gorngv sic nyei biauv/a court house or building.

leiz-fingx doic jiex doic nyei leiz-fingx habit of practice; customs.

leiz-fingx cou 1 leiz mv jienv ndongc haaix/unrestricted customs. **2** fiem-fingx cou nyei/be outspoken in society.

leiz-fingx hlo gengh oix zuqc ei nyei leiz-fingx/an important customs.

leiz-fingx muonc 1 leiz-fingx muonc nyei dorngc mv duqv. **2** fiem-fingx muonc gorngv a'nziaauc mv duqv/picky or touchy; sensitive of feelings.

leiz-ging bungx sieqv duqv nyei nyaanh se heuc leiz-ging/a custom fee.

leiz-ging leiz-pengx bungx sieqv nyei zingh nyeic nyaanh liemh jienv ong gux diex maac diuv-zinh yietc zungv kuonv longv se heuc leiz-ging leiz-pengx.

leiz-ging zinh bungx sieqv duqv nyei zingh nyeic nyaanh/a gift money.

leiz-nyeic doic jiex doic nyei leiz/culture or customs; regulations.

leiz-nzaaux jiex wuom nzaaux nyei leiz Baptism by Christianity.

leiz-nzaaux wuic leiz-baaix dorngh nyei mbuox/a Baptist Church.

maaih leiz maaih leiz zoux/to have the right to do. Meih maaih haaix nyungc leiz daaih zunc yie zoux gong?. What the rights do you have to service me?.

zoux horpc leiz zoux gan jienv doz-leiz mingh/to do according to the law.

leiz[4] cm. 李 /lǐ/ Mienh nyei fingx mbuox/a Mien family name.

leiz fingx 姓李 /xìnglee/ fingx leiz wuov fingx mienh/a leiz (lee) surname group.

leiz fingx jaa-duang loz-leiz mienh nyei jaa-ndiev/under leiz's family.

leiz[5] nz. leiz-nyouh, benx nzung nyei waac gorngv mbiauz/a fish.

biee leiz jauv maaih biee leiz ndaauv nyei jauv/a four kilometer road.

jaa leiz wuov biauv; biauv nyuoz; jaa-dingh/a house or household.

jaa leiz nzaic biauv zong nyei la'nyauv sic/a household matter.

leiz[6] aengx lorz mangc "liuc leiz, mbuoqc leiz, muangx leiz, luonx leiz, mbenc leiz caux horpc leiz" wuov deix i ziex joux.

lemh w. heng-heng lemh wuom cuotv/to careful pour water or liquid out.

cuotv zaanh lemh lemh nyei gu'nguaaz nyei nzuih cuotv zaanh lemh lemh nyei saliva dripping from baby's mouth.

lemh hnaangx zouv hnaangx lemh deix torng guangc/to drain water off from a rice cooking pot.

lenc gn. nyouh nyei ndiangx-zung/a sticky substance used to catch small bird.

lenc ndiangx yietc nyungc ndopv cuotv zung nyouh nyei ndiangx/a gooey tree.

longc lenc zaeng norqc lenc guoqv jienv biaav cipv ndiangx-dueiv nduov norqc nzopc naetv ninh/a type of trap to catch bird by gooey.

lenx pm. lenx lenx jiex naaiv lenx lenx jiex wuov dorv laanv/to wonder around with doing nothing.

leng pm. deng-leng hnangv mbing nor zipv laengv liouc/to be physically agile and fearless in one's climbing.

leng cie caaiv cie-youh bun cie mingh siepv, *leng* se gaav Janx-taiv waac daaih.

lengc w. **1** mv fi'hnangv/to be different in form or quality. **2** lengc jeiv/a special or particular; exceptional.

ganh lengc bun aengx ganh bun deix mv zorpc/to give in a separate.

ganh lengc deix aengx gauh ganh nyungc deix dien/to be a bit different.

lengc jeiv 特别 /tèbié/ ganh lengc maiv zorpc pou-tong nyei/a special one.

lengc jeiv fienx fiev gorngv lengc jeiv jauv nyei fienx/a letter written for a particular purpose.

lengc jeiv ga'naaiv ganh ca'lengc maiv zorpc nyei buonc ga'naaiv.

lengc jeiv haic bun yie gengh zoux bun yie a'hneiv haic/very special for me.

lengc jeiv horqc ganh lengc cingv doqc sou nyei horqc/a private school.

lengc jeiv jiex gengh ganh lengc haic/a very special one; the best one.

lengc jeiv ndie zorc lengc jeiv baengc nyei ndie/a special kind medicine.

lengc jeiv ndie-sai lengc jeiv zorc baengc nyei ei saeng/a medical specialist.

lengh[1] hd. 零 /lingz/ lengh hnangv mv maaih haaix nyungc/zero; nought. Biee lengh juqv. No. 406 (number four-0-six).

bun lengh hnangv fin-saeng bun kauv sou hoc lengh hnangv/in grading an examination teacher gives zero grade.

lengh[2] pm. lengh lengh wuov mv ziangh doix/to be odd or being odd.

heh lengh nduqc maengx fai nduqc bung heh hnangv/an odd shoe.

hlaax lengh deix duqv yietc hlaax lengh deix/a little over a month.

lengh daaih longc maiv nzengc zengc daaih/an extra one.

lengh kengx yangh jauv donc, lengh kengx, lengv kengx nyei/to move in a slow, awkward way.

lengh seng lengh daaih mv ziangh doix beiv hnangv buo diuh zouc nor maaih diuh lengh mi'aqv.

lengh sih gong mv buangv ziangh hoc nyei gong/part-time employment.

lengh[3] w. yiem duqv lengh haic/to live in the remote area or a private place.

lamh lengh dorngx maiv nitv mungv fatv nyei dorngx/a remote place.

yiem duqv lengh yiem leih mienh camv go nyei dorngx/to live a remote place.

lengx m. nyaanh lengx/a small silver coin formerly used in Indochina.

lengx cekv! mienh nimc faatv baac gorngv nyei waac, eix-leiz se za'gengh lingh haic aqv. *lengx* se oix zuqc tor qiex ndaauv nyei, *cekv* se qiex nangv.

leqc[1] w. 力 /lì/ qaqv-leqc/strength; energy.

qaqv-leqc longx 力量 /lìliàng/ maaih qaqv longx haic/good energy; powerful.

leqc[2] lf. leqc mienv. Gj: laatc mienv, laqc mienv/to dance in spirit ceremony.

leqc mienv lui leqc mienv zuqv nyei lui a spirit ceremony dancing dress.

leqc sai-nzung laqc caux baaux houc jorm mienv nyei nzung/to dance and sing a ritual song.

leqc[3] pm. huv daaih leqc leqc feqv-feqv wuov/to be badly torn as clothes.

leqv w. longc nzuqc heng-heng yietv leqv paaix/to lightly cut by razor.

leqv in-biouv longc paaix in nyei nzuqc leqv paaix in-biouv/to make a light cut on the pods of opium poppies.

Lesotho m. yietc norm guoc jaa, se yiem N. bung Africa, hungh zingh mungv nyei mbuox heuc Maseru.

leuh[1] w. nyiemv, laeh. Mienh liemh mv mborqv aeqv leuh ndaangc aqv. I'm not yet hit you, but you cry first.

leuh[2] pm. nyiex gu'nguaaz leuh haic aengx pingv faaux deix/to droop or lopsided.

li w. wuom cuotv faix gau di'dien li-li wuov aqc ziangh mv gaux longc/a tiny running water.

lic d. lic lic nyei dic jienv mienh nimc ninh nyei nyaanh/to suspect someone.

lih wj. lih lungx lorng; lih lungx loiz; lih lungx luiz; lih lungx loiv; douz lanh lomc lih lungx lorpc nyei mbui.

lih mokv korn toh longc yiem go zatv bungx zieqc T.V nyei ga'naaiv, se gaav congh English remote control daaih.

liv wj. aa liv liemh zungv maiv ndongc yie nyei yaauc, fu'jueiv waac.

liv laanv maiv dungx mingh liv laanv taux yietc dangh/don't bother at all.

njang sin civ liv laengh gaengv wuov mv maaih ga'naaiv torngv/to be naked.

lix gq. lienh lix hlang; cong-mengh lienh lix/knowledge or wisdom.

lix lix q. nziaaux dungz nyei waac, beiv hnangv gong lix lix, nyeiz lix lix.

lix six haic zoux duqv zinc zoux duqv lix six haic/to be nasty.

liaa w. zoux sic liaa; gorngv waac liaa/to openly show lust for.

hoqc liaa jiex gorn hoqc nziaauc sieqv nziaauc dorn/to start sexual desire.

liaa haic gorngv waac, zoux sic saeng haic/to act very sexy.

liang pm. baaux nzung qiex kuh muangx haic liang-liang nyei/to have a pleasant voice when singing.

liangc hd. 两 /liăng/ liangc fou-cai; liangc nin; liangc bin/a couple; a paired.

liangc hinx i laanh mienh/two person.

liangc nyienh i dauh mienh/two people.

liangc yunv i hmuangv fai i jaav-zeih mienh/a loving couple.

yietv do liangc dunx guangc doic, beiv hnangv yietc nzuqc hngaqv ndutv.

liangv pm. wuom liangv; kuotv liangv/to be shallow; lacking depth.

hnyouv liangv maaih aax haaix nyungc yaac oix mbuox nzengc mienh/be easily to share one's feeling.

m'zing liangv laaic auv-nqox maaih hnyouv-lengh nyei m'zing/to have a suspicious eye.

wuom liangv wuom-domh liangv nyei a shallow swimming pool.

wuom-mueic liangv hungx-hec nyiemv nyei mienh/easily cry person.

liangx[1] gz. liangx-ndeic; zoux liangx, zoux ndeic/dried field; swidden field.

liangx-ndeic gong zoux ndeic nyei gong/to do a farm work.

zoux liangx-ndeic nyanc zoux liangx zoux ndeic nyanc nyei mienh/to make living by farming.

liangx[2] gn. liangx huh. Gj: gorngc, gingx-baengh/a glass bottle.

liangz pm. saaix-liangz; zorqv laangc/to show or to pretend; to display.

Liberia m. 利比里亚 /lìbǐlǐyǎ/ yietc norm guoc jaa, yiem F. bung maengx Africa, hungh zingh mungv nyei mbuox heuc Monrovia.

Libya m. 利比亚 /lìbǐyǎ/ yietc norm guoc jaa, yiem B. bung maengx Africa, hungh zingh mungv heuc Tripoli.

liev w. liev cuotv; liev guangc. Gj: tuiv cuotv; tuiv guangc/to spit out food.

liev wuom-nzuih liev a'fai tuiv wuom-nzuih/to spit saliva

liemh[1] pm. funx caux jienv/to include or to put into the account.

liemh m'jangc m'sieqv m'jangc dorn caux m'sieqv dorn yietc zungv funx jienv/to include both men and women.

liemh maiv maaih laauh cuonh zungv maiv maaih/don't even have one.

liemh ninh funx liemh ninh funx caux jienv/to include him together.

liemh zeih zungv maiv gorqc jaang cuotv daaih nyei sic/urgently; suddenly or immediately.

liemh zeih baengc liemh zeih zuqc nyei baengc/suddenly get sick.

liemh zeih nyei sic liemh zeih cuotv sic daaih/to suddenly face a crisis.

liemh zeih zei-naanc liemh zeih cuotv nyei naanc zingh/a suddenly illness.

liemh[2] w. mbiungc liemh; duih mbiungc liemh zuqc ndorn/to get soaked by rain.

liemh[3] cm. mienh nyei setv-mueix mbuox beiv hnangv Gauv Liemh, Zoih Liemh a person's suffix name.

liemh[4] pm. gemh lomc ndiangx longx gau liemh liemh nyei/an evergreen area.

suiv-liemh ndiangx ziangh ndoqv-hlen nyei miev-hlang/type of tall grass grow along the river.

liemh[5] aengx lorz mangc "biangh liemh" wuov joux nyei eix-leiz.

liemx w. bungx m'zing yietv mangc yietv niouv guinh mingh ganh bung, eix-leiz se yie gengh maiv oix mangc/to insult with the hateful eyes.

liemx mienh guinh m'zing mingh ganh bung, mv mangc mienh/to turn eyes away not to look at.

lien pm. hngaqv mv ziangx lien faaux lien njiec nyei/to chop up and down.

lienh[1] pm. domh naang lienh lienh wuov haeqv gau mienh/to be fearful looking.

lienh daau ben yietc ganc yietc ganc wuov nyungc nda'maauh/tiger.

lienh[2] w. lienh jienv mingh/to form up a line; to make up a line.

lienh[3] m. gapv zungv doic horh sic nyei jauv/having to do with united nations.

lienh bang jun-zaah/a federal bureaus of investigation.

lienh horh guoc 联合国 /liánhéguó/ horh lungh ndiev sic nyei yietc guanh mienh/a united nations.

lienh horh wuic lienh horh gapv zungv nyei wuic/the United nations assembly.

lienh lix cong-mengh guai-qaauv nyei sic/wisdom; knowledge; intelligence.

lienh lix biuv guai-qaauv nyei mienh/a smart person.

lienh lix zou dorn-guai/a smart man.

lienh lorc gorngv waac lorz doic/to contact or to communicate with,

lienh lorh 联络 /liánluò/ lienh lorc jiu tong lorz doic/to have communication with.

Lienh Naanh Nquenc 连南县/liánnánxiàn/ Zong Guoqv Yao Mienh nyei nquenc/the Yao autonomous county in northern Guang Dong province, China.

lienv m. 脸 /liǎn/ hmien/face.

maaih siaaux lienv maaih dorh jatv nyei hmien/a nature smiling face.

liepc[1] w. 立 /lì/ liepc gorn-ndoqv; ceix liepc jiez daaih/to establish; to set up.

liepc cuotv gorn ceix liepc duqv gorn jiez daaih/start establishment.

liepc deic-jaaix paaiv deic-jaaix bun nqoi/to erect boundary.

liepc dingc hnyouv dingc hnyouv maiv hlungx-hluotv aqv/be determined.

liepc eix liepc hnyouv/to make up one's mind; to determine.

liepc faanx-taapv ceix liepc norm fanh taapv jiez daaih/to build a pagoda.

liepc fiem liepc eix jiez jienv hnyouv oix/to pay very close attention to.

liepc gorn-ndoqv ceix liepc bun gorn wuonv faaux daaih/to lay out a firmly foundation or fundament.

liepc guoqv liepc siang-deic-bung/to establish a new country.

liepc horpc dongh ca'laangh horpc njiec jienv sou/to establish a treaty.

liepc horqc dorngh ceix liepc maaih horqc dorngh daaih/to open a school.

liepc hung-dorngh zorng-mbenc zoux baaix dorngh nyei cing-jaa/to arrange a bowing ceremony at a wedding.

liepc hnyouv gengh maaih hnyouv haic nyei/to have a strong desire.

liepc huon sou benx i hmuangv nyei zorng-zengx sou/a marry license.

liepc jaa-dingh dorng jaa zoux mienh seix nyei sic/to establish family.

liepc jiez daaih zoux bun maaih faaux daaih/be established.

liepc leiz zoux bun maaih leiz daaih/to establish a law or constitution.

liepc leiz biauv ca'laangh liepc doz-leiz nyei biauv/department of legislative.

liepc leiz mienh liepc leiz nyei mienh/a law maker.

liepc mengh hoc liepc zoux jien nyei mengh hoc/to make oneself be famous.

liepc ngaengc waac laengz ngaengc nyei waac bun doic/to make a covenant or treaty with.

liepc nguaaz-gorn yiem dingc mv suiv mingh haaix. Gj: orn-jei/to establish as a permanent resident.

liepc ziou-fouv ceix liepc deic-bung faaux daaih/to establish a country.

liepc[2] pm. liepc zaqc faaux daaih an jienv to hold straight up.

limc m. 链 /liàn/ hlieqv-limc; jiem-limc, fai nyaanh limc lo haaix/a chain.

jaang limc kuangx jaang nyei jiem-limc fai nyaanh limc/a necklace.

kaux jienv limc longc limc kaux ndoh jienv/to be chained.

limh gn. longc gaatv mbiauh, gaatv miev nyei limh fai nzuqc limh/a sickle.

dueiv limh limh wuov jai-gorngx nyei dueiv nzueic gau limh limh wuov.

limh ngau longc gaatv miev lo haaix nyei nzuqc/a semicircular blade knife.

linc w. caaiv linc; morh linc/to trample on. Fu'jueiv linc suangx. Children trample on the blanket.

baengc morh linc baengc tongx morh hoic nyei zei-naanc/to suffered from an illness problem.

linc doqc sou hoqc doqc sou/to practice to study the lesson.

linc henv hoqc lioux sin zangc bun henv/to work out; to exercise.

morh morh linc-linc nyei caaiv nyueih tin nyueih deic nyei/to walk or trample ver and over.

linh[1] pm. linh jienv mingh mv dangx, mv njuotc/to line up; to continue after.
fangx-linh (computer) ziux fangx nyei dongz-linh/a PowerPoint presentation.
linh jienv doic jiex doic yietc doic jiex yietc doic linh jienv daaih/to passed down generation after generation.
linh jienv yuoqv buo hnoi yuoqv buo hnoi mv dingh/continue hot weather up to three days.

linh[2] nz. longc auv, longc nqox nyei sic/to marry; to get marry.
duqv linh duqv longc auv, longc nqox nyei sic/to get to marry.
linh kuaa nziaauc sieqv nziaauc dorn nyei jauv/to have sex with.
linh lorh jiu tong lorz doic. Gj: lienh lorh/to have communication with.
linh ngorz longc ganh nyei auv fai ganh nyei nqox/to have sex with one's spouse.
linh ziou fouv loz-hnoi Iu-Mienh yiem kaeqv-deic nyei yietc norm mungv nyei mbuox.

linh[3] gn. yietc linh zeiv. Gj: yietv kuaaiv zeiv/a piece wide paper.

linh[4] m. fiev nzangc an nyei linh qorng/a computer screen or room divider screen.

linh[5] cm. mienh nyei setv-mueix mbuox beiv hnangv, Naix Linh, Fux-linh.
linh liouz biangh yietc nyungc nzueic nyei biangh/willow flower.
linh liouz ndiangx linh lioux biangh nyei ndiangx/a willow tree.

linh[6] aengx lorz mangc "dongz-linh" wuov joux nyei eix-leiz.

ling q. douc waac finx mbui ling ling nyei qiex/the sound of a telephone ring.

lingc nq. 法令 /fǎlìng/ hungh lingc; hatc lingc. Gj: hatc maaz/an authoritative or the force of law; supreme law.
bun lingc bun maaih hatc lingc/to give someone a permission.
njiec hatc lingc njiec hatc maaz gunv jienv/to issue decree.

lingh[1] n. 铃 /líng/ gaengh lingh, a'fai ndiux saeng-kuv jaang-ndiev nyei lingh/bell.
huangx lingh nanv jienv lingh huangx mbui/to shake a hand bell.
lingh jaix lingh gu'nyuoz nqaux lingh mbui wuov nqanx hlieqv
maaz-lingh ndiux maaz jaang-ndiev nyei lingh/a bell around horse's neck.

lingh[2] gz, q. 田 /tián/ zuangx mbiauh nyei lingh/rice field; paddy; farm.
cepv lingh cepv mbiauh yaang wuov lingh/to transplant rice seedlings.
lingh baengh longc wuom yiemx nyei lingh/lowland irrigated rice field.
lingh bungh lingh nyei liuh/a field hut.
lingh ciou lingh nyei mbiauz-naang/an eel; snakelike freshwater fishes.
lingh daapc tei hnangv tei nyei ndau-juiz lingh/a terraced field.
lingh dauh lingh wuov jiez bung/upper paddy field area.
lingh deic 田地 /tiándì/ zoux lingh nyei ndau/farmland; a piece of real estate.
lingh gong zoux lingh nyei gong/field work; farm labor.
lingh huaang mv zuangx ga'naaiv nyei loz-lingh/old uncultivated field.
lingh jaang 1 i qongx lingh gapv-camx mbu'ndongx nyei nie/a dike separation of a field. **2** gorngv *Janx-ka'lormx* fai *Janx-Ba'ei* nyei waac-meiv.
lingh juoqv wuov ndiev bung lingh/the lower part of a paddy field.
lingh nqaai maiv longc wuom yiemx nyei lingh/a dry field.
zoux lingh mienh zoux lingh fai zoux liangx-ndeic nyei mienh/farmers.

lingh[3] nq. 灵 /líng/ ndie lingh haic nyanc baac ziouc mv mun aqv/a powerful medicine; an effectively medication.
lingh daan ndie gouv-waac zunh daaih gorngv naaiv nyungc ndie mienh daic mingh mv baac zorc duqv nangh nyei/a legendary powerful medicine.
lingh dongh yietc weic gorngx mienh butv dongh nyei mienv nyei mbuox.??
lingh bieiv goux jiu-bang nyei mienh/a church elder.
lingh faatv lingh haic nyei faatv-douc/a powerful magical.
lingh guaax mbouv guaax lingh nyei sic/a powerful divination.
lingh haic gengh lingh haic henv haic/a power of supernatural.

lingh singx lingh haic nyei zienh singx a powerful spirit or god.

lingh wuonh 灵魂 /línghún/ mienh nyei wuonh/a soul or spirit of a person.

lingh zienh maaih lingh singx cui mienh butv zoih nyei zienh/powerful spirit.

lingz nz. 岭 /lǐng/ gemh maeng ndiev ndo nyei dorngx/deep in the mountains.

cing-sen maanc lingz domh gemh lomc maaih geh zorng, ndiangx nyiemz maeng nieqv-nieqv nyei dorngx/heavily forest and mountains area.

liou w. hnyouv liou, beiv hnangv liemh yietv haeqv zuqc hnyouv liou dangh/to be surprised and startled.

liouc[1] pm. 流利 /líuli/ siepv fai liouc/to be fluent; skillful in working, acting.

gorngv waac liouc haih gorngv waac mbiangc/to be fluently in speech.

liouc haic zoux sic siepv mbiangc/to be smoothly in moving.

liouc[2] w. 流 /líu/ liouc cuotv; liouc njiec; liouc mingh/flow out of water or liquid.

liouc cuotv 流出 /líuchū/ wuom liouc mingh cuotv/to flow out.

liouc-horqc saeng cuotv nyiec-guoqv doqc sou horqc saeng/foreign student.

liouc-linh maaih jienv mingh mv dangx gorn/continuous or repeatedly.

liouc-lorqc 流落 /líuluò/ liouh lorh cuotv nyiec mingh/to become outcast.

liouc lueic 流泪 /líulèi/ m'zing liouc cuotv wuom-mueic/to shed tears; to start cry.

liouc-lunc 混乱 /hùnluàn/ maiv cing maiv cov nyei. Gj: liouh lunc/to be chaos or cause confusion.

liouc-lunc waac gorngv liouc-lunc nyei waac/gossip; slanders and rumors.

liouc m'zing mueic wuom-mueic cuotv nyiemv aqv/to shed tears.

liouc-maanh liouc-lunc biaux nzaanx nyei mienh maanh/refugees.

liouc nziaamv cuotv nziaamv; nziaamv liouc cuotv/to bleed; to shed blood.

liouc[3] aengx lorz mangc "diuv-liouc" wuov joux nyei eix-leiz.

liouh[1] w. 留 /líu/ **1** liouh lauh nyei/keep for; save up; reserve. **2** liouh njiec/to stay; to sojourn or remain.

liouh cuotv maengc liouh zuiz-mienh nyei maengc cuotv mv daix/to forgive and save someone's life.

liouh eix liouh hnyouv jangx/to keep in mind; be attentive.

liouh fiem liouh hnyouv jangx jienv/be attentive; to keep in one's mind.

liouh hnyouv jangx yiem hnyouv mv la'kuqv/to keep in one's mind.

liouh jienv siou jienv/to save; to keep; to reserve for future.

liouh kaeqv mienh gorngv dorh leiz waac liouh kaeqv mienh yiem njiec/to ask a guest to stay longer.

liouh linh maaih jienv mingh mv dangx. Gj: liouc-linh/to repeatedly continue.

liouh longc liouh jienv nqa'haav hingv longc/to keep something for future use.

liouh maiv cuotv maiv haih siou liouh maiv duqv/unable to save up.

liouh mangc liouh jienv mangc/to accept or keep as souvenir.

liouh mba'biei mv japv mba'biei liouh jienv bun ninh cuotv ndaauv nyei/to let one's hair grow long.

liouh nipc 留念 /líuniàn/ zoux nyungc zeiv liouh jienv mangc/to keep-sake or keep as souvenir.

liouh njiec 留下 /líuxià/ **1** siou liouh njiec daaih/to reserve; preserve. **2** yiem njiec daaih/to stay on.

liouh waac liouh njiec waac an dinc waac/to leave a message on a phone.

liouh zouc jiemv liouh meih yiem njiec se baaux nzung gorngv nyei waac/to ask a guest to stay longer.

maiv dingh liouh dongz jienv mv dingh yietc dangh/without stopping.

maiv liouh zingh bungx laangc nyei hemx maiv nyaangc/to be merciless.

siou-liouh siou jiez liouh jienv/to save away; to preserve.

liouh[2] cm. 刘 /líu/ Iu-Mienh fingx liouh nyei mbuox/Iu Mienh/Yao family name.

Liouh Faam Ziev 刘三姐 /líusānjiě/ loz-hnoi gorngv gouv cuotv mengh baaux nzung henv nyei yietc dauh sieqv-nzueic.

Liouh Faam Ziev Muic Tin-Hungh zeix nyei da'yietv weic m'sieqv mienh/a culturally-connected name for the biblical first woman Eve.
liouh laah yietc nyungc longc an lai nyanc ndaang nyei miev/a basil.

liouh[3] aengx lorz mangc "buangh liouh, liouh haac, ziqc liouh" nyei eix-leiz.

lioux w. **1** lioux sin sorngx qaqv/to play or to do exercise. **2** hoqc lioux/to train or practice; to learn. Gj: linc.

liouz[1] pm. zueih yietv zueih nyeic mbaih jienv mingh/a series number.
siec liouz eiv an jienv siec liouz eiv/to set up seven row of chairs.

liouz[2] aengx lorz mangc "linh liouz" wuov joux nyei eix-leiz.

lipc[1] w. m'sieqv mienh longc suix nipv cun mba'biei-juoqv fai hmien-biei/to pluck hairs by using the thread.

lipc[2] pm. hlaang lipc zaux gaatv bieqc ndo gau ngorpc ngorpc wuov/to cut into muscle by a small string.

liqc aengx lorz mangc "yaangh liqc, caux yiem-liqc, hungh liqc" nyei eix-leiz.

liqv md. ba'laqc sui gau liqv mi'aqv, mv fungc nyanc aqv/to be overly sour.

Lithuania m. yietc norm guoqv, se yiem B.Z. Europe, hungh zingh heuc Vilnius, mienh maanh: 3,721,100 dauh.

liuc[1] gn. 油漆 /yóuqī/ nzaatv biauv, nzaatv cie nyei liuc/a paint used as decorative.
faaux liuc nzaatv liuc/to paint; to color.

liuc[2] lz. bun maaz, bun ngongh nyanc nyei maeqc fai cuqv/grains used for feeding an oxen or horse.
liuc maengc nyanc di'dien zoqc nyei bun maiv daic hnangv/to sustain life.

liuc[3] w. liuc biaav; liuc i bin; liuc i ndonx to hit with a stick, whip, heavy stick.

liuc[4] pm. liuc leiz ziux goux. Gj: mangc, dorh/to give care; to take care.
liuc leiz baengc mienh ziux goux butv baengc mienh/to take care a patient.
liuc leiz fu'jueiv liuc leiz dorh fu'jueiv to take responsibility for children.

liuc leiz mbenc mbenc lai hnaangx bun nyanc/to serve food.

liuc[5] aengx lorz mangc "zeiv-liuc, laapc liuc, laangh liuc" nyei eix-leiz.

liuh[1] n. ndeic nyei liuh; bingx laangh liuh fai daav hlieqv liuh/a field hut; shelter.
mbiorv norm liuh mbiorv norm bingx laangh liuh/to make a shelter.

liuh[2] cm. mienh nyei jiex gorn a'fai setv mueiz mbuox, beiv hnangv, Liuh Jiem, Naix Liuh.

liuv[1] q. biomv saauc mbui liuv liuv, domh jaangv heuc liuv liuv nyei qiex.

liuv[2] cm. mienh nyei jiex gorn mbuox, beiv hnangv, Liuv Orn, Liuv Mengh.

liuz[1] w. 了 /liǎo/ **1** liuz nzengc. Gj: baac, ziangx, nzengc. **2** jiex liuz aqv/past.
liuz duqv hnyouv maiv maaih hnyouv mingh guaax taux/to be unconcerned.
liuz sic mi'aqv 1 njang nzengc maiv maaih aqv/all gone. **2** baac nzengc/to be finished or done.
maiv haih liuz nyangz jienv maiv haih nzengc/never finish; endless.

liuz[2] cm. mienh nyei setv mueiz mbuox, beiv hnangv, Liuz Ciang, Liuz Linh.

lo wj. lo haaix/cetera. Mingh saau poux-doih maaiz ga'naaiv lo haaix.

Lo Maa m. 罗马书 /luómǎshū/ yietc buonv zengx-ginx sou nyei mbuox/a book of Romans, in the Bible.

loc[1] w. loc guaatv; loc torngx; bieqc loc; cuotv loc/flooded in by heavy rain.
cuotv domh loc duih mbiungc cuotv domh loc/to flow out with a heavy rain.
loc guaatv cuotv loc guaatv nzengc/to swept away by the flood.
loc torngx domh loc cuotv torngx mingh/to carry away the flowing water.
loc-zuonx wetv daaih bun duih mbiungc loc liouc cuotv nyei zuonx/a ditch for runoff rainwater.

loc[2] aengx lorz mangc "a'loc, gingc loc, mbiauh loc" nyei eix-leiz.

loh[1] m. 牢 /láo/ wuonx zuiz-mienh nyei loh; wuonx saeng-kuv njoh/a jail; a prison.
bieqc loh zuqc bieqc loh mingh wuonx jienv/to be in jail or prison.
loh dingh hungh jaa wuonx zuiz-mienh nyei dorngx/a jail, prison.
loh gaengh loh nyei gaengh/the door of a prison cell.

loh hmuangx wuonx dorngc zuiz hniev nyei mienh nyei loh/a dungeon.

loh nyei leiz yiem loh zuiz-mienh oix zuqc ei nyei leiz/a jail's rule.

loh nyei mienh yiem loh gu'nyuoz nyei zuiz-mienh/a jailer or prisoner.

zueiz loh 坐牢 /zuòláo/ bieqc loh/to be in jail; in prison.

loh[2] bt. zoux gong kouv butv loh yietc sin mbai nzengc/to be toilsome.

loh loh nyei haiz wuov loh loh mv nzang mv nziepv nyei/to feel great tired.

loh[3] wj. loh zoc zoux; loh zoc yiem. Gj: lorpc zorpc/to be mix; to combine.

loh zoc nyanc dong lanx fai lanx nyanc maiv zingx-donx/to eat food without a particular meal.

loh zoc zuangv 混血儿 /hùnxuě'er/ zorpc zuangv fu'jueiv/half-breed; a child whose parents are different races.

loh[4] aengx lorz mangc "baav maengc mv loh, nyanc a'loh" nyei eix-leiz.

lov[1] w. 呕吐 /ǒutù/ lov cuotv nzuih. Gj: lov nqaiv/to vomit or throw up.

haiz oix lov haiz hnyouv gunc oix lov to feel nauseated.

lov nziaamv lov cuotv nziaamv daaih to vomit up the blood.

lov yangh daamv lov cuotv daamv nyei wuom daaih/to vomit gall.

lov[2] d. wuov deix i dauh lov, mv dorh leiz nyei waac /those two guy.

wuov dauh lov wuov laanh mienh, mv dorh leiz nyei waac/that guy there.

lov[3] aengx lorz mangc "aav lov" wuov joux nyei eix-leiz.

lox[1] bc. ziepc nyeic norm jaux se yietc lox, *lox* se gaav congh Janx-taiv waac daaih/a dozen.

lox[2] cm. da'nyeic dorn nyei heuc jiex gorn mbuox, beiv hnangv Ih Zoih nyei dorn Lox Zoih. Gj: Naix, Eix, Leix.

loz[1] pm. 老 /láo/ loz haic aqv/to be old or aged/loz-hnoi/ancient time. Dgw: siang.

loz-baeng dorng baeng ndaangc nyei mienh/an old soldier.

loz-baengc 老病 /láobìng/ butv daaih lauh loz nyei baengc/old and ailing; old ailment or disease.

loz-benv 老板 /láobǎn/ **1** koi poux maaiz maaic nyei mienh/a proprietor; a master; shopkeeper. **2** cingv gong nyei ziouv/an employer; boss.

loz-benv auv loz-benv mienh nyei auv. a proprietress; proprietor's wife.

loz-benv bou liuc leiz mbenc loz-benv nyei mienh/a proprietor's servant.

loz-benv muangz m'sieqv loz-benv/a female boss or employer.

loz-biauv 1 lauh loz haic nyei biauv/an old house. **2** yiem jiex daaih nyei biauv/one's original home.

loz-biuv dorh leiz waac heuc lamh go m'jangc kaeqv/a term used to address a stranger male person.

loz-biuv doic nziaauc zuoqc haic nyei doic/an old male friend.

loz-cie longc lauh nyei cie/an old car.

loz-deic bung 1 loz haic nyei deic-bung aqv/an old country. **2** yiem jiex nyei loz deic-bung/a former country.

loz-die dorh leiz waac heuc m'jangc mienh gox mienh/polite term to address an old strange male person.

loz-dorngx yiem jiex nyei loz-dorngx an old address or old residence.

loz-eix-leiz dongh loz nyei eix-leiz mv tiuv/an old attitude.

loz-fiem-fingx m'daaih dongh loz wuov norm fiem-fingx/an old attitude.

loz-ga'naaiv loz nyei ga'naaiv/old stuff or old things or belongings.

loz-ga'naaiv hei maaic loz-ga'naaiv nyei hei/a thrift store.

loz-gaeng doic 好朋友 /hāopéngyǒu/ kuv pongz youz; kuv a'nziaauc doic/a best friend; a person that one can trust.

loz-gorngv-waac mienh loz-jaav-zeih auv-nqox/an ex-sexual partnership.

loz-guon faatv bungx bun mienh hnamv doic fai tengx mienh nyei faatv/a magic which helps the people.

loz-hnoi zinh ndaangc loz-hnoi/olden days; an ancient time.

loz-hnoi fangx loz-hnoi waaz, nqaapv daaih nyei fangx/an ancient picture.

loz-hnoi ga'naaiv siou daaih duqv ziex doic mienh nyei ga'naaiv/old stuff kept from ancient time.
loz-houx loz nyei houx/old trousers.
loz-hnoi gouv doic zunh jiex doic nyei gouv/ancient story.
loz-hnoi sou loz-hnoi mienh fiev daaih nyei sou/an ancient book.
loz-hnoi mienh zinh ndaangc loz-hnoi wuov baan mienh/the ancients people.
loz-hnoi waaz loz-hnoi waaz nyei fangx/ancient painting
loz-jaax-zinh m'daaih hnangv loz nyei jaax-zinh/the old original price.
loz-jauv mv maaih yangh nyei jauv/an old road; old street.
loz-jien loz nyei jien-fouv/old official or government.
loz jun zinh ndaangc dorng jiex baeng nyei mienh/old military official.
loz-laangz 老村 /lǎocūn/ yiem jiex nyei loz-laangz, fai maiv maaih mienh nyei laangz-huaang/unoccupied old village.
loz liuz gox liuz aqv, maiv haih aengx nzuonx-lunx aqv/to have grown old.
loz-mienh yiem ndaangc nyei mienh/an established residents.
loz-ngaengc waac loz nyei zengx-ginx sou/an old Testament Bible.
loz nyienh nz. mienh gox mienh/an old person; seniors people.
loz nyienh wuic mienh gox mienh nyei buangh doic wuic/a senior club.
loz-nyungc zeiv 老样子 /lǎoyàngzī/ dongh loz nyei nyungc zeiv/the way a thing or person used to be or look.
loz-piev ong gunv camv-norm laangz nyei daauh mienh/a regional important headman or district official.
loz-pongh youz doic zuoqc doic lauh nyei a'nziaauc doic/an old friend.
loz sai 老师 /láoshī/ fin-saeng; sai-diex/a teacher; master; an expertise.
loz-sic jiex daaih nyei sic/old matter.
loz-sou fiev daaih lauh nyei sou/an old book or old document.
loz-waac 1 gouv-waac/an old saying; an adage. **2** mv longc nyei waac/an old words that might no longer use.
loz-zanc hnoi zinh ndaangc loz-hnoi/in the olden time.
loz-ziangh m'daaih hnangv loz wuov nor/the original one.
loz-ziangh hoc m'daaih dongh loz nyei ziangh hoc/the same as old time.
loz-zunh douc sai loz nyei sai mienh/an old master priest.

loz[2] cm. se hnangv, loz-leiz; loz-yaangh; loz-zanh; loz-zuoqv.
loz-bienh 1 fingx loz-bienh mienh, se dongh janx-taiv waac heuc *Saephan* wuov. **2** loz haic nyei bienh/old plate.
loz-dangc fingx loz-dangc mienh dongh janx-taiv waac heuc *Saeturn* wuov.
loz-zeuz fingx loz-zeuz mienh se dongh janx-taiv waac heuc *Saechao.*

loiv pm. ngongh bungx nqaiv loiv-loiv nyei cuotv/continuous to spill out or to gradually spill out.
loiv-loiv joiv-joiv nyei biauv forqv gau mv fungc aqv loiv-loiv joiv-joiv nyei/to be messy up all over the house.

loiz pm. butv beuh jaang-ndiev loiz daax loiz wuov, mv dorh leiz nyei waac.

lom w. longc buoz lom bieqc/to insert one's hand into a hole.
lom mueiz buoz lom bieqc mueiz-ongx zorqv mueiz nyei dorngh.
lom nzuih gu'nguaaz lom ninh ganh nyei nzuih/insert fingers into the mouth.
lom ongx buoz lom bieqc ongx nyau zorqv lai cuotv.

lomc[1] m. lomc-gorn; lomc-ndiev; maeqc lomc; mbiauh lomc; miev-lomc/jungle or woodland area.
lomc-gorn lomc-mbiorqc ga'ndiev under the bush area.
lomc-huaang lomc-mbiorqc hnangv mv maaih ndiangx nyei dorngx/an area with bush but treeless.
lomc-mbiorqc ndiangx-dorn-fomv maaih hmei mbiorngz nzoih nyei lomc.
lomc-ndiev gemh zangc orv yiem nyei dorngx/uninhabited area.
lomc-ndiev ga'naaiv yiem lomc nyei hieh ga'naaiv/a wilderness.
lomc-ndiev mienv lomc-ndiev nyei hieh guaiv mienv/spirit of the jungle.

lomc zangc biangh 野生花 /yiěshēnghuā/ lomc nyei biangh/a wild flowers.

lomc zangc ga'naaiv yiem lomc nyei ga'naaiv/things from the jungle.

lomc zangc lai yiem lomc laapv daaih nyei lai-miev/green vegetable gather from the jungle.

lomc zangc mienh yiem lomc mv zuqv lui-houx nyei nyungc mienh/a barbarian.

lomc zangc orv lomc zangc buonv daaih hieh zoih orv/meat of wild animals.

lomc[2] aengx lorz mangc "saau lomc, janx-lomc" wuov joux nyei eix-leiz.

lomh[1] w. lomh naaiv; fi'lomh nyei; lomh biauv hlo/having to do with the size.

lomh haaix hlo ndongc haaix a'fai faix ndongc haaix/about what size.

lomh zaangz hlo lomh dauh zaangz hlo about the size of an elephant.

lomh[2] pm. lomh nzoih/to corporate with.

lomh nzoih yietc zungv juangc jienv/to share with each others.

lomh nzoih nyanc lomh nzoih juangc jienv nyanc/to share the food together.

lomh nzoih zoux borng jienv doic lomh nzoih zoux/to work together.

lomh zeuv m'sieqv mienh congx congx nyei mbuox/name for an embroider.

lomh[3] sk., d. lomh miu. Gj: m'lomh/a cat.

lomh miu dorn m'lomh dorn/a kitten.

lomh miu hnaangx uix lomh miu nyei ga'naaiv-nyanc/cat's food

lomz q. ziangh guanh maaz tiux lomz-lomz nyei/the sound of a crowded animals running together.

London 伦敦 /lúndūn/ Ying Guoqv deic-bung hungh zingh mungv nyei mbuox.

long[1] w. longc ciu long caa-kuotv daaih zuangx caa/to dig a hole with shovel.

long ndoih longc ciu long lomc nyei ndoih/to dig for wild tubers.

long wuom-kuotv long njiec ndo nyei taux wuom mingh/to drill a well.

long[2] pm. mbaengx-long; mungv long njimv/rocky hill or cliff.

long baa nzuqv zieqv piaeng daaih saa nyei se zoux jangx-hoc cipv jienv bieqc laangz nyei jauv-kuv bun nyiec nyei mienh hiuv duqv gingc laangz ziouc mv bieqc laangz aqv.

longc w. 用 /yòng/ longc a'nziaauc; longc juv; longc nyaanh; longc nzuqc/to use; to spend; to service.

longc a'nziaauc longc nyienx a'nziaauc nyei ga'naaiv/to play with.

longc auv dorng jaa longc auv zoux mienh seix/to take a wife.

longc baeng longc mienh bieqc zoux baeng/take people to join army

longc buoz longc buoz zoux gong/use one's hand to work.

longc buoz-kuang longc zaaix jieqv buoz zoux/to use the left hand.

longc buoz-zaux niouv cie mienh longc buoz yaac longc zaux/use hand and leg.

longc cie nzox longc lui-houx cie nzox ga'naaiv/to wash by washing machine.

longc cuotv longc zinh nyaanh cuotv/to spend money; to pay out.

longc douz sinx jiex douz buov sinx/to refine with fire.

longc duqv gatc cietv zanv betv zanv nyei longc/to use with every last scrap.

longc duqv jaaix fiqv jienv longc longx nyei/to use with care.

longc duqv zuqc maaih dorngx qiemx zuqc longc nyei/can be make use.

longc faatv zorc baengc biomv faatv zorc baengc nyei sic/to treat by magic.

longc gaux longc gaux mi'aqv/to have used enough.

longc gong-mienh longc mienh bieqc zoux gong/to hire people to work.

longc guenx longc nquenx mi'aqv/get used to; familiar with the used.

longc hnyouv hietv hnyouv nyei zoux fai muangx/pay attention to.

longc hnyouv hoqc longc hnyouv nyei hoqc sou/to study hard.

longc hnyouv zoux longc nzengc ganh hnyouv zoux/to do with one's heart.

longc hnyouv muangx baeng m'normh muangx longc nyei/to carefully listen.

longc i nzunc longc i nzunc mi'aqv/to make use twice.

longc jienv **1** jienv nyei jauv-louc/to be important; significant. **2** corc longc jienv nyei/still in used.

longc jienv haic gengh longc jienv haic very important; significant.
longc jienv nyei 1 gengh jienv nyei/be important. **2** it's in used.
longc jienv nyei mienh longc jienv wuov dauh mienh/an important person.
longc laangh fim maiv zoux waaic hoic mienh fai waengc mienh.
longc lauh longc lauh haic aqv/used for long lasting.
longc leiz zoux sic gan leiz, dorh leiz mv ki mienh/act according to the rule.
longc leqc 努力 /nǔlì/ longc nzengc qaqv zoux/try hard; make great efforts.
longc liuz longc ziangx mi'aqv/to finish using; after used.
longc m'nqorngv-famv longc hnyouv longc za'eix lorz nyanc/to use brain.
longc maiv duqv ciouv fai waaic maiv benx longc/unable to make any use.
longc maiv guenx haiz longc maiv nquenx yietc aax/not familiar with use.
longc maiv nzengc camv haic longc mv nzengc/more than enough.
longc maiv zuqc 1 zengc daaih longc mv zuqc. **2** mv zuqc longc yaac duqv nyei/not necessary to use.
longc maengc 1 daix mienh se oix zuqc longc maengc div maengc. **2** butv zoih se zuqc longc maengc ziu duqv. **3** liuc leiz goux longx ganh nyei maengc.
longc mi'aqv longc cuotv mi'aqv/used.
longc mbuangz zipv longc mbuangz bieqc daaih/to take daughter in-law in.
longc ndau longc ndau zuangx ga'naaiv to use land for agriculture.
longc njang longc nzengc maiv zengc aqv/use up; use all everything.
longc noic longc suonc nyei nqa'qiex be patient with; tolerant with.
longc noic diev oix zuqc longc noic nyei diev jienv/to endure patiently.
longc noic zoux longc noic manc-manc zoux/to do with patient.
longc nqa'qiex mv maaih yietc deix suonc hnyouv/to be impatient.
longc nqox m'sieqv mienh cuotv gaengh longc nqox/take a husband.
longc nyaanh longc cuotv zinh nyaanh to spend money.
longc nyaanh henv longc nyaanh mv haih zanv/spend without spare.
longc nzengc longc njang nzengc maiv aqv/to spend up completely.
longc nzengc qaqv gengh longc qaqv nyei/to use all one's energy.
longc nzengc za'eix daav juangh nzengc za'eix mi'aqv/to be out of idea.
longc qaqv nyanc gengh nyanc camv-camv nyei/eat all one can.
longc qaqv zoux longc nzengc yietc sin nyei qaqv zoux gong/to work hard.
longc sic jiex gorn zoux a'nziaauc zoux gau gengh longc sic/to become serious after joking.
longc suonc hnyouv manc-manc zuov maiv qiex jiez/to do with gentle attitude.
longc waac njaaux longc nzuih gorngv njaaux nyei waac/to teach.
longc wuonc qiex zuotc duqv nyaanh se longc norm wuonc qiex/depend how lucky is to find money on floor.
longc yiem longc caux yiem/to let stay with or live with.
longc yiem-gong zoux longx fiou gong-daqv nyei sic/to do good to win bless.
longc yiem-zeqv zoux hnyouv longx longc yiem-zeqv
longc za'eix 用注意 /yòngzhúyì/ longc za'eix lorz zinh nyanc/to use one's idea.
longc za'eix lorz nyaanh daav za'eix lorz zinh lorz nyaanh/to use one's idea to earn money for living.
longc ziangx longc ziangx aqv/finished using something.
longc zinh nyaanh longc cuotv zinh nyaanh/to spend money.
longc zouc longc zouc njapv lai nyanc to use chopstick to pick food.
longc zoux bun zoux nyei/it is okay to do; allow to do.
m'jangc longc m'jangc m'jangc caux m'jangc longc doic benx auv-nqox/to be gay or homosexual.
m'sieqv longc m'sieqv m'sieqv caux m'sieqv longc doic zoux auv-nqox/to be a lesbian or homosexual.

longh[1] n. wuonx norqc fai wuonx jai nyei longh/a cage for birds or chicken.
hlieqv-longh longc hlieqv-finx ciqv longh daaih/a metal cage.
longh gaengh longh nyei gaengh/the door of a cage.
maaz-longh tou kuangx maaz m'nqorngv ndoh maaz nyei hlaang.

longh[2] pm. longc biaav ndaauv nyei longh bieqc ndiangx-njongz/to stick upward into a hole by long stick.
longh douz longh zaangh bieqc deix bun douz zieqc hiaangx/to stick inward
zieqc longh jienv mingh douz zieqc longh jienv gan ndiangx-fim mingh/to burn slowly into the wood center.

longh[3] bt. haiz mongh longh haic/to feel dizzy or causing dizziness.
mongh mongh longh longh m'nqorngv mun hnyouv gunc nyei baengc.

longh[4] m, d. 龙 /lóng/ longh hungh; luangh hungh. Gj: jung-hungh/a dragon king.
longh baaih 龙牌 /lóngpái/ jung-hungh fangx baaih/a dragon brand of goods.

longh[5] cf. **1** longh gongh/unfriendly or to be mean. **2** yangh jauv longh gongh faaux longh gongh njiec nyei/to keep moving up and down.

longh[6] cm. Iu-Mienh nzuonx longh nyei baan-buic mbuox, beiv hangv Longh Zanx, Longh Daqv, Longh Fongc.

longv w. yietc zungv kuonv longv nzengc caux jienv/to include.
longv jienv maaiz gapv nyaanh gaeng jienv maaiz ga'naaiv/to buy together.
longv jienv nyanc juangc jienv nyanc/to share the food together.
longv jienv zoux lomh nzoih juangc jienv gong zoux/to work together.

longx pm. 好 /hǎo/ longx aqv; longx haic; longx hnyouv; longx nyei/good; kind.
longx daaih (butv gau baengc) longx daaih/to recover from illness.
longx deix aqv aengx gauh longx deix aqv/a little better.
longx haic 很好 /hénhǎo/ za'gengh longx haic/very good or very nice.
longx haic aqv 好极了 /hǎojílē/ za'gengh longx jiex aqv/excellent; wonderful.
longx henv sin tiv wangc siangx longx henv/to be healthy and strong.
longx hnyouv 高兴 /gāoxìng/ a'hneiv longx hnyouv haic/feel very happy with.
longx jiex aqv 好极了 /hǎojílē/ za'gengh longx jiex aqv/very good, excellent.
longx jiex yietc buoqv gauh longx jiex wuov/the best or excellent.
longx-longx deic-deic se hnangv longx nyei mv baac liemh zeih zuqc baengc daaih wuov nyungc eix-leiz/be healthy but suddenly get sick.
longx-longx nyei 好好的 /hǎohǎode/ gengh longx-longx nyei zoux/to do something with seriously or earnest.
longx maiv longx 好不好 /hǎobùhǎo/ longx nyei fai mv longx?./is it all right?
longx nyei longx nyei yaauc nyei/it is not bad; so-so; okay.
longx nyei hnaqh daaix sic longx nyei mv bei/it may all right.
longx nyei mienh hnyouv longx nyei mienh/a kind-hearted person.
longx nyei ndie **1** lingh nyei ndie/a strong medicine. **2** longx nyei lunh lui houx ndie/a good fine fabric.
longx wuov hoc dongh longx nyei wuov nyungc/a good brand.

longz n. njimh nquaiz-longz; korng gueiv longz/shell of a snail or a crab.
ndiangx-longz dapv sou lo haaix nyei ndiangx-longz/a wooden trunk.
yienv-zaanv-longz nqopv yienv nyei ndiangx-longz/a cupboard or cabinet.
zeiv-longz zeiv gapv daaih nyei longz a cardboard box; paper box.

lopc[1] pm. biouv zuoqc lopc nzengc/to be overripe of the fruit.

lopc[2] bt. haiz kouv gau yietc sin lopc lopc nyei mbai nzengc/feeling great tired.

lopc[3] q. ngongh maaz tiux mbui lopc lopc nyei qiex/noisy sound made by many large animals running together.
lopc daax lopc dungz-dorn lopc daax lopc daaih nyanc maeqc.

loqc cf. ziangh duqv maaih fuqv-loqc haic nyei mienh/person with bliss.

loqh pm. ziangx loqh!; maiv benx a'loqh!. used after a verb or adjective to indicate completion of work.

ninh daaih loqh waax, ninh daaih aqv loqh/there, he is coming.

loqv w. ninh ka'loqv cuotv mingh hnangv meih ziouc taux aqv/he just left and you are appear.

lor[1] wj. beiv hnangv, gengh gorngv meih biaux yie norh?. Aav dangh yie zunc zaaic lor nor yie manc njaaux bei meih.

Lor Hec bm. 拉祜族 /lāhǔzú/ yietc fingx yiem mbong zangc nyei fiuv-zuangv mienh/Lahu tribe.

lor jor pm. zaux mun kekv jienv yangh jauv maiv zaqc lor-jor, lor-jor wuov/to walk with evenly leg.

lor lae haic gorngv-huv camv haic nyei mienh/to be skillful in creating trouble. Ndongc duqv meih *lor lae nor aeqv* mv maaih haaix dauh mv youx meih lorqc. Like you a long-winded speaker no one not hate you.

lor sor 啰嗦 /luōsuō/ haaix ndau fungc deix ziouc lorz sic gorngv nyauv bun mienh nyei mienh/vexingly verbose; wordy; over elaborate.

lor sor haic ciouv haic kungx oix lorz sic gorngv la'nyauv hoic mienh/person who always complain or find fault.

lor[2] aengx lorz mangc "caeng-lor" wuov joux nyei eix-leiz.

lorc[1] df. lienh lorc doic. Gj: lienh lorh/to communicate with; to get in touch with.

gorngv sic lorc nzengc gengh gorngv horpc nzengc mi'aqv. Gj: gorngv lorqc doih nzengc/to discuss a matter and reached an agreement.

sic lorc sic lorc meih gaengh daaih fai mv daaih to bun yie hiuv/please let me know for sure you will come or not.

lorc[2] w. haiz gorngv jienv waac li'lungx lorc nyei jiex jauv/the sound of people talking in the distant.

lorh[1] sk., d. 驴 /lǘ/ lorh caux maaz nyei mou zeiv oix fi'hnangv nyei, mv baac lorh qaqv gauh henv maaz/a donkey.

lorh ciangv lorh yiem nyanc miev nyei ciangv/wide open grass area for donkey.

lorh gouv/a male donkey.

lorh maaz lorh caux maaz/donkeys and horses together.

lorh nyeiz 1 a female donkey. **2** maiv saeng-yungz nyei m'sieqv mienh beiv lorh nyeiz, mv dorh leiz nyeic waac.

lorh nyeiz-biqv mv maaih saeng-yungz yaac liaa nyei m'sieqv mienh se beiv lorh nyeiz-biqv, mv dorh leiz nyei waac.

lorh orn buic lorh di'daanz nyei orn/a saddle for a donkey.

lorh torh 骆驼 /luòtuó/ yietc nyungc domh saeng-kuv nyei mbuox/a camel.

lorh zeic maiv gaengh njiec jiex dorn nyei lorh lunx/a virgin donkey.

lorh[2] ng., n. mborqv mbui morng morng puix nzoz nyei lorh/a copper disk that gives booming sound when struck.

lorh nzoz lorh caux nzoz/gongs and drums or music instrument.

lorh nzoz guanh mborqv lorh nzoz patv daanh baah biomv nzatc nyei yietc guanh mienh/a music band.

lorh nzoz jaa-sic mborqv cangx heix nyei jaa-sic/musician instrument.

lorh[3] gn., n. longc siang-jei lorh cuotv bun nqoi hmeiv-huv caux hmeiv-longx/to separate full grains and broken grains by a woven sifting tray.

lorh dauv lorh dauv se longc hlieqv-finx zieqv daaih aengx gauh maqc deix siang-jei/a sieve.

lorh[4] gn., n. lorh gaeng. Gj: biau, mong/a watch or clock.

buoz-lorh gaeng dangh buoz nyei lorh gaeng/a wristwatch.

domh lorh gaeng kuangx njongc nyei gaeng. Gj: dingc gaeng/a wall clock.

lorh gaeng hlaang lorh gaeng nyei hlaang/a watch strap.

lorh gaeng sim lorh gaeng nyei yangh jauv wuov deix sim/a watch needle.

lorh wangv fengx njiec zaaux mbiauz nyei lorh wangv/net to catch fish, bird.

lorh wangv jouh longc lorh wangv corng laatc jienv mbu'ndongx mborqv wuov nyungc jouh/tennis sports.

lorh[5] cm., b. 姓罗 /xìngluó/ fingx loz-lorh mienh nyei fingx/Iu Mien family name.
Lorh Ciang Nquenc zinh ndaangc Iu-Mienh yiem kaeqv-deic nyei yietc norm nquenc (county) nyei mbuox/Iu-Mien (Yao) district name in ancient China.

lorh[6] w. beiv hnangv, *m'nziex zeiz nyei mbor lorh*. Gj: *zeiz nyei mba'lae, zeiz nyei mba'lorqv, zeiz nyei fai nix*/to be questionable when in challenge.

lorv w. lorz gong zoux lorv jienv buoz-zaux mv bun henh/find something to do to keep one's hand busy.
lorv hnyouv muangx gorngv gouv lorv hnyouv jaiv nzauh/to kept one's mind busy by listen to the music.
lorv nzuih baengx lorz nqamh nziuc lorv nzuih/keep one's mouth busy with chewing the gum.

lorx[1] pm. 寂寞 /jímò/ lorx, ndoqc mv maaih mienh caux nziaauc/to feel lonely.
lorx gau 很寂寞 /hěnjímò/ **1** haiz ndoqc gau/to feel lonesome. **2** lueic gau maiv fungc aqv/a laziness.
lorx-lorx wuov haiz lorx-lorx wuov mv hiuv oix zoux haaix nyungc/to feel at a lose but not know what to do.

lorx[2] pm. 懒 /lǎn/ mv jienh zoux gong/to be lazy; indolent; slothful.
bungx lorx maiv gic sin; maiv gunv/to be neglectful; absent-minded.
hnyouv lorx hnyouv mv gic; mv gunv sic/careless; to be absent minded.
lorz dingc aqv lueic haic haaix nyungc yaac maiv gunv/be lazy; laziness.
m'normh lorx m'normh lueic mv zaeng waac/inattentive ears

lorz w. 找 /zhǎo/ zeuh lorz; zimh lorz/look for; try to find; seek.
lorz auv mingh youh deic-bung lorz auv/to look a woman to marry.
lorz buatc 找见 /zhǎojiàn/ lorz buatc aqv have found; discover.
lorz cai-doix 找对象 /zhǎoduìxiàng/ lorz auv lorz nqox longc/to look for a partner (in marriage).
lorz cien lorz dongh zouv fai ziev-muic cien/to find out the kin relationships.
lorz daic lorz daic nyei jauv/to seek for death; to invite death.
lorz deic lorz zangx sei fai gomv biauv nyei deic/to look for a site.
lorz doic lorz a'nziaauc doic/to look for a playmate, friends.
lorz gaav lorz dorngx gaav nyaanh/to apply for a loan; look for a loan.
lorz gong lorz gong zoux/looking for employment.
lorz hmien-minc lorz mengh dauh lorz hmien-minc/to try to do good so people will praise one for.
lorz hnaangx nyanc mingh lorz nyanc to look for food to eat.
lorz jauv mangc deic douh lorz jauv/to look for the way or direction.
lorz maiv buatc lorz ga'naaiv mv buatc can not find; unable to find.
lorz nqox m'sieqv mienh lorz nqox longc/look for a suitable man to marry.
lorz nyaanh zoux saeng-eix lorz zinh nyaanh/to earn money for living.
lorz qangx lorz gaax duqv norm qangx zoux haaix nyungc fai/to look for an opportunity to do something.
lorz qien zengx lorz hungh jaa bun qien zengx sou/to apply for a visa.
lorz sic lorz sic gorngv nyauv/to looking for a trouble.
lorz sic gox mienh lorz sic gorngv gox mienh/to file a complaint.
lorz taux duqv lorz taux duqv taux buoz/to ask for something until get it.
lorz waac 1 lorz waac yiem dimv nzangc sou/to look for word from dictionary. **2** lorz waac gorngv nyauv bun/to find fault to against someone.
lorz zaeqv lorz mienh jaauv dongh ninh qiemx nyei zaeqv/try to collect the debt.
lorz zinh nyaanh zoux gong lorz zinh nyaanh/to make money.
lorz zorqv jun-zaah lorz zaqc zorqv/to look for someone to arrest.
lorz zoux lorz gong zoux/to look for something to do.

lorkv[1] w. lorkv jienv cie-gaengh, *lorkv* se gaav congh English lock daaih.

lorkv[2] pm. maaih la'bieiv lorkv daax lorkv wuov. Gj: nzorngh/a rocky area.
lorkv-lorkv nyei la'bieiv cou lorkv daax lorkv wuov/many large rocks area.
lormv q. haiz gorngv waac lih lungx lormv nyei jiex wuov qaav jauv/the sound of talking in the distant.
lornc w. longc nzuqc gaatv lornc mingh lornc daaih nyei/to cut back and forth with a knife.
lornv w. mbietc cuotv daaih lornv-lornv wuov/stick out of a tongue.
lorng pm. jaax jienv lorng faaux mingh zoux gomv biauv nyei gong.
lorng korng jaic nyei gengh jaic gau maaih deix mbungv hnangv/to bony look.
lorngc pm. mingh saau lorngc jiex naaiv lorngc jiex wuov/to wander about.
lorngc-dorngc mienh maiv maaih biauv saau jienv mingh nyei mienh/to wander as homeless person.
lorngc-dorngc zoux dorngc tin dorngc deic nyei zoux/to do with mistake.
saau-lorngc mangc bungx m'zing saau mangc siepv nyei/to take a quick view.
lorngh[1] m., w. 郎 /láng/ m'sieqv heuc m'jangc nyei dorh leiz waac/a gentleman.
kaeqv-lorngh mbienz siang-laangh wuov dauh dorn/a groomsman at a wedding.
lorngh jun 郎君 /lángjūn/ m'sieqv mienh taaih nqox nyei dorh leiz waac/a term of address man by woman or her husband.
lorngh loz zunh gorngv gouv loz-hnoi naaiv dauh mienh heuc *lorngh loz* ninh ziangh duqv buo cin betv baeqv caux luoqc ziepc feix hnyangx.
lorngh mbuox se Iu-Mienh douc liuz sai duqv nyei *lorngh mbuox,* beiv hnangv Dangc-Ziang Yietv Lorngh, yaac maaih 120 dauh yiem-gen nyei baeng, ninh nyei auv yaac duqv 60 dauh yiem-gen baeng.
lorngh zong biouv i yiemc kuqv ga'nyiec mau gu'nyuoz ngaengc nyei biouv/coconut.
lorngh zou aaux nzung gorngv m'jangc mienh nyei waac/a handsome man.
lorngh[2] pm. lorngh lorngh wuov mv junh/a vertical shape.
lorngh[3] q. ninh baaux nzung sing-lorngh longx gengh kuv-muangx haic/pleasant sound of a singing voice.
borngh lorngh guaengx zaangh mborqv doic mbui borngh lorngh dangh.
lorngv q. haiz gorngv jienv waac lorngv lorngv nyei jiex/loudly talk voice.
lorngx w. zorqv zouc lorngx jienv dieh longc njapv lai/to place a long object on.
lorngx gu'nguaaic zorqv ndaauv nyei ga'naaiv lorngx jiex gu'nguaaic/to place a long object on top of something.
lorngx njiec 1 heng-heng lorngx an njiec/to place down. **2** hitv njiec zuov jienv/to put down and wait.
lorngx zaux dorngx sung zaux lorngx nyei dorngx/a place to rest one's feet.
lorngz[1] pm. m'zing hlo gau lorngz-lorngz wuov/a big round eyes.
lih lungx lorngz nyei njongc tong kuotv daaih lih lungx lorngz wuov/many holes on the wall.
lorngz[2] pm. lungh muonz nanv dang ziux jauv lih lungx lorngz nyei/flashlight at night in the distant area.
lorngz dangh mbuo-lingc njapc lorngz dangh/the flash of lightning.
lorpc[1] q. douz zietc ga'naaiv mbeux lorpc lorpc nyei/popping noise as fire burning through something.
lorpc[2] w. lorpc zorpc; lorpc lorpc zorpc zorpc nyei/to be mixed together.
lorpc zorpc biangh ziex nyungc biangh zorpc jienv/flower mixed together.
lorpc zorpc ndie camv-nyungc ndie zorpc daaih/medicine mixed together.
lorpc zorpc setv camv-nyungc setv zorpc/mixed colors.
lorpc zorpc waac gorngv zorpc ganh fingx nyei waac/mixed language.
lorpc zorpc yiem janx caux mienh zorpc jienv yiem/Mien and non-Mien living together.
lorpc zorpc zuangv 混血人 /hùnxuěrén/ **1** i fingx mienh zorpc daaih nyei mienh/a half-breed. **2** camv-nyungc nyim zorpc zuangx cuotv nyei ga'naaiv.
lorqc[1] w. 了 /lē/ **1** (used after a verb or adjective to indicate completion of work or change). **2** zeiz nyei lorqc/yes, it is.

3 maiv zeiz lorqc/no, it is incorrect. **4** ninh mbuo mingh mi'aqv lorqc/yes, they are gone/m'daaih hnangv meih gorngv naaic lorqc/yes, you're right.

lorqc[2] nd. 落 /luò/ lorqc njiec; ndortv njiec to drop or fall down.

jaux-lorqc ciqv lorqc, lorqc jienv jaux bun gu'nguaaz longc/to tie string into a loose bag to hold an egg.

lorqc deic ndortv njiec ndau/to fall onto the ground or floor.

lorqc deic dang an nitv jienv ndau nyei dienx dang/a floor lamp.

lorqc doic nzaanx mingh lorz mv buatc doic/to get lost from a group.

lorqc doih lorqc doih cing cov nzengc aqv/to settled an agreement.

lorqc doih waac gorngv dingc nzengc nyei waac/the words of settlement.

lorqc hornh doh naanc mv maaih mienh nzie/misfortune; to suffer hardship.

lorqc hornh mienh ndortv naanc nyei mienh/a person who suffer hardship.

lorqc iv aaux benx nzung nyei waac gorngv duih mbiungc/to rain.

lorqc lueic aaux benx nzung gorngv liouc m'zing-mueic/to shed tear.

lorqc naanc 落难 /luònàn/ lorqc naanc fai doh naanc/tragedy circumstances.

lorqc naanc eix fiev nzung sux ndortv naanc nyei jauv/a piece writing about one's hardship.

lorqc naanc nyienh ndortv naanc nyei mienh/a person who suffered difficult.

lorqc nqaang zunc doic mv zaaic lorqc nqa'haav/to fall behind.

lorqc sorng njiec sorng; duih sorng/to have snow falling.

lorqc wuom wuom saamx nqaai zoqc njiec/the water absorb or dry out.

lorqc[3] nyc. nyiemc cien lorqc hlo fai lorqc faix nyei sic/to acknowledge of relative.

lorqc faix youz se zoux gorx nyei lorqc faix wuov dauh/one who considered to be unimportant.

lorqc faix mienh youz, muoc, fu'jueiv, fun, faqv, se yietc zungv benx lorqc faix nyei mienh/to be an unimportant one in relatives.

lorqc fun 1 zoux fun/be a nephew or niece. **2** fu'jueiv-fun/a grandchild.

lorqc hlo mienh ong, gux, dae, maa, baeqv, juoh, youz-diex, nziez-maac, gorx fai dorc, se yietc zungv benx lorqc hlo nyei mienh nzengc.

lorqc zuqc meih ndortv zuqc meih nyei buonc zoux/it's your turn.

lorqc[4] bz. lorqc zienh/a soul/lorqc sanv/a spirit die in childbirth.

lorqc sanv cung yungz gu'nguaaz daic nyei cung-mienv/a spirit which cause woman to die in childbirth.

lorqc sanv dongc yungz gu'nguaaz daic nyei mienh nyei wuonh mbaeqv se mingh yiem lorqc sanv dongc.

lorqc sanv jaai yiem-gen lorqc sanv mienv yiem nyei jaai-horngc.

lorqc sanv mienv yungz gu'nguaaz daic mingh nyei mienv.

lorqc zienh suangh leic wuonh mbaeqv nyei dongz-linh/the shadow representing a person's soul.

lorqc[5] cs. lorqc yaangh; gu'nguaaz cuotv seix ndortv ndau/be born into the world.

lorqc mi'aqv saeng-kuv saeng lorqc mi'aqv maaih jienv dorn aqv.

lorqc yaangh aaux benx nzung gorngv cuotv seix/to be born.

lorqc yaangh faam-ziu cuotv seix duqv buo ndorm/three days old infant, baby.

lorqc[6] pm. lorqc beiv; se gorngv hnangv; lorqc zuqc yie nor/if; suppose.

kauv lorqc nyeic zaux zueiz kauv jienv njien-youh nyei zaux/to sit with one's leg cross at ease.

lorqc beiv lorqc beiv yie corc lunx nor yie gengh oix doqc sou longx deix.

lorqc bortc ziangh duqv lorqc bortc haic/referred to one who unhygiene.

lorqc forqv ga'naaiv nzangh dorngx forqv haic/to be messy around.

lorqc hiuang jaang-ndiev njiec daaih wuov deix dorngx/the chest area.

lorqc hiuang mbungv la'kuotv nyei mbungv/a chest bone.

lorqc hiuang orv la'kuotv nyei orv/the meat of the chest area.

lorqc lorqc forqv-forqv faam mv nzangh feix mv zingv nyei/to be very messy.
mienh lorqc bortc mienh maiv kangv fioux-zengv wuov nyungc mienh/a dirty or slovenly person.

lorqc[7] aengx lorz mangc "ha'lorqc, caux orn-lorqc, bungx lorqc mueic" wuov deix nyei eix-leiz.

lorqh wj. zeiz nyei mba'lorqh; maiv zeiz mba'lorqh/maybe; probably.

lorqv[1] pm. meih mv dongh lorqv/you are the same or you are too. Gj: lorqc.

lorqv[2] wj. kouv-kouv lorqv-lorqv; tov-tov lorqv-lorqv; ngorc-ngorc lorqv-lorqv nyei yiem; nyiemv-yiemv lorqv-lorqv nyei tov/to cry and beg for.

lortc pm. gorngv waac mbiangc gau lortc lorqc nyei/a very smooth talker.

lotc wj. dorngc jauv lotc nzotc jiex naaiv lotc nzotc jiex wuov nyei/to go back and forth as when one get lost.

lou[1] w. nimc deix baav faix-fiuv ga'naaiv nyei sic/to steal small amounts.
lou nyaanh nimc nyaanh/to steal small mount of money.

lou[2] lz. lou-biouv/betel nut, seed kernel of the areca palm.
nziuc lou lou-biouv caux hui caux ja'lau normh zorpc jienv nziuc bun ganh nyei nyaah jieqv/to chew betel nut with leaf.

louc[1] w. hmei-luangh ndaauv louc jienv mingh. Gj: mbiorngz/the vine spread out with new stems.
louc faaux hmei-luangh louc nzenc jienv faaux/to spread upward as vine.
louc luangh cuotv miuh ndaauv louc luangh mingh/the vine spread out with new producing shoots.
nzangc-louc fiev nzueic louc jienv nyei nzangc/a cursive style of writing.
zueih louc ziangh camv-normh zueih louc jienv mingh/a carbuncle.

louc[2] dj. 路 /lù/ jauv; jaai/road; path; way or street/daaic louc/freeway.
cuotv louc cuotv jauv mingh aqv/start a journey; departure; leaving.
faam-bung feix louc ziex bung ziex louc nyei/in all directions.
haengh louc 走路 /zǒulù/ yangh jauv/to walk on the road.
jiex louc jiex jauv/to cross a street.
louc dauh 路途 /lùtú/ jauv-dauh louc mueiz/journey; on the way travel.
louc feix 路费 /lùfèi/ bienh fuix; cuotv jauv longc nyei zinh/traveling expenses.
louc mueiz jauv-kuv/intersection road.
louc winx jauv go/long distance way.
louc zangc 路上 /lùshàng/ mingh nyei jauv zangc/on the way of journey.
zangc louc 上路 /shànglù/ cuotv jauv/to start a journey; departure.

louc[3] pm. louc wuom; louc youh; louc diuv. Gj: saax/to filter water or oil.
ga'naaiv-louc louc youh lo haax nyei ga'naaiv/a filter for oil or water.
louc cuotv louc wuom cuotv hnangv mv longc zaa/to filter out; to drain out.
louc saaiv-nzie zorqv saaiv ziemx jienv louc cuotv ninh nyei wuom daaih aengx longc ziemx hmeiv beu njuov-guei.
louc wuom louc wuom-hopv/to filter drinking water.
louc wuom ga'naaiv louc wuom nyei ga'naaiv-louc/a water filter.
louc youh louc cuotv youh maaih nyei la'fapv lo haaix/to filter oil
louc youh ciangv louc youh dorngx fai ciangv/an oil refinery.
louc youh ga'naaiv longc louc youh nyei ga'naaiv-louc/an oil filter.
louc youh ndongh cie nyei louc youh ndongh/oil filter on a vehicle.

louc[4] cm. ei Iu-Mienh leiz-fingx se gorngv yiem jauv zangc yungz duqv gu'nguaaz se oix zuqc cuotv mbuox jiex gorn heuc louc, beiv hnangv Ih Zoih nyei fu'jueiv Louc Zoih.

louc[5] aengx lorz mangc "m'normh louc, mbietc louc" nyei eix-leiz.

louh[1] hz., d. 竹鼠 /zhúshǔ/ wetv kuotv bieqc ngaatc hlauv-gorn nyei louh/a bamboo rat; gopher.
louh biuih louh fongv nie cuotv daaih nyei ndui/rodent's pile of soil
louh juv yiem (USA) nyei yietc nyungc ndienh sin lomh louh, nzuih hnangv juv nyei nzuih/an opossum.

louh[2] m., n. cui nziaaux buov hlieqv nyei louh/a bellows at a forge.
douz-louh zouv nyanc hopv nyei douz-louh/a bucket stove.
louh baan mienv houc mienh daav hlieqv nyei mienv/a spirit of forge.

louh[3] pm. lungh cor hoqc njang deix dien louh louh wuov/to be at dawn.
hlaax-nyutc louh louh hlaax nyei njang se louh louh wuov hnangv.

louh[4] aengx lorz mangc "ha'louh, butv louh" nyei eix-leiz.

loux w. nyanc loux jienv maengc mv bun daic hnangv/to keep oneself alive by eating whatever one can eat.
loux maengc nyanc haamv hnyouv mv daic hnangv/eat just to surviving.

louz[1] pm. loz-lai-gorn cuotv nyei lai se heuc lai-louz/loz-dopc gorn cuotv cunx daaih nyei dopc yaac dopc louz.

louz[2] gn., z. yietc nyungc normh laic nyei miev corh zuqc haih gaatv mienh nyei/a type of sharp leaves grass.

Louisiana m. yietc norm ziou, yiem Meiv Guoqv N. bung, ziou nyei domh mungv heuc Baton Rouge.

lu w. m'nqorngv hliouv njang nyei lu-lu wuov/a hairless head.
Lu Gaa 路加福音 /lùjiāfúyīn/ yietc buonv zengx-ginx sou nyei mbuox/a book of Luke in the Bible.
lu'guaih beiv hnangv, hnyouv maiv sie mv baac lu'guaih nyanc aax; lu'guaih zoux. Gj: la'guaih/eat without hungry or to do with careless.
lu'guaih gorngv maiv hnamv longx lu'guaih gorngv/nonsense talk.
lu'guaih ox hoic guaih lorz jaav-sic ox hoic mienh/to harm without evidence.
lu'guaih seix gaax mv za'gengh liepc hnyouv seix/to try without careful.
lu'guaih zoux maiv zeiz liepc hnyouv zoux/to do without obligingly.

luc[1] cm. da'luoqc dorn nyei heuc jiex gorn mbuox, beiv hnangv Ih Gueix nyei dorn Luc Gueix.

luc [2] m. **luc yin daaix** dapv luc yin bungx waac fai bungx nzung muangx nyei hlaang-mbeih/a cassette tape.
luc bin dangv yietc bung ndiux norm bienh longc nziang in nyei dangv-dorn/a small balance scale.
luc yin jei dapv siou waac hlaang bungx nyei ga'naaiv/tape recorder.

Luh Siev m. 俄罗斯 /éluōsī/ yietc norm guoc jaa yiem B. bung maengx Asia, hungh zingh mungv heuc Moscow.
Luh Siev janx yiem luh siev deic-bung nyei janx/Russian people.

luv w. janx-zaqc luv caangv zorqv nyaanh to rob; to take property from.
luv mienh luv zorqv mienh nyei zinh nyaanh/to rob the people.

lux wj. **lux sux** zanc-zanc maaih jienv mv dangx gorn/to be continued.
lux lux sux sux hei zangc nyei dorngx haaix zanc yaac maaih mienh lux lux sux sux nyei daaih maaiz ga'naaiv/the market place people come repeatedly to do shopping.

luangc gn., d. tongv-luangc, dongh buoz nanv hnengx wuov/handle of a bucket.
jaan luangc buoz nyei nziaamv-jaan luangc/raised as blood vessels.

luangh[1] z. hmei-luangh; ga'naaiv-luangh lo haaix/a creeper of a vine.
ba'daatc luangh ba'daatc nyei luangh the vine of bitter melon.
fanh nyiemv-luangh fanh mbouh nyei luangh/a pumpkin vine.
hmei-luangh louc jienv luangh mingh nyei ga'naaiv/a climbing plant.
luangh buoz luangh nyei dueiv dongh nyau ga'naaiv louc faaux wuov/a tendril.
luangh maac hmei-luangh maac/the main trunk of a creeping.

luangh[2] m, d. 龙 /lóng/ yiem koiv, fai yiem ndoqv nyei jung-hungh/a dragon.
luangh hungh koiv nyei jung-hungh. Gj: longh/a dragon king, sea God.
luangh muonh yiem koiv-ndoqv jung-hungh dinc/the palace of the sea god.

luangh[3] m, w. luangh fongc; luangh zou; luangh yaang, luangh meih, se aaux nzung gorngv guai-qaauv nyei m'jangc dorn. Gj: lorngh/men of wisdom.

luangh[4] m. **1** geh zorng. **2** geh zorng nyei mienv/a mountain ridge.
dov luangh wetv dangx geh zorng nyei sic, eix-leiz se wetv dangx jung-hungh nyei buoz-maeqc/to dig and damage a mountain ridge.
luangh houv sen 龙虎山 /lónghǔshān/ geh zorng nyei mbuox, dongh gorngv gouv gorngv zu'zong-mienv nyei cing-nzengc dongc wuov/the holy land of Taoists in Guangxi, China.
luangh maeqc geh zorng se jung-hungh nyei buoz-maeqc/the dragon's pulse.

luangh[5] cm. mienh nyei heuc setv-mueiz mbuox, beiv hnangv Zaih Luangh fai Yunh Luangh.

luangz pm. jaang-nzungh luangz-luangz nyei/a blood vessels stand out around the side of neck.

luei[1] w. zunc luei jienv nqa'haav mingh/to chase very close behind.
jauv-luei miev siex homc nzengc jauv buatc di'dien hnangv/overgrown path.

luei[2] pm. fu'jueiv oix longc nyaanh njiec qaqv luei domh mienh. Gj: ceuv, tov/to keep begging over and over.

lueic[1] w. 群 /qún/ yietc lueic jai-dorn a'fai dungz-dorn/a group of chick or piglet.
buo lueic jai-dorn buo guanh jai-dorn three group of chicks.

lueic[2] pm. 懒 /lǎn/ lueic mv zoux gong; lueic mv nzaaux sin. Gj: lorx, laanv, mbiev, sa'laav/lazy; indolent; slothful; resistant to work.
ga'naaiv-lueic laauv laanv gueiv; mienh lueic mienh/lazy-bones; laziness.
lueic dingc aqv gengh lueic gau maiv fungc aqv/lazy-bones; sluggard.
lueic haic gengh lueic haic/very lazy.
lueic maiv zoux maiv oix zoux haaix nyungc lueic haic/too lazy to work.
mienh lueic mienh 懒人 /lǎnrén/ lueic haic nyei mienh/a lazy person.

lueic[3] nz. nginz-lueic; nyinz-lueic, aaux benx nzung gorngv wuom-mueic/tears.
lueic lorqc ndiepv m'zing-mueic; liouc m'zing-mueic/to shed tears.

lueih[1] pm. ninh butv ndin se weic zuqc ninh nyei zuangv zangc maaih lueih butv ndin doic jiex doic/the cursed line of a family.

lueih[2] dz. hlauv gox lueih cuotv nyim nqaai daic aqv/blossom of the bamboo.

lueih[3] nz, d. 雷 /léi/ benx nzung gorngv mbuo-ong. Gj: m'lueih/a thunder.
lueih gong mbuo-ong/a thunder/*lueih gong njiec deic zaamv zong muoqc.*
lueih lingc mbuo-ong caux mbuo-lingc thunder and lightning.
lueih sing mbuo-ong mbui paengz nyei sing-qiex/thunderclap.

lueix m, n. **da'lueix** fengx guinh mangc a'nziaauc nyei da'lueix/a spool spindle.

lueiz pm. jai-dorn li'lungx lueiz nyei gan jienv jai-maa mingh/gather up as chick.

lui gn, d. 衣服 /yīfú/ zuqv buang gu'nguaaic wuov nqanx sin nyei lui/an upper garment.
buang nyorx lui a bikini; a brassiere.
lui-baeqc lui setv baeqc/a white shirt.
lui-ben ben yietc ganc yietc ganc wuov nyungc lui/a garment with color stripe.
lui-biangh maaih biangh diepc/a shirt with color spots.
lui-bieqc lungh yuoqv gorng zuqv nyei lui/garment for summer time.
lui-bin caux ben fi'hnangv nyei.
lui-dangh jaang topv m'nqorngv njiec zuqv nyei lui/a sweater; a tee shirt.
lui-ganc hnangv lui-leix nor leix jienv yietc ganc yietc ganc nyei lui.
lui-gem nyungc-nyungc lui dongh paanx jiex buoz-seih ndiev wuov deix dorngx.
lui-guaax 1 yietc bung maaih diuh gorng kuangx mba'dauh wuov nyungc lui/an under shirt. **2** zoux sai ong zuqv sipv mienv nyei lui-guaax.
lui-guaaic guaaic-guaaic wuov nyungc lui/garment with different color stripes.
lui-guaan m'sieqv mienh longc guaan lui nyei buic-gi suix-siqv/red yarn used for a woman's jacket.
lui houx zuqv buang sin nyei ga'naaiv.
lui-houx faang siou lui-houx dapv nyei ndiangx-longx/chest for storing clothes.
lui houx gen kuangx lui-houx wuov qongx gen/a closet.

lui houx huv waaic nyei lui houx/very old clothes.
lui-houx-japv ndorqc jienv sin japv lunh daaih nyei lui houx/clothes made by tailor; special clothes.
lui-houx-ngutv lunh lui-houx wuov deix ngutv/a seam in a garment.
lui-houx nyauc zuqv gau lauh nyauc nyei lui houx/clothes that wrinkled.
lui houx nzueic siou nyei zuqv dangh baav nyei lui houx/a beautiful clothe.
lui-houx paeqv laih hlopv nyei lui houx dirty clothes.
lui-houx-yienc mbungh yienc sin nyei lui houx/a change of clothes.
lui-jaang naetv zuqc jaang-ngunz wuov douc lui se heuc lui-jaang/neck of the garment; the collar.
lui-jaang nqom 1 naetv lui-jaang wuov kuaaiv ndie. **2** fiev lui hlo faix wuov kuaaiv ndie/label on the neck of upper garment to indicate the size.
lui-juoqv lui nyei ga'ndiev juoqv wuov bung/bottom end of a garment.
lui-laengx m'sieqv lui-guaan gu'nyuoz maengx dongh congx jienv congx wuov kuaaiv ndie.
lui-leix m'jangc mienh nyei lui-nzueic.
lui-mueix buang buoz wuov nqanx lui se lui-mueix/a sleeve.
lui-mueix-kuv lui-mueix jiemc wuov bung/opening at the end of a sleeve.
lui-mueix-nangv lui-mueix nangv nyei lui/short-sleeved.
lui-mueix-ndaauv lui-mueix ndaauv nyei/long-sleeved
lui-mbietc dongh i bung jaang-hlen citv-citv wuov/a collar.
lui-mbuoqc dongh haih cipv batv wuov norm mbuoqc/a coat pocket.
lui-mbuoqc tong jomc kouv ga'naanh nyei waac-beiv/to be penniless.
lui-ndaauv domh lui-ndaauv/long coat or long jacket.
lui-ndung m'jangc lui dongh mv leix juoqv wuov nyungc/an ordinary man's traditional jacket.
lui-nqaeqv zuqv gu'nyuoz nqaeqv hanc wuov yiemc lui. Gj: lui-nqenx/an under garment.
lui-nqomz domh lui hoz hnyiev nyei wuov nyungc/overcoat; a heavy jacket.
lui-nzepv ndiev m'sieqv mienh lui nyei buoz-seih ndiev wuov kuaaiv ndie.
lui-siaam m'sieqv lui suoh njiec i bung wuov deix gorng/the two long flaps of a woman's coat.
lui-siouv lungh juangv gorng zuqv nyei lui/a warm jacket.
lui-weih m'sieqv lui nitv nyorx-gorn wuov wuonc dorngx.

luic[1] w. luic mbiauh; luic maeqc/to mill the rice grain by machine.
hmeiv-luic 1 luic hmeiv nyei cie/a rice mill. **2** luic daaih nyei hmeiv/milled rice.
luic maeqc longc luic maeqc cie mueiv maeqc/to mill corn.

luic[2] pm. faaux mingh caaiv hlienx luic ga'naaiv/to tread on.

luic[3] cf. baaux nzung luic dorn fai sieqv cuotv ka'ndau caux gorngv waac fai baaux nzung nziaauc/to sing to invite a boy, girl to come out to sing and have fun.
feix luic dorh leiz waac gorngv gengh la'nyauv hoic zuqc aqv/to be burden.
luic mienh nzung baaux luic mienh nyei nzung/a song to invite someone.

luic[4] zg. hnyaapv mbiauh miev wuonc jienv liangx-luic faaux.
luic ngongh maaz longc ngongh maaz nyei qaqv zoux gong tor ga'naaiv/used ox and horse to do work.
luic zaangh douz gaeqv zaangh nyiex zaangh nyei gong/to chop and gathering and carrying firewood.

luih[1] w. luih jienv gan ndau mingh/to slide or move along the ground.
luih dangh cuotv naang yiem kuotv luih dangh cuotv daaih.

luih[2] pm. luih ndaauv cuotv mingh aengx gauh ndaauv loz wuov/to getting longer than before.

luiv w. nziouv-muotc luiv luiv duiv duiv nyei baeng jienv douh mingh/long line as ants moving by group.

luiz[1] w. ngongh guanh baeng douh mingh luiz daax luiz nyei.

luiz[2] pm. nyiemv duqv dueiv ndaauv gau da'luiz, da'luiz nyei.

lunc[1] w. 松散 /sōngsǎn/ fong lunc; lunc ndoh mv jienv/to loose up; slack.

bungx lunc bungx nqoi mv ndoh/to let loose; to untie; uncoil.

jaiv lunc jaiv nqoi maiv ndoh/to untie.

lunc nzengc 1 lunc nzengc maiv nitv doic/loose up everything. **2** ndoh maiv zietc lunc nzengc.

lunc[2] pm. 乱 /luàn/ liouc-lunc nzengc maiv cing mv cov nyei/to be social confused.

biaux lunc biaux nzaanx lunc nzengc/to be social disorderly.

ceux lunc ceux sic zoux lunc/to stir up trouble and confused.

gorngv liouc-lunc gorngv bun mienh mv mengh mv baeqc nyei/to talk, speak in a confusion way.

hnyouv lunc hnyouv liouh lunc maiv dingc/to be undecided or unsettled.

liouc-lunc 流乱 /líuluàn/ lunc nzengc mv cing mv cov wuov/to be disorderly.

lunc baeng mborqv jaax lunc daaih nyei baeng-maanh/rebel; rebellion.

lunc guaih lu'guaih hnangv maiv zeiz jiez jienv hnyouv/careless mind.

lunc huon guangc auv-nqox liouh lunc nyei sic/to stir up family disorderly.

lunc sortv nz. guaih gorngv nv gorngv wuov/talk foolishly or irresponsibly.

lunc waac guaih nzauz mienh gorngv nyei waac/a nonsense talk.

lunc zaamv 冷战 /lěngzhàn/ liouc-lunc mborqv jaax nyei sic/cold war.

lunh w. 缝 /féng/ lunh; longc sim lunh. Gj: mbiev, nyapc/to sew; to stitch up.

lunh ga'naaiv ciangv lunh ga'naaiv nyei dorngx/a sewing factory.

lunh ga'naaiv cie lunh ga'naaiv nyei cie/a sewing machine.

lunh ga'naaiv jaa-sic suix, sim longc lunh ga'naaiv jaa-sic/sewing supplies.

lunh gapv jienv baeng daaih lunh gapv jienv/to sew up (a wound).

lunh heh mienh zoux heh fai lunh heh nyei mienh/a shoe-maker.

lunh lui houx lunh lui lunh houx/to sew or make clothing.

lunh lui houx zangc 缝纫 /féngrèn/ lunh lui houx nyei zangc mienh/a tailor.

lunh nyei ngutv lunh gapv doic wuov diuh ngutv/a sew seam.

lunh zuqc bangc lunh zuqc/to sew up.

lunh zuqc gu'nguaaz maaih sin nyei m'sieqv mienh yiem ninh ganh nyei coux lunh ga'naaiv haih lunh zuqc gu'nguaaz cuotv seix daaih waaic fangx/to sew up an unborn baby

lunx[1] w. 嫩 /nèn/ lunx nyei; lunx nyei mienh fai miev/tender; delicate; young; junior.

gauh lunx aengx gauh lunx deix. Dgw: gauh gox/to be younger.

gox lunx yietc zungv liemh gox liemh lunx yietc zungv/all old and young.

hnyangx-jeiv lunx hnyangx-jeiv corc aiv nyei/still be young in age.

lunx-lunx wuov mangc buatc lunx-lunx wuov/look very nice and young.

lunx[2] pm. mienh gox hnyouv lunx zoux dorngc sic/to be immature in thinking.

lunz pm. zoux doc aengv lunz/to pretend to be something.

lamh lunz cuotv as plant continuing to grow new shoots.

lung pm. m'nqorngv hliouv njang nyei lung-lung wuov/to be hairless.

lungh[1] m. 天 /tiān/ **1** tin-dorngh; gu'nguaaic lungh/sky; heaven. **2** lungh hnoi/day.

jiex lungh cie-ndaix, ndaix jiex lungh. airplane flying across the sky.

lungh aanx ziangx lungh aanx zanc/at noon time or during noon time.

lungh aanx-dorn lungh oix lamh deix aanx aqv/shortly before noon.

lungh aanx hnaangx nyanc lungh aanx wuov donx hnaangx/a lunch meal.

lungh aanx jiex lungh aanx jiex mi'aqv in the afternoon.

lungh aanx maanz lungh aanx jiex go aqv/in the early afternoon.

lungh aanx zanc lungh ziangx aanx/to be right at noon; midday; during noon.

lungh atv mbiungc yuoqv weic zuqc oix duih mbiungc/to be very humidify.

lungh caux ndau tin-deic; tin-dorngh caux baamh gen/heaven and earth.

lungh domh ndorm lungh ndorm caux lungh aanx mbu'ndongx nyei ziangh hoc/forenoon; late morning.
lungh donx nyanc hnaangx nyei ziangh hoc/daily meal; meal time.
lungh faaux mbuonx oix duih mbiungc faaux mbuonx/to become cloudy sky.
lungh gorn jiemc lungh ndiev nyei dorngx/the ends of the earth.
lungh haanx lungh maiv duih mbiungc ziex laaic lauh/drought.
lungh hlorngx mv duih mbiungc/clears up sky after rain.
lungh hmuangx 1 lungh hmuangx/in the evening. **2** lungh hmuangx oix duih mbiungc/dark or cloudy sky.
lungh hmuangx hnaangx nyanc lungh hmuangx wuov donx hnaangx/evening meal; supper; dinner.
lungh hnoi lungh hnoi zanc/daytime or during the day time.
lungh hnoi lungh muonz lungh hnoi caux lungh muonz/day and night.
lungh hnoi zanc lungh hnoi njang nyei ziangh hoc/during the daytime.
lungh jieqv lungh oix duih mbiungc faaux mbuonx jieqv/a dark sky.
lungh jorm-yuoqv gengh jorm yuoqv haic nyei lungh qiex/a hot day.
lungh juangv lungh juangv nyei wuov gorng hoc/the cold season.
lungh jung hinc faaux lungh wuov diuh jung-hungh/a rainbow.
lungh maanz-hmuangx lungh oix lamh deix hmuangx aqv/late afternoon.
lungh mapv maengh oix duih mbiungc lungh mapv maengh nyei/dark clouds.
lungh muonz lungh muonz zanc/night or during the night.
lungh muonz baan lungh muonz zanc zoux wuov baan gong/night shift work.
lungh muonz cie lungh muonz zanc yangh nyei cie/a night shift bus, train.
lungh muonz gong lungh muonz zanc zoux gong/a night shift work.
lungh muonz horqc doqc sou lungh hmuangx zanc/an evening class.
lungh muonz wuic lungh muonz nauc ngitc nyei wuic/night party, night club.
lungh muonz zanc lungh hmuangx nyei ziangh hoc/during the night time.
lungh mbiouz njang lungh oix lamh deix njang aqv/daybreak; dawn.
lungh mbu'ndongx yiem ziangx nyei lungh mbu'ndongx/the equator.
lungh mbuov lungh maeng. Gj: lungh mbiaengz/a blue sky; ozone layer.
lungh ndau lungh caux ndau/heaven and earth.
lungh ndau mv yuangh zoux waaic sic se lungh ndau mv tengx/not be blessing by heavenly God.
lungh ndau-zioux heuc lungh heuc ndau nyei zioux mienh/to curse by call heaven and earth to punish.
lungh ndiev lungh zaaux njiec/under the heaven; worldwide.
lungh ndiev fienx tong lungh ndiev nyei fienx/world news; worldwide news.
lungh ndiev mienh yiem lungh ndiev nyei maanc mienh/people living on the earth; all human being.
lungh ndiev sic lungh ndiev nyei yietc zungv sic/world affairs.
lungh ndiouh caengx lungh nyei ndiouh/the pillar that supports the sky.
lungh ndorm lungh ndorm zanc/early part of the day; morning.
lungh ndorm baan lungh ndorm zoux wuov baan gong/morning work shift.
lungh ndorm gong lungh ndorm zoux nyei gong/morning work.
lungh ndorm hnaangx lungh ndorm nyanc wuov donx hnaangx/the morning meal; breakfast.
lungh ndorm-nziouv lungh ndorm nziouv nyei/early morning.
lungh ndorm zanc lungh ndorm wuov hitv ziangh hoc/during the morning.
lungh njang lungh jiex gorn njang aqv daybreak; daylight; dawn.
lungh njiec nzauh dong-gen hnoi lungh njiec nzauh/hazy sky.
lungh nqaai gorng maiv duih mbiungc wuov gorng hnoi/autumn or dry season.
lungh nqaeqv lungh maeng. Gj: lungh mbuov/the o-zone layer.

lungh nzang lungh mv maaih mbuonx nzang nyei/sunny day; clear sky.

lungh oix lamh aanx oix lamh ziepc norm ziangh hoc aqv/almost noon time.

lungh om lungh maaih mouc om jienv nyei/to be foggy or overcast sky.

lungh opv lungh maaih mbuonx torngv mba'hnoi/to be cloudy sky.

lungh qiex 天气 /tiānqì/ lungh juangv caux yuoqv nyei qiex. Gj: tin-qiex/a weather environment; climates.

lungh qiex fienx 天气新闻 /tiānqìxīnwén/ lungh qiex sing-wuonh fienx/a weather news; weather report.

lungh qiex jorm jorm-yuoqv nyei lungh qiex/hot or warm weather.

lungh qiex namx juangv nyei lungh qiex/cold weather.

lungh qiex yaauc mv juangv yaac mv yuoqv nyei lungh qiex/a nice weather.

lungh samh nziemx lungh hmuangx aav lamh mangc mv buatc nyei ziangh hoc/dusk before night.

lungh yuoqv gorng lungh jorm yuoqv nyei ziangh hoc/summer time.

lungh yuoqv lungh jorm-yuoqv nyei ziangh hoc/hot summer time.

lungh zaaux njiec yietc norm lungh ndiev/throughout the world.

lungh zangc gu'nguaaic lungh zangc/a paradise; heavenly bodies.

lungh zangc diex 天父 /tiānfù/ Giduc Mienh heuc Tin-Hungh nyei waac/Heavenly Father used by Christianity.

lungh zangc ga'naaiv yiem lungh nyei ga'naaiv/things in the heaven.

lungh ziangx aanx ziangx nyei lungh aanx zanc/high noon; midday.

naaiv gitv lungh ndiev ih zanc naaiv gitv lungh ndiev/the world of present.

ndaamv-lungh gu'nguaaic bienx tin gu'laauh/midair; region in the air.

yietc gitv lungh ndiev baeqv hnyangx gu'nyuoz nyei ziangh hoc/time during a century; hundred year.

yietc lungh yietc ndau 1 leih duqv go haic/very far from. **2** caa go haic/very different from.

lungh[2] w. zaangv sin maiv dingc lungh lungh laih laih nyei mingh/unable to balance oneself.

lungv w. juv lungv; juv nyiemv heuc nyei qiex/howl sound of a dog.

juv lungv ziangh muonz juv ziangh muonz nyiemv lungv/the dog howled all night; dog cried all night.

lungx wj. lungx loiv nyei cuotv; don jienv gorngc lungx luotc wuov/many rows of bottle place together.

lungx lormv nyei qiex haiz yiem go gorngv waac nyei qiex/voice of people talking in the distant.

lungx luiz nyei daaih baeng jienv douh luiz daax luiz nyei daaih/a long line of animal or people walking.

lungz bc. hniev-soux yietc lungz, se maaih ziepc zinh/a unit of weight 38 grams.

lungz-faam yietc lungz caux buo zinh.

lungz-nyeic yietc lungz caux i zinh.

luonh[1] w. longc ndiangx-ndonx mborqv seix nyei/hit by a heavy stick.

luonh[2] w. luonh baan zoux gong/to take turn to work; to work by shift.

luonh baan 轮班 /lúnbān/ tiuv jienv yietc baan liuz aengx taux da'nyeic baan/in shifts; in rotation; take turns.

luonh baan nyanc yietc baan nyanc liuz aengx da'nyeic baan nyanc/to take turns to eat meal.

yietc luonh mingh yietc luonh hei/one round trip to a market.

luonv w. bingx jienv biaux/ninh mbuo i dauh luonv mi'aqv/they two ran away.

luonx[1] w. luonx norm hnoi zuoqc wuonh to compare to see which day is proper for a ceremony.

luonx gaeng-jaapv funx mangc gaax hnoi hlaax zuoqc haaix nyungc nyei sic.

luonx hnoi mangc lorz norm hnoi daaih sipv zorc mienv/to choose a day for conducting a ceremony.

luonx jaapv-zaangv funx mangc gaax jaapv-zaangv duqv mbu'ziex hnyangx aqv/to figure out how old a person.

luonx[2] zl. hiuv duqv hlang-aiv, zieqv leiz nyiemc cien nyei sic/acknowledge.

luonx horngc zieqv duqv cien-ceqv mv la'guaih hienx doic/be sexually moral.

luonx leiz zieqv leiz; dorh leiz nyei sic be logical; stand to reason; politeness.

luonx leiz horqc hoqc hiuv taux yiem seix zangc dorh leiz nyei horqc/a logical school; law school.

maiv luonx horngc 1 ceng-hlo mv nyiemc cien/impolite. **2** hienx muoz-doic cien-ceqv mv luonx horngc nyei mienh. Gj: buangh liouh/to be immoral in sexually acts.

zoux mv luonx horngc nyei sic maaic buonv-sin nyei m'sieqv dorn, se zoux mv luonx horngc nyei sic/prostitution is immorality act.

luoqc[1] hd. 六 /liù/ luoqc ziepc; luoqc baeqv; da'luoqc/sixty; six hundred; sixth.

luoqc cietv ziu dingh maiv zoux nyei hnoi/a weekend.

luoqc daaic ziou yiem lungh ndiev nyei juqv norm domh ziou/the six continents in the world are Asia, Europe, Africa, Australia, North and South America.

luoqc ginv zuonx yietc buonv fiev kaeqv-nzangc nyei sou, se gorngv taux seix zangc, taux haaix gitv lungh ndiev yoc oix maaih haaix nyungc sic cuotv yiem naaiv norm baamh gen.

luoqc horpc juqv bung, beiv hnangv Dong, Naamh, Fai, Baqv, Gu'nguaaic caux Ga'ndiev gapv daaih.

luoqc hlaax da'luoqc norm yiem-liqc hlaax/June; sixth lunar moon.

luoqc junx *hmz yiem, luoqc junx* juqv dauh Bienh Hungh nyei sieqv se benx luoqc junx, biaa dauh dorn se benx hmz yiem/the six and five original clans descended from the daughters and sons of the Panh King.

luoqc naamh luoqc nyouz Bienh Hungh nyei juqv dauh dorn caux juqv dauh sieqv/six boys and girls of Panh King.

luoqc ziepc saauv mingh taux luoqc ziepc/sixty/ziepc luoqc/sixteen/luoqc ziepc luoqc/sixty six.

luoqc ziepc jaapv-zaangv ziangh seix zangc duqv luoqc ziepc hnyangx aqv sixty years of a person's age.

luoqc[2] w. waan mbienv gu'nguaaic njiec ga'ndiev bun doix-juih daapc.

luoqc doix 1 maaih dauh daapc aengx maaih dauh luoqc doix/to push down into while pounding. **2** juqv doix, aaux benx nzung nyei waac/six pairs.

luoqc[3] lf. luoqc bungh mienh/the wedding guests of groom side.

luoqc bungh sieqv yiem cing-jaa-yinh zoux gong mbenc cing-jaa mienh nyei sieqv/the girls from groom's side who serve guess at the wedding.

luoqc cien 1 luoqc bungh wuov bung nyei cien-ceqv. **2** ziex bung ziex louc daaih nyei cien-ceqv

luoqc jun yangh ndau mingh mborqv jaax nyei baeng-maanh.

luoqc[4] m, z. **luoqc diqc** ziangh gan wuov ndoqv-hlen nyei miev/a reed, which grow along the island of a steam.

luoqc[5] aengx lorz mangc "siqv-luoqc, ei-luoqc, setv-luoqc" wuov deix.

luoqv w. luoqv waac, luoqv yiez; luoqv nqaiv; luoqv gu'nguaaz, mv dorh leiz nyei waac/to discharge from a body.

lu'guaih luoqv mv hnamv longx ziouc gorngv cuotv aqv/to speak without giving careful thought.

luoqv buotv 放屁 /fàngpì/ bungx buotv/to pass out wind; to flatulent.

luoqv cuotv bungx faeqv cuotv/to pass out or squirt out.

luoqv gu'nguaaz mv dorh leiz nyei waac gorngv yungz gu'nguaaz/slang to give birth.

luoqv nqaiv mv dorh leiz nyei waac gorngv mingh lomc/to move the bowls.

luoqv waac gorngv waac, se mv dorh leiz nyei waac/to utter a word.

luoqv yiez mv dorh leiz nyei waac, gorngv bungx yiez/to urinate.

luotc pm. don jienv gorngc luotc daax luotc wuov/long rows (of many glass bottles line up).

luqc pm. wuom cuotv luqc daax luqc nyei ndiepv jienv mingh/leaking along.

luqv w. mbiauh yaang ba'laqc maqc haic ziang naaic luqv nzengc mv haih hlo/to be luxuriant; profuse growth.

lutc pm. njimv nyaaiv zuqc yie ndopv

lutc daax lutc wuov/to left marked after beat or scratch.

lutv m. cie, **lutv** se gaav congh Janx-taiv waac daaih/a car.

lutv taix laih ndau, cenv nie nyei cie. Gj: cie-cenv/a tractor.

Lute m. 路得记 /lùdéjì/ yietc buonv zengx-ginx sou nyei mbuox/a book of Ruth, in the Bible.

M

M, m /mor/ ziepc betv norm nzangc-maac yiem Iu-Mienh/Yao nyei waac.

m'betv cm. heuc hnamv da'betv sieqv nyei waac/nickname for eighth girl.

m'cietv cm. heuc hnamv da'cietv sieqv nyei waac/nickname for seventh girl.

m'daaih wj. se dongh "manc daaih" nyei fiev nangv/short form for "manc daaih".

aeqc m'daaih hnangv m'nor zeiz aqv m'daaih hnangv naaic/yes, it is like that.

m'faam cm. heuc hnamv da'faam sieqv nyei waac/nickname for a third girl.

m'dauh pm. se dongh "naaic dauh" nyei fiev nangv daaih/that one.

m'dauh lov naaic dauh mienh, se mv dorh leiz nyei waac/that guy.

m'mbuo se dongh "meih mbuo" fiev nangv daaih/you are.

m'deix pm. se dongh "naaic deix" nyei fiev nangv daaih/those.

m'geh m. se dongh "hmz geh" soqv nangv daaih/five flags of spirits world.

m'geh baeng yiem-gen nyei biaa dauh mienv gunv njiec nyei baeng-maanh.

m'geh mienv biaa dauh mienv nyei mborqv jaax bieiv/the five banners of Taoist spirit soldiers.

m'gix n. jai-m'gix dongh caux hlan ziangh wuov/the spleen of fowl or chicken.

m'gux nyc. **1** yie nyei m'gux/my grand mother. **2** maaih deix m'jangc mienh heuc auv zoux m'gux, se mv dorh leiz nyei waac/my wife.

m'gux aqh beiv hnangv, oeih! m'gux aqh mangc yie maqh/hey, my wife.

m'gux don longc ndaangh nzuqv zieqv daaih nyei don/a woven round stool.

m'gux guaa lomc zangc hieh guaa, faix lomh buoz-ndoqv-nyeiz hnangv.

m'gux jangx gu'nguaaz gu'kuotv-njien maeng fai mbuov nyei wuov, se heuc m'gux jangx/a baby's birthmark.

m'gux jorngh 1 loz-hnoi haih nyanc mienh nyei hieh m'sieqv dorn/a wild woman who believed can eat human in ancient time. **2** gaeng-gueiv nyei mbuox/a type of an insect.

m'gux-ndoqc nduqc dauh gux ganh mv maaih hmuangv doic/a lonely old lady.

m'gux ngaeqv dae maa nyei m'gux taaix se yie caux yie nyei auv nyei m'gux ngaeqv/great great grandmother.

m'gux nquaiz yietc nyungc miev ziangh naetv jienv ndau, longc caux jaux zaang nyanc zoux haa-hnopv ndie.

m'gux nyormv ndopv nyauc nyei m'gux-gox, mv dorh leiz nyei waac/an old lady with wrinkled skin.

m'gux taaix dae maa nyei gux se yie caux yie nyei auv nyei m'gux taaix/a great grandmother.

m'gux zomv gorngv gouv waac gorngv japv liuz mbiauh m'gux zomv aengx zomv cuotv mbiauh.??

m'gux zouc ndoqv-hlen miev hnangv hlauv nor muonc biaapv-biaapv wuov.

m'guqv nz. mbiauh, maeqc yietc zungv se heuc m'guqv/rice grain or corn.

m'guqv hungh goux liangx-ndeic nyei mienv/the god of rice and corn.

m'guqv hmeiv-laangh mbiauh maeqc; laangh ziqc/rice corn provision.

m'guqv mienv mbiauh maeqc mienv/a spirit who take care rice and corn field.

m'hanh cm. gu'nguaaz faaux sin dae daic nor gu'nguaaz cuotv seix daaih oix zuqc heuc hanh, weic zuqc benx gu'hanh fu'jueiv, beiv hnangv Zoih Daqv nyei fu'jueiv se oix zuqc heuc Hanh Daqv.

m'hoiv hungh zw. yiem koiv-ndoqv nyei jung-hungh. Gj: m'hoiv luangh hungh/a dragon king, who lives in deep sea.

m'jangc m. se dongh **mienh jangc** soqv nangv fiev daaih/a man.

m’jangc bou zoux bou nyei mienh jangc mienh/a male servant.

m’jangc bung Iu-Mienh biauv nyei m’jangc bung, aengx m’sieqv bung/men side in Iu Mienh traditional home.

m’jangc dorn m’jangc mienh/a man.

m’jangc hienx m’jangc m’jangc mienh caux m’jangc hienx doic/homosexual sex.

m’jangc jaiv buoz dorngx jangc mienh mingh lomc dorngx/men's restroom

m’jangc m’sieqv m’jangc mienh caux m’sieqv mienh/men and women.

m’jangc m’sieqv baengh dangv m’jangc m’sieqv maaih leiz fi’ndongc/equal rights for men and women.

m’jangc mienh m’jangc dorn; m’jangc mienh/a male person.

m’juov cm. da’juov sieqv nyei heuc hnamv mbuox/a nickname for ninth daughter.

m’laai cm. nqa’haav laai yungz wuov dauh sieqv nyei heuc hnamv mbuox/a nickname for last daughter.

m’laaih biouv yietc nyungc ziangh gan ndiangx-sin caux ndiangx-nquaah nyei biouv, se liemh ninh nyei ndopv yaac haih nyanc nyei/a type of wild fruit.

m’liuz cm. nqa’haav laai yungz wuov dauh sieqv nyei heuc hnamv mbuox/a nickname for a last daughter.

m’lomh d. 猫 /māo/ miu lomh, a’fai lomh miu/a cat.

m’lomh biei m’lomh miu nyei biei/a cat’s hair

m’lomh dorn m’lomh miu nyei dorn/a kitten; a baby cat.

m’lomh nyiuv m’lomh caa naauz nyau nyei nyiuv/a cat’s claws.

m’lomh siaam m’lomh nyei siaam/cat’s whiskers.

m’lueih hl. mbuo-ong; mbu’ong/thunder.

m’lueih hliepv lingc mbuo-ong borngz mbuo-lingc njapc/thunder and lightning.

m’manv cm. da’hmz sieqv nyei heuc hnamv mbuox/a nickname for fifth daughter.

m’mbouh lz. fanh nyiemv/a pumpkin.

m’mbouh dueiv m’mbouh luangh nyei dueiv/tender part of pumpkin vine.

m’mbouh luangh m’mbouh miuh fai luangh/pumpkin vine.

m’mbouh maeng fanh nyomv-maeng/a green pumpkin.

m’mbouh norngh m’mbouh gu’nyuoz dongh caux nyim wuov deix norngh.

m’mbouh nyim m’mbouh nyei nyim/a pumpkin seed.

m’mbouh yangh m’mbouh gox yangh wuov nyungc/a yellow pumpkin.

m’mbuo bm. se dongh “meih mbuo” nyei soqv nangv fiev/you are; yours.

m’mbuo nyei meih mbuo nyei buonc.

m’naix cm. da’nyeic sieqv nyei heuc hnamv mbuox/a nickname for second daughter.

m’naix dorc dorh leiz waac heuc lamh go mienh nyei da’nyeic sieqv.

m’nor w. aeqc, zeiz aqv m’daaih hnangv m’nor/yes, it is like that.

m’norm wj. se dongh **naaic norm** soqv nangv daaih/that one.

m’normh m., n. 耳朵 /ěrduō/ m’normh, a’fai m’normh jou/an ears.

m’normh bangx heuc doqc m’normh ndung mienh nyei waac/a deaf person.

m’normh biaav gueix m’normh kuotv nyei biaav/an ear pick.

m’normh biouv ga’ndiev wuov bung m’normh/an earlobe.

m’normh dorpv hnangv zaangz nyei m’normh nor dorpv/a droopy ears.

m’normh dueiv gu’nguaaic maengx bung m’normh/tip ears.

m’normh finx 耳机 /ěrjī/ topv m’normh muangx nzung nyei finx/earphone.

m’normh gorn m’normh ziangh jiemc nyei dorngx/the base of the ear.

m’normh haiz ziex bung m’normh laic haiz ziex bung/an alert ears.

m’normh hiun 耳环 /ěrhuàn/ dangh m’normh nyei hiun/an earrings.

m’normh hiun-cueix dimv jienv cueix nyei hiun/earrings with fist and colored.

m’normh hiun-ndung mv dimv cueix nyei hiun/an earrings without fist.

m’normh hoz maiv muangx waac nyei m’normh/disobedience ears.

m’normh huv m’normh kuotv sietv huv nyei baengc/an infected ear.

m’normh jangv m’normh hlo jangv/a big ear; large ear.

m'normh jorm haiz m'normh jorm/to feel burning ears.

m'normh jou ziangh norm m'normh the whole ear.

m'normh kuotv 1 m'normh nyei kuotv/ear canal. **2** dangh m'normh hiun nyei kuotv/a hole made for earrings.

m'normh laic 耳力 /ěrlì/ m'normh qaqv muangx duqv henv/the power of hearing.

m'normh liouc nziaamv m'normh kuotv cuotv nziaamv/discharge from the ear.

m'normh lorx m'normh ndung deix nyei/an ear that hard to hear.

m'normh louc bueix nitv jienv ndopv nyei m'normh/a wide long ear.

m'normh mv mbienc m'normh ndung deix nyei/an ear that hard to hear.

m'normh mun 耳痛 /ěrtòng/ m'normh mun baengc/earache; otalgia.

m'normh mun ndie an m'normh mun nyei ndie/earache medicine.

m'normh mbui haiz m'normh mbui nging nyei qiex/a noise sound in the ear.

m'normh ndaauv 耳朵长 /ěrduōcháng/ **1** m'normh ndaauv nyei/to have long ear. **2** se beiv, muangx haiz go nyei sic/capable of hearing much news.

m'normh ndie an m'normh mun nyei ndie/medicine for ear infection

m'normh ndie-sai zorc m'normh nyei ndie-sai/ear specialist; otologist.

m'normh ndung 耳聋 /ěrlóng/ m'normh ndung aqc muangx mv haiz/a deaf.

m'normh ndung horqc njaaux m'normh ndung mienh nyei horqc/a school for deaf people.

m'normh ndung mienh 聋人 /lóngrén/ se m'normh mv mbienc nyei mienh/a deaf person; deaf people.

m'normh ndung nzoz zotv m'normh tengx muangx duqv haiz wuov norm nzoz/a hearing aide.

m'normh nging m'normh mbui nging nyei qiex/a piercing noise in ears.

m'normh nqaiv 耳屎 /ěrshǐ/ m'normh kuotv nyei nqaiv/an earwax.

m'normh nqaiv-nqaai nqaai wuov nyungc m'normh nqaiv/dried earwax.

m'normh nqaiv-nyouh ndorn nyouh nyei m'normh nqaiv/a sticky earwax.

m'normh nzoz 耳鼓 /ěrgǔ/ m'normh gu'nyuoz dongh muangx duqv haiz mbui wuov kuaaiv mbiaengx/eardrum.

m'normh yieqc m'normh mbui ndunc ndunc nyei qiex/buzzing ears.

m'normh zietc ga'naaiv zaeqv zuqc m'normh kuotv zietc/to stopped up ears.

m'normh zotv zotv m'normh mbungh mbui nyei ga'naaiv/earplug, to protect ears for great loud.

m'ngorngv pm. gu'nguaaz yungz ndortv ndau ziouc nyiemv duqv henv nyei nor oix zuqc cuotv mbuox heuc ngorngv jiex gorn, beiv hnangv Yunh Ziuh nyei sieqv Ngorngv Ziuh.

m'njormh w. 睡着 /shuìzháo/ bueix njormh jienv nyei. Gj: njormh/to sleep; to rest with eye closed.

m'njormh duqv gaux bueix njormh duqv gaux nyei/to get enough sleep.

m'njormh inv bueix m'njormh guenx nyei inv/habit of sleeping.

m'njormh mv gaux bueix njormh mv gaux/to not get enough sleep.

m'njormh mi'aqv bueix m'njormh mi'aqv/sleep already.

m'njormh nda'hngatv zueiz jienv m'njormh nda'hngatv ka'deix ndorpc mi'aqv/sleepiness.

m'njormh ndie nyanc bun bueix duqv njormh nyei ndie/a sleeping pill.

m'njormh ndo bueix njormh duqv ndo nyei/to sleep very deep.

m'njormh nyie bueix njormh nyie daaih/to awaken from sleep.

m'nqorngv 头, 头部 /tóu, tóubù/ **1** mienh, fai saeng-kuv m'nqorngv/a head. **2** yiem gu'nguaaic m'nqorngv/above. **3** zoux bieiv nyei mienh/a leader.

m'nqorngv-baengh m'nqorngv baengh nyei/flatten head.

m'nqorngv-baeqc m'nqorngv mba'biei baeqc nyei/a white head.

m'nqorngv-beu beu m'nqorngv nyei yietc zeuv ndie/a turban; scarf.

m'nqorngv-beu paanx beu paanx jienv wuov nyungc nqorngv-beu.

m'nqorngv-beu-ping beu nzenc kuing jienv wuov nyungc nqorngv-beu.

m'nqorngv-famv 头脑 /tóunǎo/ m'nqorngv gu'nyuoz nyei famv/brain.

m'nqorngv-famv baengc nzauh huaang nyei baengc/mental illness.

m'nqorngv-famv buangv mienh guai se beiv m'nqorngv-famv buangv.

m'nqorngv famv waaic m'nqorngv waaic mv zoux gong/the brain damage.

m'nqorngv-famv faaux nziaamv/to have blood clot in the brain.

m'nqorngv-gapc nqa'haav maengx bung m'nqorngv/the back skull.

m'nqorngv hniev oix njormh cau maiv jiez m'nqorngv/to feel heavy head.

m'nqorngv huon-huaa mongh longh m'nqorngv huon-huaa/to feel dizzy.

m'nqorngv-jieqv mba'biei jieqv nyei m'nqorngv/Asian people.

m'nqorngv-jorng maaih jorng nyei m'nqorngv/head with horn as animals.

m'nqorngv-korqv m'nqorngv nyei mbungv. Gj: m'nqorngv-kuqv/a skull.

m'nqorngv limc m'sieqv mienh nzenc m'nqorngv nyei limc/a silver chain for woman's headdress.

m'nqorngv mun m'nqorngv mun nyei baengc/to have headache.

m'nqorngv mun ndie tengx m'nqorngv mv mun nyei ndie/pill for headache.

m'nqorngv-muon teix liuz m'nqorngv njang muon-muon wuov/hairless head.

m'nqorngv-mbiorngz longc mbiorngz m'nqorngv zoux gong nyei siqc jaauv.

m'nqorngv-mborqc nqa'haav maengx bung m'nqorngv.

m'nqorngv-ndopv m'nqorngv nyei ndopv/head skin.

m'nqorngv-ngaengc henv zeiv mienh; laangz-gox. Gj: bieiv/a strong leader.

m'nqorngv njang maiv maaih biei nyei m'nqorngv/hairless head; bald head.

m'nqorngv-nzei mv baic mba'biei zaqc nyei nzei-nzei wuov/an uncombed hair.

m'nqorngv-nzutv beu nzutv mba'biei zunv wuov diuh m'nqorngv-beu dorn/a small inner turban.

m'nqorngv-yangh mba'biei yangh nyei m'nqorngv/blond or brown hair.

m'nqorngv-youh nzaatv mba'biei youc nyei youh/hair tonic or oil.

m'nqorngv-zunc m'nqorngv nyei zunc fai guingh/a circular on head

m'nyungc w. dongh "naaic nyungc" soqv nangv daaih/that kind.

m'nziex w. se dongh "gamh nziex" nyei soqv nangv fiev daaih/maybe; perhaps.

m'nziex mv zeiz m'nziex mv zeiz dongh naaic/maybe that is incorrect.

m'si biouv lz. yietc nyungc ndiangx nyei biouv. Gj: Yienh si biouv.

m'sieqv m., w. 女人 /nǚrén/ m'sieqv mienh; m'sieqv dorn/female person; woman; lady.

m'sieqv baengc m'sieqv buonv-sin nyei baengc/women's health problems.

m'sieqv bieiv zoux ziouv nyei m'sieqv mienh/a woman leadership.

m'sieqv bou zoux bou nyei m'sieqv mienh/a female servant.

m'sieqv bung m'sieqv mienh yiem wuov bung. Gj: mbiaauc/woman side.

m'sieqv doic m'sieqv mienh nyei doic a girl companion.

m'sieqv dorn fingx m'sieqv mienh/the female sex of human.

m'sieqv fin-saeng m'sieqv mienh zoux fin-saeng/women teachers

m'sieqv gong sieqv dorn zoux nyei gong/woman's duty

m'sieqv hienx m'sieqv m'sieqv caux m'sieqv hienx doic/lesbian sex.

m'sieqv hmuangv doic m'sieqv mienh hmuangv doic/female members.

m'sieqv jaiv buoz dorngx m'sieqv mienh nyei mingh lomc dorngx/women restroom; women washroom.

m'sieqv jorngx m'sieqv mienh buix nyei jorngx/a woman's purse.

m'sieqv leiz m'sieqv mienh horpc zuqc ei nyei leiz/the proper rules for female behavior.

m'sieqv loh wuonx m'sieqv mienh nyei loh/a prison for women criminals.

m'sieqv m'jangc m'sieqv mienh caux m'jangc mienh/women and men.

m'sieqv matc m'sieqv mienh daapc nyei matc/stockings.

m'sieqv mienh m'sieqv dorn/a female person; woman, lady, girl.

m'sieqv nouh zoux nouh nyei sieqv mienh/a girl slave.

m'sieqv ndie tengx m'sieqv baengc nyei ndie/gynecology or obstetrics.

m'sieqv ndie-poux maaic m'sieqv ndie nyei poux-doih/the department store of gynecology, obstetrics.

m'sieqv ndie-sai 1 m'sieqv ei saeng, ndie-sai/woman doctor. **2** zorc m'sieqv baengc ndie-sai/a gynecologist.

m'sieqv saaix-liangz saaix-liangz nyei sieqv/actress.

m'sieqv siux nin bang m'sieqv dorn mienh lunx guanh/an association of the women youth

m'sieqv wuic koi sieqv dorn wuic nyei guanh/women conference.

m'sieqv zorng m'jangc m'sieqv mienh zuqv m'jangc mienh lui-houx/a woman disguised as a man.

m'zai lz. yietc nyungc zuangx zorpc jienv mbiauh nyei ga'naaiv/a kind of wheat.

m'zei aengx lorz mangc "mv zei" wuov joux nyei eix-leiz.

m'ziepc cm. da'ziepc sieqv nyei heuc hnamv mbuox/nickname for a tenth girl.

m'zing m., n. se dongh "mueic zing" soqv nangv daaih/an eye.

m'zing baengh m'zing baengh nyei mv ciangx/a straight eye.

m'zing-baeqc dongh baeqc wuov deix m'zing-nganh/the white part of eye.

m'zing biangh butv-m'zing-hmuangx m'zing biangh/to see spots before the eyes; a dizziness symptom.

m'zing-biei m'zing-menc fai m'zing-ndiev biei/eyelashes.

m'zing biopc m'zing-nganh biopc bieqc gu'nyuoz mingh/eyeball be pushed in.

m'zing buatc cien-gic ganh nyei m'zing duqv buatc/to eyewitness.

m'zing-caax m'zing caax mingh mangc duqv ziex bung/peripheral vision.

m'zing ciangx m'zing-gorqv ciex nyei m'zing/a slanted eye.

m'zing ciouv ziangh daaih ciouv-ciouv wuov nyungc m'zing/fierce eye.

m'zing cuotv douz m'zing buatc douz lorngz dangh cuotv/see flash before eye.

m'zing donc m'zing maiv liouc mangc duqv donc nyei/slow eye-sight.

m'zing faaux dauv m'zing-mienh butv norm fing baeqc nyei baengc. Gj: butv zienh fing/a cataract in the eye.??

m'zing-gorqv m'zing nyei gorqv/the corner of the eye.

m'zing-gorqv nyauc m'zing-gorqv nyei ndopv nyauc/to have wrinkled at the corner of eyes.

m'zing-kuing m'zing nyei mbungv-kuing/the ring round the eye.

m'zing hiaac 下眼睛 /xiāyǎnjīng/ hemx m'zing-ndorngv mienh nyei waac, mv dorh leiz/be blind, impolite.

m'zing huaa m'zing buatc biangh yietc diepc yietc diepc nyei sic/to see spots color before one's eyes.

m'zing-hlapv gu'nguaaic maengx bung m'zing nyei hlapv/the wrinkled at the upper of eyelids.

m'zing hlang sienv ga'naaiv muonc nyei m'zing se beiv m'zing hlang/to have high quality eyes.

m'zing hlo haeqv zuqc m'zing hlo nzengc/to have big eyes as in surprise.

m'zing hniev oix njormh zing hnyiev nungx mv nqoi/heavy eye so sleepy.

m'zing-jaax hlang 眼界高 /yǎnjiègāo/ se beiv, maux; ceng-hlo. Gj: dang-longh hlang/to have one's standard set high.

m'zing-jaan m'zing nyei nziaamv-jaan blood vessel around the eyes.

m'zing-jieqv 1 m'zing-nganh jieqv nyei/dark eye color. **2** mueic jieqv mauv ga'naaiv nyei m'zing/a greedy eye; covetous.

m'zing-junh m'zing-guingh njangx junh nyei/to have a rounded eye.

m'zing kamx m'zing ndo kamx-kamx wuov/to have a deep eye.

m'zing-komv m'zing-nganh ziangh wuov norm komv/the eye sockets.

m'zing-koux ndie-biauv siou m'zing nyei koux/eye bank.

m'zing laic 眼尖 /yǎnjiān/ m'zing laic, fai m'zing siepv/sharp-eyed; quick of sight.

m'zing liangv laaic auv laaic nqox caux mienh maaih jauv nyei m'zing.
m'zing liouc haih mangc duqv siepv nyei m'zing/a quick eyesight.
m'zing lorx m'zing ndonc ga'naaiv fatv nyei yaac mangc mv buatc.
m'zing mv mbienc m'zing mbuov deix maiv nangc njang/to loss some sight.
m'zing maengh m'zing mbuov mangc maiv buatc/to be blind.
m'zing maengh mapv m'zing maengh weic m'zing-nganh mapv biopc bieqc gu'nyuoz mingh/to be blind due to eye ball flat and pushed in.
m'zing maengh mienh m'zing maengh nyei mienh/blind people.
m'zing mangc duqv go m'zing henv mangc duqv go/to have a far-sighted.
m'zing-menc gu'nguaaic maengx bung m'zing-ndopv/upper eyelid.
m'zing-mienh zing-nganh gu'nyuoz/the pupil of the eye.
m'zing-menc nguaaic maengx bung m'zing/upper eyelid
m'zing-menc biei gu'nguaaic maengx bung m'zing-biei/upper eyelashes.
m'zing-mienh m'zing dongh haih mangc duqv buatc wuov/eyes pupil
m'zing morng butv baengc jaic m'zing morng-morng wuov/deep and big eye.
m'zing-mueic m'zing nyei wuom fai wuom-mueic/tears; the fluid of eyes.
m'zing mun m'zing mun/eye-ache.
m'zing mbiaan ciou m'zing mangc faaux nyei baengc/eyes look upward during seizure.
m'zing mbiaengz buang m'zing-nganh wuov kuaaiv mbiaengz/the cornea.
m'zing mbuov m'zing mbuov mangc mv buatc benx/blurred vision.
m'zing nangh m'zing-guai fai m'zing liouc/an active eyes.
m'zing-ndie an m'zing nyei ndie/eye drop or ophthalmology.
m'zing ndie-sai lengc jeiv zorc m'zing nyei ndie-sai/an eye doctor, optometrist or ophthalmologist.
m'zing-ndiev ga'ndiev maengx bung m'zing/the lower eyelid
m'zing-ndiev biei ga'ndiev bung nyei biei/lower eyelashes.
m'zing ndiuc m'zing-ndopv nokc nokc deix dongz/twitching around the eye.
m'zing ndo hnangv Yangh Yinh nor m'zing-kuotv ndo nyei/a deep eye.
m'zing ndonc m'zing donc maiv liouc/to have slow eyesight.
m'zing-ndopv m'zing ga'hlen wuov deix ndopv/an eyelids.
m'zing ndorngv m'zing mangc mv liouc yietc deix/to have a dull eyesight.
m'zing-nganh m'zing nyei nganh/the eye ball.
m'zing njang ga'naaiv yaac mangc duqv buatc m'zing/clear-sighted.
m'zing njatc cuotv m'zing-nganh njatc cuotv daaih/the eye ball pop out.
m'zing njouc mangc mienh hnangv bungx m'zing-gungh gangx nor wuov nyungc m'zing/cross-eyed.
m'zing-nqaiv cuotv daaih yiem jienv m'zing-gorqv wuov deix ga'naaiv/the matter collects in corner of eyes.
m'zing nqoi juv-dorn nyei m'zing nqoi aqv/to have open eyes.
m'zing nyauc m'zing-ndopv nyauc/to have wrinkled around eyes.
m'zing nyuix m'zing kouv oix bueix njormh/to be sleepy.
m'zing nzang bueix mv njormh m'zing guenx nzang nyei/unable to go to sleep.
m'zing-nziepv biei m'zing-menc caux m'zing-ndiev nyei biei/eyelash.
m'zing-qangx i norm m'zing mbu'ndongx/space between two eyes.
m'zing-orv huing nzuonx m'zing wuov deix orv/ocular muscles.
m'zing-setv 1 m'zing yangh, jieqv nyei setv/the color of eye. **2** longc nzaatv zorng m'zing nyei setv/an eyes make-up color used by women.
m'zing sietv butv "allergy" m'zing nyei ndopv sietv/itching eye.
m'zing siqv baengc m'zing siqv nyei baengc/a red-eyed disease.
m'zing sui njormh mv gaux m'zing sui nyei baengc/feel irritate eyes.

m'zing-suiv haih mangc ginv ga'naaiv longx nyei zing/a good quality eye.

m'zing waaic yiem-toi waaic fai benx baengc waaic/to have eye damage.

m'zing-wuom m'zing-mueic/fluid in the eyes; tears.

m'ziu gn. 橡胶树 /xiāngjiāoshù/ dongh *normh ziu* fiev nangv daaih/a banana tree or banana plant.

m'ziu-biouv lz. 香蕉 /xiāngjiāo/ normh ziu nyei biouv/banana.

m'ziu-dorngc m'ziu nyei biangh dongh mv gaengh nqoi wuov zanc/the flower of a banana plant.

m'ziu-normh m'ziu nyei normh/the leaves of a banana plant.

m'ziu-normh guaengv m'ziu-normh mbu'ndongx wuov diuh guaengv/the midrib of a banana leaves.

m'zuv huaa m'sieqv mienh congx congx nyei mbuox/name of embroider.

mc[1] nj. mba'zorng nyei qiex, beiv hnangv tov meih tengx yie oc. ninh ziouc dau yie **mc** duqv nyei lorqc/a nasal sound used in respond someone's inquire.

mc gunv zoux maah eix-leiz se bun zoux nyei/yes go head do as you want.

mc ziaax longc mba'zorng qiex daux nduov gu'nguaaz jatv a'nziaauc.

mc[2] nzn. **1** se dongh **maaic** nyei nzutv norz fiev. **2** ninh hnangv **mc nor** dau yie, se dongh ninh hnangv **naaic nor** dau yie naaiv joux nyei nzutv-norz fiev.

mc dauh juv naaic dauh juv/that dog.

mc dauh ong naaic dauh ong/that old man there.

mh[1] nj. mba'zorng qiex, beiv hnangv, yie zunc dangh meih oc, ninh ziouc "mh" duqv nyei lorqc/nasal sound used in respond someone's inquire, just like an English okay or alright.

mh, **hnangv m'nor maah** eix-leiz se horpc nyei hnangv naaic maah/okay, I agree with you like that.

mh hmz a'hneiv nyei qiex, beiv hnangv mh hmz! seix gaax maah caa jienv aqv leh/a sound indicating please with.

mh[2] sn. **mh mbuo** se dongh "meih mbuo" soqv nangv daaih/you (pl).

mh hoiv luangh hungh zoux sai mienh gorngv jung-hungh nyei waac/a dragon king at the ocean.

mv sn. se dongh "maiv" soqv nangv fiev daaih/no, negative. Mv bun jiex. Not allow to cross or pass.

mv baac yie mv baac haiz oix mingh nyei/but; also; however.

mv baengh 1 juiz nyei/to be uneven level. **2** pienx/unfair; injustice.

mv bei daic mv hiuv duqv gamh nziex daic/fearless even danger.

mv bei duqv mv hiuv duqv/unknown to; unaware of ; not identified.

mv cing cov maiv mengh; maiv bieqc hnyouv/to be unclear or confused.

mv daan yie mv zeiz kungx yie ganh hnangv/not only me.

mv dungx bieqc maiv bun bieqc; maiv yuangh bieqc/do not enter.

mv duqv bieqc maiv noic duqv bieqc mingh/cannot get in.

mv duqv dorngc maiv zoux dorngc/to be innocent; not guilty.

mv fiev benx leiz mv gaengh fiev njiec sou benx leiz/unwritten law.

mv guen mv sic mv guen zuqc/to show no interest; unconcerned.

mv haih jaiv sin mv maaih dorngc jaiv duqv ndutv aqv/to have no excuse for.

mv huaang mv heix maiv nzauh heix taux/to pay no attention.

mv hungx-heic maiv hec duqv/uneasy; difficulty; unfamiliar.

mv koi-jiu lunc nzengc mv cing mv cov nyei/to be confused. Dorngx forqv gau mv koi-jiu aqv. The is messy up.

mv kolo mingh mv mbuox mienh ziang naaic mingh/to leave without notify.

mv leic mv qiex zoux sic mv guai mv hngongx nyei mienh/a foolish person.

mv ma'aqv se dongh "maiv maaih aqv" fiev nangv daaih/to have no more.

mv maaih doz-leiz 没道理 /méidàolǐ/ mv maaih leiz hnangv naaic/to be unreasonable; not justified.

mv maaih laangh fim 没良心 /méiliáng xīn/ waaic gong-daqv nyei sic/without conscience; unconscionable; ungrateful.

mv maaih nqorngv-famv 没头脑 /méitóu nǎo/ jangx-fingx mv benx, a'fai zoux sic hngongx, se beiv mv maaih nqorngv-famv/without brains; stupid.

mv maaih faatv aqv 没法儿 /méifǎér/ se mv maaih za'eix aqv/no alternative.

mv muangx dauh mv muangx mbiuic maiv muangx haaix dauh cangv jienv gorngv ndaangc fai zoux ndaangc aqv.

mv mbenc maiv duqv zorng-mbenc/to be unprepared; off guard.

mv mbienc maiv faang-mbienc/to be inconvenient; inappropriate.

mv naan mv miec zoux deix mv naan mv miec guangc jienv mingh aqv/do something incomplete and left.

mv naangh mv daic beiv hnangv butv baengc kouv oix daic yoc mv daic/to be danger between life and dead.

mv noic faanh haiz qiex jiez mv maaih noic aqv/to be impatient.

mv ndin mv naatv nyei mienh zoux sic buv longh buv dangv nyei mienh/a foolish person.

mv ni'aqv se dongh **naaiv nix** fiev nangv daaih/here it is.

mv njiec loh dieh zaeng jaax mv njiec loh dieh/to be awful argument.

mv norm se dongh **naaiv norm** fiev nangv daaih/this one.

mv nungh mv dungx. Gj: mv yuangh, mv nyungh/don't; not allow. Mv nungh zoux. Don't do. Mv nungh gorngv. Not allow to say; Don't say.

mv nyaiv hmien ndopv hoz mv nyaiv not feel ashamed.

mv nyei se dongh **naaiv yie nyei** soqv nangv daaih/this is my belonging.

mv nyungc se dongh **naaiv nyungc** fiev nangv daaih/this type.

mv nzuangv mingh mv mingh, nzuangv mv nzuangv nyei, souv jienv naaic hnangv/what's matter with you just standing there and not go.

mv you mv yieqv zic duqv nzauh nyei yaac maiv nzauh/pay no attention to.

mv zei aeh bienv guangc, beiv hnangv yie heuc dorn tengx nzaaux dangh cie ninh ziouc gorngv yie *mv zei aeh.*

mv zei weqv aeqc, mv zei weqv/yes, that's right or correct.

mv zeiz nor kaux bangc meih nyau zuqc yie hnangv, mv zeiz nor yie ndortv njiec mi'aqv/because that reason.

mv ziangh biouv ndiangx mv ziangh biouv/a tree without bearing fruit.

mv ziangx mv lorqv taux ndaamv-jauv hnangv mv gaengh ziangx.

mx nj. nqapc jienv nzuih dau nyei qiex *beiv hnangv*, dorn heuc a'dae aac, dae ziouc *mx*...gorngv nyei haaix nyungc.

ma' wj. beiv hnangv, *ma'naau*, *ma'oix, ma'gorkv, ma'kam, ma'mong* lo haaix.

ma'daekv congx longc buonv orv nyei congx/a hunting rifle.

ma'gorkv biouv yietc nyungc ndiangx nyei biouv/kind of olive.

ma'gorkv ndiangx ziangh ma'gorkv biouv nyei ndiangx.

ma'wei biouv yietc nyungc lomc nyei biouv, nyanc nganh nyei fim.

maa m, d. 妈 /mā/ aa maa/mother; mom.

maa-buoc nqox nyei maa se benx yie nyei maa-bouc/mother in-law, a mother of one's husband.

maa-diev auv nyei maa se benx yie nyei maa-diev/mother in-law, the mother of one's wife.

maa-faix dae nyei da'nyeic auv se yie nyei maa-faix/a step mother.

maa gux mv maaih maa, gux zuqc liuc leiz dorh hlo daaih nyei fu'jueiv se oix zuqc heuc gux zoux maa gux.

maa-hlo auv-nyeic nyei fu'jueiv heuc dae nyei da'yietv auv se heuc maa-hlo.

Maako m, b. 马可福音 /mǎkēfǔyīn/ yietc buonv zengx-ginx sou nyei mbuox/a book of Mark, in the Bible.

Maa Laa Ki 玛拉基书 /mǎlājīshū/ yietc buonv zengx-ginx sou nyei mbuox/a book of Malachi, in the Bible.

Maa Li Gaa bm. Meiv Guoqv fai janx. America or American people.

Maa Li Yaa 玛利亚 /mǎlìyǎ/ Yesu nyei maa/Mary, the mother of Jesus.

maa mbuo mbuangz gorngv mbuox ga'hlen mienh ninh nyei maa-bouc se oix zuqc gorngv maa mbuo.

maa nyei hnamv maa hnamv fu'jueiv nyei hnamv/mother's love.

maa nyorx yungz gu'nguaaz wuov dauh maa. Gj: maa yungz. Dgw: maa-hlorpv/one's biological mother.

maa-teix da'nyeic maa; da'nyeic maac a stepmother.

maac m., d. yungz ganh nyei maa/one's own mother. Diex maac. Parents.

maac nyinh cuotv-seix nyei waac/a mother tongue; native language.

zoux maac m'sieqv mienh yungz liuz gu'nguaaz se zoux maac mi'aqv.

maah[1] wj. njongh gorngv maah; njongh zoux maah; njongh daaih maah; njongh zorqv maah; maiv dungx zoux maah; hnangv naaic aqv maah. Gj: maaqh/to pressing for something to be happen or to be stop.

maah[2] pm. nziouv camv maah daax maah nyei/numerous as colonies of ants.

maah linh maah louc maaih jienv mv dangx nyei mingh/to be continuing.

maav fei nd. longc in zoux daaih baqv fai nyanc zoux jaiv mun ndie/Morphine.

maax nz. 责骂 /zémà/ hemx; zuox/to scold; rebuke; dress down; reprimand.

daav maax mborqv; hemx; zoux doqc bun/to scold; abusive.

maaz[1] sk., d. 马 /mǎ/ maaz-geh; maaz-tor fai maaz-im/a horse.

faaux maaz faaux maaz nyei di'daanz geh maaz/to mount a horse.

geh maaz geh jienv maaz nyei diqc daanz/to ride on a horse.

geh maaz baeng geh maaz mborqv jaax nyei baeng/cavalries.

maaz-baeqc biei baeqc wuov nyungc maaz/a white horse.

maaz-baeqc-daamx maaz diqc daanz maaih diuh ben baeqc nyei.

maaz-ben maaz ben daaih yietc laeqc yietc laeqc wuov/a zebra.

maaz-bin d. 马鞭 /mǎbiān/ longc gunv maaz nyei biaav-bin/a horsewhip.

maaz-bou goux maaz nyei mienh/horse boy; a riding attendant.

maaz-cie 马车 /mǎchē/ longc maaz tor nyei cie/carriage or wagon.

maaz daav guonv maaz nzaaux sin bueix njiec ndau njangx mingh njangx daaih nyei.

maaz daav sung-deih tiux maaz tiux biu jienv mingh nyei sic.

maaz-daqc dengx geh maaz bun zaux caaiv wuov norm nyuang/a foot stirrup on saddle for riding horse.

maaz-dauh nzung lamh go houh saeng caux zueiz deic sieqv-dorn wuic buangh baaux lungh muonz nyei nzung/a type of song is sung in evening by visitors from different country or village .

maaz-deih maaz nyei deih/a hoof of the horse.

maaz-deih ngaeng maaz-deih faaux daaih di'dien wuov norm ngengz/the pastern of a horse.

maaz-deih nyaanh maaz-deih mou zeiv nyei nyaanh norm/a horse's hoof shape silver bar.

maaz-dorx bun maaz tor nyei dorx/a package frame for horse's back.

maaz-dorn maaz nyei dorn/baby horse.

maaz-dou dapv laangh ziqc fai liuc uix maaz nyei mbuoqc dou/a horse feedbag.

maaz-geh geh nyei maaz/a riding horse.

maaz-geh orn lengc jeiv zoux daaih geh maaz nyei orn/a special saddle for riding a horse.

maaz-geqc d. yietc doix ndiangx zoux daaih haih faaux mingh caaiv jienv aengx buoz baav jienv yangh jauv/stilts.

maaz-gouv liouh faaux maaz-nyeiz nyei maaz/a male horse.

maaz-gouv-im im liuz jaix-nduih nyei maaz-gouv/a gelding horse.

maaz-gouv-saeng longc njaah saeng maaz-nyeiz nyei maaz/a stallion used for breeding.

maaz-jaax tapv bieqc maaz-orn wuov norm ndiangx-jaax/the upper frame for a horse which packs are attached.

maaz-jaapv maaz-la'kuotv/horse chest.

maaz-laanh wuonx maaz nyei laanh horse stable.

maaz-li faix nyei wuov nyungc lorh/a small kind donkey.

maaz-lingh ndiux maaz jaang-ndiev nyei lingh/a bell around a horse's neck.

maaz-liuc uix maaz nyei laangh ziqc cuqv fai maeqc/grain for horse.

maaz-longh tou topv maaz m'nqorngv nyei hlaang-longh/a halter of a horse.

maaz-miev bun maaz nyanc nyei miev grass gathered for feed horse.

maaz-miev nouh gaatv maaz-miev uix maaz nyei nouh gauv/slave who gather grass for horse.

maaz-miev nqaai zoux nqaai liouh uix maaz nyei miev/fodder for horse.

maaz-nouh goux maaz nyei nouh/slave who take care a horse.

maaz ndiuh lungh maaz tiux sorngx qaqv/a horse run and jump about.

maaz-nqaiv maaz bungx daaih nyei nqaiv manure of a horse.

maaz-nyeiz 母马 /mùmǎ/ njiec liuz dorn nyei maaz/a mature female horse.

maaz-nyienh mbiauh nqaauv nyatv mienh mou daaih, longc mbouv jui-saa guaax/a straw man.

maaz-nzong maaz jaang-ngunz wuov deix biei/mane of a horse.

maaz-orn n. 马鞍 /mǎan/ tapv maaz di'daanz nyei orn/a saddle.

maaz-paanx ciou maaz-dorx nqa'haav paanx jiex maaz-dueiv wuov norm ngau caux hlaang caux wuov deix ga'naaiv-njangx/a half circle of padded rope that goes under a pack horse's tail.

maaz-paanx hiong corng maaz-dorx hlaang dongh paanx jiex maaz-jaapv wuov/saddle belt.

maaz-qaqv maaz henv ndongx haaix nyei qaqv/horsepower.

maaz saeng maaz saeng njaah doic/a horse mating.

maaz-teix sengh maaz-orn caux maaz di'daanz wuov deix ndie-mokc/a thick cloth under a saddle.

maaz-tor longc tor ga'naaiv nyei maaz a packing horse.

maaz-zaangv 马掌 /mǎzhǎng/ dingx maaz-deih tengx maaz yangh jauv henv wuov norm hlieqv-guingh/horseshoe.

maaz zangc 马上 /mǎshàng/ liemh zeih joc/at once; immediately; straight away; right away.

maaz zangc mingh 马上走 /mǎshàngzǒu/ liemh zeih ziouc mingh/to leave right away or immediately.

maaz-zeic mv gaengh njiec jiex dorn nyei maaz/a filly; a young female horse.

maaz-zoh an miev bun maaz nyanc nyei zoh/a manger for feed horse.

maaz zoih sipv mienv mienh gorngv mbuox mienv maaz nyei waac/a horse.

maaz[2] pm. hlo gau mv fungc aqv souv jienv maaz-maaz nyei/extremely large.

maaz[3] aengx lorz mangc "mienh maaz, ngongh maaz, zeiv-maaz, nzuih maaz, baeng-maaz, hatc maaz" wuov deix nyei eix-leiz.

maai[1] n. norqc fai jai nyei nduei gu'nyuoz wuov deix ga'naaiv yangh nyei wuov.

maai[2] gn. ndiangx nyei mbuox heuc maai fai maai-ndiangx.

maaic 卖 /mài/ maaic ga'naaiv/to sell or something to for sale.

maaic biauv maaic nyei biauv fai zoux maaic biauv nyei gong/to sell property.

maaic biauv mienh tengx mienh maaic biauv nyei mienh/to sell property by a real estate agency.

maaic buonv hnangv maaic maaiz nyei buonv hnangv mv duqv zornc/to sell without making any profit.

maaic buonv-sin 卖身 /màishēng/ maaic qam-gorn nyei mienh/to prostitute; to sell one's own body.

maaic cai piux 卖猜票 /màicāipiào/ maaic cai nyei piux/to sell a lottery ticket.

maaic cie ciangv maaic cie nyei dorngx fai ciangv/a car dealer's lot.

maaic cuotv mi'aqv maaic mi'aqv/to be sold out completely.

maaic dietv maaic qam-gorn, mv dorh leiz nyei waac/to prostitute.

maaic diuv saeng-eix maaic diuv/to sell alcohol beverage.

maaic diuv poux maaic diuv nyei poux a liquid store; saloon.

maaic duqv zaanc maaic zaanc nyei bun/to under price sell; sell cheap.
maaic fu'jueiv maaic ganh nyei fu'jueiv to sell one's child.
maaic ga'naaiv poux maaic huox nyei poux/a goods or hardware store.
maaic gong maaic ganh nyei qaqv bietv nyaanh/to hire oneself out to work.
maaic gong mienh maaic ganh nyei qaqv nyei mienh/employee; laborer.
maaic guoqv mbienv hnyouv bun ganh nyei guoqv/betray one's country.
maaic hueix maaic cai piux, *hueix* se gaav congh janx-taiv waac daaih.
maaic huox koi poux maaic huox/to sell goods; to do business.
maaic huox mienh poux-ziouv maaic huox mienh/a shop keeper; store owner.
maaic hmien zoux bun mienh ndortv hmien/to cause to lose face.
maaic lai hei maaic lai-maeng nyei hei a vegetable market.
maaic lai hnaangx cie tor lai hnaangx maaic nyei cie/a truck selling fast food.
maaic maiv cuotv maiv maaih mienh oix longc/unable to sell.
maaic maiv ndutv maaic maiv mingh unable to sell something.
maaic maengc tengx mienh daix mienh bietv nyaanh nyei sic/to do killing job for someone to get money.
maaic mi'aqv maaic cuotv mi'aqv/to be sold; sold out.
maaic mienh dorh mienh mingh maaic bun loz-benv zoux nouh nyei sic/to sell human being into slavery.
maaic muoc zoux maaic muoc nyei saeng-eix/a business sell hat.
maaic muonc caeqv muonc maaic. Dgw: domh maaic/sell by small piece.
maaic ndau maaic ndau bun mienh zoux ndeic lo haaix/to sell a piece land.
maaic ndortv buonv maaic ndortv maaiz nyei buonv/to sell at a loss.
maaic ndutv maaic cuotv mi'aqv/to be completely sold out.
maaic nyanc maaic jaa-dingh ga'naaiv nyanc/to sell whatever one can make some money.
maaic nyei oix maaic nyei/to for sale.
maaic nyei mienh maaic ga'naaiv nyei mienh/a seller.
maaic piux maaic bieqc gaengh, bieqc cie-ndaix nyei piux/to sell tickets.
maaic piux dorngx maaic piux nyei liuh dorn/a ticket office.
maaic qam-gorn 卖淫 /màiyín/ maaic ganh nyei qam-gorn/a prostitute; hooker.
maaic qam-gorn biauv yiem maaic qam-gorn nyei biauv/a brothel.
maaic qaqv cuotv qaqv tengx mienh zoux gong bietv/to hire oneself out.
maaic saeng-kuv zoux maaic saeng-kuv nyei saeng-eix/business to sell animals.
maaic sin maaic ganh nyei buonv-sin. Gj: maaic qam-gorn/a whore; a hooker.
maaic sin muangz maaic buonv-sin nyei m'sieqv dorn/woman who a prostitute.
maaic sin sieqv maaic buonv-sin nyei m'sieqv mienh. Gj: maaic sin muic/girl who be a prostitute.
maaic sou poux maaic sou nyei poux/a book store.
maaic yungh 1 maaic yungh nyei saeng-eix/to sell goat. **2** maaic in nyei waac-meiv/Idiom: to sell opium.
maaic zaanc huox-dueiv maaic zaanc aqv/to discount sale.
maaic ziangh zengv domh maaic/to be wholesale only.

maaih w. 有 /yǒu/ **1** maaih nyei/have; to have. **2** maaih jienv nyei/to be exist.
maaih baaic maaih baaic zuqc maengc nyei setv/a jinx which bring bad luck.
maaih baamz zuangx caa baamz zuqc zaux mun nyei sic/to have a leg pain cause by a pole.??
maaih baengc 有病 /yǒubìng/ maaih baengc nyei sin/to have illness problem.
maaih baengh fim maiv waengc mienh nyei leiz/to be justice.
maaih baengh orn hnyouv haiz maaih baengh orn/to be peaceful.
maaih baeqc nzangc maaih hatc maaz nyei sic/to have authority power.
maaih bouc soux maaih soux mouc nyei sic/limitation.

maaih buoz-dauh haih zoux zangc nyei buoz/to be a skillful hand.

maaih buonc juangc maaih buonc caux jienv/to have a share partnership.

maaih buonv-zeic 有本事 /yǒuběnshì/ maaih buonv-zeic zoux fai gorngv. Gj: banh zeic/to have ability; capability.

maaih camv maaih camv nyei/have a lot or have many.

maaih camv fai zoqc maaih di'dien fai camv nyei/to have more or less.

maaih cong-mengh maaih guai-qaauv nyei hnyouv/to have wisdom.

maaih cung maaih daaix cung daic sic-fei/a spirit of violent.

maaih cuonh haaix nyungc yaac maaih nzengc/to have all kinds.

maaih deix 有些 /yǒuxiē/ maaih deix mv nangc camv/to have some or few.

maaih deix dorngx corc maaih dorngx nyei/there is some places.

maaih diemv qiex maaih di'dien qiex hnangv/to have a bit of breath.

maaih doz fin-mienh se maaih doz nyei mienh/deity; god or supernatural.

maaih doz-leiz maaih leiz horpc zuqc nyei/to be reasonable; plausible.

maaih doic 有伴 /yǒubàn/ **1** maaih a'nziaauc doic caux/to have companion with. **2** gaamv dorng 敢 /gǎn/ dare to.

maaih doic mingh 1 maaih doic caux mingh nyei/to have companion go with. **2** gaamv mingh nyei/dare to go.

maaih dongh guotv haih butv dongh nyei mienh se weic zuqc maaih dongh guotv cingx haih butv/a spirit possessed in human and shake.

maaih dorngc gu'guaaz gu'nguaaz yiem dorngc dorngx/to be miscarriage.

maaih eix 有意 /yǒuyì/ maaih hnyouv eix zuqc/on purpose; interested; willful.

maaih eix buatc 有意见 /yǒuyìjiàn/ buatc horpc nyei eix/to have something to say; to have reservations.

maaih eix-leiz 有意思 /yǒuyìsī/ maaih eix-leiz longx/meaningful; significant.

maaih en-zingh maaih en-zingh nyei mienh/graciousness; humane.

maaih faatv nyei mienh faatv-douc longx nyei mienh/person who practices the magical arts.

maaih fangx ziangh duqv maaih mou zeiv longx/to have good picture.

maaih fiem maaih hnyouv oix/willful or interested.

maaih fiem mouc eix oix deix mv oix deix nyei/to disregard; unwillingly.

maaih fing-sokv maaih fing maaih sokv ziux/a lucky star is above.

maaih fu'jueiv haih maaih fu'jueiv/to have children.

maaih fuqv-loqc ziangh duqv maaih fuqv-loqc/to be good fortune.

maaih gaau maaih gaau mienh daic nyei mienv/death spell spirit.

maaih gitv buatc guaix mv baac mangc sou maaih gitv nor mv zuqc faix hnyouv haaix nyungc/to have a positive sign.

maaih gong maaih gong zoux/to have work to do or be busy with.

maaih gong-daqv fiou fim tengx doh mienh lo haaix/a good hearted person.

maaih gorc niec caux maaih win nyei mienh/to be adversary.

maaih gorn-buonv maaih nyaanh njiec buonv/to have principled.

maaih gu'nguaaz 怀孕 /huáiyùn/ sin mv kungx; maaih sin/pregnant.

maaih guen maaih sic guen zuqc/to have concern with.

maaih haaix nyungc naaic gaax mienh maaih haaix nyungc sic fai/what is it.

maaih hanh 有痕 /yǒuhén/ gaatv zuqc liuz longx daaih nyei hanh/a scar.

maaih hatc maaz 有权力 /yǒuquánlì/ maaih hungh lingc/to have authority.

maaih henh hnyouv mv maaih kuonx hnyouv sic/free of mind; be good mood.

maaih henz-douc wuonx qiex mv longx buangh zei-naanc/to be bad luck.

maaih hiuang orqv maaih hiuang orqv nyei sic cuotv/something awful happen.

maaih hoz baan maaih dorn-jueiv caux fun-faqv/to have an offspring.

maaih horqc wuonh maaih doqc sou nyei cong-mengh wuonh zaang/learned; educated; erudite.

maaih hmien maaih mengh hoc; zic duqv taaih/respectable; honorable.
maaih hmien-minc maaih mengh hoc longx/have face; to be honor preserved.
maaih hnoi maaih norm hnoi zungv oix cuotv/one day will; someday.
maaih hnyouv maaih hnyouv hnamv oix/to consider about; purposeful.
maaih hnyouv-lengh maaih hienx auv hienx nqox nyei hnyouv/to have an extramarital affair.
maaih hnyungv laeh naaic gaax maaih haaix nyungc sic cuotv nyei waac/what is happening.
maaih i diuc hnyouv corc maiv dingc hnyouv/to be undecided.
maaih inv 有瘾 /yǒuyìn/ jiex inv mi'aqv to be addicted to.
maaih jaa maaih auv-nqox mi'aqv/to be married; to have family.
maaih jaa-jamv maaih ziangh hoc fai maaih soux mouc nyei/limited; finite; restricted.
maaih jauv 有染 /yǒurán/ maaih hienx zuqc doic mi'aqv/to have an affair with.
maaih jaax jaax-zinh longc kuh maaiz maaic haic/to have good value.
maaih jauv nyauv maaih gong fai sic nyauv jienv/to be busy with something.
maaih jiu tong caux maaih lienh lorh caux/to have communicate with.
maaih kaav maaih zuqc jiex kaav nyei dorngx/there is a check point ahead.
maaih kang jauv maaih kang gong oix zuqc zoux/something need to be solve.
maaih kungx aqv maaih dorngx kungx aqv/there is an empty room.
maaih la'fapv 1 maaih jienv la'fapv/to have scattered. **2** maaih mienv/there is a spirit in possession.
maaih lamh guaix maaih dorngx guaix haic/to be blamable; accusable.
maaih lamh hnamv 1 maaih dorngx hnamv/to have hope. **2** maaih dorngx hnamv camv nzauh/sorrowful thought.
maaih lamh kaux maaih dorngx bangc kaux/to be able to depend on
maaih lamh longc bangc duqv zuqc maaih lamh longc haic/useful; practical.
maaih laengv maaih leic fai duqv leic longx/be profitable.
maaih leic zornc duqv leic/have profit; earning interest.
maaih leiz horpc nyei leiz/reasonable or righteousness.
maaih lingc maaih hatc maaz longx/to have authority power.
maaih maengc 1 maaih maengc nangh nyei/to be alive. **2** wuonx qiex longx haic/to be fortunate or lucky.
maaih maengc ziu jiem mouc fuqv siouc maaih wuonc qiex buangh zuqc mv baac maengc ziu mv duqv/(said of a person) gifted but out of luck-the result is failure.
maaiz maiv jiez jomc haic maaih maiv jiez/too poor to have.
maaih mengh 有名 /yǒumíng/ cuotv mengh nyei mienh/famous or renowned.
maaih mengh hoc maaih mengh maaih hoc/to be famous and honorable.
maaih mienh 有人 /yǒurén/ haiz maaih mienh/there is someone, some body or some people.
maaih mienv maaih mienv yiem/full of spirits; there is spirit.
maaih mou zeiv maaih yietc norm mou zeiv/there is a shape.
maaih muv mouc muv jienv fai maiv jienv yaac gorngv la'nyauv bun mienh no matter what; whatever.
maaih mueix 1 maaih kuv nyei mueix doc/to be tasty. **2** maaih mueix oix kuh jatv haic/there is very funny.
maaih mbienv-mbeux guai-qaauv haih gorngv haih mbienv leiz/a cleverness.
maaih naanc 有难 /yǒunàn/ maaih zei-naanc/to have difficulty or disaster.
maaih noic 有耐心 /yǒunàixīn/ maaih suonc hnyouv/to have even-tempered or patience.
maaih noic diev duqv maaih ngaih touh diev duqv haic/to have endurance.
maaih norm sutv maaih gu'nguaaz nyei sutv/burden of pregnant.
maaih ndau maaih ganh nyei ndau fai lingh deic/to owned a piece land.
maaih njoux duqv maengc kuotv maiv zuqc daic/capable of being saved.

maaih nqa'qiex maaih qiex jiez nyei nqa'qiex/angry; furious; indignant.
maaih nyaanh butv zoih maaih nyaanh camv/rich; wealthy; well off.
maaih nyanc maaih hopv maaih nyanc yaac maaih hopv/to have plentiful of food and water to drink.
maaih nyei 有的 /yǒude/ se gengh maaih nyei/have or have some.
maaih nzaic maaih gong fai sic nyauv zuqc/be busy with event or duties.
maaih nzuih morngx mv nqoi weic jomc maaih leiz yaac gorngv mv mbui aqv/unable to voice because the other party is rich and powerful.
maaih nzunc maaih yietc nzunc/once or on one occasion.
maaih orv nziaamv maaih orv nziaamv nyei sin/to have fresh and blood.
maaih peix fuc sic maaih mbuoqc horngh nyei sic cuotv/there is powerful and strange happen.
maaih qangx 有机会 /yǒujīhuì/ maaih ziangh hoc/to have chance, opportunity.
maaih qaqv henv; qaqv longx/to have strength or energy.
maaih qiex corc tauv qiex nyei maiv gaengh daic/alive; still breathing.
maaih qiex gorngv maaih nqa'qiex gorngv/to have voice.
maaih quonh nernh maaih hatc maaz hatc lingc/has almighty power.
maaih setv 1 maaih setv haih setv zuqc mienh daic/to have jinx. **2** maaih setv nyei/there is color.
maaih saeng-yungz 有生孕 /yǒushēngyùn/ yungz fu'jueiv nyei sic/the matter of reproduce an offspring.
maaih sic maaih sic la'nyauv jienv/to be busy with something.
maaih sic beqv maaih jauv beqv/there is an urgent matter.
maaih sic fiem ging maaih sic hnyouv ziouc ging aqv/to be alert or watchful.
maaih sic jienv maaih jienv nyei sic/to be with an important matter.
maaih siaaux lienv maaih jatv nyei hmien/a smiling face.
maaih sin 怀孕 /huáiyùn/ maaih jienv gu'nguaaz /to be pregnant.
maaih siou-sengh laangh ziqc siou duqv jiez haic/to have a good harvest.
maaih siouc nyuonh 长寿 /chángshòu/ maengc ndaauv ziangh duqv lauh yiem lungh ndiev/a long life; longevity.
maaih taux dauh butv zoih yietc seix mienh/to be wealthy whole lifetime.
maaih uix laih hlopv; maiv cing-nzengc to be ritually contaminated.
maaih waac gorngv haiz maaih waac oix zuqc gorngv/to have something to say or to talk and discuss.
maaih waac morngx nzuih mv nqoi se gorngv beiv dorngc sic nyei mienh mv haih tengx ganh/to be unable speak for self-defense.
maaih wangx maaih dorngx hnamv/to have hope; hopeful.
maaih weic 1 maaih ganh zueiz nyei weic/one's own seat. **2** maaih ganh nyei zeqv-weic/one's own job position.
maaih wuonc qiex 有运的 /yǒuyínde/ se ziangh hoc longx haic/to be lucky.
maaih wuonh zaang guai-qaauv haic to have lot of wisdom.
maaih yietc diuc hnyouv zungv dingc hnyouv/to decided; to determined.
maaih yietc nyeic maaih yietv maaih nyeic nyei/to be in order or detailed.
maaih you-nzauh maaih sic oix zuqc nzauh/sorrowful; to be grieve.
maaih za'eix 有主意 /yǒuzhúyì/ maaih za'eix cuotv nyei/to have idea.
maaih zei-naanc hoic maaih kuonx hoic mienh nyei sic/to have disaster; tragedy.
maaih ziangh hoc 1 maaih mv zoux gong ziangh hoc/to have an opportunity. **2** wuonc qiex longx/to be lucky.
maaih ziepc zuoqv hnyouv baengh fim nyei hnyouv/a justice minded.
maaih zinh nyaanh butv zoih maaih zinh nyaanh/to be rich or wealthy.
maaih zinh zoih 有钱财 /yǒuqiáncái/ butv maaih nyaanh camv/rich; wealthy.
maaih zingh en maaih en-zingh nyei mienh/grateful person.

maaih zingh nyeic maaih en-zingh nyei mienh/be affected by love.

maaih zoih saeng-kuv zinh zoih yietc zungv/gifted of wealth and livestock.

maaih zorng-zengx maaih gorn-baengx longx/to have evidence.

maaih zuiz 有罪 /yǒuzuì/ maaih zuiz nyei sinful; guilty; ungodly.

maaih zuiz hlo daix mienh se maaih zuiz hlo nyei/a serious crime.

maaih zuonv waan hnyouv qiex jiez hemx liuz mv baac aengx korh lienh/to have repentant.

maaiv pm. maaih bung hlang maaih bung leuh njiec aiv/to be askew; lopsided.

biauv maaiv-maaiv nyei biauv laih oix lamh deix mbaang/to lean to one side.

maaix aengx lorz mangc "zuqc maaix" wuov joux nyei eix-leiz.

maaiz w. 买 /mǎi/ maaiz ga'naaiv; maaiz lai fai huox/to buy; to purchase.

maaiz biauv maaiz norm biauv/to buy a house; to buy property.

maaiz dangx cien beiv hnangv longc auv longc nqox cien haic nor oix zuqc cuotv nyaanh maaiz dangx cien cingx duqv longc/to nullify their kinship ties so that a couple may marry.

maaiz dingc-zinh dingc jienv nyaanh maaiz/to purchase with deposit down.

maaiz duqv jiez maaih nyaanh gaux maaiz nyei/can afford to buy.

maaiz cai piux maaiz cai nyei piux/to buy lottery ticket.

maaiz lui houx maaiz zuqv nyei lui houx/to buy clothes.

maaiz mv jiez jaaix haic maaiz maiv jiez/too expensive to buy.

maaiz maaic 买卖 /mǎimài/ zoux maaiz maaic saeng-eix/to do business.

maaiz maaic biauv maaiz biauv maaic biauv nyei saeng-eix/to do real estate business buy and sell.

maaiz maaic leiz maaiz maaic saeng-eix nyei leiz/a business laws.

maaiz maaic mienh 1 saeng-eix mienh business people. **2** maaiz mienh maaic mienh nyei saeng-eix/to buy and sell human with slavery.

maaiz maaic saeng-eix zoux saeng-eix maaiz maaic/business buy and sell.

maaiz maengc sipv mienv cangv wuonh maaiz maengc nyei sic/to buy life back from spirit world.

maaiz maiv jiez jaaix haic maaiz maiv jiez/cannot afford to buy-too expensive.

maaiz ndau maaiz zoux ndeic fai gomv biauv nyei ndau/to purchase a piece land.

maaiz ndie 1 maaiz ndie-nyanc/to buy medicine. **2** maaiz ndie-zuqv/to buy the clothing material.

maaiz ndutv maaiz dangx mi'aqv/has been purchase and paid off.

maaiz njiec daaih maaiz njiec daaih liouh jienv/to buy down something.

maaiz nyanc hopv bieqc hei maaiz nyanc hopv ga'naaiv/to shop for groceries.

maaiz nyei jaax maaiz nyei jaax-zinh/a purchase price.

maaiz nyei mienh maaiz ga'naaiv nyei mienh/a buyer; a purchaser.

maaiz nzuonx maaiz maaic mingh nyei ga'naaiv nzuonx/to buy back after sold.

maaiz piux maaiz bieqc gaengh piux/to purchase a ticket.

maaiz sieqv bueix maaiz caux sieqv bueix/to hire a prostitute.

maaiz yungh 1 maaiz yungh daaih daix nyanc orv/to buy a goat. **2** maaiz yangh in nyei waac-meiv/to buy opium.

maaiz zuiz dorh nyaanh maaiz ganh zoux dorngc nyei zuiz/to pay for punish.

maan[1] w. longc buoz maan muoqv/to touch lightly by hand.

maan m'nqorngv longc buoz maan jienv m'nqorngv daux gaux/lay hand on someone's head while pray for.

maan[2] aengx lorz mangc "janx-maan" wuov joux nyei eix-leiz.

maanc hd. yietc maanc, se ziepc cin/ten thousand/**buo maanc** faah ziepc cin.

cin-maanc cin gorngv laanh mienh mv bun zoux nyei waac/never ever.

maanc doic duqv ziepc cin doic jiex daaih aqv/ten thousand generation.

maanc fingx lungh zaaux njiec nyei fingx-fingx mienh/all people on earth.

maanc fuix jiex daaih lauh waanc baav hnyangx aqv/endless year afterward.

maanc gouv cun-ciou yietc liuz maiv jiemc maiv nzengc/forever lasting.

maanc gouv maanc doic doic jiex doic maaih jienv yietc liuz mv zengc/forever lasting generation.

maanc guoqv lungh ndiev norm-norm guoqv/all nations.

maanc horngh lungh ndiev nyei maanc muotc/everything under the heaven.

maanc hungh lungh ndiev yietc zungv zoux hungh nyei mienh/all rulers.

maanc mienh lungh ndiev nyei maanc mienh/all peoples across nations.

maanc muotc 万物 /wànwū/ lungh ndiev maanc muotc ga'naaiv/all things.

maanc muotc qienh kuon yietc zungv maanc muotc ga'naaiv/all creations.

maanc nzangh nyungc horngh lungh zaaux njiec nyei ga'naaiv.

maanc sic lungh ndiev nyungc-nyungc sic/all kind affairs on earth.

maanc toix ndorngv ninh gorngv yie lueic maanc toix ndorngv ninh ganh zungv gauh lueic jiex. Gj: gernx biv.

maanc waac lungh ndiev fingx-fingx mienh nyei waac/all languages on earth.

maanh[1] pm. zoux sic maanh/impatiently or forcefully. Gj: da'maanh.

maanh aapv gu'nguaaz mv kangv nyanc ndie aa zuqc maanh aapv taux ninh nyanc/to force.

maanh caa hienx 强奸 /qiángjiān/ saeng-caa hienx/to rape; sexually attack.

maanh caa zorqv maanh borngz caa zorqv/to arrest with forcibly.

maanh hoic da'maanh aapv hoic taux laengz/to force to confess.

maanh leiz maanh aapv hoic jienv nyei mienh/to force for a confession.

qangv maanh borngz jienv fai caangv jienv zoux nyei sic/impolitely; forceful.

maanh[2] pm. 民 /mín/ baeqv-fingx mienh maanh/people opposite government.

maanc-maanh lungh ndiev nyei mienh maanh baeqv-fingx/population.

maanv nz. 满 /mǎn/ **1** buangv nzengc/to be full. **2** manc/slow down.

maanv bic 漫笔 /mànbǐ/ fiev wuonh nyei nzangc/a familiar essay; a causerie.

maanv ciangv camv gau haaix ndau yaac maaih/have plentiful of.

maanz aengx lorz mangc "zaih maanz, lungh maanz" nyei eix-leiz.

maatv[1] w. maatv yietc buoz-juonh ninh. Gj: nzuei/to hit with a fist.

maatv[2] pm. ninh mba'zorng maatv-maatv wuov/short and flat nose. Gj: maetv.

maatv dueiv juv gamh nziex nor ziouc maatv jienv dueiv tiux biaux/to cringe or lower the tail as dog does.

maauh hz., d. maauh gorngh, gu'nguaaz waac gorngv nda'maauh/tiger.

maauz m. 卯 /mǎo/ da'feix weic deic sokv fai jaapv-zaangv-neix/the fourth of the twelve Terrestrial Branches.

maauz ziangh 卯时 /mǎoshí/ biaa taux siec diemv ziangh hoc lungh ndorm zanc/the hour between 5-7 AM.

Macedonia [măs'ĭ-dō'nē-ə] m. 马其顿 /mǎqí dùn/ yietc norm guoc jaa, yiem D.N bung maengx Europe, hungh zingh mungv heuc Skopje.

machine [mə-shēn] m. lunh ga'naaiv cie, *machine* se gaav congh English daaih.

Madagascar m. 马达加斯加 /mǎdàjiāsījiā/ se yietc norm koiv-nzou guoqv yiem D.N bung maengx Africa, hungh zingh mungv heuc Antananarivo.

maeng pm. 绿色 /lǜsè/ maeng nyei setv/a green or green color.

maeng-baeqc maeng-lunx; maeng-siang nyei/to be light green.

maeng-gox maeng-loz deix/dark green.

maeng-luoqc maeng caux mbuov zorpc nyei setv/green and blue mixed.

nziouh maeng nyei ndiemh maeng nyei. completely bright green.

maeng[2] w. mborqv zuqc ndopv maeng nzengc/to be bruised after beaten.

maengc m., d. 生命 /shēngmìng/ **1** yietc diuh maengc/a life. **2** maengc ziu fai mv ziu nyei sic/destiny; fate.

maengc bieqc fuqv-buonc zoqc nyei maengc/unlucky life; a poor life.

maengc ciouv maengc mv njien-youh yietc deix/a sorrowful life.
maengc cueix butv norm juangv yaac daic se beiv maengc cueix.
maengc daaix buonv daic maengc daaix zuqc congx buonv daic/predestined to be die in a gun shot.
maengc div maengc daix maengc div maengc nyei zuiz/a life for a life as in capital punishment.
maengc duang nz. aaux benx nzung gorngv maengc zeiv cuotv/destiny.
maengc faix mv maaih hatc maaz nyei maengc/a powerless life.
maengc-gorn bun ziangh maengc wuov norm gorn/a life giver; source of life.
maengc hlo ziu duqv zoux jien nyei maengc/a powerful life.
maengc kaav zuqc maengc kaav zuqc domh mienh daic nziouv/life that cause one's parents to die early.
maengc kouv zuqc siouc kouv nyei maengc/life to suffer from a hard lot; destined to suffer.
maengc longx 命运 /mìngyùn/ njien-youh nyei maengc/good fortune.
maengc maiv benx oix zuqc nzauh nyei maengc/a misfortune life.
maengc maiv taux bouc maiv gaengh taux daic nyei ziangh hoc/life not reach to the end yet.
maengc nangv ziangh maiv lauh nyei maengc/die young or short lived.
maengc ndaauv 长寿 /chángshòu/ maengc ziangh duqv lauh/a long life; longevity.
maengc nyanc doqc sou maengc ziu duqv hoqc guai/a skill in studying.
maengc nyouh mangc jienv horpc daic yaac mv daic/to refuse to die.
maengc taux bouc maengc taux daic nyei hnoi aqv/life reached to the end.
maengc zeiv cuotv maengc zeiv daaix daaih/determined by fate.
maengc zienz jaapv-zaangv jiex juang mi'aqv/life has reached to the end.
maengc zinc maengc zinc bietv maiv duqv ga'naaiv-jaaix/an inferior of life.
maengc zitc guangc yietc diuh maengc mi'aqv/to lose a life in accident.
maengc ziu maengc ziu butv zoih fai ziu zoux jien/to be lucky in one's life.
maengc ziu kaeqv maaih kaeqv mienh oix nyei maengc/life induce guests.
maengc ziu saeng-kuv yungz saeng-kuv ziouc nyei maengc/to be successful in raising animals.
maengc ziu zinh zoih zoux saeng-eix ziouc nyei maengc/to be successful in doing business.
maengc ziu zoux jien maaih maengc duqv zoux jien/to be official life.
maengc zong cuotv butv zoih se yiem maengc zong cuotv/life to be that way.
maengc zong maengc daaix zuqc daaih to be depend on destiny or fate.

maengh pm. 盲 /máng/ m'zing maengh; lungh maengh oix duih mbiungc/sky is so dark it will rain.
m'zing maengh mienh 盲人 /mángrén/ m'zing mangc maiv buatc nyei mienh/a blind person.
maengh ndaengv zoux sic mv dorh leiz haic/to act without respect.
mapv maengh nyei mangc maiv buatc yietc deix/to be very dark; darkness.

maengx w. **1** nduqc maengx/one side/i maengx/both side. **2** ndiaav maengx/at the lower side/qaav jiez maengx/at the upper side. **3** bieqc maengx/entrance side/cuotv maengx/an exit side.
faaux maengx faaux wuov bung/the way going upward.
mingh maengx cuotv mingh bung/on the way outward.
njiec maengx njiec wuov ndiev bung/a way going downward.
nzuonx maengx nzuonx biauv wuov bung/the away returning home.

maengz[1] w. heuc duqv maengz/to call at a high screaming sound; wailing.

maengz[2] pm. bouv piqv zuqc yie nyei zaux maengz-maengz wuov mv fungc mangc woh/an awful deep cut wound.

maeqc[1] lz. 玉米 /yùmǐ/ ga'maeqc; gu'maeqc a'fai guh maeqc/corn.
maeqc baeqc maeqc biouv baeqc wuov nyungc maeqc/white corn.

maeqc biouv mueiv ndutv daaih nyei maeqc biouv/a kernel of corn.
maeqc biutc baeqc maeqc biutc gaam maeqc wuov nyungc/white soft corn.
maeqc corx longc corx maeqc lunx zoux njuov nyei ga'naaiv/a tool used for making corn meal.
maeqc diuv longc maeqc zoux daaih nyei diuv/wine made from corn.
maeqc dongx maeqc lunx qouv dongx daaih/mush made from corn.
maeqc dorngc beu jienv kuqv nyei maeqc dorngc/an unhusked ear of corn.
maeqc fuoqv longc mueiv maeqc biouv ndutv nyei ga'naaiv/a tool for twist off corn kernel.
maeqc gaam maeqc mbiutc gaam/white sweet corn, yellow corn.
maeqc gaeng maeqc butv daaih nyei gaeng-junv/corn worm or beetle.
maeqc gong mv ziangh maeqc dorngc wuov nyungc maeqc ndiangx.
maeqc guaengv maeqc nyei guaengv. Gj: maeqc nqaauv/cornstalks.
maeqc guqv maeqc guqv maeqv daaih wuonh nyanc duqv aqv.
maeqc huv maeqc gaeng nyanc huv nyei maeqc/a damaged corn.
maeqc hlorng mueiv liuz maeqc biouv nyei hlorng/a corn comb.
maeqc hluqv caux mbiauh zuangx nyei yietc nyungc miev, ninh nyei nyim haih longc zoux diuv duqv nyei.
maeqc hmeiv maeqc biouv daapc muonc daaih nyei hmeiv/a pounded corn.
maeqc hnaangx maeqc hmeiv, maeqc mbuonv hnaangx/corn meal.
maeqc kuqv buang maeqc dorngc wuov deix kuqv/corn husk.
maeqc lamz dapv ga'maeqc nqaai nyei lamz/a corn granary.
maeqc lunx maeqc cor-hoqc guqv lunx wuov zanc/young tender corn.
maeqc mbeux maeqc biouv an saaiv-jorm biuqv mbeux daaih/popcorn.
maeqc mbiuic maeqc biouv m'zing, se dongh zuangx guqc nyaah cuotv yaang wuov norm dorngx/corn eye.
maeqc mbiutc nyouh wuov nyungc maeqc/soft sweet corn.
maeqc mbuonv 玉米粉 /yùmǐfěn/ muonc nyei mbuonv/corn flour.
maeqc ndeic lengc jeiv zuangx maeqc nyei ndeic/corn field.
maeqc ndung dongh biuqv mv mbeux wuov heuc maeqc ndung/popcorn the failed to pop.
maeqc njuov maeqc mbuonv beu njuov daaih/a corn cake.
maeqc nqaauv maeqv liuz maeqc wuov deix nqaauv/corn stalks.
maeqc nyongh maeqc dorngc wuov deix nyongh/corn silks.
maeqc nziouv zuangx nziouv yaac guqv nziouv nyei maeqc/early harvest corn.
maeqc waaic gaeng nyanc waaic nyei maeqc/wheat corn.
maeqc yaang zuangx jienv cor-hoqc cuotv daaih nyei yaang/corn shoots.
maeqc yangh maeqc biouv yangh wuov nyungc maeqc/yellow corn.
maeqc youh longc maeqc zoux daaih nyei youh/corn oil use for cooking.
maeqc ziex yietc nyungc caux mbiauh zuangx gaam-ziex-dorn/maize.
maeqc ziqv longc uix dungz fai maaic nyei maeqc/regular corn use for feed animals or to sell.

maeqc[2] aengx lorz mangc "buoz-maeqc, saeqv-maeqc, meih maeqc" wuov deix nyei eix-leiz.

maeqv[1] w. 撕开 [si kaai] nanv jienv maeqv. Gj: caeqv/to peel; to break open.
maeqv cuotv maeqv cuotv maiv zorpc to divide or separate from.
maeqv fienx betv fienx nqoi daaih/to break open an envelope.
maeqv maeqc maeqv ga'maeqc dapv lamz/to harvest corn.
maeqv muonc caeqv muonc bun nqoi to beak into small piece.
maeqv mba'ziu bun bungx sieqv a'fai bun fu'jueiv mienh se dorngx yih maeqv ganh nyei mba'ziu bun aqv.
maeqv mbuoqc maeqv jienv mbuoqc nzuih dapv ga'naaiv/to hold and open a sack to put something in.

maeqv ndopv maeqv biouv nyei ndopv fai saeng-kuv ndopv/to peel off the skin.

maeqv njuov maeqv nqoi beu njuov nyei normh/to break open a loaf of bread.

maeqv nqoi 1 maeqv nqoi daaih/to tear open. **2** maeqv nqoi doic/separate from each others.

maeqv[2] pm. 嘲笑 /cháoxiào/ maeqv hemx doqc. Gj: huotv, saauc yaev/to ridicule; to mock; to insult; to make fun.

maeqv mienh saauc yaev mienh; huotv mienh/to mock at someone.

maetv[1] q. yungh heuc maetv maetv nyei qiex/the sound made by goat calls.

maetv[2] pm. mba'zorng mbeih nyei maetv-maetv wuov/short and flat of nose.

maih[1] m. 眉 /méi/ mueic maih; m'zing-menc biei/eyebrow; brow.

mueic maih biei 眉毛 /méimāo/ m'zing-menc biei/eyebrow; brow.

maih[2] nz. 埋 /mái/ aaux benx nzung nyei waac gorngv biopv/bury; to bury.

maih zangx 埋葬 /máizàng/ biopv; zangx njiec ndau/to bury.

maiv[1] w. 没 /méi/ maiv duqv; maiv haih fungc zoux; maiv maaih/no; negative.

maiv a'hneiv 不喜欢 /bùxǐhuān/ maiv buangv hnyouv/unhappy, displease.

maiv baengh fim maiv maaih baengh nyei jauv/unfair minded; injustice.

maiv baengh orn mv duqv baengh orn yiem/to be bothersome.

maiv beiv maiv haih beiv duqv/unable to compare to; incomparable.

maiv benx 1 mv ziangh horngh/to be bad behavior. **2** waaic mv benx/poor quality; no good.

maiv benx haaix nyungc yie gorngv tov zuiz oc, ninh gorngv mv benx haaix nyungc lorqc/never mind.

maiv benx hnamv haiz hnamv maiv nzuonx aqv/feel disappointed.

maiv benx longc waaic mv benx longc aqv/cannot make any use.

maiv benx mangc mv fungc mangc/to be awful to look at.

maiv benx yiem 1 sin maaih baengc mv kuh yiem/to feel discomfort. **2** haiz nyaiv mv benx yiem/to be miserable.

maiv bieqc hnyouv mv mengh baeqc unable to understand.

maiv bieqc m'zing mv kuh mangc; mv horpc m'zing/displease to the eye.

maiv buangv eix hnyouv mv nqaai nyei eix/unsatisfied; protest.

maiv buangv hnyouv haiz maiv horpc hnyouv/unsatisfied with.

maiv buatc jiex mv gaengh duqv buatc jiex/never seen before.

maiv bun mv laengz bun. Gj: mv houv, mv yuangh/not allow; prohibition.

maiv ceng-hlo 没夸 /méikuā/ maiv maux humble; unexaggerated.

maiv cing 1 maiv mengh/confused. **2** unclear of liquid or water.

maiv cing cov 没清楚 /méiqīngchǔ/ **1** mv mengh baeqc/confusion. **2** nzaanx lunc mv cing/to be disorderly.

maiv cing-nzengc 不洁 /bùjié/ maaih uix; laih hlopv/impure; contaminated.

maiv cingv maiv cingv; maiv huaan yinx daaih/not invited; unwelcome.

maiv ceng-hlo suonc mv maux mv ceng-hlo/not praise oneself

maiv cien 没亲 /méiqīn/ maiv maaih cien nitv zuqc/unrelated to.

maiv cuotv qangx mv guai mv cuotv qangx/unintelligent person.

maiv cuotv zuangx nyaiv haic; nyiemz mienh haic/too shy to show in public.

maiv daav naanh maiv aqc bun; heic nyei bun/to be easy.

maiv daaih maiv buatc daaih/not come.

maiv daaix mv hnangv; mv zuangv/to be unlike; unassembled.

maiv daan mv daan meih, yie yaac fih hnangv nyei/not only you but me too.

maiv dangx 1 hlaang mv dangx; jauv mv dangx/unbroken. **2** mv dangx nyei mingh/continuous.

maiv dingc 1 hnyouv mv dingc/doubt; undecided. **2** dongz haic mv dingc/to be unsteady; unstable.

maiv dingc eix hungx-huotv nyei eix/to be undetermined; not sure.

maiv dingh maiv dingh liouh/without stopping; unceasing.

maiv doix 没对 /méiduì/ maiv doix; maiv horpc/mismatch or unsuitable.
maiv doix zuqc mv doix duqv zuqc/to be matchless; peerless.
maiv dongh 不同 /méitóng/ maiv dongh yietc nyungc/different from.
maiv dongh eix 不同意 /bùtóngyì/ maiv juangc eix/to fail to correspond.
maiv dongh hnyouv 不同心 /bùtóngxīn/ mv dongh diuc hnyouv/disagree.
maiv dongh nyungc 反常 /fǎncháng/ mv dongh yietc gau aqv/abnormal.
maiv dongz 没动 /méidòng/ daic-daic wuov mv dongz/unmoved; motionless.
maiv dongz hnyouv maiv haiz kuatv zuqc hnyouv/uninterested.
maiv dongz zinh hmeiv mv kuatv zuqc taux zinh nyaanh/unneeded to verify the income assets.
maiv dorh leiz 没礼貌 /méilǐmào/ maiv dorh leiz; maiv zieqv leiz/impolite.
maiv dorng 1 mv dorng zuangx/to be conceal. **2** mv jiemc jauv/endless.
maiv dorng horngh 不正当 /bùzhèngdāng/ mv horpc zuqc/should not be.
maiv dorngc 没错 /méichuò/ maiv maaih dorngc nyei dorngx/not thing wrong.
maiv dorngc leiz horpc leiz nyei maiv dorngc/to be legal or lawful.
maiv dorngx haaix mv zuqc njiec qaqv fai njiec nyaanh camv/to be less afford.
maiv dunh yunh maiv nzoih nzangc/to be unrighteous; unperfected.
maiv dungx mv dungx. Gj: mv dungv, mv duqv/negative; do not.
maiv dungx dau mv dungx dau/not allow to answer.
maiv dungx dongz souv dingc nyei mv dungx dongz/do not move.
maiv dungx gorngv mv dungx gorngv haaix nyungc/do not talk.
maiv dungx guaix mv dungx maaih guaix-dauh/don't blame
maiv dungx hietv hnyouv maiv dungx nouz/don't be upset.
maiv dungx huaang mv zuqc huaang do not hurry; don't rush.
maiv dungx in zin mv dungx qiex jiez fai nouz/don't be upset or angry.
maiv dungx jiuv mbuox fu'jueiv maiv dungx jiuv/don't play with.
maiv dungx kolo maiv dungx gorngv Waac fai muoqv mbui/be quiet.
maiv dungx la'kuqv mv dungx la'kuqv ga'naaiv/do not forget.
maiv dungx mangc jiemx-gec nyei mv dungx mangc/prohibit to look.
maiv dungx mbuox mv dungx mingh gorngv mbuox/prohibit to tell.
maiv dungx muoqv mv dungx muoqv zuqc/don't touch.
maiv dungx naaic mv dungx naaic/do not ask; do not questions.
maiv dungx nouz mv dungx butv qiex nouz/don't upset; don't be mad.
maiv dungx nyaiv mv zuqc nyaiv oc/to don't be shy.
maiv dungx nzauh gorngv orn hnyouv mv dungx nzauh/don't worried.
maiv dungx tui mv dungx tui bun ganh dauh zoux/don't make excuse.
maiv dungx winx mv dungx winx/do not blame.
maiv dungx zoux dingh njiec mv zoux aqv/to stop doing.
maiv duqv mv duqv zipv; mv duqv/not get; not receive.
maiv duqv henh mv duqv kungx yietc dangh/to be busy without taking break.
maiv duqv jiex mv gaengh duqv jiex never get any before.
maiv duqv kungx zoux jienv gong nyei mv duqv henh/be busy with something.
maiv duqv nyanc mv maaih nyanc nyei ga'naaiv/to have no food to eat.
maiv duqv nzengc mv siaau aqv/to be serious but helpless.
maiv duqv zornc maaic ndortv buonv mv duqv leic/not made any profit.
maiv eix duqv mv oix fai mv eix duqv uninteresting; dislike.
maiv eix longc mv eix duqv longc/do not want to use or to buy any.
maiv faang-mbienc mv maaih mbienc inconvenient.
maiv faaux duqv zoqc haic mv faaux duqv corngh/too little to be consider.

maiv fi'hnangv lengc mv fih hnangv/to be different from; unlike.
maiv fih lomh maaih hlo faix zorpc jienv/to be uneven size.
maiv fih mbaengc hlang mv fi'ndongc unequal tall.
maiv fih ndaau ndaauv mv fi'ndongc unequal length.
maiv fih ndongc mv fi'ndongc hnyiev unequal balance.
maiv fiou gong-daqv hnyouv pien mv fiou gong-daqv/ungraceful.
maiv fiou laangh fim zoux waaic bun mienh nyei hnyouv/to be heartless.
maiv funx maengc daic yaac mv gunv ganh aqv/to risk one's life.
maiv fungc mv fungc aqv/it's awful or it's terrible but helpless.
maiv fungc gorngv mv haih gorngv mv mengh aqv/unmentionable.
maiv fungc mangc aqc mangc gau mv mv fungc aqv/it is awful to see.
maiv fungc muangx aqc muangx dingc aqv/very awful sound to the ears.
maiv fungc zoux maiv noic horh aqv/to have no choice or unavoidable.
maiv gaamv mv bungx laangc zoux fai gorngv/not dare to.
maiv gaamv dorng 不敢当 /bùgǎndāng/ gamh nziex maiv laengz; maiv gaamv laengz/afraid to accept.
maiv gaamv gorngv mv bungx laangc gorngv/dare not to say.
maiv gaamv naaic gaamv-nziex maiv naaic/not dare to ask or question.
maiv gaengh mv gaengh maaih fai mv gaengh haiz jiez/not yet.
maiv gaengh gaux corc maiv gaengh gaux/not enough yet.
maiv gaengh haiz jiex mv gaengh duqv haiz jiex/never heard before.
maiv gaengh kungx 1 corc zoux jienv gong nyei/still busy working. **2** maiv gaengh maaih kungx/still be occupied.
maiv gaengh lauh jiex daaih corc mv gaengh lauh/recently.
maiv gaengh mun lorqc gu'nguaaz ndorpc nor oix zuqc gorngv mv gaengh mun lorqc, ninh ziouc mv nyiemv aqv.
maiv gaengh nangc lauh cor hoqc jiex daaih mv gaengh lauh/recently.
maiv gaengh ux lorqc gorngv mbuox gu'nguaaz mv gaengh mun nyei waac.
maiv gaengh ziangx corc maiv gaengh ziangx/not yet done or finish.
maiv gamh nziex 1 daamv hlo nyei mv gaamv-nziex/not afraid. **2** mv nziex lorqc/never mind.
maiv gamh nziev 1 mv gamh nziev laih hlopv/not repulsive. **2** zic yaac maiv gamh nziev/not ticklish.
maiv gatc longc nyaanh mv gatc/not stingy; without sparing.
maiv gan leiz maiv ei leiz fai maiv gan leiz/not follow the rule or law.
maiv gaux 不够 /bùgòu/ maiv gaux; maiv gaengh gaux/not yet enough.
maiv gaux longc 不够用 /bùgòuyòng/ zoqc deix maiv gaux longc/not enough for use or for spend.
maiv gaux nyanc 不够吃 /bùgòuchī/ mv maaih gaux nyanc/not enough to eat.
maiv gaux soux mouc corc caa deix mv nangc gaux/not enough amount for the requirements.
maiv gaux yiem dorngx hepc mv gaux yiem/not enough room to live.
maiv gaux zoux gong zoqc maiv gaux zoux/not enough work to do.
maiv gec dorh leiz waac, beiv hnangv oix bieqc mienh nyei biauv se oix zuqc naaic gaax biauv gec nyei saqh?. Ninh mbuo gorngv mv gec lorqc gunv bieqc maah, nor manc bieqc.
maiv gic lueic hnyouv maiv gic maiv gaanv/failing to pay attention.
maiv gic sin zoux sic ngaih haic maiv gaanv/no hurry; take one's time.
maiv ging hnyouv mv gouv nyeih taux to be surprise by unprepared.
maiv guaax taux mv jangx taux; maiv hnamv taux/careless.
maiv guai hngongx nyei/unwise; have no education; unintelligent
maiv guen mv guaax paanx taux/show no interest; indifferent or concern.

maiv guen maiv goux maiv guen taux yietc deix/show no interest or concern.
maiv guen maiv sic haiz mv guen zuqc yietc deix/having no marked feeling for or against.
maiv guen zuqc meih maiv zeiz meih nyei sic/it's not your matter.
maiv guenx haiz longc maiv guenx/not used to; unfamiliar with.
maiv gunv maiv guaax paanx taux yietc nyungc/to have no concern at all.
maiv gunv daic maiv gunv haih zuqc guangc ganh nyei maengc/unconcerned about safety of one's own life.
maiv gunv ganh maiv hnamv ganh/to act without care for oneself.
maiv gunv haaix dauh mv mangc haaix dauh nyei hmien/don't care who they are.
maiv gunv leiz mv muangx leiz aqv/to act without obey the law.
maiv haih mv haih zoux a'fai mv haih gorngv/unable to; unskilled.
maiv haih dau lorz maiv buatc waac dau nzuonx/unanswerable.
maiv haih dorh 1 mv haih ziux goux dorh/unable to take care. **2** dorh caux mingh mv duqv/unable to bring with.
maiv haih fiev maiv haih fiev nzangc nyei mienh/unable to write.
maiv haih funx maiv haih funx-bienh nyei mienh/unable to calculate
maiv haih fungc zoux mv haih hnangv haaix nor zoux aqv/to have no choice or no alternative.
maiv haih gorngv 1 mv haih gorngv waac/unable to speak. **2** mv haih porv gorngv mengh bun/unable to explain.
maiv haih hiuv mv haih bieqc hnyouv hiuv aqv/to be incomprehensible.
maiv haih hnamv mv haih hnamv mv zaaic/unable to think through.
maiv haih jiez sin 1 ndorpc njiec mv haih jiez sin/unable to get up. **2** njormh mv haih jiez sin/unable to wake up.
maiv haih la'kuqv jangx jienv mv haih la'kuqv/to be unable to forget.
maiv haih liuz maiv haih nzengc; maiv haih liuz/to be endless.
maiv haih mingh maaih jauv nyauv maiv haih mingh/unable to go.
maiv haih nangh daic maiv haih nangh aqv/unable to come back to life.
maiv haih nipc win hemx liuz yaac mv haih nipc win/unable to hold grudge.
maiv haih njormh bueix jienv mv haih njormh/unable go to sleep.
maiv haih njoux mv haih njoux maiv cuotv aqv/unable to rescue.
maiv haih nyie njormh ndo maiv haih nyie/to unable to wake up.
maiv haih nzengc 1 yietc liuz mv haih nzengc/to be endless. **2** mv haih nzengc yietc zungv/not know through.
maiv haih saqh goi maiv haih hnangv naaic saqh/it won't be like that.
maiv haih tengx mv maaih jauv haih tengx aqv/to be helpless.
maiv haih zieqc maiv haih zieqc douz nyei ga'naaiv/unable to burn.
maiv haih zorc aqv mv haih zorc mv duqv longc aqv/unable to repair.
maiv haih zoux mienh maiv haih zoux zoux duqv horpc nzengc mienh/to be unable to please everyone.
maiv haiz dau 没答应 /méidáyìng/ maiv haiz dau nzuonx/no answer back.
maiv haiz jiex maiv gaengh duqv haiz jiex/never heard about something.
maiv henv mau haic maiv henv/to be weak or powerless.
maiv hengx hnyouv mv hanc mv oix/to be uninterested.
maiv hiaaux laauh fu'jueiv mv hiaaux laauh domh mienh/a bad behavior child.
maiv hiaaux suonc maiv hiaaux suonc domh mienh/no respect for parents.
maiv hingh borngz mv hingh; zouv mv hingh/to lose or defeated.
maiv hiuv mv bei/unknown; not know.
maiv hiuv ha'lorqc mv hiuv leiz nyei mienh/impolite; regardless.
maiv hiuv eix-leiz mv hiuv duqv ninh nyei eix-leiz/not understand the meaning.
maiv hiuv hlang-aiv mv hiuv leiz; mv dorh leiz/impolitely.
maiv hiuv korh lienh hnyouv ngaengc maiv haih korh lienh mienh/merciless or pitiless.

maiv hiuv kouv-zingh mv zuqc kouv nyei mienh se mv hiuv kouv nyei mueix.
maiv hiuv leiz mv hiuv hlang-aiv nyei mienh/to be ignorant of laws.
maiv hiuv nyaiv hmien-ndopv hoz mv hiuv nyaiv/be shameless.
maiv hiuv ndaangc mv duqv hoqc hiuv ndaangc/unprecedented.
maiv horpc puix mv horpc/unsuitable; misfit; unfit; inappropriate.
maiv horpc coiv 1 caux mv njiec mv doix-goih/not get along with. **2** daux mv horpc/misfit or unfit.
maiv horpc doic caux mv horpc kungx nzaeng jaax hnangv/unfriendly with.
maiv horpc hnyouv haiz maiv horpc hnyouv/displease with.
maiv houc jaax caux mv maaih nzaeng jaax/uncooperative; non-supportive.
maiv horpc leiz dorngc doz-leiz nyei jauv/unlawful; illegal.
maiv horpc zuqc maiv horpc zoux nyei sic/should not be that way.
maiv houc jaax maiv tengx; maiv houc jaax/without support.
maiv houv mv houv bun; mv iv congh not allow or prohibited.
maiv huaang sueih jienv mv huaang/to be leisurely; unhurried.
maiv huaang maiv heix sueih sih sueih nyietv nyei sic/unhurried.
maiv hungh heic aqc duqv haic maiv heic zoux/uneasy; very difficult.
maiv hnamv 1 mv hnamv doic/to not love; loveless. **2** mv corngh dangh mangc gaax/to not think.
maiv hnamv taux liemh zungv maiv jangx taux/thoughtless; inconsiderate.
maiv hnangv mv zuangv; mv hnangv yietc deix/not resemble.
maiv hnangv haaix mv buatc fungc/to very; not particularly.
maiv hnangv hungx zoux daaih yietc deix maiv hnangv/unlike.
maiv iv congh mv iv congh/not allow; forbid; prohibition.
maiv iv maaic mv iv congh maaic/not permitted to sell.
maiv iv zoux maiv bun zoux fai maiv iv congh zoux/not allow to do
maiv jaa-ndaangc maiv duqv mbungh ndaangc/improvidence.
maiv jaaix 1 zaanc nyei/inexpensive; valueless. **2** zoux sic mv jaaix/to act inferior.
maiv jangx-zaaic jangx mv taux/to be short of thinking.
maiv jiex maiv jiex ganh njiec buoz zoux hnangv/better do it by one's hand.
maiv jiex eix haiz hnamv mv jiex eix gau/to feel insensitive; feel sorry about.
maiv jiex jaax mv jiex ndaangc/to not be over due yet.
maiv jiez hnyouv eix hniev nyei maiv jiez hnyouv/undecided.
maiv jienv 1 bungx nqoi mv jienv/to be unrestricted. **2** mv longc jienv/to be insignificant; unimportant.
maiv kangv gu'nguaaz mv kangv hopv ndie/to refuse; unwilling.
maiv kolo sekv nzieqc mv gorngv waac mv kolo/quiet by not talking.
maiv korh fiqv mv haiz maaih korh fiqv nyei hnyouv/to regardless.
maiv korh lienh mv maaih korh lienh nyei hnyouv/pitiless; merciless.
maiv korv iv maiv horh kuv hnangv naaiv/shouldn't be like this.
maiv kuh mv maaih leiz/not allowed; forbidden.
maiv kuh gorngv mv maaih leiz duqv gorngv/not allowed to say.
maiv kuh mangc 1 maiv yuoqc mueic zing/unpleasant to eye. **2** maiv maaih leiz mangc/prohibit to look at.
maiv kuh yiem sin juix mv kuh yiem feel sick; feel uncomfortable.
maiv kuh ziangh oix gorngv nyei mv baac hnyouv samx-soqv *mv kuh ziangh* gorngv cuotv/to be hesitated.
maiv kuv mv maaih kuv nyei mueix/to be lacking flavor; tasteless.
maiv kungx 1 zoux jienv gong nyei/to be busy. **2** mv maaih kungx/not empty.
maiv laaic mv nyeiv/unsuspected or unexpected.
maiv laengz dorngc mv laengz zoux dorngc/not admitted; not guilty.

maiv laengz zengx maiv laengz zoux zengx/unable to attest or witness.
maiv laengz zingh maiv laengz mienh nyei en-zingh/ungrateful or thankless.
maiv lamh an maiv maaih dorngx an ga'naaiv/no place to put things.
maiv lamh beiv dorngx maiv maaih dorngx beiv/to be incomparable.
maiv lamh guaix maiv maaih dorngx guaix/to be blameless.
maiv lamh guangc maiv maaih dorngx guangc/have no place to waste.
maiv lamh hnamv maiv maaih dorngx hnamv aqv/hopeless; disconsolate.
maiv lamh kaux dorngx maiv maaih dorngx kaux aqv/to have no one to rely.
maiv lamh longc bangc kaux mv zuqc nyei mienh fai ga'naaiv/useless.
maiv lamh nqemh maiv maaih nqemh nyei dorngx/no reason to detest.
maiv lamh setv lorz maiv duqv dorngx gorngv setv-mueix waac.
maiv lamh simv mv maaih dorngx simv aqv/unavoidable.
maiv lamh taanx 1 mv maaih dorngx taanx mingh aqv/it's your turn/no one else to take turn. **2** dorngx hepc maiv lamh taanx mingh aqv/no more space.
maiv lamh tui maiv maaih dorngx tui mingh aqv/no reason to make excuse.
maiv lauh ziangh hoc maiv lauh/within a short time; near future.
maiv leic hlaax mv leic hlaax zoux yinh wuic fai biaux deic-bung/not favorable month for ceremony or move.
maiv leic hnoi mv yaauc nyei hnoi/not a auspicious day.
maiv leic hnyangx mv leic hnyangx douc sai/not favorable year for making merit ceremony.
maiv lengc fi'hnangv nyei mv lengc/to be same or similar to.
maiv lengh gaux hnangv mv lengh/just enough, nothing left over.
maiv lingh 不灵 /bùlíng/ faatv maiv lingh; ndie maiv lingh/to be ineffective.
maiv liouh maiv liouh aqv/not to keep.
maiv liouh zingh gorngv jiex ndaangc maiv liouh zingh.
maiv liuz 没了 /méiliǎo/ maiv haih ziang naaic liuz/can not be finishing without.
maiv liuz sic mv haih ziang naaic liuz sic oix zuqc taux jien-fouv nza'hmien cingx daaih liuz.
maiv lomh mv fi'lomh/not equal size.
maiv longc mv longc aqv/unused.
maiv longc gorngv mv yuangh gorngv you're not allow to say.
maiv longc hmien zoux sic mv nyaiv mv longc hmien/shameless; to have no sense of shame.
maiv longc hnyouv mv za'gengh longc hnyouv/to pay no attention.
maiv longc jienv mv longc jienv nyei sic/unimportant; insignificant.
maiv longc leiz zoux sic maanh maiv longc leiz/act without politely.
maiv longc maengc mv longc maengc nyei zoux gong/act without one's safety.
maiv longc noic mv maaih noic kungx douh siepv hnangv/act impatience.
maiv longc zoux mv longc tengx zoux
maiv longx butv baengc mv longx/not being well; to be sick.
maiv lunc 1 mv lunc guaih zoux guaih gorngv/careful with. **2** ndoh zietc nyei maiv lunc/not be loose.
maiv luonx mv luonx leiz/none respect the rule, law.
maiv luonx horngc dorng jaa caux fatv nyei cien-ceqv/matter of marry between blood relatives.
maiv maaih nzengc mi'aqv mv maaih aqv/there is no more.
maiv maaih biauv maiv maaih biauv yiem/to be homeless.
maiv maaih dingh torqv dorngx maiv maaih wuonv nyei dorngx/to have no permanent place.
maiv maaih doz-leiz cuotv ziqc leiz mi'aqv/unreasonable.
maiv maaih doic 1 mv maaih doic caux nziaauc/friendless; without companion. **2** gamh nziex/to feel fearful.
maiv maaih dorngx jaiv sin lorz maiv duqv jauv jaiv sin/without an excuse.
maiv maaih fangx mv maaih mou zeiv having no shape; shapeless.

maiv maaih fu'jueiv mv maaih dorn mv maaih jueiv/childless.

maiv maaih gong-daqv hnyouv doqc zoux waaic sic/evil to the bone.

maiv maaih gorn 没来由 /méiláiyóu/ **1** mv maaih sic-gorn/without any cause. **2** mv maaih nzungh/without any root. **3** mv maaih gorn-ndoqv/unprincipled.

maiv maaih hmien 没脸 /méiliǎn/ maiv maaih hmien-beih aqv/too ashamed to.

maiv maaih ih feix nimc liuz ga'naaiv haiz mv maaih ih feix/to feel ashamed after steal something.

maiv maaih jaa daan-sin mv gaengh dorng jaa/a single person.

maiv maaih jaa-jamv mv maaih yietc nyeic/to have no limited.

maiv maaih jaax 1 jaax-zinh aiv/low price. **2** mv maaih jaax zeiv/shapeless.

maiv maaih jangx-fingx la'kuqv henv haic/to have bad memory.

maiv maaih jauv jiemc jauv mi'aqv/to have no road; no walk way.

maiv maaih leiz mv maaih doz-leiz/to

maiv maaih m'zing-suiv ginv ga'naaiv mv yaauc/have no quality eyes.

maiv maaih maengc 1 maengc mv ziu duqv/unfortunately. **2** maengc jiex liuz mi'aqv/death; decease.

maiv maaih mou zeiv mv maaih yietc deix mou/having no shape; shapeless.

maiv maaih mueix 1 zaamv haic/have no favorite. **2** mv kuh jatv/uninterested.

maiv maaih mun lingh wuonh se maiv maaih mun/painless.

maiv maaih noic hnyouv beqv haic/to be impatience.

maiv maaih nyei sic mv haih cuotv nyei sic/things impossible to happen.

maiv maaih nyutc mbuonx torngv zuqc nyutc/without ray of the sun.

maiv maaih qangx 1 mbu'ndongx mv gaengx/no space between. **2** mv maaih ziangh hoc/no chance or opportunity.

maiv maaih qaqv mau haic mv henv/to be physical weak; weakness.

maiv maaih qiex mv tauv qiex aqv/no breath; die; dead.

maiv maaih saeng-yungz maiv maaih fu'jueiv nyei mienh/sterilized.

maiv maaih sic maiv maaih la'nyauv nyei sic/to be peaceful.

maiv maaih siex-saeng njoux mv nangh aqv/unable to save life.

maiv maaih soux mouc mv maaih yietc nyeic/no instruction; no limited.

maiv maaih waaic mv maaih dorngx waaic/nothing is broken.

maiv maaih wangx mv maaih dorngx hnamv aqv/hopeless.

maiv maaih yiem-gong waaic gong-daqv bun mienh/evil to the bone.

maiv maaih yiem-zeqv daix mienh se mv maaih yiem-zeqv/bad to the bone.

maiv maaih za'eix nzengc za'eix aqv to have no idea.

maiv maaih zingh nyeic mv laengz en-zingh nyei mienh/merciless; thankless.

maiv maaih zuiz 无罪的 /wúzuìde/ maiv zoux dorngc nyei mienh/innocent.

maiv maaih ziouv mv maaih ziouv laengz/no ownership.

maiv maaih zorng-zengx mv maaih zengx/without evidence or proof.

maiv mangc maiv mangc maiv liuc leiz maiv dorh/not look after.

maiv mangc hmien baeng zaqc gorngv mv mangc haaix dauh nyei hmien/to disregard someone face.

maiv mauv maiv mauv ga'naaiv/to not greedy for.

maiv maux dorh leiz nyei/to humble oneself; politeness.

maiv mbenc maiv duqv jaa-ndaangc mbenc ziangx/unprepared.

maiv mbenc hnyouv mv hiuv ndaangc mv mbungh/to surprise by unprepared.

maiv mbiangc 1 haiz sopv nyei mv mbiangc/to feel rough. **2** maiv liouc siouv/to be unskilled.

maiv mbiangx yaangh maiv nqaengc; maiv cuotv nqaengc/concealed.

maiv mbienc 1 mv faang-mbienc/to be inconvenient. **2** butv-six mv mbienc/to feel disappointed.

maiv mbungh 1 maiv duqv mbungh ndaangc/unprotected. **2** maiv duqv ging jienv hnyouv/unawares of.

maiv mbuoqc 1 gauh zoqc deix/lesser. **2** mv mbuoqc qiex/not to surrender.
maiv mbuoqc duqv mv mbuoqc duqv meih hemx/to be mad or upset.
maiv mbuoqc gunv mv muangx mienh gunv/to disobey someone's leadership.
maiv mbuoqc qiex mv mbuoqc duqv mienh hemx/to get angry with.
maiv mengh maiv cing cov/nonsense or confusing.
maiv mengh baeqc mv bieqc hnyouv eix-leiz/not understand; confusion.
maiv mengh faatv aqv daax div jiex haaix mi'aqv?. Gengh se maiv mengh faatv aqv/to amazing where does it go.
maiv mienz 1 mv buangv mienz cuotv. **2** mv mienz hnyouv/to dissatisfied.
maiv mienz hnyouv mv nqaai hnyouv bun/dissatisfaction.
maiv mingh yiem dingc nyei mv mingh unmoved; stay still.
maiv muangx 1 mv muangx/not listen to. **2** mv muangx gorngv/disobedience.
maiv naaic mv naaic gaax/not asked or no questions.
maiv naamh mv nyouz zoux sic hnangv m'sieqv yoc hnangv m'jangc/to be gay.
maiv nangc yie mbatc mv nangc haih duqv mbiauz/not quite; not very.
maiv nangc benx maiv nangc benx mv baac maiv waaic/to be fairly bad.
maiv nangc camv mv camv ndongc haaix/not very much.
maiv nangc fi'hnangv ganh lengc deix mv hnangv/just a bit different.
maiv nangc go mv go ndongc haaix/not far from/not very far.
maiv nangc hlo zong baan nyei hlo/to be medium size of large.
maiv nangc jaaix mbu'ndongx-wuonc nyei jaaix-zinh/to be fairly expensive.
maiv nangc longx sin jorm deix maiv nangc wangc siangx/not feeling well.
maiv nangc oix mv ndongc haaix oix not really want.
maiv nangc nzang butv deix ndin nor mv nangc nzang/to have mental ill.
maiv nangc nzoih laaih zitc deix maiv nzoih/to be missing some.
maiv nangc sorngx haiz maiv wangc siangx/not feeling well.
maiv nangc wangc maiv sorngx-leic/to feel sick/not feel well.
maiv nernh maiv nernh haih zoux duqv lorqc/unable to do.
maiv noic duqv borngz mv hingh maiv noic duqv/unable to win.
maiv noic faanh 不耐烦 /bùnàifán/ haiz mv noic faanh aqv/impatience.
maiv noic horh 别无选择 /biéwúxuǎnzé/ mv noic horh aqv/have no choice.
maiv nungc caux "maiv longc" wuov joux eix-leiz fi'hnangv nyei/not use.
maiv nungh mv nungh gorngv aqv; mv nungh zoux aqv. Gj: maiv nyungh/to be needless to say or do.
maiv ndin zoux sic ndin; gorngv waac ndin. Dgw: wuonh/active; bouncy.
maiv ndortv jaax jaax-zinh mv ndortv njiec/price are not fall.
maiv ndortv zinh nyaanh mv zuqc saaiv zinh nyaanh/without spent money.
maiv ndutv nengx jienv deix nyei mv dangx ndutv nzengc/not apart.
maiv njapv 1 mv njapv gapc zuqc/to not clamp together. **2** maiv gatc maiv cinx/not stingy; not selfish.
maiv njiec mbuoqc faix dapv mv njiec unable to fit down.
maiv njien-youh sic kuonx hnyouv mv njien-youh/unhappy; sorrowful.
maiv njorngh corng hlaang mv njorngh to lacking taut; slacken.
maiv nqemh maiv maux; mv ceng-hlo; maiv sienv jaax/not repudiate or refuse.
maiv nqoi eix mv a'hneiv; mv buangv hnyouv/unhappy with; unwilling.
maiv nqoi hnyouv 不开心 /bùkāixīn/ mv nqoi eix/unhappy with; displease.
maiv nyaiv cuotv zuangx/shameless.
maiv nyanc qaqv maiv nyanc fu'jueiv nyei qaqv/(said of parents) not depend on their children for living.
maiv nyeih longx mv nyunc duqv longx oix nyunc duqv ciouv/(said of an obedience child) to refused good treat.
maiv nyiemc cien mv oix nyiemc cien nyiemc ceqv/refuse to recognize.

maiv nyiemc dorngc 不认错 /bùrènchuò/ mv laengz dorngc/not guilty.
maiv nyiemc suei mv laengz suei bun mienh/to not surrender or give up.
maiv nyiemc zuiz 不认罪 /bùrènzuì/ maiv nyiemc dorngc; mv laengz dorngc.
maiv nyungh maiv nyungh mangc; mv dungx mangc/don't; don't look.
maiv nzaeng mv caux nzaeng sic/to not quibble over; not complain.
maiv nzang 1 butv ndin mv nzang/to be crazy. **2** wuom njoqc mv nzang/to be cloudy water. **3** meih muangv maiv nzang/unconscious. **4** hngongx nyei mv guai/unwise; unintelligent.
maiv nzauh mv nzauh heix taux haaix nyungc/unworried; unconcerned.
maiv nzengc 1 laih hlopv nyei/impure. **2** corc maaih nyei/some left over.
maiv nziex 1 dorh leiz waac, beiv hnangv kaeqv muoqv zuqc zaah yienv kung, yie biauv-ziouv ziouc gorngv maiv nziex lorqc/it's alright. **2** maiv nziex meih gorngv haaix nyungc yaac haeqv yie mv zuqc/no matter what.
maiv nzoih mv yiem nzoih aqv/to be missing some.
maiv nzorng hnyouv mv maaih nzorng fai youx mienh/not hated.
maiv nzuonx maiv nzuonx biauv/to not returning home.
maiv nzueic 1 ziangh daaih aqc mangc mv nzueic/ugly; bad looking. **2** zoux sic mv nzueic bun/unseemly of behavior.
maiv oix maiv nyunc duqv/to dislike or Uninterested.
maiv oix longc 1 nqemh cuotv mv longc reject to take. **2** maiv eix duqv longc/to unwilling to buy.
maiv oix mangc youx mv oix mangc/to refuse to look at.
maiv peix fuc ninh hemx yie doqc gau yie maiv peix fuc ninh/unforgivable.
maiv pienx 不骗 /bùpiàn/ baengh leiz mv pienx; mv waengc/unbiased.
maiv puix 不配 /bùpèi/ mv puix duqv; mv horpc/misfit; unsuitable for.
maiv qiemx zuqc mv qiemx duqv zuqc longc/no need; needless.
maiv siaau maiv siaau aqv/impossible; unlikely.
maiv siaau sic aqv maiv duqv nzengc aqv/it is awful but helpless.
maiv siangx zeiz yie mbuox meih mv dungx zoux *maiv siangx zeiz* hnangv naaic la'maah!.
maiv sienx hnyouv mv oix sienx mv duqv nyei waac/unfaithful; unbelief.
maiv sorngx-leic sin maaih baengc mv kuh yiem/not feel well.
maiv sung sangv dorngx forqv maiv sung/untidy; messy; unkempt.
maiv taanx maiv liuc leiz ziux goux mangc/lacking of care; careless.
maiv taaih mv taaih ginx; mv tongx nipc/regardless; lakc of respect.
maiv taux zorqv maiv taux fai mingh maiv taux/out of reach.
maiv taux dauh zoux mv ziangx yaac guangc jienv mingh/without finished.
maiv taux ziangh hoc mv gaengh taux dingc nyei ziangh hoc/not time yet.
maiv tov maiv lu'guaih tov mienh nyei ga'naaiv/not begged for.
maiv tong buang maiv hiuv-leiz-fingx fai maiv dorh leiz/impolitely; rude.
maiv tong kuotv maiv maaih nqunx mingh/no hole go through.
maiv torngh ziangh hoc maiv guangc ziangh hoc/to not waste time.
maiv torngv jauv maiv torngv zuqc jauv/not blocking the way.
maiv toux hiuv mv toux; haih mv toux; dapc mv toux/not be thoroughly.
maiv winx haaix dauh mv guaix haaix dauh/blame no body; blameless.
maiv wuic 1 maiv gaengh zoux jiex/to be lacking experienced. **2** mv buangh jiex/never met before.
maiv wuonv hei haic maiv wuonv/to be unstable; not strong enough.
maiv yic ziangh hoc maiv yic. Gj: maiv horpc/the time isn't quite right.
maiv yih mv ndongc; beiv mv duqv/not as good as; inferior to. *Zunc fu'jueiv zoux se donc haic maiv yih ganh dongz sin zoux gauh siepv hnangv.*

maiv yiem 1 maiv yiem biauv/to be absent; not present. **2** daic mi'aqv mv yiem aqv/pass away; dead.
maiv yiem biauv mv yiem biauv/not be at home.
maiv yietc dingc mv yietc ziangx fai yietc dingc/indefinite; uncertain.
maiv yietc liuz mv yietc liuz yiem fai yietc liuz maaih/not forever.
maiv you maiv nzauh heix taux/be free of mind; to relaxed.
maiv yuangh maiv houv bun; maiv iv congh/not allow; not permit.
maiv yuonh ndau kamx haic maiv yuonh/uneven surface
maiv zaaic zorqv mv zaaic; mingh mv zaaic; zunc mv zaaic/to be out of reach; unable to catch up with.
maiv zaaix leiz tov zuiz nyei dorh leiz waac/to apology for impolitely.
maiv zangv hmien zoux bun mienh zuqc ndortv hmien/to embarrass someone.
maiv zangv jaa mv liuc leiz zoux biauv nyei gong/take no responsible for work around one's home.
maiv zei 1 maiv zei aeqv/just, so, it's up to. **2** mv gec/not fasting.
maiv zei aeh beiv hnangv, yie tov deix meih nyei dorngh nyanc oc, ninh ziouc gorngv yie maiv zei aeh!.
maiv zei aeqv meih oix zuqc zanc-zanc jaa waac fu'jueiv *maiv zei aeqv* ninh mbuo mv kangv zoux "homework".
maiv zei nor meih oix zuqc gaav deix nyaanh bun yie, maiv zei nor gengh jiex maiv mingh aqv.
maiv zei weqv aeqc, maiv zei weqv m'daaih hnv meih gorngv naaic lorqc.
maiv zeic youh 不自由 /méizìyóu/ maiv duqv njien-youh ei ganh hnyouv nyunc zoux wuov/no peace; no freedom.
maiv zeiz maiv zeiz lorqc/incorrect.
maiv zeiz lorqc mv zeiz hnangv naaic lorqc/that's not correct.
maiv zeiz gengh maiv gengh zien/that is not real or not true.
maiv zengc maiv maaih nzengc aqv/to be nothing left over.
maiv zic maiv zic duqv; maiv zic haaix nyungc/no value; worthless.
maiv zic duqv maiv zic duqv; mv zic zinh/not worth; not deserve.
maiv zic jaax-zinh mv zic duqv haaix nyungc jaax-zinh/not worth the price.
maiv zic duqv jatv liemh mv zic duqv jatv/not even worth to laugh.
maiv zic zinh maiv zic zinh nyaanh/to be worthless; not of value.
maiv ziang leiz maiv gan leiz; maiv ei leiz/to not follow the rule.
maiv ziangh 1 mingh mv ziangh; zoux mv ziangh; gorngv mv ziangh/failed to be success. **2** biouv-ndiangx mv ziangh biouv/a tree without bearing fruit. **3** mv haih ziangh aqv/to going to survive.
maiv ziangh horngh 1 zoux sic maiv ziangh horngh/disobedient. **2** mv mbaih benx horngh/not in a row.
maiv ziangh zengv nzaanx nzengc mv ziangh zengv/not whole.
maiv ziangx 1 buonv mv ziangx/not accurate shooting. **2** zoux mv ziangx not done yet; not finish yet.
maiv zien jaav nyei/not real; to be fade.
maiv ziepc zuoqv hnyouv mv zaqc fai hnyouv njuotv/dishonor; discredit.
maiv zieqv gu'daa hemx mv zieqv leiz mienh nyei waac/mistreat someone.
maiv zieqv leiz maiv hiuv duqv leiz/not recognize the custom.
maiv zingx maaih nimc ga'naaiv a'fai pienx nyei hnyouv/dishonest.
maiv ziouc 1 yungz seng-kuv fai zornc zinh maiv ziouc/failed to unsuccessful. **2** mv mingh ziouc fatv/to disobedience.
maiv ziux 1 maiv ei; maiv gan/not to follow. **2** mv maaih njang ziux zuqc/to have light shine on.
maiv zorng-mbenc maiv mbenc haaix nyungc/unprepared.
maiv zouc mun ngaih mv zouc fai diev mv hingh aqv/unbearable pain.
maiv zoux gong henh yiem maiv zoux gong/employ; not working.
maiv zuangv maiv hnangv yietc deix/to be unlike; not resemble.
maiv zueiz weic maiv zueiz ganh nyei weic/not present; to be absent.

maiv zueiz zorng mv yiem jienv wuov muangx/not present at.
maiv zunv nzaanx nzengc maiv yiem zunv/to be scatter around;
maiv zunv cov 1 maiv buangv hnyouv fai mv kangv/disapprove. **2** uncertain or unsure.
maiv zunv hnyouv hlungh hluotv maiv dingc hnyouv/doubtful or protest.
maiv zuoqc 1 mv zouv zuoqc; biouv mv zuoqc/not fully cooked; unripe; raw. **2** maiv zuoqc minc/unfamiliar with.
maiv zuoqc m'normh mv gaengh haiz jiex/new to the ears.
maiv zuoqc mienh saeng-sor mv zuoqc mienh/unfamiliar with people.
maiv zuqc 1 mv zuqc lorqc/don't have to; not be obliged. **2** zoux mv zuqc/to be incorrect. **3** buonv mv zuqc mbaeqc shoot and failed to hit the target.
maiv zuqc duqv maiv haih fungx zoux to have no choice.
maiv zuqc gamh nziex mv dungx gamh nziex haaix nyungc/don't be afraid.
maiv zuqc gec maiv maaih jiemx-gec lorqc/no need to abstain from.
maiv zuqc ginx lorqc dorh leiz waac gorngv mbuox mv zuqc taaih ginx/not need to respect.
maiv zuqc hnamv aqv mv lamh hnamv dorngx aqv/hopeless; offering no hope.
maiv zuqc laengz zingh dorh leiz waac mbuox mienh zuqc laengz zingh/no need to thank.
maiv zuqc maaih mv maaih yaac duqv nyei/not necessary to have.
maiv zuqc nyaiv maiv maaih dorngx zuqc nyaiv/no need to be shy.
maiv zuqc ziec lorqc dorh leiz waac gorngv mv zuqc dor-ziec lorqc/no need to be thank.
maiv zuqv lui houx laengh gaengv wuov/undress or naked.
maiv[2] aengx lorz mangc "lai-maiv" wuov joux nyei eix-leiz.
maix[1] pm. ndongx muoc maix/to deviate from; leaned to one side.
maix[2] gw. beiv hnangv "morh maix" se gu'nguaaz waac gorngv mv maaih aqv.
Maine m. 缅因州 /miǎnyīnzhōu/ yietc norm ziou, yiem Meiv Guoqv D.B bung maengx, ziou nyei domh mungv heuc Augusta.
Malaysia m. 马来西亚 /mǎláixīyà/ yietc norm guoc jaa yiem D.N maengx Asia, hungh zingh heuc Kuala Lumpur.
Malawi m. 马拉维 /mǎlāwēi/ yietc norm guoc jaa, yiem D.N bung Africa, hungh zingh mungv heuc Lilongwe.
Mali m. 马里 /mǎlǐ/ yietc norm guoqv yiem F. bung maengx Africa, hungh zingh mungv heuc Bamako.
mamz gw. caux gu'nguaaz gorngv nyanc oix zuqc gorngv mamz. Gj: amh/to eat.
mamz mamz aqv mbuox gu'nguaaz nyanc aqv, oix zuqc gorngv mamz mamz aqv/to tell a baby to eat.
man n. nyaanh man, yietc nyungc Faac Guoqv nyei domh zinh/a France's silver coin formerly used in Indochina.
manc pm. 慢 /màn/ donc njiec/manc deix mv dungx huaang/slow down.
manc baaux tor qiex ndaauv baaux donc nyei/to sing slowly.
manc cangx manc-manc baaux donc nyei/vocalize in prolonged tone.
manc daaih se gorngv ninh mborqv meih yie manc daaih tengx meih/if, so, certainly; surely.
manc deix oc manc-manc deix yangh jauv/take your time walk.
manc-manc 慢慢 /mànmàn/ sueih jienv mv zuqc gaanv mv zuqc huaang/slowly; gradually; unhurriedly.
manc-manc corngh sueih jienv hnamv longx nyei/take time to think about.
manc-manc daaih maiv zuqc huaang daaih siepv/don't rush to come.
manc-manc dangh dingh njiec zuov dangh/to pause; to put down and wait.
manc-manc deix donc njiec deix/a bit slow down.
manc-manc funx manc funx muonc nyei/take time to calculate.
manc-manc gorngv 慢慢讲 /mànmàn Jiǎng/ **1** gorngv donc deix/speak slowly. **2** ih zanc mv gaengh gorngv aqv/ to speak or talk later.

manc-manc mingh 慢慢走 /mànmànzǒu/ mingh donc nyei sueih jienv mingh/to walk slowly.

manc-manc nyanc 慢慢吃 /mànmànchī/ manc nyanc mv zuqc huaang/eat slowly; take time to eat.

manc-manc nyanc oc 慢慢吃 /mànmàn Chī/ heuc kaeqv mienh nyanc beuv hnaangx nyei dorh leiz waac/please take your time and eat slowly.

manc-manc yangh manc yangh maiv zuqc huaang/to walk slowly.

manc-manc zoux manc zoux mv zuqc huaang/work slowly.

manc nqa'haav deix oc mingh ndaangc nyei dorh leiz waac, mbuox nqa'haav wuov deix/I leave you behind but take your time don't be hurry.

manc sing baaux donc nyei sing-qiex/to vocalize in a prolonged tone.

manv cm. da'hmz sieqv nyei jiex gorn mbuox, beiv hnangv Zoih Luangh nyei da'hmz sieqv Manv Luangh.

manx w. longc hlieqv buang manx jienv dieh laengh/to cover the edge.

mang[1] m. ndiux jienv mborqv mbui nyei mang, hnangv "lorh" nor mv baac gauh hlo/a large gong with a circular convex center. Bieqc horqc mborqv mang mbui. To strike a gong to start school.

mang[2] aengx lorz mangc "butv-mang" wuov joux nyei eix-leiz.

mangc w. bungx m'zing mangc; samx mangc/to observe; to view; to look at.

mangc aiv 1 mangc mv jiez/to insult or to look down upon. **2** mangc njiec ga'ndiev aiv/to look below.

mangc baac mangc ziangx fai mangc baac mi'aqv/finished watching.

mangc baanv mangc gau youx baanv nzengc aqv/boring by watch too much.

mangc baengc ndie-sai mangc baengc mienh/(of a doctor) to examine a patient.

mangc buatc mangc mingh buatc/catch sight of; see.

mangc buatc nzengc mangc duqv buatc nzengc/be able to see everything.

mangc buatc hnyouv mangc zoux nyei sic ziouc buatc mienh nyei hnyouv/be able to see through a person by his or her attitude.

mangc cim yietc nyungc buoqc zangc mienv nyei leiz mangc jai-zuih mbungv wuov deix kuotv dingc longx fai ciouv nyei sic/to determined good or bad by examining the bone of chicken.

mangc cing cov mangc buatc duqv cing nyei/be able see clearly.

mangc daaih mangc daaih daaix haih duih mbiungc/seems; it look as if.

mangc daaiv mangc zinc; mangc maiv faaux mueic/to look down someone.

mangc dingc mangc dingc maiv dungx hlioux m'zing/to fix one's eye on.

mangc dorng mangc yietc diuh fangx-nangh nyei gouv/watching to the end.

mangc duqv cuotv samx mangc duqv cuotv/be able to tell by observing.

mangc duqv jiez 1 taaih ginx mangc duqv jiez. Gj: faaux mueic/to honor and respect. **2** mv haiz korh lienh fai dongz taux hnyouv/to be unconcerned.

mangc duqv jiex mueic buatc mienh ndortv naanc mv baac zoux hnangv mv buatc nor/not passionate.

mangc duqv toux samx mangc longx nyei/to look thorough into.

mangc faix mangc maiv jiez/insult; to look down upon someone.

mangc fu'jueiv goux mangc fu'jueiv/to baby sit; to watch children.

mangc gaax 1 mangc gaax hnangv haaix nor/to have look at. **2** seix mangc gaax/to try and see.

mangc gingx mangc gingx buatc ganh nyei fangx/to look at a mirror.

mangc go mangc mingh wuov ndaangc go nyei/to take a distant view.

mangc go gingx ziux mangc go nyei gingx/a telescope.

mangc gu'nyuoz mangc bieqc gu'nyuoz mingh/to look inside.

mangc guenx 看惯 /kànguàn/ buatc guenx nyei/be accustomed to the sight.

mangc heix mangc mienh cangx heix nyei wuic/to watch a concert show.

mangc hmien mangc ganh nyei hmien yiem gingx/see one's face in mirror.

mangc hmien-minc nyaangc njiec weic mv bun cuotv sic/precaution by power of another; to over look.
mangc hnoi mangc sou lorz norm hnoi longc zuoqc wuonh/to choose day by examine a ritual book.
mangc jaax saaix mangc jaax seix gaax haaix dauh njipv m'zing ndaangc ziouc suei mi'aqv/to stare at each other to see who will blink first.
mangc jiemc yietc mueic mangc jiemc nyei dorngx/as far as one's eye can see.
mangc jienv zuov mangc jienv/to guard and watch over.
mangc longx zuov mangc longx nyei/to guard and watch into carefully.
mangc maengc mangc gaax maengc longx fai ciouv/to have a fortune told.
mangc maengc fin-saeng funx maengc nyei fin-saeng/a fortune teller.
mangc maengc sou longc mangc funx maengc nyei sou; tong-sou.
mangc maiv buatc lorz maiv buatc mangc/unable to see.
mangc maiv cuotv samx mangc maiv cuotv/to unnoticeable.
mangc maiv duqv go m'zing mv njang mangc mv duqv go/near-sighted.
mangc maiv faaux fapv mangc mv jiez gorngv caux fu'jueiv/to look down.
mangc maiv faaux jaax mv nzueic/not suitable to eye; uninterested.
mangc maiv faaux mueic mangc maiv jiez; mangc aiv/to look down upon.
mangc maiv jiex mueic mangc buatc korh lienh nyei/to feel sorry for.
mangc maiv jiez 看不起 /kànbùqǐ/ mangc mv faaux mueic/to look down.
mangc maiv jiez inv maiv kuh mangc yietc deix/be boring to watch.
mangc maiv tong ga'naaiv torngv zuqc mangc mv taux/unable to see through.
mangc maiv toux mv samx longx/not see in detail or thorough.
mangc maiv zaaic hlang haic mangc mv zaaic/too high to see.
mangc maiv zien buatc mv cing/unable to see clearly.
mangc minc zinh douh minc zinh duqv nyanc hnangv/to be impatience.
mangc mueic mangc m'zing; mangc hmien/to look at face to face.
mangc muonc mangc longx fai muonc nyei/to look carefully into.
mangc nin-saeng doix nin-saeng mangc gaax zoux benx auv benx nqox se longx fai ciouv/to compare a person's birth information to see match luck.
mangc ndeic saau mangc ndeic/to look around the field.
mangc ngongh goux mangc ngongh mingh nyanc miev/to look over cattle.
mangc nqa'haav hingv zoux hnyouv ndaauv mangc nqa'haav hingv/to be patience and look into future.
mangc piex mangc zinc mienh/to look down upon; scorn; despise.
mangc sic samx sic samx mangc longx nyei liuz manc njiec buoz zoux/to look careful into matter before handle.
mangc sou 1 mangc doqc sou yiem hnyouv/read book silent. **2** mangc sou lorz norm hnoi sipv wuonh.
mangc sou mv tong mangc sou maaih ciouv nyei/to read through a horoscope book but found some bad.
mangc sou porv mbeix mangc jienv sou porv cuotv mbeix nyei eix-leiz/to interpret a dream by the book.
mangc sou tong mangc sou diuc-diuc longx nyei/to read through a horoscope book and found an auspicious.
mangc toux 看透 /kàntòu/ samx mangc toux liuz aqv/to look through.
mangc wuov ndaangc mangc mingh wuov ndaangc/to look forward.
mangc yietc mueic yietc mueic mangc jiemc/as far as eye can see.
mangc youx mangc gau lauh youx aqv to be bored looking at.
mangc yungh mienh goux yungh nyei mienh/a shepherd.
mangc zaamv mangc lauh zaamv mv oix mangc aqv/uninterested to see.
mangc zaanc mangc zinc; mangc faix; mangc aiv/to look down on.
mangc zienz samx mangc toux nzengc mi'aqv/to see through someone.

mangc zinc mangc zinc. Gj: mangc zaanc/to insult; to look down.

mangh[1] nz. gaanv siepv; gaanv jienv fai oix zuqc gaanv/need to hurry.

mangh zongx yietc norm jienv nyei hnoi se gan yiem-liqc hmz hlaax ziepc hmz, jiex liuz naaiv hnoi se zoux-liangx ndeic mienh zuangx ga'naaiv maiv benx aqv, weic zuqc zaih maanx liuz aqv.

mangh[2] aengx lorz mangc "jaux-mangh" wuov joux nyei eix-leiz.

mangv[1] pm. mbiauh miuh ba'laqc longx jiex jaax mangv/to be overly luxuriant.

mangv[2] pm. nqa'qiex mangv haic/a very high tempered; bad tempered.

mapv[1] pm. **1** jai-jaux mapv/an egg be pushed in. **2** mbeih/flattened; dented.

mapv[2] pm. mapv maengh mapv hmuangx nyei/absolutely dark.

mapv[3] aengx lorz mangc "daamv mapv" wuov joux nyei eix-leiz.

maqc[1] w. nitv fatv haic; maqc haic/to be dense or crowded together.

laqc maqc laqc heix maqc nyei siepv nyei/to dance to disco music.

maqc[2] pm. longc qaqv zoi maqc njiec seix nyei/to throw with force.

maqc guangc zoi maqc guangc/to hurl; to throw away.

maqc njiec ndau longc qaqv zoi njiec ndau/to throw hardly onto ground.

maqv[1] w. maqv nzuqc; maqv bouv/chop with knife or an ax.

maqv[2] pm. dorng jienv hmien maqv/to mock or ridicule.

Maryland m. 马里兰州 /mǎlǐlánzhōu/ yietc norm ziou, yiem Meiv Guoqv, D.Z bung maengx, ziou nyei domh mungv mungv heuc Annapolis.

Massachusetts m. yietc norm ziou, yiem Meiv Guoqv nyei D.B. bung maengx domh mungv heuc Boston.

matc[1] gn. 袜子 /wàzī/ topv zaux nyei matc fai mbuoqc/sox; socks; stockings.

matc baeqc setv baeqc nyei matc/white socks; white stockings.

matc jieqv setv jieqv nyei matc/black socks, sox or stockings.

matc mbuov matc setv mbuov/blue socks or blue stockings.

matc siqv setv siqv nyei matc/red socks or stockings; foot covering.

matc[2] m. 墨水 /mòshuǐ/ dapv batv fiev nzangc nyei matc wuom/an ink.

matc bunh morc matc nyei bunh/ink cup used by carpenter to make marking.

matc jieqv matc wuom jieqv/black ink.

matc mbuov matc wuom mbuov/blue ink.

matc pei 1 longc zoux buov bun mienv nyei zeiv-maaz ga'naaiv/a wooden printing block, used in the production of paper money burn for spirit worship ceremony. **2** matc loz pei huv nzengc aqv/worn out socks.

matc[3] w. matc gong-bou; jienh zoux nyei gong/to be diligently working.

matc duqv jienv mv bungx lorx yietc dangh gong/to concentrate on.

matc sou-nzangc jienh doqc sou maiv bungx lorx/to diligent in study.

matc[4] pm. haih gatc matc cingx haih zanv duqv nyaanh/be able to saved money.

matc zinh nyaanh njapv siev mv duqv longc nyaanh/a stingy person.

matc[5] z. longc buoz-ndoqv matc guangc to press down and erase by finger.

Matv Taai 马太福音 /mǎtàifúyīn/ yietc buonv zengx-ginx sou nyei mbuox/a book of Matthew, in the Bible.

mau[1] w. mv maaih qaqv mau/weak; tired.

mau buoz-zaux mv maaih qaqv dongz aqv/weakness; exhausted.

mau[2] pm. hluo haiz mau nyei/soft; tender.

ndomh mau nyei hluo haiz ndomh mau nyei/touch and feel very soft.

mauv[1] w. mauv oix longc camv/greedy for; strongly desire for; goal.

mauv bueix kungx hnamv jienv bueix njormh hnangv/to greedy to sleep.

mauv butv zoih mauv oix duqv butv zoih benx mienh/to greedy for rich.

mauv ga'naaiv korh fiqv ga'naaiv oix longc camv/to covet things

mauv-hoh mauv gau siangx oix zuqc mingh caangv/to over greedy.

mauv-jienz maiv longc hmien mingh caangv taux duqv/to act incautious.

mauv nyaanh mauv oix duqv nyaanh camv/mercenary; greedy for money.
mauv nyanc kungx hnamv duqv ga'sie beuv hnangv/greedy to eat; a glutton.

mauv[2] pm. mauv huv latv nzengc/to be decayed; rotted; to become weakened.
ndiangx-mauv huv latv nzengc nyei ndiangx/a rotted wood.

maux[1] pm. cuqv-maux; mbuoqc maux/an empty grain or empty bag.
cuqv-maux cuqv gu'nyuoz mv maaih hmeiv/an empty rice gain.
maux-maux wuov mv jauh; mv maaih gu'nyuoz/empty husks; undeveloped grain or seed.

maux[2] zl. zoux maux zorqv laangc; gorngv waac maux/boastful act; haughty.
maux dingc aqv ba'laqc maux jiex jaax mi'aqv/to glorify oneself in speech.
maux fangx maaih maux nyei fangx zeiv/boastful appearance.
mienh maux mienh gorngv waac maux haic nyei mienh/a boastful person.
waac-maux gorngv maux nyei waac/a boastful statement.

maux[3] gn. 帽子 /màozī/ ndongx gomv m'nqorngv nyei maux. Gj: muoc/a hat; headwear; a covering for the head.
maux-paanx hlaang maux nyei paanx jaang-ndiev wuov diuh hlaang/hatband.

Mauritania m. 毛里塔尼亚 /máolǐdáníyà/ se yietc norm guoc jaa, se yiem F.B bung maengx Africa, hungh zingh mungv nyei mbuox heuc Nouakchott.

mei w. ndoqv m'nqorngv njiec mei jienv mingh cienh orv buonv/to stoop.
mei jienv lomc-gorn mei bingx jienv lomc-gorn/to hide under the bushes.
mei njiec ndau mbaapv njiec ndau mei jienv/to crouched down on ground.

Meic[1] m. 未 /wèi/ da'betv weic deic sokv fai jaapv-zaangv-neix/the eighth of the twelve Earthly Branches.
meic hnyangx 未年/wèinián/ zuoqc yungh hnyangx, se dongh 2015 caux 2027 guinh jienv mingh ziepc nyeic hnyangx taux nzunc meic hnyangx/the year of goat.
meic ziangh 未时 /wèishí/ yietc taux buo diemv njiec aanx nyei ziangh hoc/the hour between 1-3 PM.

meic[2] nz. 未 /wèi/ meic gaengh, eix-leiz se maiv gaengh/not yet.
meic fei meic fangv zungv mv hnamv taux/without giving thought.
meic haengh jiex mv gaengh duqv wuic jiex/to have not yet (gone through).
meic hiuv maiv hiuv duqv/unknown or do not understand.
meic mienz fiem-jei mv buangv eix; mv buangv hnyouv/not satisfied with.

meih[1] bm. meih/you. Meih congh haaix daaih?. Where are you came from?.
meih fungc heuc? dorh leiz waac naaic mienh nyei mbuox. Gj. **meih gueix hoc**? what is your name.
meih ganh meih ganh aqv/by yourself. Meih oix nyei?. Do you like it?.
meih mbuo meih mbuo yietc zungv. Gj: m'mbuo, mh mbuo/you (plural).
meih mbuo nyei meih mbuo yietc zungv nyei buonc/your sharing.
meih nyei buonc meih nyei buonc ga'naaiv/your sharing.
meih nyei fingx meih nyei mienh fingx your surname or family name.
meih nyei gong meih zoux nyei buonc gong/your job position.
meih nyei sic meih ganh nyei sic/your own matter or business.
meih sen horqc loz-hnoi Faam-baeqv caux Aengh Doih mingh doqc sou nyei horqc dorngh/a name of famous school in ancient China, where Aengh Doih and Faam-Baeqv were attending.
meih sen mbong m. cuotv mengh nyei mbong, loz-hnoi Iu-Mienh hoqc buoqc zangc zu'zong-mienv se yiem naaiv jiex gorn daaih, naaiv norm mbong se mouz mienh sienx gorngv yiem Hunan saengv kaeqv-deic/Hunan province, china.
meih sen dongc m. yiem meih sen nyei horngc zangc/in "meih sen" area.
meih yiem haaix naaic gaax yiem haaix nyei waac/where do you live.
meih zuqc meih oix zuqc/you must.

meih[2] bt. meih muangv/to faint; to lose consciousness.

meih gau fingv daaih meih muangv gau aengx fingv daaih/to be recover from unconsciousness.

meih meih maeqc maeqc mv yiem mv yaangh nyei. Gj: mongh longh, huon-huaa/to be unconscious.

meih muangv mongh longh muangv mingh mv nzang/lose consciousness.

meih nzang daaih meih muangv gau nzang daaih/recover from unconscious.

meiv[1] w. meiv waac; waac-meiv/to hide or conceal word's meaning.

meiv jienv gorngv mv bun waac-eix cuotv mbiangx yaangh/conceal speak.

meiv[2] nz. 美 /měi/ aaux benx nzung gorngv nzueic/pleasingly; attractive.

meiv niv 美女 /měinǚ/ sieqv-nzueic/a pretty girl; beautiful woman.

Meiv Guoqv m. 美国 /měiguó/ nzueic nyei deic-bung/United States.

Meiv Guoqv caaux yiem meiv guoqv zoux nyei huox/product of the U.S.

Meiv Guoqv cie meiv guoqv zoux nyei cie/American made car.

Meiv Guoqv fingx yiem meiv guoqv nyei fingx/U.S. citizen.

Meiv Guoqv, Guoqv Wuic American congress or legislature.

Meiv Guoqv huox Meiv Guoqv caaux nyei huox/American goods.

Meiv Guoqv Koiv-jun Meiv Guoqv gan koiv nyei baeng-maaz/U.S. marine.

Meiv Guoqv Kung-jun Meiv Guoqv gan lungh baeng-maaz/U.S. Air force.

Meiv Guoqv Mienh Meiv Guoqv nyei mienh maanh/US citizen.

Meiv Guoqv nyaanh Meiv Guoqv nyei nyaanh ndornh/an American dollar.

Meiv Guoqv nyaanh horngh the Bank of America.

Meiv Guoqv sing-qiex Meiv Guoqv mienh gorngv waac nyei qiex/voice of America.

Meiv Guoqv zoc yiem Meiv Guoqv zoux nyei huox/goods made in U.S.

meiv yuangh nzueic nyei minc yuangh setv/a beautiful face.

meiv yuangh nquenc zorc zorng hmien nzueic nyei horqc/a beauty college.

Meiv Ziou domh meiv ziou liemh jienv naamh caux baqv/continent of America including South and North.

meix[1] w. meix njiec wuom mingh nziouh to dive or swim under water.

saaix meix wuom meix wuom saaix jaax/to compete in swimming.

meix[2] cm. da'yietv sieqv nyei jiex gorn mbuox, beiv hnangv Zoih Yunh nyei sieqv Meix Yunh. Gj: Muangz Yunh fai Muic Yunh/prefix meaning in naming first born girl.

meix[3] aengx lorz mangc "nzuih meix, norqc meix" wuov joux nyei eix-leiz.

meiz w. 每 /měi/ meiz diemv ziangh hoc; meiz hnoi. Gj: mouz/each; every.

meiz buonc mouz buonc mienh/each family or household.

meiz hnoi hnoi-hnoi/every day; daily.

meiz hnyangx hnyangx-hnyangx/every year; yearly; annually.

meiz laanh mienh mouz laanh mienh each person; every person.

meiz norm dorngx mouz norm dorngx fai deic-bung/each place; every where.

meiz zanc zanc-zanc fai mouz zanc/any momentary.

mekc pm. zoux sic maux gau mekc mekc nyei/to show off ; boastful act.

menc w. **1** wuom-menc/surface of water. **2** jiez maengx bung/upper side.

buoz-menc buoz-zaangv-menc bung/an upper side of hand.

jauv-mbienh menc jiez maengx bung jauv/upper side of hillside road.

mengh[1] w. 明 /míng/ mengh nyei; bieqc hnyouv longx cing nyei. Gj: cing/to be clear; obviously; intelligible.

binv mengh aaux benx nzung gorngv mbuox duqv hiuv/to inform.

biux mengh gorngv muonc nyei bun bieqc hnyouv/to explain clearly.

biux mengh waac bun cing nyei waac an explanation words.

mengh baeqc bieqc hnyouv longx nyei to understand clear.

mengh bun biux mengh bun; porv mengh bun/to make clear.

mengh dangv mengh dorng mv bingx dorng hmien dorng minc/be openly; to do evil openly.

mengh gorngv bun cing gorngv mengh baeqc/to speak frankly; to speak up.

mengh leiz biux mengh nyei leiz/clear law; reasonable law.

mengh mengh baeqc baeqc hiuv jienv longx-longx deic-deic/clearly; evidently or obviously.

mengh mengh deiv-ceiv hiuv jienv cing-cing nyei/knowingly; knowing the consequence of doing.

mengh mienh hiuv duqv tong nyei mienh/a reasonable person.

mengh nin di'hnyangx/next year; the coming year. Gj: da'nyeih hnyangx.

mengh nyei waac gorngv daaih mengh nyei waac/to state clear; to speak out.

mengh nyietv aaux benx nzung gorngv njang hnoi/tomorrow; next day.

mengh zaah longx-longx zaah longx nyei/to thorough investigation.

mengh zengx zorng-zengx longx nyei a clear evident; obviously.

mengh ziu aaux benx nzung gorngv njang hnoi/tomorrow; next day.

Mengh Ziuh 明朝 /míngcháo/ Zong Guoqv mengh ziuh hungh gunv njiec nyei lungh ndiev/the Ming Dynasty 1368-1644 AD.

mengh[2] m. 名 /míng/ mbuox; mengh hoc; mengh dauh/name; a designation; title; rank; reputation.

mengh baaih fiev mbuox wuov kuaaiv baaih/name plate

mengh daan fiev mbuox wuov kuaaiv daan/list of name; recorded of name.

mengh dauh zornc duqv mienh ceng nyei mengh/reputation; fame.

mengh dauh ciouv zunh gorngv ciouv nyei mengh dauh/evil fame.

mengh dauh longx mengh hoc longx nyei/good reputation; famous.

mengh dauh waaic ciouv nyei mengh dauh/bad fame; bad reputation.

mengh fingx 名姓 /míngxìng/ mbuox caux fingx/full name of a person.

mengh hoc sing cuotv da'bung nyei mengh dauh/a person's reputation.

mengh ndie-sai cuotv mengh haic nyei ndie-sai/a famous doctor.

mengh nzangc 名字 /míngzi/ mienh nyei mbuox/the name (of a person).

mengh pienx 名片 /míngpiàn/ fiev mbuox, douc waac fingx, deic zepv wuov kuaaiv zeiv-dorn/a business card.

mengh sai cuotv mengh nyei sai mienh a great teacher; a master.

mengh sing zunh cuotv da'bung jangv nyei mengh/fame; renown; reputation.

mengh[3] cm. mienh nyei setv-mueiz mbuox beiv hnangv Wuonh Mengh caux ninh nyei dorn Gauv Mengh.

mernz nz. 闷 /mèn/ ndoqc; nzauh yieqv/to be bored; depressed; low spirits.

meuz m. aengx lorz mangc "yangh meuz" wuov joux nyei eix-leiz.

Mexico m. 墨西哥 /mòxīgē/ yietc norm guoc jaa, yiem Z.N baqv bung maengx Meiv Ziou, hungh zingh mungv nyei mbuox heuc Mexico City.

mi'aqv ws. se dongh **mingh aqv** nyei soqv nangv fiev/let's go. Liuz mi'aqv, nzengc mi'aqv. Gj: mi'aqc, nyaqc, nyaqv.

miv lz. 米 /mǐ/ janx-kaeqv waac gorngv hmeiv. Gj: mic/uncooked rice.

miv fernz 米粉 /mǐfèn/ hmeiv-mbuonv diuh/flat noodle made from rice-flour.

miv fernz-nqaai hmeiv-mbuonv zoux daaih nyei sienx-nqaai/dried noodles made from rice-flour.

miaau q. m'lomh miu heuc nyei qiex/the sound made by cat call.

miaau miaau ziaaux m'lomh miu nyei waac. Gj: miu miu/to round up the cats.

miaauc[1] w. ninh gorngv kuv gau wuov joux waac miaauc mingh, haaix zanc yaac kungx oix gorngv hnangv/to be accustomed; addicted to.

miaauc[2] pm. buonv miaauc gu'nguaaic mv zuqc mbaeqc/shoot above a target.

miangh nyc. auv nyei nauz nyei auv, se yie caux yie nyei auv heuc miangh, beiv hnangv Gauv Miangh, Naix Miangh.

miangh maac dae maa nyei miangh se benx yie caux yie nyei auv nyei miangh maac/the wife of the younger brother of one's mother or mother in-law.

miangh gux dae maa nyei miangh maac se benx yie caux yie nyei auv nyei miangh gux/great aunt, the wife of one's grandmother's younger brother.

miangv w. wuom buangv miangv cuotv; nziaaux buonc koiv nyei wuom miangv daaih/slosh of sea wave.

miangv mingh miangv daaih wuom miangv mingh miangv daaih/to slosh back and forth.

miec gn. douz congx zuqc jieqv daaih nyei miec; douz-miec/black dust form above the fireplace.

Michigan m. 蜜贴跟周 /mìtīegēnzhōu/ yietc norm ziou, yiem Z. Meiv Guoqv B. bung, maengx, ziou nyei domh mungv mbuox heuc Detroit.

miev[1] z. 草 /cǎo/ cuotv ndau-beih nyei miev grass; weeds; lawns or herbs.

miev-biangh miev cuotv nyei biangh flower of grass; wild flower.

miev-biangh nqoi miev nqoi biangh daaih/the blossom of grass.

miev-ciangv ngongh maaz nyanc miev nyei ciangv/an open grassland.

miev-cunx miev-gorn aengx cuotv cunx/the shoots of grass.

miev-normh miev nyei normh/leaves of the grass.

miev-ndaang zueix-ndaang nyei miev any fragrant grass that used as onion.

miev nyiemz miev maeng nyiemz-nyiemz wuov/healthy green grass.

miev-nyim miev nyei nyim/seeds of the grass.

miev-nzungh miev ziangh njiec ndau wuov deix nzungh/the grass root.

miev siex miev hiaangx homc nzengc gaeng-zuangx/overgrown weeds.

miev-yaang miev-nyim cor hoqc zunx daaih lunx wuov zanc/grass seedlings.

mien pm. hieh dungz bieqc ndeic nyanc mbiauh zaax mien nzengc/to flattened down or be pushed aside.

mienh[1] bm. Mienh; Iu-Mienh; Iuh Mienh; Yiu-Mienh; Yiuh Mienh; Yao Mienh fai Munh/Iu Mienh; Yao; Dao or Mun ethnic group, which believed to be subgroup from Chinese.

mienh nzangc fiev gorngv Iu-Mienh waac nyei nzangc/Iu Mienh alphabet.

mienh sieqv 1 Iu-Mienh sieqv/Mienh girl. **2** m'sieqv mienh/woman; lady.

mienh waac Iu-Mienh/Yao gorngv nyei waac/Iu Mienh/Yao spoken language.

mienh wuic waac Mienh nyei gorngv wuic buangh waac/Mienh conversation.

mienh[2] m. mienh mv zeiz saeng-kuv/a person; people; human being.

mienh baeqc ndopv baeqc wuov fingx mienh/white people; caucasian.

mienh baeqc zuangv ndopv baeqc nyei mienh; janx-baeqc/caucasian.

mienh benx mienh butv-zoih mienh; mienh maaih mienh/wealthy people.

mienh camv maaih mienh camv/many people; a lot of people.

mienh camv waac camv mienh camv waac liouc-lunc/many people and lots of talking so it is hard to keep secret.

mienh cinx mienh gatc njapv fai cinx nyei mienh/a stingy person.

mienh ciouv mienh hnyouv ciouv nyei mienh/unfriendly people.

mienh cou mienh hlorngx-lorngc nyei mienh/people who are easy to satisfy.

mienh ding yietc diuh mienh maengc se heuc mienh ding/the list of a family member referral to ancestor.

mienh ding hiaangx baeqv-fingx mienh camv/abundant population or abundant of the family members.

mienh doqc mienh hnyouv doqc cunv nyei mienh/evil minded; a mean person.

mienh fingx 1 yietc fingx yietc fingx mienh/ethnicity; ethnic group. **2** mienh nyei fingx mbuox/clan name.

mienh gangh mienh maiv nangc guai nyei mienh/unintelligence person.

mienh gatc mienh gatc matc nyei mienh a stingy person; miserly.

mienh gen mienh yiem nyei baamh gen the human world; man's world.

mienh gox 1 laangz-ziouv; mienh gox headman; village chief. **2** hnyangx-jeiv gox nyei mienh/elderly person.

mienh gox mienh gox nyei wuov baan mienh/seniors people.
mienh guv-guaix mienh hnyouv guv guaix nyei mienh/cunning people.
mienh guai mienh cong-mengh hlang nyei mienh/smart people.
mienh henv mienh maaih qaqv longc nyei mienh/a strong person.
mienh houx Iu-Mienh nyei houx/the Iu Mien traditional trousers.
mienh houz mienh buonc daan; mienh laanh daan/list of household.
mienh houz daan saauv mienh houz nyei daan/list of populations.
mienh houz hoc saauv gan mienh laanh nyei hoc-dauh/a social security number.
mienh hlo bun jaa ndiangx hlo bun nquaah mienh hmuangv camv oix zuqc bun jaa nyei waac-beiv.
mienh hnam mienh hnyouv maiv guai nyei mienh/a stupid person.
mienh hngongx mienh maiv guai nyei mienh/a stupid person.
mienh hnyorpv mienh hnyouv ciouv nyei mienh/unfriendly people.
mienh hnyouv mienh nyei hnyouv caux mba'ziu/a human heart or mind.
mienh hnyouv-doqc hnyouv cunv doqc nyei mienh/an evil person.
mienh hnyouv-waaic hnyouv orqv fai cunv oix hoic mienh nyei hnyouv
mienh jaaix mienh ziangh horngh nyei mienh/a person of well behave.
mienh jaic mienh ziangh ziouc maiv junc nyei mienh/a slim person.
mienh jangc m'jangc dorn; m'jangc mienh;/a male person; a man.
mienh jangc gong m'jangc mienh zoux nyei gong/a man's duty.
mienh jienh mienh jienh zoux gong nyei mienh/diligent person.
mienh jieqv mienh ndopv jieqv wuov nyungc mienh/people with dark skin
mienh jomc mienh jomc kouv ga'naanh nyei mienh/poor people.
mienh jomc qiex mv jomc mienh jomc mv baac maaih doz-leiz caux nzaeng sic duqv nyei/poor butv still have voice.
mienh junc mienh ziangh ziouc junc nyei mienh/a chubby person.
mienh kuv 人口 /rénkǒu/ mienh ding/list family members; the populations.
mienh kuv horqc 人口统计学 /rénkǒutǒng Jìxué/ hoqc hiuv taux maaih mbu'ziex mienh maanh/demography.
mienh la'zaav mienh mv fioux-zengv nyei mienh/unhygiene person.
mienh laanh funx benx mienh laanh/to count each individual person.
Mienh laangz Iu-mienh nyei laangz/a Mienh village
mienh laetc ndaetv mienh waac camv gorngv zuqc maiv dingh liouh wuov nyungc mienh, mv dorh leiz nyei waac a talkative; nonsense talker.
mienh leiz 1 mienh horpc zuqc duqv nyei leiz/human rights. **2** Iu-Mienh nyei leiz-fingx/Iu Mienh tradition or culture.
mienh liaa mienh zoux sic nangh ndin nyei mienh/a sexy person.
mienh liouc mienh zoux gong siepv liouc nyei mienh/a skillful person.
mienh lor sor mienh hnyouv ciouv fai cunv nyei mienh/unfriendly people.
mienh lorx mienh lueic, mv buatc gong nyei mienh/a lazy person.
mienh lorqc bortc mienh lueic maiv fioux sin nyei mienh/a dirty person.
mienh lueic mienh lueic mv zoux gong nyei mienh/lazy person; shiftless person.
mienh lunx mienh hnyangx-jeiv lunx nyei mienh/young people; youthful.
mienh maaz mienh maanh baeqv-fingx population; the people.
mienh maaz zuangx mienh maanh camv haic/to be great populations.
mienh maaih mienh butv-zoih mienh/a rich person; wealthy people.
mienh maanh baeqv-fingx/the people opposite government.
mienh maengc yietc diuh mienh nyei maengc/a human life.
mienh maengc nyaanh yietc diuh mienh maengc nyaanh/the cost of a human life.
mienh maengc sic haih hoic maengc nyei sic/life threatening situation.
mienh muoz muoz-doic cien-ceqv; cien bungh cien zouv/a close relatives.

mienh muonc mienh eix-leiz muonc nyei mienh/a difficult person.
mienh mbiaatc mienh hnyouv ciouv nyei mienh/unfriendly; touchy person.
mienh mbungv mienh nyei mbungv/the remain of a human bone.
mienh naangh mienh maaih maengc ziangh yiem nyei mienh/living person.
mienh njapv mienh gatc matc haic nyei mienh/a stingy person.
mienh njuotv mienh hnyouv mv zaqc nyei mienh/dishonored person.
mienh nyanv mienh ziangh ziouc mv hlo guv-guv nyei mienh/to be stunted and underdeveloped person.
mienh nyei baengc jiex ganh dauh nyei baengc jiex daaih/disease passed by another person.
mienh nyei juoqc setv mienh nyei eix-leiz/person's attitude.
mienh nyei leiz 1 mienh horpc zuqc duqv nyei leiz/human rights. **2** Mienh nyei leiz-fingx/the Mienh customs.
mienh nyei sic ganh laanh mienh nyei sic/matter of another person.
mienh nzueic mienh ziangh duqv nzueic nyei mienh/a beautiful person.
mienh nzueic hnyouv ciouv, ndiangx nzueic fim niouv naaiv se gorngv puix kuh muangx nyei waac.
mienh nzuih buang mv jienv mienh nyei nzuih oix gorngv haaix nyungc ziouc gorngv se mv maaih haaix dauh haih buangv duqv jienv.
mienh orqv mienh hnyouv orqv haic nyei mienh/unfriendly people.
mienh pa'lorngv mienh gorngv waac camv pa'lorngv haic nyei mienh/an insensitive person.
mienh piex mienh qaqv muonc diev mv duqv kouv nyei mienh/weak person or unable person.
mienh piuqv mienh maux piuqv haic wuov nyungc mienh/boastful person.
mienh qaqv mienh nyei qaqv/human strength; human power.
mienh qorqv mienh ciouv qorqv haic nyei mienh/unfriendly person.
mienh saeng mienh ndin nyei mienh, mv dorh leiz nyei waac/sexy.
mienh seix dorng jaa maaih fu'jueiv se mienh seix/marital status.
mienh sieqv gong m'sieqv mienh zoux a woman's duty.
mienh sin mienh nyei sin-sei/a human physical body.
mienh suonc mienh hnyouv suonc nyei mienh/a person with even-tempered.
mienh tong-zuangx mienh camv horpc fiem nyei sic/cooperation of the people.
mienh uv mienh hnyouv guv guaix nyei mienh/a cunning person.
mienh waac Yao Mienh gorngv nyei waac/the Iu Mienh or Yao language.
mienh waaic mienh 1 hnyouv ciouv nyei mienh/person who evil. **2** waaic fangx nyei mienh/handicap person.
mienh wuonh mienh buonv-suonc nyei mienh/humble or meek person.
mienh yiex mienh yiex wuom-mueic mienx nyei mienh/easy to cry person.
mienh yortv mienh hnyouv ciouv nyei mienh/vicious person.
mienh yuangv houc maaih mienh camv houc jaax/supported by many people.
mienh zaqc mienh hnyouv zaqc nyei mienh/an honest person.
mienh ziangh daaih cuotv seix ziangh daaih/human nature.
mienh zoqc mienh mv camv/only few people; not many people.
mienh zoqc zuangv zoqc wuov zuangv mienh/a minority group.
mienh zoux daaih mienh zoux cuotv daaih nyei ga'naaiv/man made.
mienh zuangv mienh fingx fai mienh zuangv/human race or ethnicity.
mienh zuangv horqc hoqc hiuv taux mienh zuangv nyei horqc/an ethnology.

mienh[3] pm. maaih mienh/somebody or someone. Haiz maaih mienh gorngv waac. Heard someone talking.

Mienv[1] bz. 鬼 /guǐ/ mienh zangc nyei mienv a'fai lomc nyei mienv/demons; devil; spirits; god or ghost.
gengx baaix mienv buoqc zangc baaix mienv/to worship ancestor spirits.

heuc mienv buov zeiv cingv mienv daaih tengx/to call on a spirit to help.
mienv-baaih buoqc zangc mienv nyei baaih/a spirit's altar.
mienv dieh longz buoqc zangc jaa-fin-mienv wuov norm longz/a box shaped ancestor spirit altar.
mienv-fangx mienh ganh waaz mienv nyei fangx daaih/picture of Taoism.
mienv gorngx mienv gorngx mienh butv dongh nyei sic/spirit possess in human and shake.
mienv hoic mienv morh hoic mienh butv baengc/disaster cause by demons.
mienv huv mbouv cuotv mienv oix zuqc sipv naaiv sipv wuov nyei sic.
mienv-kuv dorh mienh tim bieqc mienv nyei sic/to dedicate household member into the care of ancestor spirit.
mienv morh mienv morh linc mienh butv baengc nyei zei-naanc/an illness cause by the demons.
mienv muoqv mienh se gorngv mienv muoqv mienh ziouc butv baengc aqv.
mienv nyei hungh gunv mienv caux dingc zuiz mienv nyei hungh/king of the darkness.
mienv nyei lingc morh gueiv saa daan nyei hatc lingc/the power of a satan.
mienv orqv 恶鬼 /èguǐ/ ciouv orqv muoqv mienh butv baengc nyei mienv/a harmful or evil spirit.
mienv wakc mienh mienv nduov mienh zoux nyei sic/be tricked by the demon.
touv-deic mienv deic bung nyei mienv. Gj: doz-deic mienv, deic-ziouv mienv/a local land spirit.

mienv[2] pm. qiex jiez daaih mienv hmien mienv mueic nyei. Gj: benx hmien/a mad face; an angry face; furious.
mienv-mienv nyei qiex jiez gau mienv hmien mienv mueic/serious angry face.

mienx[1] w. nitv ga'hlen fatv mienx haic/to close to the edge.
an duqv mienx haic an nitv ga'hlen fatv haic/too close to the edge.

mienx[2] nz. 满 /mǎn/ buangv jiex ndaangc soux mouc/over full; filled with.
mienx corng buangv lamz nzengc/to be filled full granary.
mienx cuotv buangv ningx gu'nguaaic mienx cuotv/full to top and flow out.
mienx jaa mienh ding hiaangx buangv biauv nzengc/large size of family.

mienx[3] pm. **mienx muc** 面目/miànmù/ mou zeiv hnangv ha'nor/face; features; outlook; an appearance.
mienx muc ciouv ziangh duqv ciouv nyei hmien-fangx/fierce countenance.

mienx[4] lz. 面条 /miàntiáo/ mbuonv-diuh; miv sienx/noodles.
ngongh orv mienx 牛肉面 /níuròumiàn/ caux ngongh orv torng fai caauv nyei mienx/a beef noodle dish.

mienz w. 免 /miǎn/ **1** mienz zuiz, fai mienz zaeqv mv jaauv/to avoid one's obligated. **2** zaeqv-ziouv mienz zaeqv maiv zuqc jaauv aqv/creditor remit debt.
mienz cuotv 免除 /miǎnchū/ guangc zuiz bun/to excuse; avoid charge.
mienz feix 免费 /miǎnfèi/ maiv zuqc feix zinh nyaanh maaiz/free of charge.
mienz feix piux bun kaeqv mienh nyei baeqc piux/a free pass; free ticket.
mienz mv cuotv maiv haih guangc bun aqv/unavoidable.
mienz nzou-zinh mv zuqc jaauv nzou-zinh/exempt from taxation.
mienz zuiz 免罪 /miǎnzuì/ guangc zuiz bun/exempt from punishment.

mietc[1] w. 灭 /miè/ mietc guangc fai zoux guangc nqoi/destroyed; wipe out.
mietc douz mborqv douz daic/destroy a fire/to extinguish.
mietc douz ndie cix douz daic nyei ndie/fire extinguishing chemicals.
mietc douz saaiv-ziou mietc douz nyei saaiv-ziou/sand for extinguishing a fire.
mietc fingx guangc ganh nyei fingx/to destroy or wipe out an entire clan.
mietc gorn-ndoqv muangh nzengc gorn mi'aqv/to destroy the evidence (of one's evildoing)
mietc guangc nqoi zoux guangc nqoi mingh/to destroy or to kill.

mietc laangh fim liepc hnyouv zoux waaic aqv/to go against conscience.
mietc sei buov guangc sei/to destroy corpse as to leave no traces of the crime.
mietc sic-gorn mietc guangc mv bun maaih sic-gorn/to destroy evidence.
mietc zuangv daix guangc nzengc mv liouh buonv/to destroy entire clan.

mietc[2] ng. ngongh tiux linc miev mietc nzengc/grass flattened or pushed down.

mietv[1] w. nyomx cuqv mietv cuqv-maux guangc/to separate an empty rice grain by flip them out.
mietv cuotv nyomx mietv cuotv maux nyei longc jauh nyei hnangv/separate the empty grain by splash out.

mietv[2] pm. nyiex jienv wuom-tongv mingh wuom mietv cuotv jienv mingh/water *splash out* from a carrying bucket.

Mi Kaa m. 弥迦书 /míjīashū/ yietc buonv zengx-ginx sou nyei mbuox/Micah, a book of Old Testament the Bible.

minc[1] w. hmien-minc; suiv minc/*surface* or upper side of something.
maaih hmien-minc maaih mengh hoc se beiv maaih hmien-minc/to be honored.
mangc hmien-minc nyaangc njiec mv longc zuiz/to over look and not punish.
minc doix minc buangh jienv hmien doix hmien/to meet face to face.
minc hiaangx hungx jienv nza'hmien wuov bung mingh/to forwarding.
minc yungh hmien-setv hnangv haaix nor nyei sic/facial features.
minc yuangh setv hmien-fangx hnangv haaix nor/appearance; countenance.
minc zinh 面前 /miànqián/ nza'hmien maengx naaiv/in front of; presence.
zinh minc waac sou nyei nza'hmien maengx gorngv porv mengh ndaangc nyei waac/foreword; preface.
zoux hmien-minc zoux weic duqv mienh ceng/do something to gain face.

minc[2] s. yietc minc sou. Gj: yietc benv sou/one side of a single page.

mingh 去 /qù/ mingh buangh ndie-sai/to go visit doctor office.
mingh aqv mv ngaih ziouc jiex gorn mingh aqv/let's go now.
mingh bueix mingh bueix muonz fai i muonz wuov/to go and stay for a night.
mingh bung cuotv mingh maengx bung jauv/an outlet journey.
mingh daaih mingh caux daaih/go back and forth; to travel frequently.
mingh deic zoux duqv mingh deic/to make progress on the field work.
mingh dorngc mingh dorngc jauv/go wrong way; to get lost.
mingh duqv sunx mingh duqv zaqc nyei/to go smoothly.
mingh faaux horqc mingh bieqc horqc doqc sou/to go to school.
mingh fungx zong yinh mingh mienh fungx sei nyei yinh/to attend a funeral.
mingh gaanv hei mingh bieqc hei maaiz ga'naaiv/to do grocery shopping.
mingh jaiv buoz mingh lomc/to go to bathroom; go to toilet.
mingh liangx mingh ndeic zoux gong to go to work on the field.
mingh lomc mingh jaiv buoz; mingh bungx nqaiv/to go to toilet.
mingh lomc dorngx mingh jaiv buoz nyei dorngx/a restroom, bathroom.
mingh lomc mv tong bungx nqaiv mv cuotv; bungx bangx/to be constipated.
mingh mv duqv **1** mv bun mingh nyei dorngx/prohibit to go in. **2** maiv haih mingh mv duqv/to be unable to go.
mingh mv mingh naaic gaax mingh fai mv mingh/are (you) going or not.
mingh mv taux hlang fai go mingh mv taux/failed to reach too far.
mingh mv zaaic mingh maiv taux/can not be reach too far.
mingh maengx mingh bung/departure or outward leg of journey.
mingh mangc ndau mingh lorz ndau zaqv liangx/to look for a piece land to used for swidden field.
mingh mi'aqv cuotv jauv mingh mi'aqv/be gone.
mingh mungv mingh maaiz ga'naaiv wuov ndiev mungv/to go to city, town.
mingh ndaangc gauh mingh ndaangc deix/to go first or go ahead.

mingh ndie-biauv 1 mingh maaic ndie nyei poux/to go to a pharmacy. **2** mingh bieqc ndie-biauv/to go to a hospital.

mingh ndorngx mingh saau nziaauc/to wander around.

mingh nyiex nzauv mingh nyiex nzauv se beiv daic mi'aqv/death.

mingh nzaanx bun nqoi doic mingh ziex bung/to dismissed group and go different directions.

mingh nziaauc mingh saau nziaauc/to go out for walk; to go visit someone.

mingh nziaauc bang mingh youh deic bung nyei guanh/a tourist group.

mingh nziaauc oc dorh leiz waac, beiv hnangv yiem mienh nyei biauv nziaauc liuz nzuonx oix zuqc gorngv mingh nziaauc oc/please come and visit us.

mingh nziaauc zouv mingh zouv-gemh nziaauc zouv/to go visit a cemetery.

mingh nzuonx mingh and nzuonx/to go and return; to make a round trip.

mingh nzuonx piux mingh caux nzuonx nyei piux/a round trip ticket.

mingh saau nziaauc saau youh nziaauc jienv mingh/to wander around.

mingh saau gemh saau lomc mingh lorz orv buonv/to wander through the forest to hunt.

mingh saau lomc aengx lorz mangc saau gemh wuov joux.

mingh siepv gaanv jienv mingh siepv nyei/to go fast; to walk fast.

mingh taux 去到 /qùdào/ mingh taux mi'aqv; qoux taux/to go and arrive at.

mingh tong ging se beiv mingh go haic aqv/to be gone far already.

mingh tor nzauv mi'aqv meiv gorngv daic mi'aqv/pass away; death.

mingh yangh jauv 去散步 /qùsànbù/ mingh saau yangh jauv nziaauc/to go for a walk; to travel on foot.

mingh zaaix mingh zaaix maengx wuov bung/to go left direction.

mingh ziouc fatv 去就 /qùjiù/ mingh ziouc fatv nitv jienv/to go near to, close to.

mingh ziouc mingh oix mingh ziouc mingh/alright let's go.

mingh zoux gong mingh gong-ciangv fai mingh ndeic zoux gong/to go work.

Minnesota m. 明尼苏塔州 /míngnǐsūdázhōu/ yietc norm ziou se yiem Meiv Guoqv N. bung maengx, ziou nyei domh mungv heuc St. Paul.

miou pm. wuom hlo buangv mouh nzengc miou-miou nyei/full of flood in water.

miou-miou mangv-mangv koiv-wuom miou-miou mangv-mangv nyei/to be full as water of the sea.

Mississippi m. 密西西比州 /mǐxīxībǐzhōu/ yietc norm ziou, yiem Meiv Guoqv N.D bung maengx, ziou nyei domh mungv mbuox heuc Jackson.

Missouri m. 蜜梳理州 /mǐsūlǐzhōu/ yietc norm ziou, yiem Z. Meiv Guoqv mbu'ndongx ziou nyei domh mungv Jefferson City.

mitc pm. wuom ziemx zuqc nzangc mitc nzengc/the letter fade away.

haih mitc nyei haih mitc jienv mingh nyei/it will fade away.

mitv pm. maaz mitv m'normh zoux ciouv bun mienh/to lay back the ears as horse when they get mad.

miu q. heuc m'lomh miu nyei waac. Gj: miaau/sound used to round up the cats.

lomh miu 猫 /māo/ m'lomh miu/a cat.

miuc[1] m. miuc mienv; miuc zienh/baaix miuc zienh/Buddha believer.

baaix muic fangx baaix nie nanv daaih nyei zienh fangx/to worship Buddha image or idol.

miuc-biauv buoqc zangc miuc zienh nyei biauv/a Buddha temple.

miuc dorngh buoqc zangc miuc-mienv nyei biauv/building for worship Buddha.

miuc fangx nie nanv daaih nyei miuc zienh fangx/a Buddha statute.

miuc guoqv miuc zienh cuotv seix nyei guoqv/India is the country where was Buddha has been born.

miuc hungh miuc mienv nyei hungh Buddha king, Tang king.

miuc-mienv miuc zienh; miuc dorngh nyei mienv/Buddhism.

miuc[2] pm. wuom-baamc fai caeng-matc guoqv jienv hmien miuc-miuc wuov/an oily or dirty spot all over the face.

miuh[1] gn., d. ndoih miuh; mbiauh miuh; dopc miuh; cuotv miuh. Gj: luangh/the stalks or shoots of young plant.

miuh[2] nz. aaux benx nzung gorngv yie/I, me, myself; by myself.

Baeqc Miuh yietc fingx mbong zangc nyei mienh/Hmong people.

miuh daan yie ganh daan-sin mienh/I or me, a single person.

miux w. gu'nguaaz nyienx gau hmien miux-miux, miuc-miuc wuov/dirty spot all over baby's face.

moh doh cie m. 摩托车 /mótuóchē/ se dongh cie-ndortc/a motorcycle.

moic pm. moic-moic nyei nyanc hnaangx. Gj: moiv/to move one's mouth.

moih q. ngongh heuc nyei qiex/the sound made by an ox lowing.

moiv pm. yie hnyouv sie haic ziouc moiv-moiv nyei nyanc/I'm very hungry, so I eat fast and impolitely; to eat hungrily.

moiv hnaangx nyanc hnaangx, mv dorh leiz nyei waac/to eat rice, food.

moiz q. yiex duqv zaanc haic haaix zanc yaac haiz moiz-moiz nyei nyiemv.

mokc pm. mau nyei mokc mokc wuov/to be soft and spongy as a cushion.

mokv pm. gu'nguaaz mokv; ziangh duqv mokv haic/to be chubby.

Moldova m. 摩尔多瓦 /mòérduōwǎ/ se yietc norm guoc jaa, yiem D. bung maengx Europe, hungh zingh mungv nyei mbuox heuc Chişinău.

Mom gw. Mbuox gu'nguaaz hopv wuom oix zuqc gorngv mom/tell baby to drink.

mom mom deix oc heuc gu'nguaaz hopv wuom nyei waac.

momc pm. nyaah nquaqv nzengc nzuih momc-momc wuov/toothless mouth.

mong gw. lorh gaeng, biau, *mong* se gaav congh janx-laauv waac daaih/a watch.

mong biouv lz. 芒果 /mángguǒ/ aengx maaih ganh joux heuc *janx-muangz heh biouv/*a mango.

mong-hlaang lorh gaeng hlaang/watch strap or watchband.

mongc nz. longc, bangc, bangc kaux/to depend on; to rely on.

mongc ginx mbeix buatc; m'njormh mbeix buatc nyei sic/to see in dream.

mongc kaux bangc kaux; oix zuqc bangc kaux/to depend on someone.

mongh bt. haiz m'nqorngv mongh longh haih ndorpc nyei

mongh longh 1 m'zing biangh mongh longh/be dizzy. **2** gox daaih mongh longh la'kuqv ga'naaiv/be bad memory and forgetful.

mongh ndongv jangx-fingx maiv benx kungx la'kuqv ga'naaiv/forgetful.

mongh ndongv torng haaix zanc yaac kungx la'kuqv hnangv/bad memory.

mongv gw. ndorpc, gu'nguaaz gorngv nyei waac/to fall, baby talk.

mongv wox gorngv mbuox gu'nguaaz haih ndorpc nyei oc/to warn baby that he or she might fall.

mongx w. ndau biopc njiec mingh maaih norm kuotv mongx-mongx wuov/an opening deep hole or hollow.

Mongolia m. 蒙古 /ménggǔ/ Mienh waac heuc Mungv Guv, se yietc norm guoc jaa yiem Z. China caux Russia mbu'ndongx, hungh zingh mungv heuc Ulaanbaatar.

Montana m. 蒙大拿州 /méngdànázhōu/ yietc norm ziou, yiem Meiv Guoqv caux Canada mbu'ndongx, ziou nyei domh mungv mbuox heuc Helena.

mor gn. nie-mor, longc nie nangv zoux daaih nyei caeng/a clay pot.

morc m. 磨 /mó/ **1** morc muonc/to grind. **2** la'bieiv-morc/a grindstone; a millstone.

ga'naaiv-morc longc morc lai lo haaix nyei ga'naaiv/a grinder; blender.

morc dopc morc dopc daaih zoux dopc bouc/to grind soybeans for making tofu.

morc maeqc morc an dungz-siaaux zouv nyei maeqc/to grind the corn and used to be mix with pigswill.

morc muonc morc muonc nyei/to grind up into small piece.

morc mbuonv morc benx mbuonv/to grind into powder.

morc njang morc bun njang youc-youc wuov/to polish; to burnish.

mborqv morc mborqv la'bieiv zoux morc/to make a millstone.

morc[2] w. zueiz morc bam jienv ndau/sit on floor with careless manner.

morh[1] w. faaux mingh caaiv morh linc fai hnyamx/trample or step on heavy.

morh faanh 麻烦 /máfán/ ceux-faanh ndanc mienh/bothersome.

morh faatv 魔法 /mófǎ/ zoux waaic nyei faatv-douc/magic; wizardry.

morh gueiv 魔鬼 /móguǐ/ ciouv haic nyei mienv/devils; demons; evil spirits.

morh hungh 魔王 /mówáng/ orqv mienv nyei hungh saa^daan/prince of the darkness; Satan.

morh linc 1 fu'jueiv morh linc domh mienh/bothersome child. **2** baengc tongx morh linc/an illness problem.

morh naanc morh kuonx hoic mienh nyei zei-naanc/to suffered hardship.

morh zienh aengx mangc "morh gueiv" wuov joux nyei eix-leiz.

morh[2] gw. **morh maix** gu'nguaaz waac gorngv mv maaih aqv/no more baby word.

morh nzaatv longc buoz morh nzaatv ga'naaiv/to rub in between hands.

morh[3] m. fingx morh, se yietc fingx Yao Mienh nyei fingx.

morx m. ndie-sai, *morx* se gaav congh janx-taiv waac daaih/a doctor.

morng[1] m. kuotv ndo morng-morng wuov a deep opening hole.

morng[2] q. mborqv lorh mbui morng nyei qiex/the sound of gong being strike.

bongh morng mborqv lorh nzoz bongh morng nyei qiex/the sound of drum and gong being strike.

morngh w. morngh sei; morngh mienh/a death or deceased body.

kungx-morngh kungx-kungx wuov mv maaih haaix nyungc/without any result; to be empty; useless.

morngh wuonh mienh daic mingh nyei wuonh/spirit of a dead person.

morngx w. morngx nzuih/to open mouth. Haaix zanc buangh ndie-sai, oix zuqc morngx nzuih bun ninh mangc/when see a doctor need to open mouth for him or her to look at.

morngx nzuih morngx nqoi nzuih daaih. Dgw: nqapc nzuih/open mouth.

morngx nzuih mv nqoi 1 nzuih butv-aav morngx mv nqoi. **2** morngx nzuih mv nqoi caengx sic, weic jomc maiv maaih zinh nyaanh cingv leiz-sai, se beiv morngx nzuih mv nqoi.

Morocco m. 摩洛哥 /móluōgē/ yietc norm guoc jaa, yiem F.B bung maengx Africa, hungh zingh mungv heuc Rabat.

morqv[1] w. ndau morqv-morqv wuov/be dented or pushed in on the ground.

morqv[2] bc. hlaau yietc i morqv hmeiv ziemx jienv zouv/a dry measure equal to about one liter.

mortv pm. junc gau mortv-mortv wuov, mv dorh leiz nyei waac/rolling of fat

Mose m. 摩西 /mōxī/ ging-sou gorngv yietc weic dongh Tin-Hungh paaiv ninh tengx douc waac dorh Yiu-taaix mienh biaux cuotv I^yipv deic-bung wuov/Moses, in the Bible, the Hebrew prophet and law giver who led the Israelites out of Egypt.

mou pm. mou zeiv; maaih norm mou; mou ziangh longx. Gj: fangx/a shape; frame; image; picture; outlook.

maiv maaih mou liemh mou zeiv mv maaih/having no shape; shapeless.

mou zeiv longx ziangh duqv mou zeiv longx haic/having a good shape.

mouc[1] m. mouc/fog. Lungh ndorm-nziouv nyei mouc/foggy in the early morning.

mouc nzamc mouc nzamc jienv geh zorng/low clouds cover the mountain.

mouc om maaih mouc om jienv/foggy or hazy with low clouds

mouc opv mouc opv jienv maiv cuotv nyutc/without sun light because foggy.

mouc ormx mouc bueix homc jienv gu'nguaaic/to be cover with the clouds.

mouc ormx coux haaix zanc yaac mouc om jienv nyei dorngx/the area of foggy or cover with clouds.

mouc-yiez mbiungc-suiv; mouc nyei wuom/misty or dew.

mouc zaaux mouc om zaaux jienv/to cover with clouds.

mouc[2] nz. mv maaih haaix nyungc/not have; nothing; there is not.

mouc benc kiqv aaux nzung gorngv mv maaih hnaangx nyanc/no food to eat.
mouc buonc maiv maaih ganh nyei buonc/without sharing.
mouc-dauh saac ziang naaic mv buatc mi'aqv/disappear in the way of amazing.
mouc eix 无意 /wúyì/ maiv maaih hnyouv oix/have no intention.
mouc faac aqv 无法 /wúfǎ/ maiv maaih za'eix cuotv aqv/unable; incapable.
mouc fiem 无心 /wúxīn/ maiv maaih hnyouv mingh oix/not be in the mood for.
mouc gorn mouc baengx maiv maaih gorn-baengx/rootless; no evidence.
mouc jeix noic mv maaih za'eix cuotv aqv/can't help it; having no alternative.
mouc leiz 无理 /wúlǐ/ mv maaih leiz; mv baengh/unreasonable; unjustifiable.
mouc-mengh baeqc yiem haaix dingx laaih yaac mv hiuv aqv mouc-mengh, mouc-baeqc nyei/to be totally forget or confusion.
mouc noic mv maaih za'eix cuotv aqv impatience but helpless.
mouc nyietv 1 mv maaih hnoi aqv/no day. **2** mv maaih qangx aqv/to have no opportunity or chance.
mouc nzaic maiv maaih haaix nyungc sic/free from trouble.
mouc sic maiv maaih haaix nyungc la'nyauv sic/free from trouble
mouc wangx mv lamh hnamv dorngx aqv/to be hopeless; no hope.
mouc yangc maiv maaih nyungc zeiv fai ga'naaiv/have nothing.
mouc yieh mv maaih diex maac/have no parents; parentless.
mouc zinh mv maaih zinh nyaanh/to be broke; have no money to spend.
mouc zingh mv maaih en-zingh fai zingh nyeic/cold-hearted; merciless.
mouc zingh mouc eix 无情无义 /wúqíng Wúyì/ mv maaih yietc deix en-zingh nyei hnyouv/cold-hearted; heartless.
mouc zong mouc zekv zutc nzengc mv maaih buonv aqv/nothing to remain.
mouc-zong-zekv a'jang zungv corc yiem naaiv nyei, nduqc dangh hnangv ziang naaic mouc-zong-zekv nyei jiex haaix mi'aqv mv bei.
mouc zuiz maiv maaih zuiz; maiv zoux dorngc haaix nyungc/to be innocent.

mouc[3] hd. camv mouc-cin mouc-maanc nyei/to be countless; innumerable.
mouc-saa six soux nyei camv gau maiv fungc aqv/to be innumerable.
soux mouc bouc soux; soux mouc/the limit of require to be setup.

mouc[4] gz. cun-gaeng-mouc; zoux cun zoux mouc/crops under agriculture.

mouh[1] pm. wuom-mouh sienc, a'fai beqv nyei sic/a water current.

mouh[2] aengx lorz mangc "zouv mouh" wuov joux nyei eix-leiz.

mouz[1] w. 某 /mǒu/ mouz hnoi; mouz zanc/a certain day or time.
mouz hnyangx maiv hatc dingc haaix hnyangx/a certain year.
mouz laanh mienh mouz dauh, mouz laanh mienh/a certain person.
mouz mienh mouz laanh mienh zungv maaih norm hnoi daic nyei/every person will be to die one day.

mouz[2] zmb. 谋 /móu/ bingx jienv mouz mangc/to secretly test; to scheme; to plan beforehand.
mouz ganh seix mangc gaax ganh se hiuv nyei fai/to test oneself.
mouz jangx-fingx bingx jienv mouz gaax mienh jangx duqv nyei fai/to test someone's memory in secret.
mouz horqc saeng mouz gaax horqc saeng hiuv nyei fai/to test students.
mouz mangc gaax bingx jienv mouz mangc/to test someone secretly.

mouz[3] nyc. 母 /mǔ/ maac; maa; cien maa fai cien maac/mother; mom.
buoqc mouz 父母 /fùmǔ/ diex maac; die maa; domh mienh/parents.

mouz[4] hnq. bung-hungx dauh; hnamv oix mingh nyei bung/purpose; aim.
mouz deic 目的 /mùdì/ hnamv oix duqv, oix zoux nyei bung-hungx dauh/a purpose; goal; aim; subjective.

Mozambique m. 莫桑比克 /mòsāngbǐkè/ yietc norm guoc jaa, yiem D.N bung maengx Africa, hungh zingh mungv nyei mbuox heuc Maputo.

mu wm. ninh oix mingh haaix yaac maiv mbuox joux, ziang naaic mu mu cu cu nyei mingh mi'aqv/he or she to leaves without any notice.

Mu'oix biouv aengx lorz mangc muoqc oix biouv nyei eix-leiz/guava.

muc pm. mienx muc ziangh daaih hnangv hngongx deix nyei/countenance.

Muh m. 戊 /wù/ 天干的第五位 da'hmz norm jaapv-zaangv-neix/the fifth of the ten Heavenly Stems.

muv[1] w. yie guaih muv jienv gorngv/I just say by guessing. Gj: cai, gouv/to guess.

muv[2] pm. nyungc zeiv/reason; sample. maaih muv mouc muv yaac ngopv. To complain without any good reason.

muv zuv nyungc zeiv. Gj: yangx zeiv/a sample; a shape or style.

muangh[1] w. 朦 /méng/ nzangc muangh mangc mv buatc benx. Dgw. nqaengc, njang/to be unclear; not explicit.

muangh muangh wuov 朦朦的 /méng méng/ mouc-mouc wuov mv njang mangc mv tong/to unable to see clearly because cloudy or unclear.

muangh[2] pm. 蒙 /méng/ gem jienv; bingx jienv; muangh jienv sic-gorn/to conceal.

muangh eix 1 gem bingx jienv ganh nyei eix/concealed idea. **2** la'kuqv mienh nyei en-zingh/ungrateful.

muangh en 蒙恩 /méng ēn/ maiv nipc en; maiv jangx mienh nyei en-zingh/to be ingratitude; ungratefulness.

muangh jienv bingx jienv mv bun cuotv yaangh/to hide evidence.

muangh leiz bingx zien leiz dorh jaav leiz hoic mienh/to hide the truth.

muangh maiv jienv cuotv yaangh aqv bingx mv mbueiz aqv/no longer be able to keep in secret.

muangh nzieqc 默然 /mòrán/ nzieqc zingx nyei; mbueiz nyei/silent; quietly as rumor or gossip.

Muangh sic bingx sic-gorn/to destroy Or cover up an evidence.

Muangh waac waac mv douc mbuox mienh/to keep in secret.

Muangv bt. 微弱 /wēiruò/ meih muangv mv hiuv duqv mienh mi'aqv/to lose conscious; to faint.

muangv mi'aqv meih muangv mi'aqv mv nzang aqv/fainted; unconscious.

muangx w. muangx nzung; muangx waac; muangx gorngv gouv/listen; to listen.

muangx a'nziaauc muangx zoux bun ganh nyei hnyouv njien-youh/to listen for pleasure.

muangx duqv cing muangx haiz duqv cing nyei/to listen and hear clearly.

muangx duqv haiz muangx haiz nyei capable of hearing; be able to hear.

muangx haiz muangx haiz nyei/heard about someone or report

muangx jienv oc heuc mienh baeng m'normh muangx/please listen.

muangx leiz ei leiz; mbuoqc leiz gunv to obey the laws or the rules.

muangx longx baeng m'normh muangx longx nyei/to listen carefully.

muangx longx oc heuc mienh muangx longx/please listen carefully.

muangx maiv cing cov muangx maiv zien weic mv haiz benx/to listen but not hear clearly; not fully understand.

muangx maiv haiz m'normh ndung muangx maiv haiz/unable to hear.

muangx maiv hiuv muangx mv mengh baeqc/listen but failed to understand.

muangx maiv zaaic go haic muangx mv haiz benx/unable to reach of hearing.

muangx mienh huangx sienx mienh gorngv-baeqc nduov nyei waac/to get into someone's tricky.

muangx oc heuc muangx longx gorngv nyei waac/please listen.

muangx waac ziangh horngh muangx waac/to obey; obedience; docile.

muangx woc heuc mienh baeng m'normh muangx/please listen careful.

muangx wox fu'jueiv meih mbuo oix zuqc muangx waac wox.

muangx youx nzengc muangx gau youx nzengc aqv/to be bored to listen.

muangx zunh doz muangx zunh doz nyei waac/listen to word of preaching.

muangz[1] bm. janx-muangz, dorh leiz nyei waac heuc janx-m'sieqv dorn.

muangz[2] cm. da'yietv m'sieqv nyei heuc jiex gorn mbuox, beiv hnangv Zoih Zou nyei sieqv Muangz Zou. Gj: Meix, Muic.

mueic[1] m., n. mueic zing; m'zing/wuom-mueic/eyes; vision; eyesight.

m'zing-mueic m'zing cuotv nyei wuom. Gj: nginz-lueic/tears; to shed tears.

mueic biangh m'zing biangh; m'zing huaa/blurred; dim of sight.

mueic hmuangx mongh longh m'zing butv-hmuangx/black out the vision.

mueic jieqv korh fiqv ga'naaiv/to be jealous; greedy for.

mueic jieqv qiex jiez qiex jiez weic mueic jieqv/angry because of jealous.

mueic jorm mueic yuoqv mueic jieqv gau mv fungc aqv/be hot-eyed in desire.

mueic maih 眉 /méi/ m'zing-menc wuov nzopv biei/eyebrows.

mueic maih biei 眉毛 /méimáo/ mueic zing-menc biei/the eyebrows

mueic maih ciangx i bung m'zing-gorqv ciex faaux/slanted eyes.

mueic yangh mueic hmuangx m'zing butv-hmuangx/black out the vision.

mueic zing 眼睛 /yǎnjīng/ se dongh m'zing fiev ndaauv daaih/eye; vision.

mueic zing biangh mongh longh m'zing biangh/see spots before eyes; dizziness.

mueic ziux 眼镜 /yǎnjìng/ tengx duqv m'zing njang fai mangc go nyei gingx/an eyeglasses; spectacles.

mueic ziux-buoz mueic ziux nyei buoz dongh kuangx m'normh wuov/earpiece of the eyeglasses.

mueic ziux-gingx an mueic ziux guingh nyei gingx/lens for eyeglasses.

mueic ziux-guingh hormh mueic ziux gingx wuov norm guingh/glass frame.

mueic ziux-jieqv dangh torngv nyutc nyei mueic ziux/sunglasses.

mueic ziux-qorng mueic ziux nyei qorng/the frame for eyeglasses.

mueic[2] aengx lorz mangc "hlauv-mueic, zaux-mueic, buoz-mueic, gouv-mueic, hmien-mueic" nyei eix-leiz.

mueiv[1] w. mueiv maeqc; mueiv ndutv fai guangc/to twist off; twist apart.

mueiv maeqc mueiv maeqc biouv/to shell corn; twist corn.

mueiv maiv ndutv mueiv (maeqc) mv ndutv/unable to twist off.

mueiv[2] m. yietc nyungc janx-taiv mborqv caux ndiqv nyei sih nyeic/Thai boxing.

mueix md. 味 /wèi/ **1** kuv nyei mueix/to be tasty or tasteful. **2** kouv mueix/the taste of toilsome or sense of taste.

mueix doc 味道 /wèidào/ gaam nyei fai im nyei mueix/flavor of the taste.

mueix doc ndaauv mueic yiem duqv lauh nyei/to have long lasting flavor.

mueix doc nzaaih 1 mueix corc maiv gaengh zaamv/more flavor. **2** oix kuh jatv haic/to be very funny.

mueix doc zaamv maiv maaih mueix aqv/no flavor; flavorless.

mueiz[1] m., n. 蜂 /fēng/ nyungc-nyungc mueiz/general name for bee.

domh mueiz yietc nyungc zoux dorngh nyei mueiz, ninh zoux ninh nyei pengx diux yiem domh ndiangx nyei ndiangx-nquaah gorn/a bigger type of honey bee.

mueiz-beiz mueiz-nyeiz/a female bee.

mueiz-bungh 蜂窝 /fēngwō/ mueiz nyei bungh/a beehive.

mueiz danx mueiz danx zuqc nor gengh mun haic/bee sting

mueiz-dorn mueiz-lunx dongh haih nyanc zoux lai wuov/young bee.

mueiz-dorngh 蜂蜜 /fēngmì/ **1** mueiz zoux nyei dorngh/honey. **2** hnamv nyei mienh, beiv mueiz-dorngh/one's lover or a sweetheart.

mueiz-dungz nduqc norm mueiz-ndoqc dongh ngaatc kuotv bieqc ndiangx-nqaai zoux dorngh yiem wuov.

mueiz-gong mueiz-gouv/a male bee.

mueiz-hanc yietc nyungc faix haic nyei mueiz/a sweat bee.

mueiz-hungh mueiz nyei hungh/queen bee or a queen wasp.

mueiz-hnaangx mueiz uix dorn nyei hnaangx/bee's food, which bee collects for their young.

mueiz-hnaangx-laauz yietc nyungc mueiz faix yangh nyei zoux pengx yiem ndiangx-normh ndiev/a yellow jacket.

mueiz-m'njormh lungh hnoi zanc yiem dingc lungh cuotv lorz nyanc nyei yietc nyungc mueiz/a type of wasp which sleeps during the daytime.

mueiz-mungv 蜜蜂 /mǐfēng/ haih zoux dorngh nyei mueiz/honey bee.

mueiz-nui zoux bungh ndiangx-kou dueiv nyei ndiangx-nquaah gorn wuov nyungc mueiz/a black hornet, which makes its hive hang under branches.

mueiz-njeiv hlo jiex yietc buoqv wuov nyungc mueiz, zoux bungh bieqc yiem ndau-ndiev/red wasp which built it's hive under ground.

mueiz-njeiv-nzenc gauh faix deix wuov nyungc mueiz-njeiv/a smaller type of red wasp.

mueiz-nzing nanv cuotv mueiz-dorngh liuz nyei nzing/beeswax.

mueiz-nziouv yietc nyungc zoux dorngh nyei mueiz faix hnangv nziouv nor/ants honey bee.

mueiz-ongx mueiz bieqc yiem zoux dorngh nyei ongx/honey bee's house.

mueiz-pengx mueiz nyei pengx dongh ninh zoux dorngh an wuov/bee comb or honey comb.

mueiz-yangh nzorqv zoux bungh yiem ndau-ndiev nyei mueiz-yangh.

mueiz[2] pm. biaav-da'mueiz/tip of a stick.

cang-da'mueiz laic nzimh wuov bung cang/the tip of a spear.

mueiz[3] aengx lorz mangc "lui-mueiz, setv mueiz, taux dauh taux mueiz" wuov deix nyei eix-leiz.

muic[1] nyc. 妹 /mèi/ **1** nziez/younger sister of a woman. **2** muic, mouc/the younger sister of a man.

muic-muoc 妹妹 /mèimèi/ m'jangc mienh nyei muic/younger sister of man or woman.

muic-nziez m'sieqv mienh nyei nziez/a younger sister of a woman.

muic[2] cm. daauh sieqv nyei heuc jiex gorn mbuox, beiv hnangv Ih Zoih nyei sieqv Muic Zoih. Gj: Meix, Muangz/a prefix name given to a first daughter.

muic ndie-sai m'sieqv ndie-sai/woman doctor; woman physician.

muic sieqv dorn dongh "m'sieqv dorn" nyei fiev ndaauv daaih.

muih[1] m. gu'nguaaz muih a'fai saeng-kuv dorn nyei muih/an uterus.

gorqv-zeic muih yietc dauh gu'nguaaz ganh yiem norm muih/each baby has separate placentas or uterus.

muih[2] zz. zoux norm muih fai zoux norm ziouv/to be a host.

muih huaa dorn cuotv deic-bung lorz auv longc nyei dorn/a young man who travel outside his area to look for a suitable girl to be marry.

muih mienh cing-jaa yinh zoux ziouv wuov laanh m'jangc mienh se benx siang-mbuangz nyei maa nyei nauz/a leader of spokesman for bride side at wedding and he is a younger brother of the bride's mother.

muih mienh nyaanh bun muih mienh nyei zingh nyeic nyaanh/money that paid to a wedding spokesman.

muih mienh zuih bun muih mienh nyei dungz-zuih/a pig's thigh that given to a wedding spokesman.

muih[3] gn. zeiv-muih; njoux ndiangx nyei ndiangx-muih/paper dust or wood dust.

muih daax muih zeiv huv muonc daaih muih daax muih wuov/paper dust.

muix w. muix m'nqorngv nzox mba'biei to wash and shampoo the head.

muix hmien longc buoz muix nzaaux hmien/to wash face with hand.

muix m'nqorngv longc nzox nqorngv ndie muix nzox/to shampoo one's head.

mun pm. haiz mun; mborqv zuqc mun/to be hurt; ache; sore; pain; wound.

mun duqv ndo mun gu'nyuoz ndo nyei dorngx/to have deeply pain.

mun duqv sienc mun sienc kuh diev nyei/to be bearable pain.

mun gu'nguaaz oix yungz gu'nguaaz mun/to have labor pains.

mun-ham buoz-zaux ham mun/to have cramping pain around arms and legs.

mun hnyouv mbuoqc mv duqv mienh hemx ziouc haiz hnyouv mun/to hurt one's feelings; to have an internal pain.

mun-nqaai mun-nqingx nyei mun/to have sharp pain in the bowls.

mun-nqingx hnangv njimv baqv nyei mun/to have sting pain.

mun nziuv hnangv mueiz danx nziuv nyei mun/to have sting pain.

mun-nzotc haiz nzotc fai nguakc nyei mun/to have nagging pain.

mun siang haic gengh mun camv haic to be seriously pain or wound.

mun-sietv mun yoc aengx sietv caux jienv/to have painful itch.

Munh bm. yietc fingx yiem Zong Guoqv, Jau-zei Guoqv caux Laauv-Guoqv nyei Yao Mienh yaac heuc Cinh Zeiv.

mungh[1] m. **mungh maih** m'zing-menc. Gj: mueic maih/an eyebrow.

mungh maih biei m'zing-menc nyei biei/the hairs of eyebrows.

mungh[2] w. **mungh mietv** wuom mungh mietv nyei cuotv/to sloshing back and forth of water or liquid.

mungh mungh mei-mei janx-zaqc oix nimc ga'naaiv ziouc mungh mungh mei mei mingh/tucking one's head in fear.

mungh mungh miangv-miangv wuom mungh mungh miangv-miangv nyei/the water sloshing back and forth.

mungh mungh mietv-mietv bouh jienv wuom mungh mungh mietv mietv nyei cuotv jienv mingh/to splashing back and forth along the way.

mungv m., n. domh mungv; fiuv-mungv fai mungv-dorn/city or town.

mungv faix nyei fiuv-mungv mv hlo/a small city or small town.

Mungv Gorkc 曼谷 /màngǔ/ Taiv-deic nyei hungh Zingh mungv nyei mbuox Bangkok, the capital city of Thailand.

Mungv Guv 蒙古 /ménggǔ/ mungv guv deic-bung/Mongolia or People's Republic of Mongolia.

mungv guv janx 蒙古人 /ménggǔrén/ yiem mungv guv deic-bung nyei janx/the Mongolian people.

mungv-hlen huing nzuonx mungv-hlen nyei dorngx/outside the city area.

mungv hlo domh mungv/a large city.

mungv long njimv yietc nyungc nyanc biouv zoux lai nyei njimv.

mungv-mbuox mungv nyei mbuox/the name of the city or town.

mungv zangc njiec aiv maaih mungv nyei dorngx/city or town area.

mungv zangc mienh yiem mungv nyei mienh/city dwellers.

mungz[1] gg. fiau nqaiv, fiau ga'naaiv-daic nyei mungz/a fly; flies.

mungz fiau mungz fiau lai hnaangx liuz mv fungc nyanc aqv/fly getting on food.

mungz-jaux mungz nyei jaux, dongh haih butv benx gaeng-junv yiem guaa-huv fai orv-huv wuov/egg of a fly.

mungz-maeng hlo yaac maeng nyei wuov nyungc mungz/a bigger type fly.

mungz-nyaih ngaatc saeng-kuv caux mienh nyei gaeng. Gj: gaeng-qorngh/a mosquito.

mungz[2] gn. 渔网 /yúwǎng/ longc borngz zorqv mbiauz nyei mungz/fishnet.

borngz mungz nanv jienv mungz fengx mingh zaaux mbiauz.

mungz-dangx corng nqaeqv mungz-nyaih nyei mungz/a mosquito net.

mungz-dangx-nekv cunx hlaang corng mungz-dangx wuov deix nekv/hooks for folding a mosquito-net.

muo gg. juv nyei damv, yiem juv-biei gu'nyuoz nyei damv fai muo/a dog flea.

muoc[1] nyc. m'jangc dorn nyei muoc. Gj: muic/the younger sister of a man.

gorx-muoc gorx caux muoc yietc zungv brothers and sisters.

muoc-gux dae maa nyei muoc-maac se yie caux yie nyei auv nyei muoz-gux/a great aunt.

muoc-maac dae nyei muoc fai auv nyei dae nyei muoc se yie caux yie nyei auv nyei muoz-maac/aunty.

muoc[2] nyc. nqox nyei muoc yie yaac heuc muoc, beiv hnangv Meix Orn yie ziouc heuc Meix Muoc.

muoc[3] gn. 帽子 /màozī/ ndongx m'nqorngv nyei muoc. Gj: maux/a cap; hat or beret.

muoc-faang m'jangc mienh nyei muoc Mien's traditional hat for boy or man.

muoc-guaan guaan jienv lui-guaan nyei gu'nguaaz muoc/baby's hat with red yarn on it.

muoc-korqv geh siang-ping cie ndongx nyei muoc/helmet.

muoc-nquan muoc-hlen maaih bienh huing gormx wuov/a cow boy hat.

muoc-nyorqv nza'hmien maengx bung maaih jienv bienh wuov nyungc muoc a baseball cap.

muoc-paanx hlaang muoc nyei paanx jaang-ndiev wuov diuh hlaang/hat string.

muoc-poux maaic muoc nyei poux-doih fai hei/a hat shop.

muoc-waanz gu'nguaaz muoc paanx jaang-ndiev wuov diuh hlaang/a beaded chin strap for a baby's hat.

muoc-yortv mau yortv-yortv wuov nyungc muoc/a soft hat.

muoc-ziux aengx lorz mangc "mueic ziux" wuov joux.

muoc-zou bun gu'nguaaz-sieqv ndongx nyei muoc/a traditional hat for girl.

muonx muoc zorqv muoc njiec maiv ndongx/take one's hat off.

muox pm. meix wuom njiec m'nqorngv muox cuotv dangh liuz aengx mv buatc mi'aqv/to appear suddenly.

muox-muox wuov gu'nguaaz guai gau zueiz jienv muox-muox wuov mv kolo yaac mv nyiemv.

muoz m. muoz-doic; i muoz; mienh muoz doic/sibling; kinship; relative.

baeqv-muoz-doic i muoz-dorn nyei fu'jueiv/cousins.

cien i muoz juangc dae maa cuotv seix nyei i muoz/two siblings.

muoz-doic cien nyei muoz-doic/related; brothers and sisters.

muoz-doic en muoc-doic hnamv doic nyei zingh en/love between relatives.

muoz-dorn doic gorx-youz yietc zungv dorn/all male siblings.

muoz-sieqv doic dorc nziez yietc zungv sieqv/all female siblings.

muon pm. m'nqorngv-muon/hairless head or bald/*maaz junc muon-muon wuov.*

youh muon nzuqv zieqv daaih dapv ga'naaiv-nyim zaax youh nyei ga'naaiv a woven container used to hold seeds for pressed their oil.

muonc[1] w. **1** faix muonc nyei/very small in size. **2** naaic muonc; gorngv muonc; maaic muonc/to be in detail.

eix muonc nyei fiem-fingx muonc aqc fiqv nyei mienh/a difficult person.

leiz muonc haic hungh liepc leiz daaih muonc haic/a critical law.

muonc haic 1 faix muonc haic/finely piece. **2** hnyouv muonc haic/sensitive feeling. **3** ginv duqv muonc haic/very detail; selective; picky.

muonc[2] nz. baaux nzung naaic gaax/to ask questions by a song.

muonc jiemv liangc faam ceu wuonh seix muonc jiemv/to ask; to inquire.

muonh[1] w. 瞒 /mán/ gem jienv maiv bun mienh hiuv/to keep hidden or concealed.

muonh jienv sic bingx jienv fai muonh jienv sic-gorn/keep matter confidential

muonh sic-gorn bingx mbueiz sic/keep hidden an evidence.

muonh[2] m. 门 /mén/ gaengh; fong muonh; door; gate; window.

muonh guen mienv zuov gaengh nyei mienv/spirit who guard at the door.

muonh nyiec gaengh ka'ndau maengx wuov buoqv dorngx/outside door area.

muonh zinh yiem gaengh ndaangc nyei dorngx/front door area.

muonh[3] pm. njien-youh a'hneiv; jorm hnyouv, *muonh* se gaav congh Janx-taiv waac daaih/enjoyment; pleasant.

muonh dingc aqv za'gengh njien-youh nauc ngitc dingc aqv/it is very fun.

muonx[1] w. muonx muoc; muonx maux/to take off one's hat; to remove hat.

muonx[2] pm. muonx sic guangc bun ganh laanh mienh/to remove one's burden.

muonz m. lungh muonz zanc/nighttime or during the nighttime.

i ziex muonz da'haaix muonz aqv/few night ago; several night ago.

ih muonz aav hitv hmuangx. Gj: jiem-yiex, deix hitv hmuangx/tonight.

lungh muonz zanc lungh muonz zanc at night; during the night.
muonz jiex muonz yietc muonz jiex liuz aengx yietc muonz/night after night.
muonz-muonz linh jienv mingh maiv nqaeqv yietc muonz/every night.

muoqc[1] nz, z. 木 /mù/ ndiangx-nyiemz fai ndiangx-nqaai/a tree or wood.
muoqc benv ndiangx-benv; ndiangx-kuaaiv/boards; planks.
muoqc gong zoux ndiangx-zangc nyei gong/woodwork; carpentry.
muoqc gong ciangv 木工厂 /mùgōng chǎng/ njoux ndiangx zoux ndiangx-zangc gong nyei ciangv/a lumber mill.
muoqc guonx 木棍子 /mùgùnzī/ biaav, fai ndiangx-donx/a wooden stick; rod.
muoqc jaa-dorngx ndiangx zoux daaih nyei jaa-dorngx/a wooden furniture.
muoqc kou 木枯 /mùkū/ ndiangx-kou/a dead tree or withered tree; dried wood.
muoqc maaz ndiangx zoux maaz daaih a wooden horse.
muoqc maengc cuotv seix buangh zuqc ndiangx wuov juang mienh/a person whose born horoscope element is wood.
muoqc oix biouv 番石榴 /fānshíliú/ yietc nyungc biouv-zuangx/Guava.
muoqc yipc 树叶 /shùyè/ benx nzung nyei waac ndiangx-normh/leaf of a tree.

muoqc[2] zh. **muoqc gitv nin gen** ih jaax hnoi; ih jaax lungh ndiev, se dongh ih zanc mienh ziangh duqv 60 hnyangx naaiv gitv lungh ndiev/the last historical era of life span, which people lived for only 60 years.
muoqc gitv lungh ndiev dongh ih zanc nyei lungh ndiev/nowadays; the world of present; present time.
muoqc zunh 1 hlaax-njiec nyic ziepc taux faah ziepc se *muoqc zunh*/the last ten days of the month. **2** ndiangx dauv nzangv daaih/wooden boat.
hluo, maan/to feel; to stroke; to touch.
gunv muoqv maah! eix-leiz se maiv dungx muoqv oc/don't touch it.
muoqv douz daic longc wuom pietv fai mborqv douz daic/to put out a fire.
muoqv huv buoz muoqv zuqc ga'naaiv huv/break by hand touching.
muoqv laih hlopv muoqv zuqc ga'naaiv laih hlopv/to touch and become dirty.
muoqv ndortv ca'bouc muoqv ga'naaiv to drop something by accident.
muoqv wuom njiuv nyienx wuom/to play with water.

muotc gn. 物 /wù/ nyungc-nyungc baamh lungh ndiev ga'naaiv/everything.
maanc muotc 万物 /wànwù/ maanc horngh lungh ndiev ga'naaiv/all god's creation.

muotv w. mingh muotv/mba'hnoi muotv; muotv mienh/to pass beyond.
maeqc muotv mienh maeqc gauh hlang mienh aqv/corn stalk taller than person.
mba'hnoi muotv nzengc mba'hnoi njiec muotv nzengc mi'aqv/the sun is completely disappeared.

Myanmar m. 缅甸 /miǎndiàn/ yietc norm guoc jaa yiem D.N maengx Asia, hungh zingh mungv nyei mbuox heuc Yangon.

Mb

mb /mbor/ ziepc juov norm nzangc-maac yiem Iu-Mienh/Yao nyei waac.

mba'biei m. mienh m'nqorngv nyei biei the hair of the human.
mba'biei-baeqc m'nqorngv nyei biei baeqc/white hair, gray hair.
mba'biei bioh m'nqorngv nyei biei bioh ndortv/hair that is molting.
mba'biei ciqv m'nqorngv nyei biei ciqv maiv sung/hair been tangle.
mba'biei ciqv longh or m'nqorngv biei ciqv gitv daaih ziangh diuh nyei.??
mba'biei-gipc m'sieqv mienh njapv mba'biei ga'naaiv/a hair clip.
mba'biei hiaangx m'nqorngv nyei biei camv/a head full of the hair.
mba'biei-jaav ndongx m'nqorngv div mba'biei nyei biei/hairpiece; toupee.
mba'biei-koiv m'nqorngv nyei dienh baeqc dongh zoux bun m'nqorngv sietv wuov/dandruff.

mba'biei-mbinz mba'biei gitv mbinz daaih/a braided hair.

mba'biei-muoc zoux sai ong ndongx heuc lungh nyei muoc, se longc mienh mba'biei ciqv daaih/a hairy hat worn by priest during spirit ceremony.

mba'biei nangv m'nqorngv nyei biei nangv nyei/a head with short hair.

mba'biei-ndaauv lu-Mienh loz-hnoi leiz teix fu'jueiv m'nqorngv oix zuqc liouh nzopv biei ndaauv nyei yiem gu'nguaaic m'nqorngv-baengh, m'jangc dorn domh mienh yaac fi'hnangv nyei liouh nzopv biei yiem nqorngv-baengh ndaauv nyei haaix zanc ninh mbouv guaax butv dongh nor ninh ziouc nanv jienv hlutv aqv.

mba'biei ngaengc mba'biei ngaengc cou nyei/hard hair.

mba'biei-njapv japv mba'biei mienh longc njapv mba'biei japv nyei ga'naaiv fai m'sieqv mienh njapv mba'biei nyei ga'naaiv/a hairpin.

mba'biei njitc mba'biei mbaaix yiem da'mueiz/hair curved and split at the end.

mba'biei-nyaah gu'nguaaz m'nqorngv tauv qiex dongz mbong mapv mbong mapv deix wuov/the fontanel area at the baby's skull.

mba'biei-nyau nzenc mba'biei zungv an m'nqorngv-baengh/a hair topknot.

mba'biei nyuotv mba'biei ziangh daaih nyuotv-nyuotv wuov/curly hair.

mba'biei yangh mba'biei setv yangh nyei/brown or blond hair.

mba'biei-zangc japv mba'biei zangc/a hair stylist; barber; hairdresser.

mba'biei zaqc ziangh daaih zaqc nyei mba'biei/to have straight hair.

mba'dauh b. i bung jaang-hlen dongh longc ndaam ga'naaiv wuov/a shoulder.

mba'dauh juang jaang-hlen wuov deix i diuh mbungv-juang/the collar bone.

mba'finx m. m'sieqv mienh diux nqa'haav maengx lui nyei ga'naaiv/bundle of red silk for decorate woman's back jacket.

mba'hinx n. bieqc zoux lauz biauv-ngorh ga'ndiev maengx wuov nyungc norqc.

mba'hluo ziou zoux sic donc nyei mienh se beiv mba'hluo ziou/sluggard.

mba'hnoi n. Tin-Hungh zeix daaih ziux lungh ndiev nyei dang/a sun.

mba'hnoi-biangh 1 zuangx nyanc nyim nyei biangh/a sunflower. **2** m'sieqv mienh congx congx nyei mbuox/the name a embroider work.

mba'hnoi cuotv lungh ndorm mba'hnoi cuotv/sunrise in the morning.

mba'hnoi cuotv bung dong bung/east.

mba'hnoi muotv mba'hnoi ndortv njiec hmuangx aqv/sunset.

mba'hnoi muotv bung fai bung/west.

mba'hnoi mbiangx geh mba'hnoi cor hoqc cuotv mbiangx geh/sunrise.

mba'hnoi ndortv mba'hnoi muotv/the sun is disappeared; sunset.

mba'hnoi ndortv maengx fai bung/west.

mba'hnoi-siaam mba'hnoi ziux njiec nyei siaam/sun rays.

mb'hnoi nyei njang mba'hnoi ziux nyei njang/the sun's light.

mba'jorngx aengx lorz mangc "mbuoqc Jorngx" wuov joux.

mba'lae w. m'nziex zeiz nyei mba'lae/it probably right or correct.

mba'leih biouv n. yietc nyungc ndiangx nyei biouv lomh buoz-ndoqv-nyeiz.

mba'lorh w. zeiz nyei mba'lorh; maiv zeiz mba'lorh/probably; maybe or it may not. Gj: mba'lae, mba'lor.

mba'mborng n. borngz ndiangx mborqv zem nyei mba'mborng/a wooden mallet or a stick used by police.

mba'mborng-gaeqv 1 ngaengc nyei mba'mborng/a strong mallet. **2** haih benx nzung baaux henv nyei mienh se beiv mba'mborng-gaeqv/a person who is highly skilled in singing.

mba'mbui hz. lungh muonz zanc cuotv lorz nyanc nyei mbopv-mbui ninh nyei nzuih hnangv naauz nor/a bat.

mba'mbui-ngongh gauh hlo deix wuov nyungc mba'mbui/a bigger kind of bat.

mba'mbui-nziemx gauh faix jiex wuov nyungc mba'mbui/smaller black bat.

mba'ndaauh gn. yietc nyungc ziangh yiem mboux-zorng hlang nyei miev/elephant grass or pampas grass.

mba'ndaauh faan mba'ndaauh dueiv cuotv nyei faan/the feathery head of an elephant grass.

mba'ndaauh njatv gauh faix deix wuov nyungc mba'ndaauh/a smaller type of an elephant grass.

mba'ngakc pm. hnangv cie youh ga'naaiv nor mba'ngakc faaux, mba'gakc njiec nyei/to moving up and down motion just like oil pumping machine.

mba'ngakv w. **1** fapv norm mba'ngakv mbiuv nzong ndau/a marked sign. **2** la'nyauv ngopv-huv/one who complain and disapprove things.

mba'ngakv-gapc la'nyauv-gueiv; lom-huv henv/complains about everything.

mba'ngangh pm. **1** biatc mba'ngangh dangh/startled. **2** wuom torngx diangx-jangv mba'ngangh, mba'ngangh nyei gan wuom-minc mingh/moving up and down on surface of water.

mba'ngomc q. haiz maaih mienh gorngv waac mba'ngomc, mba'ngomc deix mangc yoc maiv buatc haaix dauh/soft voice people talking.

mba'njatc pm. hluo haiz deix mba'njatc, mba'njatc wuov mv baac gengh nanv yoc nanv maiv zuqc/to slide back and forth through one's hands.

mba'njien mba'njien wuov njien gau oix ndutv aqv/very loose.

mba'nziu m. hnyouv nyuoz cui nziaamv nyei ga'naaiv/the heart.

mba'nziu baengc butv mba'nziu nyei baengc/heart disease

mba'nziu-gorn 1 mba'nziu ziangh nyei gorn/the root of heart. **2** hnamv nyei mienh fai ga'naaiv/person or thing that one love the most in one's heart.

mba'nziu-jieqv oix hoic mauv mienh nyei mba'ziu/a heartless person.

mba'nziu mbokc gamh nziex mba'nziu mbokc mbokc nyei/heart is pounding.

mba'nziu nditv mba'nziu dongz nokc nokc deix/the heart beats.

mba'nziu nqoi mba'nziu nqoi baengc heart attack problems.

mba'nziu nqoi daic laaix mba'nziu nqoi daic/to die by heart attack.

mba'nziu pien hnyouv pien hnyouv doqc/an evil or heartless person.

mba'nziu waaic 1 hnamv zoux laangh fim nyei mba'ziu/heartless. **2** baengc hoic mba'nziu waaic/heart damaged by disease.

mba'ong aengx lorz mangc "mbuo-ong, mbu'ong" nyei eix-leiz.

mba'piatv pm. caaiv mba'piatv kaav deix ndorpc/to step out of line. Gj: mbaqc piatv, mbatc piatv, mba'pioux.

mba'pioux w. caaiv mba'pioux/missed step; to slip out of position.

mba'taatv w. jauv mbiangc neqv mv jienv mba'taatv ndorpc/to skid and fall.

mba'zongc m. siang-mbuangz zeix jienv mba'zongc mingh zoux auv/the frame worn by bride on her head.

mba'zongc qorng zeix siang-mbuangz m'nqorngv wuov norm qorng/an entire frame of bride's headdress.

mba'zorng n. 鼻子 /[bízī/ saeng-kuv, fai mienh nyei mba'zorng, se dongh *mbiuic zorng* naaiv joux soqv nangv fiev daaih nose or snout.

mba'zorng-aiv 1 mba'zorng nangv aiv nyei/a short nose. **2** m'nqorngv-jieqv mienh, mv dorh leiz nyei waac/slang for an Asian people.

mba'zorng-biei pm. mba'zorng-kuotv nyei biei/hair in the nose.

mba'zorng cuotv nziaamv mba'zorng liouc nziaamv/nosebleed.

mba'zorng-hiun dangh mba'zorng nyei hiun/a nose ring.

mba'zorng hlang mba'zorng hlang nyei mienh/slang for caucasian.

mba'zorng-hnomv mba'zorng ndiepv the tip of the nose.

mba'zorng-kuotv mba'zorng tauv qiex nyei kuotv/a nostril.

mba'zorng laic hnomv nziaam henv nyei mba'zorng/power of nose that pick up the scent or smell.

mba'zorng maetv mba'zorng mbeih nangv nyei maetv-maetv wuov/a short and flat nose.

mba'zorng-mbiuic mba'zorng-nqaeqv cunx hlaang wuov norm kuotv/hole that pierced through septum.

mba'zorng-mbiutc cuotv mba'zorng nyei mbiutc wuom/nasal mucus.

mba'zorng mbungv mba'zorng nyei mbungv-lunx/nasal bone.

mba'zorng-ndaangc mba'zorng kuotv hlen/area between nose and upper lips.

mba'zorng ndaauv hnangv saeng-kuv nyei mba'zorng nor ndaauv/long nose.

mba'zorng ndiepv mba'zorng-hnomv citv/a pointed tip nose.

mba'zorng ngaam m'zing-qangx njiec wuov wuonc mba'zorng.

mba'zorng ngangx mba'zorng nyei ngorngh/the bridge of the nose.

mba'zorng-nqaeqv mba'zorng-kuotv mbu'ndongx wuov deix nqaeqv/nasal septum.

mba'zorng-nqaiv mbiutc nqaai yiem mba'zorng wuov/dried nasal mucus.

Mba'zorng nqingx butv haa mba'zorng qorqv nqingx/deep itching in the nose.

mba'zorng qorqv butv haa mba'zorng qorqv oix ciuv/irritating in the nose.

mba'zorng siqv ziangh ziouc siqv nyei mba'zorng/red nose.

mba'zorng zietc mba'zorng zietc tauv qiex mv cuotv/to have stuffy nose or nasal congested.

mba'zorng zietc ndie tengx mba'zorng haih fong nyei ndie/medicine for reduce nasal congested.

mbaah[1] pm. wuom kung mbaah mbaah nyei/mass of spilled water.

mbaah[2] m. maaiz diuv yiem wuov hopv nyei poux, *mbaah* se gaav congh English bar daaih/wine drinking bar.

mbaaz pm. caaiv mbaaz zuqc/to trample on as in accident.

mbaaz zuqc njimv caaiv zuqc njimv baqv zaux/step on the thorn.

mbaaix w. zungx mbaaix; nyutc pui zuqc mbaaix. Gj: nzaeqv/to be crack open

mbaaix zoux i maengx mbaaix nqoi benx i maengx/to split into two piece.

mbaan m. qiex beu, *mbaan* se gaav congh janx-taiv waac daaih/a ball.

mborqv mbaan nyienx mborqv mbaan nziaauc/to play volleyball.

mbaang[1] w. mbaang njiec; biauv mbaang; ndiangx mbaang/to fall in; to collapse.

buonc mbaang beiv hnangv, nziaaux buonc mbiauh, buonc maeqc mbaang mbeih nzengc/rice, corn stalks flattened down caused by strong wind.

mbaang yumh nzengc mbaang mborqv yumh nzengc/to collapse perfectly.

ndau mbaang diuh mbiungc ndau fong mbaang fai jungh/land slide caused by heavy rain.

ndiangx mbaang liemh ndiangx-gorn baeng cuotv nzengc nyei mbaang/a tree collapse with the root pull out,

mbaang[2] pm. suei; suei mbaang mi'aqv/to surrender or relinquishment.

ndouv zinh mbaang ndouv zinh suei nzengc mi'aqv/to lose in gambling.

mbaang[3] w. saeng-kuv mbaang dorn fai mienh mbaang gu'nguaaz/to miscarried.

mbaang dorn saeng-kuv mbaang dorn miscarried of animals.

mbaang gu'nguaaz waaic gu'nguaaz/to miscarried of human.

mbaang[4] aengx lorz mangc "kamx-mbaang" wuov joux nyei eix-leiz.

mbaapv w. da'nqopv mbaapv njiec. Dgw: da'nziaaux/to lie on one's stomach.

mbaapv jienv mingh beiv hnangv dorng mienh mbaapv jienv longc buoz-seih quotv yangh jauv mingh/lie on stomach and walk by elbow as a soldier does.

mbaapv njiec ndau puoqv njiec mbaapv taux ndau mingh/to lie one's stomach on the ground.

mbaaqv gw. caux gu'nguaaz gorngv mborqv oix zuqc gorngv mbaaqv/to hit.

mbaaqv wox mbuox gu'nguaaz meih haih zuqc mborqv/to warn a baby that one will spank.

mbaatc[1] m. nzuqv zieqv daaih hlo nyei, se longc dapv maeqc dapv ga'naaiv-huv lo haax/a large woven basket.

mbaatc[2] pm. hlo junc gau mbaatc mbaatc wuov, mv dorh leiz nyei waac/slang for big and fat person.

mbaatv m. Taiv-deic nyei nyaanh yietc mbaatv/a baht (Thai currency).

mbaatv-maengx yietc mbaatv caux hmz ziepc dongh/one and a half baht.

mbae[1] pm. ndoih liemh zeih hlo mbae jienv njiec/start swell-up from narrow.

mbae[2] pm. naang mbae jaang zoux ciouv oix ngaatc mienh/as a snake angry and swell-up its neck.

mbaeng pm. baengh nqaapv zuqc doic mbaeng deix mi'aqv/to have chipped with fine cracks.

mbaengc[1] w. hlang fi'mbaengc nyei/to be equal tall. Mbaengc gaax haaix dauh gauh hlang. To match to see who is taller.

mbaengc jaang-ndiev hlang mbaengc jaang-ndiev/tall about the neck level.

mbaengc naaiv hlang hlang ndongc naaiv/about this tall.

mbaengc[2] pm. hnaangx maiv nangc zaaic mbaengc oix zuqc aengx zouv deix/the rice isn't quite enough.

mbaengh w. longc nzuqc hngaqv mbaengh yuonh/to level by chopping.

mbaengh baengh longc bouv fai longc nzuqc jamv mbaengh yuonh/to level off by an ax or knife.

mbaengh fi'ndongc mbaengh yuonh fih ndongc mingh/to make even.

mbaengh yuonh mbaengh bun yuonh fi'ndongc mingh/to make even.

mbaengx n. la'bieiv-mbaengx fai wuom ndortv-mbaengx/cliff or rocky ledge.

mbaengx-bienh yiem wuov mbaengx nyei la'bieiv-bienh.

mbaengx-gaengx i bung mbaengx nyei mbu'ndongx/narrow passage in between the cliff.

mbaengx-gorn mbaengx ziangh jiemc nyei gorn/the base of the cliff.

mbaengx-hlen mbaengx ga'hlen huing nzuonx nyei dorngx/the side of the cliff.

mbaengx-jaai la'bieiv camv lorkv daax lorkv nyei mbaengx/cliff and rocky area.

mbaengx-jien mbaengx nyei la'bieiv-jien.

mbaengx-kuotv mbaengx ga'ndiev nyei kuotv/cave under the rocky cliff.

mbaengx-long la'bieiv camv li'lungx long wuov nyungc mbaengx/rocky area.

mbaengx-menc mbaengx wuov jiez bung/upper side of the cliff.

mbaengx-menc bienh mbaengx-menc wuov jauv loz-bienh mienh, yaac heuc "ziqc baengh bienh"/surname of a group Iu Mienh/Yao people who belongs to the upper side of a cliff.

mbaengx-ndiev mbaengx njiec wuov ndiev bung/the lower side of the cliff.

mbaengx-ndiev bienh mbaengx-ndiev wuov jauv loz-bienh mienh, yaac heuc "oqv-guangv bienh"/surname of a group Iu Mienh/Yao people who belongs to the lower side of cliff.

mbaengx-ngaamh mbaengx-gorn nyei la'bieiv-ngaamh/cave in a cliff with a rocky ledge overhead.

mbaengx-nzoc mbaengx-wuom ndortv njiec nzoc wuov deix dorngx/basin area at waterfall.

mbaengx-nzorqv maaih jienv la'bieiv nzorqv-nzorqv wuov nyungc mbaengx se heuc mbaengx-nzorqv/overhanging rocky cliff.

mbaengx-paev mbaengx maaih wuom faix nyei ndortv njiec paev paev wuov nyungc mbaengx/a rock ledges with a small waterfall.

mbaengx-weih maaih la'bieiv weih gormx nyei mbaengx/a rock of forming a nature fence.

mbaengx-zing yiem mbaengx gu'guaix nyei mienv/a rocky cliff spirit which is to be fierce and evil.

mbaengx-zorng maengx nyei domh la'bieiv-zorng/ridge of a cliff.

mbaeqc[1] m. seix congx ziangx fai maiv ziangx nyei mbaeqc/a target to shoot at.

buonv mbaeqc ziux ziangx nyei mbaeqc buonv/to shoot at a target.

seix mbaeqc gingc jienv mbaeqc buonv gaax zuqc mv zuqc/to shoot at a target.

mbaeqc[2] pm. mbaeqc torngv jienv tong kuotv nyei dorngx/to cover an opening.

mbaeqc gaengh ndie mbaeqc jienv gaengh torngv mungz wuov kuaaiv ndie door way cloth.

mbaeqc maiv jienv mbaeqc maiv haih jienv/to be unable to cover.

mbaeqc ndipc mbaeqc buang jienv ndipc nyei/to cover up a hole.

mbaeqc njongc mbaeqc weih njongc/to cover up a wall.

mbaeqc nziaaux mbaeqc jienv torngv nziaaux/to block the winds.

ndie-mbaeqc longc mbaeqc nyei ndie/a covering cloth.

mbaeqc[3] aengx lorz mangc "gingc mbaeqc, kamx-buoqv-mbaeqc" wuov joux.

mbaeqv[1] w. longc buoz-zaangv heng-heng mbaix mbaeqv/to pat with hand.

mbaeqv kamx-bui mbaix kamx-bui bun m'normh hoz nyei fu'jueiv muoqv zuqc ninh ganh mun/pat one's cheek to show happy to an obedience child gets hurt himself or herself.

mbaeqv la'kuotv 1 qiex jiez mbaeqv la'kuotv ndouv mienh/to slap one=s chest to show anger. **2** fu'jueiv mbaeqv la'kuotv a'hneiv dae maa taux/children slap their chest to show happy with their parents arrive at home.

mbaeqv[2] sf. yiem mienh nyei sin wuov deix siec buon mbaeqv/the animate life spirits believed to dell in person.

faam-wuonh cietv mbaeqv buo buon wuonh caux siec buon mbaeqv/the three souls and seven life spirits of a person.

wuonh mbaeqv wuonh caux mbaeqv/a soul and life spirit.

wuonh mbaeqv nzuonx beiv hnangv haeqv zuqc biatc dangh nor ziouc gorngv wuonh mbaeqv nzuonx wov… nzuonx.

mbaeqv[3] pm. jai, norqc mbaeqv ndaatv ndaix/bird flap it's wing to fly.

mbaeqv[4] aengx lorz mangc "gaengh mbaeqv" wuov joux.

mbai[1] bt. 瘫痪 /tānhuàn/ mbai mingh maiv haih jiez sin/to be paralyzed.

mborqv mbai mborqv zuqc mbai mv haih yangh jauv/be paralyzed by strike.

mbai[2] bt. zoux gong kouv buoz-zaux mbai nzengc/to be great tired or tiresome.

zaux mbai haic zaux yangh gau jauv fai souv gau mbai/feel tired in the leg.

mbaic gw. caux gu'nguaaz gorngv zueiz oix zuqc gorngv mbaic/to sit down.

mbaih[1] w. 排 /pái/ an mbaih jienv fai souv mbaih jienv/to line up; to arranged thing to be in line.

mbaih horngh zueiz mbaih jienv nqenx dauh m'jangc nqenx dauh m'sieqv/to sit in a row with one woman and one man.

mbaih jaapc zaangv funx mbaih gaax jaapv-zaangv mienh duqv nyei mbu'ziex hnyangx aqv/to count years in order by going through sixty-year cycle of years.

mbaih jienv mingh souv mbaih jienv mingh/to standing in a line.

mbaih mbuox fiev mbuox mbaih gan nzangc-maac mingh/to put name on list by alphabetical order.

mbaih nzangc mbaih gan nzangc-maac mingh/to type-setting composition by alphabetical.

mbaih waac gorngv waac mbaih horpc bieqc waac nyei eix-leiz/the grammar or rules of speech.

mbaih waac mv horpc gorngv waac mv bieqc waac nyei eix-leiz/to speak ungrammatically.

mbaih yuonh an horpc mbaih yuonh nyei mingh/to make smooth look.

mbaih[2] pm. mbaih loz-nzuqc loz-bouv/to reformed an old implement.

mbaih bieqc daav bun ninh bieqc deix to beat thin the edge of an implement.

mbaih nzuqc bouv daav bun loz-nzuqc bouv hmien laic deix/to beat the edge of old knives or axes.

mbaih[3] m., p. gaeqv hlauv gitv poux mbaih nzaeng jiex ndaaih/a raft.

gitv mbaih camv-diuh hlauv nyatv jienv benx yietc poux mbaih/to make a raft.

mbaih[4] aengx lorz mangc "mbungh mbaih" wuov joux nyei eix-leiz.

mbaiv b. mbong-hlen juiz nyei dorngx/a mountainside; hillside.

camh zuih mbaiv camh zuih hlen; camh zuih nyei ga'hlen/side thigh.

gaatv jiex mbaiv gaatv yangh ndaamv-mbaiv jiex/cut straight across hillside.

wuov bung mbaiv wuov ngaanc ziqc horngz nyei mbaiv/an opposite hillside.

mbaix w. longc ga'naaiv mbeih mbaix/to slap with something flat.

mbaix buoz-zaangv 1 a'hneiv mbaix buoz-zaangv/clap hands to show happy or approve. **2** mbaix buoz- zaangv zorqv zuiz horqc saeng/to slap the palm hand (as to punish a student).

mbaix buoz-zaangv-taatv qiex jiez mv lamh cuotv mbaix buoz-zaangv/to strike the hands together in anger.

mbaix dieh mbaix dangx qiex jiez mv lamh cuotv mbaix dieh mbaix dangx nyei nauc/to slap table to show that one will not surrender.

mbaix gu'kuotv zorqv zuiz mbaix fu'jueiv nyei gu'kuotv/a punishment by spank a child's buttocks.

mbaix hmien mbaix mienh nyei hmien to slap face with palm hand.

mbaix kamx-bui mbaix kamx-bui bun m'normh hoz nyei fu'jueiv muoqv zuqc ninh ganh ninh mun.

mbaix la'kuotv ndouv jaax mborqv mbaix la'kuotv/to pound one's chest to challenge someone to fight.

mbaix qiex-mbeu mborqv fai mbaix qiex-mbeu/to bounce a ball.

mbam[1] w. zueiz mbam njiec seix nyei/to sit down with bounce.

mbam jienv ndau mbam jienv ga'ndiev ndau/sit on the floor.

mbam njiec zueiz njiec seix nyei/to sit down with force.

mbam[2] pm. ziangh duqv mbam haic mv guai yietc deix/a stupid person.

ga'naaiv-mbam heuc mienh hngongx mienh nyei waac-doqc/unwise person.

yaa-baa-mbam ga'naaiv-hngongx/a stupid or mentally challenged person.

mbamv pm. mbiauh yaang nyiemz nzueic gau mbamv-mbamv nyei buangv ndau nzengc/green and healthy rice plant.

mbamv daax mbamv ziangh buangv ndau nzengc mbamv-mbamv nyei/thick and healthy green plants.

mbamx w. ndau mbamx baengh nyei/the land is perfectly flat.

mbanc pm. ziangh daaih mbanc-mbanc wuov maiv guai/slang for stupid person.

mbanc haic hngongx haic; mbanc haic, mv dorh leiz nyei waac/so stupid.

zoux sic mbanc gau zoux sic hngongx haic/to act in a stupid way.

mbanv wj. mbanv mbuov nyei setv/to be completely blue; perfectly blue.

mbanv mborngx nyei jiex mbuov mbanv mborngx nyei maiv fungc nyanc aqv/to be badly spoiled.

mbanx[1] w. mv buangv hnyouv mbanx m'nqorngv/shake head to disapprove.

mbanx jiez sin m'nqorngv huangx m'nqorngv seix nyei weic maiv buangv hnyouv/to shake head to disagree.

mbang wj. mbang ngaengc nyei/to be very hard or solid.

mbang guv ngaengc za'gengh ngaengc dingc aqv. Gj: mbang kang ngaengc/to be super hard or solid.

mbapc[1] q. ga'naaiv ndortv mbui mbapc dangh nyei qiex/soft thud sound.

mbih mbungx mbapc ziex norm linh jienv ndortv mbih mbungx mbapc nyei.

mbapc[2] w. dungz mbapc nyanc siaaux. Gj: hnapv siaaux/to snap up.

mbapc[3] pm. duih mbiungc mbapc mbiauh yaang mbeih/pushed down rice plant by a heavy rain.

mbapv[1] q. ninh longc daanc gong buonv zuqc yie mbapc dangh/the sound of hit by force by a slingshot shot.

mbapv[2] w. nziuc gaam-ziex mbapc cuotv zaa daaih/pulp after chew.

mbapv hnaangx nyanc hnaangx, mv dorh leiz nyei waac/slang, to eat.

mbapc zietc nyei gengh zietc gau niouv mv dongz/to be very tight.

mbapv[3] pm. maeqc yaang mbapv-mbapv nyei buangv ndau nzengc/healthy plant covering up the surface of ground.

mbaqc wj. mbaqc piatv. Gj: mbatc piatv/to skid or to slip down.

mbaqv gw. caux gu'nguaaz gorngv mborqv oix zuqc gorngv mbaqv/to spank, baby language.

mbaqv wox gorngv mbuox gu'nguaaz ninh oix duqv mborqv/to warn a child that he or she will gets spank.

mbatc[1] w. longc diux mbatc mbiauz/to catch fish with a hook.

mbatc mbiauz gaeng longc kuangx diux mbatc mbiauz nyei gaeng fai njuov/worm used for fishing.

mbatc mbiauz gong yiem nzangv zoux mbatc mbiauz nyei gong/to be fishery.

mbatc mbiauz mienh mbatc mbiauz nyei mienh/fisherman.

mbatc mbiauz nzangv gan koiv mbatc mbiauz nyei nzangv/a fishing boat.

mbatc mbiauz sou hungh jaa iv congh mienh mbatc mbiauz nyei sou/a fishing permit; fishing license.

mbatc[2] pm. mbatc maiv jienv/try to reach something for support.

maiv lamh mbatc lorz mv duqv dorngx mbatc/to be out of support.

mbatc maiv taux go haic mbatc maiv taux/too far to grasp for support.

mbatc piatv mbatc mv zuqc piatv/to try to grasp for support but failed.

mbatv[1] w. dungz mbatv jienv dueiv nyanc siaaux/to wag tail back and forth.

mbatv[2] m. hmien-fangx mbatv, *mbatv* se gaav taiv-waac daaih/an identification card with photo.

bieqc gaengh mbatv bieqc gaengh nyei mbatv/a door pass ticket.

mbatv-maeng hungh iv congh bun mienh duqv bieqc deic-bung daaih yiem nyei hmien-fangx sou/a green card issue by government for people to be legal to live in the country.

mbau gn. wuom-mbau fai biomv mbau daaih/a bubble or inflatable.

butv wuom-mbau ga'sie gu'nyuoz butv wuom-mbau nyei baengc.??

qiex-mbau biomv nziaaux bieqc zungx mbau daaih/a balloon; inflatable.

mbau waanx baengc nziaamv-gaam baengc, *mbau waanx* se gaav Janx-taiv waac daaih/diabetes.

mbauh gn., n. ndiangx-mbauh; butv norm mbauh daaih/a lump.

nziangc zuqc butv mbauh nziangc zuqc m'nqorngv butv norm mbauh. Gj: butv nyoi/a bumpy; a swelling.

mbaux m, d. gu'nguaaz gorngv mbiauz nyei waac/a fish, child language.

amh mbaux mbuox gu'nguaaz nyanc mbiauz/to tell baby to eat fish.

mbauz pm. ninh zuqc hieh dungz mbauz ninh nyei gu'kuotv/to bite and twist.

mbeih[1] pm. mbeih nyei ga'naaiv; mbitv mbeih nyei/to be flat or flatten.

mbeih mbeih nyei bueix njormh mbeih mbeih nyei/lie down flat and sleep

mbeih nzengc nziaaux buonc mbeih nzengc/to flatten down by strong wind.

mbeih wuov kuaaix gorngv m'sieqv mienh nyei waac-meiv/slang, a woman.

mbeih[2] aengx lorz mangc "hlaang-mbeih, mbitv mbeih, mbaang mbeih nzengc" wuov deix nyei eix-leiz.

mbeix w. 梦 /mèng/ mongc ginx, fai mbeix buatc/to dream; to see in a dream.

haih porv mbeix haih gorngv mbeix nyei eix-leiz/be able to explain a dream.

mienv box mbeix mienv box fienx gan mbeix daaih/spirits forewarned people through a dream.

mbeix buatc bueix njormh mingh buatc nyei sic/a dream; to see in the dream.

mbeix-hnamv 梦想 /mèngxiǎng/ hnangv jienv duqv mbeix/a dream; wishful thinking; dream come true.

mbeix mv buatc hnamv gau mv baac mbeix mv buatc/beyond one's dream.

mbeix mv benx mbeix buatc mv benx nyei jauv/to have an evil dream.

mbenc w. **1** mbenc bun nyanc/to serve food to someone. **2** mbenc ga'naaiv/to prepare; to get ready.

mbenc biaux mbenc jienv biaux deic-bung aqv/preparing to flee or relocation.

mbenc bun liuc leiz mbenc bun/to serve or to work for; to be a servant to.

mbenc cang congx dorng baeng mienh mbenc mborqv jaax/to prepare for war.

mbenc cing-jaa mbenc jienv zoux cing jaa/to prepare for a wedding party.

mbenc duqv cing haih mbenc duqv sung mingh/be successful in preparing.

mbenc duqv longx ziux goux mbenc longx nyei bun/to be well served.

mbenc gong bun mbenc gong bun mienh zoux/prepare work for someone to do.

mbenc hnaangx 1 mbenc hnaangx an dieh nyanc/to get food ready for meal. **2** mbenc cing-jaa hnaangx/to prepare meal for wedding ceremony.

mbenc hnaangx mienh liuc leiz mbenc hnaangx nyei mienh/food preparer.

mbenc jiex hnyangx mbenc jienv jiex hnyangx/to prepare for a New Year.

mbenc jiex zipv mbenc jienv zoux yinh wuic/to prepare for a festival.

mbenc jiem-zingh Iu-Mienh nyei leiz-fingx, beiv hnangv nziaauc sieqv toi gu'nguaaz, se oix zuqc dingc zuiz baatc mbenc donx hnaangx bun laangz-gox nyanc yaac an 200-400 nyaanh liuz nor mv gunv ninh longc wuov dauh sieqv zoux auv fai maiv longc, mv baac wuov dauh gu'nguaaz maaih leiz nyiemc ninh zoux dae duqv nyei.

mbenc jienv mingh mbenc jienv oix mingh/to prepare for leaving.

mbenc jienv zoux mbenc jienv mingh zoux/to prepare thing to do.

mbenc kaeqv liuc leiz mbenc kaeqv mienh/to serve guests.

mbenc kaeqv longx liuc leiz bun kaeqv mienh longx nyei/to served guest well.

mbenc lai-coix mbenc camv-nyungc lai/prepare variety dish.

mbenc lai-hnaangx liuc leiz mbenc lai hnaangx/prepare to serve food.

mbenc leiz bun nyiemc dorngc laengz mbenc leiz bun/to pay a fine.

mbenc leiz gorngv mbenc jienv gorngv sic/to prepare for a lawsuit.

mbenc mv hingh ga'naaiv camv mbenc mv hingh/too many to prepare.

mbenc mv sung mbenc maiv noic duqv sung/unable to conclude preparation.

mbenc mienv mbenc jienv sipv mienv nyei dieh/prepare for a spirit ceremony.

mbenc mingh nziaauc zorng-mbenc mingh nziaauc/to prepare for vacation.

mbenc nyanc hopv zoux nyanc zoux hopv/to prepare food and drink.

mbenc nzoih nzengc mbenc ziangx nzengc aqv/finished one's preparation.

mbenc orv diuv mbenc orv caux diuv to prepare meat and alcohol.

mbenc sic 1 mbenc gong-bou luoqc louc/to manage an affairs. **2** mbenc leiz bun/to pay for a fine.

mbenc sic mienh mbenc sic nyei mienh a matters handler.

mbenc sic sung mbenc sic sung nzengc mi'aqv/a matter has been solved.

mbenc sipv mienv gaatv zeiv lo haaix mbenc daaih sipv mienv/to prepare for a spirit ceremony.

mbenc sung zoux ziangx mbenc sung nzengc/to be neat management.

mbenc ziangx mbenc ziangx (hnaangx) aqv/finished preparing.

mbenc ziangx hnyouv yiem hnyouv mbenc ziangx/to prepare in one's mind.

mbenc zipv 1 mbenc jiex zipv jiex wuic to prepare for a festival. **2** mbenc zipv kaeqv/prepare to receive special guests. **3** mbenc jienv sung buoz zipv daaih/to prepare to grasp.

mbenc zipv kaeqv mbenc jienv zipv kaeqv mienh/get ready to receive guests.

mbenc zoux yinh mbenc jienv zoux yinh jiex zipv/to prepare for a festival.

mbenc zuov gaengh diuv mbenc zuov gaengh ndaangc zipv kaeqv nyei diuv.

mbengv wj. mbengv bieqc nyei, mv hoz yietc deix/very thin.

mbengx w. fongv mbengx jienv bieqc fai cuotv/to push through one's way.

mbengx jienv mingh mbengx fongv jienv cuotv/to push one's way through.

mbengx zuqc mienh mbenc nziangc zuqc mienh/to jostle against someone.

mbetv pm. gu'kuotv jangv mbetv-mbetv wuov/a broad buttock.

mbeu[1] w. 抛 /pāo/ mbeu faaux gu'nguaaic to throw about; to toss; to fling.

mbeu-diou 抛丢 /pāodiū/ zoi guangc, fai bungx guangc/to abandon; to discard.

mbeu gu'nguaaz zoux a'nziaauc mbeu gu'nguaaz/to toss a baby to make laugh.

mbeu-nzaanx bun nqoi mingh nzaanx ziex bung/to separate each others.

mbeu yaangh cuotv bun cuotv yaangh daaih/to reveal; to expose.

mbeu[2] gn. qiex-mbeu. Gj: hieh mbeu/a ball; a spherical object or entity.

ndiqv qiex-mbeu longc zaux ndiqv qiex-mbeu. Gj: hieh mbeu/to kick a ball.

mbeu[3] aengx lorz mangc "yiez-mbeu" wuov joux nyei eix-leiz.

mbeux pm. 爆炸 /bàozhà/ congx mbeux fai yunh mbeux/outburst; explode.

mbeux cuotv 爆发 /bàofā/ buonv mbeux cuotv/to burst out.

mbeux daanc zuqc domh yunh mbeux daanc zuqc/burst and hit someone.

mbeux wuom zoux faatv pyiuv wuom zorc baengc nyei sic/to treat a patient with magic by spew water on a patient.

mbih wj. yie mingh cuang zuqc norqc jai ndaix mbih mbungx mbortc nyei.

mbih mbungx mbioiv ndoih zungx ndau nzaeqv mbih mbungx mbioiv wuov/a (tuber) push ground crack and push up.

mbix[1] pm. m'zing faix mbix-mbix wuov small narrow eye as nearly to sleep.

mbix[2] m. nyaanh mbix/coin money such as penny, nickel, dime.

mbiaa w. juv mbiaa faaux laatc/a dog put its forelimbs out to climb over the fence.

mbiaac w. mbiaac biaav tengx yangh jauv mv ndorpc/to lean on a stick for support.

biaav-mbiaac mbiaac yangh jauv nyei biaav/a walking stick.

mbiaac jienv biaav nanv biaav caengx mbiaac jienv mingh/to walk with a cane.

mbiaah pm. korng jaic nyei mbiaah mbiaah wuov. Gj: nyaic/very pale and sickly.

mbiaan[1] w. siqv-mbaan; siqv-baeqc caux mbuov-baeqc zorpc daaih/a pale color.

mbiaan-gox siqv-luoqc gox/dark purple.

mbiaan-lunx siqv-baeqc caux siqv-lunx zorpc daaih/light purple.

mbiaan-mbiaan wuov siqv-mbuov deix/pale color.

mbiaan[2] pm. ciou m'zing-baeqc cuotv daaih/eye rolled upward during seizure.

mbiaapc gn., n. longc buonc laangh nyei mbiaapc/a fan for cooling.

dienx mbiaapc longc dienx qaqv nyei mbiaapc/an electric fan.

mbiaapc nzipv haih nzipv duqv nyei mbiaapc/a foldable fan.

mbiaapv w. wuom mbiaapv; wuom-baamc mbiaapv/to splash or spatter.

mbiaatc[1] pm. fanh ziu mbiaatc zuqc nzuih baengx/to be spicy or hot.

mbiaatc haic za'gengh mbiaatc haic/so hot or very spicy.

mbiaatc[2] aengx lorz mangc "in-mbiaatc" wuov joux nyei eix-leiz.

mbiaauc pm. mbiaauc bung. Dgw: zaaix bung/right side or right direction.

mbiaauc bung mbiaauc maengx wuov bung/the right side; right direction.

mbiaauc jieqv buoz mbiaauc maengx bung buoz/the right hand.

mbiaauc jieqv zaux mbiaauc maengx bung zaux/the right leg.

mbiaauz gn. wuom-mbiaauz/soapy water from detergent; foam; suds; bubble.

nqaiv-mbiaauz nqaiv-wuom zorpc jienv mbiaauz/foamy stools.

wuom-nzuih mbiaauz nzuih cuotv nyei wuom-mbiaauz/saliva with foam.

mbiaengz k. bieqc nyei mbiaengz hnangv jaux-mbiaengz fai orv-mbiaengz/tissue.

mbiaetc pm. gorngv waac siepv mbiaetc mbiaetc nyei/fluently in talking.

mbiaic[1] n. 竹笋 /zhúsǔn/ hlauv cor hoqc cuotv lunx wuov zanc. Gj: mbiaec/a bamboo shoots.

mbiaic-gaeng mbiaic butv daaih nyei Gaeng/a bamboo shoots worm or beetle.

mbiaic-gaeng-dornz mbiaic-gaeng ndoqc/a fat bamboo grub.

mbiaic-gaeng-muonc hlauv-lunx butv nyei gaeng-muonc/bamboo worm.

mbiaic-gangh 1 ziemx gangh zoux lai nyanc nyei mbiaic/a type of bamboo shoots pickle. **2** butv-gangh maiv haih hlo nyei mbiaic/a stopped growing bamboo shoots.

mbiaic-jienh louc saaiv-wuom zorpc jienv ziemx daaih nyei mbiaic

mbiaic-kuqv buang mbiaic wuov deix kuqv/bamboo shoots husks.

mbiaic-normh buang jienv mbiaic lunx wuov deix kuqv/tender part of shoots.

mbiaic-sui 竹笋酸 /zhúsǔnsuān/ mbiaic ipv sui daaih/bamboo shoots sour.

mbiaic-sui-nqaai mbiaic-sui pui nqaai daaih/dried bamboo shoots sour.

mbiaic-wuonh wuonh zuoqc daaih nyei mbiaic/boiled bamboo shoots.

mbiaic-ziemx ziemx mbiaic jiex muonz cingx zouv nyanc

mbiaic[2] nz. sieqv-dorn nzueic gau mbiaic-mbiaic nyei/beautiful as a girl.

mbiang pm. douz-mbietc mbiang-mbiang nyei/to shoot up of flame from fire.

mbiangc[1] w. duih mbiungc jauv mbiangc haic/to be slippery.

mbiangc[2] pm. **1** gorngv waac mbiangc/to talk smoothly. **2** zoux gong mbiangc/to be skillful in working.

mbiangc haic 1 gengh mbiangc gau/to be very slippery. **2** liouc haic/to be smoothly. **3** haih mbiangc/experienced.

mbiangx w. saau jienv lomc mingh gau mbiangx laangz/to appear at.

mbiangx jauv mingh gau mbiangx jauv mi'aqv/to be ended up at the road.

mbiangx-nziaaux cunx tong jiex wuov bung mingh/to pierce beyond.

mbiangx-nzitv congx mbiangx-nzitv/to discharge before trigger is pulled.

mbiangx yaangh cuotv daaih nqaengc aqv/to revealed or noticeable.

mbiangz w. mbiutv njang nyei/to be shiny or smoothly of surface.

maeqc mbiangz maeqc mbiutv njang mbiangz-mbiangz nyei/a shiny corn.

mbiauh lz. 谷子 /gǔzǐ/ zuangx daaih zoux hnaangx nyanc nyei biauh/general rice.

mbiauh bau mbiauh miuh bau cuotv mbiauh dorv/rice stalks swell up before the head appear.

mbiauh butv jai-gorngx dueiv mbiauh yaang hlang deix hnangv jai-gorngx dueiv nyei ziangh hoc.

mbiauh cuqv mv gaengh luic benx nyei cuqv/unmilled rice grains.

mbiauh diuv longc mbiauh cuqv zoux daaih nyei diuv/wine made from rice.

mbiauh dorv yietc dorv mbiauh/a piece head of rice stalk.

mbiauh gaatv longc nzuqc limh gaatv nyei mbiauh/rice to be harvest by sickle.

mbiauh gaanv mbiauh nqaauv gaanv/a bloom that made from rice stalks.

mbiauh hlaangx laangc mbiauh nyei hlaangx/rack for hanging rice.

mbiauh hmeiv liangx-ndeic cuotv nyei laangh ziqc/a general term for crop.

mbiauh hmeiv zuoqc mbiauh yangh maeqc guqv nyei ziangh hoc/the crops are ready for harvest.

mbiauh japv longc nzipv japv nyei mbiauh/rice to be harvest by hand cutter.

mbiauh jauh mbiauh cuqv jauh nyei/a full developed rice grains.

mbiauh jienv yietc nyungc mbiauh nyei mbuox/a type of rice.

mbiauh jieqv cuqv jieqv wuov nyungc mbiauh/black husk rice grains.

mbiauh lamz siou mbiauh dapv nyei lamz/a granary for rice.

mbiauh liangx zuangx mbiauh nyei ndeic/a rice field.

mbiauh m'gux hmeiv jieqv wuov nyungc mbiauh mbiutc/black glutinous rice.

mbiauh maeng mbiauh ziangh buangv ndau nziouh maeng nyei/green healthy of rice seedling.

mbiauh maqc haic nzopc mbiauh maqc haic/rice plants too close to each others.

mbiauh maux cuqv-maux/undeveloped rice grains; empty rice grains.

mbiauh miev ziangh mbiauh gorn nyei miev/grass that grow around rice plants.

mbiauh miuh mbiauh yaang wuov zanc young rice stalks.

mbiauh mbiutc mau nyouh nyei wuov nyungc hnaangx/glutinous rice.

mbiauh mbiutc hmeiv luic daaih nyei mbiauh mbiutc hmeiv/glutinous rice.

mbiauh mbong mbiauh loc wuonc nie ndui daaih nyei nie-mbong/an anthill.

mbiauh mbong mienv yiem mbiauh mbong nyei mienv/a spirit of anthill.

mbiauh ndeic zuangx mbiauh nyei ndeic/a rice field.

mbiauh ndui ndui jienv yietc ndui nyei mbiauh/a pile of rice grain and stalks.

mbiauh njien kuatv zuqc deix pio-pio ndutv wuov nyungc mbiauh.

mbiauh nqaauv faeqv cuqv ndutv liuz nyei nqaauv/rice stalks.

mbiauh nyiemz mbiauh yaang nyiemz nyei/healthy rice seedling.

mbiauh nyim liouh zoux nyim nyei cuqv/rice grains keep for seeds.

mbiauh nyom buo siouv mbiauh gapv benx yietc nyom/big bundle of rice grains.

mbiauh nyongh nyueih cuqv ndutv liuz nyei nyongh/rice straws.

mbiauh nziouv zuangx nziouv zuoqc nziouv nyei mbiauh/early harvest rice.

mbiauh pangh pui cuqv nyei pangh/a platform for drying grains by sun rays.
mbiauh sa'liemh yietc nyungc hnaangx kuv nyei mbiauh ziqv/a type of rice.
mbiauh siqv cuqv siqv wuov nyungc mbiauh/red husk rice grain.
mbiauh siouv japv daaih sai jienv nzuqv sung buoz nanv duqv gormx nyei yietc siouv mbiauh/a bundle harvest rice.
mbiauh witv yangh yinh longc zoux njuov nyei mbiauh witv/wheat.
mbiauh wuonh mbiauh nyei wuonh/the spirit soul of rice.
mbiauh yaang baeng dorh mingh cepv lingh nyei mbiauh yaang/rice seedling.
mbiauh yangh mbiauh zuoqc yangh japv duqv aqv/rice is ready for harvest.
mbiauh yangh jiem mbiauh nyungc nyei mbuox/a type of rice.
mbiauh zaih zuoqc zaih wuov nyungc mbiauh/late ripe rice.
mbiauh zeiv gaatv daaih ndoh ziangh zeiv nyei mbiauh/a bundle of rice.
mbiauh zim yietc nyungc mbiauh nyei mbuox/a type of rice.
mbiauh zinx mbiauh yaang gorn zinx cuotv miuh camv/rice plant has produce multiple shoots.
mbiauh ziqv nyungc-nyungc mbiauh ziqv/all kinds of regular rice
mbiauh zuoqc mbiauh yangh zuoqc siou duqv aqv/rice is ready to harvest.

mbiauh loc gg. nyanc caa-gorn latv nyei mbiauh loc/termites; white ants.
mbiauh loc kuotv mbiauh loc gongx daaih nyei ndau-kuotv/a termites home.
mbiauh loc nyanc mbiauh loc nyanc caa-gorn jie latv nzengc/to be decayed or damaged by termites.
mbiauh loc ongx mbiauh loc ngaatc njongz daaih yiem nyei kuotv.
mbiauh mbong mbiauh loc wuonc nie ndui daaih nyei mbong/an anthill.
mbiauh mbong mienv yiem mbiauh mbong nyei mienv/anthill spirit.
mbiauh mbong naang yietc nyungc naang nyei mbuox/a type of snake.

mbiauz d. nyungc-nyungc mbiauz nyei mbuox/general term for fish.
mbiauz-baeqc yietc nyungc yiem wuom nzang nyei mbiauz/a type of fish, which living in clear water.
mbiauz-buon yiem ndoqv-dorn nyei biom dongh bieqc saeng-kuv fai mienh nyei mba'zorng ngaatc sorqv nziaamv wuov/a water leech.
mbiauz-caauv yietc nyungc yiem nzang nyei mbiauz/a type of fish, which living in clear water.
mbiauz da'liqc ndoqv-dorn nyei mbiauz a type of very small fish.
mbiauz-danx-mienh maaih cang laic haih baqv mienh nyei mbiauz/a catfish.
mbiauz-dorn mbiauz nyei dorn/a baby fish or small fish.
mbiauz-dungz gong m'nqorngv hnangv naang nyei mbiauz/a snake head fish.
mbiauz-fou mbiauz nyei fou dongh bun wuom bieqc cuotv wuov/an operculum gills cover of fish.
mbiauz-gec mbiauz nyei di'daanz wuov deix gec. Gj: jeic/dorsal fin of fish.
mbiauz-hleix hnangv hleix nor wuov nyungc mbiauz/a starfish.
mbiauz-jaux mbiauz nyei jaux/fish eggs.
mbiauz-jiex mbiauz nyei jiex/fish scales.
mbiauz-jiex nyueix mbiauz-jiex naetv zuqc ziangh nyei nyueix/a wart; mole.
mbiauz-jiem yangh hnangv jiem wuov nyungc mbiauz/a goldfish.
mbiauz-longh longc dapv mbiauz nyei longh a'fai zaeng nduov mbiauz bieqc nyei longh/a basket for keep fish.
mbiauz-m'lomh nzuih hnangv m'lomh wuov nyungc mbiauz/a dolphin.
mbiauz-mbau mbiauz nyei qiex-mbeu an air bladder of the fish.
mbiauz-mbungv mbiauz nyei mbungv the bone of the fish.
mbiauz-naang ndaauv hnangv naang wuov nyungc mbiauz/a snake fish
mbiauz-naangh maaih maengc naangh nyei mbiauz/a living fish.
mbiauz-ndaatv mbiauz nyei ndaatv pectoral fins of fish.
mbiauz-ngaamh la'bieiv ga'ndiev mbiauz bieqc bingx nyei ngaamh/a hole under rock for fish to hide.

mbiauz-njaangh yungz mbiauz nyei wuom-njaangh/a fish pond.

mbiauz-nqaai kaangx nqaai daaih nyei mbiauz/dried fish.

mbiauz-nzaaih an nzauv camv nyei ipv nzaaih nyei mbiauz/a salty fish.

mbiauz-nzaaih wuom mbiauz-wuom zoux nyei wuom-nzaaih/fish salt water.

mbiauz-nzung ndoqv-dorn-cunx nyei mbiauz-junh/a type of small fish.

mbiauz-orv mbiauz nyei orv/fish meat.

mbiauz saanx ziangh guanh mbiauz nziouh wuom youh mingh youh yaac mbienv lingc nyei sic.

mbiauz-siaam aengx mingh mangc "mbiauz-danx-mienh" wuov joux.

mbiauz-sui mbiauz-orv ipv sui daaih/a sour fish or fish pickle.

mbiauz-wuom ziemx mbiauz fai zouv mbiauz nyei wuom/fish water.

mbiauz-yungz yungz daaih nyei mbiauz fish raised for food.

mbiauz-zaangz mou zeiv hnangv zaangz wuov nyungc mbiauz/an elephant fish.

mbiauz-zeic yietc nyungc mbiauz-junh lomh zaux-ndoqv-nyeiz/a type of fish.

mbiauz-zin an hmei camv zin daaih nyei mbiauz/a deep fried fish.

mbie[1] w. mbie faaux gu'nguaaic/to jump up in the air. Gj: biu faaux.

mbie faaux maaz biu faaux maaz nyei di'daanz/to mount a horse.

mbie hlang saaix mbie gaax haaix dauh gauh mbie duqv hlang/to jump high as to compete with.

mbie jienv mingh tiux jienv mbie-mbie nyei mingh/run by jumping.

mbie[2] gn. diuv-mbiaauz, *mbie* se gaav congh English beer daaih.

mbiec[1] w. mbiec naqv; mbiec buoz ndoqv to lick one's finger.

mbiec buoz-zaangv eix-leiz se nzengc mi'aqv mv zuqc hnamv aqv/too late for what one hopping for.

mbiec njang nzengc mbiec nyanc njang nzengc/lick and eat all everything.

mbiec nzuih meix cei ziouc mbiec nzuih meix/to lick one's lips to show hungry.

mbiec[2] pm. cau zaux-mbiec; laamx zaux-mbiec/a walking step.

sim-mbiec lunh ga'naaiv a'fai congx congx nyei sim-mbiec/a sewing stitch.

mbiev[1] w. longc bux-nyaaic mbiev jienv lui houx/to patch up; to mend.

mbiev cie-ping mbiev jienv cie-ping tong nyei kuotv/to patch a tire.

tong wuov kuotv/to patch

mbiev heh mienh mbiev zorc heh nyei mienh/a cobbler.

mbiev lui houx mbiev lui houx tong nyei dorngx/patch up old clothes.

mbiev[2] pm. mbiev haic hnangv jai-nyeiz-bouc jaux nor/to be thoroughly lazy.

mbiev haic fu'jueiv mbiev haic lungh ndorm mv kangv jiez sin/very lazy.

mbiex bt. juangv gau buoz-zaux mbiex nzengc goh mv haiz mun/to be numb.

mbiex nyei baengc butv daaih mbiex nyei baengc/numb illness.

mbieih 1 maaz nyanc nyei miev/a kind of grass eaten by horse. **2** ziangh duqv faix jaic mbieih haic/to be slim.

mbieix nyz. butv gau baengc mbieix-mbieix ngoi yangh wuov/to be sickly look.

mbienc[1] w. maaih faang-mbienc nyei mv naanh/accessible; convenient; available.

mbienc buoz mbienc buoz haih zorqv fai haih tengx duqv/to have free hand.

mbienc haic 1 mv zuqc daav naanh/to be convenient. **2** setv mbienc haic/the color is too pale.

mbienc nyanc hopv maaih nyanc hopv camv haic/to have plenty of food.

mbienc zinh nyaanh maaih zinh nyaanh mbienc/to be rich or wealthy.

mbienc[2] pm. setv mbienc/faded color.

suix mbienc haic suix nyei setv mbienc haic/the thread are too faded.

mbienh w. jauv-mbienh, gaatv jiex mbaiv nyei jauv/hillside road.

m'zing-gorqv mbienh heuc doqc m'zing gorqv nyauc nyei waac/wrinkled at the corner of eyes, slang.

mbienv[1] w. mbienv gu'nyuoz cuotv/to turn inside out.

mbienv buatc mbienv lorz buatc daaih found something that lost.

mbienv buoz-zaux lorz gong zoux lorv buoz-zaux/do something with hand.

mbienv faaux mbienv ga'ndiev faaux gu'nguaaic daaih/to turn downside up.

mbienv forqv mbienv ga'naaiv forqv biauv/to mess up around the house.

mbienv hmien tiuv hnyouv doix-dekc daaux nqaang/to oppose; to disprove.

mbienv hnyouv mbienv hnyouv doix-dekc bun/to rebel; to commit treason.

mbienv lunc jiuv muoqv lunc nzengc/to messy up disorderly.

mbienv hnyouv mienh mbienv hnyouv nyei mienh/to be a traitor.

mbienv leiz longc cong-mengh mbienv leiz/to lawsuit against each others.

mbienv lorz waac mbienv dimv nzangc sou lorz waac/to find a word.

mbienv maiv dongz hniev haic mbienv mv dongz/too heavy for one to turn over.

mbienv njiec mbienv gu'nguaaic njiec ga'ndiev/to turn upside down

mbienv nqo gorngv nzuonx biauv nyei waac-meiv/to go home, conceal word.

mbienv nqo a'lov eix-leiz se nzuonx a'lov/let's go home.

mbienv-nqo ndiqv longc zaux-nqo ndiqv nzuonx nqa'haav/to kick backward with one's heel

mbienv nqopv mbienv njiec nqopv jienv to turn upside down.

mbienv nzuonx mbienv nziaaux nzuonx daaih/reverse side; turn inside out.

mbienv sin bueix njormh mbienv sin/to turn one's body while sleep.

mbienv[2] zmb. mbienv waac. Gj: faan waac to interpret or translate the language.

mbienv-mbeux haih gorngv mbienv leiz nyei waac/witty; witticism; trickery.

mbienv sic lorz jauv jaiv mbienv sic bun ganh dauh ndaam/to turn matter around.

mbienv waac faan waac; mbienv waac to interpret; to turn over a word

mbienv waac-huv nzauz henh waac gorngv/to stir up gossip.

mbienv waac mienh faan waac nyei mienh/an interpreter.

mbienv[3] pm. ndiangx ziangh biouv gitv mbienv-mbienv nyei/a fruit tree bearing heavy and thick fruit.

nzuqc hmien mbienv hngaqv zuqc hlieqv nzuqc hmien mbienv.

nzuih meix mbienv mueiz danx nzuih meix omx mbienv-mbienv nyei.

mbienx[1] m. cuotv ziqc wuom nyei dorngx an edge or bank along the river.

cuotv mbienx cuotv mv maaih wuom nyei dorngx/to get out shore from river.

mbienx[2] aengx lorz mangc "henh mbienx" wuov joux nyei eix-leiz.

mbienz[1] w. mbienz doic; mbienz jienv doic mingh/to keep accompany with.

mbienz cuotv jauv fungx dangh kaeqv mienh cuotv jauv-kuv/to escort a guest.

mbienz doic mienh mbienz doic nyei mienh/one who accompanies another.

mbienz-lorngh 伴郎 /bànláng/ souv mbienz siang-laangh nyei doic/groom's best man.

mbienz-nyaangh 伴娘 /bànniáng/ souv mbienz siang-mbuangz nyei sieqv dorn doic/the bridesmaid.

mbienz[2] gg., n. yiem biauv fai yiem lomc zangc nyei mbienz/cockroach.

mbienz-bieh yiem biauv nyei mbienz-bieh/a house roach.

mbieqv gn. daapc cuqv cuotv daaih nyei mbieqv/husks from milled rice grains.

mbieqv-cou daapc cuqv daauh torngx nyei mbieqv-cou. Gj: mbieqv-korng/the coarse husks.

mbieqv-muonc comx doix cuotv wuov baan mbieqv/the fine husks,

mbietc[1] m., d. mienh a'fai saeng-kuv nyei mbietc/the tongue.

mbietc dorn mbietc gorn wuov diuh mbietc dorn/the uvula.

mbietc gorn mbietc nyei gorn/base or root of the tongue.

mbietc dorn ndortv mbietc gorn mun nyei baengc/tonsillitis.

mbietc hlo mbietc hlo yaac jangv nyei mbietc/oversize tongue.

mbietc louc mbietc ngaengc gorngv waac maiv junh/tongue-tied unable to speak clearly.

mbietc ngaengc gorngv waac mv junh wuov nyungc mbietc/stiff tongue.

mbietc peux mbietc peux. Gj: piuqv/to have chancre sores on tongue.

mbietc[2] w. mbietc jienv mv bun njangx/to block off something being roll.

gaengh mbietc gaengh juoqv wuov kuaaiv ndiangx/a doorsill.

mbietv[1] w. mbietv maeqc miev/mbietv ndeic-hlen/to cut weeds with long knife and slanting motion.

mbietv jauv-hlen zaqv jauv-hlen nyei miev/to cut weeds along the path.

mbietv miev mbietv nqoi miev fioux njang/to cut weeds; to mow a lawn.

mbietv miev cie longc mbietv miev nyei cie/grass cutter machine; a lawn mower.

mbietv miev nzuqc longc mbietv miev nyei nzuqc limh/a knife for cut grass.

mbietv mingh longc biaav fengx mingh mbietv/to throw spin horizontal way.

mbietv ndeic-hlungv aengx mbietv loz ndeic/to clear old field for second crop.

mbietv[2] pm. ninh yangh jauv siepv gau mbietv-mbietv nyei mingh/walk fast.

mbinz d. hlaang-mbinz fai naang-nzung-mbinz/a flat rope or a tapeworm.

mbinz-ndoc ndiangx yietc nyungc haih longc ndopv gitv hlaang nyei ndiangx/a type of bush tree bark can be braided.

mbing hz. nyungc-nyungc mbing/general term for monkey.

mbing-baa mbing nyei gu'kuotv wuov deix baa/callus on monkey's buttock.

mbing-bau mbing nyei bau ga'naaiv-nyanc nyei kamx-bui/the food pouch of the cheeks of monkey.

mbing-buoz-zaux zoux sic siepv liouc se beiv mbing nyei buoz-zaux.

mbing-dueiv-ndaauv dueiv ndaauv wuov nyungc mbing/long tail monkey.

mbing-jieqv yietc nyungc yiem ndau nyei mbing/a kind of big monkey.

mbing-m'gux heuc m'sieqv mienh gox mienh nyei waac-doqc/word of insulting old woman.

mbing-njoh nduov mbing bieqc wuonx mbing nyie njoh/a trap to catch monkey.

mbing-nyaiv faix nyei wuov nyungc mbing/the smallest type of monkey.

mbing-nyeiz dorh jienv dorn nyei mbing/a female monkey that has young.

mbing-ong hlo dingc nyei mbing-gouv old male monkey.

mbing-zing yau zing guv guaix nyei mbing/a monster monkey.

mbioh aengx lorz mangc "mbiouh" wuov joux nyei eix-leiz.

mbiov aengx lorz mangc "mbiouv" wuov joux nyei eix-leiz.

mbioz[1] aengx lorz mangc "mbiouz" wuov joux nyei eix-leiz.

mbioiv w. ndoih hlo zungx ndau nzaeqv mbioiv-mbioiv wuov/a tuber grown big and protruding the ground.

mbiorv w. mbiorv torngv jienv deix/cover with careless manage.

mbiorv gu'nguaaz baeng suangx gomv jienv gu'nguaaz bueix njormh/to cover baby while he or she sleep.

mbiorv liuh mbiorv norm liuh wuov ndeic/to build a temporary field hut.

mbiorv m'nqorngv baeng suangx gomv jienv m'nqorngv bueix. Gj: mbiorngz, gomv/to cover one's head with blanket while sleeping.

mbiorn[1] pm. nzuqc mbiorn haic gaatv orv miv bieqc. Gj: ndorngv/a dull knife.

mbiorn[2] w. mbiev gau zueiz mbiorn jienv wuov ndau heuc yaac mv dongz.

mbiornc q. daanh baah hlaang ndanh mbui mbiornc mbiornc diex/a dull sound.

mbiornx q. dox wuom cuotv ndongh mbui mbiornx nyei qiex. Gj: porv.

mbiorngz[1] w. hmei-luangh mbiorngz faaux gu'nguaaic. Gj: pou, louc/to climb up as vine does.

mbiorngz hmien longc ndie mbiorngz jienv hmien/to cover the face

mbiorngz m'nqorngv longc siqc jaauv fai ndie mbiorngz m'nqorngv/to cover head with towel or cloth.

mbiorngz[2] gn. orv-mbiorngz/the meat and tissue mixed together.

ga'nyorc mbiorngz ga'nyorc baeng fei zoux daaih nyei mbiorngz/a spider web.

mbiorqc hmei-luangh lo haaix mbiorngz jienv mbiorqc mbiortc wuov/bushes with vines, thorn tangled all over.

lomc-mbiorqc hmei-luangh mbiorngz jienv nyei lomc/thick jungle area.

mbiortc q. wuom mbueix mbui mbiortc nyei qiex/the sound of bubbling water.

mbiortv q. mbiauz tiux wuom-menc mbih mbungx mbiortv nyei/the sound made by fish running on surface of water.

mbiouh[1] w. gorngv waac fai baaux nzung mbiouh nzaetv nyei qiex. Gj: mbioh/to be noisy and disturbance loud.

mbiouh daax mbiouh gorngv waac fai baaux nzung mbiouh. Gj: mbih mbungx mbiouh nyei/a lot of noisy around.

mbiouh[2] pm. mbiouh jienv wuom-minc. Gj: mbioh/to float on water, air.

mbiouh koiv minc mbiouh yiem koiv-wuom gu'nguaaic/float on the sea.

mbiouh torngx mingh mbiouh torngx jienv gan wuom-minc mingh/to carry away by water.

mbiouv wj. **1** hluo zuqc haiz mbiouv mbiangc nyei/feel slippery. **2** mbiutv njang nyei. Gj: mbiov/very smooth.

mbiouz[1] pm. buatc deix louh louh wuov mangc mv zien. Gj: mbioz/unclear.

mbiouz-mbiouz njang 蒙蒙亮 méngméng liàng/ lungh mbiouz-mbiouz njang nyei ziangh hoc/first glimmer of dawn; at daybreak.

mbiouz[2] z. longc an orv-sern fai orv-zouv ndaang nyei miev. Gj: mbioz/fragrant grass used in cooking meat.

mbitv wj. mbitv mbeih/completely flat.

mbitv-mbitv mbeih za'gengh mbeih nyei/be completely flattened.

mbiuv w. fapv norm mba'ngakv mbiuv jienv benx ganh nyei/to put a mark on something to indicate ownership.

mbiuv jaamx-maaz nzangc waaz jienv jaamx-maaz nzangc/to mark with an x.

mbiuv ndau fapv norm mba'ngakv mbiuv jienv ndau/to mark a piece land.

mbiuz pm., d. ndopv butv mbiuz/a welts or mark on skin after beaten.

mbiuic[1] m. mbiuic zorng. Gj: mba'zorng, mbu'zorng/a nose.

cunx mbiuic cunx (ngongh) nyei mbu'zorng-nqaeqv tong ndiux hlaang nyei sic/to pierce a hole through the septum of an ox.

mbiuic nquaqv cunx (ngongh) nyei mba'zorng-nqaeqv wuov norm kuotv nguaqv/a broken or torn septum.

mbiuic[2] pm. zuqc mbiungc liemh duqv ndaetc ndorn mbiuic-mbiuic wuov/to be thoroughly soaked with rain.

mbiuic[3] aengx lorz mangc "paaiv-mbiuic, sim-mbiuic" nyei eix-leiz.

mbiun pm. hliouv njang mbiun-mbiun wuov. Gj: mbiutv/to be smooth, shiny.

mbiunz gn. gaatv zuqc hmei-luangh a'fai normh ziu cuotv daaih nyei mbiunz/the mucus from a cut of banana plant.

mbiungc g. 雨 /yǔ/ diuh mbiungc; njiec mbiungc fai ndiepv mbiungc/to rain.

mbiungc faeqv nziaaux buonc mbiungc nyei wuom faeqv bieqc biauv.

mbiungc-gorng duih yietc gorng domh mbiungc/a heavy rain.

mbiungc hlo duih domh mbiungc/rain cat or heavy rain.

mbiungc liemh mbiungc liemh zuqc ndorn/to be wet by the rain.

mbiungc-lui torngv mbiungc nyei youh bux lui/a raincoat.

mbiungc-mouc zoux bun duih mbiungc nyei mouc/black clouds.

mbiungc-mbuonv duih mbiungc-puon hnangv/a lightly rain.

mbiungc ndaauc duih mbiungc ndaauc njiec/a downpour rain.

mbiungc ndiepv **1** duih mbiungc ndiepv njiec/rain drop. **2** biauv-ngorh tong mbiungc ndiepv/leaking from roof.

mbiungc-norm mbiungc-norm hlo nyei njiec/a large rain drop.

mbiungc-nziaaux diuh domh mbiungc borngz nziaaux caux jienv/a rain storm.

mbiungc-puon duih mbiungc faix nyei puon puon deix/softly falls rain.

mbiungc-suiv **1** lungh ndorm-nziouv nyei mouc-yiez/dew. **2** duih mbiungc nyei sic/seasonal rain.

mbiungc-suiv longx diuh duqv mbiungc longx yiem iv suiv hnoi/to have good rain throughout the season.

mbiungc-suiv-imx yiemx lungh ndiev nyei mbiungc-wuom/worldwide flood.

mbiungc-wuom duih mbiungc nyei wuom the rainwater.

mbiuqv pm. cuotv hanc mbiuqv-mbiuqv nyei/to be soaked by sweat.

cuotv hanc mbiuqv mbiuqv nyei hanc yumh hanc leic nyei/to be soaked by sweat.

mbiutc[1] gn. yiem mba'zorng cuotv daaih nyei mbiutc/mucus from nasal.

mbiutc biornc-biornc nyei mba'zorng cuotv mbiutc biornc-biornc nyei/mucus hanging out from the nose.

mbiutc cuotv mba'zorng cuotv mbiutc nyei sic/to be running nose.

mbiutc nqaai mba'zorng-kuotv nyei mbiutc nqaai. Gj: mba'zorng-nqaiv/the dried mucus from nose.

mbiutc[2] pm. longc buoz mbiutc yuonh/to rub and smooth out with one's hand.

mbiutc buoz-zaux ndouv jaax mborqv mbiutc buoz-zaux/to get ready to fight.

mbiutc dienh nzaaux sin mbiutc sin nyei dienh/to rub off surface dirt.

mbiutc hnaav-hlaang gorngv zanx zinh orv-mienv nyei waac-meiv. Gj: zaix orv-mienv/to restore a hunting spirit.

mbiutc lui houx mbiutc bun lui houx sung/to iron one's clothes.

mbiutc m'nqorngv baic m'nqorngv buoz mbiutc mba'biei/to smooth down the hairs by comb and hand.

mbiutc mba'biei baic hlutv mba'biei sung/to smooth down the hair by comb.

mbiutc mbiutc nyei gu'nguaaz nyiemv gau yietc hmien mbiutc mbiutc nyei.

mbiutc sin mbiutc sin nyei dienh ndutv mingh/to rub one's body.

mbiutc[3] aengx lorz mangc "maeqc mbiutc fai mbiauh mbiutc" wuov joux.

mbiutv pm. mbiutv njang youc-youc nyei to be glistening or smoothly.

mbiutv-mbiutv nyei nzaatv jienv setv youc-youc mbiutv-mbiutv wuov/to be shiny or smoothly of surface.

mbokc q. mba'ziu nditv mbokc mbokc nyei qiex/sound made by a heart beats.

la'kuotv mbokc haeqv zuqc gamh nziex la'kuotv/thumps sound of a heart beats.

mbomz pm. mienh camv zueiz jienv ziangh mbomz nyei/a large group people sitting together as in movies theater.

mbomz-mbomz nyei ziangh guanh camv nyei zueiz jienv mbomz-mbomz wuov to be crowded together.

nzung-mbomz yietc nyungc baaux nyei nzung-guanh.?? Gj: nzung-bom/a type of traditional song.

mbong[1] m. 山 /shān/ mbong; zorng/the mountain; hill peak.

mbong-aiv mv hlang nyei mbong, ndau baengh mbong/lowland mountain.

mbong-baengh mbong gu'nguaaic nyei baengh/a mountain with flat top.

mbong-citv mbong laic citv-citv wuov nyungc/mountain with pointed peak.

mbong-dorn mbong faix nyei/little or small mountain.

mbong-dueiv wuov ndiev aiv wuov bung mbong/lower side of a mountain.

mbong-gorn wuov jiez bung mbong the base of a mountain.

mbong-huaang mv maaih ndiangx nyei mbong/a treeless mountain.

mbong hlang hlang haic nyei mbong/a tall or high mountain.

mbong-hlen nitv mbong ga'hlen fatv nyei dorngx/near the mountain area or mountain side.

mbong-jaic maaih diuh baav ndiangx-nyai nyei mong-jaic/poor soil mountain.

mbong-juoqv mbong ziangh njiec jiemc nyei dorngx/at the foothill area.

mbong-mborqc ziangh daaih hnangv m'nqorngv-mborqc nyei mbong/a head shape mountain.

mbong-ningv 高峰 /gāofēng/ gu'nguaaic mbong-ningv da'mueiz/peak of mountain.

mbong-ndau faaux mbong nyei ndau

mbong zangc maaih mbong camv nyei dorngx/mountainous area.

mbong zangc mienh yiem mbong nyei mienh. Gj: gemh zuang mienh, gemh hlang mienh/hill people; hill tribe.

mbong[2] pm. cui nziaaux bieqc qiex jienv faaux/to rise up as an air is pump in.

mbong-mbong wuov beiv hnangv mbopv nyei dueiv biei mbong. Gj: fongh/hairy as a squirrel's tail.

mbongh pm. nziangc zuqc m'nqorngv butv nyoi mbongh/a lump or bumpy.
ndau-mbongh ndau butv mbongh daaih a lump on the ground.

mbongz q. buonv mbing ndortv mbongz dangh/the thud sound of a heavily fall.

mbopc pm. douz zieqc duqv mbopc gau/a fire burn into ash; well burn.
comx doix mbopc comx hmeiv mbopc mv maaih cuqv aqv/well pounded.
daapc mbopc daapc muonc duqv longx aqv/to be well pounded.
jauv mbopc yangh gau jauv mbopc/a well worn path; well used road.

mbopv[1] hz. nyungc-nyungc mbopv nyei mbuox/general name for squirrels.
mbopv-fangx haih ndaix wuov nyungc mbopv/a flying squirrel.
mbopv-mbui lungh muonz zanc ndaix lorz gaeng nyanc nyei mba'mbui/a bat.
mbopv-maeng sorqv normh ziu-dorngc nyei mbopv/a type of squirrel.
mbopv-ndau wetv kuotv bieqc ndau nyei mbopv/a ground squirrel.
mbopv-saeng ndongc lomh m'lomh hlo wuov nyungc ndopv-ndaix/a large flying squirrel.
mbopv-siqv ga'sie-ndoqv biei siqv nyei wuov nyungc mbopv/a type of squirrel.
mbopv-yangh biei yangh ungv deix wuov nyungc mbopv/a yellow squirrel.
mbopv zunh mbopv bueix caux njiec dorn nyei zunh/nest of a squirrel.
mbopv-zaqc lungh muonz zanc ndaix cuotv lorz nyanc nyei norqc, hlo lomh baeqc gopv mv bei/a night stealer bird.

mbopv[2] pm. mbopv baeqc hnangv sorng nor/snowy white.
mbuov-baeqc lunx baeqc daaih lunx-lunx wuov/a light gray
mbopv baeqc zaengh baeqc zaengh nyei setv/white and radiant.
mbopv-mbopv baeqc wuov maaih setv baeqc nyei ga'naaiv/a snow white color.

mbopv[3] aengx lorz mangc "ba'daatc mbopv" wuov joux.

mbor pm. gaengh mbor, dongh buoz nanv niouv gaengh nyei mbor/a door knob.
ndoih mbor ndoih liemh zeih mbor hlo jienv mingh/to start big from narrow.

mborh w. m'nziex haih hnangv naaic nyei mborh. Gj: mba'lae, mba'lor, mba'lorqh probably; maybe; perhaps.
zoux hnangv naaiv mborh lorh oix zuqc hnangv naaiv nor zoux/do it this way; do it like this.

mborn n. lomc zangc ndoih haih wuonh zoux lai nyanc duqv nyei, mv baac oix zuqc wuonh ziex torngx wuom nyei, mv zei nor haih nqaaih mienh nyei.

mbornh pm. gu'nguaaz mbornh; ziangh duqv mbornh/to be chubby.

mbornv w. mbornv faaux mbornv njiec yaac zoux mv cuotv luonh/dawdle along.

mbornx q. wuom cuotv mbui mbornx mbornx nyei qiex/sound made by water being pour from container.

mborng w. mborng njiec ndau/to pound in the ground; to drive into.
mborng hlieqv-dongc mborng hlieqv-dongc njiec ndau/to drive metal pole in.
mborng norm dongc mborng dongc njiec ndau/to pound a pole in.
mborng wuom mborng wuom-kuotv; zuei wuom-kuotv/to drill a well.

mborngh wj. jiuc ndiangx-jangv mborngh ngorngh njangx/to make wood log roll.

mborngx[1] pm. hlo gau mborngx-mborngx wuov nanv mv gormx/feel thicker.

mborngx[2] wj. haiz nzuih mborngx nqaai nyei/feel so dried in one's mouth.
mborngx nqaai nyei nqaai longx nzengc mi'aqv/completely dried out.

mborqc[1] m. m'nqorngv-mborqc/the back of one's head; bulge.

mborqc[2] pm. geh zorng-mborqc/mountain shape like a back head.

mborqc[3] aengx lorz mangc "cing-mborqc" wuov joux nyei eix-leiz.

mborqv w. longc biaav mborqv fai longc buoz mborqv/to hit; to beat or strike.
mborqv baaic mborqv suei nzengc/to defeat in battle; to destroy all.
mborqv biauv mborqv biauv guangc/to destroy an old house or building.
mborqv bieqc 1 mborqv hingh bieqc mingh/to win a battle take over the area. **2** mborqv tong kuotv bieqc/to break in.

mborqv bing borng nyienx mborqv bing borng/to play ping-pong.
mborqv buoz-juonh longc buoz-juonh nzuei. Gj: mborqv mueiv/fight with fist.
mborqv buoz-zaangv mborqv buoz-zaangv zorqv zuiz fu'jueiv/to hit palm hand as to punish a child.
mborqv butv mbiuz mborqv liuz cuotv mbiuz daaih/left welts after beaten.
mborqv ciangv jaax mborqv liuz yietc ciangv jaax/to have a battlefield with.
mborqv daic mborqv zuqc daic mingh to beat to die.
mborqv dangx mborqv ndopv dangx/to hit the skin break off.
mborqv ding mborqv bun ding bieqc ndiangx/to drive a nail in.
mborqv ding bouv bouv-paiv/hammer for pound the nail.
mborqv dingc gaeng mborqv dingc mbu'ziex diemv ziangh hoc/beat metal pipe to mark the hours.
mborqv domh jaax hungh baeng faanv mborqv domh jaax/a big fight war.
mborqv dopc mborqv bun dopc nganh nqoi ndortv/to thrash soybean.
mborqv douz daic mborqv bun douz daic nzengc mingh/to put off a fire.
mborqv douz mienh njoux douz nyei mienh/a fire fighter; a fire man.
mborqv duqv hingh haih mborqv duqv nyei/to win a fight; conquer.
mborqv finx 1 korh fonh/to make a telephone call. **2** fungx fienx gan finx mingh nyei sic/to send telegram.
mborqv funx zaeqv dorh huox jaauv zaeqv div nyaanh/to repay a debt with goods that has equal value.
mborqv gaengh ngaengv gaengh a'fai nqaux gaengh/to bang on the door.
mborqv guangc mborqv huv guangc/to destroy and discard.
mborqv-hemx mborqv-njaaux bun haih ziangh horngh/to rebuke; to train.
mborqv hieh mbeu saaix mborqv hieh mbeu/to compete volleyball.
mborqv hingh mborqv hingh yietc ciangv jaax/to champion a fight or to win a battle.
mborqv huv mborqv zuqc huv/to break or smash; be broken.
mborqv jaax 打架 /dǎjià/ **1** i laanh mienh mborqv jaax/to fight with. **2** dorng baeng mienh mborqv jaax/to have war with; to battle with.
mborqv jaax baamz latc 战争犯罪 /zhàn zhēngfànzuì/ ceux lunc mborqv jaax zoux waaic sic/a war crime.
mborqv jaax baeng mborqv jaax nyei baeng-maanh/a military personnel.
mborqv jaax bieiv gunv baeng mborqv jaax nyei bieiv/a military commander.
mborqv jaax ciangv mborqv jaax nyei dorngx/a battlefield; a war zone.
mborqv jaax cie gan ndau mborqv jaax nyei cie/armored vehicle; a tank.
mborqv jaax cie-ndaix buonv jaax nyei cie-ndaix/a fighter jet; warplane.
mborqv jaax congx dorng baeng mienh buonv jaax congx/gun in military used.
mborqv jaax daic mborqv jaax buonv zuqc daic/to died in battle fighting.
mborqv jaax hungh mborqv jaax nyei caauv hungh/a warlord.
mborqv jaax jaa-sic longc mborqv jaax nyei wuoqc ginc/a military equipment.
mborqv jaax juang-zinx loz-hnoi longc buonv jaax nyei juang-zinx/curved bow.
mborqv jaax lunc liouh lunc mborqv jaax/to have cold war.
mborqv jaax maaz-cie geh jienv buonv jaax nyei maaz-cie/a war chariot.
mborqv jaax nzangv gan wuom mingh mborqv jaax nyei nzangv/a warship.
mborqv jaax wuoqc ginc mborqv jaax longc nyei jaa-sic/a military equipment.
mborqv jaax zaamc mborqv jaax nyei ciangv fai zaamc/a battlefield.
mborqv jaax-zinh mborqv zic mbu'ziex nyei jaax an/to quote price; to decide value of price.
mborqv jaaux zoux-zorc mienh mborqv jaaux naaic mienv/to cast the paired of bamboo divination pieces by a shaman.
mborqv jouh nyienx mborqv jouh sorngx qaqv nyei sic/to play badminton.

mborqv juv mangc biauv-ziouv beiv hnangv oix mborqv mienh nyei fu'jueiv mv baac oix zuqc bieqc hnyouv gorngv ninh maaih dae maa haih daaih caengx sic nyei waac-beiv.
mborqv king mborqv mongh longh king mingh/hit and knock down.
mborqv lingh nqamv lingh mbui bun mienh hiuv/to ring a bell.
mborqv lorh 1. mborqv mbui morng nyei lorh/to beat gong. 2. mborqv lorh mingh siepv/to beat a donkey.
mborqv lorh nzoz mborqv lorh caux nzoz/to beat gong and drum.
mborqv mv duqv mv kuh mborqv; mv maaih leiz mborqv/can not be hit.
mborqv mv hingh mborqv gau suei aqv/unable to win the fight.
mborqv mv huv jiem haic mborqv mv huv/unbreakable; can not be break.
mborqv mang mborqv mang bun horqc saeng hiuv taux ziangh hoc bieqc horngc aqv/to strike a big gong.
mborqv mienh longc biaav mborqv mienh/to beat someone.
mborqv mueiv mborqv Janx-taiv nyei mueiv/a Thai boxing.
mborqv mueiv mienh mborqv mueiv nyei mienh/a boxer; a fighter.
mborqv mun mborqv zuqc mun/to be injured by beaten.
mborqv muonc mborqv huv muonc nzengc/to smash into pieces.
mborqv mbaan mborqv hieh mbeu/to play volleyball.
mborqv mbaang mborqv bun mbaang njiec daaih/to break down a building.
mborqv mbai mborqv zuqc (juv) mbai mingh/to paralyzed by beaten.
mborqv mbiauh nanv jienv mborqv faeqv cuqv ndutv/to thresh to remove the rice grains.
mborqv nauv mborqv zuqc seix nauv mingh/to break apart.
mborqv ndortv mborqv zuqc ndortv njiec/to knocked down (fruit).
mborqv ndutv mborqv ndutv mingh/to knock off or break apart.
mborqv-njaaux mborqv deix baav bun ziangh horngh/to discipline; to train.
morqv nqorpv yietc nyungc nyienx "game" nyei jauv/to play golf.
mborqv nzangc mborqv nzangc dapv bieqc "computer"/to type alphabet on a keyboard into computer.
mborqv nzangc gan fonh fiev nzangc fungx gan douc waac finx mingh/to text a message by wireless phone.
mborqv nzangc horqc hoqc mborqv nzangc wuov qongx horqc/typing class.
mborqv nzangc jaa-sic mborqv nzangc longc nyei jaa-sic/typing supplies.
mborqv nzangc jei mborqv nzangc nyei jei/a typewriter.
mborqv nzangc matc mborqv nzangc jei nyei matc/ribbon; ink for typewriter or for printer.
mborqv nzangc mienh mborqv nzangc wuov laanh mienh/a typist.
mborqv nzangc zeiv dapv mborqv nzangc jei nyei zeiv/typing paper.
mborqv nzoz longc nzoz-zueih mborqv nzoz/to beat a drum.
mborqv nzung zatv "piano" mborqv nzung/to play music.
mborqv nzuonx 1. mborqv daaux nqaang nzuonx/to fight back. 2. mborqv finx daaux nqaang nzuonx/to return a call.
mborqv paih nyienx paih a'nziaauc/to play cards for fun.
mborqv sih nyeic hoqc mborqv liouc nyei jauv/to fight with instruction.
mborqv seix 1 qaqv mborqv njiec seix nyei/to hit with force. **2** mborqv seix gaax guaa-domx zuoqc fai mv zuoqc.
mborqv suei mborqv ganh dauh suei mi'aqv/to fight and defeated someone.
mborqv tong mborqv zuqc ga'naaiv tong/to break through.
mborqv waaic mborqv zuqc huv waaic nzengc/to be broken into pieces.
mborqv yienx mborqv norm yienx fai nqaapv yienx/imprint a seal; to stamp.
mborqv zaax naaic mborqv zaax naaic janx-zaqc/to beat during interrogation.
mborqv zeiv-maaz gaatv zeiv daaih an jienv matc pei zaax njiec bun ninh cuotv maaz nyei fangx buov yiem-gen se benx

maaz tor nyaanh mingh bun mienv.
mborqv zuangz hemx mienh doqc haic nyei waac/to beat dead.
mborqv zuqc caqv-bouc mborqv zuqc fai ba'baac mborqv zuqc/hit by purpose or by accident.
morqv zuqc huv mborqv zuqc ga'naaiv huv/to be broken by striking.
mborqv zuqc mun mborqv mun/to be wound by beaten.
mbortc w. jai mbortc tinx-daic/to flap the wings about to die as chicken or fowl.
mbih mbungx mbortc nyei norqc ndaix mbih mbungx mbortc nyei/the sound of many birds flapping their wings.
mbou w. wuom mbeux cuotv mbih mbungx mbou nyei/to be continue to flow out as spring water.
mbouc pm. mbopv baeqc mbouc-mbouc nyei/soft snow white.
mbouh[1] gn. wuom-mbouh; diuv-gaam nyei mbouh/ice cream; fermentation.
diuv-gaam mbouh se dongh diuv-gaam butv cuotv daaih wuov deix mbiaauz.
wuom-gaam mbouh wuom-gaam gitv nyei mbouh/a mill shake.
mbouh[2] lz. fanh mbouh/pumpkin.
fanh mbouh dueiv fanh mbouh luangh nyei dueiv/tender pumpkin vine.
mbouv[1] bz. mbouv guaax, domh mbouv; fiuv-mbouv; mbouv-guaax-dorn/to conduct a divination ceremony.
mbouv cuotv mienv mbouv cuotv mienv oix nyanc dungz/to found out the spirit wants to eat pig by divination.
mbouv domh guaax butv dongh daaih mbouv wuov nyungc guaax/to perform a major divination ceremony.
mbouv fin yietc nyungc mbouv guaax heuc taux fin-mienh tengx zaah sic/a type of divination which seek guidance from celestial beings.
mbouv-guaax-dorn nyatv la'bieiv-dorn nanv jienv mbouv nyei guaax/a minor divination. Gj: mbouv fiuv-guaax.
mbouv guaax mienh mbouv guaax wuov laanh mienh/a shaman.
mbouv[2] pm. jaaiv mbouv fai jaapv-zeih/to be stooped back; bent over.
mboux m. maaih miev caux nqaan fai mba'ndaauh normh nziaaux lomc nyei geh zorng/an uncultivated land that with thatch grass and others tall grass.
mboux-mbetv yietc nyungc ziangh wuov ndoqv-hlen nyei miev/kind of tall grass growing near streams.
mboux-mboux nyei miev siex lomc nzengc mboux-mboux nyei/a farm that cover over with grass.
mboux-sung yietc nyungc an orv zouv fai longc zoux ndie nyei sung-ngaengc galangal, an aromatic roots that used medicinally and as seasoning.
mboux zorng nqaan-mboux lomc nyei zorng/a mountain full of thatch grass.
mbu'finx aengx lorz mangc "mba'finx" wuov joux nyei eix-leiz.
mbu'hnoi aengx lorz mangc "mba'hnoi" wuov joux nyei eix-leiz.
mbu'ndongx i bung nyei mbu'ndongx. Gj: mba'ndongx/middle or central.
mbu'ndongx-fim yiem ziangx nyei mbu'ndongx/center or middle
mbu'ndongx-hoc mv hlo mv faix zong baan wuov hoc medium-sized.
mbu'ndongx-mienh tengx muangx sic nyei baengh mienh/a middleman.
mbu'ndongx qangx i nyungc ga'naaiv nyei mbu'ndongx/space in between.
mbu'ndongx qiex mv hlang yaac mv aiv nyei qiex, se hnangv "jai, maa, yie".
mbu'ndongx njiec qiex se ngongh nyei qiex **h** heuc mbu'ndongx njiec qiex/the letter **h** indicated mid falling tone.
mbu'ndongx-waac gorngv baengh fim nyei waac/to speak in justice way.
mbu'ndongx-wuonc yiem mbu'ndongx nyei dorngx/to be in middle area.
mbu'ong d. *se* dongh "mbuo-ong" soqv nangv daaih. Gj: mba'ong/a thunder.
mbu'ong koi yienx ndapv bieqc cun gueix mbu'ong jiex gorn mbui aqv/the beginning season of thunder roaring.
mbu'ong mbui mbu'ong njunh mbui nyei qiex/the sound thunder roaring.
mbu'ong piqv mbuo-lingc douz cunx jiex/to be pierce through by lightning.

mbu'ong piqv daic mbuo-lingc piqv daic/to die by lightning run through.
mbu'ong pui ba'zatv se dongh lungh maeng ga'ndiev maengx nyei mbuonx se beiv mbu'ong mbui nyei ba'zatv.
mbu'ong zuei ndiangx yietc nyungc ndiangx nyei mbuox/an oak tree.

mbu'ziex pm. se dongh "mbuoqc ziex" soqv nangv daaih/how many; how much.
mbu'ziex diemv naaic gaax ziangh hoc duqv mbu'ziex diemv/what time is it.
Mbu'ziex jaax-zinh naaic muangx gaax jaax-zinh mbu'ziex/how much the price.
mbu'ziex laanh naaic gaax mbu'ziex laanh mienh/how many people.

mbuc w. mbui mbuc mbuc nyei qiex/soft sound of airplane in the distant.
mbuc mbuc zix patv nzuih meix mbuc mbuc liuz zic gu'nguaaz jatv a'nziaauc nyei waac/to flip lip before poking baby to make baby laugh.

mbuang w. ndiangx-nzungh hlo zungx ndau mbuang nzaeqv/to be crack open.

mbuangh w. jai mbuangh jaax/chicken flap it's wings to fight each other.

mbuangz nyc. dorn nyei auv se diex maac nyei mbuangz/a daughter in-law.
mbuangz-faix dorn-faix nyei auv/the younger daughter in-law.
mbuangz-hlo dorn-hlo nyei auv/the older daughter in-law
mbuangz-hnamv gauh hnamv jiex yietc buoqv wuov dauh mbuangz/a loving daughter in-law.
mbuangz-maac doic maac-bouc caux yietc zungv nyaam se mbuangz-maac doic/all daughter in-laws and mother in-law together.
zoux mbuangz zoux mbuangz mienh se oix zuqc muangx maa-bouc/the rule of being a daughter in-law.

mbuei nz. 飞 /fēi/ benx nzung nyei waac gorngv ndaix/to fly in the air.
mbuei-haengh ndaix jienv mingh/to travel by air; to fly.
mbuei jiex zangc tin ndaix jienv jiex gu'nguaaic lungh/flying across the sky.
mbuei-qoux ndaix mingh/to fly away.

mbueix w. 沸腾 /fèiténg/ wuom mbueix mbortc/boil or boiling point.
mbueix cuotv wuom mbueix biuih cuotv flowing out while boiling.

mbueiz[1] w. bingx mbueiz/to be hidden or concealed; to keep from being seen.
mbueiz nyei dorngx yiem mbueiz nyei dorngx/a hidden place; shade area.
lamh mbueiz dorngx qam-gorn nyei dorngx/genitals area; hidden parts.
lamh mbueiz dorngx mun qam-gorn mun/to have pain in private parts.

mbueiz[2] pm. qiex mbueiz aqc muangx mv haiz/low voice that hard to hear.

mbui w. buonv congx mbui; gorngv waac mbui/noisy sound; loud voice.
bungx mbui deix aengx bungx mbui hlo deix/to turn a bit louder.
gorngv mv mbui jaang sormv gorngv waac mv mbui/to lose one's voice.
mbui haic mbui camv haic/too loud or very loud sound.
mbui jiex jaax ba'laqc mbui jiex ndaangc mi'aqv/a great loud.
mbui zox-zox nyei 1 buonv congx mbui aengv zox-zox nyei qiex/an echo sound of a gun fired. **2** nziaaux buonc koiv-wuom zox-zox mbui/the sound made by sea wave.

mbunc q. mbui sienc mbunc mbunc nyei qiex/soft sound of airplane in distant.

mbunh[1] w. mv maaih dueiv mbunh mbunh wuov/to be tailless or without a tail.
jai-mbunh mv maaih dueiv nyei jai/a chicken without tail.
norqc mbunh maiv maaih dueiv nyei norqc jieh fun/a tailless bird.

mbunh[2] pm. dorh gu'kuotv mbunh jienv mienh/to turn hip to someone.
mbunh gu'kuotv bun dorh gu'kuotv mbunh mienh/to turn hip on someone.
mbunh jaax lomh nzoih mbunh bun doic/to turn hip to hip to each others.

mbung[1] gn. nie-mbung; ga'naaiv-mbung; la'fapv-mbung/dusty; flying dust.

mbung[2] pm. hnaangx sox mbung nzengc mv fungc nyanc/to completely spoiled.

mbung[3] md. ndoih mbung nyouh nyanc haiz kuv gau/taste very creamy.

mbung[4] aengx lorz mangc "gaeng-mbung" wuov joux.

mbungh[1] w. mbungh jienv/to prevent in advance; precaution; to watch out for.

mbungh cie yienh dorh mingh mbungh nyei cie-yienh/a spare tire.

mbungh gox lui-houx mienh gox mienh mbungh daic zuqv nyei lui houx/clothes prepared for properly dressed after die.

mbungh gox nyaanh siou liouh gox daaih longc nyei nyaanh. Gj: yungz-loz nyaanh/social security income or money save up for one's retirement.

mbungh janx-zaqc mbungh jienv nziex maaih janx-zaqc/to watchful for burglar.

mbungh jienv aqv mbenc ziangx mbungh jienv aqv/to be on alert; to be on guard.

mbungh jienv hnyouv ging hnyouv mbungh jienv/to watchful for.

mbungh longx mangc longx mbungh jienv/to be ready for; attentive.

mbungh sin mienh yiem sin-hlen zuov mbungh nyei mienh/a body guard.

mbungh sin ndonx mbungh sin nyei wuoqc ginc fai ndiangx-ndonx/weapon for protect one's safety.

mbungh win-jaa baeng mbungh jienv gamh nziex win-jaa baeng daaih/watch out for the enemies troops.

mbungh wuov ndaangc jaa-ndaangc mbungh jienv/to prevent in advance.

mbungh[2] wj. nzangv mv dingc mbungh mbienv haic/the boat moving back and forth on surface of water.

mbungh mbanx muoqv zuqc gaeng-junv mbungh mbungh mbanx-mbanx nyei/to wriggle back and forth.

mbungh mbienv eix hungh hluotv nyei hnyouv/to be doubtful; undecided.

mbungh mbienv hnyouv tiuv hnyouv henv nyei sic/doubtful.

mbungv m., d. saeng-kuv fai mienh nyei mbungv/animals or human bone.

mbungv-baaih ziangh baaih mbungv. Gj: la'saengx mbungv/a rib.

mbungv-daux mbungv gapv-daux nyei dorngx/the joint of the bone.

mbungv-daux baengc mbungv-daux mun nyei baengc/arthritis or gout pain.

mbungv-daux mun mbungv gapv-daux nyei dorngx mun/joint pain.

mbungv-daux piatv ndorpc wuotv zuqc mbungv-daux piatv fai pioux/the bone is dislocated from joints.

mbungv-dix mbungv la'guaih ziangh cuotv dix daaih/the coccyx.

mbungv-fim mbungv gu'nyuoz njongz nyei dorngx/the central cavity of bones.

mbungv-komv mbungv daux doic nyei komv/the joint socket.

mbungv-kuing gu'kuotv-kuv nyei mbungv-kuing/the pelvic girdle.

mbungv-lunx lunx wuov deix mbungv cartilage or tender bone.

mbungv mbaeng ndorpc mborqv zuqc mbungv mbaeng/bone cracked.

mbungv-mbaih koiv saaiv-ziou lomc nyei mbungv-mbaih/a shellfish.

mbungv-mbaih kuqv mbungv-mbaih nyei kuqv/a seashell.

mbungv nauv mbungv nauv mi'aqv/to have broken bone

mbungv-nyatv buoz-ndoqv-hlamx nyei nyatv/joint of slightly bulging bone.

mbungv-nyatv baengc mbungv-daux mun baengc/joint pain from arthritis.

mbungv-nyoi zaux-mueic, buoz-mueic mbungv/wrist or ankle bone.

mbungv piatv mbungv-daux pioux mingh/the bone is dislocated joint.

mbungv-saa gu'nyuoz mbungv-fim wuov deix mbungv-saa.

mbungv pioux mbungv-daux pioux fai piatv/the bone is dislocated joints.

mbungv-zeih jaapv-zeih nyei mbungv the shoulder blade

mbungv-zou daux jienv mbungv-daux komv norm nganh/end of a bone that fits into a socket.

mbungv-zouc longc mbungv zoux zouc daaih/a pair of bone chopsticks.

mbungx wj. biouv ndortv zuqc ndau mbih mbungx mbapc nyei/the sound made by fruit fall hit on ground.

mbuo[1] bm. (used after a personal pronoun or noun to show plural number): yie mbuo/we. Meih mbuo/you. Fu'jueiv mbuo/children.

mbuo laanh mienh yiem seix zangc nyei mienh/being a human.

mbuo nyei mbuo yietc zungv/our, ours.

mbuo nyei buonc mbuo yietc zungv nyei buonc/our sharing.

mbuo nyei ziouv mbuo yietc zungv nyei ziouv/our master.

mbuo[2] m. 雷 /léi/ mbuo-ong; m'lueih fai lueih gong. Gj: mba'ong/thunder.

mbuo-lingc 雷电 /léidiàn/ mbuo-lingc njapc nyei douz/thunder and lightning.

mbuo-lingc douz borngz mbuo-lingc nyei douz/lightning-rod.

mbuo-lingc njapc mbuoz-lingc njapc lorngz dangh/flashing of lightning.

mbuo-ong lueih gong; m'lueih/thunder.

mbuo-ong gouv loz-hnoi mienh gorngv gouv nyei waac, gorngv maaih mbu'ong gouv yaac maaih mbu'ong-nyeiz/a male and female thunder.

mbuo-ong mbui mbuo-ong mbui njunh nyei qiex/thunder roaring.

mbuo-ong piqv daic mbuo-lingc douz cunx zuqc daic/to be kill by the thunder lightning run through.

mbuo piqv mbuo laih ziouх mienh houv bun mbuo-ong piqv nyei waac/to curse by call thunder to split.

mbuoh w. biopv jienv saaiv-jorm bun ninh zuoqc/roast by covering hot ashes.

mbuoh ndoih biopv jienv ndoih saaiv-jorm gu'nyuoz/roast tuber in hot ashes.

mbuoh toi m'normh faaux toi oix zuqc heuc zoux sai mienh tengx mbuoh toi/a treatment of bump behind the ear by a spirit priest.

mbuov[1] bc. setv mbuov; mbanv mbuov nyei/standard blue color.

mbuov-baeqc mbuov caux baeqc zorpc daaih/light blue

mbuov-gox loz-loz nor wuov nyungc mbuov/dark blue.

mbuov-jieqv jieqv caux mbuov zorpc daaih/deep dark blue.

mbuov-lunx lunx caux siang wuov nyungc mbuov/light blue.

mbuov-luoqc mbuov caux siqv zorpc nyei setv/purple or red blue.

mbuov-siqv mbuov caux siqv zorpc nyei setv/purple or red blue.

mbuov[2] pm. mbuov hmien/to brought to disappointment or embarrassment.

jiuv mbuov hmien zoux bun mienh oix zuqc nyaiv/to be disappointed.

mbuov[3] wj. sox jiex mbuov maiv fungc nyanc aqv/to get moldy; mildewed.

mbuov[4] aengx lorz mangc "lai-mbuov, butv-zoih mbuov" nyei eix-leiz.

mbuox[1] w. 告诉 /gàosù/ gorngv mbuox; dorng zuangx mbuox; bingx jienv mbuox/to notify; to tell; to make aware.

mbuox bei mbuox bun hiuv/to tell or to give advice; to let know.

mbuox dauh dauh hiuv gorngv mbuox mouz dauh hiuv/to notify everyone.

mbuox duqv hiuv gorngv mbuox bun hiuv/to let know.

mbuox faam-ziu yungz gu'nguaaz daaih buo ndorm dorh tim bieqc mienv nyei sic/to notify ancestor about new born baby on third day.

mbuox fienx gorngv zunh fienx mingh mbuox/to pass news.

mbuox hiuv gorngv mbuox bun hiuv. Gj: mbuox bei/to notify; to let know.

mbuox hnyangx ziepc nyeic hlaax faah ziepc domh hnyangx muonz, sipv mbuox tong jaa-fin mienv njang ndorm jiex hnyangx, yaac buonv biee norm congx se funx yietc hnyangx biee gueix liuz aengx cingv mienv faaux baaih juangx jienv zuov taux cuotv hnyangx zih hlaax saeng-faam wuov hnoi cingx tuix juangx fuoqv mienv nzuonx mienv nyei dorngx liuz aeqv ziangx mi'aqv.

mbuox jiex duqv gorngv mbuox liuz aqv/have been told.

mbuox jien-fouv dorh sic mingh gorngv mbuox jien-fouv/to inform authority.

mbuox joux waac maaih joux waac oix gorngv mbuox/to tell something.

mbuox ninh gorngv mbuox ninh/to tell him or her.

mbuox nzengc gorngv mbuox nzengc maiv bingx/tell the whole story.

mbuox tong gorngv mbuox tong deix leiz-fingx/just to mention.

mbuox yie oc gorngv mbuox yie/please tell me about it.

mbuox zaqc gorngv zaqc nyei mbuox/to tell honestly; to tell right out.

mbuox ziangx jaa-ndaangc gorngv mbuox liuz aqv/told; foretell.

mbuox zuangx mienh gorngv mbuox mienh camv hiuv/to notify public.

mbuox[2] m. 名 /míng/ mengh nzangc; mengh hoc; sing-mengh/a name or title.

mbuox cuotv mengh cuotv mengh nyei wuov norm mbuox/famous name

mbuox-daan 名单 /míngdān/ **1** fiev mbuox an nyei sou/name list. **2** fiev ga'naaiv nyei mbuox nyei daan/title list.

mbuox doix caux mienh juangc norm mbuox heuc/to have the same name.

mbuox kuh muangx kuh muangx haic nyei yietc norm mbuox/a famous name.

mbuox mingh duqv go mbuox sing mingh duqv go/very famous name.

mbuonc w. jai mbuonc ndau lorz gaeng nyanc. Gj: biaah/to scratch with claws.

jai mbuonc gaeng jai mbuonc ndau lorz gaeng nyanc/chicken scratch the ground looking for bugs to eat.

juv mbuonc muo juv nyaaiv ninh sietv nyei dorngx/a dog scratch.

mbuonc guangc jaiv mbuonc lui houx guangc/to undress quickly.

mbuonc-mbuonc nyei tiux se hnangv maaz nor sung-buoz sung-zaux tiux biu jienv mingh/to run and jump with four limbs as horse does.

mbuonv[1] lz. hmeiv-mbuonv; ga'maeqc mbuonv/general name for powder.

hmeiv-mbuonv hmeiv morc mbuonv daaih/rice powder.

maeqc mbuonv maeqc zoux mbuonv daaih/corn powder.

mbuonv-diuh mienx-nqaai; miv sienx-nqaai/clear dried noodles.

mbuonv-muonc faix muonc haic nyei mbuonv/a finely ground flour.

mbuonv[2] gn. nyomc setv nyei mbuonv fai setv/color; tint; tinge.

mbuonv-maeng 1 nyomc setv maeng nyei mbuonv/green tinge. **2** maeng nyei mbuonv-muonc/green powder.

mbuonv-siqv 1 nyomc setv siqv nyei mbuonv/red tinge. **2** siqv nyei mbuonv-muonc/red powder.

mbuonv-yangh 1 nyomc yangh nyei setv/a yellow tint. **2** yangh nyei wuov mbuonv-muonc/yellow powder.

mbuonx m., d. yiem gu'nguaaic lungh nyei mbuonx. Gj: yunh mouc/a cloud.

mbuonx-baeqc mbuonx baeqc nyei/a white cloud. Gj: mouc-baeqc.

mbuonx-don yiem zunv yaac aiv ziangh ndui nyei mbuonx/a large thick cloud.

mbuonx gu'nguaaic gu'nguaaic ziqc mbuonx/above the clouds.

mbuonx-jieqv oix duih mbiungc nyei mbuonx-jieqv/a black cloud.

mbuonx tui mbuonx tui jienv donc nyei mingh/clouds are drifting slowly.

mbuoqc[1] n. ndie-mbuoqc; zeiv-mbuoqc fai ndopv-mbuoqc/a bag or sack.

mbuoqc baengx mbuoqc nzuih wuov bung/an opening side of a bag.

mbuoqc betc dapv ga'naaiv zungx zuqc mbuoqc betc/bag break open.

mbuoqc buix kuangx mba'dauh buix nyei mbuoqc/a shoulder carrying bag.

mbuoqc dorn mbuoqc faix nyei/small hand carry bag or sack.

mbuoqc gorng mbuoqc gorng kuangx mba'dauh buix wuov/a bag strap.

mbuoqc gorqv mbuoqc nyei gorqv/the corner of a bag.

mbuoqc hnengx longc buoz hnengx nyei mbuoqc/a bag carry by hand.

mbuoqc hlopv congx jienv congx yaac mbuoqc nzuih haih baeng hlopv faix nyei dorn/a small wallet with cross-stitched.

mbuoqc jorngx kuangx mba'dauh buix nyei jorngx. Gj: mbu'jorngx/a shoulder bag or a purse.

mbuoqc jorngx-gorng jorngx paanx mba'dauh buix wuov diuh gorng/strap of a shoulder bag or purse.

mbuoqc jorngx-guaan guaan jienv lui guaan nyei jorngx-nzueic/shoulder bag

mbuoqc ndaauv zaangh cuqv nyiex nyei mbuoqc/a long sack for carry rice grains on one's back.

mbuoqc ndoqv mbuoqc nyei ga'ndiev ndoqv/the bottom of a bag.

mbuoqc nyiex dapv sou nyiex mingh horqc dorngh nyei mbuoqc/a back pack.

mbuoqc nzuih dapv ga'naaiv njiec wuov bung mbuoqc/opening of a sack, bag.

mbuoqc tong mbuoqc huv tong kuotv nyei/a bag with broken hole.

mbuoqc[2] pm. fi'mbuoqc nyei/to be equal amount of something.

mbuoqc haaix naaic gaax camv mbuoqc haaix/how much the amount.

mbuoqc naaiv camv zoqc yaac mbuoqc naaiv hnangv/only this much.

mbuoqc ziex naaic gaax mbuoqc ziex jaax-zinh/how much is the price.

mbuoqc ziex nyungc maaih mbuoqc ziex nyungc/how many brands.

mbuoqc ziex nzunc mingh mbuoqc ziex nzunc/how many times.

mbuoqc[3] ml. mbuoqc gunv; mbuoqc leiz to obey; to surrender; submission.

mbuoqc gunv mbuoqc leiz gunv nyei to obey someone's leadership.

mbuoqc leiz gunv muangx doz-leiz gunv/to respect and obey the law.

mbuoqc mv duqv butv douz qiex jiez mbuoqc duqv/to get mad.

mbuoqc ninh gunv mbuoqc ninh zoux ziouv gunv/to obey his, her leadership.

mbuoqc[4] zmb. mbuoqc horngh haic meih maaih naaiv deix buonv-zeic/to admire at; to amazing at.

mbuoqc horngh nyei sic guv guaix haic nyei sic/miracle thing happen.

mbuoqc horngh mbuoqc huaax gengh peix fuc dingc aqv; gengh gamh nziex dingc aqv/to be absolutely amazed by.

mbutc q. fengx biaav mbui mbutc mbutc nyei qiex/the sound made by spinning a stick or by a small bird fly.

mbih mbungx mbutc nyei mba'mbui ndaix jiex m'normh dueiv haiz mbih mbungx mbutc nyei/the sound of many bats flying near the ear.

that decorate with red yarn.

mbuoqc jorngx-hnengx buoz hnengx nyei jorngx/a bag for carry by hand.

N

n[1] /nor/ nyic ziepc norm nzangc-maac yiem Iu-Mienh/Yao nyei waac.

N[2] nzn. se **naamh** bung nyei nzutv norz fiev/an abbreviation for south.

nc 1 se dongh **naaic**. **2 noic**. **3 naanc** nyei nzutv-norz waac/abbreviation for naaic, noic, naanc.

nc gaax ninh naaic muangx gaax ninh nyei eix/to ask him for his idea.

nv 1 se dongh **naaiv**. **2 nanv** nyei nzutv norz fiev/an abbreviation for **naaiv** or **nanv/1** this. **2** grasp.

naa[1] w. naa naaiv naa wuov nyei gorngv mv tong-daapc/digress.

Naa Hum 纳鸿书 /náhóngshū/ yietc buonv zengx-ginx sou nyei mbuox/a book of Nahum, in the Bible.

Naa Saa Letv 拿撒勒 /násālè/ Yiu-taaix guoqv mungv nyei mbuox, se dongh Yesu benx fu'jueiv wuov zanc yiem nyei mungv/Nazareth.

naa tin naa deic gorngv yietc lungh yietc ndau nyei/to talk about here and there.

naa[2] aengx lorz mangc "biouv-naa" wuov joux nyei eix-leiz.

naah pm. yie yiem wuov naah gauh camv yiem biauv/I lived outside more than I lived at home.

naah maah beiv hnangv, zeiz nyei lorqc hnangv m'nor naah maah. Gj: la'maah, laa maah. (used after a verb or adjective to indicate completion of change).

mingh wuov naah cuotv nyiec mingh mv yiem biauv/to go out of town.

wuov naah ndeic-liuh liangx-ndeic leih laangz go nyei dorngx.

naaic[1] w. 问 /wèn/ naaic muangx, fai naaic gaax; naaic waac/to inquire; to ask.

naaic aqc waac naaic bun mienh aqc dau nyei waac/to ask difficult question.

naaic dau 问答 /wèndá/ naaic caux dau

nyei waac/questions and answers.

naaic dangh ninh naaic muangx gaax ninh/to ask him a quick question.

naaic dorngc mienh naaic dorngc mienh mi'aqv/ask wrong person.

naaic fienx oix hiuv lorz fienx/to ask for information.

naaic gaax naaic muangx gaax/to find out by asking.

naaic gorn zimh naaic lorz gorn zaah dimv sic/to ask as to investigate

naaic hoc 1 naaic waac hoc/a question mark. **2** naaic hoc/that brand.

naaic jauv naaic lorz jauv/ask someone for the directions.

naaic maiv cuotv naaic mv cuotv haaix nyungc/ask but failed to get answer.

naaic mienh 1 naaic gaax mienh/to ask someone a question. **2** naaic se mienh that is a person.

naaic mienh fingx naaic gaax mienh nyei fingx/ask a person's family name.

naaic muonc naaic muonc nyei zimh lorz gorn/to question in detail.

naaic mbuox 1 naaic mienh nyei mbuox to ask a person's name. **2** naaic aengx caux mbuox/ask and inform.

naaic mbu'ziex naaic gaax jaax-zinh mbu'ziex/to ask the price.

naaic nin-saeng naaic lorz sieqv cuotv seix hnoi-nyieqc dorh mingh doix sou mangc zoux auv-nqox horpc nyei fai/to ask a woman's birth date as to propose for marriage.

naaic nyei waac naaic mienh nyei waac a question word; questionnaire.

naaic taux naaic lorz taux/to ask about.

naaic waac 问话 /wènhuà/ lorz waac naaic mienh/to interview a person.

naaic yiem longx naaic gaax yiem longx nyei fai/to ask how is a person's health.

seix naaic gaax taamv naaic muangx gaax/to try to ask and find out.

naaic[2] pm. 那 /nà/ dongh naaic; yiem naaic; hnangv naaic; ziang naaic/that.

naaic bung 那边 /nàbiān/ naaic bung, fai dongh naaic bung/that side or direction.

naaic dauh 那个 /nàgē/ naaic dauh mienh, fai saeng-kuv/that person or animal.

naaic deix 那些 /nàxiē/ naaic deix mienh fai ga'naaiv/those. Gj: m'deix.

naaic horngh naaic horngh mienh fai ga'naaiv/that kind person or thing.

naaic huaav yiem naaic huaav m'bung there; over there near (you).

naaic nyei mienh 1 yiem naaic nyei mienh/the people lived there. **2** naaic waac nyei mienh/a person who asking the question.

taux naaic mi'aqv mingh taux naaic mi'aqv/already be at there.

naaiv w. 这 /zhè/ yiem naaiv fai dongh naaiv/here or this. Naaiv ha'hnyungv?. What is this?.

hnangv naaiv 这样 /zhèyàng/ hnangv naaiv nor/like this; this way.

naaiv bung 这边 /zhèbiān/ yiem naaiv bung/on this side; over here.

naaiv buoqv ndau yiem naaiv haangh ndau/this area; this neighborhood.

naaiv caamx hnoi naaiv douc ziangh hoc/during this (particular) day, time.

naaiv dauh naaiv dauh saeng-kuv fai mienh/this person or animal.

naaiv deix naaiv deix ga'naaiv/these.

naaiv douc hnoi naaiv caamx hnoi/this period of time.

naaiv haaix nyungc naaic gaax naaiv haaix nyungc/what is this.

naaiv hingv se naaiv bung, wuov hingv se wuov bung/this side or that side.

naaiv mbu'ziex naaic gaax naaiv jaaix ndongc haaix/how much is this.

naaiv nix 这儿 /zhè ér/ nuqv mbuox yiem naaiv. Gj: mv nix/here; right here.

naaiv zeiv 1 naaiv se zeiv/this is paper. **2** naaiv zeiv lai/this bundle.

weic laaix naaiv weic zuqc dongh naaiv for this reason; because of this.

yangh naaiv jiex yiem naaiv mingh wuov douh/from now on.

naamh[1] pm. 南 /nán/ wuov ndiev bung/at the south side or southward.

naamh baqv bung naamh bung aengx caux baqv bung/northern and southern.

naamh bung 南方 /nánfāng/ naamh wuov bung/the south; the southern side.
naamh bung mienh yiem naamh wuov bung nyei mienh/southerner.
naamh bung waac naamh bung mienh gorngv nyei waac/the southern dialect.
naamh dong bung naamh dong wuov bung/southeastern.
naamh fai yiem naamh fai wuov bung southwestern side.
Naamh Ging 南京 /nánjīng/ se dongh Iu-Mienh/Yao sienx zinh ndaangc mbuo yiem naaic daaih wuov norm mungv/the name of a province in China.
naamh lungh ndiouh naamh bung lungh ndiouh/south pole
Naamh Meiv Ziou 南美洲 /nánměizhōu/ yietc zungv naamh meiv ziou deic bung/a continent of South America.
naamh yaangh koiv naamh bung domh koiv/southern pacific ocean.

naamh[2] m. 男 /nán/ m'jangc mienh, m'jangc dorn/son; boy; male person.
naamh cernx niv bang m'jangc cernx m'sieqv tengx/man build woman help.
naamh congh nyouz nyunc m'jangc oix m'sieqv nyunc/to be perfect match between a man and a woman.
naamh fai nyouz m'jangc fai m'sieqv mienh/man or woman; boy or girl.
naamh fingx m'jangc fingx/male sex or the male gender.
naamh fun 1 fun-dorn/a grandson. **2** dorn-fun/a nephew.
naamh huon nyouz jaax 男婚女嫁 /nán hūnnǚjià/ dorn hlo lorz auv nzuonx, sieqv hlo bungx cuotv gaengh/man should take a wife and woman should take a husband, when reach adulthood.
naamh kuaa houh saeng-yaang/a boy or young man.
naamh nyienh m'jangc mienh/a male person; a gentleman.
naamh nyouz 男女 /nánnǚ/ dorn sieqv yietc zungv fu'jueiv. Gj: dorn-jueiv/sons daughters; children.
naamh nyouz baengh dangv m'jangc m'sieqv baengh dangv/men and women are equal rights.
naamh nzieh nz. naang/snake; serpent.
naamh zaaix nyouz mbiaauc zaaix bung se funx m'jaangc, mbiaauc bung se funx m'sieqv/left represent male and right represent female.
naamh zaangv yie nyei dorn, gorngv mbuox mienv nyei waac/a son when referred to ancestor spirit.
naamh zaiv 男子 /nánzǐ/ m'jangc dorn, aaux benx nzung nyei waac/male person; a gentleman.
naamh zeiv nz. se beiv m'jangc dorn jun-zeiv mienh/gentlemen.
naamh zorng nyouz m'jangc zorng benx m'sieqv/a man disguised as woman.

naamx bc. ndorqc ndaauv yietc naamx/a handspan measured equal eight inches.
naamx-bienx ndaauv maaih naamx lengh/one and a half of handspan.
gaeng-naamx-naamx naamx jienv mingh nyei gaeng-junv/an inchworm.
naanc sk. 难 /nàn/ kouv naanc; ndortv naanc; doh naanc; zei-naanc; beic naanc/hardship; distress; catastrophe.
cietv zei betv naanc nyungc-nyungc hoic mienh nyei kouv naanc/all kind of the troubles or tragedy.
naanc jienv baengc tongx kuonx hoic jienv yiem sin/suffering.
naanc maanh 难民 /nànmín/ biaux zei-naanc nyei mienh maanh/refugees.
naanc zingh beic sih baengc tongx hoic mienh ki/distressing circumstances.
naanc zingh nyienh ndortv naanc nyei mienh/a person who suffered hardship.
naanc zingh nzung sux ndortv naanc nyei nzung/song of one's difficulties.
teix zei teix naanc hnangv mienh buov toi liuz aengx buov ndiangx ziouc gorngv bun ndiangx teix zei teix naanc/to bear away the sickness.
zei-naanc hoic maaih kouv naanc hoic jienv yiem/suffering the difficulty.

naanh pm. 难 /nán/ ga'naanh haic maiv faang-mbienc/inconvenience; difficult.
naanh benx mv cuotv aqc duqv benx mv cuotv waac, nzung/uneasy to create.

naanh buangh aqc duqv mv noic duqv buangh doic/hard to meet each other.
naanh bun mv cing aqc gorngv maiv mengh/unable to make clear.
naanh bun naanh siev 难分男舍 /nánfēn nánsě/ naanh siev mv duqv bun nqoi/to be very reluctant to separate.
naanh diev aqc diev mv hingh/unable to endure; unbearable.
naanh dingc aqv gengh naanh dingc aqv/to be so difficult.
naanh doh maaih naanc hoic jienv aqc duqv diev/unbearable or hard to bear.
naanh dorh 1 aqc dorh m'normh hoz nyei fu'jueiv/to be very hard to take care disobedient child. **2** aqc dorh mv mingh weic zuqc hnyiev haic/too heavy to bring with.
naanh dorng aqc dorng maiv jiez jaa fai aqv duqv zoux mienh/difficulty for one to manage.
naanh duqv naanh noic mv duqv/hard to get; hard to come by.
naanh duqv gorngv aqc duqv gorngv maiv muangx/difficult to predict.
naanh duqv hiuv aqc duqv maiv haih bieqc hnyouv/ hard to understand.
naanh duqv hnamv aqc duqv hnamv mv liuz/to feel uneasy; to feel sorry.
naanh duqv mangc gengh maiv fungc mangc/unpleasant to the eyes.
naanh duqv muangx aqc duqv muangx haic nyei waac/unpleasant to hear (often referring to vulgar or abusive).
naanh duqv njaaux aqc duqv njaaux mv muangx/hard to deal with; difficult to get along with.
naanh duqv zoux aqc zoux maiv noic ziangx/very difficult to do.
naanh gorngv aqc gorngv njaaux maiv muangx/uneasy to say something.
naanh gunv aqc duqv gunv maiv njiec difficult to govern; hard to rule.
naanh haic maiv faang-mbienc yietc deix/to be very hard.
naanh hnamv zoux naanh hnamv mv nzuonx aqv/to feel sorry for but too late.
naanh jaauv aqc duqv jaauv mv sung zaeqv/cannot make afford to pay debt.
naanh lorz aqc duqv lorz mv haih buatc uneasy to find something.
naanh mangc 难看 /nánkàn/ maiv fungc mangc/unpleasant to one's eyes.
naanh mienz aqc duqv guangc zuiz bun mienh/inescapable to forgive someone.
naanh mbenc aqc duqv mbenc maiv sung/uneasy to prepare.
naanh njaaux aqc duqv njaaux haic/to be hard to deal with (a child).
naanh nyanc maiv kuv naanh nyanc mv njiec/unable to eat; taste bad.
naanh siev aqc siev mv duqv bun nqoi uneasy to separate.
naanh sienx aqc bun ganh nyei hnyouv sienx/hard to believe; unbelievable.
naanh sux 难诉 /nánsù/ aqc gorngv mv nzengc mbuox mienh/to be uneasy to recount or describe.
naanh weih aqv peix fuc meih mv nyaiv gorngv cuotv nzuih/to be amazed at.
naanh yangh aqc yangh jauv weic jauv mv benx/hard to travel because bad condition of the road.
naanh ziangh aqc ziangh mv jouc weic zuqc kouv haic/to be hard to live on.
naanh zoux aqc duqv zoux haic weic zuqc mv benx zoux/hard to do because bad working condition.

naanx bt. 伤疤 /shāngbā/ gaatv zuqc mun longx daaih nyei hanh/a scar; a mark left on skin after wound healed.
naanx-naanx wuov naanx hlo jangv naanx-naanx wuov/a big scar.

naanz w. zoux ndeic jangv naanz gemh naanz jiex nyei/a large swidden field.
naanz tin naanz deic ndeic jangv gau naanz tin naanz deic nyei.

naang[1] d. 蛇 /shé/ nyungc-nyungc naang nyei mbuox/general term for snake, serpent.
cing-guonx naang maaih ganc ben nyei naang/a banded krait.
naang-da'dingx yiem biauv nyei naang guh laangc dorn/skink, which lived in the house.
naang-daamv 蛇胆 /shédǎn/ dongh haih longc zoux ndie wuov/the gall of snake (used as medicine).

naang-doqc nzuih maaih ndie haih doc mienh nyei naang/a poisonous snake.
naang-doqc ndie naang doc mienh nyei ndie/a snake venom.
naang-gapc gorz yiem biauv nyei domh naanh-gu'laangc. Gj: bakv gorh/a large house lizard or gecko.
naang-gu'laangc maaih hlo taux lomh zaux-ndoqv nyeiz/a lizard or skink.
naang-jaic yiem geh zorng hlang nyei naang/snake which lived high mountain.
naang-jaux naang nyei jaux/snake=s egg.
naang-jieqv ndopv jieqv nyei naang/a black snake.
naang luih naang luih jienv mingh/a snake creep along on the ground.
naang-maeng ndopv maeng nyei naang a green snake or a pit viper.
naang-nung naang ndunx guangc nyei ndopv/sloughed off skin of a snake.
naang-ndopv 蛇皮 /shépí/ longx zoux ndie nyei naang-ndopv/a snake's skin.
naang ndunx nung naang tutv yienc ninh nyei loz-ndopv guangc/snake shed off it's old skin.
naang nyorqv naang nyorqv mienh fai saeng-kuv/a snake peck.
naang-nzung 蠕虫 /ruǎnchóng/ nyungc-nyungc naang-nzung/general name for parasitic worm.
naang-nzung-buoc lomh buoz-ndoqv nyei domh naang-nzung/an earthworm.
naang-nzung-mbinz yiem ga'sie nyei naang-nzung-mbeih/a tapeworm.
naang-nzung-sim faix muonc wuov nyungc naang-nzung/a pinworm.
wuom-naang yiem wuom nyei naang/a water snake. Gj: naang-wuom.

naang[2] nyz. biauv-naang jangv ndongc haaix nyei sic/the measuring how wide in a house from side to side.

naangh[1] pm. zoux sic naangh. Gj: ndin/to be active or lively manner.
naangh haic gengh ndin haic/be very active; energetic activity.

naangh[2] w. maaih maengc ziangh jienv naangh nyei. Gj: nangh/to be alive or liveliness; full of life.
naangh caux daic ziangh caux daic i nyungc/between life and death.
naangh daic ziangh fai daic i nyungc/to live or to die; living and dead.
naangh nyei corc se naangh nyei maiv gaengh daic/still alive.

naangx w. daux naangx jienv doic mingh to connected or join together.
juv naangx jaangh juv saeng doic naangx jienv/the dog mating and stuck together with each other.

naapc[1] w. longc bux-nyaaic mbiev naapc jienv/to sew with a jumping thread.
beu naapc jienv longc ndie-nyouh beu naapc jienv/to patch with bandage.

naapc[2] pm. longc zeiv-nyouh naetv naapc jienv/to stick together with tape.

naapc[3] aengx lorz mangc "gaengh naapc" wuov joux nyei eix-leiz.

naatv[1] w. hlieqv jorm naatv zuqc buoz/to hurt one's hand by pressing on hot iron.
naatv lui houx longc louh jorm naatv yuonh lui houx/to iron clothing.
naatv lui houx louh longc naatv lui houx nyei dienx louh/an electric iron for pressing clothes.
naatv mba'biei zoux mba'biei njuotv. Gj: hluqv mba'biei/to perm the hair.
naatv mbiauz an caeng naatv mbiauz pressing fish on a hot pan.
naatv njuov an caeng naatv bun njuov mbong/pressing bread in the hot pan.

naatv[2] aengx lorz mangc "butv ndin butv naatv, mv ndin mv naatv" nyei eix-leiz.

naauz[1] hz. 老鼠 /láoshǔ/ nyungc-nyungc naauz/general name for mouse or rat.
naauz-buoz-mbienv da'mbienv buoz-zaangv nyei naauz/moles, eastern mole.
naauz-butv faanv nyanc waaic gaeng-zuangx nyei naauz.
naauz-dorn faix haic nyei naauz/rat's baby or small house mouse.
naauz-jung yiem lomc hlo nyei naauz field rat or jungle rat.
naauz-nziemx faix jiex yaac zueix nyei wuov nyungc naauz/a tiny mouse.
naauz-nzomh hlo jiex wuov setv naauz a kind of large field rat.

naauz zaauc naauz faanv nyanc waaic liangx-ndeic ga'naaiv/rat destroy crop.

naauz-zunh 1 naauz njiec dorn nyei zunh/a rat's nest. **2** mienh jomc biauv se beiv naauz-zunh.

naauz[2] m., n. longc zoux "computer" nyei naauz/a mouse used for computer.

nae wj. meih nyei nqa'qiex hnangv, lorqc beiv yie lor nae zungv mv nyaangc aqv.

naeh q. cunv bun nyei qiex, beiv hnangv naeh oix longc daaih zorqv maah/here for you, come and get it.

naeh, bun meih aqv cunv bun gorngv nyei waac/here it's for you.

naex[1] nw., q. beiv hnangv, meih zoux hnyungv aah! naex?.

naex[2] q. biomv nzatc mbui naex naex norc nyei qiex/the sound of play suona.

naenc w. yaauh ndiangx-jien ndaenh naenc faaux njiec/to bounce up and down.

naenx w. mbiauz-naenx, naenx naetv jienv la'bieiv/a fish adhere on the rock.

naenz gw. mbuox gu'nguaaz hopv nyorx nyei waac/child's word to drink milk.

naenz naenz aqv oc mbuox gu'nguaaz hopv nyorx aqv/tell a baby to nurse.

naengh[1] w. mueiz camv ndaix gu'nguaaic ni'nungx naengh nyei/to flit around.

naengh[2] gn. dorh naengh laatc jienv ndoqv hlangx mbiauz/to catch fish with net.

naengv w. nzopc mbiauh saa gau naengv zungh naaiv naengv zungh wuov.

naengv congx norqc mv ziux norqc buonv/to shoot a bird without aim at.

naeqc[1] nd. ndoh naeqc zietc/to tie firmly; fastened firmly or securely.

naeqc jaang daic ndoh ganh nyei jaang ndiux daic/suicide by hanging up neck.

naeqc maiv zietc ndoh maiv zietc/to tie but insecurely or infirmly.

naeqc zietc nyei baeng hlaang ndoh naeqc zietc nyei/to tie up firmly.

naeqc[2] pm. naeqc waac mv bun gorngv/to forbid to speak; to keep confidential.

naeqc jienv waac naeqc jienv waac mv yuangh gorngv/forbid anyone to speak.

naetv[1] w. 站着 /zhānzhe/ longc nyouh ga'naaiv naetv jienv/adhere; to stick together.

naetv biangh dorh biangh mingh naetv jienv/to attached flower to.

naetv gaengh fienx fiev naetv gaengh nyei fienx/a note post on the door.

naetv jienv dorh mingh yietv naetv/to put something stick together.

naetv ndie-nyouh dorh ndie-nyouh naetv jienv/to put bandage on a wound.

naetv zuqc lui ga'naaiv-nyouh naetv zuqc lui/something stick on clothes.

naetv zuqc maaih cien weic dorng jaa jauv naetv zuqc maaih cien.

naetv[2] mz. ziangh daaih faix yaac aiv nyei naetv-naetv wuov/so small and short.

naetv[3] pm. naetv-naetv heng. Gj: nitv heng, nekv heng/very light of weight.

nai gn. nai lornh ndie; nai lornh fei, *nai lornh* se gaav congh English nylon daaih.

naic w. naic jienv nzaeqv nyei kuotv/seal up the crack with something.

naic biauv naic ndipc biauv njongc nyei kuotv/to seal up hole on the wall.

naic ndipc naic buang ndipc mingh/to seal up; to cover up.

naih nz. 泥土 nítǔ/ nie, aaux nzung nyei waac/dirt or soil.

ba'naih nie wetv njiec ndau-ndiev ndo nyouh nyei nie/sticky soil, dirt.

yangh naih yangh nyei nie/dirt or soil.

naix cm. da'nyeic dorn, fai sieqv nyei jiex gorn mbuox, beiv hnangv Gueix-Orn nyei dorn Naix Orn/a prefix name given to second daughter or son.

naix dorc heuc hnamv da'nyeic dauh sieqv nyei waac. Gj: dorc naix.

naix gorx youz fai muoc heuc hnamv da'nyeic gorx nyei waac.

naix nyaam die maa heuc da'nyeic dorn nyei auv fai youz, muoc heuc gorx-naix nyei auv nyei waac.

nakv gn. longc caux dungz-siaaux zouv uix dungz nyei nakv-normh/broad leaf that used to mix with pig food.

nakv-ndiangx yietc nyungc ndiangx nyei mbuox/a broad leaf tree.

nakv-zeiv nakv-ndiangx ndopv wuonh mau torng zeiv daaih/paper made from the bark of "nakv" tree.

namc wj. **gaam-namc** gaam caux sui zorpc nyei mueix doc/favorite of sweet and sour mix together.

Namh Duei m. laauv-guoqv mungv nyei mbuox, dongh zinh ndaangc Iu-Mienh jien Chaomai, Chaola mbuo i muoz dorng baeng mborqv jaax yiem nyei mungv/an Iu Mien (Yao) commander Chaomai and his brother Chaola=s important site during Vietnam war in Laos, between 1956-1975.

Namh Gengx laauv-deic mungv nyei mbuox, dongh zinh ndaangc Iu-Mienh jien Chaola yiem wuov.

namx pm. 凉的 /liángdē/ wuom namx; nziaaux namx; ae namx/cool or cold.
goux jorm namx liuc leiz ndorm zinh nziouv hmuangv doic nyei sic/to take a family's daily needed.
hnyieqv namx nyei muoqv zuqc haiz hnyieqv namx nyei/to be snow cold.
hnyouv namx mv jorm hnyouv aqv. Gj: namx hnyouv/to lose feeling or to be discouraged.
namx jiex ndaangc juangv namx jiex ndaangc/zero temperature.
namx wuom ceqv faatv an wuom njorm daaih pyiuv douz buov zuqc mun jorm nyei dorngx bun mun sienc njiec.
namx jienv njiec jaa namx njiec/to become cooler or colder.
nziaaux-namx namx fai laangh nyei nziaaux/cold air; cold wind.
wuom-namx maiv zouv zuoqc nyei wuom/cold water. Gj: wuom-laangh.

Namibia m. 纳米比亚 /nàmǐbǐyǎ/ yietc norm guoc jaa, yiem N.F bung maengx Africa, hungh zingh mungv nyei mbuox heuc Windhoek.

nanv w. 握,拿 /wò, ná/ nanv zietc; nanv daic; nanv zuqc/to grasp, hold, squeeze.
nanv biaav buoz nanv jienv biaav/to hold a stick in one's hand.
nanv buoz nanv buoz bieqc nzemx doic to shake hand; to greet by shake hand.
nanv jaang daic goh nanv jaang daic/to grab the throat and to death.
nanv longx nanv zietc nyei jienv nyei/to hold or grasp it firmly.
nanv maiv jienv mbiangc haic nanv mv jienv/unable to hold-too slippery.
nanv maiv zietc buoz mau nanv maiv zietc/unable to grasp it tightly.
nanv maiv zuqc hnyapv nanv mv zuqc to grabbed but failed to.
nanv nie-ongx longc nie nanv benx ongx daaih/to make jar by using clay.
nanv nie zangc nanv nie-fangx nyei zangc mienh/a craftsman.
nanv nzuqc buoz nanv jienv nzuqc/to hold a knife in hand.
nanv sin nanv caa sin/to give massage.
nanv zietc longc qaqv nanv zietc nyei to grasp and squeeze.
yietc nanv dopc lai yietc buoz nanv buangv nyei dopc/a handful long bean.

nangc wj. mv nangc cing; mv nangc hlo; mv nangc siepv/not so; not quite.

nangh[1] w. ninh gorngv gau waac *nangh* ziang naaic ciou king mingh/be shocks or terrify by.

nangh[2] pm. 活着 /huózhe/ nangh nyei; taux qiex nyei. Gj: naangh/to be alive.
caa zorqv nangh liemh nangh zorqv/to capture by alive. Dgw: zorqv daic.
nyaanh nangh longc bieqc longc cuotv nyei nyaanh zeiv/cash in hand; paper money. Dgw: nyaanh daic.

nangv[1] pm. 短的 /duǎnde/ nangv nyei; gouv nangv; sou nangv/short; brief.
hnyouv hnamv nangv zoux dorngc se weic huaang hnyouv beqv hnamv mv gaux longc/to be lack of foresight.
nangv haic ba'laqc nangv deix mi'aqv to be too short to make use.
nangv jienv njiec soqv nangv jienv njiec/getting shorter and shorter.
nangv ndongc haaix ndongc haaix nyei nangv/to be how short.
nangv nyei waac gorngv nangv nyei waac/a brief comment.

nangv[2] cf. nzaeng jaax ningv ningv nangv nangv nyei/to argue back and forth.

nangx aengx lorz mangc "naangx" wuov joux nyei eix-leiz.

napv w. biu napv jienv mingh/to jump

napv faaux tei laamx zaux napv jienv faaux tei/to go up ladder with jump.

naqv[1] w. naqv njiec jaang/to gulp down; swallow; to devour.

naqv dungz-siaaux dungz hnapv naqv dungz-siaaux/pig swallow pig swill.

naqv duqv henv nyanc duqv camv gau se beiv naqv duqv henv/really eat a lot.

naqv hnaangx naqv hnaangx njiec nqa'sie/to swallow food.

naqv in zorqv in dapv nzuih nyanc naqv njiec/to swallow opium.

naqv in-mbiaatc buov in-mbiaatc, mv dorh leiz nyei waac/to smoke tobacco.

naqv jienv mingh yietc nzunc nyanc deix nyanc jienv mingh/to devour.

naqv maiv njiec sopv haic fai mv kuv naqv mv njiec/unable to swallow.

naqv ndie zorqv ndie dapv nzuih naqv njiec mingh/to swallow medicine.

naqv njiec naqv njiec jaang/gulp down.

naqv wuom-nzuih haiz cei ziouc naqv wuom-nzuih/to swallow saliva to show that one is hungry.

naqv yangh in buoz in, mv dorh leiz nyei waac/slang, smoke opium.

nauc[1] w. 叫喊 /jiàohǎn/ nauc mbui nyei/to scream; to wail; to yell; to shout.

ceuv-ceuv nauc-nauc nzaeng jaax mv njiec ndongh/to arguing in confusion.

nauc jaax nauc-nauc nyei nzaeng domh jaax/to quarrel loudly.

nauc jienv gorngv kaatv-kaatv nyei heuc jienv gorngv/to shout out.

nauc-nauc nyei heuc mbui nyei nauc jienv gorngv fai hemx/to shout at.

nauc waiz-waiz nyei heuc waiz-waiz nyei/to scream in terrifying.

nauc[2] nj. 热闹 /rènào/ njien-youh nauc ngitc nyei mbiouh/noisy of joy and fun.

nauc ngitc njien-youh nauc ngitc nyei jauv-louc/merriment; merry making.

nauc ngitc deic-bung mv mborqv jaax njien-youh nyei deix-bung.

nauc ngitc dingc aqv njien youh dingc aqv/to have a lot of joy and fun.

nauc ngitc diuv hopv njien-youh nauc ngitc nyei diuv/a fun drinking party.

nauc ngitc hnaangx njien-youh nauc ngitc wuov donx hnaangx/a drink party or entertainment party.

nauc ngitc yinh zoux nauc ngitc nyei yietc norm yinh/a fun party.

zoux nauc ngitc zoux jorm njien-youh nyei sic/to have a fun celebration.

nauv w. nauv zoux i nqanx; wuotv nauv snapped off; broken apart.

nauv mi'aqv nauv ndutv mi'aqv/to be broken apart; snapped off.

nauv muonc nzengc nauv daaih muonc nzengc/broken into small piece.

nauv njiec ndiangx nauv njiec daaih/a snap off; a tree fall down.

nauv zoux i douc nauv ndutv zoux i douc mingh/broken into two piece.

nauz nyc. m'sieqv mienh nyei nauz/the younger brother through a female or the younger brother of one's wife.

nauz-diex maa nyei nauz fai yie nyei auv nyei maa nyei nauz/uncle, younger brother of one's or spouse's mother.

nauz-ong gux nyei nauz fai auv nyei gux nyei nauz, se benx yie caux yie nyei auv nyei nauz-ong/great uncle, younger brother of one's or spouse grandmother.

nauz-ong taaix dae maa nyei nauz-ong se benx yie caux yie nyei auv nyei nauz-ong taaix/a great great uncle, the younger brother of one's or spouse's father or mother's great uncle.

N.D se dongh **naamh dong** bung nyei nzutv norz five/abbreviation for southeast.

Ne Haa Mi 尼希米记 /níxīmǐjì/ yietc buonv zengx-ginx sou nyei mbuox/a book of Nehemiah, in the bible.

Nebraska m. 内布拉斯加州 /nèibùlāsījiā zhōu/ yietc norm ziou, yiem Z. Meiv Guoqv mbu'ndongx, ziou nyei domh mungv heuc Lincoln.

neh wm. beiv hnangv, neh muangx ganx, haiz aqv. Gj: neih/a word used to attract other's attention.

nei aengx lorz mangc **nyei** wuov joux nyei eix-leiz, se bung baav mienh nyei waac.

neic pm. njuov-zong mau neic-neic wuov kuh nyanc gau/creamy and sticky.

neic-neic nyei ba'naih nie nyouh gau neic-neic nyei/creamy and sticky

neih wm. neih, muangx gaax/exclamation expressing surprise.

neih neih mbuox jienv mv dungx kolo corc aengx gorngv waac. Gj: neh/hey.

neix[1] m. biangh neix; biouv-neix/a stem of a flower or a fruit.

neix jienv biouv-neix jienv aqc gaeqv mv ndutv/firmly attached of a stem.

neix nangv biangh neix fai biouv-neix nangv nyei/a short stem.

neix ndaauv biangh neix fai biouv-neix ndaauv nyei/a long stem.

neix njien biouv-neix njien muoqv zuqc ziouc ndutv/loosely attached of a stem.

zaangh neix douz zieqc liuz zengc njiec nyei neix/a stub of unburned firewood.

neix[2] pm. buatc deix m'nqorngv neix-neix jienv mingh/to see only the head.

neix[3] aengx lorz mangc "juotc ning juotc neix, jaapv-zaangv-neix" wuov deix nyei eix-leiz.

neiz wj. neiz, neiz, mbuox jienv mv dungx zoux hnangv naaic la'maah/emphatic particle used before a sentence.

nekv[1] gw. mbuox gu'nguaaz douz buov oix zuqc gorngv nekv ux wox.

nekv ux nyei oc mbuox gu'nguaaz haih buov zuqc mun nyei waac.

nekv wox mbuox gu'nguaaz dungx muoqv douz nyei waac/to warn baby about fire.

nekv[2] m. kaux la'kaux-junh nyei nekv/a hoop to go over a round button.

nekv[3] bt. 打呃 /dǎ è/ ga'nekv caux ga'nekv mbui nyei qiex/to hiccup or the sound of a hiccup.

nekv[4] aengx lorz mangc "nitv heng, naetv heng" wuov deix eix-leiz.

nem[1] w. longc i norm buoz-ndoqv nem. Gj: goh/to nipped or pinch with finger.

nem dangh ninh nem bun ninh mengh baeqc/to warn someone by a pinch.

nem saa nem ndopv baeng zorc zuqc saa nyei baengc/a type of treatment for heatstroke symptom, to pinch and pull the skin around neck and chest area.

nem[2] cs. nem jienv longc sic/to find fault for someone. Gj: nyam.

nenh aengx lorz mangc "nernh" wuov joux nyei eix-leiz.

nengc pm. jaang ndaauv nyei nengc-nengc wuov/a long narrow neck.

nengx pm. nengx jienv di'dien hnangv oix ndutv haic aqv/to attach loosely.

Nepal m. 尼泊尔 /níbóér/ yietc norm guoc jaa yiem Z. Asia, mbu'ndongx, hungh zingh mungv heuc Katmandu.

neqv[1] w. longc zaux-ndoqv neqv jienv faaux jiez/to claw into with toe as when climbing up the hill.

neqv bun houv neqv bun mienh hiuv duqv/to warn someone by one's toe.

neqv[2] pm. neqv jienv mbuox heuc/to call someone direct by their name.

neqv mbuox gorngv neqv jienv mienh nyei mbuox gorngv/to talk directly and openly by a person's name.

nernh 能 /néng/ nernh, maaih buonv-zeic haic/able; can; have ability to.

nernh gau nernh gau yaauc gau/to be awesome or excellent.

nernh gorngv maaih buonv-zeic haih gorngv duqv/able talk or speak.

nernh haic za'gengh nernh haic/able and skillful person.

nernh mienh 能人 /néngrén/ maaih banh zeic nyei mienh/able person or man of large caliber.

nernh nyei Tin-Hungh gauh nernh jiex lungh ndiev nyei maanc zienh wuov weic TinHungh-/the God of Almighty.

nernh qaqv 能力 /nénglì/ nernh nyei qaqv fai buonv-zeic/great power or strength.

nernh siouv 能手 /nèngshǒu/ buoz-dauh longx haic nyei buoz/a skillful hand.

nernh wuonh nernh uv gorngv waac fai baaux nzung kuh muangx haic nyei nernh wuonh zaang/a word of wisdom.

nernh zoux 能干 /nénggàn/ maaih banh zeic zoux duqv/able to do; capable to do.

Netherlands m. 荷兰 /hélán/ yietc norm guoc jaa yiem F.B bung Europe, hungh zingh mungv heuc Amsterdam.

neuh w. gu'nguaaz zanc-zanc neuh jienv ninh nyei maa/cry baby always stick with his or her mother.

neuz m., d. gu'nguaaz cuotv seix ndiux jienv ga'sie-nutv ndaauv nyei wuov diuh gorng/the umbilical cord.

Nevada m. 内华达州 /nèihuádàzhōu/ se yietc norm ziou, yiem Meiv Guoqv F. bung maengx, ziou nyei domh mungv mbuox heuc Carson City.

New Hampshire m. 新罕布夏 /xīnhǎnbùxià/ yietc norm ziou yiem Meiv Guoqv D.B bung, ziou nyei domh mungv Concord.

New jersey m. 新泽西州 /xīnzéxīzhōu/ yietc norm ziou yiem Meiv Guoqv D.Z bung ziou nyei domh mungv heuc Trenton.

New Mexico m. 新墨西哥 /xīnmòxīgē/ yietc norm ziou, yiem Meiv Guoqv N.F bung ziou nyei domh mungv heuc Sante Fe.

New York m. 纽约 /niǔyuē/ yietc norm ziou yiem Meiv Guoqv D.B bung, ziou nyei domh mungv m'daaih heuc New York.

New Zealand m. 新西兰 /xīnxīlán/ yietc norm guoc jaa, yiem N.D bung maengx Australia, hungh zingh mungv nyei mbuox heuc Wellington.

N.F se dongh **naamh fai** bung nyei nzutv norz fiev/an abbreviation for southwest.

ni' wj. **ni'mbuo**, se dongh "ninh mbuo" fiev nangv daaih/they or them.

ni'ganh se dongh **ninh ganh** fiev nangv daaih/himself or herself.

ni'nungx norngz lomc-mbiorqc dongz ni'nungx norngz nyei/strong shaking of a thick jungle.

nih[1] wj. nih nungx norng; nih nungx ning; nih nungx norngz; nih nungx nauc; nih nungx naengh

niv[1] l. m'sieqv mienh, aaux benx nzung gorngv nyei waac/a woman.

meiv niv sieqv-nzueic; sieqv-jaaix. Gj: gueix kuaa/a beautiful woman.

niv[2] wj. niv niv nangv nangv nyei gorngv waac-huv. Gj: ningv ningv/noisy of the gossip around the area.

nix[1] wj. 呢 /nē/ **1** naaiv nix/here. **2** wuov nix/there or over there.

meih nix 你呢 /nǐnē/ naaic gaax nyei waac/how about you; what about you.

nix[2] cm. nix norm mbuox bun wuov dauh gux heuc *m'gux-porngv-lorngv*/aengx nix norm bun wuov dauh ong heuc ninh zoux *ong-mborqv-morc.*

niaa[1] wj. yiem setv dueiv nyei waac, beiv hnangv, an jienv naaic *aa niaa,* mv oix zoux cinh ninh *aa niaa,* mv maaih *aa niaa,* nzengc mi'aqv *niaa.*

niangh nz. maa; maac; yieh niangh; yieh nyaangh/female parents.

niangv wj. niangv sui; niangv im/to be very sour or absolutely bitter.

niangv guv im za'gengh im gau maiv fungc aqv/to be very, very bitter.

niangv guv sui za'gengh sui gau maiv fungc aqv/to be very, very sour.

Nicaragua m. 尼加拉瓜 /níjālāguā/ se yietc norm guoc jaa yiem Z. Meiv Ziou nyei mbu'ndongx (Central America) hungh zingh mungv nyei mbuox heuc Managua.

nie m. 泥土 /nítǔ/ nie-mbung; nie-ndunh fai nie-ngaengc/dirt; soil; mud; clay.

nie-baengh nie nanv zoux daaih nyei baengh/a pot or jar made of clay.

nie-biauv longc nie-zun ceix liepc daaih nyei biauv/house made of bricks.

nie-gaeqv wetv njiec taux nie ngaengc nyei dorngx/a very hard soil.

nie-ha'louh longc nie nanv zoux daaih zaangh ndongh/a clay water pot.

nie-mienh nie nanv zoux mienh nyei fangx daaih/a mud doll man.

nie-mor nie nanv nyei caeng-mor/an earthenware; a clay pot.

nie-mbung mbung haic nyei nie-nqaai heavy dust.

nie-mbung damh nie-mbung damh jiex gu'nguaaic/to be cover with dust.

nie-ndui siou nie ndui daaih nyei ndui a pile of the dirt.

nie-ndunh ziangh ndunh nyei nie/a clod or lump of dirt.

nie-ngaengc nyutc pui nqaai ngaengc nyei nie/a lump of dried soil.

nie-ongx nie zoux daaih zaangh wuom nyei ongx/a large clay jar for storing drinking water.

nie-nyouh nyouh nyei ba'naih nie/a sticky soil or dirt.

nie-zun pui nqaai ngaengc daaih nyei nie-zun/clay block or mud brick.
nie-zun biauv longc nie-zun ceix liepc nyei biauv/a house built with mud brick.
nie-zun laatc nie-zun ceix weih laatc daaih/a mud brick fence.

niec w. gorc niec. Gj: win-jaa/an enemy.
maaih gorc niec caux maaih win nyei mienh/to be enemy with someone.

nienv w. longc buoz-ndoqv nienv muangx to rub and feel between two fingers.
nienv buoz-ndoqv nienv ganh nyei buoz-ndoqv mbui/to snap one's fingers.
nienv hlaang nienv hlaang nzenc zietc gitv benx yietc diuh/to twist strands.
nienv in-mbiaatc nienv in-mbiaatc daaih zorng jienv in-ndongh buov/to roll tobacco into a ball.
nienv ndie-hlen nienv junc ndie-hlen cuotv ngutv daaih lunh jienv/to roll the edge of cloth and sew together.
nienv suix nienv suix guinh bun zietc deix/to roll thread tight before use.
nienv zeiv nienv muangx zeiv bieqc fai hoz/to feel paper thick or thin.

nieqv pm. maeqc yaang nyiemz gau nieqv-nieqv wuov/healthy corn stalks.
nieqv daax nieqv domh gemh lomc ndiangx nyiemz gau nieqv daax nieqv wuov/a heavily wooded area.

nietv w. longc buoz-ndoqv-nquaiz nietv/to pinch with fingernails.
nietv biei bingx mienv gorngv daix dauh dungz nyei waac-meiv/to kill a pig concealed language.
nietv bieqc longc buoz-ndoqv-nquaiz nietv bieqc/pinch in by fingernails.
nietv dorv biangh nietv dorv biangh dorh mingh bun sieqv.
nietv mbieqv gorngv daix norm jai nyei waac, se bingx mienv nyei waac-meiv to kill a chicken (concealed).

Niger m. 尼日尔 /nírìér/ yietc norm guoc jaa yiem Z. F bung maengx Africa, hungh zingh, mungv heuc Niamey.

Nigeria m. 尼日利亚 /nírìlìyǎ/ yietc norm guoc jaa, yiem F. bung maengx Africa, hungh zingh mungv heuc Lagos.

nikv goh m. Meiv Guoqv nyei biaa senh nyaanh/nickel; five cent of U.S money.

nimc[1] w. 偷 /tōu/ zoux zaqc nimc ga'naaiv. Gj: lou, pinx/to steal; to pilfer; to kidnap.
nimc auv bingx jienv bueix mienh nyei auv/to have sex with a married woman.
nimc biaux nimc dorh biaux/to kidnap.
nimc bieqc biauv bingx jienv bieqc mienh nyei biauv lou ga'naaiv.
nimc bieqc deic-bung bingx jienv bieqc ganh norm deic-bung/illegal immigrant.
nimc cuotv loh zuiz-mienh bingx jienv biaux cuotv loh/run away from jail.
nimc daaih nimc daaih nyei ga'naaiv
nimc fu'jueiv nimc fu'jueiv dorh biaux to kidnap a child.
nimc ga'naaiv nimc faix-fiuv ga'naaiv. Gj: lou ga'naaiv/to steal small thing.
nimc hnamv bingx jienv yiem hnyouv hnamv sieqv/to love someone in secret.
nimc jatv bingx jienv jatv/secret laugh.
nimc mangc bingx jienv bungx m'zing mangc/to steal a look at.
nimc mienh nimc mienh dorh mingh maaic bun loz-benv zoux nouh.
nimc muangx bingx jienv muangx mienh gorngv waac/to eavesdrop.
nimc nqox nimc bueix mienh nyei nqox to have an affair with a married man.
nimc nyaanh nimc mienh nyei nyaanh zinh/to steal someone's money.

nimc[2] bz. 祈祷 /qīdǎo/ yiem hnyouv nimc ging; nimc faatv/to chant silently.
nimc faatv yiem hnyouv ceqv faatv/to call on a magic; to spell.
nimc ging gorngv jouh zienh nyei waac to chant from Buddhist, Taoist manuals.
nimc ging daux gaux gorngv jouh Tin-Hungh nyei waac/to pray by Christian.
nimc ging-sou yiem hnyouv buih doqc ging-sou nyei waac.

nin m. 年 /nián/ hnyangx/a year.
nin-dangh jouv lauh haic aqv fai gox haic/long year or old age.
nin-dorng ziepc betv mienh lunx mienh buangv ziepc betv hnyangx nzueic nyei ziangh hoc/the beauties of young people when reach eighteen years of age.

nin-gaeng cuotv seix hnyangx, hlaax, hnoi caux ziangh hoc/birth date.

nin-gaeng betv nzangc cuotv seix nyei hnyangx, hlaax, hnoi caux ziangh hoc, se mangc maengc mienh qiemx zuqc longc/a birthday including year, month, day and hour used by a fortunetellers.

nin-gen mouz hnyangx nyei ziangh hoc a certain period of year.

nin-go ziangv daaic fu'jueiv hlo benx domh mienh mi'aqv/to growth from baby to adulthood.

nin-hoz nqa'haav hingv/in the future.

nin-juangh fuix zienz yietc hnyangx dorng dauh dorng mueiz aqv/to reached the end of a year.

nin-nin hnyangx-hnyangx/every year.

nin-saeng cuotv seix hnyangx, hlaax, hnoi caux ziangh hoc/birth date.

nin-saeng-benv fiev cuotv seix hnoi hnyangx, hlaax, caux ziangh hoc wuov kuaaiv ndiangx-benv/an Iu Mien's old style wooden birth certificate.

nin-zingh hnyangx-zingh longx, ciouv nyei sic/condition of a certain year.

ninh bm. 他, 她 /tā,tā/ **1** ninh/he, him, she, her. **2** ninh; ninh ganh 它 /tā/ it; itself.

ninh ganh 1 ninh ganh nduqc laanh/all by himself, herself. **2** ninh ganh/itself.

ninh ganh nyei ninh nyei ga'naaiv/his, hers, its.

ninh mbuo ninh mbuo yietc zungv. Gj: ni'mbuo/they; them;

ninh nyei auv ninh nyei m'sieqv-dorn; ninh nyei m'gux/his wife; his lady.

ninh nyei fangx 1 ninh ziangh daaih nyei fangx/his appearance. **2** ninh ngaapv daaih nyei fangx/his photo.

ninh nyei m'gux 1 ninh nyei gux/his grandmother. **2** ninh auv, mv dorh leiz nyei waac/slang, his wife.

ninh nyei mbuox ninh nyei mengh mbuox/his, her name; it's name.

ninh nyei nqox ninh nyei m'jangc dorn her husband; her man.

ninh nyei ong 1 ninh nyei ong/his, her grandfather. **2** ninh nyei nqox, mv dorh leiz nyei waac/slang, her husband.

ninh nyei youz 1 his younger brother **2** her younger sister's husband.

ning[1] w. 拧 /níng/ an buoz-ndoqv-nquaiz ning/to pinch between the thumbnails.

ning damv bangc buoz-ndoqv-nquaiz ning damv daic/to pinch body lice.

ning nzeiv ning m'nqorngv nyei nzeiv daic/to pinch head lice with fingernails.

ning[2] w. 吃 /chī/ nyanc, mv baac gorngv meiv nyei waac/conceal word, to eat.

ning biei-maqc nyanc juv-orv nyei waac-meiv, weic zuqc loz-hnoi Iu-Mienh fai Yao Mienh nyei ong-taaix-ngaeqv Bienh Hungh se yietc dauh jung-hungh juv, weic hnangv naaiv nyanc juv se mv horpc, mv baac six gorngv haaix dauh gengh oix nyanc nor oix zuqc gorngv ning biei-maqc hnangv.

ning nzengc nyanc njang nzengc/slang, eat up everything.

ning[3] q. huangx lingh mbui ning nyei qiex. Gj: ga'ning, ga'ling, da'ning/the sound made by a small copper bell.

ning norng gaengh lingh mbui ning norng nyei qiex/sound of door bell ring.

ning[4] aengx lorz mangc "juotc ning juotc neix" wuov joux nyei eix-leiz.

ningv[1] w. mbong-ningv; geh zorng-ningv top of a mountain peck.

ningv[2] mh. 名望 /míngwàng/ **1** mengh hoc; mengh dauh/reputation; renown. **2** duqv mengh hoc nyei muoc-ningv/a crown.

hungh ningv 王冠 /wángguān/ hungh nyei maux/a royal crown. Ninh saaix nzueic hingh norm jiem-ningv. She wins a gold crown by beauty contest.

jiem-ningv 金王冠 /jīnwángguān/ jiem zoux daaih nyei ningv/a gold crown.

ningv[3] aengx lorz mangc "ningv ningv nangv nangv" wuov joux.

ningx[1] pm. 溢 /yì/ buangv ningx mienx cuotv gu'nguaaic/full to flowing out.

ningv cuotv 溢出 /yìchū/ buangv ningx cuotv/full to flow out.

ningx[2] w. ningx jienv zaux-ndoqv yangh jauv. Gj: nengx/to walk with tiptoes.

heh ningx heh nqo hlang nyei heh. Gj. heh nengx/a high-heeled shoes.

niouh pm. gu'nguaaz siqv niouh jienv mv noic duqv ndutv/to follow closely.

niouh faaux niouh njiec gan faaux gan njiec nyei/to follow up and down. *Yietc hnyangx niouh niouh nyei ndaauv meih fungc oix zuqc huaang?.*

niouv[1] w. 扭 /niǔ/ niouv guinh mingh fai guinh daaih/to twist; wrench; spin.

niouv cing-zorng loz-hnoi leiz, gorngv hnangv baamz zuiz liuz corc mv laengz dorngc se oix zuqc longc njimh niouv cing-zorng/to make full confession of a criminal by used pliers to twist the shins this is in ancient time.

niouv dangx 扭断 /niǔduàn/ niouv cuqv dangx mingh/to twist apart.

niouv ding bieqc niouv ding bieqc mingh/to drive a screw in.

niouv ding cuotv guinh niouv ding cuotv/to unscrew; to unfit a screw.

niouv ding ga'naaiv longc niouv ding nyei ga'naaiv/a screwdriver.

niouv dingc gaeng niouv dingc ziangh hoc lorh gaeng/to set up an alarm clock.

niouv douz daic niouv bun douz daic mingh/to turn off fire on a stove.

niouv douz zieqc niouv bungx douz zieqc/to turn on fire.

niouv hlaang niouv gitv hlaang, buo gouv gitv benx yietc diuh.

niouv jaax yietc dauh nanv bung biaav niouv seix qaqv gaax haaix dauh gauh henv/to test strength by two people each holding one end of a stick and twist.

niouv lorh gaeng niouv doix horpc lorh gaeng ziangh hoc/to set up a watch.

niouv m'zing-ndoqv m'sieqv-dorn mv haih congx congx nor zuqc maa niouv ninh nyei m'zing-ndoqv aqv.

niouv ndutv niouv ndutv mingh/to twist apart or twist off.

niouv nqaai niouv bun wuom cuotv nqaai/to twist to dry; to wring dry.

niouv nzuonx niouv guinh nzuonx/to turn or spin backward.

niouv wuom niouv bun wuom cuotv. Gj: bungx wuom/to turn on water.

niouv zuqc jaang mun lungh muonz bueix njormh niouv zuqc jaang mun.

niouv[2] zmb. niouv cie. Gj: koi cie/to drive a car, bus, airplane or boat.

niouv cie mienh niouv cie wuov laanh mienh/a driver; a chauffeur.

niouv cie-ndaix niouv nzangv-ndaix/to pilot an airplane.

niouv cie sou iv congh niouv cie nyei sou/a driver license.

niouv m'nqorngv guinh m'nqorngv mingh mangc ganh bung/to turn head.

niouv nzangv niouv gan wuom nyei cie to steer a boat or ship.

nipc[1] w. jangx yiem hnyouv mv la'kuqv to keep in one's mind.

guaax nipc jangv jienv yiem hnyouv mv la'kuqv/to missed someone.

nipc jouc zingh jangx loz-a'nziaauc doic/keep old friendship in mind.

nipc win nouz jienv, nzorng jienv yiem gu'nyuoz hnyouv/to hold a grudge.

nipc zoix fiem-jei jangx jienv yiem hnyouv/to keep in one's mind.

nipc[2] wj. **nipc sou** yiem hnyouv doqc sou to read silently.

nipc ging 1 yiem hnyouv buih ging/to recite from scriptures. **2** yiem hnyouv daux gaux/to pray silently.

nipc[3] aengx lorz mangc "tongx nipc caux zuiz-nipc" nyei eix-leiz.

nipv[1] w. nipv jienv caeng bouh/to pick up a hot pot with folded.

nipv jienv baeng longc buoz-ndoqv nipv jienv baeng daaih.

nipv mba'zorng nanv jienv ganh nyei mba'zorng meix wuom/to hold one's nose while swim under water.

nipv saa zorc zuqc saa baengc nyei za'eix, se longc buoz-ndoqv nipv ndopv baeng taux buatc ndopv faaux nziaamv siqv cingx duqv/a type of treatment for heatstroke symptom, which to pinch and pull the skin around the neck, back and chest area.

nipv siaam longc siaam-nipv, nipv cun siaam/to pluck the beard with tweezers.

nipv siaam ga'naaiv nipv siaam cun nyei ga'naaiv. Gj: siaam-nipv/tweezers.

nipv[2] w. maaz longc ninh nyei nzuih meix nipv miev daaih nyanc/to pick up grass to eat with lips as a horse.

nitv[1] w. 矮 /āi/ nitv fatv; leih mv go; nitv jauv fatv/to be near the road.

nitv jienv 矮着 /āizhē/ nitv jienv fatv nyei to be near by or next to.

nitv jienv doic nitv jienv doic fatv nyei mingh/to be next to one another.

nitv koiv-hlen yiem nitv jienv koiv ga'hlen/close to beach or near seaside

nitv maiv duqv nitv fatv maiv duqv/can not be close to.

nitv mungv fatv nitv jienv mungv fatv nyei/near the city; close to the town.

nitv zuqc sieqv gan zuqc fai nitv zuqc sieqv daaih leih mv nqoi.

nitv[2] pm. nitv nyouh nyei torqv zuqc nor ziouc naetv jienv aqv/to stick together.

heuc nitv maa gu'nguaaz mv maaih dae nor oix zuqc heuc nitv maa, beiv hnangv Meix Orn nyei daauh dorn heuc Gauv Meix, sieqv nor heuc Muangz-Meix.

longc duqv nitv haic longc duqv jienh haic/to be accustomed to the use.

nitv maiv jienv maiv nyouh nitv maiv jienv/unable to stick together.

nitv nyienz nyei nyienz haic nziuc maiv bieqc/to be leathery.

nitv nyouh nyei gengh nyouh haic nyei ga'naaiv/sticky stuff.

nitv zuqc doic nziangc nitv zuqc doic/to touch and stick with.

niu q. gaeng-gueiv heuc niu niu nyei qiex the sound made by insects.

noic[1] w. 耐 /nài/ **1** diev duqv/be able to bear. **2** nyienz duqv/to have patient with; to stand with.

longc noic zoux longc hnyouv ndaauv nyei zoux/to do with patiently

maiv maaih noic hnyouv beqv haic mv maaih noic/to be impatient.

maiv noic faanh 不耐烦 /bùnàifán/ maiv noic faanh aqv/out of patient.

maiv noic horh mouc jeix noic horh aqv; nzengc za'eix mi'aqv/to have no alternative choice.

noic fiem 耐心 /nàixīn/ **1** longc suonc hnyouv/patient. **2** hnyouv gu'nyuoz/the bottom of heart.

noic ziev mv horh maiv maaih za'eix cuotv aqv/cannot help but; to have no alternative.

noic[2] sk. diev; suei; beic sih. Ninh henv haic yie noic mv duqv ninh. He is very strong, I can't manage to win.

noic maiv duqv mv maaih za'eix haih noic duqv/unable to overcome.

noic[3] nz. gu'nyuoz fai gu'nyuoz maengx inside; inner part; inside a room.

noic leiz gu'nyuoz fai yiem gu'nyuoz maengx nyei sic/inside.

winh leiz noic biauv zong gu'nyuoz inner part of a house.

noic[4] zc. pm. cie jiex jauv-ndorngh zuqc wuom-baamc noic buangv nzengc/to smear something on.

noic jienv longc nie-nyouh noic jienv ndau-nzaeqv/to smear on a crack.

noic maiv jienv maiv nyouh noic maiv jienv/unable to make stick on.

noiv[1] w. mv an longx la'guaih noiv naaiv noiv wuov/to dump onto here and there.

noiv[2] pm. ninh hnamv sieqv ziang naaic zorqv nyaanh noiv nzengc sieqv mi'aqv.

noiqc hq. noiqc, meih muangx gaax haiz nyei saqh/listen, now can you here.

nokc pm. m'zing ndiuc haiz nokc nokc deix/to feel strike and jerking. *mbiauz nyanc diux baeng zuqc diux-gaan haiz nokc nokc deix/strike and jerk*

nokv wj. nokv hnyiev; nokv hniev nyei bouh mv dongz/to be heavy.

nom w. ziangh laangz mienh nom-nom nyei butv baengc nzengc.

nom-nom nyei butv haa haaix dauh yaac butv haa nzengc/to be spread of old all over the village.

nomv w. 摩擦 /mócā/ longc i jieqv buoz nanv jienv nomv nzox/to rub or squeeze between the hands.

nomv dienh nzaaux sin nomv sin nyei dienh ndutv/to rub off the scum.

nomv ga'sie 1 ceqv faatv an buoz nomv zorc ga'sie. **2** nzaatv jienv ndie nomv.

nomv lai-sui zorqv fanh ziu-nzauv an lai-sui nomv nyanc/put salt on vegetable pickled and squeeze before eat them.
nomv lui houx longc buoz nomv nzox lui houx/to wash clothes by squeeze.
nomv muonc longc buoz nomv muonc to squeeze into small piece.
nomv sin 按摩 /ànmó/ nomv caa bun sin kuh yiem/to give a massage.
nomv sui nyanc nomv ndiangx-guaa sui nyanc. Gj: dam somc/make papaya pickled to eat.
nomv zorpc longc buoz nomv nyormh bun zorpc doic/to rub to mix together.

nongc[1] m. 脓 /nóng/ ziangh zueih daaih gunx nongc/pus; a boil with pus.
gunx nongc 脓肿 /nóngzhǒng/ gu'nyuoz butv nongc/abscess.
nongc-beu 脓包 /nóngbāo/ gunx nongc nyei pokc; butv faang nyei nongc/pustule.
nongc-nongc wuov njietc nyei nongc nongc wuov/thick and creamy.

nongc[2] aengx lorz mangc "jaix-nongc" wuov joux nyei eix-leiz.

nongh pm. 浓 /nóng/ zaah nongh fai kaa fae nongh haic/strong tea or coffee.
nongh setv setv nongh/to be thick or rich of color. **nyorx-nongh** njietc nyei nyorx/thick mill or mill shake.

nor wj. **1** jaa waac-dueiv fai mbu'ndongx tengx setv junh waac nyei waac. **2** ninh nauc yie **nor** yie joc nauc ninh. **3** hnangv **ha'nor** how is like. **4** hnangv **wuov nor** like that. **5** hnangv yie zoux **meih nor** yie maiv kangv/if I were you I will not accepted. **Nor Nih Biouv**/Jackfruit.

norh[1] wj. **1** jaa yiem setv mueiz nyei waac. **2** ninh lorz duqv auv **da'aqv norh**?/Is he get a wife?. **3** meih nzuonx **aqv norh**? are you going to go home?.

norh[2] w. **1** horh norh/agreeable. **2** norh nyinh/promise; keep one's word.

norz[1] m. **1** bouv-norz/the back side of an ax. **2 Norz Yaa Nzangv** m. 诺亚方舟 /nuò yǎfāngzhōu/ norz yaa gapv daaih bieqc jiex mbiungc-suiv-imx wuov poux nzangv/Noah's Ark.

norz[2] aengx lorz mangc **zouc-norz** caux **nzutv-norz** nyei eix-leiz.

norm[1] gn, n. s hnangv junh nyei ga'naaiv, biauv, jaux. Buo norm biauv/three houses. Juqv norm jaux/six eggs. Yietc norm hieh mbeu/a ball. Wuov norm/that one.
mbeix norm mbeix njormh mbeix norm mbeix/to have a dream.
norm-bienx diemv yietc norm ziangh hoc caux faah ziepc buon/one and half hour; hour and a half.
norm lengh deix yietc norm lengh deix dien ziangh hoc/more than one hour.
norm-norm mouz norm fi'hnangv nyei each or every.
norm-norm dorngx feix coux; mouz norm dorngx/every where.
norm-norm hnoi mouz norm hnoi fai hnoi-hnoi/each day; every day.
norm-norm ziangh hoc mouz norm ziangh hoc/each hour; every hour.
norm-soux mbu'ziex norm nyei sic/the quantities of something.

norm[2] pm. norm-norm nyei ndortv njiec daaih/to fall (of fairly large bird).
ziangh norm jai ziangh norm mv gaatv muonc nyei jai/a whole chicken.

norm[3] aengx lorz mangc "gu'kuotv-norm" nyei eix-leiz.

normh[1] gn, k. 叶子 /yèzī/ nyungc-nyungc normh/all kinds of the leaves.
da'hepc normh longc beu njuov-ndaauv nyei normh/a type of broad leave.
geh normh ndiangx longc normh gomv biauv nyei ndiangx/the leaves of a wild palm tree which used for roofing.
normh guaengv normh nyei guaengv. Gj: normh ngutv/a leafstalk.
normh lunx koqv cuotv normh daaih lunx nyei/new tender leaves.
normh ngutv normh mbu'ndongx nyei ngutv. Gj: guaengv/a leafstalk.
normh nzangv hnangv nzangv nor wuov nyungc normh/boat shape leaves.
normh nziaux ziangh mboux-zorng nyei miev dongh longc ninh nyei normh beu njuov-guei wuov/a tall grass with sharp leaves.

normh nziaaux faan normh nziaaux nyei faan, dongh haih longc ciqv gaanv wuov/blooming stalks of the tall grass.

normh zeuv m'sieqv dorn congx biangh nyei mbuox/name of a embroider work.

normh ziu b. lomc fai zuangx nyei normh ziu. Gj: m'ziu/banana plant.

normh ziu-aiv zuangx nyanc biouv nyei normh ziu-aiv/a short banana plant.

normh ziu-biouv yietc torqv normh ziu nyei biouv/a cluster of banana.

normh ziu-dorngc normh ziu ziangh biouv nyei dorngc/the clusters flower of the banana tree.

normh ziu-fei normh ziu-kuqv wuov deix fei/thread from banana tree.

normh ziu-jangv normh ziu-ndiangx nauv daaih/a fallen banana tree.

normh ziu-jorng biouv ndaauv ngau hnangv jorng wuov nyungc normh ziu nyei biouv/long sweet banana.

normh ziu-kuqv normh ziu nyei kuqv banana plant skin.

normh ziu-lomc maaih normh ziu camv nyei lomc/banana plants jungle.

normh ziu-mbiaec normh ziu-gorn cuotv nyei mbiaic/a banana shoot.

normh ziu-mbiunz goix liuz normh ziu cuotv nyei mbiunz/gelatinous from the cut of a banana tree.

normh ziu-mboux yietc nyungc normh ziu-zuangx nyei mbuox.

normh ziu-mbuov ziangh mbong hlang nyei normh ziu/a type of banana plant.

normh ziu-ndiangx yietc zungh ziangh jienv nyei normh ziu/a banana tree.

normh ziu-ndui zoux dungz-miev nyei normh ziu ndui/a banana stalks pile.

normh ziu-normh m'ziu nyei normh/a banana leaf.

normh ziu-yaang wetv mingh zuangx nyei m'ziu-mbiaic/young banana tree.

normh ziu-yunh yietc nyungc biouv faix gaam nyei normh ziu.

pai norm ziu goix normh ziu-ndiangx daaih longc zouv dungz-siaaux.

normh[2] aengx lorz mangc "m'normh fai da'normh" nyei eix-leiz.

norng q. lingh mbui ning norng nyei qiex the sound made by door bell ring.

norngc m. **1** houx-norngc. **2** ngongh nyei jaang-ndiev wuov deix norngc.

norngh[1] pm. dungz-siaaux maiv norngh dungz maiv kangv nyanc. Gj: neic/to be creamy of the mixture.

norngh[2] aengx lorz mangc "guaa-norngh, fanh mbouh norngh" nyei eix-leiz.

norngz w. lomc-mbiorqc dongz seix gau norngz-norngz nyei. Gj: da'norngz, ba'norngz/heavy shake of thick jungle.

ndiangx ba'norngz dangh mbing zipv laengv tiux njiec ndiangx ba'norngz dangh dongz seix gau.

norpc w. jiu norpc; norpc jiu; norpc bun; norpc bun jien/to give or present to.

norpc hungh jaa dorh mingh jiu bun hungh jaa. Gj: norpc jien-fouv/to submit to the government.

norpc laangh zinh siou laangh ziqc nzou bun hungh jaa/to pay crops tax.

norpc laangh ziqc siou laangh ziqc bun to contribute the crops.

norpc zinh nyaanh jiu nyaanh bun/to present money to someone.

norqc hz. 鸟 /niǎo/ nyungc-nyungc norqc nyei mbuox/general term for birds.

norqc aa heuc gaaz gaaz wuov nyungc norqc jieqv. Gj: ong-aa/a crow.

norqc aapv yietc nyungc yiem ndoqv-hlen nyei norqc/water fowl; mallard.

norqc biei norqc nyei biei/bird feather.

norqc bing biaauz yietc nyungc yiem gemh hlang nyei norqc/

norqc biormh lungh muonz zanc norqc nzopc jienv bueix njormh

norqc cing-jouc oix lamh deix hnangv mba'hinx wuov nyungc norqc jieqv/a small black bird.

norqc cing-jouc dueiv m'sieqv mienh congx biangh nyei mbuox.

norqc daapc doix yangh jauv dueiv daenh naenc wuov nyungc norqc/small wagtail bird.

norqc dekc dekc sortv ndiangx-saeng zaah faix nyei norqc/a flower-pecker.

norqc dorh forng i caax norqc dueiv ndaauv nyei nyungc norqc.

norqc dorn 1 norqc nyei dorn/a baby bird. **2** faix nyei norqc/a little tiny bird.
norqc dorn-nziepc lungh ndiev faix jiex yietc buoqv nyei norqc/smallest bird in the world.
norqc faam-cing m'nqorngv maaih nqun wuov nyungc norqc.
norqc fanh mbouh mun yietc nyungc yiem lomc-huaang nyei norqc.
norqc fongc waangh yiem domh gemh lomc gu'nguaaic nyei norqc/a hornbill.
norqc gaev maeng nyei heuc gaev gaev deix wuov nyungc norqc/a parrot.
norqc gaex mbuox gu'nguaaz norqc oix zuqc gorngv norqc gaex/a bird.
norqc gongh fouv yietc nyungc yiem hlang nyei norqc maeng/a barbet.
norqc gopv yungz nyei norqc gopv fai lomc nyei norqc gopv/a pigeon.
norqc guv diux nzuih ndaauv diux-diux wuov nyungc norqc/a kingfisher bird.
norqc guv long m'nqorngv, fai m'zing hnangv m'lomh miu wuov nyungc norqc/an owl.
norqc guv long m'zing ga'naaiv yiem nqaengc nyei yaac lorz mv buatc, se beiv norqc guv long m'zing, weic zuqc norqc guv long lungh hnoi zanc m'zing maiv njang.
norqc jaang-ndaauv jaang ndaauv nyei wuov nyungc norqc/an ostrich.
norqc jai lomc zangc nyei jai/a wild chicken or fowl.
norqc jaux norqc nyei jaux/birds egg.
norqc jieh yietc nyungc norqc ziangh daaih lomh norqc gopv hnangv/a quail.
norqc jieh fun norqc mbunh/a small kind of quail.
norqc jiem-zinh biei maaih biangh dih dungx diepc nzueic gau wuov domh norqc. Gj: kongv corc/a peacock.
norqc jouz norqc zaux cuotv daaih nyei jouz/a bird's spur.
norqc lauz 鸟巢 /niǎocháo/ norqc ndauc jaux an nyei lauz/a bird nest.
norqc liangx gor yietc nyungc bieqc morng nyei norqc jieqv mv baac ninh nyei nzuih yangh nyei. Gj: norqc liangx gor/a grackle.
norqc longh 鸟笼 /niǎolóng/ wuonx norqc yungz nyei longh/a bird cage.
norqc m'lomh norqc guv long/an owl.
norqc meix nyanc mbiauhi wuov nyungc norqc/a sparrow.
norqc meix nding mienh jomc mienh nyei biauv se beiv norqc meix nding/a sparrow's nest.
norqc morng norqc ngaengv bieqc ndiangx ndauc jaux nyei morng/a hole on a tree as bird nest.
norqc m'ziu-dorngc sortv normh ziu-dorngc nyei norqc/a spider hunter.
norqc muih longc nduov dieh norm daaih nyei norqc/a decoy bird.
norqc mbiauh yiem lomc-gorn faix haic nyei norqc/a warbler.
norqc mbopv dueiv ndaauv nyei norqc mbuov/a long tail blue bird.
norqc mbunh caux norqc jieh fun fih hnangv nyei/a quail
norqc ngaengv 啄木鸟 /zhuómùniǎo/ nyau ndiangx-zorng ngaengv lorz gaeng nyanc nyei norqc/a woodpecker.
norqc ngongh nyanc ngongh orv nyei domh norqc/a condor.
norqc gorngh goix heuc gorngh goix deix wuov nyungc norqc.
norqc njoqc yiem lomc-gorn nyei yietc Nyungc norqc/a type of pitta.
norqc nqaiv norqc nyei nqaiv/a bird's manure or feces.
norqc nqo 1 鸽子 /gēzǐ/ **1** yietc nyungc norqc mbuov/a dove. **2** heuc janx-kaeqv nyei waac-meiv.
norqc nqo-jiem biei njiemv-njiemv wuov norqc nqo/green and purple dove.
norqc nqo-ngomz domh norqc nqo/big white and blue dove.
norqc-nqo-nqaaix lungh ndorm zanc nyei norqc nqo/a morning dove.
norqc nqun norqc nyei nqun/the crest of the bird.
norqc nyiuv norqc nyei nyiuv; domh jangv nyiuv/bird or eagle claws.
norqc nziauv ziangh guanh nyei wuov nyungc norqc. Gj: norqc sienh houh/a laughing black bird with white ears.

norqc nziepc lungh ndiev faix jiex yiem lomc-gorn nyei norqc/a smallest bird.

norqc nzin ndaix gan ndoqv mingh daaih nyei norqc/a magpie robin.

norqc nzin-mbienx yiem mbienx nyei nyei norqc nzin.

norqc nzong norqc nyei m'nqorngv wuov deix nzong/a bird's mane.

norqc nzuih baengx norqc nyorqv gaeng nyanc nyei nzuih/the beak of a bird.

norqc penguin meix koiv-wuom nyei norqc, se gaav English penguin daaih.

norqc siang-laangh caux **norqc siang-mbuangz** yietc nyungc maaih nzong nyei norqc yangh caux norqc siqv/type yellow and red birds with mane.

norqc sienh houh caux norqc nziauv fih hnangv nyei.

norqc waangh yiem domh gemh lomc ndaix gu'nguaaic ndiangx-dueiv nyei norqc/a great hornbill.

norqc waangh daa faix wuov nyungc norqc waangh/type of small hornbill.

norqc waangh fun caux norqc daa fih hnangv nyei.

norqc wuom gan wuom zorqv mbiauz nyanc nyei norqc/a water birds.

norqc yungh nyanc mueiz nyei norqc/a bee-eater bird.

norqc zaux-ndaauv zaux ndaauv nyei qorngh qorngh wuov nyungc norqc.

norqc ziu-dorngc sorqv m'ziu-dorngc nyei norqc dorn.

nortc w. camh zouh tauv qiex ninh nyei jaang-ndiev nortc nortc deix/be sucked in and out as a frog's throat.

nortv w. jaiv lui-houx ndorn nortv jienv ndau/to dumped wet clothe on floor.

nortv jienv coux lueic gau kungx nortv jienv coux hnangv/to lie down perfectly on the bed.

North Carolina 北卡罗莱纳州 /běikǎluóláinàzhōu/ yietc norm ziou, yiem Meiv Guoqv N.D bung, ziou nyei domh mungv Raleigh.

North Dakota 北达科塔州 /běidàkētǎzhōu/ se yietc norm ziou, yiem Z.B bung Meiv Guoqv caux Canada mbu'ndongx, ziou nyei domh mungv heuc Bismarck.

North Korea 朝鲜 /cháoxiǎn/ yietc norm guoc jaa, yiem D.B bung maengx Asia, hungh zingh mungv heuc Pyongyang.

Norway 挪威 /nuówéi/ yietc norm guoc jaa yiem B. bung maengx Europe, hungh zingh mungv heuc Oslo.

nou[1] pm. dungz-dorn nzueic gau nou-nou wuov/plump and soft as a piglet.

nou[2] aengx lorz mangc "gaengv-nou" wuov joux nyei eix-leiz.

nouh m. 奴 /nú/ zoux nouh nyei mienh/a slave; indentured servant.

bungx nqoi nouh bungx zoux nouh nyei mienh/to free a slave.

nouh beiz 女奴 /nǚnú/ m'sieqv zoux nouh mienh/a female slave.

nouh biaux maiv oix zoux nouh beaux nyei mienh/a fugitive slave.

nouh gauv 奴才 /núcái/ m'jangc zoux nouh mienh/flunkey; male slave.

nouh gauv-daic zoux gong-bou daic nyei nouh/a slave who to be work hard.

nouh gong 1 zuqc zoux gong hniev nyei nouh/slave-laborers. **2** m'jangc nouh/a man slave.

nouh gong bang yiem wuov bang zoux gong nyei nouh/slave-labor camp.

zoux nouh mienh gan mienh yiem zoux nouh nyei mienh/a be a slave.

nouz w. 怒 /nù/ butv qiex nouz mienh/to get mad; to be angry.

nouz qiex haic haiz qiex jiez haic/to be furious or angry with.

nux q. biomv hlauv-ndongh nux mbui nyei qiex/sound of playing a bamboo flute.

nui[1] w. buov in-mbiaatc sioux cuotv nui nui deix/a puff of smoke.

bokv nui buov in yietv bungx in-sioux cuotv bokv nui dangh/puff out of opium smoking pipe.

nui dangh buonv congx yietv mbeux cuotv nui dangh/a puff out of gun fired.

nui-nui nyei douz sioux nui-nui nyei cuotv/the smoke puff out.

nui[2] pm. yie nui guaax douz an jienv wuov jiez lomc/I set a fire on the jungle.

nui[3] aengx lorz mangc "mueiz-nui" wuov joux nyei eix-leiz.

nuic gw. gu'nguaaz gorngv dungz nyei waac **nuic** fai **nuic aetv**/a pig or piglet.

nuiv w. 揉 /ròu/ **1** longc buoz nuiv m'zing/to rub eye with one's hand. **2** longc buoz-juonh nuiv. Gj: nzuei/to punch with fist.
nuiv buoz-juonh nuiv yietc buoz-juonh to punch a fist to somebody.
nuiv fanh ziu longc fanh ziu-juih nuiv fanh ziu/pound chili with a pestle twist.
nuiv m'zing la'fapv bieqc m'zing longc buoz nuiv bun la'fapv cuotv.

nunc nz. aaux benx nzung gorngv lunx/to be young or tender.
nunc fiem hnyouv lunx/tender heart.
nunc kuaa-yaang 1 biangh lunx/tender flower. **2** gu'nguaaz-lunx/an infant.
nunc nyienh mienh lunx mienh/young people or teenager.

nunz w. gorngv waac nunz mienh nyei hnyouv/to encourage someone.
gorngv waac nunz gorngv orn hnyouv nyei waac/to comfort people with word.
nunz hnyouv zoux bun haiz maaih lamh hnamv dorngx/to give hope to.
zoux sic mv nunz mienh zoux sic maiv yuoqc mienh/to act offend people .

nung[1] d. naang ndunx guangc nyei ndopv slough or skin of the snake.

nung[2] gg. **dungz-nung** ngaatc saeng-kuv sortv nziaamv mungz/a kind of biting fly.
dungz-nung-nqaaih hlo jiex wuov nyungc dungz-nung/a bigger kind of biting fly.

nungc w. nungc nyaanh; nungc zengc aqv. Gj: longc/to use; to spend.
nungc jienv nyei 1 jienv nyei sic/an important issue. **2** nungc jienv yiem mv kungx/to be in used.

nungh wj. maiv nungh gorngv aqv/don't mention about it.

nungv pm. camv haic; maaih nyaanh nungv gau/very; quite; great value.
butv baengc nungv butv baengc kouv haic/a serious ill.
nyanc duqv nungv gengh nyanc duqv duqv camv gau/a great eater.

nungx[1] w. nungx haic/very good; very nice. Yie nungx hnyouv duqv buangh meih. I am so glad to meet you.
nungx deix aqv (baengc) haiz nungx deix aqv/to feel better from ill.
nungx haic aqv za'gengh nungx haic aqv/very good; awesome.

nungx[2] w. nungx m'zing; nungx mueic zing. Gj: nungz/to open eyes.
nungx m'zing mangc nungx nqoi mueic zing mangc/open eyes to look.
nungx m'zing mv nqoi mueic zing juix nungx mv nqoi/unable to open eyes.
nungx mueic nziangc ndiangx-jien se beiv hiuv jienv mv baac liepc hnyouv mingh cuoqv sic/to accept by knowingly that is bad.

nungx[3] aengx lorz mangc "nih nungx nuqv, nih nungx naengh" nyei eix-leiz.

nuqv[1] w. 指出 /zhǐchū/ nuqv mbuox dangh ninh/to point out direction for him.
nuqv bun mangc nuqv mbuox mienh mangc haaix/to point out to.
nuqv daaih mbiec longc buoz-ndoqv nuqv dorh daaih mbiec.
nuqv forng-cang ziangv mbuox jauv nyei forng-cang/an arrow that point for the direction.
nuqv jienv buonv fatv gau nuqv jienv buonv/to shoot at very close.
nuqv jienv hemx ziangv jienv hemx/to point finger at while scolding.
nuqv mbuox nuqv mbuox mienh dongh haaix/to point to someone.
nuqv zuqc mienh hungx mingh ziangv zuqc mienh, fai nuqv zuqc.

nuqv[2] pm. nuqv-nuqv nyei mangc/to stare at; to look straight to.

nutv[1] gn. biouv-nutv; biouv-neix ziangh wuov norm komv/on a fruit where is the stem is attached to.

nutv[2] cm. aa nutv, se heuc hnamv fu'jueiv nyei waac/nickname for a lovely child.

nutv[3] aengx lorz mangc ga=sie-nutv wuov joux nyei eix-leiz.

Nd

nd /ndor/ nyic ziepc yietv norm nzangc-maac yiem Iu-Mienh/Yao nyei waac.

N.D nzn. se dongh **naamh dong** bung nyei nzutv-norz waac/an abbreviation for east or southeastern.

nda'haav w. mv nangc go nyei dorngx/to be over there medium distant.
 nda'haav maengx yiem maiv go nyei dorngx/over there somewhere.

nda'hngatv pm. m'njormh nda'hngatv/to fall to sleep; sleepy.

nda'maauh d. 老虎 /láohǔ/ nyungc-nyungc nda'maauh, se dongh "ndaauh maauh" fiev nangv daaih/general term for tiger.
 nda'maauh baaih nda'maauh mou nyei baaih/a sign of warning tiger.
 nda'maauh biorngh 1 nda'maauh nyei biorngh/a tiger's forehead. **2** m'sieqv mienh congx biangh nyei mbuox/name of embroider design.
 nda'maauh daamv 1 nda'maauh nyei daamv/a tiger's gall. **2** daamv hlo beiv hnangv nda'maauh/to dare to.
 nda'maauh dorn nda'maauh nyei dorn a baby tiger; a small tiger.
 nda'maauh fomv fomv-fomv wuov nyungc nda'maauh. Gj: si-ziev/a lion.
 nda'maauh gouv a male tiger.
 nda'maauh hoc ngaapv jienv nda'maauh wuov hoc ga'naaiv/a tiger brand.
 nda'maauh jaauz hieh m'lomh miu fai nda'maauh fun/a wild cat.
 nda'maauh jiu wuonh nda'maauh nyei mbungv zinx nqaai daaih/a tiger bone glue, which boiled until it congeal**n-da'maauh kuotv** mienh ciouv mienh yiem nyei dorngx se beiv nda'maauh nyei kuotv/a tiger cave-dangerous place.
 nda'maauh lomc nda'maauh camv nyei lomc/jungle with many tigers.
 nda'maauh longh wuonx nda'maauh nyei longh/a tiger cage.
 nda'maauh mbeux gauh faix deix wuov nyungc nda'maauh/a leopard, cheetah.
 nda'maauh mbietc nda'maauh nyei mbietc/the tongue of a tiger.
 nda'maauh mbungv nda'maauh nyei mbungv/a tiger's bone.
 nda'maauh ndopv nda'maauh nyei ndopv/a tiger skin.
 nda'maauh ngaatc nda'maauh ngaatc saeng-kuv/tiger bite.
 nda'maauh nyeiz haih njiec dorn nyei nda'maauh/tigress; female tiger.
 nda'maauh nzuih 1 nda'maauh nyei nzuih/tiger's mouth. **2** nyanc nyaanh hmuangx se beiv nda'maauh nzuih bieqc mingh nor maiv noic duqv cuotv aqv.

nda'ngoih pm. yangh jauv donc hnangv zaangz nor nda'ngoih, nda'ngoih nyei mingh/to walk slow like an elephant.

Ndaa Ni En m. 但以理书 /dànyǐlǐshū/ se yietc buonv zengx-ginx sou nyei mbuox/a book of Daniel, in the Bible.

ndaai[1] w. sung zaqc nzengc buoz-zaux bueix jienv/to lie down perfectly.
 ndaai dorn caux dorn bueix, mv dorh leiz nyei waac/to sleep with a boyfriend.
 ndaai sieqv caux sieqv bueix, mv dorh leiz nyei waac/to sleep with girlfriend.

ndaai[2] pm. ndaai-ndaai wuov/lie perfectly as of a dead body.
 ndih dungx ndaai daic mingh bueix nzoih nzengc ndih dungx ndaai wuov/lie sprawled out dead.

ndaaih m., d. yietc diuh domh wuom hlo nyei/a large river.
 ndaaih caax ndaaih mingh gau bun zoux i caax/a branch of a river.
 ndaaih congx ndaaih congx bieqc daaih nyei wuom/a bay off the river.
 ndaaih hlen ndaaih ga'hlen wuov buoqv dorngx/along the riverside.
 ndaaih kuv wuom liouc mingh wuov bung ndaaih/outlet side of a river.
 ndaaih njuotv ndaaih ngau njuotv nyei dorngx/meandering of a river.
 ndaaih nyuonh ndaaih gorn wuov bung the source of river.
 ndaaih nzou yiem ndaaih gu'nyuoz nyei lomc-nzou/an island inside a river.
 ndaaih wuom ndaaih nyei wuom-njoqc.

ndaam[1] w. an mba'dauh ndaam/to carry on shoulder.
 ndaam bouv 1 ndaam jienv bouv yiem mba'dauh. **2** yungz duqv gu'nguaaz-dorn nyei waac-meiv.
 ndaam-dauh laengz ndaam beu sengh/a promise; a guarantee.
 ndaam duqv haih ndaam duqv nyei/to be able to carry on shoulder.
 ndaam-hniev ndaam hniev jiex nyei ga'naaiv/carry the most heavy duty.

ndaam maiv dongz hnyiev haic ndaam maiv dongz/too heavy to carry.

ndaam ndaamx ndaam yietc bung ndiux norm ndaan nyei ndaamx/to carry a carrying pole with two baskets.

ndaam nzuqc 1 an mba'dauh ndaam nzuqc. **2** yungz duqv gu'nguaaz-sieqv nyei waac-meiv.

ndaam wuom zaangh wuom dapv tongv ndaam/to carry water in bucket.

ndaam zaangh an mba'dauh ndaam zaangh/to carry firewood on shoulder.

ndaam[2] nd. laengz ndaam-dorng/to take a responsible for; to accept burden.

ndaam-dauh zoux ndaam-dauh nyei mienh/a guarantor; a promise.

ndaam-dorng laengz tengx ndaam/be a responsible for.

ndaam-dorng mienh tengx ndaam sic nyei mienh/a person who undertake others responsibilities.

ndaam mengh ndaam zoux nqox nyei mengh/to represent.

ndaam mienh nyei mengh tengx mienh ndaam nyei mengh/to represent for.

ndaam waaic nyei mengh zoux waaic sic se zuqc ndaam waaic nyei mengh/to carry a bad reputation.

ndaam zuiz dorngc sic se ganh oix zuqc ndaam/to responsible for one's crime.

ndaamc w. hniev ngatv gu'nguaaic ndaamc njiec/to sag due to pressured on top.

ndaamh[1] m. geh zorng butv norm ndaamh daaih ndo nyei/area between two hills.

ndaamh[2] m. Meiv Guoqv nyei ziepc senh nyaanh/a dime, U.S ten cents coin.

ndaamv[1] pm. yietc buonc; ndaamv-jauv. Gj: ndaamh jauv/a half of something.

ndaamv-diemv ziangh hoc faah ziepc buon ziangh hoc. Gj: ndaamv-norm/a half of an hour.

ndaamv-dingh duqv yietc buonc aqv/in the middle of or halfway through.

ndaamv-hlaax ziepc hmz hnoi/a half month or fifteen days.

ndaamv-hnoi yietc aanx nyei ziangh hoc/midday; half day.

ndaamv-hnoi ndaamv-zanc lungh hnoi zanc/middle of the day.

ndaamv-hnyangx juqv hlaax nyieqc/a half year; six months.

ndaamv-jauv 1 yiem ndaamv-jauv/on the way. **2** taux ndaamv-jauv/about half way of travel.

ndaamv-jauv bienx jung corc se yiem jienv ndaamv-jauv nyei/at the middle.

ndaamv-lungh bienx tin gu'laauh nyei dorngx/be in the midair.

ndaamv muonz lungh muonz ziepc nyeic diemv ziangh hoc/midnight.

ndaamv muonz bienx seix ninh butv louh ndaamv muonz bienx seix jiez sin daaih zueiz jienv coux gorngv waac.

ndaamv muonz jiex lungh muonz ziepc nyeic diemv jiex aqv/after midnight.

ndaamv-seix ziangh duqv yietc buonc seix aqv/midlife; middle age.

ndaamv-wuonc yiem mbu'ndongx nyei dorngx/middle row; center row.

ndaamv-yienv ndaamv-buonc yienv hnangv/half a bowl of something.

ndaamv[2] aengx mingh lorz mangc "hlaax ndaamv" wuov joux nyei eix-leiz.

ndaamx[1] gn. yietc bung ndiux norm ndaan ndaam nyei ndaamx/a carrying pole with a basket each end.

ndaamx[2] pm. yietc sung; yietc doix; yietc sorng/a pair; a couple.

gu'nguaaz-ndaan ndaamx gu'nguaaz-doix; sung-gu'nguaaz/a twin baby.

guaa-ndaam-ndaamx yietc doix guaa ziangh naetv jienv doic.

ndaan[1] n. nzuqv zieqv daaih dapv hmeiv lo haaix nyei ndaan/a woven basket.

ndaan-dorn dapv ga'naaiv-muonc faix nyei ndaan/a small basket.

ndaan-nqaaix gomv ndaan nyei nqaaix a lid for cover a basket.

ndaan[2] aengx lorz mangc "hmeiv-ndaan, congx-beu-ndaan" wuov joux.

ndaang[1] pm. 香 /xiāng/ zueix-ndaang nyei qiex/to be aromatic or fragrant.

ga'naaiv-ndaang nyungc-nyungc an lai an orv nyanc ndaang nyei ga'naaiv. Gj: laapc liuc/general term for onion.

ndaang haic haiz zueix-ndaang gau/to be smell good; pleasant odor.

ndaang nyei nziaau zueix-ndaang nyei qiex/fragrance, an aroma.
ndaang nzuih dorngh nziuc bun nzuih ndaang nyei dorngh/gum to be chew for fresh mouth.
ndaang[2] aengx lorz mangc "ndie-ndaang, hmeiv-ndaang, youh ndaang" wuov deix nyei eix-leiz.
ndaangc[1] w. 之前 /zhīqián/ jaa-ndaangc; gaanv ndaangc; mingh ndaangc; taux ndaangc/first; before; ahead.
gorngv ndaangc 提前 /tíqián/ gorngv ndaangc ziangh hoc/tell in advance. .
ndaangc maengx 向前 /xiàngqián/ wuov ndaangc maengx, fai nza'hmien maengx/the front side or forward side.
ndaangc ziangh hoc gaanv ndaangc ziangh hoc/act ahead of time.
ndaangc zinh jiex daaih nyei ziangh hoc/before or previously.
ndaangc[2] aengx lorz mangc "jiex ndaangc, gaengh ndaangc" lo haaix nyei eix-leiz,
ndaangh[1] z. maaih njimv wuov nyungc ndaangh/a rattan.
ndaangh bin longc zoux biaav-mbiaac ndaangh bin/rattan walking stick.
ndaangh dieh longc ndaangh nzuqv zieqv nyei dieh/a rattan woven table.
ndaangh don longc ndaangh nzuqv zieqv don-junh. Gj: m'gux don/a rattan woven chair.
ndaangh fim ndaangh gu'nyuoz lunx wuov deix fim/rattan core which eaten as vegetable.
ndaangh fim-im nyanc haiz wuov nyungc ndaangh fim/a bitter rattan core.
ndaangh fim-sopv ndaangh fim nyanc haiz sopv wuov nyungc ndaangh
ndaangh jieqv hlo jiex wuov nyungc ndaangh/bigger kind rattan
ndaangh jui ndaangh nzuqv zieqv jui daanh/rattan back basket
ndaangh lomc maaih ndaangh camv nyei lomc/a rattan jungle
ndaangh louc louc gan ndau mingh wuov nyungc ndaangh
ndaangh maeng maiv maaih njimv wuov nyungc ndaangh
ndaangh normh ndaangh nyei normh dongh haih gitv daaih gomv biauv nyei wuov/rattan leaves which used roofing.
ndaangh njimv ndaangh sin ga'nyiec wuov deix/rattan's thorn.
ndaangh nzuqv ndaangh paaix nzuqv daaih/a rattan strip.
ndaangh zongh mv maaih njimv nyei ndaangh dongh ziangh bom nyei wuov.
ndaangh[2] lf. sipv mienv zoux ndaangh nyei yinh/a special spirit ceremony to thanks the king pan spirit.??
gaeqc ndaangh sieqv zoux ndaangh yinh laqc heix nyei yietc doix sieqv/a couple young woman who curtsy in the ceremony to honoring god of King Pan.
ndaangh nyunc piu yiuh jiex koiv houv nyei Bienh Hungh nyunc.
zoux ndaangh yinh sipv mienv zoux ndaangh nyei yinh.
ndaangh[3] aengx lorz mangc "ziepc nyeic ndaangh" wuov joux.
ndaangx[1] w. longc qaqv waan ndaangx daaih siex jienv buonv/to cock trigger.
ndaangx douz-tekv ndaangx congx nyei douz-tekv jiez daaih. Gj: fuoqv congx/to cock a gun.
ndaangx hnaav longc qaqv ndaangx hnaav-hlaang faaux daaih daapv jienv forng buonv/to set up crossbow string.
ndaangx[2] pm. douz ndaangx ziqv zuqc mienh. Gj: jorm, zongc/hot heat of fire.
ndaangx haic douz ndaangx haic/very hot heat of fire.
ndaangx[3] hl. zaeng ndaangx baqv lomc zangc orv. Gj: zaeng waan gong/spear trap to kill large animal.
zaeng buo hloux ndaangc zaeng jienv buo hloux ndaangx/to set-up three spear traps to kill large animal.
ndaatv m. jai-ndaatv; cie-ndaix ndaatv/a chicken wing; an airplane wing.
ndaatv cuotv norqc-dorn nyei ndaatv cuotv aqv/to spout the wings.
ndaatv-mbungv ndaatv nyei mbungv the bone of the wings.
ndaatv nauv ndaatv nauv nor mv haih ndaix aqv/broken the wing.
ndaatv-ndiev ndaatv ga'ndiev maengx bung/under the wings

ndaatv ngaengc 1 ndaatv ngaengc ndaix henv/a strong wing. **2** mv hiaaux suonc diex maac nyei fu'jueiv, se beiv ndaatv ngaengc/a disobedience child.

ndaatv-zuih jai-ndaatv gorn nyei zuih the thigh of the wing.

ndaau[1] w. fi'ndaau fai mv fi'ndaau/to be equal length or unequal.

fi'ndaau nyei ndaauv fi'ndongc nyei/to be the same length.

ndaau naaiv ndaauv ndongc naaiv ndaauv/about this long.

ndaau naang ndaauv ndongc yietc diuh naang ndaauv/about the length of snake.

ndaau[2] pm. ndaau mangc gaax haaix diuh Gauh ndaauv. Gj: ndorqc/to match and see which is longer.

ndaauc w. duih domh mbiungc ndaauc/to be soaked or wet down pour rain.

ndaauc domh mbiungc duih mbiungc hlo haic/a heavy down pour rain.

ndaauc njiec ndamv wuom dox ndaauc njiec/to pour water on.

ndaauc wuom ndamv wuom pietv njiec seix nyei/to pour water on.

ndaauh[1] nz. tov mienh tengx; tov bangc mienh/to seek help; to petition.

ndaauh cai-doix lorz auv lorz nqox longc seek for a prospective life time partner.

ndaauh cien 1 mingh lorz bangc kaux cien-ceqv/to ask favors of relatives. **2** naaic lorz cien/seeking for relatives.

ndaauh cien ndorqc ceqv dorng jaa longc auv longc nqox nyei sic/to seek a marriage alliance.

ndaauh kaux tov bangc kaux mienh/to ask for help.

ndaauh kaux dorngx haih kaux duqv zuqc nyei dorngx/source of help.

ndaauh mienv heuc mienv tengx nyei sic/to request spirits for protection.

ndaauh sorng zimh lorz cai-doix/seek for lifetime lover.

ndaauh zienh ndaauh kaux zienh singx to seek for blessing or for protection.

ndaauh[2] pm. domh jauv ndaauh ndaauh nyei mingh/a wide and straight road.

domh leiz ndaauh ndaauh haaix dauh yaac hiuv nyei domh leiz/common law.

ndaauh[3] aengx lorz mangc "nda'maauh" wuov joux nyei eix-leiz.

ndaauv[1] pm. 长 /cháng/ ndaauv nyei, a'fai lauh nyei/a long object/ziepc nyeic cunx ndaauv/about twelve feet long.

ndaauv cuotv aengx ndaauv deix cuotv mingh/be longer than original.

ndaauv-dauh zornc duqv nyei ndaauv-dauh/profit return from an investment.

ndaauv jiex jaax ba'laqc ndaauv jiex jaax/too long to make use.

ndaauv leic zinh maaic zornc ndaauv leic zinh nyei sic/to sell for profit.

ndaauv ndaauv nangv nangv gorngv waac-huv niv niv nangv nangv nyei sic.

ndaauv wuov bung gauh ndaauv wuov bung/the longer side.

ndaauv[2] aengx lorz mangc "ziangh hoc ndaauv, maengc ndaauv" wuov joux.

ndaen q. longc njoux-limc gaatv ndiangx mbui ndaen nyei qiex/the sound made by a chain saw being cut.

ndaenh naenc yaauh faaux yaauh njiec nyei dongz/to be springy or jumpable.

ndaenv q. juv-dorn njungx ndaenv nyei qiex/the sound of puppy barking.

ndaengh pm. mbiaic cuotv daaih ndungx ndaengh wuov/sprout of bamboo shoots.

ndih ndungx ndaengh fu'jueiv hlo ndih ndungx ndaengh wuov/the children are growth big and tall.

ndaengv w. zoux sic maengh ndaengv/to be brave in danger or impolitely.

maengh ndaengv haic zoux sic beqv maengh ndaengv haic/to do something in risky way or impolitely.

ndaetc[1] w. ndaetc ndorn nyei/thoroughly be wet or soaked.

ndaetc daax ndaetc mbiungc liemh ndorn ndaetv nzengc/totally be wet.

ndaetc[2] q. norqc dorn ndaix ndaetc nyei qiex/the sound of small bird fly.

njaanh ndaetc ndaetc nyei njaanh mbui gau ndaetc ndaetc nyei/the sound of a person snoring.

ndaetc[3] cm. tengx gu'nguaaz-sieqv cuotv norm mbuox heuc Ndaetc Fin/a girl's prefix given name.

ndaetc dorc heuc hnamv dorc ndaetc nyei waac/nickname for sister ndaetc.
ndaetc muoc nqox nyei muic-ndaetc yie horpc heuc ndaetc muoc.
ndaetc njiez yie nyei muic-ndaetc nyei nqox yie heuc ndaetc njiez.

ndaetc[4] pm. kungx ndaetc meih nyei hnangv, mienh gorngv haaix nyungc yaac mv muangx aqv.

ndaetc[5] dz. jai-gorngx oix caa jai-nyeiz ziouc mingh ndaetc jai-nyeiz.

ndaetv[1] q. **1** muoqv jaux ndortv mborqv huv ndaetv dangh/the sound of an egg being broken. **2** mbiauz yiem tongv gu'nyuoz tinx ndaetv ndaetv deix/the of fish thrash inside a bucket.

ndaetv[2] pm. ndaetv njaiz ndaetv ndorngh nyei/soggy; to become soggy.
biouv ndaetv njaiz nyei biouv zuoqc jiex jaax ndaetv njaiz nyei/the fruit is overripe and mushy.

ndaic nz. youz, aaux benx nzung gorngv nyei waac/to be brotherhood.
hiong-ndaic zih nyienh gorx-youz doic to be brotherhood.

ndaix[1] w. 飞 /fei/ ndaix jienv faaux lungh to fly; flying ascend.
ndaix biaux ndaix jienv biaux mingh mi'aqv/to fly off; to fly away.
ndaix faaux ndaix faaux maengx/to fly up; to ascend by fly.
ndaix gu'nguaaic lungh ndaix jienv yiem wuov lungh/to fly in the air.
ndaix jienv mingh ndaix jienv yangh gu'nguaaic mingh/flying in the air.
ndaix mbaih jienv ndaix biaengh jienv mingh/to fly in formation.
ndaix njiec cie-ndaix, ndaix aiv jienv njiec/an airplane flying descend.

ndaix[2] pm. mingh ndaix henv. Gj: mingh saau laangz henv/to fool around a lot.

ndamc w. longc zaux ndamc/to tread on heavy with foot; to stomp.
ndamc ndau ndamc ndau haeqv norqc ndaix ziouc buonv/to stomp on ground.
ndamc zaux-hlaatv ndamc zaux-caaiv hlaatv nie guangc/to stamp one's foot.
ndamc zuqc mienh bueix njormh mingh ndamc zuqc mienh/stamp on someone.

ndamv w. longc korqv ndamv wuom/to dip out water with a gourd.
ndamv cuotv longc korqv ndamv cuotv to dip out something.
ndamv hnaangx longc gern ndamv hnaangx nyanc/feed oneself with spoon.
ndamv lai gern longc ndamv lai nyei domh gern/a spoon used to serve food.
ndamv mbiauz longc jaauv ndamv mbiauz/scoop fish with a hand fishnet.
ndamv wuom korqv longc ndamv wuom nyei korqv/a deep gourd or bowl used for dipping water.

ndamx pm. nyutc ziux piu-beih nyei dorngx/a shaded area.
hmien ndamx ndamx-ndamx fai nzauh nzauh nyei hmien/a depress face.
ndau ndamx nyutc ziux piu-beih yaac maaih mbiungc-suiv hoz nyei ndau/the shaded area of the land.

ndamz w. yietc liuz mv buatc meih ndamz zaux-mienv taux jiex yie naaiv/I never seen you step your footprint to my place.

ndanc[1] w. **1** ndanc dongz taux/cause to move and shake. **2** ging-ndanc/disturb.
ceuv-ceux ndanc-ndanc ceux sic ndanc mienh/a lot of disturbing noises.
ndanc mienh ging-dongz ndanc zuqc mienh/disturbing the peace of people.
ndanc ndutv ndanc zuqc piatv ndutv/to shake and cause to break apart.
ndanc zuqc nyie ndanc zuqc njormh nyei mienh nyie/to cause to wake up.

ndanc[2] pm. duih mbiungc hlo gau ndanc daax ndanc nyei/a downpour rain.

ndanh[1] pm. hlaang ndanh haic oix zuqc baeng njorngh deix/be slack of rope.
ndanh hlau qiex nzoz maiv njorngh mbui nyei qiex/a dull sound.

ndanh[2] w. zoux sic ndanh haic/unhurried or lacking of attention. Gj: ngaih.
ndanh dingc aqv zoux sic ndanh ngaih dingc aqv/without hurry; sloppy.

ndanx w. nanv jienv ndanx tor njiec seix nyei/to snap or jerk a rope.
ndanx hlaang nanv jienv hlaang ndanx seix nyei/to jerk a rope.
ndanx mbietc ndanx jienv mbietc gorngv waac/to raise tongue in a futile

effort to speak in some language.
ndanx ndopv maaz ndanx ndopv/to move the skin as horse does.

ndapv[1] w. ndapv hniev jienv njiec/to press down on something.
ndapv daic ndapv zuqc daic/to kill with heavy crush on.
ndapv jauv 1 mingh ndaangc mienh ndapv jaux-caax bun nqa'haav nyei mienh hiuv. **2** ndiangx nauv njiec ndapv jienv jauv/a fallen tree block the road.
ndapv kuotv-nzuih ndapv jienv kuotv-nzuih/to cover an opening hole.

ndapv[2] pm. ninh gorngv waac mbiangc gau ndapv-ndapv nyei/to talk fluently without stop.

ndapv[3] zmb. ndapv bieqc siang-hlaax/to happen at beginning.
ndapv bieqc njang hnoi lungh muonz zanc ziepc nyeic diemv ziangh hoc se ndapv bieqc njang hnoi aqv/twelve midnight is be beginning of tomorrow.
ndapv bieqc siang-hnyangx zih hlaax saeng-yietv wuov ndorm se ndapv bieqc siang-hnyangx mi'aqv/January 1st is the beginning of the a new year.
ndapv zangc jiex gorn bieqc cie mingh aqv/to get in a vehicle.
ndapv zangc louc dauh jiex gorn cuotv mingh aqv/to begin of a journey.

ndapv[4] dz. an deix nyaanh ndapv jienv oix longc wuov norm cie/to put some deposit money for a car.
ndapv nyic ziepc gouv an nyaanh njiec nyic ziepc gouv/to put twenty percent deposited money down.
ndapv ziepc cin an dingc-zinh nyaanh njiec nyic ziepc cin/to put ten thousand deposited money down.

ndaqv gw. gu'nguaaz gorngv mborqv se oix zuqc gorngv ndaqv/to hit or beat.
ndaqv wox mbuox gu'nguaaz oix duqv mborqv nyei waac/to warn a child that he or she will get a spank.

ndatc w. ndatc ndatc nyei tinx-daic/to heavily shake as beginning to die.
ciou ndatc ndatc nyei ciou tinx ndatc ndatc nyei/to shake convulsively.
ndatc daax ndatc butv dongh sin ndatc daax ndatc nyei/strong shaking.
sin ndatc ndatc zinx gamh nzie sin zinx ndatc ndatc nyei/to shake of fear.

ndatv w. ndatv ndie; ndatv biangh; ndatv nzangc/to weave.
ndatv biangh ndatv benx norm biangh daaih/to weave into flower
ndatv gaeng ndatv norm nyatv an jienv la'kaux-waanz nyei gorn/to weave a stitch similar to a buttonhole stitch.
ndatv mba'biei zoux mba'biei nyuotv to perm hair.
ndatv ndie 织布 /zhībù/ longc suix zieqv benx yietc kuaaiv ndie daaih/to weave cloth.
ndatv ndie ciangv ndatv ndie dorngx fai ciangv/a weaving factory.
ndatv ndie jaa-sic longc ndatv ndie nyei ga'naaiv/weaving machine or supplies.
ndatv ndie sieqv ndatv ndie nyei sieqv dorn/a weaving girl.

ndau[1] m. 地 /dì/ yietc kuaaiv ndau; yietc nzong ndau/ground, land or soil.
ndau-baengh baengh nyei ndau/level ground; plain land; flatland.
ndau-beih 地面 /dìmiàn/ ndau-minc, a'fai ndau-beih/surface of the earth.
ndau-beih fangx yietc kuaaiv ndau nyei fangx; deic douh/a map, an atlas.
ndau biopc ndau-beih biopc njiec/the ground cave in.
ndau-buonc maaiz daaih nyei buonc ndau/to own a piece of land.
ndau-deic biauv-deic ndau; zoux ndeic nyei ndau/a plot of ground; real estate.
ndau-dongz 地动 /dìdòng/ ndau dongz nyei sic. Gj: deic zernz/an earthquake.
ndau dongz beu sengh beu ndau dongz biauv waaic nyei sou/insurance coverage for damage of earthquake.
ndau dongz seix ndau dongz duqv seix haic/a strong earthquake.
ndau dongz zei-naanc ndau dongz hoic nyei zei-naanc/an earthquake disasters.
ndau-douh 地图 /dìtú/ ndau-beih nyei fangx. Gj: deic douh/a map; atlas.
ndau-fim ndau nyei mbu'ndongx-fim the earth core; center of the earth.

ndau fong nie fong kuh zuangx in nyei ndau/soft ground; loose soil.

ndau-gaeqv nie ngaengc nyorqv maiv bieqc nyei ndau/a hard soil ground.

ndau-gouv gouv longc hnyangx baav nyei ndau/a piece land for lease.

ndau hlang yiem faaux mbong hlang nyei ndau/highland ground.

ndau-huaang mv maaih ndiangx yaac zuangx ga'naaiv nyei ndau/treeless and uncultivated land.

ndau-jaax maaiz maaic ndau nyei jaax-zinh/a land price.

ndau-jaax nzou ei ndau-jaax jaauv ndau nyei nzou-zinh/land tax.

ndau-jaan se gorngv ndau-jaan dangx ndau ziouc dongz aqv.

ndau-jaic zuangx ga'naaiv maiv benx nyei ndau/a poor soil area.

ndau-jieqv nie jieqv nyei wuov nyungc ndau/black soil area

ndau-juiz juiz nyei ndau/slope or steep ground or hill area.

ndau-juiz ndau-taatv mv fungc longc zoux ndeic nyei ndau-juiz/steep ground.

ndau-kamx ndau butv kamx daaih/an overhang ground.

ndau-komv ndau butv-komv daaih/a dented on the ground.

ndau-kuotv bieqc ndau-ndiev nyei kuotv/hole under ground; ground cave.

ndau longx zuangx ga'naaiv longx nyei ndau/good soil area.

ndau-maac cuotv seix nyei deic-bung/a motherland.

ndau mbaang ndau mbaang fai biopc njiec/the land slide or caved in.

ndau-mbaiv mbong-hlen nyei ndau/a mountain side; hillside area.

ndau-mbiutc nie nyouh nyei ndau/a ground with sticky soil.

ndau-mbong ndau mbong faaux nyei dorngx/mountainous area.

ndau mbuang ndiangx-nzungh zungx ndau nzaeqv mbuang daaih/the ground was crumbled away.

ndau-mbuox 地名 /dìmíng/ dorngx nyei mbuox/the name of a place.

ndau ndamx nyutc ziux piu-beih nyei dorngx, laangh zuangx in longx nyei ndau/area of lacking sunlight.

ndau-ndiev njiec ga'ndiev ndau-ndiev below ground; underground.

ndau-ndiev biauv njiec ziqc ndau-beih nyei biauv/a basement.

ndau-ndiev gong wetv njiec ndau-ndiev nyei gong/underground activities.

ndau-ndiev-hei ndau-ndiev hei-horngc a marketplace built below the ground.

ndau-ndiev jauv gan ndau-ndiev nyei jauv/a subway; a tunnel.

ndau-ndiev leiz-baaix njiec ziqc ndau-beih nyei leiz-baaix dorngh/a church building under the ground.

ndau-ndiev loh 地牢 /dìláo/ ndau-ndiev nyei loh/a dungeon.

ndau-ndiev wuom ndau-ndiev nyei wuom/underground water.

ndau-ndomx ndau butv norm ndomx daaih/a dented on the ground.

ndau-ndorn nie ndorn nyei ndau/a wet land. Gj: ndau-ndorngh.

ndau ndorngh duih mbiungc zoux bun ndau ndorngh/a wet ground.

ndau ngaengc nie ngaengc nyorqv maiv bieqc nyei ndau/hard soil area.

ndau njang mv maaih ndiangx, miev nyei ndau/an open treeless land.

ndau njongz ndau-ndiev maaih kuotv njongz nyei/a hollow ground.

ndau nqaai zuangx ga'naaiv mv benx nyei ndau/dry land without grass or tree.

ndau nqaengc yiem hlang nqaengc nyei ndau/an exposed area.

ndau-nzaanv juiz-juiz nzaanv-nzaanv wuov nyungc ndau/a tableland.

ndau-nzou 地价税 /dìjiàshuì/ cuotv ndau nyei nzou/land tax; property tax.

ndau-qiex ndau beih zaang jorm nyei qiex/a climate on earth.

ndau-saeng mv zoux jiex liangx-ndeic nyei ndau-beih/uncultivated land.

ndau-saeng-eix maaiz maaic ndau nyei saeng-eix/a real estate business.

ndau-siqv nie siqv nyei ndau/land with red soil; red ground.

ndau-touv 土地 /tǔdì/ **1** ndau junc jaic nyei sic/the quality of soil. **2** horngc zangc/territory.

ndau-touv longx zuangx ga'naaiv longx nyei ndau/good soil fertile land.

ndau-yangh nie yangh wuov nyungc ndau/a brown soil area.

ndau zaamv zoux ndeic camv-hnyangx ndau zaamv/the soil no longer fertile.

ndau-ziouv ndau nyei ziouv mienh/a landlord; owner of a property.

ndau-zengc longc mv zuqc wuov qongx ndau/unused land.

ndau-ziqv nie mv nyouh nyei ndau/land with sandy soil.

ndau-zuonx 水道 /shuǐaào/ wuom haih liouc cuotv zuonx/a water channel.

ndau-zuoqc longc douz zoux jiex ndeic ndau/an agriculture land.

ndau wuov[2] nz. Waac-nzamc, beiv hnangv "wuov ndau wuov"/well, oh.

ndauc w. ndauc jaux/to lay egg.

Ndauc jaux jai liouh jienv ndauc jaux nyei jai-nyeiz/a laying hen.

ndauv[1] w. longc bouv nzom ndiangx bun njongz ndo bieqc gu'nyuoz mingh.

ndauv benv ndauv poux dapv sei nyei benv/dugout a log and used as coffin.

ndauv da'komv ndauv ndiangx komv daaih zoux da'komv/to carve a mortar for rice pounder.

ndauv diuv-zaangx ndauv ndiangx njongz daaih zoux diuv-zaangx zaang diuv/to carve a steam container.

ndauv dungz-zoh ndauv diangx benx zoh daaih an dungz-siaaux uix dungz.

ndauv nzangv nzom ndiangx benx poux nzangv daaih/to made a dugout boat.

ndauv wuom-zoh ndauv ndiangx norm zoh daaih dapv wuom/to chisel out a trough for water.

ndauv[2] pm. ndauv nzengc yietc nzong domh gemh/to chop down all big tree.

ndauv tin ndauv deic zaqv naaiv zaqv wuov/to chop here and there.

ndeic gz., nz. 农场 /nóngcháng/ zoux ndeic nyei dorngx/swidden field.

biouv-ndeic zuangx biouv nyei ndeic/an orchard field.

ndeic-dauh wuov jiez bung ndeic/upper side of a swidden field.

ndeic hepc zoux ndeic hepc nyei/small size of a swidden field.

ndeic-hlen i bung ndeic ga'hlen/along the edge of swidden field.

ndeic-hlungv zoux hnyangx ndeic liuz nyei ndau/a previously field.

ndeic-hlungv-gox zoux liuz ndeic duqv camv-hnyangx nyei hlungv.

ndeic-hlungv-lunx nqaeqv hnyangx nyei ndeic ndeic-hlungv.

ndeic-huaang zuangx liuz ga'naaiv nyei loz-ndeic-huaang.

ndeic jangv zoux ndeic jangv naanx gemh naanx jiex nyei.

ndeic-jieqv wuov bung ndeic/lower side of a swidden field.

ndeic-liuh yiem hnyangx baav zoux ndeic nyei dorngx/field house.

ndeic-liuh jorm camv-buonc mienh gomv liuh yiem zoux ndeic caux yungz saeng-kuv nyei dorngx.

ndeic-mienv goux liangx-ndeic nyei mienv/a spirit who taking care the field.

ndeic-nqenx i nzong ndeic mbu'ndongx border between two fields.

ndeic nyei gong zoux liangx-ndeic nyei gong/work on farm; farm labor.

ndeic zangc ga'naaiv ndeic zuangx cuotv nyei ga'naaiv/agriculture produce.

ndeic-ziouv zoux ndeic nyei ziouv/an owner of a farm.

ndeic-zorng yiem ndeic gu'nyuoz nyei ndau fai dorngx/on the swidden field.

zoux ndeic nyanc zoux liangx-ndeic nyanc/an agriculture; to be farmer.

ndeih q. mienh camv gorngv waac ndeih ndeih nyei/sound of many people talking.

ndeiv w. longc mbietc ndeiv di'dien seix muangx gaax/to taste by tongue touch.

ndeiv-ndeiv wuov gu'nguaaz nzuih coqv cuotv i norm nyaah ndeiv-ndeiv wuov.

ndeix[1] pm. (nyaah cuotv daaih) ndeix-ndeix wuov/tooth grown out of line.

ndeix[2] w. ndeix biauv-ngorh guangc ganh gomv jiex/remove old roof and put new one.

ndeix guangc lomc-biorqc biuv caeqv nqoi lomc-biorqc/to clear up bushes.

ndekv[1] pm. maaz-jaix ngaengc ndekv-ndekv nyei ziouc njaah maaz-nyeiz aqv.

ndekv[2] w. ngaengc ndekv-ndekv nyei/to be stubborn or unreasonably.

ndenz w. juangv sin zinx ndenz-ndenz nyei shaking because too cold.

ndenz-ndenz nyei juangv daaih njuonv-njuonv nyei/to shake and shiver.

ndeng w. (norqc bouc jaux m'nqorngv) ndeng-ndeng wuov/to thrust out head.

naang ndeng m'nqorngv naang ndeng jienv ninh nyei m'nqorngv.

ndeng cuotv ndeng m'nqorngv cuotv fong muonh/thrust head out a window.

ndeng mingh mangc ndeng jaang cuotv mingh mangc.

ndengh wj. ndengh zaqc nyei mingh/to be straight; without curving.

ndengh zaqc faaux zaqc nyei faaux gu'nguaaic/perfectly straight.

ndengh zaqc njiec da'dingx zaqc nyei njiec/straight down.

ndernz aengx lorz mangc "ndenz" wuov joux nyei eix-leiz.

ndi'ndungx ndaai janx-baeng mborqv jaax daic ndi'ndungx ndaai wuov.

ndi'ndungx ndortc 1 lui-houx ndorn di'ndungx ndortc/to be wet. **2** cie-ndortc mbui ndi'ndungx ndortc nyei.

ndi'ndungx ndui camv gau ziex ndui ziex ndui nyei.

ndi'ndungx ndun gaeng ndi'ndungx ndun nyei ndaix.

ndix gw. gu'nguaaz waac gorngv jaix/a penis (child language).

jaix-ndix fu'jueiv waac gorngv jaix/a penis, children language.

ndiaav d. wuov ndiaav ndoqv/down there by the river or channel.

ndiaav maengx wuov ndiev aiv wuov bung/at lower elevation.

ndiangx z. 树 /shù/ lomc nyei ndiangx fai zuangx nyei ndiangx/a tree or wood.

ndiangx-baah longc baah nie yuonh gomv biauv nyei ndiangx/wooden grader used to level off dirt.

ndiangx-beih ga'nyiec ndiangx-beih fai ndiangx-ndopv/bark of the tree.

ndiangx-benv k. 木板 /mùbǎn/ yietc kuaaiv jangv nyei ndiang-benv/a wooden board.

ndiangx-biangh ndiangx nyei biangh/a flower of the tree.

ndiangx-biauv longc ndiangx zoux nyei biauv/a wooden house.

ndiangx-biouv ndiangx ziangh daaih nyei biouv/fruit from a tree.

ndiangx-buic ziangh biouv nqoi daaih hnangv buic nor wuov nyungc ndiangx

ndiangx-caa 树叉 /shùchà/ ndiangx bun caax daaih/the crotch of a tree.

ndiangx-caax ndiangx bun caax cuotv mingh/branch out of a tree.

ndiangx ciqv haic ciqv borngz mv nqoi nyei ndiangx/cross-grained of a wood.

ndiangx cunx ndiangx-gorn cuotv nyei cunx/small young tree.

ndiangx-dieh longc ndiangx zoux nyei dieh/a wooden table.

ndiangx-ding ndiangx-sin butv ding daaih/a peg of wood.

ndiangx-don longc ndiangx zoux nyei don/a wooden chair; a bench.

ndiangx-dongc longc ndiangx zoux nyei dongc/a wooden pole.

ndiangx-dueiv gu'nguaaic ndiangx nyei da'mueiz/the top of a tree.

ndiangx-faang 木箱 /mùxiāng/ longc ndiangx zoux nyei faang/a wooden box.

ndiangx-fim ndiangx gu'nyuoz nyei fim the core of a tree.

ndiangx-fomv ndiangx-dueiv hiaangx fomv-fomv wuov/a bushy tree.

ndiangx-gaaz Aa-kaah longc gaaz jaang nyiex ga'naaiv nyei ndiangx/wood yoke.

ndiangx-gaan longc zaeng hlaang hlopv orv nyei ndiangx/a flexible piece wood.

ndiangx-gaeqv gu'nyuoz ngaengc wuov deix ndiangx-fim/solid part of the wood.

ndiangx-ganx nauv daaih faix nangv nyei ndiangx/a piece of wood.

ndiangx-gong 木工 /mùgōng/ zoux ndiangx nyei gong/a carpenter job.

ndiangx-gong ciangv 木工厂 /mùgōng chǎng/ zoux ndiangx gong nyei ciangv/a wood lumber shop.

ndiangx-gorn ndiangx nyei gorn/base of a tree; a stump.

ndiangx-guaa 1 木瓜 /mùguā/ ndiangx ziangh nyei guaa/a papaya. **2** gorngv nyorx nyei waac-meiv.

ndiangx-guaa ndiangx ziangh guaa nyei ndiangx/a papaya tree.
ndiangx-heh longc ndiangx zoux heh daaih/a wooden shoe.
ndiangx-houc yietc nyungc ziangh yiem ndau-baengh nyei ndiangx/lowland tree.
ndiangx-jaa gaaz zuiz-mienh jaang nyei ndiangx/a yoke for the neck of criminals.
ndiangx-jaa-dorngx ndiangx zoux nyei jaa-dorngx/a wooden furniture.
ndiangx-jaa-sic ndiangx zoux daaih nyei ga'naaiv/a wooden tool.
ndiangx-jaax longc nyiex zaangh nyei ga'naaiv/a wooden rack used to carry firewood on back.
ndiangx-jangv yietc diuh nauv daaih nyei ndiangx/a fallen tree.
ndiangx-jauv ndiangx gu'nyuoz hnangv buoz-zaangv jauv nor wuov/wood line.
ndiangx-jien ndiangx nauv taux ndau aengx jien faaux daaih wuov.
ndiangx-kou 木枯 /mùkū/ kou nqaai nyei ndiangx/a withered tree.
ndiangx-kou cuotv cunx se beiv mienh jomc gau liemh zeih butv zoih daaih.
ndiangx-kou-ndoqc se beiv mv maaih hmuangv doic caux fu'jueiv nyei mienh.
ndiangx kou-nqaai mv maaih ndiangx-normh nyei ndiangx/a dried up tree.
ndiangx-laangh an damc jiex ga'ndiev nyei ndiangx/a floor joist
ndiangx lamx maaih ndiangx camv lamx zuqc nyei dorngx/overhang tree area.
ndiangx-lamx-ndiev nziangx ga'ndiev laangh wuov deix dorngx/a shade area under a tree.
ndiangx-laauh jaax jienv faaux ndiangx nyei laauh tei. Gj: jongh.
ndiangx-laih ndiangx ziangh daaih mv zaqc laih laih wuov/a leaning tree.
ndiangx-latv huv latv nzengc nyei ndiangx/a brittle wood.
ndiangx-lomc maaih ndiangx camv nyei lomc/a forest area.
ndiangx-longz lorngx sou dapv ga'naaiv nyei longz/a wooden box; a bookcase.
ndiangx-lorngh ndiangx-pengh wuov deix lorngh/wooden beams with ridges.
ndiangx-maaz ndiangx diu zoux maaz daaih nyei fangx/a wooden horse.
ndiangx-muangz longc ndaam ga'naaiv wuov nqanx ndaangx/a carrying pole.
ndiangx-mbaang mbaang njiec daaih nyei ndiangx/an uprooted fallen tree.
ndiangx-mbauh ndiangx butv daaih nyei mbauh/a swelling tree.
ndiangx-mbiorqc maaih hmei-luangh mbiorngz jienv nyei ndiangx.
ndiangx-mbuox ndiangx nyei mbuox the name of a tree.
ndiangx-mbuonv 木屑 /mùxiè/ njoux ndiangx cuotv nyei mbuonv/a sawdust.
ndiangx-neix dongh gaatv guangc wuov deix ndiangx-neix/wood left after cut.
ndiangx-normh ndiangx nyei normh/the leaf of a tree.
ndiangx-ndoc haih longc ndopv zoux hlaang nyiex ga'naaiv nyei yietc nyungc ndiangx/aloe wood.
ndiangx-ndoih zuangx daaih nyei yietc nyungc ndoih ndaauv/tapioca, cassava.
ndiangx-ndonx longc mbungh sin nyei ndiangx/a heavy wooden stick.
ndiangx-ndongh yietc nqanx ndiangx ndaauv nyei/a piece wood log.
ndiangx-ndopv buang ndiangx nyei ndopv/bark of a tree.
ndiangx-ndopv-ndaang longc zoux hung buov ndaang nyei ndiangx-ndopv.
ndiangx ngaatc saeng ndiangx corh zuqc doic mbui nyei sic/cross-grained.
ndiangx-nguaaz longc gomv biauv nyei ndiangx-nguaaz/wooden shingles.
ndiangx-njaapc ndiangx-pengh nyei mbu'ndongx.
ndiangx-njimv ndiangx-sin cuotv njimv nyei ndiangx/a tree with thorn.
ndiangx-njoux njoux muonc daaih nyei ndiangx-kuaaiv/a milled wood.
ndiangx-nqaai daic nqaai mingh nyei ndiangx/a dried tree.
ndiangx-nquaah ndiangx bun cuotv nyei nquaah/limb of a tree.
ndiangx-nquaah gorn ndiangx-nquaah nyei gorn/the base of a branch.
ndiangx-nquaah nyang ndiangx-saeqv fai ndiangx-nyang/twig of a tree.

ndiangx-nyatv ndiangx butv norm nyatv daaih/a burl of a tree.

ndiangx-nyiemz 1 ziangh jienv nyiemz nyei ndiangx/a living tree. **2** ndiangx nyei normh nyiemz nyei/a healthy tree.

ndiangx-nyoi ndiangx butv norm nyoi daaih/a bump on a tree.

ndiangx-nyim ndiangx nyei nyim/the seed of a tree.

ndiangx-nziaamv ndiangx-zung siqv naetv zuqc mienh ndopv haih huv nyei ndiangx/a red sap tree.

ndiangx-nzormc ndiangx zoux daaih nyei nzormc/a wooden bowl.

ndiangx-nzungh ndiangx ziangh njiec ga'ndiev nyei nzungh/root of a tree.

ndiangx-orv nziangx nyei orv. Gj: fim. Dgw: ndiangx-ndopv/woody part of tree.

ndiangx-pangh 1 ndiangx-ndui nyei dorngx/a wood pile area. **2** ndiangx jaax pangh daaih/wooden platform.

ndiangx-peix-zaa goix ndiangx cuotv nyei zaa/a wood chip.

ndiangx-pengh ndiangx-gorn wuov deix pengh/narrow board at base of a tree.

ndiangx-pienx yietc kuaaiv ndiangx/a flat piece of wood.

ndiangx-poux maaic ndiangx nyei poux a lumber store.

ndiangx-saeqv ndiangx-dueiv mv maaih normh ndiangx/a twig.

ndiangx-sin cuotv ndiangx-nquaah nyei ndiangx-sin/the trunk of a tree.

ndiangx-tongv ndiangx ndauv daaih zoux tongv/a barrel; a wooden container.

ndiangx-waaic mv benx longc guangc nyei ndiangx/a poor quality wood.

ndiangx-yaang ndiangx lunx faix nyei ziangh hoc/a young tree.

ndiangx-yongh 榕树 /rǒngshù/ dueiv hiaangx normh nyiemz yongh yongh nyei ndiangx/a tree full of leaves.

ndiangx-youh ndau-baengh ndiangx/a lowland tree.

ndiangx-yueic ndiangx nyei zung nqaai ngaengc daaih/hardened sap on a tree.

ndiangx-zaa njoux ndiangx cuotv daaih nyei zaa/fine wood chips.

ndiangx-zangc zoux ndiangx nyei zangc mienh/carpenter or furniture maker.

ndiangx-ziangh ziangh jienv nyiemz nyei ndiangx/a healthy living tree.

ndiangx-zing gorngv gouv nyei waac gorngv maaih yiem ndiangx zing-guaix.

ndiangx-zongh normh maiv bioh nyei ndiangx/a pine tree.

ndiangx-zueih ndiangx-mba'mborng/a wooden mallet.

ndiangx-zung yiem ndiangx cuotv nyei zung/resin or sap from a tree.

ndie[1] m. 药 /yào/ nyanc tengx baengc longx nyei ndie/medicine; drug.

ndie-baengh dapv ndie nyei baengh/a medicine bottle.

ndie-baetv longc nzaatv ga'nyiec ndopv nyei ndie/cream medicine.

ndie-baqv longc sim baqv bungx bieqc nyei ndie/medicine inject only.

ndie-biauv 医院 /yīyuàn/ ei ndie zorc baengc nyei biauv/a hospital or a clinic.

ndie-biauv jaa-sic ndie-biauv longc nyei jaa-sic/medical supplies.

ndie-biouv 药片 /yàopiàn/ ndie-biouv ping fai pienx/the medicine in tablets.

ndie-biouv-daux ndie-biouv-ndaauv medicine in capsules.

ndie-biouv-gaam bun fu'jueiv nyanc nyei ndie-biouv-gaam.

ndie-biouv-im im haic nyei ndie-biouv a bitter medicine; bitter pill.

ndie-biouv-ndaauv ndaauv nyei wuov nyungc ndie-biouv/capsules.

ndie-biouv-ping ping-ping wuov nyungc ndie-biouv/medicine in tablets.

ndie-biouv-siqv butv juangv nyanc nyei ndie-biouv/a red tablets

ndie-biouv-yangh yangh wuov nyungc ndie-biouv/yellow tablet.

ndie-biouv-zueix longc nqaeqv mbienz nyei ndie-zueix/mothballs.

ndie-butv-ndin nyanc camv haih zoux butv ndin nyei ndie/yaa mbaav.

ndie-daan hnangv haaix nor longc ndie nyei daan/medicine label.

ndie-doc 毒药 /dúyào/ laengc mienh daic nyei ndie/poisonous drug; strychnine. Gj: ndie-doqc, ndie-laengc.

ndie-fingv 嗅盐 /xiùyán/ bun paaix baengc muangv nyei mienh hnomv fingv nyei ndie/smelling salts.
ndie-gorngc longc dapv ndie nyei ging-gorngc/a medicine bottle.
ndie-henv henv haic nyei ndie/good and strong medicine.
ndie-hopv ndie-wuom/liquid medicine or medicine prepared for drink.
ndie-hnomv longc mba'zorng hnomv nyei ndie/smelling salts.
ndie-hnopv nyanc tengx hnopv dingh nyei ndie/cough medicine.
ndie-jaiv 解毒药 /jiédúyào/ ga'naaiv laengc nyanc jaiv nyei ndie/antidote.
ndie-junc longc caux jaiv zouv ndie nyanc nyei miev/herbal medicine.
ndie laengc haih laengc mienh daic nyei ndie/poisonous drugs.
ndie-m'njormh tengx mienh haih bueix njormh nyei ndie/a sleeping pill.
ndie mv horpc jaax nyanc ndie mv horpc jaax/to have a negative drug interaction.
ndie-meih zoux bun mienh meih nyei ndie/anesthetic.
ndie-miev 草药 /cǎoyào/ longc zoux ndie nyei miev/herbal medicine.
ndie-mueix ndie nyei mueix doc/flavor of the medicine.
ndie-mbiex 麻醉 /mázuì/ zoux bun mienh maah mbiex nyei ndie/anesthetic.
ndie-mbueix an njiec wuom ziouc haih mbueix nyei ndie/hydrogen peroxide.
ndie-mbuov ndie-wuom fai ndie-biouv biouv mbuov ndie wuov.
ndie-mbuox 药名 /yàomíng/ ndie nyei mbuox/name of the medicine.
ndie-mbuonv 药粉 /yàofén/ ndie morc mbuonv daaih/medicine in powder form.
ndie-mbuoqc **1** dapv ndie nyei mbuoqc a medicine bag. **2** cloth sack.
ndie-naetv longc naetv ga'naaiv mun nyei ndie/bandage.
ndie-ndaang nzaatv sin zangc bun sin zueix-ndaang nyei ndie/a perfume.
ndie-ndongh baqv ndie nyei ndongh/a tube for forcing medicine under the skin.
ndie nquin nyanc ndie nquin/be drowsy from taking medicine.
ndie-njorm njorm nzuih tengx nyaah orv mun nyei ndie.
ndie-nqaengh longc caux jai zouv ndie nyanc nyei miev/grass herbal medicine.
ndie-nqaeqv nqaeqv wuon-baengc nyei ndie/an immunization.
ndie-nyanc dapv nzuih nyanc nyei ndie medicine to take by mouth.
ndie-nyouh 绷带 /bēngdài/ **1** longc naetv ga'naaiv mun nyei ndie/a bandage. **2** longc naetv nyei ga'naaiv-nyouh.
ndie-nyungc tengx yietc nyungc yietc nyungc baengc ndie/brand of medicine.
ndie-nzaatv longc nzaatv ndopv nyei ndie/cream medicine.
ndie-nziepv ndie-baqv/medicine to be given by injection only.
ndie-poux maaic ndie nyei poux/a drug store; a pharmacy.
ndie-sai 医师, 医生 /yīsīyīshēng/ ndie-sai; ei sai; ei saeng/a medical doctor.
ndie-sai borng-buoz mienh ndie-sai nyei sin-hlen mienh/a doctor's assistant.
ndie-sai horqc hoqc ndie-sai nyei horqc a medical college.
ndie-sai muangz ndie-sai nyouz a'fai m'sieqv mienh ndie-sai/a woman doctor.
ndie-sai muic tengx ndie-sai zoux gong nyei muic/nurse; nurse assistant.
ndie-sai wuic ndie-sai gapv zunv koi wuic dorngx/medical association.
ndie-sim baqv ndie nyei sim/needle for injecting medicine.
ndie-siqv ndie-biouv-siqv, ndie-wuom siqv/red liquid medicine or a red tablet.
ndie-wuom 药水 /yàoshuǐ/ ndie-torng/a liquid medicine.
ndie-zaa wuonh liuz ndie-miev nyei zaa.
ndie zaamv **1** wuonh camv-torngx ndie zaamv mi'aqv. **2** nyanc liuz lauh ndie nyei mueix zaamv mi'aqv.
ndie-zuangx zuangx daaih zoux ndie nyei miev/planted herbal.

ndie[2] z., nj. 布 /bù/ lunh lui houx zuqv nyei ndie/cloth; textiles; materials.
fei-ndie fei ndatv daaih nyei ndie/silk.
ndie-baeqc ndie-setv baeqc nyei/white cloth material.

ndie-cimx njapv liuz zengc daaih nyei ndie/cloth left after cut for used

ndie-congx cou kuh congx congx nyei ndie/a suitable cloth for embroidering.

ndie cou ndie-hmuoqv cou nyortc nyortc wuov/rough woven cloth.

ndie-cueix mv jiem nyei ndie; cueix haic ndie/poor quality cloth.

ndie-damh longc gomv sei wuov kuaaiv ndie/cloth for covering a corpse.

ndie-fim lunh lui houx zuqv nyei ndie-fim/the core of the threads.

ndie-ga'sortc lunh ga'sortc mbuoqc nyei ndie-cou/a burlap cloth material.

ndie-gorng bux-nyaaic gorng/a piece of long cloth.

ndie-heh longc ndie lunh heh daaih nyei heh/a cloth slippers.

ndie-hlen ndie ga'hlen/edge of cloth.

ndie-hmuoqv ndatv ndie nyei hmuoqv wuov/the weave lines of cloth.

ndie-jieqv setv jieqv nyei ndie/black cloth or black material.

ndie-laengh ndatv gem nyei ndie-hlen fai laengh/a finished edge of cloth.

ndie-liuh 帐篷 /zhàngpéng/ longc ndie lunh benx liuh daaih. Gj: ndopv-liuh/a cloth tent; a mat-shed.

ndie-maeng nyomc jieqv nyei ndie mv baac heuc ndie-maeng/black cloth.

ndie-muonc suix muonc ndatv daaih nyei ndie/fine cloth.

ndie-mbaeqc mbaeqc gaengh, mbaeqc fong muonh nyei ndie/a covering cloth.

ndie-mbiangc ndie mau mbiangc nyei smoothly cloth.

ndie-mbuangh saengx nziaaux dorh nzangv mingh nyei ndie/a sail for a boat.

ndie-mbuov setv mbuov nyei ndie/blue cloth; blue textiles.

ndie-mbuoqc 布袋 /bùdài/ longc ndie lunh nyei mbuoqc/a calico sack.

ndie-ndueix 布料 /bùliào/ lunh lui houx nyei nyungc-nyungc ndie/textiles; cloth material; fabric.

ndie-ngutv ndie-hlen lunh daaih nyei ngutv/a seam in a garment.

ndie-nyortc ndie cou nyei nyortc nyortc wuov/a rough materials.

ndie soqv ndie soqv faix mingh/shrunken up of cloth material.

ndie-zuqv lunh lui-houx zuqv nyei ndie fabric for making clothing.

ndieh md. mbiaic ndieh mienh nzuih/to be astringent to the taste.

ndieh haic nyanc haiz ndieh nzuih haic-taste very astringent.

ndiev[1] d. ga'ndiev; ndiev maengx; wuov ndiev/underside; below; lower part.

ga'ndiev ndoqv njiec taux ga'ndiev ndoqv mingh/the bottom of something.

njiec ga'ndiev yangh njiec ga'ndiev/to go down; to descend.

ndiev[2] aengx lorz mangc "tin-ndiev, zaux-ndiev, lungh ndiev" nyei eix-leiz.

ndiemh wj. ndiemh gaam; ndiemh maeng nyei/to be sweet or green.

ndiemh gaam nyanc haiz ndiemh gaam nyei/taste sugar, honey; sweetness.

ndiemh maeng ndiemh maeng fai nziouh maeng nyei/be completely green.

ndiemv w. longc mbietc torqv di'dien seix muangx/to taste by tip of tongue.

ndienh[1] hz. nyungc-nyungc ndienh nyei buox/a raccoons or civet cat.

ndienh jieqv hlo yaac jieqv nyei wuov nyungc ndienh/a black raccoon.

ndienh nyaic yiem geh zorng-jaic nyei ndienh/type of raccoon similar to skunk.

ndienh nzeic 豪猪 /háozhū/ maaih nzamx nyei ndienh nzeic/a porcupine.

ndienh nzeic nzamx ndienh nzeic nyei biei-forng/quill of a porcupine.

ndienh siex dongh maaih nzing yiem ninh nyei qam-gorn-hlen wuov nyungc ndienh/a civet cat.

ndienh zueix maaih nziaau zueix haic wuov nyungc ndienh/a skunk.

ndienh[2] pm. butv gau baengc korng jaic ndienh ndienh wuov/sickly and skinny.

juv-dorn ndienh juv-dorn faix jaic gau ndienh ndienh wuov.

ndiepv w. 滴 /dī/ wuom ndiepv; mbiungc ndiepv njiec/drip down as liquid.

ndiepv m'zing ndie ndiepv zoux m'zing nzang nyei ndie/eye drops.

ndiepv mi'aqv gorngv daic mi'aqv nyei waac-meiv/idiom: die; dead.

ndiepv mbiungc 雨滴 /yǔdī/ mbiungc ndiepv njiec/a rain drop.

ndiepv wuom (tongv tong) wuom ndiepv cuotv/water is leaking.

ndin[1] pm. 活动 /huódòng/ gorngv waac ndin; zoux sic ndin/to be active; vigorous.

ndin haic zoux sic ndin haic/very active or vigorous. Gj: liaa haic/sexy act.

ndin sieqv haic caux sieqv henv haic nyei mienh/overly desirous of sex.

ndin[2] pm. finx-nangh mv ndin aqv/a coil spring doesn't strong anymore.

ndin[3] aengx mingh lorz mangc "butv ndin" wuov joux nyei eix-leiz.

ndinh pm. mbiauh loc ndaix jienv ndaatv ndinh ndinh nyei mingh/to spin fast.

nding gn. nzuqv zieqv daaih duc-duc wuov maaih fou nyei se longc dapv mbiauz/a woven basket for keeping fish.

ndingh w. 雕刻 /diāokè/ ndingh nzangc. Gj: diu/to engrave; etch into a material.

ndingh biangh ndingh benx yietc norm biangh daaih/to engrave design flower.

ndingh daapc komv ndingh norm daapc komv/to chisel a mortar.

ndingh norm kuotv ndingh norm kuotv bieqc la'bieiv/to chisel hole into a rock.

ndingh nzangc ndingh cuotv norm nzangc daaih/to chisel letter on something.

ndingv w. ndingv-ndingv nyei tinx-daic aqv/to thrash about to die.

ndiouh m. 支柱 /zhīzhù/ biauv-ndiouh a'fai lamz-ndiouh/a post; a pillar; slender.

ndiouh dorn tengx deix nyei ndiouh/a small supporting pole.

ndiouh wuonv zuangx njiec ndo wuonv nyei ndiouh/a strong post.

ndioux[1] w. 挥动 /huīdòng/ ndioux hnaeng mingh daaih/to swing back and forth.

ndioux hlaang longc dongh zinh nyatv jienv suiv ndioux hlaang/to braid a rope.

ndioux hnaeng ndioux hnaeng mingh hnaeng daaih/to ride on a swing.

ndioux jienv njiec zorqv hlaang kuangx gu'nguaaic hlutv ndioux jienv njiec.

ndioux mingh daaih ndioux hnaeng jiex mingh jiex daaih/swing back and forth.

ndioux njiec daaih nanv jienv baeng ndioux daaih/to pull down.

ndioux[2] nj. ndioux jiex naaiv ndioux jiex wuov youh jienv mingh/to fool around.

ndioux[3] wo. ndioux mi'aqv; maaic cuotv mi'aqv/to sell; has been sold.

ndioux guangc mi'aqv laanh zaanc nyei maaic mi'aqv/sold out.

ndipc w. **1** guon ndipc; kapv ndipc/close tightly. **2** buang ndipc; dinh ndipc; zotv ndipc/to fill or cover up a hole.

ziangh ndipc mun nyei nzuih ziangh ndipc/to completely healed of a wound.

ndiqv w. 踢 /tī/ longc zaux ndiqv/maaz ndiqv doic/kick; to kick.

ndiqv jaax longc zaux ndiqv seix gaax haaix dauh gauh henv/to fight with kick.

ndiqv mv zuqc ndiqv pien ndiqv maiv zuqc/to kick but failed to hit.

ndiqv hieh mbeu 球踢 /qóutī/ ndiqv hieh mbeu saaix jaax/to compete soccer.

ndiqv hieh mbeu mienh ndiqv hieh mbeu nyei mienh/soccer player.

ndiqv zaux-zin longc zaux ndiqv yietc zaux-zin/to give a kick.

ndiqv zuqc mienh ca'bouc ndiqv zuqc mienh/to kick someone accidently.

ndiqv zuqc zaux ndiqv zuqc ganh nyei zaux/kick to stub one's toe.

yungh ndiqv **1** yungh nyei zaux ndiqv zuqc/a goat is kicking. **2** inv butv, nyei waac-meiv/craving from opium.

nditv[1] w. biaav daaux nqaang daaih/click back from a bent stick.

mbiauz nditv mbiauz tinx nditv nditv nyei/a fish flips back and forth.

nditv buoz-ndoqv nditv buoz-ndoqv mbui bokv dangh/to make a pop sound by flick one's thumb against a finger.

nditv mbietc nditv mbietc mbui dang dangh/to click the tongue.

nditv[2] pm. longc buoz-ndoqv yietv nditv bun hiuv/to warn someone by a click.

nditv fingv daaih longc buoz-ndoqv nditv bun mienh mengh baeqc/to warn someone by clicking a finger.

nditv dangh ninh tih deix dien mbuox ninh hiuv/warn him or her secretly.

ndiu w. 喷 /pēn/ bungx yiez ndiu; wuom ndiu/to squirt out from a narrow hole.

ndiu cuotv 喷出 /pēnchū/ ndiu-ndiu nyei cuotv/to quickly squirting out.

ndiuc w. 跳 /tiào/ orv ndiuc nyatc nyatc deix dongz/muscle jerky.

m'zing ndiuc 眼跳 /yǎntiào/ m'zing-ndopv nyatc nyatc deix dongz.

ndopv ndiuc 1 ndopv ndiuc nokc nokc deix dongz/muscle twitching. **2** hemx fu'jueiv oix cuoqv mborqv nyei waac.

sin ndiuc sin zangc ndiuc nyatc nyatc deix dongz/skin twitching.

ndiuh[1] w. yie la'guaih ndiuh congx norqc nqo maiv zuqc/I shoot a dove in the air without aiming and missed hit.

ndiuh congx njaih yiem go nyei ndiuh congx njaih/shoot a deer in the distant.

ndiuh[2] pm. maaz-dorn sorngx qaqv ndiuh hungh tiux/to run and leap.

ndiux w. 吊 /diào/ ndiux jienv hnaeng-hnaeng wuov/to hang; suspend.

ndiux jaang daic 吊死 /diàosǐ/ ndiux daic fai ndoh jaang ndiux daic/to suicide by hanging the neck.

ndiux janx-zaqc ndiux jienv janx-zaqc mborqv, loz-hnoi leiz/to hang and beat a criminal, ancient time.

ndiux jiez ndoh baeng gu'nguaaic ndiux jienv/to hang up something.

ndo[1] pm. 深 /shēn/ **1** ndo njiec ga'ndiev; wuom ndo; kuotv ndo/to be deep; depth. **2** waac ndo; nzangc ndo; eix-leiz ndo/to be inconspicuous.

ndo haic za'gengh ndo nyei/very deep.

ndo jienv bieqc kungx ndo jienv bieqc hnangv/getting deeper and deeper.

ndo jienv njiec ndo jienv njiec ga'ndiev ndau-ndiev/getting deep into the ground.

ndo nyei dorngx 1 leih mungv ndo haic nyei dorngx/remote place. **2** ndo wuov buoqv dorngx/water deeper area.

ndo nyei kuotv 深孔 /shēnkǒng/ ndo njiec ga'ndiev; njongz ndo/a deep hole.

ndo nyei wuom koiv-wuom-domh se ndo nyei wuom/deep sea water.

nyaanh yiem ndo siouc nyaanh an ndo nzengc aqv/no money available to use.

sou-nyouz ndo sou-eix ndo aqc duqv mengh baeqc/very technical content of a document.

zoux dorngc ndo haic zoux dorngc sic haic aqv/to be seriously wrong.

ndo[2] aengx lorz mangc "hnyouv ndo, waac ndo" nyei eix-leiz.

ndoc gn., b. zuangx longc ndopv zoux hnaav-hlaang nyei ndiangx, se hlo lomh buoz-ndoqv hnangv. Gj: la'maah/a hemp plant used for crossbow string.

ndoh w. 捆扎 /kǔnzā/ ndoh; ndoh maaz, a'fai ndoh juv/to tie up or to fasten.

heuc wuonh ndoh suix zorqv diuh suix daaih gan mienh ndoh buoz-seih jaang, weic tengx wuov laanh mienh heuc ninh nyei wuonh nzuonx.

ndoh gaengh longc hlaang ndoh jienv gaengh/to fasten a door.

ndoh mv zuqc hnyouv zorqv mv zuqc mienh nyei hnyouv/unable to determine someone's mind.

ndoh maaz dorh hlaang tou jienv maaz nyei m'nqorngv ndoh jienv.

ndoh maiv jienv mv haih ndoh maiv jienv/can not be tie.

ndoh zietc nyei ndoh naeqc jienv zietc nyei/to bind securely.

ndoh zuiz-mienh longc kaux ndoh jienv zuiz-mienh/to tie up a criminal.

zuqc leiz ndoh jienv zuqc doz-leiz ndoh jienv/to be bound by the law.

ndoi cm. heuc hnamv sieqv-mbornh nyei waac, se hnangv Goiv Ndoi, Naix Ndoi.

ndoic pm. zunc dangh yaac zunc mv dongz kungx ndoic jienv wuov ndau hnangv.

ndoih[1] lz. 块茎 /kuàijīng/ nyungc-nyungc zuangx fai lomc zangc ndoih/tuber.

gaeng-zinh ndoih yietc nyungc longc zoux ndie nyei lomc zangc ndoih.

ndoih baeqc zunc ndaauv nyei wuov nyungc ndoih zuangx/a long tuber.

ndoih dinc ndoih orv siqv/red blue tuber.

ndoih houc nyungc-nyungc ndoih caux houc/all kind root vegetables.

ndoih jaang nitv ndoih neix faix wuov douc ndoih/the knobby top of a tuber.

ndoih jiux hnaangx zouv ngorc hnaangx mienh nyanc ndoih dorngx hnaangx.

ndoih jorng ziangh daaih hnangv ngongh jorng nyei ndoih/a horn tuber.

ndoih juv lomc zangc ndoih, se gorngv ngorc hnaangx nor nyanc div hnaangx duqv nyei, mv baac oix zuqc ziemx camv-torngx wuom cingx nyanc duqv.

ndoih mienh lomc zangc ndoih, ngorc hnaangx mienh wetv daaih nyanc zoux hnaangx duqv nyei.

ndoih morc hlo nangv hnangv morc nor wuov nyungc ndoih/big round tuber.

ndoih mbor ndoih njiec gau liemh zeih yietv mbor hlo daaih.

ndoih njimv ndoih luangh maaih njimv nyei wuov nyungc ndoih.

ndoih nzotv liouh zoux nyim zuangx nyei ndoih/a stem of tuber.

ndoih ong aengx lorz mangc "ndoih morc" wuov joux.

zienh ndoih zuangx daaih nyei ndoih. Dgw: hieh ndoih.

ndoih[2] nyz. hlo hlang ndoih ndoih wuov, mv dorh leiz nyei waac/a real fatso.

ndoih[3] pm. zaangz yangh jauv donc nyei da'ndoih da'ndoih nyei mingh.

ndoiv[1] pm. ndoiv tin ndoiv deic nyei/to pile up thing without careful.

ndoiv[2] w. zuqc sieqv nduov ninh ndoiv yietc nyaanh bun/to give big amount of money to a woman.

yietc domh ndoiv yietc ndui nor camv nyei/a large amount of something.

ndom[1] q. ndortv njiec ndom dangh nyei qiex/thud sound of something fall.

ndom-ndom nyei tiux ndamc ndau seix mbui ndom-ndom nyei qiex/the sound of running heavy steps.

ndom[2] aengx lorz mangc "biouv-ndom" wuov joux.

ndomc w. ndomc njiec. Gj: morqv njiec, komv njiec, biopc/to bent in; to sag.

ndomc jienv njiec gu'nguaaic hnyiev ngatv ndomc jienv njiec/to sag because pressure on top.

ndomh[1] q. borngz mbuo-ong mbui ndomh ndomh nyei/boom sound of thunder.

ndomh ndomh douz hiaangx ndomh nyei zieqc/a big fire.

ndomh morng mborqv lorh mborqv nzoz ndomh morng nyei qiex.

ndomh[2] w. ndomh mau nyei/very soft and spongy/*caaiv zuqc ga'naaiv-mokc haiz ndomh mau dangh haeqv yie.*

ndomh[3] pm. ndomh mau nyei mv maaih qaqv dongz/to be very weak.

ndomx w. nyaah nguaqv nzengc oix zuqc longc nyaah hlorng ndomx hnangv/to chew gently without teeth.

ndomz m. ndau-ndomz/basin of the land or dented ground.

ndonc[1] w. 臭蛋 /chòudàn/ jaux-ndonc fai jaux-waaic/rotten egg.

ndonc[2] bt. 隐痛 /yǐntòng/ mun-ndonc; mun duqv ndo nyei baengc/dull pain.

ndonc[3] pm. hnyouv hnamv duqv donc, mv guai/mentally dull.

ndonx nq. 棍子 /gùnzī/ ndiangx-ndonx/a heavy stick; a bat; a wooden club.

mborqv yietc ndonx longc domh biaav mborqv yietc ndonx/to hit with a club.

mbungh sin ndonx gan sin mbungh nyei ndiangx-ndonx/a heavy stick for one's protection.

ndong w. dorh m'nqorngv topv jienv caeng mbiec/to lick right out the bowl.

ndongc pm. fi'ndongc hnyiev; fi'ndongc heng/to be equal to or same as.

maiv fi'ndongc duqv norm hlo duqv norm faix/to be unequal size.

ndongc haaix go mingh go ndongc haaix/how far is it.

ndongc haaix zungv ndongc haaix nor yaac oix/to be without doubt.

ndongc hnangv ndongc duqv wuov nyei hnangv/to be similar to.

ndongc tin taux loz ndongc deic dangh saeng ziangh duqv lauh ndongc lungh caux ndau/to be last forever as heaven and earth.

ndongh[1] n. zaangh wuom ndongh; lai-sui ndongh/a long narrow container.

buov ndongh in buov ndongh in-mbiaatc fai buov ndongh in/to smoke a pipe of tobacco or opium.

laangh ziqc ndongh dapv jienv yangh tiec ndongh nyei laangh ziqc/can food.

ndiangx-ndongh yietc ndongh ndiangx ndaauv nyei/a piece wood log.

ndongh nux biomv nzung nyei hlauv-ndongh nux/a bamboo flute.

ndongh[2] pm. zaangz souv jienv ndongh ndongh wuov/to stand still as elephant.

ndongh[3] bs. ndongh fuqv hieh dungz nyanc nzengc yietc nzong maeqc/to be suffered lost of crop.

ndongv aengx mingh lorz mangc "mongh ndongv" nyei eix-leiz.

ndongx[1] w. 戴 /dài/ ndongx muoc; ndongx maux; ndongx lapc/to wear a hat.

ndongx caeng mbeih loz-hnoi leiz, se haaix dauh auv hienx nqox nor oix zuqc dingc zuiz ndongx caeng-mbeih gueic jienv yiem laangz-horngc nyiemc zuiz.

ndongx muoc 戴帽 /dàimào/ ndongx mouc. Gj: ndongx maux/to wear a hat.

ndongx muoc-korqv ndongx jienv korqv-nqanx muoc/to wear a helmet.

ndongx ningv m'sieqv saaix nzueic hingh ziouc duqv norm ningv ndongx jienv aqv/to wear a crown.

ndongx[2] pm. ndongx caengx jienv faaux be pushed up by a tree or plants.

ndongx[3] aengx lorz mangc "ndu'ndongx" wuov joux.

ndopc q. ndamc ndau mbui ndopc ndopc nyei/the sound of stamp on ground.

ndopv[1] m., k. 皮 /pí/ buang ga'nyiec nyei ndopv/skin; leather; out surface.

ndopv butv-doqc gapc zuqc ndopv faaux nziaamv daaih/to be bruise.

ndopv-faang 皮箱 /píxiāng/ ndopv zoux daaih nyei faang/leather chest, suitcase.

ndopv faaux nziaamv mborqv zuqc ndopv faaux nziaamv/become bruised after beat.

ndopv-gox 1 ndopv gox aqv/an aged skin. **2** hemx gox nzengc yaac zoux fu'jueiv sic nyei waac.

ndopv-heh 皮鞋 /pixié/ longc ndopv lunh daaih nyei heh/leather shoes.

ndopv hoz mv muangx waac caux mv hiuv nyaiv se beiv ndopv hoz/to have brazen skin, disobedience; shameless.

ndopv-houx-hlaang ndopv lunh daaihnyei houx-hlaang/a leather belt.

ndopv huv baengc ndopv sietv huv nyei baengc/skin disease.

ndopv-hlaang longc ndopv fuoqv benx hlaang daaih/a leather rope, belt.

ndopv-jorngx ndopv-mbuoqc jorngx/a leather shoulder bag.

ndopv-liuh 帐篷 /zhàngpéng/ ndopv corng benx norm liuh daaih/a tent.

ndopv-lui longc ndopv lunh lui daaih nyei lui/a leather jacket.

ndopv lunx ga'naaiv-mun coqv hoqc deix nyei ndopv/tender skin as wound after healed.

ndopv-mbuoqc longc ndopv lunh nyei mbuoqc/a leather bag.

ndopv-mbuoqc jorngx m'sieqv dorn nyei ndopv-mbuoqc/a leather purse.

ndopv ndiuc 1 ndopv dongz nokc nokc dongz/to have skin twitch. **2** hemx oix cuoqv mborqv aqv nyei waac.

ndopv njutc wuom jorm hluqv zuqc ndopv njutc/scalded and broken skin.

ndopv nqorqv ndopv nzaeqv nqorqv jienv mingh/skin has peeled off.

ndopv nyauc gox daaih ndopv nyauc/to have wrinkled on skin.

ndopv-nyouh haih baeng ndaauv soqv nangv nyei ga'naaiv/rubber band.

ndopv sietv baengc ndopv sietv nyei baengc/skin itching disease.

ndopv taatv nziangc zuqc ndopv taatv mingh/to have scraped skin.

ndopv-zangc zoux ndopv nyei zangc mienh/a leatherworker.

ndopv zoux daaih longc ndopv zoux nyei ga'naaiv/things made from leather.

ndopv-zuoqc fuoqv liuz mau nyei wuov nyungc ndopv.

ndopv[2] pm. haiz hoz nyei ndopv-ndopv wuov/touch and feel thick.

ndoqc[1] pm. 寂寞 /jìmò/ ndoqc nzauh maiv lamh caux nziaauc/to feel lonely.

ndoqc haic haiz ndoqc haic mv maaih mienh caux nziaauc. Gj: ndoqc gau/to feel sad or lonely.

ndoqc[2] nz. 独 /dú/ nduqc laanh fai ndoqc dauh ganh hnangv/alone; to be sole.

mienh ndoqc mienh nduqc laanh ganh mv maaih hmuangv doic/to be alone.

ndoqc baaux nduqc laanh ganh baaux hnangv/solo; singing solo.

ndoqc daan nduqc laanh ganh hnangv. Gj: ndoqc zeic, ndoqc hinx, ndoqc zouc, ndoqc liemh, daan-sin ganh/individual; alone; single; all by oneself.

ndoqc dorn 唯独子 /wéidúzhǐ/ maaih nduqc dauh dorn hnangv/only son.

ndoqc ndoqc wuov 很孤独 /hěngūdú/ nduqc laanh ganh hnangv/sole.

ndoqc sieqv 唯独女儿 /wéidúnǚér/ maaih nduqc dauh sieqv-ndoqc hnangv/to have only daughter.

ndoqc zoix nduqc laanh ganh zueiz fai nduqc laanh ganh yiem/to sit all alone or to live by oneself.

ndoqv[1] m, d. 河 /jiāng/ ndoqv-dorn; domh ndoqv. Gj: gorng, suang-suiv, ndaaih/a large or small river; a stream.

ndoqv-bouc yangh jauv taux yietc bouc ndoqv/a port by stream, river.

ndoqv-caax ndoqv bun zoux i caax mingh/divided of a stream.

ndoqv-dorn 小河 [siauc herz] ndoqv faix nyei/a small river. Dgw: domh ndoqv.

ndoqv-dorn cunx mbong zangc nyei ndoqv/a little brook.

ndoqv-dorn-zapv maaih di'dien wuom nyei ndoqv/a small stream.

ndoqv-horngz i bung maaih geh zorng hlang nyei ndoqv/a stream run through a narrow valley.

ndoqv-hlen gan jienv ndoqv-hlen nyei dorngx/area along the river.

ndoqv-hlen kamx ndoqv-hlen mingh nyei ndau-kamx/steep drop along the river side.

ndoqv-kuv wuom liouc cuotv wuov bung ndoqv/an outlet of a river.

ndoqv-maac ndoqv-dorn mingh gapv nyei ndoqv-maac/a main stream.

ndoqv-njaangh ndoqv mingh gau benx norm njaangh daaih/a pond along river.

ndoqv-nyuonh wuom-gorn wuov bung the source of a river.

ndoqv-nqaai maiv maaih wuom nyei ndopv-zuonx-nqaai/a dried stream bed.

ndoqv-qaamv maaih la'bieiv-mbaengx caux ndau-juiz nyei ndoqv/stream with overhanging face of rock and cliffs.

ndoqv-zuonx wuom haih liouc cuotv nyei zuonx/a drainage channel.

ndoqv-zuonx-nqaai maiv maaih wuom nyei zuonx-nqaai/a dry stream bed.

ndoqv[2] pm. 弯下腰 /wānxiàyāo/ ndoqv njiec zorqv ga'naaiv/to bent down.

ndoqv m'nqorngv 低头 /dītóu/ **1** ndoqv m'nqorngv njiec/to low down one's head. **2** laengz suei aqv/surrender.

ndoqv m'nqorngv zorqv yieqv ndoqv m'nqorngv njiec zorqv yieqv bun/to lower one's head to give a salutation.

ndoqv-ndoqv wuov ndoqv jienv ndoqv-ndoqv wuov

ndoqv njiec mangc ndoqv njiec mingh ciepv mangc/low down head to look.

ndoqv njiec zoux gong ndoqv njiec mingh zoux gong/to bent down to work.

ndoqv[3] m. 底部 /dǐbù/ ga'ndiev ndoqv/at the bottom bed.

taux ndoqv mi'aqv taux ga'ndiev ndoqv mi'aqv/to reach through the bottom bed.

wuom-domh ndoqv wuom-domh nyei ga'ndiev ndoqv/the bottom bed of a pond.

ndoqv[4] aengx lorz mangc "gorn-ndoqv, buoz-ndoqv, zaux-ndoqv, nzauh taux ndoqv, zoux ndoqv" nyei eix-leiz.

ndor pm. da'mueiz ndor-ndor wuov/to be rounded at the end tip.

buic-ndor gueix m'normh kuotv nyei buic-ndor/a cotton swabs .

ndorx pm. maaz-jaix cuotv di'dien daaih ndorx-ndorx wuov/around tip.

dueiv ndorx-ndorx wuov (dueiv njuotc) ndorx-ndorx wuov/short rounded tip tail.

ndorkv[1] w. jai-nyeiz ndauc liuz jaux ndorkv hen cluck when she finished laying egg.

ndorkv[2] pm. maiv dungx la'guaih ndorkv oc. Gj: luoqv/don't utter.

ndorkv derh ndie-sai; ei saeng, *ndorkv derh* se gaav English doctor daaih.

ndorm[1] m. 早上 /zǎoshàng/ lungh ndorm morning; during the morning time.

norm muonz lungh ndorm caux lungh muonz/morning and evening.

ndorm-muonz gong yiem biauv zong ndorm zinh nziouv hmuangx nyei gong.
ndorm muonz qiemx ndorm muonz qiemx zuqc nyei ga'naaiv/a daily needs.
ndorm muonz waac hnoi-hnoi gorngv nyei waac/an ordinary language.
ndorm-ndorm hnoi-hnoi lungh ndorm zanc/every morning.
ndorm zinh nziouv hmuangx lungh ndorm caux lungh hmuangx/in the morning and evening.

ndorm[2] aengx lorz mangc "njang ndorm, da'nyeic ndorm, ih ndorm, a'ndorm, lungh ndorm" nyei eix-leiz.

ndorn pm. 湿 /shī/ ziemx ndorn fai mbiungc liemh ndorn/to be wet. Dgw: nqaai.
ndau-ndorn maaih wuom ndorn nyei ndau/wet land; wet soil area.
ndorn ndaetc nzengc ndorn toux nzengc mi'aqv/to be completely soaked.

ndornh m, k. Meiv Guoqv nyei nyaanh ndornh laah/a U.S dollar coin or bill.

ndorngh[1] pm. wuonh orv lopc ndorngh nzengc/boil to soggy.
biouv zuoqc ndorngh biouv zuoqc jiex jaax huv ndorngh nzengc/overripe fruit.
huv ndorngh nzengc butv gaeng huv ndorngh nzengc/be spoiled and soggy.
ndaetv ndorngh hnangv wuom-baamc nor ndaetv ndorngh nyei/to be muddy.
nqaiv-ndorngh bungx nqaiv ndorngh ndorngh wuov/a watery stool.

ndorngh[2] w. muoqv zuqc youh kung ndorngh ndorngh nyei. Gj: dongx/to spread out of water or liquid.

ndorngv pm. nzuqc bouv ndorngv; porng ndorngv/to be blunt, dull. Dgw: laic.
ndorngv haic nzuqc fai bouv ndorngv haic/to be very dull.

ndorngx pm. mingh saau ndorngx naaiv ndorngx wuov/to wandering through here and there.

ndorpc w. 跌 /diē/ ndorpc jau; ndorpc njiec to fall on level ground.
ndorpc cie-ndortc geh cie-ndortc ndorpc /to fall off motorbike.
ndorpc jau 跌倒 /diēdǎo/ yangh jauv ndorpc norm jau nor/have a fall down.
ndorpc maaz geh maaz ndorpc/to fall from a horse back.
ndorpc mun ndorpc njiec mborqv zuqc mun/felt down and get hurt
ndorpc ndiangx faaux ndiangx nyau mv jienv ndorpc njiec/a felt from a tree.
ndorpc tei faaux tei caaiv mbatc piatv ndorpc/to fall from a stairway.

ndorpv pm. 肿 /zhǒng/ mueiz danx zuqc m'zing omx ndorpv-ndorpv nyei/to swell; swollen and puffy.

ndorqc w. 测量 /cèliáng/ ndorqc mangc gaax ndaauv ndongc haaix/to measure.
biaav-ndorqc longc ndorqc nyei biaav/a measuring stick; a ruler.
ndorqc jauv-mai niouv cie mingh cie ganh ndorqc jauv/to measure the length of road by driving a car.
ndorqc lengh deix ndaauv yietc ndorqc lengh/one a half foot long.
ndorqc ndie ndorqc lunh lui houx nyei ndie/to measure the length of cloth.
ndorqc ndo njiec ndorqc ndo ndongc haaix/to measure deep.
ndorqc nziaamv ga'naaiv 血压机 /xiě Yājī/ longc ndoqc nziaamv hlang aiv nyei ga'naaiv/blood pressure machine.
ndorqc nziaamv-qaqv ndorqc mangc gaax nziaamv hlang ndongc haaix/to check blood pressure.
ndorqc siepv ga'naaiv ndorqc mingh siepv nyei ga'naaiv/a speedometer.

ndortc[1] pm. 浸透 /jìntòu/ ndorn toux nzengc ndortc ndortc nyei. Gj: ndaetc/to be wet completely; soaking wet.
ndortc daax ndortc gu'nguaaz bungx yiez coux ndortc daax ndortc nyei/baby wet the bed.

ndortc[2] q. 打鼾音 /dǎhānyīn/ njaanh ndortc ndortc nyei/the noise of snoring.

ndortc[3] aengx lorz mangc "cie-ndortc" wuov joux.

ndortv[1] w. 落下 /luòxià/ gu'nguaaic ndortv njiec/to fall down from height.
baeqc ndortv 白费 /báifèi/ baeqc baeqc nyei ndortv zinh/to waste money.
mv bungx ndortv gic jienv maiv bungx ndortv/nothing is neglected.

ndortv daic ndortv njiec zongc zuqc daic/to fall down from high and die.

ndortv deic nyuoqc mienv ndortv deic nyuoqc/spirit to go to hell.

ndortv kuotv 落洞 /luòdòng/ ndortv njiec ndau-kuotv/to fall into a cave.

ndortv mi'aqv 1 ndortv njiec ga'ndiev mi'aqv/fallen. **2** daic mi'aqv/deceased.

ndortv ndau 1 ndortv njiec taux ndau. **2** yungz gu'nguaaz ndortv ndau/a baby has been born.

ndortv ndau-kamx caaiv piatv ndortv njiec kamx/to fall down steep drop.

ndortv ndau-kuotv ndortv njiec ndau-kuotv mingh/to fall into a hole.

ndortv ndoqv 1 ndortv njiec ga'ndiev ndoqv. **2** ca'laangh horpc ndortv ndoqv a matter has been settled down.

ndortv wuom daic ndortv njiec wuom gunx zuqc daic/to die by drown.

ndortv[2] zmb. ndortv njiec zoux bun maiv maaih jaax-zinh/to lose value.

ndortv buonv maaic ndortv maaiz nyei buonv-zinh/to lose investment money that used to do business.

ndortv cun-gaeng zoux gau cun-gaeng ndortv nzengc mi'aqv/to lose crop.

ndortv gong mv maaih gong zoux aqv to lose one's job.

ndortv gong nyaanh ndortv gong nyei ziangh hoc tov nyanc nyei hungh jaa nyaanh/unemployment benefit.

ndortv hmien 丢面子 /diūliǎnzī/ zuqc baaic hmien/to lose face.

ndortv hnyouv fu'jueiv maiv ziangh horngh se zoux bun domh mienh ndortv hnyouv/dissatisfy; disappointment.

ndortv jaa-dingh weic laaix biaux deic bung ndortv nzengc jaa-dingh/to lost all household possessions

ndortv jaax 1 jaax-zinh ndortv/price is dropping. **2** ndortv nzueic nyei jaax/to lose the beauty or reputation.

ndortv laengv 1 biu zipv laengv maiv zuqc ndortv. **2** maaic gau ndortv laengv mv duqv leic/to lose profit.

ndortv leiz nzaeng leiz maiv hingh ndortv/to lose a case in lawsuit.

ndortv mengh dauh mengh dauh ndortv/to lose reputation.

nortv mienh ding daic yietc diuh mienh maengc/to lost a family member.

ndortv mienh maengc daic yietc diuh mienh maengc/to lose a human life.

ndortv mborqv waaic ndortv mborqv zuqc waaic/to be broken by dropping.

ndortv naanc zuqc siouc kouv nyei sic to face tragedy by unprepared.

ndortv-naanc fu'jueiv dae maa daic nzengc maiv maaih mienh ziux goux nyei fu'jueiv/an orphan

ndortv naanc mienh zuqc siouc kouv siouc naanc nyei mienh/a person who suffering the difficulty.

ndortv qaqv baeqc ndortv qaqv zoux hnangv mv duqv haaix nyungc/to waste labor and earn nothing.

ndortv saeng-eix 失去业务 /sīqùyèwù/ piatv saeng-eix maiv duqv zoux/to lose business opportunity.

ndortv setv setv biaux mitc nzangc/to discolored; color faded away.

ndortv waac duqv laengz waac liuz mv baac bungx ndortv mi'aqv/to breaking a promise.

ndortv za'eix baeqc daav gau za'eix Longc mv zuqc/to use wrong idea.

ndortv ziangh hoc piatv ziangh hoc/to lost an opportunity.

ndortv zinh hmeiv ndortv zinh nyaanh fai jaa-dingh/to lose treasure.

ndortv zinh nyaanh zuqc longc cuotv mingh/to spent out treasure.

ndortv zuqc meih taux meih nyei nza'hmien-buonc/your turn; your shilf.

ndouv[1] w. 赌博 /dǔbó/ **1** ndouv zinh nyei sic/to gamble; to bid for. **2** ndouv ki mienh 艰难 /jiānnán/ to challenge if he or she able to do something.

ndouv ndortv ndouv zinh ndortv/to lost money in gambling.

ndouv paih ndouv paih dangc nyaanh to gamble by playing cards.

ndouv zinh 赌钱 /dǔqián/ dangc jienv nyaanh ndouv cai nyei sic/to gamble.

ndouv zinh buv tengx ndouv zinh haih hingh nyei buv/a dice for win gamble.
ndouv zinh dorngx ndouv zinh nyei dorngx/a gambling place; casino.
ndouv zinh mienh ndouv zinh nyanc nyei mienh/gambler.
ndouv[2] pm. ndouv meih maaih buonv-zeic mborqv yie/to challenge.
ndouv jaax mborqv ndouv mborqv jaax/to challenge to fight.
ndouv-saaix 比赛 /bǐsài/ saaix gaax haaix dauh hingh/to compete a contest.
ndouv-saaix mienh i bung ndouv-saaix nyei mienh/a person who competing in a game or contest.
ndouv saaix qaqv ndouv seix qaqv gaax haaix dauh henv/to challenge the power.
ndouv ziou x ndouv-saaix dorng lungh ndau laengz ngaengc waac/to swear an oath.
nduei[1] m. jai nyei dueiv-gorn wuov norm nduei/base tail of chicken or bird.
nduei[2] pm. **1** jai-nduei/base part of chicken tail. **2** dueiv njuotc mingh nduei-nduei wuov/having a short tail. **3** jaix-zueiv omx daaih nduei-nduei wuov/swell up.
yangh nduei deix yangh nduei di'dien just beginning to turn yellow at the tip.
ndueih[1] pm. hlo hlang gau ndueih ndueih wuov/to be extremely big and tall.
ndueih[2] pm. yangh jauv donc da'ndueih, da'ndueih nyei mingh/walking slowly.
ndueix aengx lorz mangc **ndie-ndueix** wuov joux nyei eix-leiz.
ndui[1] m. 堆 /duī/ ga'naaiv-ndui; yietc ndui; ziex ndui/a pile; a heap; unified body.
ndui daax ndui yietc ndui camv gau mv fungc aqv/a huge of piles.
ndui-ndui nyei camv haic ziex ndui ziex nyei/many piles together.
yietc domh ndui 一大堆 /yīdàduī/ yietc ndui camv nyei/a large pile.
zaangh ndui yietc ndui kungx zaangh hnangv/a pile of firewood.
ndui[2] pm. dorh mingh an ndui jienv faaux to pile up; to stack up; to heap.
ndui buangv nzengc haaix ndau yaac an buangv nzengc/mess up everywhere.
ndui jienv pm. dorh mingh an ndui zunv to pile up; to put together.
ndui la'bieiv dorh la'bieiv mingh ndui jienv faaux/to make pile of rocks.
ndui mbiauh nzauz mbiauh zeiv ndui zunv/to pile up rice grains together.
ndui tin ndui deic la'guaih ndui naaiv ndui wuov/to pile here and there.
ndui zaangh nzauz zaangh an ndui jienv faaux/to pile up firewood.
nduih[1] pm. dopc ndoih faix nyei nduih nduih wuov/a small round shape.
nduih[2] aengx lorz mangc "jaix-nduih" wuov joux nyei eix-leiz.
ndun[1] q. (mueiz ndaix mbui) ndun nyei qiex/buzzing sound of insects fly.
ndun[2] pm. ninh ndun nzengc yietc gorngc diuv, mv dorh leiz nyei waac.
ndun aax nor hopv yietc aax mi'aqv/to have a swallow of liquid or water.
ndunc q. cie-ndaix yiem go ndaix mbui nyei qiex/sound of airplane at distant.
ndunh[1] gn. 短粗 /duǎncū/ yietc ndunh fai ziangh ndunh nyei/lump; chunk; stubby.
dopc bou ndunh yietc ndunh dopc bouc/a lump of tofu.
dorngh ndunh saa-dorngh ndunh/sugar in piece or lump.
ga'naaiv-ndunh 1 ziangh ndunh nyei ga'naaiv/a chunk of something. **2** heuc doqc mienh hngongx mienh nyei waac slang, for a stupid person.
ziangh ndunh nyei gitv jienv ziangh ndunh nyei/whole lump.
ndunh[2] aengx lorz mang "wuom-ndunh, nziaamv-ndunh" nyei eix-leiz.
ndunx w. (naang) ndunx nung/a (snake) shed off its skin.
ndung[1] pm. m'normh ndung/deaf; to be difficult to hear.
ndung camv m'normh ndung camv haic/to lose all hearing power.
ndung deix dien m'normh ndung deix dien nyei/not very deaf.
ndung[2] pm. mv ziangh doix, ndung-ndung wuov/without a pair; alone.
ndung-ndung wuov daan-daan wuov mv maaih doix/to be without pair.
ndung[3] aengx lorz mangc "fong-ndung, lui-ndung, hiun-ndung" nyei eix-leiz.

ndungc w. wuom seix ndungc jienv mienh mingh/push away by current of water.
ndungc faaux nziaaux ndungc jienv faaux gu'nguaaic/be push up by wind.

ndungh wj. zoux sic ndin ndungh ndungh dekv-dekv nyei/very active; very lively.
ndungh ndungh ndamc-ndamc daqc nyei daqc zuangv nyei zuangv.

ndungx[1] wj. yie mbatc duqv dauh mbiauz ndungx nyei/I caught a very big fish.

ndungx[2] wj. lauv-gorn cuotv mbiaic daaih ndi'ndungx ndaengh wuov.

nduoh hd. 九 /jiǔ/ nduoh nyei hoc-dauh se 9/8 + 1 se benx 9/No. 9.
nduoh diemv 九点 /jiǔdiǎn/ nduoh diemv ziangh hoc. Gj: norm/nine o'clock.
nduoh doic 1 duqv nduoh seix mienh aqv/nine human generations. **2** lauh haic aqv/very long time ago.
nduoh doic mv buatc jiex yietc liuz mv duqv buatc jiex/never seen before.
nduoh doic mv haiz jiex yietc liuv mv duqv haiz jiex/never heard before.
nduoh doic nduoh ngaeqv duqv ziex doic mienh jiex daaih aqv/to be very very long time ago.
nduoh doic zouv-gemh duqv nduoh doic mienh nyei zouv-gemh/a recorded of graveyard up to nine generations.
nduoh ndongh juov doic jiex daaih lauh haic aqv/to be long long ago.
nduoh waanc 九万 /jiǔwàn/ juov ziepc cin/ninety thousand.

nduov[1] w. 欺骗 /qīpiàn/ nduov mienh gaav nyaanh bun liuz mv jaauv/to deceive.
nduov duqv zuqc hngongx haih nduov zuqc nyei/can be deceive.
nduov fu'jueiv 1 zoux nduov fu'jueiv oix/to keep children amused. **2** nduov fu'jueiv nyei waac/to deceive children.
nduov ganh zoux nduov zuqc ganh haiz a'hneiv/to deceive oneself.
nduov m'zing mangc nduov ganh nyei mingh mangc/to attract to the eyes.
nduov ngongh zorqv dorh nzauv bun ngongh nyanc nduov zorqv/deceive cow in order to catch them.
nduov nyaanh gorngv nduov mienh bun nyaanh longc/to trick someone's money.
nduov zoux waaic gorngv nduov mienh zoux waaic/to deceive someone do wrong.
zuqc nduov zuqc mienh nduov zuqc mi'aqv/to be deceived.

nduov[2] pm. 安慰 /ānwèi/ nduov gu'nguaaz guai/to comfort a crying baby.

nduox pm. zaux njuotc mingh nduox-nduox wuov/to be stubby.

nduqc[1] hd. nduqc ndornh nyaanh; nduqc laanh mienh. Gj: ndoqc/only one.
nduqc bung maaih yietc bung hnangv to have only one side.
nduqc dangh hnangv nangv haic nyei ziangh hoc/just a moment ago.
nduqc dauh dorn maaih nduqc dauh dorn-ndoqc hnangv/only son.
nduqc dauh sieqv maaih nduqc dauh Sieqv-ndoqc hnangv/only daughter.
nduqc dauh ganh nduqc laanh ganh hnangv/without anybody.
nduqc diuc hnyouv maaih yietc diuc hnangv/a single-mined
nduqc hnoi maaic zaanc maaic huox zaanc nduqc hnoi hnangv/one day sell.
nduqc maengx domh mienh yietc dauh domh mienh hnangv/a single parent.
nduqc nyungc setv maaih yietc nyungc setv hnangv/only one color.
nduqc torngx cun-gaeng zoux nduqc torngx cun hnangv/only one crop.
nduqc weic zienh maaih nduqc weic zeix lungh ndau nyei zienh.

ndutc[1] w. ndutc ndau. Gj: sorqv, *ndutc* se gaav congh Janx-laauv waac daaih.

ndutc[2] pm. ziangh guanh nyei ndutc ndutc nyei mingh/to move in large numbers.
douz ndutc ndutc nyei douz zieqc jienv ndutc ndutc nyei/thud sound of fire burning.
nduqc faaux ndutc njiec cie camv gau ndutc faaux ndutc njiec nyei/a lot of car moving back and forth.

ndutv w. 断 /duàn/ cutv ndutv; nauv ndutv; baeng ndutv/to break apart from.
biaux maiv ndutv biaux taux haaix zunc jienv/to unable to run away from.
gorngv ndutv ninh aapv yie maaiz mv baac yie gorngv ndutv mv zuqc maaiz.

haeqv ndutv nda'maauh caa dungz mv yie heuc haeqv ndutv mi'aqv.
leih ndutv kouv naanc leih ndutv hoic mienh nyei naanc/free from disaster.
mv noic duqv ndutv gu'nguaaz zunc dueiv nyouh haic mv noic duqv ndutv.
maaic ndutv mi'aqv maaic duqv cuotv mi'aqv/sold out.
ndutv biei nzengc saeng-kuv nyei biei ndutv/molting of the hair.
ndutv sin 生 /shēng/ dorh leiz nyei waac, gorngv yungz gu'nguaaz/to give birth to.
ndutv sin dorngx ndie-biauv yungz gu'nguaaz nyei dorngx/a maternity ward.
ndutv sin ndie tengx yungz gu'nguaaz cuotv siepv nyei ndie/obstetrics.
ndutv zei-naanc ndutv zei ndutv naanc nzengc/all difficult past and happiness are coming.
ndutv zuiz gorngv ndutv mv zuqc dingc zuiz aqv/to free from charge of a wrongdoing.
simv ndutv biaux ndutv mi'aqv/to get out of trouble; run away successful.

Ng

ng /ngor/ nyic ziepc nyeic norm nzangc-maac yiem Iu-Mienh/Yao nyei waac.
NGC se dongh **ngaanc**, **ngitc** nzutv-norz fiev/an abbreviation for **ngaanc**, **ngitc**.
ngaav w. ngaav-ngaav gorngv mv cuotv waac/dumb-founded; to be speechless with amazement or terrify.
ngih ngaav-ngaav wuov haeqv zuqc butv-hngongx nzengc ngih ngaav-ngaav wuov/to be speechless.
ngaaz m. gu'nguaaz, caux fu'jueiv gorngv nyei waac/baby, a child language.
ngaaz-dorn **1** gu'nguaaz-dorn/a baby boy. **2** gu'nguaaz-faix/an infant.
ngaaz-sieqv gu'nguaaz-sieqv/a baby girl or daughter.
ngaaic gw. gu'nguaaic, bung baav mienh nyei waac a'fai caux gu'nguaaz gorngv nyei waac/above.
ngaaic lungh yiem gu'nguaaic lungh/to be in the air; up the sky.
wuov ngaaic yiem wuov gu'nguaaic/in the air or above.
ngaaiz bt. butv baengc-ngaaiz, fai baengc-ndaauv/a lengthy illness.
ngaaiz gu'nguaaz maaih gu'nguaaz faaux sin butv nyei baengc/a morning sickness because of pregnancy.
ngaaiz jienv lauh aqv butv daaih lauh nyei baengc/be sickly over long period.
ngaaiz-ngaaiz wuov butv baengc lauh ngaaiz-ngaaiz sox-sox wuov/sickly look.
ngaam pm. **1** zung nzuqc jie mbu'ndong ngaam-ngaam wuov/to worn out in the middle blade. **2** mbong njiec gau butv norm ndaamh ngaam-ngaam wuov.
ngaamh m. la'bieiv-ngaamh/hollow area under a rock or ground.
mbiauz-ngaamh mbiauz bieqc bingx nyei ngaamh/a hollow under a rock.
ngaamh ngaamh wuov morngx jienv nzuih ngaamh ngaamh nyei nyiemv/to cry with open widely.
ngaanc m. 岸 /àn/ doix-ngaanc fai wuov ngaanc bung/an opposite side of valley.
doix-ngaanc doix ziangx jiex wuov ngaanc bung/an opposite side.
i horqc ngaanc 两岸 /liǎngàn/ i bung doix-ngaanc nyei dorngx/opposite side of valley.
jiex wuov ngaanc baeng zaqc mingh jiex wuov ngaanc bung.
koiv ngaanc 海岸 /hǎiàn/ doix-ngaanc nyei i bung koiv-hlen/the opposite side of the sea.
wuov ngaanc bung mienh yiem wuov ngaanc bung nyei mienh/people from the other side.
wuov ngaanc ziqc ndaaih wuov bung ziqc ndaaih/opposite side of a river.
ngaapc pm. nzuqc hngaqv zuqc ndo gau ngaapc ngaapc wuov. Gj: ngorpc/to be awful deep of a cut wound.
ngaapv w. gorngv, mv dorh leiz nyei waac/slang, to speak.
mv dungx guaih ngaapv maiv dungx guaih gorngv/don't just spout off.
mv maaih buonv-zeic ngaapv mv haih gorngv waac/unable to speak a word.

ngaapv mv cuotv hnamv mv cuotv daaih gorngv/unable to speak out.

ngaapv tin ngaapv deic gorngv yietc lungh yietc ndau nyei.

ngaatc w. 咬 /yǎo/ ngaatc nyanc; ngaatc daic/to bite; to gnaw; to chew.

longc qaqv ngaatc longc nzengc qaqv ngaatc ga'naaiv/use all strength to bite.

ngaatc daic (nda'maauh) ngaatc daic/to bite to dead.

ngaatc dangh 1 ngaatc dangh hnangv mv lauh. **2** ngaatc mienh sorqv nziaamv nyei gaeng/a small tick.

ngaatc hnamv sieqv-dorn houh saeng ngaatc hnamv doic/to bite for love.

ngaatc jienv meih a'loh hemx m'zing ndorngv mienh nyei waac.

ngaatc jienv nyaah diev mun gau zuqc ngaatc jienv nyaah diev/to bite one's teeth to endure the pain.

ngaatc mv bieqc ngaengc haic ngaatc maiv bieqc/unable to bite into.

ngaatc mv huv ngaengc haic ngaatc maiv huv/unable to bite open.

ngaatc ndutv 咬断 /yǎoduàn/ ngaatc ndutv mingh/to bite apart.

ngaatc nyaah 咬牙 /yǎoyá/ juangv ngaatc nyaah; qiex jiez ngaatc nyaah/to grit the teeth when cold or sign of anger.

ngaatc nyanc ngaatc ndutv daaih nyanc to bite to eat; to devour.

ngaatc tong ngaatc tong kuotv mi'aqv to gnaw through.

ngaatc waaic nzengc ngaatc huv waaic waaic nzengc/damage by insects bite.

ngaatc zuqc buoz-ndoqv ngaatc ganh nyei buoz-ndoqv/to bite one's finger.

ngaatc zuqc mbietc ngaatc zuqc ganh nyei mbietc/to bite one's tongue.

ngaau q. (nda'maauh) heuc ngaau nyei qiex/a roaring sound of a tiger.

ngaau ngomz (nda'maauh) heuc ngaau ngomz nyei qiex/the roaring sound of a tiger call.

ngaauh[1] q. gu'nguaaz ngaauh ngaauh nyei nyiemv/bitter sound of a baby crying.

ngaauh tin ngaauh deic nyei nyiemv duqv seix haic nyei sing-qiex/the loudly sound of bitter crying.

ngaauh yiex bueix mv njormh nyei baengc/to have insomnia and sleepless.

ziangh muonz nyei ngaauh ziangh muonz nyei heuc/wailing in pain through out the night.

ngaauh[2] gny. **Ngaauh Yih** gouv-waac zunh gorngv loz-hnoi maaih fin-mienh mbiauz heuc "ngaauh yih" naaiv se gorngv gouv hnangv maiv maaih ha'dauh hiuv duqv zien lorqc/a legendary divinity fish.

ngaauv q. fu'jueiv ngaauv-ngaauv nyei nyiemv/the sound of a loudly crying.

ngaauv-ngaauv nyei heuc aaux lungh janx-daic ngaauv-ngaauv nyei heuc/the screaming sound.

ngaauz q. nda'maauh saeng ngaauz bieqc ngaauz cuotv heuc/snarl sound of tiger.

ngaev q. yie caa jienv yungh dorn ninh ziouc ngaev-ngaev nyei heuc/the sound made by a goat cry.

ngaex pm. fu'jueiv oix longc nyaanh qaqv ngaex domh mienh/to keep asking for.

ngaen q. gaeng-qorngh camv ndaix ngih ngungx ngaen nyei m'normh gorn.

ngaenz q. nanv njoux-limc youh douz zieqc hiaangx ngaenz, ngaenz deix/the sound of chain saw's gas being push.

ngaeng[1] w. i bung nyei mbu'ndongx faix ngaeng-ngaeng wuov/narrow in middle.

jaaiv-ngaeng jaaiv faix ngaeng-ngaeng wuov/to have a small waist.

jaang ngaeng ha'louh jaang faix nyei ngaeng-ngaeng wuov/a narrow neck.

ngaeng[2] pm. zaangz m'zing faix ngaeng-ngaeng wuov/small eye of an elephant.

ngaeng[3] m., n. longc nie nanv zoux daaih dapv diuv nyei ngaeng/a small narrow neck jar used for keeping wine.

ngaeng[4] gw. gu'nguaaz nyei waac gorngv gaeng/insect, baby language.

ngaeng apc gu'nguaaz gorngv gaeng ngaatc se gorngv ngaeng apc/an insect bite, child language.

ngaengc[1] pm. 硬 /yìng/ mbang ngaengc nyei hngaqv mv bieqc/hard, solid; stiff.

butv-ngaengc 变硬 /biànyìng/ tiuv benx ngaengc mi'aqv/to became harden.

ngaengc-caengx gu'nguaaz ziangh duqv ngaengc-caengx/a strong healthy baby.
ngaengc nyei ga'naaiv hlieqv, la'bieiv se ngaengc nyei ga'naaiv.

ngaengc[2] snq. 顽固的 /wángùde/ zoux dorngc liuz mv baac ngaengc jienv mv laengz/stubborn; obstinate.
m'nqorngv ngaengc **1** mv butv baengc nyei mienh se beiv m'nqorngv ngaengc nyei/being strong and healthy. **2** henv zeiv se beiv m'nqorngv ngaengc/a hero.
ngaengc doz-leiz mv mbuoqc doz-leiz gunv/to resist or disobey the law.
ngaengc hingh ngaengc duqv hingh mi'aqv/to be successful in resistant.
ngaengc hungh jaa mv muangx hungh jaa gunv/to oppose the government.
ngaengc jienv ngaengc jienv mv laengz to keep resistant from.
ngaengc leiz ngaengc mv bun leiz haih ngatv zuqc/refuse to submit to the law.
ngaengc mv hingh gorngv maiv hingh aqv/unable to keep resist.
ngaengc ndekv-ndekv ngaengc jienv maiv laengz dorngc/to be stubborn.
ngaengc ndutv ngaengc ndutv mv zuqc baatc/to successful resist.
ngaengc waac gorngv ngaengc haic nyei waac/a strong statement.

ngaengh pm. yie mv kangv longc mv baac ninh ngaengh aapv yie ziouc zuqc longc mi'aqv/to urge strongly.

ngaengv[1] w. nyuotv jienv buoz-ndoqv ngaengv/to strike with upper finger.
ngaengv congx waan congx nyei panh tiu nzitv/to strike a gun.
ngaengv gaengh 扣门 /kòumén/ ngaengv gaengh heuc mienh koi gaengh/to knock on the door.
ngaengv m'nqorngv ngaengv fu'jueiv nyei m'nqorngv/to clips on the head.
ngaengv morng norqc ngaengv morng bieqc ndiangx/a woodpecker pecking a hole on a tree.

ngaengv[2] pm. ziangh daaih faix aiv nyei ngaengv-ngaengv wuov/petite and slim.

ngaengx juv nyiemv qiex. Gj: ka'ngangx, ka'ngaengx/the sound of a dog cry.
juv ngaengx gu'nguaaz gorngv juv nyei nyei waac/a dog, child language.

ngaeqc aengx lorz mangc "ngaetc" wuov joux nyei eix-leiz.

ngaeqv nyc. gux taaix ngaeqv; ong taaix ngaeqv/a great great grandparents.

ngaetc[1] w. fu'jueiv oix longc nyaanh qaqv ngaetc dae maa/to keep begging for.
ngaetv zingh tui-zeih maiv kangv zipv siepv. Gj: ngaetc eix/to delay accepting an offering.
ngaetc[2] q. dungz-nyeiz ngaetc dorn hopv nyorx/the sound of a sow call piglets.

ngaetv[1] q. dungz-nyeiz bueix ngatv zuqc dungz-dorn ngaetv dangh.

ngaetv[2] aengx lorz mangc "ngorh ngaetv" wuov joux nyei eix-leiz.

ngaeu q. m'lomh miu dorn heuc ngaeu nyei qiex/the sound made by a kitten.

ngaeuz q. m'lomh borngz jaax heuc ngaeuz-ngaeuz nyei qiex/the sound made a cat fighting with each others.
Gu'nguaaz yiex haic haaix zanc yaac ngaeuz-ngaeuz nyei nyiemv jienv yiem.

ngai wj. nitv fatv, mv dungx mingh ngai bien/don't hang around close with.

ngaih[1] w. 延迟 /yánchí/ sueih jienv, maiv huaang/to delay. Gj: zorv-zaix, dang gorc, kangh. Dgw: gaanv, gic, beqv.
mv dungx ngaih gaanv jienv mv ngaih guangc ziangh hoc/not to delay.
ngaih haic zoux gong ngaih haic maiv gaanv jienv zoux/to do with unhurried.
ngaih jienv mingh sueih jienv manc-manc mingh/to postpone along the way.
ngaih lauh ngaih zorv ziangh hoc lauh to delay for a long time.
ngaih nqa'haav maiv zunc doic/to fail to keep up with; to lag behind.

ngaih[2] pm. 耐 /nài/ ngaih duqv. Gj: diev, siouc, nyienz/patient; endurance.
ngaih mv hingh mun jiex jaax mi'aqv ngaih mv hingh diev mv zoux aqv/to be unbearable; very painful for one to bear.
ngaih touh 耐心 /nàixīn/ maaih noic, maaih ngaih touh/endurance; patience.
ngaih touh longx maaih noic diev duqv haic/to have patience with.

ngaix aengx lorz mangc "ngai" wuov joux nyei eix-leiz.

ngakv lf. mingh ciou ging ciou ngakv/to go and seek for a Buddha scripture.

ngamc pm. zaeng porng ngamc nor maiv benx longc wet ndau/bend downward.

ngamh w. gorngv waac ngamh ngutv mv haih gorngv mv cuotv/to be stammer.

ngamh ngutv gorngv waac ngamh gorngv mv cuotv/to speak with clumsily.

ngamv w. 蹲坐 /dūnzuò/ ngamv jienv gu'kuotv mv zueiz don/to crouch or squat.

ngamv baeqv Mienh nyei leiz-fingx, se *nziez aa* zuqc ngamv baeqv *mbuangz* aa zuqc ngamv ong-bouc, *fun-nyaam* aa zuqc ngamv youz-diex, *miangh* aa zuqc ngamv njiez, beiv hnangv ong-bouc jiex jauv, *mbuangz* zueiz jienv wuov congx congx mv baac haaix zanc buatc *ong-bouc*, fai *baeqv*, a'fai *youz-diex* yangh jauv jiex ga'hlen nor ziouc zuqc taanx nqoi don ngamv jienv aqv, se weih zorqv yieqv tongx nipc bun, six gorngv haaix dauh mv ngamv nor daic mingh wuov ndaangc yiem-gen mienv ziouc dingc zuiz ninh gaatv ninh nyei gu'kuotv aqv.

ngamv njiec ngamv njiec mingh/squat down; crouch down.

nganh[1] m., n. 种子 /zhǒngzī/ biouv-nganh, fai nyim/a large seed of the fruit.

nganh[2] pm. lom buoz bieqc mingh haiz di'dien nganh nganh wuov mv baac zorqv maiv zuqc.

nganh[3] aengx lorz mangc "jaix-nganh" wuov joux nyei eix-leiz.

nganx[1] cs. cie nganx zuqc juv daic wuov jauv/run over the dog by a car.

nganx jauv cie nganx jauv zietc nyei cie/a steamroller.

nganx waaic cie nganx zuqc ga'naaiv waaic/run over by a car and damage.

nganx zuqc daic cie jiex jauv nganx zuqc daic/run over and die.

nganx[2] pm. jamv; gaatv; nganx ndutv/to cut off; to chop into.

nganx baengh longc njoux gaatv nganx baengh/to level up; to cut evenly.

nganx jaax-zinh gorngv njiec jaax-zinh to bargain; to cut price.

nganx mba'biei njapv mba'biei, mv dorh leiz nyei waac/to have hair cut.

nganx m'nqorngv 1 gaatv m'nqorngv ndutv daaih/to cut off a head. **2** japv mba'biei/to get a hair cut.

ngangh[1] w. ndiangx yietv nauv njiec taux ndau ndiangx-gorn mba'ngangh dangh.

ngangh[2] pm. ngangh haic. gj: ciouv haic to be fierce; unfriendly.

ngangv q. juv njungx ngangv-ngangv nyei the sound of dogs barking.

ngangv-ngangv nyei hemx qiex ciouv nyei/to scold with angrily voice.

ngangx[1] q. mborqv zuqc juv mun heuc nyei qiex/sound made by a dog yelping.

ngangx[2] gw. Gu'nguaaz gorngv juv nyei waac/a dog, child language.

ngangx[3] aengx lorz "mba'zorng-ngangx" wuov joux mangc.

ngaqv[1] pm. yietc ngaqv zaangh fai yietc ngaqv ndie. Gj: nqanx/a piece of wood.

biee ngaqv ndie-jieqv biee zeuv nyomc nyei ndie/four bolts of black cloths.

ngaqv[2] q. suiv-ngongh heuc nyei qiex/the sound made by water buffaloes calling.

ngatv w. 压 /yā/ ngatv gu'nguaaic njiec/to crash down on; pressure from above.

ngatv huv ngatv zuqc ga'naaiv huv/to break by pressure on.

ngatv jauv longc hlieqv-ndongh ngatv jauv yuonh/to roll road by steamroller.

ngatv jienv yiem gu'nguaaic ngatv jienv/to crash on.

ngatv mbeih ngatv zuqc mbeih nzengc mi'aqv/to be flattened by pressure on.

ngatv waaic ngatv zuqc ga'naaiv waaic to damaged by something crash on.

ngatv yuonh zaax njiec ngatv bun ninh yuonh/to press smooth.

ngatv zuqc hnyiev nyei ga'naaiv ngatv zuqc/something heavy crushed on.

ngau[1] m, n. 钩,弯 /gōu, wān/ longc kuangx ga'naaiv nyei ngau/a hook for hanging.

hlieqv-ngau hlieqv daav daaih nyei ngau/a metal hook.

hnyouv ngau hnyouv mv zaqc njuotv to dishonor; bad credit.

ndiangx-ngau ndiangx zoux daaih nyei ngau/a wooden hook.

ngau camv haic ba'laqc ngau camv mv fungc longc/too curved to make use.

ngau-faaux beiv juv nyei waac-meiv/an Idiom: for a dog.

ngau haic ba'laqc ngau camv haic mv fungc longc/too curved to make use.

ngau jiez sin daaih ngau m'nqorngv jiez daaih/to bend upward.

ngau mingh ngau daaih ngau njuotv mingh njuotv daaih/to bent back and forth along.

ngau-ngau wuov mv zaqc ngau-ngau wuov/bending along.

ngau nzuonx mingh gau aengx ngau daaux nqaang daaih/to curve back.

wuotv ngau wuotv bun ngau mingh/to bend; to make it bent.

ngau[2] w. biouv hlang gaeqv maiv zaaic aa zuqc longc biaav-ngau, ngau njiec daaih gaeqv/to hook down.

ngauh pm. zaangz-nyaah ngauh ngauh nyei/curved upward as elephant's tusk.

ngauh ngauh nyei daaih nzangv nyei m'nqorngv ngauh ngauh nyei daaih.

ngengz pm. ndoh jienv jaang ndiux jienv ngengz-ngengz/a long narrow neck.

ngic aengx lorz mangc "nyic ziepc" wuov joux nyei eix-leiz.

ngih wj. ngih ngungx nguiz; ngih ngungx ngoiz; ngih ngungx ngopv; ngih ngungx ngangv; ngih ngungx ngortc.

ngih ngungx ngaav butv-mang nzengc gorngv mv cuotv waac/be speechless.

ngih ngungx ngorngz suiv-ngongh ngih ngungx ngorngz nyei mangc/to lift up head and look.

ngiv q. juv tiux daaih zom haeqv zuqc fu'jueiv ngiv-ngiv nyei nyiemv.

ngix q. juv a'hneiv ninh nyei ziouv ziouc ngix-ngix nyei tiux mingh hnomv aqv.

nginh nz. 言 /yán/ aaux nzung beiv hnangv nginh waac, nyinh waac/a word.

nginh nyouz mv doix mv doix gorngv jiex daaih nyei waac.

nginv w. zueix-naauz-nginv a'fai zueix mbiauz-nginv/an odor of rat or fish.

nginz[1] nz. m'zing, mueic zing, aaux benx nzung nyei waac/eye.

hliepv nginz kanx nungx nqoi m'zing mangc/open eye and look.

nginz-lueic liouc m'zing-mueic liouc/to shed tears; to cry.

nginz[2] pm. longc zaux-nqo nginz nziouv daic/to press down and turn with heel.

nginz muonc nginz muonc fai hlienz muonc/to crush finely under heel.

nging q. m'normh nging-nging nyei mbui sharp pierce noise in the ears.

cie-ndaix-nging mbui nging-nging nyei wuov nyungc cie-ndaix.

ngingv pm. nqaan-nqaan ngingv-ngingv wuov/to be slim and thin.

Ngingv Fin m'sieqv fai m'jangc mienh ngingv mienh nyei mbuox/woman or man's given name.

ngingv haic ziangh duqv faix ngingv haic/growth up to be slim.

ngingv-ngingv wuov ziangh daaih mv hlo ngingv-ngingv wuov/a slim person.

ngitc aengx lorz mangc "njien-youh nauc ngitc" nyei eix-leiz.

ngoi wj. ngoi yangh nyei/absolutely yellow or bright yellow.

ngoi-ngoi yangh yiem go mangc buatc ngoi-ngoi yangh wuov/to be yellow.

ngoic[1] pm. zaangz yangh jauv donc nyei nda'ngoic, nda'ngoic nyei mingh/walk slow as an elephant.

ngoic[2] w. mv maaih guaix ngoic; mv lamh guaix ngoic/to be blameless.

mv maaih ngoic mv maaih nqemh nyei dorngx/no idea; no view point.

mv maaih guaix ngoic mv maaih guaix nyei dorngx/to be blameless.

ngoih[1] pm. ngoih jaa bung; nyiemc ngoih jaa nyei cien/the in-law relationships.

ngoih jaa 外嫁 /wàijiā/ auv nyei muoz-doic cien-ceqv/relatives of wife side.

ngoih jaa cien nyiemc ngoih jaa bung nyei cien. Gj: ziev-muic cien/relatives through marriage.

ngoih zouv mienv ngoih jaa bung nyei mienv/the spirits of one's wife side.

nzuonx ngoih jaa a) ei jienv Iu-Mienh nyei leiz-fingx dorng jaa buangv hlaax maaih leiz dorh jienv auv nzuonx ong-daa maa-diev nyei biauv nziaauc bueix muonz. b) da'nyeic buangv hnyangx aengx nzuonx nzunc bueix i muonz. c) da'faam buangv buo hnyangx aengx nzuonx wuov nzunc aa zuqc zunc jienv dungz-junh nzuonx daix bun ong-daa, maa-diev nyanc yaac aa zuqc bueix buo muonz.

siangx ngoih zouv mienv siangx ngoih jaa wuov bung nyei mienv.

ngoih[2] w. yangh jauv donc haic hnangv zaangz nor nda'ngoih nda'ngoih nyei mingh/walk slowly as elephant.

ngoiz q. nyiemv ngoiz nyei qiex/the sound of bitterly crying.

ngoiz daax ngoiz ngoiz daax ngoiz nyei nyiemv/bitterly crying of adult.

nyiemv-ngoiz nyiemv mbui ngoiz-ngoiz nyei/bitter cry and screaming.

ngomc[1] w. gorngv waac faix nyei ngomc ngomc deix/to speak softly voice.

ngomc[2] pm. mbenc ziangx sipv liuz mienv wuov donx hnaangx aa zuqc ngomc dangh mienv nyanc liuz mienh cingx nyanc/to call on spirit to eat food first than man eat.

ngomh w. mungz camv gau ngomh daax ngomh nyei fiau orv/swarm of the flies.

ngomv w. haiz gorngv jienv waac ngomv ngomv nyei mangc yoc mv buatc/hear softly voice of talking.

ngomz q. nda'maauh heuc ngomz-ngomz nyei/sound of tiger snarling, roaring.

ngongh[1] zz, d. 牛 /níu/ suiv-ngongh fai yangh ngongh/cow; cattle; buffalo.

ngongh bou goux ngongh nyei mienh person who take care of cow.

ngongh buang ngongh gouv nyei buang the hump of an ox.

ngongh cie 牛车 /níuchē/ bun ngongh tor nyei cie/oxcart.

ngongh deih ngongh nyei deih/the hoof of a cow.

ngongh dorn ngongh nyei dorn/a calf.

ngongh dueiv ngongh nyei dueiv/ox tail.

ngongh dueiv torng wuonh ngongh dueiv nyei torng/ox tail broth.

ngongh faan cov ngongh nyanc liuz miev aengx lov cuotv daaih nziuc zunc a cow ruminate.

ngongh gouv 公牛 /gōngníu/ haih saeng ngongh nyeiz nyei ngongh gouv/a bull.

ngongh gouv-im paaix im jaix-nduih liuz nyei ngongh gouv/a castrated bull.

ngongh gouv-saeng haih saeng ngongh nyeiz nyei ngongh gouv/a mating bull.

ngongh guanh 群牛 /qúnníu/ yietc guanh ngongh camv nyei/a herd of cow.

ngongh hmei ngongh hmei fai ngongh orv-junc/a beef fat.

ngongh jaan ngongh nyei domh luangc jaan/beef tendon.

ngongh jaan ndiangx ndopv hnangv suiv-ngongh ndopv nyei ndiangx.

ngongh jorng 牛角 /níujiǎo/ ngongh nyei jorng/horn of an ox or cow.

ngongh jorng biouv lomc hmei ziangh nyei biouv hnangv ngongh nyei jorng nor.

ngongh jorng nquatv ngongh nyei nauv nquatv mi'aqv.

ngongh junc ngongh junc muon-muon wuov/a fat cow.

ngongh laanh 牛稳 /níuwěn/ wuonx ngongh nyei laanh/cow stable.

ngongh lorngh goux mangc ngongh guanh nyei mienh/cowboy.

ngongh maaz 牛马 /níumǎ/ ngongh caux maaz/cows and horse.

ngongh mba'nziu ngongh nyei mba'ziu the hear of a cattle.

ngongh mbietc 牛舌 /níushé/ ngongh nyei mbietc/tongue of cow; ox tongue.

ngongh mbungv ngongh nyei mbungv.

ngongh mbuoqc ngongh nyei ga'sie-mbuoqc/a cow's stomach.

ngongh ndopv 牛皮 /níupí/ ngongh nyei ndopv/a cowhide.

ngongh ndopv bin longc ngongh ndopv zoux biaav-bin/a leather whip.

ngongh nqaiv buonx zoux buonx nyei ngongh nqaiv/cow manure fertilizer.

ngongh nyeiz njiec liuz dorn nyei ngongh nyeiz/cow that has already calved.

ngongh nyorx 牛奶 /níunǎi/ **1** ngongh nyei nyorx/a cow's udder. **2** nanv ngongh nyei nyorx daaih wuov/milk.

ngongh nyorx biouv yietc nyungc ndiangx nyei biouv/a fig.

ngongh nyorx gong-bou zoux ngongh nyorx nyei dorngx/dairy company.

ngongh nyorx-mbuonv ngongh nyorx-nqaai mbuonv/milk in powder.

ngongh nyorx ndiangx yietc nyungc ndiangx/fig tree.

ngongh nyorx-ngaengc ngongh nyorx zoux ngaengc daaih/cheese.

ngongh nyorx-sui longc ngongh nyei zoux nyei dongx-sui/yogurt; sour milk.

ngongh orv 牛肉 /níuròu/ ngongh nyei orv/beef; beeves.

ngongh orv mienx 牛肉麵 /níuròumiàn/ mienx peux ngongh orv torng daaih/noodles served with stewed beef.

ngongh orv-nqaai ngongh orv zoux nqaai daaih/beef jerky; dried beef.

ngongh orv poux maaic ngongh orv nyei poux/beef store.

ngongh orv-sui ngongh orv ipv sui aaih/beef pickled.

ngongh orv torng wuonh ngongh orv nyei torng/beef soup; beef broth

ngongh saeng 1 ngongh njaah doic douc zuangv/cow is mating. **2** mv im jaix-nduih nyei ngongh gouv/a bull.

ngongh tor longc tor ga'naaiv nyei ngongh/a packing ox.

ngongh wuon ngongh nyei baengc/cow disease; a mad cow.

ngongh zeic maiv gaengh njiec jiex dorn nyei ngongh/a female calf.

ngongh ziepc nyeic pin ngongh mbuoqc gu'nyuoz ziepc nyeic pin/book tripe.

ngongh ziouv yungz ngongh nyei ziouv the owner of the cattle.

ngongh zoih sipv mienv mienh gorngv ngongh nyei waac/a cattle.

suiv-ngongh 水牛 /shuǐníu/ guoqv njaangh nyei ngongh. Gj: su'ngongh/a water buffalo.

yangh ngongh 黄牛 /huángníu/ yangh ngongh; pou-tong ngongh/cow or cattle.

zoux ngongh zoux maaz Iu-Mienh loz-hnoi leiz, hienx muoz-doic se beiv zoux ngongh zoux maaz zuqc gaatv miev uix aqv.

ngongh[2] pm. hlo gau ngongh daax ngongh wuov/huge large; greater size.

ngopv[1] w. maiv buangv hnyouv gorngv la'nyauv bun/to complain or protest.

ngopv-huv haic maiv zic duqv ngopv yaac ngopv/really complain a lot.

ngopv-huv waac gorngv la'nyauv bun mienh nyei waac/word of complain.

ngopv nv ngopv wuov hemx nv hemx wuov nyei/complain about everything.

ngopv nyei waac la'ngopv nyei waac/a word of complaining.

ngorc w. 饿 /è/ ngorc oix nyanc. Gj: cei, hnyouv sie/hunger, long for; hungry for.

liemh ngorc yiem hnyouv sie jienv mv maaih nyanc/to live with hunger.

ngorc daic 饿死 /èsǐ/ **1** hnyouv sie daic die by hunger. **2** haiz ngorc gau/so hungry for; need for food.

ngorc-daic cung hnyouv sie daic mingh nyei mienv/spirit of die by hunger.

ngorc duqv kouv zuqc diev ngorc camv haic/greatly suffer from famine.

ngorc hnaangx 1 hnyouv sie oix nyanc hnaangx. **2** laangh ziqc mv gaux nyanc zuqc ngorc/to have short provision.

ngorc in cei oix buov in/to crave opium.

ngorc jienv yiem ngorc-ngorc lorqv-lorqv nyei yiem/to suffer hunger.

ngorc orv haic cei oix nyanc orv haic/to crave meat.

ngorh[1] m. 屋顶 /wūdǐng/ gu'nguaaic biauv-ngorh/the peaked of the roof.

gu'nguaaic biauv-ngorh gu'nguaaic maengx bung biauv/at the rooftop.

ngorh citv biauv-ngorh laic citv-citv wuov/a pointed rooftop.

ngorh[2] w. guinh mingh guinh daaih nyei ngorh/to swing back and forth.

dangc ngorh ngaetv geh jienv ngorh ngaetv ngorh guinh jienv mingh/to ride on seesaw up and down.

ngorh gaengh 1 waan gaengh guinh mingh daaih/to swing door back and forth. **2** Iu-Mienh biauv nyei zaaix caux mbiaauc bung nyei gaengh se heuc ngorh gaengh/entrance door either left or right side in Mien traditional house.

ngorh ngaetv geh yaauh nziaauc nyei ga'naaiv/a seesaw; a teeter-totter.

ngorh[3] pm. 强烈 /qiángliè/ ciouv haic, a'fai orqv haic/fierce; vicious.

ngorh gueiv ciouv haic nyei mienv fai hieh zienh orqv gueiv/devil.

ngorh guoc yietc norm henv ciouv nyei deic-bung/a powerful nation.

Ngorh Yih 鳄鱼 /èyú/ haih ngaatc mienh fai ngaatc saeng-kuv nyanc orv nyei wuom-doc taanh/an Alligator.

ngorv q. domh jaangv heuc nyei qiex/the sound of an eagle call.

ngorx nz. auv. Gj: ngorz/wife. Wed: cai.

leih ngorx leih auv; leih cai; guangc auv/to divorce.

linh ngorx longc auv. Wed: linh cai/to to take a wife.

ngorkv pm. ziangh daaih mbamc-mbamc hngongx-hngongx/to be dumb, stupid.

ga'naaiv-ngorkv hngongx nyei mienh a dumb person.

ngormc wj. **yangh ngormc** bueix njormh jienv gorngv waac/sound of mutter.

yangh ngormc waac m'njormh jienv gorngv nyei waac/uttering while sleep.

ngormv w. **ngormv ndeic** zuov ndeic buonv daaih nyanc mbiauh maeqc nyei hieh zoih/to wait on field.

ngorng[1] q. caa dungz ngorng-ngorng nyei heuc/loud sound of a pig squealed.

ngorng[2] q. baaux nzung qiex hlang gau gorng-ngorng nyei/high pleasant voice of a person singing.

ngorngc gw. caux gu'nguaaz gorngv daic nyei waac/die, child language.

ngorngc mi'aqv mbuox gu'nguaaz daic mi'aqv nyei waac/death.

ngorngh pm. ndoqv njiec ngorngh jienv gu'kuotv/lower head and buttocks up.

mborngh ngorngh njaih tiux gu'kuotv mborngh ngorngh, mborngh ngorngh nyei mingh.

ngorngv q. gorngv waac qiex hlo ngorngv ngorngv nyei/the sound of raised voice.

ngorngv-ngorngv nyei hemx qiex jiez nauc hemx/to scold with rising voice.

ngorngx q. mborqv juv heuc ka'ngorngx ka'ngorngx nyei. Gj: ngangx.

ngorngz pm. ngorngz m'nqorngv faaux mangc lungh/turn face to look up.

ngih ngungx ngorngz camv-laanh nyei ngorngz mangc gu'nguaaic.

ngorngz mangc ngorngz m'nqorngv faaux mangc/turn head to look upward.

ngorngz jaang 1 ingv jaang mangc faaux/to bend neck backward. **2** sipv mienv heuc lungh nyei waac-meiv.

ngorngz jienv jaang gorngv beiv mienh maux mienh gorngv waac/boastful talk.

ngorpc pm. gaatv zuqc ndo nyei ngorpc ngorpc wuov/a deep cut wound.

ngortc[1] q. dungz-nyeiz ngortc dorn hopv nyorx/sound of a sow roundup her piglet.

ngortc[2] cf. fu'jueiv ngortc dae maa bun nyaanh ninh longc/to keep begging.

ngu q. maiv dungx ngu taux ninh/not even mention about him or her.

cin-maanc mv dungx ngu taux naeqc waac mv bun gorngv/don't mention it.

ngu taux di'dien gorngv taux di'dien hnangv/just to mention something.

ngux q. gu'nguaaz sin jorm ziangh muonz haiz ngux bueix mv njormh.

ngux nzung nqapc jienv nzuih tor nyei qiex/to sing without open one's mouth.

nguaav nz. benx nyei waac nzung gorngv nguaaz/wooden shingles or tiles.

jin fangh nguaav wuc jiem-nguaaz biauv, se gorngv fei nyei waac.

nguaaz[1] m, k. 瓦片 /wàpiàn/ gomv biauv nyei hui-zun fai ndiangx-nguaaz/a tile.

gomv nguaaz longc nguaaz gomv nyei biauv/a house with tile roof.

hui-zun nguaaz nie zorpc zoux daaih nyei nguaaz/clay or earth tiles.

nguaaz-biauv longc nguaaz gomv nyei biauv/a house with tiled roof.

nguaaz-gorn njiec nzungh gorn wuonv nyei dorngx/a permanent resident.

nguaaz-gorn wuonv liepc gorn-ndoqv wuonv mi'aqv/firmly permanent resident.

nguaaz-yienv nz. benx nzung nyei waac gorngv wuom-yienv/a water cup.

nguaaz[2] aengx lorz mangc "gu'nguaaz" wuov joux nyei eix-leiz.

nguaaic aengx lorz mangc "gu'nguaaic" wuov joux nyei eix-leiz.

nguaengx q. zaangz heuc nyei sing-qiex the sound made by an elephant call.

nguaic pm. wuom-baamc guoqv nguaic nguaic wuov/spot with mud all over.

nguaih[1] pm. yietc hmien yietc mueic nguaih nyei/dirty with grease all over on face.

nguaih[2] nyc. **nguaih jaa** auv bung nyei mienh muoz. Gj: ngoih jaa/the relatives of one's wife side.

nguakc w. m'nqorngv nguakc nguakc nyei mun/to be throbbing headache.

nguakc dangh mbiauz nyanc diux yietv tor mingh haiz nguakc dangh.

nguakv q. ga'naaiv-hngongx gorngv waac nguakv nguakv nyei qiex/the sound made by a dumb person trying to talk.

ga'naaiv-hngongx-nguakv maiv haih gorngv waac nyei mienh/a dumb person.

nguangx pm. wuom nguangx-nguangx wuov/full and deep of water.

nguen nz. 湾 /wān/ ngau njuangv-njuangv wuov/curved shape; gulf; bay.

suiv nguen ndaaih congx nguen-nguen wuov/a gulf; a bay; an arched.

nguengx pm. gingx-tongv zaangh jienv wuom buatc nguengx-nguengx wuov.

nguiz w., q. nyiemv nyei qiex/to bitterly cry out loud of an adult.

ngih ngungx nguiz nyei ziex laanh mienh nyiemv nyei qiex/the sound of several people crying together.

nyiemv-nguiz bungx-sing bungx-qiex nyei nyiemv/to cry out loudly in grieve.

ngunc[1] bt. 恶心 /ěxīn/ hnyouv ngunc haih lov nyei baengc/to feel nauseated.

ngunc[2] pm. orv-junc ngunc haic nyanc mv duqv/meat too fat to eat.

ngunz[1] m. nzuqc ngunz. Dgw: nzuqc hmien/back edge of a knife.

ngunz[2] aengx lorz mangc "jaang-ngunz" wuov joux.

ngung q. cie-ndaix yiem go nyei qiex/the sound of an airplane in the distant.

ngungh wj. wuom torngx ndiangx-jaangv ngungh ngungh ngangh ngangh nyei gan wuom-minc mingh.

ngungx wj. nyiemv ngih ngungx nguiz nyei; ngih ngungx ngaav wuov.

ngutv[1] m, d. lunh ga'naaiv gapv-daux nyei ndie-ngutv/a seam in a clothe.

ngutv[2] q. ndorpc njiec mingh taux qiex mv cuotv ngutv ngutv nyei.

Nj

nj /njor/ nyic ziepc faam norm nzangc-maac yiem Iu-Mien-h/Yao nyei waac.

njaah dz. juv-gouv njaah jienv juv-nyeiz/a male dog mate with a female dog.

njaah zuqc doic guinh nqaang tiux mv jangx mangc njaah zuqc doic

njaaix q. njoh njoh njaaix-njaaix nyei heuc nauc/the sound of terrified screaming or bitterly crying. Gj: njaaiz.

njaaix-njaaix nyei nauc kaatv-kaatv nyei nauc/to shout.

njaamh m. **1** zuangx daaih nyomc ndie jieqv nyei miev/indigo plant used to made dark-colored dye. **2** longc njaamh zoux ndie buov hopv fai beu zaux zunc doqc qiex cuotv.

daav njaamh qouv njaamh zorpc dinc to stir indigo dye into dyeing container.

njaamx w. zieqv ziqc njaamx jiex i diuh nzuqv, zieqv gux don jaamx jiex buo diuh nzuqv/to skip over when weaving.

njaamx cuotv ginv cuotv fai nqaeqv cuotv mv longc/to skip something.

njaamx cuotv mienh ginv cuotv mienh mv cingv/to invite by selective people.

njaanh pm. bueix njormh mingh tauv qiex mbui nyei sic/to snore.

njaanh seix gau njaanh mbui ndortc ndortc nyei/snore very loud.

njaangh[1] m, n. wuom-njaangh; ndoqv-njaangh/a swamp lake.

dungz-njaangh dungz nzaaux sin nyei wuom-bamc njaangh/a pig wallow.

suiv-ngongh njaangh suiv-ngongh nzaaux sin njaangh/a buffalo wallow.

wuom-njaangh wuom laih hlopv nyei njaangh/a swamp pond.

njaangh[2] pm. **1** youh kung njiec njaangh njaangh nyei mingh/spilled oil spread rapidly. **2** douz mbietc njaangh njaangh nyei zieqc faaux/spread out rapidly fire.

njaangh[3] aengx lorz mangc "guoqv njaangh" wuov joux nyei eix-leiz.

njaapc w. i bung njaapc jienv daaih bieqc mbu'ndongx/press against from side.
njaapc biouv-wuom njaapc biouv nyei wuom cuotv/to press fruit for juice.
njaapc jienv zaux zaux mbungv nauv njaapc jienv bun ninh ziangh longc.
njaapc mueiz-nzing njaapc cuotv mueiz nyei nzing/press for beeswax.
njaapc mbeih njaapc bun mbeih mingh
njaapc njongc njaapc ndoh bun njongc zietc/put up wall and tie it firmly.
njaapc zietc njaapc ndoh bun ninh zietc mingh/to make it tight.
njaauh pm. mienh camv njaauh njaauh nyei mingh houc cing-jaa yinh/crowded of people at a wedding party.
njaauv pm. **1** lungh hleix njaauv-njaauv nyei. **2** in-biangh njaauv-njaauv nyei. 3. tong kuotv njaauv-njaauv nyei.
njaaux w. gorngv-njaaux; njaaux sou fai njaaux waac/to teach; to instruct.
njaaux baeng njaaux baeng hoqc buonv congx liouc/to train soldiers.
njaaux baeng dorngx njaaux baeng nyei ciangv/commonplace in military operation.
njaaux bei njaaux bun hiuv mingh/to teach someone something.
njaaux-dauh njaaux njiec nyei yietc nyeic/teaching instruction
njaaux doz-leiz njaaux bun mienh hiuv doz-leiz/to teach doctrine or rules.
njaaux duqv 1 haih njaaux duqv nyei be able to teach. **2** njaaux duqv bieqc hnyouv nyei/teachable.
njaaux duqv longx njaaux muonc nyei to teach in detail.
njaaux fiev nzangc njaaux hoqc fiev nzangc/to teach how to write.
njaaux ging-sou horqc njaaux ging-sou nyei horqc dorngh/a Bible school.
njaaux leiz 1 njaaux bun mienh hiuv leiz/to teach law or rule. **2** njaaux zong zei nyei leiz/to teach the tradition.
njaaux leiz horqc njaaux doz-leiz nyei horqc dorngh/law school.
njaaux liouc-lunc njaaux mv maaih yietc nyeic/teach in the confusing way.
njaaux maaz njaaux maaz mienh gunv ninh mbuo/to train a horse.
njaaux mv muangx baeqc njaaux guangc hnangv mv muangx/to waste one's instruction.
njaaux muonc zueih yietc zueih nyeic njaaux muonc nyei/teach in detail.
njaaux muonh buoqc zangc nyei njaaux muonh/teaching of religion.
njaaux njiec bun njaaux njiec bun hoz baan mienh/to pass on instruction to the future generation.
njaaux nyei yietv-nyeic njaaux muonc nyei yietv-nyeic/a detailed instructions.
njaaux nzangc njaaux bun mienh haih zieqv nzangc/to teach an alphabet.
njaaux saeng-kuv njaaux saeng-kuv daaih longc zoux gong/to train animals.
njaaux sou njaaux mienh doqc sou zieqv nzangc/to teach lesson from book.
njaaux sou nyanc zoux njaaux sou nyei gong bietv nyanc/job as a teacher.
njaaux waac 1 njaaux mienh ziangh hornghnyei waac/to teach or give words of instruction. **2** njaaux bun haih gorngv waac/to teach language.
njaaux zouv lai sou njaaux mienh zouv nyanc hopv nyei sou/a cookbook.
njaaux zoux njaaux bun haih zoux/to teach someone how to do.
njaih[1] hz, d. lomc zangc nyei njaih/deer or reindeer. Gj: njaeh.
njaih ciangv maaih njaih camv yiem nyei dorngx/area concentration of deer.
njaih gorngx njaih gouv/a buck.
njaih gouv 1 yietc dauh njaih gouv/a buck. **2** yietc diuh gorngv buonv njaih nyei gouv/a story about hunting deer
njaih jaang-ndaauv jaang ndaauv nyei nyungc njaih/a giraffe.
njaih jorng njaih nyei jorng/antlers.
njaih laaix njaih jaang-ndiev butv pokc sietv nyei laaix/deer's itching disease.
njaih nyeiz njiec liuz dorn nyei njaih nyeiz/a doe.
njaih orv njaih nyei orv/venison.
njaih zeic maiv gaengh njiec jiex dorn nyei njaih nyeiz/a young doe.
njaih[2] pm. ziangh duqv hlang gau njaih njaih wuov/slim and tall person.

njaiz pm. wuonh njaiz; biouv zuoqc jiex jaax njaiz nzengc/mushy; overcooked food; overripe fruit.
hnaangx njaiz an wuom camv zouv hnaangx daaih njaiz.
ndaetv-ndaetv njaiz ndaetv njaiz nyei to be overly soft.

njamh w. njamh dangh gu'nguaaz bueix njormh/to carry on one's back.
njamh gu'nguaaz nyiex gu'nguaaz mv baac maiv longc suangx-buix/to carry a baby on back without carrying cloth.

njamz pm. hlauv njamz daax njamz wuov growth closely together as bamboo.
njamz-njamz nyei nitv fatv doic maqc nyei/very closely together.

njanc pm. nanv jienv baeng futc njanc njiec/to peel by pull downward.

njanz[1] w. njanz-njanz wuov wuonh mv mau. Gj: nyouh nyienx/to be durable even after boiled.

njanz[2] pm. njanz-njanz nyei hemx mienh to scold with angrily voice.

njanz[3] pm. yie yangh jauv njiec jiez haiz cing-mborqc mba'njanz mba'njanz wuov mingh mv duqv siepv.

njang[1] pm. **1** ziux njang nyei njang/bright; light; shiny. **2** mbiutv njang/smoothly.
dang njang dang nyei douz njang/light of a lamp or a flashlight.
dorngz njang nyei zaengh zaengh nyei ziux jienv njang/be completely bright.
lungh njang aqv lungh ndorm zanc lungh njang aqv/light at daybreak.
njang aengv m'zing dienx tongh dang aengv zuqc m'zing/light glare on eyes.
njang hnoi ih muonz liuz ziouc bieqc njang hnoi/tomorrow.
njang hnoi hmuangx njang hnoi hmuangx wuov hitv/tomorrow night.
njang ndorm njang hnoi nziouv wuov hitv/tomorrow morning.
njang zong maaih njang ziux jienv nyei dorngx/bright area.
njang-zou buv lungh muonz zanc njang nyei wuov nyungc buv.

njang[2] w. hliouv njang nyei/be smoothly or clearly of surface.
njang hmien-mueic hmien njang nyei a'hneiv nyei/cheerful or pleasant face.
njang-jeiv njang jeiv-jeiv wuov/to be radiance or brightness.
njang-laangc nzueic maaih mengh hoc nyei njang-laangc/to be glory.

njang[3] nz. pm. njang nzengc mv maaih aqv/to have nothing; to be empty.
hliouv njang nyei nzengc nzengc maiv maaih aqv.
longc njang nzengc longc zinh nyaanh njang nzengc/to spent up.
njang sin civ liv 1 jomc gau mv fungc aqv/poorly; penniless. **2** to be without carrying thing. **3** mv zuqv lui houx/tobe naked.

njang[4] zmb. njang-sin deix dien; junc deix aqv/to start getting fat.
mbiutv njang nyei huo haiz mbiutv njang mbiouv mbiangc nyei/to be sleek.
njang-sin deix aqv jiex gorng junc deix aqv; bieqc orv aqv/to start getting fat.

njangv pm. njangv-njangv wuov muoqv zuqc deix ziouc njangx aqv/round shape as easily to roll.
njangv junh nyei junh hnangv hieh mbeu nor/a ball-like shape. Gj: njangx junh nyei.

njangx[1] w. njangx guinh jienv mingh/to roll over and over.
fongv la'bieiv njangx fongv la'bieiv njangx njiec/push a rock to roll.
king-king njangx-njangx 1 se hnangv king-king njangx-njangx nyei jatv/to laugh heartily. **2** king-king njangx-njangx nyei biaux douz/to run for one's life.
njangx a'nziaauc bueix njangx nziaauc dangh/to rest by lay down for a short period of time.
njangx bieqc njangx cuotv ziangh muonz bueix mv njormh njangx bieqc njangx cuotv nyei.
njangx jauv cie njangx ngatv jauv zietc nyei cie/a steamroller.
njangx jienv mingh njangx guinh jienv mingh/rolling away.
njangx mingh njangx daaih njangx jiex mingh daaih/to roll back and forth.

njangx ngatv zuqc njangx njiec ngatv zuqc/to roll over something.

njangx njuov longc ga'naaiv junh nyei njangx ngatv njuov mbeih.

waan njangx waan ga'naaiv bun ninh njangx/push something to roll.

njangx[2] pm. njangx junh nyei. Gj: njangv junh/completely round shape.

njangx-njangx junh wuov ziangh daaih junh nyei/completely round shape.

njapc w. buatc njapc njapc deix/to flash or appear suddenly.

njapc dangh njapc dangh liuz mv buatc mi'aqv/suddenly appear and disappear.

njapc lorngz dangh borngz mbuo-lingc njapc lorngz dangh/a flash of lightning.

njapc njapc deix cie nyei douz-goiv njapc njapc deix/flash signal on a car.

njih njungx njapc nyei mueiz ndaix njih nyungx njapc nyei/to be repeatedly appear by flying pass.

njapv[1] w. **1** longc zouc njapv lai/to pick with chopsticks. **2** njapv ga'naaiv nyei njapv/a pincer; a tong.

ga'naaiv-njapv longc njapv ga'naaiv nyei njapv/a tong; a clipper.

hlieqv-njapv longc hlieqv zoux daaih nyei njapv/a metal pincer, tong.

la'fapv-njapv longc njapv la'fapv nyei biaav-njapv/a dust tong.

njapv lai longc zouc njapv lai/to pick food by chopsticks.

njapv lui houx pui njapv jienv lui houx pui/to dry clothes with clothes-peg.

njapv mba'biei longc mba'biei-njapv njapv mba'biei/to pin hair with hairpin.

njapv orv ziqv njapv jienv orv ziqv/clip meat together to roast.

zeiv-njapv longc njapv zeiv nyei ga'naaiv-njapv/a paper clipper.

njapv[2] pm. njapv haic siev mv duqv bun cuotv buoz/to be stingy; selfish.

mienh njapv mienh gatc njapv haic nyei mienh/a stingy people.

njapv haic siev maiv duqv longc zinh nyaanh cuotv/very stingy.

njapv[3] pm. hepc nzepv haic nyei qangx/a narrow space between two things.

njapv haic mbu'ndongx-qangx hepc haic/very narrow space.

njapv-qangx dorngx njapv-qangx hepc nyei dorngx/a narrow space.

njapv-qangx ziangh hoc zoux gong caux henh nyei ziangh hoc/space of time.

njih njungx njapv la'bieiv-qangx hepc njih njungx njapv wuov.

njatc[1] w. **1** m'zing-nganh njatc cuotv/pop out of eyeball. **2** njatc m'zing haeqv/to open scary eyes.

njatc m'zing beiv hnangv, zoux ciouv njatc m'zing haeqv mienh/to open eye wide to show anger.

njatc m'zing haeqv nungx m'zing hlo nyei haeqv mienh/to pen anger eyes to warn someone.

njatc nqoi m'zing nungx nqoi m'zing hlo nyei/to open one's eye wide.

njatc[2] pm. mba'njatc mba'njatc wuov mv baac nanv mv zuqc/to feel slippery that one could not grasp or hold.

njatc[3] pm. ga'naaiv an jienv nqaengc nyei njatc-njatc wuov/noticeable or unhide.

njatv[1] gw, m. dunx sic fai paaiv sic jien, *njatv* se gaav congh English judge daaih a Judge official.

njatv[2] aengx lorz mangc "mba'ndaauh njatv" wuov joux.

njei w. leih doic go jienv mingh. Gj: njouh njei/to keep separate from.

njouh njei doic nyiemz doic laanh simv laanh go jienv mingh/to avoid.

njeic[1] w. jatv njeic deix/to smile.

njeic deix maah mbuox mienh jatv deix ask a person to smile when take photo.

njeic-njeic nyei jatv njien-youh a'hneiv nyei jatv/a happy smiling face.

njeic[2] pm. juv-ciouv njeic nyaah ngaatc mienh/a dog shows teeth to bite.

njeiv pm. njiemv-njiemv fai njeiv-njeiv wuov/to be shiny or bright.

njang-njeiv njang daaih mbopv baeqc njeiv-njeiv wuov/brightness.

njang-njeiv jiem 金刚石 /jīngāngshí/ se njeiv-njeiv wuov nyungc jiem/diamond.

njetv pm. jangv ndongc haaix/having to do with how wide. Gj: nqetv.

nji q. gaeng-tiux heuc nji nji nyei qiex/the sound made by a cricket call.

nji' wj. nji'njungx njanz nyei nzaeng jaax, se "njih" fiev nangv daaih/a rising voice of angrily person.

nji'njungx njunh baengc mienh camv kouv nji'njungx njunh nyei.

nji'njungx njuotv mv zaqc ngau naaiv ngau wuov nyei/to be crooked along.

nji'njungx njutc nyei mienh nauc jaax nyei sing-qiex.

njic wj. **njic qaqv** longc nzengc qaqv. Gj: njiec qaqv/to put all one's effort into.

njih wj. njih njungx njapc; njih njungx njaauv; njih njungx njeiv.

njiec[1] w. njiec maengx; njiec ga'ndiev fai njiec wuov ndiev/down; descend.

njiec aanx nqa'haav wuov aanx/in the afternoon; mid-afternoon.

njiec aiv njiec ga'ndiev aiv nyei wuov wuonc/to go down to lower position.

njiec baaix njiec baaix, baaix mienh/to bow; to bow down.

njiec batv longc batv fiev njiec an jienv sou/to write down something.

njiec buoz zoux njiec buoz mingh zoux to put one's hand down to work.

njiec buonv an nyaanh njiec weic zornc leic/to put an investment down.

njiec bung njiec wuov ndiev bung/the downward direction.

njiec cie cuotv cie fai njiec cie/to get out of an airplane or vehicle.

njiec daaih njiec ga'ndiev daaih/to get down; to come down.

njiec dingc jai gorngv cien horpc dongh nqa'haav wuov norm jai/a final chicken of a wedding negotiations.

njiec dingc nyaanh gorngv ziangh cien an njiec nyei nyaanh/money put for the down payment.

njiec doih gorngv ziangx waac njiec doih/to step down from a stage.

njiec dorn saeng-kuv njiec dorn/to give birth of the animals.

njiec duqv buoz haih njiec duqv buoz zoux waaic/be able to do evil with hand.

njiec duqv laangh fim haih njiec duqv laangh fim daix saeng-kuv/to be able to do something evil.

njiec gong zoux njiec gong-bou camv aqv/already put alot effort down.

njiec gueic gueic njiec tov mienh guangc zuiz bun/to kneel down.

njiec hatc lingc njiec hungh jaa nyei hatc maaz/to issue authority.

njiec hingv nqa'haav hingv/the future.

njiec hiuang siouv njiec buoz daix mienh/to lay murderous hands down.

njiec horqc dorngh doqc baac sou cuotv horqc aqv/to leave for home after finished class

njiec hungh lingc njiec hungh jaa nyei lingc/to issue authority power.

njiec hungh weic cuotv mv zoux hungh jaa gong aqv/to leave government post.

njiec hlaax da'nyeic norm hlaax/next month or next moon.

njiec hnoi dieh hnoi nqa'haav hingv/in the unspecific future day.

njiec hnyangx da'nyeic hnyangx/next year or another year.

njiec hnyouv zoux longc hnyouv nyei zoux/to put one's effort to do.

njiec jaax njiec jaax-zinh maaic zaanc nyei/to reduce the price.

njiec jiez yangh jauv njiec juiz haic nyei jauv/to go down hill path.

njiec jiez beqv njiec juiz haic nyei jiez to go down depress hill path.

njiec laangh fim njiec duqv laangh fim zoux waaic bun/to be able to do evil.

njiec lingc jun-zaah njiec lingc zorqv mienh/to issue a decree.

njiec maaz geh jienv maaz buangh zuqc mienh njiec maaz se dorh leiz mv ki mienh/to respect and dismount from a horse when seeing an elder pass by.

njiec maengx hungx jienv wuov ndiev bung mingh/the way going down.

njiec mingh faaux daaih njiec mingh yoc aengx faaux daaih/keep going down and coming up.

njiec mbiungc 1 duih mbiungc ndiepv njiec/to be leaking. **2** biauv-ngorh njiec mbiungc/leaking from the roof.

njiec mbuox fiev mbuox njiec an/write one's name down; to sign name.

njiec ndoih zuangx jienv ndoih aengx njiec ndoih aqv/the plant produce the root vegetables.

njiec ndoqv lorz nyanc mingh ndoqv zorqv mbiauz/to go fishing.

njiec nqaang njiec nqaang nqa'haav hingv/in the unspecific future.

njiec nyaah jaan za'gengh ngaatc jienv nyaah zoux taux cuotv daaih.

njiec nzauh lungh njiec nzauh daaih mouc-mouc wuov/to be hazy.

njiec nzungh gorn njiec nzungh ziangh aqv/to put down the roots.

njiec qaqv njiec qaqv nyei zoux/to put one's effort into work.

njiec qaqv heuc longc qaqv heuc mbui hlo nyei/to shout out.

njiec qaqv ndo zoux njiec qaqv camv haic aqv/to put alot effort down.

njiec qaqv nyanc gunv bungx laangc nyei nyanc/to eat all one can.

njiec qaqv tiux se hnangv, longc qaqv tiux saaix jaax/to run with all strength.

njiec qaqv tov njiec qaqv tov guangc zuiz bun/to plead for.

njiec qaqv zoux longc nzengc qaqv zoux/put all strength to do.

njiec qiex se doqc cuotv qiex aiv nyei qiex **c**/a low tone letter **c** in Mien.

njiec seix daic mingh aengx torqv saeng daaih wuov seix/next life after death and born again.

njiec sorng duih sorng/to snow.

njiec taux aqv njiec taux ga'ndiev aqv to go down and reach the bottom.

njiec tei yangh jienv gan tei njiec/to walk down stairs.

njiec tei-nangh yangh tei-nangh njiec to go down by elevator.

njiec yiem-njiuv yungz gu'nguaaz maiv cuotv nor aa zuqc zoux faatv njiec yiem-njiuv japv/a cut by magic power.

njiec zangx biopv daic mingh nyei sei njiec ndau/to bury a corpse.

njiec zeqv-weic cuotv maiv zoux gong aqv. Gj: tuix weic.

njiec zuangv zuangx ga'naaiv njiec ndau/to sow or to plant.

njiec zuangv nyei hnoi zuangx gaeng-zuangx nyei hnoi/the time to sow seeds.

njiec zuic njiec zuic, zuic jienv zuiz-mienh nyei jaang/to put heavy yoke on a criminal's neck.

njiec zuiz dingc zuiz fai zorqv zuiz/to convict; to punish.

njiec zunh nz. cuotv nzangv/to get out of a boat or ship.

njiec[2] pm. dapv duqv njiec/to have enough room to fit down.

caux yietc njiec zoux yietc njiec caux jienv/to put together with.

njiec ndongh 1 gorngv duqv horpc njiec ndongh daaih/be able to reach an agreement. **2** horpc coiv nyei; puix duqv horpc nyei/compatible.

njiez nyc. **1** muoc nyei nqox yie caux yie nyei auv heuc njiez, beiv hnangv Feix Njiez, Faam Njiez. **2** nqox nyei dorc nyei nqox yie yaac heuc Njiez.

njiez-diex muoc-maac nyei nqox se yie caux yie nyei auv nyei njiez-diex.

njiez-ong dae maa nyei njiez-diex se yie caux yie nyei auv nyei njiez-ong.

njiez-ong taaix dae maa nyei njiez-ong se yie caux yie nyei auv njiez-ong taaix.

njiemc pm. maaih bung faix njiemc jienv mingh/to be narrow at one side.

buoz-ndoqv-njiemc buoz-ndoqv-gorn hlo da'mueiz faix njiemc-njiemc wuov. Dgw: buoz-ndoqv-nzonz.

camh zuih njiemc nitv cing-mborqc wuov nqanx camh zuih/lower thigh.

cing-dui njiemc nitv zaux-mueic wuov nqanx cing-dui/lower calf leg.

njiemv pm. maeng caux siqv zorpc nyei setv/shiny of red and green color mixed.

gaeng-njiemv njiemv-njiemv nyei gaeng kuqv-ngaengc/a shiny beetle.

setv-njiemv setv maeng caux siqv zorpc daaih njiemv-njiemv wuov/shiny of red and green color mixed.

njien[1] pm. njien nyei la'kuakv, la'kuakv wuov/to be loose; removable.

gu'kuotv njien jienh haic zueiz haaix mv orn, se beiv gu'kuotv njien.

neix njien neix njien oix lamh deix ndutv/loose of fruit stems.

njien nyei qiex hec duqv tor qiex baaux nzung nyei/a have freely singing voice.
nyaah njien nyaah njien weic zuqc oix yienc nyaah aqv/a loose tooth.

njien[2] w. njien-youh nauc ngitc; a'hneiv njien-youh/to be joy; to have fun.
njien-heiv njien-youh sic. Gj: nquenh heiv/happiness; delightful; great joy.
njien-heiv sic a'hneiv haic nyei sic/to be done with public approval.
njien-youh mv maaih you-nzauh nyei sic. Gj: nquenh youh/to have lot of fun; happiness.
njien-youh haic a'hneiv njien-youh haic/to be overjoyed.
njien-njien youh youh mv huaang mv heix nyei/to relax; to unhurried.
njien-youh nauc ngitc njien-youh nauc nyei sic/to be happy or joyful.
njien-youh orn-lorqc maaih njien-youh caux baengh orn/to be filled with peace and happiness.
njien-youh sic bun mienh njien-youh nauc ngitc nyei sic/an occasion for joy.

njienz w. nyanc liuz ga'naaiv-sui nyaah njienz/teeth become tingle after eaten something sour.

njietc[1] pm. dongx njietc nyei/to be thick of liquid food. Dgw: hleux.

njietc[2] w. buatc mbiauz camv gau yiem wuom-ndoqv njietc njietc nyei/crowded of many fishes swimming together.

njietv nz. 阔 /kuò/ aaux benx nzung nyei waac gorngv jangv/to be broad, wide.
fiem jangv njietv hnyouv jangv nzie duqv mienh/a kind heart.
jangv njietv 广阔 /guǎngkuò/ jangv nyei dorngx/to be spacious; roomy.

njimh[1] p. 钳子 /qiánzī/ yietc poux njimh/a pliers or pincers. Gj: hlieqv-njapv.
domh njimh njapv hlieqv nyei domh njimh/a big pliers.
hlieqv njimh longc njapv jienv hlieqv daav nyei njimh/a pliers.
njimh dorn longc daav nyaanh nyei njimh dorn/a small pliers.

njimh[2] gg. gaeng-gueiv nyei njimh/a claw of (an insects or a shrimp).
gaeng-njimh yietc nyungc gaeng, ninh nyei gu'kuotv maaih njimh nyei/beetle with pincers at the tail.
njimh nquaiz yiem koiv fai ndoqv nyei njimh nquaiz. Gj: nqingh nquaiz/a crab.
njimh nquaiz-longz njimh nquaiz nyei longz. Gj: kuqv/hard shell of a crab.
njimh nquaiz-njimh njimh nquaiz nyei njimh/pincers of a crab.

njimv m, d. laic haih baqv mienh nyei ga'naaiv/thorn.
njimv baqv zaux caaiv zuqc njimv baqv zaux/thorn pricked into one's foot.
njimv-mbiorngz maaih njimv mbiorngz jienv nyei lomc-mbiorqc.
njimv-biouv mungv longc njimv nyei biouv, se nyanc zoux lai.
njimv-ceix cang yietc nyungc cuotv njimv ndaauv nyei miev.
njimv-lomc maaih njimv camv haic nyei lomc/area with thorn bushes.
njimv-mbiorqc maaih njimv mbiorngz buangv nzengc nyei mbiorqc/briars.
njimv-nqou lomc zangc njimv cuotv nyei nqou/a wild berry.
njimv-nqou-jieqv lomc cuotv daaih nyei njimv-nqou-jieqv/wild blackberry.
njimv-nqou-sienh yietc nyungc lomc nyei njimv-nqou/a kind wild berry.
njimv-zueix yietc nyungc njimv nyei dueiv-lunx, zueix nyei mv baac zoux lai nyanc gengh kuv haic/shoots of vine used as vegetable.

njing aengx lorz mangc "nqing" wuov joux nyei eix-leiz.

njipv[1] w. njimh nquaiz njimh njipv zuqc mienh/to get pinch by a crab's pincers.

njipv[2] w. njipv m'zing. dgw: nungx nqoi m'zing /to blink; to close eye.
njipv jienv m'zing njipv jienv maiv nungx m'zing/to close eyes

njitc pm. mba'biei njitc, mba'biei-dueiv mbaaix nyuotv. Gj: nqitc/the hair has been curved and split at the end.
suix njitc suix da'mueiz pei nyuotv soqv. Gj: suix nqitc/to wear away at end of thread or edges of fabric; to fray.

njiuc w. congx gan ndie-hmuoqv/to divide embroider color.

congx-njiuc congx diuh njiuc gan jienv ndie-hmuoqv mingh.

njiuc njiuc congx jaamx jiex i diuh suix zimh gan ndie-hmuoqv/to do embroider edge strip.

njiuv[1] p, k. yietc poux njiuv fai yietc kuv njiuv. Gj: nqiuv/scissors; shears.

njiuv-buoz cunx buoz-ndoqv bieqc nanv njiuv nyei nyuang/handle of scissors.

njiuv laic njiuv laic nyei/sharp scissors

njiuv ndorngv njiuv-hmien dorngv mv laic/dull scissors.

njiuv njapv zuqc longc njiuv njapv zuqc/cut against something by scissors.

njiuv[2] zmb. njiuv caeng zouv hnaangx fai zoux lai/to set pot on a stove cook.

njiuv caeng zorqv caeng taapv jienv douz-nzauc/to set a pot on the stove in order to cook something.

njiux w. njiux-njiux wuov/to be curved upward at the end.

gu'kuotv njiux gu'kuotv ziangh daaih njiux-njiux wuov/a high buttock.

juv-dueiv-njiux juv nyei dueiv njiux njiux wuov/a dog tail curved up.

ndiangx ciou njiux nyutc pui ndiangx nqaai ciou njiux/to curved upward.

nzuih baengx-njiux dungz nyei nzuih njiux faaux/curved upward as pig snout.

njoh[1] m., n. wuonx saeng-kuv nyei njoh/a pen for animal.

dungz-njoh wuonx dungz nyei dorngx fai njoh/a pigpen.

njoh[2] q. njoh njoh njaaix-njaaix nyei nauc the loud sound of yelling and screaming.

njoh[3] pm. ndiangx-jangv njoh/a narrow space between fallen tree.

njoic[1] hz., d. **njoic long zu** yietc nyungc m'normh ndung nyei hieh zoih, mou hnangv dungz nor/a deaf animal, which similar to pig. M'normh ndung mienh se beiv dauh njoic long zu, mv dorh leiz nyei waac. Slang, for a deaf person.

njoic[2] cm. maaih deix mienh heuc doqc ganh nyei auv-nqox zoux njoic.

njoiz dl. ganh mangc gingx nyei njoiz/one's image reflected from a mirror.

buatc deix njoiz mangc go buatc deix njoiz hnangv/to see image from distant.

janx-daic njoiz janx-daic hinc yaangh nyei njoiz/an image of a dead person.

njom w. buoz njom zorqv ga'naaiv maiv zuqc kungx mingh nziangc king hnangv. Gj: zinx/a shaky hand.

ga'naaiv-buoz-njom heuc doqc buoz zinx mienh nyei waac.

njomc w. gorngv waac faix njomc njomc deix nyei qiex/soft voice of talking.

gorngv-waac-njomc gorngv faix nyei njomc njomc deix hnangv.

njomc mbuox ninh gorngv waac-sapv mbuox ninh/tell him in secretively.

njongc m., p. 围墙 /wéiqiáng/ yietc peng njongc. Gj. njungc/a wall, a section wall.

nie-zun njongc longc nie-zun weih nyei njongc/a mud brick wall.

njongc-dueiv gu'nguaaic njongc-dueiv the top of a wall.

njongc-gorn ga'ndiev njongc-gorn/the base area of a wall.

njongc-kuotv njongc tong kuotv daaih a hole through the wall.

njongc-laan sengh njongc nyei gungh gangc ndiangx/the wall crossbars.

njongc-njaapc faix mbeih nyei bangc njongc-laan njaapc zietc njongc wuov diuh biaav/a small crosspiece to support the wall section.

njongc-nqenx nqenx mbu'ndongx wuov peng njongc/a dividing wall in between two rooms.

njongh w. njongh siepv deix/quick and hurry. Gj: nqongh, nqorngh, njorngh.

njongh deix caa siepv deix caa zorqv jienv/quickly to catch.

njongh gaanv deix gaanv jienv maiv ngaih/hurry up with no waste time.

njongh siepv deix njongh gaanv siepv deix/to act more faster.

njongz pm. gu'nyuoz maaih nqunx njongz nyei/to be hollow.

ndiangx-njongz ndiangx gu'nyuoz maaih kuotv nyei/a hollow tree.

njopc[1] w. njopc jienv zaux/close up one's legs . Dgw: kaeng nqoi zaux.

njopc[2] w. douz njopc benx douz-mbietc daaih zieqc jienv/burst into fire.

biomv njopc douz biomv douz njopc benx douz-mbietc daaih/to blow a fire into flames.

njopc[3] pm. bungx faanx njopc daaih caengx jienv/open up of an umbrella.

njopv q. butv qiex njopv-njopv nyei hemx jienv mingh/angrily soft scolding sound.

njopv-njopv nyei gorngv njopv-njopv gorngv hemx/to scold with softly voice.

njoqc pm. wuom njoqc; ndie-wuom njoqc clouded of water or liquid.

wuom-njoqc njoqc mv fungc hlopv nyei wuom/dirty water. Dgw: wuom-nzang.

njorv q. jaang sormv gorngv waac qiex njorv/to talk with hoarse voice.

njorm w. njorm jienv yiem nzuih/to hold in mouth without chewing.

njorm dorngh biouv nzuih njorm jienv dorngh biouv/hold candy in the mouth.

njorm douz zoux huaax-nginx njorm douz bun mienh mangc/to hold fire in the mouth as to perform magic.

njorm nzuih nyaanh Iu-Mienh (Yao) nyei leiz-fingx, daic mingh nyei mienh oix zuqc hngaqv di'dien nyaanh ngaengc dapv nzuih bun ninh njorm jienv, weic buang ninh nzuih, ninh mingh yiem-gen mv gorngv henh waac.

njorm wuom njorm jienv wuom yiem nzuih/to hold water in the mouth.

njorm wuom-mueic beiv ndortv naanc zuqc nyiemv. Gj: nqorm-lueic .

njorm wuom pyiuv njorm jienv wuom pyiuv cuotv/to spray water from mouth.

njormh w. bueix njormh/to sleep; to rest with eyes close. Gj: m'njormh.

mv haih njormh bueix mv haih njormh to unable to sleep; sleepless.

njormh duqv gaux bueix njormh duqv gaux/to have enough sleep.

njormh duqv ndo bueix njormh duqv ndo nyie/to have a deep sleep.

njormh mv ndo bueix njormh mv baac hnyouv ging nyei/not sleep well.

njorngh[1] pm. corng jienv hlaang njorngh nyei/to pull a rope taut. Dgw: ndanh.

gauh njorngh deix aengx baeng gauh njorngh deix/little bit tauter.

njorngh[2] aengx lorz mangc "njongh fai nqorngh" wuov joux.

njorqc pm. koiv-norqc souv jienv njorqc njorqc nyei/crowded as penguin.

njorqc njorqc wuov (jai camv) souv jienv njorqc njorqc wuov/crowded as many chickens together.

njortc q. tauv qiex mbui njortc/the sound of breathe roughly; wheeze.

baengc-njortc tauv qiex mbui njortc nyei haa-cunv baengc/an asthma.

qiex-njortc 1 oix lamh daic tauv nyei qiex-njortc **2** njaanh nyei qiex-njortc.

njouc pm. m'zing njouc mangc ga'naaiv hnangv bungx m'zing-gungh gangc nor to be cross-eyed.

njouh[1] pm. hngaqv zuqc hlieqv nzuqc njouh nzengc/uneven blades of a knife.

njouh[2] pm. wuov deix i hmuangv kungx njouh njei jienv mingh hnangv/to keep separate from each others.

njouv[1] w. gu'nguaaz hoqc njouv nzuih aqv/a baby learning to babbles.

njouv[2] pm. gorngv duqv mbiangc njouv-njouv nyei/talking smoothly.

njouv[3] pm. hoqc baaux nzung njouv nzuih a'nziaauc/to rehearse.

njouv nzuih baengx hoqc baaux nzung a'nziaauc/to prattle.

njoux[1] m., d. longc gaatv ndiangx nyei njoux/a saw; to saw.

domh njoux i laanh mienh nanv jienv njoux nyei njoux/a large saw.

njoux-dorn longc yietc jieqv buoz nanv njoux nyei njoux/a small hand saw.

njoux-limc dienx qaqv guinh limc gaatv nyei njoux. Gj: cie-njoux/a chain saw or a power saw.

njoux ndiangx longc njoux ndiangx/to saw a piece of wood.

njoux ndiangx ciangv njoux ndiangx nyei ciangv/a lumber mill.

njoux ndutv longc njoux gaatv ndutv.

njoux-nyaah njoux nyei gaatv ndiangx laic wuov deix nyaah/the teeth of a saw.

njoux[2] w. njoux cuotv maengc mv zuqc daic/to rescue; to save life.

duqv njoux duqv siex cuotv mv daic/to get safe from the dangerous.

maaih njoux-gaau haih njoux duqv baengc mienh longx congh mienv nyei buoz-ndiev/can be rescue from spirit.
maiv maaih njoux mv haih njoux duqv cuotv aqv/to unable to rescue.
njoux baengc ei saeng njoux baengc mienh/to rescue a patient by doctor.
njoux cuotv daaih njoux maengc cuotv daaih/a life has been rescue.
njoux duqv nangh haih njoux duqv maaih maengc daaih/be able to rescue.
njoux en njoux maengc nyei en-zingh/a life saving grace.
njoux-gaau maaih njoux-gaau mv daic duqv aqv/lucky to be survive.
njoux mv cuotv maiv haih njoux maiv cuotv aqv/unable to rescue.
njoux maengc njoux cuotv maengc mv bun daic/to rescue a life.
njoux maengc en njoux maengc nyei en-zingh/a life saving grace.
njoux maengc mienh njoux maengc wuov laanh mienh/a life saver.
njoux siepv gaanv mingh caangv njoux cuotv/emergency rescue.
Njoux Ziouv Giduc mienh nyei njoux ziouv/savior, Jehovah, Messiah.

njoux[3] pm. **njoux douz** mborqv lanh lomc nyei douz daic/to fight a fire.
njoux douz cie tor wuom fuqv douz daic nyei cie. Gj: fuqv douz cie/a fire engine; a fire truck.
njoux douz mienh mborqv douz daic nyei mienh/a fireman; fire fighter.
njoux douz wuom jauv-hlen niouv longc fuqv douz nyei wuom/a hydrant.

njoux[4] gg., d. njoux-huaax; guang-guonx mienh/gangster; hoodlum; a beggar.
njoux-huaax guanh yietc guanh ciouv nyei mienh/a group of gang people or their gang members.
njoux-huaax mienh 1. tov nyanc nyei mienh/beggar, villainous. 2. ciouv nyei mienh/gangster.

njuangv pm. 湾 /wān/ jung hinc faaux lungh njuangv-njuangv wuov. Gj: njuotv, nguen/rainbow arched across the sky.

njunc[1] w. njunc ziqc; njunc suangx/to roll up a mat or blanket.
ga'naaiv-njunc yietc njunc ga'naaiv/a roll of something; a scroll.
njunc gaengh ndie njunc laangc gaengh nyei ndie faaux/to roll up a door curtain.
njunc in-mbiaatc longc zeiv njunc in-mbiaatc/roll a homemade cigarette.
njunc in-mbiaatc ciangv njunc in-mbiaatc nyei ciangv/a cigarette mill.
njunc lui-mueiz njunc lui-mueiz-kuv faaux/to roll up one's sleeves.
njunc zeiv-maaz njunc buov bun mienv nyei zeiv/to roll ceremony paper.
yietc njunc yietc njunc zeiv fai ndie/a roll of paper or cloth.

njunc[2] pm. wuom nqomz njunc-njunc nyei mingh/to move with rolling as wave.

njunh q. (mbuo-ong) njunh nyei sing-qiex roaring sound of (thunder).
njunh njunh nyei njunh njunh nyei qiex the sound of murmur, groan, moan, roar.
njunh qiex njunh nyei sing-qiex/breath with groaning or roaring sound.

njungc m., p. yietc peng njungc/a section of wall. Gj: njongc.

njungh wj. njungh njungh njapc njapc fai njungh njungh njaangh njaangh nyei.
njungh mingh njungh daaih gaanv mingh gaanv daaih. Gj: njorngh/go and come back quickly.

njungx w. juv njungx mienh/a dog barking at the people.

njungz w. douz-mbietc njungz-njungz nyei zieqc/to shoot up of the flame.

njuov[1] lz. nyungc-nyungc njuov/all kinds of bread or cookie.
caix njuov mbuonv an wuom caix daaih beu njuov.
daapc njuov longc doix daapc njuov.
jiex hnyangx njuov jiex hnyangx nyei njuov-zong/a new year cake.
njuov-bingv an zoux njuov bun njuov butv nyei bingv/yeast for bread.
njuov-guei longc normh nziaaux normh guei jienv beu nyei njuov.
njuov-ipv mbiauh mbiutc mbuonv zorpc mbiauh ziqv mbuonv caux dorngh beu zaang daaih/steamed bread which made from powder of sticky rice mixed with regular rice and sugar.

njuov-lapv njuov-mokc dongh gaatv ziangx lapv jienv wuov/bread, like an American style.

njuov-mokc mau mokc wuov nyungc njuov/a sponge cake.

njuov-mbong ziqv ninh mbong faauv nyei wuov nyungc njuov.

njuov-ndaauv longc da'hepc normh beu nyei njuov-ndaauv.

njuov-nqaai nqaai nyei njuov/cookie.

njuov-orv zorpc jienv orv beu daaih wuov nyungc njuov/meat cake.

njuov-witv longc witv zoux nyei njuov bread that made from wheat

njuov-wuonh an wuom wuonh daaih nyei njuov/a boiled bread.

njuov-zaang an zaangx zaang daaih nyei njuov/a steamed bread.

njuov-zin an youh zin daaih nyei njuov a fried bread.

njuov-ziux mbiauh mbiutc mbuonv an wuom ndorn caix fiouv daaih yietc ndunh, yietc ndunh nyei wuonh daaih ziux-ziux wuov.

njuov-zong mbiauh mbiutc hmeiv zaang daapc benx njuov daaih/knead bread made from sticky rice.

zoux njuov mienh zoux njuov nyei mienh/bread maker; a baker.

njuov[2] bt. mau gau njuov-njuov wuov/to be so weak that one unable to move.

njuonv w. juangv gau njuonv-njuonv nyei to shake all over because of cold.

njuonv jiez sin dungz-dorn gaeng haeqv yie njuonv jiez sin daaih/a caterpillar scare me and made me shake.

njuoqv w. mau nyei njungh njungh njuoqv-njuoqv wuov/pliable; pliant.

njuotv[1] pm. ngau njih njungx njuotv wuov to be twist and crooked along with.

jauv njuotv haic jauv mv zaqc njuotv ngau haic/a crooked road.

njuotv mingh njuotv daaih ngau jiex mingh jiex daaih/to be zigzag along.

nzuonx-njuotv qiex beiv hnangv baaux setv yietc hlengx nzung aengx nzipc da'nyeic hlengx baaux wuov gouv qiex repeat line of singing a song.

yietc njuotv jauv yietc douc mangc jiemc nyei jauv/a section of road.

njuotv[2] pm. hnyouv njuotv mv zaqc, gaav liuz nyaanh mv kangv jaauv/bad credit; to be dishonest.

beih zaqc hnyouv njuotv gorngv waac zaqc, mv baac hnyouv mv zaqc wuov nyungc mienh/to be straight on surface but inwardly crooked. Gj: mienh nzueic hnyouv ciouv, mienh nzueic hnyouv im.

njutc[1] w. wuom hluqv ndopv njutc/rubbed off skin by hot water.

njutc[2] q. njutc njutc nyei hemx/to scold with an angrily voice; rising voice.

njutc nyei qiex hemx mienh njutc njutc nyei sing-qiex/angrily scolding voices.

Nq

nq /nqor/nyic ziepc feix norm nzangc-maac yiem Iu-Mienh/Yao nyei waac.

nqa'haav se dongh **nqaang-haav** nyei fiev nangv daaih/the back; the rear.

nqa'haav aanx njiec aanx/afternoon.

nqa'haav baan nqa'haav laai wuov baan/the last shift.

nqa'haav bung nqa'haav maengx wuov bung/the backside; the rear.

nqa'haav bung gaengh nqa'haav bung nyei gaengh/the back door.

nqa'haav daaih nqa'haav daaih nyei buonc/come afterwards.

nqa'haav hingv njiec nqaang nqa'haav hingv/in the future or hereafter.

nqa'haav hnoi jiex daaih nqa'haav wuov hnoi/the day after.

nqa'haav i ziex hnoi nqa'haav mv lauh i ziex hnoi hnangv/few days afterward.

nqa'haav jiex nqa'haav laai jiex wuov nzunc. Dgw: zinh ndaangc jiex.

nqa'haav laai nqa'haav jiex yietc buoqv wuov/at the very last or final.

nqa'haav maengx nqa'haav maengx bung/behind one's back; back side.

nqa'haav nqaang yiem ganh nqa'haav nqaang/behind one's back; at the rear.

nqa'haav wuonc nqa'haav wuov wuonc (eiv fai don)/the back row.

nqa'hnoi nqa'haav hingv nyei haaix zanc mv hiuv aqv. Gj: nqaang zanc hnoi there will come a day when.

nqa'hnyangx dieh hnyangx, zinh baan nyei waac, se "nqaang-hnyangx" soqv nangv daaih/year after this.

nqa'qiex pm. qiex jiez siepv fai butv qiex nouz mienh, se dongh "nqaang-qiex" soqv nangv daaih/a heated emotion.

nqa'qiex baetv qiex jiez dingc nyienx mv jienv aqv/to become very angry.

nqa'qiex baetv cuotv qiex jiez dingc ziouc cuotv ciouv aqv/to lose one's temper; very angry.

nqa'qiex beqv mv maaih suonc hnyouv; mv maaih noic/impatient.

nqa'qiex fiu qiex jiez baac mi'aqv/to calm down; to get over one's angry.

nqa'qiex hlo nouz mienh henv haic/a difficult person.

nqa'qiex-mangv nqa'qiex beqv duqv mv lamh longc/high-tempered.

nqa'sie m, n. la'kuotv-jiemc njiec taux qam-gorn se nqa'sie/an abdomen or stomach. Gj: ga'sie; nqaiv-sie.

nqa'sie-dorn congh nqa'sie-nutv njiec wuov douc nqa'sie/lower abdomen.

nqa'sie nqingx nqa'sie mun-nqingx se hnangv baqv jienv nor/colic or sharp pain in the bowels.

nqaai[1] pm. mborngx nqaai nyei/dried or drought. Dgw: ndorn.

lungh nqaai gorng mv duih mbiungc nyei hoc/summer season.

mbopv nqaai nyei hnangv nie-mbung nor nqaai/to be very dried.

mborngx nqaai mborngx-mborngx nqaai wuov/all dried out.

nqaai haic gengh nqaai duqv longx haic/to be well-dried.

nqaai hnoi lungh maiv duih mbiungc nyei hnoi/dry day. Dgw: iv suiv hnoi.

nqaai longx gengh nqaai duqv longx nyei/very well-dried.

nqaai-nqaatv 1 ngorc oix hopv wuom to thirsty. **2** ngorc hliou-hliou nyei mv maaih nyanc hopv/be desperately dry.

nqaai siepv nqaai duqv siepv nyei/to dry out very quickly.

pui nqaai laangc bun nyutc pui nqaai/to dry something in the sun ray.

nyanc hnaangx-nqaai nyanc hnaangx ganh hnangv/to eat only plain rice.

nqaai[2] aengx lorz mangc "sin nqaai, sortv nqaai, zuonx-nqaai" nyei eix-leiz.

nqaaih w. nqaaih nzuih fai ndopv, zoux bun omx sietv/to irritate and cause itch.

nqaaih mienh nyei haih nqaaih mienh nyei ga'naaiv/things that irritate to the skin or mouth.

nqaaih ndopv zoux bun ndopv sietv omx/to irritate to the skin.

nqaaih nzuih omx nzengc nqaaih zuqc nzuih omx nzengc/irritate to the mouth and cause lips swell up.

nqaaih sin nqaaih sin zangc nyei ndopv to irritate the skin.

nqaaix[1] m., n. yietc norm gomv caeng nyei nqaaix/a lid or a cover.

caeng-nqaaix gomv caeng nyei nqaaix lid for a pot. Gj: caeng-imx.

nqaaix[2] w. jai nqaaix; norqc nqaaix/crow of a rooster, fowls.

jai-nqaaix-dauh lungh ndorm yienh ziangh a'fai buo diemv ziangh hoc se benx jai-nqaaix-dauh nyei ziangh hoc.

nqaan[1] m, z. ziangh geh zorng-jaic nyei miev, haih gitv daaih gomv biauv duqv nyei/thatch grass.

gaatv nqaan gaatv nqaan daaih zoux gomv biauv ga'naaiv/cut thatch grass.

gitv nqaan gitv nqaan benx nqaan-simv daaih/to weave a thatch grass mat.

nqaan-biauv longc nqaan gomv nyei biauv/a thatch grass roof house.

nqaan-lomc maaih nqaan camv nyei lomc/area full of thatch grass.

nqaan-mboux kungx maaih nqaan nyei geh zorng/mountain full of thatch grass.

nqaan-nziem nqaan-gorn cuotv daaih laic nyei siang-nqaan.

nqaan-simv gitv daaih ziangh simv nyei nqaan/a thatch grass mat

sou nqaan nanv jienv nqaan sou muonc wuov deix ndortv, kungx longc cou nyei wuov deix hnangv.

nqaan[2] pm. mienh nyei sin-pei nqaan-nqaan wuov/a slim and attractive person.

sin nqaan ziangh daaih sin nqaan-nqaan wuov/slim developed.

nqaang[1] pm. **1** nqaang-haav; njiec nqaang behind one's back. **2** in the future.

gan nqaang gan jienv nqa'haav nqaang mingh/to follow behind someone.

lorqc nqaang zunc doic mv zaaic lorqc nqa'haav/to fall behind.

nqaang-haav 1 nqa'haav maengx/the back. **2** yiem nqa'haav/at last or final.

nqaang-haav hingv hoz nqaang wuov hingv/in the future of unspecific time. Gj: nqa'haav hingv.

nqaang-hingv njiec nqaang nqa'haav hingv/in the future to come.

nqaang-hnoi nqa'haav hingv nyei hnoi in the future unspecific day.

nqaang-hnyangx 明年 /míngnián/ dieh hnyangx; nqa'haav hnyangx/next year.

nqaang-qiex butv nqa'qiex nyei sic/a heated emotional

nqaang-zanc hnoi nqa'haav hingv hoz daaih nyei hnoi/future day.

nqaang[2] w. daaux nqaang nzuonx/to turn back; to return; to come back.

nqaapv[1] w. i norm gorngc nqaapv zuqc doic/strike one object against another.

nqaapv caauh zeiv nanv jienv caauh zeiv nqaapv/to strike cymbals together.

nqaapv gaengh waan gaengh nqaapv seix nyei/to slam the door.

nqaapv jaax i nyungc ga'naaiv nqaapv zuqc jaax/two hard objects strike against each other.

nqaapv jaaux sipv mienv mienh jiex gorn sipv mienv nqaapv jaaux.

nqaapv jienv gaengh heng-heng waan gaengh guon jienv/to close a door.

nqaapv[2] zc. nqaapv fangx. Gj: aamx fangx/to take photo.

nqaapv-buoz-ndoqv-yienx dorh buoz-ndoqv zaax matc liuz aengx zaax njiec zeiv cuotv buoz-ndoqv-zunc daaih/to make the finger print

nqaapv fangx 拍照 /pāizhào/ nqaapv norm fangx/to take photo.

nqaapv fangx zorngh 照相机 /zhàoxiàng jī/ nqaapv fangx nyei ga'naaiv/camera.

nqaapv nqanx nqaapv yietc nqanx sin hnangv/to photograph someone from the waist up.

nqaapv nzangc longc nqaapv nzangc ji nqaapv nzangc/to make photo copy of the letter by a copy machine.

nqaapv nzangc ji nqaapv nzangc nyei ji, jei/copy machine; a typewriter.

nqaapv x-sa'le dorngx ndie-biauv x-ray wuov qongx dorngx/an x-ray room in the hospital.

nqaapv yienx 印 /yìn/ nqaapv yienx fai mborqv yienx/to stamp; to imprint.

nqaapv zuqc m'nqorngv tiux nziangc Jaax nqaapv zuqc m'nqorngv/to bump head to head against someone.

nqaatv w. 渴 /kě/ jaang nqaai ngorc oix hopv wuom/thirsty; to long for water.

jaiv nqaatv hopv deix nyanc deix bun mv nqaatv mv sie/to reduce thirst.

jaang nqaatv 渴了 /kělē/ ngorc oix hopv wuom/thirsty; want to drink water.

jaang nqaatv haic oix hopv wuom haic aqv/to be very thirsty.

nqaai-nqaatv zuqc ngorc jienv yiem mv maaih nyanc hopv/short in food supplies.

nqaauv gn. mbiauh nyei nqaauv; maeqc nqaauv/rice straw or corn stalks.

dopc nqaauv dopc luangh caux dopc kuqv nqaai/dry beanstalks.

in-nqaauv in-ndiangx nqaai daaih se heuc in-nqaauv. Gj: in-guaengv.

maeqc nqaauv maeqc ndiangx nqaai daaih/dried corn stalks.

nqaeh q. juv nqaeh oix ngaatc mienh/the sound of a dog snarl.

nqaeh haeqv juv nqaeh haeqv mienh/a dog snarling at people.

nqaez q. nqaez-nqaez nyei hemx/sound of angrily scolding.

nqaez-nqaez nyei nauc nqaez-nqaez nyei nzaeng jaax/argue with loud voice.

nqaez yietc donx nqaez-nqaez nyei hemx yietc donx/to scold once loudly.

nqaengc[1] pm. nqaengc mangc haaix yaac buatc nzengc/an openly area.

gu'nguaaz nqaengc maaih gu'nguaaz ga'sie hlo nqaengc/the baby is obvious.

haiz nqaengc nyei muangx duqv haiz nqaengc nyei/can hear very clear.

ndau-nqaengc nyutc ziux taux nzengc nqaengc nyei ndau/an openly area.

nqaengc nyei haih mangc duqv nzengc nyei/can see through everything.

nqaengc-saengx yiem hlang nqaengc haic nyei dorngx/a high open area.

nqaengc[2] bc. cuotv nqaengc daaih bun zieqv duqv/to be noticeable; evidently. Dgw: mbueiz.

sic cuotv nqaengc bingx sic mv mbueiz cuotv nqaengc mienh hiuv/obvious.

nqaengh[1] w. nqaengh butv haa/to exposed to the weather and caught cold.

nqaengh zuqc 使暴露 /shǐbàolù/ beiv hnangv, juangv yaac mv zuqv lui nor ziouc nqaengh zuqc aqv/to exposed to the wind or cold weather.

nqaengh[2] gw. zoux nqaengh nyei mienh, *nqaengh* se gaav congh English *gang* daaih/a gang or gang's member.

nqaengh guanh zoux nqaengh nyei guanh/a group of gang people.

nqaengv q. mbing nqih nqungx nqaengv nyei borngz jaax/the sound made by monkey fighting.

nqaengv-nqaengv nyei hemx qiex laic hemx mienh nqaengv-nqaengv nyei.

nqaengx pm. naqv biouv-nganh nqaengx jienv jaang/to be stuck in the throat.

nqaengx daic ga'naaiv nqaengx zuqc jaang daic/to choke and die.

nqaengx jaang nqaengx jienv jaang/to get caught in the throat.

nqaeqv[1] w. baqv ndie nqaeqv baengc nyei sic/an immunization shot.

ndie-nqaeqv tengx nqaeqv baengc nyei ndie/medicine to prevent disease.

nqaeqv jienv mbungh nqaeqv jienv/to protect in advance.

nqaeqv mienv zoux faatv nqaeqv jienv mienv/to block spirit by magic.

nqaeqv saeng-yungz nqaeqv jienv mv bun maaih sin/to practice contraception.

nqaeqv saeng-yungz ndie tengx maiv maaih sin nyei ndie/birth control pill.

nqaeqv sen nqaeqv suiv maaih mbong caux ndoqv nqaeqv/separate by mountain and river.

nqaeqv[2] nq. nqaeqv jienv; nqaeqv zuqc; nqaeqv mienv/to separated from.

nqaeqv-baamz bouh zoux bun nyiemz doic nyei sic/to separate from.

nqaeqv hlaax mbu'ndongx nqaeqv norm hlaax/to skip a month.

nqaeqv-hnoi mbu'ndongx nqaeqv norm hnoi/to skip a day.

nqaeqv horqc nqaeqv horqc mv mingh doqc sou/to absent from a class.

nqaeqv ngaanc doix-ngaanc nyei dorngx opposite side of canyon.

nqaeqv mv jienv mv haih nqaeqv duqv zuqc/unable to block something.

nqaeqv-sen waac gorngv caeqv nqoi nyei waac. Dgw: yuoqc zingh waac.

nqaetc q. hopv wuom nza'hoh zuqc jaang nqaetc nqaetc nyei/the sound made by a person or animal choking.

nqaiv[1] nz. yietc nzauc nqaiv/stools, feces or excrement.

bungx nqaiv se maiv dorh leiz nyei waac/slang, to move bowls. Dorh leiz wuov joux se "mingh lomc, mingh jaiv buoz" se gorngv oix meiv jienv gorngv aa zuqc gorngv "mingh buonv ndienh".

nqaiv-gongx mingh lomc wuov qongx dorngx. Gj: jaiv buoz dorngx, mingh lomc dorngx/a bathroom or restroom.

nqaiv-gongx zeiv mingh lomc dorngx sortv gu'kuotv nyei zeiv/toilet tissue.

nqaiv-huv buotv zorpc jienv bungx haiz piortc piortc nyei cuotv wuov nyungc nqaiv-ndorngh.

nqaiv-kuotv 1 bungx nqaiv dapv nyei kuotv. Gj: nqaiv-ongx/an open pit of a toilet bowl. **2** bungx nqaiv cuotv nyei jauv. Gj: gu'kuotv/an opening rectum.

nqaiv-kuotv-kuv bungx nqaiv-cuotv nyei nzuih/rectum.

nqaiv-kuotv-nyapc gu'kuotv nyapc jieqv wuov deix dorngx/an anus.

nqaiv-lunx saeng-kuv nyei nqaiv-lunx dongh nitv nqaiv-mbuoqc wuov douc jaangh nyei nqaiv.

nqaiv-lunx mv yiem hnyouv mienh a'hneiv fai huaang mv zuqc longc, se beiv nqaiv-lunx mv yiem hnyouv.
nqaiv-mbiaauz maaih mbiaauz zorpc nyei nqaiv/feces with the bubble.
nqaiv-mbiunz nqa'sie fiex bungx nqaiv maaih mbiunz zorpc/feces with mucus.
nqaiv-mbuoqc zaangh nqaiv nyei. Gj: ga'sie-mbuoqc/the stomach.
nqaiv-ndorngh ndaetv ndorngh wuov nyungc nqaiv/soft and loose excrement.
nqaiv-ngaengc bungx bangx daaih nyei nqaiv/hard stools.
nqaiv-ongx bungx nqaiv dapv wuov norm ongx/a toilet bowl.
nqaiv-ongx wuom bungx liuz nqaiv waan cuotv torngx guangc nyei wuom toilet bowl's water.
nqaiv-wuom maaih wuom zorpc jienv wuom nyei nqaiv/watery stools.
nqaiv-yinh ndiev biauv-ndiev wuov buoqv dorngx/lower side of a house.

nqaiv[2] z. zaanc jiex liemh nqaiv yaac mv zic duqv/to be worthless.

nqamh lz. nziuc ndaang nzuih nyei nqamh, *nqamh* se gaav congh English gum daaih. Gj: dorngh nziuc/chewing gum.

nqamv w. nanv jienv nqamv/to shake, to agitate or stir up.
nqamv fingv daaih meih mingh aengx nqamv fingv daaih/to shake someone to awake from faint.
nqamv lingh nqamv bun lingh mbui/to shake a bell to ring.
nqamv maiv dongz mbapv zietc nyei nqamv maiv dongz/too heavy to shake.
nqamv ndiangx nqamv ndiangx bun biouv ndortv/shake a tree to make the fruit fall down.
nqamv ndortv nqamv bun ga'naaiv ndortv njiec/shake make things to fall.
nqamv zietc dapv jienv nqamv zietc mingh/shake container to make firmly.

nqamz q. juv nqamz-nqamz nyei njungx the dog is barking loudly.

nqanx gn. yietc nqanx ga'naaiv fai yietc nqanx nzung/a chunk; a piece music.
gaatv nqanx guangc gaatv yietc nqanx guangc/to cut some out.
jamv zoux i nqanx jamv ndutv benx i nqanx/to chop into two pieces.
nqanx-nqanx wuov nangv nyei nqanx-nqanx wuov/a short piece.
yietc nqanx zaangh yietc ngaqv zaangh a piece of firewood.

nqangv q. mbing, juv borngz jaax nqangv nyei qiex/the sound made by monkey.

nqangz q. juv njungx nqangz-nqangz nyei njungx/loud sound of a dog barking.

nqapc w. nqapc jienv nzuih/close mouth.
nqapc nzuih baengx nqapc jienv ganh nyei nzuih. Gj: guon/to close mouth.
nqoi nzuih nqapc nzuih beiv morngx nzuih hnangv ziouc hemx aqv.

nqauh bt. mbungv-daux mun nyei baengc *nqauh,* se gaav congh English gout daaih.

nqaux w. longc ga'naaiv ngaengc nyei nqaux/to strike with hard object.
nqaux gaengh nqaux gaengh seix nyei. Gj: ngaengv gaengh/to bang on a door.
nqaux muangx gaax nqaux muangx gaax njongz fai mv njongz.
nqaux nyaah hieh dungz zoux ciouv nqaux ninh nyei nyaah/to click the teeth.

nqemh[1] w. nqemh cuotv maiv longc/to refuse; reject; unwilling to accept.
maaih lamh nqemh lorz jauv nqemh cuotv/to find reason to reject.
nqemh cuotv mv maaih haaix dauh oix longc nyei ga'naaiv/to repudiate; reject.
nqemh faix nqemh faix haic mv longc to reject because it is too small.
nqemh mv nzueic nqemh weic zuqc mv nzueic/refuse because it isn't pretty.
nqemh nqaiv gu'nguaaz nqemh nqaiv mv kangv longc mienh hlorpv.
nqemh zingh sienv jaax sieqv-dorn fai houh saeng gorngv bun doic nyei waac.

nqemh[2] m. nyienx a'nziaauc nyei nqemh, *nqemh* se gaav English game daaih.

nqen w. longc nzuqc nqen fai jamv. Gj: hngaqv/to chop into with a knife.
nqen hlauv gaeng nqen hlauv tong zorqv hlauv nyei gaeng.
nqen kuotv nqen (hlauv) tong kuotv cunx njongc-laan/to cut a hole in.
nqen nangv nqen bun ninh gauh nangv deix/to cut a bit shorter.

nqenh pm. (zong-ndiangx hlang) nqenh nqenh nyei. Gj: nqernh, nqengh/to be straight and tall as palm tree.

nqenh daax nqenh ziangh duqv hlang gau nqenh daax nqenh wuov.

nqenx[1] nq. nqenx qongx gen daaih bun mienh bueix/to divide a room.

nqenx cuotv nqenx cuotv mienh jomc mv cingv/to invite by selective.

nqenx gen nqenx gen benx i qongx/to divide a bedroom into two.

nqenx jienv an ga'naaiv mbu'ndongx nqenx jienv/to divide by put something in between them.

nqenx jienv zueiz yietc dauh m'jangc zueiz dauh m'sieqv nqenx jienv.

nqenx[2] cm. m'sieqv mienh nyei jiex gorn mbuox, se hnangv Ih Wangc nyei sieqv Nqenx Wangc.

nqengh pm. hlang nyei nqengh nqengh wuov. Gj: nqenh, nqernh.

nqernh aengx lorz mangc "nqengh caux nqenh" nyei eix-leiz.

nqetv nyz. fih nqetv nyei/having equal size of flat thing. Gj: njetv.

maiv fih nqetv duqv kuaaiv jangv duqv kuaaiv hepc/unequal wide.

nqetv norm biauv-deic ndongc yietc norm biauv-deic jangv.

nqietv aengx lorz mangc "nqetv, njetv" nyei eix-leiz.

nqimv aengx lorz mangc "njimv" wuov joux nyei eix-leiz.

nqinh wj. **nqinh nqou** buic-gi suix nyatv daaih ndatv jienv gaeng se longc ndiux sieqv dorn nyei lui-nzepv ndiev, ndiux dienx tongh dang nzueic.

nqinh youh nqinh youh nauc ngitc haic. Gj: njien-youh/to be joy; pleasant.

nqing pm. nqaapv zuqc diuv-gorngc nqing chipped or cracked of glass bottle.

nqingh[1] z. **nqingh nqou** 草莓 /cǎoméi/ a strawberry.

nqingh nqou-jieqv zuangx daaih nyei nqingh nqou-jieqv/a blackberry.

nqingh nqou-ndeic zuangx nqingh nqou nyei ndeic/a strawberry patch.

nqingh nqou-wuom nqingh nqou zaax cuotv nyei wuom/strawberry juice.

nqingh[2] aengx lorz mangc "njimh nquaiz" wuov joux nyei eix-leiz.

nqingx[1] bt. haiz mun-nqingx gau/to feel stinging pain; sharp pain.

mun-nqingx m'nqorngv mun-nqingx diev mv hingh/to have stinging pain.

nqa'sie nqingx nqa'sie mun nqingx mv haih dongz/sharp pain in the stomach.

nqingx nyei baengc mun daaih nqingx nyei baengc/stinging pain disease.

nqingx[2] aengx lorz mangc "bungx yiez-nqingx" nyei eix-leiz.

nqingz pm. sekv nzieqc nqingz-nqingz wuov/to be silence; quiet still.

haiz nqingz gau haiz nqingz gau/to feel very quiet; silent.

nqipv nyz. nqipv m'zing/to close one's eyes. Gj: njipv m'zing.

nqitc pm. mba'biei-dueiv nqitc mbaaix jienv mingh. Gj: njitc/hair curved and split at the end.

nqiuv aengx lorz mangc "njiuv" wuov joux nyei eix-leiz.

nqiux aengx lorz mangc "njiux" wuov joux nyei eix-leiz.

nqo[1] n. zaux-nqo/the heel of the foot.

mbienv nqo nzuonx biauv aqv loh, nyei waac-meiv/to go home, conceal word.

nqo[2] bt. mueiz danx zuqc nzuih meix omx nqo-nqo wuov/to swell up of lips.

nqo[3] aengx lorz mangc "norqc nqo" wuov joux nyei eix-leiz.

nqox pm. 丈夫 zhàngfū/ m'jangc mienh; m'jangc dorn/a husband.

hienx nqox nimc mienh nyei nqox bueix/to have affair with a married man.

jaav-zeih nqox gan hnangv mv gaengh benx nqox/a boyfriend.

loz-nqox guangc mingh nyei loz-nqox one's ex-husband.

longc nqox sieqv cuotv gaengh longc nqox/to take a husband.

nqox-biqv biqv mv haih maaih fu'jueiv nyei nqox/a married man who is sterile.

nqox camv bueix nqox camv nyei m'sieqv mienh/polyandry.

nqox-dorn da'nyeic torngx nqox se funx nqox-dorn/second husband, after first death or divorced.

nqox-gox sieqv-lunx longc nqox gox nyei/to married an old man.

nqox-guaav auv daic mingh nyei nqox a widower.

nqox-guangc maiv maaih haaix dauh oix longc nyei nqox.

nqox-hlo longc daauh teix nqox se benx nqox-hlo/husband of first marriage.

nqox-jaanx hnyangx-jeiv corc lunx nyei zoux nqox mienh/a married young man.

nqox-leih auv leih guangc nyei nqox/a divorced man.

nqox-lunx hnyangx-jeiv corc lunx nyei nqox/young married man.

nqox-nqaai 1 nyim mv guqv nyei jangc dorn/a sterile man. **2** mv longc auv nyei m'jangc dorn, mv dorh leiz nyei waac/a man without wife.

nqox-nzueic nzueic haic nyei nqox/a married handsome man.

nqox-zengc mv maaih sieqv oix longc nyei m'jangc mienh.

nqoi[1] w. koi nqoi; waan nqoi; zorqv nqoi; taan nqoi/to open; to remain open.

borngz nqoi longc ziem, ziem ndiangx borngz nqoi/to force to open.

bun nqoi maeqv bun nqoi/to divide up.

jaiv nqoi jaiv nqoi maiv ndoh/to untie.

leih nqoi bun nqoi doic/to separate from.

m'zing nqoi nungx m'zing nqoi/to open the eye.

maeqv nqoi maeqv nqoi daaih/to tear open; break open.

mietc nqoi zoux bun zutc nzengc maiv maaih cuotv buonv/to destroy.

zoux guangc nqoi daix guangc nqoi nyei waac-meiv/to do it away.

tutv nqoi tutv nqoi heh; tutv nqoi matc; tutv nqoi maaz-orn/to remove from.

nqoi[2] nyz. nqoi hnyouv; nqoi eix; eix nqoi to be please; satisfaction.

hnamv duqv nqoi hnyouv hnamv duqv tong mi'aqv/to be happy with.

hnyouv nqoi bungx hnyouv mv nzauh aqv/feel free from worried.

nqoi eix buangv hnyouv a'hneiv nyei. Wed: nqoi hnyouv/to please with.

nqoi eix bun buangv hnyouv nyei bun/to give with cheerfully.

nqoi fim nqoi eix longx hnyouv a'hneiv nyei/to be pleased with.

nqoi hnyouv buangv hnyouv a'hneiv nyei/happy with; satisfied with.

nqoi[3] pm. hnangv biangh nqoi nor/sprout or to blossom.

nqoi biangh nqoi biangh/blossom.

nqoi biangh ziangh biouv biangh nqoi ziangh biouv/blossom and bear fruit.

nqoi kuaa gitv zaiv benx nzung gorngv nqoi biangh ziangh biouv.

nqoi normh lunx normh lunx cuotv nqoi daaih/to grow new leaves.

nqoi nquaah bun caax cuotv nquaah/to put out new branch.

nqoi[4] bl. **1** nqoi nzuih jiex gorn gorngv waac/to begin to speak. **2** nqoi nzuih bun lingc/to give permission to.

nqoi nzuih nqoi nzuih bun zoux longx fai zoux waaic/to allow.

nqoi nzuih jai daauh norm ca'laangh gorngv cien nyei jai. Dgw: njiec dingc jai/an opening discussion chicken of a marriage proposal.

nqoi nzuih bun houv bun maaih leiz/to give verbal permission.

nqoi[5] aengx lorz mangc "nzauz nqoi, simv nqoi, yienc nqoi, zoux duqv nqoi, jaiv nqoi" wuov deix nyei eix-leiz.

nqoic t. beiv hnangv daau se cuotv nqoic ndaangc nqa'haav ziangh biouv.

daau-nqoic daau nyei nqoic ziangh gox benx biouv wuov.

zong-nqoic zong nyei nqoic, dongh ziangh benx biouv wuov.

nqom k. **lui-jaang-nqom 1** naetv m'sieqv dorn lui-jaang congx jienv congx nyei kuaaiv wuov ndie/neckband of woman's garment. **2** naetv pou-tong lui-jaang fiev jienv nzangc mbuox lui nyei hoc-dauh hlo fai caux yiem haaix zoux wuov/label on the neck area of upper garment.

nqomz[1] pm. suangx-nqomz; lui-nqomz/a warm blanket or jacket.

lui-nqomz hoz yaac siouv nyei domh lui. Gj: lui-siouv/a thick warm jacket.

suangx-nqomz domh suangx-siouv. Dgw: suangx-daan/a warm blanket.

nqomz[2] w. 海浪 /hǎilàng/ koiv-laangc nyei domh wuom-nqomz/sea waves.

nqong[1] m., n. nzoz, mborqv nqong/to beat a drum. Gj: mborqv nzoz.

ndauv nqong ndauv ndiangx njongz daaih corng zoux nqong.

nqong[2] q. nqong-nqong hemx mienh nyei qiex. Gj: nqaez-nqaez/uproar sound of an angry person.

nqong[3] bt. wuom-jorm hluqv zuqc ndopv nqong nzengc/skin peeled off.

nqongh w. nqongh siepv deix; nqongh deix; nqongh daaih. Gj: njongh, njorngh, nqorngh/quickly.

nqongh daaih nqongh siepv deix daaih come quickly.

nqongh gaanv deix gaanv siepv deix/to act quickly; to hurry up.

nqongh gaanv zoux siepv deix zoux mv dungx ngaih/hurry to do, to work.

nqongh sekv dangh nduov nyiemv nyei fu'jueiv guai nyei waac/be quiet now.

nqongh siepv deix nqongh gaanv siepv deix/to be a little quicker.

nqongv w. nqongv guangc. Wed: dox guangc/to tip out; to overturn.

nqongv guangc waan kung dox guangc tip over; to dump out.

nqopv w. nqopv jienv; mbienv nqopv/to to place a bowl upside down.

nqopv njiec zaaux njiec nqopv jienv/to place by upside down; to cover.

nqopv nzormc nzaaux liuz nzormc nqopv jienv/to turn bowl upside down.

nqorm nz. njorm jienv yiem nzuih/to hold something in the mouth.

nqorm-lueic njorm wuom-mueic se beiv zuqc nyiemv/to hold one's tears.

nqorm benc njorm jienv hnaangx/to hold food in one's mouth.

nqorng q. gorngv waac nqorng-nqorng nyei/high raising sound of talking.

nqorngh aengx lorz beiv mangc "nqongh, njorngh" nyei eix-leiz.

nqorngv[1] m, n. m'nqorngv/a head.

nqorng-baengh ziangx nyei gu'nguaaic m'nqorngv/top part of the head.

nqorngv-zunc nqorngv-baengh wuov norm zunc/a circlet on the head.

nqorngv[2] q. juv nqorngv-nqorngv nyei njungx/sound of a dog barking loudly.

nqorngv[3] m, k. hlauv-nqorngv/a bamboo trough or concave area.

jouh nqorngv longc mborqv jouh wuov kuaaiv ndiangx-nqorngv fai hlauv.

nqorqv w. nqorqv ndopv fai ndopv nqorqv skin peeled off; the bark come apart.

nqorqv ndortv hlauv-kuqv nqorqv ndortv/the husks of bamboo comes apart.

nqorqv ndutv nqoi ndutv daaih/to peel away from; fall apart.

nqortc q. (saeng-kuv) tauv qiex nqortc nqortc nyei oix lamh daic aqv.

nqou[1] pm. biangh nzueic gau nqou-nqou wuov/pretty as flower.

nqou[2] aengx lorz mangc "nqinh nqou, nqingh nqou" wuov joux.

nqu q. **1** gu'nguaaz hoqc nqu/the baby is learning to talk. **2** gu'nguaaz nqu nyei qiex/uttering sound of a baby.

aa nqu gorngv mbuox gu'nguaaz nqu nyei waac/tell a baby to utter.

nquaah d. ndiangx-nquaah/branches or limb of a tree.

hlauv-nquaah hlauv nyei nquaah/the limb of bamboo.

in nqoi nquaah in longx in-ndiangx nqoi nquaah ziex diuh nyei.

nquaav d. yietc nquaav ndiangx-nquaah. Gj: dorv/a piece of branch.

nquaiv[1] pm. nanv jienv nquaiv njiec/pull and snap off

nquaiv mv dongz jienv haic nquaiv mv dongz fai nquaiv mv ndutv.

nquaiv maqc dorngc nanv jienv maeqc yietv nquaiv njiec/break the corn's ears.

nquaiv mbiaec nquaiv mbiaic ndutv daaih/snap off a bamboo shoot.

nquaiv[2] gq. nquaiv-nquaiv nyei gorngv waac guai gau/talk fluently, smoothly.

nquaiz aengx lorz mangc "njimh nquaiz, buoz-ndoqv-nquaiz, m'gux nquaiz" wuov deix nyei eix-leiz.

nquakc q. maaz tiux nquakc daax nquakc nyei/the sound made by a horse walk.

nquakc bieqc nquakc cuotv bueix mv njormh ziangh muonz njangx nquakc bieqc nquakc cuotv nyei/unable to sleep and keep moving around all night.

nquan pm. **1** (m'normh hoz) nquan-nquan wuov/to be thick of an ears. **2** zueiz jienv nquan-nquan wuov/be sitting still.

maux-nquan 牛子帽 /niúzǐmào/ ngongh lorngh nyei maux/cowboy hatc.

nquanx[1] w. nanv jienv maeqv nquanx njiec/to peel with pulling down.

nquanx ndopv maeqv ndopv nquanx njiec/to peel off skin with pulling down.

nquanx[2] cs. saauc yaev; huotv; hemx doqc bun mienh nyaiv/to mock; to scorn.

nquangz q. longc qaqv daapc doix maqc nquangz-nquangz nyei/to thump heavily on a rice pounder.

nquaqv[1] w. nquaqv mingh kuang-kuang wuov/chipped or torn.

miev-normh nquaqv gaeng nyanc miev nyei normh nquaqv/broken leave.

nyaah nquaqv nyanh nquaqv ndutv/to be broken of a tooth.

nquaqv-nquaqv wuov buatc mv yuonh nquaqv-nquaqv wuov/to be broken into.

nquaqv[2] pm. nquaqv sin. Gj: jiez sin/to get up suddenly or quickly.

nquaqv sin mingh jiez sin siepv nyei tiux mingh/to get up and run quickly.

nquatv w. ndiangx-nquaah nquatv ndortv njiec/a branch to crack and fall.

nquekc q. ndorpc njiec nquekc dangh/the sound of a person falling.

nquekc nquekc nyei tiux nquekc quekc nyei tiux/the sound made by a person running.

nquenc[1] m., n. yietc norm nquenc/county; district; a territorial division.

horqc nquenc nz. horqc dorngh njaaux sou dorngx/a school district.

m'nquenc nganh yietc nyungc ndiangx nyei biouv longc ninh nyei ndopv nzaatv cuotv mbiaauz nzaaux yienv fai nzox ga'naaiv duqv nyei.

nquenc ziouv gunv yietc norm nquenc nyei bieiv. Gj: nquenc ziangv/a mayor; a county official.

ziou-fouv nquenc muonh ziou-dingh luoqc leiz nyei sic/throughout county and the state.

nquenc[2] cm. mienh nyei setv dueiv mbuox beiv hnangv Cun-Nquenc, Naix Nquenc.

nquengz q. (mbing yiem ndiangx-dueiv) ndortv taux ndau haiz nquengz dangh the sound of heavily thumping.

nquin w. hopv diuv nquin; nyanc ndiev nquin/to drunk or drowsiness.

diuv-nquin mienh hopv diuv nquin nyei mienh/a drunkard

nquin nzengc mienh hopv diuv nquin nzengc/every body has been drunk.

nyanc beuv hopv nquin nyanc beuv caux hopv nquin/to eat and drunk.

nquinx pm. kuotv faix nyei nquinx-nquinx wuov/a small rounded deep hole.

nqun m. jai nyei nqun; norqc nyei nqun/a comb of a rooster or crest of a bird.

jai-gorngx nqun 1 jai m'nqorngv nyei nqun/comb of a rooster. **2** yietc nyungc miev nyei biangh/red cockscomb flower.

jung-hungh nqun jung-hungh nyei nqun/the crest of a dragon.

nqunx w. gu'nyuoz njongz nyei nqunx/to be hollow; a hole.

jaix-nqunx jaix nyei bungx yiez jauv, se mv dorh leiz nyei waac/a male urethra.

nqunx faix maaih nqunx mv baac faix nyei/a small deep hole.

nqungc lz. lai-nqungc, miev-nqungc/the young shoots of a plant.

lai-nqungc lai-jaaix nyei nqungc/the shoots of mustard greens.

nqungc-sang biouv miev-ndiangx nyei biouv, siqv-luoqc wuov nyanc kuv nyei.

nqungc-sui ziangh ndoqv-hlen nyei miev, ninh nyei nqungc nyanc sui kuv nyei/an edible grass shoots.

nqungc-sui ndiangx yietc nyungc normh sui caux nqungc sui nyei ndiangx, se haih longc ninh normh jiux mbiauz zouv nyanc kuv nyei/a kind of tree.

nqungv wj. aengx lorz mangc *gaeng-nqungv* wuov joux.

nqutc q. naqv hnaangx njiec jaang mbui nqutc nyei dangh/noisy of swallow food.

Ny

ny /nyor/ nyic ziepc hmz norm nzangc-maac yiem Iu-Mienh/Yao nyei waac.

nyaa w. nyaa zuqc sieqv. Gj: gan zuqc sieqv/to fall in love with a girl.

nyanc aa nyaa heuc mienh jiex gorn nyanc aqv. Gj: niaa/go head and eat.

nyaah m, n. 牙 /yá/ **1** zien nyaah, fai jaav nyaah; jiem-nyaah; baeng nyaah; zuangx nyaah; yienc nyaah/a tooth. **2** cuotv nyaah/to grow a tooth.

ga'ndiev bung nyaah ga'ndiev maengx nyei nyaah/the lower teeth.

gu'nguaaic bung nyaah gu'nguaaic maengx nyei nyaah/the upper teeth.

nyaah baeqc nyaah mbopv baeqc nyei to have beautiful white teeth.

nyaah ceiv 牙齿 /yáchǐ/ **1** nyaah laic nyei ceiv-ceiv wuov/a tooth. **2** zw. sipv mienv waac gorngv nyaah/teeth, ritual language.

nyaah cuotv cuotv siang-nyaah/teeth are growing out.

nyaah dix gaaix tien ga'ndiev maengx nyaah gomv faaux/the lower teeth cover upper teeth.

nyaah fim nyaah gu'nyuoz nyei fim/the pulp cavity on a tooth.

nyaah gorn 牙根 /yágēn/ nyaah ziangh njiec nyei gorn/base of the teeth.

nyaah hui 牙垢 /yágōu/ gitv nyaah gorn wuov deix ga'naaiv/tartar buildup on the teeth.

nyaah hlaang longc corh nyaah nyei hlaang/dental floss.

nyaah hlorng nyaah ziangh njiec nyei mbungv/the jar bone; gum ridge.

nyaah juv nitv nyaah porng-hmienv wuov norm nyaah ong/the canine teeth.

nyaah kor zorc nyaah nyei sic/science of the dentistry.

nyaah kuotv gaeng nyanc nyaah tong daaih nyei kuotv/a cavity in a tooth.

nyaah laic (njoux) nyei nyaah laic nyei ceiv-ceiv wuov/sharp teeth as saw.

nyaah latv gaeng nyanc nyaah latv/a decayed tooth.

nyaah maqc nyaah ziangh maqc nyei the tooth grown close together.

nyaah mun 牙疼 /yáténg/ nyaah mun nyei baengc/toothache.

nyaah ndeix nyaah cuotv daaih mv zaqc to have protruding teeth.

nyaah ndie 牙膏 /yágāo/ nzaaux nyaah nyei ndie. Gj: yaac gaau/tooth paste.

nyaah ngau saeng-kuv nyei nyaah ngau a tusk or fang.

nyaah njien nyaah njien ndutv aengx cuotv siang-nyaah/a loosen tooth.

nyaah njienz nyanc liuz ga'naaiv-sui nyaah njienz/to cause teeth tingle after eaten sour food.

nyaah nquaqv nyaah nauv nquatv ndutv a badly broken tooth.

nyaah nzaaux nzaaux nyaah ga'naaiv. Gj: nyaah sortv/a toothbrush.

nyaah nzorc nyaah cuotv mbengx zuqc loz-nyaah mv zaqc/uneven teeth.

nyaah nzueic nyaah ziangh daaih yuonh nzueic nyei/to have beautiful teeth.

nyaah nzungh ziangh njiec ga'ndiev nyei nzungh/the root of teeth.

nyaah ong 磨牙 /móyá/ gu'nguaaic, a'fai ga'ndiev nziuc hnaangx nyei nyaah/an upper and lower molars.

nyaah ong-jiemc gu'nyuoz ndo jiex wuov norm nyaah ong/a wisdom tooth.

nyaah orv 牙龈 /yáyín/ nyaah gorn wuov deix orv/gums.

nyaah orv butv nyaah orv omx/gums swell up and sore.

nyaah orv mun nyaah orv butv omx mun/sore gums.

nyaanh porng nyaah nqaengc nyei porng-porng wuov/to have protruding of front teeth.

nyaah porng-hmienv 门牙 /ményá/ gu'nguaaic, ga'ndiev nyei nza'hmien maengx nyaah/the front teeth.

nyaah qangx nyaah nyei mbu'ndongx qangx/space between the teeth.

nyaah saa leih doic saa nyei nyaah/the teeth that growth apart from each other.
nyaah sai 牙医 /yáyī/ zorc nyaah nyei mienh. Gj: nyaah zangc/a dentist.
nyaah saiv-saiv wuov nyaah nzueic gau saiv-saiv wuov/an evenly teeth.
nyaah sortv 牙刷 /yáshuā/ longc corh nzaaux nyaah nyei ga'naaiv. Gj: nyaah nzaaux/a toothbrush.
nyaah waaic gaeng nyanc waaic nyei nyaah/a bad tooth.
nyaah zangc zorc nyaah fai zoux nyaah zorngh nyei mienh/a dentist.
nyaah zorngh 一副假牙 /yīfùjiǎyá/ yietc zorngh jaav-nyaah/dentures; a set of false teeth.
nzaaux nyaah longc nyaah sortv corh nzaaux nyaah/to brush one's teeth.
yienc nyaah loz-nyaah ndutv liuz aengx cuotv siang/to lose baby teeth and gain permanent one.
zuangx nyaah zoux jaav-nyaah an dorngx zien nyaah/to put a false tooth on the broken space.

nyaaic wj. ba'nyaaic; bux-nyaaic, guangc nyei loz-ndie-huv, ndie-zengc/rag; old cloth used as rag.

nyaaiv w. longc buoz-ndoqv-nquaiz nyaaiv sin/to scratch with fingernail or claw.
njimv nyaaiv mingh nziangc zuqc njimv nyaaiv/to scratch by the thorn.
nyaaiv cuotv hanh nyaaiv liuz cuotv hanh daaih/left mark after scratched.
nyaaiv di'daanz 1 di'daanz sietv aeqv nyaaiv/to scratch the back. **2** gan mienh gaav zaeqv, se beiv nyaaiv di'daanz/to ask for lend of money.
nyaaiv hmien 1 hmien sietv nyaaiv/to scratch face. **2** se beiv nyaiv haic/to scratch face to show embarrassment.
nyaaiv taatv nyaaiv zuqc ndopv taatv mingh/skin broken by heavy scratch.

nyaaix m, z. ziangh ndoqv-hlen nyei miev haih nyanc ninh nyei dueiv lunx wuov zoux lai duqv nyei/fern.
nyaaix-juotv nyaaix-normh da'mueiz lunx nyanc zoux lai wuov/shoots of fern which eaten as vegetables.
nyaaix-weih ziangh ndiangx-zorng mv benx nyanc nyei nyaaix/non-edible fern which growth on the tree.

nyaaiz pm. hluo zuqc haiz nyaaiz-nyaaiz wuov/feel rough on the surface.
hmien nyaaiz hmien cuotv jiex dopc longx daaih nyaaiz-nyaaiz wuov/a rough face, the scar left from smallpox.

nyaam[1] nyc. **1** gorx nyei auv, youz caux muoc heuc nyaam/term of address one's older brother's wife. **2** dorn nyei auv, dae caux maa yaac heuc nyaam/a term of address one's daughter in-law.
i muoc-nyaam gorx nyei auv caux gorx nyei muoc se i muoc-nyaam/a woman and the younger sister of her husband.
nyaam-baeqc daamx gorx fai dorn nyei jaav-zeih auv, beiv nyaam-baeqc daamx, weic zuqc mv gaengh benx zien nyaam.
nyaam-faix youz muoc heuc gorx nyei da'nyeic auv a'fai dae maa heuc dorn nyei da'nyeic auv/term of address one's older brother's second wife or one's son's second wife.
nyaam-guaav gorx daic liuz kungx gorx nyei auv ganh hnangv/a widow of one's older brother.
nyaam-hlo youz muoc heuc gorx nyei daauh teix auv a'fai dae maa heuc dorn nyei daauh teix auv/a term of address one's older brother's legal wife or one's son's legal wife.
nyaam mbuo dae maa heuc ninh mbuo nyei yietc zungv mbuangz nyei waac.
siang-nyaam cor hoqc zoux cing-jaa liuz nyei nyaam/a new daughter in-law.

nyaam[2] dl. dorh leiz waac, heuc lamh go gorx nyei auv/term of address stranger's wife whoever older than oneself.

nyaamh pm. biom camv gau nyih nyungx nyaamh nyei/reach out of many leeches.
njimv nyungx nyaamh wuov njimv camv laic nyih nyungx nyaamh wuov/to reach out of many thorns.

nyaanh d, n. k. 钱 /qián/ nyaanh zeiv a'fai nyaanh ngaengc/money, in cash or coin.
jiem nyaanh 金钱 /jīnqián/ jiem caux nyaanh/gold and silver.

nyaanh baengh dapv nyaanh baengh/a container for storing money.
nyaanh baeqc nyaanh diuh fai nyaanh ngaengc/silver.
nyaanh baeqc m'zing jieqv mueic jieqv nyaanh nyei m'zing/greedy for money.
nyaanh bai m'sieqv mienh longc cipv m'nqorngv-beu nzueic nyei nyaanh zeih a silver jewelry used as an ornament.
nyaanh beu 钱包 /qiánbāo/ dapv nyaanh nyei mbuoqc/money bag; wallet.
nyaanh biaev longc ndiux suangx-buix nyei nyaanh zinh dorn/a small coin.
nyaanh biangh 1 nyaanh zoux daaih nyei biangh/a silver flower. **2** m'sieqv mienh congx congx nyei congx-mbuox/a name of a embroidery.
nyaanh buonv buonv-zinh hnangv mv funx leic zinh/principal money.
nyaanh camv maaih nyaanh camv haic to have a lot of money.
nyaanh corng siou nyaanh nyei dorngx. Gj: nyaanh horngh, nyaanh lamz/a bank.
nyaanh cou kungx zeiv-baeqv hnangv mv gaengh tiuv muonc/money in large denominations.
nyaanh daan funx nyaanh nyei daan/a financial recorded book.
nyaanh daic siou dingc mv longc cuotv nyei nyaanh ngaengc/a silver bar.
nyaanh diuh yietc diuh nyaanh diuh/a silver bar. Gj: nyaanh deix/a silver bar.
nyaanh faang dapv nyaanh nyei faang/a money box.
nyaanh finx nyaanh ngaengc baeng finx daaih/silver wire ornamentation.
nyaanh gipc janx-laauv guoqv longc nyei nyaanh gipc/Kip, Lao currency.
nyaanh gopv nyaanh daav daaih bieqc nyei gongv-gongv wuov, se longc dingx sieqv mienh suangx-buix-pongx nyei nyaanh/a piece convex silver used for decorate a woman's clothes.
nyaanh gorn faatv nyaanh cuotv nyei gorn. Wed: nyaanh koux/a treasury.
nyaanh hauh yietc nyungc nyaanh norm dorn nyei mbuox/type of little silver bar.
nyaanh horngh an nyaanh bieqc yaac zorqv nyaanh cuotv longc nyei dorngx. Gj: nyaanh lamz/a bank.
nyaanh horngh daan an nyaanh bieqc nyaanh horngh nyei sou/a bank account.
nyaanh horngh leic gaav nyaanh nyei leic/bank interest rate.
nyaanh hlaax zoux gong nyei nyaanh hlaax/a monthly wage or salary.
nyaanh hmuangx beic ndiev bun tengx bingx sic fai caengx sic nyei nyaanh/a bribe money.
nyaanh jaav mv zien nyei nyaanh/fake money. Gj: jaav-nyaanh.
nyaanh jaax nyaanh ngaengc nyei jaax zinh/the price of a silver.
nyaanh jiex sioux nyaanh jiex sioux jieqv mingh/silver become rust.
nyaanh jiem nyaanh caux jiem/silver and gold.
nyaanh jiemh nyaanh daav daaih nyei jiemh/a silver bracelet.
nyaanh kor nderc Meiv Guoqv nyei nyic-ziepc-hmz buon nyaanh/a quarter dollar of U.S coin.
nyaanh koux hungh jaa siou nyaanh nyei dorngx/a treasury
nyaanh la'kaux nyaanh daav daaih nyei la'kaux/a silver button.
nyaanh lamz tengx mienh siou nyaanh nyei lamz/a bank.
nyaanh lengh 1 mv buangv yietc ndornh nyei nyaanh. **2** siou jiez liuz zengc njiec nyei nyaanh.
nyaanh lengx Faac Guoqv nyei nyaanh zinh dorn/a small French coin.
nyaanh limc nyaanh finx ciqv nyei limc silver chains.
nyaanh lingh nyaanh daav daaih ndiux gu'nguaaz muoc nyei lingh/silver bell for decorate clothes.
nyaanh longc longc maaiz ga'naaiv nyei nyaanh/money for spend.
nyaanh louh longc cui nziaaux buonc douz buov nyaanh daav nyei louh/bellow for silversmith.
nyaanh m'normh hiun nyaanh ngaengc daav m'normh hiun daaih/silver earrings.
nyaanh man Faac Guoqv nyei nyaanh zinh dorn/silver rupee.

nyaanh muonc hoc-dauh faix zoqc nyei nyaanh zeiv/small denominations money.
nyaanh muonh 衙门 /yámen/ loz-hnoi waac, jien-fouv mbenc sic nyei dorngx/a government office or court house in the ancient China.
nyaanh mbaatv Janx-taiv nyei nyaanh mbaatv/baht, Thai currency.
nyaanh mbix Janx-taiv nyei yietc buon nyaanh, ih jaax maiv longc aqv.
nyaanh mbienc faang-mbienc longc nyei nyaanh/money in cash; cash in hand.
nyaanh mbuoqc dapv nyaanh nyei mbuoqc/money bag, money pouch or a wallet
nyaanh nikv goh Meiv Guoqv nyei biaa buon nyaanh/a nickel, U.S five cents.
nyaanh ndaamh Meiv Guoqv nyei ziepc buon nyaanh/a dime U.S ten cents.
nyaanh ndornh yietc ndornh laah Meiv Guoqv nyei nyaanh/one U.S dollar.
nyaanh ngaengc nyaanh diuh, nyaanh norm lo haaix/silver or money in coin.
nyaanh peux dingx suangx-buix nyei nyaanh. Gj: nyaanh ngopv/convex silver used in decorate clothes.
nyaanh piux fiev bun mienh dorngx nyaanh longc nyei zeiv/a check; cashier check or money order. Gj: nyaanh qekv.
nyaanh senc Meiv Guoqv nyei yietc senc nyaanh. Gj: senh/one U.S penny.
nyaanh sou funx nyaanh nyei sou/bank account; bankbook.
nyaanh taepv gauh faix deix nyaanh man wuov nyungc zinh/silver rupee.
nyaanh wuonh siou jienv zoux wuonh mv longc cuotv nyei nyaanh.
nyaanh yenh Ic bernv deic-bung nyei nyaanh/a Japanese yen.
nyaanh yuonh Janx-kaeqv nyei nyaanh yuonh/a Chinese yuan.
nyaanh zangc daav nyaanh nyei zangc mienh/a silver-smith.
nyaanh zeiv longc zeiv zoux daaih nyei nyaanh/paper money; bank notes.
nyaanh zinh 1 nyaanh zinh/money in coin. Dgw: nyaanh zeiv. **2** benx zinh nyaanh ga'naaiv/valuable stuff.
nyaanh zitc nyaanh daav camv-nzunc se zitc jienv mingh aqv.
nyaanh zorngh dox nyaanh diuh nyei zorngh/mold for making silver ingots.
nyaanh zouc nyaanh daav daaih zoux zouc longc/a pair silver chopsticks.
nyaanh zueih longc daav nyaanh nyei zueih/a hammer for pounding silver used by silversmith.

nyaanx pm. butv gau baengc ngoi yangh nyaanx-nyaanx wuov/to be weak and sickly look. Gj: sox-sox wuov.

nyaangc[1] w. fu'jueiv kaatv ninh nyei maa mv baac ninh nyei maa nyaangc jienv maiv hemx ninh/to tolerant with
nyaangc duqv njiec haih nyaangc duqv njiec mingh/to patience with a wrong do and not punish.
nyaangc haic 1 qiex jiez mv baac zatv jienv nqa'qiex/so lenient with a wrong **2** butv gau baengc nyaangc-nyaangc wuov so skinny because sick. Gj: nyaic haic.
nyaangc mv njiec mv haih guangc zuiz bun aqv/unable to lenient with a wrong.
nyaangc njiec mv baatc nyaangc jienv maiv baatc/to lenient with not punish.

nyaangc[2] pm. korng jaic nyaangc-nyaangc wuov/very thin.

nyaangc[3] aengx lorz mangc "dungz-jaangh nyaangc" wuov joux.

nyaangh[1] nz. 娘 /niáng/ **1** maa/mother. **2** m'sieqv mienh. Gj: niangh/a woman.
nyaangh nyienh m'sieqv mienh fai m'sieqv dorn/a woman or lady.
nyaangh mbuox jaa-fin-nyeiz mbuox se hnangv nqox douc sai duqv lorngh mbuox nor auv yaac duqv nyaangh mbuox.

nyaangh[2] nz. 娘 /niáng/ maa; maac/mother or woman who conceives.
nyaangh ziev domh mienh/the parents.
yieh nyaangh dae maa/father and mother.

nyaangh[3] aengx lorz mangc "houh nyaangh" wuov joux nyei eix-leiz.

nyaangz[1] w. nyaangz jienv doic caeqv mv duqv ndutv. Gj: nyau jienv.
lunh nyaangz jienv longc sim lunh saa nyei nyaangz jienv/to sew loosely with jumping thread.

nyaangz[2] pw. caaiv jienv nyaangz faaux gu'nguaaic. Gj. nyangz/try to step up.

nyaapv[1] w. nyaapv ga'sie/to shrink or flat one's stomach.

nyaapv jienv ga'sie yiem beiv hnyouv sie jienv yiem/Idiom, to live with hanger.

nyaapv-nyaapv wuov ga'sie mbeih nyei nyaapv-nyaapv wuov/a flatten stomach.

nyaapv[2] gn., d. nyaapv la'fapv ga'naaiv/a rake or to rake.

nyaapv la'fapv longc nyaapv, nyaapv la'fapv/to rake up the scattered.

nyaapv lingh nyaapv bun lingh nyei nie muonc/to break up soil and weeds in preparing paddy field.

nyaapv zunv nyaapv daaih an zunv/to rake together.

nyaapv[3] q. (jai-dorn dingx laaih maac) heuc nyaapv nyaapv nyei qiex/the sound made by a chick crying.

nyaapv[4] aengx lorz mangc "la'nyaapv" wuov joux nyei eix-leiz.

nyaau q. m'lomh miu heuc nyaau nyei qiex/the sound made by a cat calling.

nyaauv pm. nyaauv ben nyaauv guaaic nyei/with colorful stripe.

nyaauz q. m'lomh saeng daaih nyaauz bieqc nyaauz cuotv nyei heuc.

nyae aengx lorz mangc "nyei" wuov joux nyei eix-leiz.

nyai pm. maeqc nyai-nyai wuov mv haih hlo/stunted in growth. Gj: nyanv.

mbiauh nyai nyanv mv haih hlo nyei mbiauh yaang/rice plant stunted growth.

nyaic pm. ngoi yangh nyaic-nyaic wuov. Gj: nyaec/to be weak and thin.

ga'naaiv-nyaic heuc doqc mienh jaic mienh nyei waac/a sickly person.

nyaih gg. mungz-nyaih. Gj: gaeng-nyaih, gaeng-qorngh/the mosquito.

nyaiv[1] w. haiz nyaiv haic/to be ashamed; an embarrassment; coy; shy. Gj: nyaev.

haiz nyaiv gau nyaiv gau mv fungc aqv to be shameful; very shy.

maiv hiuv duqv nyaiv hmien-ndopv hoz mv hiuv nyaiv/shameless.

nyaiv dingc aqv gengh haiz nyaiv gau mv fungc aqv/to feel so embarrassing.

nyaiv haic gengh haiz nyaiv haic/to be shameful; very embarrassed.

nyaiv haic ninh haiz nyaiv ninh haic/so embarrassing his presence.

nyaiv jiex jaax nyaiv haic mv oix buatc mienh/too shy to show in public.

nyaiv mv cau hmien nyaiv gau gamh nziex mv cau hmien/too embarrassed to look up to see people.

zoux sic nyaiv haic zoux nyaiv haic nyei sic/a shameful act in public.

nyakv pm. (njaih nyei jorng) nyakv nyakv wuov/deer's antlers spreading upward.

nyam w. **1** goix ndiangx nyam jienv bieqc to chop in straight into the tree. **2** nyam jienv longc sic/to get an issue and be determined the case.

nyanc[1] w. 吃 /chī/ **1** dapv nzuih nziuc nyanc. Gj: nyaenc/to eat. **2** duqv siouc/partake.

nyanc a'nziauc nyanc lanx hnangv mv zeiz zingx-donx/to take refreshment.

nyanc aqv dapv nzuih nyanc aqv/let's eat or go ahead eat.

nyanc baac nyanc ziangx mi'aqv/finish one's eating. Gj: nyanc liuz.

nyanc baeqc hnaangx maiv zuqc zoux kouv baeqc duqv nyanc/to eat one's food without working hard.

nyanc beuv nyanc buangv hnyouv/to eat full; filled up one's stomach.

nyanc beuv zungx lueic nyanc beuv liuz haiz lueic haic/feel tired after eat.

nyanc cing-jaa hnaangx nyanc mienh zoux cing-jaa nyei hnaangx.

nyanc cing nyei nyanc mv an hmei-nzauv nongh nyei lai/to eat vegetable dish that cooked without salt and oil.

nyanc congh nyanc laengz ngaengc waac wuov donx hnaangx/to take an oath meal to sworn brotherhood.

nyanc deic-bung gunv deic-bung siou nzou congh baeqv-fingx/to gain control over the country.

nyanc duqv longx henv nyanc duqv/to be able to eat.

nyanc duqv kuv nyanc gengh haiz kuv haic/to enjoy eating, very delicious.

nyanc duqv longx donx-donx maaih orv nyanc longx nyei/to eat well.

nyanc fu'jueiv qaqv fu'jueiv zoux bun nyanc/eat food from one's children.

nyanc guenx 吃惯 /chīguàn/ nyanc ziouc mi'aqv/accustomed eating something.

nyanc henh hnaangx maiv zuqc zoux nyanc/to live like parasite.

nyanc hopv 吃喝 /chīhē/ nyanc hopv ga'naaiv/food in general or daily needs.

nyanc hopv ga'naaiv nyanc fai hopv yungz maengc ga'naaiv/food and drink.

nyanc hopv leiz gunv nyanc hopv nyei doz-leiz/food regulations.

nyanc hopv weih hlo nyanc caux hopv se weih hlo nyei sic/eating and drinking is the most important.

nyanc hungh jaa nyaanh nyanc hungh jaa bun nyei nyaanh/to depend on the government welfare.

nyanc hnaangx 吃饭 /chīfàn/ nyanc zingx-donx hnaangx/to eat rice.

nyanc hnaangx-baeqc kungx hnaangx hnangv. Dgw: nyanc ndoih hnaangx/to eat only rice.

nyanc hnaangx dieh mbenc hnaangx an nyanc nyei dieh/a dining table.

nyanc hnaangx dorngx don dieh nyanc hnaangx nyei dorngx/a dining room.

nyanc hnaangx kuv nyanc duqv kuv haic/to eat with appetite.

nyanc hnaangx-lanx nyanc mv zingx donx nyei hnaangx/to eat snack.

nyanc hnaangx-nqaai nyanc hnaangx ganh hnangv mv caux lai/to rice without any vegetable.

nyanc hnaangx nzaqv nyanc hnaangx nqaengx zuqc jaang/to choke with food.

nyanc hnaangx ting nyanc hnaangx wuov qongx ting/a dining hall

nyanc hnaangx-zuoqv nyanc hnaangx njaiz nyei/eat congee rice.

nyanc in nyanc in. Gj: ton in/to eat or swallow opium.

nyanc in daic nyanc in laengc daic/to suicide by swallowing opium.

nyanc jienv hnaangx corc nyanc jienv hnaangx yiem nyei/still eating.

nyanc jou-piornv se beiv gorngv waac-sapv/slang, to whisper.

nyanc kuaa-diuv nyanc orv hopv diuv yiem sieqv saaix-liangz nyei dorngx/to eat and drink at a girlie restaurant.

nyanc laangh mv gunv sic beiv mienh gox mienh haih nyanc mv baac gunv mv duqv sic aqv/retired people.

nyanc lai maah heuc kaeqv mienh nyanc lai nyei waac. Gj: nyanc lai oc.

nyanc lai-zei nyanc mv maaih orv zorpc nyei lai/to eat without meat.

nyanc leic zinh 吃利钱 /chīlìqián/ nyanc leic zinh hnangv/to live on interest.

nyanc lungh aanx lungh aanx wuov donx hnaangx/to eat lunch.

nyanc lungh hmuangx lungh hmuangx wuov donx hnaangx/to eat super.

nyanc lungh ndorm 吃早餐 /chīzǎocān/ nyanc lungh ndorm hnaangx/to eat morning meal; eat breakfast.

nyanc mv baaic maaih camv haic nyanc mv haih nzengc/to have plenty of food.

nyanc mv beuv nyanc mv gaengh beuv to eat without full, not eat enough.

nyanc mv camv nyanc zoqc nyei di'dien hnangv/eat very little.

nyanc mv duqv **1** mv benx nyanc nyei ga'naaiv/not edible. **2** mv haih nyanc aqv/unable to eat; cannot eat.

nyanc mv gaux lai hnaangx zoqc haic mv duqv nyanc gaux/not enough to eat.

nyanc mv kuv nyanc haiz maiv maaih mueix/eat without appetite.

nyanc mv njiec maiv kuv nyanc naqv maiv njiec jaang/to lose appetite.

nyanc miev nyanc lai-miev, saeng-kuv nyanc miev/to eat grass.

nyanc miev ga'naaiv saeng-kuv nyanc nyei ga'naaiv/grass eater animal.

nyanc mienh 吃人 /chīrén/ nyanc mienh nyei orv fai pienx mienh/man-eating or eating human fresh.

nyanc mienh waaic nyaanh zoux maiv duqv gong nyanc hungh jaa nyaanh nyei mienh/to depend on disability income.

nyanc ndie 吃药 /chīyào/ nyanc ndie zorc baengc. Gj: kiqv yuoqc/to take medicine.

nyanc ndie horpc nyanc duqv zuqc ndie/take the right medicine.

nyanc ndie laengc nyanc ndie laengc zuqc/poison by medicine.
nyanc ndie mv zuqc nyanc maiv horpc ndie/to take incorrect medicine
nyanc ndie nquin nyanc liuz ndie nquin mongh longh/drowsy from medicine.
nyanc ndoih hnaangx nyanc hnaangx zorpc ndoih/eat rice mixed with tuber.
nyanc njang 吃光 /chīguāng/ nyanc njang nzengc mv zengc yietc aax/finished (all the food); to eat up.
nyanc nyaanh 吃钱 /chīqián/ beic ndiev nyanc nyaanh hmuangx/to take a bribe.
nyanc nyaanh mong gan ziangh hoc nyei gong-zinh/to receive hourly wage.
nyanc nyaanh hlaax zoux gong nyaanh funx gan hlaax/to receive monthly salary.
nyanc nyaanh hmuangx beic ndiev nyanc nyaanh nyei sic/to take a bribe.
nyanc nyei ga'naaiv nyanc duqv nyei ga'naaiv/edible thing.
nyanc nyei ziangh hoc nyanc hnaangx nyei ziangh hoc/mealtime.
nyanc nyiemz maiv zouv zuoqc ziang naaic nyanc nyiemz/to eat raw.
nyanc nyiemz ga'naaiv nyanc nyiemz nyei ga'naaiv/things to be eat raw.
nyanc nzauv nzaaih haih nyanc duqv nzauv nzaaih/can eat salty food.
nyanc orv 吃肉 /chīròu/ mienh nyanc saeng-kuv nyei orv/to eat meat.
nyanc orv butv atv nyanc liuz orv haiz atv-atv nyei baengc/feel uncomfortable after eating fat meat.
nyanc orv ga'naaiv 1 bun mienh nyanc orv nyei saeng-kuv. **2** nda'maauh se nyanc orv nyei ga'naaiv/tiger is a meat eater animal.
nyanc orv-sen nyanc orv-sen zuoqc fai orv-sen nyiemz.
nyanc saeng-nyietc hnaangx nyanc sih nyietc hnaangx/to eat birthday cake.
nyanc siaau yiex ndaamv muonz jiez sin nyanc nyei hnaangx/to take snack in the midnight.
nyanc siang-hnaangx nyanc daauh donx siang-mbiauh hnaangx/eat new crop rice.
nyanc singx hnaangx Giduc mienh nyanc singx hnaangx/to take communion, word used by Christianity.
nyanc taux nzengc nyanc nzengc maiv liouh/eat up everything.
nyanc yiem biauv nyanc yiem biauv/to eat at home. Dgw: nyanc yiem nyiec.
nyanc zengc daaih nyanc liuz zengc nyei lai hnaangx/food left after eat.
nyanc zienz haaix nyungc yaac nyanc nzengc aqv/to eat everything.
nyanc zingx-donx nyanc ei nyanc nyei ziangh hoc mingh/to eat regular meal.
nyanc ziouc orv nyanc gau orv guenx mi'aqv/accustomed of eating meat.
nyanc ziouc in nyanc in jiex inv mi'aqv accustomed to smoke opium.
nyanc ziqc zoiz hnaangx mv zuqc zoux duqv nyanc/eat food provided by someone.
nyanc zuqc ndie nyanc duqv horpc ndie to taking correct medicine.
zoux liangx-ndeic nyanc zoux ndeic nyanc/to make living by agriculture.

nyanc[2] pm. pienx nyanc; waengc nyanc/to cheat or to overcharge.
nyanc mienh nyei m'nqorngv pienx mienh/to cheat or to take advantage of someone.

nyanc[3] zmb. nyanc zitc jienv mingh, zoqc jienv njiec/to devour, to worn out.
nzingx nyanc jiez nzingx nyanc jienv mingh/devour away by rust.

nyanh w. dongz nyanh nyanh nyei a'fai ga'nyanh dangh. Gj: nyornh nyornh/to shake involuntarily, uncontrollably.
buoz nyanh haic buoz zinx haic nyanh haic/a shaky hand.
butv juangv-nyanh butv juangv daaih sin zinx nyanh/to have fewer and chills.
da'nyanh dangh haeqv biatc da'nyanh dangh. Gj: da'fornh dangh.
juangv nyanh nyanh nyei juangv haic nyanh nyanh nyei/shaky because cold
nyanh nyanh nyei mingh yangh jauv seix nyanh nyanh nyei mingh/to walk with whole body shaking.

nyanv w. nyanv mv haih hlo. Gj: gangh, giv/be stunted in growth.
ga'naaiv nyanv heuc mienh nyanv mienh

nyei mv dorh leiz waac/slang, for small developed person.

nyanv duqv lauh fu'jueiv nyanv lauh nyei cingx hlo/to stop growth.

nyanv-nyanv wuov nyanv-nyanv wuov mv haih hlo/a plant stunted growth.

sieqv-nyanv heuc siepv-nyingv nyei mv dorh leiz waac.

Nyanv Seng m'jangc fai m'sieqv mienh nyei mbuox.

nyang[1] w. faix jaic nyei nyang-nyang fai nqaan-nqaan wuov/to be thin or slim.

juv nyeiz-nyang korng jaic zaqv-zaqv wuov dauh juv-nyeiz.

nyang[2] pm. ndiangx-nyang; hlauv-nquaah nyang. Gj: saeqv/a twig.

nyangc aengx lorz mangc "nyaangc" wuov joux nyei eix-leiz.

nyangz[1] w. kaux nyangz nzoih caeqv mv ndutv. Gj: nyaangz/tangled up.

lunh nyangz jienv deix suix-buangc saa nyei nyangz jienv deix dien hnangv stitch with loosely thread.

nyangz nzoih nzengc kaux nzoih doic nyangz jienv/to hooked up with.

nyangz[2] zmb. longc qaqv yietv nyangz faaux gu'nguaaic/to climb with effort.

nyangz faaux ndiangx qam ndiangx longc qaqv nyangz faaux/use all one's effort to climb up a tree.

nyapc[1] w. nyapc m'zing. Gj: nziepv m'zing to blink; to squeeze eyes.

nyapc gu'kuotv yietv nyapc gu'kuotv to squeeze anus muscle.

nyapc m'zing bun yietv nyapc m'zing tih mbuox/to warn someone by blinking one's eyes.

nyapc[2] pm. gu'nguaaz-sieqv hoqc congx congx nyapc bu'nyaaic/to stitch up rag as a girl learning to do embroidery.

nyapc lui-houx nyapc mbiev jienv lui houx tong nyei dorngx/to sew up clothe broken area.

nyapv w. nyapv nzuih nyanc a'fai gorngv waac-sapv/to move mouth silently.

nyapv nzuih njouv nzung nyapv nzuih hoqc baaux nzung/to sing silently.

nyapv nzuih oix hemx nyapv nzuih oix hemx mv baac mv gaengh hemx/open mouth about to scold but didn't.

nyaqv wj. mingh nyaqv; mingh mi'aqv. Gj: nyaqc, nyic aqv/already be gone.

ninh nzuonx nyaqv ninh nzuonx biauv mi'aqv/he or she had gone home.

nyatc[1] w. orv-hlangv ndiuc nyatc nyatc deix/to twitch or jerk of muscle.

nyatc[2] pm. yangh jauv siepv nyatc nyatc nyei mingh/to walk fast or quick.

nyatv[1] n. yietc norm nyatv/a knuckle; the joint area of something.

butv norm nyatv butv benx norm nyatv daaih/to become a knotted.

congx-nyatv, congx-ndapv-nyatv sieqv dorn congx congx nyei mbuox/a name for embroidery.

nyatv[2] pm. biouv ziangh gitv gau nyatv-nyatv nyei/a tree produce heavily fruit.

nyatv[3] zc. longc hlaang nyatv jienv a'fai ndoh jienv. Gj: zeuv/to tie up.

nyatv-ciux ciux jienv nyatv bun haih jaiv nqoi siepv/tie in a bow.

nyatv-daic nyatv zietc mingh bun jaiv maiv nqoi/to tie in granny knot.

nyatv heh hlaang ndoh zietc heh nyei hlaang/to tie shoelaces.

nyatv mba'zongc zorng siang-mbuangz nyei m'nqorngv/to attach the bride's headpiece to her head.

nyatv mbiauh hlaangx nyatv laangc mbiauh nyom nyei hlaangx.

nyatv mbuoqc nzuih nyatv mbuoqc nyei nzuih/to tie up a bag.

nyatv zuqc nyatv zuqc caux jienv/to tie up something with.

nyatv[4] zmb. nyatv jienv waac zoux-zorc mienh/to confirm a message.

nyatv dingc waac juix jienv nyei waac njiec an jienv/to leave a firmly message for someone.

nyatv[5] aengx lorz mangc "hlauv-nyatv, ndiangx-nyatv, guaix-zing-nyatv" wuov deix nyei eix-leiz.

nyau[1] w. longc biaa norm buoz-ndoqv nyau njiec/to claw with all fingers.

nyau guangc longc buoz nyau guaengx guangc/to grasp and throw away.

nyau hnaangx nyanc longc buoz nyau hnaangx nyanc/to grasp food to eat.

nyau jienv laatc ga'naaiv-luangh nyau faaux laatc/the vine claw up the fence.

nyau mv zuqc faix muonc haic nyau mv zuqc/to small to grasp.

yietc nyau yietc nyau nanv buangv buoz mingh/a handful of something.

nyau[2] pm. dorn nyau zuqc sieqv fai sieqv nyau zuqc dorn. Gj: gan zuqc dorn fai gan zuqc sieqv/to fall in love with.

nyau[3] q. m'lomh miu heuc nyau nyau nyei qiex/the sound made by a cat call.

nyau[4] aengx lorz mangc "mba'biei nyau" nyei eix-leiz.

nyauc pm. m'zing-gorqv nyauc fai ndopv nyauc. Wed: nyaux, nyormv/wrinkled.

lui-houx nyauc zuqv lui houx camv-hnoi nyauc/the clothe bunched up.

nyauh w. nyauh jienv houx-zaux-kuv jiex ndoqv/to pull up the sleeves.

nyauh an zunv nyauh baeng faaux an zunv/to pull up clothe together.

nyauh zorpc doic nyauh mbuonv zorpc doic. Gj: caix/to mix by hands squeeze.

nyauv[1] w. nyauv nzengc mv cing mv cov nyei/to be scattered and disorganized.

ga'naaiv la'nyauv mv sung-sangv nyei ga'naaiv/scattered things.

gong-la'nyauv zoux mv cing cov nyei gong/disorganized of work.

nyauv jienv mv sung sic nyauv jienv mv sung/be busy with a matter.

nyauv zorpc nzengc nyauv zorpc doic nzengc/to mixed up together with.

nyauv[2] cf. la'nyauv zuqc, ceuv-faanh zuqc mienh/to bother or disturbing.

nyauv zuqc mienh la'nyauv zorv zuqc mienh/to give someone hard time.

zoux la'nyauv bun gorngv la'nyauv bun/to complain; to disapprove.

nyaux w. normh nyaux nqaai jienv mingh to dry out and wilt.

nyaux biorngh 眉头 /méitóu/ nyaux biorngh weic mv buangv hnyouv/frown to disapprove.

nyaux hmien nyaux mueic lueic gau mv baac oix zuqc nyaux hmien nyaux mueic nyei mingh zoux/to frown with unwilling face.

nyaux nqaai nzengc normh nyaux nqaai nzengc/to dry out and wilt.

nyaux-nyaux nyei diev hmien nyaux-nyaux nyei diev mun/to endure pain with contort face.

nyauz w. nyiepc nyauz nyiepc nyauz nyei sietv/deep itching under the skin.

nyei[1] w. setv da'mueiz nyei waac. Gj: nei, nyae, beiv hnangv *longx nyei*, *zeiz nyei*, *hiuv nyei*, *oix nyei*, *fi'hnangv nyei*. Naaiv se yie nyei. This is mine, my.

buatc nyei mangc duqv buatc nyei/can see; be able to see.

ciouv nyei mienh ciouv fai saeng-kuv ciouv nyei/to be fierce.

guai nyei maaih cong-mengh longx nyei/smart or cleaver.

haiz nyei muangx duqv haiz nyei/can hear; able to hear.

horpc hnyouv nyei haiz gengh a'hneiv buangv hnyouv nyei/fit into one's mind.

horpc nyei an duqv horpc fai gorngv duqv horpc nyei/properly.

hnamv taux nyei hnyouv hnamv taux nyei/think about it

hnyouv zingx nyei hnyouv zaqc nyei an honor or trustworthy mind.

jaaix nyei jaax-zinh jaaix nyei/to be costly or expensive.

lueic nyei lueic nyei mv zoux gong nyei mienh/a lazy person.

mangc duqv go nyei m'zing mangc go nyei/be able to see very far.

nyanc jienv hnaangx nyei cor se nyanc jienv hnaangx yiem nyei/still eating.

souv jienv nyei souv jienv mv zueiz/to be standing position.

yaauc nyei longx nyei yaauc nyei/to be good or nice.

zeiz nyei zeiz aqv dongh naaic aqv/yes, it's right or correct.

ziangh duqv nzueic nyei ziangh daaih nzueic nyei/growth to be handsome.

nyei[2] bm. beiv hnangv, aa mbuo nyei/ours or it is belongs to us.

aa nyei lorqc mbuox mienh se yie nyei ga'naaiv/it is mine.

haaix dauh nyei naaic gaax haaix dauh nyei ga'naaiv/whose; anyone's.
meih mbuo nyei meih mbuo yietc zungv nyei ga'naaiv/yours.
meih nyei meih nyei buonc/your.
meih nyei mbuox cuotv bun meih heuc nyei mbuox/it is your name.
ninh nyei ninh nyei/his, hers or its.
ninh mbuo nyei ninh mbuo yietc zungv nyei ga'naaiv/theirs.
yie nyei yie nyei ga'naaiv/my or mine.
yie mbuo nyei yie mbuo yietc zungv nyei/our or ours.

nyei[3] pm. fapv bieqc mbu'ndongx nyei waac-muonc, beiv hnangv, ziangh guanh ndutc ndutc nyei mingh/to move with the whole group.
cong-mengh nyei mienh yietc laanh mienh guai mienh/a clever person.
dongh eix nyei mienh juangc fiem juangc eix nyei mienh/people who has the same will; incorporation.
duqv nyei lorqc iv congh nyei fai duqv nyei; bun nyei/okay.
guai nyei zuangv doic jiex doic guai nyei zuangv/a smart linage.
ninh nyei buonc bun ninh nyei buonc to be his or her sharing.
waaz fangx nyei batv-biei longc waaz fangx nyei batv-biei/a brush pen.
zoux gong nyei jaa-sic longc zoux gong nyei jaa-dorngx/a working tool.

nyeic[1] hd. da'nyeic; ziepc nyeic, baeqv-nyeic; cin-nyeic, waanc-nyeic/two, in counting between ten and ten thousand.
da'nyeic hnoi nqa'haav wuov hnoi/next day; second day.
nyeic binc da'nyeic yoc aengx, beiv hnangv, *yietv binc cangx gaa nyeic binc fangv*/firstly, is singing and secondly, is thinking at the same time.
nyeic binx nz. da'nyeic nzunc/second time of occurrence.
nyeic cietv i norm leiz-baaix/two week.
nyeic daaih da'nyeic daaih/secondly.
nyeic hlaax yietc hnyangx gu'nyuoz nyei da'nyeic norm hlaax/February, second lunar moon.
nyeic liangc nz. mbuo i dauh fai i laanh both of us.

nyeic[2] nyz. yietc nyeic/an example or an instruction
gorngv yietc nyeic gorngv mengh yietc nyeic bun hiuv/to explain in detail.
hoqc gan yietc nyeic ei yietc nyeic hoqc mingh/learn by follow instruction.
leiz-baaix nyeic yietv cietv gu'nyuoz nyei da'nyeic ziu/Tuesday.
leiz-nyeic doic jiex doic nyei leiz-fingx regulation; designed rule.
maaih yietv maaih nyeic bun cing maaih yietv maaih nyeic nyei/a written detailed instruction.
maaih zingh nyeic maaih en-zingh/a favor; affection; kindness.
saeng-nyeic 初二 /chūèr/ bieqc siang-hlaax daaih da'nyeic wuov hnoi/second day of the month.
zoux zingh nyeic bun longc zoux norm zingh nyeic bun/a reward; a gift.
zueih gorn yietv-nyeic yiem gorn zimh yietc nyeic mingh/to follow instruction step by step.

nyeic[3] pm. borngz si'nyeic; hoqc si'nyeic longx/self-defense method; karate.
njaaux yietv njaaux nyeic njaaux duqv i nzunc aqv/to teach twice.

nyeic[4] aengx lorz mangc "kauv lorqc nyeic zaux, jopv-nyeic" wuov deix.

nyeih[1] pm. gorngv longx mv muangx oix nyeih hemx/prefer to get scolded.
mv nyeih longx mv nyeih mienh zoux longx bun/to reject positive.

nyeih[2] w. gengh mv gouv nyeih taux/to be surprise by unexpected.

nyeih[3] nz. kuaa-nyeih; nunc nyeih/infant or an offspring.
nunc kuaa-nyeih gu'nguaaz-lunx a'fai saeng-kuv dorn/an infant; an offspring.
nyeih zaiv dorn-jueiv; fu'jueiv/children or an offspring.

nyeiv w. nyeiv mienh nimc ga'naaiv. Gj: laaic, gouv laaic/to suspect; suspicious.
nyeiv dorngc mienh nyeiv dorngc a'fai laaic dorngc mienh/to wrongly suspect.
nyeiv naaiv nyeiv wuov laaic-zuangx hlo laaic ziex laanh nyei/to suspect everybody.

nyeiv zuqc mienh nyeiv maiv dorngc mienh/accurate suspect.

nyeiz m., d. dungz-nyeiz, ngongh nyeiz fai maaz-nyeiz/female animal, but impolite for human.

cie-ndortc nyeiz m'sieqv dorn geh nyei cie-ndortv/a female motor cycle.

cie-ping nyeiz m'sieqv dorn geh nyei siang-ping cie/a female bicycle.

ga'naaiv-nyeiz heuc doqc m'sieqv dorn nyei waac/a female, impolite.

gouv caux nyeiz gouv caux nyeiz njaah doic/female and male mating.

ndiangx-guaa-nyeiz haih ziangh biouv nyei ndiangx-guaa ndiangx/a female papaya tree, which can produce a lot of papaya. Dgw: ndiangx-gong.

zienh nyeiz jaa-fin-nyeiz; mienv-nyeiz a female ancestors; a goddess.

nyi'aqv w. ninh mingh nyi'aqv. Gj: ninh mingh mi'aqv/he or she be gone.

jiex seix nyi'aqv daic mi'aqv; guei seix mi'aqv/decease; pass away; death.

nyic hd. nyic ziepc, nyic baeqv. Gj: ngic, nyeic, i/two, in counting between twenty and two hundred.

nyic baeqv i baeqv/two hundred.

nyic baeqv-nyeic nyic baeqv caux nyic ziepc/two hundred twenty.

nyic hlaax da'nyeic hlaax/a February.

nyic lungz hniev-sou nyic lungz, se nyic ziepc zinh/two taels.

nyic lungz-nyeic nyic lungz caux nyeic zinh/two and two tenths taels.

nyic ziepc saauv taux nyic ziepc/twenty.

nyic ziepc nyeic nyic ziepc aengx caux i/twenty two.

nyic-ziepc betv sokv sienx nyei yietc nyungc njaaux muonh/the twenty eight constellations.

nyih[1] wj. nyih longh ndie/nylon materials or nylon cloth.

nyih longh hlaang nyih longh suix gitv daaih nyei hlaang/nylon rope or cord.

nyih longh lui longc nyih longh ndie lunh nyei lui/a nylon blouse.

nyih longh matc longx nyih suix ciqv matc/nylon stockings or socks.

nyih longh ndie nyih longh suix ndatv daaih nyei ndie/nylon cloth.

nyih[2] w. nyih nyungx nyortc/feel rough or not smooth of surface.

nyih nyungx nyoic naetv jienv buangv nzengc nyih nyungx nyoic wuov/messy with sticky stuff.

nyih nyungx nyorng se hnangv nziouv camv nyih nyungx nyorng nyei/(ants or other insects) crawling around.

nyiv aengx lorz mangc "ngiv" wuov joux nyei eix-leiz.

nyie w. 醒 /xǐng/ njormh nyie daaih/wake up from sleep. Gj: fingv.

nyie daaih 醒来 /xǐnglái/ bueix njormh nyie daaih/to wake up from asleep.

maiv haih nyie njormh ndo maiv haih nyie/unable to wake up.

nyie nyei bueix jienv nyei mv baac mv njormh/not sleep.

nyie nziouv nyei lungh ndorm nyie nziouv/to wake up early in the morning.

nyie[2] pm. m'njormh yietc nyie lungh ziouc njang aqv/to sleep until wake up.

nyiec m., w. 外 /wài/ ga'nyiec; cuotv nyiec mi'aqv/outer; exterior; outside; surface.

ga'nyiec bung 外边 /wàibiān/ cuotv ga'nyiec maengx bung/outer or outside.

leiz jaa muonh nyiec loz-leiz mienh nyei zouv zangc mienh/member of the leiz (lee) group.

muonh nyiec gaengh ndaangc wuov deix dorngx/outside the door area.

nyiec fingx ganh fingx mienh/surname other than one's own.

nyiec guoqv 外国 /wàiguó/ nyiec nyei guoqv/foreign country; oversea.

nyiec guoqv daaih yiem nyiec guoqv daaih/to come from foreign country.

nyiec guoqv fienx nyiec guoqv zunh daaih nyei fienx/international news.

nyiec guoqv gaav gaav nyaanh congh nyiec guoqv/international loans.

nyiec guoqv huox nyiec guoqv fungx bieqc nyei huox/foreign goods.

nyiec guoqv jiu tong caux nyiec jiu tong nyei sic/diplomacy or foreign relations.

nyiec guoqv kaeqv nyiec guoqv daaih nyei kaeqv mienh/foreign guests.

nyiec guoqv mienh nyiec guoqv nyei mienh/foreigner or an alien.
nyiec guoqv nyaanh nyiec guoqv nyei nyaanh/foreign currency.
nyiec guoqv saeng-eix zoux cuotv nyiec guoqv nyei saeng-eix/foreign trade.
nyiec guoqv waac 外国语 /wàiguóyǔ/ nyiec guoqv mienh gorngv nyei waac/a foreign language.
nyiec jiu jien 外交 /wàijiāo/ caux nyiec guoqv jiu tong nyei jien/diplomacy; foreign affairs.
nyiec nyei mienh congh ga'nyiec daaih nyei mienh/foreigners; strangers.
nyiec nyei zuangv ganh fingx douc cuotv nyei zuangv/outside clans.
nyiec zienh hieh zienh orqv gueiv/wild spirits, which come for fierce.
nyiec zinh zoih maiv zuqc zornc kouv duqv nyei zinh/illegal grains; windfall.
nyiec zouv mienh ganh zouv mienh fai ganh fingx mienh/outside clan.
wuov nyiec bung yiem Iu-Mienh biauv wuov nyiec douz-nziaam wuov bung.
wuov nyiec maengx cuotv ziqc gen nyei dorngx/outside the bedroom area.

nyieh[1] sk., n. 鹅 /é/ aengx gauh hlo deix aapv yaac jaang ndaauv/a goose, geese.
nyieh dorn nyieh nyei dorn/gosling.
nyieh jaux nyieh nyei jaax/goose egg.
nyieh orv 鹅肉 /é ròu/ nyieh nyei orv goose meat; goose fresh.

nyieh[2] pm. 凶 /xiōng/ ciouv; hiuang; orqv haic/to be bold; fearless; unfriendly.
nyieh haic nyieh haic kungx oix nzaeng hingh hnangv/a bolder person.
nyieh nyei mienh mienh ciouv mienh; mienh nyieh mienh/unfriendly people.
nyieh sic henv caux doic ceux sic henv fai nzaeng jaax henv.

nyieh[3] zh. 大后天 /dàhòutiān/ nyieh hnoi/the day before yesterday.
nyieh haaix hnoi duqv camv-hnoi deix jiex daaih aqv/few days ago.
nyieh hnoi hmuangx nqaeqv i muonz jiex da'aqv/night before yesterday night.
nyieh hnoi ndorm nqaeqv i ndorm jiex daaih aqv/morning before yesterday.
zih nyieh hnoi nqaeqv duqv buo hnoi jiex da'aqv/three days ago.

nyiex w. 背 /bēi/ nyiex jienv yiem di'daanz to carry something on one's back.
mingh nyiex nzauv se beiv daic mi'aqv nyei waac-beiv/pass away.
nyiex ga'naaiv nyiex ga'naaiv yiem di'daanz/to carry stuff on back.
nyiex gu'nguaaz nyiex gu'nguaaz yiem di'daanz/to carry a baby on one's back.
nyiex jui nyiex jienv jui maeqv maeqc dapv/to carry a back basket.
nyiex korqv heuc doqc mv cuotv gaengh nyei sieqv-gox/an unmarried woman.
nyiex mv dongz hniev haic nyiex maiv dongz/too heavy to carry on back.
nyiex suangx mbienz-nyaangh tengx siang-mbuangz nyiex suangx cuotv gaengh longc nqox/the title of the bridal attendant who leads bride to the groom's house with carry a blanket on her back and each holding one end of a small towel as they walk.
nyiex wuom zaangh wuom dapv jienv ndongh nyiex/to carry water on back.
nyiex zaangh paanx zaangh nyiex jienv di'daanz/to carry firewood on back.

nyiez pm. 感染 /gánrǎn/ nyiez baengc; nyiez zuqc/to catch disease that spread from someone.
nyiez doic fu'jueiv nyiez doic daaih biauv/children influence others to come to the house.
nyiez douz nqaai haih zieqc douz siepv nyei ga'naaiv/easily to caught fire.
nyiez duqv damv nyiez zuqc mienh nyei damv/to get body lice from others.
nyiez zuqc Ebola baengc 感染埃博拉病毒 nyiez duqv ai bo laa baengc mi'aqv/to be affected by Ebola virus.
nyiez zuqc sic nyiez zuqc mienh nyei henh sic/to cause trouble by someone.

nyiem nz. 拿 /ná/ buoz nanv jienv/hold or grasp in one's hand.
Siouv nyiem laic do buoz nanv jienv nzuqc nyei/to hold a knife in hand.

nyiemc[1] w. 认 /rèn/ nyiemc dorngc aqv/to admit; to confess; to accepted.

maiv nyiemc dorngc mv laengz fai mv nyiemc dorngc/not guilty.

nyiemc dingc 认定 /rending/ zunv dingc hnyouv/to set one's mind on.

nyiemc dorngc 认错 /rèncòu/ nyiemc duqv zoux dorngc aqv/to admit one's mistake; to acknowledge one's fault.

nyiemc mau laengz suei aqv/defeated or to ask for surrender.

nyiemc ngaengc mv laengz suei fai mv laengz dorngc/not guilty; not surrender.

nyiemc-suei 认输 /rènshū/ laengz suei aqv/to admit defeated; to surrender; to give up; to throw in.

nyiemc zien 认真 /rènzhēn/ za'gengh njiec hnyouv/conscientious; be serious.

nyiemc zien hoqc gengh longc hnyouv hoqc/learning of genuine value.

nyiemc zien zoux gengh njiec hnyouv nyei zoux/commit oneself to do.

nyiemc zuiz 认罪 /rènzui/ nyiemc duqv zoux dorngc aqv/to confess one's wrong do; plead guilty.

nyiemc[2] nyc. nyiemc cien/acknowledge relatives; to humble oneself.

maiv nyiemc cien heuc ei mienh nyei mbuox hnangv mv nyiemc cien.

nyiemc auv nyei cien gan auv nyiemc auv wuov bung nyei cien.

nyiemc cien 认亲 /rènqīn/ nyiemc benx cien-ceqv/to acknowledge relationship as a new married couple after wedding celebration has been made.

nyiemc die maa longc jienv nqox oix zuqc nyiemc nqox nyei dae zoux *die* g nyiemc maa zoux *maa,* nqox yaac zuqc nyiemc auv nyei dae zoux *die* nyiemc maa zoux *maa.*

nyiemc faix maiv ceng-hlo; maiv maux to humble oneself.

nyiemc ganh zoux faix maiv ceng-hlo nyiemc ganh faix/to acknowledge one's lower status; to humble oneself.

nyiemc loz-biuv doic nyiemc zoux gorx fai zoux youz/to acknowledge to be brotherhood.

nyiemc nqox nyei cien ei nqox nyiemc nqox nyei cien.

nyiemc siang-cien weic dorng jaa zuqc goiv nyiemc siang nyei cien.

nyiemc zoux muoz-doic nyiemc zoux gorx-youz dorc nziez/to acknowledge to be brothers and sisters.

Nyiemh m. 壬 /rén/ tin-fing da'juov weic a'fai da'juov norm jaapv-zaangv-neix/the ninth of the ten Heavenly Stems.

nyiemh sien hnyangx dongh 1992 caux 2052 wuov hnyangx, se guinh jienv mingh nzunc-nzunc luoqc ziepc hnyangx liuz aengx nzuonx taux gorn nzunc.

nyiemv w. fu'jueiv nyiemv; domh mienh nyiemv/to cry, to weep, to sob; to wail.

njiec qaqv nyiemv njiec qaqv nyiemv mbui nyei/to cry loudly.

nyiemv baeqc ziangh zeiz qiex jiez gau mv lamh mingh aqv, fei-laangh nyiemv fai jatv yaac baeqc ziangh zeiz nyei.

nyiemv duqv kouv haic gengh nyiemv duqv kouv haic/to bitterly cry.

nyiemv duqv lauh nyiemv lauh nyei/to weep very long.

nyiemv haic gu'nguaaz nyiemv haic/to cry often or a crybaby.

nyiemv-ngoiz bungx-sing bungx-qiex nyei nyiemv/a bitterly cry.

nyiemv-nguiz caux nyiemv-ngoiz fih hnangv nyei/angry and bitterly crying.

nyiemv-nyiemv lorqv-lorqv zuqc diev mun nyiemv jienv yiem/to endure with whimper; to blubber.

nyiemv wuom-mueic mv cuotv oix nyiemv yaac maiv maaih wuom-mueic cuotv aqv/to cry but without any tears.

nzauh nyiemv hnyouv nzauh daaih mv lamh kaux nyiemv/to cry in sorrow.

siangx nyiemv nyei nzauh fai a'hneiv nyiemv/to cry with sorrow or happiness.

zuqc nzauh zuqc nyiemv ndortv naanc zuqc nzauh zuqc nyiemv/sad and cry.

nyiemz[1] pm. maiv zuoqc. Dgw: zuoqc/raw or fresh, uncooked, underdone.

hmeiv-nyiemz maiv zuoqc nyei hmeiv uncooked rice.

lai-nyiemz mv gaengh zouv zuoqc nyei lai/fresh or uncooked vegetable.

nyanc nyiemz mv zouv zuoqc nyanc/to eat something raw.

orv-nyiemz orv mv gaengh zouv/raw meat, uncooked meat.

wuom-nyiemz maiv zouv mbueix nyei wuom/uncooked water.

nyiemz[2] ss. nyiemz mienh. Dgw: zuoqc mienh/to feel unfamiliar with people or to feel shy in present of someone.

fu'jueiv nyiemz mienh haic mv cuotv zuangx nyei fu'jueiv.

nyiemz[3] nyz. mbiauh yaang nyiemz haic very healthy rice stalks.

ndau nyiemz zuangx ga'naaiv longx nyei ndau-touv/a fertilize soil area.

ndiangx nyiemz ndiangx nyei normh nyiemz/a healthy tree.

nyiemz haic longx nyiemz haic/to be very healthy of the plants.

qiex nyiemz baaux nzung kuh muangx nyei qiex/a pleasant singing voice.

setv nyiemz setv siang nyiemz-nyiemz wuov/fresh color.

nyienh[1] nz. mienh fai janx/the people; the human; a person.

nyienh daaih kaeqv qoux mingh mingh daaih daaih nyei kaeqv mienh.

nyienh dor zuangx mienh camv haic fai mienh maaz zuangx/lots of people.

nyienh fiuv ndoqc daan hmuangv doic zoqc nyei/a small family member.

nyienh luonh seix zangc mienh zoux nyei sic/the human nature.

nyienh maanh baeqv-fingx/the people opposed to the government.

nyienh maengc mienh nyei maengc/the human life.

nyienh saeng mienh nangh mienh. Dgw: nyienh feiv/a living person.

nyienh seix 1 jaa-dingh mienh seix nyei sic/family possession. **2** mienh ziangh nyei seix/human lifetime.

nyienh zoqc mienh zoux nyei ga'naaiv man-made; artificial.

nyienh[2] aengx lorz mangc "maaz-nyienh, zorngc nyienh" nyei eix-leiz.

nyienx[1] w. fu'jueiv nyienx/naughty child or playful of the children.

nyienx a'nziaauc nyienx nziaauc/to play games and have fun.

nyienx douz nyienx longc douz/to play with fire.

nyienx hieh mbeu nyienx ndiqv hieh beu/to play soccer.

nyienx hueix maaiz hueix cai hueix nyei sic/to play lottery.

nyienx mborqv jouh nyienx mborqv jouh a'nziaauc/to play shuttlecock.

nyienx paih ndouv paih a'nziaauc fai dangc nyaanh/to play card.

nyienx wuom nyienx ziouh wuom fai njiuv wuom/to play with water.

nyienx[2] pm. nyienx haic cutv mv dangx fai nziuc mv bieqc/sturdy; durable.

nitv nyienx nyei jienz-jienz wuov fai nitv nyienx nyei/really leathery.

ndiangx nyienx ndiangx nyienx haic piqv mv nqoi. Gj: nyouh/the wood is so tough can not split.

nyienz w. nyienz nqa'qiex; nyienz waac; nyienz jienv/to hold back; to restrain.

nyienz duqv haih nyienz duqv/be able to hold back one's anger.

nyienz jienv nyienz diev jienv mv bun cuotv/to forebear; to persist.

nyienz jienv mv hemx zatv jienv ganh nyei nqa'qiex mv hemx/to patient with.

nyienz mv duqv nyienz mv duqv aqv unable to control oneself.

nyienz mv zouc qiex jiez dingc nyienz mv duqv aqv/can't be patient any more.

nyienz qiex zatv njiec nqa'qiex mv dau to keep control one's temper.

nyienz waac nyienz jienv maiv gorngv waac/to restrain oneself from talking.

nyienz wuom-mueic nyienz jienv mv nyiemv/to hold back one's tears.

nyienz yiez nyienz jienv mv bungz yiez restrain oneself not urinate.

nyiepc pm. nzeiv nzunx m'nqorngv haiz nyiepc nyiepc nyei/to feel crawling.

nyieqc zh. hnoi-nyieqc/of or having to do with the time.

hlaax-nyieqc buangv taux dingc nyei hlaax aqv/to reach the month set.

hnoi-nyieqc taux dingc ziangx nyei hnoi taux aqv/to reach the date set.

juqv hlaax nyieqc juqv hlaax nyieqc gu'nyuoz/period of six month.

mbu'ziex hlaax nyieqc mbu'ziex norm hlaax/how many month.

ziangh hlaax nyieqc yietc hlaax nyieqc dorng dauh/the whole month.

zuov hnoi-nyieqc zuov jienv taux dingc nyei hnoi/to wait for the date set.

nyietv[1] nz. 日, 天 /rì, tiān/ hnoi, lungh hnoi zanc/day; daytime or during the day.

haaix nyietv 哪一天 /nǎyìtiān/ haaix hnoi; haaix zanc/when; what day.

jiem-nyietv 今日 /jīnrì/ ih hnoi/today.

mengh nyietv 明日 /míngrì/ benx nzung gorngv njang hnoi/tomorrow.

nyietv leiz lungh hnoi zanc. Dgw. lungh muonz zanc/during the daytime.

nyietv-nyietv hnoi-hnoi/every day.

saeng nyutc nyietv cuotv seix hlaax caux hnoi. Gj: sih nyietv-hnoi, cuotv seix hnoi/month and day of a person born.

yietv nyietv yietc hnoi/a day, one day.

nyietv[2] aengx lorz mangc "nyatv" wuov joux nyei eix-leiz.

nyim m., n. 种子 /zhǒngzī/ lai-nyim; dopc nyim; mbiauh nyim; maeqc nyim. Gj: ngim/a small seeds/nganh/a large seed.

cuotv nyim aqv miev gox cuotv nyim aqv/to produce seeds.

ga'naaiv-nyim liouh zoux nyim zuangx nyei nyim/the seeds keep for sow.

ga'naaiv-nyim youh zaax nyim cuotv daaih nyei youh/an oil press from seeds.

liouh zoux nyim liouh zoux nyim zuangx nyei nyim/to put seed aside for sowing the next crop.

mbiauh nyim liouh daaih zuangx nyei mbiauh. Gj: cuqv-nyim.

nyim guqc nyaah nyim njiec ndau guqc nyaah cuotv/the seed sprout and grow.

nyim maiv jauh 1 nyim maux nyei/an empty seed. **2** mv haih maaih gu'nguaaz nyei jangc dorn se beiv nyim mv jauh/a a man infertile. Gj: nyim mv guqv.

zuangx nyim biopv nyim njiec ndau zuangx/to plant seed.

nyinh nz. 言 /yán/ waac. Gj: nginh/word; speech; language.

kuv nyinh kuv waac/a pleasant word.

nyinh nyouz gorngv nyei waac/a word or a spoken word.

nyinh nyouz doix gorngv jiex nyei waac doix dongh/fulfill of one's promise.

nyinh nyouz lorqc doih gorngv horpc nzengc mi'aqv/settled down agreement.

nyinh waac 语言 /yǔyán/ gorngv nyei waac/words; spoken language.

nyinh wuonh zunh daaih gorngv nyei sing-wuonh/news conduct by someone.

nzaeng nyinh cox nyouz nzaeng jaax ceux lunc nyei sic/to have an argument.

sux nyinh nyuoz gorngv muonc nyei mbuox bun hiuv/to tell; to recount.

nyinv m. zueix-naauz-nyinv fai juv-nyinv. Gj. nginv/the strong odor of rat, dog.

nyinx[1] pm. longc zaux-nqo nyinx hlienx nziouv daic. Gj: nginx/to press down and turn with the heel.

nyinx muonc longc ngaengc nyei ga'naaiv nyinx muonc/grind something into small piece.

nyinz[2] nz. 眼 /yǎn/ m'zing fai mueic zing. Gj: nginz/eyes; vision.

cau-nyinz kanx hlioux m'zing mingh mangc/to turn face to look at.

hliepv nyinz nziepv m'zing mangc/to blink before to look at; open eyes.

nying q. aengx lorz mangc "nging" wuov joux nyei eix-leiz.

nyingv aengx lorz mangc "ngingv" wuov joux nyei eix-leiz.

nyipv q. jai-dorn nyiemv nyipv nyipv nyei qiex/cheep sound of a chick crying.

nyitc w. nauc nyitc. Gj: nauc ngitc/joy and lots of fun sound.

nyiu m., z. longc jun miev nyei nyiu/a hoe that blade broadens out toward at edge.

nyiu-baengx zaengx nyiu wuov nqanx ndiangx/a hoe's handle.

nyiu-dorn nyiu faix nyei. Gj: guetv/a small hoe used for planting.

nyiuh[1] pm. nzangv-da'mueiz nyiuh nyiuh wuov/turn upward as end of a boat.

nyiuh[2] pm. dungz homv nziaau ninh nyei nzuih nyungh nyiuh nyungh nyiuh nyei.

nyiuh faaux nyiuh njiec dangc ngorh ngaetv nyiuh faaux nyiuh njiec nyei/to move with turned up and down motion.

nyiuv n. jai-nyiuv; norqc nyiuv; lomh miu nyiuv/a claw or talon.

domh jaangv nyiuv 1 domh jaangv nyei nyiuv/eagle claws. **2** m'sieqv dorn congx congx nyei mbuo/a name for an embroider design.

jiepv-nyiuv jiepv nyei nyiuv/the claw of a bear.

nda'maauh nyiuv 1 nda'maauh nyei nyiuv/tiger's claw. **2** m'sieqv mienh congx congx nyei mbuox/name of an embroidery.

nyiuv laic nyiuv laic nyei nzimh nzimh wuov/to have sharp claw.

nyiuv nyaaiv zuqc ga'naaiv nyei nyiuv nyaaiv zuqc/to be scratched by the claw.

nyoi[1] m., n. nziangc zuqc butv nyoi daaih to swell up after bump or beaten.

m'nqorngv butv nyoi mborqv zuqc liuz m'nqorngv butv nyoi/a bumpy on head.

nyoi[2] pm. mbing zueiz jienv ndiangx-dueiv nyoi-nyoi wuov.

nyoi[3] aengx lorz mangc "gaengh nyoi, ndiangx-nyoi" nyei eix-leiz.

nyoic w. gu'nguaaz nyanc hnaangx guoqv jienv nyoic-nyoic nyei/to mess up with rice stick all over the face.

nyoic-nyoic wuov hnaangx-zeih guoqv jienv hnaangx nyoic-nyoic wuov.

nyoix w. ziex ba'nyoix m'nqorngv/to hit someone's head with upper fingers.

nyom m. yietc nyom mbiauh/big bunch of hanging rice, which made up of three small bunches.

nyomc w. nyomc ndie; nyomc jaux/to dye something; to put color on.

nyomc jieqv longc jieqv nyei setv nyomc jieqv mingh/to dye black color.

nyomc mv toux nyomc setv dapc maiv toux/color not penetrate through.

nyomc mba'biei nyomc bun mba'biei jieqv fai yangh/to dye hair.

nyomc ndie nyomc ndie jieqv daaih lunh lui houx/to dye cloth.

nyomc ndie ciangv nyomc ndie nyei ciangv/a dyeing mill.

nyomc ndie gong zoux nyomc ndie nyei gong/worker at dyeing mill.

nyomc ndie zoh ziemx njaamh nyomc ndie nyei zoh/a dyeing tub.

nyomc siqv longc siqv nyei setv nyomc to dye red color.

nyomv aengx lorz mangc "fanh nyomv" nyei eix-leiz.

nyomx w. nyomx bun cuqv-maux cuotv/to winnow to separate out grain and husk.

nyomx cuqv nyomx bun cuqv-maux cuotv/to separate full and empty rice grains by winnow.

nyomx hmeiv nyomx bun zorpc hmeiv nyei mbieqv cuotv/to winnow milled or pounded rice, to separate the husk.

nyongh gn. muonc hnangv mba'biei nyei nyongh/fine scraps or fibers of stalks.

daau-nyongh daau-normh gorn wuov deix nyongh/fibers of palm tree.

gaanv-nyongh nyueih cuqv ndutv liuz nyei nyongh/rice straws after removed the grain. Gj: ga'nyongh.

hlauv-nyongh guaaih hlauv daaih nyei nyongh/a finely bamboo scraps.

maeqc nyongh maeqc dorngc da'mueiz wuov deix nyongh/corn silks.

nyopc[1] w. guaa-huv butv gaeng camv gau nyopc nyopc nyei/there is lots of larvae in cucumber.

nyih nyungx nyopc nziouv nyih nyungx nyopc nyei nyorng ndau.

nyopc[2] aengx lorz mangc "nyiepc" wuov joux nyei eix-leiz.

nyopv w. longc buoz-ndoqv-nyeiz caux buoz-ndoqv-ziangv nyopv/to snatch between thumb and finger.

nyopv nyanc longc buoz-ndoqv nyopv ga'naaiv nyanc/to grasp food eat with thumb and forefinger.

nyorc aengx lorz mangc "gaeng-nyorc, ga'nyorc" wuov joux.

nyorx[1] n. **1** mienh nyei nyorx; saeng-kuv nyei nyorx/breast. **2** ngongh nyorx/milk.

hopv nyorx 1 gu'nguaaz hopv nyorx/to nurse the breast. **2** hopv ngongh nyorx to drink milk.

nyorx-baengh gu'nguaaz hopv nyorx nyei baengh/a milk bottle.

nyorx-bungh nyorx-mou/an udder.

nyorx butv sieqv-dorn yaang cor hoqc hlo nyorx butv/developing the breasts.

nyorx-gorngc gu'nguaaz hopv nyorx nyei gorngc. Gj: nyorx-baengh, nyorx-gorng/a milk bottle.

nyorx hlo nyorx-mou hlo nyei/big breast or full bosom.

nyorx-hmei nyorx-dongx/cream butter.

nyorx-lornv dapv jaa lornv nyei nyorx a gallon of milk.

nyorx-maux nyorx nqaai faix maux mi'aqv/dry or empty breasts.

nyorx-mbuonv nyorx-nqaai mbuonv mbuonv wuov/powdered milk.

nyorx-njuov uix gu'nguaaz-lunx nyei nyorx-njuov/a baby food.

nyorx nqaai nyorx-maux hnangv/an empty breasts.

nyorx-sox sox waaic mv fungc hopv nyei nyorx/spoiled milk.

nyorx soqv nyorx nyaux faix mi'aqv/the breasts are shriveled.

nyorx-wuom peux ziangx nyei nyorx-wuom/the liquid milk.

nyorx-zueiv gu'nguaaz njom hopv nyorx nyei zueiv/teat or nipple.

nyorx-zueiv hlen nyorx-zueiv ga'hlen jieqv wuov/the areola.

nyorx zungx nyorx-bungh zungx weic maaih nyorx camv/the breast enlarge with milk.

nyormh w. longc buoz nyormh bun zorpc doic. Gj: qouv/to mix with finger scoop up.

nyormh mbuonv nyormh bun mbuonv zorpc doic. Gj: caix/to mix together.

nyormv pm. gox nyauc nzengc mi'aqv, se mv dorh leiz nyei waac/to be wrinkle on skin because of aged.

m'gux-nyormv gux-gox ndopv nyauc nzengc, mv dorh leiz nyei waac.

nyornh w. gamh nziex sin zinx nyornh nyornh nyei. Wed: nyanh/very shaking because of fear or nervous.

nyorng[1] w. nyorng jienv ndau mingh/to move on all fours.

gu'nguaaz hoqc nyorng gu'nguaaz coqv hoqc nyorng/the baby is learning how to crawl.

nyorng faaux laatc nyau jienv laatc faaux/to climb up the fence.

nyorng ndau ga'naaiv ndau-beih nyei saeng-kuv/things crawl living on earth.

nyorng-nyorng nyei nyorng mingh siepv nyei/moving quickly by crawling.

nyorng[2] pm. buov liangx mv zieqc benx, ndiangx-nquaah nyih nyungx nyorng wuov/to raise up from the ground.

nyorpc w. nziouv nyorpc nyorpc nyei/to be crowded as ants or insects worm.

nyorpv aengx lorz mangc "nyaapv" wuov joux nyei eix-leiz.

nyorqv[1] w. nyorqv zuqc/to strike against by (a hoe or by ax).

bouv nyorqv zaux bouv nyorpv zuqc ganh nyei zaux/strike one's foot by ax.

nyorqv kuotv longc bouv nyorqv nzom kuotv/to make a hole by chopping into.

nyorqv kuotv zuangx maeqc nyorqv ndau cuotv daaih zuangx maeqc.

nyorqv nie muonc longc porng nyorqv nie muonc/to strike soil by hoe.

nyorqv ndau nyorqv ndau. Gj: wetv ndau, porng ndau/to dig up the ground.

zueih nyorqv nyorqv caux baeng ding, mborqv ding nyei zueih/a claw hammer.

nyorqv[2] pm. jai nyorqv hmeiv nyanc/to peck food as chicken does.

naang nyorqv mienh naang ngaatc fai nyorqv mienh/a snake peck people.

norqc nyorqv morng norqc ngaengv nyorqv morng bieqc ndiangx/a wood pecker peck hole into the tree.

nyorqv[3] nyz. mbing zueiz jienv ndiangx-dueiv nyorqv-nyorqv wuov.

nyorqv[4] aengx lorz mangc "muoc-nyorqv" wuov joux.

nyortc pm. ndie-hmuoqv cou nyei nyortc nyortc wuov/to be rugged of cloth.

hmien nyortc hmien cuotv jiex dopc longx daaih nyortc nyortc nyei.

siqc jaauv nyortc siqc jaauv cou nyortc nyortc wuov/rough feeling of towel.

nyouh[1] pm. nitv nyouh nyei/sticky; gluey; gummy; adhesive.

ga'naaiv-nyouh 1 nyouh haih naetv nyei ga'naaiv/a sticky substance. **2** beiv yangh in nyei waac-meiv/an opium.

hlaang-mbeih nyouh naetv ga'naaiv nyei hlaang nyouh/a masking tape.

nyouh[2] bc. gorngv duqv nyouh; zoux duqv nyouh/to stick with one's decision.

doqc sou nyouh jienh gau doqc sou mv lueic/to be diligent in study.

maengc nyouh mv haih daic siepv nyei maengc/not to die easily.

nyouh nyunz hnyouv maaih noic diev duqv nyei hnyouv/patience or tolerance.

nyouh[3] nz. leiz-nyouh, aaux benx nzung gorngv mbiauz/a fish.

suiv ndiev leiz-nyouh wuom-ndoqv nyei mbiauz/fish.

nyouh zaiv mbiauz-dorn/the baby fish.

nyouz[1] nz. m'sieqv mienh; m'sieqv dorn. Gj: nyaangh/woman, lady, girl, female.

kuaa-nyouz gu'nguaaz-sieqv/daughter. Dgw: kuaa-naamh.

nyouz bin m'sieqv mienh wuov bung on the woman side.

nyouz daaic dorng jaax sieqv hlo zuqc bungx cuotv gaengh/when a girl reach mature she should gets married.

nyouz fingx m'sieqv fingx/the female gender or female sex.

nyouz kuaa gu'nguaaz-sieqv/a female child; a daughter.

nyouz kuaa-fun fun-sieqv/granddaughter.

nyouz nyienh m'sieqv mienh/a woman; a female person.

nyouz zaiv m'sieqv mienh/a woman or female in general.

nyouz[2] nz. se hnangv, sou-nyouz; nyinh nyouz; waac-nyouz/the meaning of a word or speech.

nzaeng nyinh cox nyouz nzaeng jaax ceux lunc nyei sic.

sou-nyouz sou-nzangc nyei eix-leiz/the informational content of a document.

nyux pm. gu'nguaaz guai nyei zueiz jienv nyux-nyux wuov nyienx toih.

nyuang m., n. congx nyei panh tiu nyuang dongh buoz-ndoqv cunx bieqc waan congx mbeux wuov/a trigger guard.

nyueih[1] w. faaux mingh longc zaux caaiv nyueih/to tread on; knead with the feet.

nyueih mbiauh caaiv hlienx mbiauh cuqv ndutv/tread on rice as to separate the grains from stems.

nyueih sic gueiv hemx fu'jueiv-ceux nyei waac.

nyueih sic henv borngz jaax ceux sic henv. Gj: nyieh sic henv.

nyueih suangx tiux caaiv suangx jiex mingh jiex daaih nyei/to tread blanket.

nyueih[2] nyz. nyueih nyueih nyei borngz jaax/to wrestle against.

nyueix[1] bt. 疣 /yóu/ butv nyueix, ziangh nyueix; cuotv nyueix. Gj: jai-dorn-daic, zeix/a wart; a mole.

doc nyueix ndie naetv doc nyueix nyei ndie/a wart killer medicine

mbiauz-nyueix mbiauz-jiex naetv zuqc butv nyei nyueix/a fish scales wart.

nyueix-guanh ziangh nzopv nyei wuov nyungc nyueix/group of warts.

nyueix-ndoqc nduqc norm nyueix ganh hnangv/a single wart.

nyueix[2] nyz. yiem go mangc mingh buatc zueiz jienv nyueix-nyueix wuov.

nyueiz gn. mba'finx-nyueiz/a tassel on the back of a woman's clothe.

la'kaux-nyueiz suix lunh daaih da'mueiz mbor-mbor wuov se benx la'kaux cunx bieqc la'kaux-waanz wuov/button hoop.

ndiangx-nyueiz ndiangx-sin butv norm nyueiz daaih nqa'haav ziouc yiem naaic cuotv dorv nquaah nor.

nyuix bt. sung buoz lauh ziouc haiz buoz nyuix haic/to feel weakness.

m'zing nyuix oix m'njormh m'zing hniev/feel heavy eye because of sleepy.

sin nyuix oix butv juangv sin nyuix/to feel stiff and start to sick.

zaux nyuix yangh jauv faaux jiez haiz zaux nyuix haic/leg aching because walking up the hill.

nyunc[1] bz., n. houv norm buv mienh ding nyei nyunc/to petition to the spirits.

caeqv nyunc caeqv guangc nyunc, weic zuqc mienv mv haih cui/to break up vow from the spirits.

jaauv nyunc ziec nyunc; jaauv nyunc to pay one's vow to the spirits as after receiving what one asked for.

nyunc[2] pm. yie gengh nyunc duqv wuov deix lui gau/I really like that shirt.

nyunc[3] nyc. ei ganh nyei hnyouv nyunc duqv/willing to put up with.

nyunc congh ganh eix zuqc daaih/to be willing to trust or to honor.

nyunc gan ninh nyunc duqv caux ninh willing to trust and follow him.

nyunc kaux nyunc sienx kaux/willing to trust and relay on.

nyunc muangx laengz muangx hnangv maiv laengz gorngv/willing to obey.

nyunc ziev 愿意 /yuànyì/ ganh nyunc duqv/willing to be with something no matter how difficult.

nyunc ziev zoux ndongc haaix kouv yaac laengz zoux/willing to work hard.

nyunc[4] nyz. nyunc hlaax, beiv hnangv wuov hnyangx nyunc i norm cietv hlaax nor wuov hnyangx ziouc maaih ziepc faam hlaax nyieqc. Nyunc hlaax naaiv se nzunc-nzunc i hnyangx-bienx oix maaih yietc nzunc, weic zuqc hlaax se "yiem-liqc" saauv gan lungh muonz zanc zunc mba'hnoi nyei nqa'haav, mba'hnoi se "yaangh liqc" saauv gan hnoi mingh ndaangc lungh muonz, maaih deix hnoi se maaih 31 hnoi, mv baac hlaax se kungx maaih taux 30 muonz hnangv, hnangv naaiv cingx i hnyangx-bienx liuz nor hnoi caux muonz leih duqv go haic, cingx oix zuqc nyunc camv norm hlaax bieqc daaih zunc jienv hnoi nitv fatv jienv mingh/an intercalary month, extra month inserted every thirty months to bring the lunar calendar in line with the solar calendar.

nyunc[5] zc. lungh nzuonx-nyunc faaux mbuonx nor ziouc hiuv duqv oix duih mbiungc aqv/the change of weather.

nyunz pm. nyouh nyunz haic baeng maiv haih dangx/durable substantial.

nyouh nyunz hnyouv maaih noic haic nyei hnyouv/even tempered.

nyungc m. 样 /yang/ dongh haaix nyungc fai haaix setv/a kind; brand; style.

camv-nyungc ziex nyungc nyei zorpc jienv/many kinds.

dongh nyungc 同样 /tóngyàng/ dongh yietc nyungc mou zeiv/to be the same.

feix-nyungc hnangv naaic zoux haaix nyungc hnangv naaic/how can it be like that; why, for what reason.

ganh nyungc mv fih hnangv mv dongh yietc nyungc/different style.

haaix nyungc haaix nyungc/what kind.

haaix nyungc yaac nyungc-nyungc zungv/all kind; anything.

maiv dongh nyungc maiv hnangv yietc gau wuov nor aqv/abnormal.

nyungc baav nyungc baav hnangv mv camv/some kinds; few brands.

nyungc horngh nyungc-nyungc lungh ndiev ga'naaiv. Wed: maanc horngh/all kinds or everything.

nyungc-nyungc yietc zungv ga'naaiv all kind of things.

nyungc zeiv 样子 /yàngzī/ zoux norm nyungc zeiv/a pattern; an example.

nyungc zeiv longx maaih kuv nyungc zeiv longx haic/a good example. Dgw: nyungc zeiv waaic.

nyungc zeiv waaic maiv yaauc nyei nyungc zeiv/a bad example.

wuov nyungc hnangv naaic weqv/so; that; in that way; in that case. Meih heuc yie zoux baeqv, *wuov nyungc* yie oix zuqc hnangv haaix nor heuc meih?. Yie zoux *haaix nyungc* ninh yaac zuotc yie zoux *wuov nyungc* aqv.

zoux haaix nyungc weic haaix diuc hnangv naaic/what happen.

zoux nyungc zeiv longc zoux nyungc zeiv/to make use for example.

zuotc nyungc zoux zuotc jienv mienh zoux nyei nyungc zoux/to copy from.

nyungh wj. nyungh nyiuh nyungh nyiuh nyei/to rock back and forth.

ha'nyungh se dongh "haaix nyungc" fiev nangv daaih/what's.

nyungx wj. nziouv camv gau nyih nyungx nyorng nyei/ants crawling around.

nyungx nyaux wuov nyutc pui miev nyungx nyaux wuov/many wrinkles.

nyungx nyorng nyei se hnangv nziouv yangh jauv nyih nyungx nyorng nyei.

nyungx nyortc nyei sortv sin siqc jaauv nyungx nyortc wuov/rough as a towel.

nyuoz pm. gu'nyuoz bung/inner; interior; inside; indoors. Dgw: ga'nyiec.

biauv nyuoz yiem biauv gu'nyuoz/to be inside the house.

wuov nyuoz laangz ndoqv-nyuonh wuov bung laangz/the village upstream.

wuov nyuoz ndoqv wuov jiez ndoqv-nyuonh wuov bung/upstream or upriver.

nyuonh[1] pm. cuotv nyei gorn zangc; jiex gorn nyei dorngx. Dgw. kuv/the source or the foundation.

gorn-nyuonh cuotv nyei nyuonh/the source or foundation.

ndoqv-nyuonh wuov jiez wuom-gorn wuov bung/the source of a stream.

siouc nyuonh maengc ndaauv nyei sic/a long life; long living.

wuom-nyuonh wuom liouc cuotv nyei gorn/the source of a stream.

nyuoqc[1] bt. haiz sin nyih nyungx nyuoqc nyei mun/feel nagging pain all over.

nyuoqc buoz-zaux mau buoz mau zaux nyei/feel hands and legs so weak.

nyuoqc[2] pm. jai-orv-nyuoqc/dark purple meat of the chicken.

nyuoqc[3] nz. aaux nzung nyei waac gorngv orv/meat in general.

kiqv nyuoqc nyanc orv/to eat meat.

nyuoqc coix orv caux lai-maeng/meat and vegetable dish.

nyuoqc setv siqv-jieqv caux siqv-luoqc zorpc daaih nyei setv/dark purple.

nyuoqc yangc zouv nyei orv-nyungc/a style cooked meat dish.

nyuoqc[4] aengx lorz mangc “deic nyuoqc” nyei eix-leiz.

nyuotv[1] w. nyuotv buoz; nyuotv zaux/to bend leg; to draw up one’s leg.

nyuotv buoz-juonh nyuotv jienv buoz juonh/to clench a fist.

nyuotv-jaan jaan nyuotv nyei baengc nerve or muscle cramping.

nyuotv-jienv zaux nzipv zaux faaux daaih. Dgw: sung zaux/to draw in legs.

nyuotv[2] pm. mba’biei nyuotv/curly of the hair. Gj: njitc, ngau, njiux.

suix nyuotv douz jorm ziqv zuqc suix nyuotv nzengc/curly threads.

nyuqv m., d. longc nyuqv ndiangx nyei hlieqv-nyuqv/a spade chisel.

nyuqv dungz-zoh nyuqv uix dungz zoh yuonh/to smooth out a pig’s trough by using a spade chisel.

nyuqv wuom-zoh ndauv ziangx zoh aengx longc nyuqv, nyuqv yuonh.

nyutc[1] m. 阳光 /yángguāng/ mba’hnoi nyei njang/the rays of the sun; sunlight.

hlaax-nyutc 月光 /yuèguāng/ hlaax nyei njang/the moonlight.

maiv cuotv nyutc lungh om mv cuotv nyutc/without sunlight.

nyutc doqc nyutc jorm haic/the heat of the sunlight; a hot day.

nyutc douz nyutc ziux ndau jorm buatc njaangh njaangh nyei douz/rays of sun heat rising from hot surface.

nyutc fingx mba’hnoi muoqv gatc geh nyutc fingx/sunlight disappeared.

nyutc jorm nyutc douz jorm/the hot pressure of sunshine on.

nyutc laangh sienc laangh nyei nyutc douz/cool sunlight.

nyutc liangc aanx baaux nzung gorngv lungh aanx aqv/noon time.

nyutc pui nqaai nyutc ziux pui nqaai/to dry up by sunlight.

nyutc saaix nyutc pui/sunshine on.

nyutc ziu-ziu wuov lungh nzang nyutc ziu-ziu wuov/a sunshine beautiful day.

nyutc ziux nyutc nyei njang ziux jienv sunshine on.

nziaaux nyutc bun nyutc pui sin jorm to sunbathe; to expose to the sun.

nyutc[2] bm. nyutc fin; nyutc hungh; nyutc luangh; nyutc zou/jade.

nyutc daaix hungh yietc weic yiem lungh zangc nyei hungh/the highest Taoist God or King.

nyutc fin m’sieqv-dorn yaang, baaux nzung gorngv waac/a jade girl.

nyutc luangh houh saeng-yaang, sieqv dorn baaux nzung gorngv m’jangc nyei waac/a handsome young man.

nyutc nyuoz maaih mengh hoc nyei m’sieqv mienh/maiden or an honored woman or an angel woman.

nyutc zeiv louc yiez nyei ga’naaiv/the kidney. Wed: lipc zeiv.

nyutc zeiv la’bieiv maaih la’bieiv yiem nyutc zeiv nyei baengc/kidney stones.

nyutc ziqc 玉, 翡翠 /yù, fěicuì/ jaaix nyei la'bieiv-maeng fai mbuov/jade.

nyutc ziqc siou-setv 玉器 /yùqī/ longc nyutc ziqc zoux daaih nyei siou-setv/jade article; jade objects.

nyutc[3] zh. hnoi-nyieqc; nyutc zeiv; ziangh hoc/date; season; period of the time.

nyutc zeiv fatv ziangh hoc taux fatv/the time is coming closer.

nyutc zeiv jiex guaan ziangh hoc jiex mi'aqv/the season or time is passed.

nyutc zeiv nangv ziangh hoc nangv/a short period time; not enough time.

nyutc zeiv ndaauv corc maaih ziangh hoc camv nyei/still plentiful of time.

nyutc[4] nz. hlaax/the month; the moon.

betv nyutc betv hlaax/the eighth moon or eighth month; August.

juov dong ziepc nyutc juov ziepc hlaax dong-gen hnoi/winter time.

nyutc jouv dangh ciou duqv ziex laaic lauh aqv/long time ago; extended period of time.

nyutc[5] cm. ei Iu-Mienh nyei leiz-fingx se gorngv dorh gu'nguaaz kaix mba'hnoi nor aa zuqc cuotv mbuox heuc nyutc jiex gorn, beiv hnangv Zoih Zanx nyei fu'jueiv Nyutc Zanx.

Nz

nz /nzor/ nyic ziepc luoqc norm nzangc-maac yiem Iu-Mienh/Yao nyei waac.

nza'hanc w. zouv wuom jorm zongc zuqc caeng-nqaaix nza'hanc. Gj: nzaqc hanc moisture formed inside a lid.

nza'hoh w. nqaengx zuqc jaang-hoh butv ngaengc/to choke, caught in the throat.

nza'hlengx pm. nza'hlengx sin mingh/to walk on the side.

nza'hlengx bueix nza'hlengx sin bueix njormh/to lie on one's side.

nza'hmien pm. yiem nza'hmien maengx bung. Gj: nzu'hmien. Dgw: nqa'haavthe front or fore part.

nza'hmien-buonc ganh nyei buonc fai nza'hmien-buonc/one's share.

nza'hmien maengx yiem nza'hmien maengx/front side; in front.

nza'hnyouv king nza'hmien maengx bung njiec ndaangc. Wed: da'ngopv/to fall face downward; inward.

nza'maengx pm. nza'manegx; ga'nyiec maengx. Gj: nzu'maengx/in another place or elsewhere.

nza'maengx mienh ga'nyiec maengx nyei mienh/people outside one's family.

nza'weqv wj. meih doqc ziangx sou nor mv nzauh nyaanh longc a'loh. Ev, doqc ziangx sou yaac m'daaih lorz mv duqv gong zoux mv nza'weqv. Gj: nze'weqv.

nzaac[1] w. nzaac nzuonx bun. Gj: nzuic/to give money back as change.

nzaac nyaanh nzaac nyaanh nzuonx bun. Gj: nzuic nyaanh/a return part of the money as change.

nzaac nzuonx nzaac nyaanh nzuonx bun/to give back the change.

nzaac[2] pw. ndiangx nauv nzaac zuqc ganh diuh/a tree fell on top of another tree.

nzaaih[1] md. mueix doc nzaaih/salty; tasty; flavor/gorngv duqv nzaaih nyanc duqv zaamv, se luoqc bungh mienh gorngv bun cing-jaa mienh nyei dorh leiz waac.

nyanc duqv nzaaih nyanc duqv nzauv nzaaih nyei/can eat salty food.

nzaaih jiex jaax ba'laqc nzaaih haic/to be too salty to eat.

nzaaih zaamv nzaaih fai zaamv nyei mueix doc/tasty or tasteless.

nzauv nzaaih nzauv nyei mueix camv jiex ndaangc/taste very salty.

nzaaih[2] pm. jorm hnyouv a'hneiv/to be fun, interesting, pleasurable.

gorngv duqv nzaaih gorngv waac kuh muangx haic/very interesting talker.

jatv duqv nzaaih jatv zuqc mv dingh liouh nyei/very serious laughing.

zoux duqv nzaaih jorm hnyouv nyei zoux/very interesting to do.

nzaanv pm. nzaanv-nzaanv wuov mv juiz yaac mv baengh/a gently sloping land.

ndau-nzaanv juiz-juiz wuov nyungc ndau/slightly sloping land.

nzaanx w. 散 /sàn/ lunc nzaanx nzangc mv zunv/spread out; disperse; scatter.

bun nzaanx baeng bun baeng mingh nzaanx/to discharge a group from the military.
bun nzaanx 分散 /fēnsàn/ bun doic nzaanx/to separate a group or disband.
caeqv nzaanx caeqv lunc bun nzaanx mingh/to take apart and scatter.
jaa-dingh nzaanx hmuangv doic bun nqoi nzengc/family broken and scatter.
la'faatv nzaanx nyei bun nqoi mingh ziex bung/to scatter everywhere.
nzaanx cing-jaa yinh bun nzaanx cing jaa yinh/to dismiss wedding celebration.
nzaanx haic yiem leih duqv go haic/to be widespread; scattered.
nzaanx horqc bun nqoi horqc saeng nzuonx biauv aqv/the class is over.
nzaanx lunc 散乱 /sànluàn/ lunc mingh nzaanx nzengc/in disorder.
nzaanx nzengc mingh nzaanx nzengc to spread and go in different directions.
nzaanx wuic 散会 /sànhuì/ nzaanx wuic; nzaanx ca'laangh wuic/dismiss a meeting.
nzaanx yinh wuic zoux baac yinh bun nzaanx/to dissolve a ceremony.
yiem nzaanx 散居 /sànjū/ yiem duqv nzaanx nyei/to live scatter.

nzaatc w. nzaatc mingh ka'deix ndorpc mi'aqv/to sway about to fall.
laatc laatc nzaatc nzaatc nyei jauv mbiangc nzaeng laatc nzaatc naaiv bung laatc nzaatc wuov bung nyei/to sway back and forth.

nzaatv[1] w. corh nzaatv. Gj: zaah/to sand, to rub on or to smear on.
nzaatv baeqc corh nzaatv bun baeqc/to polish; to make more white.
nzaatv baeqc mbuonv longc baeqc mbuonv nzaatv jienv hmien/put talcum powder on the face.
nzaatv bun njang nzaatv bun mbiutv njang nyei/to polish until it smooth.
nzaatv gingx nzaatv mangc hmien nyei gingx/to polish the mirror.
nzaatv heh ndie nzaatv heh siang nyei ndie/a shoe polish.
nzaatv hmeiv longc buoz saauh nzaatv hmeiv-dienh ndutv/to wash uncooked rice by rubbing it between the hands.
nzaatv m'zing setv nzaatv m'zing-biei nyei setv/to apply eye makeup.
nzaatv ndie nzaatv jienv ndie mun nyei dorngx/to apply medicine and rub it.
nzaatv ndie-ndaang zorqv ndie-ndaang nzaatv jienv lui. Gj: fuqv ndie ndaang/to put perfume on.
nzaatv nzauv zorqv nzauv an nzaatv jienv/to salt and rub it.
nzaatv setv biauv nzaatv setv biauv/to paint color on the house.
nzaatv setv maeng nzaatv maeng nyei setv/to paint green color.
nzaatv youh nzaatv jienv youh bun mbiangc. Gj: faaux youh/to lubricated.

nzaatv[2] pm. nzaatv zinh nyaanh. Gj: longc zinh nyaanh/to spend money.
nzaatv njang nzengc longc njang zinh nyaanh/to spent all money.

nzaaux[1] w. nzaaux sin, nzaaux buoz a'fai nzaaux zaux/to bathe; to wash.
nzaaux buoz nzaaux ganh nyei buoz/to wash one's hands.
nzaaux buoz bunh zaangh wuom nzaaux buoz nyei bunh/hand washbasin.
nzaanx buoz dorngx nzaaux buoz a'fai nzaaux hmien dorngx/a wash room.
nzaaux buoz ndie longc nzaaux buoz nyei ndie-wuom/instant hand sanitizer.
nzaaux buoz sa'mbuv longc nzaaux buoz nyei sa'mbuv/hand soap.
nzaaux caeng-yienv ndie nzaaux caeng nzaaux yienv nyei ndie-wuom/pots and bowls washing liquid.
nzaaux cie nzaaux cie/to wash a car.
nzaaux cie dorngx nzaaux cie zaamc/a car wash station.
nzaaux cie faepv longc nzaaux cie nyei faepv/soap for wash car.
nzaaux cie zaamc nzaaux cie dorngx/a car wash station.
nzaaux fangx nzaaux fimh benx fangx daaih/to develop photographs.
nzaaux fangx dorngx nzaaux fimh benx fangx hmuangx nyei wuov qongx dorngx/a photo studio.
nzaaux fimh aengx lorz mangc nzaaux fangx wuov joux.

nzaaux gingx ndie nzaaux bun gingx njang nyei ndie-wuom/liquid for clean windshield or window.

nzaaux hmien 1 muix nzaaux hmien/to wash one's face. **2** siang-mbuangz ndamv wuom bun lorqc hlo mienh nzaaux hmien nyei leiz/custom of bride to wash elder's face at wedding ceremony. **3** ninh laaic yie nimc nyaanh mv baac zaah cuotv mv zeiz yie, ninh ziouc zuqc tengx yie nzaaux hmien ndortv juqv kuaaiv zinh weic tengx diev nyaiv nyei zinh/to pay a fine for embarrassing someone.

nzaaux hmien bunh zaangh wuom zaaux hmien nyei bunh/a basin used for washing the face.

nzaaux hmien dorngx nzaaux hmien fai jaiv buoz dorngx/a washroom.

nzaaux hmien siqc jaauv longc nzaaux hmien nyei siqc jaauv-dorn/small tower used for washing face.

nzaaux hmien nyaanh tengx mienh nzaaux mienh weic bun mienh longx hnyouv njang hmien njang mueic nyei nyaanh/to pay for a fine that one cause someone to lose their face.

nzaaux hmien zinh se fungx-sutv zinh bun ndamv wuom bun nzaaux hmien nyei sieqv.

nzaaux hmien waac gorngv bun mienh longx hnyouv nyei waac/the words of expressing insincere humility.

nzaaux hmien zoh longc nzaaux hmien nyei zoh/a sink.

nzaaux ndau fioux ndau nzaaux bun njang/clean and mop the floor.

nzaaux nqaiv-ongx ndie longc nzaaux nqaiv-ongx nyei ndie-wuom/liquid for clean the toilet bowl.

nzaaux nyaah longc nyaah sortv corh nzaaux nyaah/to brush tooth.

nzaaux nyaah ndie nzaaux nyaah nyei ndie/toothpaste.

nzaaux sin nzaaux nzengc sin/to take a bathe; to take shower.

nzaanx sin sa'mbuv longc nzaatv sin nyei sa'mbuv/a bathing soap.

nzaaux sin siqc jaauv nzaaux liuz sin sortv sin nqaai nyei domh siqc jaauv/a large towel used after bathe for dry up.

nzaaux sin dorngx nzaaux sin wuov qongx dorngx/a shower room.

nzaaux sin zoh bieqc zueiz nzaaux sin nyei zoh/a bathe tub.

nzaaux wuom-jorm hnyuotv jorm daaih nzaaux sin nyei wuom.

nzaaux wuom-namx longc wuom-namx nzaaux sin/to take cold water bathe.

nzaaux yienv zoux nzaaux yienv nyei gong/to wash the dish.

nzaaux yienv machine longc nzaaux yienv nyei machine, se gaav English machine daaih/a dishwasher machine.

nzaaux yienv faepv longc nzaaux yienv nyei faepv/dish cleaning liquid.

nzaaux zaux nzaaux ganh nyei zaux/to wash one's foot.

nzaaux ziangx nzaaux baac mi'aqv/to finish washing something.

nzaaux[2] pm. **1** nzaaux douz/to warm up oneself near fire. **2** nzaaux nyutc/to let sunshine to warm oneself.

nzae[1] q. bungx yiez cuotv mbui nzae nzae nyei qiex/the hissing sound of urinating.

nzae[2] gw. gu'nguaaz waac gorngv bungx yiez/to urinate, child language.

nzae nzae deix oc mbuox gu'nguaaz nqongh bungx yiez aqv nyei waac/tell a child to urinate.

nzaeh pm. ziangh hnoi nzaeh nzaeh nyei duih mbiungc/continuous of rain.

duih mbiungc-nzaeh mv dingh liouh duih nyei mbiungc/continuous of rain.

nzaeh mbiungc aqv duih mbiungc aqv it's raining.

nzaeng[1] w. 争 /zhēng/ nzaeng jaax; nzaeng sic; nzaeng ga'naaiv/argue; to struggle.

doix-dekv nzaeng meih nauc yie, yie nauc meih nzaeng/to argue against.

nzaeng-buang nzaeng auv-nqox nyei sic/jealous and suspicious about one's woman or one's man.

nzaeng caangv tiux mingh caangv nyei sic/to take by forcible.

nzaeng deic-bung mborqv jaax nzaeng deic-bung/to fight for one's country.

nzaeng domh jaax nzaeng nauc domh jaax/big fighting; major confrontation.
nzaeng dorn 1 i dauh sieqv juangc dauh dorn nzaeng. **2** saeng-kuv nzaeng ninh nyei dorn/an animals aggressively protective their young.
nzaeng duqv daaih nzaeng hingh duqv daauh/get what one fight for.
nzaeng ga'naaiv nzaeng weic oix longc ga'naaiv/to fight over things.
nzaeng henh sic caux nzaeng hngongx haic nyei sic/to argue for no reason.
nzaeng hingh nzaeng hingh mi'aqv/to win an argument.
nzaeng hlo zoux nzaeng jien zoux/to struggle for a leadership.
nzaeng hmien-minc nzaeng mengh dauh/try to excel for sake of face.
nzaeng hungh zoux nzaeng oix zoux hungh/try to win the presidency.
nzaeng jaa-dingh 争产 /zhēngchǎn/ nzaeng jaa-dingh nyei ga'naaiv/to fight for inheritance.
nzaeng jaav-sic nzaeng mv lamh longc nyei sic/argue over insignificant matter.
nzaeng jaax 争吵 /zhēngchǎo/ nzaeng jaax fai nauc jaax/to argue with; to quarrel.
nzaeng jiez jaax jiex gorn nzaeng benx jaax daaih/to start an argument.
nzaeng jien zoux nzaeng oix duqv zoux jien/to fight to win leadership.
nzaeng jienv nzaeng jienv weic oix duqv hingh/to stand up for.
nzaeng leiz nzaeng leiz weic oix hingh leiz/to debate through a lawsuit.
nzaeng luonx 争论 /zhēnglùn/ gorngv ca'laangh nzaeng sic/debate; dispute.
nzaeng maiv hingh nzaeng gau mv hingh ziouc suei mi'aqv/unable to win an argument.
nzaeng maiv jiez jiemc jauv nzaeng mv mingh aqv/to lose through a lawsuit.
nzaeng maiv njiec dieh nzaeng maiv haih horpc/unable to settled a quarrel.
nzaeng-ngaengc henv dorngc liuz mv baac ngaengc jienv mv laengz dorngc/to be stubborn; to be aggressive.
nzaeng nqa'qiex 争气 /zhēngqì/ nzaeng weic nqa'qiex fiu/to strive to excel.
nzaeng nyinh cox nyuoz nzaeng liouh lunc nyei jaax/to disagree and continue the argument over and over.
nzaeng-nzemx nzaeng yietc nzunc bieqc deix/fight in order to gain, to win.
nzaeng nzuih 争嘴 /zhēngzuǐ/ nzaeng ngaengc henv/to argue in self-defense.
nzaeng sieqv i dauh dorn juangc dauh sieqv nzaeng longc/to vie for a girl.
nzaeng weic 争席 /zhēngxí/ nzaeng oix duqv weic/to contend for a seat.
nzaeng ziouv zoux nzaeng oix zoux ziouv/to compete to win leader or boss.
nzaeng ziuh nzemx guoqv nzaeng deic bung nyei sic/to fight one's territory.
nzaeng zoux hlo nzaeng weic oix duqv zoux hlo/to argue over to win a leader.

nzaeng[2] pm. nzaeng nzangv a'fai nzaeng mbaih/to paddle a boat.
nzaeng mbaih guaaih wuom bun mbaih mingh/to paddle a raft.
nzaeng jungh ndorpc yie caaiv zuqc hlauv-kuqv nzaeng yie ndorpc/step and slide cause to fall.

nzaeng[3] aengx lorz mangc "buoz-ndoqv-nzaeng" wuov joux.

nzaengh m., n. longc dorx orv, dorx lai nyei nzaengh/a chopping block, board.
nzaengh junh mou junh nyei nzaengh/a round chopping block.

nzaengx[1] pm. beiv hnangv, biauv-nzaengx ndo fai liangv nyei sic/to be long, short length of slope.

nzaengx[2] pm. normh nzaengx ndaauv fai nangv/long or short of leaf strip.
nzaengx nangv normh nzaengx nangv nyei/a short leaf.
nzaengx ndaauv normh nyei nzaengx ndaauv/long leaves.

nzaeqv[1] pm. nzaeqv mbaaix jienv mingh. Gj: mbaaix/to cracked along with.
ndau nzaeqv nyutc pui ndau nzaeqv/to cracked on surface of ground.

nzaeqv[2] w. nzaeqv dorv lai-jaaix normh/to take a portion out.
nzaeqv di'dien cuotv zorqv deix zoqc nyei cuotv/I take a portion out.

nzaeqv dorv biangh ziangh joih biangh mv baac nzaeqv dorv hnangv/to pick a piece flower out from a main stem.

nzaeqv kuaa nz. nzaeqv biangh, beiv dorh sieqv mingh longc zoux auv.

nzaeqv lai nzaeqv deix lai nyei normh hnangv mv baeng ninh nyei gorn.

nzaeqv nyaanh cuotv maeqv deix zinh nyaanh funx ganh nyei buonc/to take aside money for one's share.

nzaetc q. gaeng-gueiv heuc fai gorngv waac nzaetc nyei qiex/noisily sound of many people talking or bird singing.

nzaetc mienh mbui nzaetc youx-huotv mienh nyei qiex/disturbing noise.

nzaetc nzaetc nyei gaeng-gueiv heuc ziex bung ziex louc nyei qiex/noisily.

nzaetc[2] wj. duih jienv mbiungc nzaetc nzaetc nyei/sound of none stop raining.

nzaetc[3] m., n. biomv mbui nyei nzaetc/a suona horn. Wed: nzatc.

nzaetc nzung kuh muangx nyei biomv nzaetc nzung/pleasant sound of suona.

nzai m., d. faix muonc nyei hlauv-nzai/the small bamboo sticks.

biangh nzai ziangh huing jienv biangh gorn hnyauv-hnyauv wuov deix nzai/the stamen of a flower.

hlauv-nzai biaapv-biaapv faix muonc wuov deix hlauv-nquaah nyang.

nzaic nz. sic zingh; jauv-louc/the matter of an affair or an employment.

nzaic dorngh mbenc gong-bou sic nyei dorngh/an employment office.

nzaic ting zoux gong jiex mingh jiex daaih nyei ting/an office; a workshop.

nzaic zingh gong-bou sic nyei jauv/an affair; business circumstances.

nzaic zingh camv 1 gong-bou sic camv too much work to do. **2** cuotv sic camv haic/too many problems.

saeng-eix nzaic zoux saeng-eix nyei jauv-louc/business matter.

nzamc[1] w. gorngv nzamc daaux nqaang/to repeat verbally; say again and again

nzamc leiz-latc 申命记 /xiānmìngjì/ yietc buonv zengx-ginx sou nyei mbuox/a book of Deuteronomy in the Bible.

nzamc ninh maa fu'jueiv mv buatc maa nor ziouc zanc-zanc nzamc aqv/to repeat a saying again and again.

nzung-nzamc baaux nzamc nzuonx nqaang/repeated line of a song.

waac-nzamc gorngv nzamc da'nqaang nyei waac/to repeat a saying.

nzamc[2] w. mouc nzamc jienv. Gj: mouc zaaux jienv/to be cover with clouds.

nzamz[1] m., d. ndienh nzeic nzamz; ndienh nzeic forng/the quill of a porcupine.

nzamz[2] pm. dungz nzamz jaax/pig attack another pig by mouth.

nzanc wj. nzanc siqv nyei/completely red color or bright red color.

nzang[1] pm. nzang nyei/to be conscious; be awareness. Dgw: mongh longh.

mv nzang nyei mienh butv ndin nyei mienh/a crazy person.

zoux bun mv nzang zoux bun mienh siangx mv nzang nyei/to make someone to become crazy.

nzang[2] pm. **1** nzang nyei/clear (of water or liquid). **2** lungh nzang/clear sky; sunny day. Dgw. **njoqc**.

m'zing nzang bueix njormh gaux nyie daaih m'zing nzang nyei/to have clear eyes after get enough slept.

wuom-nzang wuom nzang nyei maiv njoqc/clear water. Dgw. wuom njoqc.

nzang[3] pm. ziangh duqv nzang. Gj. ziangh duqv nzeu/to be smart out look.

gorngv waac nzang gorngv waac guai nyei yietc dauh/smartly talk.

nzang-nzang wuov ziangh daaih nzang nyei guai-guai wuov/to have smart out look; smart appearance.

nzang-nziepv haic ziangh daaih guai nyei mienh/growth to be smart.

nzangc m, n. 字 /zì/ sou; sou-nzangc/an alphabet; letter. Gj: nzaangc.

caeqv nzangc yietc norm kaeqv-nzangc haih caeqv benx ziex norm, longc yiem nzung, ormv gorngv mienh fingx, beiv hnangv 十下人小月 gapv jienv se benx norm kaeqv-nzangc 趙, fingx zeuz nyei zeuz. Aengx caeqv muonc gorngv benx

nzung se hnangv naaiv 十字在头下在底, 小月团圆桥上排 ziepc nzangc zoix dauh njiec zoix ndiev, fiuv nyutc dunh yunh jiuh zangc mbaih.
dimv nzangc sou 字典 /zìdiǎn/ lorz waac nyei sou. Gj: dimv waac sou, porv waac sou/a dictionary; a reference book.
diu nzangc longc nzuqc dorn dueiv diu cuotv nzangc daaih/to carve a letter.
domh nzangc fiev hlo nyei nzangc/a capital letter. Dgw: nzangc-dorn.
faaux jienv nzangc fiev nzangc njiec an sou/to write down something as to take notes or to record.
fiev nzangc fiev nzangc njiec an wuov zeiv/to write letters or characters.
fiev nzangc benv fiev nzangc an wuov kuaaiv benv/a chalkboard.
fiev nzangc dieh zueiz fiev nzangc nyei dieh/a desk.
fiev nzangc-louc fiev louc jienv mingh nyei nzangc/to write in scribble style.
hoqc nzangc hoqc zieqv nzangc/learn to recognize a letter.
jai-jaangh nzangc fiev louc guai-qaauv nyei nzangc/scribble letters.
jiex gorn nzangc fiev jiex gorn wuov norm nzangc/the first letter.
kaeqv-nzangc 中文 /zhōngwén/ janx-kaeqv nyei nzangc/Chinese characters.
Mienh nzangc 瑶文 /yáowén/ Mienh nyei nzangc/Iu Mien written language.
nin-gaeng betv nzangc cuotv seix nyei ziangh hoc, hnoi, hlaax caux hnyangx, se haaix zanc mangc maengc nor qiemx zuqc longc naaiv deix sou.
nzangc-buonv mangc jienv fiev ceu cuotv nyei nzangc-buonv/an example showing the writing style.
nzangc-dauh gu'nguaaic fiev jiex gorn nyei nzangc. Dgw: nzangc-juoqv.
nzangc-dorn faix muonc nyei nzangc/a small font; lower case letters.
nzangc-eix nzangc nyei eix-leiz/the meaning or definition of the letters.
nzangc faix nzangc faix nyei/a small letter; small font.
nzangc-fiev longc buoz fiev daaih nyei nzangc/hand writing characters, letters.
nzangc-gapv gapv jienv benx waac nyei nzangc/letters in combination to form words; vowels.
nzangc-gorn fiev jiex gorn daauh norm nzangc/the first letter.
nzangc-guanh i, buo joux naangx jienv mingh nyei nzangc, hnangv hnoi-hnoi; buoz-ndoqv-cueix se benx waac guanh a'fai nzangc-guanh/letter that has two or three syllables.
nzangc-juoqv ga'ndiev juoqv wuov liouz nzangc/last row letter or foot note.
nzangc-liangv nzangc nyei eix-leiz liangv nyei/a written word that people can easily to understand.
nzangc-liouz yietc liouz nzangc mingh.
nzangc-louc fiev louc jienv mingh nyei nzangc/letter which scribble writing.
nzangc-maac 字母 /zìmǔ/ gapc benx nzangc nyei nzangc/an alphabet; consonant.
nzangc mitc sou loz nzangc mitc mangc mv buatc benx/the letter is indistinct.
nzangc muangh nzangc muangh haic mangc mv buatc/the letters are faint.
nzangc muonc nzangc faix muonc nyei small letters or small font.
nzangc-mborqv mborqv nzangc daaih nyei nzangc/letters type.
nzangc-mbungv fiev di'dien mbungv hnangv, beiv hnangv **dgw** se da'gangx waac nyei nzangc-mbungv/abbreviated.
nzangc-mbuox nzangc-maac nyei mbuox/name of an alphabet.
nzangc-norm yietc norm nzangc/one letter or one syllable.
nzangc ndo aqc duqv doqc maiv cuotv yaac eix-leiz ndo nyei nzangc.
nzangc-nqaapv nqaapv cuotv daaih nyei nzangc/letters printed by machine.
nzangc-nyungc nzangc jaic fai junc/a style of font; character style.
nzangc-pitv fiev kaeqv-nzangc nyei yietc pitv a'fai yietc waeqc/a stroke in writing Chinese character.
nzangc-qiex longc tengx tiuv qiex nyei nzangc, se **c**, **h**, **v**, **x**, **z**/a tone letter.

nzangc qaauv fiev duqv guai-qaauv haic nyei nzangc/scribble writing letter.

nzangc-soqv soqv fiev nangv nyei nzangc, beiv hnangv "mi'aqv, da'aqv" se dongh "mingh aqv, daaih aqv" naaiv deix i joux nyei soqv nangv daaih/short cut writing form.

nzangc-waeqc fiev kaeqv-nzangc yietc waeqc fai i waeqc nzangc nyei sic/a stroke in Chinese character.

nzangc wuonh kuh doqc fai kuh zieqv nyei nzangc/letter which easy to read.

sou-nzangc 文件 /wénjiàn/ longc jienv nyei wuonh sou/document paper.

Ying wuonh nzangc Yangh Yinh nyei nzangc/an English letters.

zieqv nzangc haih zieqv duqv nzangc fai doqc nzangc/to recognize a letter.

zieqv nzangc sou njaaux mienh hoqc zieqv nzangc nyei sou/a literacy primer.

zorqv mv cuotv nzangc jangx mv cuotv nzangc fiev/unable to recall for spelling.

nzangh[1] w. biouv ndortv daaih nzangh nzangh nyei camv gau/to scatter out all over. Dgw: ndui zunv.

nzangh tin nzangh deic ndui tin ndui deic buangv nzengc/mess up all over.

nzangh[2] pm. buo nzangh faaux gu'nguaaic three level floor.

biaa nzangh biauv maaih biaa nzangh faaux gu'nguaaic/a five story house.

gu'nguaaic wuov nzangh yiem faaux gu'nguaaic wuov nzangh/upper floor.

mbu'ziex nzangh maaih mbu'ziex nzangh/how many level up.

nzangh[3] bc. haaix nzangh, haaix horngh fai haaix dangv, longx fai ciouv.

nzangv p. 船 /chuan/ gan wuom-minc nyei nzangv/a ship, boat, ocean liner.

bieqc nzangv cau zaux bieqc nzangv/to step in a boat, ship boarding.

cuotv nzangv cau zaux cuotv nzangv aqv/to get out a boat.

dingh nzangv sienc njiec bun nzangv dingh. Gj: zepv nzangv/to dock a boat.

domh nzangv 大船 /dàchuán/ gan koiv nyei domh nzangv/ocean liner.

guaaih nzangv nzaeng nzangv/to drive a boat; to propel a boat.

nzangv-baeng bieqc nzangv gan koiv mingh daaih nyei baeng/navy.

nzangv-biauv maaih jienv biauv nyei nzangv/a boat house.

nzangv-bou yiem nzangv nyei zunc nzuih mienh. Gj: nzangv-nouh/a service person in the ship.

nzangv-bouc koiv-hlen dingh nzangv nyei dorngx/harbor; seaport; shipyard.

nzangv-dorn nzangv faix nyei/a small boat; a small canoe.

nzangv-dueiv nzangv nyei gu'kuotv wuov bung/the back of a ship.

nzangv-jien niouv nzangv wuov dauh jien/a ship captain or pilot.

nzangv-jun kix nzangv nyei jun kix/a boat engine.

nzangv-liuh yiem nzangv gu'nyuoz nyei gu'nguaaic gomv jienv nyei liuh.

nzangv-m'nqorngv m'nqorngv wuov bung nzangv/the prow of a ship.

nzangv-mbietc goiv nzangv wuov kuaaiv mbietc/rudder of a ship.

nzangv-nouh yiem nzangv zoux gong bun loz-benv nyei mienh.

nzangv-ndaix 飞机 /fēijī/ yietc jaax nzangv-ndaix. Gj: cie-ndaix/an airplane.

nzangv-ndaix ciangv 飞机场 /fēijīchǎng/ nzangv-ndaix faaux njiec nyei ciangv. Gj: cie-ndaix ciangv, cie-ndaix zaamc/an airport.

nzangv-ndaix jauv nzangv-ndaix mingh nyei kungx-jauv/airway; airline.

nzangv-ndaix jien gunv nzangv-ndaix nyei mienh/pilot of an airplane.

nzangv-ndaix-mbietv hlieqv-mbietv guinh mbietv jienv mingh wuov nyungc cie-ndaix/a helicopter.

nzangv ndaix ndaatv nzangv-ndaix nyei ndaatv/airplane wing.

nzangv-ndaix piux 飞机票 /fēijīpiào/ maaiz bieqc nzangv-ndaix nyei piux/an airplane ticket.

nzangv-ndaix-wuom njiec wuom-minc nyei nzangv-ndaix/a seaplane.

nzangv-ndaix zaamc cie-ndaix njiec nyei zaamc. Gj: cie-ciangv/an airport.

nzangv-ndoqv nzangv nyei ga'ndiev ndoqv/bottom of the ship.

nzangv nquin 晕船 /yùnchuán/ bieqc nzangv gunc lov nyei baengc/seasick.

nzangv-sin nzangv nyei sin/the hull or body of a ship.

nzangv zeih longc guaaih nzangv nyei zeih/paddle for a boat.

nzangv-zinh maaiz bieqc nzangv nyei zinh/the fare traveling by boat.

nzangv-ziouv nzangv nyei ziouv/the owner of a boat.

nzangv-nzuic ndiux nzuic bun nzangv dingh nyei hlieqv-ndongh/an anchor.

saeng-eix nzangv maaiz maaic saeng-eix nyei nzangv/commercial boat.

tor cie-ndaix nzangv tor nzangv-ndaix nyei domh nzangv/aircraft carrier.

tor huox nzangv tor huox nyei domh nzangv/a cargo ship.

tor mienh nzangv cingv tor mienh nyei nzangv/a passenger boat.

tor mienh nzangv-ndaix zoux saeng-eix tor mienh cie-ndaix/a commercial plane.

nzapc[1] q. dungz nzapc nyanc siaaux/the sound made by a pig snap up pigswill.

nzapc[2] w. ndongc laih mingh domh nzapc nzor wuov/crooked and ill-fitting.

nzapv[1] w. nzapv maaz-miev. Gj: hngaqv, dorx/to chop with a heavy sharp knife.

nzapv dungz-miev hngaqv miev muonc zouv siaaux/chop up greens for pig food.

nzapv maaz-miev hngaqv miev muonc bun maaz nyanc/to cut fodder for horse.

nzapv muonc mingh nzapv dorx muonc mingh/to chop into piece.

nzapv[2] bt. zaux-ndiev ndopv nzapv daaih lien-lien wuov/crack by layers of skin.

nzaqc pm. qiex jorm zongc caeng-nqaaix nzaqc hanc. Gj: nza'hanc/to moisture inside a cover or a lid.

nzaqv[1] w. wuom-nzuih nzaqv jaang-hoh/to choke with one's saliva.

mbiaatc nzaqv fanh ziu mbiaatc nzaqv jaang/eat spicy and irritated the throat .

nzaqv-hoh naqv ga'naaiv njiec dorngc jaang-hoh nzaqv/to choke with food.

nzaqv-hnopv qorqv zuqc jaang ziouc liemh zeih hnopv/to irritated the throat and cough.

nzaqv[2] nz. hnamv mangc gaax. Gj: fangv, fei/to think; to considerate.

nzaqv fangv longx-longx nyei hnamv mangc gaax/to consider; to think about.

nzatc m., n. biomv nyei nzatc. Gj: nzaetc. a clarinet; trumpet; suona.

nzatc hngoi nzatc nyei hngoi/the flared end of a wind instrument.

nzatc nzung biomv nzatc nzung/music.

nzatc sai biouv nzatc mienh. Gj: fanh diqc sai; cui-diqc ong.

nzauc[1] nz. yietc nzauc nqaiv; bungx yiez/a bowel or urination.

bungx nzauc nqaiv mingh norm lomc; mingh jaiv buoz/to have a urination or a bowl movement.

bungx nzauc yiez mingh bungx nzauc yiez/to have urination.

yietc nzauc wuom-nzuih tuiv cuotv nyei yietc nzauc wuom-nzuih/a gob of spit.

yietc nzauc maaz-nqaiv yietc nzauc maaz nyei nqaiv/a mess of horse dung.

nzauc[2] m. douz-nzauc/a fireplace; a stove for cooking.

domh douz-nzauc yietc norm hlo nyei douz-nzauc/a big stove.

douz-nzauc-dorn douz-louh dorn faix nyei/a small stove.

nzauh[1] w. 愁 /chóu/ hnyouv nzauh; hnyouv yieqv. Gj: you, kix, yieqv/sad; sorrow; worried; misery; depress or wretched. Dgw: njien-youh, a'hneiv, nauc ngitc.

cietv nzauh betv yieqv nzauh nzauh yieqv-yieqv nyei yiem/to be sorrowful.

nzauh cuotv baengc hnyouv nzauh cuotv nyei baengc/depression problem.

nzauh faanh hnyouv nzauh sic/to feel sad about; worrisome.

nzauh faanh baengc nzauh huaang mv haih porv mengh nyei sic/sorrowful that one cannot share with other.

nzauh fatv nzauh minc zinh nyei sic/to be immediately worried.

nzauh gau mv fungc aqv gengh nzauh camv haic/to worried about everything.

nzauh haic gengh haiz nzauh haic/so sad; worrisome; thoughtful.

nzauh heix nzauh heix taux/to concern about someone or something.
nzauh hmien nzauh nyei hmien-minc/a sad face; to wear a sad face.
nzauh kix nzauh nzauh kix-kix nyei hmien-minc/sad face; mournful.
nzauh kouv zuqc siouc nzauh nyei kouv naanc/deeply worried; inconsolable.
nzauh nyei gorn weic haaix diuc nzauh daaih/reason cause to worried.
nzauh nyei mueix nzauh nyei mueix doc/the taste of sorrow.
nzauh nyei sic hnyouv nzauh hnyouv huaang nyei sic/sadness.
nzauh nyiemv nzauh nyiemv nyei sic to cry in mournfully.
nzauh sing nzauh nyiemv nyei sing-qiex/plaintive cry.
nzauh taux ndoqv nzauh gau mouc lamh kaux aqv/painful sad; agonize sorrow.
nzauh yieqv nzauh nyei sic/sorrowful or mournful.
nzauh zingh sieqv-dorn, houh saeng hnamv doic nzauh nyei sic.

nzauh[2] aengx lorz mangc "guaa-nzauh" fai "lungh njiec nzauh" nyei eix-leiz.

nzauv[1] nd. 盐 /yán/ nzauv-ndunh; nzauv-muonc fai nzauv-borqc/salt.
an nzauv zorqv nzauv an. Wed: hietv nzauv/to add salt to something.
bungx nzauv-wuom baqv nzauv-wuom bieqc sin/to give IV saline solution.
nzauv-borqc nzauv cou nyei borqc borqc wuov/rock salt.
nzauv dapc bieqc nzauv yuqc dapc bieqc/the salt penetrated into.
nzauv-hlapv hlauv zoux daaih maaih jienv nqaaix dapv nzauv dorh mingh ndeic nyei hlapv/bamboo container with lid for storing salt.
nzauv-kuaaiv gitv daaih ziangh kuaaiv nyei nzauv/a slab of salt.
nzauv-mueix nzauv nyei mueix doc/the flavor of the salt.
nzauv-muonc nzauv muonc nyei/salt in powdered form. Gj: nzauv-mbuonv.
nzauv-ndongh dapv nzauv nyei ndongh. Gj: nzauv-hlapv/a salt storing container.
nzauv-ndunh nzauv ziangh ndunh nyei. Gj: nzauv-borqc/salt in chunks.
nzauv nzaaih an nzauv camv nzaaih haic/very salty taste.
nzauv-nyiemz maiv zouv zuoqc nyei nzauv/raw salt.
nzauv-suiv guoqv ga'naaiv nyanc nyei nzauv-wuom/sauce; salt water mixed with onion and chili.
nzauv-wuom 盐水 /yánshuǐ/ **1** baqv bieqc sin zorc baengc nyei nzauv-ndie/saline solution. **2** nzauv nyei wuom/salty water.
nzauv zaamv nzauv nyei mueix maiv gaux/lacking sufficient salt.
nzauv-zingv 盐井 /yánjǐng/ maaih nzauv zorpc wuom mbeux cuotv nyei zingv/a salt spring; salt well.
nzauv-zuoqc zinx jiex zuoqc nyei nzauv refined salt.

nzauv[2] nyz. sin butv pokc ziangh kuaaiv nyei nzauv-nzauv wuov.

nzauz w. nzauz jiez/to gather up; to pick up fallen thing on the ground.
zauz biouv nzauz ndortv njiec daaih nyei biouv/to pick up fallen fruit.
nzauz daaih nzauz duqv nyei ga'naaiv found and pick it up.
nzauz guangc ginv ga'naaiv mv benx wuov deix guangc/to gather up things and throw away.
nzauz maeqc dorngc saau lorz dorngc nyei maeqc maeqv/to glean corn that has been missed.
nzauz zaangh nzauz zaangh ndui zunv to gather up firewood.

nzei[1] m., n. jai-nzei, norqc nzei, dongh yiem norqc, yiem jai nyei biei-gorn wuov/lice of chicken, fowl or bird.

nzei[2] pm. mba'biei zaqc nyei nzei-nzei wuov/short hair that sticks upward.
butv juangv-nzei haiz sin nyuix maiv kuh yiem nyei baengc.
haiz sin-biei nzei haiz sin-biei nzungx nzei nyei jiez sin/to have goose bumps.

nzeih[1] pm. norqc meix nyanc mbiauh nzeih nzengc/rice stalks without grains because eaten by birds.

nzeih[2] aengx lorz mangc "saauh nzeih" wuov joux.

nzeiv m., n. m'nqorngv butv nzeiv ngaatc mienh/a human's head lice.

lorz nzeiv pan mba'biei-gorn lorz buatc nzeiv ning daic/to look for head lice.

ning nzeiv longc i norm buoz-ndoqv nyei nquaiz ning nzeiv daic.

nzeiv ngaatc m'nqorngv nzeiv ngaatc m'nqorngv sietv.

nzeix[1] w. fu'jueiv oix longc nyaanh qaqv nzeix domh mienh. Gj: ceuv/children are begging for money from parents.

nzeix[2] aengx lorz mangc *lai-nzeix* wuov joux nyei eix-leiz.

nzekv w. lu'guaih nzekv i aax hnaangx gaax/slang, to eat a snack.

nzemx[1] pm. nzemx guangc nyaah nqaiv mingh/to pick tooth.

nzemx nyaah hlaang nzemx nyaah nyei hlaang. Gj: nzemx nyaah suix/a dental floss.

nzemx nyaah sim nzemx nyaah nyei biaav/tooth picks

nzemx[2] nz. mbengx bieqc mingh/squeeze into; squabble over.

bieqc nzemx lorz qangx bieqc nzemx caux gorngv. Gj: nzemx bieqc/to find an opportunity to get in.

bieqc nzemx sou dorh mienh bieqc nzemx nyei sou/an application form.

bieqc nzemx waac jiex gorn gorngv bieqc nzemx waac/word of introduction.

nzaeng-nzemx nzaeng bieqc mienh nyei weic/to squabble over.

nzaeng ziuh nzemx guoqv hungh jaa nzaeng deic-bung nyei sic.

nzemx bieqc daav za'eix nimc bieqc mingh/to sneak into without allowing.

nzemx gorngv mbengx bieqc mingh gorngv fai ciangv gorngv.

nzemx jienv bieqc manc-manc mbengx jienv yietc nzunc bieqc deix.

nzenc nd. nzenc ndoh jienv/wind around or to rewind or entwine into.

nzenc jaang daic hlaang nzenc naeqc jaang daic/to choke and die with string.

hmei nzenc ndiangx hmei-luangh nzenc jienv ndiangx faaux.

nzenc m'nqorngv-limc m'sieqv mienh nzenc m'nqorngv nyei limc/head chain.

nzenc mingh nzenc jienv mingh wuov ndaangc bung/to wind forward.

nzenc nzuonx nzenc nzuonx nqaang/to wind backward.

nzengc[1] w. 完 /wán/ **1** mv maaih aqv/all be gone. **2** baac/finished.

hopv nzengc wuom hopv nzengc maiv maaih wuom aqv/drink all water.

longc nzengc qaqv ziangh sin nyei qaqv longc nzengc/used all one's strength.

nzengc mi'aqv maiv maaih yietc deix aqv/all gone; no more left.

nzengc nzengc 1 完毕 /wánbì/ mv maaih yietc aax aqv/completely gone. **2** yietc zungv nzengc 全部 /quánbù/ to be intact; whole; entire.

nzengc ziangh hoc 1 mv maaih ziangh hoc aqv/time is up. **2** jiex ziangh hoc mi'aqv/expired; over due.

zaaux nzengc nyaanh forngx nzengc zinh nyaanh/to spend up money.

zoux nzengc gong zoux nzengc gong mv maaih zoux aqv/done all work.

nzengc[2] yz. 全 /quán/ ziangh zengv; yietc zungv nzengc/all; whole; entire.

bun nzengc yie zorqv nzengc bun yie aqv/give all to me.

doix nzengc mi'aqv doix nzengc maiv pioux yietc aax/all matched.

gorngv nzengc waac gorngv nzengc oix gorngv nyei waac mi'aqv/finished one's talk.

maaic nzengc ga'naaiv haaix nyungc ga'naaiv yaac maaic nzengc.

mietc nzengc miev mietc nzengc/all grass has been pull down.

nzengc-nzengc 通常 /tōngcháng/ a'loc; yietc gau/to mostly; mainly; usually. Yie nzengc-nzengc nduoh diemv nyanc lungh ndorm. I usually ate breakfast at nine o'clock in the morning.

nzoih nzengc nzoih nyei mv caa yietc nyungc/whole or complete. **zutc nzengc** zutc nzengc maiv cuotv buonv/to be entirely wipe out.

nzengc[3] cnz. cing-nzengc nyei. Dgw: laih hlopv/clean; pure; holy; neat; unsoiled.
nzengc-nzengc nyei buatc cing-nzengc nyei/all cleaned and neat.
sung nzengc zoux ziangx sung nzengc completely finished.
zaqv nzengc liangx zaqv gormx liangx mi'aqv/finished clearing the fields.
nzengv w. nzengv faaux gu'nguaaic/push oneself upward when in the bed.
nzengv faaux coux-dauh nzengv faaux coux-dauh wuov bung/to push oneself up to upper bed position.
nzengv jienv cuotv yiem wuom-ndoqv nzengv jienv cuotv/to push oneself up from the bottom of water pond.
nzepv[1] w. nzepv deix nyaanh cuotv/to put some money aside in order to save.
nzepv ga'naaiv zorqv deix zoqc nyei cuotv/to take a portion out for oneself.
nzepv nyaanh zorqv deix nyaanh cuotv siou. Gj: zanv/to save, withhold money.
nzepv nyaanh daan nyaanh lamz nyei zepv nyaanh daan/a passbook for the saving account.
nzepv[2] wj. hepc nzepv haic nyei dorngx/a narrow room; limited width.
nzepv[3] pm. nzepv jienv suangx bueix bun ganh mv zuqc juangv/to cove up oneself with blanket when sleep.
nzepv[4] aengx lorz mangc "lui-nzepv ndiev" nyei eix-leiz.
nzeu[1] pm. ndiangx nzeu piqv nqoi siepv nyei. Dgw: ndiangx ciqv/crispy which easily to split open.
qiex nzeu nyei qiex mbui duqv nzeu nyei/a clear sharp sound.
nzeu[2] gq. ziangh duqv guai nzeu-nzeu wuov/to be smart or intelligent.
fu'jueiv-nzeu yietc dauh guai nyei haic nyei fu'jueiv/a smart child.
nzeux w. goix ndiangx nauv maeqv nzeux jienv faaux gu'nguaaic. Gj: mbaaix/to split up when a tree falling.
butv diuv-nzeux diuv nquin mborqv mienh nyei sic/to become offensive after drinking to much.
nzih wj. **1** nzih nzungx nziuv nyei/feeling several sting pain. **2** norqc dorn nzih nzungx nziepc nyei ndaix jiex/quickly fly back and forth of small birds.
nzih nzungx nzapc dungz nyanc siaaux nzih nzungx nzapc nyei.
nzih nzungx nzo wuom liouc njiec nzih nzungx nzo/the sound made by several small running water.
zih zaeqc luangh zienh goux geh zorng nyei mienv/mountain spirits.
nziaam m., nz. douz-nziaam, biauv nyuoz zipv kaeqv ting wuov norm douz-nzauc se heuc douz-nziaam/a fireplace in the guest room.
nziaamh pm. laic gau nziaamh nziaamh nyei/sharp pointed objects.
nziaamv m. 血 /xiě/ mienh, fai saeng-kuv nyei nziaamv/blood.
bungx nziaamv 痢疾 /liji/ **1** bungx nqaiv cuotv nziaamv. **2** 输血 /shūxiě/ bungx nziaamv bieqc mienh nyei sin/to give a blood transfusion.
cuotv nziaamv gaatv zuqc buoz cuotv nziaamv/bleed or hemorrhage.
nziaamv aiv 血压低 /xiěyādī/ nziaamv-qaqv aiv/low blood pressure. Dgw: nziaamv hlang/high blood pressure.
nziaamv-beu butv nziaamv-beu nyei baengc/blood filled mass.
nziaamv biuih 1 nziaamv biuih cuotv nyei sic/blood flow out. **2** se beiv qiex jiez dingc aqv/over angry.
nziaamv-cien juangc nziaamv-fei nyei cien-ceqv/blood relation.
nziaamv cing 血清 /xiěqīng/ nziaamv nzang nyei. Gj: nziaamv-yangh/serum.
nziaamv-daic butv-daic yiem gu'nyuoz ziqc ndopv nyei nziaamv/dried blood inside a blistered or bruise.
nziaamv-dorngh nziaamv-gaam nyei baengc/blood sugar; blood glucose.
nziaamv faaux hmien hopv diuv, qiex jiez, nyaiv hmien siqv/flushed face, the result of drinking, anger, shy.
nziaamv faaux m'nqorngv nziaamv faaux m'nqorngv-famv gitv/blood clot in the brain.
nziaamv-fei fu'jueiv se beiv ganh nyei nziaamv-fei/one's own bloodline.

nziaamv-gaam dorngh yiem nziaamv nyei baengc/high blood sugar; diabetes.
nziaamv-gaam baengc butv nziaamv-gaam nyei baengc/diabetes symptom.
nziaamv-gaam ndie baqv caux nyanc zorc nziaamv-gaam baengc nyei ndie medicine for treat diabetes symptom.
nziaamv gitv nziaamv gitv benx ziangh ndunh nyei/a blood clot.
nziaamv hlang 血亚高 /xiěyāgāo/ nziaamv-qaqv balaqc hlang/high blood pressure; hypertension.
nziaamv hlang ndie nyanc zorc nziaamv hlang nyei ndie/medicine for treating high blood pressure.
nziaamv-jaan 血管 /xiěguǎn/ nziaamv mingh nyei jaan/blood vessels.
nziaamv-jaan mbaaix nziaamv-jaan butv-zietc nyei baengc/a stroke or blood clot problem.
nziaamv-jauv 血路 /xiělù/ nziaamv mingh nyei jauv/a blood vessel.
nziaamv-lamz 血库 /xiěkù/ ndie-biauv siou nziaamv nyei dorngx/a blood bank.
nziaamv lorqc hnyouv nziaamv gitv gitv gu'nyuoz hnyouv/to have blood clot an internal.
nziaamv mbueix qiex jiez gau se beiv nziaamv mbueix. Wed: nziaamv biuih.
nziaamv-nangh corc maaih maengc nyei nziaamv-nangh/fresh blood.
nziaamv ndiepv nziaamv cuotv daaih ndiepv jienv/a dripping of blood.
nziaamv-ndorngh yietc ndui nor kungx nziaamv hnangv/a pool of blood.
nziaamv-ndunh nziaamv gitv jienv ziangh ndunh nyei/a blood clot.
nziaamv-nqaai nziaamv nqaai daaih/a dried blood.
nziaamv-qaqv 血压 /xiěyā/ nziaamv hlang fai aiv nyei baengc/blood pressure.
nziaamv-saqv 血型 /xiěxíng/ nziaamv-nyungc nyei sic/a blood type.
nziaamv-saqv longx henv longx nyei nziaamv/a healthy blood type.
nziaamv-siqv siqv-hongc nyei nziaamv scarlet; as red as blood.
nziaamv-wuom nziaamv gitv liuz cuotv daaih nyei wuom/bloodstained water.
nziaamv-yangh baengc benx (cancer) yiem nziaamv nyei baengc/leukemia.
nziaamv zaamc nziaamv dingh mv cuotv aqv/stop bleeding.
nziaamv zaamv nziaamv zaamv nyei yietc nyungc baengc/anemic.
nziaamv-zuangv dongh yietc zuangv mienh bun njiec nyei fun-faqv/a clan with blood relationship.
siqv-nziaamv gw. gu'nguaaz gorngv cuotv nziaamv nyei waac/to bleed, child language.
tim nziaamv baqv nziaamv dapv bieqc baengc mienh nyei sin/to give a blood Transfusion.
zaah nziaamv-fei zaah dimv mangc gaax nziaamv-fei doix fai mv doix nyei sic/to have DNA test.
ziangh nziaamv-beu to develop fleshly blood-filled mass.

nziaangc aengx lorz mangc "nziangc" wuov joux nyei eix-leiz.

nziaau m. 气味 /qìwèi/ zueix, a'fai ndaang nyei nziaau/a scent or odor.
hnomv nziaau hnomv haiz zueix nyei nziaau/to pick up the scent.
juv hnomv nziaau juv hnomv nziaau zunc jienv mingh/the dog pick up scent and follow after.
nziaau hlo 1 zueix haic nyei qiex/strong odorous. **2** cuotv mengh se beiv nziaau hlo, mv dorh leiz nyei waac/a slang, for famous person.
zueix-nziaau zueix-saeng-kuv nyei nziaau/strong scent of animals.

nziaauc w. 玩 /wán/ nyienx nziaauc; gorngv nziaauc; zoux nziaauc/to have fun with; to play with something.
hoqc nziaauc sieqv-dorn houh saeng hoqc nziaauc/young adult to beginning to have boyfriend and girlfriend.
mv nziaauc jiex dorn sieqv-yaang mv gaengh nziaauc jiex dorn/virgin.
mingh nziaauc 1 mingh saau nziaauc to go out for fun. **2** mingh nziaauc mienh/to go visit someone.
nziaauc dorn m'sieqv mienh nziaauc m'jangc mienh/to have a boyfriend.

nziaauc nyei hnoi maiv zoux gong nyei hnoi/a day off work.

nziaauc duqv horpc caux nziaauc duqv horpc/get along or to play well with.

nziaauc sieqv caux sieqv bueix fai caux gorngv waac nziaauc/to have a girlfriend.

nziaauc sieqv biauv maaiz sieqv bueix nyei biauv/a brothel; bordello.

nziaauc sieqv ndie tengx bueix sieqv henv nyei ndie/love potion; love-philter.

zoux nziaauc zoux bun ganh a'hneiv njien-youh/do something for fun.

nziaauv aengx lorz mangc "norqc nziaauv" wuov joux nyei eix-leiz.

nziaaux[1] m., g. 风 /fēng/ borngz nziaaux; nziaaux buonc; nziaaux zatv; nziaaux wuotv. Gj: qiex/wind; air; draft.

borngz nziaaux borngz mbuo borngz nziaaux/the storm

nziaaux buonc nziaaux buonc daaih nyei sic/the wind blow in.

nziaaux hlo 大风 /dàfēng/ borngz nziaaux seix; nziaaux hlo/a strong wind.

nziaaux-jauv nziaaux buonc mingh nyei jauv/air way.

nziaaux-jieqv domh mbuo-nziaaux/a typhoon; hurricane.

nziaaux-jorm biauv gu'nyuoz nyei nziaaux-jorm/air from hot heat.

nziaaux-jorm ndongh bungx nziaaux jorm nyei ndongh/a hot air pipe.

nziaaux-kuotv bun nziaaux cuotv nyei kuotv/wind hole or wind gate.

nziaaux-laangh laangh nyei nziaaux/a cool air; cool wind; fresh air.

nziaaux mietc nziaaux buonc mietc waaic nzengc/destroy by wind power.

nziaaux-namx laangh nyei nziaaux/the cold air; air conditioning.

nziaaux-qaqv nziaaux buonc nyei qaqv power of the wind.

nziaaux saaux sienc nyei nziaaux buonc zuqc/gentle breeze; slight wind.

nziaaux sienc borngz nziaaux sienc nyei/slight wind or gentle breeze.

nziaaux sinx nziaaux buonc sinx jienv mingh/blown away by wind.

nziaaux-zei-naanc domh nziaaux buonc waaic nyei zei-naanc/disaster caused by typhoon or hurricane

nziaaux-zunc 龙卷风 /lóngjuǎnfēng/ niouv guinh jienv mingh nyei domh nziaaux/a tornado storm.

tui nziaaux yietc nyungc zorc zuqc saa baengc fai zuqc nziaaux baengc nyei njaaux muonh, maeqv jaux-wuonh daaih caux norm zinh, longc bu'nyaaic nzutv jienv yiem m'nqorngv nzaatv tui jienv njiec taux zaux mingh.

waac-nziaaux mv hiuv zien nyei waac-nziaaux/rumor or unconfirmed report.

nziaaux[2] pm. nziaaux nzuonx/to turn something downside up.

da'nziaaux bueix di'daanz bung bueix njiec nitv coux/to lie on one's back.

nziaaux[3] gq. hnyouv nziaaux guai haic/to be smart; cleverness.

nziaaux[4] aengx mingh lorz forng-nziaaux wuov joux nyei eix-leiz.

nziang bc. 称 /chēng/ nziang mangc hniev ndongc haaix/to weigh; to balance.

nziang baengc mienh ndie-biauv muic nziang baengc mienh/the nurse weigh a patient.

nziang cie-ping nziang cie-ping guinh fi'ndongc mingh/to balance a tire.

nziang in dangv longc nziang in nyei dangv/small scales used to weigh opium.

nziang leiz-ging sieqv-laangh nziang jaauv ong-daa maa-diev nyei leiz-ging nyaanh/to weigh out the bride price.

nziang maaic ei hniev-soux nziang ga'naaiv maaic/to sell by the weight.

nziang nyaanh nziang nyaanh diuh fai nyaanh norm/to weigh out silver.

nziang maengc funx maengc fin-saeng nziang gaax maengc longx nyei fai.

nziang orv 称肉 /chēngròu/ nziang orv maaic bun mienh/to weigh out the meat.

nziangc pm. mingh nziangc zuqc/to bump and hit something. Wed: nziemc; zong; donx; nqaux.

nzih nzungx nziangc nyei mienh camv haic yangh jauv mv haih simv doic nzih nzungx nziangc nyei mingh/walking with crowded people and bumping along at each other.

nziangc jaax nziangc zuqc jaax/strike or bump against each other.

nziangc zuqc m'nqorngv m'nqorngv mingh nziangc zuqc/to bump against one's head.

nziangh zh. beiv hnangv, nziangh hnyangx, nqaeqv hnyangx mbu'ndongx jiex daaih aqv/the year before last.

nziangh haaix hnyangx nqaeqv duqv i hnyangx jiex da'aqv/two years before last year.

nziangx m, b. nziang ga'naaiv camv nyei domh nziangx/a large balance scale.

nziangx-dorh nziangx nyei nziang caux ga'naaiv doix-dangc wuov norm dorh/the weights for a scale.

nzie[1] pm. nzie jiex gu'nguaaic/to be cover.

nzie cuotv ga'nyiec jangv nzie cuotv ga'nyiec mingh.

nzie[2] nz. hnyouv jangv nzie ndortv naanc mienh/to help people in need.

nzie dangh ninh tengx dangh ninh fai nzie dangh ninh/to support him.

nzie doh naanc mienh cuotv nyaanh tengx ndortv naanc nyei mienh.

nzie[3] m. ziemx saaiv louc cuotv daaih nyei wuom heuc "nzie fai nzie-wuom".

nziec pm. ngaatc jienv ciev nqoi/to bite and peel open with one's teeth.

nziec gaam-ziex longc nyaah ngaatc maeqv gaam-ziex/to bite and tear open a sugar cane.

nzieh pm. nzieh houh, buoz-seih ndiev zueix nyei nziaau/odor of the armpits.

nzieh houh ndie nzaatv buoz-seih ndiev nyei ndie/a deodorant.

nziev[1] hz. nziev se maaih i nyungc maaih nyungc **nziev-ben** se di'daanz maaih i diuh ben, maaih nyungc **nziev-siqv** se ga'sie-ndoqv siqv nyei/ground squirrel.

nziev-gux-zueix yietc nyungc zueix nyei nziev/a squirrel with strong odor.

nziev[2] aengx mangc "gamh nziev" wuov joux nyei eix-leiz.

nziex[1] w. m'nziex; gamh nziex; ga'nziex may; maybe; probably; perhaps; possibly.

nziex haih duih mbiungc it may going to rain; perhaps it will rain.

nziex laaic laaic duqv zeiz, mv baac maiv zeiz/to assume wrongly.

nziex laaic duqv aqv laaic gorngv duqv aqv mv baac maiv duqv/I assume that I will get it was wrong.

nziex zeiz nyei m'nziex zeiz nyei/might be correct; perhaps right.

nziex[2] pm. hlauv nauv mbaaix nziex daaih fungx fei wuov/to split several pieces.

nziex[3] aengx lorz mangc "mv nziex lorqv" wuov joux nyei eix-leiz.

nziez nyc. **1** m'sieqv mienh nyei nziez/a younger sister of the women. **2** auv nyei nziez fai youz nyei auv yie heuc nziez/a term of address one's younger brother's wife or one's wife younger sister. **3** nqox nyei youz nyei auv yie heuc nziez/term of address one's husband's younger brother's wife.

nziez-daa ong-daa nyei youz nyei auv yie heuc nziez-daa/a term of address of one's wife's father's younger brother's wife.

nziez-gux youz-ong nyei auv, yie caux yie nyei auv heuc nziez-gux/a term of address one's great uncle's wife or one's wife's great uncle's wife.

nziez-maac youz-diex nyei auv fai auv nyei youz-diex nyei auv yie caux yie nyei auv heuc nziez-maac.

nziem[1] pm. fanh ziu maiv mbiaatc nziem di'dien hnangv/very slightly peppery.

nziem-nziem nyei fanh ziu nyei mueix dapc zuqc haiz nziem-nziem nyei.

nziem[2] bt. nziem-nziem nyei mun duqv ndo nyei/to feel very deeply hurt.

nziem[3] aengx lorz mangc "nqaan-nziem" wuov joux nyei eix-leiz.

nziemc w. mv jangx mangc nziemc zuqc. Gj: nziangc/to bump into slightly.

nziemc zuqc mienh nziangc zuqc mienh to bump against someone.

nziemx pm. nziemx nzengc mangc maiv buatc aqv/dusk before night.

nziemx nzengc hmuangx nzengc mangc mv buatc aqv/to become very dark.

nziemx-yaangh hmuangx a'lamh mangc mv buatc nyei ziangh hoc/dusk; twilight.

nzien w. nzien nqoi. Gj: waan nqoi, koi nqoi/to lift open; to uncover.
nzien faaux mingh nzien nqoi faaux gu'nguaaic mingh/to lift up open.
nzien jiex pin nzien jiex yietc pin sou to turn over to next page.
nzien nqoi nzien koi nqoi/to lift up to open or to uncover.
nzien suangx nzien nqoi suangx/to lift up the blanket.

nziepc w. nziepc dangh hnangv yoc aengx mv buatc mi'aqv/see fresh by quickly.
nzih nzungx nziepc nyei (norqc dorn) tiux nzih nzungx nziepc nyei/moving quickly as small birds.
nziepc mueic nziepc dangh hnangv mv buatc mi'aqv/flash and disappeared.

nziepv[1] w. nziepv m'zing; nyapc m'zing to blink the eye.
m'zing-nziepv biei m'zing-ndiev caux m'zing-menc biei/eyelashes.
nziepv maqc nziepv m'zing maqc nyei nziepv nziepv deix/to blink eye fast.
nziepv-nziepv nyei congx congx siepv gau nziepv-nziepv nyei congx jienv mingh/to embroider very quick.

nziepv[2] zb. nziepv ndie. Gj: baqv ndie/to give shot; to inject medicine.
nziepv i sim ndie baqv i sim ndie/to get an injection twice.
nziepv ndie ndongh bungx ndie bieqc sin nyei ndongh. Gj: sim-ndongh, baqv ndie ndongh/a syringe.
nziepv ndie sim baqv ndie nyei sim/a needle for injecting medicine.
nziepv sim-nqaai baqv sim-nqaai zorc baengc nyei sic/an acupuncture.

nziepv[3] pm. nziepv matc jieqv a'fai siqv bieqc ziqc ndopv benx biangh fai benx saeng-kuv nyei mou/to tattoo a design.
nziepv biangh nziepv biangh/to tattoo; to decorate skin.

nzieqc mp. mv maaih mbui qiex; sekv nzieqc nyei/noiseless; silent; quiet still.
nzieqc nzingz nyei sekv-sekv nzieqc nzingz nyei/quietly; silently.

nzieqv w. liemh zeih haiz mun nzieqv dangh. Gj: nziuv/suddenly pierce pain; sharp pain; twinge pain.

nzimh pm. sim-da'mueiz laic nyei nzimh nzimh wuov/sharply pointed at the end.
nzih nzungx nzimh laic nzih nzungx nzimh wuov/sharply pointed thorns.
nzimh nzimh nyei nzuqc dorn dueiv laic nzimh nzimh wuov/sharp pointed at the end of a knife or spear.

nzin w. zoi la'bieiv nzin daaux nqaang nzuonx/to bounce; to spring back.
maeqc mbeux nzin biuqv maeqc mbeux nzih nzungx nzin nyei.

nzing[1] nd. 蜡 /là/ yietc ndunh nyouh nyei ga'naaiv/sticky substance; bee's wax.
nzing-njaapc nzuqv zieqv daaih longc njaapc mueiz-nzing ga'naaiv/a woven basket for pressing wax.

nzing[2] aengx lorz mangc "fu'jueiv-nzing, zueix-nzing" nyei eix-leiz.

nzingx gn. 锈 /xiù/ jiex nzingx, a'fai cuotv nzingx /rust; to produce rusty.
dongh nzingx dongh cuotv daaih nyei nzingx/copper rust.
hlieqv-nzingx hlieqv nyei nzingx/metal rust; reddish-brown on surface metal.
jiex nzingx jiex nzingx; cuotv nzingx. Gj: jiex sioux/to become rusty.
nzingx nyanc nzingx nyanc hlieqv jie jienv mingh/to devour by rust.
zueix-nzingx dapv hlieqv-ndongh nyei lai hnaangx nyanc haiz zueix-nzingx wuov/the can food taste a bad metallic.

nzingz aengx lorz mangc "nzieqc nzingz" wuov joux nyei eix-leiz.

nziouh[1] w. **1** hnyouv nziouh/nauseated; upset stomach. **2** hnyouv sie/hungry.

nziouh[2] pm. nziouh maeng. Gj: ndiemh maeng/completely green color.

nziouv[1] pm. 早 /zǎo/ lungh ndorm nziouv nyei. Gj: ndaangc/early; early morning.
nziouv cun 早春 /zǎochūn/ cor hoqc jiex gorn cun-gen/an early spring.
nziouv daaih 1 daaih nziouv nyei/to come early or soon. **2** nziouv nyorng jienv daaih/ants are coming.
nziouv hiuv hiuv duqv nziouv/to know early; knew advance.
nziouv hmuangx 早晚 /zǎowǎn/ ndorm zinh nziouv hmuangx/morning and evening.

nziouv hnoi hnoi-nyieqc corc nziouv nyei. Gj: nziouv ziu/at early day, time.

nziouv ndorm lungh ndorm nziouv nyei/early morning.

nziouv nyei corc se nziouv nyei/still be early; still plenty of time.

nziouv nyietv nz. 早日 /zǎorì/ nziouv hnoi fai ja'ndaangc/early day; before the time.

nziouv-nziouv nyei gaanv nziouv nyei mv bun jiex ziangh hoc/to act early.

nziouv taux 早到 /zǎodào/ taux nziouv nyei/arrive early; arrive ahead of time.

nziouv ziu nz. 早晨 zǎochén/ lungh ndorm-nziouv/an early morning; dawn.

zaih nziouv 迟晚 /chíwǎn/ nziouv deix fai zaih deix/sooner or later.

nziouv[2] m., n. 蚂蚁 /máyǐ/ faix haic nyei nziouv/ants in general.

nziouv-biuih nziouv biuih cuotv daaih nyei nie-ndui/ant's pile of soil.

nziouv-bungh 蚂蚁窝 /máyǐwō/ nziouv nyei bungh/ants hive .

nziouv danx nziouv danx zuqc/ant sting.

nziouv-jaux nziouv nyei jaux/ants egg.

nziouv-junc ga'sie hlo duc-duc wuov nyungc mbiauh loc/fat termites.

nziouv-muotc danx mienh mun jiex nyei/a painful sting black ants.

nziouv-mbiauh loc ngaatc ndiangx latv nyei nziouv/termites; white ants.

nziouv-mbiauh mbong mbiauh loc wuonc ceix daaih nyei nie/a termite hill.

nziouv-naang sin ndaauv wuov nyungc nziouv/a long body ant.

nziouv-yangh yangh nyei wuov nyungc nziouv/brown or orange ants.

nzioux w. nzioux nzuqc; nzioux bouv fai nzioux laic/to sharpen; to whet.

corh nzioux mbiangc corh nzioux bun mbiangc/to rub or to sand until shinny.

nzioux laic nzioux bun laic daaih/whet or sharpen something.

nzioux nzuqc nzioux bun nzuqc laic/to sharpen a knife.

nzipc pm. nzipc douc jienv mingh mv bun zutc/to succeed; to pass on; inherit from.

nzipc diex zoux hungh nzipc jienv diex zoux hungh/to succeed one's father as a ruler or king.

nzipc ei-douh ei douh zong nzipc jienv mingh/to carry an old tradition.

nzipc gong zoux borqv jienv gong zoux mingh/take over a duty and continue.

nzipc hungh douh nzipc jienv zoux hungh mingh/a dynasty of ruler; heir of the king.

nzipc hung-louh nzipc jienv mienv zangc mingh/to succeeds the previous ancestor. Gj: nzipc hung-in.

nzipc jaa-dingh duqv zipv diex maac nyei jaa-dingh/inheritance one's parents household.

nzipc jienv mingh nzipc borqv jienv mingh /to succeed and continue.

nzipc maiv zaaic zunc maiv zaaic zoux fai maiv ndongc/unable to succeed.

nzipc nyei buonc duqv nzipc fai duqv siouc nyei buonc/to inherit a share.

nzipc zong-zei 1 nzipc buoqc zangc jauv zoux mingh/pass previous tradition and continue. **2** dorn se nzipc zong-zei nyei mienh/to continue tradition by heir.

nzipc zoux mingh nzipc gong zoux mingh/continue to work after someone.

nzipv[1] pm. nzipv zeiv; nzipv suangx; nzipv lui houx/to fold over.

nzipv ga'naaiv nzipv ga'naaiv zunv an jiez/to fold things up and put away.

nzipv nzuonx daaih nzipv daaux nqaang nzuonx/to fold back.

nzipv suangx homc liuz suangx nzipv an longx/to fold up blanket after used.

nzipv[2] m, k. longc japv mbiauh dorv nyei nzipv/a rice cutter tool.

jiu-nzipv longc jiu zoux nyei nzipv/a plastic rice cutter.

jorng-nzipv longc ngongh jorng zoux nyei nzipv/a buffalo horn rice cutter.

nzipv-hmien an nzipv nyei nzuqc/blade of the rice cutter.

nziqv m., d. hlieqv-nziqv; jiu-nziqv/a ruler or a measuring stick.

nziqv-ndorqc longc ndorqc nyei nziqv a ruler; a measuring tape.

nziqv-njunc junc jienv wuov nyungc nziqv/a measuring tape.

nzitv[1] w. waan congx nyei panh tiu nzitv congx ziouc mbeux cuotv/to release or discharge of a trigger.

koux nzitv mi'aqv zaeng jienv koux nzitv hlopv jienv norqc aqv/a snare trap released and caught a bird.

mbiangx-nzitv ninh ganh nzitv/to be discharge before trigger is pushed.

nzitv[2] m, nz. yietc nzitv forng/one arrow of a crossbow or a longbow.

buonv nzitv norqc buonv yietc nzitv norqc/to shoot a bird with arrow.

nzitv[3] q. qiex laic nzitv-nzitv nyei/sharply piercing voice or sound.

nzitv-nzitv nyei heuc fu'jueiv heuc qiex laic nzitv-nzitv nyei/piercing voice of children screaming.

nziu aengx lorz "mba'nziu, orv-nziu" wuov deix nyei eix-leiz.

nziuc w. nziuc nyanc; nziuc muonc/chew; to chew; to masticate.

nziuc hnaangx nziuc nyanc hnaangx/to masticate; to chew food.

nziuc lou nziuc lou zoux nyaah jieqv/to chew betel nut as tai people.

nziuc mv bieqc ngaengc haic nziuc mv bieqc/too hard to chew.

nziuc nqamh nziuc dorngh nqamh, se gaav English gum daaih/to chew gum.

nziuv pm. nziuv-nziuv nyei mun/to have sharp pain; griping pain.

mun-nziuv mun nziuv dangh/sting pain or griping pain.

nzih nzungx nziuv nyei camv-norm mueiz danx nzih nzungx nziuv nyei.

nziuv dangh mun nziuv dangh hnangv mueiz danx nor/a sharp sting pain.

nzo q. bungx yiez njiec nqaiv-ongx mbui nzo nzo nyei qiex/urinate noise.

nzo-nzo nyei njiec niouv wuom cuotv njiec nzo-nzo nyei qiex.

nzoc m, d. dox wuom nzoc njiec/to pour water down. Gj: wuom nzunh.

wuom-nzoc wuom ndortv mbaengx nzoc nyei dorngx/a waterfall pouring area.

nzox[1] w. nzox lui houx; nzox ga'naaiv/to wash clothes by hand or by machine; to do laundry work.

nzox ga'naaiv cie nzox lui houx cie/a washing machine.

nzox ga'naaiv dorngx nzox lui houx dorngx/a Laundromat.

nzox m'nqorngv muix nzox m'nqorngv to wash and shampoo one's head.

nzox[2] m., n. zouv nyanc hopv nyei nzox/a stove for cooking food.

domh nzox taapv domh caeng-mbeih zouv dungz-siaaux nyei nzox.

nzox-dorn zouv hnaangx zouv lai nyei nzox/a small stove for cooking food.

nzox-fong nzox ga'hlen taapv caeng horngx hnaangx nqaai fai ox ga'naaiv jorm wuov norm fong.

nzox-gaengh dapv zaangh bieqc nzox buov douz wuov norm gaengh.

nzox-kuotv nzox ga'hlen dongh biaah douz-taanx cuotv don caeng ziqv hnaangx lorqc wuom wuov norm kuotv.

nzox-lau buo norm la'bieiv ceix daaih taapv caeng zouv nyanc/three rocks set to form three-legged for place a kettle on for cooking purposes.

nzox-mienv yiem nzox nyei mienv/a spirit who lives in the stove.

nzox-mienv-baeqc yiem nzox mv baac maiv ciouv nyei mienv.??

nzox-mienv-siqv yiem nzox ciouv haic nyei mienv.??

ziqv njuov nzox longc ziqv njuov-lapv nyei nzox/an oven for baking bread.

nzoz m, n. longc ndiangx zoux caux yungh ndopv corng nyei nzoz. Gj: nzox/drum.

lorh nzoz jaa-sic puix lorh nzoz nyei jaa-sic/music instrument.

mborqv nzoz mborqv bun nzoz mbui/to beat a drum. Mborqv lorh mv muangx nzoz, se beiv mv muangx dauh mv muangx mbiuic nyei caangv gorngv ndaangc.

nzoz-ziem longc nziem corng bun nzoz njorngh nyei nziem/a wedge used to stretch taut a drum.

nzoz-zueih longc mborqv nzoz nyei zueih/a drum beat stick.

nzoic w. guaih nzoic jienv hnangv mv an longx/to pile things up with careless.

mv lamh nzoic mv maaih dorngx ndui ga'naaiv/no place to pile thing.

nzoih pm. 整个的 /zhěnggēdē/ yietc zungv yiem nzoih nyei/whole; complete; full.
daaih nzoih daaih taux nzengc fai nzoih nzengc aqv/everyone came.
diuc nzoih heuc nzoih daaih gapv zunv to gather up everyone.
lomh nzoih yietc zungv juangc jienv/to share with; to have a share
maaih nzoih nyungc-nyungc ga'naaiv zungv maaih aqv/to have all kinds.
mbenc nzoih mbenc ziangx nzengc an jienv aqv/everything are prepared.
nzoih jaa nz. **1** lomh nzoih yietc zungv everyone. **2** buonc-buonc mienh/every household; every family.
nzoih zunh nzoih nzengc mv caa yietc nyungc aqv/whole; complete.
zoux nzoih zoux ziangx nzengc mi'aqv all done; completely done.

nzom w. longc bouv nzom kuotv/to chop a hole with an ax.
bouv-nzom longc nzom kuotv nyei bouv-dorn/small ax for making a hole.
nzom caa-kuotv nzom caa cuotv norm kuotv daaih/to make hole on a pole.
nzom zuqc zaux bouv nzom zuqc ganh nyei zaux. Gj: bouv nyorqv zuqc.

nzomc nd. yietc nzomc. Gj: yietc ndui/a heap; a pile of something.

nzomh pm. waac zoqc hnyouv ndo nzomh nzomh wuov/quiet and thoughtful person.
mienh nzomh mienh mv nangc gorngv waac nyei mienh/a quiet person.

nzomx pm. biauv-nzomx ndo fai nzomx liangv. Gj: nzomz.

nzomz[1] w. dorh m'nqorngv nzomz jienv bueix/to lay one's head on.
nzomz buoz nzomz jienv buoz bueix/to lay one's head on hand while sleeping.
nzomz-dauh bueix m'nqorngv nzomz nyei ga'naaiv/pillow.
nzomz-dauh hlang hoz hlang nyei nzomz-dauh/a high pillow.
nzomz-dauh mbuoqc dapv nzomz-dauh nyei mbuoqc/a pillowcase.
nzomz-dauh ndiev waac m'jangc caux m'sieqv bueix jienv gorngv hnamv nyei waac, se beiv nzomz-dauh ndiev waac.

nzomz[2] pm. ngongh tiux mingh nzomz zuqc mienh/to jump into the crowd.
nzomz bieqc tiux mingh nzomz bieqc gu'nyuoz/to raid; to attack.

nzomz[3] pm. biauv nyei nzomz ndo a'fai liangv/to be deep or shallow.

nzonz[1] pm. da'mueiz mv laic nzonz-nzonz wuov/to be stubby or dull.
buoz-ndoqv-nzonz tong-douc nyei buoz-ndoqv. Gouv-waac zunh gorngv buoz-ndoqv nzonz nyei mienh mv guai, mv baac buoz-ndoqv njiemc nyei mienh se guai-qaauv nyei mienh.
sim-nzonz sim da'mueiz ndorngv nyei nzonz-nzonz nyei sim/a dull needle.

nzonz[2] bm. ziangh daaih hlo nyei mv baac maiv hlang nzonz-nzonz wuov.

nzong[1] m. norqc nzong; jai nyei nzong/the tuft feathers of birds or fowls.
maaz-nzong maaz nyei nzong/the mane of a horse.

nzong[2] nd. yietc nzong ndeic; yietc nzong lingh/a swidden field; a farm.
yietc nzong dopc yietc nzong zuangx dopc nyei ndeic/a bean farm.

nzongh w. longc biaav nzongh gan kuotv mingh/poke into hole with a long stick.

nzopc[1] dz. norqc nzopc jienv ndiangx/the bird is perch on the branch.

nzopc[2] njz. nzopc mbiauh; nzopc dopc/to plant seed with dibble stick that make hole into the ground.
nzopc gormx mbiauh zuangx mbiauh gormx yietc nzong ndeic mi'aqv.
nzopc kuotv longc zemh nzopc ndau cuotv kuotv daaih.

nzopv[1] w. longc nzuqc nzopv; longc cang nzopv/to stab with a knife or spear.
nzopv bieqc nzopv bieqc gu'nyouz mingh/pierce into with a spear.
nzopv douz nzopv douz bun douz zieqc hiaangx/to knock the charcoal.
nzopv tong nzopv cunx tong mi'aqv/to be pierce through.

nzopv[2] nd. yietc nzopv ndeic; yietc nzopv ndau. Gj: nzong/a field; a piece land.
zoux i nzopv ndeic zoux t nzong ndeic to manner two fields.

nzopv[3] pm. nzopv fanh ziu; nzopv nzauv-suiv/to eat chili with chopsticks.

nzor aengx lorz mangc "nzapc nzor" wuov wuov joux.

nzorc pm. nyaah nzorc mingh maiv zaqc uneven growth of teeth.

nzorz w. ndiqv zuqc don gorh lorz nzorz ka'deix ndorpc/hunch or slouch over.

nzorz-nzorz wuov zueiz jienv nzorz-nzorz wuov/sit with slouching manner. Gj: ong-ong wuov.

nzorz zuqc mienh nziangc jienv mienh mingh. Gj: jorc zuqc, nzomz zuqc.

nzorm w. zeih douz-hnyuotv mingh nzorm jienv doic buov. Gj: nzuiz.

nzormc m., n. zaangh lai zaangh hnaangx nyei nzormc/deep bowl for serve food.

lai-nzormc zaangh lai nyei nzormc/a bowl for serving vegetable.

nzormc-caan mbu'ndongx hoc nzormc medium size of bowl.

nzormc-tiaav maiv ndo wuov nyungc nzormc/shallow bowl; saucer.

nzornh pm. siaam nangv nyei nzornh nzornh wuov/to have bristly beards or mustache. *Yaang jienv lai-nyim cuotv daaih nzornh nzornh nyei.*

nzorng w. 恨 /hèn/ nzorng mienh; nzorng ganh/to hate; hatred.

laanh nzorng laanh 仇恨 /chóuhèn/ daav cuotv win laanh nzorng laanh/hate each other; hatred.

nzorng dingc aqv gengh nzorng dingc youx dingc aqv/to be hateful.

nzorng haic nzorng haic mienh; nzorng haic ganh/to hate someone or oneself.

nzorng haic ganh nzorng ganh, weic zuqc hngongx haic/to hate myself.

nzorng mienh nzorng mienh weic zuqc mv ndongc mienh/to hate people.

nzorngc w. dorngc jauv nzorngc bieqc janx-laangz mingh/I get lost and barge into a non-Mien village.

nzorngc jienv bieqc mv ngaengv gaengh ziang naaic nzorngc jienv bieqc aqv/to barge in without knocking door.

nzorngc jienv mingh la'guaih mingh mv hiuv bung-hungx dauh. Gj: jorc jienv mingh/to enter without knowing area.

nzorngh pm. **1** la'bieiv-nzorngh/rockiest area. **2** fanh mbouh nzorngh/pumpkin pile scattered area.

nzorngh nzorngh nyei camv nzorngh nzorngh wuov/to scatter around.

nzorqc q. duih mbiungc njiec liemh zuqc normh mbui nzorqc nzorqc nyei/the sound of rain dropping on leaves.

nzorqv[1] w. jai nzorqv hmeiv nyanc; norqc nzorqv gaeng nyanc. Gj: nyorqv/to peck at as chickens or birds.

hlaang-nzorqv longc bieqc kuqv nyei gaeng-biei (larvae) zaeng lomh gorn nduov norqc nyorqv ziouc nzitv hlopv jaang/a type of rope trap to catch ground birds.

nzorqv-baengx norqc nzorqv ga'naaiv nyanc nyei nzuih/beak of bird or fowl.

nzorqv[2] pm. yiem go mangc buatc mienh zueiz jienv nzorqv-nzorqv wuov.

nzorqv[3] pm. **gu'nguaaz nyei nzorqv** se gu'nguaaz nyei dae/a child's a father.

nzorqv-ndiangx daic mingh nyei diex a deceased father.

nzotc[1] pm. mun nzotc. Gj: nguakc/to have unrest or nagging pain.

nzotc[2] pm. dorngc jauv nzotc jiex naaiv nzotc jiex wuov yaac lorz mv buatc jauv cuotv/to go here and there looking for the way out as when one get lost.

mv lamh nzotc dorngx lorz maiv duqv dorngx an fai dingh zepv/unable to find the place to put down or to stay.

nzotv[1] w. hnyouv nzotv haic doqc sou mv guai/to have a poor memory.

nzotv[2] m., n. liouh zoux nyim zuangx nyei ndoih nzotv/a stem of root vegetable.

nzou[1] m. cuotv nzou-zinh bun hungh jaa nyei sic/to pay taxes to the government.

buonv-deic nzou siou norpc buonv-deic jien nyei nzou-zinh/a local taxes.

hungh jaa nzou cuotv bun hungh jaa nyei nzou/federal or government taxes.

ndau-nzou cuotv ndau nyei nzou-zinh a land or property taxes.

nzou-zinh siou nzou nyei nyaanh a'fai jaauv nzou nyei zinh/tax money.

nzou-zinh hniev cuotv nzou-zinh hniev nyei/to pay heavy taxes.

nzou[2] m., n. yiem koiv a'fai yiem ndaaih nyei yietc nzopv ndau/an island in the middle of the sea or a large river.
koiv-nzou koiv gu'nyuoz nyei yietc nzopv ndau/an island in the middle of ocean or sea.
ndaaih nzou ndaaih nyei lomc-nzou/a small island in middle of a river.

nzou[3] pm. nzou biauv; nzou ndau/to rent or to lease a house or land. Gj: gouv.

nzu'baengx se **nzuih baengx** soqv nangv daaih/mouth; beak; snout.

nzu'hmien se dongh "nza'hmien, nzuqc hmien" soqv nangv daaih/front side or sharp side of a knife.

nzu'maengx cuotv nyiec mi'aqv; cuotv ga'hlen mi'aqv. Gj: ga'nyiec maengx, nza'maengx/outsider.

nzuangv[1] nz. 怎 /zěn/ hnangv haaix nor; hnangv deix nor/how is it look.
mouc nzuangv yangc maiv maaih yietc nyungc/no style; no sample.
nzuangv fingx baaux nzung naaic gaax haaix fingx mienh/what is your tribe or your surname.
nzuangv yangc 怎样 /zěnyàng/ dongh haaix nyungc/what kind or what style.

nzuangv[2] pm. zoux haaix nyungc; dongh haaix nyungc/what is; is there. M'dauh dungz fungc hnangv m'nor nyanc mv nyanc nzuangv mv nzuangv nyei kungx kuiv zoh hnangv. Mingh mv mingh nzuangv mv nzuangv kungx souv jienv ngorngz-ngorngz naaic hnangv. Mingh se mingh nzuangv se nzuangv aqv. Oix nzaeng ziouc nzaeng oix nzuangv ziouc nzuangv. Do whatever you want.

nzuei w. nyuotv buoz-juonh daaih zuei. Gj: nuiv/to pound with fist.
nzuei buoz-juonh longc buoz-juonh nzuei yietc/to pound once with fist.
nzuei di'daanz di'daanz mun nzuei bun kuh yiem/to pound back as to massage.
nzuei dieh zoux ciouv nzuei dieh bun mienh. Gj: mbaix dieh.
nzuei la'kuotv zoux hiuang-henv zuei la'kuotv. Gj: mbaeqv la'kuotv/to pound one's chest to show anger that one not going to surrender.

nzueic pm. ziangh duqv nzueic; zoux sic nzueic/beautiful; handsome.
nzueic deix nyei ziangh daaih nzueic deix nyei/pretty good looking.
nzueic dingc aqv gengh nzueic haic/to be the most beautiful or handsome.
nzueic gau gengh nzueic/so beautiful.
nzueic haic gengh nzuic haic nyei/very beautiful or handsome.
nzueic jiex yietc buoqv gauh nzueic jiex yietc zungv wuov dauh/prettiest or the most beautiful or handsome one.
nzueic nzengc ziangh sin nzueic nzengc completely beautiful.
zorng duqv nzueic haih zorng duqv nzueic haic/dress up beautiful.
zoux sic nzueic zoux sic zoux eix-leiz nzueic/acting beautiful.

nzueih[1] w. 跑 /pǎo/ tiux nzueih mingh zunc to chase quickly after.
nzueih mingh mbuox huaang-zaang tiux mingh mbuox/to run quickly to tell someone before it is happen.

nzueih[2] nz. 随 /suí/ gan jienv mingh nyei sic/to follow someone.
nzueih buang sinx 随风扇 /suífēngshān/ sueih nziaaux buonc jienv mingh/to bend with the wind.
nzueih hoz 随后 /suíhòu/ gan nqa'haav maengx mingh/to follow behind.
nzueih louc qoux gan jauv mingh/to follow where is the path.
nzueih sen nzueih suiv gan lomc caux gan ndoqv zunc gemh dauh/to follow mountain and stream.

nzueiv pm. (ngongh gouv buang, mbiauh mbong) nzueiv-nzueiv wuov/raised up as ox's hump or anthill. Gj: mbuang.

nzuic[1] w. nzuic nyaanh nzuonx/give back change or return money.
nzuic deix nzuonx aengx nzuic deix nyaanh nzuonx. Gj: tuix/to give back some change.
nzuic dorngc nyaanh nzuic camv fai zoqc/to mistake in returning change.
nzuic nyaanh nzuic nyaanh nzuonx bun. Gj: nzaac nyaanh/return part of money.

nzuic[2] pm. laih mingh; nzuic mingh/to be ill-lifting; leaning to one side.
nzuic bieqc laih bieqc maengx/leaning inward; to lean in.
zuih[1] m, s. 嘴 /zuǐ/ **1** mienh nyei nzuih mouth. **2** norqc nzuih 喙 /huì/ bill; beak.
doix nzuih gorngv doix kouv gorngv/to have conversation in person.
nzuih baengx mienh fai saeng-kuv nyei nzuih. Gj: nzu'baengx/mouth; snout.
nzuih baengx aav nzuih butv-ngaengc fai butv-aav/paralyzed of the mouth.
nzuih baengx henv nzaeng jaax henv nyei mienh/verbally aggressive.
nzuih baengx jaaix maiv lu'guaih douc waac nyei nzuih/a person who choose not to carry other's message.
nzuih baengx ngaengc 嘴硬 /zuǐyìng/ **1** nzaeng-ngaengc henv/reluctant. **2** daic mingh nzuih ngaengc/stiff mouth of a dead person.
nzuih baengx pien douc waac jaav se beiv nzuih baengx pien/to get things stir up in passing a message.
nzuih camv 嘴多 / zuǐduō/ nzuih siepv maaih aax haaix nyungc yaac mbuox nzengc mienh/to have a big mouth and make statements about everything.
nzuih dungz 口盖 [kouc gaiv] gu'nguaaic maengx nzuih ndomc/the palate.
nzuih fienx douc gan nzuih mingh nyei fienx/a verbal message.
nzuih fiuv 口哨 /kǒushào/ longc nzuih fiuv mbui/a whistle.
nzuih fuqv nzuih ziu duqv nyanc nyei fuqv/the luck to eat delicacies.
nzuih gaam 嘴甜 /zuǐtián/ gorngv waac gaam nduov mienh nyei nzuih/fond of honeyed words.
nzuih gaam hnyouv im 嘴甜心苦 /zuǐtián xīnkǔ/ gorngv waac gaam nyei mv baac hnyouv im haic/to talk sweetly but bitterly heart.
nzuih gorqv 嘴角 /zuǐjiǎo/ i bung nzuih gorqv/corners of the mouth.
nzuih gorqv huv nzuih gorqv nzaeqv huv nyei baengc/sores or cracks in the corner of mouth.
nzuih guai 嘴乖 /zuǐguāi/ gorngv waac guai nyei nzuih/a sweet talkative.
nzuih haih gorngv nzuih mbiangc haih gorngv haic/able to speak friendly way.
nzuih haih huaac haih gorngv nduov nyei nzuih/to talk fluency but untrue.
nzuih haih wuotc haih gorngv nduov nyei waac/able to talk sweetly in lying.
nzuih henv haic nzaeng-ngaengc henv haic nyei nzuih/a quick mouth.
nzuih im butv baengc mienh haiz ganh nyei nzuih im/bitterly taste in one's mouth as a sick person.
nzuih jiu tong gorngv waac jiu tong/the communication by oral.
nzuih mv mbiangc maiv haih wuotc nzuih baengx/unskilled in talking.
nzuih maaz haih porv fai haih waengc leiz nyei nzuih/eloquence; eloquent.
nzuih meix 嘴唇 /zuǐchún/ i bung nzuih meix/upper and lower lips
nzuih meix nzaeqv ndie nzaatv zorc nzuih nzaeqv nyei ndie/balm; lipsticks.
nzuih meix zuo nzuih mbienv-mbienv zuo-zuo wuov/pursed lips.
nzuih mienx haic nzuih siepv mv horpc gorngv yaac gorngv/to blurt out.
nzuih mueix 口味 /kǒuwèi/ nzuih haiz kuv nyei mueix doc/taste of the mouth.
nzuih ndaang dorngh nziuc ndaang nzuih nyei dorngh/a chewing gum.
nzuih ngaengc 嘴硬 /zuǐyìng/ nzaeng nNgaengc henv nyei nzuih/to reluctant or unwilling to admit error.
nzuih nqaai 口干 /kǒugān/ **1** nzuih nqaai mv maaih wuom/without saliva. **2** jaang nqaatv 口渴 /kǒukě/ thirsty.
nzuih peux nzuih mun peux. Gj: nzuih Piuqv/to have blistered in the mouth.
nzuih piatv haic mv horpc gorngv nyei yaac gorngv/quick and thoughtless in speech; to speak rashly.
nzuih piuqv nzuih piuqv; nzuih peux/to have badly blistered in mouth.
nzuih qiex 口音 /kǒuyīn/ gorngv waac cuotv nzuih nyei qiex/an ascent; tone.

nzuih siepv 嘴快 /zuǐkuài/ nzuih mienx haic/rashly in speech; incapable of keeping secrets.

nzuih sopv 1 haiz nzuih sopv/to feel rough in one's mouth. **2** gorngv waac mv mbiangc/not a smooth talker.

nzuih zaamv nzuih zaamv oix nyanc sui nyei ga'naaiv/to feel impaired taste in the mouth.

nzuih zaanc nzuih piatv haic/a quick that unable to keep a secret.

nzuih zaanh 口水 /kǒushuǐ/ nzuih nyei wuom fai wuom-nzuih/saliva; spittle.

nzuih zueix maiv nzaaux nzuih, nzuih zueix/bad odor from mouth; bad breath.

nzuih zueix-yangh butv liuz baengc haiz nzuih zueix-yangh/unpleasant taste in the mouth after sick.

nzuih[2] pm. 口, 洞 /kǒu, dòng/ mbuoqc nyei nzuih; ongx nyei nzuih/an opening hole.

ga'naaiv-mun nzuih mun wuov norm dorngx nyei nzuih/an opening wound.

nzuiv pm. Hlauv-nzuiv. Gj: hlauv-nzai/the small bamboo bushes.

nzuiz[1] w. zorqv biaav nzuiz bieqc naang nyei kuotv/to stick into a hole.

nzuiz faaux bun nzuiz ndaauv nyei ga'naaiv faaux mingh bun/push a long object up for someone up there.

nzuiz jiex daaih fongv nzuiz jiex mingh To push or slide over.

nzuiz zaangh bieqc nzuiz zaangh bieqc bun douz buov/to push firewood in.

nzuiz[2] pm. Beic ndiev bingx jienv bun/to do conspiracy thing.

nzuiz nyaanh beic ndiev bun nyaanh mienh tengx caengx sic fai bingx sic/to pay bribe money. Gj: nyaanh hmuangx.

nzuiz[3] k. hopv wuom njiec nzuiz zuqc mba'zorng nqungh ngaetc nyei/to choke with water in the nose.

nzun[1] w. ndoqv jienv m'nqorngv nzun jiex ga'ndiev/to lower one's head and walk under something.

nzun bieqc biauv-ndiev nzun njiec biauv ndiev/to crawl into the basement.

nzun lomc-mbiorqc nzun jienv bieqc lomc-mbiorqc/to crawl under bushes.

nzun[2] ls. nyunc muangx; nyunc gan; nyunc ei jienv/willing to obey; to follow.

nzun auv houx-norngc mv noic duqv auv nyei nqox, mv dorh leiz nyei waac slang, a husband powerless than wife.

nzun houx-norngc ndoqv zuqc mienh nduov zuqc, se beiv nzun bieqc mienh houx-norngc ndoqv.

nzun mienh ndaatv-ndiev nyiemc suei muangx mienh gunv, se beiv nzun mienh ndaatv-ndiev/obey someone leadership.

nzunc nz. nzunc baav; camv-nzunc; yietc nzunc/one time; an occasion.

aengx nyanc nzunc aengx lorz hnaangx nyanc nzunc/to eat once again.

camv-nzunc ziex nzunc nyei/several times; many times.

da'yietv nzunc daauh nzunc; jiex gorn wuov nzunc/the very first time.

da'hnaav nzunc yietc gau jiex daaih wuov nzunc/previous time.

nzunc-nzunc mbu'ziex nzunc yaac fai haaix nzunc yaac/every time.

wuov nzunc hnoi meih biaux yie maiv noic duqv mv baac haaix zanc meih nzuonx daaih *wuov nzunc hnoi* nor yie manc njaaux bei meih.

yietc hnoi yietc nzunc yietc hnoi maaih yietc nzunc/once a day.

nzunh w. wuom ndortv mbaengx nzunh njiec/forceful of water pouring down.

bungx wuom nzunh bungx wuom cuotv nzunh njiec nzaaux sin/to shower.

nzunv[1] pm. miev-yaang nzunv-nzunv nyei maqc gau/to growth very close together as sprout out of seeds.

nzunv[2] n. yie nyei nzunv. Gj: lauz/slang, my home; my house.

nzunx m, w. longc buoz fongv nzunx kuotv nyei nzunx/a hand drill.

nzunx-jaix zuei njiec nzunx jienv bieqc wuov diuh hlieqv-jaix.

nzunx kuotv nzunx norm kuotv bieqc mingh/to drill a hole.

nzunx tong nzunx tong cuotv norm kuotv da'aqv/to drill through.

nzunx wuom-kuotv longc nzunx ndau nyei domh nzunx, nzunx wuom-kuotv use to drill machine to drill a well.

nzunz w. nzeiv nzunz m'nqorngv haiz nyih nyungx nyiepc nyei/feel head lice crawling around the head.

nzunx ndaatv-ndiev 1. jai-dorn nzunx bieqc jai-maa nyei ndaatv-ndiev. 2. se beiv muangx mienh gunv hnangv.

nzung[1] m, d. 歌 /gē/ nzung-baaux; nzung-cenv; nzung-doqc; nzung-ei; nzung-laaux fai sai-nzung. Gj: gaa, gor, fei/a song; a lyric poem.

baaux nzung tor qiex jienv qiex ndaauv nyei baaux/to sing a song.

baaux nzung sieqv baaux nzung nyei sieqv/a female singer; a songstress.

benx nzung benx cuotv diuh nzung daaih/to compose a song.

cenv nzung hopv cing-jaa diuv cenv nzung buang kuv waac bun siang-laangh caux siang-mbuangz/to sing song when proposing a toast at the wedding meal.

gitv zingh nzung baaux gorngv hnamv doic nyei nzung/a love song.

laaux gu'nguaaz nzung laaux nguaaz bueix njormh nyei nzung/a song which to lull a child to sleep.

liuc leiz nzung zorng-mbenc baaux nzung nyei gong/prepare song to sing.

naanc zingh nzung sux naanc zingh nyei nzung/a song recount about one's tragedy or difficulty.

nzung-biangh beiv biangh beiv biouv nyei nzung/a tradition fantasy song.

nzung-bom yietc nyungc nzung-guanh fai nzung-ormv/a group of poem song.

nzung-cenv cenv nyei nzung, naaiv nyungc nzung se nzengc-nzengc cenv yiem zoux cing-jaa nyei yinh wuic/an Iu Mien/Yao folk song which to chant at a wedding ceremony.

nzung-ceng baaux ceng nyei nzung/a song of praise.

nzung-doqc 1 mangc jienv sou tor qiex doqc nyei nzung/a song which to sing by reading. **2** gorngv doqc mienh nyei nzung/a song which to criticism or hurt someone's feeling.

nzung-eix nzung nyei eix-leiz gorngv taux haaix nyungc/theme of a song.

nzung-eix ndo aqc duqv bieqc hnyouv nzung nyei eix-leiz.

nzung-faang dapv nyaanh bungx nzung muangx nyei faang/a music box.

nzung-fei 歌诗 /gēshī/ longc janx-kaeqv waac baaux nyei nzung/poems song.

nzung-fienx fiev mingh douc fienx nyei nzung/a letter song.

nzung-gorn fiev nzung jiex gorn nyei waac/introductory section of a song text.

nzung-gouv zunh gouv nyei nzung/story written in song.

nzung-heix 歌舞 /gēwǔ/ laqc heix caux beaux nzung nyei nzung/song and dance.

nzung-heix guanh 歌舞团 /gēwǔtuán/ Yietc guanh cangx heix laqc heix mienh.

nzung-hleix beaux nzung zangc; beaux nzung nyei mienh/a singer; well-known vocalist.

nzung-junx ormv gorngv ziepc nyeic fingx Iu-Mienh nyei nzung/a song about twelve surname of Iu-Mienh people.

nzung-luic beaux luic sieqv-dorn houh saeng cuotv ka'ndau nziaauc nyei nzung.

nzung-muonc beaux naaic waac nyei nzung/a song that sing to ask question.

nzung-mbomz ziangh guanh mienh juangc jienv baaux nyei.

nzung-nangv 1 fiev daaih nangv nyei nzung/short song. **2** Giduc mienh baaux ceng nyei nzung-nangv.

nzung-ndaauv 1 fiev ndaauv nyei nzung/a long poem song. **2** Giduc mienh baaux ceng nzung-ndaauv.

nzung nyei pou hnangv ha'nor longc qiex baaux nzung/the melody of a song.

nzung nyei waac 歌词 /gēcí/ baaux nzung nyei eix/literary language.

nzung-nzamc 1 aengx hluotv nqaang baaux nzunc/repeated of song. **2** Giduc mienh ceng nyei nzung-nzamc.

nzung-oeix tor qiex ndaauv oeix oeix baaux nyei nzung.

nzung-ormv ormv jienv gorngv ndo nyei nzung/poem song.

nzung-pou hnangv haaix nor tor qiex baaux nzung nyei pou/tune and melody of a song.

nzung-pou hoc zatv "piano" nyei pou jangx-hoc/musical notes.
nzung-qiex baaux nzung nyei qiex/the singing tunes.
nzung-sing baaux nzung nyei sing-qiex the singing voice.
nzung-sou baaux nzung nyei sou/a song book; a hymnal book.
nzung-ziec laengz zingh nyei nzung/an Iu Mien traditional thank you song.
sai-nzung laqc houc zienh nyei nzung.
setv mueiz nzung baaux setv mueiz wuov diuh nzung/a closing song.
wuic buangh nzung baaux wuic buangh nyei nzung/to sing an introduction song.
yietc zeiv nzung yietc zeiv fiev daaih nzipv jienv nyei nzung/a written song.
zeiv-muic nzung fiev lorz muoz-doic cien-ceqv nyei nzung/a written song to search one's relatives.
zingh youh nzung m'jangc m'sieqv gorngv hnamv nyei nzung/a love song.
zoc nzung hnamv cuotv fiev njiec benx nzung/to compose song.
zoc nzung mienh fiev nzung mienh/a song composer.

nzung[2] pm. mv ngaengv gaengh la'guaih nzung bieqc/to enter without notify.
tiux nzung bieqc tiux nzung bieqc mienh nyei biauv/run into someone's house without knocking the door.

nzung[3] aengx lorz mangc "naang-nzung, mbiauz-nzung" nyei eix-leiz.

nzungh d. ndiangx-nzungh; miev-nzungh the root of a tree or a plant.
da'dingx nzungh njiec zaqc ga'ndiev wuov diuh nzungh/taproot or main root.
miev-nzungh miev nyei nzungh/roots of the grass.
ndiangx-nzungh ndiangx nyei nzungh the roots of a tree.
njiec nzungh cuotv nzungh ziangh njiec ga'ndiev ndau/to put down the roots.
nyaah nzungh nyaah nyei gorn/the root of a tooth.
nzungh liangv njiec nzungh maiv ndo. dgw: nzungh ndo/shallow roots.
nzungh muonc faix muonc wuov deix nzungh/small roots.

nzungx wj. duih borqc ndortv njiec nzih nzungx nzin nyei/to bounce up.

nzuonx w. 返回 /fǎnhuí/ daaux nqaang nzuonx; daaux sin nzuonx/to return.
bun nzuonx bun nzuonx daaux nqaang to give back; to let back.
daaux nzuonx daaux nzuonx daaih/to turn opposition.
fungx nzuonx 送回 /sònghuí/ fungx daaux nqaang nzuonx/to send back.
nzuonx aqv nzuonx biauv aqv/let's go home; let's return home.
nzuonx daaih daaux nqaang nzuonx daaih/to come back.
nzuonx dongh mienv gorngx mienh nzuonx dongh nyei sic. Gj: butv dongh man possessed by spirit and shaking.
nzuonx dungz-junh zunc dungz-junh nzuonx bun ong-daa maa-die nyanc.
nzuonx fin zuqv m'sieqv dorn lui butv dongh mbouv guaax nyei sic/a kind of divination by wearing a woman jacket.
nzuonx gitv nz. nzuonx seix; jiex seix; guei seix mi'aqv/deceased; death.
nzuonx guei zw. sipv mienv mienh heuc wuonh nzuonx nyei zieh waac/to come back, ritual language.
nzuonx-lunx se hnangv, mienh gox mv baac aengx nzuonx-lunx ndin nzunc/to act like youthful again.
nzuonx maengx nzuonx biauv wuov bung. Dgw: mingh maengx/a returning journey; on the way return home.
nzuonx mi'aqv nzuonx biauv mi'aqv already be gone home.
nzuonx ndaamv-jauv nzuonx jienv yiem ndaamv-jauv/on the way to return.
nzuonx ngoih jaa nzuonx auv nyei dae maa nyei biauv/return to the woman's parental home.
nzuonx-njuotv ngau njuotv daaux nzuonx daaih/to curved backward.
nzuonx-njuotv qiex baaux nzung nyei qiex-njuotv/to twist voice in singing.
nzuonx-nyunc lungh nzuonx-nyunc oix diuh mbiungc aqv/changed of weather.
nzuonx seix aengx torqv saeng nangh nzuonx daaih/reincarnated; life again.

nzuonx-setv deix jiex gorn nyiemz deix aqv/beginning to change color.

nzuonx-sin mv daaih gong beqv bun sin mv daaih zoux ganh nyungc/too busy to get another thing done.

nzuonx taux nzuonx taux biauv fai taux dorngx aqv/to return and arrive at.

nzuonx wuonh gorqc jaang jangx zuqc aqv/be aware; be alert.

nzuonx zaaix mingh zaaix bung/to turn to left; to face to the left.

nzuotv m., n. hnyouv nzuotv haic doqc sou mv faaux/to have poor memory or mentally dull.

nzuqc[1] m, z. nzuqc dorn; nzuqc ngau fai nzuqc limh/general knife.

nzuqc baeqc mv haih jiex nzingx nyei nzuqc/a stainless steel knife.

nzuqc dorn faix nyei nzuqc/small knife or pocket knife.

nzuqc dueiv nzuqc dorn nyei dueiv laic wuov bung/the tip of a knife.

nzuqc guqc nzuqc da'mueiz nyei wuov norm guqc/hooked end part of a knife.

nzuqc hmien 1. laic wuov bung nzuqc. Gj: nzu'hmien/the knife blade. 2. nzuqc hmien maengx. Gj: nza'hmien/in front; front side; the forward part.

nzuqc jouv zaengx nzuqc wuov nqanx ndiangx/a knife handle.

nzuqc kou kou nzuqc jouv zaengx nzuqc wuov norm hlieqv-kou/a knife sleeve.

nzuqc laic nzuqc laic nyei. Dgw: nzuqc ndorngv/a sharp knife.

nzuqc limh longc gaatv mbiauh, gaatv miev nyei nzuqc/a machete that has a hooked blade.

nzuqc ndaauv longc mbungh sin borngz sih nyeic nyei nzuqc/a sword.

nzuqc ndorngv nzuqc mbiorn haic mv laic/a dull knife.

nzuqc ngau longc zaqv liangx nyei domh nzuqc/a big machete with hooked at the end.

nzuqc ngunz hoz ndorngv wuov bung nzuqc/the back edge of a knife.

nzuqc nzipv haih nzipv nyei nzuqc dorn/a pocket knife, which can be fold up.

nzuqc nzuih nzuqc hngaqv zuqc liuz nyei nzuih/an opened cut by knife.

nzuqc paiv cipv nzuqc nyei paiv/a sheath for a knife.

nzuqc pakc hngaqv mbungv nyei domh nzuqc/big machete for cutting bone.

nzuqc qaa zaengx bieqc nzuqc jouv wuov se *nzuqc qaa*/the narrow back end of a knife blade which goes into handle.

nzuqc tongv nzuqc jouv topv bieqc wuov norm kuotv/the socket of a knife.

nzuqc[2] wj. nzuqc maengx mienh; nzuqc maengx henh sic/outsider; unconcerned matter. Gj: nza'maengx.

nzuqv[1] m., d. hlauv-lunx paaix bieqc nyei daaih longc zoux hlaang ndoh ga'naaiv fai njaapc njongc/thin strip of bamboo which is twisted to tie things up.

cunx nzuqv njaapc njongc bun dauh mienh yiem ga'nyiec ziqc njongc cunx nzuqv bieqc bun gu'nyuoz wuov dauh.

niouv nzuqv niouv nzuqv ndoh jienv ga'naaiv/to twist bamboo strips to tie.

nzuqv-dieh longc nzuqv zieqv nyei dieh/a bamboo strip woven table.

nzuqv-ziqc longc nzuqv zieqv nyei ziqc a bamboo strip mat.

paaix nzuqv paaix hlauv bieqc nyei zoux nzuqv/split bamboo into thin strips.

ziqc nzuqv paaix zieqv ziqc nyei nzuqv strips for weaving a mat.

nzuqv[2] w. **nzuqv mbiungc** ba'baac bun mbiungc liemh ndorn/to play and get wet in the rain.

nzutv w. nzutv lai dorh lungh aanx/wrap up in a tight bundle form.

longc normh nzutv longc normh nzutv ga'naaiv/wrap up with leaves.

nzutv-laic zeuz yietc nyungc loz-zeuz mienh nyei mbuox/Mien family name.

nzutv m'nqorngv m'sieqv dorn nzutv m'nqorngv liuz nqa'haav cingx aengx beu m'nqorngv-beu.

nzutv norz nzutv zunv fiev a'fai nzutv zunv gorngv/to summarize; to make short cut; an abbreviation.

nzutv norz fiev 缩写 /suōxiě/ soqv nangv fiev deix mbungv hnangv/to use an abbreviation in writing.

nzutv zunv 1 nzutv jienv zunv nyei/to pack together. **2** gaatv nangv fai soqv nangv/to make short cut in talking or in writing sentence.

nzutv zunv gorngv gaatv zaqc gorngv nangv nyei/to speak in short cut way.

O

o[1] /o/ nyic ziepc cietv norm nzangc-maac yiem Iu-Mienh/Yao nyei waac.

o[2] zmb. 噢 /ō/ (indicating sudden realization). O, meih daaih orqc. Oh, you're come. O, zeiz nyei m'daaih hnangv meih gorngv m'nor. Oh, yes I agree with you. O, hnangv m'nor?. Oh, it's that right?. O, yie mbuo mv baac duqv haiz meih nyei fienx nyei. Oh, yes we heard about you in the news.

O Mbaa Ndi m. 俄巴底亚书 /ébādǐyàshū/ yietc buonv zengx-ginx sou nyei mbuox a book of Obadiah, in the Bible.

o nzongh m. lungh nqaeqv; lungh mbuov fai lungh maeng, o nzongh se heuc gan English *ozone*/an ozone layer.

oyo 噢唷 /ōyō/ oyo, hnangv naaic?. 噢唷,原来是这样吗? Oh, is it like that?.

o' wm. o'yorz, fungc hnangv naaic?. Oh, how can it be like that?. Gj: a'yoz.

oc w. tov tengx dangh yie oc/please help me. Tov meih maiv dungx gorngv aqv oc. Would you please stop talking.

oh wm. 哦 /ó/ oh, jangx zuqc aqv; oh, mv zeiz lorqc; oh, yie la'kuqv mi'aqv/an (interj) oh, ah, as in oh, yes; oh, no. Oh, meih orqc! yie laaic duqv janx norh aex. Oh, it's you! I though it was someone else. Oh, jangx zuqc aqv. Oh, I remember now. Oh, zeiz nyei. Oh, yes that's right.

ov hq. ov, gengh lauh haic mv buatc meih aqv/to show surprise or disappointment. Ov, meih daaih orqc. Oh, I'm glad you're come. Ov, gengh laengz zingh gau aqv. Oh, I am very thankful for that.

ox[1] w. **ox hoic** gox jaav-sic hoic mienh/to harm someone without evidence.

ox-ox wuov buatc sox-sox wuov/sickly look; unhappy look.

ox[2] d. ox, yaauc aqv; ox, zeiz aqv; ox, m'daaih lorqc/yes, that is terrific; yes, that's correct; yes, it is.

ox, hnangv m'nor lorqc aeqc zeiz nyei hnangv m'nor/oh, yes like that way.

ox, mv zei weqv aeqc zeiz nyei m'daaih hnangv naaic/yes, that's right or correct.

ox[3] pm. ox jorm deix; ox dangh hnaangx; ox dangh lai/to warm up food.

ox dangh cie tekv zieqc cie ox dangh jorm deix/to warm up car before drive.

ox jorm louh 微波炉 /wēibōlú/ longc ox jorm nyei louh/a microwave.

ox[4] zmb. baeng m'normh muangx longx ox. Gj: wox/please listen carefully.

mv dungx zoux ox gorngv mbuox mv dungx zoux/please don't do.

ox[5] lz. kouv meih ox; laengz zingh camv ox/thank you so much for troubled you.

oz d. oz, haiz aqv lorqc/okay, I hear you; alright I am positive; I will.

oz, yie daaih aqv yie ziouc daaih ih zanc aqv/okay, I am coming right now.

oz, yie hiuv aqv yie bieqc hnyouv meih gorngv aqv/okay, I understanding what you said; alright, I know.

oeix d. se hnangv dorn heuc dae aac, dae ziouc dau oeix/an interjection sound of yes, I hear you, do you need me.

oeix baih gorngv mbuox gu'nguaaz baaux nzung nyei waac/to sing.

oeix, haaix nyungc se hnangv muangx mv nangc cing naaic daaux nqaang/yes, what is it; what did you say.

oeiqc hq. caux hngongx nyei mienh gorngv waac, beiv hnangv longc buoz yietv patv ninh ziouc gorngv oeiqc! mangc naaiv maah!/to get an attention of deaf person with one's hand touching and calling at the same time.

oih pm. ga'sie oih oih wuov, mv dorh leiz nyei waac. Gj: duc-duc, aeng-aeng, hoih hoih/slang, full of stomach as pregnant woman.

oih gu-nguaaz maaih gu'nguaaz, se mv dorh leiz nyei waac/slang, be pregnant.

Ohio m. yietc norm ziou, yiem Z.B bung maengx Meiv Guoqv, ziou nyei domh mungv heuc Columbus.

oix[1] w. oix longc; oix nyanc; oix mingh; oix hiuv; oix jatv/want; to want; eager; crave; desire; wish for; long for.

oix benx 1 oix butv zoih/wish for rich. **2** oix tiuv benx/very likely to become.

oix buangh doic oix wuic buangh/want to meet each others.

oix buatc haic gengh oix duqv buatc haic/eager to see; want to see badly.

oix caux doic oix gan doic a'fai caux doic/like to be with each others.

oix cornx sic oix ceux sic nyei mienh/a person like to make trouble.

oix cuotv oix lamh cuotv aqv/almost come out; likely to happen.

oix daic haic aqv oix lamh deix daic haic aqv/nearly to die.

oix duqv oix lamh deix duqv aqv/likely to get; likely to have.

oix fi=hnangv nyei oix lamh fih hnangv nzengc/almost the same; very similar.

oix guoqv hnamv guoqv; hnamv ganh nyei deic-bung/patriotic; patriotism; to love one's country.

oix haic hnyouv nyunc duqv haic/want it badly; curiosity; strong desire.

oix hingh oix duqv hingh hnangv/want to win or preeminence.

oix hiuv haic oix duqv hiuv taux/eager to know; wanting to know.

oix hoqc jienh hoqc haic/like to learn; diligent in learning.

oix hnangv haaix nor daav za'eix oix hnangv ha'nor zoux/how do (we) going to handle or to manage.

oix kuh jatv zoux bun gengh kuh jatv to be laughable; very funny.

oix lamh deix gengh oix lamh deix haic aqv/approximately; almost; nearly.

oix lov hnyouv gunc haiz oix lov/to feel vomiting; nauseated.

oix longc jiez hnyouv oix longc/wanted to use, to buy, to spend.

oix longc haic gengh jiez hnyouv oix longc haic/very interesting to buy.

oix m=njormh m'zing juix oix bueix njormh/sleepy; sleepiness.

oix maaic oix cuotv buoz nyei/want to sell something; to for sale.

oix maaih 1 oix zuqc maaih/have to have. **2** oix butv zoih/eager to be rich.

oix maaiz nyunc duqv oix maaiz/desire to purchase; interest to buying.

oix mangc oix duqv buatc/want to see something.

oix mienh 1 hnamv mienh/like people. **2** sweetheart; lovely person.

oix muangx oix haiz sing-qiex/want to listen; enjoy listening.

oix nyanc ngorc oix nyanc/like to eat.

oix nyanc hopv kungx oix nyanc oix hopv hnangv/enjoy eating and drinking.

oix sorngx qaqv oix zoux sorngx qaqv nyei gong/like to do exercise.

oix tiux heix oix laqc heix jauv/to like dance and have fun.

oix yangh jauv oix mingh yangh jauv sou sin/like to walk or to stroll.

oix zoux gong jienh oix zoux gong/like to work; diligently.

oix[2] pm. oix doic; hnamv oix/to love; to like; an affection.

fi'oix doic 1 fi'hnamv doic; laanh oix laanh/love each others. **2** m'jangc caux m'sieqv fi'oix doic/sexual passion.

oix fim hnamv nyei hnyouv fai oix nyei hnyouv/kind heart; loving heart.

oix[3] w. oix zuqc/ought; should. Gj: aav zuqc, aa zuqc/must be; to be obliged.

oix zuqc a'hneiv zuqc zoux njien-youh a'hneiv/have to be happy with.

oix zuqc doix oix zuqc doix-diuc/must be match up with.

oix zuqc horpc doic oix zuqc caux duqv horpc/must be suitable.

oix zuqc muangx oix zuqc muangx nyei should listen; ought to listen.

oix zuqc zoux gengh oix zuqc zoux nyei/must do; ought to do.

o keh gw. longc nyei; horpc nyei; yaauc nyei; longx aqv, *o keh* se gaav congh English *OK, okay* daaih.

Oklahoma m. yietc norm ziou, yiem Z.N bung maengx Meiv Guoqv, domh mungv mbuox heuc Oklahoma City.

om pm. mouc om; lungh om. Gj: mouc ormx/to be hazy; foggy; overcast with low cloud or smoke.

omx w. omx daaih biortv-biortv wuov. Gj: fouh/to swell up caused by injury.

m'zing omx (mueiz danx) m'zing omx ndorpv-ndorpv wuov/to swell up eyelid because stung by bee.

omx-omx nyei gengh omx camv haic/to be very swollen

sin-omx baengc sin omx fai fouh nyei baengc/dropsy; to have edema.

ong[1] nyc. **1** dae nyei dae se benx yie caux yie nyei auv nyei ong/one's or spouse's grandfather. **2** dorh leiz nyei waac heuc m'jangc mienh gox mienh/a term of address old man.

i m'gux-ong ong caux gux i hmuangv an old couple; grandparents.

ong-benx butv zoih wuov dauh ong. Gj: ong-maaih/an old wealthy man.

ong-buoc nqox nyei dae se yie nyei ong-buoc, mv baac yie heuc ninh zoux die/father in-law one's husband's father.

ong-butv-zoih ong-benx fai ong-maaih a rich old man; wealthy old man.

ong-daa auv nyei dae se benx yie nyei ong-daa, mv baac yie heuc ninh zoux die/father in-law one's wife's father.

ong-gox gox nyei wuov dauh ong/an elderly man; old man.

ong gux nyaanh bungx sieqv-fun maeqv bun ong gux nyei nyaanh/grandparents fees, part of money pay to grandparents as when granddaughter gets marry.

ong-henv gox mv baac sin tiv henv nyei ong/a healthy old man.

ong-jomc jomc nyei ong, mv dorh leiz nyei waac/a poor old man.

ong-ndoqc nduqc dauh ong hnangv mv maaih hmuangv doic/old man without a spouse and children.

ong-njapv gatc nyei njapv nyei wuov dauh ong/a miserly old man.

ong-piaav, **ong-piev** mengh hoc hlang nyei laangz-ziouv/a district official; a high ranking headman.

ong-siaam heuc cuotv siaam ong nyei waac/an old man with beard.

ong seix ong nyei seix zeiv; ong wuov seix/the generation of grandfather.

ong-taaix dae maa nyei ong se benx yie caux yie nyei auv nyei ong-taaix/a great grandfather; great grandpa.

ong-taaix mv zoux ziouv wuonc qiex aiv buangh zuqc sic se beiv ong-taaix mv zoux ziouv/to have a bad luck.

ong-taaix-mienv ong-taaix jaa-fin a'fai ong-taaix mienv/ancestor spirits.

ong-taaix-ngaeqv dae maa nyei ong-taaix se yie caux yie nyei auv nyei ong-taaix-ngaeqv/a great great grandfather.

ong-taaix zouv biopv ong-taaix nyei zouv-gemh/a great grandfather's grave.

ong-taaix zoux ziouv mienh ding longc wangc siangx nyei sic.

ong-yieh nz. aaux benx nzung nyei waac gorngv ong/grandparents.

ong-zeiv yie nyei ong-zeiv; yie nyei die; wuov dauh ong-zeiv/a general term for father or old man.

zaux-ndoqv-ong zaux-ndoqv-nyeiz, mv baac maaih bung baav mienh se heuc zaux-ndoqv-ong/the big toe.

zoux-sai ong haih zoux sai sipv mienv nyei ong/a high ranking ritual master.

ong[2] pm. ong-ong wuov hlo gau mv fungc aqv/to be huge or extremely large.

ong daax ong wuov hlo gau ong daax ong wuov/extremely large; huge large.

ong[3] cm. ong-aiv; ong-baac; ong-dutv; ong-loz; ong-mbornh; ong-ngingv; ong-tortc; ong-saan; ong-sux, yietc zungv se mienh nyei heuc a'nziaauc nyei mbuox.

ong-aa nz, n. norqc aa, se benx nzung gorngv nyei waac/a crow.

ongv aengx lorz mangc "ga'ongv, zaux-ongv" nyei eix-leiz.

ongx m., n. nie-ongx. Gj: ngaeng/a jar, which made of clay with a wide mouth but no handle.

diuv-ongx longc dapv diuv nyei domh ongx/a large jar for storing wine.

ongx-nzuih ongx nyei nzuih/the mouth of a large jar.

wuom-ongx dapv wuom nyei domh ongx/a large jar for storing water.

opv[1] w. opv jienv bun zuoqc, huv/to cover a period of time to be mildewed.

opv biouv zorqv ga'nyongh gomv jienv biouv opv jienv bun zuoqc siepv/to cover fruit so it ripe quickly.

opv cueix opv jienv bun haih cueix/to deteriorate so it will mildewed.

opv lai an wuom zoqc nyei opv lai/to cook vegetables with very little water.

opv miev 1 to kill grass by fumigate. **2** to mildew the grass.

opv orv an wuom zoqc nyei opv orv/to cook meat with stir fry style.

opv zoux buonx opv huv daaih zoux mbuonx/to mildew something and use them for fertilizer.

opv[2] pm. mouc opv; lungh opv; sioux opv. Gj: om/to cover with smoke or clouds.

douz-sioux opv douz nyei sioux ormx jienv/to cover with smoke.

lungh opv haic lungh faaux mbuonx om jienv/a cloudy sky; overcast.

opv-opv nyei sioux camv opv-opv nyei congx faaux/smoggy shoot upward.

opv[3] zh. opv-opv nyei zueix gau/very bad odor; stinky; odoriferous.

domh zueiz-opv zueiz-huv nyei qiex/to be musty smell.

opv[4] pm. yie opv congx norqc nqo ndortv mi'aqv/I shoot a dove and fall down.

opv wuov ngaanc zorng ninh nduqc dangh hnangv opv taux wuov ngaanc bung zorng mi'aqv.

oqv[1] q. oqv oc, yie zoux dorngc mi'aqv/an interjection of mistake or surprise.

oqv oc mv fungc aqv eix-leiz se zoux dorngc mi'aqv/uh-uh it is awful.

oqv[2] nz. **1** aaux benx nzung gorngv gen/a room. **2** biauv/dwelling; home; house.

oqv leiz biauv gu'nyuoz/in the home; in side a house; home;

oqv[3] hz., n. oqv-guei, aaux benx nzung gorngv doc/turtle; tortoise.

or aengx lorz mangc **buoz-zaangv-or** wuov joux nyei ei-leiz.

or weix yietc nyungc tengx ga'sie mun nyei janx-kaeqv ndie/a kind of Chinese medicine for stomach ache.

Oregon m. yietc norm ziou, se yiem Meiv Guoqv F.B bung maengx, ziou nyei domh mungv heuc Salem.

orv[1] m., nd. 肉 /ròu/ **1** nyungc-nyungc saeng-kuv nyei orv/meat; fresh; muscle; bodily tissue. **2** gemh orv/game.

orv-baeqc orv-junc baeqc nyei wuov nyungc orv/fatty meat.

orv-biouv 肉球 /ròu/ orv-ndunh junh nyei/a meat balls.

orv-buov dapv hlauv-ndongh buov fai laam nyei orv. Gj: ziqv/meat toast.

orv-daic orv-ziu hoz nyei dorngx/thick muscle meat.

orv-deic orv ziangh duqv zietc fai fong nyei sic/to be strong or weak physical.

orv-dingx gaatv yietc diuh, yietc diuh cunx nzuqv ndiux nyei orv/sliced meat.

orv-dongx orv zouv dongx daaih/meat broth; meat jelly.

orv-faauv dungz-ndopv zin faauv daaih fai orv-junc zin hmei liuz wuov deix orv-jouz/crisply deep fried pork skin.

orv-hlangv orv-nziu mbu'ndongx qangx nyei dorngx/meat cell.

orv-henz buonv duqv orv nyei hnoi, se heuc orv-henz longx nyei hnoi.

orv-hmei orv zorpc jienv hmei/the meat mixed with fat together.

orv-jaic orv-nziu hnangv maiv zorpc zuqc hmei/lean meat; meat without fatty.

orv-jaan maaih jaan zorpc jienv nyei orv/meat with tendon or sinew.

orv-jaangh dungz-jaangh gunx orv daaih/meat sausage.

orv-junc kungx hmei hnangv mv maaih orv-nziu. Dgw: orv-jaic/fatty meat.

orv-junc hoz yietc kuaaiv orv-junc hoz nyei/thick fatty meat.

orv-kuaaiv gaatv daaih yietc kuaaiv, yietc kuaaiv nyei orv/sliced meat.

orv-laapc laapc jienv nzauv nyei orv-dingx. Gj: orv-nzaaih/salty sliced meat.

orv-lunx ga'naaiv-mun cuotv orv-lunx nor longx jienv mingh aqv/a raw fresh as a wound beginning to heal.

orv-mienx mbuonv-diuh peux orv-torng daaih/meat noodle soup.
orv-mbiorngz jaan zorpc orv-nziu nyei orv/meat and tissue mixed together.
orv-mbuonv orv caux hmeiv-mbuonv zorpc jienv/meat with rice flour.
orv-mbuonv sui hmeiv-mbuonv qouv orv ipv sui/meat sour with rice flour.
orv-mbungv hluei orv cuotv liuz kungx mbungv hnangv/bone after removed meat.
orv-ndunh yietc ndunh orv/meat chunk.
orv-nqaai ziqv fai pui nqaai daaih nyei orv/dried meat.
orv-nyiemz mv zouv zuoqc nyei orv/raw meat; uncooked meat.
orv-nyuoqc (jai-nyuoqc) nyei orv/dark purple meat (of chicken).
orv-nzaaih laapc jienv nzauv nzaaih nyei orv. Gj: orv-laapc/salty meat.
orv-nzaengh bangc jienv dorx orv nyei nzaengh/a meat chopping block.
orv-nziu mv maaih mbungv caux hmei zorpc nyei orv/muscle meat; lean meat.
orv-pienx yietc kuaaiv gaatv bieqc nyei orv/sliced meat.
orv-poux maaic orv nyei poux/butcher shop; meat market.
orv-sern orv-nziu dorx muonc laapc jienv fanh ziu-nzauv, ga'naaiv-ndaang nyanc nyiemz/raw meat dish, which dress with salt, onion and chili.
orv sin maaih maengc nyei sin/physical body; the flesh.
orv-sui orv ipv sui daaih/meat sour or meat pickle.
orv sui haiz orv sui fai gamh nziev/to feel unsteady; to feel prickly.
orv-torng zouv orv nyei torng/meat juice; meat broth; meat water.
orv-torng-sui dungz-nziaamv caux orv-junc zorpc lai-jaaix zouv ipv sui daaih meat sour juice.
orv-wuonh orv-mbungv wuonh lopc mau daaih/meat boiled with the bones until tender.
orv-zangv gaatv daaih nyei yietc kuaaiv orv-nziu/a sliced meat.
orv-ziqv njapv jienv ziqv zuoqc daaih nyei orv/roast meat.
orv-zuoqc zouv zuoqc fai caaiv zuoqc liuz nyei orv/cooked meat.

orv[2] m, d. hieh zoih fai hieh zoih nyei orv; domh orv/large game. Dgw. orv-dorn, fai fiuv-orv/small game.
buonv orv mingh gemh buonv orv/to go hunting game for food.
orv-dorn norqc, mbopv lo haaix/small game; small animals.
orv-mienv goux lomc zangc hieh zoih nyei mienv/spirit offering game hunting.

orx wm. beiv hnangv, cin-maanc maiv dungx muoqv orx/please don't touch.

orkc w, q. orkc orkc nyei lov/the sound made by a person vomiting.
orkc orkc deix mbuox gu'nguaaz nqorngh lov aqv/go head vomit.

ormv w. ormv waac; bingx waac nyei eix-leiz, beiv hnangv yiem go mangc buatc norm domh biauv ndorngv-ndorngv wuov mingh taux bieqc duqv biaa laanh mienh, naaiv se ormv gorngv heh/to hide or conceal a word's meaning.
ormv jienv gorngv maiv gorngv zaqc to speak without openly saying.
waac-ormv gorngv ormv jienv nyei waac/to hide a word's meaning.

ormx pm. **1** hmuangx/to be dark. **2** mouc ormx jienv/to cover with fog. Gj: mouc nzamc jienv/to be cover with clouds.
ormx coux 1 mbueiz nyei dorngx/a hidden area. **2** hmuangx nyei dorngx/an area lacking light or with thick fogs.
ormx fiem nouz jienv yiem hnyouv/to kept anger in mind.
ormx muangh sien-mouc ormx jienv muangh muangh wuov/hazy with fogs.
ormx zong zinh hnoi m'sieqv mienh yungz gu'nguaaz hmuangx wuov qongx dorngx/a darkroom, which woman give birth to a child, in ancient time.
ormx zong waac beic ndiev ca'laangh nyei waac/secretive conversation.

orn[1] w. 安 /ān/ zorc an horpc/to place; set to be permanent position.
orn baaih cuotv norm jien-mbuox bun to give an official duty.
orn dingc an dingc mv muoqv dongz aqv/to set permanently; unchanging.
orn domh congx an horpc domh congx mbenc ziangx buonv/to fixed a machine gun in position.

orn gu'nguaaz ndie hopv fai baqv tengx m'sieqv mienh maiv waaic gu'nguaaz nyei ndie/the medicine given to a pregnant woman to prevent miscarriage.

orn hnyouv gorngv waac kuinx orn hnyouv/to encourage; to comfort.

orn jaa dorng jaa yungz fu'jueiv liepc jaa-dingh nyei sic/to established family.

orn luangh mienv sipv orn geh zorng nyei mienv/to restore mountain spirit.

orn mienh gox orn mienh zoux mienh gox/appoint someone to be village chief.

orn mienv cingv mienv faaux baaih mingh yiem dingc/to give the spirits a permanent location.

orn morc an dingc morc mv suiv aqv/to set a millstone in permanent position.

orn-mbaih zorng-mbenc; liuc leiz mbenc bun/to make safe arrangement.

orn zouv beiv hnangv, biopv jienv sei lauh saeng-kuv mingh linc caaiv waaic zouv nor oix zuqc sipv orn zouv naaiv zorc mienv. Gj: yuang zouv/to restore a gravesite by a spirit priest.

orn[2] pw. baengh orn njien-youh/to be safe and peace; unharmed.

baengh orn hnyouv maiv nzauh taux haaix nyungc/peaceful of mind.

maiv baengh orn hnyouv mv maaih baengh orn yiem/to unrest mind.

orn-fiem douv hnyouv njien-youh, mv nzauh/to have peace of mind.

orn-lorqc njien-youh orn-lorqc nyei/to be comfort; to be peaceful.

orn-morh 按摩 /ànmó/ caa sin zoux bun kuh yiem/to give massage.

orn-morh nyuoz caa sin nyei m'sieqv dorn/a masseuse.

orn-zangx biopv sei njiec ndau/to bury the dead; to inter.

orn-zunh mv maaih hiuang orqv/safe or to be safe guard.

orn-zunh hlaang sai orn-zunh nyei hlaang/a safety belt (in a car, airplane).

orn-zunh nzuqc orn-zunh nyei nzuqc/a safety knife.

orn[3] cm. mienh nyei setv mueiz mbuox, beiv hnangv Zoih Orn nyei sieqv Meix Orn a'fai Gauv Orn.

orn[4] aengx lorz mangc "maaz-orn" wuov joux nyei eix-leiz.

ornx[1] w. zorqv nzuqc ornx jienv jai nyei jaang gaatv/to put a knife on a chicken neck in order to cut and kill.

ornx[2] nz. **qoux taux ornx** mingh taux dorngx/go through.

yaamc taux ornx mv taux dorngx; mv taux dauh/unreached; unconcluded.

orpv w. da'nqopv orpv njiec/to fall with stomach down. Gj: da'nqopv orm.

orpv njiec da'nqopv ndorpc njiec/fall with face down.

orpv zuqc nqa'sie ndorpc njiec zong zuqc nqa'sie/to fall on one's abdomen.

orqc wm. mbuo nyanc aqv orqc/let us go head and eat; let's eat.

orqv[1] pm. 恶 /è/ hnyouv doqc, fai hnyouv ciouv/evil; malicious; wickedness.

hnamv orqv hnamv oix zoux orqv nyei sic/evil intentions; resentment.

orqv baengc beiv hnangv Ebola se orqv nyei baengc/Ebola is killing disease.

orqv eix 恶意 /èyì/ orqv nyei hnyouv orqv nyei eix/an evil malice; evil mind; evil intentions.

orqv eix-leiz 恶习 /èxí/ maiv benx nyei fiem-fingx/a bad habit.

orqv guaix 恶兆 /è zhào/ buatc orqv haic nyei guaix/a bad omen.

orqv gueiv 恶鬼 /è guǐ/ orqv haic nyei mienv/an evil demon; a fiend.

orqv hnyouv waaic nyei hnyouv/an evil mind; wicked heart; heartless.

orqv kaeqv 恶客 /è kè/ fiem-fingx ciouv nyei kaeqv/an ill-meaning guest.

orqv kouv gorngv waac mun mienh nyei nzuih/an abusive tongue.

orqv mengh 恶名 /è míng/ waaic nyei mengh dauh/a bad reputation; ill fame.

orqv mienh hnyouv doqc nyei mienh/an evil man; harmful person.

orqv mienv 恶魔 /è mó/ ciouv haic nyei mienv/an evil spirit; Satan.

orqv mbeix 恶梦 /è mèng/ ciouv nyei mbeix/a terrify dream; a night-mare.

orqv nyinh 恶言 /è yán/ gorngv doqc mienh nyei waac/abusive language.

orqv qiex 恶气 /èqì/ waaic nyei doqc qiex/noxious air; offensive gas.

orqv qunv nyeih 恶犬 /èquǎn/ ciouv nyei juv; juv-ciouv/a fierce dog.

orqv sic ciouv nyei sic; waaic nyei sic/a serious crime; evil matter.

orqv sing-wuonh waaic nyei fienx/bad news; an evil report.

orqv waac 恶语 /èyǔ/ waaic nyei waac/an abusive language; a bad word.

orqv wuonc qiex buangh waaic nyei ziangh hoc/bad luck; ill luck.

orqv[2] aengx lorz mangc "in-orqv fai zoux in-orqv" nyei eix-leiz.

ortc pm. jaang nangv nyei ortc ortc wuov dauh mienh/that short neck person.

ou w. baeqc baeqc ou-ou wuov/describe color white mixed with grey.

ouh w. ziaaux juv nyei waac/to call or to rounding up the dog.

ouh ouh heuc juv daaih oix zuqc gorngv ouh ouh/to call a dog.

P

p /por/ nyic ziepc betv norm nzangc-maac yiem Iu-mienh/Yao nyei waac.

pa'gern, **ba'gern** m, n. se dongh *panh gern*, *piauh gern*, *baah gern* nyei fiev nangv daaih/a spoon.

domh pa'gern ndamv lai nyei domh gern/a big spoon.

pa'gern-baengx pa'gern nyei baengx; pa'gern buoz/handle of a spoon.

pa'gern-dorn ndamv torng hopv nyei pa'gern/a small spoon.

pa'laaic pm. pa'laaic nyei ga'naaiv. Gj: piex/to be poor quality of something.

zoux duqv pa'laaic haic zoux mv benx mv yaauc/to be poor skilled.

pa'laen q. yangh jauv jiex nziangc zuqc hlauv-nzai pih pungx pa'laen nyei/the sound of click clang.

pa'laetc douz manc-manc zieqc jienv ga'naaiv pa'laetc, pa'laetc nyei mingh.

pa'laetv[1] q. fuoqv yunh faaux congx pih pungx pa'laetv, pa'laetv nyei/the sound made by soldier set-up their gun.

pa'laetv gaex yietc nyungc zaeng hlopv norqc jaang nyei koux heuc "pa'laetv gaex" weic zuqc norqc yietv nyorqv ninh ziouc nzitv pa'laetv dangh hlopv jienv norqc jaang gaex-gaex nyei heuc cingx daaih heuc pa'laetv gaex/a type of snare trap to catch small birds.

pa'laetv[2] mz. **1** pa'laetv zaamv nyei mv fungc nyanc/without flavor; tasteless. **2** mv jorm hnyouv/uninterested; without any fun; unpleasant.

pa'lanv pm. **1** gorngv waac pa'lanv haic. Gj: hlungx-hluotv, nqamh ngutv/to be confused or hesitated. **2** fuoqv ndiangx domh pa'lanv wuov fuoqv mv mingh/to plane wood with jerky motion.

mienh pa'lanv mienh tiuv hnyouv henv nyei mienh/a person that always keep changing his or her mind.

pa'lanv hnyouv maaih hlungx-hluotv hnyouv/to have doubtful mind.

pa'li pa'laaix dong aax fai aax nzauz daaih nyei ga'naaiv/heterogeneous; assorted.

jomc pa'li pa'laaix nyei jomc gau yietc nyungc mv maaih/destitute and ruined.

nyanc pa'li pa'laaix ha'nyungv yaac guaih nyanc/eat whatever one can.

pa'li pa'laaix mienh mv ziangh horngh nyei mienh/gangster people.

pa'li pa'laaix waac mv lamh longc nyei waac; mv zingx dorng zingx gorngv nyei waac/foolish talk.

pa'lorkc[1] q. mbui pa'lorkc dangh. Gj: pa'lorkv, ba'lorkc, ba'lorkv/sound made by hard objects hitting the hard floor.

pa'lorkc faaux pa'lorkc njiec ziangh muonz bueix mv njormh pa'lorkc faaux pa'lorkc njiec/rolling back and forth all night long unable to sleep.

pa'lorkc[2] aengx lorz *gaeng-tiux-pa'lorkc* wuov joux mangc.

pa'lorng q. ndiux ngongh jaang nyei lingh mbui nyei qiex. Gj: pa'lorngh.

pa'lorngv pm. gorngv waac hlo pa'lorngv nyei mienh/one who talk loudly.

pa'nganz pm. butv jaang-ngaengc pa'nqanz orkc dangh lov/to gag something.

pa'nqanz lov butv jaang-ngaengc orkc dangh lov/to gag and throw up.

pa'uiv pm. nziangc zuqc ga'naaiv-mun pa'uiv aengx mun nzunc, se "paan-uiv" fiev nangv daaih. Gj: butv-uiv/a wound reinjured.

pa'yang ndongx torngv mbiungc nyei youh bux, *pa'yang* se gaav congh Janx-taiv waac daaih/a plastic sheets.

paax[1] m, k. **1** zoux sai ong longc ndongx m'nqorngv wuov kuaaiv congx jienv congx nyei paax. **2** siang mbuangz zeix m'nqorngv wuov kuaaiv paax.

paax[2] w. 怕 /pà/ gamh nziex, fai haeqv paax mienh nyei/to scare; to terrify.

paaih m, k. 纸牌 /zhǐpái/ ndouv zinh, a'fai nyienx a'nziaauc nyei paaih. Gj: paih/a playing card.

mborqv paaih mborqv paaih a'nziaauc. Gj: nyienx paaih/to play cards.

ndouv paaih an nyaanh dangc jienv ndouv paaih/to gamble by play cards.

paaiv[1] w. 批 /pī/ **1** bun-paaiv/to appoint an assignment. **2** paaiv sic 派 /pài/ paaiv cuotv mingh/send; dispatch. **3** siemv sic to judge; to determine.

paaiv baeng paaiv baeng cuotv mingh zoux gong/to dispatch troops.

paaiv bun 批给 /pīgěi/ to divide into; distribution; disbursement.

paaiv gong bun nuqv gong bun mienh zoux/to give assignment for someone.

paaiv jaa-dingh paaiv bun nqoi jaa-dingh yietc laanh longc deix/to divide up a household possessions.

paaiv-mengh **1** bun cing; biux mengh bun/clear explanation. **2** porv-baeqc/to clarity; definition.

paaiv-poux to give an assignment; to give instruction.

paaiv-poux waac gorngv njiec njaaux nyei waac/to give verbal instruction.

paaiv sic bun-dunx sic; gaatv sic/to make judgment on a matter.

paaiv sic jien dunx sic fai dingc zuiz mienh nyei jien/a judge official.

paaiv sic mienh paaiv sic nyei baengh fim mienh/a person who judge matter.

paaiv sung nzengc bun-dunx sic dauh sung nzengc mi'aqv/all matter has been settled; free from matter.

paaiv waac gorngv paaiv njiec waac bun/to give verbal instructions.

paaiv[2] w. paaiv nqoi; bun nqoi; gaatv bun nqoi/to divide; to separate into parts.

paaiv-mbiuic bun nqoi fi'mbuoqc nyei. Gj: paaiv-zuang/to divide equally.

paaiv-zuang bun nqoi i bung fi'mbuoqc nyei/to divide into two equal parts.

paaix[1] w. paaix nqoi zoux i maengx/split into two; to split open.

paaix biaaix paaix hlauv muonc daaih longc diemv douz/to split bamboo into small sticks.

paaix guaa paaix guaa benx hlengx daaih/to slice up a cucumber.

paaix in longc paaix in nyei nzuqc leqv in-biouv/to cut on opium poppy pod.

paaix nqoi paaix fai piqv nqoi/to slice open; split open.

paaix nzuqv paaix hlauv bieqc nyei benx nzuqv longc ndoh ga'naaiv/to split bamboo into thin strips.

paaix zoux i maengx paaix nqoi zoux i kuaaiv/to split into two.

paaix[2] bt. paaix mienh fai paaix saeng-kuv zorc baengc/operation; surgery.

paaix di'daanz paaix diqc daanz zorc baengc/to have surgery on the back.

paaix im paaix zorqv jaix-nduih guangc sexually sterilized; to castrate.

paaix ga'sie paaix zorc ga'sie baengc/to have operation on abdomen.

paaix gu'nguaaz paaix ga'sie zorqv gu'nguaaz cuotv/to cesarean; caesarian.

paaix gu'guaaz dorngx ndie-biauv gu'nyuoz paaix zorqv gu'nguaaz wuov qongx dorngx/caesarean section.

paaix jaaiv paaix zorc jaaiv mun nyei baengc/to have surgery on lower back.

paaix m'nqorngv paaix m'nqorngv zorc baengc/to have head surgery.

paaix zueih paaix zueih tong bun nongc cuotv/to pierce open a boil.

paaix[3] pm. paaix bun nqoi. Gj: paaiv/to divide up; to separate into groups.

paaix-mbiuic paaix yangh mbu'ndongx njiec bun nqoi fi'mbuoqc nyei/to divide equally into two parts.

paaix-zuang aengx lorz mangc "paaix-mbiuic" wuov joux.

paan[1] w. aengx paan nqaang nzuonx/to repeat; repetition.

paan i nzunc daaux nqaang i nzunc/to repeat twice; repeat two times.

paan mingh puoqv nzuonx mingh yoc aengx daaux nqaang nzuonx/to go back and forth.

paan jien-dauv m'nqorngv zuangx njiec zaux jien faaux king mingh nqa'haav bung/to somersault.

paan nqaang aengx daaux nqaang nzunc loz wuov/go over second time.

paan-pei aengx paan nqaang nzuonx gorn/to repeat over; redo something.

paan-pei gorngv aengx paan nqaang gorngv nzunc/to repeat a saying again.

paan-pei zoux jiex aengx paan nqaang zoux zunc/to redo; to do it over.

paan puoqv hlungx-hluotv hnyouv mv dingc/repeat of doubt; undecided.

paan-puoqv hnyouv hlungx-hluotv nyei hnyouv/undecided; unable to make decision; doubtful.

paan-puoqv waac dongh wuov deix waac gorngv ziex nzunc/repeat saying.

paan-uiv nziangc zuqc ga'naaiv-mun aengx mun nzunc/to reinjured a wound.

paan[2] k. yietc paan suangx; yietc paan mungz-dangx; yietc paan ziqc/a mat; a blanket; a mosquito net.

paan-paan nyei douz paan-paan nyei zietc jienv mingh/adjoining together.

ziangh paan suangx ziangh kuaaiv suangx nzengc/whole piece of a blanket.

paan[3] bz. **paan baamz** zuangx caa baamz zuqc zaux mun nor oix zuqc sipv mienv paan baamz, eix-leiz se baeng cuotv caa mv zuangx/to undo an offence done to the spirits.

paan[4] aengx lorz mangc "sopc paan" wuov jouv nyei eix-leiz.

paanv w. zorqv hlaang la'guaih paanv jienv di'dien/to tie loosely.

hmei paanv zuqc zaux yangh jauv hmei paanv zuqc zaux ndorpc/the vine caught across the leg and fall.

paanx[1] w. longc hlaang ndoh paanx daaih nyiex/to tie with straps crossed over.

m'nqorngv-beu-paanx beu m'nqorngv paanx jienv wuov nyungc mou/to wrap a turban in a cross shape.

paanx-jaapv buix kuangx mba'dauh buix aengx paanx jiex la'kuotv/to carry with straps across over the chest.

paanx suangx nzipv suangx paanx daaih nyiex/to pack blanket with strap for one to carry on the back.

paanx zaangh ndoh jienv zaangh paanx daaih nyiex/to strap up firewood for carrying on one's back.

paanx[2] pm. guaax paanx taux/to effect or to cause; consequence.

maiv paanx taux ha'dauh not effect to anyone; no body's business.

paanx taux mienh guoqv zuqc mienh caux jienv/to effect to the people.

paangh aengx lorz mangc "pangh" wuov joux nyei eix-leiz.

paapc q. aapv heuc paapc paapc nyei qiex the sound made by a duck quaking.

paev q. wuom ndortv mbaengx paev paev mbui nyei qiex/sound of pouring water from a waterfall.

paen q. buonv hnaav nzitv mbui paen dangh nyei qiex/the sound of twang as crossbow being shoot.

paenh q. haiz buonv congx mbui yiem go nyei qiex/the sound made by a gun fired at the distant.

paeng w. paeng zaux-ndiqv; paeng zaux-zin/to kick; to give a kick.

paengv[1] q. buonv congx mbui paengv dangh/bang sound of a gun fired.

paengv[2] wj. hmien paengv siqv. Gj: hongc siqv, nzanc siqv/flushed face as result of heating or drinking.

siqv-paengv youc-youc wuov nyungc siqv-hongc/shiny of blood-red color.

paengz q. mbu'ong mbui paengz dangh nyei qiex/the boomed sound of aircraft or thunder roaring.

paengz dangh mbui mbu'ong paengz dangh mbui gau/loudly boom sound of thunderclap.

paeqv pm. lui haih hlopv gau paeqv-paeqv nyei. Gj: piaeqv/to be dirty with grease.

paetc q. douz lanh lomc zieqc ga'naaiv mbeux paetc paetc deix/the sound made by firecracker exploding.

paetv[1] q. buonv hnaav nzitv mbui paetv dangh/the sound made by a crossbow when released.

paetv[2] wj. **paetv zaamv nyei** 1. mv maaih mueix. Gj: pa'laetv zaamv/tasteless or flavorless. 2. hnyouv namx/to be bored or uninterested.

pai[1] w. pai biauv-saa; pai ndiangx; pai nqoi; pai guangc; pai yuonh. Gj: fiou/to smooth off ; to chip off with a knife.

pai cang pai laic benx cang daaih/to trim down into spear.

pai maengc zoux-zorc mienh sipv mienv pai maengc nyei sic.??

pai maeqc longc nzuqc pai maeqc biouv ndutv. Gj: fietv maeqc/to chip off corn kernels.

pai ndopv pai (ndiangx nyei) ndopv guangc/to trim off the bark with a knife or with and ax.

pai ziem pai ndiangx benx nziem daaih nziem ndiangx/to shape a wedge.

pai[2] w. yietc batv pai duqv norm bienh hnangv/to write a stroke of character.

paiv m., n. cipv nzuqc paiv a'fai cipv congx/a scabbard; sheathe.

yunh paiv dapv yunh nyei paiv/a rifle clip; cartridge; magazine.

pakc aengx lorz mangc "nzuqc pakc" nyei eix-leiz.

pakv q. nauv pakv dangh mbui nyei qiex the sound of something snapping off.

Pakistan m. 巴基斯坦 /bājīsītǎn/ yietc norm guoc jaa yiem N. bung maengx Asia, hungh zingh mungv heuc Islamabad.

pan w. pan miev-gorn lorz ga'naaiv; pan m'nqorngv lorz nzeiv.

pan-yaangv jauv mbiangc gau caaiv mba'piatv pan-pan yaangv-yaangv nyei kaav deix hnangv ndorpc mi'aqv.

Panama m. yietc norm guoc jaa se yiem Z. D.N. bung Meiv Ziou mbu'ndongx, hungh zingh mungv heuc Panama.

panh[1] bm. 盘 /pán/ Iu-Mienh/Yao nyei fingx mbuox, panh se heuc ei janx-kaeqv waac, mienh waac **fingx bienh** fai **loz-bienh mienh** mv baac heuc gan janx-taiv waac se heuc **saephan**.

Gueix-Foux Bienh se benx yietc laanh pou-tong mienh yaac mv doqc sou hlang, mv baac ninh hnamv haic Iu-Mienh (Yao) naaiv fingx mienh, weic hnamv ninh longc nzengc hnyouv, longc nzengc noic caux ninh nyei ziangh hoc fiev naaiv buonv Iu-Mienh Dimv Nzangc Sou congh 1991-2016 fiev ziangx English faan benx Mienh waac aengx caux Mienh faan benx Mienh waac jaa jienv English waac.

panh[2] pm. yietc nqanx ndiangx mbiouh gan wuom-minc panh panh gan-gan nyei mingh/be flow on surface of water and keep moving up and down motion.

ga'naaiv-panh daau paan-puoqv maiv dingc hnyouv nyei mienh/a person that always not satisfy with things and keep changing mind.

panh gan jouh fungx mienv mingh guangc liuz mv haih nzuonx nyei yiem-gen jouh the bridge which go to underworld.

panh gern 调羹 /tiáogēng/ ndamv torng hopv nyei panh gern. Gj: piauh gern, ba'gen, pa'gern/a spoon.

panh nangh daic mingh aengx nangh daaih/revive; resurrection.

panh tiu 扳机 /bǎnjī/ (congx fai hnaav) nyei panh tiu/a trigger.

panh tiu-nyuang hormh nyei panh tiu wuov norm nyuang/the trigger guard.

pangh jaax faaux mv torqv zuqc ndau nyei pangh/platform made of bamboo.

pangh ndiev pangh ga'ndiev maengx under the platform; basement.

pangv q. buonv congx mbui pangv dangh nyei qiex/bang sound of a gun fired.

pangv pangv fu'jueiv longc a'nziaauc nyei hlauv-congx, se dapv zeiv-liuc fai zeiv-muih zungx qiex buonv pangv dangh cingx daaih heuc "pangv pangv" a bamboo toy pop-gun for children and teenager to play.

Paraguay m. yietc norm guoc jaa, se yiem Z.N. Meiv Ziou, hungh zingh mungv nyei mbuox heuc Asunción.

patv[1] w. longc buoz patv fai longc biaav patv biouv ndortv/to knock; strike.

patv douz-limh patv cuotv douz buov in-mbiaatc ga'naaiv/to strike a lighter.

patv guangc longc buoz patv mingh guangc/to knock away.

patv jaax-zinh mborqv jaax-zinh zaanc bun/to bargain price; appraise low price.

patv ndortv longc biaav patv (biouv) ndortv/to knock down the fruit.

patv[2] w. **patv daanh baah** longc patv daanh baah ga'naaiv patv daanh baah cangx heix. Gj: daanv daanh baah/to play guitar; to strum a guitar.

patv nzung-pou patv gan nzung nyei pou mingh/to play a music tune.

pauh bc. hniev-soux nyei mbuox/a pound, unit weight of U.S (equal 7000 grains, divided into 16 ounces, 0.453 kg.

pei[1] pm. **1** sin-pei nqaan-nqaan wuov/to have slim body. **2** lui houx zuqv lauh pei/worn thin of cloth; threadbare.

pei jaax-zinh gouv jaax-zinh; dingc jaax-zinh/to estimate for the price.

pei[2] m., d. **matc pei** yietc nqanx ndiangx diu jienv maaz nyei mou, se longc zoux buov bun mienv nyei zeiv-maaz.

pei[3] aengx lorz mangc "paan-pei" wuov joux nyei eix-leiz.

peiv[1] hq. zoux a'nziaauc nauc haeqv mienh nyei waac/to frighten someone by shouting out loudly.

peiv haeqv mienh bingx jienv mienh nqa'haav nqaang peiv haeqv/to scare someone by shouting behind him.

peiv[2] hq. sipv mienv mienh ceqv faatv saax uix baac yietv pyiuv wuom njiec ziouc gorngv **pei**! dangh haeqv orqv mienv biaux nyei waac.

peix k. ndiangx-peix; ndiangx-zaa/wood chip left after tree chopped.

peix fuc pm. 佩服 /pèifù/ mbuoqc horngh nyei sic/to be admired at; permissible.

peix fuc haic za'gengh mbuoqc horngh dingc aqv/to be so amazing at.

penz pm. gu'kuotv hlo jangv penz-penz wuov/a broad and flat buttock.

peng gn. yietc peng njongc; yietc peng laatc/a section of wall or fence.

pengh gn. ndiangx-pengh, ndiangx-houc gorn nyei pengh/a partition of a tree.

pengx[1] k. mueiz zoux dorngh dapv nyei pengx/bee's comb; honey comb.

pengx[2] aengx lorz mangc "leiz-ging, leiz-pengx wuov joux.

Pennsylvania m. yietc norm ziou, se yiem Meiv Guoqv D. bung, maengx ziou nyei domh mungv heuc Harrisburg.

Peru m. yietc norm guoqv yiem F. bung maengx N. Meiv Ziou, hungh zingh mungv heuc Lima.

petv wj. naaiv gengh fungc zoux petv mv bei/be shock and don't know what to do.

peux[1] w. hungh peux fiu daapc/to put gun powder mix with sulfur.

peux diuv (ndie) peux jienv diuv hopv medicine mix with wine.

peux ndie camv-nyungc ndie peux zorpc jienv/to compound medicine.

peux ndie poux peux ndie caux maaic ndie nyei poux/a pharmacy; drug store.

peux setv peux zorpc dongh oix longc nyei setv cuotv daaih/to mix colors.

peux wuom jaa wuom zorpc jienv/add water into something.

peux wuom-ndaang peux benx wuom-ndaang/to produce perfume.

peux[2] bt. buoz peux; nzuih baengx peux. Gj: butv wuom-doqc, piuqv/to blister.

Philippines m. yietc norm guoc jaa, yiem D. bung maengx Asia, hungh zingh mungv heuc Manila.

pi' wj. nziangc zuqc hlauv-nzai pi'paax laen mbui; domh jaangv ndaix youh lungh pi'paax yangv nyei.

pi'pungx pio biouv pi'pungx pio nyei m ndortv njiec/fruits are all fall off.

pi'pungx piangv hnangv hmei mbiouh wuom-minc nor piangv/separate out of oil and water.

pi'pungx porkv camv-laanh mienh jamv ndiangx mbui nyei qiex/several people chopping noise.

pi'pungx puon duih mbiungc pih pungx puon nyei njiec/sprinkle rain.

pih[1] pm. ziangh duqv pih haic. Gj: lueic, pinh nyeih, lorx/lazy or laziness.

pih dingc aqv gengh lueic dingc aqv. Gj: mbiev dingc aqv/slothful; shiftless.

pih[2] m. ndopv fai longc ndopv zoux nyei ga'naaiv/skin or leather.

pih-tiau longc ngongh ndopv zoux daaih zeuv maaz-dorx nyei hlaang/leather rope used to tie a horse packaging.

piv hq. longc buoz-ndoqv-dorn yietv patv nzuih gorqv aengx yietv nuqv ga'naaiv ziouc gorngv piv!, eix-leiz se laih hlopv haic/an exclamation, used by children to show ugly or dirty.

pix[1] q. norqc meix heuc pix pix nyei qiex the sound of sparrow bird call.

pix[2] m., d. mienv; gueiv, *pix* se gaav congh janx-taiv waac daaih/demon.

pix borkv bieqc hnyouv gu'nyuoz nyanc mienh nyei hlan nyei nda'maauh mienv. Gj: laauv huv gueiv/an evil spirit that enters a person and eating his/her river until he or she die.

piaav m. mengh hoc hlang nyei daauh mienh mbuox, beiv hangv "Piaav Long Kong Kamv, Piaav Long Haaih" tile of village chief or district official.

piaai w. wuom-mueic piaai-piaai nyei cuotv/to shed tears.

piaeng m., k. zoux laatc piaeng jienv deix to block with loosely fence.

piaeqv pm. lui houx laih hlopv gau piaeqv daax piaeqv wuov/the clothes are dirty with dirt and grease.

piangv pm. youh kung njiec wuom mingh buatc piangv piangv wuov/to separated out between oil and water. Gj: piaangv.

piatv[1] w. daux mv horpc piatv/out of line; missed; to be dislocated.

mbungv-daux piatv mbungv-daux pien daux mv zuqc/to dislocated join bone.

piatv doic gapv maiv zuqc doic/missed catch with group; missed each others.

piatv gu'kuotv ninh jang-jang cuotv mingh meih ziouc taux piatv gu'kuotv mi'aqv/to missed meeting someone.

piatv mv ndutv simv mv ndutv/unable to drop out; unavoidable.

piatv mi'aqv 1 daux mv horpc piatv/to out of line; dislocated. **2** buangh maiv zuqc doic piatv/to missed meeting.

piatv ziangh hoc zaih mi'aqv; ziangh hoc jiex mi'aqv/to missed opportunity.

piatv-zorc 1 buangh mv zuqc/to failed to connect with. **2** zoux dorngc/error.

piatv[2] aengx lorz mangc "mba'piatv" nyei eix-leiz.

piauh w. hienx auv hienx nqox nyei sic/to live wantonly; to commit adultery.

piauh piauh duv duv hienx aux hienx nqox liouc-lunc/a person who likes to play or move from one sexual encounter to another.

pie noh gn. zatv nzung nyei pie noh, *pie noh* se gaav English piano daaih.

pieh z. yietc nyungc ndiangx aiv nyei/a kind of tree bearing sour fruit.

pieh biouv pieh ndiangx ziangh daaih nyei biouv/a kind of delicious sour fruit.

pieh ndiangx ziangh pieh biouv nyei ndiangx/sour fruit tree.

piev m. daauh mienh nyei mbuox/title for district official. Gj: piaav.

piex w. **1** qaqv muonc/weak; inadequate; incapable; unable. **2** cueix/breakable.

piex haic mau haic nyei sin-sei/a weak physical; weak body; incapable.

piex nyei dorngx mau nyei dorngx/a weak point; reason of weak.

pien pm. **1** doix mv ziangx/to deviate from; out of line; misfit. **2** mv baengh fim/injustice; lack of justice.

ciex pien simv pien; simv nqoi/to avoid.

hnyouv pien oix zoux hoic mienh nyei hnyouv/an evil heart.

pien buix daanh mienh bingv jienv nzauz mienh daanh/to criticize someone.

pien buix gorngv mienh bingx jienv nzauz mienh gorngv/criticize someone behind him or her back.

pien pien nyei doix maiv ziangx pien pien wuov/to out of line.

yangh pien zaux-mbiec zoux mv zingx dorng nyei sic/to be dishonest.

pienx[1] w. pienx mienh; waengc mienh/to cheat; to swindle; to defraud.

daav za'eix pienx hnamv gaax hnangv ha'nor haih pienx duqv/use one's idea to cheat someone.

haih pienx haic haih gorngv waengc nduov mienh/skillful in cheating.

pienx duqv daaih pienx mienh duqv daaih/to gained something by cheating.

pienx mienh pienx mienh nyei nyaanh fai ga'naaiv/to cheat someone.

pienx mienh nyei mienh 骗子 /piànzǐ/ pienx mienh wuov laanh mienh/cheater; traitor; swindler.

pienx mienh nyei nyaanh zoux hnyouv mv zaqc pienx mienh zinh nyaanh/try to cheat someone's money.

pienx saeng-eix waengc saeng-eix/to cheat in doing business.

pienx[2] gn. pienx-pienx wuov mbeih nyei/a flat piece; thin broad piece.

in-pienx yietc kuaaiv in-zuoqc nqaai/a flatten piece dried opium.

orv-pienx gaatv bieqc nyei daaih wuov nyungc orv/a slice piece of meat.

pienx-pienx wuov mbeih nyei pienx-pienx wuov/flatten piece of something.

pienx[3] pm. longc zeih pienx mienh/to hit someone with flat object.

pienx[4] d. diev jienv; nyienz jienv; pienx jienv/to try hard; to bear with.

pienx jienv nyanc deix aapv jienv ganh nyanc deix/force oneself to eat.

pienx jienv zoux diev jienv zoux/force oneself to do; to do with patient.

pietv w. ndamv wuom pietv njiec/to pour water on; to douse; dowse; sprinkle.

pietv guangc pietv wuom guangc/throw out (dirty water or liquid).

pietv wuom ndamv wuom dorh mingh pietv/to sprinkle water; to pour water.

pikv q. pikv pakv nyei mbui/the sound of cracking underbrush.

pikv pokv (douz zieqc ga'naaiv) pikv pokv nyei mbui/the sound of popping or cracking noise.

pikv porkv camv-laanh mienh goix fai jamv ndiangx mbui nyei qiex/the sound of several people chopping.

pin s. i minc sou se heuc yietc pin/a both sides of a single page, for only one side is "benv, minc".

buo pin sou juqv minc sou gapv daaih se benx buo pin/three single pages with double-sided.

pinh[1] pm. pinh nyeih nyei ga'naaiv; zaanc nyei ga'naaiv/cheap; inexpensive.

pinh nyeih 便宜 /piányí/ **1** cheap; to be inexpensive. **2** 懒惰 /lǎnduò/ lueic haic/be slothful; laziness.

pinh nyeih haic 1 zaanc haic/be very cheap. **2** gengh lueic haic/lacking of work; so lazy person.

pinh[2] pm. **pinh gix** 记号 /jìhào/ jangx-hoc/a mark; a symbol.

pinh jouc aengx lorz mangc "bin-jouc" wuov joux nyei eix-leiz.

pinv m. **jien-pinv** jien-fouv nyei yuoqc cingv fienx/official's invitation.

pinx[1] w. nimc deix cuotv; bingx jienv zorqv cuotv/to steal small amount of thing; misappropriate.

pinx cuotv bingx jienv zorqv deix cuotv to take out small amount of thing.

pinx ga'naaiv nimc zorqv ga'naaiv cuotv/to take out and hide it for oneself.

pinx nyaanh nimc deix nyaanh cuotv mingh/to steal small amount of money.

pinx[2] pm. mbiungc-suiv pinx ndorn/cover with dew and wet. Gj: dapc ndorn.

ping[1] m., n. ga'naaiv-ping; cie-ping; siang ping cie/a hoop; wheel; a tire; bicycle.

ping[2] pm. ping-ping nyei mingh; ping guinh jienv mingh/to roll; rolling away.
ping ga'naaiv fongv ga'naaiv ping jienv mingh/to roll something.

pingv[1] w. nyiex jienv ga'naaiv laaih haic aengx pingv faaux deix/to shift position up of a load on one's back.
pingv faaux mingh yietv pingv faaux mingh/shift a load up onto upper back.
pingv mba'dauh yietv hlopv mba'dauh faaux bun mienh hiuv se yie maiv gunv fai maiv hiuv/to shrug one=s shoulder to show that one do not care or know.
pingv mba'zorng yietv sorqv qiex bieqc mba'zorng, mv dorh leiz waac/slang, to suck one's nose.

pingv[2] q. pingv paengv fai pingv pangv mbui nyei qiex/a beep pop sound.

pio pm. koi wuic baac mienh camv ziouc pio-pio nyei nzuonx aqv/to move away with whole group.
pio-pio nyei ndortv (ndiangx-normh) pio-pio nyei ndortv njiec/to fall down one by one after another as leaves.

piom m., p. mienh a'fai saeng-kuv taux qiex nyei piom/the lungs (the organs of respiratory).
piom butv cancer butv cancer yiem piom, *cancer* se gaav English daaih/to have lung cancer.
piom nqaai baengc butv haa-cunv hnopv la'kuotv zietc jaic jienv njiec nyei baengc/tuberculosis, cough disease.
piom omx piom faaux wuom omx nyei baengc/to develop fluid in the lungs; pneumonia.??

piomx q. la'bieiv-dorn ndortv njiec wuom mbui piomx dangh/the sound made by an object falling into water.

piorv q. yangh jauv jiex ndiangx-normh nqaai piorv piorv nyei/the sound made walking through dried leaf.
piorv-piorv faauv wuov normh nqaai duqv longx muoqv zuqc piorv piorv nyei mbui/the rusting sound of dried leaves as it is touched.

piorn q. hnaav-hlaang ndanh buonv haiz mbui piorn dangh/sound of soft twang.

piornv[1] m., n. **jou-piornv** yietc nyungc hnangv m'normh nyei jou-mau/a kind of ear-like mushroom.

piornv[2] pm. junc gau piornv-piornv wuov, mv dorh leiz nyei waac/slang, folding or rolling of fat.

piortc q. (ga'sie mun mingh lomc) ziangh hitv piortc piortc nyei.

piortv q. zoi ga'naaiv njiec lomc-mbiorqc haiz piortv dangh/the sound made by throw an object into brushed.
piortv piortv nyei borngz lomc pitv jienv jauv piortv piortv nyei mingh.

pioux w. pioux mingh dueix mv zuqc/to deviate from; to be out of line.
pioux camv maiv fi'hnangv yietc deix very different from.
pioux mv camv pioux deix maiv nangc camv/not much different.
pioux nzengc yietc zungv pioux nzengc mv doix/to be totally different.
pioux qiex sing-qiex maiv doix/to be different sound or accent.
pioux setv setv mv doix/different color.
pioux waac 1 gorngv nyei waac maiv doix/different dialect. **2** mv doix lomh nzoih gorngv jiex nyei waac/breaking promise.
pioux ziangh hoc ziangh hoc pioux mv doix/miss the time; not match time.

piqv[1] w. longc bouv piqv ndiangx nqoi/to split open with an ax; to hatchet.
piqv ndiangx piqv ndiangx nqoi zoux zaangh buov douz/to split open wood.
piqv nqoi piqv bun nqoi daaih/to split open; to divide from end to end.
piqv zaangh piqv ndiangx nqoi daaih zoux zaangh/to split firewood.

piqv[2] pm. (ngongh jaic gau di'daanz) piqv piqv nyei/thin and flat of animal's back.
piqv m'nqorngv zorqv yieqv longc i jieqv buoz piqv jienv yiem biorngh/to perform the solution with both hands on the forehead as Thai people.

pitv[1] w. longc nzuqc pitv njiec. Gj: gaatv, hngaqv/to slash down with knife.

pitv dangx pitv dangx ndutv mingh/to cut apart; to slash off.
pitv guangc pitv ndutv guangc mingh to cut off and throw away.
pitv jauv pitv jienv jauv borngz jienv lomc mingh/to hack a path through the underbrush.
pitv normh ziu pitv ndeic nyei normh ziu guangc/to cut down stalk of banana.
pitv ndutv hngaqv ndutv mingh/to hack off; to cut apart.

pitv[2] pm. yietc pitv yietc waeqc nzangc/a stroke of character.

piu w. piu gan wuom-beih mingh/bounce off; bounce over on the surface.
piu-beih buonv congx njaih piu-beih cenv zuqc njaih nyei ndopv hnangv mv bieqc fim-dauh/to skim.
piu-yiuh 飘遥 /piāoyáo/ **1** tui jienv mingh drift away. **2** youh jienv mingh to travel; go from place to place.
piu-yiuh jiex koiv 飘遥过海 /piāoyáoguò hǎi/ Iu-Mienh/Yao jiex koiv nyei gouv, se congh Giduc cuotv seix nqa'haav 1470 buangh zuqc domh huaang lungh haanx buo hnyangx, Iu-Mienh ziouc yiem Nanjing, Zong Guoqv bieqc nzangv gan koiv youh jienv mingh gau taux Zong Guoqv, Jangv-dong saeng nzangv ziouc dingh zepv njiec naaic mi'aqv/the Yao or Iu-Mienh people once, crossed the sea by voyage from Nanjing, China to Guangdong, China, during the three years of drought around 1470 A.D.

piuv q. buonv congx yunh jiex gu'nguaaic mbui piuv lungh piuv dangh/the sound made by bullet fly in the air.

piux[1] m, k. 票 /piào/ maaiz bieqc cie a'fai bieqc gaengh nyei piux/a ticket.
piux-jaax 票价 /piàojià/ maaiz piux nyei jaax-zinh/the price of a ticket.

piux[2] m., k. nyaanh piux, tiuv nyaanh nyei piux/a check; money order.

piux[3] m., k. zeiv-piux, douc fienx nyei zeiv-piux/leaflet. Bun zeiv-piux cuotv. To hand out leaflets.

piun w. longc buoz-zaangv heng-heng piun. Gj: hluo, maan, mbiutc/to feel, to touch lightly with one's hand.
piun gu'nguaaz gu'nguaaz nyiemv piun nduov ninh guai/to comfort a cry baby by touching gently.
piun hnamv piun weic hnamv/to touch kindly or gently with love.
piun m'nqorngv piun ganh nyei fai mienh nyei m'nqorngv/to touch and feel the head with one's hand.
piun muangx hluo muangx gaax/to feel with one's hand.

piuqv[1] bt. buoz piuqv. Gj: buoz peux/to be badly blistered.

piuqv[2] w. mienh piuqv mienh/zoux sic fai gorngv waac maux nyei mienh, mv dorh leiz nyei waac/boastful; boastfulness.

piuqv[3] pm. longc biaav ndaauv nyei piuqv biouv ndortv njiec. Gj: patv/to knock or strike with a long stick.
piuqv jauv jauv siex lungh ndorm maaih mbiungc-suiv zuqc longc biaav piuqv jienv mingh/to knock down the dew on overgrowth path.
piuqv ndortv piuqv bun ndortv njiec daaih/to knock down something.

piutc w. piutc njiec. Gj: jungh njiec, piatv njiec/to slide down; slip down.

piutv pm. naqv njiec jaang haiz piutv dangh/to fit down smoothly and quickly.

plorkv q. guaengx zaangh ndortv mborqv zuqc doic mbui nyei qiex.

pokc bt. ndopv butv pokc sietv gau/spots on skin and similar to a chicken pox.
pih pungx pokc wuov butv pokc camv pungx pokc wuov/many spots on skin.
yietc pokc lui houx nzipv lui houx ndui jienv yietc pokc nyei.

pokv q. sim baqv zuqc qiex-mbeu tong pokv dangh/the sound made by piercing through a balloon.

Poland m. yietc norm guoc jaa se yiem Z. Europe mbu'ndongx, hungh zingh heuc Warsaw, baeqv-fingx: 38,544,000 dauh.

pong q. baeng gorngc zotv cuotv mbui pong dangh nyei qiex/sound made by pulling the cork out from a bottle.

pongh[1] q. yiem go nyei buonv congx haiz mbui pongh dangh/the sound made by

a gun fired in the distant.
pongh saa 焊锡 /hànxī/ longc hornc nyaanh nyei hornc-dauh/silver solder.

pongh[2] m. **pongh youz** 朋友 /péngyǒu/ zuoqc nyei a'nziaauc doic/best friend.
pongh youz doic 友谊 /yǒuyì/ zuoqc haic nyei doic/friendship; fellowship.
pongh youz en-zingh hnamv caux korh doic nyei en-zingh/friendly sentiments.

pongv q. douz zieqc hlauv mbeux pongv nyei qiex/the sound of popping.

pongx w. pongx junh; pongx suangx-buix; pongx siqc jaauv/to wear by wrapping around; to put on as skirt.

pongz q. buonv congx mbui yiem go nyei qiex/the soft sound of a gun fired.

porh pm. nqa'sie hlo gau porh daax porh nyei/slang, distended of stomach.

porv[1] w. porv muonc bun bieqc hnyouv/to describe; to explain; to make clear.
porv-baeqc gorngv mengh bun bieqc hnyouv nyei waac/to define; definition.
porv-baeqc waac gorngv porv mengh nyei waac/the words of explanation.
porv-baeqc sou fiev njiec porv mengh nyei bun/explanation; index of a cart.
porv leiz gorngv porv mengh doz-leiz to explain the law; make clear the law.
porv leiz sou gorngv njaaux leiz nyei sou/a book explaining the customs.
porv mengh gorngv muonc bun bieqc hnyouv/to explain in detail.
porv mengh waac gorngv bun bieqc hnyouv longx nyei waac/interpretation.
porv muonc gorngv muonc zueih yietv zueih nyeic/explain bit by bit in detail.
porv ninh mv dungx zoux jomc ninh maiv dungx zoux/advise him not to do.
porv waac sou porv waac bun mienh bieqc hnyouv nyei sou/a dictionary.

porv[2] q. wuom porv-porv nyei liouc jienv mingh/rushing sound of the running water.

porx[1] w. 迫 /pò/ porx baaic/to persecute; victimize; to interfere with.
porx hoic ba'baac zoux hoic mienh/to oppress; to use unjust of force.
porx saeng-eix daanh bun mienh nyei saeng-eix ndortv/to interfere while someone try to do business with others.

porx[2] pm. 破 /pò/ huv nauv waaic/to be destroyed; ruined; broken apart.
porx lanc huv waaic pei nzengc/ruined; break up; torn down
porx maaic maaic zaanc guangc nyei loz-ga'naaiv/an auction sale.
porx nyaanh lamz bungx kungx ganh nyei nyaanh lamz/to file a bankruptcy.
porx waaic 破坏 /pòhuài/ huv waaic laaih zitc/destroy; wreck; break up.
porx zinh zoih zuqc ndortv zinh ndortv nyaanh/to lose money.

porx[3] bc. paaix-zuang gaatv fi'mbuoqc nyei bun/to divide equally.
porx baanx paaix yangh mbu'ndongx njiec bun nqoi/to divide half and half.

porkc q. m'nqorngv mingh nziangc zuqc ndiangx-gorn porkc dangh/the sound of one's head bump onto a stump.
porkc porkc lorkc lorkc nyei maaz tor jienv ga'naaiv porkc porkc lorkc lorkc guaeqv naaiv guaeqv wuov nyei mingh.

porkv q. hngaqv ndiangx porkv-porkv nyei mbui/the sound of chopping noise.

porng[1] m, z. wetv ndau nyei porng/a hoe.
porng-baengx zaengx porng wuov nqanx ndiangx/a hoe handle.
porng ndau wetv ndau mbienv nie/to dig the ground as preparing a field.
porng-ziem nziem porng-baengx zietc nyei nziem/a wedge to hold the handle of a hoe tight.

porng[2] pm. **porng-ngorng** ndiangx mbaang liemh gorn baeng porng-ngorng cuotv nzengc cuotv daaih/of a tree to fall with root pull over.
porng-porng ngorng-ngorng yie haeqv zuqc njaih porng-porng ngorng-ngorng nyei tiux biaux.
jaic porng-porng wuov korng jaic nyei kungx mbungv hnangv/to be skinniest.

porng[3] q. buonv hnaav nzitv mbui porng dangh nyei qiex/the sound made by when a crossbow released.

porng[4] aengx lorz mangc "nyaah porng, nyaah porng-hmienv" wuov joux.

porngc pm. ziangh daaih jaic hlang nyei porngc-porngc wuov/to be thin and tall.

porngh q. nqaux ndiangx mbui porngh dangh nyei qiex/the sound of wood being hit with hard object.
porngh lorngh wuom-doix ziangh hnoi jiez sin yoc daapc njiec porngh lorngh, porngh lorngh deix.

porngv q. **hlauv-porngv** zoux daaih baeng hlaang nqaapv mbui haeqv norqc meix nyei hlauv-nqorngv.
mienh porngv lorngv mienh gorngv waac qiex nqaengc nyei porngh lorngv mienh/a familiar outspoken person.
porngh qorngh yangh jauv biu porngh qorngh deix/to walk with long jump.

porqv w. dox porqv cuotv/to empty with strike motion.
porqv ndortv porqv bun ndortv njiec mingh/to empty with knock.

portc q. capv jienv zaah baengh nqaaix buov wuom portc portc deix/the sound made by boiling tea pot with a lid cover.

portv q. ndoqv-dorn wuom portv portv nyei mingh beqv nyei/rushing sound of water flowing.

Portugal m. yietc norm guoc jaa yiem F.N bung Europe, hungh zingh heuc Lisbon, mienh maanh: 9,830,000 dauh.

pou[1] w. taan nqoi daaih pou jienv nzaanx nyei. Gj: nzangh/to spread widely.
dopc lai pou yietc pou dopc lai luangh a clump of string bean vine.
fanh ndoih pou yietc pou fanh ndoih nyei luangh/a spread of sweet potato.
pou jienv pou buangv nzengc/to spread out; mess in disorderly manner.
pou nzangh jienv pou buangv nzengc nzangh jienv/to spread out on the floor.
pou suangx bungx nqoi suangx taan jienv/to spread out a blanket.
pou ziqc bungx ziqc nqoi taan jienv/to unroll a mat; to spread a mat.
pou-zorngh aaux benx nzung gorngv bueix njormh/to sleep down on the bed.
pou-zorngh jiex yiex bueix njormh jiex muonz/to sleep over night.
pou-zorngh zueic bueix jien coux njormh/to sleep; to rest with eye closed.
yietc pou guaa yietc pou guaa nyei luangh/a clump of cucumber vine.

pou[2] m., d. nzung nyei pou/music scores; singing tune.
nzung-pou hnangv haaix tor qiex baaux nzung nyei pou/melody of the song.

pou[3] pm. cuotv mengh nyei/familiar way; general; common.
pou-tin njiec tong lungh ndiev feix coux/worldwide; through out the world.
pou-tong 普通 /pǔtōng/ pout-tong nyei sic/to regular; common; standard.
pou-tong horqc pou-tong nyei horqc dorngh/a standard school.
pou-tong leiz mouz laanh mienh zungv hiuv nyei leiz/the ordinary customs.
pou-tong longc haaix dauh yaac longc duqv nyei/normal used; general used.
pou-tong mienh 普通人 /pǔtōngrén/ pou-tong baeqv-fingx-mienh/ordinary people.
pou-tong mbuox haaix dauh yaac hiuv nyei mbuox/common noun.
pou-tong ndie-sai zorc pou-tong baengc nyei ndie-sai/general practice doctor.
pou-tong waac 普通话 /pǔtōnghuà/ **1** an official language. **2** hnoi-hnoi nyei waac ordinary speech.

poux[1] m, n. maaic huox nyei poux/goods store; a shopping center.
poux-doih domh huox-poux/a shopping mall; a department store.
poux-ziouv koi poux maaic huox nyei ziouv mienh/proprietor; merchantman; shopkeeper

poux[2] p. i poux njiuv; biee poux nzangv; yietc poux mbaih/a boat; a scissors.

poux[3] aengx lorz mangc "paaiv-poux" wuov joux nyei eix-leiz.

pu'tau 葡萄 /pútāo/ hmei-biouv; a'ngunc biouv/grape; grape fruit.
pu'tau biouv pu'tau luangh ziangh nyei biouv/grapes fruit.
pu'tau diuv 葡萄酒 /pútāojiǔ/ hmei-biouv zoux nyei diuv/grape wine.
pu'tau huingx zuangx pu'tau nyei huingx/a vineyard.
pu'tau hmei 1 pu'tau hmei-luangh/a grapevine. **2** pu'tau hmei/grape oil.
pu'tau-nqaai 葡萄干 /pútāogān/ hmei-biouv nqaai/raisin; dried grape.

pu'tau wuom pu'tau biouv zaax cuotv nyei wuom/grape juice.

puangv w. longc i bung buoz-zaangv puangv/to scoop up with both hands.

puangv gu'nguaaz longc i jieqv buoz puangv jienv gu'nguaaz/to hold a baby.

puangv wuom hopv longc i jieqv buoz puangv wuom hopv/to scoop up water with both hands to drink.

pui w. bun nyutc pui nqaai/to let sunshine on; to dry by the sunlight.

pui faauv bun nyutc pui faauv daaih/to become crispy by sunshine.

pui ga'naaiv dorh ga'naaiv laangc jienv bun nyutc pui nqaai/to dry by sunlight.

pui ga'naaiv njapv njapv ga'naaiv pui nyei njapv/a peg for hanging clothes.

pui jienv taan nqoi an jienv bun nyutc pui/glow on; shine on.

pui lui houx daauh laangc lui houx pui nyei daauh/a clothes drying line.

pui nqaai an jienv bun nyutc pui nqaai to dry out by the sun.

pui nyaux nyutc pui zuqc nyaux/to wilt by sunshine on.

puix[1] pm. suitable; compatible with; match well; equal; fitting properly.

puix duqv ceng zic duqv ceng haic/to be worthy of praised.

puix duqv horpc puix duqv zuqc nyei to be compatible with; match well with.

puix duqv horpc waac gorngv puix duqv horpc waac nyei/a suitable word; to speak with correctly grammar.

puix duqv njiec caux duqv doic njiec nyei/be able to fit down with.

puix duqv nyei zic duqv yaac puix duqv nyei/to be worthy of.

puix duqv taaih zic duqv taaih nyei/to fit to respect; worth to respect.

puix maiv horpc puix maiv zuqc/to be unfit; unsuited; incompatible.

puix maiv njiec caux doic maiv njiec/to be incompatible; ill-suited to; misfit.

puix mangc gaax dorh mingh an puix mangc horpc fai maiv horpc/to compare with to see if can be fit.

puix ndie puix zorpc ndie-nyungc/to dispense medicine.

puix setv puix horpc dongh oix longc nyei setv/to blend colors; match colors.

puix waac lorz bieqc eix-leiz longx nyei waac puix/to choose suitable word.

waac-puix gorngv puix jienv mingh nyei waac/a poem word; poetry.

puix[2] pm. puix yiem-yunh; puix gitv; puix seix/a lifetime match partner; spouse.

duqv puix yiem-yunh duqv longc benx auv benx nqox/to get marry.

pun pm. lui houx zuqv lauh pun. Gj: pei/to worn out of cloth; frayed; shabby.

pun nzengc mi'aqv ga'sortc ndie pun nzengc/the cloth completely worn out.

punh q. buonv domh congx mbui punh dangh/a boom sound of a machine gun.

pungh wj. pungh pungh piaai-piaai/to be loosely drop down; unfastened.

pungx wj. duih mbiungc pih pungx puon nyei njiec/sprinkle rain.

puon pm. duih mbiungc-puon/to be softly sprinkle; to fall down after one another as leaves fall in winter time.

puonx w. mbiungc-suiv puonx. Gj: pinx, damh/to cover with dew.

puoqv[1] w. puoqv njiec ndau/to low down one's head to the ground; to prostrate.

puoqv dangh puoqv njormh dangh/to lean down for briefly.

puoqv jienv ninh dorh m'nqorngv puoqv jienv ninh/to lean head on him.

puoqv jienv njormh gu'nguaaz puoqv jienv ninh nyei maa bueix njormh/baby lean on her mom and slept.

puoqv njiec baaix puoqv njiec baaix/to bow down as to worship god.

puoqv[2] aengx lorz mangc "paan-puoqv" wuov joux nyei eix-leiz.

puotv w. puotv ndau; puotv guangc; puotv ndutv/to sweep; to clean with a broom.

puotv biauv puotv fioux biauv nzengc daaih/to clean-up a house by sweeping.

puotv buoz-zaangv puotv gitv buoz-zaangv nyei ga'naaiv guangc/to brush off one's hands.

puotv buoz-zaangv-zaux ninh haiz mv buangv hnyouv ziouc jiez sin puotv jienv buoz-zaangv-zaux mingh mi'aqv to walk away with dissatisfying action.

puotv cuotv puotv cuotv guangc/to wipe out; to sweep out.

puotv gu'kuotv zueiz liuz jiez sin puotv gu'kuotv/to wipe one's buttock after get up from a seat.

puotv jauv cie puotv jauv sorqv la'fapv nyei cie/a street sweeper truck.

puotv ndau puotv fioux ndau/to sweep and mop the floor.

puotv ndutv longc buoz puotv ndutv/to sweep away; to wipe away.

puotv njang nzengc puotv nzengc hliouv njang nyei/to sweep out and look smoothly.

putc q. kapv jienv zaah baengh buov wuom mbueix mbui putc putc deix/the sound made by a kettle boiling with a lid cover.

pyiuv w. jorm jienv wuom nzuih pyiuv cuotv/to spew; to spray water from one's mouth with force.

pyiuv hnaangx cuotv nyanc jienv hnaangx jatv ziouc pyiuv cuotv/to burst out food from mouth when laughing with food in the mouth.

pyiuv wuom jorm jienv wuom pyiuv cuotv nzuih/to spray out water from one's mouth.

pyiuv wuom congx longc pyiuv wuom nyei congx/a spray gun; an atomizer.

pyiuz w. gu'nguaaz pyiuz hnaangx cuotv nzuih guangc/baby spurt food out from his or her mouth.

gu'nguaaz pyiuz mbiungc gu'nguaaz pyiuz wuom-nzuih cuotv nor oix duih mbiungc aqv.

Q

q /qor/ nyic ziepc juovc norm nzangc-maac yiem Iu-Mienh/Yao nyei waac.

qaa[1] w. 压 /yā/ qaa jienv gorngv; gorngv ki mienh/to insult; to prejudice.

qaa auv zoux sic ki auv mv mangc auv nyei hmien/to insult one's wife.

qaa-domh mienh zoux sic ki ganh nyei domh mienh/to offend against parents.

qaa jienv zoux ndouv-saaix zoux/to do with competition; to do against.

qaa leiz zoux ki leiz; mv muangx leiz/to disregard tradition; disobey law.

qaa m'nqorngv zoux sic maiv mangc hmien/to treat without respect.

qaa nqox auv zoux sic mv mangc nqox nyei hmien/to mistreat one's husband.

qaa[2] n. 虾 /xiā/ **qaa korngc,** koiv fai ndoqv nyei qaa-korngc/shrimp; prawn.

domh qaa-korngc 龙虾 /lóngxiā/ yiem koiv nyei domh qaa-korngc/a lobster.

qaa-korngc mienx qaa-korngc torng nyei mienx/lobster noodle soup.

qaa-korngc nqaai qaa-korngc zoux nqaai daaih. Gj: qaa-nqaai/dried shrimp.

qaa-korngc torng zouv qaa-korngc nyei torng fai wuom/shrimp soup or juice.

qaa[3] m., d. **nzuqc qaa** nzuqc nyei qaa, se dongh topv bieqc nzuqc jouv wuov/the tongue knife that fit into the handle.

qaa[4] pm. **yietc qaa** yietc nanv; yietc zeiv/a bunch of something.

yietc qaa dopc lai yietc zeiv dopc lai/a bunch of a string bean.

qaav w. **qaav maengx** yiem jiez maengx mv nangc go/at the near by northern area.

qaav maengx ndeic jiez maengx wuov nzong ndeic/a field at the uplands area.

qaav maengx wuonc jiez maengc hlang wuov wuonc eiv/the higher row of seat as in movies theater.

qaamv pm. **ndoqv-qaamv** ndoqv-horngz juiz nyei dorngx/a steep narrow valley.

houx-qaamv zuqv beu jienv zaux zietc nyei wuov nyungc houx/a western style trousers or pants.

qaau q. (maaz-paanx hiong nyei lingh baaih) mbui qaau-qaau nyei/the sound made by a set of horse bells.

qom-qaau mborqv lorh nzoz caux nqaapv caauh zeiv qom-qaau nyei qiex/the sound of drum, gong and cymbals being strike.

qaauh m., z. yietc nyungc ziangh ndoqv-hlen nyei miev, se longc normh jiux mbiauz zouv nyanc sui-sui nor kuv haic/a kind of grass which growth near a stream and eaten as vegetable.

qaauv[1] gq. **guai-qaauv haic** ziangh duqv guai haic nyei mienh/to be smart; clever.
qaauv mienh nyei waac mienh guai mienh nyei waac/intelligent word, which only smart person can speak.
qaauv waac gorngv guai-qaauv nyei waac/an intelligent words.

qaauv[2] pm. **qaauv faauv** mborngx nqaai qaauv-qaauv wuov/crisp; crunchy; parch.

qaaux lf. **dorh qaaux** domh mienh jiex seix gouv ndie-baeqc yiem m'nqorngv nyei sic/to mourn the death of a parents by wearing white cloth on head.
qaaux-buoqc gouv m'nqorngv nyei qaaux-ndie. Gj: qaaux-ei qaaux-buoqv/a mourning dress worn by bereaved children.
qaaux-naamh dorh qaaux nyei fu'jueiv (dorn)/mourning bereaved son.
qaaux-naamh-nyouz dorh qaaux nyei dorn sieqv/mourning sons and daughters.
qaaux-ndie gouv m'nqorngv nyei qaaux ndie/white mourning cloth for bereaved children.
qaaux-nyouz dorh qaaux nyei sieqv/the mourning bereaved daughter.

qam[1] w. longc i jieqv buoz qam/embrace; to hug; to hold between the arms.
qam doic i jieqv buoz qam doic/to hug or embrace each others (showing love).
qam jaax qam doic/to hug or embrace each others with both arms.
qam jaang qam doic nyei jaang/to put one's arm around someone's neck.
qam maiv gormx hlo haic qam maiv gormx/unable to reach the arms around.
qam zietc longc qaqv qam jienv zietc nyei/to hold tightly in the arms.

qam[2] m. **qam-gorn** lamh mbueiz dorngx/a genitals area; private part.
qam-gorn mbungv yiem qam-gorn nyei mbungv-kuing/the pubic bone

qangh pm. jaic hlang nyei qangh qangh wuov/to be skinny and tall.
ba'langh qangh yie mingh cuang haeqv zuqc njaih ba'langh qangh, ba'langh qangh nyei tiux biaux/run and jumping with long legs.
qangh qangh wuov sin nqaan yaac hlang nyei qangh qangh wuov/thin and tall.

qangv pm. 强 /qiáng/ henv; maaih domh qaqv/strong; powerful; vigorous.
qangv guoqv 强国 /qiáng/ maaih nernh qaqv nyei guoc jaa/powerful nation or country.
qangv maanh maanh caangv nyei sic/to be with forcefully; compel; constrain.
qangv maanh caangv tiux mingh nzaeng caangv/to forcible; to compel.
qangv maanh hoic da'maanh aapv hoic mienh/to harm someone with force.
qangv maanh zoux caangv jienv zoux weic hingh/to do against others to lose.

qangx[1] n. 空间 /kōngjiān/ mbu'ndongx nyei qangx/a space in between two objects.
buoz-ndoqv-qangx buoz-ndoqv nyei qangx/space between fingers.
gong-bou-qangx zoux gong nyei ziangh hoc qangx/space between work hour.
laangz-qangx laangz nyei biauv-qangx space in the village.

qangx[2] m. 机会 /jīhuì/ ziangh hoc qangx/an opportunity or a chance.
cuotv qangx cuotv qangx guai nyei/to be outspoken person.
duqv qangx duqv henh gong-bou nyei qangx/to have free time.
lorz qangx lorz gaax duqv qangx/to look for an opportunity.
maaih qangx 有机会 /yǒujīhuì/ maaih qangx; maaih wuonc qiex/an opportunity.

qapv q. biaav nauv qapv dangh nyei qiex the sound of a stick breaking under foot.

qaqv w. 力 /lì/ maaih qaqv henv; qaqv hlo; qaqv camv; qaqv zoqc/strength; power; energy; forceful.
duqv qaqv haic jienh zoux gong haic/to be very helpful person.
hoqc qaqv henv hoqc sorngx qaqv bun henv/to practice strength.
longc qaqv longc ganh sin nyei qaqv/to use one's strength.
maiv zuqc qaqv mv zuqc ndortv qaqv duqv daaih/no need to work hard.
qaqv henv maaih qaqv camv haic/great strength; powerful; capable.
qaqv hlo maaih qaqv camv haic/to have a great strength; powerful.

qaqv-leqc 力量 /lìliàng/ zoux gong nyei qaqv-leqc/labor cost; labor fee; task.
qaqv longx maaih qaqv camv nyei/great strength; very strong man.
qaqv muonc qaqv faix haic muonc haic poor energy; weak; no strength.
qaqv njiec gox liuz qaqv njiec aqv/said of old person reducing strength.
qaqv nyanc nyanc camv-camv nyei/eat all one can.
qaqv zaax njiec yiem gu'nguaaic longc qaqv zaax/to press down hard.
qaqv zoux longc qaqv gaanv jienv zoux to work with all one's strength.
qaqv zungx haiz maaih qaqv camv nyei feel powerful and like to test strength.
sin nyei qaqv sin zangc maaih nyei qaqv physical strength; an energy.

Qatar m. 卡塔尔 /kătăér/ yietc norm guoc jaa, yiem D. bung maengx Arabia, hungh zingh mungv heuc Doha.

qekv m, k. fiev dorngx nyaanh longc nyei qekv, se gaav congh English check daaih.
qekv-daan fiev longc nyaanh cuotv nyei daan/a checking account.
qekv-dauh qekv-neix; qekv-m'nqorngv wuov bung/a check stub.
qekv-sou qekv-wuov daapc sou/a check book; checking account.

qi' wj: qi'qungx qom; qi'qungx qapv a'fai qi'qungx qorpc nyei mbui.

qiev nz. 火 /huǒ/ douz; dang/a fire; a light.
qiev siu 火烧 /huǒshāo/ douz buov jienv fai zieqc jienv/burning of fire; burnt.
qiev zangx 火葬 /huǒzàng/ huaax sei; buov sei/cremation; crematory.

qiex[1] m. 空气 /kōngqì/ qiex; nziaaux/air; breath; wind; water vapor; odor.
doqc qiex haih congx zuqc mienh daic nyei qiex/a poisonous air.
qiex-congx longc qiex zungx buonv nyei congx/an air gun; an air rifle.
qiex congx zuqc zueix fai ndaang nyei qiex congx zuqc/odor; smell; odorous.
qiex dangx daic qiex dangx/to breathe one's last; to stop breathe; to die.
qiex hor zuqc tauv qiex hor zuqc biomv zuqc mienh/to breathe on someone.
qiex-jouh zungx qiex nyei jouh/balloon.
qiex-mbau maaih qiex yiem gu'nyuoz nyei ga'naaiv-mbau/an air bubble.
qiex-mbeu 1 hieh mbeu/a ball. **2** qiex zungx jienv mbeu/a balloon; inflatable.
qiex ndaang zueix-ndaang nyei qiex/to be pleasant of smell; fragrant scent.
qiex zongc jorm nyei qiex cuotv zongc zuqc/pressure of the hot air; hot exhale.
qiex zutc qiex zutc mv maaih qiex aqv run out of breath; suffocate; breathless.
tauv domh qiex siv dangh tauv domh qiex/a big sigh; deep breath.
tauv qiex tauv qiex cuotv aengx sorqv bieqc/to breathe.
tauv qiex fong tauv qiex cuotv haiz fong nyei/to breath freely and easily.
tauv qiex-ndoqc tauv domh qiex ndaauv nyei/a deeply sigh.
tauv qiex yuonh tauv qiex yaauc nyei/to normally breathe.
wuih qiex mv nzuonx tauv qiex cuotv mingh mv haih sorqv bieqc aqv/unable to breath through.

qiex[2] sq. heuc a'fai gorngv waac mbui nyei qiex/sound; tone; voice.
aaux qiex mv nzuonx gorngv aaux mv nzuonx/unable to pronounce the words.
bungx-sing bungx-qiex bungx laangc nyiemv mbui nyei/to cry loudly.
cuotv qiex cuotv qiex gorngv fai nzaeng to voice; to utter one's voice.
fong qiex 1 biomv nzatc fong qiex/to use circular breathing. **2** bungx qiex cuotv gaengh/an aiv valve.
qiex aengv aengv daaux nqaang nzuonx nyei qiex/a reflected sound.
qiex aiv qiex suonc nyei a'fai qiex aiv nyei/low sound; low tone; pitched voice.
qiex faix qiex mbui faix nyei/small and quiet sound; softly voice.
qiex fong baaux nzung qiex fong fai qiex njien/to sing freely.
qiex-fong nziaaux nyei fong gaengh/air valve; air escape.
qiex hlang baaux nzung qiex hlang nyei a high raising voice or sound.
qiex hlo gorngv waac fai baaux nzung qiex mbui nyei/to have a loud voice.

qiex jienv **1** tauv qiex jienv/very hard to draw one's breath. **2** tor mv cuotv qiex baaux nzung/hard to draw one's voice.
qiex-juotc butv juotc ndaamv-jauv nyei qiex/a broken sound.
qiex laic nzitv-nzitv laic nyei qiex/sharp piercing voice; piercing sound.
qiex longx kuh muangx nyei qiex/good and pleasant sound.
qiex mbaaix baaux nzung mv kuh muangx nyei qiex/unpleasant sounding voice.
qiex mbueiz mv nqaengc nyei qiex/soft muffled voice; deaden; stifle.
qiex mbuov hnangv m'jangc mienh nyei qiex/deep soft sounding.
qiex nangv tor qiex nangv; baaux qiex nangv nyei/short or brief sound.
qiex ndaauv tor qiex ndaauv nyei baaux nzung/long voice; long sound.
qiex ndorngv mbanv mbuov nyei wuov nyungc qiex/a dull sound; hoarse voice.
qiex ngaengc **1** qiex ngaengc haic maiv muangx waac/disobedience. **2** gorngv waac qiex ngaengc/penetrating voice.
qiex njang gorngv waac fai baaux nzung qiex njang/pleasant sound; smooth voice.
qiex njien hlungx-hec tor qiex baaux nzung nyei mienh/to easily to draw out one's voice to sing.
qiex njongz njunh njunh nyei qiex/to be hollow voice; roaring sound.
qiex njorv gorngv waac njorv njorv nyei qiex/rasping; rough or hoarse sound.
qiex-njortc jaang faaux haa gorngv waac qiex njortc/a croupy voice.
qiex njuonv baaux nzung qiex njuonv/to have trembling voice; trill sound.
qiex njuotv baaux nzung nzuonx qiex-njuotv/twisting voice in singing style.
qiex nqaai baaux nzung mv kuh muangx nyei qiex/unpleasant sound or voice.
qiex nyiemz kuh muangx haic nyei qiex pleasant voice; enjoyment sound.
qiex nzitv nzitv-nzitv nyei qiex/a sharp rapid voice.
qiex sienc **1** nziaaux sienc nyei/gentle breeze. **2** gorngv sienc nyei/softly talk.
qiex sormv jaang njorv nyei qiex/feeble voice; irritated voice.
qiex suonc gorngv faix suonc nyei qiex soft of talking; unharmed sound.
qiex yaauc qiex yuonh kuh muangx nyei qiex/pleasant voice; smoothly sound.
qiex yuonh qiex mv njuonv/pleasant and smoothly sound or voice.
qiex zaqc nyei mv maaih nzuonx-njuotv nyei qiex/a smoothly sound.
qiex zinx njuonv-njuonv nyei qiex/shaky sound; nervous voice.

qiex[3] pm. nqa'qiex; nqa'qiex bangx a'fai nqa'qiex mangv/anger.
butv nqa'qiex bun nouz; maiv buangv hnyouv/to mad at; to angry.
qiex beqv hnyouv beqv; mv maaih noic rush temper; impatient; turbulent.
qiex butv haic qiex jiez haic; nouz qiex haic/be very angry; be infuriated.
qiex-dauh waac qiex jiez daaih gorngv nyei waac/an angry sound; a loud voice exploding in anger.
qiex fiu qiex jiez baac mi'aqv/to have one's anger dissipate.
qiex jiez zoux bun qiex jiez/angry; to be angry; get mad. Gj: qiex jiez haic.
qiex jiez baac nqa'qiex fiu mi'aqv/after mad; after calm down.
qiex jiez haic qiex jiez camv haic/be very angry or very mad at.
qiex jiepv nz. nqa'qiex beqv; qiex jiez siepv haic/impatient; quick tempered.
qiex maiv jiez hnyouv sienc nyei maiv qiex jiez/remain calm; not angry.

qiex[4] pm. zueix a'fai ndaang nyei qiex/the sense of smell; scent; odor.
qiex zueix mba'zorng siouc maiv duqv nyei qiex/smell bad; odorous; scent.

qiex[5] pm. qiex ngaengc a'fai qiex mau nyei sic/an accent of speech.
qiex mau qiex mau haih gorngv waac duqv junh fai gorngv duqv nzuonx/can pronounce the word well.
qiex ngaengc aqc duqv gorngv waac mv nzuonx nyei qiex/unable to pronounce.

qiemx[1] w. 需要 /xūyào/ qiemx zuqc; aa zuqc nyei/need; needed; requirement.
qiemx longc qiemx zuqc longc/needed; need to use; need to spend.

qiemx longc beqv qiemx zuqc longc siepv/urgently need; urgent need.
qiemx longc gong-mienh qiemx longc mienh zoux gong/help wanted.
qiemx longc mienh qiemx zuqc longc mienh/to need someone.
qiemx longc nyaanh qiemx zuqc longc zinh nyaanh/need to spend money.
qiemx longc siepv oix zuqc longc siepv aqv/an urgent need; emergency need.
qiemx nyaanh qiemx mienh nyei nyaanh to owe someone money.
qiemx zuqc gengh qiemx zuqc/to need; to want; the requirement.
qiemx zuqc beqv aa zuqc longc beqv aqv/an emergency need; in urgent need.
qiemx zuqc haic gengh qiemx zuqc dingc aqv/need badly; needful.

qiemx[2] pm. 欠 [qienv] qiemx zaeqv; qiemx jienv/to owe; owed; owing; in debt.
qiemx biauv-zaeqv maaiz biauv gaav jienv yietc hlaax jaauv deix/to owed real state debt; a property debt.
qiemx kaix fu'jueiv nyiemv haic weic zuqc qiemx kaix, aa zuqc dorh mingh kaix mienh a'fai kaix mba'hnoi/to owe spirit a dedicate; needs god father.
qiemx mbuoqc ziex 1 qiemx zeqv camv ndongc haaix/owed how much. **2** how much does it required.
qiemx nyaanh 欠钱 /qiànqián/ qiemx jienv mienh nyei nyaanh/to owe money.
qiemx nzou-zinh qiemx hungh jaa nyei nzou-zinh/to owed tax; tax arrears.
qiemx zaeqv 欠债 /qiànzhài/ qiemx jienv mienh nyei nyaanh/to owe someone money; to be in debt.
qiemx zaeqv mienh qiemx jienv zaeqv nyei mienh/a debtor; a borrower.
qiemx zingh nyeic 欠情 /qiànqíng/ qiemx jienv mienh nyei en-zingh/owed favors; favors not returned.

qien 签 /qiān/ qien mbuox; qou mbuox/to sign; sign one's name. Gj: cien mbuox.
qien mengh 签名 /qiānmíng/ qou ganh nyei mbuox/to sign one's name.
qien zengx sou iv congh bun bieqc ganh norm guoc jaa nyei sou/a visa (for enter foreign country).

qienh m. **qienh kuon** 乾坤 /qiánkūn/ **1** lungh ndiev maanc horngh/heaven and earth. **2 qienh kuon**/diagram; an outline designed to demonstrate. Mienh faix mv baac qienh kuon hlo. a little person with a big private.

qioux nz. 去 /qù/ mingh; haengh qoux. Gj: qoux/to go; to walk; to travel.
haengh qioux youh jienv mingh; yangh jauv mingh/to travel; to go around.
qioux taux 去到 /qùdào/ mingh taux/to go and arrive at.

qox bt. 疥 /jiè/ butv qox ndopv siepv nyei baengc/scabies; skin mites.
qox-siqv butv hniev haic nyei qox/heavy itchy skin caused by parasitic mites.

qoix pm. cou nyei qoix qoix wuov/to be rugged; rough; bumpy feeling.
la'bieiv qoix la'bieiv camv qoix qoix wuov/a rockiest area.
qoix daax qoix hluo muangx haiz qoix daax qoix wuov/feel rough on surface.

qom q. **qih qungx qom** zoux nyanc hopv dorx orv mbui qih qungx qom nyei.
qom-qaau mborqv lorh nzoz nqaapv caauh zeiv mbui nyei qiex. Gj: qom-qom qaau-qaau/the sound of a drum and cymbals being strike.

qongx m, n. 房间 /fángjiān/ yietc qongx gen; biee qongx biauv/a room; a space.

qopc q. nziuc (guaa) mbui qopc qopc nyei qiex/noisy of chewing cucumber; champ.

qopv w. qopv jienv buoz; jai qopv jienv ndaatv/to fold both arms; to fold wings.
qopv jienv buoz-zaux se beiv mv zuqc zoux gong yaac duqv nyanc nyei/to fold up both arms and cross legs. An idiom to be ease of life.
qopv jienv ndaatv jai qopv jienv ninh nyei ndaatv/fold up wings as bird does.

qorkv nq. hui-matc, *qorkv* se gaav congh English chalk daaih.

qorn q. guaaih hlieqv mbui qorn qorn nyei qiex/the sound made by a metal sheet being scratched.

qorng m, n. 框架 /kuàngjià/ biauv-qorng fai liuh qorng/a frame; framework.

gaengh qorng gaengh nyei qorng/frame for a door or window.

mbungv-qorng 骨架 /gǔjià/ yietc sin nyei mbungv-qorng/skeleton.

qorng-qorng pm. kungx qorng ganh hnangv/a frame-like.

suix-qorng hliou suix nyei qorng/frame for winding thread.

qorngh[1] pm. jaic yaac hlang nyei qorngh qorngh wuov/to be skinny and tall.

ga'naaiv-qorngh heuc a'nziaauc mienh hlang mienh nyei a'nziaauc mbuox/slim and tall person.

qorngh[2] aengx lorz mangc "gaeng-qorngh" wuov joux nyei eix-leiz.

qorqv[1] md. zueix-fanh ziu nyei qorqv/to irritating to nose and throat.

funx qorqv funx congx zuqc mba'zorng qorqv/to irritating to nose by garlic.

qorqv[2] pm. ciouv; cunv; orqv/unfriendly.

mienh qorqv mienh hnyouv cunv haic nyei mienh/unfriendly person.

qortc q. jiepv nyau jienv ndiangx qortc qortc nyei nyaaiv jienv njiec/the sound of scratching.

qortv pm. dienx nyei qaqv qortv zuqc, qortv se gaav congh English shock daaih/to be shock by an electric power.

qou[1] w. qou ndeic-hlungv. Gj: teix ndeic-hlungv, qou loz-ndeic/to clear previous rice fields or corn fields.

qou[2] pm. naang-nzung qou jienv mingh/to move wriggling as a worm.

qou mbietc zoux mbietc dongz jiex mingh jiex daaih/to move one's tongue to left and right.

qou mbuox qou ganh nyei mbuox njiec an zeiv. Gj: qien mbuox/to sign one's name; to put one's signature.

qou-qou nyei mingh (naang) qou-qou nyei mingh/to move wriggling as snake.

qouv w. 搅拌 /jiǎobàn/ qouv lai; qouv hnaangx; qouv zorpc doic/to stir; to mix up with stir.

qouv buonx qouv buonx zorpc nie bun ndau longx/to mix fertilizers with soil.

qouv dongx qouv hmeiv-mbuonv caux jou-hlapv dongx/to cook thick mixture food with mushroom and rice flour.

qouv longx nyei qouv bun zorpc longx nyei/to stir and mix well.

qouv mbuonv qouv mbuonv jiux zorpc doic/to mix the flour.

qouv wangc dungz-nziaamv an laapc liuc caux orv caauv nqaai bungx njiec qouv taux nziaamv gitv butv-ndunh liuz ziang naaic nyanc nyiemz aqv.

qoux nz. 去 /qù/ mingh/to go; to travel; to go on a trip; journey.

qoux haaix 哪去 /náqù/ mingh ha'ndau/to go where.

qoux taux mingh taux mi'aqv/to go and arrive at; to arrive.

zangc louc qoux cuotv jauv mingh a'fai gan jauv mingh/to depart; to travel.

qui w. (douz zieqc) qui/to destroyed by fire or to burn down.

douz buov qui zuqc douz buov qui/to be burn down; to destroyed by fire.

qui nzengc mi'aqv zutc nzengc maiv maaih douc buonv aqv/to be completely wiped out.

qunh w. mienh camv qunh qunh mbenc jienv biaux/people are preparing to move.

qunh daax qunh sien daax sien qunh daax qunh nyei/moving by whole group.

qunv nz, d. 犬 /quǎn/ juv/a dog. Jun-zaah qunv. A police dog.

qunv nyeih juv a'fai juv-dorn/a dog or a puppy dog; a canine.

qungx wj. caaiv zuqc biaav qungx qapv nyei nauv; qungx qortc nyei nyaaiv.

quonh nq. 劝 /quán/ hatc lingc; hatc maaz power or great strength.

quonh baeng maanh qaqv maaih lingc nyei baeng/the power of military force.

quonh nernh nernh nyei qaqv/powerful; supremacy; superiority.

quoqv nz. 曲 /qǔ/ daanh baah cangx heix nyei nzung/a piece of music; a song.

wuonc quoqv cangx gaa baaux nzung cenv nzung nyei sic/to sing a song.

quotv m., n. buoz-seih quotv; buoz-seih nyatv/an elbow.

qutv w. mbuoqc gunv; nyiemc suei/to obey; to surrender; to act defeated.

qutv ninh laengz suei bun ninh aqv/to ask him for surrender.

R

r /er/ faah ziepc norm nzangc-maac yiem Iu-Mienh/Yao nyei waac, se kungx longc zuqc nduqc joux waac "ri^motv" se gaav congh English "remote control" daaih hnangv, mv baac ei English waac longc fiev deic bung nyei mbuox se horpc zuqc longc nyei.

ri^motv yiem go zatv gunv TV a'fai gunv cie lo haaix. "ri^motv" se gaav English waac remote control daaih.

Romania m. 罗马尼亚 /luómǎníyà/ se yietc norm guoc jaa yiem D.N bung maengx Europe, hungh zingh mungv nyei mbuox heuc Bucharest.

Rhode Island m. 罗德岛 /luódédǎo/ yietc norm ziou, yiem Meiv Guoqv D.B bung maengx, ziou nyei domh mungv mbuox heuc Providence.

Russia m. 俄罗斯 /éluōsī/ yietc norm domh guoc jaa yiem D. bung Europe B. bung maengx Asia, hungh zingh mungv nyei mbuox heuc Moscow.

Rwanda m. 卢旺达 /lúwàngdá/ yietc norm guoc jaa, yiem Z.N bung mbu'ndongx Africa, hungh zingh mungv nyei mbuox heuc Kigali.

S

s /sor/ faah ziepc-yietv norm nzangc-maac yiem Iu-Mienh/Yao nyei waac.

sa'bing m., d. finx-nangh, *sa'bing* se gaav congh English spring daaih.

sa'daem m., n. fienx-yienx, *sa'daem* se gaav congh English stamp daaih.

sa'eix m. se dongh "saeng-eix" fiev nangv daaih/a business activity; to do business.

sa'eix mienh zoux saeng-eix nyei mienh a business person; merchantman.

sa'laav pm. ga'naaiv-lueic; ga'naaiv-laanv an indolent; laziness; shiftless.

sa'laiz pm. 耍赖 /shuǎlài/ zoux sic sa'laiz mv hiuv nyaiv/to act unreasonably and shamelessly.

sa'laqv m. laauv-guoqv nyei gongx ciangv Communist of Pathet Lao.

sa'lengx m. janx-taiv nyei nyic ziepc hmz buon zinh/a quarter baht of Thai coin.

sa'liangz se dongh **saaix-liangz** fiev nangv daaih/pretend; to perform a show.

sa'liangz hleix sa'liangz fangx-nangh nyei hleix/movie star; movie actor.

sa'lorngc se dongh "saau-lorngc" fiev nangv daaih/to do without carefully.

sa'lorngc mangc mv samx mangc longc to look without carefully into.

sa'mbuh nzox ga'naaiv nyei sa'mbuh, se gaav congh janx-taiv waac daaih.

sa'mbuh mbiaauz yiem sa'mbuh cuotv daaih nyei mbiaauz/soapsuds or bubble.

sa'mbuh mbuonv muonc nyei mbuonv-mbuonv wuov nyungc sa'mbuh/soap in powder form.

sa'mbuh ndaang longc nzaaux sin nyei sa'mbuh ndunh ndaang/scented bath soap.

sa'mbuh ndunh yietc ndunh sa'mbuh; sa'mbuh norm/a lump of soap.

sa'mbuh wuom torng-torng wuov nyungc sa'mbuh/liquid soap.

sa'zeih se dongh "siaauh zeih" fiev nangv daaih/a bamboo stick used to made noise to drive away chicken.

sa'ziou se dongh "saaiv-ziou" fiev nangv daaih/sand.

saa[1] w. saa nyei mv nitv doic/be slightly separated; space sequence.

An saa deix an saa nyei mv nitv doic/to place with slightly space.

Jui-saa zieqv saa nyei wuov nyungc jui/a loosely woven back basket.

Saa deix nyei mv nitv doic/to be slightly separate or spread.

Zieqv saa nyei zieqv maiv camx doic/to weave and keep some space between.

saa[2] m. **saa-dorngh** gaam-ziex zoux daaih nyei dorngh. Gj: saaiv-dorngh/sugar.

Saa-dorngh ndunh ziangh ndunh nyei saa-dorngh/sugar in block.

Saa-dorngh nzuih haih wuotc nzuih nyei mienh/a sugar mouth; sweet talker.

Saa-dorngh nzuih yangh meuz hnyouv Se beiv mienh gorngv waac gaam nyei mv baac hnyouv im haic/a sweet mouth but a poisonous heart.

Saa-dorngh yangh jieqv-yangh wuov nyungc saa-dorngh/a brown sugar.

Saa laetv 莎拉 /shālā/ lorpc zorpc nyei lai-nyiemz an laapc liuc daaih/salad.

saa[3] pm. 沙 /shā/ saa-ziou; saa-ziou-lomc; saa-ziou-satv. Gj: saaiv-ziou/sand.

saa-duang jiem beiv hnangv *jaapv-hmz yietc meic saa-duang jiem*, cuotv seix buangh zuqc naaiv norm jaapv-zaangv nzung se beiv maengc ngaengc hnangv la'bieiv nor.

saa-ziou 沙子 /shāzī/ saaiv-ziou/sand.

saa-ziou-baengh yietc kuaaiv jangv nyei saaiv-ziou ndau/sand bar; sandbank.

saa-ziou-huaang 沙漠 /shāmò/ saa-ziou caux lomc-huaang hnangv/desert.

saa-ziou-lomc kungx saa-ziou nyei ndau a sandbank; seaside.

saa-ziou mbuoqc dapv saa-ziou nyei mbuoqc/a sandbag.

saa-ziou nie maaih saa-ziou zorpc nyei nie/sandy soil.

saa-ziou ndau 沙土 /shātǔ/ maaih saa-ziou zorpc nie nyei ndau/a sandy soil area.

saa-ziou ndui yietc ndui kungx saaiv-ziou hnangv/a pile of sand.

saa-ziou-satv sa'ziou zorpc nie satv-satv wuov/sand and soil mixed together.

saa-ziou zeiv longc corh ndiangx mbiangc nyei zeiv-sopv/sandpaper.

saa[4] bm. ga'naaiv nyei jiex gorn mbuox, se hnangv **Saadaan** 撒旦 /sādān/ mienv nyei hungh nyei mbuox/Satan, prince of the darkness.

Saa Lo Morn Nyei Nzung 雅歌 /yāgē/ se yietc buonv zengx-ginx sou nyei mbuox A book of Song of Songs, in the Bible.

Saa Mu En 撒母耳记 /shāmǔérjì/ se yietc buonv-zengx-ginx sou nyei mbuox/a book of Samuel, in the Bible either of first and second two books.

Saa mbuh aengx lorz mangc "sa'mbuh" wuov joux nyei eix-leiz.

saa[5] bt. zoux gong hniev nyutc jorm pui aengx hopv wuom-namx gunx cuotv nyei zuqc saa-baengc/heatstroke symptoms.

zorqv saa yietc nyungc zorc zuqc saa baengc nyei njaaux muonh, se longc buoz-ndoqv-ziangv caux buoz-ndoqv-ndaauv nem jienv ndopv cutv bokv bokv deix, cutv taux ndopv faaux nziaamv siqv nzengc cingx duqv. Gj: nem saa, nipv saa, mbaix saa/to pinch and pull the skin as a treatment for heatstroke symptom.

saac w. **mouc-dauh saac** mouc-mengh mouc-baeqc nyei, zaah yaac zaah maiv cuotv gorn aqv/be disappeared.

saac gorc mi'aqv nzengc mi'aqv; maiv maaih yietc aax aqv/no more left over.

saac yaev gorngv huotv mienh fai maeqv mienh. Gj: saauc yaev/to mock; to cause someone to lose face.

saah wj. gorngv, fai fiev naaic nyei setv mueiz waac. Gj: saaqh/word used for questions. Meih longx nyei saah?. How are you?. Meih zoux ziangx aqv saah?. Did you finish yet?. **saah cuotv lingh maaic cuotv deic** se beiv m'sieqv dorn bungx cuotv gaengh mi'aqv.

saah liangz zoux nyungc bun mangc. Gj: sa'liangz/to show.

saah liangz sieqv zoux saah liangz nyei sieqv/girl that perform a show.

saah liangz zangc haih zoux saah liangz nyei mienh/an actor.

saav[1] nz. 耍 /shuǎ/ a'nziaauc, a'fai nyienx a'nziaauc/to play; to sport.

saav kouv gorngv jatv a'nziaauc/to joke a great deal; to make joke.

saav-lorh louc sieqv-dorn houh saeng saanx nauc ngitc nyei jauv/joyful of young adult men and women.

saav waanh 玩耍 /wánshuǎ/ a'nziaauc nyei sic/an active playing.

saav[2] m. i bung biauv nyei saav/a gable; portion of the side of a house.

saax w. **1** to cleanse or to remove ritual impurity. **2** louc cuotv/to filter.

saax cing-nzengc louc guangc laih hlopv nyei/to make clean by filter.

saax cuotv zaa 1 louc cuotv mbiouh gu'nguaaic nyei zaa. **2** saax zaa zemh lorqc njiec ga'ndiev mingh.

saax uix zipv siang-mbuangz bieqc gaengh wuov zanc sai mienh ziouc pyiuv wuom njiec saax uix liuz siang-mbuangz cingx bieqc biauv.

saaih pm. (dopc lai) ziangh daaih si'sungx saaih wuov/hanging downward.
mba'hnoi saaih gorng aqv mba'hnoi njiec maengx aqv/the sun is going down.
saaih njiec daaih ndiux jienv saaih njiec daaih/to be hanging downward.

saaiv[1] m. 灰 /huī/ **1** douz zieqc qui daaih nyei saaiv/ashes of fire. **2** muonc nyei saaiv-saaiv wuov/fine grains.
saaiv-jorm douz zieqc jienv jorm nyei saaiv/hot ashes; warm ashes.
saaiv-namx namx nyei saaiv/cool ashes.
saaiv-ning douz zieqc jienv nzanc siqv nyei saaiv/very hot ashes.
saaiv-nzie louc saaiv daaih nyei wuom ash water after filtered.

saaiv[2] nz. **1** longc; nungc/to spend; to pay out (money). **2** saaiv longc/to service.
saaiv bieqc saaiv cuotv longc bieqc caux longc cuotv/to spent.
saaiv longc qaqv saaiv longc mienh nyei qaqv/to service someone.
saaiv nqaai longc nqaai nzengc/use up; spent all (money); to be broke.
saaiv nyei mienh saaiv longc qaqv nyei mienh/a servant; a service person.
saaiv zinh nyaanh longc cuotv zinh nyaanh/to spent money.
saaiv cuotv longc cuotv mingh/to spend out (money).

saaiv[3] pm. saaiv juv mingh zunc/to sic dog; to sic a dog to chase something.

saaiv[4] aengx lorz mangc "guaa-ben-saaiv" wuov joux nyei eix-leiz.

saaix[1] w. 赛 /sài/ ndouv-saaix/to compete; to contest; to rival.
saaix cie 赛车 /sàichē/ niouv cie saaix jaax/to race cars; a car race.
saaix cong-mengh saaix guai nyei jauv to complete to see who is the smartest.
saaix hingh ndouv-saaix hingh/to win in competition.
saaix jaax caux saaix jaax mangc gaax/to have competition with; to contest with.
saaix jiex 赛过 /sàiguò/ gauh longx jiex/to be better than; to surpass.
saaix jiex jiemv gauh njang-laangc jiex yietc buoqv/to be more glory than.
saaix jouh 赛球 /sàiqiú/ saaix mborqv hieh mbeu/a ball game.
saaix juv dorh juv tiux saaix jaax/to race dogs; a dog race.
saaix maaz 赛马 /sàimǎ/ geh maaz tiux saaix gaax ha'dauh gauh siepv/horse race; to race horses.
saaix maaz ciangv saaix maaz tiux nyei ciangv/a horse race ground.
saaix-maaiz maaic ndouv-saaix zoux saeng-eix/to compete in business.
saaix mienh ndouv-saaix caux mienh/to compete against others people.
saaix ndiqv hieh mbeu ndouv-saaix ndiqv hieh mbeu/to compete soccer.
saaix nzangv saaix guaaih nzangv/to race boat; a boat race.
saaix nzueic ndouv-saaix zoux sin zangc nzueic/to compete in a beauty contest.
saaix nzuonx gorn aengx tuix nzuonx gorn saaix nzunc/to play back a film.
saaix nzung baaux nzung saaix jaax/to compete in singing.
saaix qaqv ndouv saaix qaqv/to compete strength; to test power.
saaix suei saaix gau suei mi'aqv/lose or defeated in competition.
saaix tiux saaix tiux gaax ha'dauh gauh siepv/to run a race on foot.
saaix wuonh zaang saaix wuonh uv/to compete knowledge.
saaix yangx-heix mienh baaux nzung bun mangc/a concert show.

saaix[2] pm. bungx cuotv bun mangc, *saaix* se gaav janx-taiv waac daaih/to show slide films or movies.
saaix fangx-nangh bungx fangx-nangh cuotv bun mangc/to show motion picture.
saaix-liangz mienh zoux saaix-liangz nyei mienh/an actor; actress; pretender.

saaix[3] nz. bun nyutc pui/of or having to do with sunshine
nyutc saaix aaux benx nzung gorngv nyutc pui/sunshine on.

saaix[4] bt. yietc nyungc gan siang-mbuangz nyei baaic fai setv-mienv/a jinx that is carry by a bride.??

siang-mbuangz saaix siang-mbuangz bieqc gaengh nyei ziangh hoc, se gorngv biauv zong maaih mienh wuonc qiex aiv nor haih saaix zuqc muangv nyei.??

zunh saaix sai mienh sipv mienv fungx saaix guangc/to send away jinx.

saamx w. wuom saamx bieqc fai saamx cuotv/to soak into or to ooze through.

saamx cuotv wuom saamx cuotv zoqc jienv mingh/to be leaking slowly; ooze out slowly.

saan cm. da'faam dauh dorn nyei jiex gorn mbuox, beiv hnangv Ih Zoih nyei dorn Saan Zoih/third, in naming son.

Laauv Saan da'faam dorn nyei heuc hnamv mbuox/nickname for third son.

saan guv guaix se beiv mingh ciev ging nyei saan hinx zaiv.

saan haux in-baeqc nyei mbuox, se heuc gan janx-kaeqv waac/morphine.

saan nquan da'faam dorn nyei a'nziaauc mbuox/a funny name for a third son.

saanv baan m. yiem sin-hlen zunc nzuih nyei mienh/people who perform services.

saanx w. mienh camv gapv zunv nziaauc jorm nyei sic/having fun together of the gathering people.

mbiauz saanx mbiauz mbienv lingc yiem wuom youh mingh youh daaih nyei sic.

saanx waanh mienh camv nauc ngitc mbiouh mbiouh nyei sic/pleasant sound of merry making activities.

saaqh wj. naaic waac nyei waac. Gj: saah, saqh/question word. Meih longx nyei saaqh?. How are you?.

saau w. guaih saau jienv mingh/to wander without any purpose.

laauh saau henv mingh saau nziaauc henv/to wander with restlessly.

saau a'nziaauc dorngx jiex dorngx nyei saau jienv mingh/to walk at a leisurely pace; saunter; wander.

saau gemh buonv orv saau jienv lomc mingh lorz orv buonv/to go hunting.

saau laangz zueih hiaang-laangz saau jienv mingh/wander through the village.

saau lomc saau jienv lomc mingh lorz orv buonv/wander through jungle to hunt.

saau-lorngc lorz guaih lorz cou nyei/to find something without careful.

saau-lorngc mangc guaih mangc siepv nyei/to take a quick look; quick view.

saau-lorngc zoux guaih zoux cou nyei to do without careful plan.

saau koiv-hlen yangh jauv koiv-hlen/to wander through the beach.

saauc[1] m., n. topv nzatc biomv nyei saauc the mouthpiece oboe or wind instrument.

saauc[2] w. huotv; saauc yaev mienh/to shy someone in public; to mock; to jeer.

saauc mienh gorngv waac huotv mienh to mock someone.

saauc yaev gorngv huotv mienh fai maeqv mienh. Gj: saac yaev/to jeer; to ridicule someone; to scoff.

saauh w. longc buoz-ndoqv saauh faaux/to scoop amount of grains, with all fingers.

saauh hmeiv longc buoz nzaatv hmeiv caux saauh hmeiv/to wash milled rice with finger scoop up.

Saauh Ziou Fouv Yao Mienh nyei nquenc nyei mbuox, dongh loz-hnoi haiz gorngv *Ciauh Ziou Fouv, Lorh Ciang Nquenc* wuov, ih jaax hnoi tiuv mbuox heuc Shao Guan mungv 韶关市/a city in northern Guangdong province, China.

saauv bc. 数 /shǔ/ saauv bun cing/to count; to reckon; to figure out; calculation.

saauv baeqc fingx hungh jaa saauv baeqv-fingx/census; to count population.

saauv ga'naaiv 计数 /jìshǔ/ saauv bun cing ga'naaiv/to count something.

saauv mv mengh camv haic saauv maiv cingv cov/unable to make clear by count.

saauv mv zienz camv jiex ndaangc saauv hingh/too many to count.

saauv mienh 民数记 /mínshǔjì/ yietc buonv zengx-ginx sou nyei mbuox/a book of Numbers, in the Bible containing census.

saauv nyaanh saauv bun cing nyaanh maaih mbu'ziex/to count money.

saauv suix-buangc congx congx nyei mienh oix zuqc saauv jienv suix-buangc mingh/to count background threads in doing embroider work.

saaux w. nziaaux saaux. Gj: buonc/to blow gently; gently breeze.

saaux nqaai nziaauc saaux manc-manc nqaai/slowly drying by gently breeze.

Sae bm. Iu-Mienh jiex gorn nyei mienh fingx mbuox, beiv hnangv fingx Bienh se **Saephan**, *sae* se heuc gan janx-taiv waac janx-kaeqv waac heuc 姓 /xìng/ a name, used before Iu Mienh/Yao surname, which adopted from Thai language while Iu Mienh were living in the refugee camp in Thailand between 1975-1995.

nyungc zeiv/for example.

Saechao is to referring to the original clan of 姓赵 /xìngzhào/ fingx zeuz, a'fai loz-zeuz mienh.

Saelee is to referring to the original clan of 姓李 /xìnglǐ/ fingx leiz; loz-leiz mienh.

Saeturn is to referring to the original clan of 姓邓 /xìngděng/ fingx dangc, a'fai loz-dangc mienh.

saev q. **1** duih mbiungc saev saev nyei/the sound made by soft rain. **2** m'sieqv dorn pongx jienv suangx-buix jiex ga'hlen nyaanh lingh mbui saev-saev nyei.

saez q. tekv yangh horv zieqc douz mbui saez saez nyei qiex/the sizzling sound of match burning.

saeng[1] w. maaih maengc nangh nyei/a life; to be alive; living; active; livelihood.

saeng-dauh zw. maaih biee jieqv zaux caaiv ndau nyei saeng-kuv/an animals with four legs.

saeng-feiv nangh caux daic; ziangh fai daic/between life and death.

saeng-kuv zien-saeng-kuv, a'fai mienh yungz nyei saeng-kuv/domestic animals.

saeng-kuv horqc hoqc hiuv taux zorc saeng-kuv nyei horqc/veterinary science.

saeng-kuv ndie zorc saeng-kuv baengc nyei ndie/medicine for animals.

saeng-kuv ndie-sai zorc saeng-kuv nyei ndie-sai/a veterinarian; animal doctor.

saeng-kuv saeng saeng-kuv saeng njaah doic/mating of the animals.

saeng-maengc nangh nyei maengc/life; living; livelihood.

saeng-maengc feix ziangh maengc qiemx zuqc nyei ga'naaiv/living expense.

saeng-mienh maaih maengc ziangh jienv nyei mienh/a living person.

saeng seix ziangh yiem seix zangc/one's lifetime; time of the living.

saeng[2] nz. yungz cuotv seix/to be born; to come into being; to come into existence.

saeng-dangh jaux saeng-dangh nyei jaux. Gj: saeng-dangh biouv/ovaries.

saeng-dangh nqunx dongh saeng-dangh jaux ndortv njiec ziangh benx gu'nguaaz wuov diuh nqunx/the fallopian tubes.

saeng-nyietv-hnoi cuotv seix hnyangx, hlaax, hnoi/date of birth; birthday.

saeng nyutc nyietv cuotv seix hlaax caux hnoi/month and day of a person born.

saeng-yungz yungz dorn-jueiv nyei sic to do with childbirth; an offspring.

saeng[3] pm. zoux sic saeng, mv dorh leiz nyei waac. Gj: liaa, ndin/sexy; sexually aroused; sexual active.

saeng haic saeng se maiv dorh leiz nyei waac, dorh leiz nyei wuov joux oix zuqc gorngv **ndin**/sexily; very sexy.

saeng-kuaa gorngv-baeqv nyei waac/liar or falsehood.

saeng-kuaa-lorh gorngv huaangv nyei waac/exaggeration; untrue; falsehood.

saeng-kuaa-lorngh haih gorngv-baeqc nyei m'jangc mienh/a male liar.

saeng-kuaa-nyouz haih gorngv-baeqc nyei m'sieqv dorn/a female liar.

saeng[4] dz. saeng doic; njaah doic; caux doic/sexual intercourse, usually referring to animals mating.

saeng-caa maanh caa zoux/to rape or to attack a woman for sex.

saeng-hienx nimc hienx auv hienx nqox nyei sic/adultery.

saeng jiu horqc njaaux mienh saeng doic nyei jauv/sex education.

saeng lorqc mi'aqv saeng liuz maaih jienv dorn aqv/to have been in heat and mated already.

saeng nyei ziangh hoc saeng-kuv saeng nyei ziangh hoc/animals mating season.

saeng[5] gn. hlieqv-saeng, buov maiv yuqc nyei hlieqv/iron (which cannot mildew even after burnt).

saeng[6] zmb. haiz saeng-sor haic mv zuoqc mienh/to feel unfamiliar with people.

haiz saeng-sor 1 haiz nyiemz mienh haic/to have bashful feeling. **2** haiz maiv zuoqc mienh/to feel unfamiliar with.
saeng-sor nyei lomc haiz yiev haic nyei lomc zangc/to have fearful feeling.

saeng[7] zz. saeng-eix zornc zinh nyei jauv/a business activity; to do business.
saeng-eix zoux saeng-eix nyei jauv-louc to make living by business; entrepreneur.
saeng-eix-dorn zoux saeng-eix-dorn/to run a small business.
saeng-eix gorn zoux saeng-eix nyei buonv-zinh/the capital start a business.
saeng-eix jauv zoux saeng-eix nyei jauv louc/business matter; an economics.
saeng-eix longx zornc duqv leic nyei saeng-eix/a good business opportunity.
saeng-eix louc zoux saeng-eix nyei jauv louc/the way of doing a business.
saeng-eix mienh zoux saeng-eix nyei mienh/a businessman; a merchantman.
saeng-eix ndortv zoux mv jiez saeng-eix/to lose one's business.
saeng-eix wangc duqv zornc leic longx nyei saeng-eix/to make good profit on a business.
saeng-eix zangc zoux saeng-eix zornc zinh nyei jauv-louc/a business matter.

saeng[8] cm. mienh nyei jiex gorn baan-buic mbuox, beiv hnangv Saeng-Zoih/prefix meaning of men's generation name.
saeng-forng ndiangx longc normh uix fei-gaeng nyei ndiangx/a mulberry tree.
saeng-guatc yietc nyungc lungh muonc zanc cuotv lorz nyanc nyei norqc guv long/a kind of night black owl.
saeng-wangc hnoi longx nyei hnoi/an auspicious day; a good day for Taoism believer to do something.

saeng[9] zh. saauv hnoi jiex gorn yiem yietc hlaax gu'nyuoz nyei da'yietv hnoi taux da'ziepc hnoi, beiv hnangv ga'ndiev naaiv deix ziepc norm hnoi.
saeng-betv bieqc siang-hlaax nyei da'betv hnoi/eighth day of a month.
saeng-cietv bieqc siang-hlaax nyei da'cietv hnoi/seventh day of a month.
saeng-faam bieqc siang-hlaax nyei da'faam hnoi/the third day of a month.
saeng-feix bieqc siang-hlaax nyei da'feix hnoi/the fourth day of a month.
saeng-hmz bieqc siang-hlaax nyei da'hmz hnoi/the fifth day of a month.
saeng-juov bieqc siang-hlaax nyei da'juov hnoi/the ninth day of a month.
saeng-luoqc bieqc siang-hlaax nyei da'luoqc hnoi/the sixth day of a month.
saeng-nyeic bieqc siang-hlaax nyei da'nyeic hnoi/the second day of a month.
saeng-yietv bieqc siang-hlaax nyei da'yietv hnoi/the first day of a month.
saeng-yietv ndorm yietc hnyangx nyei zih hlaax saeng-yietv wuov ndorm/New Year day morning.
saeng-ziepc bieqc siang-hlaax nyei da'ziepc hnoi/the tenth day of a month.

saeng[10] aengx lorz mangc "fin-saeng, horqc saeng, houh saeng, nin-saeng, torqv saeng, ndau-saeng" nyei eix-leiz.

saengv[1] m, n. yietc norm bun njiec benx nquenc nyei saengv/a province.
Huh Nanmh saengv Zong Guoqv nyei yietc norm saengv/Hunan province, China.
saengv nyei mengh saengv nyei mbuox the name of a province.
saengv ziouv saengv nyei ziouv mienh/a governor; chief of a province.

saengv[2] m, n. longc hlaau fiu dapv congx buonv nyei hlauv-ndongh saengv/a bamboo tube for measuring out a gunpowder.
yiem haaix ndau tin-gorqv saengv to be at wherever unknown distant place.

saengx[1] k. nziaaux hungx-hec buonc faaux lungh nyei ga'naaiv/be easily push up in the air by pressure of wind.
saengx nziaaux zeiv cie jienv suix bun nziaaux buonc faaux nyei ga'naaiv/a kite.

saengx[2] aengx lorz mangc "la'saengx mbungv" wuov joux nyei eix-leiz.

saeqv[1] pm. ndiangx-saeqv; hlauv-saeqv/a small leafless bamboo sticks or branch.
gaanv-saeqv hlauv-nzai nyatv zunv zoux gaanv daaih/a broom made of fine bamboo sticks or fine twigs.

saeqv[2] w. saeqv muonc. Gj: gaatv muonc/to cut or slice into small piece.
saeqv dungz-dingx paaix muonc dungz nyei la'saengx mbungv/to slice between the ribs of a pig.

saeqv[3] pm. gorngv waac saeqv mienh/to insult by saying something against.

saeqv-maeqv gorngv huotv mienh nyei waac/to mock; to shame someone.

saetc q. nzioux nzuqc mbui saetc saetc nyei qiex/the sound made by sharpen a knife.

saetv q. **1** nyomx hmeiv mbui saetv saetv deix nyei qiex/the sound made by winnowing. **2** maeqv saetv dangh/the sound made by peeling tape.

sai[1] w. sai hlaang/to fasten a belt.

sai houx-hlaang sai houx mv piatv njiec nyei hlaang/to wear a belt on waist.

sai jienv hlaang (bieqc cie) sai hlaang/to fasten a seat belt while in the car, plane.

sai la'sin m'sieqv mienh sai la'sin/to put a sash around the waist.

sai mbiauh longc nzuqv nyatv niouv jienv mbiauh ziangh zeiv nyei/to tie a bundle of rice.

sai[2] m, d. sipv mienv heuc lungh nyei sai mienh/ritual master; a religious teacher.

sai-diex 1. njaaux buoqc zangc nyei domh fin-saeng/a master of religion. 2. zoux sai ong nyei yiem-gen sai-diex, se dongh tengx ninh sipv mienv maaih qaqv lingh nyei sai-diex.

sai-dorc dorh leiz waac heuc m'sieqv fin-saeng/polite term for female teacher.

sai-dorn sipv haac jaaix mienv nyei sai mienh/a low rank spirit priest.

sai-gong 1. sipv zangc jaax mienh nyei sai mienh/a high ranking Taoist master. 2. zoux sai a'fai daav nyaanh nyei gong zinh/labor fee paid to spirit priest or labor charge of skilled silversmith.

sai-gong aiv longc gong-zinh aiv/low charge of labor fee.

sai-gong hlang longc gong-zinh hlang nyei/high charge of labor fee.

sai-gong zinh zoux sai caux daav nyaanh nyei gong-zinh/labor fee of qualified job.

sai-gorx 1 hoqc buoqc zangc nyei horqc saeng/student of a religion. **2** zunh buoqc zangc fienx nyei mienh/disciple; apostle.

sai-maac 1 dorh leiz waac heuc njaaux buoqc zangc nyei m'sieqv sai mienh/a polite term for woman preacher. **2** dorh leiz waac heuc m'sieqv fin-saeng/polite term for a woman teacher.

sai mienh zoux sai nyei mienh/a spirit priest; ritual experts; shaman.

sai mienh leiz sai mienh yiem yinh zoux sai nyei leiz/the rule of a spirit priest.

sai-nzung cangx houc mienv nyei nzung a song, chant in a spirit ceremony hall.

sai-nzung sou cangx houc mienv nyei nzung-sou/a hymn book for spirit priest.

sai-zinh 1 zoux sai nyei gong-zinh/labor fee of a spirit priest. **2** daav nyaanh nyei gong-zinh/labor fee of a silver smith.

sai[3] cm. mienh nyei jiex gorn mbuox, se gu'nguaaz cuotv seix wuov zanc ninh nyei neuz sai zuqc jaaiv nor oix zuqc civ mbuox heuc sai jiex gorn, beiv hnangv Fuqv-Jien nyei dorn Sai Jien, se gorngv sieqv nor heuc M'Sai Jien.

saih nyc. nyiemc cien nyei waac/a phrase used in prefix of address term.

sai-baeqv dorc fai muoc nyei baeqv, yie caux yie nyei auv heuc saih baeqv/a term of address one's older or younger sister's husband's older brother.

saih deih youz fai gorx nyei dorc deih, yie caux yie nyei auv heuc saih deih/a term of address one's younger or older brother's wife's older sister.

saih domh miangh youz fai gorx nyei domh miangh, yie caux yie nyei auv heuc saih domh mingh/a term of address one's younger or older brother's wife's older brother's wife.

saih domh nauz youz fai gorx nyei domh nauz, yie caux yie nyei auv heuc saih domh nauz/a term of address one's older or younger brother's wife's older brother.

saih dorc nyaam fai nziex nyei dorc yie caux yie nyei auv heuc saih dorc/a term of address one's younger or older brother's wife's older sister.

saih gou dorc fai muoc nyei gouv, yie caux yie nyei auv heuc saih gou/a term of address one's younger or older sister's husband's older sister.

saih juoh dorc fai muoc nyei juoh yie caux yie nyei auv heuc saih juoh/a term of address one's younger or older sister's husband's older brother's wife.

saih miangh yie nyei nziez fai nyaam nyei nauz nyei auv yie caux yie nyei auv heuc saih mingh/a term of address one's younger or older brother's wife's younger brother's wife.

saih muoc yie nyei dorc fai muoc nyei nqox nyei muoc, yie caux yie caux nyei auv heuc saih muoc/a term of address one's older or younger sister's husband's younger sister.

saih nauz guaa yietc nyungc lomc zangc hmei-luangh ziangh nyei guaa, se lomh buoz-ndoqv-nyeiz hnangv, nyaaix-nyaaix wuov hnangv ba'daatc nyaaix nor/a wild fruit from wild vine.

saih njiez dorc fai muoc nyei nqox nyei muoc nyei nqox/yie caux yie nyei auv heuc *saih njiez*/a term of address one's younger or older sister's husband's older or younger sister's husband.

saih nziez dorc fai muoc nyei nqox nyei youz nyei auv, yie caux yie nyei auv heuc saih nziez/a term of address one's older or younger sister's husband's younger brother's wife.

saih youz dorc fai muoc nyei nqox nyei youz yie caux yie nyei auv heuc saih youz/a term of address one's younger or older sister's husband's younger brother.

saiv[1] pm. (nyaah ziangh daaih nzueic gau) saiv-saiv wuov/serrate of the teeth.

saiv-saiv wuov njoux-nyaah laic saiv-saiv wuov/serrate of a saw's teeth.

saiv[2] bt. **saiv ding** jaangh cuotv caax nyei baengc, se gaav congh janx-taiv waac daaih/the appendix.

samh wj. **samh soqv** hnyouv maiv dingc samh samh soqv-soqv wuov/be doubtful; undecided; uncertain.

lungh samh nziemx lungh oix lamh deix hmuangx mangc mv buatc nyei ziangh hoc/dusk just before night.

samh soqv hnyouv maiv bungx laangc nyei hnyouv/to trying to hide something while speaking; to hum and haw.

samx w. mangc longx fai hnamv longc nyei/to look carefully and thoroughly into.

samx maiv cuotv mangc maiv cuotv/to be unable to observe.

samx mangc gaax to look and observe carefully into a matter.

samx mangc mienh samx mangc gaax mienh se longx mienh fai ciouv mienh/to observe a person carefully.

samx mangc sic mangc sic longx nyei liuz manc zoux/to observe carefully into a matter before handling.

sanv d. **lorqc sanv cung** daaix yungz gu'nguaaz daic nyei cung-mienv/hungry spirit of who died in a childbirth.

lorqc sanv mienv yungz gu'nguaaz daic mingh nyei mienv/a spirit who die by a childbirth.

sangx pm. yangh jauv jiex fatv sangx zuqc mienh fai zuqc lai hnaangx/to walk too close to a person or food.

sangx dangh meih oc dorh leiz waac jiex mienh nza'hmien/a polite expression of closeness to someone.

sangx mienh jiex fatv haic mienh nyei nza'hmien/to pass too close in front of a person.

sangx lai hnaangx jiex fatv lai hnaangx la'fapv damh zuqc/to walk around too close to the food and get dirty.

yie tov sangx dangh meih oc dorh leiz waac jiex kaeqv mienh nyei nza'hmien excuse me I need to walk in front of you.

Sao Tome and Principe m. yietc norm koiv-nzou guoc jaa, yiem F. bung maengx Africa, hungh zingh mungv nyei mbuox heuc São Tomé.

sapv[1] w. sapv sapv nyei gorngv mbuox/to whisper; voice of softly talk.

gorngv waac-sapv gorngv waac faix nyei sapv sapv deix/to talk in a whisper.

waac-sapv gorngv faix sapv sapv nyei waac/whispered words.

sapv[2] gg., d. sapv se nyiuv camv saiv-saiv wuov, se gorngv ngaatc zuqc mienh nor haih guangc maengc nyei/a centipede.

sapv-nyiuv 1 sapv nyei nyiuv/the claws of centipede. **2** congx congx daaih nyei mbuox/a name of a cross-stitch.

sapv-zou buv sapv nyei buv, se gorngv gouv nyei waac gorngv maaih diuh baav sapv maaih buv naetv jienv ninh nyei m'nqorngv mv baac maiv maaih haaix dauh buatc jiex lorqc/a precious stone carried by a centipede.

saqv[1] n., z. longc guoqv njuov fai an njuov zong ndaang nyei saqv/sesame.

saqv-baeqc nyim baeqc wuov nyungc saqv/white sesame seeds.

saqv-jieqv nyim siqv wuov nyungc saqv black sesame seeds.

saqv-mbangx nyim junh yaac jieqv wuov nyungc saqv/black round seeds sesame.

saqv-ndongh 1 ziangh saqv-nyim wuov norm ndongh/a pod of sesame seeds. **2** a small silver bell shaped like a sesame pod used in decorate a woman's clothes.

saqv[2] bt. saqv se yietc nyungc pokc muonc nyei cuotv dopc baengc. Gj: hman, cuotv ga'naaiv baengc/measles.

cuotv saqv cuotv saqv nyei baengc/to have measles break out.

satv pm. hluo zuqc haiz hnangv saaiv-ziou nor satv satv wuov/to be gritty as sands or finely stones.

la'bieiv-satv muonc hnangv saaiv-ziou nyei la'bieiv/gritty stones.

Saudi Arabia m. se yietc norm yiem zong dong (middle east) nyei hungh guoqv, hungh zingh mungv nyei mbuox heuc Riyadh.

se wj. ninh se haaix dauh/who is he or she. Ninh se yiem longx nyei fai?. Is he, she doing fine?. Yie se Mienh, ninh se Janx. I am a Mien person, he is none Mien.

corc se corc se aengx maaih/beside that there is some more.

se dongh naaic aqv zeiz aqv se dongh naaic aqv/that is right or correct.

Se Fan Yaa 西番雅书 /xīfānyáshū/ yietc buonv zengx-ginx sou nyei mbuox/a book of Zephaniah, in the Bible.

se gorngv se gorngv meih maiv nqemh nor gunv caux yie yiem aqv/if you don't mind stay with me. Gj: gorngv hnangv, hnangv gorngv, six gorngv, lorqc beiv hnangv/if; supposing that; in case.

se hnangv ha'nor mangc daaih hnangv haaix nor/what is look like.

Se Kaa Li Yaa 撒加利亚 /sājiālìyà/ yietc buonv zengx-ginx sou nyei mbuox/a book of Zechariah, in the Bible.

se m'daaih se m'daaih hnangv loz wuov nor/there is the same as before.

se meih nyei buonc se bun meih nyei buonc/there is your sharing.

sei m, d. daic nyei sin-sei/a dead body; a corpse; a deceased body.

fungx sei dorh daic nyei sin-sei mingh biopv/to send a corpse to a burial.

nangh nyei sin-sei maaih maengc nyei sin-sei/physical body of a living person.

seix[1] m. mienh seix; yietc seix/human life; a person's life span.

seix gen lungh ndiev; ndau-beih/in the world or on the planet.

seix jaax lungh ndiev nyei sic/the world.

seix jaax daaic zaamv lungh ndiev domh faanv mborqv jaax nyei sic/world war; a global war.

seix jaax sic lungh ndiev sic/affairs of the living world.

seix jaax waac 世界语 /shìjièyǔ/ longc duqv tong lungh ndiev nyei waac/the universal language.

seix jiex mi'aqv guei seix mi'aqv; daic mi'aqv/to pass away; lifetime over.

seix jiem ih zanc nyei seix, fai ih jaax hnoi/the life of present time; nowadays.

seix nzipc seix doic jiex doic nyei nzipc jienv mingh/one generation succeeds to another generation.

seix seix doic doic seix-seix caux doic-doic/generation after generation; from generation to generation.

seix zangc lungh ndiev maanc sic/the earth; in the world of living.

seix zangc leiz lungh ndiev nyei laatc leiz/natural laws; ways of natural being.

seix zangc mienh yiem lungh ndiev nyei mienh/human being; a man kind.

seix zeiv mienh ziangh yiem seix zangc nyei ziangh hoc/a person's lifetime.

yietc seix jaax yietc baeqv hnyangx nyei ziangh hoc/a century.

seix[2] w. seix gaax; seix mangc gaax/to test; to examine; to observe carefully.

seix congx seix buonv mbaeqc gaax congx ziangx mv ziangx/to test a gun by shoot at the target.

seix hnaav seix buonv gaax hnaav zuqc mbaeqc fai/to test a crossbow by shoot at the target.

seix hniev sim nziang seix hniev wuov diuh sim/a needle on a pressure gauge.

seix hnyouv sic zoux bun cuotv sic nyei jauv/temptation; to be temptation.

seix maengc seix mangc gaax maengc/to test fate; to try one's luck.

seix maiv cuotv seix maiv cuotv haaix nyungc/unable to get result of test.

seix mangc gaax seix mangc hnangv mv gengh zien/to test; to try.

seix mienh seix gaax mienh se hiuv fai mv hiuv/to test a person.

seix nziaamv baeng nziaamv dorh mingh seix mangc/blood test.

seix nziaamv jaa-sic longc seix nziaamv nyei jaa-sic/blood test equipment.

seix sienx fim seix gaax maaih sienx fim ndongc haaix/to test one's faith.

seix yiez (ndie-sai) seix yiez zaah lorz baengc/to test urine by doctor's order.

seix[3] pm. nziangc zuqc seix. Dgw: sienc/to be heavily; hard; forcefully; powerful.

gorngv seix nyei gorngv waac seix nyei bun/to talk harshly to someone.

hngaqv seix nyei hngaqv njiec seix nyei to chop with force.

ndau dongz seix ndau dongz duqv seix nyei/to have a strong earthquake.

ndorpc duqv seix haic ndorpc njiec seix nyei/to fall down with force.

nyiemv duqv seix nyiemv nauc-nauc nyei/to cry out very loud.

seix dingc aqv za'gengh seix nyei/to be very strong force.

wuom-laangc seix haic wuom ndungc seix haic/strong and heavy water waves.

zuqc seix haic zong zuqc fai nziangc zuqc seix/to crash very strong.

seix[4] sm. nyanc seix muangx/to taste or to sample by eating something.

seix gaax nyanc muangx gaax kuv nyei fai mv kuv/to sample; to taste.

seix gaax nzauv nzaaih fai zaamv seix muangx gaax nzauv nzaaih fai zaamv/to taste to see salty or not.

seix mueix nyanc seix muangx/to take a taste while cooking; to sample.

seix zuqc mueix seix zuqc mueix liuz mv bungx guangc aqv/to test and able to abstain the flavor.

seix[5] zmb. seix jiex mueix/to experienced; before; knowledgeable as the result.

sekv pm. mv maaih mbui nyei qiex/quiet still; silent; absence of noise.

sekv dangh mbuox gu'nguaaz njorngh sekv dungx nyiemv/be quiet now (often used to quiet down a crying child).

sekv dangh oc sekv mv dungx gorngv waac/please be quiet now.

sekv gau mv maaih yietc deix mbui/to be silently; quietness; quiet still.

sekv guv nzieqc nyei za'gengh sekv guv sekv nzieqc nyei/to be very quiet.

sekv haic nzieqc nzingz haic/so quiet or silently; no voiced at all.

sekv nzieqc sekv sekv nzieqc wuov/to be quiet and still.

sekv nzingz sekv nzieqc nyei mv maaih mbui/very quiet still; silent.

sen[1] nz. 山 /shān/ lomc zangc; mbong; gemh lomc/a forest; jungle; mountain.

sen-dauh 山头 /shāntóu/ lomc zangc; lomc-ndiev; gemh lomc/hilltop; the top of a mountain.

sen-dauh daaix zoux sai ong longc gouv m'nqorngv aengx bun saaih njiec nqa'haav maengx wuov diuh congx jienv congx nyei la'sin/a headband worn by a spirit priest during ceremony.

sen-liemh domh gemh lomc/mountain forest; wooded mountain.

sen-go louc winz jauv go nqaeqv zorng nqaeqv horngz nyei/a long trail along the mountain area.

sen-suiv 山水 /shānshuǐ/ se mbong caux ndoqv/scenery with hills and waters.

sen-suiv nziaaux hiaang-bung ndoqv caux nziaaux/local scenery.

sen[2] aengx lorz mangc "dix sen, dix sern" nyei eix-leiz.

senc m. nyaanh senc, *senc* se gaav congh English cent daaih.

Senegal m, n. yietc norm guoc jaa, yiem F. bung maengx Africa, hungh zingh mungv nyei mbuox heuc Dakar.

seng[1] bm. mienh nyei setv-mueiz mbuox, beiv hnangv Zoih Seng/a suffix meaning of a person's given name.

seng[2] w. seng faaux horngc, *seng* se gaav congh janx-taiv waac daaih, mienh waac se kauv, kauv sou, kauv faaux horngc/to take test at a school grade.

Sengfo Chao
(Cengx Fouv Zeuz)

Cengx Fouv se yietc dauh longc jienv yiem mbuo Iu-Mienh mbu'ndongx weic zuqc ninh maaih hnyouv hnamv mbuo naaiv fingx Yao Mienh yaac baeng gorng dengv bieiv ca'laangh zeix cuotv mbuo nyei Unified Script siang-nzangc congh 1984 wuov hnyangx, six gorngv maiv maaih ninh baeng gorng ca'laangh nor m'nziex mbuo ih zanc mv maaih Mienh nzangc longc.

sengh[1] w. sengh faaux hlang deix/to shim up something that uneven.
sengh mv hingh hniev haic sengh maiv hingh/unable to bear weight-too heavy.
sengh ndau-beih sengh caengx jienv ndau-beih/to bear the weight of the earth.
sengh sin 1 sengh jienv sin heng-heng yangh jauv/to move softly. **2** sengh ganh nyei sin-sei/to balance one's body.
sengh win jaauv win nyei sic/to take revenge; vengeance.

sengh[2] pm. sengh dengv ong-yieh taaix zouv in/to pass down from ancestor.
sengh nzipc aengx nzipc zoux douc jienv mingh/to passed down to generation.
sengh zong nzipc zouv doic jiex doic nzipc zoux jienv mingh/to continue from one generation to the another.

sengh[3] aengx lorz mangc "siou-sengh, fai maaih siou-sengh" nyei eix-leiz.

sengx cm. mienh nyei setv-mueiz mbuox, beiv hnangv, Ih Sengx/a suffix meaning of a person's given name.

sern[1] m. orv-nyiemz dorx muonc an laapc liuc daaih/raw meat dressing with onion, chili, salt and fragrant grass.
sern tang dorx orv muonc nyei zouv torng daaih/meat soup; meat broth.

sern[2] cm. mienh nyei jiex gorn mbuox, se hnangv Sern Gueix/prefix meaning of a person's given name.

sern[3] wj. **sern cinh** ziangh ziouc; ziangh daaih; guenx seix/to be born that way.

sern[4] aengx lorz mangc "dix sern" wuov joux nyei eix-leiz.

sernv w. sernv hoic/to kill someone with a gun; to harm someone with a knife.
sernv faang zuqc daix daic, buonv daic nyei sic/a victim killed by weapon.
sernv zuqc siang zuqc hngaqv fai buonv zuqc siang/be wounded by knife or gun.

setv[1] m. 色 /sè/ baeqc, siqv, yangh, jieqv, maeng, se heuc setv/color in general.
lungh setv lungh nyei setv/color of sky.
setv-baeqc mbopv baeqc nyei setv/white color or white tinge.
setv biaux setv dapc biaux nzaanx jienv mingh. Gj: biaux setv/to have colors run.
setv hoz haic nzaatv setv hoz nyei/to be thick or rich color.
setv-maeng 1 maeng nyei setv/a green color. **2** setv maeng nyei/green tinge.
setv mitc 失色 /shīsè/ setv mbienc; tuix setv/the color is faded away.
setv mbienc setv mv nqaengc/lacking in color; color disappeared.
setv-mbuov 1 setv mbuov nyei/blue color. **2** nyomc mbuov nyei setv/a blue tinge; blue tint.
setv nongh setv njietc fai nongh nyei/a thick color; rich color.
setv nyiemz setv siang nyiemz-nyiemz wuov/wet colors; fresh colors.
setv-siqv 红色 /hóngsè/ setv siqv nyei/red color; red tint or tinge.

setv tuix setv mitc mbienc jienv mingh to lose the color or become pale.

setv[2] w. setv mueiz. Gj: nqa'haav laai, sung, ziangx, nzengc/the end; final; finished; done; completion; to conclude.

gorngv setv waac gorngv ziangx waac to finish one's talking; final speech.

setv junh waac gorngv setv mueiz nyei waac/finish up a sentence; finish talking.

setv mueiz dorngx nqa'haav laai aqv/a conclusive; final ending point; finished.

setv mueiz dorngx gorngv waac mingh setv nyei dorngx/ending point; finalize; conclusion.

setv mueiz hnoi nqa'haav laai nyei hnoi the day at last; last day; final day.

setv mueiz waac gorngv setv nqa'haav laai nyei waac/conclusion words.

setv-mueiz sing baaux nzung setv mueiz wuov sing qiex/the final tone (of a piece of music).

setv[3] pm. setv njiec ga'ndiev; buonv setv ga'ndiev/shoot and bullet fall below.

buonv mbaeqc setv buonv zuqc mbaeqc ga'ndiev. Dgw: buonv miaauc, buonv ken/to shoot below the target.

setv[4] bt. maaih setv yiem maengc haih setv zuqc ganh nyei biauv zong mienh daic/a jinx or evil influence a person has, which could cause family members to die.

jaiv setv sipv jaiv setv wuov zorc mienv to remove a jinx from a person.

juoqc daqc setv hngaqv zuqc zaux mun nyei setv/a jinx which cause legs injury.

tin-gauv setv lungh zangc juv nyei setv a jinx comes from the dog of heaven.

setv domh mienh fu'juiev maaih setv, setv zuqc domh mienh/a child who bring bad luck for the parents by jinx.

setv faam-cai m'jangc mienh setv, setv daic buo dauh auv nyei setv/to caused three wives to die by a man's jinx.

setv faam-fou m'sieqv mienh setv daic buo dauh nqox nyei setv/to caused three husbands to die by a woman's jinx.

setv fu'jueiv domh mienh nyei setv, setv zuqc fu'jueiv daic/a jinx or evil influence of a person, which can caused one=s own children to die.

setv-mienv setv nyei mienv/spirit of jinx.

setv muoz-doic setv zuqc muoz-doic daic/to cause one's sibling to die by jinx.

setv zuqc auv nqox maaih setv, setv zuqc ganh nyei auv daic/a man who with jinx and cause his wife to die.

setv zuqc nqox auv nyei setv, setv zuqc nqox daic/a woman with a jinx and cause her husband to die.

setv[5] nyz. nyungc zeiv; juoqc setv/a sample or the appearance shape.

setv zeiv mou zeiv hnangv haaix nor/an outlook of a person; an appearance.

setv zeiv nzueic mou zeiv nzueic nyei/a beautiful appearance.

setv[6] d. setv feiv, daix daic; nzopv daic. Gj: zaamv feiv/to kill; assassinate; slay; slaughter or to murder.

setv saeng 1 daix maaih maengc nyei ga'naaiv/to murder; to destroy a life. **2** daix saeng-kuv/to kill animal for food.

setv[7] zmb. juoqc setv; eix-leiz/an attitude or appearance attitude.

seu w. longc njiuv japv ndie nzuiz ceu jienv mingh dorng mingh/to cut cloth with scissors.

seux pm. mbaaix seux jienv mingh/to split or open unevenly.

si aengx lorz mangc "m'si biouv, yienh si biouv" nyei eix-leiz.

si'jaauv se dongh "siqc jaauv" nyei fiev nangv daaih/small towel; scarf.

si'jaauv-ben longc sortv buoz si'jaauv dorn/a handkerchief; a pocket towel.

si'jaauv nyortc longc sortv sin nqaai nyei si'jaauv/a towel with rough feeling.

si'jeiv ganh ca'lengc nyei/individually; personally; privately.

si'jeiv ga'naaiv lengc jeiv nyei ga'naaiv a personal possessions.

si'jeiv ndeic lengc jeiv zuangx in nyei ndeic/individually owned hill field.

si'jeiv nyaanh ganh lengc nyei nyaanh individually owned money.

si'jien yietc kuaaiv ndie-baeqc nzutv jienv hmeiv caux norm loz-zinh longc fiqv zoux zorc mienh nyei sai-diex nyei ga'naaiv/a piece of white cloth used to wrap uncooked rice and a small silver coin used in spirit ceremony.

si'jien ndie nzutv hmeiv zoux si'jien nyei ndie-baeqc/a piece white cloth.

si'sungx sortc mienh yangh jauv mbui si'sungx sortc nyei/the sound made by several people walking pass by.

sic[1] m. 事 /shì/ nzaic zingh; maaih sic/affair; matter; thing; business; task; duty; event.

lorz sic lorz sic caux mienh zoux/to look for a trouble; to make trouble.

sic camv maaih nyauv nyei sic camv/to have many problems.

sic cuotv maaih sic cuotv daaih/to have a matter happen.

sic dauh jauv-louc; nzaic zingh; nyauv nyei sic/an affairs; a matters.

sic-dorn faix-fiuv nyei sic/unimportant matter; a minor event.

sic dorngh 1 mbenc sic nyei dorngx/an office; workshop. **2** dunx sic nyei biauv a court house.

sic-fei maaih sic nyei gorn nyangz jienv mv ndutv/unresolved mysteries.

sic-fong mv dongh sic cuotv daaih mv doix dongh aqv/to be unusual happening.

sic gaaix mbueiz mv cuotv yaangh nyei sic/something in conceal.

sic-gorn cuotv sic nyei gorn-baengx/the original cause of a trouble.

sic hlo domh sic; seix nyei sic; jienv nyei sic/important matter; serious trouble.

sic jiex guaan sic jiex liuz lauh aqv/the affair is over and situation has changed.

sic jiex liuz sic jiex mi'aqv/after event; after matter.

sic kec mv tong wuonc qiex maiv longx zuqc sic/a bad luck; unfortunately.

sic lorc 1 gengh fai mv gengh/for certain. **2** sic sung mi'aqv/matter has been solved.

sic lorc hnangv ha'nor sic hnangv haaix nor/how is a matter situation.

sic maiv sung maiv mbenc sung nyei sic unresolved matter. unsolved mysteries.

sic nangv sic mv ndaauv/a short matter.

sic ndaauv sic la'nyauv mingh ndaauv nyei/to be a long story.

sic sung mbenc sic sung mi'aqv/a matter has been solved and cleared.

sic-ziouv gox sic nyei ziouv/defendant; a client; a plaintiff.

waaic nyei sic zoux waaic nyei sic/evil act; wickedness; corruption.

zoux sic caux zoux sic; caux borngz sic to bring a lawsuit against.

sic[2] cm, hd. **dangc sic-ziev** loz-dangc mienh jaa-fin-nyeiz nyei mbuox/female ancestors in a dangc family.

laauv sic da'ziepc dauh dorn nyei heuc hnamv mbuox/nickname of a tenth son.

lengh sic yietc dauh zu'zong-mienv nyei mbuox/a Taoist god.

sic zux zaix touh ziepc nzangc jaax yiem jienv m'nqorngv/a cross on forehead.

zeuz sic-ziev zeuz jaa-fin-nyeiz/a female ancestor in a zeuz family.

sic[3] m., n. la'bieiv/a stone or rock.

buv sic siou zoux buv nyei la'bieiv-dorn a precious stone.

sic[4] aengx lorz mangc "jaa-sic, cuoqv sic, ceux sic, nyieh sic" nyei eix-leiz.

sih[1] w. sih gen; ziangh hoc/time; duration; hour; moment; space of time.

sih jien ziangh hoc qangx/time-opposed to space. Gj: sih gen.

sih nyietv-hnaangx nyanc cuotv seix hnoi nyei hnaangx/a birthday meal.

sih nyietv-hnoi cuotv seix nyei hnoi/a birthday; date of a person born.

yietc sih gen nduqc dangh hnangv/hour; time-opposed to space.

sih[2] pm. sih dangh ninh. Gj: laanh, donv/to stop someone from doing something.

sih fienx jiemh se dongh "siouv-fienx jiemh" fiev nangv daaih/a pair of silver bracelets.

sih liemh ndiangx ziangh ndoqv-hlen nyei ndiangx-dorn/tall grass that growth along a riverbank.

sih ngongh se dongh "suiv-ngongh" fiev nangv daaih/a water buffalo.

sih nyeic hoqc buoz liouc nyei njaaux muonh/kung fu; martial arts.

sih sungx saaih (dopc lai) ndiux jienv sih sungx saaih wuov/lots of hanging down as beans.

sih sungx saeqv normh bioh nzengc ndiangx-nquaah sih sungx saeqv wuov/a tree without leaves.

sih sungx sapv nyei camv-bung gorngv-sapv haiz sih sungx sapv nyei/the sound of people whisper around.

sih sungx siakc mienh yangh jauv mbui sih sungx siakc nyei/the sound of people walking around.

siv q. siv haeqv jai biaux/shoo, said to tell a chicken to go away.

siv dangh zoux gau gong kouv zueiz njiec hitv kuonx ziouc sih dangh/to give a sigh when be tiresome.

siv dangh gu'nguaaz siv gu'nguaaic bungx dangh yiez-nqaiv/hiss to get an infant to urinate or to get bowel remove.

six[1] wj. six gorngv. Gj: se gorngv, gorngv hnangv/if; in case that; supposing that.

six[2] m. **six sietc** yietc nyungc ndiangx-zung im nyei longc ziemx wuom hopv zoux ga'sie fiex ndie/a kind of gum from a tree, it has a bitter taste used as antidote for diarrhea.

siz[1] q. tekv yaangh horv zieqc douz siz siz nyei/the sound of sizzling; sputtering.

siz[2] w. **butv-siz** haiz nyaiv; haiz hnamv mv nzuonx daaih aqv/to be disappointed.

siaam[1] d. cuotv siaam; maaih siaam; siaam camv/moustache; beard.

ong-siaam suqv cuotv siaam camv nyei wuov dauh ong/old man with mustache.

siaam fitv fitv wuov siaam da'mueiz citv-citv hnangv yungh gouv siaam nor mustache with pointed ends.

siaam fitv fitv nyaangh oix nitv, siaam fei fei nyaangh oix mei se waac-beiv gorngv ong-siaam mv baac m'sieqv corc oix caux bueix nyei.

siaam-nipv longc cun siaam ga'naaiv/a tweezers used for pulling out beard.

siaam ndaauv cuotv siaam daaih ndaauv nyei/long moustache; long beard.

siaam suqv siaam camv gau suqv-suqv nyei/hairy face; full of moustache.

siaam[2] aengx lorz mangc "lui-siaam, sih sungx siaam" nyei eix-leiz.

siaau w. haih nyei; duqv nyei/be possible; likely to; feasible.

mv siaau aqv mv duqv nzengc aqv/it's awful or terrible but helpless.

siaau nyei lorqc duqv nyei lorqc; haih duqv nyei/it will possible; it's alright.

siaau yiex hmuangx lauh lanx wuov donx hnaangx. Gj: nyanc siaau yiex/a snack before going to bed.

siaauh bm. fingx siaauh; loz-siaauh mienh an Iu Mien's surname.

siaauh nzeih hlauv paaix daaih da'mueiz saeqv-saeqv wuov se longc mborqv mbui haeqv jai biaux/thin bamboo stick used to made noise to drive away chicken.

siaauh nzeih huv se beiv nzuih baengx henv nyei m'sieqv dorn/a badly bamboo stick, an idiom for gossip.

siaaux[1] lz. uix dungz nyei normh ziu zouv daaih/swill; pig-swill.

dungz-siaaux uix dungz nyei siaaux/a pig-swill; pig's food.

siaaux[2] pm. **siaaux lienv** jatv nyei hmien/a smiling face; a friendly face.

maaih siaaux lienv dorh jatv nyei hmien a smiling face; a happy face.

siakc wj. zorng jienv siakc siakc nyei/to dress up neat and nicely looking.

sih sungx siakc nyei yangh jauv mbui sih sungx siakc nyei/the sound made by people walking. Gj: sortc.

siakv q. baeng nzuqc ndaauv cuotv paiv siakv dangh/the sound made by pulling a long knife out from a sheath.

siang[1] m., n. longc nyomx ga'naaiv nyei siang/a round and flat woven tray.

siang-jei lorh muonc nyei cuotv ga'ndiev cou yiem gu'nguaaic nyei siang-saa/a loosely woven tray.

siang-jei hmuoqv siang-jei nyei kuotv hole of loosely woven tray.

siang-jei-hmuoqv dietv maaih mbiaengx nqaeqv nyei dietv/the hymen.

siang-ping cie longc zaux ndamc jienv mingh nyei cie/a bicycle.

siang-siang cor hoqc zieqv daaih nyei siang/a new woven tray.

siang[2] w. cor hoqc cuotv daaih siang nyei/a new; fresh; novel; up-to-date.

siang-auv cor hoqc dorng jienv jaa nyei auv/new wife; a newly married woman.
siang-baeng siang-bieqc nyei baeng/a new recruit; newly military force.
siang-biauv cor hoqc gomv ziangx nyei biauv/a new home; new residence.
siang-caaux daaih cor hoqc zoux cuotv daaih siang nyei/newly manufactured; newly-built.
siang-congx 1 siang nyei congx/a new gun. **2** siang-benx cuotv nyei congx/a newly design embroidery.
siang-cun dapv bieqc siang nyei cun/the newly spring; new crop.
siang-cuotv cor hoqc cuotv daaih/newly appeared; newly product.
siang-daaih cor hoqc daaih taux/a newly arrival; having just come.
siang-daaih siang-taux cor hoqc daaih taux nyei mienh/being a newcomer.
siang-dinc cor hoqc ceix liepc daaih nyei dinc/a newly built palace.
siang-faatv siang nyei faatv/new magic.
siang-fienx siang nyei fienx/the latest news; the latest information.
siang-ga'naaiv siang nyei ga'naaiv/new thing; newly product.
siang-gong-mienh siang-bieqc nyei zoux gong mienh/a new worker.
siang-gu'nguaaz cor hoqc cuotv seix nyei gu'nguaaz/a newborn baby; infant.
siang haic 1 siang nyei/brand new. **2** zuqc mun siang/very serious or critical.
siang-hiuv nyei doic coqv hoqc hiuv nyei doic/new known; new friend.
siang-horqc 1 cor hoqc zoux daaih nyei horqc dorngh/a new school. **2** ih jaax hnoi nyei horqc/a modern school.
siang-houx siang nyei houx/a new pants or new trousers.
siang-hlaax cor hoqc bieqc siang-hlaax daaih/new moon; crescent moon.
siang-hlaang siang-siang gitv daaih nyei hlaang/a new rope.
siang-hleix siang-baaux nzung mienh fai saaix-liangz mienh/a new star; a new cinema actor.
siang-hnaangx siang-zuangx cuotv nyei hnaangx/newly-harvested rice.
siang-hnyangx cor hoqc bieqc siang nyei hnyangx/New Year.
siang-hnyangx hnoi bieqc siang-hnyangx daaih wuov norm hnoi/new year's day.
siang-hnyangx muonz saeng-yietv hnoi wuov muonz/the new year night.
siang-hnyangx ndorm zih hlaax saeng-yietv wuov ndorm/new year's morning.
siang-hnyangx njuov jiex hnyangx nyei njuov-zong/a new year's cake.
siang-hnyangx wuic jiex hnyangx nyei yinh wuic/new year party or festival.
siang-hnyangx zipv jiex hnyangx nyei zipv/a new year festival or celebration.
siang-jaa-dingh siang-dorng jaa nyei biauv/home of a newly married couple.
siang-jaa-fin cor hoqc daic benx mienv mv gaengh lauh/the spirit of the newly deceased.
siang-jauv 1 siang-zoux nyei jauv/new road. **2** beiv mv gaengh bueix jiex nqox nyei sieqv/a virgin girl.
siang-jien siang-orn nyei jien/a newly appointed official.
siang-jiu-zuoqc siang-pongh youz/new friendship; new acquaintance.
siang-koi daaih cor hoqc koi daaih/newly opened.
siang-kor siang-lorz buatc nyei kor/new or young science.
siang-laangh siang-longc auv zoux cing jaa nyei m'jangc dorn/a bridegroom.
siang-leiz siang-liepc daaih nyei leiz/a new laws; new political.
siang-lui siang-lunh daaih nyei lui/a new shirt; a new upper garment.
siang-mienh siang-daaih nyei mienh/the newcomers; newly arrived people.
siang-miuh siang-cuotv daaih nyei miuh young shoots; young sprouts.
siang-mbiauh siang-siou nyei mbiauh/a newly harvested rice; new crop rice.
siang-mbuangz cuotv gaengh zoux auv nyei sieqv/a bride.
siang-mbuangz gen zipv siang-mbuangz bieqc wuov qongx gen/a bridal bedroom; room for girl on eve.

siang-ndeic goix gemh nyei daauh hnyangx ndeic/new fields.
siang-ndie 1 siang-zoux cuotv nyei ndie new medication. **2** ndie siang/new cloth.
siang-ndie-sai cor hoqc ziangx nyei ndie-sai/a new doctor.
siang-ngaengc waac Giduc cuotv seix nqa'haav cingx fiev nyei ging-sou/a new testament in the Bible.
siang-nguaaz-gorn siang-liepc nguaaz-gorn nyei mienh/a new residence.
siang-nqox cor hoqc dorng jienv jaa nyei nqox/a man who just get married.
siang-nzung siang-siang zoc cuotv daaih nyei nzung/a new song;
siang-ping cie longc zaux ndamc jienv mingh nyei cie/a bicycle.
siang-poux siang-koi daaih nyei poux/a new store; new shopping center.
siang-seix jaax ih jaax lungh ndiev; ih jaax hnoi/an ultramodern.
siang-siang nyei 1 corc siang nyei/brand new. **2** corc siang nyei/fresh.
siang-siang naaiv mv gaengh lauh yietc deix naaiv/recently; lately.
siang-waac ging-sou nqa'haav fiev nyei Ging-sou/the New Testament Bible.
siang-sou siang-fiev cuotv daaih nyei sou/new edition; new book.
siang-taux cor hoqc daaih taux/the new arrival; newly arrived.
siang-yaangh liqc saauv hnoi nyei siang-liqc/new solar calendar.
siang-yiem cor hoqc yiem jienv/recently taken up residence.
siang-yungz siang-gu'nguaaz fai saeng-kuv nyei dorn/newborn; new born baby.
siang-zangc mienh cor hoqc ziangx nyei zangc mienh/recently graduation engineering; new skill worker.
siang-zingx fouv siang-orn nyei jienv-fouv/newly government or official.
siang-zoux cor hoqc zoux daaih/newly made; recently built.

siang[3] bt. butv baengc siang; nzuqc hngaqv zuqc siang/to be seriously injured.
haeqv zuqc siang haeqv zuqc gamh gau mv fungc aqv/to be badly scare.
siang hanh mun nyei hanh; mun jiex nyei naangx/scar of wound after healed.
siang sin haic qiex jiez haic/very angry; be very mad at.

siangc wj. duqv cuotv siangc/to survived from a narrow escaped.
wuov siangc hnoi wuov nzunc hnoi/at that day or that time.

siangx[1] bz. siangx mienv/to invite spirits to come and offer food for them to eat.
siangx jaa-fin cingv jaa-fin daaih nyanc orv hopv diuv/to invite a newly deceased ancestor spirit to eat food.
siangx ong-taaix cingv ong-taaix mienv daaih nyanc orv hopv diuv/to invite elder ancestors spirits to come for food.
siangx zu'zong mienv cingv zu'zong mienv daaih nyanc orv/to invite the original Taoism spirit to come for food.
siangx zuangx ong-taaix cingv yietc zungv ong-taaix mienv daaih nyanc orv hopv diuv/to invite all elderly ancestors.

siangx[2] pm. hemx, se beiv siangx/to scold; reprimand; to reprove severely.
siangx biatc nyei haeqv zuqc siangx biatc nyei/to be severe startle.
siangx donx zuox yietc donx; hemx yietc donx/to scold once with one's anger.

siangx[3] cm. **Siangx Haiv** m. zong guoqv domh mungv nyei mbuox/Shanghai, a large city in north eastern China.

siangx[4] aengx lorz mangc "horh siangx, fai wangc siangx" nyei eix-leiz.

sie[1] w. hnyouv sie. Gj: ngorc, cei/hunger; hungry; to crave or long for.
hnyouv sie jaang nqaatv oix nyanc caux oix hopv wuom/be hungry and thirsty.
sie haic aqv hnyouv gengh sie haic aqv be very hungry; very long for.
sie jienv yiem hnyouv sie jienv yiem/to live with hunger.

sie[2] w. sie zaeqv mv beqv/to put down; to be patient with someone's debt.
sie njiec sie njiec mv beqv/to put down and wait; patient with; not rush for.
sie njiec douc sie njiec yietc douc mv gaengh zuqc jaauv/to make allowance for a period time.

sie[3] pm. sie waac; sie jienv waac. Gj: houv waac/to threaten; to endanger; menace.
sie jienv waac to threaten; to endanger; to intimidate or jeopardize
sie waac oix daix houv jienv waac oix daix mienh/threatening to kill someone.

siec hd. saauv taux siec; siec/number seven.
siec cin cietv ziepc baeqv/seven thousand.
siec diemv siec diemv ziangh hoc/seven o'clock; seven hours.
siec hnoi yietv cietv; yietc leiz-baaix/one week; seven days.
siec muoz-sieqv 1 siec muoz yietc zungv sieqv/seven sisters together. **2** dongh lungh muonz zanc mangc buatc siec norm hleix yiem zunv nyei wuov/seven principal stars which from the Great Dipper in the constellation.
siec waanc cietv ziepc cin/seventy thousand.

sieh cm. **Sieh Yienh Gueix** se yiem gorngv gouv nyei yietc dauh henv mienh/the name of a legendary strong man.
Han Sieh yietc nyungc domh naang nyei mbuox. Gj: naang-hngongx/a python

siev w. bungx guangc; bungx nqoi/to give up; to abandon.
siev buoz zoux siev duqv njiec buoz zoux/willing to give one=s hand to do.
siev duqv haih siev duqv bun/be willing to give away.
siev eix weic mienh siev ganh nyei eix weic ganh laanh mienh/to sacrifice one's own interests for the sake of others.
siev jienv siev maiv duqv, mv baac bun aqv/to give up; to abandon.
siev mv duqv siev maiv duqv bun/to be unable to give up.
siev maengc bun ganh nyei maengc ganh dauh longc/to sacrifice one's life.
siev maengc daic bun ganh daic weic mienh/sacrifice one's life for someone.

siex[1] pm. ndeic miev siex; jauv siex/thick grass; the grass is overgrown.
miev siex haic ndeic nyei miev siex haic the grass is overgrow; full of grass.

siex[2] w. siex cuotv; njoux cuotv/to rescue; to save; to protect or to spare (life).
siex cuotv maengc liouh cuotv maengc mv daix/to save life; to protect life from being harmed.
siex maengc njoux maengc cuotv daaih mv zuqc daic/to redeem life; to ransom life from dead penalty.
siex-saeng siex maengc cuotv daaih mv zuqc daic/to save life; to rescue a life.
siex-sou buov bun mienv siex baengc mienh nyei sou/a written petition.
siex zuiz 1 njoux cuotv mv zuqc dingc zuiz/to atone for sin; to buy freedom from punishment. **2** maaiz zuiz/to bail out. **3** (in Christianity) redemption.

siex[3] pm. siex jienv mbing-njoh nduov mbing bieqc mingh caaiv zuqc nzitv ziouc wuonx jienv mbing aqv/to set-up a trap.

siex[4] aengx lorz mangc "ndienh siex" wuov joux nyei eix-leiz.

siem[1] w. seix; kouv; siang/pain; to suffer from painful; seriously injured.
ndortv naanc siem ndortv naanc kouv haic/to suffered a very hardship.
siem dingc aqv haiz doqc dingc fai mun dingc aqv/to be painful situation.
siem-saa hnamv duqv ndo nyei hnamv/a deep affection; deep in love.
siem-zingh zoux bun mun hnyouv nyei sic/to be seriously suffering.

siem[2] nz. ndo; njiec ga'ndiev ndo nyei/be very deep; to be bottomless.
siem-koiv ndo haic nyei koiv/deep sea.
siem-suiv wuom ndo nyei/deep water.

siem[3] m. **siem-saa ndiangx** yietc nyungc longc zoux nzuqc jouv, bouv-baengx ngaengc nyei ndiangx/a kind of tree.

siemv w. siemv sic/to judge a matter; to make judgment.
siemv dingc zuiz siemv mangc gaax se horpc dingc zuiz nyei fai maiv horpc/to make a judgment on.
siemv duqv baengh nyei longc baengh fim siemv/to make fairly judgment.
siemv zuiz siemv dingc zuiz nyei sic/to judge an offender; to judge a criminal.
siemv zuiz dorngh dingc siemv zuiz nyei dorngx/a judgment room; a court.
siemv zuiz jien siemv zuiz nyei jien/a judge official; judicial.

Sien[1] m. da'juov norm jaapv-zaangv-neix fai da'juov weic deic sokv/the ninth of the twelve Earthly Branches.

sien hnyangx zuoqc mbing nyei hnyangx se dongh 2016 caux 2028 se guinh jienv mingh ziepc nyeic hnyangx aengx daaux nqaang taux gorn nzunc sien hnyangx/the year of monkey.

sien ziangh njiec aanx buo diemv mingh lorz biaa diemv ziangh hoc/the hour between 3-5 PM.

sien[2] nz. sin zangc; sien-duang/the human body; physical body.

sien-duang mienh nyei sin zangc ziangh sin/the entire human body.

sien-sei mienh nyei sin a'fai daic mingh nyei sin/physical body; dead body.

sien-sei gueix 1 maaih mienh ziux goux duqv longx nyei/to have had well-cared for by others. **2** daic mv baac sin-sei duqv jaaix nyei/a dead body to b well-cared by one's children.

sien-sei zinc 1 se beiv mienh gox maiv maaih dorn-jueiv ziux goux longx/life to be lacked of good care. **2** daic mv maaih mienh liuc leiz sin-sei zuqc laanc-zinh nyei mienh/to have had a worthless dead body.

yietv sien ziangh sin nyei sin/the whole physical body.

sien[3] pm. norqc sien-sien nyei ndaix/flutter (as bird, insects, flying in the air).

sien daax sien (mbiauh loc) sien daax sien nyei ndaix/to be swarming of (birds or insects).

sien-mouc mouc tui-tui nyei mingh nyei sic/the moving of clouds.

sien-mouc ormx mouc tui daaih ormx jienv nyei sic/to cover by fogs or clouds.

sien[4] zmb. ndaangc maengx/before ahead.

sien box hiaauv ndaangc; box mbuox ndaangc/to foretell; to warn the (public before something happening).

sien cingv sou bieqc nzemx nyei sou/an application form for employment.

sien siouv cunv buoz mingh; sung buoz mingh/to hold out one's hand.

sien tong zw. zunh mbuox; box mbuox tong/to tell; to inform; to notify.

sien tong mbuox mengh gorngv mengh nyei mbuox/to explain clearly.

sien youc yauz yenz, houv youc caaux tingz naaiv gorngv janx-kaeqv waac, se benx maaih Iu-Mienh ndaangc nqa'haav cingx maaih ziou-dingh luoqc leiz cuotv.

sien[5] w. siang nyei; sien huaa;/new; brand new; new flower.

sien-nin siang-hnyangx/new year.

sien-nin, **sien-fuix** siang-hnyangx siang jaapv-zaangv/new year new age.

sien[6] aengx lorz mangc "sien lorh caux yaa sien" wuov deix nyei eix-leiz.

sienc pm. nziaaux sienc; wuom sienc/to be gentle; slightly of (breeze, water current).

hnyouv sienc mv beqv nyei hnyouv. Gj: hnyouv suonc/to have even tempered.

sienh hz. nda'maauh fomv; sih ziev; domh sienh/a lion; a hairy tiger.

sienh dorn nda'maauh dorn/a lion cub.

sienh gouv nda'maauh gouv/a male lion.

sienh ngaatc zuqc nda'maauh ngaatc/to be bitten by a lion.

sienh njunh nda'maauh heuc ngomz/a lion groan.

sienh nyeiz nda'maauh nyeiz. Gj: sih ziev nyeiz/a lioness.

sienv[1] w. sienv. Gj: ginv/to choose; to pick or designate; to point out.

sienv cai-doix ginv auv ginv nqox/select one's wife or one's husband.

sienv cuotv daaih ginv cuotv daaih longx nyei buonc/selected one.

sienv dingc dunx dingc hnyouv mi'aqv to be decided; has been selected.

sienv doqc sienv doqc sou nyei horngc to study in elective course.

sienv duqv muonc ginv muonc nyei/to choose or select in detail.

sienv gong sienv ganh nyunc zoux nyei gong/select one's job or occupation.

sienv hnoi sienv hnoi longc zoux yinh/to choose a day (for ceremony).

sienv jien-fouv sienv zoux jien mienh/to select an official.

sienv nzueic wuic sienv gaax haaix dauh gauh nzueic nyei yinh/a beauty pageant.

sienv piux sienv nyei piux/a ballot.

sienv zingx fouv sienv siang nyei zingx fouv/to select a new president.
sienv zingx fouv hnoi sienv zingx fouv nyei hnoi/a president election day (as of United States on Nov. 5th).

sienv[2] pm. sueih ganh eix/to determine; to decide; to make one's decision.
sienv cuotv ginv cuotv mv longc/to reject out; to separate out.

sienx w. sienx mienh gorngv nyei waac/to believe; to trust; credible; honesty; faith.
sienx dingc gengh sienx duqv longx/to firmly believed.
sienx duqv gengh sienx duqv nyei mv zuqc gamh nziex/can be trust; credible.
sienx duqv longx gengh sienx longx nyei/be faithfulness; good faith; honesty.
sienx fim yiem hnyouv sienx nyei sic/to believe in; to have confidence in.
sienx fim wuonv za'gengh sienx duqv longx haic/strong faith; firmly believed.
sienx ganh kungx sienx ganh hnangv/to trust in oneself; self-confidence.
sienx Giduc sienx Giduc nyei njaaux/to believe in Christ.
sienx Giduc mienh sienx kaux Giduc nyei mienh/a Christ believer.
sienx guaix sienx buatc guaix nyei sic/to believe in omen; superstitious.
sienx hnyouv sienx yiem hnyouv/can be trust, believe or confidence.
sienx hnyouv mienh sienx duqv hnyouv nyei mienh/credibility; believable.
sienx jiex jaax ba'laqc sienx jiex jaax/to over trust; strong believe; apprehensive.
sienx kaah longc maaiz ga'naaiv nyei sienx kaah/a credit card.
sienx kaux sienx yaac kaux/to believe in; to trust and rely.
sienx longc sienx duqv nyei jauv-louc/to be creditable; credit cooperative.
sienx longx sienx fim wuonv nyei/good believer; faithful to.
sienx mv duqv maiv kuh sienx nyei sic incredible; cannot be trust; unbelievable.
sienx mienv buoqc zangc baaix mienv nyei njaaux muonh/believe in spirits.
sienx miuc baaix zangc miuc mienv nyei njaaux muonh/to believe in Buddha.
sienx Tin-Hungh sienx hlang jiex wuov weic zienh/to believe in heavenly God.
sienx Tin-Zeiv sienx kaux tin-zeiv nyei njaaux/to believe in Catholic Christian.
sienx wuonv sienx fim longx nyei wuonv nyei/to believe in firmly.
sienx Yesu sienx kaux Yesu nyei njaaux muonh/believe in Jesus; trust in Christ.
sienx Yesu mienh sienx kaux Yesu nyei mienh/Christianity; Jesus believer.

siepv pm. siepv nyei/quick; fast; hasty; soon; agile; suddenly; rapid.
gaanv siepv gaanv jienv siepv nyei/to hurry up; speed up to get it done.
nzuih siepv nyienz waac mv jienv nyei nzuih/to be impetuous in speech.
siepv dangh mv yih donc dangh gaanv siepv mv yih donc dangh gauh longx/to be safest by slow down.
siepv deix aengx gauh siepv deix/to be quicker; faster.
siepv deix oc njorngh mingh njorngh daaih siepv nyei/please quickly or faster.
siepv-hlo hlo jienv faaux siepv nyei/to be rapid in physical growth.
siepv sic aa zuqc gaanv siepv nyei sic/an urgent matter; immediately needed.
siepv-siepv nyei oix zuqc gaanv siepv nyei/to require quickly.
siepv-siepv nyei njoux aa zuqc gaanv njoux cuotv/an emergency rescue.

sieqv bm., d. **1** gu'nguaaz-sieqv/daughter. **2** muic sieqv dorn/girl; woman; lady.
sieqv-diex doic sieqv caux dae/daughter and father together.
sieqv-diex sieqv-maac sieqv nyei dae maa/a girl's parents.
sieqv-dorn cor hoqc hlo nyei sieqv/a teenage girl; young woman.
sieqv-dorn-doic m'sieqv caux m'sieqv nziaauc nyei doic/a girl's playmate.
sieqv dorn gong m'sieqv dorn zoux nyei gong/woman's work; woman's job.
sieqv-dorn-mienh maiv gaengh dorng jaa nyei sieqv/an unmarried woman.
sieqv-dorn-yaang deng-deng hlo nyei sieqv/adolescent girl; young woman.
sieqv-faix nqa'haav yungz daaih wuov dauh sieqv/a youngest daughter.

sieqv-fun 1 gu'nguaaz-fun sieqv/grand daughter. **2** fun-sieqv/a niece.

sieqv-gox mv dorng jaa nyei sieqv-gox gaeng/old unmarried woman.

sieqv-hlo daauh dauh sieqv/first daughter; the oldest daughter.

sieqv hlo dorng bungx sieqv hlo horpc dorng jaa/a girl should get married upon reaching womanhood.

sieqv hlo mv dorng liouh sieqv hlo mv horpc liouh/a grown daughter cannot be kept unmarried for long.

sieqv hlo siepv gu'nguaaz-sieqv hlo duqv siepv/a girl changes fast in physical appearance from childhood to adulthood.

sieqv-hlorpv hlorpv daaih nyei sieqv/an adopted daughter.

sieqv-hnamv hnamv haic nyei sieqv/a beloved daughter.

sieqv-hngongx maiv haih gorngv waac wuov dauh sieqv/a mute daughter.

sieqv-laai nqa'haav laai yungz wuov dauh sieqv/a youngest daughter.

sieqv-laangh sieqv caux weiv se heuc benx sieqv-laangh/daughter and son in-law.

sieqv-lunx sieqv-yaang lunx nyei/young lady or teenage girl.

sieqv-m'betv da'betv wuov dauh sieqv an eighth daughter

sieqv-m'faam da'faam dauh sieqv/third daughter; third girl.

sieqv-m'feix da'feix dauh sieqv/a fourth daughter; fourth girl.

sieqv-m'laai yungz nqa'haav laai wuov dauh sieqv. Gj: **sieqv-m'liuz**/a very last daughter; last girl.

sieqv-m'manv da'hmz dauh sieqv/fifth daughter; fifth girl.

sieqv-maac doic sieqv caux maa i dauh daughter and mother.

sieqv-maaiz gan mienh maaiz nyei sieqv an adopted or bought in daughter.

sieqv-mbuox m'sieqv mienh nyei mbuox a maid name; name as a daughter. Meih nyei sieqv-mbuox fungc heuc?. What is maid name?.

sieqv-ndin yietc dauh ndin nyei sieqv/a girl who is very sexy.

sieqv-ndoqc yungz duqv nduqc dauh sieqv hnangv/only daughter.

sieqv-ngingv ngingv-ngingv wuov dauh sieqv/a slim girl.

sieqv-nzueic gauh nzueic jiex wuov dauh sieqv/a beautiful girl; a pretty woman.

sieqv-nzuonx mv gaengh dorng jaa yungz ndaangc daaih wuov dauh sieqv/a daughter born before mother's marriage.

sieqv-wuonh waac zoqc wuonh nyei wuov dauh sieqv/a girl who is quiet.

sieqv-toi 1 mv gaengh dorng jaa yungz duqv daaih nyei gu'nguaaz-sieqv/a girl born before her mother's wedlock. **2** mv gaengh dorng jaa maaih sin nyei sieqv.

sieqv-yaang deng-deng hlo nyei sieqv/a teenage girl; young girl; young lady.

sieqv-yiem-biauv mienh gorngv ziangh yiem biauv congx congx nyei sieqv/girl engaged to be married; betrothal; fiancée.

sieqv-zengc maiv maaih haaix daux oix longc zoux auv nyei sieqv, se maiv dorh leiz nyei waac.

sietc aengx lorz mangc "six sietc" wuov joux nyei eix-leiz.

sietv[1] bt. sin sietv; ndopv sietv. Gj: nyiepc nyauz/itch; itching; be itchy.

sietv-mun sietv caux mun zorpc jienv/to have pain and itch together.

sietv-nqaai nyiepc nyauz nyei sietv/to continue itchy; nag itching.

sietv[2] w. sietv hlaang. Gj: nienv hlaang/to roll strands and twist them together.

Sierra Leone m. yietc norm guoc jaa, yiem F. bung maengx Africa, hungh zingh mungv heuc Freetown.

sieu w. sieu jiez; sieu nyaanh/to save; to keep; to collect. Gj: siou.

sim m, k. lunh ga'naaiv sim; congx congx sim; domh sim; sim-dorn/a needle; a pin.

baqv sim-nqaai baqv sim-nqaai zorc baengc nyei sic/an acupuncture.

sim-forv haih forv nyei sim/a safety pin.

sim-kaux caux sim-forv fi'hnangv nyei.

sim-kuotv cunx suix bieqc nyei kuotv. Gj: sim-mbiuic/the eye of a needle.

sim-mbiec lunh ga'naaiv nyei sim-mbiec a jump of stitch.

sim-mbiuic aengx mingh lorz mangc "sim-kuotv" wuov joux.

sim-ndongh 1 longc baqv ndie nyei sim ndongh/a syringe. **2** longc dapv sim nyei ndongh/bottle for storing needle.

sim-nzuih baqv liuz ndie nyei nzuih/a needle point where given an injection.

sim-nzuih mun baqv liuz ndie nyei nzuih mun/pain after gave shot.

simv[1] w. simv nqoi; biaux nqoi; ciex nqoi to dodge; refrain; to avoid; move out.

simv dangh yie simv dangh bun yie jiex jauv/please to move out from my way.

simv jauv simv bun mienh jiex jauv/to move out from the way.

simv jienv simv jienv maiv mingh nitv fatv/to keep away from someone.

simv maiv cuotv maiv haih simv duqv cuotv/cannot be avoid; can't move out.

simv maiv hingh siepv haic simv maiv hingh/inevitable; unable to avoid.

simv nqoi simv pien mingh/to dodge; to parry; to avoid; to get away from.

simv yie simv bun yie jiex/move out of my way; get out from my way.

simv[2] aengx lorz mangc "nqaan-simv" nyei eix-leiz.

sin n. ziangh norm sin; yietc sin/a physical body; physical structure; bodily.

ndiangx-sin se congh gorn faaux taux ndiangx-nquaah/the trunk of a tree.

sin-biei sin zangc nyei biei/body hair.

sin-biei jiez haiz sin-biei yiemh yiemh nyei jiez/to have goose-bumps.

sin bieqc sin bieqc nyei/a thin body.

sin hei sin tiv hei; piex nyei sin/a weak physical body (as being sick so long).

sin heng sin-seix heng nyei/to have light body (as who can walk without noise).

sin hoz sin-pei hoz nyei/to thick body or round chest.

sin hlam sin hlam mun/to have muscle pain around the body.

sin hlang ziangh duqv sin hlang/to be tall.

sin-hlen one's vicinity, surrounding.

sin-hlen baeng zuov domh jien sin-hlen nyei baeng/soldier attendant to a superior.

sin-hlen mienh mbungh zuov sin-hlen nyei mienh/a bodyguard; a deputy.

sin hluqv jorm butv baengc sin hluqv jorm nyei/to have high fever.

sin hniev sin-seix hniev zoux sic donc/to have a slow heavy body.

sin jorm sin zangc jorm nyei/fever; hot body temperature.

sin jorm baengc sin hluqv jorm nyei baengc/high fever illness.

sin jorm ndie tengx sin haih laangh nyei ndie/medicine for reduce the fever.

sin laangh baengh zanc nyei sin jorm/a normal body temperature.

sin lopc zoux gong kouv haiz sin-lopc nzengc/feeling great tired.

sin lunx m'sieqv mienh ndutv sin liuz mv gaengh buangv hlaax se heuc sin lunx/to have tender physical body as after woman give birth under one month.

sin mv kungx maaih jienv gu'nguaaz nyei sin/to be pregnant.

sin mokv nyei sin dutv-dutv wuov. Gj: mbornh/to be chubby.

sin mbai 1 butv baengc sin mbai/to be paralyzed. **2** longc qaqv zoux gong kouv mbai/to feel great tired.

sin mbiex sin mbiex mun yaac muangx mv hiuv/feeling numb on body.

sin namx (hnangv daic nyei mienh) se sin namx nyei/cold body temperature.

sin ndatc zinx mau mv maaih qaqv nyei sin/weak and shaky body.

sin nqaai 1 m'sieqv mienh biqv sin nqaai mi'aqv/to be barren; sterile. **2** sin-yienc nqaai mi'aqv/past menopause.

sin nqaan sin nqaan-nqaan jaic nyei/to have slim body; thin body.

sin nyiemz 1 benx jienv sin-yienc nyei ziangh hoc/monthly menses. **2** sin corc maaih hlaax-buonc nyei/to menstruate; menstrual period.

sin nyuix haiz sin nyuix oix butv juangv mv bei/to feel sick; feel uncomfortable.

sin-omx baengc sin fouh fai omx butv wuom nyei baengc/dropsy.

sin-pei sin hlo faix nyei sic/appearance of a physical; body shape.

sin-pei bieqc ziangh daaih sin bieqc nyei to have slim or thin body.

sin-pei hoz ziangh daaih hoz junh nyei sin to have round chest or thick body.

sin-sei ganh nyei sin-sei/a person's body.
sin-seix sin heng fai hniev nyei sic/the balance of body position.
sin-seix hniev maiv haih sengh sin nyei sic/a heavy body or heavy hand.
sin sietv sin butv pokc sietv/itch; itching on the skin.
sin-sietv ndie tengx sin maiv sietv nyei ndie/an anti-itch medication.
sin sui gamh nziev sin sui/to feel unsafe about to fall; fearful feeling.
sin tiv sin zangc nyei sic/health; physical body or the health.
sin tiv hei 1 sin-sei hei/a weak body. **2** mv longx nyei sin/to be poor health.
sin tiv longx mv butv jiex baengc nyei sin/healthy; well-being; in good health.
sin tiv mv wangc maaih baengc nyei sin to have poor health.
sin tiv wangc siangx mv maaih baengc longx henv nyei sin/healthy being.
sin tiv zengx sou zengx sin tiv longx nyei sou/a health certificate.
sin waaic nyei mienh sin waaic fangx nyei mienh/a physical challenged person.
sin-yienc m'sieqv mienh benx sin-nyiemz nyei baengc/menses; menstrual period; the woman health.
sin-yienc dingh maiv maaih sin-yienc aqv/absence or pause of menstruation.
sin-yienc hoz sin-yienc daaih duqv hoz to be heavy menstruation.
sin zangc ganh nyei yietc sin/pertaining to the body; whole body.
sin zangc ga'naaiv yietc nyei ga'naaiv part or organs of the body.
sin zinx juangv sin zinx fai gamh nziex zinx/to shake (from cold or fear).
sin zinx haic haiz gamh nziex sin zinx haic/overwrought; so nervous about.
sin zinx jienv gorngv gamh nziex jienv gorngv/be nervous while talking.
sin zinx jienv zoux gamh nziex jienv zoux/to tremble while doing something.

sinx[1] w. sinx cuotv. Gj: buonc/to fan to separate out empty from the full grains.
nziaaux sinx mingh nziaaux buonc jienv mingh/to push away by wind.
sinx mingh nyiec guoqv fungx cuotv nyiec guoqv mingh/to export.
sinx mbiauh buonc mbiauh maux cuotv mingh/blow and separate out the empty grained from the full grained.

sinx[2] w. **sinx jiem sinx nyaanh** jiex louh douz sinx jiem sinx nyaanh/to refine the gold and silver by forge.
sinx hlieqv jiex louh douz buov hlieqv yuqc sinx/to smelt the iron.
sinx hlieqv nyei louh longc sinx hlieqv nyei louh/a furnace for smelting iron.

sinx[3] cm. beiv hnangv Saeng-Sinx/suffix meaning of a person=s given name.

sinx[4] dh. ziepc waan, *sinx* se gaav congh janx-taiv waac daaih/hundred thousand.

sing[1] m, q. **nzoz-sing** mborqv nzoz maqc nyei sing/to beat drum quick motion.
bungx-sing bungx-qiex bungx laangc nyei nauc, heuc, kaatv/to scream loudly.
sing-daaix corng patv mbui nyei hlaang fai finx/the vocal cord; sound track.
sing-lorngh kuh muangx, hlang nqaengc nyei sing-qiex/grand sound; grand voice of a person sing.
sing-qiex mbui nyei sing-qiex/the sound system; the voice; the vocal.
sing-qiex hlang nqaengc nyei sing-qiex to have high pleasant voice.
sing-qiex longx kuh muangx nyei sing-qiex/a pleasant voice.
sing-qiex mbueiz gorngv waac sing-qiex mbueiz nyei/a low pitched voice.

sing[2] pm. mengh sing; sing-mengh/fame or reputation; to be high esteem.
sing buangv deic-bung gorngv buangv nzengc yietc norm deic-bung/to spread through the whole country.
sing gormx lungh ndiev sing mingh gormx yietc norm lungh ndiev/to spread through worldwide.
sing mengh zunh gorngv mengh mbuox to declare; to assert; to state clear.
sing mingh duqv jangv mengh hoc sing mingh duqv go/be very famous.

sing[3] zmb. sing daaih; sing daaih gorngv se mv fungc aqv/the news; the report.
sing jaav sing gorngv jaav nyei waac/to rumor; false news; untrue news.

sing taux nzengc sing mingh taux nzengc to spread through everywhere.

sing-wuonh sing gorngv daaih longx fai ciouv nyei fienx/news report.

sing-wuonh coux naaic lorz fienx nyei dorngx/an information booth.

sing-wuonh fienx gorngv cuotv mbuox mienh hiuv nyei fienx/news report.

Singapore m. 新加坡 /xīnjiāpō/ yietc norm guoc jaa yiem D.N maengx Asia, hungh zingh mungv heuc Singapore.

singx pm. **1** lingh singx/sacred; holy; holy spirit. **2** zienh singx/spirit; god.

singx dang kaah buang gitv Yesu cuotv nyei kaah/a Christmas greeting card

singx dang loz nyienh dorh singx dang zingh nyeic daaih bun mienh wuov dauh ong-siaam/a Santa Claus.

singx dang muonz jiex singx dang zipv nyei domh muonz/Christmas Eve.

singx dang ndiangx zorng biauv nzueic jiex singx dang zipv nyei ndiangx-dorn/a Christmas tree.

singx dang wuic jiex singx dang zipv nyei yinh wuic/a Christmas party.

singx dang zingh nyeic bun jiex singx dang zipv nyei zingh nyeic/a Christmas present or gifts.

singx dang zipv jiex singx dang zipv nyei hnoi/Christmas holiday

singx deic zienh singx nyei deic/a Holy land; Holy ground.

Singx Diex nernh jiex nyei zienh zangc diex/a Holy Father; a Father God.

singx dinc 1 buoqc zangc zienh nyei baaih/a sacred sanctuary. **2** leiz-baaix dorngh/a Holy temple; a Church.

singx ging baaix zangc zienh singx nyei sou/a Holy Scripture; Holy Bible.

Singx Hungh yiem-lorqc hungh/almighty god; the sacred emperor.

singx hnaangx Giduc mienh nyanc nyei singx hnaangx/the Lord's supper or holy communion (eaten by Christian).

Singx Lingh cing-nzengc nyei zienh/the Holy ghost; Holy spirit.

singx maengc duqv cuotv singx maengc daaih/to survive from a narrow escaped.

singx mienh 1 doz-mienh; fin-mienh/an angel. **2** fiou doz mienh/a saint man.

singx nzung yietc buonv zengx-ginx sou nyei mbuox/a book of Psalm in the Bible.

singx sou longc buoqc zangc zienh nyei sou/a scripture; a sacred book.

singx waac bieqc yiem-gen mienh gorngv nyei waac/sacred words.

singx wuom cing-nzengc nyei wuom/a holy water; god's water.

singx zienh buoqc zangc nyei zienh. Gj: zienh singx/a god.

singx zorngc nyiec fingx mienh; janx/an outside tribe; foreigner; Alien.

siou[1] w. **1** siou zunv/to collect; to gather up; to bring together in a mass. **2** siou jiez/to put away; to take in.

siou baac cun-gaeng siou baac ndeic nyei ga'naaiv/complete harvest the crop.

siou baeng 1 siou baeng mborqv jaax/to recall troops. **2** siou baeng nzuonx/to withdraw the troops.

siou dieh siou dieh nyei yienv, nzormc an jiez/to clear off a table.

siou dieh mienh fioux dieh fai siou dieh mienh/a person who clear off table.

siou diux guinh baeng diux-hlaang siou nzuonx/to pull back a fishing rope.

siou gaeng-zuangx siou liangx-ndeic nyei ga'naaiv/to harvest crop.

siou ga'naaiv dorngx siouc ga'naaiv an nyei dorngx/a storeroom

siou gouv-zinh siou gouv ga'naaiv bun mienh nyei nyaanh/to collect rental fee.

siou huox 1 siouc mienh fungx daaih bun nyei houx/to receive delivered goods. **2** siou huox nzuonx/to collect goods.

siou in-korx siou in nyei nzou/to collect tax duty on opium.

siou kaav-zinh siou mienh jiex kaav nyei zinh/to collect a check point fee.

siou korx zinh siou leiz-nyeic nyaanh/to collect customs fee.

siou la'fapv mienh siou la'fapv dorh guangc nyei mienh/a trash collector.

siou laangh siou cun-gaeng liangx-ndeic ga'naaiv/to harvest; collect the grains.

siou laangh hnoi taux siou laangh nyei hnoi/the time to harvest the crop.

siou laangh zinh siou laangh ziqc nzou bun/to collect (tax from grains).
siou laangh ziqc dorngx siou laangh ziqc nqaai an nyei dorngx/a granary for dried food provision.
siou leic zinh siou zornc duqv nyei leic to collect interest on a cash loan.
siou longx siou jiez an jienv longx nyei dorngx/to keep or save in a safe place.
siou lui houx 1 siou laangc pui nyei lui houx nzuonx/to gather clothes in. **2** siou jienv lui houx mv zuqv/to keep clothes.
siou mv nzuonx siou maiv nzuonx aqv to be impossible to collect back.
siou njiec zipv njiec; laengz njiec daaih to received and kept; to accept a gift.
siou mbiauh hmeiv gaatv mbiauh maeqv maeqc dapv lamz nyei sic/to harvest.
siou nyaanh 1 gapv nyaanh weic tengx mienh/to collect money. **2** zanv nyaanh daaih siou/to save money.
siou zinh nyaanh koux siou jiem siou nyaanh nyei koux/a treasury.
siou nzoih siou duqv nzoih nzengc/get everything in a collection.
siou nzou 1 siou nzou-zinh/to collect tax. **2** siou nzou nyei zinh/to collect a rental payment.
siou nzou mienh siou nzou-zinh nyei mienh/a tax collector.
siou nzou zaamc siou nzou nyei dorngx a place where collect the tax.
siou nzuonx siou nzuonx daaih/to take back; to retrieve; to collect back.
siou-sengh longx siou duqv jiez haic/to have good harvest.
siou zaeqv siou nzuonx mienh qiemx nyei nyaanh/to collect debts.
siou zingh nyeic zipv laengz mienh bun nyei zingh nyeic/to accept someone=s present or gift.
siou zunv siou an zunv fai gapv zunv/to gather together; collectively.

siou[2] pm. siou an longx liouh jienv/to save; preserve; to keep; to hold in possession.
siou ging gu'nguaaz ging haic bueix mv njormh oix zuqc longc faatv tengx ninh siou nqoi ninh nyei ging bun bueix duqv njormh/to quiet the soul of a terrified child by charm so a child can sleep well.
siou jiez siou liouh jienv nqa'haav hingv longc/hoard; to keep; to save; to keep in.
siou jienv dapv longc siou jienv/kept; to keep in a safe place.
siou koux gouv dapv ga'naaiv siou nyei dorngx/a storage room; a warehouse.
siou leiz siou jienv loz nyei leiz/to hold or to follow a tradition.
siou-liouh siou jiez longx nyei/to give shelter to; to save for; to keepsake.
siou-setv jiem-limc, nyaanh limc, jiemh, buoz-ndoqv-nzaeng, jaaix nyei lui houx lo haaix/set of woman's clothes, jewelry, ring or necklaces.

siou[3] pm. siou bieqc fai dorh bieqc daaih/to receive; to accept; to adopt.
siou bieqc nyei zinh duqv bieqc nyei zinh nyaanh/earnings; income; revenue.
siou mangc 1 siou jienv liouh mangc/to keep for souvenir; to keepsake. **2** to turn on (a television) to watch.
siou muangx taanx jiex mingh daaih siou gan nziaaux daaih nyei waac muangx/to tune in; to listen in a radio program.
siou taux siou zipv duqv taux/received; collected.
siou waac siou waac an siou waac nyei hlaang/to make record a speech.
siou waac faang 1 siou waac dapv nyei faang/a tape recorder. **2** bungx waac nyei faang/a radio.
siou waac hlaang siou waac nyei hlaang mbeih/cassette tape used for recording.
siou waac pienx siou waac nyei pienx/a phonograph record; phonograph.
siou yin ji siou waac caux siou nzung muangx ji/a radio receiving set.

siouc[1] w. duqv siouc; duqv zipv/to receive blessed; to get benefit from.
siouc domh mienh fuqv duqv zipv domh mienh nyei fuqv/to inherit from parents.
siouc fuqv kuh yiem kuh nyanc/live in easy and comfort life.
siouc fuqv siouc loqc mv zuqc zoux kouv duqv nyanc/to be easy life; benefit from; receive wealth.
siouc fuqv mienh duqv zipv fuqv-buonc nyei mienh/a beneficiary.

siouc nyuonh ziangh seix zangc ndaauv nangv nyei sic/number of years lived of a person; lifespan.

siouc nyuonh nangv maengc mv ndaauv short life; short living life.

siouc nyuonh ndaauv ziangh duqv lauh ndaauv nyei/longevity; long life.

siouc[2] d. zuqc diev; zuqc nyaiv/to bear; to suffer; to tolerate; to endure.

siouc guaav benx auv-guaav, nqox-guaav nyei mienh/to remain in widowhood; to keep living as a widow.

siouc hornh zuqc doh naanc/be orphan; suffer a trouble; suffer hardship.

siouc kouv zuqc diev kouv/to suffering hardship; endurance; to have rough time.

siouc maiv duqv diev maiv duqv/unable to stand for; cannot take it or tolerate.

siouc maiv hingh diev maiv hingh aqv to be unbearable; cannot bear any more.

siouc naanc beic sih zuqc ndortv naanc to suffer a calamity or disaster.

siouc naanc mienh zuqc zei-naanc nyei mienh/a person suffering disaster.

siouc siang zuqc diev mun/to be injured; to get hurt; be wounded.

siouc zei-naanc zuqc zei-naanc hoic/to suffer from calamity or disaster.

siouc zuiz 1 zuqc diev dingc zuiz/to suffer from a punishment; atone for sin. **2** zuqc diev/to suffer hardship.

siouc[3] pm. siouc duqv qiex/to abide to be pleasant to; to enjoy.

siouc duqv hemx nyunc ziev muangx mienh hemx/to tolerate with scolding.

siouc duqv zueix haih diev duqv zueix nyei qiex/can smell. ??

siouc mv duqv ngunc siouc mv duqv/to be unable to smell because of nausea.

siouc ziouv mbuoqc ziouv gunv; nyunc muangx ziouv/get used to be with.

siouc[4] cm. mienh nyei setv da'mueiz mbuox beiv hnangv Zoih Siouc, Naix Siouc.

siouh m. jaauv siouh. Gj: jaauv win/to avenge; to take vengeance.

siouv[1] w. haiz jorm siouv/warm; to feel warm; lukewarm. Dgw: juangv, namx.

nyutc ziux siouv nyutc douz ziux zuqc haiz siouv nyei/feel warm by sunshine.

siouv haic haiz jorm nyei; siouv nyei/to fell very warm; warmly.

suangx-siouv homc jienv siouv nyei suangx/a warm blanket.

siouv[2] nz. buoz; buoz-seih jaang. Gj: buoz sei-jaang/the hand; the arm.

siouv-fienx jiemh an dingc sieqv nyei buoz-jiemh/a pair of bracelet deposits to woman as to test her for the requirement of marriage, if she does not agree with the decision she will return the bracelet in three days. Gj: sih fienx jiemh.

siouv gong longc buoz zoux nyei gong handwork; do handwork.

siouv ngix 1 buoz-zaux liouc/method of self defense. **2** buoz-dauh/be skillful in making thing.

siouv ngix biangh buoz congx biangh nzueic nyei sic/a handicraft flower.

siouv-nyeic buoz liouc mienh mborqv mv zuqc nyei sic/karate; method of self defense using fast hard blows with hands, elbows. Gj: sih nyeic.

siouv nyiem buoz nanv jienv. Gj: siouv nyum, siouv nyom/to hold in the hand.

siouv yienx buoz-ndoqv-zunc/a finger circular; finger print.

siouv zangc yiem jienv ganh nyei buoz zangc/to be in one's hand.

siouv ziepv buoz zipv daaih/to catch by one's hands; to pick by hands.

siouv[3] pm. zuov mangc jienv/to guard at; to watch over; to protect; to defend.

siouv gaengh zuov gaengh/to guard at door (as a security guard).

siouv jienv zuov mangc jienv/to watch over; to guard at.

siouv muonh zuov gaengh ndaangc/to guard at the door or gate.

siouv yiex zuov yiem lungh muonz/to keep night watch or guard.

sioux m. cuotv sioux; douz-sioux; sioux nui-nui nyei/vapor; smoke; steam.

sioux congx daic douz-sioux congx zuqc daic/to die by swallow lots of smoke.

sioux-don cuotv sioux daaih don-don wuov/a large cloud of smoke.

sipv[1] w. sipv zorc wuonh; sipv jiex hnyangx mienv. Gj: siangx mienv/to invite spirit to come and offer food.

baengh sipv pou-tong sipv hnangv mv heuc hungh. Dgw: dorng-lungh sipv/to conduct an ordinary ceremony.

sipv biangh mienv sipv goux gu'nguaaz nyei mienv/to deal with flower spirit.

sipv domh mienv sipv zangc jaaix nyei mienv/to conduct major spirit ceremony.

sipv mienv cingv mienv daaih nyanc orv hopv diuv/to invite spirit to come and offer food and wine.

sipv mienv-dorn sipv jaa-fin-mienv/to offer food to ancestor spirit.

sipv mienv mienh caux mienv jiu tong nyei mienh/a low-ranking spirit priest.

sipv ngoih zouv mienv sipv auv wuov bung nyei mienv/to invite one's wife side's spirit and offer food.

sipv orv-mienv zanx zinh orv-mienv/to offer paper money to hunting spirit.

sipv zorc mienv zoux zorc mienh/invite spirits to come and eat food.

sipv[2] w. fanh ziu mbiaatc sorqv qiex bieqc aengx bungx qiex cuotv sipv haa dangh.

sipv haa gorngv mbuox gu'nguaaz fanh ziu mbiaatc nyei waac/to be spicy.

siqc[1] m, k. siqc jaauv; nzaaux hmien siqc jaauv; sortv sin siqc jaauv/a towel.

siqc jaauv-ben sortv buoz sortv nzuih nyei siqc jaauv-biangh/handkerchief; a pocket towel.

siqc jaauv-congx congx jienv biangh nyei siqc jaauv/a small embroidered towel.

siqc jaauv-nyortc longc sortv sin nqaai nyei siqc jaauv/towel with rough feeling.

siqc jien yietc kuaaiv ndie-baeqc nzutv hmeiv caux norm nyaanh zinh bun sipv mienv mienh fiqv sai-diex nyei ga'naaiv.

siqc[2] wj. siqc jeiv ga'naaiv. Gj: gorqv-zeic ga'naaiv, lengc jeiv ga'naaiv/a private own; personal possessions.

siqc jeiv jauv ganh nyei siqc jeiv jauv/a personal affairs; personal matter.

siqc jeiv ndeic ganh nyei buonc ndeic an individually owned fields.

siqc jeiv ndie-biauv ganh lengc jeiv nyei ndie-biauv/a private hospital.

siqc jeiv nyaanh ganh nyei buonc zinh nyaanh/personal money.

siqc jeiv sic siqc jeiv nyei jauv/personal matter; private affairs.

siqv[1] w. gu'nguaaz siqv maa/a baby insist his or her mother; to cry often.

gu'nguaaz siqv haic gu'nguaaz siqv oix maa hlorpv ninh/a troublesome baby.

siqv[2] pm. siqv nyei setv. Gj: nzanc siqv/to be red; vermillion; rosy.

nyomc siqv longc siqv nyei setv nyomc siqv/to dye red color.

siqv-baeqc siqv caux baeqc zorpc jienv nyei setv/light red; red mixed with white.

siqv-gox siqv daaih loz-loz wuov nyungc siqv/dark red color.

siqv-hongc hangv douz buov hlieqv siqv nyei siqv nor/to be bright or fresh red.

siqv-jieqv jieqv caux siqv zorpc daaih nyei setv/dark red or dark brown.

siqv-lunx siqv-luoqc nyei setv/light red or purple; light pink.

siqv-luoqc siqv daaih luoqc luoqc wuov to be pink or purple.

siqv-mbiaan mbienc nyei siqv-lunx/to be light pink; light purple.

siqv-mbuov siqv caux mbuov zorpc jienv/red with blue mixed or dark purple.

siqv-nziaamv **1** hnangv nziaamv nyei siqv/blood color; scarlet. **2** gu'nguaaz waac gorngv nziaamv/blood.

siqv-yangh siqv zorpc yangh daaih/to be orange; red and yellow mixed together.

siu[1] nz. buov douz; buov zieqc/to burn; to set fire on something.

siu-hung gengx buov hung gengx baaix zienh/to worship with incense burned.

siu-qiev buov douz zieqc/to set fire on.

siu[2] nz. **siu-nzauh** maaih lamh nzauh/sad or sorrow that one could not shared.

kuv siu-yiuh njien-youh nauc ngitc haic nyei sic/to have joy and lots of fun.

siux[1] nz. jatv; njeic nzuih baengx jatv/to laugh; to smile.

kuv siux oix kuh jatv haic, se benx nzung gorngv nyei waac /laughable.

siux[2] nz. **siux nin** hnyangx-jeiv lunx nyei mienh/teenager; youth; adolescent.

siux nin bang yietc guanh mienh lunx mienh/a youth group.
siux nin horqc hnyangx-jeiv ziepc hmz luoqc hnyangx nyei horqc/junior high or high school.
siux nin wuic 1 mienh lunx gapv doic wuic/youth association. **2** mienh lunx mienh nyei ca'laangh wuic/youth camp.
siux nin zeih dorng-nin nyei ziangh hoc the year of being adolescent.

Slovakia m. 内陆 /nèilù/ yietc norm koiv-nzou guoc jaa yiem Z. Europe mbu'ndongx hungh zingh mungv heuc Bratislava.

sox[1] w. lai hnaangx sox mv fungc nyanc aqv/the food spoiled and went bad.
ga'naaiv-sox sox mv fungc nyanc nyei lai hnaangx/a spoiled food item.

sox[2] pm. buatc kouv-kouv sox-sox wuov/to look sickly and tired or be unhappy.
jai-sox jai-butv baengc/a sick chicken.

sokv m., n. **fing-sokv** bun mienh buangh longx fai ciouv nyei fing-sokv/influence of a star that affects people's luck.
fing-sokv aiv dorh mienh buangh zuqc zei-naanc nyei fing/a star that bring harm to the people.
fing-sokv hlang dorh maaih duqv longx nyei fing/a lucky star is above a person.
tin-fing deic sokv lungh hleix caux deic sokv ziux goux bun mienh duqv longx nyei sic/the Ten Celestial Stems used with the Twelve Terrestrial Branches that bring luck to the people.

som[1] w. ndiangx nauv njiec som jienv jauv a fallen tree block off the road.
som jauv-kuv aauv miev som jauv-caax nyei jauv-kuv bun nqa'haav nyei mienh hiuv oix zuqc yangh haaix diuh mingh.

som[2] m., n. m'sieqv mienh congx congx nyei mbuox/name of embroider design.

somx w. nzaeng mv hingh ziouc somx mi'aqv/defeated; surrendered.

somz q. norqc waangh si'sungx somz nyei ndaix njiec nyanc biouv/the sound made by a large bird fly.

Somalia m. yietc norm guoc jaa, yiem D. bung maengx Africa, hungh zingh mungv heuc Mogadishu.

sopc[1] m., n. zoux lai nyei sopc, ninh nyei ndopv hnangv saaiv nor baeqc nyei/an ash-pumpkin; white gourd.
sopc bang 1 gaeng-biei benx daaih nyei sopc bang/a butterfly. **2** congx congx nyei mbuox/name for embroider design.
sopc bang batc sopc bang sorqv wuom nyei batc/the proboscis of a butterfly.
sopc dueiv sopc luangh nyei dueiv/the shoots of ash-pumpkin's vine.
sopc nyim sopc nyei nyim/the seed of an ash-pumpkin or white gourd.
sopc orv sopc nyei orv/the flesh of white gourd or ash-pumpkin.
sopc paan nyutc pui mv daic nyei miev, longc zouv ndie nyanc fai ziang naaic wuonh torng hopv, se zoux mv faan butv juangv baengc nyei ndie-nqaeqv.

sopc[2] pm. nda'maauh fai jiepv nyei zaux hlo gau sopc-sopc wuov/a big foot.

sopv pm. hluo haiz kaatv sopv nyei/to be rough of touching. Dgw: mbiangc.
nzuih sopv nzuih sopv nyanc mv kuv/to lose appetite and feel rough in mouth.
zoux gong sopv zoux gong donc maiv liouc/an unskilled worker.

soqv w. **1** soqv nzengc mi'aqv/shrunken; shriveled up. **2** soqv nangv/to shorten.
houx soqv faix nzox liuz houx soqv faix trousers shrunken after wash.
soqv nangv zoux bun nangv daaih/to make a short cutv.
soqv njiec zaax soqv njiec/to push down with force; to press down.
soqv waac soqv waac gorngv nangv deix/to shorten a sentence.

sor aengx lorz mangc "saeng-sor, lor sor" wuov deix nyei eix-leiz.

sorv q. zouv wuom jiex gorn mbueix mbui sorv sorv nyei qiex/the sound made by water start boiling.
gong sorv bungx nzung-pienx nyei ji/a phonograph record.
sorv lienx forv-limc/a zipper.

sorz q. duih mbiungc liemh zuqc ndiangx-normh mbui nyei qiex/the sound made by rain drop on leaf or roof.

sorz mbiungc gorngv mbuox gu'nguaaz duih mbiungc nyei waac/rain; to rain.

sormv[1] pm. guaa sormv mv fungc nyanc aqv/to become spongy; fibrous.

sormv[2] pm. jaang sormv gorngv waac mv mbui/to be hoarse voice; voiceless.

sormv[3] m, n. dapv mbiauz nyei longh saa a loosely woven basket for storing fish.

sorn[1] w. sorn jienv gaengh/to lock the door with slide bolt.

gaengh sorn longc sorn gaengh nyei yietc nqanx biaav/a slide bolt; a door latch.

sorn[2] pm. sorn saa deix/to make a space; to thin out; to trim.

sorn mba'biei sorn bun mba'biei bieqc deix/to thin or to trim the hair.

sorng[1] gn. mbuonx fai wuom gitv benx ndunh daaih/an ice; frost; snow.

duih sorng duih sorng njiec/to snow.

sorng hoz duih sorng hoz/heavy snow.

sorng-ndunh 1 yietc ndunh sorng/snow ball. **2** wuom-ndunh/an ice ball.

sorng-wuom sorng yuqc nyei wuom/the water melt from the snow.

sorng[2] nz. ziangh sorng; ziangh doix. Gj: sung/a pair; a couple; two.

sorngv w. an wuom sorngv dangh/to rinse cloth; to wash lightly or gently.

sorngv longx nyei sorngv bun nzengc longx nyei/to rinse until water is clear.

sorngx[1] pm. sin tiv wangc fai mv wangc nyei sic/having to do with health.

mv sorngx-leic sin tiv mv kuh yiem, mv wangc. Gj: mv suangh leic/not feeling well; to feel sick.

sorngx[2] pm. sorngx qaqv; sorngx henv/to exercise; to work out.

ndamc cie-ping sorngx qaqv longc qaqv ndamc siang-ping cie sorngx qaqv to exercise by riding a bicycle.

sorqv w. sorqv bieqc nzuih/to suck into the mouth; to imbibe; to draw in; to inhale.

biaav-sorqv sorqv wuom hopv nyei biaav/a drinking straw.

sorqv buoz-ndoqv longc buoz-ndoqv nuqv dorngh daaih sorqv/to suck one's finger (as when eating with finger).

sorqv la'fapv longc sorqv ndau ji sorqv la'fapv/to vacuum the dust.

sorqv la-fapv ji longc sorqv la'fapv nyei ji/a vacuum cleaner.

sorqv ndau sorqv njang ndau/to vacuum the floor with a vacuum cleaner.

sorqv nyorx gu'nguaaz sorqv nyorx/to suck breast; to nurses at the breast.

sorqv nziaamv biom sorqv mienh nyei nziaamv/to suck blood (as a leech does).

sorqv nzuih 1 nzuih sorqv nzuih/to kiss lips to lips. **2** sorqv nzuih tengx tauv cuotv qiex/to suck mouth as to rescue someone that stop breathing.

sorqv qiex bieqc sorqv qiex bieqc/to inhale; to draw in the breath.

sorqv qiex cuotv sorqv bun haih tauv qiex cuotv/to suck mouth (for one who unable to breathe).

sorqv yiez sorqv baengc mienh nyei yiez cuotv/to drain the urine.

sortc[1] q. tor jienv ndau mingh sortc sortc nyei/the sound of dragging something along the ground.

si'sungx sortc nyei yangh jauv jiex mbui si'sungx sortc nyei/walking noise.

sortc[2] w. sortc jienv; ndoh jienv/fasten up; to tie up; to lock up.

sortv[1] w. sortv sin; sortv nqaai; sortv nqoi; sortv guangc/to erase; to wipe off.

sortv buoz zeiv longc sortv buoz nyei zeiv/a paper napkin.

sortv dieh sortv fioux dieh/to wipe and clean up table with rag or napkin.

sortv dieh ndie longc sortv dieh nyei ndie/towels used for wipe the table; table wiper cloth.

sortv gu'kuotv zeiv longc sortv gu'kuotv nyei zeiv/toilet tissue.

sortv gu'nguaaz zeiv fioux gu'nguaaz gu'kuotv nyei zeiv/moistened tissue for cleaning up a baby.

sortv guangc sortv ndutv guangc mingh to erase; to rub out; to wipe out.

sortv ndau longc suix-kuonv sortv ndau to mop and clean the floor.

sortv ndau ga'naaiv longc sortv ndau nyei ga'naaiv/a mop.

sortv ndutv sortv ndutv mingh/to wipe out; to obliterate.

sortv nqaai sortv bun nqaai mingh/to wipe and dry it.
sortv nyaah corh nyaah/to brush teeth.
sortv nzangc sortv nzangc guangc/wipe out written letter on the board.
sortv nzengc sortv fioux nzengc/to wipe and clean up.
sortv sin si-jaauv longc sortv sin nqaai domh siqc jaauv/body towel; bath towel.
sortv wuom-mueic sortv nqaai m'zing nyei wuom/to wipe away one's tears.
sortv yienv si'jaauv longc sortv nzormc yienv nyei si'jaauv/towel used for wipe and clean the bowl.

sortv[2] aengx lorz mangc "nyaah sortv" wuov joux nyei eix-leiz.

sou[1] b., nj. doqc sou; fiev sou; aamx sou; hoqc sou; faaux sou/a book; paper; note book; a written document; a permit.
sou-baaih lorngx sou nyei baaih/a book shelf or bookcase.
sou-beih sou nyei beih; sou nyei ndopv book cover; dust jacket.
sou-biuv fiev sou caux dimv mangc sou nyei mienh/a secretary; shorthand.
sou-biuv jien paaiv mienh zoux nzangc dimv sou lo haaix nyei mienh/a chief clerk; secretary general.
sou-buov buov faaux lungh ndaauh kaux mienv nyei sou/ritual petitions document to be burned for a messages and send to the spirit world.
sou-buonv ziangh buonv nyei sou/a copy of book.
sou-daan fiev mbuox fai fiev jangx-hoc nyei sou/a registry; a recorded.
sou-dieh an sou fai bangc fiev nzangc nyei dieh/a desk.
sou-doqc doqc nyei sou; mangc buonv nyei sou/a book for studying; a textbook.
sou-dorngh siou nyungc-nyungc sou nyei dorngx. Gj: sou-lamz/a library.
sou-douh ei yietc nyeic fiev ziangx nyei sou/a charge book; diagram.
sou-dueiv nqa'haav laai setv mueiz wuov douc sou/the conclusion of a book.
sou-eix sou nyei eix-leiz/the meaning of a written sentence.
sou-faang dapv sou hnengx nyei faang/a book carrying suitcase.
sou-fiev **1** longc fiev nzangc nyei sou/a note book. **2** longc buoz fiev daaih nyei sou/a hand written book.
sou-fienx **1** fiev fienx an nyei sou/note Book for writing letter. **2** fiev zunh fienx nyei sou/news letter; newspaper.
sou-gorn **1** yiem sou-gorn biux mengh wuov deix waac/the text of introduction at the beginning of a book. **2** loz-ziangh nyei sou-gorn/old recorded document.
sou-guv loz-hnoi mienh fiev daaih nyei sou/an old literary style; ancient written language.
sou-hei jangv box maaic sou/book fair.
sou-horngh dimv sou zoux sou-nzangc nyei gong/paper works.
sou-jaax sou nyei jaax-zinh/book price.
sou-lamz siou nyungc-nyungc sou nyei dorngx/a library.
sou-longz dapv sou fai lorngx sou nyei ndiangx-longz/a bookcase/a bookshelf.
sou-minc yietc pin sou nyei i bung/both side of a single page.
sou-mbuox sou nyei mbuox; sou nyei mengh/the title of a book.
sou-mbuoqc horqc saeng dapv sou nyiex nyei mbuoqc/a backpack.
sou-ndopv sou-beih/book cover.
sou-njunc yietc njunc sou/a scroll.
sou-nyouz sou nyei eix-leiz/the meaning of a text or a sentence.
sou-nzangc longc sou longc nzangc nyei gong/paper work; written language.
sou-nzung baaux nzung nyei sou/a book containing a lot of songs.
sou-pin yietc pin sou/a page of a book with two sides.
sou-poux maaic sou nyei poux/a book store; a store where books are sold.
sou-waaz fiev nzangc caux waaz fangx an nyei sou/painting and calligraphy.
sou-yiemc sou-zaang bun njiec muonc nyei yiemc/verses in a chapter.
sou-wuonh wuonh zaang sou/a written composition.
sou-wuonh dipc fiev buov fungx faaux lungh bun nyutc daaix hungh nyei sou.

sou-zaang yietc zaang sou/a chapter or lesson in a book.

sou[2] w. jun-zaah sou biauv/a policeman inspect or check house.

janx-zaqc sou biauv janx-zaqc luv sou biauv/a robber searching the house.

sou lorz sou mangc longc nyei/to check through; to make an inspection.

sou sin 1 sou mangc sin/check a person as a police looking for a weapon. **2** sou sin sorngx qaqv/to do exercise.

sou[3] pm. nyiex jienv gu'nguaaz sou ninh bueix njormh. Gj: laaux/to rock a baby go to sleep.

souv w. souv jiez sin; souv jienv/to stand or standing up position.

souv dingc nyei souv jienv dingc nyei/to stand still don't move.

souv ga'hlen mienh souv jienv ga'hlen nyei mienh/a person standing by side; bystander.

souv go deix souv leih go deix/to stand far off; to stand far away from.

souv jiez souv jiez sin tongx nipc/to be standing up to show respect.

souv jienv jiez sin daaih souv jienv/to be standing up position.

souv wuonv nyei souv dingc fai wuonv nyei/to stand still; to stand firmly.

souv zaqc nyei souv jienv zaqc nyei/to stand up straight position.

soux bc. qiemx zuqc nyei soux mouc/the limit or amount of requirement.

bouc soux horpc zuqc nyei bouc soux/a specified amount or time.

gaux soux mouc gaux dingc daaih nyei soux mouc/to reach amount of require.

hnoi-soux saauv gan hnoi mingh nyei ziangh hoc/the time count by day.

mv maaih soux mouc liouc-lunc maiv maaih soux mouc/unlimited.

soux hoc longc funx-soux nyei soux hoc a number; a math; mathematics.

soux mouc dingc ziangx nyei soux mouc number sum; amount of requirement.

soux[2] pm. butv gau baengc korng jaic soux langh gangh wuov/to be sickly face.

South Carolina m. yietc norm ziou, yiem D.N bung Meiv Guoqv, ziou nyei domh mungv heuc Columbia.

South Dakota m. yietc norm ziou, se yiem Z. Meiv Guoqv B. bung mbu'ndongx, ziou nyei domh mungv mbuox heuc Pierre.

South Africa m. yietc norm guoc jaa, yiem N. maengx Africa, hungh zingh mungv se heuc Pretoria.

South Korea m. yietc norm guoc jaa, yiem D. bung maengx Asia, hungh zingh mungv heuc Seoul.

South America m. naamh Meiv Ziou nyei yietc kuaaiv domh ndau/continent of the South America.

Spain m. yietc norm guoc jaa, yiem F.N bung maengx Europe, hungh zingh mungv heuc Madrid.

Sri Lanka m. yietc norm koiv-nzou guoc jaa, yiem D.N bung maengx India, hungh zingh mungv heuc Colombo.

su'ngongh m., d. se dongh "suiv-ngongh" fiev nangv daaih/a water buffalo.

su[1] bm. Iu-Mienh nyei fingx mbuox/an Iu Mienh/Yao clan name.

su[2] cm. mienh nyei jiex gorn fai setv mueiz mbuox, beiv hnangv Su Zanx, Cic Su/a prefix or suffix meaning of a person's given name.

Su Zou yietc norm saengv nyei mbuox Yiem D.B bung Zong Guoqv/Suchow, a province in N.E China.

suv q. nziaaux buonc daaih mbui suv suv nyei/the sound of rusting cause by wind.

sux[1] cm. da'feix dorn nyei jiex gorn mbuox beiv hnangv Ih Zoih nyei dorn Sux Zoih four in naming a fourth son.

laauv sux da'feix dorn nyei heuc hnamv mbuox/nickname for fourth son.

sux haux da'feix hoc in-baeqc/four-stage refinement heroin.

sux[2] w. sux gorngv; sux gorngv muonc nyei/to tell; to inform; complaint.

guaix sux guaix sux se meih orqc yie laaic duqv janx norh/no wonder it's you.

sux binv gorngv yietv-nyeic mbuox/to tell in detail; to air grievances.

sux hiaauv gorngv mbuox zuangx mienh hiuv/to tell or to warn the public.

sux kouv-gong sux gorngv muonc nyei muonc mbuox/to tell all the details.

sux mv nzengc aqc gorngv maiv haih nzengc/it hard for one to tell everything.

sux mbuox gorngv muonc bun mienh hiuv/to tell all in details.

sux naanc zingh gorngv ndortv naanc nyei jauv mbuox mienh/to tell all about one's tragedy in details.

sux nyinh nyouz gorngv yietv gorngv nyeic mbuox/to complain about.

sux yaamc zienz gorngv sux maiv haih nzengc/to have not completed telling what one wanted.

sux yaev... jiex gorn tor qiex gorngv fei benx janx-kaeqv waac nyei nzung/a poem song that must sing in mandarin Chinese.

sux[3] aengx lorz mangc "fu-sux, fai fu'sux" wuov joux nyei eix-leiz.

suz[1] q. douz zieqc jienv suz-suz nyei qiex the sound made by fire hissing.

suz[2] pm. biei suz-suz, suqv-suqv wuov/to be hairy; covered with hair; hair-like.

suaav q. (mbaengx-paev nyei wuom ndortv njiec mbui) suaav suaav nyei/the sound made by waterfall.

suaaz q. duih mbiungc hlo gau suaaz-suaaz nyei/the sound of rushing by rainfall.

suang nz., d. yietc diuh domh suang; yietc diuh domh ndoqv/a river; a stream.

njiec suang lorz nyanc njiec ndoqv lorz mbiauz nyanc. Dgw: faaux gemh/to go fishing in the river.

suang-suiv hlo, faix yietc zungv ndoqv fai ndaaih/rivers and streams.

suangh wj: mv suangh leic/to not feeling well; feel uncomfortable.

suangx k, p. yietc kuaaiv suangx; yietc paan suangx/a blanket.

suangx-beu beu gu'nguaaz gu'kuotv nyei suangx-beu/a baby's diaper.

suangx-buix 1. longc nyiex gu'nguaaz ga'naaiv/a baby carrying cloth. 2. sieqv mienh buix nzueic nyei suangx-buix fai suangx-buix-pongx/highly decorated cloth worn by women.

suangx-daan bieqc nyei suangx/a thin blanket. Dgw: suangx-ngomz.

suangx-dimc dimc ga'ndiev nyei suangx a bed spread; bed covering sheet.

suangx-dimc hoz zoux coux bueix nyei suangx-dimc/a mattress; a soft bed.

suangx-dimc-wuom dapv wuom zungx nyei suangx-dimc/a water bed.

suangx-homc longc homc nyei suangx/a covering blanket.

suangx-dimc-mau mau kuh bueix nyei suangx-dimc/a soft mattress.

suangx-ndiev waac m'jangc m'sieqv bueix doic gorngv nyei waac/a private conversation between man and woman.

suangx-nqomz homc siouv nyei suangx-hoz/a warmest blanket.

suangx-nyiex paanx gu'nguaaz nyiex gu'nyuoz maengx wuov yiemc se heuc suangx-nyiex/a baby carrying cloth.

Sudan m. yietc norm guoc jaa, yiem D.B bung maengx Africa, hungh zingh mungv heuc Khartoum.

suei w. 1. suei bun; nyiemc suei/to lose; to defeated; surrender. 2. nziaamv borngz mv hingh suei/to be allergic to.

suei lai hnaangx sin tiv suei lai hnaangx to allergic to the food.

suei ndie sin tiv suei ndie/to allergic to medicine or drug.

sueih[1] w. sueih eix; sueih hnyouv nyunc/do as one please or as one like.

sueih binc 随便 [sueix bienv] sueih hnyouv nyunc duqv/do as you please.

sueih binc haaix zanc daaih yaac duqv 随便什么时候来都行/come anytime as you please.

sueih binc gorngv sueih nzuih gorngv cuotv/speak thoughtlessly or casually.

sueih binc meih 随便你 /suíbiànnǐ/ sueih meih nyei hnyouv ginv/whatever you feel like; it's up to you.

sueih eix sueih ganh nyei eix nyunc duqv/to follow one's desires.

sueih jienv manc-manc sueih jienv mv zuqc huaang/not urgent; take one's time.

sueih maengc sueih ganh nyei maengc buangh aqv/to resigned by one's fate.

sueih meih sueih meih ganh hnyouv oix whatever you like.

sueih nziaaux buonc bun nziaaux buonc mingh/to bend with the wind.
sueih sih sueih nyietv sueih jienv maiv huaang maiv heix nyei/to delay along.
sueih wuonc qiex sueih binc maengc buangh/to try with chance or opportunity.
sueih ziangh hoc sueih binc gan ziangh hoc/to try one's luck by going with time.
sui[1] md. sui nyei mueix. Dgw: gaam/sour; pickled; sour flavor.
sui haic sui haic mueix/to be very sour. Gj: niangv sui nyei.
sui-liqv ba'laqc sui jiex jaax nyei mueix too sour; over sour.
sui[2] pm. haiz gamh nziev orv sui/to feel unstable or unsafe.
butv m'njormh sui mv duqv bueix gaux butv m'zing-sui nyei baengc/to irritable through lack of sleep.
suih q. suih haeqv dungz biaux nyei qiex/to shoo to a pig go away.
suiv[1] w. suiv mingh siang-dorngx/to move or to change location.
suiv biauv suiv mingh ganh norm biauv to move to another house.
suiv bieqc siang-biauv suiv mingh bieqc siang nyei biauv/to move into a new house.
suiv cie suiv cie mingh dingh ganh norm dorngx/to remove a car.
suiv cuotv biaux cuotv; suiv cuotv; suiv nqoi/to move out of a place.
suiv dorngx suiv jiex ganh norm dorngx to relocation; change dwelling residence.
suiv jiex deix aengx suiv jiex mingh deix/to skulk over a little bit.
suiv njiec suiv mingh wuov ndiev bung to move down; move to lower position.
suiv[2] m. wuom; longc wuom-suiv/water; to use water; water service.
suiv-bungh an wuom nyei dorngx/water room in a Mienh traditional house.
suiv fouv koiv-ndoqv nyei sic/under the ocean or sea.
suiv-fouv hungh wuom-ndiev mienv nyei hungh.
suiv-gouv mienv yiem ndoqv nyei mienv a spirit who lives in water.
suiv-liemh ndiangx ziangh yiem ndoqv-hlen nyei ndiangx-dorn/a willow tree.
suiv minc gu'nguaaic wuom-minc/the surface of water.
suiv ndiev yiem wuom ga'ndiev/under the water; bottom bed of water.
suiv-ngongh guoqv njaangh nyei ngongh a water buffalo.
suiv-nyaanh-wuom hnangv nyaanh nor baeqc nyei wuom/melted silver.??
suiv tui wuom tui jienv mingh/slowly flowing water.
suix[1] m, d. longc lunh ga'naaiv nyei suix/a thread; strands.
suix-biouv njunc jienv ziangh ndunh nyei suix/a thread ball.
suix-buangc lunh ga'naaiv cunx jiex nyei suix-buangc/a thread cross-stitch.
suix-gapv camv-diuh gapv jienv suix/a spun thread with two or three strands.
suix-gorn lunh daaih nyei suix-gorn/the end of a thread.
suix hnyuoqv suix nzenc zuqc doic hnyuoqv nzengc/the thread tangled up.
suix-muonc faix muonc nyei suix/fine thread.
suix-neix lunh liuz ga'naaiv japv guangc nyei suix-neix/stem of the thread.
suix njitc suix-da'mueiz mbaaix nyuotv to split and curved at the end of thread.
suix-qorng longc hliou suix nyei qorng the frame for winding thread.
suix[2] w. gorngv waac-huv nduov mienh guangc doic/to break up relationship by saying bad against one side.
sunh pm. zoux sic donc sunh haic/to be slow; uncoordinated; look dumb.
sunx[1] w. sunx forng; sunx zouc/to whittle or to smooth out.
sunx forng sunx daaih daapv hnaav buonv nyei forng/whittle crossbow arrow.
sunx nzuqv paaix nzuqv daaih aengx sunx bieqc deix/to smooth out bamboo strips.
sunx zouc sunx hlauv zoux zouc longc njapv lai/to whittle chopsticks; to make chopsticks.
sunx[2] pm. yaauc haic; longx haic; sunx haic/excellent; perfectly; smoothly.

fiev nzangc sunx fiev nzangc nzueic nyei/excellent skilled in writing.
zoux nyanc hopv sunx haih zouv nyanc zouv hopv haic/to be excellent killed in preparing food.

sung[1] nd. longc an lai, an orv zouv nyanc nyei sung/a ginger.
sung-diev gox haic nyei sung-ndoih/the ginger that has aged.
sung-dorngh biouv sung zoux daaih nyei dorngh biouv/ginger candy.
sung-jieqv zoux ndie nyei sung/a black ginger (used as medicine).
sung-normh longc an orv zouv ndaang nyei sung-normh/a leaf of ginger.
sung-yangh longc zoux ndie nyei sung-yangh. Gj: yangh jaang/yellow ginger; turmeric.
sung-wuom sung nyei wuom. Gj: sung-yiez/ginger water.

sung[2] w. **1** mba'biei sung/the hair is neat. **2** sung-sung nyei/smoothly; orderly; to be well-arranged.
jaauv sung bun sung zaeqv mi'aqv/to fully repay the debt.
sung sangv ziangx nzengc; nzengc nzengc; sung nzengc/all done; finished; completed.

sung[3] pm. yietc sung. Gj: yietc doic; yietc sorng/a pair; a couple.
juqv sung zouc ziepc nyeic diuh zouc se benx juqv sung/six pare of chopsticks
sung-buoz caa sung-gaengv se beiv yietc dauh houh saeng gan i dauh sieqv nyei waac-beiv/two hands grabbing two frogs. Idiom, for one man trying to get two women at the same time.
sung-buoz sung-zaux longc nzengc i jieqv buoz i jieqv zaux/using four limbs at the same time.
sung-diuv hopv cing-jaa yinh da'nyeic hnoi nyei diuv/a second day drink at the major wedding ceremony.
sung-gouv duqv sung-gouv/get double portion of share.
sung-gu'nguaaz zoux yietc nzunc yungz nyei i dauh gu'nguaaz. Gj: gu'nguaaz-doix, gu'nguaaz ndaam-ndaamx/twins.
sung-gu'nguaaz-dorn sung-gu'nguaaz i dauh zungv dorn/twins baby boy.
sung-gu'nguaaz-sieqv sung-gu'nguaaz i dauh zungv sieqv/twins baby girl.
sung-m'nqorngv naang maaih i norm m'nqorngv nyei naang/two headed snake.

sung[4] zmb. sung buoz/to raise one's hand; stretch upward one's hand.
sung buoz faaux sung buoz cuotv faaux gu'nguaaic/to stick out one's hand (as a criminal to surrender).
sung-buoz longc i jieqv buoz zoux/to do something with both hands.
sung-lueic sung corng buoz-zaux bun lueic cuotv nqoi/to stretch out.
sung sin souv jiez sin sung-sin/to stretch oneself (after period of sitting).
sung zaqc zaux sung jienv zaux zaqc nyei/to stretch legs straight.

sungv[1] w. mborqv; daav; liuc/whack; to hit; to beat; to strike.
sungv buoz-zaangv laatc buoz-zaangv mienh/to slap someone with open hand.

sungv[2] w. sungv yietc ndui nor/to give out something big amount.

suoh w. jai-gorngx nyei dueiv suoh suoh wuov/downy; long feathery.
suoh njiec mba'biei ndaauv suoh njiec daaih/hanging down as hair or feather.

suoz zw. **suoz suoz** sipv mienv mienh jiex gorn sipv mienv gorngv nyei waac.

suonc pm. **1** hnyouv suonc/placid; gentle; calm; quiet; meek; humble. **2** zoux sic suonc/act slowly. Gj: wuonh.
mienh suonc mienh hnyouv suonc nyei mienh/a person with even-tempered.
suonc fiem suonc eix hnyouv suonc hnyouv ndaauv nyei/to do with patient and gentle mind.
suonc fing 福星 /fūxīng/ ziux mienh nyei suonc hleix/a lucky star.
suonc hnyouv suonc ndaauv haic nyei hnyouv/even-tempered; calms; patient; meek; undisturbed.
suonc zingh suonc eix zoux sic dorh leiz nyei/to humble and polite.

suotc pm. zorng jienv suotc suotc nyei/to dress up nicely and appropriately.

suotv nz. suotv nyinh; suotv waac; gorngv waac/to speak; to talk.
suotv mbuox gorngv mbuox/to tell; to inform/to make aware.

suqv[1] pm. maaih biei suqv-suqv wuov/to be hairy; full of hair.
siaam suqv-suqv wuov maaih siaam camv suqv-suqv wuov/be hairy; having long beard.

suqv[2] m. longc nqaauv ciqv daaih nyei heh a straw woven sandal.
daapc suqv daapc nqaauv ciqv daaih nyei heh/to wear a straw sandal.

Suriname m. yietc norm guoc jaa, se yiem D.B bung South America, hungh zingh mungv heuc Paramaribo.

sutv[1] zn. maaih sin nyei sutv/a burden of pregnancy.

sutv[2] w. baeqc baeqc fungx bun nyei zingh nyeic nyaanh/a tip; to give gratuity.
mbungh sutv zinh mbungh jienv fungx bun nyei zinh/money prepare for tip.
sutv-zinh baeqc fungx bun nyei nyaanh zinh/to give tip. Gj: fungx-sutv zinh.

sutv[3] aengx lorz mangc "biouv-sui, biouv-sutv" wuov joux nyei eix-leiz.

Swaziland m. yietc norm guoc jaa yiem N.D bung maengx Africa, hungh zingh mungv heuc Mbabane.

Switzerland m. yietc norm guoc jaa yiem B. bung maengx Europe, hungh zingh mungv heuc Stockholm.

Syria m. yietc norm guoc jaa se yiem F.N. bung maengx Asia, hungh zingh mungv heuc Damascus.

T

t /tor/ faah ziepc nyeic norm nzangc-maac yiem Iu-Mienh/Yao nyei waac.

ta'laanh m. se dongh "tor laanh" fiev nangv daaih/a pack basket for a horse.
ta'luonh zuonv huing nzuonx nyei dorngx surrounding area; regional.
ta'luonh zuonv mienh huing nzuonx wuov buoqc dorngx nyei mienh/people from the surrounding area. **taaih** w. taaih ginx; taaih gengx/to respect; esteem; to regard with respect.
taaih biauv ziouv tongx nipc biauv-ziouv/to respect a landlord.
taaih fin-saeng taaih njaaux sou nyei fin-saeng/to respect one's teacher.
taaih fu'jueiv leiz bouc fu'jueiv nyei leiz/to respect children's rights.
taaih ganh ceng ganh nyei haac-baah buang/to esteem oneself.
taaih gengx dorh leiz nyei gengx/person to be respect or esteem.
taaih ginx 尊重 /zūnzhòng/ laanh tongx nipc laanh/to accord honor and respect.
taaih ginx mienh doic zingh longx nyei bun/to honor or respect the people.
aaih ginx waac gorngv taaih nyei waac formal language; respectful words.
taaih hungh diex taaih ginx hungh diex to honor the king.
taaih jaax-zinh jaaix yaac laengz maaiz nyei/to raise commodity prices.
taaih jien-fouv taaih zoux jien hlo nyei mienh/to honor high official.
taaih m'sieqv leiz bouc m'sieqv mienh nyei leiz/to respect women's rights.
taaih mienh taaih ginx mienh/to respect or esteem the people.
taaih mienh gox mienh taaih hnyangx-jeiv hlang nyei mienh/to respect elderly people.
taaih nyei waac gorngv waac ndo hlang taaih mienh/formal speech or language.

taaix[1] w. **taaix-taaix wuov** corc lunx nyei zoux duqv gox taaix-taaix nyei/to be look tired and very old too.

taaix[2] nyc. ong taaix; gux taaix; daa ong taaix; daa gux taaix/great grandparents.
taaix gouv lauh jiex gox jiex nyei gouv a very ancient story.
taaix-kungx kungx-kungx nyei dongx/a space; the great void.
taaix-kungx cie ndaix kungx-dorngx nyei cie/a spacecraft; a spaceship.
taaix-kungx lui faaux lungh zuqv nyei zuqv nyei lui/a space suit.
taaix-kungx mienh faaux lungh nyei mienh/an astronaut.
taaix-muic gox jiex nyei miuc hungh/the

ancestral shrine of an emperor.

taaix mbuox douc sai buo doic mienh duqv heuc nyei mbuox, beiv hnangv Dangc-Taaix Nyeic Lorngh/man's ritual title after reaching third degree.

taaix-waic ong hnyangx-jeiv hlang jiex wuov weic jaa-fin/great grand ancestor.

taaix zouv ong-taaix-nqaeqv nyei zouv a great great grandparents tomb.

taaix[3] pm. hlang jiex; mengh hoc longx jiex/highest; greatest; remotest.

taaix-baeqc fing 太白星 /tàibáixīng/ lungh ndorm-nziouv njang jiex wuov norm hleix/a brighter morning star.

taaix ei sai zorc hungh nyei ndie-sai/the emperor's physician.

taaix sai domh sai mienh a'fai domh fin-saeng/a high teacher.

taaix yaangh 太阳 /tàiyáng/ mba'hnoi; nyutc/the day; the sun.

taaix yaangh dang mba'hnoi njang nyei dang/an ultraviolet lamp; a sun lamp.

taaix yaangh mu'ziux dangh torngv nyutc nyei mueic ziux/sunglasses.

taaix yiem hlaax/the moon; lunar.

taaix-yiem fing lungh muonz zanc njang jiex yaac hlo jiex wuov norm hleix/a brighter evening star.

taaix[4] pm. **taaix-baengh** baengh orn yiem mv maaih sic nyauv/to be peaceful and tranquility; freedom.

taaix-baengh yaangh baengh nyei domh koiv/the pacific ocean.

taaix[5] pm. **taaix dor** camv haic/very very much; great number; many.

taaix jouv juov ndongh maanc doic aqv; lauh dingc aqv/very long time ago.

taam nz. nyanc; kiqv; yiemv/to eat. **taam benc** nyanc hnaangx. Gj: yiemv benc, kiqv benc/to eat rice.

taamv v. taamv naaic; zimh naaic/to find out; to ask; to inquire in softly way.

taamv muangx gaax heng-heng bingx jienv naaic/to ask privately; to spy.

taan[1] w. koi nqoi taan/to unroll; to spread out or to stretch out.

taan bun maeqv deix bun/to give some to; divide up some portion.

taan cuqv yuonh longc buoz huaax cuqv taan yuonh/to spread rice grains by hand.

taan kuv fienx zunh kuv fienx bun mienh muangx/to spread gospel.

taan nqoi koi nqoi taan jienv jangv nyei to spread; to open; to deploy; to dilate.

taan sou-gorn juangc jienv sou-gorn/to share information with the document.

taan[2] m. **wuom-taan** wuom jangv mingh sienc nyei/wide and slowly flowing water.

taan-dauh wuom-taan jiez maengx bung upper side of calm flowing water.

taanh aengx lorz mangc "doc taanh" wuov joux nyei eix-leiz.

taanx[1] w. taanx jiex mingh deix/to move forth a bit; to skulk or scud over.

taanx mv mingh aqv maiv lamh dorngx taanx mingh aqv/have no room to skulk over or to swift over.

taanx nqoi fongv nqoi; taanx nqoi/move something out of the way.

taanx[2] pm. liuc leiz ziux goux mangc/to take care; to look after.

maiv taanx maiv liuz leiz mangc/to not given any care; be uncaring.

taanx domh mienh liuc leiz ziux goux domh mienh/take care of one's parents.

taanx[3] m. buov douz nyei taanx/charcoal.

buov taanx buov douz zieqc liuz longc taanx/to make charcoal.

taanx cou taanx hlo cou/chunk charcoal.

taanx gomv buov taanx-nqaiv nyei dang a kind of flashlight.

taanx-louh buov taanx nyei louh/a stove for burning charcoal.

taanx muonc 1 taanx faix muonc nyei/a small piece of charcoal. **2** gorngv muonc nyei/to discuss in detail.

taanx-nangh zieqc jienv douz nyei taanx/a burning charcoal.

taanx[4] nz. gorngv waac jiux tong doic/to have conversation with; to discuss.

taanx jouh naaic lorz; taamv naaic/to seek; to search for; to study for.

taanx kouv doix hmien doix minc gorngv waac/to keep conversation with.

taanx nyinh caux gorngv waac nziaauc to talk; to have conversation with.

taanx waac caux gorngv waac/to talk; to speak; to discuss; to converse.

taanx waac wuic gorngv waac wuic buangh doic/conversation; symposium.

taanx waanh gorngv waac nziaauc/to play joke with; to make laugh.

taanx zingh m'jangc m'sieqv gorngv hnamv doic nyei waac/love talk; to chat intimately

taanx zingh nyienh caux gorngv hnamv nyei mienh/one's intimately.

taangh m. **yienh taangh** wuom-nzaaih zingv; nzauv-wuom zingv/a salty spring.

taangh sern mingh fai-tin ciev ging nyei taangh sern/the name of a prophet in the ancient China.

taapv[1] w. taapv caeng; taapv njiec/to put down (as a pot onto stove).

taapv caeng dorngx taapv caeng nyei dorngx/a place for sitting pan or pot on.

taapv njiec taapv njiec mingh/to put a (house) into a space.

taapv[2] aengx lorz mangc "fanh taapv" wuov joux nyei eix-leiz.

taatv bt. nziangc zuqc ndiangx-gorn ndopv taatv/be scraped or broken (skin).

ndorpc taatv ndorpc nziangc zuqc taatv to fall and scratch the skin raw.

taatv-taatv wuov corh zuqc ndopv njutc mingh taatv-taatv wuov/raw skin.

taev pm. nqamv jienv daev-daev wuov/to squat (in awful manner).

taekv q. daav hlieqv mbui nyei qiex/the sound of metal being beaten.

taen q. buonv hnaav mbui taen dangh/the sound of (a crossbow being shoot).

taenc pm. ziangh daaih hmien junh nyei taenc taenc wuov/a rounded face.

taenc zou m'sieqv mienh nyei mbuox/a woman's given name.

taenv cm. heuc hnamv sieqv-nyingv nyei waac/nickname for a beloved girl.

taeng q. nqaux hlieqv mbui taeng taeng nyei qiex/the sound of metal being beat.

taepv m., n. **nyaanh taepv** faac guoqv nyei nyaanh zinh dorn/french coins, formerly used in Laos.

taetv[1] q. daav hlieqv mbui taetv taetv nyei qiex/the sound of metal being beaten.

taetv[2] pm. faix aiv nyei taetv-taetv wuov/a very small and short person.

taih m. **dienx taih** bungx waac nyei gorn/a broadcasting station; a radio station.

dienx taih gong-kor dienx taih bungx waac caux nzung nyei ziangh hoc/a radio broadcasting program.

Taiwan m. yietc norm koiv-nzou saengv se yiem Zong Guoqv D.N bung saengv nyei domh mungv Taipei. **Taiwanese** adj.

Tajikistan m. yietc norm guoc jaa, yiem Z. N. bung Asia mbu'ndongx, hungh zingh mungv heuc Dushanbe.

Tanzania m. yietc norm guoqv, yiem Z.D bung maengx Africa, hungh zingh mungv heuc heuc Dodoma.

tapv[1] w. dapv bieqc mingh horpc nyei/to fit into; to slide into.

bouh dorx tapv jienv orn bouh maaz-dorx tapv jienv maaz-orn/to lift a horse's package and fit into a saddle.

tapv jienv paiv zorqv (nzuqc) tapv jienv paiv/to put a knife into a sheath.

tapv[2] pm. **tapv-deic** camx jienv doic fih ndongc nyei mingh/to be consecutively.

tapv-deic zoux zoux gong wuonc jienv liangx-luic yuonh fih ndongc nyei faaux mingh/to do with adjoining.

tau w. tov duqv nyouh haic/to urge strongly but not said directly to someone.

tau mienh longc tov mienh longc nyouh haic/to urge someone to buy or to take.

tauv wj. **tauv qiex** sorqv qiex bieqc cuotv nyei sic/to draw a breathe; respiration.

tauv domh qiex sorqv qiex bieqc aengx biomv cuotv seix nyei/take a deep breath.

tauv qiex ga'naaiv 1 maaih maengc tauv qiex nyei ga'naaiv/be alive. **2** tengx tauv qiex ga'naaiv/an oxygen. **3** piom se tauv qiex ga'naaiv/respiratory organs.

tauv qiex jaa-sic tengx tauv qiex nyei ga'naaiv/an oxygen equipment.

tauv qiex jauv (piom gu'nyuoz) nyei tauv qiex nqunx/respiratory organs.

tauv qiex jienv aqc duqv taux qiex mv cuotv/hard to breathe.

tauv qiex mv cuotv qiex zietc tauv maiv cuotv qiex/unable to breathe through.

tauv qiex kuonx tauv qiex maqc nyei/to have shortened breathe.

tauv qiex maqc caux tauv qiex kuonx fih hnangv nyei.

tauv qiex mbui tauv qiex mbui nyei gitv gitv deix/noisily sound of breathing.

tauv qiex-ndoqc hnyouv nzauh tauv nyei domh qiex/to sigh out of great sorrow.

tauv qiex nqunx tauv qiex nyei jauv/the respiratory system.

tauv qiex saa lauh lauh tauv nzunc qiex hnangv/to breathe slowly.

tauv qiex yuonh tauv qiex fi'ndongc nyei mingh/to have normally breathe.

tauv qiex zietc tauv mv cuotv qiex/hard to catch one's breath.

taux[1] w. **1** mingh, daaih taux; nzuonx taux. to arrive; arrival. **2** zorqv duqv taux/can be reach.

taux biauv nzuonx taux biauv aqv/to be arrive at home; to get home.

taux bouc taux ziangh hoc aqv/to reach the end of a time.

taux buoz duqv taux buoz da'aqv/come into one's hand.

taux coux 1. taux norm-norm dorngx nzengc/reach everywhere. 2. mingh taux coux/arrived at the bed.

taux da'aqv daaih taux da'aqv/to reach; to have arrived.

taux daic aqv taux daic nyei ziangh hoc aqv/to reach time to die.

taux dauh taux mueiz congh gorn taux setv mueiz/from beginning until the end.

taux dorngx mingh taux dorngx/to reach where one was going.

taux fatv aqv mingh taux fatv aqv/to get close to; to approach.

taux haaix zanc taux haaix norm ziangh when; whenever; whatever time.

taux ih zanc taux ih zanc daaih/until this time; heretofore; up to now.

taux liuz nzengc nzengc mi'aqv/after all; to reach the end point.

taux maanc gouv maanc doic taux yietc liuz yietc seix/forever generations.

taux mv nzoih daaih taux mv gaengh nzoih/not everyone arrive yet.

taux ndaamv-jauv mingh taux ndaamv-jauv aqv/to be in the midway.

taux ndiev zuqc mienh hoic taux ndiev to be in greatest point.

taux ndoqv 1 kouv taux ndoqv/to reach extremity stage. **2** taux ga'ndiev ndoqv to reach the bottom.

taux nqa'haav laai 1 nqa'haav laai jiex taux/to arrived at very last. **2** nqa'haav laai jiex wuov nzunc/at the last.

taux nziouv taux ndaangc ziangh hoc/to arrive before ahead of time.

taux nzoih daaih nyei mienh taux nzoih aqv/everybody supposed be here arrived.

taux zaih taux duqv zaih/to arrive late.

taux ziangh hoc 1 ziangh hoc nzengc aqv/time is out. **2** taux ziangh hoc jiex gorn aqv/time to start to do something.

taux[2] pm. yie zuov taux ninh taux/I wait until he/she arrives.

zoux taux ziangx zoux taux duqv gong nzengc mingh/to work until job is done.

tauz gn. yietc tauz lui houx/one set clothe; one set uniform.

tei m., d. zaux caaiv faaux njiec nyei tei/a ladder; ramp; steps; stairway.

tei-dauh gu'nguaaic tei-dauh wuov bung/the top of a ladder.

tei-gorn ga'ndiev tei nyei gorn/the base of a ladder; bottom of a ladder.

tei-louc biaux douz nyei tei/a stairway of the city wall or for fire escape.

tei-nangh longc dienx qaqv bouh nyei tei/an elevator; escalator.

teix[1] w. teix biei guangc. Dgw: japv/shave; to shave (beard or hair).

teix-do teix mba'biei fai teix siaam nyei nzuqc/a razor; a shaver.

teix-do pienx teix m'nqorngv nyei nzuqc pienx/a razor blade.

teix mba'biei teix nzengc ziangh norm m'nqorngv nyei biei. Gj: teix m'nqorngv to shave the head.

teix ndeic-hlungv qou loz-ndeic/to clear off old field and used for second year.

teix siaam teix siaam guangc. Gj: guaaih siaam/to shave beard.

teix siaam ndie longc nzaatv jienv siaam teix nyei ndie/beard shaving cream.

teix[2] nz. tengx; borng/to help; to assist; to support; to give hand.

teix fei fangv tengx hnamv mangc gaax to concern for others.

teix[3] pm. div dorng; ndaam-dorng/replace; replacement; instead; to take place.

teix-dorng tengx ndaam-dorng/to take place the duty of others.

teix[4] nd. teix zei teix naanc/to bear away the trouble difficulty.

teix zei-naanc tengx ndaam zei-naanc/to carry away other's illness or troubles.

teix zuiz-nipc tengx ndaam zuiz div/to bear away the sin; to expiate a sin.

teix[5] aengx lorz mangc "maaz-teix" wuov joux nyei eix-leiz.

tekc gw. gorngv mbuox gu'nguaaz nzuqc hngaqv nyei waac/to chop with a knife.

tekv[1] pm. (naang ndeng jiez m'nqorngv daaih) tekv-tekv wuov/a snake sticking out its head from a hole.

tekv[2] w. tekv jaax. Gj: borngz jaax/to fight with; to have a fight with.

tekv douz tekv bun cie nyei douz zieqc daaih/to strike match or lighter; to start a vehicle's ignition.

tekv yangh horv tekv yangh horv sim zieqc douz/to strike the match.

ten aengx lorz mangc "ton, tern" wuov deix
nyei eix-leiz.

tengh w. tengh dangh minc zinh/to support an urgent need; first aid.

tengh minc zinh tengx dangh nza'hmien beqv nyei ziangh hoc/to help someone of the first needs.

tengx w. tengx ganh; tengx nyiec nyei mienh/to help; support; assist; aid.

tengx buoz longc ganh nyei buoz mingh tengx/to help someone with one's hand.

tengx ca'laangh tengx liuc leiz bun/to make arrangement for.

tengx daav za'eix tengx cuotv za'eix bun/to make a plan for other; to make a proposal for other.

tengx diev nyaiv laaix mienh zuqc tengx diev nyaiv/to be shy for someone.

tengx doh naanc mienh tengx ndortv naanc mienh/to help people in difficult.

tengx dorh tengx dorh ga'naaiv/to help someone carry something.

tengx dorngc hnamv jienv tengx longx mv baac zoux bun sic jaa hlo/to cause trouble while trying to help.

tengx douc waac longc nzuih tengx douc fienx/bring a message for someone.

tengx faan waac tengx mbienv waac/to help interpretation; to translate for.

tengx gem sic tengx bingx jienv mienh nyei sic/to help keep secret for someone.

tengx gong tengx zoux gong/to assist someone with labor.

tengx gorngv tengx mienh gorngv/to speak for someone; help in an altercation.

tengx hungh douc waac tengx hungh gorngv waac mienh/a royal messenger.

tengx jaiv tengx mienh jaiv nqoi/to help someone to untie.

tengx jaiv nzauh orn hnyouv bun maiv nzauh/to comfort someone in sorrow.

tengx jangx tengx jangx jienv/to help to remember; remind someone.

tengx liuc leiz tengx jienv ziux goux/to help managing something.

tengx mv taux mv haih tengx/unable to assist someone in needed.

tengx mangc tengx ziux goux mangc/to watch for; to give care to.

tengx mienh tengx ndortv naanc nyei mienh/help the people; to assist other.

tengx mienh zoux tengx mienh zoux gong/to work for someone.

tengx muangx zoux baengh mienh tengx muangx waac/to listen and give idea.

tengx naaic gaax tengx mienh naaic waac/to ask for someone.

tengx nyaiv zuqc caux jienv diev nyaiv be shy with someone.

tengx nzauh caux jienv nzauh/to share sorrow with and on behalf of another.

tengx paaiv sic tengx mienh paaiv sic/to help someone to clear up a matter.

tengx qaqv tengx zoux gong bun/to help someone with one's strength.

tengx tauv qiex longc tauv qiex ga'naaiv tauv qiex/to help breath by oxygen.

tengx tov deix gan mienh tov ga'naaiv to beg someone for something.

tengx wov heuc mienh njorngh daaih tengx nyei waac/to call for help.

tengx za'eix tengx daav za'eix bun/help someone by using one's own idea.

tengx zinh nyaanh zorqv ganh nyei zinh nyaanh tengx/help someone with money.

tengx zoux njiec ganh nyei qaqv tengx mienh zoux/help someone with work.

Tennessee m. yietc ziou yiem D.N bung Meiv Guoqv, ziou nyei domh mungv mbuox heuc Nashville.

tepv m, k. naetv ga'naaiv nyouh nyei tepv, se gaav congh English tape daaih.

teqv m, k. ngamv jienv qam-gorn cuotv daaih teqv-teqv wuov.

tern aengx lorz mangc "ten, ton" wuov joux nyei eix-leiz.

Ternh Yih kuqv mau nyei wuov nyungc doc/a soft shell turtle.

Texas m. yietc norm ziou yiem Z.N bung Meiv Guoqv, ziou nyei domh mungv heuc Austin.

Thailand m. yietc norm hungh guoqv yiem D.N bung maengx Asia, hungh zingh mungv heuc Bangkok.

The Gambia m. yietc norm guoqv, yiem F. bung maengx Africa, hungh zingh mungv nyei mbuox heuc Banjul.

Ti Mo Tai m. yietc buonv zengx-ginx sou nyei mbuox/a book of Timothy, in the New Testament Bible.

ti wi m., n. mangc fangx-nangh nyei ti wi, *ti wi* se gaav congh English T.V. daaih.

tih w. tih di'dien bun muangx hnangv/to mention; to tell in privately.

maiv tih taux maiv gorngv taux/do not mention about; to say nothing about.

tih bieiv gorngv taux di'dien hnangv/to mention to; to refer to.

tih dauh waac gorngv deix yietc nyeic jiex gorn/a topic for discussion.

tih deix mbuox gorngv taux deix dien bun hiuv ndaangc/to give advice to.

tih fingv gorngv bun mengh baeqc liuz mv zuqc hoic/to warn someone so he or she won't be in trouble.

tiv m. **sin tiv** sin zangc yietc sin/part of the physical body; the health.

sin tiv longx henv sin zangc mv maaih baengc hoic/to be in good health.

sin tiv mv wangc sin zangc maaih baengc/to be poor health.

tiaav n. bienh tiaav; nzormc-tiaav/a saucer; a shallow bowl.

tiaau m., d. pih tiaau hlaang/string used for packing a horse package.

tiauv w. se dongh "tiuv" naaiv joux waac maaih deix mienh gorngv "tiauv"/to make exchange (used by some speakers).

Ti Datc m, b. yietc buonv zengx-ginx sou nyei mbuox/a book of Titus, in the Bible.

tiec[1] nz. **1** hlieqv/metal. **2** hmatv jieqv tiec-tiec wuov/black metal color.

tiec[2] m, k. **yangh tiec** longc gomv biauv nyei hlieqv-kuaaiv/sheet metal.

tien wj. **kuanv tien** gorngv jatv gorngv waac-cou lo haaix/vulgar; obscene.

tienv pm. bienh liangv nyei tienv-tienv wuov. Gj: tiaav/to be shallow.

tikv q. lorh gaeng yangh jauv mbui tikv tikv nyei qiex/the sound of a clock ticking.

tim[1] w. jaa bieqc; tipv bieqc/to increase; to add to; plus; to append.

tim bieqc jaa tim bieqc camv/add into; increase the amount.

tim nzangc fiev nzangc tim bieqc/to fill in space of an application form.

tim nziaamv bungx nziaamv bieqc sin tipv/to transfuse the blood.

tim[2] cm. mienh nyei jiex gorn a'fai setv dueiv mbuox/prefix and suffix meaning of person's given name.

tim fuqv 1 jaa tipv fuqv-buonc/to have increase wealth. **2** m'jangc fai m'sieqv nyei mbuox/a man and woman's given name.

tim[3] pm. **tim gu'nguaaz mienh kuv** dorh gu'nguaaz tim bieqc mienv/to dedicate an infant to the list ancestor.

tim ding tim mienh bieqc/to increase a family member by new born.

tim ding zanx nzangc dorh siang-mienh tim bieqc mienv/to register a new family member in the household spirit.

tim mienh kuv dorh mienh tim bieqc mienv/to add a new person into a family.

tim mienv tim bieqc mienv nyei houz/to dedicate a person in the list of ancestor.
tim mienv-kuv tim mienh bieqc mienv nyei houz/to dedicate a new born in the list of ancestor.
tim Yesu dorh gu'nguaaz fongc horc bun Yesu/to dedicate an infant to Jesus.

tin[1] m. lungh; lungh zangc/sky; heavens; paradise; universe.
tin-baengh dangv baengh fim nziang ga'naaiv nyei dangv/justice balance scale.
tin-bun lungh zangc ceix njiec bun/gift of heaven; endowment; talent.
tin-bun deic ceix lungh ndau ceix bun/to be blessed by heaven and earth.
Tin-cai lungh zangc nyei fin-mienh/an angel; archangel.
tin ceix lungh zangc ceix njiec bun/to be endowed by heaven; given by heaven.
tin-cie ndaix gu'nguaaic lungh nyei cie an airplane.
tin-deic lungh caux ndau; lungh ndau heaven and earth.
Tin-Deic Douh yietc buonv zeix lungh ndau nyei zengx-ginx sou nyei mbuox/a Genesis, a very first book of the Bible dealing with the creation.
tin-deic zeix ziangx seix zangc ga'naaiv inborn; innate; endowed by nature.
tin-dorngh fin-mienh yiem nzueic haic nyei dorngx/heaven; paradise.
tin-dorngh Diex zeix lungh ndau nyei lungh zangc diex/a heavenly father, used by the Christianity.
tin-eix lungh zangc ceix njiec bun nyei eix/the will of heaven.
tin-finx bungx faaux gu'nguaaic baeng fangx-nangh fai baeng waac gan nziaaux daaih nyei finx/an antenna for television or for radio).
tin-fing lungh zangc nyei hleix/the stars (which care for people's life).
tin-fing ziux ziux bun mienh longx nyei hleix/a lucky star is ascend.
tin-gan 天干 /tiāngān/ ziepc weic *tin-fing* dongh longc caux ziepc nyeic *deic sokv* 地支 /dìzhī/ gapv puix benx luoqc ziepc jaapv-zaangv a'fai benx ziepc nyeic dauh saeng-kuv wuov/the Ten Celestial stems, used with twelve Terrestrial Branches to form a cycle of sixty or form the twelve animals.
tin-gauv lungh zangc juv/an eclipse or heavenly dog who is eat the moon, sun.
tin-gauv naqv hlaax lungh zangc juv naqv hlaax/eclipse the moon.
tin-gauv setv maaih lungh juv nyei setv a jinx comes from heavenly dog.
tin-guoqv yiem-gen nyei tin-dorngh guoqv/kingdom of the heaven; paradise.
tin-hung korqv buov hung congx faaux lungh nyei korqv.
Tin-Hungh tin-guoqv zeix lungh zeix ndau hlang jiex yietc buoqv wuov weic hungh/heavenly king, used by Christian.
tin-jun niouv cie-ndaix gan lungh mborqv jaax nyei baeng/air force.
tin-jun zaamc tin-jun dingh zepv nyei zaamc/a department of air force.
tin-kungx gu'nguaaic njongz nyei lungh/the sky; the heaven.
tin-ndiev lungh ndiev; lungh zaaux njiec nyei yietc zungv/under the heaven; world.
tin ndiev nzaic lungh ndiev sic/the world affairs; the matter of the living world.
tin-njiec yietc lungh ndiev/land under the heaven; worldwide.
tin-qiev lungh zangc ndortv njiec nyei douz/fire cause by heaven or natural.
tin-qiex lungh yuoqv caux juangv nyei sic/the weather; the climate.
tin-saeng seix zangc nyei ga'naaiv/to be born with congenital; inborn; natural.
tin-wuonh yietc norm lungh/a heavenly body; astronomy.
tin-wuonh deic leiz lungh caux ndau/the body of heaven and earth.
tin wuonh horqc hoqc hiuv taux cuotv ziqc lungh nyei horqc/astronomy.
tin-zangc gu'nguaaic lungh/heavenly; paradise; sky; loft of the heaven.
tin-zei lungh qiex hoic nyei zei-naanc/a disaster created by climate.
tin-zeiv njaaux sienx lungh zangc dorn nyei njaaux muonh/Catholicism.
tin-zienh lungh zangc nyei zienh/angel or heavenly god.

Tin-Ziouv lungh zangc zeix lungh zeix ndau nyei ziouv/the heavenly Lord.
tin-zoih lungh zangc ceix fuqv nyei zinh zoih/be blessed; endowed by heaven.

tin[2] pm. gorngv tin gorngv deic nyei/to talk here and there; gossip around.
hemx tin ngorngv deic hemx yietc lungh yietc ndau nyei/to scold here and there with loudly voice.
yietc tin yietc deic leih go ndongc lungh caux ndau/far as heaven and earth.
zioux tin zioux deic heuc lungh heuc ndau nyei ziouх/to curse; condemned.
zoux tin zoux deic guaih zoux hnangv mv zoux longx/to do without careful.

tinx w. jai tinx-daic/to thrash about to die; shaking to die.
tinx tin tinx deic nquakc nquakc nyei tinx/to thrash about violently.
tinx-tinx nyei njiec qaqv tinx seix nyei to thrash about; strongly shaking.

ting[1] m, d. biauv gu'nyuoz nziaauc nyei dorngx/central room of a house.
domh ting hlo jangv nyei ting/a large central room.

ting[2] q. mbui ting dangh nyei qiex/sound of clicking as metal being hit.

tingx nz. muangx, fai haiz/to listen; to hear, to hear from.
tingx fienx muangx haiz fienx/to hear from the news or from the report.
tingx hinc haiz sing-qiex nqaengc nyei daaih/to hear clearly; clear of hearing.
tingx wuonh duqv haiz zunh daaih nyei sing-wuonh fienx/to hear about the news.

tipv w. 1. tipv bun. Gj: jaa bun/to give in additionally. 2. tipv camv/to increase; to plus. 3. tipv zaeqv/to repay the debt.
tipv baeqc zaeqv se gorngv zoux waaic mienh nyei ga'naaiv nor se oix zuqc tipv baeqc zaeqv aqv/to repay someone something that one have had damaged.
tipv bieqc jaa bieqc daaih/to add into.
tipv junh jaauv buangv jaax bun/to make full restitution.
tipv mienh maengc se gorngv daix mienh ziouc zuqc tipv mienh maengc nyaanh/to restitution for the lost of a human life.
tipv zaeqv jaauv qiemx mienh nyei zaeqv nzuonx bun mienh/to repay a loan.
zoux tipv aengx zoux gauh camv faaux tipv/to make an additional for.

tiu[1] w. longc biaav tiu/to flick something with the end of a stick.
tiu guangc longc biaav tiu guangc/flick and throw away with a stick.
tiu naang-nzung haeqv jai-dorn bungx domh waac haeqv nyei waac-beiv.
tiu njimv longc sim tiu njimv/to pick out a thorn by needle.

tiu[2] aengx lorz mangc "panh tiu" wuov joux nyei eix-leiz.

tiuv w. **1** tiuv benx; doix-tiuv/to change; to exchange. **2** goiv yienc/to reform.
tiuv benx goiv yienc benx/to transform; to change into; transformation
tiuv cie tiuv bieqc ganh norm cie/change bus, train or airplane.
tiuv doz-leiz goiv yienc doz-leiz/change the law; change constitution.
tiuv dorngc ca'bouc tiuv dorngc/make a mistake in exchange.
tiuv dorngx tiuv jiex ganh norm dorngx to change one's dwelling location.
tiuv dorngx zueiz tiuv ganh zueiz nyei dorngx/to change a seat.
tiuv douc waac finx tiuv douc waac finx nyei hoc-dauh/to change a phone service or phone number.
tiuv fingx tiuv longc ganh norm fingx/to destroy one's clan and adopt new one.
tiuv gie tiuv bieqc ganh norm gie/to shift or change a car gears.
tiuv gueix tiuv bieqc ganh norm gueix/a change of seasons.
tiuv hnyouv mbienv hnyouv/to change one's mind; to repent.
tiuv jienv tiuv jienv yietc baan jiex liuz aengx taux yietc baan/to keep changing by shift or by turn.
tiuv lai hnaangx ganh tiuv nyungc lai hnaangx nyanc/to change in diet.
tiuv lui houx 1 ganh tiuv zuqv yiemc lui houx/to change dress. **2** dorh lui houx nzuonx maaiz nyei dorngx ganh tiuv deix/to return and exchange for suitable clothing.

tiuv mbuox tiuv ganh heuc norm mbuox to change one's name.

tiuv ndie ganh tiuv nyungc ndie nyanc to change another medicine or change a medical prescription.

tiuv nyaanh dorh qekv tiuv benx nyaanh to cash a check/to exchange money.

tiuv nyaanh mienh tengx tiuv nyaanh nyei mienh/bank teller; money-changer.

tiuv nyungc zeiv 1 goiv yienc mou zeiv/to change style. **2** tiuv eix-leiz/to change one's attitude; to repent.

tiuv nzengc nyungc-nyungc tiuv nzengc everything changed completely.

tiuv nzuonx aengx tiuv nzuonx daaih/to exchange something back.

tiuv qiex tiuv ganh nyungc qiex/change sound or to change tone.

tiuv qiex nzangc longc tiuv qiex nyei nzangc/an alphabet used to change the tone as: c, h, v, x, z.??

tiuv qiex waeqc tiuv qiex nyei (-) waeqc se nzengc-nzengc yiem i norm nzangc mbu'ndongx, mv gunv daauh norm se haaix nyungc qiex mv baac aa zuqc tiuv benx **h** nyei qiex, beiv hnangv "butv-beih, fu-sux, hnoi-hnoi, zanc-zanc, manc-manc, muonz-muonz/the hyphen often (-) in between two words to mark a whatever tone but must change to **h** tone.

tiuv siang nyei ganh tiuv benx siang daaih/to change for something new.

tiuv za'eix ganh tiuv nyungc za'eix/to change idea; to change plan.

tiuv ziangh hoc 1 tiuv mingh ganh norm ziangh hoc/change schedule. **2** tiuv lorh gaeng nyei ziangh hoc nzuonx nqa'haav fai mingh wuov ndaangc/to change clock forward or backward.

tiuv ziouv tiuv jiex ganh dauh ziouv/to change ownership.

tiux[1] w. **1** tiux jienv mingh/to run; to jump to leap. **2** tiux heix/to dance.

tiux biaux nzueih nzueih nyei tiux jienv biaux/to run away; escape.

tiux bieqc tiux jienv mingh bieqc/to run into a house or somewhere.

tiux cuotv tiuv biu cuotv/to jump out; to leap out; to run out.

tiux duqv henv tiux mingh siepv/to run well; very good at running.

tiux faanx yiem cie-ndaix tiuv cuotv corng jienv faanx njiec/to parachute out.

tiux faaux tiuv jienv faaux gu'nguaaic to jump up; to run up.

tiux go tiux mingh go nyei/broad jump; jump far; to run far.

tiux heix laqc heix; tiux uv; cangx heix to dance; to jump about.

tiux heix doic caux tiux heix nyei doic/a dancing partnership.

tiux heix mienh laqc heix nyei mienh/a dancer; a jumper.

tiux heix wuic nauc ngitc tiux heix nyei wuic/a dancing club; a dancing party.

tiux henz-douc 1. tiux jiex yietc kang zei-naanc/to have passed a seriously bad time. 2. duqv cuotv singx maengc/to survived from a seriously illness.

tiux huing gormx tiux huing jienv mingh gormx/to run in a circle.

tiux hlaang yietc nyungc nyienx tiux hlaang nyei jauv/a type of sport to jump and skipping rope.

tiux hlang tiux gaax hlang ndongc haaix to high jump (in competition jumping).

tiux jiex tiux biu jiex gu'nguaaic/to jump over something; jump cross.

tiux jienv mingh tiux jienv siepv nyei mingh/running along on the way.

tiux koiv daic tiux njiec koiv bun wuom gunx daic/suicide by jump into the sea.

tiux mv jiex tiux biu maiv jiex/unable to jump over something.

tiux mv jiex henz-douc tiux mv jiex zei-naanc ziouc zuqc daic/to be unable to survive from a disaster.

tiux mingh daaih tiux jiex mingh jiex daaih nyei/to run back and forth.

tiux ndortv daic yiem gu'nguaaic tiux njiec ndortv daic/to commit suicide by jumping from (a tree or building).

tiux ndutv zei-naanc tiux jiex yietc kang hniev nyei zei-naanc/to free from a life threaten; survived from disaster.

tiux njiec yiem gu'nguaaic tiux njiec/to jump down; to leap down.

tiux nzangc tiux jiex doqc ganh lioux nzangc/to skip line in reading or writing.

tiux nzuonx tiux jienv nzuonx biauv/to run toward one's home.

tiux siepv tiux jienv mingh siepv nyei/to run fast; to run quickly.

tiux uv laqc heix; laatc heix; cangx heix to dance; to jump about.

tiux uv ting laqc heix nyei ting/dancing hall; dancing club.

tiux uv mienh laqc heix nyei mienh/a dancer; a jumper.

tiux uv wuic laqc heix nauc ngitc nyei wuic/a dancing party; a night club.

tiux wuom tiux njiec wuom; tiux mingh bieqc wuom/to jump into water.

tiux wuom daic tiux njiec bun wuom gunx daic/to commit suicide by jumping into water to drown oneself.

tiux[2] dz. dungz-laangh tiux dungz-nyeiz/to mate of animals. Gj: faaux, njaah.

tiux lorqc mi'aqv njaah liuz maaih jienv dorn aqv. Gj: saeng lorqc/to have been in heat and mated already.

to[1] pm. nzuqc ndorngv gau nzuqc hmien to-to wuov/dull edge or blunt of a knife.

jauv to-to nyei jauv mbopc gau to-to nyei mingh/a well worn path.

to[2] w. to fonh; korh fonh, *to* se gaav congh Taiv-waac daaih/to make a phone call.

Togo m. yietc norm guoc jaa, yiem F. bung maengx Africa, hungh zingh mungv nyei nyei mbuox heuc Lomé.

tov w. baeqc tov mienh bun/to beg; to ask for; to plead; to petition.

tov bun deix yie oc tov meih bun deix yie/please give me some.

tov cuotv gong tov gong-ziouv bun cuotv gong/to ask employer for a leave of absence from work.

tov gaav dangh tov gaav longc dangh/to borrow for a moment or a minute.

tov gorngv joux waac tov bun gorngv i ziex joux waac/to ask for permission to speak or talk.

tov guangc zuiz tov mienh guangc zuiz bun/to ask for forgiveness.

tov hnaangx nyanc gan mienh tov lai hnaangx nyanc/to beg for food.

tov jaang mienh tov nyanc tov hopv nyei mienh/beggar; person who beg for food.

tov jangx deix tov liouh hnyouv jangx deix/to ask to be remembered.

tov korh lienh tov mienh korh lienh/to beg for mercy; implore; entreat.

tov meih tengx tov meih tengx dangh would you please help.

tov mbuox yie tov gorngv mbuox yie would you please tell me.

tov nyaanh gan mienh tov nyaanh/to beg for money; to ask for money.

tov nyanc tov hnaangx nyanc/to beg for food; ask for something to eat.

tov nyanc nyei mienh tov hnaangx nyanc nyei mienh/a beggar.

tov sou tov hungh jaa bun iv congh sou fai longc jienv nyei sou/to ask authority for documentation or permission.

tov suei laengz nyiemc suei aqv/to ask for surrender; ask for defeated

tov-tov lorqv-lorqv gueic njiec baaix tov nyei sic/to beg; to beseech; entreat.

tov wuom hopv gan mienh tov wuom hopv/to ask for a drink of water.

tov zoux horpc tov lomh nzoih gorngv horpc/to ask for condition of peace.

tov zuiz tov guangc zuiz bun/to make an excuse; to apologize.

tov zuiz oc gorngv tov zuiz nyei waac/to pardon; excuse me; I am sorry.

toi[1] w. mv gaengh dorng jaa maaih sin se heuc *toi gu'nguaaz*/become pregnant out of wedlock or before married.

gu'nguaaz-toi yungz ndaangc maa dorng jaa wuov dauh fu'jueiv/a child born out of wedlock.

toi[2] bt. m'normh jaan nqaengc nor se faaux toi, oix zuqc longc dang-cov guoqv hmei diemv douz dorh mingh buov m'normh liuz aengx buov ndiangx houv jienv bun ndiangx faaux toi hnangv mv bun mienh faaux/a bump of vein on behind the ear.

m'normh faaux toi se gorngv fu'jueiv nyei m'normh faaux toi nor ninh nyei wuonh dorngc, oix zuqc tengx ninh buov toi caux zuoqc wuonh lo haaix.

mbuoh toi zoux-zorc mienh sipv mienv tengx mbuoh toi/to treat a bump behind the ear by a shaman.

toi[3] pm. maaz njiec daauh toi dorn/the first born an offspring of a horse.

daauh toi gu'nguaaz yungz daauh dauh gu'nguaaz/the first born of a child.

yiem-toi waaic fangx yiem ga'sie wuov zanc m'daaih waaic fangx mi'aqv/to be deformed in the womb.

toic aengx lorz mangc "maanc toic ndorngv" wuov joux nyei eix-leiz.

toih gn. fu'jueiv longc a'nziaauc nyei toih, *toih* se gaav congh English *toy* daaih.

ton w. ziang naaic naqv hnangv mv nziuc to swallow without chewing.

ton in naqv yangh in. Gj: nyanc in/to eat and swallow an opium.

ton ndie naqv ndie. Gj: nyanc ndie/to take medicine; to swallow medicine.

Tonh Yih sk. kuqv mau nyei wuov nyungc doc. Gj: ternh yih/a soft shell turtle.

tong[1] w. 1. jauv tong/through road. 2. mingh duqv tong/can go through.

cunx tong cunx jiex tong mingh/pierce through something.

nzopv tong nzopv zuqc tong kuotv/to stab through.

tong ciangh baengh zanc; zanc-zanc fih hnangv nyei/regularly; normally.

tong cie-jauv cie mingh nyei jauv tong nyei/a through traffic way.

tong-daapc mingh duqv yuonh nyei/to go smoothly through.

tong-douc fi'lomh nyei mingh/to have equal size of a long object.

tong kuotv tong norm kuotv mi'aqv/to broken through a hole.

tong-linh nitv jienv doic ziangh kuaaiv nyei mingh/attaching to each others.

tong lungh ndiev tong gormx yietc norm lungh ndiev/to reach through worldwide.

tong-longh njongz-njongz nyei mingh/to go through with hollow.

tong-sou longc luonx hnoi a'fai mangc maengc nyei sou. Gj: waanx nienh liqc/a horoscope book.

tong-tin njiec gormx yietc lungh ndiev to reach through all over the world.

tong-tong longh longh njongz mingh dorng nzengc/thoroughly with the hole.

tong-zanc baengh zanc; fi'hnangv nyei ziangh hoc/normally; generally.

tong-zaqc mv bingx; koi gorn; gorngv nzengc mbuox/to tell straight forward.

tong-zaqc gorngv mbuox nzengc maiv bingx/to speak straight forward.

tong-zaqc nyiemc yietc zaqc nyei nyiemc/to admit what one have done.

tong[2] jt. jiu tong doic/have communication with; to exchange information with.

tong fienx fiev fienx jiu tong doic/to communicate by letter.

tong fienx baeng lienh lorh baeng nyei fienx/a member of the signal corps.

tong fienx baeqc gopv tengx dorh fienx mingh nyei norqc/a homing pigeon.

tong fienx daan faatv fienx cuotv nyei daan/a notification; a leaflet.

tong fienx dorngx juix fienx njiec nyei dorngx/a mailing address.

tong fienx mienh mingh douc fienx nyei mienh/a correspondent; a reporter.

tong fienx sou mangc lorz fienx nyei sou/an information book; a yellow page.

tong fienx wuic dienx taih/broadcasting company; communication network.

tong guoqv guoqv caux guoqv jiu tong nyei sic/diplomatic communication.

tong hoqc hnyouv henv hoqc duqv tong an erudite scholar.

tong leiz zieqv leiz; tong leiz; hiuv leiz be reasonable; politeness; lawful.

tong leiz-fingx hiuv duqv leiz; dorh leiz nyei/a reasonable person.

tong leiz mienh hiuv tong leiz-fingx nyei mienh/a reasonable person.

tong luonx hnamv duqv tong; funx duqv cing/clear and logical argument.

tong mbuox tong fienx mbuox/to notify; an announcement; to mention.

tong-sic hiuv duqv toux sic dauh jauv/a social reasonable person.

tong toux hiuv duqv toux nyei; hiuv longx nyei/understand thoroughly.

tong waac gorngv waac jiu tong doic/to communicate by phone; common sense.

tong-zuangx dongh hnyouv; dongh fiem horpc eix/to participate with; cooperate with; agreeable.

tong[3] lz. tong zoux gong/skillful in working or in doing something.

tongh[1] cm. mienh nyei jiex gorn mbuox, beiv hnangv Tongh Zoih/prefix meaning of a men's generation name.

tongh[2] gn., n. **dienx tongh** a flashlight.

tongh hau z. ga'naaiv-ndaang nyei mbuox/dill (herb).

tongv[1] n. domh tongv; tongv-dorn/a pail; bucket; large container; barrel.

domh tongv hlo nyei tongv/barrel; large container.

tongv-luangc buoz nanv hnengx tongv wuov diuh luangc/handle for a bucket.

tongv-nqaaix gomv tongv nyei nqaaix. Gj: tongv-imx/a lid for a barrel.

tongv-tong biortc kuotv a'fai tong kuotv nyei tongv/broken hole in a bucket.

wuom-tongv zaangh wuom nyei tongv/a barrel for storing water.

tongv[2] n. **nzuqc tongv** nzuqc jouv topv bieqc wuov norm tongv/the socket at the back end of a knife.

porng-tongv porng-baengx topv bieqc wuov norm tongv/the socket which a handle fit into a hoe.

nyiu-tongv nyiu-baengx zaengx bieqc wuov norm tongv.

tongv[3] aengx lorz mangc "la'fapv-tongv, heh tongv" wuov deix i joux.

tongx[1] nz. mun/be injured; soreness; hurt; pain; ache; harm.

baengc tongx butv baengc mun nyei sic to be hurt by illness.

tongx fiem-jei mun hnyouv; hnyouv mun/heartbroken; sorrowful; hardship.

tongx hnamv mun-hnamv; weic hnamv nyei mun/love very dearly.

tongx[2] dl. taaih ginx; hnamv/to respect; to treat with love and respect.

tongx nipc taaih ginx; taaih gengx; dorh leiz. Gj: tongx nimc/to serve with respect; to honor; to esteem.

tongx nipc die maa taaih ginx caux ziux goux die maa longx/to show filial piety or devotion for parents.

tongx nipc jien jaa taaih ginx zoux hlo mienh/to respect government official.

topv w. dorh zaux topv bieqc heh/to insert something into a hole.

topv bieqc kuotv topv bieqc gu'nyuoz kuotv mingh/to insert or plug into a hole.

topv finx kuotv topv dienx finx nyei kuotv/an electric cord outlet plug hole.

yietc topv yangh horv yietc lox yangh horv/a dozen of match.

tor[1] w. tor gan ndau mingh/to drag; to pull along on the ground; to haul; to draw.

maiv tor lanc mv tor sei mingh, mv dorh leiz nyei waac/not able to drag along.

tor cie 1 longc truck tor cie/to haul a car by a truck. **2** longc buoz tor jienv cie mingh. Gj: fongv cie/to haul a cart.

tor cie longz cie tor nqa'haav wuov norm longz/a trailer.

tor cie truck longc tor cie nyei truck/a towing truck.

tor cuotv tor cuotv ga'nyiec. Gj: baeng cuotv/to pull out; draw out; drag out.

tor faaux baeng tor faaux gu'nguaaic/to pull up; to drag upward.

tor ga'naaiv cie tor huox lo haaix nyei domh cie/a truck; cargo truck; lorry.

tor guangc tor dorh mingh guangc/to haul something to discard.

tor janx-daic cie tor janx-daic sei mingh biopv nyei cie/a hearse.

tor jienv qiex gorngv dorh leiz nyei mienh tor jienv qiex gorngv waac/speak in a slow way; to drawl.

tor la'fapv cie tor la'fapv mingh guangc nyei domh truck/a garbage truck.

tor-laanh dapv ga'naaiv maaz tor nyei laanh. Gj: ta'laanh/pack basket for horse.

tor lanc mingh mi'aqv tor jienv sin-sei mingh mi'aqv/to drag body go out with.

tor maiv dongz hniev haic tor mv dongz too heavy to drag or to pull.

tor mienh cie tor mienh nyei cie/a taxi; a passenger bus or train.

tor mienh nzangv tor mienh nyei nzangv a passenger boat; a saloon.

tor ndiangx (zaangz) tor ndiangx/to drag a wood log by an elephant.

tor nqoi 1 tor baeng nqoi/to pull open. **2** tor mingh nqoi/to pull away.

tor nzangv tor nzangv cuotv wuom-hlen to drag a boat from river to the shore.

tor nzuonx tor daaih nza'hmien bung/to pull back; drag back.

tor qiex 1 tor gorngv waac nyei qiex/to emphasize words. **2** tor baaux nzung nyei qiex/draw out one's voice to sing.

tor qiex ndaauv tor qiex ndaauv baaux nzung/to draw out long voice to sing.

tor sei 1 tor ganh nyei sei/to carry one=s physical body. **2** tor daic nyei sei mingh biopv/to carry a dead body out.

tor sei cie tor daic nyei sei mingh biopv nyei cie/a hearse.

tor seix nyei baeng tor daaih seix nyei/to drag with forcefully.

tor sin-sei dorh ganh sin-sei/carry one's own physical body; take care oneself.

tor-tor lanc-lanc ndorpc ndorpc lorqv-lorqv nyei tor jienv mingh/to pull along the way with force.

tor zaangh longc cie tor zaangh/to carry firewood by a car.

tor[2] pm. liuc leiz dorh uix hlo/to raise; to take care a young or a child.

tor dorn-jueiv dorh dorn-jueiv nyei kouv-zingh kouv-latc/a burden of taking care one's children.

tor[3] zh. tor nyutc zeiv/to delay; deferral; postponement; to wait or holdup.

tor ziangh hoc dang gorc fai torngh zuqc ziangh hoc/temporize; to suspend time.

torc[1] w. yangh jauv donc hnangv zaangz nor tungh torc tungv torc wuov/to walk slowly as an elephant does.

torc[2] aengx lorz mangc "waa torc" wuov joux nyei eix-leiz.

torh aengx lorz mangc "lorh torh" wuov joux nyei eix-leiz.

torx m. bun wuom liouc mingh cuotv nyei torx, *torx, se* gaav congh janx-taiv waac daaih/a large or small cement pipe.

torkc q. hngaqv ndiangx mbui torkc nyei qiex/soft sound of wood being chopped.

torkv q. goix ndiangx mbui torkv/sound of wood being chopped.

tormz q. hnopv mbui tormz nyei qiex/the sound of deeply cough; whooping cough.

torng[1] m. lai-torng; orv-torng; hnaangx-torng/soup; broth; watery.

torng dungz ndamv wuom-jorm torng huqv dungz-biei bun guaaih duqv ndutv to pour boiling water over a slaughtered pig so the hair can be scraped off.

torng jorm cor hoqc zouv cuotv daaih jorm nyei torng/hot soup.

torng-torng wuov zorpc wuom camv haic torng-torng wuov/to be watery.

torng[2] w. **torng zeiv** longc hlauv-lunx wuonh ndorngh benx zeiv-liuc wuom daaih aengx dox taan njiec an zeiv-linh bun nyutc pui nqaai ziouc maeqv daaih benx zeiv/to make paper.

torng zeiv ciangv janx torng zeiv nyei ciangv/paper mill; paper factory.

torngh[1] ng. diev; ngaih touh/to tolerance with; to endurance.

torngh duqv hingh haih diev duqv/be able to bear (load or pain); bearable.

torngh mv zouc aqv diev maiv hingh aqv/unable to bear anymore.

torngh[2] w. zorv zuqc ziangh hoc/to cause delay; to waste the time.

torngh nyutc zeiv torngh zuqc ziangh hoc/to waste or delay the time.

torngh ziangh hoc zorv-dorngx zuqc ziangh hoc/to waste a lot of time.

torngv w. torngv fai nqaeqv jienv/to block out; obstruct; barricade.

torngv-baaih 1 buang la'kuotv wuov kuaaiv hlieqv/a shield. **2** jun-zaah torngv sin baaih/blocking shield used by police.

torngv dorngx torngv zuqc dorngx/to taking up the room; be in the way.

torngv gong torngv zuqc zoux gong nyei dorngx/in the way of working area.

torngv hingh torngv hingh mi'aqv/to be successful of blocking.

torngv jauv torngv zuqc yangh nyei jauv to be blocking at the way.

torngv jienv lorz ga'naaiv torngv nqaeqv jienv/to block off.

torngv laangh torngv jienv nyutc ziux mv taux/try to block the sunlight and get some fresh cool air.

torngv laangh mu'ziux dangh torngv nyutc nyei mueic ziux/sunglasses.
torngv m'nqorngv ndongx torngv jienv m'nqorngv/wear to protect the head.
torngv m'zing 1. torngv zuqc m'zing/to obstruct one's view. 2. mueic jieqv; korh fiqv/to hurt one's feeling by jealousy.
torngv maiv hingh siepv haic torngv mv hingh/incapable of blocking.
torngv mbiungc gomv gu'nguaaic torngv mbiungc/rain proof; to protect from rain.
torngv nziaaux mbaeqc jienv torngv nziaaux/to block the wind.
torngv zuqc jauv torngv zuqc yangh nyei jauv/be in the way of someone.
torngv zuqc mienh torngv zuqc mienh yangh nyei jauv/to get into the way of people walking.

torngx[1] w. wuom torngx mingh/to carry away by flowing water.
torngx gan koiv mingh torngx jienv gan koiv mingh/to carry away by the sea.

torngx[2] pm. yietc torngx cun; yietc torngx gong; yietc torngx wuon-baengc.
daauh torngx cun-gaeng zuangx nziouv wuov torngx cun/the first crop.
dorng i torngx jaa dorng jaa i nzunc/to married twice.
yietc hnyangx yietc torngx maaz njiec dorn yietc hnyangx yietc torngx/to have an offspring once a year.

torqc wj. **torqc sienx** liangv hlo nyei domh bienh/a large and shallow plate.
torqc sienx bienh 托般 /tuōpán/ zaangh ga'naaiv nyei domh bienh tiaav/a tray.

torqv[1] w. daic mingh aengx torqv saeng nzuonx daaih/to reincarnated.
torqv biangh gux torqv-saeng benx dauh gu'nguaaz nyei biangh mienv m'gux/a flower spirit grandma who believed sending life spirit back to life as a baby.
torqv-biangh ong faan gorngv muonc nyei nor torqv-biangh ong se beiv **jaix** torqv-biangh gux se beiv **dietv**/an old grandfather spirit of flower.
torqv saeng daic liuz aengx torqv saeng benx gu'nguaaz cuotv nzunc seix/to be reincarnated; be reborn into life.
torqv saeng wuonh daic mingh aengx torqv saeng benx gu'nguaaz wuov buon wuonh mbaeqv/a reincarnation soul.

torqv[2] pm. yietc torqv normh ziu-biouv fai daau-biouv/a bunch of banana.

torqv[3] w. torqv zuqc; guoqv zuqc/to touch lightly to; to light contact.
torqv ndau (dopc lai saaih njiec) torqv jienv ndau/string bean hanging down and touch the ground.
torqv zaah dox zaah bouh bun mienh hopv/to serve people with the tea.

tortc[1] pm. hlo aiv nyei tortc tortc wuov/to be short and plump.

tortc[2] cm. m'jangc fai m'sieqv nyei jiex gorn mbuox, beiv hnangv Tortc Seng se yietc dauh m'jangc fai m'sieqv mbuox. mbuox/a man or woman's given name.

totv hq. sipv mienv mienh butv dongh heuc *totv uiv* nyei qiex/the sound of yelling by a spirit priest when he performing in spirit ceremony.

tou[1] w. dorh maaz nyei longh tou mingh tou jienv maaz/to put a bridle on a horse.
maaz-longh toux kou maaz m'nqorngv ndoh maaz nyei hlaang/a bridle.

tou[2] pm. nimc; zoux zaqc nimc/to steal.
tou cang waa kux zoux zaqc nimc luv nzengc yietc norm jaa-dingh/to steal or rob all someone's possessions.

touh pm. m'nqorngv hlo touh daax touh wuov, mv dorh leiz nyei waac/big head.

touv m. ndau; nie; deic bung/earth; soil; land; ground; territory.
touv-deic ganh nyei ndau/a territory.
touv-deic mienv buonv-deic mienv. Gj: doz-deic mienv, deic-ziouv mienv, deic bung mienv/a local guardian spirit.
touv loh ndau-ndiev loh/a dungeon.
touv maengc mienh cuotv seix maengc buangh zuqc ndau wuov juang mienh/a person whose horoscope element is earth.

toux[1] hz., d. lomc zangc hieh zoih, se lomh dauh m'lomh hnangv/a rabbit; a hare.
toux biei toux nyei biei/hair of rabbit.
toux gouv 1 a male rabbit. **2** hiuv toux gouv/well know a story.
toux-mouh batv longc toux biei zoux daaih nyei batv-zueiv/a brush pen.

toux-nyeiz toux nyeiz/a female rabbit.

toux[2] w. dimv mangc duqv toux/to check and look thoroughly through.

bingv butv toux bingv butv dapc gormx nzengc/the yeast penetrate through out.

guai duqv toux hiuv nyungc-nyungc longx nyei/to know thoroughly through.

samx toux nzengc mangc buatc longx mi'aqv/to look through something.

toux nzangc zieqv duqv nzangc longx nyei/to memory all alphabet thoroughly in one's mind.

toux sou hiuv nzangc hlang longx nyei to read through and know a book well.

toux waac haih gorngv duqv nzengc waac/to speaks fluently in the language.

zuoqc duqv toux zuoqc longc nzengc mi'aqv/to be well ripen; well cooked.

tuv m., k. ndau-deic; deic-bung/earth; soil; land; location; territory.

tuv sern tuv yangv cuotv seix yaac hlo yiem wuov/to be a native person.

tui[1] w. mbuonx tui jienv mingh donc nyei the cloud is drifting slowly.

tui nziaux zorc zuqc saa baengc nyei njaaux muonh, longc wuonh daaih nyei jaux-orv caux norm nyaanh zinh dorn nzutv jienv congh m'nqorngv sortv njiec taux zaux-nqo/kind of treatment for sun stroke patient, to draw out an air from a the sick person.

tui[2] w. **1** tui bun ganh dauh mienh/to make excuse; to reject the duty. **2** tui mingh bun/to transfer. **3** fongv tui jienv mingh to move by pushing.

tui bun fongv mingh bun/to push over something for other person.

tui nqoi tui mingh pien nqoi/to move thing out of the way.

tui-zeih 推托 /tuītuó/ tui gong bun ganh dauh zoux/to make an excuse for oneself and try to put duty on someone else.

tui-zingh mv kangv zipv laengz ngaetc zingh/to delay accepting an offering.

tuiv w. yiem nzuih tuiv cuotv guangc/to spit out; to spit saliva.

tuiv guangc tuiv cuotv guangc/to spit out.

tuiv haa tuiv haa guangc/to spit phlegm.

tuiv wuom-nzuih tuiv wuom-nzuih guangc/to spit saliva.

tuiv wuom-nzuih bun zoux doqc tuiv wuom-nzuih bun/to spit on someone.

tuiv wuom-nzuih bunh tuiv wuom-nzuih dapv nyei bunh/a basin for saliva.

tuix[1] w. huotv jienv nzuonx nqa'haav bung to retreat; to withdraw; to retrogress.

tuix baeng siou baeng nzuonx/to remove troops; to withdraw military base.

tuix baeng cuotv tuix baeng cuotv mborqv jaax ciangv/to withdraw troops from a battlefield.

tuix bouc hnyouv namx tuix bouc/to retrogress; to suffer a relapse.

tuix cuotv huotv jienv biaux cuotv/to move out; to withdraw; retreat.

tuix cuotv ciangv biaux cuotv yiem nyei ciangv aqv/to leave stage; to exit.

tuix dorngh suiv mingh yiem ganh norm dorngh/to change a seat.

tuix dorngx ganh suiv norm dorngx/to retreat from a place; to relocate.

tuix jien-weic tuix njiec mv zoux jien aqv/to remove from official post.

tuix juangx fuoqv mienv njiec mienv nyei baaih/remove spirit from altar after three days of New Year celebration.

tuix mengh hoc tuix zoux jien-fouv nyei mengh hoc/to withdraw an official title.

tuix weic tuix njiec ganh nyei weic/to withdraw from one's seat.

tuix zaux suiv zaux mingh ganh caaiv norm dorngx/to remove a footstep.

tuix zeqv-weic tuix cuotv gong mv zoux aqv/to resign from office; retired.

tuix[2] pm. tuix buangh ndie-sai nyei ziangh hoc/to cancel doctor appointment.

tuix beu tuix laengz beu nyei waac/to cancel a warranty.

tuix beu sengh sou tuix beu cie sou fai beu maengc sou/to cancel car or life Insurance policy.

tuix bun tuix nzuonx bun/to give back; return back; to refund money.

tuix cien gorngv ziangh cien mv baac aengx tuix aqv/to cancel an engagement.

tuix dorngc nzuic dorngc nzuonx bun/to make mistake in return.

tuix horqc guaax hoc liuz mv baac aengx tuix aqv/drop out from a school.

tuix huox tuix huox nzuonx mv longc aqv/return goods, merchandise.

tuix huon tuix gitv huon zoux cing-jaa nyei jauv/cancel a marital engagement.

tuix nyaanh tuix nyaanh nzuonx bun/to refund the money.

tuix nzuonx to return (merchandise or goods, after ordered).

tuix setv 1. setv biaux mitc jienv mingh the color faded away. 2. hmien tuix setv to became pale-because fear or any other emotional changed.

tuix siou waac hlaang guinh siou waac nyei hlaang nzenc nzuonx gorn/reverse a cassette tape.

tuix tepv nzenc siou waac hlaang nzuonx gorn, *tepv* se gaav congh English tape daaih/to reverse a cassette tape.

tuix waac tuix ganh laengz jiex nyei waac/to break up one's promise.

tuix ziangh hoc ganh suiv norm ziangh hoc/to reschedule; to re-appointment.

tuix[3] zb. **tuix wuom** zoux faatv an jienv wuom njorm daaih yietv pyiuv njiec douz buov fai wuom huqv zuqc mun nyei dorngx longc i norm buoz-ndoqv ziangv jienv nimc gorngv faatv baac ziouc gorngv lengx cekv, longx aqv lov!/a kind of treatment for fire burn or hot water scald by using a magic power and water spray out from one's mouth.

tungh wj. yangh jauv donc gau hnangv zaangz nor tungh torc tungv torc wuov.

tungv aengx lorz mangc "tungh torc tungv torc nyei eix-leiz.

Tunisia m. yietc norm guoc jaa, yiem B. bung maengx Africa, hungh zingh mungv heuc Tunis.

tuonh w. tuonh luonh zuonv/a surrounding place or area.

tuonh ziangv dorh ziepc lengh dauh mienh gan mingh nyei bieiv zeiv/a leader that leading a delegation.

tuqv pm. lui houx guoqv nzoih hmei laih hlopv gau tuqv daax tuqv wuov/be dirty with greasy and oil; awful dirty.

Turkey m. yietc norm guoc jaa, yiem F.N bung maengx Asia, hungh zingh mungv nyei mbuox heuc Ankara.

Turkmenistan m. yietc norm guoqv, yiem Z. fai bung maengx Asia, hungh zingh mungv heuc Ashgabat.

tutv w. tutv heh; tutv matc; tutv maaz-orn; tutv njiec/to remove as shoe.

tutv baaih 1 tutv zouz jien nyei baaih/to remove officialdom position. **2** zorqv baaih njiec/to remove a sign.

tutv ei-siaam nz. jaiv lui jaiv houx/to undress; to remove clothes.

tutv guangc tutv njiec guangc mingh/to remove and throw away.

tutv heh tutv cuotv heh; tutv nqoi heh/to remove shoes; to take off shoes.

tutv jien-baaih tutv njiec zoux jien nyei baaih/to remove an officialdom position.

tutv maaz-orn zorqv njiec maaz-orn/to remove saddle from a horse.

tutv matc jaiv nqoi matc; tutv cuotv matc/to take off socks or stockings.

tutv ndutv jaiv ndutv mi'aqv/removed.

tutv njiec zorqv njiec daaih/to remove from; to take off.

tutv nqoi heh jaiv nqoi heh/to remove a shoe from one's foot.

tutv zei tutv naanc ndutv zei ndutv naanc mi'aqv/free from having trouble or burden.

tutv zeqv-weic cuotv mv zoux gong aqv to leave from one's working position.

U

u[1] /u/ faah ziepc faam norm nzangc-maac yiem Iu-Mienh/Yao nyei waac.

u[2] m, n. **u'guei** nz. doc; nyungc-nyungc doc/turtle in general.

uv[1] cm. da'hmz dorn nyei jiex gorn mbuox beiv hnangv Ih Zoih nyei dorn Uv Zoih five in naming fifth son.

Laauv Uv da'hmz dorn nyei heuc hnamv mbuox/a nickname for fifth son.

uv kau luc daav mborqv jaax mv njiec loh dieh nyei sic/to have a big fight.

uv[2] w. longc buoz uv; uv mbuox ninh/to tell by sign language; to gesture.

uv buoz-zaux longc buoz-zaux uv/to motion with legs and hands.
uv ga'naaiv-hngongx to communicate with deaf person by gesture.
uv mienh 1 longc buoz uv mienh/to signal someone by gesture. **2** guv guaix nyei mienh/a cunning person.

uv[3] pm. guai-qaauv hnyouv guv guaix haic nyei mienh/cunning; shrewd; wily.
uv niec leih pienx die maa nyanc nyei dorn-sieqv/ungrateful son and daughter who mistreats his or her parents.
uv nyei mienh hnyouv cunv nyei mienh a heartless person.

uv[4] cm. wuonh uv; cong-mengh wuonh uv a wisdom; acumen; discernment; insight.
maaih wuonh uv camv guai maaih wuonh zaang camv/to have alot wisdom.

uv[5] hq. uv! ninh mbuo daaih aqv/ooh, they are coming; oh, they're come.
uv guaih heuc maaz nyei waac/a sound used to call horse or donkey.
uv jaac pih yietc nyungc longc normh lunx zouv ndie nyanc, longc normh gox caux guaengv hnyuotv wuom nzaaux sin nyei ndiangx-dorn.
uv uv nyei heuc ninh buov jienv liangx ziouc uv uv nyei heuc nziaaux.

ux gw. mbuox gu'nguaaz mun oix zuqc gorngv ux/ache, hurt children language.
nekv ux wox mbuox gu'nguaaz haih buov zuqc mun nyei waac/a word used to warn a child that s/he will gets burn.

Uganda m. yietc norm guoc jaa, yiem Z.D bung maengx Africa, hungh zingh mungv nyei mbuox heuc Kampala.

uih gw. uih guangc. Gj: uiv guangc/throw away; to discharge.
uih sui w. zoux ngunc mienh nyei sic/to pester for attention; to demand for.
zoux sic uih sui haic zoux siqv ngunc mienh haic nyei sic/to act baby-like.

uiv[1] bt. **butv-uiv** nziangc zuqc mun nyei dorngx aengx butv-uiv mun nzunc/to reinjured a wound.

uiv[2] gw. **uiv guangc** mbuox gu'nguaaz zoi guangc nyei waac/to throw away.
uiv guangc aqv gorngv mbuox nguaaz guaengx guangc aqv/to throw away.

uix[1] w. **1** juang lai hnaangx/provide food for. **2** ndamv dapv nzuih uix/to feed or put food in someone's mouth.
uix domh mienh feed parents; provide food or support one's parents.
uix dungz ndamv siaaux dorh mingh uix dungz/to feed pigs; to raise pigs.
uix dungz maaic uix dungz hlo daaih maaic/to make living by raise pigs to sell.
uix fu'jueiv 1 liuc leiz dorh fu'jueiv uix ninh hlo/to raise a child. **2** cuotv nyaanh uix fu'jueiv/to pay a child support.
uix ganh ndamv hnaangx dapv ganh nyei nzuih/to feed oneself.
uix gu'nguaaz ndamv hnaangx dapv gu'nguaaz nyei nzuih uix/to feed a baby.
uix jai dorh ga'naaiv hiaamx uix jai/to feed chickens. Gj: hiaamx jai.
uix juv ga'naaiv uix juv laangh ziqc/ dog food; provision for dog.
uix kaeqv mienh juang kaeqv mienh/to provide food for guests.
uix m'lomh ga'naaiv uix m'lomh nyei laangh ziqc/provision for cat or cat food.
uix maiv jiez juang mv jiez/to be unable to provide food for someone.
uix nyorx longc nyorx uix/to feed with breast or by milk.
uix saeng-kuv longc laangh ziqc uix yungz nyei saeng-kuv/to raised animals; to feed animals; raised livestock.

uix[2] pm. laih hlopv; mv cing-nzengc/to be impure; defiled; dirty; contaminate.
maaih uix mv cing-nzengc/to be ritually impure; unclean.
saax uix siang-mbuangz bieqc gaengh wuov zanc sipv mienv ong saax uix liuz cingx bieqc/to remove ritual impure.
uix haic maaih uix, uix haic/impurity; dirty from the ritual; very contaminate.

Ukraine m. yietc norm guoc jaa, yiem D. bung maengx Europe, hungh zingh mungv nyei mbuox heuc Kiev.

un pm. jorm di'dien hnangv un-un wuov/to be lukewarm; moderate; warm.
wuom un-un wuom jorm di'dien un-un wuov/lukewarm water.

ung wj. zoux deix mv ung, mv qiex ziang naaic guangc jienv mingh mi'aqv/to do something in the middle and left with incompletely.

ungv w. normh ziu-biouv yangh ungv deix aqv/banana is beginning to turn yellow.
ungv-ungv wuov cor hoqc yangh a'fai siqv di'dien ungv-ungv wuov/be slightly yellow or red color.
siqv-ungv cor hoqc siqv mbiangz beih di'dien hnangv/to be fresh red color.
yangh ungv di'dien cor hoqc yangh div dien hnangv/beginning to turn yellow.

United Arab Emirates m. yietc norm faix nyei guoc jaa, yiem D. bung maengx Arabia, hungh zingh mungv nyei mbuox heuc Abu Dhabi.

United Kingdom m. se yietc norm cuotv mengh nyei guoc jaa, yiem F. bung maengx Europe hungh zingh mungv nyei mbuox heuc London.

United States m. yietc norm cuotv mengh nyei domh guoc jaa, se yiem Z.F.B bung maengx Meiv Ziou, hungh zingh mungv heuc Washington D.C.

uov w. uov huaav; uov ngaanc; uov bung. Gj: wuov/there; over there.
uov ndau uov gorngv nzamc yiem waac mbu'ndongx nyei waac/a repeat word.

Uruguay m. yietc norm faix nyei guoc jaa, yiem D.N bung maengx South America, hungh zingh mungv nyei mbuox heuc Montevideo.

Utah m. yietc norm ziou yiem Meiv Guoqv F. bung maengx, ziou nyei domh mungv mbuox heuc Salt Lake City.

Uzbekistan m. yietc norm guoc jaa, yiem Z.F bung maengx Asia, hungh zingh mungv heuc Tashkent.

V

v faah ziepc feix naaiv norm yiem mbuo Mienh/Yao nyei waac benx nzangc-maac se longc maiv zuqc, mv baac gan English waac fiev deic-bung nyei mbuox qiemx zuqc longc nyei, beiv hnangv ga'ndiev naaiv deix biee norm deic bung mbuox.

Venezuela m. yietc norm guoc jaa, se yiem B. bung maengx South America, hungh zingh mungv heuc Caracas.

Vietnam m. Jau-zei guoqv, se yietc norm guoc jaa yiem D.N bung maengx Asia, hungh zingh mungv heuc Hanoi.

Vermont m. yietc norm ziou nyei mbuox se yiem Meiv Guoqv D.B bung, ziou nyei domh mungv heuc Montpelier.

Virginia m. yietc norm ziou, yiem D. bung maengx Meiv Guoqv, ziou nyei domh mungv mbuox heuc Richmond.

W

w /wor/ faah ziepc hmz norm nzangc-maac yiem Iu-Mienh/Yao nyei waac.

WC nzn. **1 waac**. **2 weic** nyei nzutv norz fiev/an abbreviation for **waac** and **weic**.

WC.BV nzn. se **waac-beiv** nyei nzutv norz fiev/an abbreviation for **waac-beiv**/a comparison word.

WC.HV nzn. se dongh **waac-huv** nyei nzutv norz fiev/an abbreviation for *waac-huv*, gossip talk.

WZ.ZGC nzn. se **waaz-zangc** nyei nzutv norz fiev/an abbreviated for **waaz-zangc** an artist or calligrapher.

waa[1] q. caux gu'nguaaz nyienx a'nziaauc mbaix nzuih waa waa nyei qiex.

waa[2] gn. **waa torc** joux ga'lorkv nyei zeih dorn/a tiny tool used by opium smoker.

waac w. 话 /huà/ gorngv nyei waac/word; language; dialect; tongue. Gorngv i ziex joux waac. To say few words.
waac-aiv pou-tong mienh gorngv nyei waac/everyday language.
waac-baaih gorngv benx fei nyei waac fai waac-paux saan.
waac-baeqc daic tor jienv qiex gorngv puix jienv mingh nyei waac. Gj: gorngv fei/a poetry language.
waac-beiv 比喻 /bǐyù/ gorngv beiv nyei waac/a comparison word; idiom.
waac-biangh gorngv beiv biangh beiv biouv nyei waac/poetry language.

waac-buonv gorn zangc gorngv daaih nyei waac/a native language.
waac camv 话多 /huàduō/ gorngv waac camv haic/a talkative; loquacious.
waac camv waac lunc gorngv camv se benx lunc nyei waac/one is bound to have a slip of tongue if talks too much.
waac-ciouv gorngv ciouv nyei waac/to shout angrily; an angry voice.
waac-com 1 gorngv zorpc ganh fingx nyei waac/to speak mix with different language. **2** gorngv com zuqc ganh dauh nyei waac/to interfere by speak.
waac-cou 粗俗语 /cūsúyǔ/ kuanv tien kuh jatv nyei waac/to vulgar speech; talk about the sex.
waac-da'gangx maaih eix-leiz da'gangx nyei waac/a word that has an opposite meaning; antonym.
waac da'guengx beiv hnangv *meih feih nyanc fanc liuz finz hnaangx faangx aqv faqv/*a kind of language used by children.
waac-daic maiv longc nyei waac/words that no longer used.
waac-dauh 题目言 /tímùyán/ tih dauh jiex gorn waac/a topic word; theme.
waac doix doix nzengc gorngv jiex nyei waac/matched whatever promise.
waac-doix 对联 /duìlián/ fiev buang waac nyei doix/coupling words (usually written and hung on the wall).
waac-doqc gorngv doqc mienh nyei waac/an insulting words.
waac-dueiv 词尾 /cíwěi/ setv dueiv nyei waac/final speech; suffix word.
waac-eix 词义 /cíyì/ gorngv waac nyei eix-leiz/the word's meaning.
waac-fiev fiev nzangc gorngv nyei waac written language.
waac-gaam maaih mueiz nduov mienh nyei waac/honeyed words; sweet talk.
waac-gangh gorngv duqv hngongx haic nyei waac/foolish talk; nonsense talk.
waac-gapv gapv benx yietc joux waac nyei nzangc/a whole word spelled out.
waac-gorn 1 benx cuotv waac nyei gorn, beiv hnangv **m** se benx **maa** fai **maaz** nyei waac-gorn/etymology. **2** gorngv jiez gorn nyei waac/topical words; prefix word; theme.
waac-gorngv 口语 /kǒuyǔ/ gorngv nyei waac/spoken language.
waac-hanc mueic jieqv mienh gorngv nyei waac/jealousy talk; envy talk.
waac-hemx gorngv hemx nyei waac/a scolding or criticism words.
waac-huv nzauz mienh daanh gorngv doqc nyei waac/words conduct by another and later become material for gossips.
waac-huaangv 谎言 /huǎngyán/ gorngv jaav nyei waac/exaggerate statement.
waac hlang caux jien-fouv gorngv nyei waac/formal language.
waac-hngongx gorngv duqv hngongx haic nyei waac/foolish or nonsense talk.
waac-jaa oix zuqc ganh joux jaa jienv cingx benx waac/an adverb.
waac-jaav 假话 /jiǎhuà/ gorngv jaav nyei waac/false statement; falsehood.
waac-jaax gorngv ndo fai liangv nyei waac/a sounding statement.
waac-jaax liangv gorngv liangv nyei waac/to speech in the way that everyone will understand.
waac-jaax ndo gorngv ndo nyei waac/to speech in the way hard to understand.
waac-jaaix gorngv dorh leiz nyei waac/a suitable word; well-chosen word.
waac-jatv 笑话 /xiàohuà/ kuh jatv fai jatv jienv gorngv nyei waac/talk and laugh.
waac jauh gorngv waac junh nyei/well pronunciation/to speak with well accent.
waac jienv longc jienv nyei waac/to be an important message.
waac-jor cuotv qiex waac nyei gorn, se hnangv **yor mbor** yie mbuo **nor mbor** ninh mbuo **nyor hnor** nyanc hnaangx/an etymology sound.??
waac-jouh gorngv jouh mienh fai tov mienh nyei waac/petition words.
waac-joux 词句 /cíjù/ **1** gorngv nyei yietc joux waac/wording. **2** gorngv setv yietc joux waac/a piece of writing.
waac-joux dimv gorngv setv joux waac nyei dimv/a full stop period of speech.

waac-juotc mv maaih setv mueiz dorngx nyei waac/incomplete sentence.
waac-lapv-dapv mv tongh daapc nyei waac/talk back and forth.
waac-lapv-nzapv gorngv waac-huv nyei waac/gossips that conduct by others.
waac-le fu'jueiv nyei waac, beiv hnangv *yie le mbuo, yaac le maiv, maiv le caux, meih le mbuo aqv*/playing language used by children.
waac-liaa gorngv cuoqv-saeng waac/a funny talk; sexually provocative talk.
waac-liangv gorngv liangv nyei waac/to talk or speak in the simple way.
waac-longx gorngv longx nyei waac/to speak in sincerely and carefully way.
waac-lorpc zorpc gorngv zorpc ganh fingx mienh nyei waac/to speak with mixed different language.
waac-lunc gorngv liouc-lunc nyei waac confused talk; nonsense talk.
waac-maux gorngv jiex ndaangc ganh nyei banh zeic nyei waac/boastfully talk.
waac-meiv 隐蔽语 /yǐnbìyǔ/ gorngv bingx eix-leiz nyei waac/words which cover full meaning; concealed speech.
1 beiv hnangv **yiem-biei** se meiv gorngv qam-gorn biei/the hair of private part.
2 **doz-nyuonh jauv** se meiv gorngv gu'nguaaz cuotv seix daaih nyei jauv/the shade road where a baby was from.
waac-muonc **1** nangv muonc nyei waac a phrase particle. **2** gorngv porv muonc nyei waac/to speak in detail.
waac-mbaih puix horpc nyei waac/the arrangement words or grammar.
waac-nangv 短语 /duǎnyǔ/ gorngv nangv nyei waac/a short cut word or sentence.
waac-norm gorngv waac qiex nqaengc fai mbueiz nyei sic/speech accent.
waac-norm nqaengc gorngv waac qiex nqaengc nyei/clear accent.
waac ndaauv 语长 /yǔcháng/ gorngv ndaauv nyei waac/to have a long speech.
waac-ndo 词语 /cíyǔ/ aqc duqv mengh baeqc nyei waac/vocabulary; words which hard to understand.
waac-ndoqc caux ganh gorngv nyei waac/to talk to oneself; talk by oneself.
waac-ngaengc gorngv henv nyei waac swearing words; promise words.
waac-njomc gorngv faix nyei waac/soft talking voice; softly voice of talking.
waac-nqenx gorngv nqenx cuotv nyei waac. Gj: nqaeqv-sen waac/to separate by a hint in speech.
waac-nzamc 重复词 /zhòngfùcí/ gorngv nzamc daaux nqaang nyei waac repeated; repeatedly saying.
waac-nzapv benx waac-huv nyei waac/a gossip talk; rumor.
waac-nziaaux haiz jiex m'normh dueiv nyei waac/ear-matter of no concern.
waac-ormv gorngv ormv bun mienh cai nyei waac, beiv hnangv.
1 yiem go mangc buatc norm domh biauv ndorngv-ndorngv wuov mingh taux bieqc duqv biaa laanh mienh, se haaix nyungc? **heh**/a shoe.
2 tiux faaux caenv caenv, tiux njiec caenv caenv, se haaix nyungc? **maeqc fuoqv**/a tool for scraping off corn kernel. **3** biaa norm zorng nqopv biaa kuaaiv nguaaz, se haaix nyungc? **biaa norm buoz-ndoqv** caux **buoz-ndoqv-nquaiz** five fingers and the fingernails. **4** haaix nyungc ga'naaiv ga'sie cuotv nyaah? se **morc**/a grindstone. **5** haaix nyungc ga'naaiv ga'sie cuotv m'zing? se **dang-longh**/a lantern. **6** haaix nyungc ga'naaiv nyanc miev mv nyanc gorn? se **limh ngau**/a sickle. **7** haaix nyungc ga'naaiv nyanc miev liemh gorn nyanc? se **porng**/a hoe.
8 yietc dauh janx-ong-aiv yietc sin cuotv m'zing, se haaix nyungc? **jui-saa**/a loosely woven back basket.
9 yietc dauh janx-ong-aiv ndongx norm lapc, se haaix nyungc? **jou**/a mushroom.
10 yiem go mangc buatc lienh lienh mingh taux haih naqv mienh, se haaix nyungc? **biauv**/a house.
11 maeqv gu'nyuoz nyanc ga'nyiec, se haaix nyungc? **jai-jienz**/chicken gizzard.
waac-paux saan longc kaeqv-waac gorngv nyei waac-biangh/special poem that must be sing in mandarin Chinese.

waac-puix 对联 /duìlián/ fiev doix buang mienh nyei waac/suitable words; couplet words.

waac-qaauv guai-qaauv mienh gorngv nyei waac/clever talk; smart talk.

waac-sapv 耳语 /ěryǔ/ dueix m'normh gorngv faix nyei waac/to murmur; softly talk; whisper.

waac-setv nqa'haav laai setv mueiz nyei waac/final or conclusion speech.

waac sienc gorngv faix sienc nyei waac soft-talk; gentle and ingratiating words.

waac siepv gorngv waac siepv nyei/to talk or speak fast.

waac-sing gorngv waac mbui nyei sing-qiex/a speech sound; accent.

waac-soqv gorngv nangv nyei waac/a contraction or short cut words.

waac-taaih gorngv taaih ginx mienh nyei waac/formal speech.

waac-waaic 坏词 /huàicí/ gorngv doqc caux daanh nyei waac/bad language.

waac-wingc mv gorngv zaqc nyei waac a euphemism; concealed speech.

waac-zaanc 淫秽语 /yínhuìyǔ/ kuanv tien mv fungc muangx nyei waac/vulgar talk or obscene language.

waac zien gorngv douc mingh zien nyei waac/true word; truth statement.

waac-zinc gorngv maiv fungc muangx nyei waac/crude talk; nasty talk.

waac-zioux 咒骂语 /zhòumàyǔ/ hemx zioux mienh nyei waac/cursing words.

waac zoqc maiv nangc gorngv waac/not saying much; reticent; less talker.

waac-zorng gorngv jaav nyei waac/to speak beyond the true.

waax w. nuqv mbuox nyei waac, beiv hnangv **waax nix** se caux **wuov nix** fih hnangv nyei mv baac qiex gauh ndaauv deix/a slow emphatic form of **wuov**.

waax huaav nix nuqv mbuox yiem wuov huaav/it's there; over there.

waaz[1] w. 画 /huà/ **1** waaz mou zeiv/to draw; to sketch; to paint. **2** 画丢 /huàdiū/ waaz guangc/to erase.

waaz daaih waaz daaih nyei mou a'fai fangx/a drawn; a painted.

waaz deic douh waaz cuotv ndau-beih fangx daaih/to draw a map or atlas.

waaz fangx 画像 /huàxiàng/ waaz cuotv fangx daaih/to draw a picture.

waaz fangx zangc haih waaz fangx nyi mienh/a calligrapher; an art master.

waaz guangc corh guangc; sortv guangc scratch out; cross out; erase.

waaz mou zeiv waac benx norm mou daaih/to draw a shape or picture frame.

waaz mba'nziu waaz mba'nziu nyei mou/to draw a heart.

waaz nyei benv waaz nzangc nyei benv a drawing board; a drafting board.

waaz nzangc waaz benx nzangc daaih/to draw or paint a letter.

waaz-zangc 艺术家 /yìshùjiā/ waaz fangx nyei zangc mienh/an artist; master in calligraphy.

waaz-zangc horqc hoqc waaz fangx nyei horqc/a calligraphy school.

waaz-zangc jaa-sic waaz fangx mienh longc nyei jaa-sic/artist drawing tools.

waaz zaqc waaz mingh zaqc nyei/draw a straight line.

waaz[2] pm. zaux-mienv hlo gau waaz-waaz nyei/a big sloped foot print.

waaic[1] pm. 坏 /huài/ waaic nyei maiv benx longc/damage; broken; spoiled; blemish.

Waaic dingc aqv gengh waaic dingc aqv to be bad to the bone; wicked; hateful.

waaic fangx sin zangc waaic nyei/to be handicap; deformity.

waaic fangx mienh 残疾人 /cánjírén/ sin zangc waaic nyei mienh/a deformity; a handicap person.

waaic fienx 坏消息 /huàixiāoxī/ douc daaih waaic nyei fienx/harmful or bad news.

waaic gau gengh waaic camv nyei/to be a lot damaged; everything broken.

waaic gu'nguaaz 流产 /liúchán/ waaic fai mbaang gu'nguaaz/to miscarriage a baby; an abortion.

waaic jienv mingh manc-manc waaic jienv mingh/to damage more and more.

waaic mengh dauh zoux bun mengh dauh ndortv waaic/to ruined reputation.

waaic mi'aqv 坏了 /huàilē/ waaic liuz mi'aqv/to be broken; broken down.

waaic nyei waaic mv fungc longc nyei ga'naaiv/something be broken.

waaic nzengc yietc zungv waaic nzengc mi'aqv/everything broken or spoiled.

waaic sic 坏事 /huàishì/ waaic, a'fai orqv nyei sic/very bad and evil thing.

waaic[2] pm. 坏 /huài/ hnyouv cunv waaic laangh fim bun mienh nyei sic/an evil; wicked; crooked; heartless.

cuotv waaic seix hemx mv ziangh horngh mienh nyei waac/born to be useless.

waaic gong-daqv zoux doqc bun mienh nyei laangh fim/evil to the bone.

waaic haic 1 hnyouv pien haic/be very evil; wickedness. **2** waaic camv haic/to be damaged a lot.

waaic hmien 1 mbienv hmien bun/to turn evil to a friend. **2** zuqc diev nyaiv weic/to suffered from embarrassment.

waaic laangh fim 坏良心 /huàiliángxīn/ waaic haic nyei hnyouv/immoral; to be crooked and evil.

waaic yiem-gong orqv laangh fim hoic mienh nyei sic/to be deeply evil.

waaic yiem-zeqv maiv fiou yiem-gong nyei sic/deeply evil; sinful act.

waaic taux dauh gong-daqv waaic taux dauh mi'aqv/to be totally evil.

waaic za'eix 坏主意 /huàizhǔyì/ waaic laangh fim nyei za'eix/a crooked idea; scheme to trap somebody.

zoux waaic zoux waaic laangh fim nyei sic/to do evil; to cause to lame.

waaih pm. lui-mueiz kuv hlo gau waaih waaih wuov/be hanging out loosely.

waan w. **1** waan king/push to fall. **2** waan ngau/to curve something by bending.

waan gong zaeng baqv domh orv nyei za'eix. Gj: ndaangx/spring trap with sharp spear to kill large animals.

waan kung waan bun ninh kung/to push something to spill.

waan la'bieiv njangx waan bun la'bieiv njangx/push a rock to roll.

waan nqoi 打开 /dǎkāi/ waan koi nqoi mingh/to push to open something.

waan panh tiu 扣扳机 /kòubānjī/ waan (congx nyei) panh tiu/to pull the trigger.

waan wuom waan bun wuom cuotv/to turn on water; to flush (toilet after used).

waan zuv huaa m'sieqv mienh congx congx nyei mbuox/name for embroider.

waanc[1] hd. 一万 /yīwàn/ yietc waanc fai ziepc cin/ten thousand.

waanc doic 万代 /wàndài/ **1** taux yietc waanc doic/endless generations afterward. eternity **2** jangc mienh nyei baan-buic mbuox/a men's generation name.

waanc horngh lungh ndiev nyei nyungc horngh ga'naaiv/the universal on earth.

waanc leiz dangh zingh 万里长城 /wànlǐ chángchén/ waanc leiz ndaauv nyei zingh laatc/the great wall of China.

waanc nienh liqc maaih taux baeqv hnyangx nyei liqc/a calendar designed for used up to one hundred years.

waanc seix yietc waanc seix mienh/ten thousand generations.

waanc waanc 万亿 /wànyì/ ziepc cin, fai waanc waanc/one trillion.

waanc[2] cm. mienh nyei jiex gorn mbuox, beiv hnangv Waanc Zoih/prefix meaning of the men's generation name.

waanh[1] nz. 玩 /wán/ nziaauc; nyienx jorm a'nziaauc/to play with; to toy with.

saav waanh njien-youh nauc ngitc/have fun with; merry making activities.

saanx waanh mienh camv njaauh njaauh nziaauc/playing and singing activities.

taanx waanh gorngv waac a'nziaauc jatv nauc ngitc/to talk cheerfully.

waanh[2] nz. 还 /huán/ daapc ziec; jaauv bun nzuonx/to repay; to give back; return.

waanh cing jaauv sung; bun sung/to pay off one's debts;

waanh en 还恩 /huán ēn/ jaauv en-zingh nzuonx bun/to return favorite one owed.

waanh[3] aengx lorz mangc "jaang-waanh, fai ja'waangh" wuov joux.

waanz[1] d. **maux-waanz** muoc nyei paanx haac-baah hlaang. Gj: muoc-paanx-hlaang, maux-paanx hlaang/a chin strap for a hat.

waanz[2] n. **1** suix ndatv daaih cunx la'kaux bieqc kaux nyei waanz/a hoop made of thread. **2** la'kaux-waanz/a buttonhole.

waangh pm. m'zing hlo gau waangh daax waangh wuov/big and wide.

waangh daax dux nyanc duqv ga'naaiv camv nyei ga'sie, mv dorh leiz nyei waac slang, for a big stomach and eat a lot.

waangv n. 网 /wǎng/ lorh waangv/net used to catch fishes or catch birds.

waauv q. heuc waauv-waauv nyei qiex/the sound made by person terrifies scream.

waauz q. gu'nguaaz nyiemv waauz waauz nyei qiex/sound of baby bitterly crying.

waen q. gaeng-waen heuc waen waen nyei qiex/sound made by Cicadas chirping.

waenh m, n. cie-waenh, *waenh* se gaav congh English Van daaih.

waenz pm. hmien hlo nangv nyei waenz-waenz wuov/short and wide face.

waeng q. dungz heuc waeng nyei qiex/the sound made by pigs squealing.

waengc w. 骗 /piàn/ pienx mienh/to cheat with what has been set for.

waengc dangv pienx jiex dangv nziang nyei ga'naaiv/to cheat on weights.

waengc doz-leiz longc jaav-leiz mbienv hoic mienh/to against justice.

waengc mienh pienx mienh/renege an agreement; failed to fulfill agreement.

waengh w. waengh an zaqc/to move the position of a long object.

waengh gungh gangc se beiv buov in mienh nyei waac-beiv/an opium smoker.

waengh zaqc waengh mingh an zaqc/to move a long object to straight position.

yietc waengh zaangv longc buoz-zaangv ndorqc nyei jangv/one handbreadth.

waeqc[1] m. yietc waeqc nzangc/a stroke of Chinese characters.

nzangc-waeqc fiev nzangc nyei yietc waeqc fai yietc dimv/a stroke or a mark of one's handwriting.

waeqc[2] q. hlaix mbietc hoqc mienh zoux waeqc waeqc nyei qiex.

waetc pm. caeng-matc guoqv nzoih hmien waetc waetc nyei/a greasily spot.

waetv q. dungz-dorn heuc waetv dangh/the sound of a piglet squealing.

waeuv q. janx-daic aaux lungh heuc waeuv waeuv nyei/wailing sound of ghost.

waeuz q. gu'nguaaz waeuz-waeuz nyei nyiemv/the sound of baby cry out loud.

wai w. mv zingx nyei fiem-jei/aslant; evil; askew; awry; crooked.

wai laangh fim oix hoic mienh nyei laangh fim/unhealthy trend; evil mind.

wai wangv nzuih pienx mienh nyei nzuih/a wry mouth; wry mouthed.

wai wangv za'eix oix hoic mienh nyei za'eix/evil ideas; crooked ideas.

waic[1] pm. yietc hmien yietc mueic waic-waic nyei/dirty spots all over the face.

waic[2] aengx lorz mangc "taaix-waic ong" wuov joux nyei eix-leiz.

waiv pm. waiv zuqc zaux mun/to injured one's leg by twisted against.

waix w. ga'nyiec maengx/outside; unusual; uncommon or strange.

waix uv mienh mv buatc jiex nyei mienh/a stranger; an outsider.

waix uv sic nyiec nyei sic/outside matter or unconcern matter.

waiz hq. waiz-waiz nyei nauc/screaming sound of a terrifying person.

wakc w. zuqc mienh wakc. Gj: nduov/be deceived by someone; to swindle.

wakv hq. ga'naaiv-hngongx gorngv waac nyei qiex/sound made a dumb person.

wanv pm. (ziu-dorngc ndiux jienv) wanv-wanv wuov/be hanging downward.

wang w. tor qiex wang-wang nyei baaux nzung/reflected sound of a person sing.

wangc[1] ws, zd. **1** sin tiv wangc/be in good health; healthy body. **2** haengh wangc/to be prosperity; successfully.

cun-gaeng wangc zoux liangx-ndeic longx haic/prosperous in producing crop.

mv nangc wangc sin zangc mv nangc kuh yiem/not feeling well.

wangc siangx sin tiv longx henv/being well; good health; healthy physical.

wangc[2] cm. mienh nyei setv-mueiz mbuox beiv hangv, Zoih Wangc/suffix meaning of a person's generation name.

wangv m. win-wangv; wai wangv; daav win daav wangv. Gj: win-jaa/an enemy;

to become adversary.

wangv feix baeqc baeqc ndortv qaqv fai ndortv zinh nyaanh/to spend for nothing.

wangv hanc korh fiqv-nqaai hnangv mv duqv/to jealous after.

wangv henh baeqc maaih hnangv/to be without profit; to have for nothing.

wangv henh longc baeqc ndortv nyaanh hnangv/to lavish; to wasteful.

wangv henh maaih baeqc baeqc maaih hnangv/to have for nothing.

wangv henh njaaux baeqc baeqc njaaux hnangv/to teach without any result.

wangv henh zoux baeqc zoux ndortv qaqv/to waste one's energy for nothing.

wangx w. maaih wangx/to have hope; wish to; expectation.

mv kaux wangx mv bangc kaux haaix nyungc/not rely on someone's anything.

wangx kaux hnamv oix bangc mienh/to wish to depend on someone.

wangz w. yuoqc mienh zoux dorngc sic. Gj: nduov, wakc/to deceive someone do wrong or to commit crime.

wangz mienh butv ndin nduov mienh butv ndin/drive someone become crazy.

wangz mienh caux zoux nduov mienh caux jienv zoux/to deceive someone do something to follow.

Washington m. **1** yietc norm ziou, yiem Meiv Guoqv F.B bung maengx, ziou nyei domh mungv heuc Olympia. **2** Meiv Guoqv nyei hungh zingh mungv, se yiem D.B bung maengx Meiv Guoqv.

wei[1] bt. kungx mau hei jienv njiec/become more weaker; weakened.

wei jienv njiec suei jienv njiec/become weaker; to lose more energy.

wei[2] pm. wei jienv ninh. Gj: taaih jienv/to honor; to respect someone.

wei[3] w. wei mienh zoux hlo. Gj: orn, paaiv, liepc/to appoint someone to be leader.

wei[4] pm. **zorqv duqv wei** haeqv zuqc wei dov mi'aqv/to be terrified scare.

weic[1] w. weic laaix; weic horh/because or because of; for the reason of.

weic ganh 1 weic ganh nyei dorngc/for one's fault or mistake. **2** weic bun ganh maaih leic/for personal interest.

weic haaix diuc weic haaix nyungc/for what reason; why.

weic haaix nyungc weic haaix norm gorn/why; for what; what cause.

weic horh weic haaix diuc zuqc hnangv naaiv zoux/why do such thing.

weic kih hnangv nor weic zuqc hnangv naaiv nor/because of this reason.

weic laaix weic laaix naaiv norm gorn because of this particular reason.

weic meih nyei gorn weic zuqc meih nyei gorn/because of your sake.

weic mienh weic ganh laanh mienh/on behalf of other people's interest.

weic mienh camv weic zuangx mienh/to on behalf of the public interest.

weic mienh zoux weic mienh cingx zuqc zoux/to do for other people.

weic naaiv weic naaiv norm gorn/because of this; for this reason.

weic seix mienh se oix seix mangc gaax mienh hnangv/for testing someone.

weic yie 1 weic yie ganh nyei buonc/for myself. **2** yie ganh nyei dorngc/my own fault or my mistake.

weic zienz weic za'eix jiemc mingh mv duqv aqv/because of no other alternative.

weic zingh weic hnamv nyei sic/because the sake of love.

weic zingh daic weic hnamv daix ganh to commit suicide for the sake of love.

weic zuqc weic hnangv naaiv/because; for; on account of.

zoux weic tengx zoux tengx mienh/do to help; to do on behalf of someone.

weic[2] m, n. **1** zueiz nyei weic; eiv/a seat. **2** dorngx dauh/a place; location.

hungh weic hungh nyei eiv; hungh nyei dinc/a throne; a king's palace.

meih nyei weic 1 meih zueiz, a'fai meih yiem nyei dorngx/your seat or your place. **2** meih nyei zeqv-weic/your job position, rank or duty.

weic[3] w. taaih ginx nyei waac heuc m'jangc m'sieqv fai heuc mengh hoc hlang nyei mienh/a respect term for men, women, high ranking person, king or god.

da'juov weic Taiv-hungh taiv-deic nyei

da'juov wuov weic hungh/the ninth king of Thailand.

hlang jiex wuov weic zienh gauh hlang jiex wuov weic zienh/the highest god.

weih[1] w. funx weih; se weih meih nyei buonc/to reckon; to be count.

maiv weih lunx maiv funx lunx aqv/to not be considered young.

weih baengh deic-bung mv maaih ceux lunc nyei sic/to be peace or peaceful.

weih hienv funx ciouv nyei/consider to be danger; unsafe; hazard.

weih jun-zeiv mienh funx benx jun-zeiv mienh aqv/consider to be a gentleman.

weih meih nyei buonc funx benx meih nyei buonc/to be your share.

weih naanh 1 zoux bun haiz nyaiv/feel embarrassed. **2** zoux bun haiz mv hec duqv/to make thing difficult for.

weih naanh aqv gengh hnamv mv tong aqv/to be imagine at.

weih ninh nyei funx benx ninh nyei buonc/to be his or her sharing.

weih orqv funx gorngv ciouv nyei/to be an evil; considered to be criminal.

weih wuonv funx wuonv haic aqv/to be very strong or securely.

weih yie ganh nyei funx zoux yie ganh nyei buonc/to be my own personal share.

weih yietv 1 funx da'yietv nzangh/to be number one. **2** gengh longx haic aqv/to be even better.

weih[2] pm. weih jienv; weih gormx nzengc mi'aqv/to fence off; to encircle.

weih gormx dieh zueiz huing gormx dieh mingh/sit around the table.

weih jienv zorqv jun-zaah weih jienv dangv zorqv zaqc/to arrest (a criminal by surrounding with police).

weih laatc 围栏 /wéilán/ zoux laatc huing jienv/to build fence around.

weih njongc zoux njongc weih jienv/to enclose with the wall.

weiv nyc. **1** laangh/son in-law. **2** dorc nyei nzox/one's older sister's husband.

duqv zoux weiv duqv benx mienh nyei laangh aqv/get to be a son in-law.

faqv-weiv faqv-sieqv nyei nqox/a great granddaughter's husband.

fun-weiv 1 gu'nguaaz-fun nyei nqox/a granddaughter's husband. **2** sieqv-fun nyei nqox/niece's husband.

weiv-baeqc ndaamx se beiv mv gaengh benx zien weiv nyei waac/unfaithful son in-law or brother in-law.

weiv mbuo yietc zungv weiv/all brother in-law, son in-law and grandson in-law.

weix zin an lai zouv kuv nyei ga'naaiv/the monosodium; gourmet powder.

weqv wj. mv zei weqv. Gj: weqh, weigh, waeqv/yes, that's right.

West Virginia m. yietc norm ziou, se yiem Z. Meiv Guoqv D. bung maengx, ziou domh mungv heuc Charleston.

wetv w. longc porng wetv. Gj: long/to dig with hoe; to break up; excavate.

wetv cuotv wetv cuotv daaih. Gj: kouh cuotv/dig out; shovel out; to scoop out.

wetv doix daapc mbopc doix liuz wetv cuotv/to scoop out the pounding rice.

wetv gorn 1 wetv gorn cuotv/to dig the root out. **2** koi gorn/to get to the bottom of the matter.

wetv in-ndeic wetv daaih zuangx in nyei ndeic. Gj: wetv in-ndau/to dig and turn over the soil to growth opium.

wetv jaa-dingh zorqv nzengc jaa-dingh ga'naaiv/ransack someone's possessions.

wetv janx-daic zouv wetv biopv sei nyei kuotv/to dig a grave; grave-digging.

wetv jiem wetv ndau lorz jiem/dig and search for gold under the ground.

wetv kuotv wetv cuotv yietc norm kuotv daaih/to dig a hole; to make a cave.

wetv lai-ndeic wetv daaih zuangx lai nyei ndeic/to prepare a vegetable field.

wetv m'normh biaav gueix m'normh nyei biaav/an ear-pick stick.

wetv mbiauz-njaangh wetv yungz mbiauz nyei njaangh/to dig a fish pond.

wetv nie wetv nie dorh mingh longc/to dig up the soil for purpose use.

wetv ndau wetv mbienv nie faaux/to dig up the earth in preparing a field.

wetv ndau jaa-sic longc wetv ndau nyei ga'naaiv/a dredger; digging tools.

wetv ndoih wetv zorqv ndoih cuotv/to dig up a tuber.
wetv nyaanh wetv ganh biopv jienv nyei nyaanh/to dig up one's buried silver.
wetv taanx wetv zorqv taanx cuotv/dig out charcoal.
wetv taux wetv taux dongh oix lorz nyei ga'naaiv wuov mi'aqv/to dig through.
wetv tong wetv taux mi'aqv/to dig and break through.
wetv wuom-doix ndamv wuom-doix nyei hmeiv cuotv/to scoop out pounded rice from water-operated rice pounder.
wetv wuom-jauv wetv bungx wuom mingh nyei jauv/to dig a water channel.
wetv wuom-kuotv wetv kuotv njiec taux wuom/to drill a well.
wetv wuom-zuonx wetv bun wuom liouc mingh nyei zuonx/to dig a ditch.
wetv zouv wetv biopv sei nyei zouv/to prepare a tomb; to dig a grave.

wix wj. mv zei wix. Gj: mv zei weqv/that's right; that's correct.

win m. benx win; cuotv win; daav win daav wangv/ill-will; enemy; enmity; grudge.
win doix win win-jaa caux win-jaa/to turn against to hostile; to revenge.
win jaa maaih win nyei mienh/enemy; enmity; foe; adversary; hostility; hatred.
win-jaa baeng daix jaax nyei baeng/an enemy troops.
win-jaa bang maaih win wuov guanh mienh/a hostile group; an enemy troops.
win-jaa-bieiv caux maaih win nyei mienh/enemy; foe; antagonist; adversary.
win-jaa cie win-jaa nyei mborqv jaax cie/an enemy plane or tang.
win-jaa-guoqv caux maaih win nyei guoc jaa/a hostile country; hostile nation.
win-jaa-jiemx caux ndouv zioux nyei win-jaa/a curse placed by an adversary.
win-wangv caux maaih win nyei mienh an enemy; foe; rival; hatred; opponent.

winh[1] nz. biauv. Gj: oqv, jaa/a dwelling; a house; a home; abode.
winh duang biauv zong; yiem gu'nyuoz biauv/inside the house.
winh leiz nzaic biauv zong gu'nyuoz nyei sic/a household affairs.

winh[2] w. jaauv. Gj: waanh/returning favor.
winh bun jaauv nzuonx bun/to pay back whatever one owed other's favor.
winh en-zingh jaauv en-zingh nzuonx bun/repay someone's kindness.
winh sung jaauv sung mi'aqv/paid debt in full; to pay off.

winh[3] pm. mienh winh mienh janx winh janx/to separate out Mien and non-Mien.

winx w., nz. guaix; guaix-dauh/to blame on someone; to find fault with.
winx ganh guaix ganh zoux dorngc/to blame oneself for the fault.
winx maengc guaix ganh nyei maengc to blame one's fate (for all misfortunes).
winx maiv duqv maiv haih guaix haaix dauh/cannot blame no body.
winx mienh guaix ga'hlen mienh/blame others for all the fault.

winz nz. go; jauv go haic/to be far away; a long distance way.
leih winz leih duqv go haic; yiem go haic/to be far away from.
sen-go louc winz jiex zorng jiex yangx nyei mingh go haic/very far; lengthy.
winz louc mingh jauv go/longc distance travel; long way.

wingc pm. wingc yangh ganh bung mingh to detour; to walk other side.
jauv-wingc wingc yangh ganh bung nyei jauv/a detour way.
wingc jauv wingc yangh ganh bung jauv mingh/to go different way.

Wisconsin m. yietc norm ziou yiem Z.B bung maengx Meiv Guoqv, ziou nyei domh mungv heuc Madison.

witv[1] aengx lorz mangc "mbiauh witv" wuov joux.

wiuv q. mbui wiuv nyei qiex/a siren sound.

woc wj. bieqc biauv woc; zueiz woc; daaih nziaauc deix woc/please.

woh wj. ov, mv fungc mangc who/oh, it's awful to look at.

wov hq. yie se maaih mbuoqc nv hnangv wov!/I only have this much!.
gengh hlo haic wov!. porv mengh gengh hlo haic/describe something really big.

wov guaih! longc ziaaux maaz caux lorh nyei heuc qiex/a sound used to call horse and donkeys.

wox wj. **1** nyanc beuv hnaangx wox/please eat until full. **2** mv dungx guaih gorngv wox/please don't say anything. **3** dungx nyiemv wox/don't cry. Gj: woz.

wuv[1] w. tiux wuv/to dance; to leap about excitedly. Gj: tiuv uv, laqc heix.

wuv[2] hq. wuv! mv fungc aqv/oh! It awful but can't do nothing about.

wuv, mv benx aqv wuv! waaic nzengc mi'aqv/oh! my dear it's terrible.

wuz q. cie wuz-wuz nyei mingh/the sound made by a car being drive by.

wuic[1] n. koi wuic; ca'laangh wuic/to have a meeting; gathering of people.

wuic ciangv koi wuic nyei ciangv/place of meeting; conference hall.

wuic dorngh gapv zunv ca'laangh nyei dorngx/meeting hall; convention center; conference room.

wuic kauv horqc saeng kauv sou nyei wuic/general examinations for students.

wuic ziouv koi wuic nyei ziouv mienh/a chairman at the conference.

wuic[2] w. wuic buangh doic/to meet a friend or meet someone.

wuic buangh nzung wuic buangh baaux naaic jaax nyei nzung/an introduce song.

wuic buangh waac 1 gorngv jiex gorn nyei waac/an introduction; words of greeting. **2** gorngv jiu doic waac/greeting exchange; have conversation with.

wuic hmien wuic buangh hmien doix hmien/to meet someone face to face.

wuic jien-fouv buangh zoux jien mienh greeting of government official.

wuic kaeqv dorngx buangh kaeqv mienh nziaauc nyei dorngx/a reception room; a place of receive guest.

wuic kaeqv mienh caux kaeqv mienh nziaauc/to have converse with guests.

wuic mv duqv zuangx mv fungc buangh mienh camv/unsuited to show to public.

wuic waac gorngv fi'buangh nyei waac conversation between two people.

wuic waac sou caux gorngv waac jiu doic nyei sou/a conversation book.

wuic nzoih gapv nzoih doic aqv/all be present at gathering place.

wuic[3] m. yietc norm gorn; yietc norm wuic an association; a society.

wuic bieiv 1 wuic nyei dengv bieiv mienh/chairman at meeting. **2** goux wuic nyei ziouv/president of an association.

wuic feix maaiz bieqc wuic nyaanh/a membership fee; due fee of association.

wuic gorn [she hui] organized body.

wuic sou caux zoux guanh nyei sou/a membership cards or documents.

wuic yunh 1 benx wuic mienh/member of association. **2** member of committee; board member.

wuic yunh guoqv pongh youz guoqv/a member nation; member country.

wuic zaangx biopv sei nyei wuic/mass burial; a cemetery; churchyard.

wuic zepv wuic nyei deic zepv/address of an association.

wuic zinh hlaax-hlaax jaauv bun wuic nyei zinh/member's regular payments.

wuic ziangv wuic nyei ziouv mienh/the president of an association; organization.

wuic[4] pm. haih; nernh/be able to; to have ability to do something.

wuic duqv zuangx zorpc duqv mienh camv njiec nyei/to have equal rights.

wuic faaux haih faaux duqv/experienced in climbing; able to climb.

wuic gorngv haih gorngh haic/be able to talk persuasively.

wuic zoux haih zoux haic/be able to do something; a skillful person.

wuih w. dau; winh bun; dau waac bun; daapc ziec/to reply; respond; to return.

wuih daan maaiz ga'naaiv a'fai maaic nyei daan/a receipt of buy or sell.

wuih fienx fiev fienx dau nzuonx/a letter in reply; to return someone's letter.

wuih finx mborqv nzangc dau gan finx nzuonx/a cable or telegram sent in reply.

wuih gengx zorqv yieqv nzuonx bun/to return a salute; salutation in return.

wuih nzuonx daaux sin nzuonx/to return home; to turn around and go back.

wuih qiex aengx tauv cuotv nzunc qiex liuz daic aqv/to return once breath.
wuih sing aengv daaux nqaang nyei sing-qiex/an echo sound; reverberation.
wuih sou wuih fienx; wuih sou nzuonx/to send letter back; to return document.
wuih waac 1 dau waac nzuonx mbuox/to send word back; to answer back. **2** wuih waac mbuox/to cancel an appointment.
wuih wuonh fiev benx wuonh zaang dau nzuonx/to reply in composition.
wuih yaangh fingv nzuonx daaih; nangh daaih/to revive from consciousness.

wuiuv q. jun-zaah cie wuiuv-wuiuv nyei mbui. Gj. wiuv/the sound of a siren as police emergency vehicle.

wuoh nz. mbiuh; cuqv/unhusked rice; rice grains; rice in general.
wuoh yaang mbiauh yaang/rice shoots or rice seedling. Gj: wuoh yaang yipc.

wuov[1] w. wuov; wuov huaav. Dgw: naaiv. Gj: uov/there; over there.
wuov biauv gen yiem wuov bueix nyei dorngx/in the bedroom.
wuov bung wuov huaav bung/that side; that direction.
wuov bung ziqc jauv wuov maengx bung ziqc jauv/on the other side of road.
wuov buoqv dorngx wuov buoqv haangh dorngx/that whole area or region.
wuov dauh wuov dauh saeng-kuv a'fai mienh/that person or animal.
wuov dauh m'gux 1 dongh wuov dauh m'gux/that grandma there. **2** yie nyei auv/my wife; my old lady.
wuov dauh ong 1 wuov maengx dauh ong/that grandpa there. **2** yie nyei nqox, mv dorh leiz nyei waac/my husband.
wuov deix 1 wuov deix lui/that shirt. **2** wuov deix ga'naaiv/that thing there.
wuov hingv 1 wuov bung/that side. **2** wuov douc ziangh hoc/at that time.
wuov huaav jiex wuov huaav bung/over there; yonder. Gj: wuov ngaanc.
wuov jauv mienh wuov guanh mienh/a group of people.
wuov jiez baqv wuov bung/at the higher place or the north side.
wuov kuv yiem wuov kuv maengx bung; wuov ndiev bung/lower side; outlet side.
wuov maengx jiex mingh deix wuov/at next door or the other side.
wuov maengx bung jiex mingh deix wuov bung/next to the other side.
wuov muonz jiex daaih wuov muonz that night; that evening.
wuov nix nuqv mbuox nyei waac/there; over there.
wuov nor hnangv wuov nor; hnangv naaiv nor/so; that; then.
wuov ndaangc jiex mingh deix/forward side; at the far side.
wuov ndaangc maengx nza'hmien maengx jiex mingh/in the front far side.
wuov ndau wuov ndau fatv nyei/right there or over there.
wuov ndau wuov gorngv nzamc nyei waac/hesitation phrase used by a speaker when collecting his or her thoughts.
wuov ndiaav njiec wuov ndiev bung/be at the lower side; down there.
wuov ndiev wuov ndiev aiv wuov bung down yonder; at lower part.
wuov ndiev ndoqv yiem wuov ndiev bung ndoqv/at the lower stream.
wuov ngaanc doix-ngaanc nyei dorngx an opposite side of a canyon.
wuov nyiec yiem wuov nyiec nziaauc nyei dorngx/out there by the living room.
wuov nyiec maengx yiem Yao Mienh biauv wuov nyiec maengx, se beiv jangc mienh yiem wuov bung/guest receiving area in the Yao Mienh house.
wuov nyungc 1 dongh naaic nyungc/that kind; that brand. **2** hnangv naaic nor/in that case.
wuov nyuoz wuov jiez ndoqv-nyuonh wuov bung/up there in narrow stream.
wuov nzunc dongh wuov nzunc/that time or at that time.
wuov nzunc hnoi taux wuov norm hnoi nor/at that time; by that time.
wuov qaav faaux wuov jiez hlang wuov bung/at the higher place in the valley.
wuov zanc 1 wuov norm zanc/by that time or at that time. **2** liemh zeih wuov zanc/immediately.

yiem wuov zanc daaih congh wuov zanc daaih/from that time.

wuov[2] pm. sox-sox wuov; nzauh nzauh wuov; kouv-kouv wuov/to wear sad look or look tired.

wuoz[1] zw. sipv mienv mienh nyei paan gorn waac/a repeat line of a spirit priest as he performing spirit ceremony.

buo zaaux buo wuoz sipv yietc zorc mienv se oix zuqc maaih buo zaaux buoz wuoz cingx sipv ziangx yietc zorc mienv.

wuoz[2] aengx lorz mangc "yienh wuoz" wuov joux nyei eix-leiz.

wuom[1] m. 水 /shuǐ/ wuom; suiv; mbiungc; torng/water; liquid; juice.

wuom-baeqc nzang nyei wuom/clear water; plain water.

wuom-bamc nie-njaiz fai nie-ndorngh. Gj: baamc/mud; wet soil; soft earth.

wuom-beih gu'nguaaic wuom-minc/the surface of water.

wuom-beqv mingh siepv nyei wuom/a rapid flowing water.

wuom-biangh wuom mbeux cuotv zoux nyei biangh/water flower.

wuom-biau ndorqc wuom nyei biau/a water meter; water gauge; hydrometer.

wuom-biauv nzangv-biauv/a boathouse; boat dwellers.

wuom-biom yiem wuom nyei biom. Gj: suiv-ngongh biom/a water leech.

wuom-bouc taux haaix bouc ndoqv nyei sic/water stage; harbor; water port.

wuom-bunh zaangh wuom nyei bunh/a basin; a plate for serving water.

wuom-caax bun benx i caax nyei wuom a divided river.

wuom-cie 1 niouv gan wuom mingh nyei cie/motorboat. **2** longc cie wuom nyei ga'naaiv/a water wheel.

wuom-cie douz-louh wuom-cie nyei jaa-sic/a boat engine.

wuom-cie nquin bieqc wuom-cie nquin lov nyei baengc/boat sick; sea sick.

wuom-cie zaamc wuom-cie dingh zepv nyei zaamc/ferry of boat; shipyard.

wuom-congx 1 dapv wuom nyienx a'nziaauc nyei congx/a water toy gun. **2** flood in water.

wuom-congx gorqv wuom congx bieqc nyei gorqv/a bay area.

wuom-coux longc wuom dapv zungx nyei coux/a waterbed.

wuom cuotv wuom liouc cuotv/leaking of water; water flow out.

wuom-daaih daaih jienv fai mingh jienv nyei wuom/running water.

wuom-daic yiem dingc mv liouc mingh haaix nyei wuom/stagnant water.

wuom doc-taanh yiem wuom nyei doc taanh/a water crocodile; water lizard.

wuom-doix longc wuom tengx daapc nyei doix/water-powered rice pounder.

wuom-domh 水塘 /shuǐtáng/ wuom ndo nyei dorngx/a pool; pond; swimming pool.

wuom-dorn ndoqv-dorn faix nyei/small river; small stream.

wuom-douh wuom mingh sienc fai beqv nyei sic/hydrographic map.

wuom-dungz yiem wuom nyei dungz/a Hippopotamus.

wuom-gaam an saa-dorngh nyei wuom a sweet drink; soft drink.

wuom-gaeng 1 mbiauz, zinh baan mienh nyei waac/a fish. **2** yiem wuom nyei nyungc-nyungc gaeng/water insects.

wuom-gaengh bun wuom liouc cuotv nyei gaengh/floodgate; water gate.

wuom-gapv i diuh ndoqv nyei wuom liouc gapv/junction of a river.

wuom-genv jaax wuom bieqc biauv nyei hlauv-nqorngv/water line; water pipe.

wuom-ginv caux wuom-genv fi'hnangv nyei/water line different spelling.

wuom-gitv gitv benx ndunh nyei wuom jelly; ice; snow.

wuom-gorkv longc hopv wuom nyei gorkv/cup for serving water.

wuom-gorn wuom cuotv nyei gorn/the source of a stream, river.

wuom-gorqv wuom-domh gorqv/at the corner of a pond or pool.

wuom guaatv wuom torngx mingh/to be carry away by flowing water.

wuom-guei yiem wuom nyei guei, haih nyanc zoux lai/a shellfish.

wuom gunx daic wuom gunx tauv qiex mv cuotv daic/to die by suffocate.
wuom haapv njiec wuom zoqc jienv njiec/to recede (as flood in water).
wuom-hopv hopv nyei wuom-nzengc/a drinking water; a bottle of water.
wuom-hlen ndoqv-hlen nyei dorngx/the river-side; waterside; shore.
wuom hlo wuom buangv jienv faaux/the water is flood in; floodwaters.
wuom hluqv wuom-jorm hluqv zuqc/be scalded by hot water.
wuom-jaangh borqv bungx wuom mingh go nyei jaangh/a water hole.
wuom-jauv bun wuom liouc cuotv nyei jauv/water way; watercourse.
wuom jiez laangc nziaaux buonc wuom jiez laangc/to develop waves by wind.
wuom-jien-zaah gan wuom nyei zaah sic jien/a police who patrol by boat.
wuom-jorkv longc hopv wuom nyei jorkv/a cup for drinking water.
wuom-jorm jorm nyei wuom/hot water.
wuom-jorm baengh dapv wuom-jorm nyei baengh/thermos for hot water.
wuom-jorm ndongh zaangh wuom-jorm nyei ndongh/thermos for hot water.
wuom-jouh yiem wuom saaix nyei jouh water sports; aquatic sports.
wuom-kor horqc hoqc hiuv taux wuom nyei baeqc kor/fishery science.
wuom-korqv longc ndamv wuom nyei korqv/a water dipper; a bailer.
wuom-kuv wuom liouc cuotv wuov bung/the outlet of a stream.
wuom-kuotv wetv daaih zaangh wuom nyanc nyei kuotv/water hole; a well.
wuom-laangc 水浪 /shuǐlàng/ wuom beqv fai sienc nyei sic/water current.
wuom-laangc seix wuom mingh beqv nyei/fast flowing water.
wuom-laangh dapv jienv faang-namx laangh nyei wuom/cold water.
wuom-laih hlopv mv cing-nzengc nyei wuom/dirty water; contaminate water.
wuom liangv wuom-taan nyei dorngx shallow water area.
wuom liouc cuotv wuom ndiepv cuotv water leaking; water flow out.
wuom-longc longc zouv nyanc hopv nyei wuom/water used for cooking.
wuom-louc louc wuom nyei ga'naaiv/a water filter.
wuom-m'lomh mbiauz-m'lomh/a water cat; a dolphin.
wuom-maac domh wuom-gorn/a main stream (as distinct from branch out).
wuom-maeng longc dapv cie bun jaa-sic mv jorm nyei wuom/coolant water.
wuom-menc wuom-beih; wuom-minc the surface of water.
wuom-mouh wuom hlo jangv ndongc haaix nyei sic/watercourse; water current.
wuom-mueic m'zing cuotv nyei wuom tears; to shed tears.
wuom-mueic cuotv m'zing-wuom cuotv to shed tears; to cry.
wuom-mueic liouc m'zing-wuom liouc cuotv/flowing of the tears; shed tears.
wuom-mueic mienx haih nyiemv siepv nyei mienh/a person easily to shed tears.
wuom-mueic piaai-piaai nyei m'zing-wuom liouc cuotv/running down of tears.
wuom mbaah wuom kung mbaah mbaah nyei mingh/water spill and flowing.
wuom-mbaengx ndortv njiec mbaengx nyei wuom/a waterfall.
wuom-mbau 1 ga'sie ziangh daaih nyei wuom-mbau/cyst; semisolid substance. **2** wuom-mbiaauz/water bubble.
wuom-mbeux yiem ndau-ndiev mbeux nyei wuom/spring water.
wuom-mbeux jorm ndau-ndiev mbeux cuotv nyei wuom-jorm/hot water spring.
wuom-mbeux zingv wuom mbeux cuotv nyei zingv/a water spring.
wuom-mbiaauz wuom butv daaih nyei mbiaauz/foam; froth; bubble.
wuom-mbienx gan ndoqv-hlen mingh nyei ndau/river bank.
wuom mbiouh wuom mbiouh jienv yiem wuom-minc/something float on the surface of water.
wuom-mbouh wuom-gaam gitv benx ndunh daaih/ice cream.
wuom-mbueix zouv mbueix jienv nyei wuom/boiling water; boiled water.

wuom-naang yiem wuom nyei naang/a water snake; aquatic snake.
wuom-namx 冷水 /lěngshuǐ/ namx nyei wuom/cold water.
wuom-norqc 水鸟 /shuǐniǎo/ gan wuom zorqv mbiauz nyanc nyei norqc/a waterfowl; water bird.
wuom-ndaang fuqv sin ndaang nyei wuom/perfume; fragrant liquid.
wuom-ndaang ciangv zoux wuom-ndaang nyei dorngx/perfumery; fragrance.
wuom-ndau 1 maaih wuom zorpc nyei ndau/a wet land. **2** ndau caux wuom/the natural environment.
wuom-ndiev 水底 /shuǐdǐ/ yiem wuom ga'ndiev/under the water.
wuom ndo 水深 /shuǐshēn/ wuom ndo nyei njiec/deep water; depth water.
wuom-ndongh 1. longc zaangh wuom nyei ndongh/container used for storing water. 2. water in bottle.
wuom-ndoqv wuom ga'ndiev ndoqv/the bed of water; bottom of water.
wuom ndorngh wuom kung daaih nyei ndorngh/full of spilled water.
wuom-ndortv-mbaengx wuom ndortv njiec mbaengx/water fall from waterfall.
wuom-ndunh wuom benx ziangh ndunh nyei wuom/ice; icy; frosty; ice block.
wuom ndungc wuom fongv mingh/push away by pressure of water.
wuom ndungc njiec wuom ndungc njiec seix nyei/down pull pressure of water.
wuom-ngaengc gitv daaih ngaengc nyei wuom/ice block.ci
wuom-njaangh 池塘 /chítáng/ wuom laih hlopv nyei njaangh/lake; wallow or pond with dirty water.
wuom-njaangh mbiauz yiem njaangh nyei mbiauz/a pond fish.
wuom-njoqc mv nzang nyei wuom cloudy water with sediment, slime in it.
wuom nqaai wuom haapv nqaai/water recede and dry out.
wuom nqomz nziaaux buonc njunc jienv mingh nyei wuom/high water waves.
wuom-nyiemz maiv zouv zuoqc nyei wuom/fresh water; uncooked water.
wuom-nyuonh wuom cuotv nyei gorn/a foundation of river; source of stream.
wuom-nzaaih nzauv nzaaih nyei wuom salty water (as sea water).
wuom-nzaaih zingv nzauv nzaaih nyei wuom-zingv/a salt spring water.
wuom nzang cing fai nzang nyei wuom clear water; clear liquid.
wuom-nzangv-ndaix ndaix njiec koiv nyei cie-ndaix/a seaplane; hydroplane.
wuom-nzauv koiv nyei wuom-nzauv/a natural salt water.
wuom-nzangc nzangc nyei wuom/clean water; drinking water.
wuom-nziaaux wuom-hlen nyei nziaaux Water wind; shore breeze.
wuom-nzoc wuom ndortv njiec nzunh nyei dorngx/area at bottom of waterfall.
wuom-nzuih 口水 /kǒushuǐ/ nzuih nyei wuom/saliva; slobber.
wuom-nzuih bunh 口水盆 /kǒushuǐpén/ tuiv wuom-nzuih an nyei bunh/a basin for saliva spittle; spittoon.
wuom-nzuih gorn cuotv wuom-nzuih nyei gorn/a salivary gland.
wuom-nzuih im haiz wuom-nzuih im nyei mueix/bitter taste in the mouth.
wuom-nzuih mbiaauz wuom-nzuih nyei mbiaauz/a saliva bubble.
wuom-nzuih nzaqv wuom-nzuih nzaqv zuqc jaang/caught by saliva in the throat.
wuom-nzuih zaanh nzuih cuotv nyei zaanh/watery liquid produced in mouth.
wuom nzunh dox wuom nzunh njiec/a heavy downpour water.
wuom-ongx zaangh wuom nyei ongx/a water barrel; water pot; water jar.
wuom-qaqv wuom mingh seix nyei qaqv hydraulic power; water power.
wuom-qiex wuom huon huon wuov deix qiex/water vapor.
wuom saamx cuotv wuom manc-manc saamx cuotv mingh/water soaked out. Dgw: saamx bieqc/water soaked in.
wuom sengh nzangv wuom mbiouh jienv nzangv/the water support the boat.
wuom seix wuom ndungc mingh seix nyei/very strong pressure of water flow.

wuom-setv maaih setv nyei wuom/water with color; color water.
wuom-sioux yiem juangv nyei ndorm wuom-minc wuov deix sioux/water vapor from stream in the cold morning.
wuom-siqv an mbuonv nyomc siqv nyei wuom/red color water.
wuom-sui 1 an lai zouv nyanc hopv nyei wuom-sui/vinegar. **2** longc hopv nyei wuom-sui/soda.
wuom-suiv ndoqv; suang-suiv; gorng-suiv/a river; stream.
wuom-taan wuom liangv nyei dorngx shallow flowing water.
wuom-tongv 1 longc ndaam wuom nyei tongv/a bucket with handle. **2** domh wuom-tongv/a large barrel.
wuom-torx bun wuom liouc cuotv nyei domh torx/large water pipe.
wuom torngx wuom mbiouh dorh jienv mingh/carry away by water current.
wuom-yangh setv yangh nyei wuom/a yellowish water.
wuom yiemx 洪水［hong sueic］wuom buangv faaux yiemx/flood water.
wuom yiemx zei-naanc 水灾［sueic zai］wuom yiem nyei zei-naanc/a disaster cause by flooding.
wuom-yienv zaangh wuom mbenc mienv nyei yienv/small bowl for serving water in spirit worship.
wuom-zaamv mv maaih mueix nyei wuom/flavorless water.
wuom-zaanv longc hopv wuom fai hopv zaah nyei zaanv/a cup for drink water.
wuom-zei naanc wuom yiemx ga'naaiv waaic nyei zei-naanc/disaster cause by the flooding water.
wuom ziemx wuom ziemx zuqc ndorn/to be soaked in the water.
wuom ziemx daic ziemx jienv tauv qiex mv cuotv daic/to die by drowned.
wuom-ziemx juv mienh njoux liuz mv baac maiv maaih en-zingh nyei mienh se beiv wuom ziemx oix daic nyei juv njoux cuotv daaih haih ngaatc mienh nyei/a drowned dog, an idiom for person who ungrateful to his or her life rescuer.
wuom-zingv wuom cuotv nyei zingv/a spring water from ground or under rock.
wuom-zoh 1 zaangh wuom nyei zoh/a trough for storing water. **2** dapv wuom nzaaux sin nyei zoh/a bath-tub.
wuom zoz wuom mbui zoz zoz nyei qiex noisy sound of rush running water.
wuom-zunc wuom huing guinh nyei zunc/a whirlpool of water.
wuom-zunh wuom-minc nyei nzangv/a transportation by water; boat or ship.
wuom-zuonx bungx wuom mingh nyei zuonx/ditch; water channel.
wuom-zuoqc zouv zuoqc liuz nyei wuom boiled or cooked water.

wuom[2] pm. biouv zuoqc daaih wuom-wuom wuov kuh nyanc gau/very juicy fruit.
wuom-wuom wuov lunx wuom-wuom wuov/tender and watery.

wuon[1] bt. butv haa nyei wuon-baengc/a contagious disease; flu disease.
domh wuon-baengc butv hniev nyei wuon/major communicable disease.
wuon-baengc camv maaih butv baengc camv/general major disease.
wuon-mienv wuon-baengc nyei mienv/a disease passing spirit.
wuon-siou mienv houv bun butv wuon nyei mienv/to curse in the name of devil.

wuon[2] w. un-un jorm nyei sic/temperature.
wuon qiex lungh zangc jorm nyei qiex level heat of nature; weather; climates.
zaau wuon zaau wuon hieh dungz nyanc nzengc ndeic nyei maeqc/to be waste.

wuonc[1] gn. i wuonc zueiz nyei eiv/two row of chair or seat.
buo wuonc tei buo wuonc caaiv faaux nyei tei/three steps of a ladder.
gu'nguaaic wuonc gauh hlang jiex wuov wuonc/the top row or section.
ndaamv-wuonc yiem mbu'ndongx wuov wuonc/the middle section.

wuonc[2] d. naaiv wuonc dorngx/this area or a particular region.
haaix wuonc dorngx yiem haaix wuonc dorngx/what area; what place.

wuonc[3] pm. hnyaapv miev wuonc jienv liangx-luic faaux/to work adjoining.

cangx gaa wuonc quoqv yietc binc baaux nzung yietc binc gorngv fei a'fai gorngv waac-paux saan caux mingh/to sing song by using both tunes and words.
wuonc nzung mbouv fin a'fai gaanv hei mienh butv dongh bieqc yiem-gen baaux nyei nzung/a song chat by a person who swoon and go into the spirit world.

wuonc[4] zh. corngv-wuonc qiex seix mangc gaax/to try one's opportunity or luck.
domh wuonc qiex ziangh hoc za'gengh longx haic/very good fortune.
wuonc qiex 运气 /yùnqì/ ziangh hoc longx, mv longx nyei sic/a fortunate; one's luck; the luck.
wuonc qiex aiv mv maaih wuonc qiex/a bad luck; poor luck; unfortunately.
wuonc qiex hlang hauh guang hlang nyei/to be lucky; high luck.
wuonc qiex longx 运气好 /yùnqìhǎo/ kuv wuonc qiex; kuv ziangh hoc/good luck; to have good opportunity.
wuonc qiex mv benx 运气不好 /yùnqìbù hǎo/ wuonc qiex mv benx gau/an ill-luck; bad luck.

wuonc[5] w. bien dorh bieqc, fai bien dorh cuotv/to import or export.
mbiauh loc wuonc nie mbiauh loc wuonc nie ceix mbiauh mbong/termite transfer soil to build ants hill.
wuonc gan koiv bien gan nzangv mingh nyei sic/to transfer supplies by ship.
wuonc gan lungh dorh gan cie-ndaix yangh lungh/to transfer by airplane.
wuonc jiem nyaanh tor jiem tor nyaanh mingh bun/to transport treasury.
wuonc nyanc wuonc hopv bien laangh ziqc bieqc cuotv nyei sic/to import or export food supplies.
wuonc nyaanh buv gouv-waac gorngv se *sapv-zou buv* haih wuonc nyaanh.
wuonc wuom jung-hungh wuonc wuom nyei sic/transfer water by dragon king.
wuonc zuiz zuqc siouc zuiz; zuqc dingc zuiz/to endure punishment.

wuonh[1] w. wuonh orv; wuonh dopc/to boil or to cook with a lot water.
wuonh diuv wuonh zaang diuv nyei cuqv fai maeqc/boil grain as to prepare for liquor; to make wine.
wuonh jaux wuonh bun jaux zuoqc/to hard boil chicken eggs.
wuonh lopc wuonh taux njaiz fai lopc mingh/boil until it soft.
wuonh mv mau jienz-jienz wuov wuonh mv haih mau/unable to boil it soft.
wuonh ndorngh wuonh taux ndorngh nzengc mingh/to boil until soggy.
wuonh orv caeng wuonx qiex nyei wuonh orv caeng/a pressure cooker.
wuonh orv-mbungv wuonh bun mbungv nyei orv mau/to over boil bone.

wuonh[2] gq. fiev daaih nyei wuonh zaang/a composition; an essay; an article.
horqc wuonh hoqc duqv daaih nyei cong-mengh wuonh zaang/knowledge and wisdom gained from school.
wuonh batv fiev nzangc mv qaauv nyei buoz/a writer's pen; literary talent.
wuonh huaax leiz-fingx; juei-jei leiz-nyeic/culture; civilization.
wuonh miuc njaaux mienh fiou suonc nyei miuc/Confucian temple.
wuonh sou 1 wuonh zaang nyei sou/a composition book; essay book. **2** longc jienv nyei sou/a recorded documents.
wuonh uv cong-mengh guai-qaauv nyei sic/wisdom; discernment; knowledge.
wuonh uv hlang cong-mengh longx haic nyei mienh/high educated person.
wuonh zaang fiev daaih nyei wuonh zaang/literary; writing; essay; text.
wuonh zaang mienh cong-mengh hlang nyei mienh/essayist; scholarly.
wuonh zengx sou zengx horqc nyei sou a diploma or certificate to approve (a person's education, skill).

wuonh[3] m. mienh nangh nyei wuonh/soul; vitality; spirit or spiritual.
faam-wuonh cietv mbaeqv buo buon wuonh caux siec buon mbaeqv/the three souls and seven spirituals.
wuonh dorngc yiem mienh nyei sin nyei wuonh mingh dorngc jauv/the soul spirit in human is get lost.

wuonh mbaeqv wuonh caux mbaeqv/the souls and spirits.
wuonh ndaix haeqv zuqc wuonh ndaix biaux/frightened away the soul.
zuoqc wuonh sipv mienv lorz wuonh nzuonx/to restore a lost soul by shaman.

wuonh[4] pm. mv ceux sic nyei mienh/to be meek; humble; harmless; inoffensive.
mienh wuonh mienh suonc nyei mienh. Gj: buonv-suonc mienh/a humble person.
wuonh jien suonc nyei jien/a humble or lenient official.
wuonh leiz 1 suonc nyei leiz/a lenient law. **2** mv ki mienh nyei leiz/sequence of thought; rightful; liberty.
wuonh mienh maiv ceux sic nyei mienh inoffensive; meek; innocent; harmless.
wuonh mienv suonc nyei mienv. Dgw: orqv mienv/unharmed spirit.

wuonh[5] cm. mienh nyei jiex gorn mbuox caux setv-dueiv mbuox, beiv hnangv Wuonh Orn, Faam Wuonh/the prefix or suffix meaning of person's given name.
Wuonh Ciang Ga'lorkv loz-hnoi yietc weic henv mienh nyei mbuox, se dongh gorngv ninh heuc Jung-Hungh wuonc wuom yiemx lungh ndiev ziouc bangc naaic geh jienv faanx faaux lungh zorqv mbu'ong daaih ipv sui norh wuov, ninh se Fuqv-Hei Zeiv Muic nyei die.

Wuonh Jien Zeuz

Wuonh Jien se yietc dauh daamv-seix longx nyei domh baeng-bieiv, henv zeiv yiem mbuo Laauv-Mienh nyei gouv-douh fai history gu'nyuoz, ninh caux Chaomai Chaola mbuo zaangv laauv-guoqv deic bung taux 1975 hnyangx laauv-guoqv suei liuz, ninh zuqc biaux mingh yiem Meiv Guoqv/USA taux 2005 wuov hnyangx ninh jiex seix yiem Meiv Guoqv mi'aqv.

wuonv pm. dingc nyei nqamv mv dongz/to be unchangeable; unmovable; firmly.
wuonv dingc aqv gengh wuonv haic/be very stabilized; very steadfast.
wuonv nyei gorn-ndoqv jienv haic nyei gorn/a firmly foundation.

wuonx w. wuonx jienv yiem gu'nyuoz/to confine; to keep inside; to jail.
wuonx dungz wuonx jienv dungz yiem njoh/to keep pig in pigpen.
wuonx jai zorqv jai dapv longh wuonx jienv/to keep chicken inside basket.
wuonx jienv loh zuqc wuonx jienv yiem loh/to be in jail; imprison.
wuonx loh dapv jienv loh wuonx jienv to put into jail; imprison.
wuonx ngongh maaz wuonh maaz fai ngongh/to pen up horse or cattle.
wuonx qiex wuonx jienv qiex mv bun cuotv/to compress air.

wuoqc ginc gn. jaa-muotc; longc mborqv jaax nyei jaa-sic/weapon; arms; bomb; missile or military supplies.
wuoqc ginc longx mborqv jaax jaa-sic longx haic/powerful weapon.

wuotc w. longc nyouh nyei ga'naaiv muotc naic jienv. Gj: naic/to smear on; to deface.
longc buoz-ndoqv wuotc buoz-ndoqv coqv mingh wuotc/to smear with finger.
wuotc njongc longc hui a'fai longc setv wuotc njongc/to smear plaster on wall.
wuotc nzuih baengx nzuih mbiangc haih gorngv haic/a smooth talker but untrue.
wuotc suiv-nyaanh wuom longc nyaanh wuom wuotc/to apply silver leaf.??

wuotv[1] w. wuotv ndutv; wuotv nauv zoux i nqanx/to break; to bend with both hands.
wuotv mv nauv wuotv mv haih nauv/to be unable to break off something.
wuotv nauv wuotv nauv zoux i nqanx/to wrench and break into two.
wuotv ngau wuotv zuqc ngau mingh/to bend and make it curve.

wuotv zaqc wuotv zorc zaqc/to make straight by twist and bending it.

wuotv[2] pm. wuotv nqa'qiex; wuotv hnyouv ziouc/to calm down, to control anger.

wuotv hnyouv puix zatv nqa'qiex njiec puix/control one's anger to fit others.

wuotv hnyouv ziouc wuotv ganh nyei hnyouv mingh ziouc/persevere in spite of; to remain constant to a purpose.

wuotv njiec nqa'qiex zatv jienv ga'qiex mv caux nzaeng/to control one's anger.

wutc q. fengx biaav mbui wutc wutc nyei qiex/the sound made by spin a stick.

Wyoming m. yietc norm ziou, yiem Meiv Guoqv F. bung maengx, ziou nyei domh mungv heuc Cheyenne.

X

x faah ziepc luoqc norm nzangc-maac yiem Iu-Mienh/Yao nyei waac, se longc zuqc nduqc joux **x^sa'le**, a'fai **ekv^sa'le** gaav congh English **x-ray** daaih hnangv.

Y

y /yor/ faah ziepc cietv norm nzangc-maac yiem Iu-Mien/Yao nyei waac.

yaa wj. yaa-baa; ga'naaiv-hngongx/a dumb person. Gj: yaa-baa-bernx, yaa-baa-mbam, yaa-baa-ngangh, yaa-baa-ngorkv, yaa-baa-zong, yaa-baa-zitv.

Yaa Gorpc m. yietc buonv zengx-ginx sou nyei mbuox/a book of James, in Bible.

Yaa Mbaav m. nyanc lauh nor zoux mienh butv ndin nyei ndie/amphetamines.

Yaa Sien m. hnyouv jorm ndie, *yaa sien* se gaav janx-taiv waac daaih/penicillin.

yaac w. yaac aengx; yaac corc/and; also; beside; too; either; even; as well.

hnangv haaix yaac baac benx hnyungv yaac sueih binc aqv/whatever matter I don't mind or care.

maiv mingh yaac baac mv mingh yaac cinh ninh aqv/I don't care if you not go.

yaac duqv nyei hnangv haaix yaac duqv nyei/it can be; it make no different.

yaac korv iv nyei se horpc nyei/it's will be okay; it also can be.

yaac zei zungv zei zw. sipv mienv mienh nyei waac-nzamc/word used by shaman.

yaav aengx lorz mangc "aa yaav" wuov joux nyei eix-leiz.

yaaiz pm. (njuov-zong) ndomh mau nyei yaaiz-yaaiz wuov/softness.

yaamc nz. **yaamc fei yaamc fangv** maiv hnamv taux/not thinking about.

yaamc bei mv hiuv; mv mengh baeqc/to not know; unknown; unaware.

yaamc korv mv dorng leiz/not suppose; ought not; should not.

yaamc maaih maiv maaih/dot not have.

yaamc mengh maiv cing cov/unclear; confused; unintelligible.

yaamc wuic maiv haih/unskilled; unable or impassable.

yaamh w. yaamh bouv goix ndiangx/raise in order to strike or to chop.

yaamh buoz mborqv yaamh jiez buoz mborqv/raise hand to strike.

yaamh jiez nzuqc yaamh nzuqc daaih hngaqv/to raise knife (to chop).

yaang[1] gz. ga'naaiv-yaang/seedling; any young plants; shoots.

cepv yaang cepv mbiauh yaang/to plant rice seedling.

mbiauh yaang cor hoqc cuotv daaih nyei mbiauh yaang/rice seedling.

normh ziu-yaang wetv mingh zuangx nyei normh ziu-mbiaic/banana shoots.

yaang[2] pm. nzueic gau yaang-yaang wuov so pretty (as flower or girl).

nunc kuaa-yaang gu'nguaaz-lunx/an infant; a young baby.

yaang[3] njz. dorh nyim mingh haaz qouv zorpc nie/to sow; to plant seeds.

yaang fanh ziu dorh fanh ziu nyei nyim haaz zorpc nie/to sow chili seeds.

yaang jieh haaz jieh nyim caux nie qouv jienv/to sow eggplant seeds.

yaang[4] gn. haih baeng ndaauv nyei yaang, *yaang* se gaav taiv-waac daaih/a rubber.

yaang gong aengx lorz mangc "daanc gong" wuov joux nyei eix-leiz.

yaangh[1] m. yaangh gen. Dgw: yiem-gen/the world of the living; this world.
yaangh baamh mienh yiem nyei baamh gen lungh ndiev/on the earth.
yaangh gueiv heuc doqc yaangh yinh nyei waac/slang, used to referring to the foreigner, especially westerner.
yaangh liqc saauv hnoi nyei sou/the solar calendar; solar system.
yaangh mienh maaih maengc yiem nyei mienh/a living person; human being.
yaangh muotc yaangh gen nyei maanc muotc/the things on earth.
yaangh seix maaih maengc nyei seix fai ziangh seix. Dgw: daic seix, feiv seix/the life of living (as opposite to the death).
yaangh wuonh yaangh mienh nyei wuonh/a living soul.
Yaangh Yinh mba'zorng-hlang fai janx-baeqc/westerner; American; caucasian.
Yaangh Yinh guaa yietc nyungc zoux lai nyanc nyei guaa/an edible gourd.
yaangh yinh jieqv fai bung maengx nyei janx-jieqv/a western black people.
yaangh yinh lou janx-baeqc nziuc nyei dorngh nziuc/chewing gum.
yaangh yinh nzangc In Wuonh nzangc an English alphabet or letter.
yaangh yinh waac yaangh yinh gorngv nyei waac/English spoken language.

yaangh[2] gn, bm. ga'naaiv fai mienh nyei jiex gorn mbuox/pronoun.
yaangh dienx longc peux njaamh nyomc ndie nyei ga'naaiv/a type of black tinge.
yaangh geh kaeqv jangv dong saengv nyei janx-kaeqv/Cantonese people.
yaangh geh waac jangv dong kaeqv gorngv nyei waac/Cantonese language.
yaangh ziou dongc mienv yiem nyei horngc zangc/section in the spirit world.
yaangh ziou haac dongc haac horngh mienv nyei dorngx/lower area of spirit world.
yaangh ziou zangc dongc zangc horngh mienv nyei dorngx/upper area of spirit world.
yaangh ziou zong dongc zong horngh mienv nyei dorngx/mid area of a spirit world.

Yaangh[3] cm. fingx yaangh, fai loz-yaangh mienh/Yao Mien's family name.

yaangv aengx lorz mangc "yiem-yaangv, panh yaangv, pi'paax yaangv" wuov joux.

yaapv w. longc buoz yaapv mienh daaih/to beckon; to gesture (a person to come).
yaapv mienh daaih longc buoz yaapv heuc mienh daaih/wave someone to come with the motion hand.
yaapv ndaatv yaapv ndaatv ndaix/flap the wing to fly. Gj: yang ndaatv.
yaapv nzangv daaih yaapv heuc nzangv daaih/to hail a boat to come.

yaauc pm. gengh longx haic; longx dingc aqv/goodness; nicely; excellently.
yaauc deix nyei mbu'ndongx-horngh nyei yaauc/to be fairly good.
yaauc dingc aqv gengh yaauc gau mv fungc aqv/to be wonderful or excellent.
yaauc gau mv lamh beiv aqv yaauc gau mv haih beiv haaix aqv/excellent beyond the comparison.
yaauc haic zengv yaauc nyei/very nice; so nice; very good.
yaauc jiex aqv gengh horpc hnyouv dingc aqv/to be excellent or wonderful.
yaauc nyei longc nyei; horpc nyei/it's good; it's nice; suitable.

yaauh w. **1** ndaenh naenc/to bounce on; to rock on. **2** dongz mv wuonv/unstable.
da'yaauh da'yaauh wuov yaauh faaux yaauh njiec/bounce up and down motion.
eiv-yaauh haih dongz da'yaauh nyei eiv a bouncing chair.
yaauh ndiangx-jien souv jienv ndiangx-nquaah jien yaauh/to bounce on a fallen tree that is bent up from the ground.

yaauv q. jai heuc yaauv-yaauv nyei/sound made by a terrified chicken.

yang w. (norqc) yang ndaatv ndaix/stretch out wing before fly (as birds).
jai yang ndaatv jai yang ndaatv cuotv ndaix/chicken stretch out wings to flight.
yang ndaatv gomv norqc yang ndaatv gomv jienv bouc jaux/bird spread wings to cover their eggs and seat on.

yangc nz. nyungc zeiv; mou zeiv/a style; pattern; kind; variety.
haaix yangc haaix nyungc/what kind.
yangc horngh nyungc horngh/all style; everything things; all kinds.

yangc-yangc nyungc-nyungc/everything.

yangh[1] w. yangh jauv; yangh jauv mingh to walk; to travel by foot.

yangh baqv bung mingh gan wuov jiez bung mingh/to travel by north side.

yangh beqv mingh siepv nyei/to walk urgently or walk speedy.

yangh cie mingh gan cie mingh/to travel by vehicle, bus, airplane.

yangh cie-ndaix gan cie-ndaix mingh/to travel by airplane; travel by air.

yangh dienx tei faaux gan dienx tei bouh faaux/to go up by elevator.

yangh donc manc-manc yangh donc nyei/walk slowly.

yangh dorngc mingh dorngc jauv/travel wrong way; to go wrong way.

yangh douz-cie gan douz-cie mingh/to travel by train.

yangh gaengh bieqc gan gaengh bieqc to enter by door or gate.

yangh gong-bouc sipv mienv caangv wuonh yangh nyei juoqv-mbiec/walking step by a spirit priest as when he perform a spirit ceremony.

yangh jauv longc zaux yangh jauv/to walk; travel by foot.

yangh jauv mv tong maaih guaix nqaeqv zuqc/road is not clear because of omen.

yangh jauv-wingc yangh ganh bung jauv mingh/to walk by detour road.

yangh jauv-zaqc gan zaqc wuov diuh jauv mingh/to use a short cut road.

yangh koiv gan nzangv mingh/to travel by sea; travel by ship or boat.

yangh mv tong 1 mv maaih jauv mingh taux/no road go through. **2** weic buangh zuqc guaix/because omen obstructing.

yangh ndau mingh gan ndau mingh/to travel by land; travel by foot.

yangh ndau baeng gan ndau-beih nyei baeng/foot soldiers.

yangh siepv mingh siepv nyei/to walk in speedy; travel in hurry.

yangh tei-nangh faaux gan dienx tei faaux/to take the escalator.

yangh zaux mingh longc zaux yangh mingh/to travel by foot; to walk.

yangh[2] pm. yangh nyei setv/to be yellow.

yangh baeqc yangh caux baeqc zorpc daaih/light or pale yellow.

yangh dongh aeng baengc 肝炎 /gānyán/ butv yangh daamv baengc, ndopv yangh ga'sie hlo nyei baengc/hepatitis.

yangh gox siqv-yangh gox/dark yellow or orange color.

yangh horh yangh ungv nyei mbuonx/a bright golden yellow clouds.

yangh jaang yietc nyungc nyanc zoux butv yangh dongh aeng baengc nyei sung-yangh/a kind of yellow ginger that can be used to treat hepatitis disease.

yangh jieqv yangh caux jieqv zorpc nyei setv/brown; color brown.

yangh lunx siang siang wuov nyungc yangh/light yellow; soft yellow.

yangh naih nie-yangh/yellow soil.

yangh nduei deix mbiauh cor hoqc jiex gorn yangh/to turn yellow at the tips.

yangh ngongh yungz nyanc orv nyei ngongh/cow; oxen.

yangh siqv yangh caux siqv zorpc daaih nyei setv/yellow and red mixed.

yangh ungv jiex gorn yangh deix aqv/to beginning turn to yellow.

yangh[3] bt. **yangh ngormc** bueix njormh mingh gorngv waac/talk in one's sleep.

yangh ngormc waac bueix njormh jienv gorngv nyei waac/talking in one's sleep.

yangh[4] gn. **yangh tiec** longc gomv biauv nyei hlieqv-kuaaiv/a sheet metal.

yangh horv longc tekv douz nyei yangh horv/a match; matches.

yangh horv-ndor yangh horv-sim wuov deix ndor/the head of matchstick.

yangh horv-patv longc buoz-ndoqv-nyeiz patv nyei douz-limh/a lighter.

yangh horv-sim yangh horv tekv douz nyei biaav/a matchstick.

yangh ix ndoih yietc nyungc ndoih nyei mbuox/potato.

yangh ix ndoih zuoqv zoux muonc nyei yangh ix ndoih zuoqv/mashed potatoes.

yangh in hnangv zung nor nyouh nyei in. Gj: yaangh in/an opium.

yangh in gueiv heuc doqc buov in mienh nyei waac/heavily opium smoker.

yangh in mienh buov in nyei mienh/an opium smoker

yangh in saeng-eix maaiz maaic in zornc zinh nyei jauv/an opium business.

yangh jutc yietc nyungc domh mbopv-jieqv/a big black squirrel with yellow stripe under the neck.

yangh meuz haih doc mienh daic nyei miev/poisonous grass or herb.

yangh meuz hnyouv se beiv hnyouv doqc nyei mienh/a poisonous heart.

yangh tiec longc gomv biauv nyei hlieqv-kuaaiv/sheet metal.

yangh tiec biauv longc yangh tiec gomv nyei biauv/a house roof with metal sheet.

yangh tiec ndongh dapv laangh ziqc nyei hlieqv-ndongh/can for storing food.

yangh[5] zh. yangh ba'hnyangx daaih/since last year; from last year.

yangh ih hnoi jiex congh ih hnoi, yiem mingh/from today on; from now on.

yangh naaiv jiex yangh ih zanc mingh nqa'haav hingv/hereafter; henceforth.

yangx w. cun gueix gaeng-gueiv heuc yangx cun nyei sing-qiex/chirp of insects and birds in the spring time.

yangx heix laqc heix puix jienv lorh nzoz/to perform a show with music.

yangx houc houc jaax nyei sing-qiex/to support by voice; to join amusement.

yangz q. yangz nyei qiex se **z** yaac heuc maaz fai dungz nyei qiex/a horse tone.

Yao m. Yao Mienh; Iu-Mienh, yiem Asia deic-bung janx heuc Mienh se heuc Yao mv baac mbuo ganh heuc mbuo ganh se Mienh, Iu-mienh, a'fai Yiu-Mienh/name used by non-Mienh group to referred to Mienh, Iu-Mienh, Mian, Dao, 瑶族.

Yau m. 妖 /yāo/ yau zing guv guaix nyei ga'naaiv/demon; monster; monstrous.

yau guaix 妖怪 /yāoguài/ zing-guaix ga'naaiv/monster; weird unaccountable.

yau niv zing 妖女 /yāonǚ/ yau zing guv guaix nyei sieqv/a monster girl.

yau nyatv mv buatc jiex nyei zing-guaix ga'naaiv/devil in human forms.

yau waangh yau zing guv guaix hungh/a weird; supernatural unaccountable.

yau zing 1 zing-guaix ga'naaiv/an evil appearance. **2** guv guaix mienh se beiv yau zing/an evil doer.

yau zing guv guaix hemx guv-guaix mienh nyei waac/words used in abusive.

yauz cm. mienh nyei jiex gorn baan-buic mbuox, beiv hnangv Yauz-Zoih/prefix meaning of a man's generation name.

Ye Ho Huaa heuc Tin-Hungh nyei ganh norm mbuox/Jehovah.

Ye Le Mi yietc buonv zengx-ginx sou nyei mbuox/a book of Jeremiah in the Bible.

Yemen m. yietc norm guoc jaa se yiem F.N bung maengx Asia, hungh zingh mungv heuc San'a.

yenh q. **yenh yenh** longc ziaaux ngongh nyei qiex/the sound used to call cattle.

Yesu m. Njoux Ziouv Yesu/Jesus; Christ; the Messiah, used by christianaty.

Yesu cuotv seix zipv jiex Yesu cuotv seix nyei zipv/Christmas.

Yesu Mienh sienx Yesu nyei mienh. Gj: Giduc mienh/Jesus believer.

yic pm. lorh gaeng ziangh hoc mv yic/the watch has wrong time.

yih wj. siepv dangh mv yih donc dangh/to be fast better than slow, because safer.

yiv hq. nuqv mbuox gorngv laih hlopv nyei/an exclamation showing it awful.

yiv, aqc div nyei nuqv gorngv mbuox gu'nguaaz laih hlopv nyei/it's dirty.

yiz[1] hq. hngangx ndaamv-jauv nyei qiex/an interjection of surprise. A'yiz! fungc hnangv naaic?. Oh, my dear! how could it be like that?.

a'yiz, fungc zoux aqv naaiv gengh zuqc hnangv haaix zoux aqv/oh, my dear what should (I, we) do now.

yiz[2] hq. mbuox gu'nguaaz gamh nziex oix zuqc gorngv yiz/an exclamation showing fearful of the children.

yie bm. yie ganh; zeic ganh; miuh daan/I; me; oneself; myself; I am.

yie caux meih yie caux jienv meih/me and you together; we both.

yie ganh se yie ganh aqv/I; myself; by myself; I am alone.

yie gorc yie yaac; yie joc/I either; I also or I am too; used by some speaker.

yie hiuv nyei yie hiuv duqv nyei/I know; I knew; I understand.

yie hnamv daaih yie hnyouv hnamv daaih/in my conjecture; in my thought.

yie hnamv meih 1 yie hnyouv hnamv meih/I love you. **2** yie fei fangv meih/I am thinking of you.

yie hnamv nyei doic fiev fienx jiex gorn gorngv nyei waac/my dear friend.

yie mbuo 1 yie mbuo yietc zungv/we, us. **2** all of us or we are.

yie mbuo nyei yie mbuo yietc zungv nyei/our; ours.

yie nyei yie nyei buonc ga'naaiv. Gj: aa nyei, mv nyei, yie nei/it's my; mine.

yie nyei biauv yie yiem nyei dorngx/my house; home; property.

yie nyei domh mienh yie nyei die caux maa/my parents; father and mother.

yie nyei dorn yie nyei dorn/my son.

yie nyei hmuangv doic yie nyei biauv zong mienh/my family member.

yie nyei m'jangc mienh yie nyei nqox my husband; my man.

yie nyei m'sieqv mienh yie nyei auv/my wife; my lady or my woman.

yie nyei ong 1 yie ganh nyei ong/my grandfather. **2** yie nyei nqox/my husband.

yie nyei sieqv yie nyei gu'nguaaz-sieqv my daughter; my baby girl.

Yiec Naamh m. 越南 /yuènán/ gorngv ei kaeqv-waac, jau-zei guoqv/Vietnam.

yieh m. die maa; diex maac; domh mienh; nzorqv/one's parents.

yieh nyaangh dae caux maa, yieh se *dae* nyaangh se *maa*/one's parents.

yieh nyienh yietc zungv dae caux maa; domh mienh/the parents.

yiev[1] pm. yiev-yiev nyei/to feel unfamiliar with; unusual; feel strange; wilderness.

yiev domh mienh fu'jueiv yiev mv nitv domh mienh/a child reluctant to parents.

yiev haic haiz ga'lam haic/feeling very eerie; feeling strange. Gj: nqingz.

yiev[2] pm. nyiemz mienh; nyaiv mv zuoqc mienh/to feel shy; reticent; unwilling.

yiev kaeqv mienh nyiemz maiv zuoqc kaeqv mienh yietc deix/feeling shy bout the present of visitor.

yiex[1] nz. lungh muonz; lungh hmuangx/the night; during the night; darkness.

jiem-yiex ih muonz. Dgw: jiem-nyietv tonight; this coming night.

siouv yiex jien zuov lungh muonz nyei jien/a night guard security officer.

yiex leiz lungh muonz zanc/during the night or night time.

yiex leiz nzaic lungh muonz zanc nyei sic/nighttime activities.

yiex[2] pm. haih nyiemv siepv nyei mienh/a baby or person who easily to cry.

mienh yiex mienh nyiemv siepv nyei mienh/easily cry person.

orv yiex jienh kangv butv faang; ziangh zueih lo haaix/a sensitive of getting hurt.

yiex duqv zaanc haic kungx oix nyiemv hnangv/very easy to cry.

yiex haic gu'nguaaz yiex haic/cry often baby; easily cry baby.

yiez nz. congh yiez-mbeu cuotv daaih nyei wuom/urine; the waste by kidneys.

bungx yiez bungx yiez cuotv guangc/to urinate; to empty the bladder.

yiez-baeqc yiez njoqc baeqc; yiez nongh nyei/to have cloudy urine.

yiez-bunh bungx yiez dapv nyei bunh/a urinal; bedpan; a chamber.

yiez-gaam baengc yiez maaih dorngh nyei baengc/sugar in the urine; diabetes.

yiez-jaangh bungx yiez wuov diuh jaangh/the urethra.

yiez-jauv bungx yiez nyei jauv/urethra.

yiez-langh sangx zueix-yiez nyei qorqv smell of urine; an odor of urine.

yiez-mbeu yiem ga'sie nyuoz zaangh yiez nyei mbuoqc/the bladder.

yiez-mbeu baengx bungx yiez cuotv wuov diuh nqunx/urethra.

yiez-ndongh zaangh yiez nyei ndongh/a urinal; a container for storing urine.

yiez njoqc bungx yiez njoqc nyei/cloudy urine. Gj: yiez-baeqc.

yiez-nqaiv yiez caux nqaiv/excrement and urine; body waste.

yiez-nqingx baengc bungx yiez mun nyei baengc/urination tract infection.

yiez nzang longx nyei yiez/clear urine; normal urine.
yiez-siqv maaih nziaamv zorpc nyei yiez red urine; blood in the urine.
yiez yangh mv maaih baengc nyei yiez yellow urine; normal urine.
yiez zungx haiz oix bungx yiez/urge to urinate; want to pass urine.

yiem[1] w. yiem biauv; yiem gen; yiem go; yiem fatv/to be at; located at; to live; to stay; to be presence at; inhabit.
caux jienv yiem juangc jienv dorngx yiem/to live together with.
gorqv-zeic yiem bun nqoi mv juangc biauv yiem/to live in separate house.
ye wuov se dongh “yiem wuov” fiev nangv daaih/be there; it’s there.
yiem baqv yiem wuov jiez baqv wuov bung/be at the north.
yiem biauv yiem biauv gu’nyuoz/to stay home; to be at home.
yiem dingc liepc dingc nguaaz-gorn/to establish one’s living.
yiem dong yiem mba’hnoi cuotv maengx bung/be at the east.
yiem douc baav mv yiem lauh caamx baav hnangv/to live only for temporary.
yiem douc biauv yiemc caamx biauv/to stay home for a period time.
yiem duqv guenx yiem duqv ziouc nyei inhabitable of the place or area.
yiem duqv kouv 1 dorngx maiv benx yiem/bad living condition. **2** jomc kouv haic/live under trying circumstances.
yiem duqv njiec dorngx jangv bun duqv nqoi yiem/enough room for everyone.
yiem fai yiem mba’hnoi muotv maengx bung/be at the west.
yiem fatv 1 yiem nitv fatv/live close to. **2** mingh yiem fatv/to stay close to.
yiem fatv deix mingh yiem fatv deix/to stay closer; come closer.
yiem ga’hlen yiem nitv jienv ga’hlen/to live by side; to live alongside.
yiem ga’ndiev yiem njiec ga’ndiev/to be underneath or below.
yiem ga’nyiec yiem ga’nyiec ka’ndau/to be outside area; to live outside.
yiem go maiv yiem fatv/to be far away.
yiem go daaih yiem go nyei daaih/come from afar; com from long way.
yiem go deix heuc simv mingh go deix stay farther; stay away from.
yiem gong yiem zoux gong dorngx/to be at work; at the place of work.
yiem gorn daaih yiem gorn zangc daaih to come from the base.
yiem gu’nguaaic yiem faaux gu’nguaaic to be on top; to be above.
yiem gu’nyuoz yiem gu’nyuoz maengx to be inside; to be inner.
yiem haaix yiem haaix ndau/what place be at; where at; what location.
yiem horqc dorngh yiem doqc dorngx at school; in the classroom.
yiem-hlaax yungz liuz gu’nguaaz yiem biauv wuov norm hlaax/a month of giving a child birth.
yiem hlen 1 yiem jienv ga’hlen/to be at present. **2** yiem ga’hlen zuov jienv tengx nyei mienh/an attendant; an aide.
yiem-hlen mienh yiem ga’hlen tengx muangx sic nyei mienh/a witness.
yiem hmuangx zong 1 yiem hmuangx nyei dorngx/to be in darkness. **2** bingx jienv nyei sic/to be hidden.
yiem hnyouv hnamv yiem hnyouv/in mind; to keep in mind; to not forgotten.
yiem hnyouv doqc mv doqc cuotv qiex to read to oneself; to read silently.
yiem hnyouv hnamv yiem gu’nyuoz hnyouv hnamv/thinking in one’s mind.
yiem jauv zangc mingh jienv yiem jauv zangc/be on the way travel.
yiem jienv yiem jienv dingc nyei/to stay at; to stay still; to live at.
yiem laangz-hlen yiem cuotv ziqc laangz nyei dorngx/to live outside the village.
yiem-laamz hnangv haaix nor yiem nyei sic/a living condition.
yiem leiz ga’ndiev yiem doz-leiz nyei ga’ndiev/live under the law; to obey law.
yiem longx wangc siangx yiem longx nyei/being well; healthy; to be fine.
yiem longx nyei yiem jienv longx nyei being fine and healthy.

yiem lungh ndiev yiem naaiv lungh ndiev/be on the earth.

yiem maiv buangv dorngx jangv haic yiem mv buangv/unable to occupy fully.

yiem maiv njiec dorngx hepc yiem maiv njiec/not enough room to fit.

yiem mienh buoz-ndiev yiem mienh gunv nyei gu'nyuoz/be under control of someone who has power.

yiem mungv mienh yiem mungv nyei mienh/city dweller; town people

yiem mungv zangc maaih fouv-zingh nyei dorngx/in the city; the city dweller.

yiem mbaaix biauv gorngv ziangh nyei (sieqv) yiem mbaaix biauv/a first of an engaged woman to stay home.

yiem naaic daaih congh naaic daaih/after that; since that.

yiem naaiv yiem jienv naaiv/at here; be here; live here; it's here.

yiem naaiv mingh yangh naaiv jiex mingh/hereafter; from now on.

yiem naamh yiem wuov ndiev naamh bung maengx/at the south.

yiem nitv fatv yiem nitv jienv fatv nyei live close to; live nearby.

yiem ndaangc nyei mienh yiem jiex gorn ndaangc nyei mienh/the people who be at the place first.

yiem ndau-baengh yiem ndau yuonh nyei dorngx/on the plain land.

yiem ndau-beih yiem lungh ndiev nyei ndau-beih/on the surface of earth.

yiem ndeic yiem zoux liangx-ndeic nyei dorngx/be at the field; live in the farm.

yiem-ndie-biauv bueix yiem ndie-biauv at hospital; to be hospitalized.

yiem ndo nyei dorngx yiem mienh maiv taux nyei dorngx/in deep (forest) area.

yiem njiec yiem dingc njiec/permanent resident; settled down.

yiem nqa'haav yiem di'daanz nqaang wuov bung/behind; at the rear.

yiem nyei dorngx deic zepv/a dwelling place; address; residential; domicile.

yiem nyiec yiem ga'nyiec maengx/to be outside; excluding.

yiem nyiec guoqv yiem ganh norm deic bung/in foreign country.

yiem seix zangc ziangh yiem seix zangc one's lifetime on earth.

yiem ziangx mbu'ndongx yiem fiem-duang/in the central area.

yiem zingh mienh yiem mungv zangc nyei mienh/city dwellers; people in city.

yiem zunv yiem zunv yietc norm dorngx to live in one place; be collectively.

yiem[2] m. fin-mienh caux zienh yiem nyei dorngx/underworld or world of spirits.

yiem-biei mangc mv buatc nyei biei/the pubic hair; hairs of private part.

yiem-deic janx-daic zouv/a graveyard.

yiem-fei yiem-gen nyei sic/the matter of darkness; matter of underworld.

yiem-fouv yiem-gen nyei/the underworld or the world of Hades.

yiem-gen mienv yiem nyei dorngx/the shades; the underworld.

yiem-gong mangc mv buatc nyei longx nyei sic/one's unpublicized good deeps.

yiem-hungh yiem-gen nyei hungh/the king of underworld.

yiem-jauv gu'nguaaz cuotv seix nyei jauv/a shades road or ways of subjects to the king of children to parents and of wife and husband.

yiem-liqc saauv gan muonz, gan hlaax nyei sou/the lunar calendar.

yiem-lorqc hungh yiem-gen nyei hungh the king of the dead world, who has final authority over departed spirits.

yiem-njiuv sipv mienv bieqc yiem-gen njapv nyei njiuv/scissor in spirit world.

yiem-seix daic benx mienv mingh wuov seix/the life after death.

yiem-sic yiem-gen nyei sic/the affairs in shades or in spirits world.

yiem-soux yiem-gen nyei sic-gaaix/the system of spirits world.

yiem-toi waaic yiem ga'sie wuov zanc waaic mi'aqv/to deformed from birth.

yiem-wuonh janx-daic nyei wuonh/the spirits of the dead.

yiem yaangh yiem-gen caux yaangh gen both of living and spirit world.

yiem yaangh yietv leiz yiem-gen caux yaangh gen fi'hnangv zuqc dingc zuiz.

yiem-yaangv hieh guaiv mienv/ghost or soul of a dead person.
yiem-yiem nyei haiz hmuangx-hmuangx daaih/feeling eerie and become dark.
yiem-yunh yiem-lorqc hungh dingc bun mienh benx auv-nqox doic nyei sic/fate that determined by spirit world before a person is born for their marriage partner.
yiem-yunh taux dauh longc yietc seix nyei cai-doix/fulfilled of marriage.
yiem-zeqv fiou yiem-gong longx duqv nyei buonc/unpublished merit.
yiem-zeqv taux dauh duqv kuh yiem taux dauh nyei mienh/happiness fulfilled of one's lifetime.
yiem-zunh dang fungx sei nyei dang/a lamp used at a funeral to shine the way for the deceased to go to the spirit world.

yiem[3] pm. yiem meih nyunc duqv/depend how you preference or like.
yiem ganh hnyouv eix sueih ganh nyei hnyouv nyunc duqv/one's own will.

yiem[4] m. maaih yiem jienv nyei/to be exist or alive; be at presence.
corc yiem nyei corc maaih jienv nyei/to be alive; still be at home.
henh henh nyei yiem henh yiem hnangv mv zoux haaix nyungc/not be busy.
maiv yiem aqv 1 mingh mi'aqv/no more existing. **2** daic mi'aqv/be dead.
yiem longx wangc siangx longx henv nyei/be in good health.
yiem longx nyanc longx 1 yiem longx mv ceux sic/be a good person. **2** kuh yiem kuh nyanc/to live with easy life and eat healthy food.
yiem nyei yiem jienv nyei/be at home or to be present; current.

yiem[5] pm. Yiem, fai congh wuov norm hlaax daaih/since last month.
yiem kaeqv-deic daaih congh zong guoqv daaih/to have came from China.
yiem dong bung daaih yiem mba'hnoi cuotv bung daaih/to come from east.

yiem[6] m. **hmz yiem** se bienh hungh nyei biaa dauh dorn **luoqc junx** se bienh nyei juqv dauh sieqv, weic naaiv mbuo fiev mienh fingx nzung gorngv hmz yiem juangc luoqc junx.??

yiemc[1] w. sou-yiemc. Dgw: sou-zaang/a verse; a verse in a chapter.
da'nyeic yiemc i wuov yiemc sou/second verse in a chapter.

yiemc[2] pm. homc i yiemc suangx/to cover with two layers blanket.
i yiemc njongc weih i yiemc njongc/to put two layers wall.
maaih i yiemc lui houx maaih i taux lui houx/to have two set clothes.

yiemc[3] pm. maeqc yaang yiemc-yiemc nyei longx gau/healthy leaves of the plants.
yiemc-yiemc nyei mbiauh yaang nyiemz yiemc-yiemc nyei/very healthy leaves.

yiemh pm. domh yiemh yaangh wuov/to be crooked and twisted together.

yiemv nz. nyanc; hopv/to eat or to drink. Yiemv diuv. To drink wine.
yiemv benc nyanc hnaangx. Gj: kiqv benc/to eat rice; to have meal.
yiemv suiv hopv wuom. Gj: kiqv suiv/to drink water; to have a drink water.
yiemv zaah hopv zaah. Gj: kiqv zaah/to drink tea; to have a cup of tea.

yiemx w. wuom yiemx/flood; overflow or covered with water.
yiemx lungh ndiev wuom yiemx lungh ndiev/flood that covered over the world.
yiemx waaic wuom yiemx waaic/cause damaged or spoiled by overflow water.

yien[1] nz. **yien weic** laaix zuqc/reason; why. because of something.
yien-weic hngongx weic laaix zuqc mv guai/because no wisdom.
yien-weic baengc laaix baengc tongx hoic/due to an illness problem.

yien[2] w. dorh mienh nyei mbuox mingh longc **civ yien**/to used someone's name to make an exercise.

yienc[1] w. ganh yienc deix lui/to change for another clothe. Gj: ganh tiuv deix.
yienc cie ganh tiuv norm cie/to change bus, train, plane.
yienc cie-yienh tiuv siang-cie-yienh an. Gj: yienc cie-ping/to change vehicle tire.
yienc cuotv houx ganh tiuv deix houx/to change for another pants.

yienc daaih goiv yienc daaih; tiuv daaih after changed; after transformed.
yienc fangx tiuv benx ganh norm fangx change shape; change style.
yienc fiem-fingx goiv yienc fiem-fingx to change attitude; to repent; repentance.
yienc guoqv goiv yienc guoqv nyei leiz to reform a country.
yienc leiz goiv yienc doz-leiz/to reform the law or regulation.
yienc lui houx ganh tiuv deix lui houx zuqv/to change clothes; to redress.
yienc lungh ndiev Tin-Hungh goiv yienc lungh ndiev/to reform the earth by god.
yienc nyaah loz-nyaah ndutv liuz ganh cuotv siang/to lose one's baby teeth and grow permanent one.
yienc nzengc tiuv nzengc; goiv yienc nzengc/to be completely reformed.
yienc ping ganh tiuv norm ping/change another wheel or tire.
yienc qiex goiv yienc qiex/change voice as a boy when reaching adulthood.
yienc seix daic liuz torqv saeng daaih/to change to different life after dead and reincarnated.
yienc siang ganh tiuv siang; goiv yienc siang/to change for new one.
yienc ziouv ganh tiuv dauh ziouv; ganh bieqc norm ziouv/to change ownership.

yienc[2] cm. m'sieqv mienh nyei jiex gorn mbuox, beiv hnangv Yauz-Zoih nyei sieqv Yienc Zoih, weic zuqc Yauz-Zoih auv kungx yungz duqv sieqv hnangv cingx heuc *yienc* m'nziex yungz di'dauh haih *yienc* benx dorn. Gj: goiv, nqenx.

yienc[3] aengx lorz mangc "sin-yienc" wuov joux nyei eix-leiz.

Yienh[1] m. 寅 /yín/ da'faam weic deic sokv fai jaapv-zaangv-neix/the third of the twelve Earthly Branches.
yienh hnyangx 寅年 /yínnián/ zuoqc nda'maauh nyei hnyangx, dongh 1998 caux 2010 se guinh jienv mingh ziepc nyeic hnyangx aengx nzuonx taux gorn yietc nzunc/the year of the tiger.
yienh wuoz wakc mienh zoux waaic nyei mienv, beiv hnangv ninh daix liuz mienh nor ziouc maaih daix mienh nyei yienh wuoz mienv gan jienv ninh, taux ninh daic nyei hnoi ziouc zuqc mienh daix ninh daic/enemy or hatred spirit.
yienh ziangh 寅时 /yínshí/ lungh ndorm buo taux biaa diemv ziangh hoc/the hour between 3-5 A.M

yienh[2] gn. **yienh si biouv** yietc nyungc ndiangx nyei biouv/a wild rambutan.
yienh fiu mienv yiem ndiangx nyei mienv/spirit that lives in a tree.
yienh fong miev yietc nyungc miev nyei mbuox, gaatv zuqc buoz cuotv nziaamv mv dingh nor mborqv yienh fong miev daaih nanv wuom an zoux donv nziaamv ndie/a type of weed or grass.
yienh si ndiangx ziangh yienh sic biouv nyei ndiangx/a rambutan tree.
yienh si-hnyong maaih biei suqv-suqv wuov nyungc yienh si biouv.
yienh si-njang mv maaih biei wuov nyungc yienh sic biouv.
yienh si-njimv yietc nyungc ga'naaiv-ndaang, normh hlen maaih njoux nyei.
yienh taangh maaih nzauv nyei wuom-zingv/salt spring (that eaten by animals).
yienh wuoz mienv waaic nyei mienv/an enemy spirits, which bring troubles.

yienh[3] gn. cie nyei yienh. Gj: cie-yuonh, cie-ping/a tire; a wheel.
yienh mapv yienh tong cuotv qiex mapv to have a flat tire. **yienh yienh nyei ndortv njiec**/plummet.

yienv gn. longc nyanc hnaangx nyei yienv a small bowl used for serving rice.
yienv-cueix haih huv nyei yienv/fragile dishes; breakable dish.
yienv-dorn longc nyanc nyei yienv-dorn/a small bowl or dish.
yienv-zaanx nqopv yienv nyei ndiangx-longz/cupboard; a cabinet.
yienv-zaanx-longz nqopv yienv, zaanv nyei longz/cabinet for keeping bowls.

yienx[1] m., n. nqaapv yienx; hungh yienx/a seal; chop; stamp; emblem; symbol.
hungh jaa yienx hungh jaa nyei yienx/a government's official seal.
mborqv yienx nqaapv yienx an jienv/to imprint a seal.

yienx[2] cm. mienh nyei setv dueiv mbuox, beiv hnangv Gauv Yienx.

yienz[1] w. manc-manc zuov jienv mingh/to wait patiently; to direct; to guide.

yienz hoc tim bieqc nyei jangx-hoc/a quotation mark; a quote.

yienz jauv dorh jauv mingh; yienz jauv mingh/to lead or direct the way.

yienz jauv mienh dorh jauv mingh nyei mienh/director; leadership; guider.

yienz louc yienz jauv; dorh jauv/to lead the way; guiding someone.

yienz-louc fei sic-fei; yienh wuoz/source of causing troubles.

yienz louc sou yienz jauv mingh nyei sou/a guiding book; map.

yienz qiex nzangc dorh cuotv qiex nyei nzangc/vowels; speech sound.

yienz wuonh jai dorh mingh fungx zong janx-daic sei liuz yienz hmuangv doic nyei wuonh nzuonx biauv wuov norm jai/a chicken used to lead the family's soul home after buried a dead.

yienz yuoqc nduov daaih; yuoqc daaih/to lead; to induce; entice; lure,

yienz zipv yienz zipv kaeqv mienh/to welcome and introduce to.

yienz[2] zc. yienz cuotv/to copy or print out book or document paper.

yienz sou yienz cuotv benx sou-buonv to print a book.

yienz sou dorngx yienz sou nyei dorngx a print shop; printing company.

yienz[3] cm. **1** gu'guaaz-sieqv nyei mbuox beiv hnangv kungx yungz duqv sieqv nor aa zuqc cuotv dauh sieqv nyei mbuox heuc *yienz* se yienz dorn daaih. **2** mv haih maaih saeng-yungz nor zuqc hlorpv dauh mienh nyei gu'nguaaz daaih civ mbuox heuc *yienz* se yienz bun haih maaih saeng-yungz/to lead to come.

yiepv w. yuoqv gau hanc yiepv-yiepv nyei cuotv/be sweaty all over.

yieqc w. m'normh guaih haiz mbui nyei sing-qiex/buzzing of the ears.

yieqv[1] nz. nzauh yieqv; mv you mv yieqv nyei yiem/sorrow. Nzauh yieqv you. To be sorrowful circumstance.

yieqv fiem-jei you-nzauh kuonx hnyouv nyei sic/sorrowful; stressful.

yieqv nzauh you kuonx hnyouv nzauh nyei sic/sadness; depression.

yieqv[2] pm. zorqv yieqv bun/to give salute; to perform a salutation.

zorqv yieqv taaih zorqv yieqv bun taaih ginx/to greet with respectful sign.

yietc[1] w., m., pm. **1** yietc norm/one; a; an. **2** yietc nzunc/one time; one occurrence.

yietc aax 1 nyanc yietc aax/one bite of food; a mouthful. **2** zoqc gau yietc aax hnangv/tiny amount; little bit.

yietc aanx ndaamv-hnoi hnangv/a half day in the morning or afternoon.

yietc ba'zaangv mbaix yietc buoz-zaangv a slap; a smack with hand.

yietc baav yietc baav ga'naaiv/a bunch of something; bundle.

yietc baaix baaix yietc baaix/to bow one bow; to bow once.

yietc baan 1 dongh yietc baan/the same shift. **2** dongh torngx/homogeneous.

yietc baan horqc juangc doqc sou nyei ziangh hoc/a shift of student.

yietc baan mienh hnyangx-jeiv leih mv go nyei mienh/people about same age.

yietc baengx yietc baengx batv fai yietc Baengx congx/a pen, pencil or a gun.

yietc baeqv saauv mingh taux yietc baeqv/one hundred.

yietc baeqv cin ziepc waanc/one hundred thousand.

yietc baeqv gouv yietc baeqv gouv bun yietc baeqv/one hundred percent.

yietc baeqv hnyangx yietc seix jaax/a centenary; centennial.

yietc baeqv waanc yietc ziuc/a million. Gj: baeqv waanc.

yietc bang yietc guanh (saeng-kuv a'fai mienh)/a clique; a group of people.

yietc batv haih fiev nzangc nyei buoz/a skillful in writing.

yietc benv hniev-soux faah ziepc nyeic lungz/unit of weigh 32 lungz.

yietc beu yietc beu ga'naaiv. Gj: yietc junc, yietc nzutv/a parcel; a package.

yietc biauv mienh yietc zungv hmuangv doic/an entire household member.

yietc bien m'daaih fi'hnangv nyei/to be the same; make no different; either.
yietc bienh yietc bienh buangv nzengc mingh/one full tray or full plate.
yietc bienh doz-leiz gorngv cuotv daaih horpc nyei doz-leiz/one part of the law.
yietc bienx yietc buonc hnangv/a half of the whole part.
yietc binc yietc bin gorngv, yietc binc jatv/talk and laugh at the same time.
yietc biongc yietc biongc hmei-biouv/a bunch or cluster of grapes.
yietc bouv piqv yietc bouv/one strike by an ax; one chop by an ax.
yietc bui yietc zaanv (diuv fai wuom/a full cup of wine or water).
yietc buix ga'naaiv nyiex yietc buix nyei ga'naaiv/a package to carry on the back.
yietc bunh yietc bunh buangv mingh/a full plate or tray of something.
yietc bung nduqc bung hnangv/only one side; to be missing one.
yietc bung buoz nduqc bung buoz/one side of the hand.
yietc bung jauv nduqc bung mingh nyei jauv hnangv/only one side road.
yietc bungh 1 yietc bungh mienh/a clan member. **2** yietc bungh mueiz/a hive.
yietc buoz 1 yietc buoz zorqv jienv/to be a good catch by hand. **2** nanv yietc buoz/one handful. **3** haih zoux haic/to do all by one's hand; skillful hand.
yietc buoz-zaangv longc buoz mbaix yietc buoz-zaangv/a slap.
yietc buonc 1 yietc bienx/one half. **2** yietc huov/a household.
yietc buonc mienh yietc huov mienh/a household member; a family.
yietc buonv yietc buonv sou/a copy of a book; a volume
yietc buonv sou yietc buonv dingx ziangx nyei sou/a volume, copy, book.
yietc buoqv 1 huing nzuonx nyei dorngx/surrounding area. **2** gauh; yietc fatv/mostly; greater degree.
yietc caamx yietc douc ziangh hoc/a period of time.
yietc ciangv mborqv yietc ciangv jaax/a performance; a fight.
yietc ciangv jaax mborqv yietc ciangv jaax/to have a fight with.
yietc ciangv saeng-eix mingh zoux yietc saeng-eix/one business roundtrip.
yietc cie dapv yietc cie buangv mingh/a full truck of loading.
yietc cietv yietc norm leiz-baaix/a week.
yietc cin ziepc baeqv/one thousand.
yietc cin waanc ziepc ziuc/one billion.
yietc ciou jiex yietc norm ciou gueix/one autumnal season.
yietc ciqv ndorqc yietc ciqv/one inch.
yietc cuangx buo ndoqc nyei ndaauv/a unit of length equal a yard.
yietc cunx ndoqc ndaauv yietc cunx/one foot; twelve inches.
yietc cunx zou cunx jienv nyei yietc cunx zou/a string of pearl.
yietc daapc sou ziangh daapc nyei sou/a pile or a stack books.
yietc daapc zeiv ziangh daapc nyei zeiv. Gj: yietc zam zeiv/a stack of paper.
yietc daauh yietc daauh (lui houx)/one row of hanging clothes.
yietc dan yietc cin pauh, *dan* se gaav English ton daaih/one ton.
yietc dangh nduqc dangh hnangv maiv lauh/momentarily; just a moment.
yietc dangh yietc zanc nduqc dangh hnangv/a very short period to time.
yietc dangh zoux mv cuotv maiv maaih banh zeic zoux duqv cuotv/to have no ability to do something.
yietc dauv hlaau nyei yietc dauv/unit of volume equal to ten liters.
yietc daux borqv mingh nyei yietc daux one piece of the connection
yietc deix yietc deix lui houx/one piece of garment or trouser.
yietc deix mv nzueic maiv nzueic yietc aax/not pretty at all.
yietc deix mv yaauc yietc deix yaac mv benx/not look good at all.
yietc diemv 1 yietc diemv ziangh hoc/an hour. **2** yietc diemv mbiungc/a drop of rain water.
yietc diemv-bienx norm-bienx ziangh hoc/one and a half hour.

yietc diepc yietc norm diepc/a spot.
yietc dingc mv maaih mbungh mbienv aqv/fixed; specified; certainly; surely.
yietc diuc eix maaih nduqc diuc hnyouv hnangv/to have a fixed idea.
yietc diuc hnyouv nduqc diuc hnyouv hnangv/to have a single-mindedness.
yietc diuc za'eix yietc diuc longx haic nyei za'eix/a good idea, or good plan.
yietc diuh yietc diuh ndaauv nyei ga'naaiv/a long (object as rope, snake).
yietc diuh gouv dorng nzengc yietc diuh gouv/a piece of story; a folktale.
yietc diuh maengc yietc dauh saeng-kuv fai mienh maengc/a life.
yietc diuh ndoqv yietc diuh suang-suiv a river; a stream.
yietc diuh nzung dorng yietc diuh nzung se biee hlengx/a piece song or music.
yietc diuh suang-suiv yietc diuh domh ndoqv/a large river; a big stream.
yietc do liangc dunx yietc nzuqc zoux i nqanx mingh/to chop i into two piece.
yietc do zaamv dunx yietc nzuqc hngaqv ndutv mingh/to cut apart.
yietc doic luoqc ziepc hnyangx/one life span; one generation.
yietc doic mienh yietc torngx mienh/one human generation.
yietc doic nzipc yietc doic nzipc jienv mingh doic jiex doic/passed down from one generation to another.
yietc doix yietc sung; yietc sorng; yietc ndaamx/pair; mate; couple; brace.
yietc doix ngongh cie yietc doix tor cie nyei ngongh/an oxcart
yietc domh ndui yietc ndui hlo nyei/a large pile of something.
yietc don zeiv ziangh don nyei zeiv/a stack of pager; a pile paper.
yietc donx 1 nyanc yietc donx/to eat a full meal. **2** zuox donx/to scold once.
yietc donx hnaangx zingx-donx nyei hnaangx/one important meal.
yietc dorv yietc dorv biangh, mbuonx/a piece flower or clouds.
yietc dorv biangh yietc dorv biangh/a piece of flower.
yietc dorngh mienv yietc junc mienv nyei fangx/a scroll of Taoism picture.
yietc dorv mbuonx yietc dorv lungh nyei mbuonx/a piece cloud.
yietc douc 1 yietc douc ziangh hoc/a certain period time. **2** yietc douc jauv/a piece road. **3** yietc douc nor/a section of long object; a paragraph.
yietc douv hnamv jienv/to expecting someone or something.
yietc fatv gauh yietc fatv. Gj: gauh yietc zei/more likely to be that way.
yietc feix-cunx (buoz-ndoqv-nyeiz caux buoz-ndoqv-ziangv naamx daaih nyei ndaauv)/unit length (equal seven inches).
yietc gaa hlaau yietc gaa/unit of the measurement equal one quart.
yietc ganc ben daaih yietc ganc, yietc ganc nyei/a stripe of color.
yietc gau hnangv da'haav nzunc wuov nor/ordinary; usually; normally.
yietc gen 1 yietc qongx gen/a bedroom. **2** yietc sih gen/space between the time.
yietc gern ndamv yietc gern/a full spoon.
yietc gilo jauv ndorqc jauv ndaauv yietc gilo, *gilo* se gaav congh janx-taiv waac daaih, mienh waac heuc yietc gong leiz.
yietc ginc yietc ginc sou. Gj: yietc zaang sou/lesson or chapter in a book.
yietc ginc gong zoux yietc qiex nyei gong/a piece of work.
yietc ginc sou yietc zaang sou/a chapter or lesson in a book.
yietc gorng mbiungc duih yietc gorng mbiungc/a suddenly pour of rain.
yietc gorng nziaaux borngz yietc gorng nziaaux/a sudden gust of wind.
yietc gouv baeqv gouv nyei yietc gouv one part out of one hundred.
yietc guaax douz yietc guaax zieqc jienv douz/a burning fire.
yietc guanh yietc guanh mienh; yietc guanh norqc/a group; a flock.
yietc guanh ngongh ziangh guanh nyei ngongh/a herd of cow.
yietc gueix buo hlaax nyieqc/a quarter year (as period of three months).
yietc houz yietc huov mienh/a family; a household member.
yietc hlaax 1 zih hlaax/January. **2** yietc hlaax nyieqc/during a month.

yietc hlaax nyieqc buangv yietc hlaax nyieqc/one full month.
yietc hlengx nzung siec joux nzung nyei waac/a quarter of Iu Mien song.
yietc hnoi 1 nduqc hnoi hnangv/one day or any day. **2** yietc hnoi hmuangx/during a day or twenty four hours.
yietc hnoi gong-zinh zoux yietc hnoi gong nyei nyaanh/one day's wage.
yietc hnoi hmuangx yietc hnoi taux hmuangx/a full day; through out the day.
yietc hnoi nyei gong zoux yietc hnoi nyei gong/one day work; a day labor.
yietc hnyangx dorng yietc hnyangx/one year; during one year period.
yietc hnyangx biee gueix yietc hnyangx nyei biee gueix/four seasons in a year.
yietc hnyangx yietc nzunc yietc hnyangx maaih nzunc/once a year; annual.
yietc horngh yietc wuonc/a row; a line.
yietc horngc yietc norm horngc/a room.
yietc hnoi jauv yangh jauv fai niouv cie mingh yietc hnoi/one day's travel.
yietc jaa yietc kouv yietc biauv nyei mienh/a whole family member.
yietc jaax 1 yietc ciangv jaax/to have a fight of battle. **2** yietc jaax nzangv/a boat or an airplane. Gj: norm.
yietc jaan nziang hniev yietc jaan/one catty, equal to 1 2 pounds.
yietc jaapv-zaangv luoqc ziepc hnyangx a life cycle of 60 years.
yietc jaapv hniev-soux yietc jaapv, se feix zinh/unit weigh equal to four grams.
yietc jau ndorpc yietc jau/a fall.
yietc jauv caux jienv yietc jauv/to travel together with someone.
yietc jeiv caux jienv yietc njiec/together with someone or something.
yietc joih hniev-soux feix ziepc lungz/a unit of weigh equal to 40 taels.
yietc joux gorngv yietc joux/a sentence.
yietc joux waac gorngv setv nyei yietc joux waac/a word; a complete sentence.
yietc juangc yietc njiec caux jienv/in the company of; together with.
yietc kanx hniev-soux feix lungz/a unit weigh equal to four taels.
yietc kuv yietc kuv sim fai diux/a needle or a fishing pole.
yietc kuaaiv ziangh kuaaiv jangv nyei/a sheet of (paper, linen or blanket).
yietc kuaaiv zinh yietc norm loz-zinh/a coin/a one dollar coin.
yietc kuonv yietc kuonv (hlang, suix)/a bundle, bunch of thread or string.
yietc laangz yietc laangz nzengc/whole village; entire village.
yietc lapv nzormc yietc daapc nzormc/a stack of bowl or plate.
yietc leiz yietc leiz jauv/one mile, unit of distance on land.
yietc leiz-baaix yietv cietv; siec hnoi/a week or seven days.
yietc liuz yietc liuz yietc seix/endless or for everlasting; eternally.
yietc lox yietc lox jai-jaux/a dozen egg.
yietc longh 1 ziepc nyeic hnyangx/the period of twelve years. **2** yietc longc buangv mingh/one cage; a whole cage.
yietc lungz ziepc zinh/one tael.
yietc luonh mingh caux nzuonx/a round trip; one complete cycle.
yietc maengx yietc bung/one half side.
yietc maengx domh mienh nduqc bung domh mienh hnangv/a single parent.
yietc minc yietc pin sou nyei i bung/one side of a page. Gj: yietc benv.
yietc mou yietc setv fih fih hnangv hnangv wuov/exactly the same or alike.
yietc mueic 1 mangc duqv buatc nyei dorngx/as distant as one's eye can see. **2** mangc yietc mueic/to take a quick look.
yietc muonz ziangh muonz nyei/a whole night; during the night.
yietc mbaatv yietc mbaatv janx-taiv nyei nyaanh/one baht (a Thai currency).
yietc naamx ndaauv yietc naamx/length of one arm span.
yietc nanv buoz nanv gormx nyei yietc nanv/a handful of something.
yietc norm yietc norm (jaux, biauv)/an egg, house, ball or finger.
yietc norm sin ziangh sin nzengc/whole body; in one unit: not divided.
yietc norm ziangh hoc buangv yietc norm/one hour; an hour.

yietc norm zinh yietc norm nyaanh zinh a silver coin; one coin.
yietc ndau mv mingh maiv mingh haaix ndau/not go anywhere.
yietc ndiepv yietc ndiepv wuom/a drop of water or liquid.
yietc ndornh yietc ndornh Meiv Guoqv nyei nyaanh ndornh/one U.S dollar.
yietc ndorqc longc buoz ndorqc yietc ndorqc/unit length equal 1½ feet.
yietc ndui nduih jienv camv nyei/a pile; thrown together in a heap.
yietc ndunh ziangh ndunh nyei. Dgw: yietc kuaaiv/a piece; a chunk.
yietc ngaqv yietc ngaqv ndie/a piece of suitable material.
yietc njiec 1 caux jienv/altogether with. **2** zoux yietc nzunc/at once; one time.
yietc njuotv jauv yietc ngau jauv/a piece twisted road.
yietc nqanx yietc nqanx zaangh; yietc nqanx douz-hnyuotv/a piece firewood.
yietc nqanx waac waac-njuotc; gorngv mv ziangx nyei waac/incomplete speech or incomplete message.
yietc nquaav yietc nquaav nquaah; yietc nquaav mbiauh/a branch of tree.
yietc nyau buoz nyau yietc nyau buangv mingh/a handful of something.
yietc nyeic zueih yietv zueih nyeic cing nyei/instruction; imparted knowledge.
yietc nyie bueix njormh yietc nyie/period of sleep time.
yietc nyom yietc nyom mbiauh, benx buo siouv/big bundle of hanging rice.
yietc nyungc 1 nduqc nyungc hnangv/a kind. **2** dongh yietc nyungc/in one kind. **3** fi'hnangv nyei/alike; the same.
yietc nzangc zic cin jiem haih nzangc se zic duqv jiem/character is worth a gold.
yietc nzangh yietc nzangh biauv/one level of an apartment.
yietc nzauc yietc nzauc (nqaiv, yiez)/a bowel moment; a urinate. .
yietc nzengc nzengc-nzengc; yietc gau; da'haav nzunc/usually or normally.
yietc nziouv gaanv nziouv-nziouv nyei to act before anybody else.
yietc nzitv yietc nzitv forng/one arrow.
yietc nzomc yietc ndui; yietc nzomc/a pile; a group; a crowded.
yietc nzong yietc nzong ndeic a'fai lingh a piece swidden field.
yietc nzopv ndau yietc buoqv dorngx nyei ndau/a piece uncultivated land.
yietc nzuih 1 njorm jienv buangv nzuih mingh/a mouthful. **2** haih gorngv liouc haic/fluent speaker; smooth talker.
yietc nzuih mienh waac gorngv mienh waac mbiangc haic/speak Mien fluently.
yietc nzunc nduqc nzunc hnangv/one time; one occasion.
yietc nzuonx huing yietc nzuonx/one complete cycle; one round trip.
yietc nzuqc hngaqv yietc nzuqc/one cut; one chop with a knife.
yietc paan mungz-dangx yietc paan corng nqaeqv gaeng-qorngh nyei mungz/a mosquito net.
yietc paan suangx yietc kuaaiv suangx a piece blanket.
yietc pauh Meiv Guoqv nyei hniev-soux yietc pauh/one pound, the unit weigh of U.S equal to 16 ounces.
yietc pienx yietc kuaaiv ndiangx-pienx/a flat and thin piece of wood.
yietc pinv yietc jien-baaih/highest rank in officialdom.
yietc pou yietc pou fanh nyomv luangh a clump (of pumpkin or cucumber vine).
yietc poux yietc poux "nzangv, njiuv, benv, mbaih/a boat, scissors, coffin.
yietc puangv longc i jieqv buoz puangv yietc puangv/amount held by two hands.
yietc qaa yietc qaa dopc lai; yietc nanv/a bunch of something; a bundle.
yietc qiex 1 mingh yietc qiex/one stop of running. **2** tauv yietc qiex/one breath.
yietc qongx yietc qongx gen; yietc qongx dorngx/a room; a section of room.
yietc saeng yietc seix; yietc doic/one life or one lifetime; one generation.
yietc seix yietc seix mienh/through out one's lifetime.
yietc seix jaax yietc baeqv hnyangx/a century; one hundred year.
yietc seix mienh ziangh yietc seix mienh one's lifetime; one cycle life span.

yietc seix yietc doic ziangh daaih yietc liuz hnangv wuov nor/to be same person throughout his or her life
yietc setv 1 yietc nyungc setv/one color. **2** yietc nyungc/one kind; one sort.
yietc sih doix yietc sih, beiv hnangv ih hnoi biaa diemv aengx taux njang hnoi biaa diemv se doix yietc sih/one full day or one full hour.
yietc sih gen nduqc dangh hnangv/time as opposed to the space. Yietc sih hnangv naaiv yietc sih hnangv wuov.
yietc sih yietc zanc yietc norm ziangh hoc fai nduqc dangh/only a few minute.
yietc sin ziangh sin nzengc/whole body; whole physical body.
yietc sin baengc ziangh sin haiz mun nzengc/be afflicted by several ailments.
yietc sinx ziepc waanc, *sinx* se gaav Taiv-waac daaih/one hundred thousand.
yietc sung yietc sung zouc; yietc doix zoux/a pair of chopsticks; a couple.
yietc taux yietc tau lui houx/one set of clothe or garment.
yietc tin yietc deic leih go ndongc lungh caux ndau/as far as heaven and earth.
yietc tongv dapv buangv yietc tongv/one full bucket (equal to ten liters volume).
yietc torngx beiv hnangv, yietc torngx domh mienh i torngx fu'jueiv/once be an adult and twice be a child.
yietc torngx cun-gaeng zoux yietc torngx cun/one season; one crop.
yietc torqv yietc joih ziu-biouv; yietc torqv daau-biouv/a large bunch of fruit.
yietc waanc ziepc cin/ten thousand.
yietc waengh zaangv nqetv buoz-zaangv ndorqc nyei jangv/one handbreadth.
yietc waeqc yietc waeqc nzangc/a stroke in writing character.
yietc weic yietc weic hungh; yietc weic fin-saeng/a king, man, lady, hero.
yietc yiemc 1 yietc yiemc sou/a verse in a chapter. **2** yietc yiemc lui houx/one set clothe. **3** yietc yiemc njongc/one layer of the wall.
yietc yuonh janx-kaeqv nyaanh, yietc yuonh/one Yuan Chinese currency.
yietc yunh yietc dauh wuic nyei mienh/a member of an organization.
yietc zaanv buangv yietc zaanv mingh/a full cup of something.
yietc zaang yietc zaang sou/a chapter (in a book); a lesson.
yietc zam yietc zam zeiv/a stack paper.
yietc zamh sung zaqc i jieqv buoz ndorqc nyei ndaauv/unit length measure by two arms stretch out, which equal 5 feet.
yietc zanc nduqc dangh hnangv/moment or momentary.
yietc zanc jiex yietc zanc ziangh hoc jiex jienv/as time goes by.
yietc zaqc mingh zaqc wuov ndaangc bung/to go straight forward; directly.
yietc zaux-ndiqv ndiqv yietc zaux-ndiqv to give someone a kick.
yietc zei jaa camv faaux/more likely to; increasingly. Yietc zei hnamv yietc zei qiex jiez. The more (I) think the more I become angry.
yietc zei kouv jaa kouv camv faaux/to get more and more serious.
yietc zei longx jaa longx faaux/become more and more better.
yietc zeih 1 yietc norm ziangh hoc/an hour. **2** yietc dangh hnangv/momentary.
yietc zeih yietc zanc nanv nyei ziangh hoc/short period of time; a moment.
yietc zeiv 1 yietc zeiv fienx/a letter. **2** yietc lai/a bunch of green.
yietc zeiv dopc lai yietc zeiv ndoh daaih nyei dopc/a bunch long of bean.
yietc zeiv fienx fiev daaih nyei yietc zeiv fienx/a letter; a piece note.
yietc zeiv lai-maeng yietc zeiv ndoh jienv nyei lai/a bunch of green mustard.
yietc zeiv sou yietc zeiv wuonh sou/a document paper.
yietc zeuv ndie biee zamh ndaauv nyei ndie/bolt, scroll of cloth equal 16 feet.
yietc ziangx doix nzengc maiv pioux/to accurate; exactly; absolutely; perfect.
yietc ziepc ziepc cenh fai ziepc ndornh nyaanh/a dime or ten dollar bill.
yietc zinh nziang nyei hniev-soux yietc zinh/unit weigh of one gram.
yietc zinh mv zic yietc zinh nyaanh yaac mv zic duqv/not even worth penny.

yietc zingh mienh ziangh norm mungv nyei mienh/people of the whole city.
yietc zingv wuom yietc norm wuom mbeux zingv/a spring water.
yietc ziuc yietc baeqv waanc/one million. Gj: baeqv waanc.
yietc zorngh yietc zorngh (yienv)/dozen or a set (of cup or bowl).
yietc zorngh jaux ziepc nyeic norm jaux one dozen egg; twelve egg.
yietc zorngh yienv ziepc nyeic norm yienv/one dozen of small bowl.
yietc zuangx yietc zungv nzengc; mouz laanh/everyone; everybody; publicly.
yietc zuangx cien mienh muoz yietc zungv/all brothers and sisters.
yietc zuangx mienh yietc zungv mienh all the people; everyone.
yietc zunh yietc hlaax nyieqc gu'nyuoz nyei ziepc hnoi/ten days period in a month.
yietc zungv caux jienv yietc zungv/all together; entirely.
yietc zungv souv jiez yietc zungv jiez sin souv jienv/all standing up position
yietc zungv zoux yietc zungv jiez sin mingh zoux/everyone start working.
yietc zuonv **1** mingh zoux yietc zuonv saeng-eix/round business trip. **2** guinh yietc zuonv/one complete cycle.

yietc[2] pm. nduqc; ganh; yietc weic; yietc laanh; yietc dauh/individually.
yietc dauh yietc dauh saeng-kuv fai yietc mienh/one animal or on person.
yietc dauh, **yietc dauh nyei** yietc dauh yietc dauh nyei saauv mingh/to count one by one.
yietc laanh yietc laanh mienh/a person; a gentleman or lady.

yietc[3] hd. saauv jiex gorn nyei yietc/lowest whole number, a symbol as l.

yietc[4] yz. juangc jienv; gapv zunv; benx guanh/unity; union; uniformity.
yietc diuc hnyouv dongh fiem juangc eix; juangc diuh hnyouv/to be one mind.

yietv[1] hd. **1** da'yietv/first. **2** weih yietv/to be in the first place; number one.
da'yietv-hoc daauh hoc; daauh horngh number one brand; leading brand.
yietv-baeqv ziepc nzunc ziepc. Gj: yietc baeqv/one hundred.
yietv bieqc yietv laamx zaux bieqc/to step in; to walk in.
yietv binx yietc nzunc/on one occasion.
yietv binx nyeic binx yietc i nzunc/first and second time.
yietv bui yietc zaanv/one cup (of liquid, wine or water).
yietv cietv yietc norm leiz-baaix; siec hnoi/a week; seven days.
yietv nin yietc hnyangx/one year.
yietv nyeic da'yietv caux da'nyeic/first and second; one and two.

yietv[2] w. siepv-siepv nyei; maiv ngaih/to act suddenly; immediately or without delay. Yie yietv buatc ziouc dingh. I stop immediately when I see.
yietv bungx njiec yietv guaengx njiec seix nyei/to throw something down.
yietv jiez sin yietv souv jiez sin/to get up suddenly or immediately.
yietv mangc yietv bungx m'zing mangc siepv nyei/to take a quick view.
yietv waan panh tiu yietv kuangx panh tiu congx ziouc mbeux/a gun went off by pulling the trigger.

yietv[3] m. 乙 [yic] da'nyeic weic tin-fing, jaapv-zaangv-neix/the second of the ten Celestial Stems.

yietv[4] aengx mangc "cin-yietv, ziepc yietv; waanc-yietv; zueih yietv" wuov deix ziex joux nyei eix-leiz.

yinh m., n. jiex hnyangx yinh; sipv mienv yinh/celebration; banquet.
cing-jaa yinh zoux cing-jaa nyei yinh/a wedding party; a wedding celebration.
sipv mienv yinh zoux buoqc zangc mienv nyei yinh/a spirit ceremony.
yinh nzaanx zoux baac yinh nzaanx/to dismiss ceremonial or festival.
yinh wuic jiex zipv jiex wuic zoux nyei yinh/a festival; ceremony; banquet.
yinh ziouv dengv bieiv ziv yinh nyei mienh/a banquet hosted.
yinh zong yiem zoux yinh dorngx/be in the ceremony hall.

ying m. **ying wuonh** yaangh yinh nzangc English alphabet or letter.

ying wuonh faac yaangh yinh mbaih waac nyei sic/an English grammar.

yipc nz. normh/leaf.

muoqc yipc ndiangx-normh/tree leaves.

yitc nz. **wuoh yaang yitc** mbiauh yaang nyiemz nzueic/healthy rice seedling.

yiu[1] m. **Yiu-taaix 1** guoqv nyei mbuox/an Israel. **2** Yiu-taaix janx/Jewish people.

Yiu-taaix fingx Yiu-taaix wuov fingx janx/the Jewish nationality.

yiu[2] m. Yiu-Mienh, Iu-Mienh, Yao Mienh, Munh/Yao, Dao, Man or Mun people, who native of southern China and living scattered highland regions of S. China, N. Vietnam, Laos, Thailand, also United States, Canada and France since the fall of Laos in 1975 (the first syllable of Yiu-Mienh can be spell "Iu, Iuh, Yiuh").

Yiu Ndaa yietc buonv zengx-ginx sou nyei mbuox/a book of Jude, in the Bible.

Yo En m. yietc buonv zengx-ginx sou nyei mbuox/a book of Joel, in the Bible.

Yo Han m. zengx-ginx sou nyei mbuox a book of Gospel in the Bible.

Yo Maa m. zengx-ginx sou nyei mbuox a book of Jonah in the Bible.

Yo Su Waa gengx-ginx sou nyei mbuox a book of Joshua, in the Bible.

yoc wj. yoc aengx. Gj: youc aengx, yaac aengx/again; also; once more.

yoc aengx daaih aengx daaih nzunc aqv come again; come one more time.

yoc gorngv yoc jatv binc gorngv binc jatv/between talks and laughs.

yoc jatv yoc nyiemv yietc binc jatv yietc binc nyiemv/between laughs and cries.

yoh hq. muoqv zuqc mun heuc yoh nyei qiex/ouch; hurt.

yoh! mun gau diev mv hingh heuc nyei qiex/ouch! It's very painful.

yov hq. **aa yov** heuc junh nyei qiex/groan sound in great pain.

yov, mv fungc aqv gengh mun dingc aqv/oh, it's awful or serious.

yoz hq. **aa yoz** aa yoz fungc hnangv naaic laeh/oh, what's wrong; what's matter.

yomh pm. huv yomh nzengc. Gj: yumh/to be crumble; broken into small piece.

yomh nzengc huv muonc nzengc/to be totally destroyed; devastate.

yongh[1] w. ndiangx-yongh/a tree with full leaves or branches.

mba'biei yongh mba'biei hiaangx gau yongh yongh nyei/be hairy; full of hair.

yongh zouc ndiangx yietc nyungc ndiangx-dueiv hiaangx nyei ndiangx. Gj: yienh zouc/a banyan tree.

yongh[2] pm. **yongh heic** mv aqc; mv naanh; manc-manc/very simple; easy.

fong yongh manc-manc mv zuqc huaang to take it easy; unhurried.

yongh heic zoux maiv aqc zoux/easily do something; uncomplicated.

yongh in aengx lorz mangc "yangh in" wuov joux.

yopv[1] w. (nyutc pui miev nyaux) yopv nzengc mi'aqv/to droop.

hanc yopv-yopv nyei cuotv hanc luqc luqc nyei/to be dripping of sweat.

opv lai mv yopv opv lai mv haih yopv to cook green but won't droop down.

yopv njiec nzengc yopv njiec ga'ndiev nzengc/all be shrunken.

yopv-yopv nyei njiec yopv jienv njiec ga'ndiev/weaken and drooping down.

Yopv[2] m. zengx-ginx sou nyei mbuox/the book of Job, in the Bible.

yor w. yor jienv douz-nzauc gorn nzaaux douz/to warm up oneself by fireplace.

jai yor jienv ndaatv jai-nyeiz yor jienv ndaatv bouc jaux/a hen droops it's wing and sit on egg.

yorc w. **yau yorc** yuoqc mienh caux zoux waaic, fai zoux longx/urge someone to do something with you.

yorc six gorngv se gorngv/if supposing.

yorc waanh da'faanh; se gorngv/would be; if; suppose to.

yorv q. (jai heuc) yorv-yorv nyei qiex/the sound made by a terrify chicken.

yorx q. ziaaux suiv-ngongh nyei qiex/the sound used to call water buffalo.

yorz pm. ndiangx-yorz. Gj: ndiangx-fomv. a low tree with full leaves on the top.

zueiz jienv yorz-yorz buix jienv suangx zueiz yorz-yorz wuov/to sit with blanket cover and hanging down.

yormc pm. (mbiauh butv jai-gorngx dueiv yih yungx) yormc wuov/drooping down as leaves of rice plants.

yormc njiec (mba'biei) yormc njiec/to droop as hair. Gj: suoh njeic.

yormz pm. (ziangh guanh norqc) yormz dangh ndaix njiec/flock down of bird.

yornz pm. ga'sie-ndopv junc yornz-yornz wuov/soft rolling of a person's stomach.

yorpv w. (zaangz mbatv m'normh) da'yorpv da'yorpv deix/droop down as an elephant's ears.

yortv[1] w. (biouv) zuoqc jiex jaax huv yortv nzengc. Gj: foi, lopc, njaiz/softly; soggy (as fruit overripe and spoiled).

yortv-yortv wuov buonv norqc ndortv daaih yortv-yortv naaiv nix/softly.

yortv[2] pm. ciouv; cunv; orqv haic/fierce or unfriendly person.

mienh yortv mienh hnyouv orqv ciouv nyei mienh/unfriendly person; inhuman.

you pm. you-nzauh/sad; joyless; pensive; mournful; sorrow; depression.

mv you mv yieqv mv nzauh heix taux haaix nyungc/worriless; unconcerned.

you guoqv you maanh nzauh heix taux guoqv zangc caux baeqv-fingx nyei sic concerned over the fate of nation.

you minc yuangh nzauh hmien-minc/to wear a sad face; depress face.

you-nzauh hnyouv nzauh nyei sic/to be sad; to grieve or sorrow.

you-nzauh baengc hnyouv-nzauh a'fai hnyouv-huaang baengc/to have anxiety or depression problems.

you-nzauh zei-naanc mienh maiv haih tengx zei-naanc/a depression symptom.

youc[1] w.G [youv] youc aengx. Gj: yoc/and; again; once more; also.

youc faix youc aiv faix aengx aiv caux jienv/to be small and low too.

youc jatv youc nyiemv yietc binc jatv yietc binc nyiemv/to laugh and cry.

youc nzueic youc guai yaac nzueic yaac guai caux jienv/handsome and smart too.

youc zeiz ninh aengx dongh ninh nzunc aqv/he or she comes again.

youc[2] pm. **1** youc-youc nyei/be well worn of (a hole, path). **2** hmei youc/oily.

hmei youc-youc nyei hmei guoqv jienv youc-youc nyei/to be oily.

mbiutv njang youc-youc nyei ga'nyiec beih njang youc/smoothly and shiny on the surface.

youc[3] nz. **youc nziex** mv nziex; daaix sic; corv horh/probably; maybe; perhaps.

youc maaih aengx maaih; corc maaih/to have again; there is another.

youc zeiz ziouc zeiz hnangv naaiv aqv/to be exact, accurate; correct.

youc[4] nz. mbiaauc bung/the right side.

youc juoqv mbiaauc bung zaux/the right leg; right foot; right limb.

youc siouv mbiaauc buoz/right hand.

Youd Sinh Chao (Nyutc Sinx Zeuz)

yiem mbuo Iu-Mienh (Yao) biaux naanc bieqc Meiv Guoqv deic bung congh 1976 wuov hnyangx daaih, da'yietv laanh Mienh hoqc duqv Ph. D. se zeiz Zeuz Nyutc Sinx yiem mbuo daaih Meiv Guoqv Mienh nyei gouv-douh/history gu'nyuoz, naaiv gengh longx haic nyei kuv nyungc zeiv bun taux mbuo yietc zuangx Iu-Mienh.

youh[1] m. **1** zouv nyanc youh/ cooking oil. **2** dapv cie youh/gasoline. **3** dapv dang youh/kerosene. **4** youh mbiangc/motor oil or grease.

youh baengh dapv youh nyei baengh/a bottle for storing oil.

youh bux torngv mbiungc nyei youh bux/plastic sheet used as waterproof.

youh bux liuh ndopv-liuh; ndie-liuh fai youh bux liuh/a plastic tent.

youh caeng 1 zin ga'naaiv nyei caeng/a frying oil pan. **2** yiem-gen mienv nyei hungh dingc zuiz nyei youh caeng/a cauldron of oil-a punishment for evil spirits in the legendary hell.

youh ciangv 1 cie youh louc youh nyei ciangv/oil extracting mill. **2** jaa youh cie nyei ciangv/gas refuel station.

youh dang dapv youh buov nyei dang/a kerosene lamp; an oil lamp.

youh gorngc dapv youh nyei gorngc/a bottle for storing an oil.

youh jaax youh nyei jaax-zinh/oil price or gasoline price.

youh jaax faaux youh nyei jaax-zinh faaux/rising of oil or gasoline price.

youh kung 1 muoqv zuqc youh kung/an oil spill. **2** nyiemv wuom-mueic cuotv nyei waac-meiv/a conceal word for cry.

youh kung koiv youh kung njiec koiv an oil spilled on the sea water.

youh kuotv cie youh nyei kuotv/oil well or oil dealer

youh muon zaax youh nyei ndaan-dorn a basket used to press seeds for their oil.

youh mbiangc an zoux jaa-sic mbiangc youh/general greasy or motor oil.

youh ndaang fuqv sin ndaang nyei youh perfume; fragrant ointment.

youh ndiepv youh cuotv ndiepv njiec/oil leaking from (oil tang, oil pan).

youh nqaai cie nyei youh nqaai/run out of the gasoline.

youh saeng-eix koi youh zaamc maaic youh nyei saeng-eix/to run a station.

youh tongv zaangh youh nyei tongv/a fuel tank; gas tank; oil tank.

youh zaamc jaa youh nyei zaamc/a gas station; refuel station.

youh ziem biouv zuangx daaih nyei yienh si njang biouv/longan fruit.

youh zorngh zaax ga'naaiv-nyim youh nyei zorngh/a mold for pressing oil.

youh[2] w. **gorn-youh** gorn-baengx; cuotv sic nyei gorn-youh/the resource; reason of causing a trouble; derivation.

njien-youh jorm nauc ngitc haic/to have fun; pleasant; enjoyment; amusement;

youh[3] zg. youh mingh youh daaih/to travel; to wander; to tour.

youh baeng youh jienv mingh nyei baeng/soldiers who not listed as regulars.

youh deic bung cuotv deic-bung mingh saau nziaauc/to travel around.

youh deic bung mienh cuotv deic-bung saau nziaauc nyei mienh/traveler; tourist.

youh dopc bouc louc dopc bouc/to filter soybeans juice in order to make tofu.

youh haengh saau nziauc jienv mingh. Gj: haengh youh/to travel; tour; wander.

youh haengh cie tor mienh mingh saau nziaauc nyei cie/a tour bus, car, van.

youh haengh feix youh deic-bung longc nyei nyaanh/travel expenses.

youh hiaang mienh saau laangz mienh a villain; a hoodlum; a hooligan.

youh jienv mingh guaih saau nziaauc jienv mingh/to travel without planning.

youh lungh (norqc ndaix) gu'nguaaic lungh youh mingh daaih/to fly in the air.

youh lungh ndiev youh jienv lungh ndiev mingh/to travel around the world.

youh mangc saau mangc jienv mingh/to walk around to watch; to patrol around.

youh[4] wj. youh hnyouv nyunc; youh eix zoux; youh binc/the will of mind.

youh binc bungx nqoi mv guaax hnyouv aqv/release one's mind not to worried.

youh binc meih sueih meih nyei hnyouv nyunc aqv/whatever you feel like.

youh binc ninh sueih ninh aqv/leave him alone; let it goes; don't bother.

youh binc yie mv dungx gunv yie/leave me alone; don't bother me.

youh maengc sueih ganh nyei maengc buangh/accept whatever goes with life.

youh meih sueih meih nyei hnyouv eix whatever decisions you like.

Youh meih lorqc sueih meih ganh nyei hnyouv oix/as you please; as you like.

youh meih oix sueih binc meih nyei hnyouv nyunc aqv/whatever you want.

youh meih zoux oix hnangv haaix zoux yaac sueih meih aqv/do the way you like.

youh[5] hq. liemh zeih mun heuc nyei qiex sound made by person suddenly get hurt.

youx w. **1** youx; zorng; mv nyunc duqv/to hate; irritating; dislike. **2** mv oix; siouc

mv duqv/to be sick of; boredom.
mienh youx mienh zoux sic mv ziangh horngh youx nyei mienh/a person who's behaved to irritating the people.
youx dingc aqv gengh youx maiv oix mangc/to detest; to be hateful.
youx haic youx camv haic/to be hateful; spiteful; offensive; malicious.
youx-huotv mbiouh ndanc zuqc mienh nyei qiex/disturbance with loud sound.
youx-huotv mienh zoux mbui ndanc zuqc mienh/to irritating the people.
youx lai hnaangx siouc mv duqv lai hnaangx/boring with the food; hate food.
youx nyei sic zoux bun mienh youx nyei sic/a regrettable thing.
youx sic youx maiv oix buangh sic nyei mienh/to hate a trouble; inoffensive.

Youz[1] m. da'ziepc wuov weic deix sokv fai jaapv-zaangv-neix/the tenth of the twelve Earthly Branches.
youz hnoi zuoqc jai nyei hnoi/the day of the chicken.
youz hnyangx zuoqc jai nyei hnyangx, se dongh 2018 caux 2030 guinh jienv mingh ziepc nyeic hnyangx liuz aengx nzuonx taux gorn nzunc/the year of the rooster or chicken.
youz ziangh lungh hmuangx biaa mingh taux siec diemv nyei ziangh hoc/an hour between 5-7 PM.

youz[2] nyc.**1** zoux youz; lorqc faix/younger brother of the male person. **2** nqox nyei youz, yie heuc youz/term used to address one's husband's younger brother. 3. auv nyei nziez nyei nqox, yie heuc youz/term used to address one's wife's younger sister's husband.
youz-daa ong-daa nyei youz, se yie heuc youz-daa/term of address one's wife's father's younger brother.
youz-diex 1 dae nyei youz, se benx yie caux yie nyei auv nyei youz-diex/term of address one's father's younger brother. **2** maa nyei nziez fai auv nyei maa nyei nziez nyei nqox, se benx yie caux yie nyei auv nyei youz-diex/term of address one's or spouse's mother's younger sister's husband.
youz-faix gauh faix jiex wuov dauh youz/the youngest brother.
youz-laai nqa'haav laai yungz daaih wuov dauh youz/the youngest brother.
youz-mbu'ndongx mbu'ndongx wuov dauh youz/the middle brother.
youz-ong ong nyei youz a'fai auv nyei ong nyei youz yie caux yie nyei auv heuc youz-ong/a term of address one's or spouse's grandfather's younger brother.
youz-teix youz daic mingh youz nyei auv aengx longc da'nyeic teix nqox daaih se benx yie nyei youz-teix.
youz-zaih nqa'haav laai lauh cingx yungz daaih wuov dauh youz/late brother.

yuv hq. se dongh "aa yuv" fiev nangv daaih/exclamation showing surprise.
yuv, mv fungc aqv mv duqv nzengc aqv oh, my dear it's awful what should I do.
yuv, mangc gaax njorngh siepv deix mangc/oh, look! What's happening.

yuang w. (waan nie) yuang jienv/heap up soil around the base of a plant.
yuang biangh gorn sipv biangh mienv yuang biangh gorn nyei sic/a spirit priest to restoring a flower spirit.
yuang normh ziu gorn guaaih nie an huing normh ziu gorn/pile up soil around the base of a banana tree.
yuang zouv guaaih nie an zouv faaux hlang/to pile up dirt on a grave.

yuangh[1] pm. **mv yuangh meih daaih** mv bun meih daaih/you're not allow to come.
mv yuangh meih nitv yie mv iv congh meih nitv zuqc yie/you are not permit to be close or near me.
mv yuangh zingh mv nyaangc aqv; mv bouc aqv/not to tolerant or lenient with.

yuangh[2] pm. **minc yuangh setv** hmien-setv/expression of a person's face.

yuangh[3] pm. saeng duqv henv; bueix sieqv henv/showing masculine spirit.
maaz-gouv-saeng yuangh haic njaah maaz-nyeiz henv nyei maaz-gouv/stallion showing masculine spirit.
yuangh jaan m'jangc mienh nyei qam-gorn, a'fai yiem-jaan/penis.

yuangh[4] w. gaamv; daamv longx; daamv hlo/vigor; powerful; brave; dare.

yuangh gaamv daamv-seix longx haic nyei/to be brave; bold; fearless.

zoux sic yuangh zoux sic maanh/to act bully; to do without fear.

yuangv w. zuangx mienh mingh yuangv houc/to join an entertainment; to gather for a joyous celebration.

yuangv haic mienh camv njaauh njaauh nyei/crowded people to join at one thing.

yuangv houc mienh camv gaeng jienv mingh houc jaax/to joint an entrainment.

yuangv houc cing-jaa-yinh mienh camv nyei mingh houc cing-jaa yinh/to join and support a wedding celebration.

yueic gn. hmei-zung fai ndiangx-zung gitv nqaai ngaengc daaih/gum or sap (from a tree vine or plant).

ga'lanv yueic ga'lanv biouv cuotv daaih nyei yueic/a hardened olive gum.

ndiangx-yueic ndiangx nyei zung nqaai ngaengc daaih/hardened gum of a tree.

yueix pm. mbiauh yaang yueix-yueix nyei nzueic gau/fresh healthy of rice seedling.

yueix daax yueix yueix daax yueix yiemc daax yiemc nyei/very healthy seedling.

yueiz hq. yueiz, gengh saah/exclamation used to show angry. Yueiz, meih gengh cuoqv yie saah?. Are you sure you really want to provoke me to fight?.

yumh pm. huv yumh nzengc; zong zuqc yumh/smashed into tiny pieces.

yumh nzengc huv muonc nzengc/to be broken into small pieces.

yunh[1] n. **1** dapv congx nyei yunh/bullet; ammunition. **2** yunh mbeux/a bomb.

congx-tiux yunh dapv congx-tiux nyei yunh/ammunition for automatic gun.

yunh biouv junh nyei yunh/ball bullet or round shape bullet.

yunh corngx longc dapv congx-nqunx zong fiu zietc nyei yunh nqanx/weighted cylinder used for tamp gunpowder.

yunh daanc buonv zuqc aengx mbeux daanc nyei yunh/an explosion bullet.

yunh doc maaih doqc qiex doc mienh nyei yunh/a poisonous bomb.

yunh faai longc buonv norqc nyei yunh muonc/small pellets.

yunh faang dapv yunh nyei faang/an ammunition box.

yunh mbeux buonv mingh mbeux nyei domh yunh/missile.

yunh ndie maaih ndie doc mienh nyei yunh/dynamite; explosive.

yunh ndongh dapv fiu wuov nqanx yunh nyei ndongh/bullet copper.??

yunh paiv tapv congx-tiux nyei yunh paiv/rifle clip; a cartridge clip.

yunh sioux buonv mingh cuotv sioux nyei yunh/a smoke bomb.

yunh zuv daanc cie-ndaix bungx daanc mienh nyei domh yunh/atomic bomb.

yunh zuv qaqv domh yunh mbeux daanc nyei qaqv/atomic energy

yunh zuqc buonv zuqc/be hit by bullet.

yunh[2] m. **wuic yunh** a member (of an association or organization).

yunh mouc mbuonx; benx wuom nyei mouc/clouds; fog; mist.

zaux-ndiev jiez yunh youc jiez mouc huaang buoz-zaux yiem mv jienv nyei sic/to be in great hurry.

yunh[3] zmb. **yiem-yunh** yiem-lorqc hungh dingc ziangx bun nyei auv-nqox/destiny of marriage.

yunh buonc gorqv-mienh nyei auv-nqox buonc/chosen of person's marriage.

yunh[4] pm. **dunh yunh** longx nzengc; yaauc nzengc/completion; whole.

yunh[5] bc. **yunh nin** nzoih zunh hnyangx; ziangx wuov hnyangx/the year ending with successful.

Yunh Ziuh Zong Guoqv nyei yunh ziuh hungh gunv jiex daaih wuov gitv lungh ndiev/the end of Yuan Dynasty.

yunh[6] cm. mienh nyei heuc jiex gorn a'fai setv-da'mueiz mbuox, beiv hnangv Yunh Zoih; Daqc Yunh fai Naix Yunh.

Yunh Naamh yietc norm Zong Guoqv F.N bung maengx nyei saengv/Yunnan province in south western China.

yunh[7] aengx lorz mangc "haac yunh, zangc yunh, zong yunh" nyei eix-leiz.

yungh[1] sk, d. **1** yietc nyungc zienh saeng-kuv/goats; sheep. **2** gorngv "yangh in" nyei waac-meiv/an opium.

yungh biei lui longc yungh biei zoux nyei lui/clothes made from wool or fur.

yungh ciangv bungx yungh nyanc miev nyei ciangv/place for grazing goats.
yungh dorn yungh nyei dorn/a kid goat or kid; lamb.
yungh gouv yungh gouv/a male goat.
yungh guanh ziangh guanh nyei yungh a herd of goat or sheep.
yungh nyeiz njiec liuz dorn nyei yungh nyeiz/a mature female goat.
yungh orv yungh nyei orv/goat's meat; mutton.
yungh zeic mv njiec jiex dorn nyei yungh lunx/virgin goat; young female goat.
yungh ziouv yungz yungh nyei ziouv/an owner of the goat.
zoux hieh yungh mbienv mbaengx zouz domh cing-jaa baaix dorngh nyei sic.

yungh[2] gn. gorngv yangh in nyei waac-meiv conceal word for opium.
yungh ndiqv 1 yungh ndiqv zuqc/goat kick. **2** butv yangh in inv/craving opium.

yungh[3] pm. yungh yungh yaauh yaauh nyei/dangle along; swagger along.

yungx w. jai-gorngx dueiv suoh njiec yungx yormc wuov/a rooster tail hanging down.
maeqc yaang yungx yormc nyei maeqc yaang normh yungx yormc wuov/healthy leaves of the corn plants.

yungz[1] w. **1** yungz gu'nguaaz/to give birth to. **2** dorh uix hlo/to raise. **3** yungz kaeqv mienh/to provide food for guests.
ganh yungz jiex beiv Giduc mienh jiex wuom nyei leiz/to be born again.
yungz duqv dorn yungz duqv nguaaz-dorn/to give birth to a baby boy.
yungz duqv sieqv yungz duqv dauh sieqv/to give bird to a baby girl.
yungz gu'nguaaz dorngx ndie-biauv yungz gu'nguaaz nyei horngc/birth section in the hospital.

yungz[2] pm. dorh uix hlo/to raise; to bring up; to raise livestock; to support life.
yungz baeng juang lai hnaangx baeng/to provide food for soldiers.
yungz dorn-jueiv liuc leiz dorh fu'jueiv hlo/to raise children.
yungz dungz yungz dungz/to raise pigs.
yungz dungz maaic zoux saeng-eix yungz dungz maaic/to raise pig to sell.
yungz fu'jueiv dorh fu'jueiv hlo/to raise children; to bear an offspring.
yungz hmuangv doic liuc leiz ziux goux hmuangv doic/to support the family.
yungz jai liuc leiz uix jai hlo daix nyanc fai maaic/to raise chickens.
yungz laangh longc laangh ziqc yungz uix hlo/to give food and nutrition.
yungz-loz liuc leiz mienh gox mienh/to provide care and food for elderly people.
yungz-loz-biauv bun mienh gox mienh yiem nyei biauv/home for aged people.
yungz-loz feix cingv goux mienh gox nyei nyaanh/fund used for take care aged.
yungz-loz jiemv bun mienh gox mienh nyei nyaanh/old-age pension
yungz-loz-laangh uix ong-daa maa-diev yietc seix nyei langh/son in-law who live with his parents in-law until they pass.
yungz-loz ndie-biauv mienh gox mienh zorc baengc ndie-biauv/a nursing home; or convalescent hospital.
yungz loz nyaanh hungh jaa bun mienh gox nyei nyaanh/a retirement money or social security benefit.
yungz maaz yungz maaz/to raise horse.
yungz maengc yungz ziangh maengc nyei ga'naaiv/provision for the living need; living expense.
yungz maengc ga'naaiv lai hnaangx fai laangh ziqc/food necessary for life.
yungz mbiauz dapv tongv yungz jienv mbiauz/to raise fish as pets.
yungz mbiauz njaangh yungz mbiauz nyei njaangh/fish raising pond.
yungz naamh nyouz yungz dorn-jueiv nyei sic/burden of raising the children.
yungz ngongh yungz yangh ngongh/to raise cattle or cow.
yungz saeng-kuv yungz nyungc-nyungc saeng-kuv/to raise domesticated animals.
yungz sopc loz-hnoi Fux-Hei Zeiv Muic yungz duqv sopc nyei gouv-waac/to give birth to an ash melon (as part of Iu Mien or Yao's creation story).
yungz yungh yungz yungh nyanc orv fai maaic benx zinh/raise goat or sheep.

yuonh[1] pm. **1** yuonh nyei mingh/be level or evenly. **2** hluo haiz yuonh/smoothly.

yuonh batv batv-zueiv guinh nyei batv/a ball-point pen.

yuonh nyei 1 yuonh nyei mingh/evenly. **2** baengh fim/fairness; unbiased.

yuonh[2] gn. cie-yuonh. Gj: cie-yienh/a tire; a vehicle tire.

yuonz w. yuonz louc; manc-manc yuonz jienv mingh. Gj. yienz/to wait patiently.

yuonz jauv zuov yangh jauv donc nyei mienh/wait patiently for slower walker.

yuoqc[1] w. yuoqc jienv mingh. Gj: nduov jienv mingh/to persuade; to urge.

yuoqc buangh yuoqc ziangh hoc mingh buangh doic/schedule to meet someone.

yuoqc cingv 邀请 /yāoqǐng/ yuoqc cingv mienh/invite someone to do something.

yuoqc cingv fienx yuoqc cingv mienh nyei fienx/invitation letter.

yuoqc daaih heuc jienv daaih; nduov jienv daaih/urge someone to come.

yuoqc doic iu doic; diuc doic; lorz doic. persuade someone to do something.

yuoqc fei fangx yuoqc mienh nyei nzueic fangx/an attractive appearance.

yuoqc m'zing oix mangc; oix duqv buatc to want to see by one's eye.

yuoqc mienh zoux sic yuoqc mienh/to attract to the people; to induce people.

yuoqc[2] nz. ndie/medicine. Yuoqc poux. A drug store; pharmacy.

yuoqc dorngh 1 ndie-biauv/a hospital; clinic. **2** ndie-poux/pharmacy.

yuoqv pm. yuoqv cuotv hanc; jorm-yuoqv. Dgw: juangv, namx/hot; warm; heated.

yuoqv dingc aqv gengh yuoqv dingc mi'aqv/to be extremely hot.

yuoqv gorng hnoi yuoqv nyei haac gueix hnoi/warm season; summer time.

yuoqv haic yuoqv camv haic/very hot.

yuoqv lungh qiex jorm yuoqv nyei lungh qiex/hot weather; a hot day.

yuoqv nauc njien-youh nauc ngitc haic merriment; merrymaking; fun activity.

yuqc[1] w. (dorngh biouv) yuqc/dissipate; melt; changed from solid to liquid.

mba'nziu yuoqc domh gamh nziex fai a'hneiv nyei sic/to be broken heart in terrified or in great surprise.

sorng yuqc sorng yuqc benx wuom/the melting of the snow.

wuom-ngaengc yuqc wuom-ndunh yuqc/ice block is melting.

yuqc nzengc yuqc benx wuom nzengc mi'aqv/to be completely melted.

yuqc[2] pm. mbiungc liemh ndorn yuqc yuqc nyei/completely wet; soaked; oily.

Z

z[1] /zor/ faah ziepc betv norm nzangc-maac yiem Iu-Mienh/Yao nyei waac.

Z[2] nzn. se dongh **ziangx** mbu'ndongx nyei nzutv norz fiev/an abbreviation for **ziangx** mbu'ndongx/center or central.

za'eix w. hnyouv hnamv cuotv daaih nyei za'eix/an idea; plan; design.

cuotv za'eix daav cuotv za'eix/to come out with the idea.

za'eix-guai daav guai nyei za'eix/smart idea; a wise plan.

za'eix jomc daav nzengc za'eix mi'aqv to be out of idea; no idea.

za'eix longx maaih za'eix longx/good idea; good plan; neat design.

za'eix nangv hnyouv hnamv nangv longc dorngc za'eix/wrong idea.

za'eix-ndaauv zoux hnyouv suonc nyei za'eix/to use patiently idea.

za'gengh se dongh **zien gengh** nyei fiev nangv daaih/absolutely true or real.

za'gengh aa zuqc gengh jienv haic mv zoux mv duqv/must; to be obligated.

za'gengh doix mv jiex haiz mv jiex eix gau/to feel sorry for.

za'gengh fai naaic gaax gengh zien nyei fai/really; are you sure?.

za'gengh henv gengh qaqv longx haic very strong or powerful.

za'gengh jaav gengh jaav dingc aqv; mv zien dingc aqv/absolutely false

za'gengh jaaix gengh jaaix haic/really expensive; very high price.

za'gengh longx gengh longx haic/to be very good or excellent.

za'gengh mbuoqc horngh gengh peix fuc haic/totally be amazed.

za'gengh peix fuc gengh mbuoqc horngh dingc aqv/absolutely admire.

za'gengh qiemx zuqc qiemx zuqc gau mv fungc aqv/to be an urgent need.

za'nyieh hnoi duqv buo hnoi jiex daaih aqv. Gj: zih nyieh hnoi/three days ago.

zaa gn. muonc nyei ga'naaiv-zaa/mixture of crushed; shapeless mass.

biouv-zaa zaax biouv-wuom cuotv liuz nyei zaa/pulps of the fruit.

gaam-ziex-zaa niouv gaam-ziex-wuom cuotv liuz nyei zaa/pulps of sugar cane.

la'fapv-zaa faix muonc nyei la'fapv/the small pieces of litter.

ndiangx-zaa njoux ndiangx a'fai jamv ndiangx cuotv daaih nyei zaa/sawdust or wood chips left after chopped.

zaa-zaa wuov ga'naaiv-zaa ndui jienv zaa-zaa wuov/pile up of shavings.

zaah[1] k. peux wuom-jorm fai zouv mueix daaih hopv nyei zaah/tea.

zaah baengh longc zouv zaah hopv nyei caeng/a teapot; a teakettle.

zaah baengh buoz zaah baengh hnengx nyei buoz/a teapot's handle.

zaah baengh nqaaix kapv zaah baengh nyei nqaai/a teapot's lid.

zaah biangh zaah nyei biangh/jasmine tea; flower-scented tea

zaah bienh don zaah zaanv nyei bienh. Gj: torqv-sienx bunh/a tea tray.

zaah bui zaah zaanv; hopv zaah zaanv/a teacup; small cup for serving tea.

zaah dieh don zaah zaanv nyei dieh dorn/table used for serving tea or coffee.

zaah gemh mienh 茶山人 /cháshānrén/ yiem zaah lomc nyei mienh/a group people referred to tea hill.

zaah gingx biangh 1 yietc nyungc ndiangx-dorn nyei biangh baeqc, longc cipv mienv-dieh longz hlen baaix hnyangx. **2** longc nzungh wuonh hopv zoux hnyouv laangh ndie.

zaah gingx ndiangx zaah gingx biangh nyei ndiangx.

zaah hei maaic zaah nyei hei/tea market.

zaah jei longc lorh zaah fai zaang zaah nyei jei/bamboo tray used in baking tea.

zaah jorkv longc hopv zaah nyei jorkv/a cup used for serving tea.

zaah lomc maaih zaah ndiangx camv nyei lomc/tea land; tea field.

zaah maeng yietc nyungc zaah nyei mbuox/green tea.

zaah mietc zouv zaah cuotv mueix liuz nyei zaa/tea leaves left after boiled.

zaah mbuonv zaah morc muonc daaih tea powder; tea dust.

zaah mbuoqc dapv zaah nyei mbuoqc/a tea bag.

zaah normh zaah nyei normh/tea leaf.

zaah ndaang yietc nyungc zueix-ndaang nyei zaah/fragrant tea.

zaah ndiangx zaah nyei ndiangx/tea tree.

zaah ndongh 1 dapv hlauv-ndongh zong zietc nyei zaah nqaai/bamboo tube tea. **2** longc dapv zaah nyei ndongh/a container for storing tea.

zaah nqaai zaah normh pui nqaai daaih dried tea leaves.

zaah nqaan an lai, an orv zouv ndaang nyei miev/lemon grass.

zaah sui zaah normh ipv sui daaih/tea leaves pickled.

zaah wuom zouv fai wuonh zaah daaih nyei wuom/tea water.

zaah youh zaah nyei youh/tea oil.

zaah zaa zouv zaah cuotv mueix liuz nyei zaa/tea dregs left after boiled.

zaah zaamv mv maaih zaah nyei mueix aqv/no more tea's flavor; flavorless tea.

zaah zaanv longc hopv zaah nyei zaanv teacup; cup for drinking tea.

zaah[2] w. zaah dimv mangc gaax/to check; to examine; to observe carefully.

zaah baeng zaah dimv mangc baeng/to to check or inspect soldiers.

zaah baengc (ndie-sai) zaah dimv lorz baengc zorc/to examine an illness.

zaah biauv (jun-zaah) sou biauv lorz/to inspect the house by police.

zaah cuotv 1 zaah cuotv baengc nyei gorn da'aqv/to discover the cause of the illness. **2** sou cuotv ga'naaiv/get results from an investigation.

zaah deic-bung mienh bieqc deic-bung caaiv suiv nyei mienh/a person who to obtain secret information; a spy.

zaah dimv zaah dimv mangc ga'naaiv nzoih nyei fai/to inspect over. .
zaah dimv jien (cie-ndaix ciangv) zaah dimv nyei jien/inspector (at airport).
zaah dimv muonc dimv mangc muonc nyei/to carefully inspect.
zaah dorngc dimv mangc dorngc/make mistake in searching something.
zaah douz ga'naaiv an biauv zaah douz nyei ga'naaiv/a smoke detector.
zaah duqv cing zaah dimv mangc duqv cing nyei/check and clear up the matter
zaah duqv hiuv zaah mangc duqv cuotv daaih/to be successful in searching.
zaah ganh zaah mangc gaax ganh se puix duqv nyei fai/to examine oneself.
zaah ging-sou zaah lorz ging-sou/search information from bible.
zaah jauv cie-ndaix zaah jauv zangc nyei cie-ndaix/aircraft patrol on high way.
zaah kauv beic ndiev zaah kauv mienh zoux nyei sic/to spy on.
zaah koux zaah mangc corng koux/to investigate the treasury.
zaah maiv cuotv zaah mangc mv cuotv haaix nyungc/unsuccessfully investigate.
zaah mangc zaah dimv mangc longx nyei/to inspect careful into.
zaah mienh houz hungh jaa zaah dimv mienh houz/an official census.
zaah naaic zimh naaic waac lorz gorn/to investigate by questioning.
zaah nzangc sou zaah lorz nzangc nyei sou/a dictionary or lexicon.
zaah nziaamv zaah dimv nziaamv/to do blood test; to do lab work.
zaah nziaamv-fei zaah gaax nziaamv-fei doix fai mv doix/to take DNA test.
zaah sic jun-zaah, zaah lorz sic/as police investigate into a matter.
zaah sin tiv zaah sin lorz baengc nyei sic/physical examination; health checkup.
zaah sou 1 zaah sou lorz hnoi/to search a auspicious day from the book. **2** dimv sou nziex maaih fiev dorngc/check to any misspelling in a book.
zaah yiez ndie-biauv zaah baengc mienh nyei yiez/urinalysis; to do urine test.
zaah zei-naanc gorn-baengx zaah dimv mangc gaax zei-naanc hnangv haaix nor cuotv/to inspect the cause of a disaster.

zaah[3] pm. zorqv ndie zaah jienv mun nyei dorngx. Gj: nzaatv/to anoint.
zaah ndie zorqv ndie zaah jienv ga'naaiv mun/to apply medicine on the wound.
zaah youh zaah youh (congx). Gj: faaux, nzaatv/to apply an oil; to lubricant.

zaav aengx lorz mangc "la'zaav" wuov joux nyei eix-leiz.

zaax[1] w. doqc eix zaax jienv zoux hnangv mv hiuv nor/to ignore; to disregard.
zaax baengc 诈病 /zhàbìng/ doqc eix zoux butv baengc/to pretend to be ill.
zaax daic 诈死 /zhàsǐ/ doqc eix zaax laaic daic/to fake death; to pretend to be dead.
zaax laaic zoux nduov hnangv mv zien falsehood; deceitful; to pretend to be.

zaax[2] pm. zaax njiec bun zietc/press down firmly with heavy pressure.
zaax baeng zaax naaic waac baeng/to force a soldier to get the result.
zaax bieqc mbuoqc dapv ga'naaiv zaax njiec bieqc mbuoqc/to press down into.
zaax biouv-wuom zaax biouv nyei wuom cuotv/to press fruit for their juice.
zaax dopc bouc zaax bun dopc bouc zietc/to press to make tofu more firmly.
zaax douz njiec buov zorqv douz-baav zaax njiec buov/to set fire by a torch.
zaax mienh zaax naaic mienh/to force a person to get the result.
zaax mbeih zaax njiec bun mbeih mingh to flat down something.
zaax naaic zimh gorn naaic baengx nyei naaic/to forcibly investigation.
zaax njiec wuom zaax njiec bieqc wuom mingh/to push someone into water.
zaax waaic zaax ngatv zuqc waaic/to be damaged by pressing down.
zaax youh zaax ga'naaiv-nyim nyei youh cuotv/to press seeds for their oil.
zaax zietc zaax njiec bun zietc/to make firm by pressing down.
zaax zuqc daic zaax njiec ngatv zuqc daic/to press down and die.
zaax zuqc huv zaax ngatv zuqc huv/to be broken by pressing down.

zaax[3] pm. zaax jienv. Gj: diev jienv, nyienz jienv/to endure; to be patient with.

zaaic w. zorqv duqv zaaic/can be reach; to be reachable. Gj: mingh duqv taux.

gaanv mv zaaic zunc mv zaaic; mingh mv hingh/fail to overtake.

hnamv mv zaaic hnyouv nangv hnamv mv taux/to be short memory.

jangx mv zaaic mv maaih hnyouv-caax mingh jangx taux/to be unexpected.

mv nangc zaaic caa di'dien mv gaengh nangc taux/failed to reach.

zaaic mbaengc nyei maaih gaux duqv nyei/to have enough for.

zorqv mv zaaic hlang haic zorqv maiv zaaic/too high to be reach.

zunc zaaic tiux mingh zunc zaaic aqv/to chase and catch up with.

zaaix[1] b. zaaix maengx bung; mingh zaaix wuov bung/left side; on the left.

zaaix bung douz-njapc cie nyei goiv zaaix douz-njapv/left signal on a car.

zaaix bung m'normh zaaix maengx bung m'normh/the left ear.

zaaix bung m'zing zaaix maengx bung m'zing/the left eye.

zaaix buoz zaaix bung buoz/left hand.

zaaix deix mbiaauc deix se beiv horpc deix mv horpc deix yaac cinh ninh aqv.

zaaix jieqv buoz zaaix wuov bung buoz. Gj: buoz-hngongx/left hand.

zaaix maengx yiem buoz-zaaix wuov bung/on the left side.

zaaix mbiaauc liemh jienv zaaix liemh jienv mbiaauc/left and right.

zaamc[1] w. **nziaamv zaamc** dingh mv cuotv nziaamv aqv/to stop from bleeding.

zaamc[2] d. hitv-zaamc fai dingh cie zaamc fai douz-cie zaamc/station; area.

youh zaamc dinh youh nyei zaamc/a gas station; refuel station.

zaamv[1] md. zaamv haic mv maaih mueix to be tasteless; flavorless.

nzuih zaamv (butv baengc mienh haiz) nzuih zaamv/taste nothing in the mouth.

zaamv[2] pm. hnyouv namx zaamv mi'aqv not be interested anymore.

zaamv[3] w. zaqv liangx goix ndiangx waaic gemh dauh nyei sic/to chop down tree.

zaamv baaic 1 zaqv goix waaic gemh dauh/to destroy forest. **2** mborqv baaic nzengc/to destroy an enemy.

zaamv cim cingv mienv daaih yiem jienv maaz-nyienh hngaqv nyei sic.

zaamv dunx hngaqv ndutv; zaamz ndutv to chop apart.

zaamv feiv hngaqv daic; daix daic; piqv daic/to be killed by slash or stab.

zaamz m., w. longc zaamz, zaamz hlieqv to cut the metal wedge.

zaamz hlieqv longc zaamz, zaamz njiec hngaqv hlieqv/to cut through a metal.

zaan gn. **ga'zaan** yietc nyungc longc yungh biei zoux nyei suangx-dimc-hoz/a type of thick wool blanket.

zaanc[1] pm. jaax-zinh aiv. Gj: pinh nyeih nyei/cheap; inexpensive; low price.

zaanc bun 1 maaic zaanc bun/to sell for cheap; to discount sale. **2** zoux bun mv maaih jaax-zinh/to abuse; abusive.

zaanc haic 1 gengh zaanc nyei/very low cost. **2** zinc haic/to be vulgar.

zaanc huox njiec jaax-zinh maaic zaanc nyei huox/inexpensive goods.

zaanc jiex jaax ba'laqc maaic zaanc jiex ndaangc mi'aqv/to cut price too much.

zaanc[2] cm. mienh nyei heuc jiex gorn mbuox, beiv hnangv Zaanc Zoih weic zuqc yungz ndortv ndau hnangv ziouc bungx nqaiv fai bungx yiez cingx zuqc heuc zaanc.

zaanc[3] aengx lorz mangc "mangc zaanc" wuov joux nyei eix-leiz.

zaanh[1] m. da'hmz weic deic sokv, jaapv-zaangv-neix/the fifth of the Twelve Earthly Branches.

zaanh hnyangx zuoqc jung-hungh nyei hnyangx, se dongh 2012 caux 2024 se guinh jienv mingh ziepc nyeic hnyangx aengx paan gorn nzunc/year of dragon.

zaanh ziangh lungh ndorm zanc siec diemv taux nduoh diemv ziangh hoc/the hour between 7-9 AM.

zaanh[2] w. beiv hnangv, hnaangx-zaanh fai lai-zaanh/food left after eaten.

ciouv zaanh laih hlopv nyei/nasty one.

zaanh haic laih hlopv haic mv fungc nyanc aqv/dirty (food).

zaanh[3] m. wuom-nzuih zaanh/saliva

zaanh doic gu'nguaaz ndiux jaang-ndiev torngv zaanh nyei ndie/bib shield or cloth.

zaanv n. longc hopv diuv nyei zaanv/small cup used for serving wine.

zaanv-cueix hungx-heic huv nyei zaanv a breakable cup; s fragile.

zaanx[1] hq. heuc maaz dingh nyei waac/the sound used to tell a horse to stop.

zaanx[2] aengx lorz mangc "yienv-zaanx" wuov joux.

zaang[1] w. zaang hnaangx; zaang maeqc; zaang njuov/to steam; to bake.

zaang diuv zaang zoux diuv/to produce wine; to distill liquor.

zaang diuv ciangv zaang diuv fai zoux diuv nyei dorngx/brewery or distillery.

zaang hnaangx zaang hnaangx-mbiutv fai hnaangx-ziqv/to steam rice.

zaang jorm zaang ox jorm deix/to warm up by steam.

zaang lai zorqv lai dapv zaangx zaang/to steam vegetable in the container.

zaang mv zuoqc zaang mv haih zuoqc nyiemz-nyiemz wuov/uncooked by steam.

zaang njuov beu njuov dapv zaangx zaang/to steam bread.

zaang orv zorqv orv dapv zaangx zaang to steam meat; to bake meat.

zaang[2] n. yietc zaang sou/a chapter in book or a piece of writing.

buo zaang sou buo ginc sou; buo douc sou/three chapters in a book.

zaang[3] aengx lorz mangc "huaang-zaang, wuonh zaang" nyei eix-leiz.

zaangc aengx lorz mangc "zangc" wuov joux nyei eix-leiz.

zaangh[1] nq., ng., k. buov douz nyei zaangh a firewood; a piece dried wood.

zaangh dorn faix muonc nyei zaangh. Dgw: domh zaangh/small firewood.

zaangh douz buov douz nyei ga'naaiv taanx fai zaangh/charcoal or firewood.

zaangh junh maiv piqv nyei zaangh nqanx/a non split firewood.

zaangh maaz yietc ndui zaangh camv nyei/a large pile of firewood.

zaangh neix buov zieqc liuz zengc nyei zaangh/a stub of unburned firewood.

zaangh piqv piqv daaih nyei zaangh/a split firewood.

zaangh[2] w. dapv bieqc zaangh jienv/to fill in; to put something in a container.

zaangh jienv wuom dapv jienv wuom gu'nyuoz/storing water inside.

zaangh lai zaangh lai dorh mingh don dieh/to fill a bowl with food.

zaangh lai bienh longc zaangh lai nyei bienh/plate for serving food.

zaangh lai nzormc longc zaangh lai nyei nzormc/a deep bowl for serving soup.

zaangh wuom ndamv wuom dapv jienv ndongh/to fill water in a container.

zaangv[1] m. buoz-zaangv. Gj: buoz-zangv. the palm of the hand.

buoz-zaangv-aa buoz-zaangv-hnyouv. Gj: buoz-zaangv-or/center of palm hand.

ziex buoz-zaangv mbaix i ziex buoz-zaangv/few slaps with the palm hand.

zaangv[2] w. **1** liuc leiz ziux goux; dimv mangc jienv. Gj: zangv/to take charge; to manage. **2** zaangv jienv/to keep balance.

zaangv cie zaangv jienv cie maiv mingh pien/keep balance on a car.

zaangv gong mienh dengv bieiv dorh gong mienh/to supervise; take charge.

zaangv horqc saeng doqc sou buangv ziangh hoc nyei horqc saeng/a full time student.

zaangv jaa goux longx jaa-dingh maiv ceux lunc/to safeguard one's family.

zaangv jienv baav zaangv jienv mv bun ndorpc/to support one who is weaker.

zaangv longx jaa goux longx jaa-dingh to carefully manage one's family.

zaangv maux tengx zaangv hmien/to support one who is in disappointing.

zaangv mengh dauh zaangv jienv maiv bun mengh dauh ndortv/to keep maintain one's good reputation.

zaangv nzuih baengx nzaeng jaax henv nyei nzuih/skillful mouth in argument.

zaangv nqa'qiex butv qiex henv/person who is easily to get mad.

zaangv qaqv zaangv bun maaih qaqv henv daaih/to build one's strength
zaangv sic gunv sic; ziv sic/to manage an affairs; to be in charge.
zaangv siang-ping cie geh siang-ping cie zaangv jienv mingh/to keep balance on a bicycle.
zaangv sin zaangv ganh nyei sin-sei/to balance one's physical body.
zaangv sin mv dingc zaangv ganh nyei sin mv dingc/unable to balance oneself.
zaangv sung nzuih hnangv nzuih henv hemx mienh hnangv/a skillful mouth.

zaangv[3] pm. zaangv jienv mv longc camv faaux/to save up; to increase amount.

zaangv[4] aengx lorz mangc *jaapv-zaangv, naamh zaangv, dongh zaangv* caux *yietc waengh zaangv* nyei eix-leiz.

zaangx[1] w. zaangx sei, dorh leiz waac div biopv. Gj: zangx/to bury the dead.
domh zaangx ziangh dauh biopv/to bury a whole dead body.
fiuv-zaangx huaax sei liuz zaangx mbungv hnangv/to bury a remain of human bone.
zaangx deic biopv janx-daic sei nyei deic. Gj: zouv-gemh/cemetery; a grave.
zaangx guotv-ziqc huaax sei liuz zaangx mbungv hnangv/to bury human bones after cremation.
zaangx njiec ndau biopv njiec ndau-ndiev mingh/to bury into the ground.
zaangx sei zaangx daic nyei sin-sei/to bury dead body.
zaangx zouv mouh benx nzung gorngv saeng doic/to have sexual intercourse.

zaangx[2] n. zaang hnaangx nyei **zaangx**. Gj: zangx/rice steamer; container for steam.
zaangx-beix dimc zaangx-ndoqv wuov kuaaiv ga'naaiv saa/a woven circular divider placed in the bottom of a steamer.

zaangz[1] hz. zienh zaangz fai lomc zangc nyei hieh zaangz/an elephant.
zaangz-batc zaangz nyei batc/the trunk of an elephant.
zaangz-dorn zaangz nyei dorn/a baby elephant; a small elephant.
zaangz-gouv zaangz-saeng fai zaangz-gouv/a male elephant.
zaangz-nouh geh zaangz yaac liuc leiz goux zaangz nyei mienh/a mahout.
zaangz-nyaah zaangz nyei nyaah ngau an elephant tusk; ivory.
zaangz-nyeiz njiec dorn nyei zaangz/an elephant cow; female elephant.

zaangz[2] ziangh duqv hlo zaangz-zaangz wuov/huge large or great size.

zaau w. beic sih zuqc ndortv zinh nyaanh fai laangh ziqc/to suffer wasteful.
zaau niec beic sih baeqc zuqc ndortv/to encounter disaster.
zaau wuon buangh zei-naanc hoic/to meet disaster or misfortune.
zaau yaang buangh zuqc ndortv zinh zoih nyei sic/to meet with misfortune.

zaauc pm. **naauz zaauc** naauz camv nyanc waaic gaeng-zuangx nyei sic.
norqc meix zaauc norqc meix nyanc waaic (mbiauh nyei sic).

zaauh w. sung-buoz zaauh jienv/to catch or snatch with both hands.
zaauh mv jienv nanv maiv jienv ndutv mi'aqv/unable to grab and hold.
zaauh mv zuqc hnyapv nanv maiv zuqc to missed catch; missed grasp.

zaaux[1] w. (zorqv ndaan) zaaux jienv jai/to cover up chicken with a basket.
zaaux jienv maux zorqv maux zaaux ndongx jienv m'nqorngv/to put a hat on.
zaaux mbiauz fengx mungz njiec zaaux jienv mbiauz/to cover fish with net.

zaaux[2] z. heuc Lungh heuc Ndau zaaux/to curse by calling Heaven and Earth for a punishment.

zaaux[3] pm. zaaux zinh nyaanh. Gj: forngx zinh nyaanh/wasteful spend money.
zaaux henh dorngx longc mv jienv nyei dorngx/to be waste for nothing.
zaaux njang nzengc longc njang nzengc mi'aqv/completely waste.

zaaux[4] bz. **zaaux fing** sipv mienv biomv jorng heuc lungh zaaux fing/to restore guardian star for protection for a family.
buo cingv buo zaaux sipv mienv se buo cingv buo zaaux cingx sipv ziangx/repeat line of performing a spirit ceremony.

zaev q. (dungz-dorn heuc zi'zungx) zaev nyei qiex/the sound made by piglet cry.

zaex q. (mueiz hiaangx gau) haiz mbui zaex-zaex nyei/the sound swarm of bee.

zaez q. ziqv orv cuotv hmei zaez-zaez nyei the sound made by roasting fat meat.

zaeng[1] w. zaeng hlaang hlopv norqc/to set up a snare trap to catch bird.

zaeng damx zaeng ndapv naauz nyei damx/to set a falling trap to catch mouse.

zaeng jaang zaeng orv hlopv jaang nyei sic/to trap the game.

zaeng koux zaeng hlopv norqc nyei koux to set-up a rope snare to catch bird.

zaeng mungz zaeng mungz nduov norqc fai mbiauz jiex hlangx/to set a net trap to catch bird or fish.

zaeng mbiauz zaeng nduov mbiauz bieqc nyei longh/to set-up a fish trap.

zaeng ndaangx zaeng baqv domh orv nyei ndaangx/to set-up spar trap to stab large animals.

zaeng orv nyanc zaeng hlaang hlopv gemh zangc orv/to trap the game.

zaeng[2] pm. sung buoz zaeng jienv zorqv/to spread out hands to grasp something.

maeqv mbuoqc zaeng maeqv nqoi mbuoqc nzuih zaeng jienv/to open a sack and fill something in.

zaeng wuom (dorh ndongh) mingh zaeng wuom/to collect water into a container.

zaengc cm. Iu-Mienh a'fai Yao nyei fingx mbuox/an Iu Mien's family name.

zaengh pm. mbopv baeqc nzaengh nzaengh nyei/to be shiny or radiation.

mba'hnoi zaengh zaengh nyei mba'hnoi baeqc zaengh zaengh wuov/radiant of sun.

zaengh baeqc mbopv baeqc njeiv-njeiv wuov/to be radiant or brilliant.

zaengh dangh (mbu'lingc njapv) zaengh dangh/radiant flash by lightning.

zaengx[1] w. topv bieqc mingh zaengx jienv to fit a handle into something.

zaengx dangx zorqv dangx-zaux zaengx bieqc dangx/to fit a leg into a bench.

zaengx dieh zorqv dieh zaux zaengx bieqc dieh/to fit a leg into a table.

zaengx dieh dangx zangc zaengx dieh dangx nyei zangc mienh/a carpenter.

zaengx hnaav gapv benx baengx hnaav daaih/to assemble a crossbow.

zaengx nzuqc zorqv nzuqc jouv topv bieqc nzuqc tongv zaengx/to fit a handle into a knife blade.

zaengx[2] k. yietc zaengx mienv nyei fangx a sheet of Taoism's picture.

zaeqc zw. **zanx-zaeqc nyei dorngx** yiem nyei dorngx/a dwelling place.

zih zaeqc luangh zienh geh zorng mienv yiem nyei dorngx/dwelling place of the mountain spirit.??

zaeqv[1] w. qiemx zaeqv; jaauv zaeqv/be in debt; to owed money.

zaeqv daan 1 qiemx zaeqv daan/a loan document. **2** jaauv zaeqv nyei daan/the bill. **3** funx zaeqv nyei daan/a financial recorded book.

zaeqv-dueiv jaauv gau zaeqv zengc deix mv camv aqv/final balance on a debt.

zaeqv-zinh zaeqv-mouc qiemx zaeqv nyei sic/the debt obligation.

zaeqv-ziouv gaav zaeqv bun mienh nyei ziouv/a creditor; a lender.

zaeqv[2] w. zaeqv wuom; zaeqv jauv; zaeqv dangv jienv/to block; to obstruct.

zaeqv jauv dangv zaeqv jienv jauv mv bun mienh jiex/to block off the road.

zaeqv wuom zaeqv dangx maiv bun wuom mingh/to dam up flowing water.

zaetc q. nzaaux buonc biauv zaetc zaetc nyei mbui/the wind blow the house and made the whole house creaking sound.

zaetv[1] pm. hnaangx njaiz gau zaetv-zaetv wuov mv fungc nyanc/to be watery.

zaetv[2] q. nanv qiex-mbeu zaetv dangh/the sound made by squeeze a ball.

zai m. **jaux-zai** jai-nyeiz ga'sie benx jaux wuov deix zai/immature eggs.

m'zai yietc nyungc zorpc hnaangx nyanc nyei ga'naaiv/a type of wheat.

zaih[1] pm. zaih maanz; zaih mi'aqv/to be late; the time is gone.

daaih duqv zaih ziangh hoc zungv jiex liuz cingx daaih taux/to came late.

zaih daaih 1 daaih zaih mi'aqv/to fall behind. **2** zaih liuz aqv/season is gone.

zaih dangh aengx gauh zaih deix/a little bit more late.

zaih dangh nziouv zanc zaih deix fai nziouv deix hnangv/a bit late or early.
zaih haic zaih maanz liuz aqv/too late.
zaih maanz zaih liuz aqv/to be too late.
zaih nziouv zaih deix a'fai nziouv deix either to be late or early; someday.
zaih zaih nziouv nziouv zaih deix a'fai nziouv deix/either be late or early.

zaih[2] cm. mienh nyei jiex gorn mbuox, beiv hnangv Zaih Zoih. Gj: laai/prefix meaning of a person's given name.

zaiv n. **hinx zaiv** norqc mba'hinx/swallow bird. Hinx zaiv ndaang-naih daaih buoqc dinc, mba'hinx ndaang nie daaih foux lauz.
nyouh zaiv nz. mbiauz; wuom-gaeng. Gj: leiz-nyouh/fish.
nyouz zaiv nz. m'sieqv mienh/a female person; female sex.

zaix[1] w. dorh mingh nzaatv zaix jienv/to smear. Gj: noic, guoqv.
zaix baeng butv dongh nanv jienv jai yangh gong-bouc liuz daix jai daic, dorh nziaamv zaix mienv-dieh longz yaac cun deix biei naetv/to perform a restore spirit soldiers ceremony which during the New Year's Day celebration.
zaix orv-mienv sipv orv-mienv bun haih buonv duqv orv/to restore game spirit, so the hunter will hunt successfully.

zam[1] n. **hlieqv-zam don** bangc mborqv hlieqv nyei hlieqv-zam/an anvil.

zam[2] w. yietc zam zeiv. Gj: yietc daapc, yietc lapv/a stack of paper.
nyaanh zam-zam nyei ziangh zam nyei nyaanh/a stack of money.

zamc aengx lorz mangc "zaamc" wuov joux nyei eix-leiz.

zamh[1] m. ndaauv yietc zamh/unit of length equal to a full arm span.
zamh ndie sung zaqc i jieqv buoz zamh ndorqc ndie/to measure out the cloth by stretch out arms straight.

zamh[2] w. sung zaqc i jieqv buoz zamh jienv/to stretch out arms straight.

Zambia m. yietc norm guoc jaa, yiem Z.N bung maengx Africa, hungh zingh mungv heuc Lusaka.

zan w. zan naaic lorz gorn/force someone to get answer or to confess.

zanc[1] pm. ziangh hoc qangx/space of time; period of time.
congh wuov zanc daaih yiem wuov zanc daaih/since that time.
dongh zanc dongh yietc norm ziangh hoc. Gj: dongh dangh/the same time.
haaix zanc haaix hitv ziangh hoc/when; what time will be.
zanc-zanc haaix zanc yaac/frequently; all the time; again and again.
zanc-zanc buatc haaix zanc yaac buatc nyei/to be seen frequently.
zanc-zanc haiz haaix zanc yaac duqv haiz/to be heard frequently.

Zanh cm. Iu-Mienh nyei fingx mbuox/an Iu Mienh or Yao's surname; clan name.
loz-zanh mienh fingx zanh wuov buonc mienh, dongh janx-taiv waac heuc **Saechin** wuov/a family of zanh group.

zanv w. **1** zangv nyaanh/to save money. **2** zanv longc nyaanh/to reduce spent money.
zanv duqv 1 haih zanv duqv/be able to save (money). **2** zanv duqv nqa'qiex/to be able to control oneself.
zanv jienv longc zanv jienv longc zoqc nyei/to used with spare.
zanv maiv cuotv maiv haih zanv maiv cuotv/to be unable to spare.
zanv ndie zanv njiec ndie nyanc zoqc deix/to reduce taking medicine.
zanv njiec deix zanv njiec zoqc deix/to reduce the amount.
zanv nqa'qiex nyienz jienv nqa'qiex mv qiex jiez/to control oneself from anger.
zanv nyaanh zanv mv longc nyaanh/try to save money.
zanv nzuih nyienz nzuih maiv gorngv/to control one's mouth not to say.
zanv wuom zanv longc wuom zoqc njiec/reduce using water.

zanx[1] w. yiem jienv mv mingh haaix/to be remain at or detained at.
zanx yiem zanx yiem jienv maiv mingh haaix aqv/to stay permanently.
zanx yiem hnyouv yiem jienv hnyouv mv la'kuqv/to be good memory.

zanx[2] z. maengc zanx zinh zoih, lorz zinh nyaanh ziouc/life induce money.

zanx bieqc ziu bieqc daaih/to induce.
zanx ding zanx ding ndaangc nqa'haav tim mienh kuv/to notify spirit a new person brought into the family.
zanx-zaeqc haaix zanc yaac yiem jienv wuov/live at regularly or permanently.
zanx zinh orv-mienv sipv orv-mienv nyei sic/to restore a hunting spirit.
zanx zoih maengc zanx zinh zoih/a life induce amount of assessment.

zanx[3] cm. mienh nyei jiex gorn caux setv dueiv mbuox, beiv hnangv Zanx-Gueix, Naix Zanx/prefix or suffix of person's given name.

zangc[1] w, m. **1** gu'nguaaic/above; upper; upward. **2** longx jiex yietc buoqv wuov nzangh. Gj: zaangc/better; superior.
Zangc Diex giduc mienh heuc Tin-Hungh nyei ganh joux waac/Heavenly Father.
zangc tin 1 gu'nguaaic lungh/in the heaven. **2** faaux lungh/ascend to heaven.
zangc tin njiec deic gu'nguaaic lungh caux ga'ndiev ndau/to ascend the heaven and descend to earth.

zangc[2] bz. zangc miuc fai zangc mienv/to worship Buddha or demon.
zangc domh mienv buoqc zangv domh dorngh mienv/to worship Taoist spirit.
zangc faam-cing mienv zangc ndaamh lungh nyei mienv/worship Taoism spirit.
zangc jaa-fin zangc diex maac mienv/to worship ancestor spirits.
zangc mienv zangc ga'nyiec nyei hieh mienv/to worship demons.
zangc mienv mienh buoqc zangc mienv nyei mienh/people who worship demon.
zangc miuc buoqc zangc miuc zienh/to worship Buddha; Buddha worshiper.
zangc Tin-Hungh sienx kaux yaac baaix ceng Tin-Hungh/to worship Heavenly King.
zangc zienh buoqc zangc baaix zienh/to worship a god.
zangc zu'zong faam-cing buoqc zangc faam-cing-mienv/to worship three pure Taoism Gods.

zangc[3] pm. zangc dangv. Dgw: haac dangv. up upper class; first class.
zangc dangv mienh 1 butv zoih mienh wealthy people. **2** zoux jien mienh/high ranking people.
zangc dongc zangc dangv mienv yiem nyei dorngx/upper level in spirit world.
zangc haac zangc haac leih mv go/to be almost same.
zangc houz domh butv-zoih mienh/upper class household.
zangc horngh dongh longx jiex wuov horngh/a high quality brand.
zangc horngh huox gauh longx jiex wuov nzangh huox/a high quality goods.
zangc horngh maengc butv zoih butv zieqv nyei maengc/the life of wealthy.
zangc horngh mienh 1 butv zoih mienh wealthy people. **2** zoux jien mienh/a high ranking people.
zangc horqc doqc sou hlang nyei horqc dorngh/college or junior college.
zangc horqc saeng doqc sou hlang nyei horqc saeng/upper class student.
zangc jaaix tin-dorngh/heaven or upper world or paradise.
zangc jaaix mienv yiem ndaamh lungh nyei mienv/upper world spirit
zangc tin leih touv go ndongh lungh caux ndau/far away as heaven and earth.
zangc yunh jaapv-zaangv daauh gitv lungh ndiev mienh ziangh duqv ndongc haaix lauh nyei sic/first era of life span.
zangc zunh 1 hlaax-gorn saeng-yietv taux saeng-ziepc se *zangc zunh*/first ten days of the month. **2** faaux nzangv; bieqc nzangc/to board a ship.

zangc[4] pm. **1** cuotv jauv/depart. **2** faaux mingh/to ascend; to get in.
zangc cie faaux cie. Gj: bieqc cie/to step onto car, bus or airplane.
zangc louc cuotv jauv mingh aqv/to start a journey; to depart; to leave.
zangc maaz 1 faaux geh maaz/to mount a horse. **2** cuotv jauv aqv/start journey or departure.
zangc maaz diuv cuotv jauv hopv nyei diuv, Iu-Mienh nyei leiz/departure drink Mien old customs.
zangc sen 1 faaux lomc; bieqc lomc/to wander in the jungle. **2** mbong zangc/in the hill upland area.

zangc sen jouh zoih faaux lomc lorz orv buonv/to go on a hunting trip.

zangc[5] m. zoux zangc mienh/a person who is an artisan or engineer position.

zangc mienh hoqc duqv zoux zangc nyei mienh/an artisan; craftsperson.

zangv aengx lorz mangc **zaangv** wuov joux nyei eix-leiz.

zangx aengx lorz mangc "zaangx" wuov joux nyei eix-leiz.

zapv pm. **ndoqv-dorn-zapv** di'dien wuom nyei ndoqv-zuonx/small amount of water in the stream bed.

wuom-zapv di'dien wuom yiem ga'ndiev ndoqv hnangv/small amount of liquid.

zaqc[1] w. ndengh zaqc nyei; mv ngau; mv njuotv/straight; without curving.

zaqc eix mv maaih waengc mienh nyei eix/honor minded.

zaqc haic 1 ndengh zaqc nyei/straight forward. **2** hnyouv zaqc/good credit.

zaqc mienh hnyouv zaqc nyei mienh/an honest person.

zaqc nyei qiex baaux nzung zaqc nyei qiex/a straight singing voice.

zaqc waac gorngv zaqc mv bingx nyei waac/frank statement.

zaqc[2] m. luv mienh fai nimc ga'naaiv nyei zaqc/a robber; a burglar.

zaqc baeng mborqv jaax lunc daaih nyei zaqc baeng/rebel soldiers; terrorist.

zaqc zingh janx-zaqc lunc caangv luv mienh nyei sic/matter of steal and rob.

zoux zaqc nimc fai luv mienh nyei sic/to rob; to steal; to take without right.

zaqv[1] zmb. zaqv liangx; zaqv miev/to clear jungle for a swidden field.

zaqv gormx liangx zaqv ziangx yietc nzong ndeic mi'aqv/finished clear a field.

zaqv liangx zaqv miev goix ndiangx zoux ndeic/to clear jungle for a swidden field.

zaqv lomc-mbiorqc biuv lomc-mbiorqc guangc/to clear up a bush.

zaqv maeqc liangx zaqv zuangx maeqc nyei ndeic/to clear jungle for corn field.

zaqv mbaaix liangx zoux zaqv liangx nyei nyungc zeiv, se yiem jiex hnyangx saeng-yietv ndorm.

zaqv mbiauh liangx zaqv zuangx mbiauh nyei ndeic/to clear jungle for rice field.

zaqv njiec liangx zaqv ziangx liangx mi'aqv/finished clearing a swidden field.

zaqv tong zaqv lomc-mbiorqc tong/to clear brush through.

zaqv[2] n. zaqv. Gj: baic, zeix/a comb. Zaqv mba'biei. To comb hair.

m'gux zaqv miev yietc nyungc miev nyei mbuox/a kind of grass.

zaqv[3] w. yiem hnyouv zaqv mangc. Gj: cai, gouv, nyeiv/to test or examine in mind.

zaqv duqv hiuv mangc duqv cuotv eix leiz/to understand through one's guess.

zaqv mv zuqc gouv mv zuqc; cai mv zuqc/unable to figure out.

zaqv mangc gaax bingx jienv zaqv seix mangc/to test and see in secret.

zaqv[4] pm. korng jaic zaqv-zaqv wuov/very skinny; very thin; skinniest.

dungz-nyeiz-zaqv jaic gau maaih qorng mbungv nyei dungz-nyeiz/a skinny pig.

zatc wj. **dungz-nqaiv-zatc miev** se yietc nyungc miev nyei mbuox/spidery weed.

zatv[1] w. zatv njiec. Gj: zaax njiec/to push down; to press down.

zatv cie-nzatc zatv cie nyei nzatc mbui to press a horn on a vehicle.

zatv daic zatv njiec bun daic. Gj: bungx daic/to turn off something.

zatv guinh zatv bun guinh/press down to make something spin or turn.

zatv mingh zatv bun mingh/to push or press something to make it move.

zatv nzung zatv mbui benx nzung cuotv daaih/to play a music.

zatv piano zatv piano mbui nyei nzung, *piano* se gaav congh English daaih.

zatv ri^motv longc ri^motv zatv bungx zieqc TV/to press a remote control.

zatv yuonh zatv bun yuonh mingh/press down to make it level.

zatv zieqc douz zatv bun douz zieqc/to turn on (a stove, an ignition).

zatv zieqc TV zatv bungx zieqc TV/to turn on a television.

zatv zietc mingh zatv njiec bun zietc/to make firm by press down.

zatv[2] pm. **zatv mienh** mv bouc mienh nyei leiz/to oppress people.

zatv ganh njiec zatv ganh zoux faix wuov dauh/to humble oneself.

zatv leiz mv bouc mienh nyei leiz/to deny the rights of someone.

zatv nqa'qiex nyienz jienv nqa'qiex/to keep one's anger under control.

zatv nqa'qiex mv njiec nyienz mv njiec nqa'qiex aqv/unable to hold one's anger.

zatv[3] aengx lorz mangc **ba'zatv** wuov joux nyei eix-leiz.

zaux j. yietc jieqv zaux; sung-zaux/the leg; the feet; foot; the lower limb.

zaux-benv zaux-mueic njiec mingh wuov douc zaux/the foot.

zaux-benv bieqc fuqv-buonc zoqc nyei zaux-benv/a thin foot.

zaux-benv hoz fuqv-buonc hoz nyei zaux-benv/to have a thick foot.

zaux-benv mbungv zaux-benv nyei mbungv/the metatarsus.

zaux-benv ndiev zaux-benv ga'ndiev under the foot; sole foot.

zaux-caaiv zaux caaiv nyei dorngx/the footstep; place to step on.

zaux daqc cie longc zaux daqc mingh nyei cie/a bicycle.

zaux-fienx fiev an ga'ndiev juoqv nyei fienx/footnote or bottom note.

zaux fouh zaux omx fai fouh/a swollen feet; an accumulation feet.

zaux-hlaatv dimc hlaatv zaux nyei ga'naaiv/a doormat.

zaux hlam zaux mun hlam/to have pain in the leg muscle.

zaux-hlen i bung zaux-hlen/beside one's feet; side legs.

zaux hniev zaux mau hnyiev cau maiv jiez yangh jauv/trudge unable to walk.

zaux-hnyouv zaux-ndiev maengx bung. Gj: zaux-ongv /foot arch.

zaux-jiemh zaux-mueic; zaux-jiemh; i joux zungv fi'hnangv nyei/anklet.

zaux kaeng zaux huaeng cuotv i bung/to be bowed legs; legs spread outward.

zaux-kaqv zaux caaiv njiec nyei komv foot step on the uphill road.

zaux kaux-bang cau zaux yangh jauv kuangx zuqc doic/a knock-kneed.

zaux-laamx yangh jauv laamx mingh nyei zaux-laamx/to take walking step.

zaux-luangc jaan cing-sernv ndiev taux zaux-nqo wuov diuh jaan/large tendon.

zaux lunx beiv hnangv, daapc heh nyei zaux-ndiev lunx/to have a tender foot.

zaux-menc zaux-benv menc wuov bung. Gj: zaux-minc/upper foot.

zaux-mienv zaux caaiv liuz nyei mou. Gj: juoqv yienx/a footprint; foot marked.

zaux-mueic zaux-nyoi; zaux-jiemh/an ankle bone; ankle.

zaux mueic mbungv zaux-mueic nyei mbungv/an ankle bone.

zaux mun gaatv zuqc zaux mun fai zaux ganh hlam mun/foot ache.

zaux mbai butv baengc zaux mbai/to be paralyzed in the legs.

zaux-mbiec yangh jauv nyei zaux-mbiec footstep; a walking step.

zaux mbiec-nangv laamx zaux-mbiec mv go/short walking step.

zaux-mbiec ndaauv laamx zaux-mbiec go nyei/long walking step.

zaux nauv ndorpc wuotv zuqc, mborqv zuqc zaux nauv/to have broken leg.

zaux ndamc cie longc zaux ndamc mingh nyei cie. Gj: zaux daqc cie/a bicycle.

zaux-ndiev zaux-benv ga'ndiev maengx bung/sole foot; bottom of the foot.

zaux-ndoqv/a toe.

zaux-ndoqv-bieiv zaux ndoqv da'mueiz tip of the toe.

zaux-ndoqv-dorn faix jiex wuov norm zaux-ndoqv/the little toe.

zaux-ndoqv-hlamx yietc hlamx zaux-ndoqv/toe between the joints.

zaux-ndoqv-ndaauv mbu'ndongx wuov norm zaux-ndoqv/the third toe.

zaux-ndoqv mbungv zaux-ndoqv nyei mbungv/the phalanges.

zaux-ndoqv-nquaiz zaux-ndoqv nyei nquaiz/toenail.

zaux-ndoqv-nyeiz hlo jiex wuov norm zaux-ndoqv/the big toe.

zaux-ndoqv-qangx i bung zaux-ndoqv mbu'ndongx/space between the toes.

zaux-ndoqv-zeic da'feix wuov norm zaux-ndoqv/the fourth toe.

zaux-ndoqv-ziangv zaux-ndoqv-nyeiz jiex mingh wuov norm/the second toe.
zaux-ndoqv-zunc zaux-ndoqv nyei zunc the toe circular or toe prints.
zaux ngau cing-jaang ngau huaeng cuotv i bung/bowed legs.
zaux-nqo nqa'haav nqaang wuov bung zaux-benv/the heel.
zaux-ongv zaux-ndiev ngaam wuov deix dorngx/arch foot; sole foot
zaux sui haiz caaiv mv jienv haih ndorpc to feel prickly and unsteady.
zaux waaic nyei zaux mbai waaic a'fai zaux njuotc/disabled leg; lame.
zaux-zaengx zaengx daaih nyei zaux fai jaav-zaux/a false leg.
zaux-zin ndiqv yietc zaux-zin fai yietc zaux-ndiqv/to kick a kick.
zaux-zuih gu'kuotv-norm njiec wuov hamx zaux/the thigh; upper leg.

Z.B se dongh **ziangx baqv** bung nyei nzutv norz fiev/an abbreviated for central north.

Z.D se dongh **ziangx dong** bung nyei nzutv norz fiev/abbreviated for central east.

zei[1] j. zei jienv maiv nyanc orv fai maiv hopv diuv/to fast; to abstain.
koi zei 1 zei baac liuz nyanc orv. **2** bun gu'nguaaz nyanc daauh nzunc orv/to give food to baby for first time.
koi zei lai zei baac liuz nyanc nyei daauh donx lai/food to break fast.
lai-zei mv maaih orv zorpc nyei lai/to be vegetarian; vegetarianism.
zei orv zei mv nyanc orv/to abstain from eating meat or fresh.

zei[2] bt. maaih zei maaih naanc/a tragedy or disaster; a grave misfortune.
zei-naanc maaih baengc fai zuqc mienh hoic nyei naanc/disaster; calamity.
zei-naanc camv maaih kuonx naanh nyei sic camv/to have many disasters.
zei-naanc hoic baengc tongx nyei jauv hoic/disaster caused by illness.
zei-naanc kuonx baengc tongx liouh linh kuonx hoic/to have illness problem.
zei-naanc maanh biaux zei-naanc nyei mienh/refugees created by disasters.
zei-naanc morh baengc morh kuonx hoic nyei sic/suffering from an illness.

zei[3] wj. **1** mv zei/no, not. **2** yietc zei/to be more and more; become greater.
yie mv zei aeh! eix-leiz se yie mv kangv lorqc; mv duqv lorqc/no, I am not.
yietc zei nyanc yietc zei cei yietc zei nyanc camv yietc zei ngorc/the more (I) eat the more become hungry.

zei[4] aengx lorz mangc **Jau-zei** wuov joux nyei eix-leiz.

zeic[1] bm. zeic ganh; zeic sien/self; private; personal; in person.
zeic bei ganh hiuv duqv ganh nyei/self understand; to know privately.
zeic bei zeic hiuv ganh hiuv ganh/to know oneself; a correct self-assessment.
zeic caaux ganh zoux cuotv daaih; ninh ganh cuotv daaih/to self-reproduce.
zeic ceng ganh ceng ganh/to proud of oneself; to praise oneself.
zeic cuotv daaih ninh ganh cuotv daaih to developed by the natural.
zeic daaih douz ninh ganh daaih zieqc nyei douz/a safety match; a gaslight.
zeic daaih suiv wuom-daaih/running water; tap water.
zeic dongz 1 ganh nyunc ziev/one's own will; voluntary. **2** ganh dongz/automatic.
zeic dongz biau ganh dongz nyei lorh gaeng/automatic watch or clock.
zeic dongz cie mv zuqc nqamv gie camv nyei cie/automotive car or machine.
zeic dongz congx congx-tiux/automatic rifle; machine gun.
zeic dongz jun kix ganh haih dongz nyei jun kix/automatic machine or motor.
zeic dongz nyaanh lamz ganh haih zorqv duqv nyaanh longc nyei nyaanh lamz/an automated-teller machine.
zeic dongz tei dienx ganh bouh faaux nyei tei/an escalator; elevator.
zeic dongz waac ganh gorngv waac dau nyei dienx waac/an answering machine.
zeic feix ganh tengx ganh cuotv nyaanh jaauv/self-provided; self cost.
zeic ganh ganh nyei nza'hmien/oneself; Personality; naturally; itself.
zeic ganh banh zeic ganh nyei banh zeic zoux cuotv/with one's own effort.

zeic ganh nyienh ganh nyei mienh muoz doic/persons within the same circle.

zeic gunv ganh gunv ganh nyei horngc zangc/self-government; autonomy.

zeic hoqc ganh hoqc linc/to learn and practice by oneself.

zeic jaa ganh nyei biauv. Gj: zeic winh, zeic oqv/one's dwelling place.

zeic liepc ganh cernx daaih/independent; self-supporting.

zeic liepc guoqv ganh haih tengx duqv ganh nyei guoqv/an independent nation.

zeic mbenc liuc leiz ganh/self-provided or self-prepare.

zeic njoux njoux ganh nyei maengc/to rescue oneself; self-salvation.

zeic setv 1 ziangh ziouc nyei setv/self color. **2** daix ganh/to commit suicide.

zeic siang ganh muoqv zuqc mun daaih to inflict injury on oneself.

zeic siex zuiz maaiz ganh zoux nyei zuiz cuotv/to atone for one's crime.

zeic sien ganh nyei sin zangc/oneself or one's own physical body.

zeic sux lengc jeiv sux mbuox/private prosecution.

zeic winx guaix ganh; winx ganh/blame oneself; self-reproach.

zeic yienh ziangh ziouc maaih daaih/to be nature; natural world.

zeic yienh nyei nzueic ziangh ziouc nyei nzueic/beautiful of nature.

zeic yienh kor ziangh ziouc nyei kor/a natural sciences.

zeic youh sueih hnyouv nyunc nyei njien youh/freedom; liberty; free.

zeic youh buoqc zangc sueih eix buoqc zangc/to be freedom of the religions.

zeic youh gorngv waac sueih gorngv waac duqv nyei/freedom of the speech.

zeic youh guoqv hungh jaa mv la'nyauv nyei guoqv/a freedom nation.

zeic youh saeng-eix sueih mienh nyunc zoux saeng-eix/freedom of trade.

zeic youh zeic oix youh binc hnyouv nyunc/freedom of the will.

zeic youh zeic zoix njien-youh baengh orn nyei yiem/comfortable; at ease (with oneself and the world.).

zeic zaah zeic dimv zaah dimv mangc ganh/to self-examination.

zeic ziouv ganh zoux ziouv gunv ganh/to be independent; autonomy.

zeic[2] sk., d. ngongh zeic; yungh zeic; njaih zeic; maaz-zeic/young female (cattle, goat, deer or horse.

zeic[3] aengx lorz mangc *mbiauz-zeic, dopc zeic, hiun-zeic* nyei eix-leiz.

zeih[1] m., d. hnaangx-zeih; nzangv-zeih fai dungz-siaaux-zeih/a paddle; flat ladle.

zeih[2] w. zeih bieqc. Gj: nzuiz bieqc, fongv bieqc/to push in; to put forward.

zeih douz nzuiz zaangh bieqc buov/to push firewood forward burning area.

zeih[3] pm. baaux nzung-ei nyei yietc nyeic, se hnangv naaiv nor, baaux da'yietv hlengx nzung se **an zeih** da'nyeic hlengx **an faa** liuz aengx nzamc nzuonx nqaang nzunc, da'faam hlengx aengx **an zeih** da'feix hlengx **an faa** liuz aengx nzamc nzuonx nqaang nzunc se dorng yietc diuh nzung mi'aqv/repeat line in singing Iu Mien folk song.

zeih[4] zh. **yietc zeih** yietc norm ziangh hoc; yietc sih/an hour; one hour.

liemh zeih maaz zangc wuov zanc/right away; suddenly; immediately.

loz liuz nin-zeih gox daaih nyei ziangh hoc/years after aged.

zeih hnoi mingh wuov ndaangc maengx biee hnoi/four days ahead after today.

zeih nyieh hnoi duqv buo hnoi jiex daaih aqv/three days ago.

zeih[4] aengx lorz mangc *forv-zeih, tui-zeih, jaav-zeih, jaapv-zeih* nyei eix-leiz.

Zeiv[1] m. Gj: **zaangv** da'yietc weic deic sokv 地支 /dìzhī/ jaapv-zaangv-neix, se longc caux tin-fingx 天干 /tiāngān/ funx ziangh hoc, hnoi, hlaax, hnyangx/the first of the twelve Terrestrial Branches, used in calculation with the Celestial Stems to designate years, months, days and hours.

zeiv hnyangx zuoqc naauz nyei hnyangx se dongh 2020 caux 2032 guinh jienv mingh ziepc nyeic hnyangx liuz aengx nzuonx taux gorn yietc nzunc/the year of squirrel or rat.

zeiv ziangh lungh muonz zanc ziepc yietv diemv taux lungh ndorm zanc yietc diemv ziangh hoc/the first period of hour from 11 PM to 1 AM.

zeiv[2] gn. nyungc-nyungc zeiv/paper; sheet of paper; paper in general.

zeiv-bieqc zeiv bieqc nyei/thin paper.

zeiv-cimx longc cimx maeqv zeiv nyei ga'naaiv/paper peeling knife.

zeiv-cueix mv jiem nyei zeiv/breakable paper; poor quality paper.

zeiv-faang zeiv zoux daaih nyei faang/a paper box; paper carton; cardboard.

zeiv-fangx nqaapv an zeiv nyei fangx/a picture poster.

zeiv-fienx fiev bun cuotv mingh douc fienx nyei zeiv/newspaper or newsprint.

zeiv-fienx gorn zoux zeiv-fienx nyei gorn/company producing news papers.

zeiv-gingx 1 longc beu orv lo haaix ziqv nyei jungz-zeiv/aluminum foil. **2** longc beu ga'naaiv nyei zeiv/clear plastic wrap.

zeiv-gorngx buov bun mienv nyei zeiv paper to burn in offering spirit ceremony.

zeiv-hoz hoz nyei zeiv/a thick paper.

zeiv-hlapv faix nyei zeiv-hlapv/a small cardboard box with a lid.

zeiv-linh longc torng zeiv nyei qorng/a paper making frame.

lipc zeiv yiem hnyouv louc yiez ga'naaiv. Gj: ipc zeiv, nyutc zeiv/a kidney.

zeiv-liuc longc torng zeiv nyei hlauv-lunx wuonh lopc daaih/substance made from young bamboo used for making paper.

zeiv-longz domh zeiv-faang;/large carton; large cardboard.

zeiv-maaz mborqv jienv maaz nyei yienx nyei zeiv-njunc, se longc buov bun mienv/paper with the horse imprint used to burn in spirit worship.

zeiv-muih morc muonc daaih nyei zeiv an ashes (comes from paper mill).

zeiv-mbeux buov mbeux nyei zeiv/paper toy guns; firecrackers.

zeiv-mbuoqc longc zeiv zoux daaih nyei mbuoqc/sack of paper; paper bag.

zeiv-nda'maauh zeiv zoux nda'maauh fangx daaih/a paper tiger.

zeiv-ngaengc hoz ngaengc nyei zeiv/a cardboard; thick sheets.

zeiv-njunc yietc njunc zeiv; yietc pokc fai yietc ndongh zeiv/a roll of paper.

zeiv-nyaanh longc zeiv zoux daaih nyei nyaanh/paper money; bank note; check.

zeiv-piux fiev dorngx nyaanh longc nyei zeiv/check; money order; cashier check.

zeiv-sopv longc corh ga'naaiv yuonh nyei zeiv. Gj: saaiv-ziou zeiv/sandpaper; emery paper.

zeiv-zam yietc zam zeiv hoz nyei/a stack of paper sheets.

zeiv-zeiv fienx yietc zungv fienx/every letters or newspapers.

zeiv-zeiv sou yietc zungv sou/every copy of document papers.

zeiv[3] bm. **jun-zeiv** dorn; m'jangc dorn/a son; one's male child; descendants.

naamh zeiv m'jangc mienh; m'jangc dorn/a male person; male sex.

zeiv-fun dorn-fun; sieqv-fun yietc zungv hoz mienh/grandchildren; descendants.

zeiv-fun hiaangx maaih fun-faqv camv haic/great numerous of descendants.

zeiv-muic nzung lorz cien-ceqv nyei nzung/a song about searching relatives.

zeiv[4] aengx lorz mangc *lipc zeiv, caauh zeiv, cinh zeiv, henv zeiv, fangx zeiv, yietc zeiv, ziangh zeiv; nyutc zeiv, mou zeiv* wuov deix nyei eix-leiz.

zeix[1] pm. **1** zeix cuotv. Gj: zoux cuotv/to create; to make; to build. **2** zeix cuotv maanc muotc/to create everything.

zeix lungh zeix ndau zeix cuotv lungh caux ndau/to create heaven and earth.

zeix mv cuotv zoux mv cuotv/unable to make something happen.

zeix tin liepc deic zeix lungh zeix ndau. Gj: koi-tin liepc deic/to create heaven and earth; universal creator.

zeix ziangx zeix ziangx nzengc cuotv daaih aqv/finished all creation.

zeix[2] w. zeix hoic; zoux doqc bun/to hurt; to torture; abusive; to punish.

zeix daic zeix taux daic mingh/torture until die; torture to die.

zeix mienh zoux hoic mienh/to torture someone (for confess).

zeix zuiz-mienh zaax hoic zuiz-mienh

laengz waac/to torture for confessing.
zuqc zeix zuqc hoic zuqc mienh zeix hoic/to be tortured.

zeix[3] bt. ziangh yiem ndopv yaac cuotv biei nyei nyueix-jieqv/a mole.

zeix[4] n. baic, baic nyei ganh norm mbuox another name to for comb.
zeix m'nqorngv baic m'nqorngv; zeix m'nqorngv/to comb hair; headdress.
zeix mba'biei zeix bun mba'biei sung/to comb hair; move a comb through hair.
zeix mba'zongc zorng siang-mbuangz nyei m'nqorngv/a bride's headdress.

zeix[5] aengx lorz mangc "jai-zeix" wuov joux nyei eix-leiz.

zeiz[1] m. da'luoqc weic deic sokv fai jaapv-zaangv-neix/the sixth of the Twelve Earthly Branches.
zeiz hnyangx zuoqc naang nyei hnyangx se dongh 1953 caux 1965 guinh jienv mingh ziepc hnyangx nzuonx gorn yietc nzunc/the year of the snake.
zeiz ziangh lungh ndorm zanc nduoh diemv taux ziepc yietv diemv nyei ziangh hoc/hour between 9-11 AM.

zeiz[2] w. zeiz aqv/yes; right; correct; exact; definitely correct.
zeiz fai mv zeiz gengh zeiz nyei fai mv zeiz/is it correct or incorrect.
zeiz nyei gengh zien nyei; gengh zeiz nyei/yes, that's right; yes that's correct.
zeiz nyei lorqc gengh zeiz aqv/of course it is; absolutely correct.
zeiz nyei mv bei m'nziex zeiz nyei mv bei/maybe right maybe not.
zeiz nyei saah m'nziex haih zeiz nyei/it may correct; it may right.

zekv[1] q. nditv mbietc mbui zekv nyei qiex the sound of clicking one's tongue.

zekv[2] aengx lorz mangc "mouc zong, mouc zekv" wuov deix nyei eix-leiz.

zemh[1] w. zemh njiec wuom-ndoqv/to sink; sunken; to descend to the bottom.
nzangv zemh njiec nzangv zemh jienv njiec wuom-ndoqv/the boat is sinking.
zemh njormh m'zing nyuix njormh/to fall to sleep; sleepy.

zemh[2] m, n. longc nzopc mbiauh nyei zemh/a dibble stick used in planting rice.
zemh gaan zaengx zemh wuov nqanx ndiangx/handle of a dibble stick.
zemh kuotv longc zemh nzopv daaih nyei kuotv/hole made by a dibble stick.
zemh zueiv zemh da'mueiz laic wuov the tip of a dibble stick.

zemv w. fapv bieqc; zemv bieqc fai zotv bieqc/to stuff into a crack or a hole.

zemx ziux njiec ga'ndiev ziqc mbaeqc/aim slightly below the target.
zemx deix buonv ziux njiec ga'ndiev aiv deix buonv/to aim lower and shoot.

zengc[1] w. zengc njiec daaih/something left over; remain; without taking.
ga'naaiv-zengc mv maaih mienh oix longc nyei ga'naaiv/things left over.
zengc camv zengc njiec camv nyei/a lot left over; left over a lot.
zengc duqv cuotv laeh mv maaih daaih zengc lorqc/there is nothing to be left.
zengc huox maaic mv nzengc zengc njiec nyei huox/left over unsold goods.
zengc lai hnaangx nyanc liuz zengc njiec nyei lai hnaangx/food left after eaten.
zengc njiec zengc njiec nyei ga'naaiv/the things left over after used.

zengc[2] cs. cuotv singx maengc daaih nyei wuov deix/survivor.

zengh wj. za'gengh; zien gengh/to be true.
zengh gengh zien nyei gengh zien nyei mv jaav/surely; definitely true.

zengv wj. **1** zengv zoqc nyei/quite a little. **2** zengv camv/quite a lot; really a lot.
zengv hlo nyei gengh hlo haic nyei/it's really big; it's quite big one.
zengv nzueic nyei gengh nzueic camv nyei/really pretty; quite handsome.

zengx[1] w. zengx jienv. Gj: laengz ngaengc waac/to testify; to confirm; to swear.
saeng-nzuih zengx zuqc longc nzuih zengx zuqc/to put a curse on.
zengx zuqc mienh houv zuqc mienh/to put curse on someone.

zengx[2] m. zorng-zengx/evidence; proof; testimony; indication; symptom.
doix zengx nuqv mbuox dongh m'zing buatc wuov/to witness against.
zengx-ginx 1 (m'zing) buatc liuz nyei zorng-zengx/an eye-witness. **2** zoux

zengx bun/to give a testimonial.

zengx-ginx sou fiev gorngv zien leiz nyei sou/Bible; a true written document.

zengx horqc sou zengx doqc sou hlang taux haaix nyei sou/a school diploma.

zengx huon mienh cien mbuox zengx huon nyei mienh/someone who sign as witness at a wedding ceremony.

zengx huon sou zengx gapv huon nyei sou/married certificate; married license.

zengx mengh cing nyei zorng-zengx/a clear evidence; an approval.

zengx mengh sou fiev daaih zengx nyei sou/an approval document papers.

zengx mienh 1 zoux zorng-zengx nyei mienh/a person who witness. **2** zengx jienv mienh/to put witness on.

zengx zien sou fiev gorngv zien maaih nyei sou/notary document; an affidavit.

zoux zengx mienh nuqv dic gorngv zien nyei mienh/to witness against someone.

zepc w. zepc lai; zepc orv; zepc jai/parboil without salt; to cook without oil and salt.

zepc dangh hnangv bungx njiec wuom-mbueix hluqv dangh ziouc zorqv cuotv aqv/to cook with very short time.

zepv w. yiem njiec; dingh njiec/to dwell; to inhabit; to live; to stop; to stay.

deic zepv yiem nyei dorngx; biauv nyei hoc-dauh/an address; resident.

dingh zepv dingh njiec mv mingh; maiv dongz/to stay; to stop; to pause.

dingh zepv cie caaiv bun cie dingh/to brake and stop a vehicle.

zepv douc baav yiem caamx baav/stay a place just for temporary.

zepv ei nquenc yiem ndie-biauv; bueix ndie-biauv/to be hospitalized.

zepv lorqc yiem njiec; dingh njiec/to settled down one's dwelling.

zepv maiv zouc yiem maiv duqv aqv/to be unable to stay for any longer.

zepv nzangv dingh njiec nzangv/to slow and stop a boat or ship.

zepv zoix yiem jienv; dingh jienv/to stay at; to live at; to remain at.

zeqc[1] wj. **zeqc beqc** nyiemz; yiev; simv/to keep oneself away from; secretive polite.

zeqc beqc domh mienh yiev ganh nyei diex maac/to reticent one's parents.

zeqc[2] wj. **zeqc beqc** leih nqoi doic/to part from each other.

zeqc beqc fin-saeng caux fin-saeng leih nqoi doic/to part from a teacher.

zeqv[1] m. zoux longx fiou yiem-gong nyei sic/merit; moral excellence; goodness.

zeqv buonc zoux longx duqv daaih nyei buonc/beneficial quality; advantage.

zeqv[2] gm. gong-mengh; zeqv-weic; gong-buonc/one's career or occupation.

dingh zeqv-weic dingh njiec mv zoux gong aqv/to retired from one's position.

meih nyei zeqv-weic meih zoux gong nyei mengh hoc/your occupation.

njiec zeqv-weic cuotv gong maiv zoux aqv/to resign from one's work position.

tuix zeqv-weic mi'aqv hnyangx-jeiv gox liuz cuotv gong maiv zoux aqv/to retired from one's position.

tutv zeqv-weic zorqv cuotv gong/to be removed from one's work position.

zernx w. longc domh qaqv nyei sic/to force one's energy to work hard.

zernx cuotv baengc longc qaqv cuotv nyei baengc/to sick by over used energy.

zeuh wj. **zeuh lorz** zaah lorz muonc nyei. Gj: zeuv-lorz/to collect an evidence and search carefully through.

zeuh gong zeuh lorz gong/searching for a job; to look for an employment.

zeuh lorz nzengc haaix ndau yaac lorz taux nzengc/search through everywhere.

zeuv[1] w. ndoh nzenc ziex nzuonx nyei zeuv jienv/to tie up; to fasten together.

zeuv jienv ndoh jienv zietc nyei/to tie up securely and tightly.

zeuv maaz-dorx ndoh zietc maaz tor nyei dorx/to fasten a horse's pack basket.

zeuv maaz-dorx hlaang longc ndoh zietc maaz-dorx nyei pih tiau hlaang.

zeuv[2] gn. **yietc zeuv ndie** yietc njunc lunh lui houx ndie/a scroll of clothing material.

Zeuz m. fingx *zeuz* nyei *zeuz,* janx-kaeqv waac heuc 赵, **Zhao** fai **Chao** se fingx loz-zeuz mienh, dongh janx-taiv waac heuc **Saechao** wuov/the clan name or surname of Iu-Mienh/Yao Mienh. Juangc yietc norm zeuz nyei mienh, mv baac bun caax cuotv benx ziex nyungc zeuz, beiv hnangv *loz-zeuz-waanc*, *nzutv-laic zeuz*, *loz-zeuz-dorn*, *domh loz-zeuz*, *ba'longh zeuz*, *ziepc nyeic daqv zeuz*, weic haaix diuc heuc ziepc nyeic daqv zeuz? Se weic zuqc ninh mbuo nyei baan-buic maaih taux ziepc nyeic buic.

Z.F se dongh **ziangx fai** bung nyei nzutv norz fiev/abbreviation for west.

Z.F.B se dongh **ziangx fai baqv** bung nyei nzutv norz fiev/an abbreviation for northwest central.

zi wj. **ba'zi, ba'ziaax wuov** ndaamv-jauv bienx jung nyei/to be incompletely.

zi'zungx wj. zi'zungx zaez; zi'zungx ziv; zi'zungx zouh/to describe rash.??.

zic[1] w. zic duqv nyei/deserve; valuable; to be worth the price.

zic duqv haic gengh (jaax-zinh) horpc haic/it's very good price.

zic jaax-zinh jaaix yaac gengh zic duqv maaiz nyei/it's really worth the price.

zic maiv duqv mv zic duqv maaiz ndongc naaic jaaix/not worth the price.

zic zinh gengh longx haic nyei/valuable; expensive; honorable; praiseworthy.

zic[2] pm. longc buoz-ndoqv heng-heng zic jatv/to tickle or poke lightly with finger.

zic gu'nguaaz zic gu'nguaaz jatv/to make a baby laugh by tickle him or her.

zic[3] nz. zic maaih naamh ziou, mouc nyouz nquenc/there is only a man rule the world but no a woman's district.

zic yuon weic laaix zuqc/only because; for the simple that…

zih[1] zh. **zih hlaax** 寅月 /yínyuè/ daauh norm hlaax/the first lunar month.

zih hlaax hnoi zih hlaax gu'nyuoz nyei ziangh hoc/during the first month.

zih nyieh hnoi duqv buo hnoi jiex daaih aqv/three days ago before to day.

zih zeih taux wuov norm ziangh hoc/the time within this and that.

zih[2] q. zih zungx zaetc; zih zungx zaev; zih zungx nzaengh; zih zungx zopc; zih zungx zortv. Gj: ih ungx aev, wih wungx waauv, nih nungx nauc, kih kungx kaatv; pih pungx piangv.

ziv[1] w. ziv jienv gong/to manage work; to supervise; to guide.

ziv gong mienh dorh zoux gong nyei mienh/head worker; supervisor or boss.

ziv sic goux sic; gunv sic/to manage an affairs; to take responsible.

ziv sic mienh liuc leiz sic wuov laanh mienh/a person who take charge.

ziv[2] q. (naauz-dorn heuc) ziv nyei qiex/the sound made by (mouse or rat).

zix[1] gw. gu'nguaaz waac gorngv orv/meat, a child's language.

amh zix gu'nguaaz waac gorngv nyanc orv/to eat meat, child's language.

zix[2] q. zic gu'nguaaz gorngv mbuc mbuc zix zix nyei qiex/the sound used to make a baby laugh with finger poke.

ziaac gw. mbuox gu'nguaaz yangh jauv nyei waac/to walk a child's language.

ziaac jauv mbuox gu'nguaaz yangh jauv aqv/tell a baby to walk.

ziaac-ziaac nyei yangh jauv mingh yangh siepv nyei mingh/to walk fast.

ziaax hq. caux fu'jueiv nyienx a'nziaauc longc buoz buang jienv hmien yietv koi ziouc gorngv mc ziaax!/an exclamation used in playing joke with a child.

ziaaux w. ziaaux jai; ziaaux dungz; ziaaux juv/to call animal; rounding up animals.

ziaaux juv heuc juv daaih/to call a dog.

ziakv q. nyanc ga'naaiv mbui ziakv nyei qiex/the sound made by chewing food.

ziang[1] wj. ziang naaic fungx; ziang naaic bun. Gj: m'daaih/to give for free.

ziang beiv dorh ganh mingh beiv mienh used oneself as comparison with others.

ziang naaic la'kuqv mv jangx taux yietc deix/to have forgotten.

ziang zinh maaiz daaih longc nyaanh maaiz daaih/to buy with cash.

ziang zinh maaiz dangx longc nyaanh maaiz ndutv mi'aqv/to pay off with cash.

ziang[2] m. **m'ziang** yietc dauh mienv nyei mbuox/the name of a spirit.

ziang-jun jun-baeng; baeng-maanh a'fai baeng-maaz/the soldier; troops; military.

ziangh[1] yz. **ziangh zengv nyei** maiv caeqv muonc/whole; undivided; totally.

ziangh baav ndoh jienv yietc baav zunv nyei/whole bunch; in a bundle form.

ziangh baaih (ndiangx) ziangh baaih nyei nauv njiec/the whole column.
ziangh bang ziangh guanh nyei/a whole group or whole band.
ziangh biauv yietc biauv nzengc/whole family; an entire family.
ziangh biauv fangx yietc biauv nyei fangx/picture of the whole family.
ziangh biauv mienh ziangh biauv nyei mienh/an entire family members.
ziangh cin benx yietc cin, yietc cin nyei hnangv/to be thousand each.
ziangh diuh 1 a'loc; zanc-zanc; liouh linh/frequently; always. **2** ziangh diuh ndaauv nyei/whole piece long object.
ziangh douc ziangh caamx nyei/a whole period of a time.
ziangh guanh benx ziangh guanh/whole group; whole band or herd.
ziangh hitv nyei lauh deix dangh nyei/a whole period of time.
ziangh hnoi yietc hnoi taux hmuangx/all day long; whole day; throughout a day.
ziangh hnoi ziangh muonz yietc hnoi caux yietc muonz/all day and night.
ziangh hnyangx yietc hnyangx taux dauh taux mueiz/a whole year.
ziangh hlaax yietc hlaax nyieqc dorng dauh/one full month; whole month.
ziangh joux gorngv setv yietc joux waac whole sentence; a complete sentence.
ziangh kuaaiv yietc kuaaiv jangv nyei/a whole piece of flat thing.
ziangh laangz yietc laangz nyei mienh/a whole villager; through out village.
ziangh liouz yietc liouz ndaauv nyei mingh/a whole long row.
ziangh liuz ziangh liuz yietc domh ndui nor/a whole pile of something.
ziangh lueic yietc lueic (jai-dorn) camv nyei/a whole flock of chick.
ziangh muonz yietc muonz taux lungh njang mingh/a whole night long.
ziangh mbomz ziangh guanh zunv nyei a group of crowded (people or animals).
ziangh norm guoc jaa yietc norm deic bung nzengc/whole country or nation.
ziangh norm nyei yietc norm mv caeqv muonc/a whole piece of round object.
ziangh seix yietc seix dorng dauh dorng mueiz/a whole lifetime.
ziangh sin yietc sin nzengc/whole body.
ziangh sung yietc sung zouc; yietc doix zouc/a pair of chopsticks.
ziangh taux yietc taux lui houx/one set of clothes.
ziangh zeiv nyei ndoh jienv ziangh zeiv nyei mv caeqv muonc/a bundle; a sheaf.
ziangh zengv maiv caeqv muonc nyei ga'naaiv/get whole amount at once.
ziangh zorngh yietc zorngh nzormc fai yienv/a whole set of (bowl or plate).

ziangh[2] zmb. njiec nzungh ziangh ndo jienv mingh/to growth; grown.
ziangh benx ziangh benx yietc diuh (ndiangx)/to growth into (a tree).
ziangh biouv ziangh benx biouv/to bear fruit; to growth fruit.
ziangh daaih ziangh ziouc hnangv wuov grown to be that way; nature growth.
ziangh daaih a'mangc ziangh daaih mv nzueic yietc deix/grown to be ugly.
ziangh diuh jauv yietc diuh mingh dorng nyei jauv/the whole journey.
ziangh diuh mueic (hmien) cuotv diuh mueic/to growth pimple; acne.
ziangh douc jauv yietc douc ndaauv nyei jauv/the whole piece of road.
ziangh duqv aiv ziangh ziouc aiv nyei/a nature short or low.
ziangh duqv faix ziangh ziouc ziangh daaih faix nyei/grown to be small.
ziangh duqv gox ziangh jaapv-zaangv buangv jiex mingh/life of the aged.
ziangh duqv guai ziangh daaih nzang nzang wuov/grown up to be smart.
ziangh duqv henv ziangh daaih henv nyei mou/grown up to be very strong.
ziangh duqv hlo ziangh daaih hlo nyei mou/grown up very big.
ziangh duqv lauh ziangh yiem lungh ndiev lauh nyei/to live long; dear life.
ziangh duqv longx ziangh daaih nzueic nyei/grown up to be pretty or handsome.
ziangh duqv maengc ndaauv ziangh yiem zangc lauh nyei/longevity life.
ziangh duqv ndaauv ziangh yiem lungh

lauh/to be long life.
ziangh duqv nzueic ziangh daaih nzueic nyei/grown to be beautiful or attractive.
ziangh duqv oix ziangh duqv kuh hnamv haic/grown up to be lovely or desirable.
ziangh duqv piex ziangh daaih piex nyei/grown up to be weak or ugly.
ziangh duqv sung ziangh daaih sin-pei sung-sung wuov/grown up to be neat.
ziangh duqv wuonv njiec nzungh ndo wuonv nyei/to have a firmly rooted.
ziangh ga'naaiv ziangh (zueih, mbiaic) to growth (a boil or tumor).
ziangh gu'nguaaz maaih saeng-yungz nyei sic/to bear a child.
ziangh hnyouv hiuv duqv ganh oix zuqc zoux nyei gong/to fully understand what one ought do; to alert or awareness.
ziangh jaa dorng jienv zoux mienh seix aqv/to established a family.
ziangh jienv 1 ziangh nitv jienv doic nyei/to attach firmly. **2** maaih maengc ziangh jienv/to be alive; still living.
ziangh liemh zouc 1 maaih maengc nyei ndiangx/a living tree. **2** maaih cai maaih doix dorn-jueiv buangv biauv nyei maengc/successful of a wealthy family.
ziangh longx nzengc mun nyei nzuih ziangh ndipc nzengc/completely healed.
ziangh m'normh caengx m'normh gorn omx ziangh zueih nyei baengc/to growth mumps at the base ear.
ziangh naamh nyouz yungz dorn-jueiv nyei sic/to reproduce an offspring.
ziangh norqc dietv ziangh m'zing-ndopv nyei pokc/to have a sty in the eye.
ziangh ndipc ziangh gapv doic longx nzengc/completely be healed.
ziangh nzengc ziangh ndipc longx nzengc mi'aqv/totally be healed.
ziangh nziaamv-beu ziangh nziaamv-daic nyei beu/growth fleshy blood-filled mass in the body.
ziangh seix maaih maengc yiem jienv nyei ziangh hoc/through out one's life.
ziangh wuom-mbau hnyouv gu'nyuoz ziangh wuom-mbau/to growth internal water-filled mass.
ziangh ziangx ziangh ziouc hnangv naaic grown to be that way; nature born.
ziangh ziouc yietc liuz m'daaih hnangv wuov nor/born to be that way.
ziangh ziouc aiv yietc liuz m'daaih aiv nyei/to be low or short of nature born.
ziangh ziouc faix ziangh daaih m'daaih faix nyei/born to be nature small.
ziangh ziouc longx ziangh daaih yietc liuz longx/be kind by nature born.
ziangh ziouc nangv ziangh daaih m'daaih nangv/to be short by nature born.
ziangh ziouc nyaiv ziangh ziouc diev mv duqv nyaiv/to be shy by nature born.
ziangh ziouc orqv ziangh daaih m'daaih hnyouv cunv/to be evil by nature born.
ziangh ziouc waaic ziangh daaih m'daaih waaic nyei/be deformity by nature born.
ziangh zueih butv mbauh gunx nongc ziqc ndopv/to growth a boil or carbuncle.

ziangh[3] pm. longc ziangh; duqv ziangh/to be permanently belongs to.
yiem ziangh yiem yietc liuz aqv/to stay permanently; live forever.
ziangh cai-doix benx ziangh auv-nqox to become husband and wife.
ziangh cien gorngv ziangh auv nyiemc cien aqv/to settled an engagement.
ziangh huon gitv liuz huon benx auv benx nqox mi'aqv/get married.
ziangh huon sou gitv huon nyei sou/a married certificate.
ziangh jaa 1 liepc jaa-dingh/to establish family. **2** benx auv benx nqox mi'aqv/to become husband and wife.
ziangh jiu i bung gorngv horpc mi'aqv an agreement accepted by both parties.
ziangh zien 1 zoux benx ziangh zien/to become seriously after joke. **2** gengh zien nyei/to be true or real.
ziangh sorng benx i hmuangv; benx yietc doix/a married couple.

ziangh[4] m. ziangh yiem seix zangc/living; livelihood; active; being motion.
ziangh caux daic maaih maengc yiem fai daic/between life and death.
ziangh horngh 1 jienh; muangx waac; dorh leiz/well-behaved; obey. **2** ziangh liouz nyei mingh/a whole row.

ziangh maengc maaih maengc tauv qiex nyei/a life; a living thing.
ziangh maengc daan gaau-bouc fin-saeng fiev mienh cuotv seix caux mienh jiex seix nyei sou/a book of life.
ziangh maengc feix ziangh maengc qiemx longc nyei ga'naaiv/living expense.
ziangh maengc horqc hoqc taux maaih ziangh nyei horqc/biology; biological.
ziangh maengc qiemx yungz maengc nyei ga'naaiv/needy for the living.
ziangh maengc sic maengc la'nyauv nyei sic/problems of livelihood.
ziangh seix ziangh jienv yiem seix zangc. Dgw: daic seix/lifetime; through out life.
ziangh seix zangc ziangh yiem naaiv lungh ndiev/to live on the earth.

ziangh[5] zh. saauv ziangh hoc/word used in prefix or suffix of time.
ziangh haaix naaic gaax jiex daaih nyei ziangh hoc/when was; what time was.
ziangh hoc 1 norm ziangh hoc/the time; hour. **2** wuonc qiex/chance; opportunity.
ziangh hoc longx 1 kuv ziangh hoc/to have good time. **2** wuonc qiex longc/to be good luck; very lucky.
ziangh hoc mv benx 1 buangh sic nyei ziangh hoc/to be bad luck; unfortunately. **2** mv zeiz kuv ziangh hoc/having a bad time or hard time.
ziangh hoc mv gaux ziangh hoc nangv mv gaux/to be short of time.
ziangh hoc mv horpc dingc ziangh hoc mv horpc/to have incorrect time set.
ziangh hoc mv yic ziangh hoc pioux mv yic/the time is incorrect.
ziangh hoc mv zuov ziangh hoc se maiv haih aengx daaux nqaang zuov mienh aqv/such the time, chance or opportunity will not present itself again.
ziangh hoc nangv ziangh hoc zoqc maiv gaux/to have short time.
ziangh hoc ndaauv corc maaih ziangh hoc camv nyei/to have plenty of time.
ziangh hoc nzengc ziangh hoc jiex liuz aqv/time is over; run out of time.
ziangh hoc piatv doix mv zuqc ziangh hoc/to missed met someone.
ziangh hoc qangx yiem ziangh hoc nyei mbu'ndongx/meanwhile; meantime.
ziangh hoc taux dingc nyei ziangh hoc taux aqv/to reach the deadline.
ziangh hoc yic ziangh hoc horpc nyei/to have correct time; the rime is right.
ziangh hoc zengc corc zengc deix ziangh hoc/have some more time left over.
ziangh hoc zoqc ziangh hoc mv gaux longx/not enough time for.

ziangv[1] w. ziangv jienv. Gj: nuqv jienv/to point at; to indicating.
ziangv baqv bung nuqv mingh wuov jiez baqv bung/to indicate to the north.
ziangv congx zorqv congx ziangv jienv to point with a gun; to aim a gun.
ziangv dong bung nuqv mingh dong bung/an arrow indicating east.
ziangv faaux ziangv nuqv faaux/to point up to the air; to aim upward.
ziangv forng nuqv nyei forng-cang/an arrow (as on a street sign).
ziangv jienv ziangv nuqv jienv/point at someone; to aim at something.
ziangv jienv hemx nuqv jienv hemx/to scold with finger point to a person.
ziangv jienv houv waac nuqv jienv houv waac/to curse with finger point to a person.
ziangv njiec maengx nuqv njiec wuov ndiev bung/to point downward.

ziangv[2] nz. hlo faaux/to growth bigger and taller; development from a lower.
ziangv daaic hlo da'aqv; hlo nzengc liuz aqv/to be grown.
ziangv zuv dengv bieiv; zoux ziouv dorh paterfamilias; a household leader.

ziangx[1] pm. baac; liuz; nzengc; dorng/to be finish; completed; done.
ziangx aqv (zoux) ziangx aqv/all done; all finished or completed.
ziangx nzengc zoux ziangx sung nzengc finished; all done; all completed.

ziangx[2] w. **1** buonv ziangx haic/to shoot accurately. **2** yietc ziangx/exactly.
buonv duqv ziangx haih buonv ziangx haic/be able to shoot accurately.

ziangx[3] z. ziangx nyei mbu'ndongx/center; middle; equally distant from.

ziangx lungh aanx lungh aanx ziepc nyeic diemv ziangh hoc/right noon time.

ziangx mbu'ndongx yiem ziangx nyei mbu'ndongx/central; middle area.

ziangx[4] aengx lorz mangc "cin ziangx" wuov joux nyei eix-leiz.

ziec[1] w. **dor-ziec** laengz zingh/thanks; to give thank; appreciation.

ziec biangh mienv laengz zingh biangh mienv/to give thanks to flower spirit.

ziec bun dorh ga'naaiv mingh ziec bun to offer thank; an appreciation.

ziec-dorngh buov hung ziec zienh nyei dorngh/an altar for sacrifice by burning or offering thanks to god.

ziec en daapc ziec mienh nyei en-zingh nzuonx/to return a grateful favor.

ziec en zipv daapc ziec ceix en nyei zipv a thanksgiving holiday in U.S.

ziec mienv daix saeng-kuv laengz zingh mienv goux hmuangv doic yietc hnyangx dorng nyei zipv/to offer thank to the spirit for taking care the family through out the year.

ziec nyunc houv nyunc liuz aengx ziec nyunc/to offering thanks to the spirit.

ziec waac gorngv laengz zingh nyei waac thanking word; appreciation express.

ziec zueiv faan waac mienh fai mbienv waac mienh/interpreter; a translator.

ziec[2] nz. nyaux nqaai; loz jienv mingh/to fade; wither; to lose freshness.

kuaa-ziec biangh nyaux nqaai/the flower is wither or lose freshness.

ziec[3] pm. **bungx yiez ziec** bungx yiez nzunh njiec ziec/to urinate on something.

ziec douz daic ndamv wuom pietv ziec douz daic/to put off fire by spray water.

ziec[4] aengx lorz mangc "jau-ziec" wuov joux nyei eix-leiz.

zieh w. zieh mingh zieh daaih/leaning back and forth. Gj: laih mingh laih daaih.

zieh mingh bung laih mingh yietc bung leaning to one direction.

zieh waac sipv mienv mienh caux mienv gorngv nyei waac/rituals ceremonial language. Gj: ziec-waac.

ziev[1] nyc. **dorc ziev** zoux dorc/older sister.

ziev-muic muoz-sieqv doic/sisterhood.

ziev-muic cien nyiemc muoz-sieqv doic nyei cien/relatives through woman side.

ziev nyaangh dorc maa; dorc doic/mom or older sister.

ziev[2] wj. **maaih zingh mouc ziev qiex jiez** mv maaih gorn-baengx la'guaih qiex jiez/to angry without any good reason.

ziev[3] aengx lorz mangc "gorngv ih ziev" caux "nyunc ziev" nyei eix-leiz.

ziex[1] pm. **1** ziex hnoi ziex muonz/several days and nights. **2** mbu'ziex/how many.

ziex baeqv leiz camv-baeqv leiz ndaauv nyei/several hundred miles long.

ziex bung ziex louc ziex bung nyei huing gormx nzengc/in all directions.

ziex cin ziex waanc gengh camv gau mv fungc aqv/numerous; plentiful.

ziex doic jiex da'aqv duqv ziex doic aqv/passed down from many generations.

ziex dor camv gau/several; numerous; many; a lot; so many.

ziex dor nyei a'hneiv maaih a'hneiv camv haic/a lot of joyful or happiness.

ziex dor nyei kouv naanc gorngv maiv zienz nyei kouv naanc/many difficulties.

ziex dor nyei maaih hnyouv gengh zien maaih hnyouv haic/interesting the most.

ziex horngh 1 ziex nyungc/many style. **2** ziex wuonc nyei/several rows.

ziex jauv mienh ziex bung nyei mienh zorpc jienv/several groups of people.

ziex laaic lauh nqaeqv ziangh hoc lauh nyei/infrequently; seldom.

ziex nzangh ziex kang nyei faaux/many levels; layers; sections.

ziex nzunc camv-nzunc nyei/several times; many times.

ziex[2] aengx lorz mangc "gaam-ziex, maeqc ziex" nyei eix-leiz.

ziem[1] n. ziem zietc a'fai ziem zungx nqoi nyei ziem/a wedge.

hlieqv-ziem longc hlieqv daav daaih nyei ziem/a metal wedge.

ndiangx-ziem longc ndiangx pai daaih nyei ziem/a wooden wedge.

ziem bieqc mborqv ziem bieqc/pound to drive a wedge in.

ziem bouv ziem zaengx bouv zietc/to force wedge in the top of an ax handle.

ziem doix longc ziem, ziem zietc doix/to reinforce a rice pounder with wedge.

ziem[2] pm. njiuc ganh ndie-hlen mingh/to decorating the edge of cloth.

ziemh nz. **ziemh lorz** zimh lorz; naaic lorz to search; find; investigate into.

ziemh ginx lorz buatc da'aqv/founded; successful in searching.

ziemv[1] w. naauz m'zing ziemv-ziemv nyei mangc jienv yie/a mouse watch me with it's steadily eyes.

ziemv[2] n. ngaatc juv nyei domh ngaatc dangh/a bigger kind of tick.

juv-ziemv ngaatc juv nyei domh ngaatc dangh/a kind of large dog tick.

juv-ziemv zong hemx m'normh ndung mienh nyei waa-doqc, se beiv juv-ziemv zong jienv m'normh kuotv/an abusive word for a deaf person.

ziemx w. ziemx bieqc wuom/to immerse; to dip into water; submerge.

ziemx hlauv zorqv hlauv dapv wuom ziemx jienv/to soak bamboo in the water.

ziemx hmeiv dox wuom njiec an hmeiv ziemx jienv/to soak rice (before cook).

ziemx wuom an njiec bun wuom ziemx to put into water; to submerge.

ziemx zuqc ndorn ziemx zuqc wuom ndorn/to get soak by touching water.

zien pm. gengh zien nyei/true; real; actual; sincere; assurance; confident.

zien doz gengh zien nyei buoqc zangc njaaux muonh/the true doctrine.

zien-dungz mienh yungz nyei dungz/a domestic pig. Dgw: hieh dungz.

zien eix zien hnyouv nyei eix/from the bottom of one's heart.

zien-fiem gengh maaih hnyouv oix/truly from one's heart; real love.

zien gengh zien nyei. Gj: za'gengh/to be real; true; sure; no doubt.

zien gong hoqc duqv daaih nyei gong/a professional employment; skilled work.

zien gorn zien maaih nyei gorn/the truth facts; the original resource.

zien gouv gengh zien maaih nyei gouv/a true story; a real story.

zien haic za'gengh zien nyei/very true; truthful; surely; honestly; no doubt.

zien horqc wuonh mingh horqc hoqc daaih nyei wuonh zaang/truly learned.

zien hungh gengh hungh. Dgw: caauv hungh/a true king.

zien hnamv... **1** longc fiev fienx nyei jiex gorn waac/dear... **2** gengh hnamv zien nyei/true love.

zien jaav zien a'fai jaav/real or false.

zien jaax-zinh gengh gorn zangc daaih nyei jaax/retail price; an honest price.

zien-jai biauv zong yungz daaih nyei jai a domestic chicken or fowl.

zien jauv zien nyei jauv-louc/true; real; true story; real story.

zien jiem gengh zien jiem/one hundred percent gold; pure gold; genuine gold.

zien jiem mv nziex douz zien jiem mv nziex douz buov yaac mv waaic/genuine gold not afraid fire.

zien-juv biauv zong yungz nyei juv/a domestic dog. Dgw: hieh juv.

zien leiz 1 baengh fim nyei leiz/justice; righteousness. **2** njaaux zien nyei leiz/a commonly practiced customs.

zien maaih gengh maaih nyei/truly have.

zien mienh 1 gengh zien mienh/a real person (as distinct from a spirit). **2** zien Iu-Mienh/a real Iu Mienh person.

zien-ndoih zuangx nyei ndoih. Dgw: hieh ndoih/a domesticated tuber.

zien ndopv gengh zien ndopv/genuine leather; true leather.

zien-ngongh mienh yungz nyei ngongh. Dgw: hieh ngongh/domestic cattle.

zien nyaanh gengh zien nyaanh/the true coin; real coin; genuine silver.

zien nyei gengh zien nyei/it's real or true.

zien oix gengh zien nyei oix/truly love.

zien-saeng-kuv mienh yungz nyei saeng-kuv/domesticated animals.

zien sic gengh zien nyei sic/true matter; true story; in fact.

zien waac gorngv zien nyei waac/true speech; factual statements.

zien-zaangz mienh yungz nyei zaangz/a domestic elephant.

zien zeiz gengh zien zeiz nyei/the truth; actual; factual.

zien ziev zw. zoux-zorc mienh gorngv nyei waac/truly, ritual language.
zien-zien za'gengh zien nyei/sincerely; truly; genuinely.
zien-zou 1 ndiux nqinh nqou nyei zou/a pearl. **2** gaeng-nyorc/spider.
zienh m. fin-mienh; yiem-gen mienh/god; deity; goddess; immortal.
zienh cui zienh cui mienh butv zoih butv zieqv/god bless; spirit bless; consecrate.
zienh eix zienh nyei eix/the will of god.
zienh en zienh nyei hnamv/divine favor.
zienh fangx 1 zienh nyei mou/an image of god. **2** zienh hinc yaangh nyei fangx picture of a ghost.
zienh fei yiem-gen nyei sic/the matter of the spirits world.
zienh gen mienv nyei dorngx/spirit world.
zienh gong lingh zienh lingh singx nyei sic/a prodigious feat; supernatural.
zienh gong buv youc zienh singx buv caux cui/protected by god; god bless.
zienh gueiv zienh caux mienv/gods and spirits; holy ghosts and demon.
zienh horqc hoqc taux zienh singx nyei horqc dorngh/theology school; a temple.
zienh mengh zienh nyei mbuox/name of the spirit or god.
zienh morh zienh gueiv morh mienh butv baengc/to suffer ill by the spirit.
zienh nyeiz m'sieqv zienh/a goddess.
zienh sai caux zienh gorngv waac jiu tong nyei mienh/a master priests.
zienh sai horqc hoqc zoux sai nyei horqc/a seminary (for training priests).
zienh seix zienh nyei seix/a god being.
zienh singx maaih doz nyei zienh/holy; sacred; divine.
zienv[1] hz. zienv se faix nyei di'daanz maaih buo diuh ben/a chipmunk.
zienv[2] w. longc biaav zienv/to poke with a stick. Zienv naang nyei m'nqorngv. To poke snake's head and twist with a stick.
zienz w. **1** juangh nzengc/to exhaust; to use up. **2** nzengc nzengc/completely.
maengc zienz aqv m'daaih taux daic nyei hnoi aqv/to die after old age.
ziepc[1] hd. saauv taux ziepc/ten; number ten.
ziepc betv ziepc caux hietc/eighteen.
ziepc buon 1 ziepc buon ziangh hoc/a ten minutes. **2** yietc zinh/a unit of weigh equal to 3-5 grams.
ziepc cietv ziepc caux siec/seventeen.
ziepc cin yietc waanc/ten thousands.
ziepc cin waanc saauv mingh ziepc cin waan/one trillion.
ziepc dinc hungh gunv ziepc nzangh dinc nyei yiem-hungh/the lords of the ten underworld tribunals.
ziepc diuh lingc ziepc diuh giduc mienh nyei leiz/the ten commandments.
ziepc gouv nyei yietc gouv ziepc gouv zorqv cuotv nyei yietc gouv/one out of ten; one percent of ten.
ziepc hlaax da'ziepc wuov norm hlaax tenth lunar month.
ziepc hmz ziepc caux biaa/fifteen.
ziepc hmz buon ziepc hmz buon ziangh hoc/fifteen minutes; quarter hour.
ziepc hnyangx yietc ziepc hnyangx/a decade; a period of ten years.
ziepc juov ziepc caux nduoh/nineteen.
ziepc luoqc ziepc caux juqv/sixteen.
ziepc nyeic fingx ziepc nyeic fingx Yao mienh nyei fingx mbuox/the twelve clans of Iu Mien or Yao surname.
ziepc nyeic hlaax yietc hnyangx nqa'haav laai wuov norm hlaax/December.
ziepc nyeic ndaangh gaeng-gueiv nyei mbuox/scorpion (a poisonous insect).
ziepc nyeic zaah zienh sai mienh fungx cuotv zaah sic nyei zienh/twelve spirits sent out by the priest during a divination ceremony.
ziepc nzangc jaax 1 tipv camv nyei jangx-hoc/plus symbol. **2** giduc mienh nyei jaamx-maaz nzangc mou/the cross used by Christianity.
ziepc waanc yietc baeqv cin/one hundred thousand; ten ten-thousands.
ziepc yietv hlaax ziepc yietv wuov norm hlaax/eleventh lunar moon; November.
ziepc zeiv 1 ziepc zeiv (lai)/ten bunches. **2** ziepc norm buoz-ndoqv/ten fingers.
ziepc zinh hniev-soux yietc lungz/a unit of weigh equal one tael.
ziepc ziuc cin waanc/billion; one billion.

ziepc[2] pm. **ziepc zuoqv** hnyouv zingx/an honest; sincerely; truly; justice; fairness.
ziepc zuoqv bou ziepc zuoqv hnyouv nyei bou/a faithful servant.
ziepc zuoqv hnyouv zaqc nyei hnyouv honest heart; fair-minded.
ziepc zuoqv jaax mv waengc nyei jaax-zinh/fair price; honest price; justice price.
ziepc zuoqv laangh fim mv pienx nyei hnyouv/an honest heart.
ziepc zuoqv mienh laangh fim zingx nyei mienh/an honest person.
ziepc zuoqv waac gorngv zien nyei waac honest words; speak the true.
ziepc zuoqv zoux gengh longc hnyouv zoux/do with honest; pay attention to do.

ziepc[3] cm. mienh nyei jiex gorn mbuox, se beiv hnangv Ziepc Zoih, Ziepc Seng.
ziepc nyei pin 1 ngongh nyei ziepc pin the rumen stomach. **2** ziepc nyei pin sou two sided of twelve pages.

ziepv nz. zipv; zorqv; nanv; siou, se aaux benx nzung nyei waac/to grasp; to catch; to receive; to hold.

zieqc w. douz zieqc; buov zieqc; diemv zieqc/burn up; to catch fire; to set fire.
bungx zieqc bungx zieqc dang, douz, cie to turn on light, fire on stove.
zieqc benx saaiv zieqc qui benx saaiv nzengc/to burn into ashes.
zieqc daic douz zieqc daic/burn to die.
zieqc duqv mbopc buov (liangx) zieqc duqv longx haic/to be well burned.
zieqc jienv douz corc maaih douz zieqc jienv nyei/still burning.
zieqc nzengc zieqc qui nzengc/burn up everything completely.
zieqc qui zieqc nzengc mv zengc haaix nyungc/burnt; destroyed by fire.
zieqc waaic douz ziepc zuqc waaic/to be damaged by burning.
zieqc yuqc douz zieqc yuqc nzengc/to be mildew by burning.
zieqc zuqc douz zieqc zuqc; buov zuqc to caught fire and burned.

zieqv[1] w. longc nzuqv zieqv/to weave by using bamboo strips.
zieqv jai-longh zieqv daaih dapv jai nyei longh/to weave a chicken cage.
zieqv jei zieqv siou la'fapv dapv nyei jei/to weave a dust pan.
zieqv ndaan zieqv dapv hmeiv ndaan/to weave a basket.
zieqv ziqc zieqv benx yietc kuaaiv ziqc daaih/to weave a mat.

zieqv[2] pm. zieqv hmien zieqv minc/a familiar face; to recognize (a person's face).
zieqv dingc mangc zien mangc longx zieqv dingc nyei/to look careful into and put into reorganization.
zieqv duqv zieqv duqv (ga'naaiv)/to recognized something.
zieqv duqv hmien zieqv duqv mienh nyei hmien/to recognized a person's face.
zieqv leiz hiuv leiz; tong leiz; dorh leiz to recognized the customs; politeness.
zieqv mv duqv mangc mv zieqv/unable to recognize; unfamiliar to the eyes.
zieqv nzangc henv zieqv duqv nzangc henv/to quickly recognize a letter.
zieqv nzangc sou hoqc zieqv nzangc nyei sou/literacy primer; a book for study.

zieqv[3] gn. buov juotc zaangh neix cuotv wuov deix wuom-yangh/creosote from a burning firewood stub.

zieqv[4] aengx lorz mangc "butv zoih, butv zieqv" nyei eix-leiz.

zietc[1] pm. mbapv zietc; naeqc zietc; ndoh zietc; nqamv zietc; zong zietc; nyanc beuv zungx zietc/tightly; securely; firmly.
zietc haic gengh mbapv zietc nyei/be too tight; firmly; securely.

zietc[2] aengx lorz mangc "mba'zorng zietc, hnyouv zietc, butv-zietc" nyei eix-leiz.

zimh[1] w. zimh gan jienv nqa'haav mingh/to track down by follow (a footprint).
zimh deih zimh jienv deih mingh/to track by follow the hoof of animal.
zimh orv zimh gan orv nyei nqa'haav mingh/to track the game.
zimh zaux-mienv zimh gan zaux-mienv to track by following footprints.

zimh[2] nw. zimh lorz sic-gorn/to investigate into a matter; to scrutinize; to inquire.
zimh gorn-baengx zimh lorz naaic gorn investigate the cause of an incident.

zimh gorn naaic baengx zimh lorz naaic muonc nyei/to investigate thoroughly.
zimh hlaax sou zunc gan hlaax mingh nyei sou/a lunar calendar.
zimh hnoi sou zunc gan hnoi mingh nyei sou/a solar calendar.
zimh lorz 1 lorz jienv mingh/to tract
zimh naaic zimh naaic lorz/to inquire into a case; to question.

Zimbabwe m. yietc norm guoc jaa, yiem N. bung maengx Africa, hungh zingh mungv heuc Harare.

zin[1] w. an hmei camv nyei zin/to deep fry with a lot cooking oil.
nyanc jaux-zin 1 nyanc zin daaih nyei jaux/to eat fried egg. **2** zuqc mborqv norm ba'ngaengv se beiv nyanc jauv-zin.
zin hmei zin orv-junc nyei hmei cuotv/to deep-fry fatty meat to get their oil.
zin jaux zin jai-jaux/to fry an egg.
zin mbiauz zin mbiauz/to deep-fry fish.
zin orv-junc zin bun orv-junc nyei hmei cuotv/deep-fry the fat piece of meat.

zin[2] hd. se longc saauv gu'nguaaz gaa jiex gorn hlaax, beiv hnangv *zin cietv* zoix muonh zinh *nyeic betv* zoix dongh ting.

zin[3] aengx lorz mangc "in zin, zaux-zin" wuov joux nyei eix-leiz.

zinc[1] pm. zaanc; mv maaih jaax-zinh/to be worthless; inferior in position.
zinc bun zoux doqc bun; zoux zinc bun to abuse someone.
zinc fingx dorh leiz waac, gorngv ganh nyei fingx/inferior tribe (used as polite expression to address oneself).
zinc huox 1 mv zic jaax-zinh nyei huox worthless goods. **2** beiv laanh zinc nyei m'sieqv/a term of revile, a slut; a tramp.
zinc nyienh 1 zinc nyei mienh/someone as worthless person. **2** dorh leiz waac gorngv ganh/inferior person (often used as polite expression to address oneself).

zinc[2] aengx lorz mangc "laanh zinc, mangc zinc, waac-zinc" nyei eix-leiz.

zinh[1] wj. **minc zinh** minc zinh ih zanc/the front; forward; forerun; at first; present.
minc zinh qiemx minc zinh qiemx zuqc longc/first need; urgently need.
mbungh zinh hoz mbungh minc zinh caux nqa'hingv/to protect in advance.
zinh hoz ih zanc caux nqa'haav hingv now and future; present and later.
zinh hoz waac gorngv mbungh nza'hmien caux nqa'hingv nyei waac/to prophesy now and the future.

zinh[2] pm. jiex daaih nyei sic/past; former; previous; ancient; preceding.
zinh baan zinh ndaangc wuov baan/the shift before; previous shift.
zinh baan mienh zinh torngx mienh/the people of the fore generation.
zinh bou zinh ndaangc nyei loz-bou/a former servant; previous attendant.
zinh cai daauh torngx auv/former wife (as a man who has been married once).
zinh caqv zinh ndaangc dorngc daaih nyei sic/the past errors.
zinh cor zinh ndaangc loz-hnoi/ancient time; previously; times of long past.
zinh doic zinh ndaangc baan mienh/the people of earlier generation.
zinh fou zinh ndaangc wuov torngx nqox former husband (said of woman who had been married once).
zinh hingv zinh ndaangc wuov hingv/in the formerly time; in the past.
zinh hnoi zinh ndaangc loz-hnoi/in the old day; formerly; bygone day; ancient.
zinh jien zinh ndaangc nyei loz-jien/the former government; former official.
zinh mienh loz-hnoi nyei mienh/ancient people; people of former generation.
zinh nin jiex daaih wuov hnyangx/year in the past; previous year.
zinh ndaangc jiex daaih lauh haic aqv before; previously; ancient time.
zinh ndaangc hingv jiex daaih lauh nyei ziangh hoc/in the past; formerly.
zinh nyietv zinh ndaangc hnoi/day in the past; previous day.
zinh nyinh gorngv ndaangc nyei waac/a preface; foreword; introductory remark.
zinh seix zinh baan mienh nyei seix/the life of previously generation.
zinh torngx mienh gox nyei mienh/an elderly generations; seniors citizen.

zinh win jiex daaih nyei win/past enemy; past adversary.

zinh[3] n, k. **1** nyaanh zinh; jiem-zinh/silver coin; gold coin. **2** nyaanh/money.

zinh dorn nyaanh zinh dorn/small silver coin. Dgw: domh zinh/big coin.

zinh hmeiv zinh zoih fai hmeiv-laangh yietc zungv/wealth; grained; assessment.

zinh hmeiv hoz domh butv zoih mienh to be very rich; wealthy.

zinh koux siou zinh zoih nyei dorngx/a treasury; money funds of a country, club.

zinh nyaanh zeiv-nyaanh caux nyaanh ngaengc/money; silver; cash in hand.

zinh zeiv buov bun mienv nyei zeiv/paper money burned in a spirit worship.

zinh zoih biauv, nyaanh, siou-setv yietc zungv/property; possessions; treasury.

zinh zoih fuqv-gueix zinh nyaanh camv nyei maengc/a wealthy person.

zinh[4] bc. hniev-soux yietc zinh/unit weight equal to .135 oz or 3.846 g.

zinx[1] wj. sin zinx; buoz zinx. Gj: nyanh/to tremble; to shake; overwrought.

sin zinx haic haiz gamh nziex sin zinx haic/to feel nervous and shaking.

zinx[2] z. zouv taux wuom nqaai mingh/to boil; to decoct; decoction.

zinx dorngh zouv gaam-ziex wuom ngaengc benx dorngh/to boil sugar cane juice until it became lumps.

zinx geu zouv nqaai benx geu mingh/to boil something into jelly.

zinx in zouv in-wuom nqaai benx geu daaih/to decoct opium.

zinx ndie zouv taux wuom nqaai benx ndie/to decoct herbal for medicine.

zinx nqaai nyei zouv nqaai ngaengc mingh/to boil until it dry.

zinx nzauv zouv nzauv-wuom nqaai benx nzauv daaih/to boil sea-water for salt.

zinx[3] pm. (mbiauh gorn) zinx cuotv miuh camv/to put out multiple new shoots.

zinx[4] aengx lorz mangc "juang-zinx" wuov joux nyei eix-leiz.

zing[1] pm. zing haic mingh mv duqv taux fatv/skittish, and run away quickly.

jai zing haic jai zing haic mingh mv duqv taux fatv/the chicken is very skittish.

zing-zing wuov buatc zing-zing wuov/to have skittish or bashful appearance.

zing[2] d. yau zing guv guaix nyei ga'naaiv/a monster; a legendary creature.

zieh zing hieh guaiv mienv/an evil wild spirit; a wild fierce spirit.

hmei-zing hmei-mbauh cuotv daaih nyei hieh guaiv mienv/evil spirit from a vine.

mbaengx-zing mbaengx cuotv daaih nyei zing-guaix/fierce spirit of a cliff.

mbing-zing guv guaix haic nyei mbing monster monkey, which come for fierce.

zing-guaix haeqv mienh nyei hieh guaiv mienv/harmful spirit; fierce demon.

zing[3] n. m'zing; mueic zing/the eyes.

zing-gorqv se dongh "mueic zing gorqv" nyei gorngv siepv/corner of eye.

zingh[1] m. nquenc zingh; saengv zingh/an important city; capital city.

domh zingh domh mungv/a capital city of a state or province.

hungh zingh hungh yiem nyei fouv-zingh a capital city of a country.

zingh gaengh zingh laatc nyei gaengh/the gate of the city wall.

zingh huaang mv maaih mienh yiem nyei huaang/a city that has been destroy.

zingh laatc zingh nyei njongc fai laatc/a city wall; wall surrounding city.

zingh menc gu'nguaaic bung zingh laatc upper side of the wall.

zingh ndiev ga'ndiev bung zingh laatc lower side of the wall.

zingh nyei mienh yiem zingh fai mungv nyei mienh/urbanites; city people.

zingh[2] w. **1** korh lienh; hnamv/merciful; devotion; affection. **2** ziec en/thankful; gratefulness; appreciative.

zingh eix hnamv nyei hnyouv/feeling of affection for.

zingh en korh lienh nyei hnamv. Gj: en-zingh/graciousness; merciful; kindness.

zingh fienx m'jangc m'sieqv gorngv hnamv nyei fienx/a love letter.

zingh fin hnamv haic nyei sieqv/a lovely girl; a beautiful woman.

zingh luangh hnamv haic nyei dorn/a lovely man; a handsome man.

zingh mienh hnamv nyei mienh/a lover; sweetheart; sexual partner.
zingh mienh zipv hnamv doic nyei zipv valentine's day; saint valentine's day.
zingh ndie tengx mienh hnamv doic nyei ndie/love portion; love philter.
zingh nyeic 1 en-zingh/regard; favorite; generosity. **2** en-zingh ga'naaiv/present.
zingh nyeic ndaauv maaih en-zingh camv haic/generous; sympathetic.
zingh nyeic nyaanh 1 weic hnamv bun nyei nyaanh/money given in generosity. **2** zoux zingh nyeic nyaanh/a tip money.
zingh nzung baaux gorngv hnamv nyei nzung/song about love.
zingh youh nziaauc dorn nziaauc sieqv nyei jauv/about the love.
zingh youh fienx gorngv hnamv nyei fienx/a love letter.
zingh youh nzung m'jangc, m'sieqv gorngv hnamv nyei nzung/a song of love.
zingh waac hnamv nyei waac/sweet talk between man and woman; mercy talk.

zingh[3] aengx lorz mangc "laengz zingh, naanc zingh, nyaangc zingh, nzaic zingh, tui-zingh, ngaetc zingh, suonc zingh" wuov deix nyei eix-leiz.

zingv m. **1** maaih wuom nyei zingv/water well. **2** wuom-mbeux zingv/spring water.

zingx pm. hnyouv zaqc; hnyouv zingx; zuoqv laangh fim/honest; truthful; just.
maiv zingx dorng maiv horpc zuqc nyei sic/to be improper; disapprove.
zingx baeng pou-tong nyei dorng baeng mienh/a regular army or soldier.
zingx baeqv zien baeqv/husband's older brother; real brother in-law.
zingx baqv bung hungx mingh ziangx nyei baqv bung/due north.
zingx bung horpc nyei bung-hungx dauh the right course; right direction.
zingx cai horpc leiz nyei auv/legal wife.
zingx doix doix ziangx nyei/to directly across; opposite side.
zingx-donx (nyanc) zingx-donx hnaangx main meal; important meal.
zingx dong bung hungx mingh ziangx nyei dong bung maengx/due east.
zingx dorng horpc leiz nyei/appropriate; decent; decency; justifiable.
zingx dorng zingx horngz maaih lamh longc nyei sic/appropriate or useful.
zingx dorng leiz horpc zuqc nyei leiz properly reasons; proper legitimate.
zingx dorng waac ziangh horngh nyei waac/a polite word; to state clearly.
zingx fai bung hungx mingh ziangx nyei fai bung/due west; central west.
zingx fouv hungh jaa; jien jaa/authority; government; governing body.
zingx fouv gong hungh nyei zeqv-weic/a government job; official duty.
zingx fouv zorc hungh jaa zorc guoqv nyei sic/political developments.
zingx-ginx zorng-zengx. Gj: zengx-ginx. witness; approve of seen.
zingx heix naaiv di'dien hnangv, zingx heix camv wuov deix mv gaengh dorh cuotv/the main one.
zingx hoc horpc nyei jangx-hoc/a positive sign or signal.
zingx jauv horpc leiz nyei jauv/a proper way; right course.
zingx leiz horpc nyei doz-leiz; zien leiz righteousness; justice.
zingx mbuox horpc leiz nyei mbuox/the proper name; legal name.
zingx mbu'ndongx yiem ziangx nyei mbu'ndongx/right middle; center.
zingx naamh bung hungx mingh ziangx nyei naamh bung/due south.
zingx sin ziangx sin mbu'ndongx wuov wuonc/central part of the body.
zingx wuonh longc jienv wuov douc wuonh zaang/key paragraphs of an article.
zingx yietv yie guai mv baac zingx yietv meih gauh guai jiex/real one; greater one.
zingx zanc yietc gau; da'haav/normally; usually; at usual.
zingx zeiz nz. cingx daaih; ziouc zeiz exactly like that; of course.

zingz pm. sekv zingz nyei; nzieqc zingz nyei/to be very quiet; silently.

ziou[1] m. **1** domh ziou/continent; the main land. **2** fiu-ziou/a state (in the U.S.A).
ziou-dingh deic-bung lungh ndiev/the world; continental on earth.

ziou-fouv jangv haic nyei fouv-zingh/a large land; country; landmasses.

ziou-fouv nquenc muonh tong da'bung lungh ndiev/throughout city and country.

Ziou Ziangv m. ziou nyei bieiv zeiv mienh/a governor.

ziou[2] cm. mienh nyei setv dueiv mbuox, beiv hnangv Gauv Ziou/suffix meaning of a person's given name.

ziou[3] aengx lorz mangc "sa'ziou, saa-ziou, saaiv-ziouv" nyei eix-leiz.

ziouc[1] w. 就 /jiù/ **1** mingh ziouc fatv/to get closer to (for protection). **2** mbienc/to be convenience or comfort.

ziouc doic 1 laanh bangc laanh/to relay on each other. **2** nitv jienv doic maiv mingh nzaanx/to be close to each others.

ziouc doic mingh bangc jienv doic mingh to go with the companion.

ziouc domh mienh fu'jueiv gamh nziex tiux ziouc domh mienh/a child run close to his or her parents for protection.

ziouc fatv mingh nitv fatv jienv/from the nearest source; to stay close by.

ziouc jauv faang-mbienc nitv jauv fatv convenience to get in the road.

ziouc jienv mingh yietc nzunc mingh fatv deix ziouc/try to get closer and closer.

ziouc[2] zd. zornc zinh saengx-eix ziouc/to gain prosperity; successful in business.

buonv orv ziouc faaux gemh buonv orv wangc/successful in hunting game.

yungz saeng-kuv ziouc yungz jai-dungz longx/successful in raising livestock.

zoux liangx-ndeic ziouc zoux cun zoux mouc longx/successful in farm produce.

ziouc[3] pm. maaz zangc wuov zanc; liemh zeih ziouc. Gj: joc/forthwith; without delay; right away; immediately.

ziouc cuotv liemh zeih cuotv daaih/to suddenly occurred; happen immediately.

ziouc mingh liemh zeih ziouc mingh aqv/go at once; go immediately.

ziouc nyanc ziouc nyanc beqv nyei/to eat in hurriedly.

ziouc zuqc ziouc aa zuqc/must, should in connection with suggestion, advice.

ziouc[4] w., nz. ziouc zeiz; ziouc zeiz aqv/no doubt; exactly; accurately.

ziouc yienh ziouc yienh hnangv naaiv mv baac.../since it is so...

ziouc[5] nyz. **1** ziangh ziouc/nature way of something. **2** nyanc ziouc/accustomed to.

ziangh ziouc aiv ziangh daaih m'daaih aiv nyei/nature low or short.

ziouh w. meix ziouh wuom; ziouh jiex/to swim; swimming; swam.

ziouh cuotv ziouh jienv wuom cuotv wuom-hlen/swim out from a pool.

ziouh wuom 1 yiem wuom-minc guaaih jienv mingh/to swim. **2** hopv diuv nyei waac-meiv/to drink wine conceal speech.

ziouh wuom domh ziouh wuom nyei domh/a swimming pool.

ziouh wuom henv haih ziouh wuom henv nyei/swimmingly; capable to swim.

ziouh wuom jaa-sic longc ziouh wuom nyei jaa-sic/swimming supplies.

ziouh wuom lui houx zuqv ziouh wuom nyei lui houx/swimming-suit.

ziouh wuom mueic ziux dangh meix wuom mueic ziux/a swimming goggles.

ziouv[1] d, l. bieiv zeiv; ziangv zuv/an owner or ownership; holder; host; hostess.

biauv-ziouv biauv nyei ziouv mienh/the head of a household.

ziouv-huon dengv bieiv mbenc gitv huon mienh/the person who hosting a wedding ceremony.

ziouv mienh zoux ziouv nyei mienh/a person in charge; manager; host.

ziouv zangc gorn zangc wuov dauh ziouv an original owner or ownership.

ziouv zeiv 主席 /zhǔxí/ dengv bieiv gunv sic mienh/leader; chairman; commander.

zioux w. houv waac; hemx waac-doqc bun mienh/to curse; to condemn.

ndouv zioux laengz ngaengc waac bun to invoke a curse; to swear an oak.

ziouх mienh daic hemx bun mienh zuqc daic/to curse that someone will die soon.

ziouх saeng-kuv ziouх saeng-kuv zuqc nda'maauh ngaatc/to curse at animals.

ziouх zuqc mienh ziouх liuz zuqc mienh mi'aqv/to put cursed on someone.

zipv[1] w. zipv duqv; zipv zorqv/to receive; to catch with hands. Yie zipv duqv meih nyei fienx. I received your letter.

zipv cien zipv mbuangz bieqc/to receive and welcome a bride.
zipv cing-jaa zipv fungx sieqv mingh zoux cing-jaa nyei kaeqv/welcome bride and her side of guests.
zipv daaih sung buoz mingh zipv daaih to catch; to grasp; snatch; grab.
zipv zuqv longx zipv kaeqv mienh longx nyei/to give guest warm welcome.
zipv fienx zipv duqv fienx/to receive a letter; to get a letter.
zipv finx zipv douc waac finx/to receive a telephone call or come in cable.
zipv finx fin-saeng zipv douc waac finx nyei mienh/a telephone operator.
zipv finx mienh zipv douc waac finx mienh/telegraph or telephone receiver.
zipv hieh beu zipv zorqv hieh beu/catch a ball; to grasp a ball.
zipv hungh lingc zipv zoux hlo gunv sic nyei lingc/receive authority to govern.
zipv jien zipv houc jien-fouv/to accord a welcome government.
zipv jienv fungx zipv daaih aengx fungx mingh/to receive and send off.
zipv jienv maah mbuox mienh mv dungx nyaiv jorngh zipv jienv/please accept.
zipv kaeqv zipv houc kaeqv mienh/to welcome visitors.
zipv kaeqv biauv zipv kaeqv bieqc nyei biauv/a hotel, motel; a guest house.
zipv kaeqv dieh zueiz zipv kaeqv mienh bieqc nyei dieh/a receptionist desk.
zipv kaeqv mienh zipv kaeqv wuov laanh mienh/a receptionist; guest receiver.
zipv kaeqv muic zipv kaeqv nyei m'sieqv mienh/a girl receptionist.
zipv kaeqv ziouv zipv kaeqv mienh nyei ziouv/a host; to be a host.
zipv laangh bieqc zipv weiv bieqc caux yiem/to welcome a come in son in-law.
zipv laengz zipv laengz njiec/to accept the offering of (a gift or present).
zipv lingc zoux hungh zipv lingc zoux hungh borqv mingh/to receive authority to be a president or a king.
zipv mv zuqc hnyapv zorqv mv zuqc/to missed catch; to failed to grasp.
zipv mienh (mingh cie-ciangv) zipv mienh/receive someone (at the airport).
zipv mingh zipv jienv dorh mingh/grasp and take it away.
zipv mbuoqc dorngx (cie-ciangv) zorqv mbuoqc nyei dangx/luggage claim area.
zipv njiec daaih zipv laengz njiec daaih to received and accepted.
zipv njiec huox zipv njiec fungx daaih nyei huox/received delivery goods.
zipv nyaanh duqv zipv nyaanh bieqc/to receive money; receive income.
zipv siang-mbuangz zipv nyaam bieqc to welcome a daughter in-law in.
zipv siou zipv dorh mingh siou jiez/to take it save away.
zipv taux buoz duqv taux buoz nanv jienv aqv/received in one's hand.
zipv zingh nyeic duqv zipv mienh bun nyei zingh nyeic/to receive a reward.
zipv zoux hungh lingc zipv duqv zoux hungh nyei lingc/to receive an authority to become a president.
zipv zuqc zorqv zuqc aqv/to caught.

zipv[2] lf. siang-hnyangx zipv/a New Year festival or celebration.
diex maac zipv jiex tongx nipc hnamv diex maac nyei zipv/to celebrate mother and father's day.

zipv[3] w. zipv nzuih baengx/to kiss mouth to mouth. Gj: soqv nzuih, zom nzuih.
zipv gu'nguaaz zipv gu'nguaaz; hnomv gu'nguaaz/to kiss a baby.

ziqc[1] m, k. nzuqv zieqv daaih jangv nyei ziqc/a mat, made from bamboo strips.
ziqc nzuqv longc zieqv ziqc nyei nzuqv bamboo strips for weaving mat.

ziqc[2] w. ziqc njongc; ziqc ndoqv/the other side of something; outward.
ziqc gaengh ga'nyiec maengx ziqc gaengh nyei dorngx/area outside the door.
ziqc horngz wuov ngaanc bung horngz opposite side of a canyon.
ziqc hnyangx cuotv wuov norm hnyangx mingh/after a certain year.
ziqc koiv wuov bung ziqc koiv/on the other side of the sea.
ziqc mbong mbienv wuov bung mbong mingh/the other side of a mountain.

ziqc ndaaih wuov ngaanc bung ndaaih the other side of a large river.

ziqc ndopv yiem gu'nyuoz maengx ziqc ndopv/under the skin.

ziqc ndoqv wuov ngaanc bung ndoqv/an opposite side of a stream.

ziqc njongc wuov maengx bung njongc the other side of a wall; outside the wall.

ziqc zorng mbienv wuov bung zorng/the other side of a mountain.

ziqc zuonx 1 biauv-nqaang wuom liouc cuotv nyei nzuonx/ditch for water to run off. **2** wuov bung nzuonx/opposite ditch.

ziqc[3] n. ziqc dauh; ziqc meih gemh/a stone; rock; rocky mountain.

la'bieiv-ziqc bieqc muonc nyei la'bieiv-baeqc/a kind of stone.

ziqc biqv la'bieiv-mbaengx fai la'bieiv-njongc/stone curtain; stone wall.

ziqc duang la'bieiv-minc/the surface of stone or rock.

ziqc liouh muoqc la'bieiv caux ndiangx wuov juang mienh/stone and wood.

ziqc[4] cf. **ziqc zuiz** zoux dorngc mienh/to be offense; transgress against.

ziqc zuiz mienh zoux dorngc mienh/to offend against someone.

ziqc zuiz oc dorh leiz nyei tov zuiz waac to apologize after against someone.

ziqc[5] pm. **ziqc zoiz maengc** mv kouv duqv nyanc nyei maengc/to be a comfort life.

ziqc zoiz hnaangx mv zuqc kouv duqv nyanc nyei hnaangx/a free meal.

ziqc[6] aengx lorz mangc "laangh ziqc" wuov joux nyei eix-leiz.

ziqv[1] w. **1** bun douz ziqv zuoqc/to roast; to toast; to bake. **2** ziqv nqaai/dry near fire.

ziqv hnaangx biaah douz-taanx jorm cuotv don caeng ziqc hnaangx/to finish process of cooking rice.

ziqv njuov an douz ziqv njuov jorm/to toast bread; to heat up bread.

ziqv njuov douz-nzauc longc ziqv njuov nyei douz-nzauc/a toaster.

ziqv orv an douz ziqv orv/to roast meat; to barbecue meat.

ziqv orv douz-nzauc longc ziqv orv nyei douz-nzauc/a barbecue grill.

ziqv[2] lz. hmeiv-ziqv; maeqc ziqv/a regular rice or corn (as distinct from glutinous).

mbiauh ziqv hnaangx mv nyouh nyei mbiauh. Dgw: mbiauh mbiutc/regular rice.

ziqv[3] pm. gorngv waac ziqv mienh/to speak indirectly but about someone.

zitc w. manc-manc zoqc heng jienv njiec/to decrease in weight or in amount.

zitc njiec zoqc jienv njiec/to decrease in amount or weight.

zitc nyei ga'naaiv haih zoqc njiec nyei ga'naaiv/can be decrease in amount.

zitc nzengc zitc nzengc mv maaih yietc deix/be completely decreased.

zitv[1] q. caaiv zuqc jai-dorn zitv dangh daic mi'aqv/a sound made by step on a chick.

zitv[2] pm. zouv hnaangx njaiz gau zitv-zitv wuov/soggy; gluey; sticky; gummy.

ziu[1] w. maengc ziu zornc zinh/life attract earning money; good fortune.

maaih maengc ziu-jiem mouc fuqv siouc se beiv buangh zuqc longx nyei maaih jaax-zinh nyei ga'naaiv mv baac maiv noic duqv taux buoz.

ziu kaeqv mienh yungz kaeqv mienh yiem biauv/to attract guests in the house.

ziu laangh longc laangh daaih caux yiem to attract a son in-law.??

ziu mienh muoz duqv mienh muoz daaih nziaauc camv/attract relatives and friends.

ziu nyaanh maengc ziu zinh nyaanh/to be good luck earning money.

ziu[2] nj. lungh hlorngx cuotv nyutc ziu-ziu wuov/the sun is bright and shining. Gj: cuotv nyutc dang-dang wuov.

ziu[3] m. hnoi; nyietv/day; during the day.

luoqc cietv ziu dingh gong hitv kuonx nyei hnoi/a weekend.

ziu-nyietv 1 lungh hnoi zanc/during the day. **2** hnoi-hnoi/daily.

ziu-yiex lungh hnoi caux lungh muonz during the day and the night.

ziu yietv da'yietv hnoi yiem *yietv cietv* Gj: leiz-baaix yietv/Monday.

ziu nyeic da'nyeic hnoi yiem yietv cietv. Gj: leiz-baaix nyeic/Tuesday.

ziu faam da'faam hnoi yiem yietv cietv. Gj: leiz-baaix faam/Wednesday.

ziu feix da'feix hnoi yiem yietv cietv. Gj: leiz-baaix feix/Thursday.

ziu-hmz da'hmz hnoi yie yietc cietv. Gj: leiz-baaix hmz/Friday.

ziu luoqc da'luoqc hnoi yiem yietv cietv. Gj: leiz-baaix luoqc/Saturday.

ziu cietv da'cietv hnoi yiem yietv cietv. Gj: leiz-baaix hnoi/Sunday.

ziu-ziu **1** hnoi-hnoi/every day. **2** cuotv nyutc ziu-ziu nyei/a sunny day.

ziu[4] aengx lorz mangc "fanh ziu, huh ziu, hueih ziu" nyei eix-leiz.

ziuc w. heuc nzuonx daaih yiem jienv/to call back; to restore.

ziuc mbiauh wuonh sipv heuc mbiauh wuonh nzuonx/to call back spirit of rice.

ziuc wuonh sipv heuc mienh nyei wuonh nzuonx/to call back a person's soul.

ziuh[1] nz. **daaic ziuh** domh deic-bung/large country; big nation; big land.

fiuv ziuh deic-bung faix nyei/a small country; small nation.

Mengh Ziuh Hungh Zong Guoqv mengh ziuh wuov doic hungh/an emperor during the Ming Dynasty of China.

Yunh Ziuh Hungh Zong Guoqv yunh ziuh wuov doic hungh/the Yuan Dynasty.

ziuh[2] cm. mienh nyei setv dueiv mbuox, beiv hnangv Fux-Ziuh, Naix Ziuh/suffix meaning of a person's given name.

ziux[1] w. (nanv dang) ziux jienv/to shine on by flashlight or by sunlight.

ziux fangx **1** ziux fangx bun mangc/to show slide picture. **2** nqaapv fangx/to take picture; to take photograph.

ziux fangx benv ziux fangx an wuov kuaaiv benv/a prototype; photogravure.

ziux fangx dorngx tengx ziux fangx nyei dorngx/a photo studio.

ziux fangx mienh tengx mienh ziux fangx nyei mienh/a photographer.

ziux fangx-nangh ziux haih dongz nyei fangx/to show motion picture on screen.

ziux-fangx-nangh nquenc ziux fangx-nangh dorngx/cinema-hall; movie theater.

ziux fangx zorngh longc ziux fangx nyei zorngh/a camera.

ziux-lungh ziux zaqc faaux gu'nguaaic lungh/to shine straight up.

ziux-lungh mangc mangc zaqc faaux/to look straight up; to look upward.

ziux m'zing ziux jienv m'zing/to shine on eyes (as a doctor does).

ziux mangc **1** nanv dang ziux mangc/to look by shine light on. **2** longc m'zing ziux mangc gaax zaqc nyei fai mv zaqc to look by aiming.

ziux mbaeqc buonv ziux ziangx mbaeqc buonv/to aim at target and shoot.

ziux njang ziux jienv njang bun mangc duqv buatc/to shine light on.

ziux sin gingx ziux mangc sin nyei gingx long mirror that reflects the whole body.

ziux tin gingx ziux mangc go nyei gingx a telescope; periscope.

ziux yau gingx longc ziux haeqv mienv nyei gingx/a tiny mirror hung on back to frighten away the evil spirits.

ziux zuqc ziux zuqc ziangx nyei/to shine on; in focus.

ziux[2] zg. **ziux goux** liuc leiz dorh/to take care; to look after; to provide care for.

ziux gunv liuc leiz gunv jienv/to guard at; to take control for.

ziux[3] pm. **ziux mienh laanh** funx ei mienh laanh/to count individually.

ziux da'bung jaax ei jienv zuangx mienh nyei jaax/to go by public pricing.

ziux duqv wuov ei duqv wuov daaih yoc.../according to that...

ziux gorqv-mienh oix ziux mouz mienh nyei hnyouv nyunc duqv/to follow each one's preference.

ziux leiz-fingx ei jienv horpc leiz nyei jauv mingh/act according to the customs.

ziux loz-jaax ei jienv loz-jaax-zinh/to follow the old price.

ziux mv duqv wuov mv haih ei mv duqv wuov/not necessary to follow that.

ziux mienh buonc saauv ei mienh buonc mingh/to count by individually family.

ziux wuov ei jienv hnangv wuov nor; gan jienv hnangv wuov/according to that.

ziux yietc gau hnangv yietc gau wuov nor/as usual; as normally.

ziux ziangh hoc ei jienv ziangh hoc fai cun-ciou mingh/following seasonal.

ziux[4] md. **danx i ziux** zuqc mueiz danx i ziux/the bee sting two times.

ziux[5] aengx lorz mangc "mueic ziux" wuov joux nyei eix leiz.

ziuz pm. nyouh nyei ziuz-ziuz wuov/to be sticky; greasy; gluey; adhesive; gummy.
njuov-ziuz nyouh ziuz-ziuz nyei njuov/a gummy or sticky cookie.

Z.N se dongh **ziangx naamh** bung nyei nzutv norz fiev/an abbreviation for south central.

Z.N.D se dongh **ziangx naamh dong** bung nyei nzutv norz fiev/an abbreviation for southeast central.

Z.N.F se dongh **ziangx naamh fai** bung nyei nzutv norz fiev/an abbreviation for southwest central.

zo[1] gn. (mbiauh, maeqc) wuonh cuotv liuz mueix nyei zaa/dregs of remain grain.
butv zo (lai hnaangx sox) butv zo nzengc mi'aqv/be spoiled (as food or grains).
diuv-zo zaang liuz diuv wuov deix zaa the dregs of gain left after wine distilled.
nzopv zo longc zouc coqv nzauv-suiv nyanc/to eat only salt and spicy stuff.
zo-zo wuov faix muonc nyei zo-zo wuov small broken grain.

zo[2] pm. faix muonc nyei zo-zo wuov/small pieces of something.

zoc[1] w. qouv lunc; zoux lunc nzengc/to stir up; to mess up (water).
zoc wuom njoqc qouv wuom njoqc/to stir up water mix with sediment.

zoc[2] zc. zoc cuotv; zoux cuotv/to create; to manufacture; to make; to build. Gj: zoqc.
zoc cuotv gouv zoux cuotv gouv daaih zunh/to became a story.
zoc nzung fiev cuotv benx nzung daaih to compose a song; to write a song.
zoc nzung mienh fiev nzung nyei mienh a song or music composer.
zoc sou fiev sou/to write a book.
zoc sou mienh fiev sou nyei mienh/an author of a book; book writer.
zoc sou zih nyienh nanv batv fiev sou nyei mienh/an author; writer.
zoc zuiz zoux zuiz/to commit a crime.

zoh[1] gn., n. nzaaux sin zoh; uix saeng-kuv zoh/a trough (made from wood or clay).
maaz-miev zoh dapv miev uix maaz nyei zoh/a through for feeding horse.
nzaaux hmien zoh bungx wuom nzaaux hmien nyei zoh/a sink.
wuom-zoh longc zaangh wuom zoh/a through for storing the water.

zoh[2] aengx lorz mangc "gong-zoh, ndauv zoh" nyei eix-leiz.

zox w. longc nzuqc zox zorc yuonh/to shape and smooth out with a knife.
zoz bouv-baengx fiou zox yuonh bouv-baengx/to smooth ax's handle with knife.

zoz q. mbui aengv zoz-zoz nyei qiex/roar sound of low flying aircraft.
wuom zoz-zoz nyei domh wuom cuotv mbui nyei zoz/great noise of water flowing.

zoi w. zoi mingh. Gj: guaengx, fengx,/to hurl; to throw; to toss; to cast.
zoi bun yie zoi daaih bun yie/throw it to me; cast it to me.
zoi guangc zoi mingh guangc/to throw away; to cast it away.
zoi jaax longc ga'naaiv zoi jaax/to fight with throwing object.
zoi njiec wuom guaengx njiec wuom/to throw something into water.
zoi zuqc zoi mingh zuqc/to throw and hit against something.

zoih[1] m. zinh zoih; butv zoih/to be wealthy; riches; property; possessions.
baeqc zoih baeqc duqv daaih nyei zinh nyaanh/unearned income.
jaa zoih biauv zong nyei zinh nyaanh/a family possessions.
zinh zoih siou-setv zinh nyaanh yietc zungv/family or nation's treasury.
zoih buv 1 zinh zoih; nyaanh zinh/the treasury; property; wealth. **2** mienh nyei mbuox/a man's generation name.

zoih[2] sk. saeng-kuv (dungz, jai, maaz fai ngongh/the domesticated animals.
hieh zoih lomc zangc hieh zoih fai hieh saeng-kuv/the wild animals.
zien-zoih nyungc-nyungc mienh yungz nyei saeng-kuv/domesticated animals.

zoih[3] cm. mienh nyei jiex gorn caux setv dueiv mbuox, beiv hnangv Zoih Zou fai Yienc Zoih/prefix and suffix meaning of a person's given name.

zoix nz. **1** zueiz, zueiz njiec/to sit; sit down. **2** yiem nyei/to live; to stay; to reside.
zoix kiqv yiem jienv; yiem njiec/settled down; to live at a location.
zoix lorqc yiem njiec daaih/to reside at; to establish a resident.
zoix weic zueiz jienv ganh nyei weic/be seated in one's position.

zoiz w. aengx nzunc/again; repeated; still; additionally; further; supplementary.
zoiz aengx aengx zoiz; aengx gauh/to be furthermore; again; repeatedly.
zoiz baamz zuiz aengx ceux sic baamz zuiz nzunc/to repeat an offense.
zoiz beu sengh ganh beu sengh jiex/to re-insurance; re-insure.
zoiz buangh zoiz aengx duqv buangh doic/to meet (someone) again.
zoiz butv baengc aengx jaa butv nzunc baengc/to have relapse of sick again.
zoiz daaih aengx daaih nzunc/to come again; to come back again.
zoiz gorngv aengx gorngv nzunc/to say again; to repeat a saying.
zoiz hlo aengx gauh hlo faaux/be even bigger; be even greater.
zoiz huon 1 aengx dorng torngx jaa/to remarry-after the annulment of a former marriage. **2** aengx mongh longh huon nzunc/to re-unconscious.
zoiz jaa kouv aengx gauh kouv/be more weary; getting more serious.
zoiz laengz zingh aengx laengz zingh nzunc/to thank once again.
zoiz maiv mv aengx aqv/never again.
zoiz wuic aengx wuic buangh nzunc/to meet again (usually used at the end of a letter to make conclusion).
zoiz yungz daaih goiv hnyouv yienc eix se beiv zoiz yungz daaih/be born again.

zom w. zom hmien; zom nzuih/to nuzzle; to kiss; to touch with the lips.
zom gu'nguaaz zom hnamv gu'nguaaz to kiss and love a baby.
zom hmien dorh nzuih mingh zom hmien to nuzzle or kiss the face.
zom jaax laanh zom laanh/to kiss each other (as greeting with love).
zom nzuih baengx nzuih caux nzuih zom hnamv doic/to kiss mouth to mouth.

zomv w. zorqv ndaan zomv jienv/to cover up with a basket. Gj: zaaux, nqopv.

zomx[1] pm. zomx-zomx wuov mv nqaengc yietc deix/shaded area in the jungle.

zomx[2] gn. **ipv zomx nyanc** yietc nyungc sui-mongx nyei mueix/a type of pickle.
jou-zomx yietc nyungc cuotv ndau nyei jou-siqv-gox/type of orange mushroom.

zomz w. tiux mingh zomz zorqv/quickly to catch with force.

zong[1] w. 冲 /chōng/ bouh la'bieiv zong/to pound; to strike with heavy object.
zong bieqc biauv zong biauv tong bieqc mingh/to crash into the house.
zong daic zong zuqc daic/to be killed by heavy strike or by a car accident.
zong fanh ziu zorqv fanh ziu dapv bunh zong/to pound chili in a mortar.
zong jaax i nyungc ga'naaiv zong zuqc doic/to bump against each other.
zong mun zong zuqc mun/to injured by crash or collision.
zong muonc zong zuqc muonc nzengc to crash into small pieces.
zong njiec bouh ga'naaiv zong njiec/to throw down with force.
zong njuov longc doix daapc fai longc juih zong njuov/to pound the pastry.
zong nzox longc nie zong benx nzox zouv ga'naaiv/to make stove by the soil.
zong waaic zong zuqc waaic/damaged by collision; broken by dropping down.
zong zuqc mbaang zong mbaang njiec daaih/to be knocked down.

zong[2] pm. mbu'ndongx; fim-dauh; ziangx mbu'ndongx/central area; middle area.
zong baan mbu'ndongx-hoc/medium size; intermediate; average.
zong baan fu'jueiv ziepc faam feix hnyangx nyei fu'jueiv/children in their age between thirteen and fourteen.
zong baan mienh mbu'ndongx hoc nyei mienh/people in their middle age.
zong baengh mbu'ndongx-hoc nyei/to be fair; average; intermediate.
zong ciou yiem ciou gueix mbu'ndongx nyei ziangh hoc/mid-autumn.

zong cun yiem cun gueix mbu'ndongx nyei ziangh hoc/time in the mid-spring.
zong dangv mbu'ndongx-horngh mienh fai ga'naaiv/social level; meddle class.
zong dangv horqc mbu'ndongx-wuonc nyei horqc dorngh/middle or high school.
zong dangv mienh pou-tong nyei mienh people of the middle class.
zong domh horqc zong dangv faaux mingh nyei horqc/junior college, college.
zong dong 1 dong bung mbu'ndongx/the middle east. **2** dong gueix mbu'ndongx the time in the mid-winter.
Zong Guoqv kaeqv-deic, hungh zingh se Baqv-Ging/China, country in E. Asia.
zong guoqv koiv D.N bung nyei zong guoqv koiv/southeast China sea.
zong guoqv mienh janx-kaeqv mienh Chinese people; a native of China.
zong guoqv waac janx-kaeqv gorngv nyei waac/Chinese spoken language.
zong guoqv waaz janx-kaeqv waaz daaih nyei fangx/Chinese painting.
zong haac yiem haac gueix mbu'ndongx nyei ziangh hoc/mid-summer.
zong horngh mbu'ndongx-horngh/the middle-class; intermediate; ordinary.
zong horngh jaax mbu'ndongx-wuonc jaax/middle price; fair price.
zong horngh lui houx pou-tong nyei lui houx/clothes in average quality.
zong horngh maengc mbu'ndongx-wuonc mienh/middle class existence.
zong horngh mienh pou-tong nyei mienh middle-class people; average people.
zong horqc ziepc luoqc hnyangx faaux maengx mienh nyei horqc/high school.
zong houz mbu'ndongx hoc mienh nyei biauv zong/middle class household.
zong nin nyic ziepc lorz fa'ziepc hnyangx nyei mienh/middle age people.
zong tongv hungh diex/president; head of government in a republic.
zong waah maanh guoc janx-kaeqv gunv nyei guoqv/the republic of China.
zong wuonh janx-kaeqv nzangc/Chinese written language; Chinese characters.
zong yaang mbu'ndongx; fim/center or central; the meddle area.
zong yaang zingx fouv mbu'ndongx-jien/the central federal government.
zong yuoqc janx-kaeqv nyei ndie-miev Chinese medicine (mostly herbs).
zong yunh jaapc zaangv mienh ziangh duqv mbu'ndongx-hoc wuov jaax lungh ndiev/middle era of life span.
zong zunh hlaax mbu'ndongx nyei ziepc hnoi/the ten days of the middle month.

zong[3] gn. lomc nyei zong, haih nyanc fim zoux lai nyei/a type of wild palm tree.
zong-biei zong-ndiangx nyei biei/coir or fibers of palm tree.
zong-biei hlaang zoux koux zaeng norqc nyei zong-biei hlaang/coir string snare.
zong-biei ziqc longc zong-biei zieqv ziqc daaih/a palm fibers mat.
zong-fim nyanc zoux lai nyei zong-fim the edible center of palm tree.
zong-nqoic zong cuotv biouv nyei nqoic clusters flower buds of palm tree.

zong[4] bz. **zong-zei** leiz-fingx caux buoqc zangc nyei jauv/traditions and religions.
zong-zei hiaang-heih douh zong buoqc zangc nyei jauv/practice of the traditional.
zong-zei horqc njaaux buoqc zangc jauv nyei horqc/ancestral science school.
zong-zei miuc njaaux zong-zei nyei miuc dorngh/the imperial ancestral temple.
zong-zei nzung baaux houc zong-zei nyei nzung. Gj: sai-nzung/ritual song.
zong-zei wuic ca'laangh zong-zei nyei wuic/tradition meeting center.
zong-zouv cien juangc yietc fingx nyei cien/relatives of the same surname.

zong[5] aengx lorz "biouv-lorngh zong" wuov joux nyei mangc.

zongc[1] w. zongc faaux gu'nguaaic/shoot up of smoke under pressure; radiation.
zongc njiec yiem gu'nguaaic zongc njiec ga'ndiev/to be upper pressure.

zongc[2] nz. **1** hniev; seix/weighty; heavy; great weight. **2** kouv, siang/be serious.
zongc jun kix hniev nyei wuoqc ginc/a heavy equipment; weighty machine.
zongc siang mun duqv siang haic/to be seriously injured or wounded.

zongc zingh laengz zingh haic; bouh norz haic/thankful; grateful; gratitude.
zongc zuiz hniev nyei zuiz-nipc/serious crime; felony; murder crime.
zongc zioux tor jienv qiex gorngv nyei zieh waac/to chant by spirit priest.
zongc[3] zmb. aengx nzunc; zoiz aengx/once again; furthermore; moreover.
zongc maaih aengx maaih nyei; corc maaih nyei/still have; still is.
zongc zeiz ziouc zeiz aqv; zungv zeiz aqv/undoubtedly; definitely or certainly.
zongc zoix corc yiem nyei/still living at; still be there.
zongc[4] pm. **gox zongc** gox sic, dorh bieqc sic dorngh/to accuse; to file a lawsuit.
gox zongc fienx fiev gox zongc nyei sou fai fienx/a document filing complaint.
zongh gn. **zongh ndiangx** yietc liuz normh mv bioh nyei ndiangx/fir or pine tree.
fiouv nqaiv zongh 1 fiouv junh nqaiv daaih ndaam bieqc kuotv mingh biopv nyei gaeng-kuqv-ngaengc/dung beetle. **2** se beiv, zoux nouh mienh/a servant.
zopc bt. ndopv butv pokc zih zungx zopc wuov/papilla, small rash on skin.
zoqc pm. di'dien hnangv; zoqc nyei/little bit; few; tiny; less; minor.
zoqc deix gauh zoqc deix/lesser; reduce to be lesser; smaller in amount.
zoqc haic gengh zoqc nyei/too little or very little.
zoqc jiex gauh zoqc jiex yietc buoqv nyei buonc/the minimum amount.
zoqc jiex jaax ba'laqc zoqc cung mi'aqv too little to make requirement.
zoqc njiec zoqc jienv njiec/decrease in weight or in amount.
zorc[1] w. zoux bun longx daaih/to repair; to fix; to manage; to adjust; to mend.
zorc baeng njaaux baeng zorc baeng/to direct and adjust military affairs.
zorc baengc bun ndie nyanc zorc baengc longx/to treat or cure an illness.
zorc baengc beu sengh beu zorc baengc nyei sou/health insurance coverage.
zorc baengc nyaanh longc zorc baengc nyei zinh nyaanh/medical expense.
zorc biauv zorc longc biauv waaic nyei dorngx/to fix or repair a house.
zorc biauv mienh haih zorc biauv nyei mienh/a person who repair house.
zorc cancer ndie nyanc zorc cancer nyei ndie/cancer treating nuclear medicine.
zorc cie zorc cie waaic nyei dorngx/to fix a car; to repair a vehicle.
zorc cie ciangv zorc nyungc-nyungc cie nyei dorngx/car or machine repair shop.
zorc cie daan mangc zorc cie nyei sou-daan/a handbook for mechanic.
zorc cie dorngx tengx mienh zorc cie nyei dorngx/vehicle repair shop.
zorc cie mienh zorc cie zangc mienh/a mechanic; a machinist.
zorc cie zaamc zorc cie nyei ciangv/an automobile repair shop.
zorc cie zangc haih zorc cie nyei zangc mienh/a mechanic; a machinist.
zorc deic-bung zorc bun deic-bung longx nzueic/to develop or restore a country.
zorc dienx zangc zorc dienx nyei zangc mienh/an electrician.
zorc domh cie zaamc zorc domh truck nyei zaamc/truck or cargo repair shop.
zorc guoqv gunv guoqv zorc guoqv nyei sic/to adjust and govern a nation.
zorc etc ndie zorc etc fai houh nyaangh baengc nyei ndie/medicine for treat aids.
zorc horpc taanx zorc horpc, an horpc fai niouv horpc/to adjust; to fix.
zorc hmuangv doic zorc gapv hmuangv doic/to regulate, restore a broken family.
zorc hnyouv ndie zorc hnyouv nyei ndie an internal medicine.
zorc hnyouv ndie-sai zorc gu'nyuoz hnyouv nyei ndie-sai/a psychiatrist.
zorc jaan ndie-sai haih zorc jaan nyei ndie-sai/a neurologist.
zorc jaang ndie-sai zorc jaang nyei ei saeng; ndie-sai/an otolaryngologist.
zorc jauv zorc bun jauv longx/to repair road and street.
zorc jauv mienh zorc jauv nyei mienh/a person who maintenance or repair road.
zorc leiz zorc bun leiz longx faaux/to amend the law.

zorc lingh jaang wetv nie an zorc lingh jaang/to repair paddy field dikes.
zorc longx zorc longx daaih/successful of treating or repairing.
zorc m'sieqv ndie-sai zorc m'sieqv dorn baengc nyei ndie-sai/a gynecologist.
zorc mv hingh 1 camv haic zorc maiv hingh/unable to repair all. **2** zorc maiv hingh baengc/too late to treat a patient.
zorc mv longx 1 zorc mv haih longx aqv/unable to fix. **2** zorc (baengc) maiv longx aqv/incapable of treating patient.
zorc mienh seix i hmuangv horpc fim cernx jaa-dingh/to improve one's life.
zorc mba'ziu ndie-sai zorc mba'nziu baengc nyei ndie-sai/a cardiologist.
zorc nzueic zorc bun nzueic/try to make it look nice or attractive.
zorc piom ndie nyanc zorc piom nyei ndie/medicine treatment for lungs.
zorc seix zoux bun mienh seix duqv kuh yiem kuh nyanc/to make better for life.
zorc sung zorc an sung ga'naaiv/to fix thing so it look's neat.
zorc wuom zorc wuom-genv piatv nyei dorngx/to fix waterline; adjust water.
zorc ziangx zorc ziangx nzengc liuz aqv be completed of a repair.
zorc zuiz zorc baamz zuiz nyei mienh longx/punish a criminal according to the law.

zorc[2] bt. sipv zorc mienv; mbenc zorc mienv sipv/a performance of a ceremony.
siangx zorc mienv cingv jaa-fin mienv nyanc orv hopv diuv/to invite ancestor to come for food and drink.
zoux-zorc mienh sipv mienv mienh/a spirit priest; a shaman.

zorc[3] pm. zorc fuoqv nqoi; zoux guangc nqoi mingh/to do it away; to destroy.

zorv w. zorv ziangh hoc/to delay; cause to be later; to waste time.
zorv-dorngx zorv jienv oix gaanv yaac mv duqv/cumber; hinder; hamper.
zorv gong nyauv zuqc maiv duqv zoux gong/to interrupt one's work.
zorv mienh nyauv jienv mienh/to give someone inconvenience.
zorv-zaix zorv jienv; nyauv jienv/to be hindered; delay; postponement.
zorv ziangh hoc torngh zuqc ziangh hoc to waste time; to take up the time.

zorx w. **1** doqc eix zorx mienh/too tease; to play joke upon with. **2** dorh jaav-sic hoic mienh/to accuse without evidence.
zorx waac gorngv henh waac zorx hoic mienh/to trouble someone by gossip.

zorz q. zin orv zorz-zorz nyei mbui/the sizzling sound of deep fry fat meat.

zormx w. zormx jienv bouh/put something on a cupped leaf for carrying.
zormx hnaangx nyanc longc normh zormx jienv hnaangx nyanc/put cooked rice on a cupped leaf to eat.

zormz pm. (miev-nyim zunx cuotv yaang daaih) zormz-zormz wuov/thickly (as seeds beginning sprout from the ground).

zornc w. zornc duqv leic camv/make a lot profit; to gain more profit.
mv duqv zornc duqv buonv hnangv mv duqv leic/unable to earn any profit.
zornc ndaauv-dauh zoux weic oix duqv zornc leic/to earn interest; make profit.
zornc nyaanh zoux gong zornc zinh nyaanh/to earn money; to make living.
zornc zinh (maaiz maaic saeng-eix)/to do business; to make living.
zornc zinh wangc zoux saeng-eix zornc zinh ziouc/to be prosperity.

zorng[1] v. **1** zorng lui houx/to dress up in clothes. **2** zorng cie/to decorate a car.
haih zorng-zuqv haih zuqv lui houx nzueic/be able to dress up look nice way.
zorng benx m'sieqv m'jangc zorng benx m'sieqv/man dress up as woman.
zorng duqv nzueic haih zuqv lui houx nzueic nyei/to dress up attractively.
zorng fanh guaiv hmien 扮鬼脸 /bànguǐ liǎn/ zorng jaav aqc mangc nyei hmien/to disguised a false face.
zorng jaav zoux beih zangc jaav nduov to disguise one's true intentions.
zorng jaav-hmien zorng nduov nyei jaav-hmien/to disguise a false face.
zorng jiem zorng nyaanh longc jiem nyaanh siou-setv zorng sin/to dress up with silver and gold jewelry.

zorng nzoih nzengc mouz laanh mienh zorng jienv/everyone dress up nice.

zorng nzueic zuqv lui houx sung nzueic nyei/to embellish; dress up nicely.

zorng siang-laangh tengx siang-weiv zorng jienv/to dress up a bridegroom.

zorng siang-mbuangz zorng mingh longc nqox nyei sieqv/to dress up bride.

zorng sin zuqv lui houx zorng sin/dress up with clothes and jewelry.

zorng sin ga'naaiv zuqv buang sin nyei lui houx/clothes and jewelry.

zorng-zuqv 扮装 /bànzhuāng/ zuqv sin nyei lui houx/general clothes or garments.

zorng-zuqv gueix haih zuqv lui houx nzueic haic/neat and well dressed.

zorng-zuqv pa'laaic mv haih zuqv lui houx mv nzueic/dowdy; dowdily.

zorng-zuqv piex zuqv lui houx fornh haic/to dress unattractively way.

zorng[2] m, n. geh zorng. Gj: mbong/range of mountain; a mountain ridge.

jiex zorng jiex yangx yietc norm zorng mingh jiex yietc norm nyei/to go from one mountain to another mountain.

zorng-dueiv wuov ndiev aiv jiemc wuov bung zorng/lower end of ridge; foothill.

zorng-gorn wuov jiez bung zorng/upper base of a mountain.

zorng-hlen i bung zorng ga'hlen; mbaiv hillside or mountainside.

zorng-jaic maaih diuh baav miev-nyai nyei zorng/a dry mountain with little grass.

zorng-nqaai maiv maaih miev ndiangx ziangh nyei zorng/a treeless mountain.

zorng[3] pm. **zorng-zengx** gorn-baengx/a witness; an evidence; proof.

jaav zorng-zengx zoux jaav nyei zorng-zengx/to give falsely testimony.

jaav zorng weih zengx jaav sic zengx taux benx zien/to make false witness to become true.

zorng-zengx mienh buatc nyei mienh/a person to be witness; spectator.

zoux zorng-zengx zoux zengx, zengx nyei mienh/person to be a witness.

zorng[4] zmb. zorng waac jaav/exaggeration; to make overstatements.

haih zorng waac haih gorngv waac kuh muangx/able to talk interesting way.

zorng waac jaav gorngv jiex ndaangc zien nyei waac/to over state the true.

zorng waac kuh muangx zorng bun waac nzueic yuoqc mienh/to dress up one's speech in attractive way.

zorng[5] zmb. to prepare; to get ready for

zorng-cie mbenc jienv mingh aqv/to get ready for departure or leaving.

zorng-mbenc mbenc ziangx zuov jienv to prepare in advance; to get ready.

zorng[6] zmb. zueiz zorng yiem jienv/to be present at; to preside over a matter.

bun-zorng bun nqoi fih mbuoqc nyei/to divide up equally.

zorngc pm. **fingx zorngc** cuotv nyiec nyei fingx/foreigner; non Iu Mien.

zorngc mienh cuotv nyiec nyei fingx/a none Iu Mienh/Yao ethnic group; alien.

zorngc nyienh nz. maiv zeiz Iu-Mienh/a foreigner; none Iu Mien.

zorngh[1] m. (dox nyaanh) nyei zorngh/a mold (used in making a silver bar).

nie-zun zorngh dox nie-zun nyei zorngh a mold used for making earth bricks.

youh zorngh (longc zaax ga'naaiv-nyim) youh nyei zorngh/a mold (used to press seeds for their oil).

yunh zorngh dapv yunh nyei zorngh fai yunh paiv/magazine for bullets to go in.

zorngh[2] m. yietc zorngh yienv, nzormc/a set of dozen (as cups or bowls).

buo zorngh jaux faah ziepc luoqc norm jaux/three dozens eggs.

zorngh[3] nz., z. coux; bueix njormh nyei coux/a bed; a mattress.

pou-zorngh bueix jienv coux a'fai bueix njormh/to sleep on the bed.

zorngh dauh box mongc (mienv) box mbuox yangh bueix njormh mbeix mbeix daaih/to inform through the dream.

zorngh dauh buoqc mouz zoux diex zoux maac nyei mueix/to experienced in being a parents.

zorngh dauh mongc ginx bueix njormh mbeix buatc/to have a dream.

zorngh duang yiem coux gu'nguaaic fai coux mbu'ndongx/to be in the bed.

zorngh[4] bz. zorngh sin bingx ganh/to hide oneself by using a magic power.
zorngh sin faatv longc zorngh sin nyei faatv-douc/magic used to hide oneself.
zorngh[5] pm. zorngh mienh. Gj: yuoqc, ziu, zanx/to induce; to bring in.
hnyouv hepc mv zorngh mienh hnyouv maiv ndaauv zorngh maiv duqv mienh/to have a narrow minded that unable to get along with people.
hnyouv mv zorngh hnyouv siouc maiv duqv ga'naaiv-nyanc/to unable to taste food because allergic to.
zorngh mienh muoz ziu gorx-youz caux mienh muoz/to have a lot friends.
zorngh[6] aengx lorz mangc "nyaah zorngh, aamx fangx zorngh" nyei eix-leiz.
zorpc w. zorpc doic; qouv zorpc. Gj: com, cam, peux/to mix with; mixture.
zorpc daaih nyei zuangv zorpc zuangv nyei fu'jueiv/child of intermarry's couple.
zorpc doic 1 caux jienv doic/to mix with. **2** gapv jienv doic/get together with.
zorpc jienv zuangx zorqv nyim zorpc jienv zuangx/to plant with mixed seeds.
zorpc mv duqv doic 1 mv haih zorpc caux/unable to mix with. **2** zorpc doic mv duqv/unable get along with someone.
zorpc setv peux setv zorpc doic/to mix the color; color mixture.
zorpc zuangv peux zorpc cuotv daaih nyei zuangv/a hybrid; a crossbreed.
zorpc zuqc an dorngc zorpc zuqc doic mi'aqv/to be mixed up with.
zorpv q. yangh jauv caaiv ndiangx-normh mbui zorpv nyei qiex/the sound made by moving lightly (through the dried leaf).
zorqv[1] w. hnyaa buoz mingh zorqv/to take; to grab; to catch or grasp suddenly.
caa zorqv caa zorqv (janx-zaqc)/quickly to grab; to arrest; to capture and hold.
zorqv bieqc daaih zorqv dorh bieqc daaih/to take and bring it in.
zorqv cuotv zorqv cuotv mingh/to take out; to reduce; to subtract; to minor.
zorqv cuotv hoc zorqv zoqc cuotv nyei jangx-hoc/minus sign; sign of subtract.
zorqv daic buonv daic mv liouh aqv/to kill; to put to death.
zorqv daix guangc zorqv dorh mingh daix guangc/to arrest and kill.
zorqv dorngc zorqv dorngc ga'naaiv/to take something by mistake.
zorqv douz hnangv zueiz gu'kuotv mv jorm ziouc mingh se beiv mingh zorqv douz/to pay a short time visit.
zorqv duqv cuotv haih zorqv duqv cuotv nyei/able to afford; able to take out.
zorqv funx zaeqv zorqv ga'naaiv funx zaeqv/take something instead the debt.
zorqv fungx bou (janx-baeng) zorqv mienh nyiex ga'naaiv nyei sic/to force a person to help carry things.
zorqv gu'nguaaz guangc lom zorqv gu'nguaaz guangc/to abort; be abortion.
zorqv hieh mbeu sung buoz zipv zorqv hieh mbeu/to catch or to grasp a ball.
zorqv janx-zaqc caa zorqv janx-zaqc/to arrest a robber or criminal.
zorqv jienv aqv zorqv nanv jienv aqv has been capture; to be in custody.
zorqv laanv gin nem di'daanz jaan cutv baeng/to massage by pull back muscle.
zorqv laangc zoux maux nyei nyungc zeiv/to show off; boastful act.
zorqv laangc zeiv zoux maux nyei sic/to boastful act; to show off.
zorqv mv cuotv nzangc jangx mv cuotv nzangc fiev/cannot recall for a spelling.
zorqv mv duqv hnyapv zorqv gau maiv duqv/failed to catch; incapable to grasp.
zorqv mv taux hlang haic zorqv maiv taux/unable to reach-too high or too far.
zorqv mv zaaic hlang haic zorqv maiv zaaic/unable to grab-too high.
zorqv mv zuqc hnyapv zorqv gau maiv zuqc/failed to catch-too fast.
zorqv maengc buonv daic aqv/to take life; murder; to kill someone.
zorqv mingh zorqv dorh mingh/to take away; take something away.
zorqv mbiauz caa zorqv mbiauz; lom zorqv mbiauz/to catch fish.
zorqv nangh caa zorqv nangh mv buonv daic/to capture alive.
zorqv ngaengc waac oix mienh laengz waac bun/to make serious statement.

zorqv nqa'qiex longc qaqv zoux saaix taux hingh/to use one's anger to do.
zorqv nqoi zorqv mingh pien nqoi/take away from; to remove.
zorqv nzangc jangx nzangc fiev njiec daaih/to recall for the spelling.
zorqv nzengc zorqv njang nzengc/take everything; take all.
zorqv nzuonx zorqv dorh nzuonx/to take back; to grasp back.
zorqv saa nem ndopv baeng zorc zuqc saa baengc/to cure a sun stroke patient.
zorqv waac zorqv mienh nyei ngaengc waac/to ask for swear.
zorqv wuonx loh zorqv mingh dapv loh wuonx jienv/to arrest and put in the jail.
zorqv yau sai mienh njiec lingc zorqv hieh guaiv mienv/to catch an evil demon by a spirit priest.
zorqv yieqv gengx leiz bun; zorqv yieqv bun/to salute; to give sign of respect.
zorqv zaqc caa zorqv janx-zaqc/to arrest thieves or criminal.
zorqv zing zorqv yau zing gu'guaix nyei mienv/to arrest an evil spirit.
zorqv zing-guaix zorqv zing-guaix nyei mienv/to arrest an evil demon by priest.
zorqv zuiz dingc zuiz bun; civ zuiz/to punish; a punishment; a penalty.
zorqv zuqc nanv zorqv duqv zuqc/to grab and hold in hand.
zorqv zuqc hnyouv mangc toux mienh nyei hnyouv/to see through someone.
zorqv zuqc ndoqv zorqv duqv mienh nyei gorn/figured out someone=s secret.

zorqv[2] nz., zw. **zorqv siouv** zaaix bung buoz/left hand.

zorqv[3] bt. **zorqv-guaix** laengc zuqc a'fai zorqv-guaix zuqc/allergy reaction.
nyanc ndie zorqv-guaix nyanc ndie laengc zuqc/to have allergy reacts from taking medication.

zortc q. yiem lomc-gorn norqc heuc nyei qiex/the sound made by a bird.

zortv pm. ndaetv njaiz zortv-zortv wuov/to be softly as mud; soggy earth.

zotv[1] w. **1** zotv gorngc nzuih/to plug up a bottle. **2** zotv kuotv/to plug up a hole.
baengh zotv baengh nyei zotv/a cork or plug for a bottle.
zotv bieqc mingh longc qaqv zotv bieqc mingh/to shove into; push into.
zotv m'normh zotv jienv m'normh/plug up ears (as to protect from great noise).
zotv ndipc nyei zotv kuotv ndipc mingh to fill and cover up a hole.
zotv nyaah kuotv zotv nyaah butv gaeng nyei kuotv/to fill a tooth cavity.

zotv[2] pm. zotv jienv biauv, mv dorh leiz nyei waac/to stay at home; be at home.
zotv haaix mv bei yiem haaix yaac mv hiuv aqv/unknown where it at.
zotv jienv gu'nyuoz yiem gu'nyuoz mv cuotv/to be remain inside.
zotv-zotv wuov nangv nyei zotv-zotv wuov/to be short and stubby or stocky.

zou[1] gn. cunx daaih ziangh daauh longc zoux gu'nguaaz nyei maux-paanx hlaang nyei zou/pearl; beads.
yietc cunx zou cunx jienv ziangh cunx nyei zou/a string of pearl.

zou[2] pm. **jai-zou** maaih biangh yietc diepc yietc nyei jai/a speckled chicken.

zou[3] nz. **luangh zou** houh saeng-yaang fai nqox-lunx/a young handsome man.

zou[4] cm. mienh nyei jiex gorn caux setv dueiv mbuox, beiv hnangv Naix Zou, Ih Zou/a person's suffix name.

zouc[1] s. yietc sung zouc/a pair chopsticks.
sunx zoux longc hlauv sunx benx zouc daaih/to whittle chopsticks.
zouc-norz buoz nanv wuov bung zouc/a dull side of the chopsticks.
zouc-ndongh dapv zouc nyei ndongh/a container used for storing chopsticks.
zouc-nzopv njapv lai nyanc wuov bung zouc/feeding side of the chopsticks.

zouc[2] z., d., b. nyungc-nyungc hlauv; yietc bom hlauv/a bamboo.
zouc muoqc hlauv caux ndiangx/bamboo and tree; bamboo and wood.

zouc[3] bt. **ngaih mv zouc aqv** mun gau diev mv hingh aqv/unendurable; unbearable.
zueiz mv zouc zueiz mv duqv aqv/unable to sit any longer.

zouc[4] zh. **zouc hnoi** mingh wuov ndaangc buo hnoi/three days ahead after today.

zouh[1] m. **zouh mienh** zouv nyanc hopv nyei mienh/a skilled cooking person.
zouh bieiv ciev bieiv dorh mienh zouv nyanc nyei mienh/a lead cooking person.
zouh borng tengx jienv zoux nyanc nyei mienh/an assistant cook.
zouh jien zoux zouh hlo jiex wuov dauh mienh/a skilled cooking chef.
zoux zouh mienh dimv mbenc zouv lai hnaangx mienh/a cooking person.
zouh[2] bt. cuotv hanh zouv ndopv butv pokc zi'zungx zouh nyei/rash all over on skin.
zouh[3] aengx lorz mangc "camh zouh" nyei eix-leiz.
zouv[1] w. an caeng zouv. Gj: wuonh, caauv, opv/to cook; to boil; to decoct.
cing-zouv baeqc zepc mv an hmei-nzauv zouv nyei lai/to cook without salt and oil.
zouv hnaangx zouv hnaangx zouv lai/to cook rice; to prepare meal.
zouv hnaangx caeng longc zouv hnaangx nyei caeng/a rice cooker.
zouv hnaangx dorngx zouv lai hnaangx nyei dorngx/kitchen; a cooking room.
zouv hnaangx mienh zouv lai hnaangx nyei mienh/a person who prepare meal.
zouv hnaangx nouh cingv zouv hnaangx nyei mienh/a person hired to prepare meal.
zouv hnaangx ting zouv hnaangx wuov qongx ting/a kitchen; cooking room.
zouv lai zouv nyungc-nyungc lai/to cook vegetables; to prepare food.
zouv lai caeng longc zouv lai nyei caeng a pot for cooking vegetables.
zouv nzauv zouv zinx nzauv/to get salt by evaporation.
zouv orv zouv orv ganh/to cook meat.
zouv torng an wuom camv nyei zouv/to cook with lot of water.
zouv wuom buov wuom/to cook water.
zouv zuoqc toux zouv zuoqc nzengc mi'aqv/be cooked; cook thoroughly.
zouv zuoqv 1 zouv njaiz benx zuoqv mingh/to cook congee, rice gruel. **2** se beiv njaanh mbui/slang, snoring noise.
zouv[2] n. biopv sei nyei zouv; janx-daic zouv/a grave; a tomb.
zouv-baaih fiev mbuox don zouv wuov kuaaiv la'bieiv/a tombstone; gravestone.
zouv-deic biopv sei nyei deic/the site of a grave, tomb or a cemetery.
zouv-douh doic jiex doic biopv haaix nyei sou-daan/a recorded of buried with other deceased members of the same clan; spirit clan.
zouv-gemh biopv sei nyei dorngx/site of graveyard; cemetery area.
zouv hlang ceix faaux hlang nyei zouv/a high tomb; a mound grave.
zouv mouh zouv-deic; zaangx sei nyei dorngx/a graveyard; cemetery area.
zouv[3] pm. dongh fingx/same clan; same linage or same ancestor spirit.
dongh zouv juangc zong juangc zouv nyei mienh/member of the same clans.
dongh zouv cien juangc fingx nyei cien. Dgw: ziev-muic cien/members of the same clans.
zouv zangc cien dongh yietc fingx nyei cien mienh/relatives or the people of the same clan. Dgw: ngoih jaa cien.
zouv zangc mienh juangc fingx juangc jaa-fin nyei mienh/people that same clan.
zouv-zong faam-cing faam-cing-mienv nyei mbuox/three specials Taoism gods.
zouv-zong-mienv ong-taaix mienv/the ancestor spirits. Dgw: ngoih zouv mienv.
zouv[4] zmb. **zouv guangv** youh lungh ndiev nziaauc/to travel; to wander; to tour.
zouv guangv mienh youh lungh ndiev nyei mienh/traveler; tourist; wanderer.
zoux w. **1** zoux gong/to do; to work or to make . **2** zoux cuotv/to act; to pretend.
zoux a'nziauc zoux nyienx nziaauc/to do for fun; to play jokes upon.
zoux aanx gong zoux ndaamv-hnoi nyei gong/to do only a half day work.
zoux auv cuotv gaengh mingh zoux auv to get married and be a wife.
zoux auv mienh zoux jienv auv nyei m'sieqv dorn/a married woman.
zoux baac zoux ziangx; zoux nzengc/to finish; to come to final; all done.
zoux baamz mienh zoux cuoqv mienh; zoux bun mienh/do to show anger.
zoux baeng dorng baeng zaangv deic bung/to be army; to serve in military.

zoux baeng mienh dorng baeng mienh/a person who serve in military.
zoux baeng nyanc dorng baeng bietv nyanc/to be a soldier career.
zoux baengh zoux bun yuonh baengh/to make evenly; to level.
zoux beih zangc zoux i maengx-nzuqc nyei sic/to be two faced.
zoux benx zoux bun benx mingh/to make and transform something.
zoux biangh mienv fiqv biangh mienv to perform follower spirit ceremony.
zoux biauv zoux gomv biauv gong/to construct a house; to build a house.
zoux biauv mienh gomv biauv nyei mienh/people who build the house.
zoux bieiv zoux longc jienv wuov laanh mienh/to be leader; an important person.
zoux bietv zoux gong bietv (nyaanh fai bietv auv)/to work; to earn (money).
zoux biqv im; paaix zorqv jaix-nduih fai saeng-dangh/to render sexually sterile.
zoux borng-buoz mienh zoux yiem hlen tengx nyei mienh/assistant person.
zoux bou tengx mienh zoux bun/to be a servant; be an attendant.
zoux buv longc zoux buv siou nyei ga'naaiv/to stand for good luck.
zoux buv-jaa zoux ndaam-dorng wuov laanh mienh/a protector; a guarantor.
zoux bun zoux bun ganh fai zoux bun mienh/to do for oneself or for others.
zoux bun cing zoux eix-leiz bun cing/to show that one (satisfy or not).
zoux bun mengh zoux bun maaih paaiv-mengh nyei/to make clear.
zoux bun mienh zoux longx a'fai ciouv bun mienh/to do good or evil for other.
zoux buonv liouh douc cuotv buonv nyei ga'naaiv/to be use for seed.
zoux buonx longc an ndau zoux buonx to be use for fertilizer.
zoux caeqv zoux caeqv cun-mienv nyei yinh. Gj: zoux caeqv-jaiv/to perform a cleansing spirit ceremony.
zoux cic cuonh zoux ziangx nzengc fai zoux sung nzengc/completely done.
zoux cien-ceqv zoux benx muoz-doic cien-ceqv/to become relatives.
zoux cing zoux bun maaih yietc nyeic cing nyei/to make clear.
zoux cing-jaa 1 zoux gitv huon yinh/to perform a wedding ceremony. **2** zoux nyanc cing-jaa orv nyei kaeqv/to be a guest at a wedding from bride's side.
zoux cing-jaa hnoi gitv huon nyei hnoi the date of married.
zoux cing-nzengc zoux bun nzengc nyei mv maaih uix/to cleanse; to make pure.
zoux cing-suiv luoqc bungh maengx tengx gapv huon wuov dauh ong/a man preside over a wedding for groom side.
zoux ciouv qiex jiez zoux ciouv bun/to threat in appearance; to act fiercely.
zoux cunv orqv hnyouv bun; zoux doqc bun/to mean and harm others.
zoux cuoqv ba'baac liepc hnyouv zoux cuotv/do to provoke someone.
zoux cuotv zoux cuotv daaih/to make or to create something happen; produced.
zoux daauh mienh zoux ziouv goux laangz mienh/a village chief or headman.
zoux da'gangx zoux daaux nqaang/to act opposite; to do opposite way.
zoux div zoux div ganh dauh mienh/to undertake; to do instead.
zoux dienx zangc zoux dienx nyei zangc mienh/electrician; electrical engineering.
zoux diuv (wuonh maeqc weic) zoux diuv/to brew alcoholic beverages.
zoux diuv ciangv zaang diuv nyei dorngx a brewery; place where alcohol made.
zoux doc aengv lunx zoux di'dien gaih nyungc zeiv hnangv/just to pretend to do.
zoux doh dangh zoux fungx sei nyei yinh/to perform a funeral ceremony.
zoux doic 1 caux zoux doic/to be friend; partnership; membership. **2** zoux doic mbienz jienv/to keep company with.
zoux doix 1 zoux daapc nyei doix/to make a pounder. **2** zoux doix ziangx/to make it opposite. **3** zoux doix jienv/do to match up with.
zoux domh cing-jaa zoux buo hnoi buo muonz nyei cing-jaa/to perform a major wedding ceremony.
zoux domh mienh 1 zoux diex maac/to

be parents. **2** zoux hnangv domh mienh to be parents-like person.

zoux domh saeng-eix zoux njiec buonv camv nyei saeng-eix/to do major business.

zoux domh sai sipv zangc jaaix mienv wuov dauh sai/a master spirit priest.

zoux doqc zoux orqv bun/to abuse; do to cause harm to others.

zoux doqc bun mienh zoux hnyouv doqc nyei eix bun/to be mean to people.

zoux doqc fu'jueiv zoux cunv bun ganh nyei fu'jueiv/to abuse a child.

zoux dorc lorqc hlo zoux dorc/to be an elder sister.

zoux dorn (hlorpv mienh nyei dorn) daaih zoux ganh dorn/to be a son.

zoux dorngc 1. ca'bouc zoux dorngc/to make mistake. 2. ba'baac zoux dorngc/to commit a crime.

zoux duqv haih zoux duqv; maaih banh zeic/be able to do or to take responsible.

zoux duqv cuotv haih zoux duqv cuotv daaih/able to make something happen.

zoux duqv gong haih zoux duqv gong nyei/be able to work.

zoux duqv hingh 1 haih noic duqv/be able to overcome. **2** zoux duqv ziangx nyei/be able to make on time.

zoux duqv horpc zoux duqv longx nyei horpc nyei/able to do what is right.

zoux duqv longx haih zoux duqv longx nyei/to do the most good job.

zoux duqv nzaaih zoux duqv maaih mueix haic/to have fun doing something.

zoux duqv nzueic haih zoux duqv yaauc nzueic nyei/did the most beautiful job.

zoux duqv orv-hmei haic zoux sic ngunc mienh haic/to act in the shameful way.

zoux duqv tong haih zoux duqv tong/to have skillful to do; capable to do.

zoux duqv yaauc gengh zoux duqv longx haic/well-made; quality of making thing.

zoux duqv ziangx haih zoux duqv ziangx nyei/be able to finish; can be done.

zoux faanz faac zoux dorngc leiz nyei sic/to violate against the law.

zoux faatv nimc faatv; biomv faatv/to spell a magic power.

zoux faix nyiemc suei zoux faix; nyiemc lorqc faix/to humble oneself.

zoux fangx-nangh zoux haih dongz nyei fangx/to produce motion picture.

zoux fin-saeng 1 zoux njaaux sou nyei fin-saeng. **2** zoux njaaux leiz fin-saeng/to be a pastor or preacher.

zoux fin-saeng nyanc zoux fin-saeng bietv nyanc/to be a teacher for the living.

zoux fing-mienv sipv fing-mienv; zaaux fing/to restore a horoscope spirit.

zoux fioux-zoih zoux loz-benv nyei ganh joux waac/being a wealthy person.

zoux fu'jueiv zoux fu'jueiv nyei ziangh hoc/being a child; to be a child.

zoux fun 1 lorqc zuqc zoux fun/a niece or nephew. **2** gu'nguaaz-fun/grandsons or granddaughters.

zoux ga'naaiv 1 zoux gong/to do work. **2** m'jangc m'sieqv caux doic nyei ganh joux waac/to have sexual intercourse.

zoux ga'naaiv-hngongx sic 1 daix ganh daic/to commit suicide. **2** zoux mienh hngongx nyei sic/to act in stupid way.

zoux gau duqv zoux gau aqv/to have done for a while and then…

zoux gong njiec buoz zoux gong/to work or to employ; to be on duty.

zoux gong cou saau-lorngc zoux nyei gong/to work in careless manage.

zoux gong dorngx mingh zoux gong nyei dorngx/a work place or work site.

zoux gong heh daapc zoux gong nyei heh tongv/a working shoe or boot.

zoux gong henv zoux gong duqv qaqv haic/a hard worker.

zoux gong jaa-sic longc zoux gong nyei nyungc-nyungc jaa-sic/an equipments or tools used for work.

zoux gong lui houx zuqv zoux nyei lui houx/working clothes.

zoux gong mienh zoux gong nyei mienh workmen; worker; employee.

zoux gong muonc manc-manc zoux longx nyei gong/to work thoroughly.

zoux gong nyanc zoux gong bietv nyaanh maaic nyanc/to make living by worked.

zoux gong sung zoux ziangx gong aqv finished all task; done all work.

zoux gong-zoh zoux douc waac mienh/to be a messenger or representative.
zoux gorx lorqc hlo zoux gorx/to be an older brother.
zoux gorx-youz zoux benx gorx-youz doic/to be brotherhood.
zoux gorn zoux wuonv nyei gorn/to be the root or the important side.
zoux gouv zunh zoux benx gouv zunh jienv mingh/to become a story.
zoux guaix zoux guv guaix bun/to make trouble; to play tricks; mischievous.
zoux guenx zoux guenx seix mi'aqv/get used to do; accustomed to; inhabited.
zoux haaix nyungc (meih) zoux haaix nyungc. Gj: zoux hnyungv/what are you doing; what happen.
zoux haeqv zoux haangh dauh haeqv/to frighten someone; to endanger.
zoux haeqv-baeqc zoux haeqv hnangv mv zoux mun/to scare without harm.
zoux henv zoux henv nyei nyungc zeiv bun mangc/to show one's strength.
zoux hepc zoux bun faix hepc njiec/to make narrow room.
zoux hingh zoux duqv hingh mi'aqv/to be winner or championship.
zoux hoic mienh zoux bun mienh zuqc kouv/to harm people without evidence.
zoux horh siangx benx horh siangx/to become a Buddhist monk.
zoux horpc ca'laangh gorngv horpc/to do the right thing; to make peace.
zoux horpc leiz zoux ei leiz mingh/to do legal thing; to obey the law.
zoux horpc mienh zoux bun mienh longx hnyouv/try to please other people.
zoux houc jaax zoux weic houc jaax/do to support; to act for supporting.
zoux huaax-nginx longc faatv-douc zoux cuotv mbuoqc horngh nyei sic/spells to produce a magic effect.
zoux huaax-nginx mienh haih zoux huaax-nginx nyei mienh/to be a magician.
zoux huaang gaanv jienv zoux siepv nyei/to do with speedy/act in urgently.
zoux hun zoux zuangx lai hun fai huingx to make a garden with fence.
zoux hungh zoux hungh gunv deic-bung to be a king; a sovereign; a president.
zoux hlo zoux longc jienv wuov laanh mienh/to be in high ranking.
zoux hlo mienh zoux jien nyei mienh/the person in official post.
zoux hmien hmuangx zoux gamh nziex nyei hmien/to scowl the face.
zoux hmien-minc zoux weic duqv ceng hnangv/to render eye-service; to put up a pleasant front or for the sake of appearance.
zoux hmien njang zoux a'hneiv nyei hmien-minc/to give pleased look; to make happy face.
zoux hnaangx zouv lai zouv hnaangx/to prepare food; to prepare a meal.
zoux hnamv 1 zoux weic hnamv nyei sic/to do with love. **2** m'jangc m'sieqv zoux hnamv nyei gong/to make love.
zoux hnangv zoux daaih hnangv nyei/to pretend to be like.
zoux hnyouv jangv zoux hnyouv longx hnyouv ndaauv/to be a big heart.
zoux hnyouv ngaengc nzaeng-ngaengc henv wuov dauh/to be stubborn.
zoux hnyouv yuonh zoux baengh fim nyei hnyouv/to be fair-minded.
zoux hnyouv zingx mv nimc ga'naaiv/to be an honest and justice.
zoux hnyungv se dongh "zoux haaix nyungc" fiev nangv daaih/what happen.
zoux jaav zoux mv zien/to make false; to be an impostor; to make an imitation copy; to cheat; to pretend.
zoux jaav zorng-zengx gorngv-baeqc nduov nyei zengx/to give false testimony.
zoux jangx-hoc zoux norm jangx-hoc/to to make a reminder sign for oneself.
zoux jauv longc (cie cenv) zoux jauv/to construct the road.
zoux jauv mienh zoux jauv nyei mienh road construction worker.
zoux jauv zangc zoux jauv nyei zangc mienh/road construction engineer.
zoux jiex jaax zoux jiex ndaangc mi'aqv to overdo; do beyond the limited.
zoux jiex leiz ba'laqc zoux jiex jaax/to do beyond the normal.

zoux jiex sen mienh zoux jiex jauv nyei mienh/to be a traveler.
zoux jien zoux hungh jaa gunv sic nyei mienh/to hold a government post.
zoux jienv mingh zoux jienv mingh wuov ndaangc/continue whatever one is doing.
zoux jorm zoux nauc ngitc nyei sic/to make merry; to have a fun party.
zoux jun-zeiv dorn zoux henv zeiv nyei m'jangc mienh/to be a brave man, hero.
zoux kaeqv cuotv deic-bung mingh zoux kaeqv mienh/to be a guest.
zoux kuh jatv zoux nduov mienh kuh jatv/to make people to laugh.
zoux kuv mienh zoux ziangh horngh nyei mienh/to play the role of a good guy.
zoux kuv sic zoux weic fiou gong-daqv nyei sic/to do good deed; to help needy.
zoux laangh tengx ong-daa maa-diev zoux gong bietv auv/to be a son in-law who work for his parents in-law to get his wife.
zoux laangh nzuonx zoux buo hnyangx laangh liuz dorh auv nzuonx aqv/a son in-law who will return home after three years work for his parents in-law.
zoux lamz zoux (mbiauh) lamz/to build a granary.
zoux leiz-baaix mingh leiz-baaix dorngh muangx leiz/to attend church service.
zoux leiz-latc liepc leiz-latc/to make the laws; to make constitutional.
zoux leiz-latc mienh liepc doz-leiz nyei mienh/the constitution or laws maker.
zoux liangx-ndeic zoux ndeic nyei gong to make living by farming; agriculturist.
zoux liuh gomv ndeic nyei liuh/to make a field hut.
zoux liuz cing-jaa gitv huon liuz aqv already married; to be married.
zoux longx zoux longx bun/to do good; to be a nice person.
zoux lui houx lunh lui houx/to tailor; to have a dress made.
zoux lunc 1 zoux bun lunc mingh/to make loose. **2** zoux ceux lunc/to rebel; to start uprising.
zoux luoqc bungh tengx luoqc bungh mbenc nyanc hopv nyei mienh/people from the groom side to serve food at the wedding ceremony.
zoux mv benx 1 zoux mv haih longx/can not do it well. **2** zoux waaic/to do evil.
zoux mv cuotv zoux mv haih cuotv/to be unable to make it happen.
zoux mv duqv 1 zoux mv duqv/can't do it. **2** mv haih zoux/to be unskilled.
zoux mv hingh 1 zoux gong mv hingh unable to keep up one's work. **2** maiv noic duqv/fail to overcome.
zoux mv tong mv haih zoux/unable to do the job; unskilled.
zoux mv zaqc zoux hnyouv mv zaqc/to show dishonest; to make defraud.
zoux maaic sin mienh zoux maaic buonv-sin nyei sieqv/to be a prostitute.
zoux maengc-nangv sic zoux oix daic siepv nyei sic/do to shorten one's life.
zoux mangc nyungc zoux liouh mangc nyungc/to keep for remembrance.
zoux maqh! se maaih eix-leiz gorngv maiv dungx zoux maah/this word has opposite meaning, it means do it! but it actually means don't do it.
zoux maux zoux saaix-liangz mienh/to do boast; to show off; to act boastfully.
zoux miaauc zoux guenx seix mi'aqv/to accustomed to do; habit of doing thing.
zoux mienh zoux ziangh horngh/to be a good guy; to get along with other.
zoux mienh gox zoux daauh mienh fai zoux laangz-ziouv/be a village headman.
zoux mienh muoz zoux benx muoz-doic to be relative.
zoux mienh saeng-eix maaiz maaic mienh nyei saeng-eix/trader in human beings.
zoux mienh seix dorng jienv jaa cernx mienh seix/to build or establish a family.
zoux mienv sipv mienv nyanc orv hopv diuv/to perform a spirit ceremony.
zoux mienv yinh zoux houc mienv nyei yinh/a spirit ceremony hall.
zoux muih zoux mbu'ndongx-mienh/to act as a middle person.
zoux muih huaa cuotv mingh lorz auv longc nyei mienh/be a suitor.
zoux muih mienh cing jaa bung nyei zoux ziouv mienh/a person go-between

a wedding ceremony for bride side.
zoux muoc 1 lunh muoc/to make a hat. **2** lorqc faix zoux muoc/to be a younger sister of an older brother.
zoux muoc mienh lunh muoc nyei mienh a hatter; hat maker.
zoux mbaaix laangh sieqv nyei maengc ziu laangh nor, dorn oix longc aa zuqc bieqc sieqv nyei diex maac biauv yiem siec hnoi se weic zoux mbaaix laangh bietv wuov dauh sieqv/to be a temporary in-marrying son in-law.
zoux mbuangz mingh zoux auv fu'sux nqox nyei die maa, se zoux mbuangz/to assume rule of a daughter in-law.
zoux mbui gorngv waac fai muoqv mbui to make noise; to speak; to break silence.
zoux nauc ngitc zoux bun jorm hnyouv nyei sic/to make merry; to enjoy.
zoux nouh tengx mienh gong-bou-daic nyei mienh/to be a slave; a slavery.
zoux ndaangh zoux laengz zingh Bienh Hungh nyei yinh/to perform a special spirit ceremony.
zoux ndaangh sou zoux ndaangh yinh fiev buov faaux lungh nyei sou/a special ceremony petition letters.
zoux ndeic zoux liangx zoux ndeic/to do farm work; an agriculture; farmer.
zoux ndeic mienh zoux liangx-ndeic nyei mienh/farm worker; agriculturalist.
zoux ndeic nyanc zoux liangx-ndeic nyanc/to do farm work for the living.
zoux ndiangx-zangc zoux ndiangx nyei zangc mienh/carpenter; furniture maker.
zoux ndie 1 zoux benx ndie daaih/to produce medicine. **2** longc zoux ndie/to use as medicine; for medicine.
zoux ndie ga'naaiv longc zoux ndie nyei ga'naaiv/things used for medicine.
zoux ndoqv zoux gorn nyei mienh/to be important person or the key person.
zoux nduov mienh jatv zoux bun mienh oix kuh jatv/to make people laugh.
zoux ngoih jaa auv bung nyei muoz-doic cien-ceqv/relatives of one's wife's side.
zoux ngongh maaz zoux hnangv ngongh maaz nor/to act like cow and horse.
zoux njiec gong zoux ziangx gong nzengc mi'aqv/complete all one's task or work.
zoux njien-youh zoux jorm njien-youh nauc ngitc/to make merry; to do for fun.
zoux njoux-huaax zoux guang-guonx tov nyanc jienv mingh/to be a beggar.
zoux njuov zangc haih zoux njuov nyei mienh/baker; one that bakes bread.
zoux nqox dorng jaa zoux jienv nqox/to be a husband; to get married.
zoux nqox mienh longc jienv auv nyei mienh/a man who has been married.
zoux nyanc hopv zouv nyanc zouv hopv to cook or to prepare meal.
zoux nyungc mangc liouh jienv mangc to keepsake; to keep for souvenir.
zoux nyungc zeiv 1 zoux nyungc bun mangc/to pretend to be. **2** liouh zoux buonv mangc/to be as a sample.
zoux nzengc zoux nzengc mv maaih aqv completely done; all gone.
zoux nzueic zorng nzueic nyei/to dress up pretty; to make oneself attractive.
zoux nzuih siepv nzuih mienx haic/to speak without thinking first.
zoux nzung fiev puix benx nzung daaih to compose song; to set a song to music.
zoux nzung mienh gapv pui benx nzung nyei mienh/a composer.
zoux orqv zoux cunv bun; zoux doqc bun/to do evil or criminal act.
zoux pa'li pa'laaix zoux maiv ziangh horngh nyei sic/to act embarrassed.
zoux pienx zoux waengc mienh nyei sic to cheat or to do unjustly.
zoux puix ei jienv zoux; zoux gan jienv mingh/to match with; accompany.
zoux qiex cuotv qiex puix/make sound; to pronounce; pronunciation.
zoux sa'dorngh ciangv zoux dorngh nyei ciangv/sugar mill.
zoux saa zoux bun saa deix/to make a space for; to make room for.
zoux saeng zoux liaa maux nyei sic/to act sexy; to show off.
zoux saeng-eix zoux zornc zinh jauv/to do business transactions; to run business.
zoux saeng-eix doic caux zoux saeng-eix nyei doic/a business partner.

zoux saeng-eix-dorn zoux faix nyei saeng-eix/to run a small business.
zoux saeng-eix mienh saeng-eix maaiz maaic nyei mienh/a businessman.
zoux sai zoux sipv mienv hlo nyei ong/a high ranking ritual man.
zoux sai-diex zoux sai njaaux leiz fai njaaux sou/to be a teaching master.
zoux sai-gorx gan sai-diex hoqc nyei mienh/student of religious or disciple.
zoux sai lui zoux sai mienh zuqv nyei lui-ndaauv/a long robe worn by a priest.
zoux sai mienh sipv zangc jaaix mienv nyei mienh/a ritual master.
zoux-sai ong haih zoux sai wuov dauh ong/an old ritual master.
zoux sai nyanc zoux sai bietv nyanc/to perform spirit ceremony for living.
zoux sai ziouv yinh gu'nyuoz zoux domh sai wuov dauh/a ritual expertly.
zoux sai zoux doc zoux sai mienh nyei gong-bou/duty of ritual master.
zoux setv 1 zoux nyomc ga'naaiv nyei setv/to make color. **2** zoux ziangx; zoux sung; zoux nzengc/finish all one's work.
zoux setv gong zoux baac gong mi'aqv complete all one's work.
zoux sic 1 caengx sic; borngz sic/to file a lawsuit. **2** to work; a business affairs.
zoux sic donc sunh haic; mv ndin/to do thing slow; to act slow.
zoux sic hngongx zoux sic bun mienh mangc cuotv hngongx/to act stupidly.
zoux sic lueic oix zoux mv oix zoux nyei sic/to show disinclined.
zoux sic mv nzueic 1 zoux nqaengc bun mienh zieqv duqv/to act inappropriately. **2** zoux sic canh/to act impolitely way.
zoux sic maanh zoux maengh ndaengv sic nyei mienh/to act impatiently.
zoux sic maengh ndaengv zoux sic mv dorh leiz/to do impolitely; discourteous.
zoux sic mienh borngz sic nyei mienh people who file a lawsuit.
zoux sic nangh zoux sic ndin haic/to do in a lively way.
zoux sic ndin zoux sic nangh ndin/to do with excitement; to act lively.
zoux sic nzueic zoux sic eix-leiz nzueic dorh leiz/to do with attractive way.
zoux sic sa'laiz zoux aqc duqv mangc nyei sic/to act in nasty way.
zoux siepv nyei zoux gaanv nyei/to do quick or fast.
zoux sin tengx mienv fioux buonv-sin nyei yinh/a funeral cleansing ceremony.
zoux siqv zoux oix mienh hnamv nyei sic/to demand other's attention.
zoux sou zoux fiev sou nyei nzaic/to do or prepare documents papers.
zoux sou-biuv zoux fiev caux dimv sou nyei mienh/secretary or bookkeeper.
zoux sou cuotv zoux sou fungx cuotv maaic/to publish a book.
zoux sung gong zoux ziangx nzengc gong/finished all one's work or task.
zoux sung jauv zoux sung la'nyauv nyei sic mi'aqv/do all one suppose to do.
zoux taux cuotv zoux taux nyungc zeiv cuotv daaih/to make until it happen.
zoux taux ziangx zoux taux ziangx nzengc mingh/to work on until finish.
zoux tong leiz guaih zoux di'dien hnangv mv zoux longx/pretending to go through.
zoux waaic 1 zoux bun waaic/to break and destroy. **2** zoux waaic sic/to do evil.
zoux waaic gu'nguaaz zoux gu'nguaaz waaic zorqv guangc/to have an abortion.
zoux waaic hmien mbienv hmien zoux waaic bun/to destroy a relationship.
zoux weic zoux weic ganh dauh/to act on behave of another; to accomplish.
zoux weic mienh zoux weic tengx ganh laanh mienh/to do for someone.
zoux weiv longc auv liuz se zuqc zoux weiv aqv/to be son in-law.
zoux win daav win daav wangv zoux benx win-jaa/to become enemy.
zoux wuom-ndunh zoux bun wuom gitv benx ndunh/to make or produce ice.
zoux wuonh 1 sipv heuc wuonh nzuonx daaih/a soul restore ceremony. **2** zoux suonc mienh/to humble oneself.
zoux yietc njiec yietc zungv zoux yietc nzunc zoux/to do all at once.
zoux yinh zoux normh yinh/to prepare for a festival celebration.

zoux yitc gong zoux horqc dorngh dorh nzuonx nyei gong/do one's homework.

zoux yungz-loz laangh uix ong-daa maa-diev yietc liuz nyei laangh/a man who married to an only daughter and serve parents in-law until they pass.

zoux yuonh zorc zoux yuonh/to level; to make even; to smooth out.

zoux zangc hoqc duqv taux zoux zangc to be engineer; engineering position.

zoux zaqc 1 zorc zoux zaqc/to make straight. **2** nimc ga'naaiv/to do burglary.

zoux zaqc luv hoic maengc cangv zorqv mienh nyei jaa-dingh/to rob; to bandit.

zoux-zaqc mienh nimc ga'naaiv nyei mienh/a robber; thief or burglary.

zoux zeiv zoux benx zeiv daaih/to make paper; to produce paper.

zoux zeiv ciangv zoux zeiv nyei dorngx a paper mill; paper factory.

zoux zeiv-maaz zoux buov bun mienv nyei zeiv/to prepare spirit ceremony paper.

zoux zengx 1 zoux zengx mienh/to be a witness. **2** zoux zengx-ginx/testimony. **3** longc zoux zengx/use to be evident.

zoux ziangx zoux cic cuonh liuz; zoux nzengc/to complete; finished; to arrange.

zoux ziangx gong zoux sung nzengc gong/to complete work or assignment.

zoux zinc bun zoux laanc zinc bun/to abuse or embarrass someone.

zoux zingh nyeic zoux zingh nyeic bun mienh/to give as present; to send gift.

zoux ziouv 1 zoux ziv sic mienh/to be in charge. **2** zoux ziouv mienh/a host; to take up responsibility for.

zoux ziqc caqv zoux dorngc sic/to have an accident or by mistake.

zoux ziqc zuiz zoux dorngc mienh/to offend against someone.

zoux zorc 1 gorngv mienh henv, maiv dorh leiz nyei waac/to be bossy. **2** zoux zorc mienv/a spirit ceremony.

zoux-zorc mienh haih sipv mienv nyei mienh/a spirit priest or expertise.

zoux zorng-zengx gorngv gorng-zengx bun muangx/to give testimony.

zoux zouh zoux zouv nyanc nyei gong to cook and preparing the food.

zoux zouh mienh zouv nyanc hopv nyei mienh/a person who preparing meal.

zoux zuiz zoux waaic sic hoic mienh/to commit a crime; to break the law.

zoux zuiz hoic dorh zuiz mingh guoqv hoic/to put one's fault on others.

zoux zungx zoux hungh nyei borng-buoz mienh/to be a vice president.

zoux zuqc zoux horpc mi'aqv/do it right; do it correctly.

zu'zong m. se dongh **zouv-zong** nyei nzutv norz fiev/an abbreviation of zouv-zong.

zu'zong fangx zouv-zong mienv nyei fangx/Taoism's painting pictures.

zu'zong-mienv Iu-Mienh buoqc zangc nyei domh mienv/origin Taoism spirit.

zuv w. yangx zuv; muv zuv; nyungc zeiv; mou zeiv/a sample or style.

m'zuv huaa congx biangh daaih nyei mbuox/name for embroider worked.

zuang[1] w. **zuang sin** gic sin; njiec hnyouv nyei/to pay attention to.

paaix-zuang gaatv bun nqoi fi'mbuoqc nyei/to divide into two equally.

zuang[2] m. **laauv zuang** loz nyei wuov hoc an old brand goods; old style.

zuangv[1] w. zuangv zangc; douh zong/heir; lineage; progeny genealogy; hereditary.

daapv zuangv njaah doic; saeng doic fai caux doic. Gj: faaux, tiux/to mate.

douc cuotv zuangv douc buonv cuotv camv jienv mingh/reproduction.

zuangv zangc ciouv buonv zangc ziangh ziouc ciouv/inherited to be fierce.

zuangv zangc lueic buonv zangc ziangh ziouc lueic/inherited to be lazy.

zuangv zutc buonv zutc nzengc maiv maaih aqv/the heir be perished.

zuangv[2] pm. oix fi'hnangv nyei/resemble; similarity; likeness to.

mv zuangv yietc deix yietc aax yaac mv hnangv/not resemble at all.

zuangv diex hnangv diex; hnangv dae/to look like father; resemble to father.

zuangv maac hnangv maac; hnangv maa/resemble to mother.

zuangv ngoih jaa hnangv ngoih jaa nor to resemble to mother side's relatives.

zuangx[1] gz. zuangx nyim; zuangx yaang/to plant; to sow seed; to cultivate.
biouv zuangx zuangx daaih nyei biouv/a home planted fruit.
gaeng-zuangx zoux cun-gaeng liangx-deic/an agriculture in general.
zuangx biangh zuangx haih nqoi biangh nyei miev/to plant flowers.
zuangx dorn zuangx normh ziu-dorn/to plant a banana shoots.
zuangx fanh ziu zuangx fanh ziu-nyim fai zuangx yaang/to plant chili seed.
zuangx guaengv zuangx (ndiangx-ndoih) nyei guaengv/to plant a stalk.
zuangx in zoux in-ndeic/to plant opium.
zuangx lai hun zuangx lai nyei huingx fai hun/vegetables garden.
zuangx maeqc nyorqv ndau an maeqc biouv zuangx/to plant corn.
zuangx mbiauh dorh cuqv biopv njiec ndau zuangx/to grow rice; to plant rice.
zuangx njiec ndau dorh nyim biopv njiec ndau zuangx jienv/to plant in the soil.
zuangx nquaah zuangx ga'naaiv nyei nquaah/to plant a branch.
zuangx nzungh wetv nzungh dorh mingh zuangx/to plant the roots.
zuangx nyaah an jaav-nyaah/to implant teeth; to insert denture.
zuangx nyaah zangc zuangx nyaah nyei zangc mienh/a dentist.
zuangx yaang baeng yaang dorh mingh zuangx/to plant seedlings.

zuangx[2] w. yietc zuangx; yietc zungv; mouz dauh mienh/everyone; public; numerous.
domh zuangx sic zuangx mienh camv nyei sic/public matters.
zuangx baeqv-fingx yietc zungv mienh maanh/populations; all the people.
zuangx dorc nziez yietc zungv dorc caux nziez/all older and younger sisters.
zuangx fin yietc zungv nzueic nyei sieqv all beautiful girls or ladies.
zuangx gorx-muoc yietc zungv gorx caux muoc, muic/all brothers and sisters.
zuangx gorx-youz yietc zungv gorx caux youz/all younger and older brothers.
zuangx guoqv norm-norm deic-bung/all nations or countries.
zuangx mienh yietc zungv mienh/all people; everyone.
zuangx zangc domh zuangx nyei; yietc zungv nyei/to be sharing with public.
zuangx zangc sic zuangx mienh nyei sic public matter; public affairs.

zuangx[3] pm. ndoqv jienv m'nqorngv/to be downcast; downward; very unhappy.
zuangx njiec ndoqv m'nqorngv njiec/to lower the head; to face downward.
zuangx paan jien-dauv dorh m'nqorngv zuangx njiec zaux jien faaux king njiec nqa'haav maengx/to somersault.

zuangx[4] pm. zuangx caa; zuangx ndongc to deep-seated a pole.
zuangx caa nyei kuotv wetv daaih zuangx caa nyei kuotv/to deep hole for a pole.

zuangx[5] aengx lorz mangc "ipv-zuangx, tongh zuangx" nyei eix-leiz.

zuangz w. daic zuangz, mv dorh leiz nyei waac/to be dead; death.
zuangz hmatv zioux nyei waac/be dead, used in curse when very angry.
zuangz mi'aqv daic mi'aqv; maiv nangh aqv/already be dead.

zuei[1] gn., w. **1** zuei kuotv nyei zuei/awl; a drill. **2** zuei kuotv/to drill a hole.
zuei m'normh kuotv zuei m'normh tong ndiux hiun/to pierce ear for earrings.
zuei tong zuei cunx jiex tong mi'aqv/to drill a hole through.
zuei wuom-kuotv domh cie longc hlieqv-nzunx zuei wuom-kuotv/to drill a well.

zuei[2] pm. zuei gan nqaang; zunc gan jienv mingh/to chase down; chase behind.
zuei zaeqv beqv lorz zaeqv/to press for the repayment of a debt.

zueic[1] nz. m'njormh; bueix njormh/sleep; to lie on bed; to lie down.
pou-zorngh zueic bueix jienv coux njormh/to lie on bed and sleep.
zueic njiec zorngh bueix njiec coux/to lie down on the bed.
zueic zoix zorngh duang bueix jienv wuov coux/to sleep on the bed.

zueic[2] nz. hopv (diuv) nquin/intoxicated with alcoholic; get drunk.

zueih[1] m., n. hlieqv-zueih; ndiangx-zueih; geu-zueih/hammer, used for pounding.
zueih dorn faix nyei zueih/small hammer.
zueih nyorqv longc nyorqv baeng ding nyei zueih/a claw hammer.

zueih[2] bt. ziangh zueih; butv mbauh gunx nongc nyei baengc/to have a boil.
zueih louc ziangh camv-norm zueih louc jienv mingh/carbuncle; several boils.
zueih zuoqc zueih tong cuotv nongc aqv the boil is about to break out.

zueih[3] pm. zueih yietv zueih nyeic/start at the beginning until the end; in order.
zueih biauv sou norm jiex norm biauv sou muonc nyei/to check house one by one.
zueih jauv lorz gan jauv lorz jienv mingh searching for along the way.
zueih jauv mingh gan jienv jauv mingh to go through the road.
zueih laangz gaav zueih laangz buonc jiex buonc gaav zaeqv/to ask for borrow through the village.
zueih yietv zueih nyeic gorngv gorngv muonc nyei yiem gorn mingh/to speak by chronological order step by step.

zueiv[1] n. da'mueiz laic zueiv-zueiv wuov narrow tip; the end of a pointed.
batv-zueiv batv-da'mueiz laic wuov/the point of a pen or pencil.
jaix-zueiv jaix-da'mueiz laic maaih kuotv wuov/tip of penis.
nyorx-zueiv nyorx-da'mueiz gu'nguaaz njorm sorqv nyorx wuov/a nipple.

zueiv[2] s. nzuih baengx/mouth.
cam zueiv gorngv waac laanh mienh/to interrupt someone by speech.
huaac zueiv mienh gorngv-baeqc nduov nyanc nyei mienh/a smooth liar.
ziec zueiv mienh faan waac fai mbienv waac mienh/an interpreter.

zueix w. zueix nyei nziaau/stink; sense of smell; olfactory; odorous.
zueix-buotv zueix bungx buotv nyei nziaau/smell of passing gas or flatulence.
zueix douz zueix douz zieqc zuqc nyei nziaau/to smell of burning.
zueix gau gengh huon-huon nyei zueix haic/an odorously; stinky.
zueix-guotv zueix douz zieqc biei nyei nziaau/to smell burning feather.
zueix haic gengh zien zueix haic/stinky; an awful odorous.
zueix-hanc cuotv hanc guoqv lui houx nyei nziaau/smell sweat odorous.
zueix-huv (guaa fai orv) huv zueix nyei nziaau/rotten smell; odorous of spoiled.
zueix-laengc congx zuqc mienh hnyouv gunc lov nyei nziaau/smell of poisonous.
zueix-ndaang ndaangc nyei nziaau/to smell fragrance.
zueix-nginv nziaamv nqaai daaih nyei nziaau/odorous of the dried blood.
zueix-nziaau zueix saeng-kuv fai mienh nyei nziaau/smell of the scent.
zueix-nyiemz zueix-nyiemz nyei nziaau.
zueix-nziemx juv fai naauz nyei nziaau odorous of the mouse or dog.
zueix-nzing mbiauz fai orv guoqv nzuqc nqaai daaih nyei nziaau/smell of fish or meat on an implement.
zueix-nzingx hlieqv-nzingx zueix nyei nziaau/smell rusty odorous.
zueix-yiez yiez nyei nziaau/smell urine. Gj: yiez-langh sangx.

zueiz w. zueiz don; zueiz eiv/to sit; to be sitting position; sat; seat.
zueiz cie mingh yangh cie mingh/travel by car, train or airplane.
zueiz deic yiem dingc nyei (mienh)/one who resides in a place permanently.
zueiz deic mienh yiem dingc nyei mienh the local or native people. Dgw: jiex-sen mienh, jiex jaaix mienh.
zueiz deic nzung yiem dingc mienh baaux nyei nzung/a song sing by local people.
zueiz dingc zueiz jienv maiv dongz/to sit still without moving.
zueiz doix-hmien zueiz hmien doix hmien/sit facing to each others.
zueiz don zueiz jienv don gu'nguaaic/to sit one the chair.
zueiz douz-nzauc gorn zueiz nitv jienv douz-nzauc hlen/sit near by fireplace.
zueiz guaeh jienv gueic nzipv jienv zaux zueiz/to sit with legs folding.
zueiz huing jienv zueiz weih huing jienv mingh/to sit with a circle.

zueiz hungh weic zueiz jienv hungh nyei dinc/to sit on a throne.

zueiz hlang mangc aiv se beiv oix zuqc korh lienh guangc zuiz bun/to over look and not to punish.

zueiz hnamv eiv zueiz duqv i laanh mienh nyei eiv/a love seat.

zueiz jienv zueiz njiec mingh/be seated; sitting position; sat on.

zueiz jienv zuov zueiz jienv wuov zuov to sit back and wait.

zueiz jiuc zueiz jiuc gaeng jienv mingh to travel by sedan chair.

zueiz loh zuqc wuonx jienv loh/to be jailed or imprisoned.

zueiz mv jienv zueiz jienv kungx pioux hnangv/unable to sit still.

zueiz mv njiec hepc zueiz mv njiec/unable to sit oneself-not enough seat space.

zueiz mv zouc mv haih aengx zueiz lauh mingh aqv/cannot sit any longer.

zueiz maah heuc zueiz nyei dorh leiz waac/please have a sit; please be seated.

zueiz njiec zueiz njiec mingh/sit down; sat down.

zueiz oc heuc kaeqv mienh zueiz nyei dorh leiz waac/please sit down.

zueiz nyei weic zueiz nyei dorngx/place to sit on; something to be sit on.

zueiz nzangv mingh gan nzangv mingh to travel by boat or ship.

zueiz weic yiem jienv nyei/to occupy a place; to be presence at.

zueiz woc heuc kaeqv mienh zueiz nyei dorh leiz waac/please have a sit.

zueiz zorng yiem jienv wuov muangx/to presence at; to take responsible for.

zuic w. hniev mv fi'ndongc cie zuqc kengx mingh/unbalanced of weight.

nzangv-zuic ndiux bun nzangv yiem dingc nyei la'bieiv/a boat's anchor.

zuih n. gu'nguaaic hlamx zaux/the thigh; upper part of human or animal's legs.

camh zuih gu'nguaaic maengx wuov hlamx zaux/the thigh.

zuix w. zuix ndiangx-nquaah/to trim or to prune down a tree's branches.

zuix guangc dueiv gaatv gu'nguaaic dueiv guangc/to trim the top part branch.

zuix m'si biouv faaux m'si ndiangx zuix nquaah ndortv daaih gaeqv biouv/to cut down branch and pick their fruit.

zuix muonc nzengc jamv hngaqv muonc nzengc mingh/to cut into small pieces.

zuiz bl. zuiz-nipc; maaih zuiz; zuiz hniev; zuiz heng/sin; crime; fault; hateful.

maaiz zuiz maaiz ganh dorngc nyei zuiz to redeem sin; to bait out.

wuonc zuiz zuqc diev zuqc siouc ganh zoux nyei zuiz/atone for one's crime.

zuiz heng mv hniev nyei zuiz/minor sin; minor criminal.

zuiz hlo maaih zuiz camv/serious crime; felony; enormity; sinful.

zuiz hniev zoux dorngc ndo nyei zuiz/a seriously crime.

zuiz-mienh zoux zuiz nyei mienh/sinner; transgressor; a criminal.

zuiz-nipc maaih jienv zuiz; nyiex jienv zuiz nyei/to be sinful; transgressions.

zuiz-nipc jiex dingc liuz zuiz cuotv daaih aqv/after jailed; free from punishment.

zun aengx lorz mangc "hui-zun, nie-zun" nyei eix-leiz.

zunc[1] w. **1** zunc gan nqaang mingh/to chase behind. **2** zunc biaux/to drive away.

zunc cuotv zunc biaux cuotv mingh/to chase out; to drive out; to drive away.

zunc doqc qiex cuotv zunc laengc nyei doqc qiex cuotv/to get rid of the poison.

zunc dueiv zunc gan jienv mingh/to tail; to follow after without allowing.

zunc duqv zaaic haih zunc duqv zaaic be able to catch up with or over take.

zunc jienv daaih zunc jienv nqa'haav daaih/chase after; to follow; sequent.

zunc jienv mingh zunc jienv gan nqaang mingh/to pursuit behind.

zunc lorz zimh lorz jienv mingh/to seek; to pursue; to go after.

zunc mv duqv zunc mingh mv duqv/can not be chase-too danger.

zunc mienh zunc gan mienh nqa'haav mingh/to chase behind someone.

zunc mienv zunc mienv biaux cuotv/to drive out spirits; exorcise.

zunc ngongh bin fitv zunc ngongh nyei bin/a whip used to drive cattle.
zunc nqaang zunc gan jienv nqa'haav mingh/to chase behind; to follow after.
zunc orv zimh zunc jienv orv mingh/to pursue game; to track down game.
zunc orv juv 1 zunc orv nyei juv/a hunting dog; pointer; a hound. **2** se beiv zoux nouh mienh/a person as errand.
zunc yungh 1 zunc yungh mingh nyanc miev/to chase goat. **2** se beiv buov in/to smoke opium.
zunc yungh mienh 1. zunc yungh nyei mienh/a person who drive goat. 2. buov in mienh/an opium smoker.
zunc zaaic zunc zaaic aqv/to catch up with; overtake by chasing.
zunc zorqv zunc caa zorqv/to chase and arrest; to apprehend.

zunc[2] n. m'nqorngv-zunc/circular or whorl that form on the head.
buoz-ndoqv-zunc buoz-ndoqv nyei zunc; buoz-ndoqv-yienx/a finger print.

zunc[3] pw. paaiv gong bun zoux/to appoint an assignment; give an order.
zunc faaux zunc njiec zunc nzuih faaux njiec/to service someone up and down.
zunc mv dongz zunc mv duqv nzuih/be unable to get a person move-too lazy.
zunc nzuih paaiv mingh zoux gong/to give an oral order; to send an errand.
zunc nzuih fu'jueiv zunc zoux gong nyei fu'jueiv/an errand boys and girls.
zunc nzuih mienh saaiv longc qaqv nyei mienh/a person's duty as errand.
zunc zoux gong zunc mingh zoux gong send someone out to do the work.

zunh[1] n. **1** mbopv-zunh; dungz-zunh/nest of an animal. **2** forqv/to be messy.
dungz dapc zunh dungz ngaatc miev ndaam mingh dapc zunh/a pig build nest.

zunh[2] pm. gorngv mbuox/to announce; to report; to proclaim; to preach gospel.
zunh box fienx bun fienx cuotv mbuox mienh/to announce; to advertising.
zunh daan bun cuotv douc fienx nyei zeiv/a handbill; a leaflet.
zunh doz zunh njaaux mienh nyei doz-leiz/expound doctrine; to preach.
zunh doz dieh lorngx ging-sou zunh doz wuov norm dieh/a stand for preaching; a pulpit. Gj: zunh doz doih.
zunh doz-leiz gorngv njaaux leiz bun/to preach; to proclaim a doctrine.
zunh doz mienh njaaux sienx Yesu leiz nyei mienh/pastor; preacher; missionary.
Zunh Doic Douh zengx-ginx sou nyei mbuox/books of Chronicles in the Bible.
zunh douc sai njaaux buoqc zangc nyei domh fin-saeng/prophecy; religion experts.
zunh fienx douc fienx cuotv mbuox/to send news; to report news.
zunh fienx cuotv bun fienx cuotv mingh to make an announcement.
zunh fienx dorngx zunh cuotv fienx nyei gorn/news broadcasting station.
zunh fienx mienh gorngv zunh fienx nyei mienh/an announcer; news reporter.
zunh fienx sou zunh fienx nyei sou/the decree note; proclamation.
zunh gorngv 1 gorngv douc mbuox/to verbally deliver a message. **2** gorngv zunh jienv mingh/hearsay; legendary.
zunh gouv gorngv zunh jienv mingh nyei gouv/to pass on a legend.
zunh jaav leiz gorngv zunh jaav nyei leiz nduov mienh/to preach false doctrine.
zunh jangv gorngv zunh mingh jangv/to spread out widely.
zunh kuinx zunh mbuox goiv hnyouv nyei fienx/to delivery comfort message.
zunh mbuox gorngv mbuox jienv mingh to forward message; to warn the public.
zunh seix zangc zunh jienv seix zangc mingh/passed from generation to another.
zunh taux zunh fienx mingh taux/to pass news to; to information to.
zunh taux waaic zunh taux mengh dauh waaic/to ruin someone's reputation.
zunh yaangh zunh bun hiuv ndaangc/to declare; to pass information.
zunh zien leiz zunh njaaux gorngv zien nyei leiz/to preach true message.
zunh zuangv douc cuotv jienv buonv mingh/to propagate the species.

zunh[3] nz., p. nzangv. **daaic zunh** domh nzangv/a motor boat; ship; ocean liner.

zangc zunh faaux nzangv; bieqc nzangv mingh aqv/to board a ship.

zunh[4] pm. zunc cuotv mingh/to force an evil to leave a person.

zunh baaic fungx baaic guangc/to force bad fortune spirit to leave a person.

zunh henz fungx henz-douc guangc/to send a bad luck spirit away.

zunh saaix cing-suiv ong zunh fungx siang-mbuangz saaix guangc/priest force a bad spirit to leave the bride.

zunh[5] pm. forqv gau zunh zunh wuov/to be totally messy up.

zunh daax zunh forqv-forqv nyei maiv sung/to be disorderly; messy bedroom.

zunh[6] aengx lorz mangc "zangc zunh, zong zunh, haac zunh, muoqc zunh, nzoih zunh" nyei eix-leiz.

zunv[1] w. yiem zunv; daaih zunv fai gapv zunv/collectively; come together.

gapv zunv koi wuic gapv zunv ca'laangh koi wuic/to have meeting together.

horngh mingh zunv horngh saeng-kuv mingh zunv/to keep a herd together.

guaaih zunv guaaih mingh an zunv/to rake something and put together.

hmuangv-doic zunv hmuangv doic yietc zungv yiem zunv nyei/collective family.

juangc zunv mingh juangc dorngx yiem zunv/to come and live together.

nzauz zunv nzauz mingh an zunv/gather up things together.

nzutv zunv gorngv nzutv-norz gorngv nangv nyei/to speech with short cut.

siou an zunv siou mingh an zunv yietc norm dorngx/to collect together

yiem zunv yiem yietc norm dorngx zunv nyei/all together in one place.

zunv[2] w. zunv hnyouv; zunv dingc eix/to be decided; to make up one's mind.

zunv dingc fiem jei liepc dingc hnyouv mi'aqv/determined; decided.

zunv dingc hnyouv mv maaih mbungh mbienv hnyouv/settled decision; deter.

zunv hnyouv liepc dingc hnyouv/to be decided; determined.

zunv[3] pm. **zunv cov** zipv laengz/accepted; approval; permitted; authorize.

zunv cov meih nyei waac laengz zipv muangx meih nyei waac/I accepted and approve your words.

zunv kih a'hneiv zipv laengz/approval; favorable regard; positive; no doubt.

zunv lingc bun lingc; iv congh/to give permit to; to authorized.

zunv lingc sou iv congh nyei sou/license or permission note from (authority).

zunx w. (jai bouc jaux) zunx cuotv dorn da'aqv/to hatch out; hatched.

nyim zunx nyim zunx guqc nyaah cuotv miuh/seeds sprout and grow.

zung[1] gn. (diangx fai hmei nyei) zung/sap; sticky substance from a tree.

fanh nyiemv zung yiem fanh nyiemv cuotv nyei zung/sap from a pumpkin.

ga'naaiv-zung nyouh nyei zung/a sticky substance; rubber.

ndiangx-zung yiem ndiangx cuotv nyei zung/sap from a tree.

zung-nyienz haih baeng ndaauv bungx soqv nangv nyei ga'naaiv/a rubber band.

zung[2] gn. yietc zung porng; i zung bouv; buo zung nzuqc/a hoe; two axes.

buo zung doix buo zung daapc cuqv fai daapc maeqc nyei doix/three pounders.

zungh[1] gn. yietc zungh normh ziu/a banana plant or banana tree.

ziepc zungh lai ziepc zungh lai-jaaix/ten green mustard plants.

zungh[2] pm. (buonv forng) zungh zungh nyei mingh/go straight and smoothly.

zungh zaqc zungh zaqc an. Dgw: gungh gangx/to be upright or vertical.

zungh zaqc njiec da'dingx njiec zaqc nyei/to descend straight.

zungh[3] w. zungh zungh zing-zing nyei/to timorous; timid; shy; wilderness.

zungv[1] wj. yietc zungv; nzengc nzengc/all; entirely; totally; completely; whole.

yietc zungv mienh dauh dauh mienh/all people; everybody.

yietc zungv nzengc funx nzengc yietc zungv/to be entirely; wholly.

zungv[2] w. za'gengh; zien dingc/definitely; absolutely; surely; no doubt.

zungv maiv haiz jiex gengh mv gaengh haiz jiex/never heard about that.

zungv maiv maaih gengh zien mv maaih definitely have nothing.
zungv zeiz nyei gengh zeiz nyei; zien zeiz nyei/absolutely right.
zungx[1] pm. **1** zungx duc-duc wuov/to be bloated; distended. **2** biomv qiex zungx jienv/inflated; to make swell up.
nqa'sie zungx nqa'sie buangv zungx/to have a full stomach; a swell stomach.
nyorx zungx nyorx-wuom buangv zungx to have a full breast.
tengx zungx daamv tengx mienh zungx daamv/encourage someone to dare.
zungx jienv daamv zungx jienv domh daamv/to get oneself bravely.
zungx kuotv hlo zungx zoux kuotv hlo stretch to make a hole bigger.
zungx qaqv zungx ziangx qaqv mbenc jienv; zorqv qaqv/to build up strength.
zungx qiex biomv qiex bieqc zungx/to pump in air; to inflated.
zungx zietc nzengc zungx jienv mbapv zietc nyei/be stuffed in fully.
zungx[2] m, d. **zoux zungx** hungh diex nyei ga'ndiev maengx wuov dauh jien/a vice president; an official under a president.
zuo w. zuo cuotv daaih/to pout; to pucker up; to gather into wrinkles.
zuo nzuih meix zuo nzuih baengx zom/to pucker lips (as before kissing).
zuov[1] w. **1** zuov jienv/to wait. **2** zuov mangc jienv/to guard; to attend.
zuov biauv zuov mangc jienv biauv/to guard and watch over a house.
zuov biauv juv zuov mangc biauv nyei juv/a house watchdog.
zuov cie zaamc dangv cie bieqc nyei zaamc/a bus stop; a bus station.
zuov dangh aengx zuov dangh/to wait for few minutes.
zuov doic zuov jienv gan nqaang daaih nyei doic/to wait for the follower.
zuov lauh gau zuov jienv lauh nyei/to wait for quite long.
zuov[2] pm. zuov mangc jienv; siouv jienv/to guard at; to watch over.
zuov gaengh souv gaengh ndaangc zuov jienv/to guard at the door or gates.
zuov gaengh mienh yiem gaengh zuov nyei mienh/a person who guard at the gate.
zuov gaengh jien zuov gaengh nyei jien a security official who guard at the gate.
zuov jauv yiem jauv-kuv zuov mangc/to to guard and watch a trail.
zuov ndeic zuov mangc jienv ndeic/keep watch over the field.
zuov nyaanh lamz zuov mangc jienv nyaanh lamz/to guard at the bank.
zuov nzox-gorn mienh dengv bieiv zouv nyanc hopv nyei mienh/a chief cooker.
zuox w. hemx; gorngv ciouv nyei bun/to scold; rebuke; reprimand; reproach.
zuox mienh hemx mienh; nauc hemx mienh/to scold; to reprimand someone.
zuonv[1] w. mingh yietc zuonv/to travel and back; a around-trip.
yietc zuonv saeng-eix mingh zoux yietc zuonv saeng-eix/a around-trip business.
zuonv waan hnyouv maaih suonc korh lienh mienh nyei hnyouv/lenient and broad minded.
zuonv[2] aengx lorz mangc "ta'luonh zuonv" wuov joux nyei eix-leiz.
zuonx gn. ndau-zuonx; ndoqv-zuonx; wetv zuonx/ditch; gully; channel; water canal.
wuom-zuonx bun wuom liouc mingh nyei zuonx/a water channel.
zuonx-nqaai maiv maaih wuom nyei zuonx/a dried ditch or died channel.
zuonx sin niouv ding bieqc nyei zuonx sin/the thread of a screw; a cylindrical rod incised.
zuoqc[1] w. **1** zouv zuoqc; buov zuoqc; ziqv zuoqc/cooked. **2** yangh zuoqc/ripened.
bungx-zuoqc wangc; ziouc; mbienc/to be prosperity; to have good economy.
zuoqc longx zuoqc longx nzengc mi'aqv to be well ripe; ripeness.
zuoqc lopc nzengc zuoqc jiex jaax lopc nzengc/over ripened; ripeness.
zuoqc toux zuoqc yuonh nzengc mi'aqv to be thoroughly ripped or cooked.
zuoqc[2] w. zuoqc nzuonx; maaiz nzuonx daaih/reclaim; redeem; to purchase back.
zuoqc maengc maaiz zuqc dingc daix guangc cuotv/to ransom someone's life.
zuoqc nyaanh nzuonx zuoqc dorh mingh

dorngx nyei nyaanh ngaengc nzuonx/to redeem a lieu silver back.

zuoqc wuonh sipv heuc wuonh nzuonx daaih/redeem a lost soul back from spirit.

zuoqc[3] pm. hiuv doic longx nyei/familiar with; friendly; known each other well.

jiu zuoqc (caux gau) zuoqc doic aqv/to friendly with each other.

zuoqc doqc haih doqc siepv nyei mingh well-versed in; to memorize by rote.

zuoqv gong hiuv duqv gong longx nyei to experienced in work; skilled worker.

zuoqc horngh hiuv duqv doic toux nyei sic/cordiality; congenial; amiable.

zuoqc hmien-minc hiuv duqv jiex nyei hmien/a familiar face; well-known face.

zuoqc jauv hiuv-duqv jauv-bouc longx nyei/to familiar with roads.

zuoqc kaeqv a'loc buatc nyei kaeqv mienh/familiar customer; old customer.

zuoqc laangz hiuv duqv toux laangz/to familiar with the village.

zuoqc m'normh haiz jiex camv-nzunc aqv/familiar to the ears; hear frequently.

zuoqc m'zing buatc guenx; zanc-zanc buatc nyei/to familiar to the eyes.

zuoqc mienh 1. hiuv doic longx nyei mienh/an old acquaintance. 2. saeng-kuv zuoqc mienh/a friendly animal.

zuoqc nzangc jangx duqv nzangc yiem hnyouv nyei/to familiar with letters.

zuoqc sen-suiv hiuv lomc hiuv ndoqv longx nyei/to familiar with the region.

zuoqc sou hiuv sou-zaang sou-yiemc longx/to memorize book's chapter well.

zuoqc waac hiuv duqv waac toux nyei a mastery of the language.

zuoqc[4] pm. cuotv zuangx/to convert or adapt to the needs of society.

zuoqc[5] zmb. beiv hnangv cuotv seix meic hnyangx se zuoqc yungh.

zuoqv[1] pm. ziepc zuoqv hnyouv/honest; to be justice; to be fairness.

zuoqv hnyouv zaqc nyei hnyouv; baengh fim hnyouv/sincere; completely honest.

zuoqv jaax-zinh maaic horpc leiz nyei jaax-zinh/an honest price.

zuoqv laangh fim mv maaih wai wangv laangh fim/justice-minded; fair-minded.

zuoqv[2] lz. hnaangx-zuoqv; rice congee or rice gruel; porridge.

zuoqv-zuoqv nyei dongx-dongx wuov; ndaetv-ndaetv njaiz wuov/to be creamy.

zuotc[1] w. hoqc; zuotc sou; hoqc sou/learn; learning; to comprehend; to study.

hnyouv zotv zuotc mv duqv hngongx haic aqc hoqc mv duqv/difficult to learn.

zuotc doqc hoqc doqc sou/learning how to read the letter.

zuotc jienv gorngv gan jienv mienh nyei gorngv/learn to speak after someone.

zuotc nyungc zuotc mienh nyei nyungc zoux/to copy exactly what others do.

zuotc nyungc henv zuotc nyungc zeiv henv/copycat; follow the head of another.

zuotc nzangc hoqc nzangc; hoqc sou/to learn alphabet or letters.

zuotc seix zangc mangc seix zangc hoqc daaih/to learn by the natural.

zuotc waac haiz gorngv liuz zuotc duqv waac gorngv/to pick up the language.

zuotc[2] sl. **zuotc mbiauh** japv mbiauh; gaatv mbiauh/to harvest rice.

zuotc[3] zmb. zuotc duqv daaih/found and pick up something that was lost.

baeqc baeqc zuotc duqv baeqc nzauz duqv daaih/pick up through observation.

zuotc duqv nyaanh zuotc duqv mienh dingx laaih nyei nyaanh/find someone's lost money.

zuotv aengx lorz mangc "zotv" wuov joux nyei eix-leiz.

zuqc[1] d. longc zuqc (ndiangx) cuotv kuotv nyei zuqc/a chisel; a gouge.

zuqc kuotv zuqc cuotv kuotv. Gj: ndingh kuotv/to bore a hole; to chisel a hole in.

zuqc zeiv zuqc zeiv-gorngx nyei zuqc/a chop (used in production of paper money to be burn in spirit ceremony.

zuqc[2] w. **1** aa zuqc/must; to be obligated. **2** oix zuqc/should; ought; to have to.

zuqc daic mouz dauh mienh maaih norm hnoi zuqc daic/everyone will die one day.

zuqc dingc zuiz zuqc dorh mingh dingc zuiz wuonx loh/to be condemned.

zuqc kouv zuqc siouc kouv siouc naanc nyei sic/to experience suffering.

zuqc muangx leiz aa zuqc muangx doz-leiz/must obey the law.
zuqc nyaiv zuqc diev nyaiv/be ashamed; be embarrassed; to be disappointed.
zuqc nyanc mouz mienh aa zuqc nyanc yungz maengc ga'naaiv/everyone need to eat to be survive.
zuqc nzauh camv maaih kuonx hnyouv nyei sic camv/to be very sad or worry.
zuqc zoux aa zuqc zoux; oix zuqc zoux have to do; must do; should do.

zuqc[3] pm. buonv zuqc; mborqv zuqc/to hit at; to come into contact with forcefully.
buonv zuqc 1 buonv zuqc mbaeqc/to shoot and hit the target. **2** yunh zuqc/to be hit by bullet.
ndortv zuqc yie taux yie nyei buonc/to be my turn; to be my share.
nziaauc zuqc sieqv gan zuqc sieqv/to fall in love with a girl.
zuqc baengc duqv baengc taux sin/to be afflicted with a disease.
zuqc cie zong cie zong zuqc/to hit by car.
zuqc haeqv zuqc gamh nziex haic nyei sic/be frightened; to be terrified.
zuqc heiv haeqv zuqc butv benx baengc daaih/great frightened; great terrified.
zuqc hueix maaic zuqc hueix/to win a prize; to win a lottery.
zuqc luv zuqc janx-zaqc caangv zorqv nyaanh/to be robbed.
zuqc maaix mbeix buatc ga'naaiv caa nyei mbeix/horrified dream; night-mare.
zuqc mienh gox zuqc mienh gox zongc bun/to be prosecute.
zuqc mun zuqc diev mun/to endure pain.
zuqc porx waaic zuqc mborqv waaic nzengc/to be destroyed.
zuqc saa baengc nyutc jorm zernz cuotv nyei baengc/to suffered a heat stroke.
zuqc sic buangh zuqc sic/to involved in trouble; to get into trouble.
zuqc wuonx loh zuqc wuonx jienv yiem loh gu'nyuoz/to be jailed.
zuqc zuiz zuqc (mienh dorh) zuiz hoic to be sin involved by someone.

zuqc[4] pm. gorngv zuqc; zoux zuqc/correct; right; to be accurate of.

zuqc[5] aengx lorz mangc "qiemx zuqc, weic zuqc, zorqv zuqc" nyei eix-leiz.

zuqv w. zorng sin; buang lui houx/to wear; to put clothes on; to dress up.
mv zuqv lui houx laengh gaengv wuov to be naked; unclothes; undressed.
zuqv ciouh dunc zuqv jaaix nzueic nyei lui houx/to wear an expensive clothes.
zuqv da'mbienv zuqv lui houx gu'nyuoz mbienv cuotv ga'nyiec daaih/to wear clothes inside out.
zuqv dorngc lui mv mangc longx zuqv zuqc ganh laanh mienh nyei lui/to put someone's garment on.
zuqv houx zorqv houx topv zaux zuqv jienv/to wear pants; to put pants on.
zuqv i yiemc zuqv i yiemc lui fai houx wear two layers of trousers or garment.
zuqv janx-lui houx to dress up western style; to dress up none Mien clothes.
zuqv lui houx zuqv lui houx buang jienv sin/wear to clothes; to dress up.
zuqv mv horpc hlo a'fai faix haic zuqv mv horpc/clothes are not fit.
zuqv mv zuqc (faix, hlo) zuqv mv zuqc not fit to wear-too small or big.
zuqv seix nyei dorngx zuqv seix mangc lui houx nyei dorngx/a fitting room.
zuqv seix mangc zuqv seix mangc gaax hnangv/to try on clothes.

zutc w. zutc nzengc mv maaih douc mingh aqv/perished; be destroyed; wiped out.
zutc buonv maiv maaih (nyim) zuangx cuotv douc mingh aqv/to be completely destroyed or perished.
zutc qiex 1 maiv tauv qiex aqv/to stop breathe. **2** mv mbui aqv/soundless.
zutc zong zutc zouv hmuangv doic daic nzengc mi'aqv/all family perished.
zutc zuangv mv maaih buonv douc cuotv aqv/the end of a family heir.

Z.Y se dongh **zong yaang** nyei nzutv norz fiev/an abbreviation for central.

十天干和十二地支 10 tin-fing caux 12 deic sokv, fai jaapv-zaangv-neix, se longc funx hnyangx, hlaax, hnoi, ziangh hoc, beiv hnangv 2020 **jaapv-zaangv/zeiv hnyangx** jiex gorn saauv mingh taux 60 **gueix-hoiz hnyangx** aengx paan gorn **jaapv-zaangv/zeiv hnyangx** mi'aqv.

甲 子	jaapv-zaangv/zeiv	2020		甲 午	jaapv-hmz	2050
乙 丑	yietc caauv	2021		乙 未	yietc meic	2051
丙 寅	bengh yienh	2022		丙 申	bengh sien	2052
丁 卯	dengh maauz	2023		丁 酉	dengh youz	2053
戊 辰	muh zaanh	2024		戊 戌	muh futv	2054
己 巳	gih zeiz	2025		己 亥	gih hoiz	2055
庚 午	gaengh hmz	2026		庚 子	gaengh zeiv	2056
辛 未	fiemh meic	2027		辛 丑	fiemh caauv	2057
壬 申	nyiemh sien	2028		壬 寅	nyiemh yienh	2058
癸 酉	gueix youz	2029		癸 卯	gueix maauz	2059
甲 戌	jaapv-futv	2030		甲 辰	jaapv-zaanh	2060
乙 亥	yietc hoiz	2031		乙 巳	yietc zeiz	2061
丙 子	bengh zeiv	2032		丙 午	bengh hmz	2062
丁 丑	deng-caauv	2033		丁 未	dengh meic	2063
戊 寅	muh yienh	2034		戊 申	muh sien	2064
己 卯	gih maauz	2035		己 酉	gih youz	2065
庚 辰	gaeng-zaanh	2036		庚 戌	gaengh futv	2066
辛 巳	fiemh zeiz	2037		辛 亥	fiemh hoiz	2067
壬 午	nyiemh hmz	2038		壬 子	nyiemh zeiv	2068
癸 未	gueix meic	2039		癸 丑	gueix caauv	2069
甲 申	jaapv-sien	2040		甲 寅	jaapv-yienh	2070
乙 酉	yietc youz	2041		乙 卯	yietc maauz	2071
丙 戌	bengh futv	2042		丙 辰	bengh zaanh	2072
丁 亥	dengh hoiz	2043		丁 巳	dengh zeiz	2073
戊 子	muh zeiv	2044		戊 午	muh hmz	2074
己 丑	gih caauv	2045		己 未	gih meic	2075
庚 寅	gaengh yienh	2046		庚 申	gaengh sien	2076
辛 卯	fiemh maauz	2047		辛 酉	fiemh youz	2077
壬 辰	nyiemh zaanh	2048		壬 戌	nyiemh futv	2078
癸 巳	gueix zeiz	2049		癸 亥	gueix hoiz	2079

计数时间 saauv ziangh hoc nyei jaapv-zaangv-neix

子 时 zeiv ziangh	11 PM - 1.AM
丑 时 caauv ziangh	1-3 AM
寅 时 yienh ziangh	5 AM
卯 时 maauz ziangh	5-7 AM
辰 时 zaanh ziangh	7-9 AM
巳 时 zeiz ziangh	9-11 AM
午 时 hmz ziangh	11 AM - 1 PM
未 时 meic ziangh	1-3 PM
申 时 sien ziangh	3-5 PM
酉 时 youz ziangh	5-7 PM
戌 时 futv ziangh	7-9 PM
亥 时 hoiz ziangh	9-11 PM

十二生肖 zuoqc ziepc nyeic dauh saeng-kuv nyei jaapv-zaangv-neix

子 zeiv	属 鼠 zuoqc naauz
丑 caauv	属 牛 zuoqc ngongh
寅 yienh	属 虎 zuoqc nda'maauh
卯 maauz	属 兔 zuoqc toux
辰 zaanh	属 龙 zuoqc jung-hungh
巳 zeiz	属 蛇 zuoqc naang
午 hmz	属 马 zuoqc maaz
未 meic	属 羊 zuoqc yungh
申 sien	属 猴 zuoqc mbing
酉 youz	属 鸡 zuoqc jai
戌 futv	属 狗 zuoqc juv
亥 hoiz	属 猪 zuoqc dungz

按照瑶族起初从盘王六男六女的十二姓 naaiv se ei Iu-Mienh/Yao Mienh jiex gorn congh Bienh Hungh nyei juqv dauh dorn, juqv dauh sieqv daaih nyei ziepc nyeic fingx.

汉语 Chinese				瑶语 Mienh	泰语 Thai
姓	盘	pan	= fingx	**Bienh**	Saephan
姓	沈	son	= fingx	**Sonc**	Saeson
姓	包	bao	= fingx	**Bau**	Saepao
姓	黄	huang	= fingx	**Yangh**	Saeyang
姓	李	lee	= fingx	**Leiz**	Saelee
姓	邓	deng	= fingx	**Dangc**	Saeturn
姓	周	zhou	= fingx	**Zuoqv**	Saechu
姓	赵	zhao	= fingx	**Zeuz**	Saechao
姓	胡	hu	= fingx	**Huh**	Saehu
姓	冯	feng	= fingx	**Bungz**	Saefong
姓	雷	lei	= fingx	**Lueih**	Saeluei
姓	唐	tang	= fingx	**Dorngh**	Saetang

Mienh/Yao	**Kaeqv**	**Thai**
loz-bienh	老盘	saephan
loz-sonc	老沈	saeson
loz-bau	老包	saebao
loz-yangh	老黄	saeyang
loz-leiz	老李	saelee
loz-dangc	老邓	saeturn
loz-zuoqv	老周	saechu
loz-zeuz	老赵	saechao
loz-huh	老胡	saehou
loz-bungz	老冯	saefong
loz-lueih	老雷	saeluei
loz-dorngh	老唐	saetang

cuotv liuz loz-hnoi gorn zangc daaih nyei ziepc nyeic fingx liuz, ga'ndiev naaiv deix se nqa'haav tim bieqc nyei fingx. naaiv deix fingx nzengc-nzengc se maaih yiem Zong Guoqv caux Yiec Naamh Guoqv.

姓	邦	bang	=	fingx	**Borngh**
姓	朝	cao	=	fingx	**Caauh**
姓	樊	fan	=	fingx	**Faanh**
姓	凤	feng	=	fingx	**Fongc**
姓	郝	hao	=	fingx	**Hauh**
姓	劳	lao	=	fingx	**Laauh**
姓	刘	liu	=	fingx	**Liouh**
姓	龙	long	=	fingx	**Longh**
姓	罗	luo	=	fingx	**Lorh**
姓	磨	mor	=	fingx	**Morh**
姓	覃	qin	=	fingx	**Qinh**
姓	邵	shao	=	fingx	**Siauh**
姓	庶	shu	=	fingx	**Su**
姓	黍	tao	=	fingx	**Tauh**
姓	王	wang	=	fingx	**Wangh**
姓	元	yuan	=	fingx	**Yunh**
姓	陈	chen	=	fingx	**Zanh**
姓	詹	zhan	=	fingx	**Zaengc**
姓	张	zhang	=	fingx	**Ziang**
姓	偬	zongc	=	fingx	**Zongv**

Hnamv daaih corc aengx maaih gauh camv naaiv, mv baac ih zanc zimh lorz duqv mbuoqc naaiv ndaangc hnangv. Six gorngv haaix dauh hiuv gauh camv naaiv nor tov meih gunv tim bieqc caux jienv naaiv liouh njiec nqaang zeiv-fun maaih gorn haih duqv hoqc borqv mingh, laengz zingh camv.

Biux mengh Mienh/Yao nyei fingx caux ninh mbuo nyei baan-buic mbuox jiex gorn congh ong wuov buic njiec, ga'ndiev naaiv se benx norm nyungc zeiv tengx meih bieqc hnyouv taux meih ganh nyei fingx nyei baan-buic.

ziqc baengh loz-bienh

1. **Yauz** 有
   Yauz-fongc 有凤 Yao fong
2. **Fux** 富
   Fux-zoih 富财 Fou choy
3. **Gueix** 贵
   Gueix-siouc 贵寿 Kouei sio
4. **Zanx** 进
   Zanx-cing 进青 Chanching
5. **Saeng** 承
   Saeng-orn 承安 Saeng on
6. **Wuonh** 文
   Wuonh fuqv 文福 Vern fou

oqv-guangv loz-bienh

1. **Jiem** 金
   Jiem-hin 金兴 Chiem hin
2. **Saeng** 承
   Saeng-orn 承安 Saeng on
3. **Zoih** 财
   Zoih Siouc 财寿 Choy Sio
4. **Wuonh** 文
   Wuonh fuqv 文福 Vern fou

Loz-zanh mienh

1. **Fux** 富
   Fux-Zoih 富财 Fou choy
2. **Gueix** 贵
   Gueix-siouc 贵寿 Kouei sio
3. **Yunh** 元
   Yunh Zou 元珠 Yunh Zhou
4. **Yauz** 有
   Yauz-zou 有珠 Yao chow
5. **Zanx** 进
   Zanx-daqv 近德 Chan-ta
6. **Wuonh** 文
   Wuonh Jiem 文金 Vern-chiem

loz-dangc mienh

1. **Yauz** 有
   Yauz-fongc 有凤 Yao fong
2. **Zanx** 进
   Zanx-zoih 进财 Chan Choy
3. **Fux** 富
   Fux-Zoih 富财 Fou choy
4. **Saeng** 承
   Saeng-orn 承安 Saeng on
5. **Wuonh** 文
   Wuonh ziuh 文朝 Vern chew

loz-leiz-maeng mienh

1. **Fux** 富
   Fux-Zoih 富财 Fou-choy

2. **Jiem** 金
   Jiem-hin 金兴 chiem-hin

3. **Wuonh** 文
   Wuonh linh 文连 Vern-linh

4. **Yauz** 有
   Yauz-zou 有珠 Yao-chow

5. **Zanx** 进
   Zanx-zoih 进财 Chan-choy

Loz-leiz-mbiaauz mienh

1. **Saeng** 承
   Saeng-orn 承安 Saeng-on

2. **Fux** 富
   Fux-Zoih 富财 Fou-choy

3. **Ih** 如
   Ih fuqv 如福 Ee-fou

4. **Zanx** 进
   Zanx-zoih 进财 Chan-choy

5. **Wuonh** 文
   Wuonh Jien 文官 Vern-chien

loz-zeuz mienh

1. **Wuonh** 文
   Wuonh Cun 文春 Vern-chun

2. **Ih** 如
   Ih Fuqv 如福 Ee-fou

3 **Fux** 富
   Fux-Zoih 富财 Fou-choy

4. **Yauz** 有
   Yauz-fongc 有凤 Yao-fong

5. **Gueix** 贵
   Gueix-siouc 贵寿 Kouei-sio

Loz-zeuz-waanc mienh

1. **Jiem** 金
   Jiem-hin 金兴 Chiem-hin

2. **Fux** 富
   Fux-zoih 富财 Fou-choy

3 **Waanc** 万
   Waanc Zoih 万财 Wan-choy

4 **Yunh** 元
   Yunh Zou 元珠 Yoon-chow

ba'longh zeuz mienh

1 Cun 春

Cun-zoih 春财 Chun-choy

2 Wuonh 文

Wuonh linh 文连 Vern-linh

3 Yongh 永

Yongh cing 永青 Yongching

4 Zanx 进

Zanx-zoih 进财 Chan-choy

5 Yauz 有

Yauz-fongc 有凤 Yao-fong

6 longh 龙

longh Hin 龙兴 long-hin

loz-yaangh mienh

1 Zanx 进

Zanx-daqv 进德 Chan-ta

2 Wuonh 文

Wuonh Jiem 文金 Vern-chiem

3 Jiem 金

Jiem-zoih 金财 Chiem-choy

4 Yunh 元

Yunh zou 元珠 Yunh-zhou

5 Tong 统

Tong-siouc 统寿 Tong-sio

loz-zuoqv mienh

1 Daqv 德

Daqv-cing 德青 Ta-ching

2 Tong 统

Tong-jiem 统金 tong-chiem

3 Mengh 明

Mengh Zoih 明财 Meng-choy

4 Yauz 有

Yauz-zou 有珠 Yao-chow

5 Ih 如

Ih Fuqv 如福 Ee-fou

Loz-lorh mienh

1 Jiem 金

Jiem-zoih 金财 Chiem-choy

2 Zanx 进

Zanx-daqv 近德 Chan-ta

3 Zoih 财

Zoih Siouc 财寿 Choy-sio

4 Wuonh 文

Wuonh Jiem 文金 Vern-chiem

Loz-liouh mienh

1 **Jiem** 金
Jiem-orn 金安 Chiem-orn

2. **Zanx** 进
Zanx-zoih 进财 Chan Choy

3. **Daqv** 德
Daqv-cing 德青 Ta-ching

4. **Yauz** 有
Yauz-fongc 有风 Yao fong

5. **Wuonh** 文
Wuonh ziuh 文朝 Vern chew

Loz-bungz mienh

1. **Saeng** 承
Saeng-orn 承安 Saeng on

2. **Cun** 春
Cun-zoih 春财 Chun choy

3. **Zoih** 财
Zoih fongc 财凤 Choy fong

4. **Yunh** 元
Yunh zoih 元材 Yoonchoy

5. **Wuonh** 文
Wuonh linh 文连 Vern-linh

Loz-waangh mienh

1 **Wuonh** 文
Wuonh Fuqv 文福 Vern-fou

2 **Zanx** 进
Zanx-siouc 进寿 Chan-sio

3 **Yunh** 元
Yunh zoih 元财 Yoon-choy

4 **Jiem** 金
Jiem-orn 金安 Chiem-orn

5 **Yauz** 有
Yauz-fongc 有风 Yao-fong

6 **Fux** 富
Fux-cing 富青 Fou-ching

??

Janx-kaeqv cuotv qiex nzangc-maac
Chinese alphabet

ㄅ 玻/ㄚ/ㄅㄚ/巴/b/aa/baa
ㄆ 坡/ㄚ/ㄆㄚ/怕/p/aa/paa
ㄇ 模/ㄚ/ㄇㄚ/妈/m/aa/maa
ㄈ 佛/ㄚ/ㄈㄚ/发/f/aa/faa
ㄉ 得/ㄚ/ㄉㄚ/大/der/aa/daa
ㄊ 特/ㄚ/ㄊㄚ/她/ter/aa/taa
ㄋ 讷/ㄚ/ㄋㄚ/拿/ner/aa/naa
ㄌ 勒/ㄚ/ㄌㄚ/啦/ler/aa/laa
ㄍ 歌/ㄚ/ㄍㄚ/嘎/ger/aa/gaa
ㄎ 科/ㄚ/ㄎㄚ/夸/ker/aa/kaa
ㄏ 喝/ㄚ/ㄏㄚ/哈/her/aa/haa
ㄐ 几/ㄚ/ㄐㄚ/架/ji/aa/jaa
ㄑ 欺/ㄚ/ㄑㄚ/掐/qi/aa/qaa
ㄒ 希/ㄠ/ㄒㄠ/小/sr/au/sau
ㄓ 知/ㄚ/ㄓㄚ/扎/zr/aa/zaa
ㄔ 蚩/ㄚ/ㄔㄚ/差/ch/aa/chaa
ㄕ 诗/ㄚ/ㄕㄚ/沙/sh/aa/shaa
ㄖ 日/ㄢ/ㄖㄢ/然/r/an/ran
ㄗ 资/ㄚ/ㄗㄚ/杂/zr/aa/zaa
ㄘ 雌/ㄚ/ㄘㄚ/擦/cr/aa/caa
ㄙ 思/ㄚ/ㄙㄚ/撒/sr/aa/saa
ㄧ 衣/ㄚ/ㄧㄚ/压/yi/aa yaa
ㄨ 乌/ㄚ/ㄨㄚ/挖/wu/aa waa
ㄩ 迂/ㄝ/ㄩㄝ/约/ye/er/yer

Janx-kaeqv aaux qiex nzangc-maac
Chinese vowels

ㄚ	啊	ā	aa
ㄛ	喔	ō	o
ㄜ	鹅	ee	er
ㄞ	哀	āi	ai
ㄟ	诶	ēi	ei
ㄠ	熬	āo	au
ㄡ	欧	ōu	ou
ㄢ	安	ān	an
ㄣ	恩	ēn	en
ㄤ	昂	āng	ang
ㄥ	eng	ong	
ㄦ	而	ér	ér

English alphabet and pronunciations

symbol	key word	pronunciations
ă	pat	/păt/
ā	pay	/pā/
âr	care	/kâr/
ä	father	/fäthər/
b	boy	/boi/
ch	church	/chûrch/
d	deep	/dēp/
ĕ	pet	/pĕt/
ē	bee	/bē/

English alphabet and pronunciations

symbol	key word	pronunciations
f	fun	/fŭn/
g	get	/gĕt/
h	home	/hōm/
hw	which	/hwĭch/
ĭ	pit	/pĭt/
ī	buy	/bī/
îr	pier	/pîr/
j	judge	/jûj/
k	kite	/kīt/
l	lane	/lān/
m	mum	/mŭm/
n	now	/nou/
ng	thing	/thĭng/
ŏ	pot	/pŏt/
ō	toe	/tō/
ô	for	/fôr/
oi	noise	/noiz/
o͝o	took	/to͝ok/
o͞o	boot	/bo͞ot/
ou	out	/out/
p	pop	/pŏp/
r	roar	/rôr/
s	sun	/sŭn/
sh	ship	/shĭp/
t	tie	/tī/
th	thin	/thĭn/
th	this	/thĭs/
ŭ	cut	/kŭt/
ûr	urge	/ûrj/
v	valve	/văle/
w	with	/wĭth/
y	yes	/yĕs/
z	zebra	/zēbrə/
zh	vision	/vĭzhən/
ə	about	/ə-bout′/
ər	butter	/bŭt′ər/

Mienh/Yao saauv nyei soux hoc

yietc	=	1
i	=	2
buo	=	3
biee	=	4
biaa	=	5
juqv	=	6
siec	=	7
hietc	=	8
nduoh	=	9
ziepc	=	10
ziepc yietv	=	11
ziepc nyeic	=	12
ziepc faam	=	13
ziepc feix	=	14
ziepc hmz	=	15
ziepc luoqc	=	16
ziepc cietv	=	17
ziepc betv	=	18
ziepc juov	=	19
nyic ziepc	=	20
faah ziepc	=	30
feix ziepc	=	40
hmz ziepc	=	50
luoqc ziepc	=	60
cietv ziepc	=	70
betv ziepc	=	80
juov ziepc	=	90
yietc baeqv	=	100
yietc baeqv yietc	=	101
yietc baeqv i	=	102
yietc baeqv buo	=	103
yietc baeqv biee	=	104
yietc baeqv biaa	=	105
yietc baeqv juqv	=	106
yietc baeqv siec	=	107
yietc baeqv hietc	=	108

yietc baeqv nduoh	=	109
baeqv yietv	=	110
baeqv-nyeic	=	120
baeqv-faam	=	130
baeqv-feix	=	140
baeqv-hmz	=	150
baeqv-luoqc	=	160
baeqv-cietv	=	170
baeqv-betv	=	180
baeqv-juov	=	190
nyic baeqv	=	200
faam-baeqv	=	300
feix baeqv	=	400
hmz baeqv	=	500
luoqc baeqv	=	600
cietv baeqv	=	700
betv baeqv	=	800
juov baeqv	=	900
yietc cin	=	1,000
cin-yietv	=	1,100
cin-nyeic	=	1,200
cin-faam	=	1,300
cin-feix	=	1,400
cin-hmz	=	1,500
cin-luoqc	=	1,600
cin-cietv	=	1,700
cin-betv	=	1,800
cin-juov	=	1,900
i cin	=	2,000
buo cin	=	3,000
biee cin	=	4,000
biaa cin	=	5,000
juqv cin	=	6,000
siec cin	=	7,000
hietc cin	=	8,000
nduoh cin	=	9,000
yietc waanc	=	10,000
waanc-yietv	=	11,000
waanc-nyeic	=	12,000
waanc-faam	=	13,000
waanc-feix	=	14,000
waanc-hmz	=	15,000
waanc-luoqc	=	16,000
waanc-cietv	=	17,000
waanc-betv	=	18,000
waanc-juov	=	19,000
i waanc	=	20,000
buo waanc	=	30,000
biee waanc	=	40,000
biaa waanc	=	50,000
juqv waanc	=	60,000
siec waanc	=	70,000
hietc waanc	=	80,000
nduoh waanc	=	90,000
ziepc waanc	=	100,000
baeqv waanc	=	1,000,000
cin waanc	=	1,000,000,000
waanc waanc	=	1,000,000,000,000

Index picture/soux gu'nyuoz nyei fangx

Bienh Gueix-cing, Gueix-fuqv	minc 29
Chaola, Chaomai	minc 65
Kao Chiem, Chua Meng Chao	minc 301
Kathy Chao Routherg	minc 302
SengFo Chao	minc 574
Wuonh Jien Zeuz	minc 630
Youd Sinh Chao	minc 648

A complete revised edition of the 2002 published Mienh English Dictionary

Naaiv buonv Yao Mienh plus English Dictionary Dimv Nzangc Sou se congh 2002 wuov hnyangx cuotv nyei Mienh English dimv nzangc sou aengx ganh faan nzunc daaih, ih zanc siang naaiv buonv faan nyei eix-leiz gauh muonc yaac gauh mengh zinh ndaangc loz wuov buonv longx camv faaux baeqv buonc 50 % nyei dorngx.

bangc jienv naaiv norm qangx yie tov mbuox joux dongh longc naaiv buonv sou wuov deix mienh muoz, weic hnamv mbuo naaiv fingx Iu-Mienh fai Yao Mienh yie za'gengh longc nzengc hnyouv yaac longc nzengc noic fiev naaiv buonv sou, mv baac yie sienx gorngv corc maaih fiev dorngc nzangc yaac maaih faan maiv zuqc waac nyei eix-leiz, hnangv naaiv six gorngv meih mbuo longc sou nyei mienh lorz buatc fiev dorngc nzangc caux faan maiv zuqc waac nyei eix-leiz nor, yie tov meih mbuo lomh nzoih tengx jienv goiv yienc zorc horpc, fai email mingh mbuox yie zorc yaac duqv, yie nyei Gmail deic zepv se hnangv naaiv nor: smith@panh.co.

Funx daaih mbuo Iu-Mienh/Yao Mienh yiem naaiv lungh ndiev gengh zoqc haic maiv gunv mbuo haaix dauh zaaix deix mbiaauc deix, hlang deix aiv deix, butv zoih deix fai jomc deix, sienx Tin-Hungh fai maiv sienx, caux juangc deic-bung fai maiv juangc, mbuo yaac aa zuqc laanh taaih laanh, yaac zuqc laanh hnamv laanh maiv horpc zuqc maaih gapv-nqenx yiem mbuo nyei mbu'ndongx, mbuo zuqc hnamv mbuo ganh nyei Iu-Mienh muoz doic, juangc jienv lomh nzoih taaih mbuo nyei cuotv seix waac, cuotv liuz mbuo ganh nyei Iu-Mienh/Yao Mienh maiv taaih mbuo nyei waac liuz nor, maiv maaih haaix dauh ganh fingx mienh taaih mbuo nyei aqv, dongh mbuo nyei waac maiv maaih wuov deix zic duqv gaav ganh fingx nyei waac daaih longc mbuo yaac horpc zuqc gaav nyei, laengz zingh.

Made in the USA
Las Vegas, NV
17 June 2024